KB245311

블랙 아테나

서양 고전 문명의 아프리카·아시아적 뿌리

제2권

고고학 및 문헌 증거

소나무

블랙 아테나 II
초판발행일 2012년 03월 25일

펴낸이 유재현
옮긴이 오흥식
편집교정 온현정
마케팅 장만
디자인 박정미
인쇄제본 영신사
종이 한서지업사

펴낸곳 소나무
등록 1987년 12월 12일 제2-403호
주소 121-830 서울시 마포구 상암동 11-9, 201호
전화 02-375-5784
팩스 02-375-5789
전자우편 sonamoopub@empal.com
전자집 www.sonamoobook.co.kr

책값 35,000원

ISBN 978-89-7139-575-2   93920

소나무 머리 맞대어 책을 만들고, 가슴 맞대고 고향을 일굽니다

블랙 아테나 II

고고학 및 문헌 증거

마틴 버낼 지음

오흥식 옮김

차례

제12장 영웅시대의 영웅적 종말
—기원전 1250-1150년 테베, 트로이, 미케네의 종말—

총결론 • 752

부록

『블랙 아테나』제1권이 출간된 후 내 삶은 바뀌었다. 이전에 나는 대부분 혼자 작업하면서 가까운 친구나 동료와 생산적인 토론을 벌이거나 편지를 교환했다. 그런데도 내 아이디어의 핵심은 개인의 재산처럼 내 머릿속에 남아 있었다. 그러나 책으로 출간되면서 내 아이디어는 사회적 자산의 성격을 띠게 되었다. 나는 내 아이디어를 다른 사람들이 논의하고 토론하는 것을 보고 기쁜 한편 당황스럽기도 했다. 이제 그것은 공공의 재산이 되어 내가 제어할 수도 영향을 끼칠 수도 없을 정도가 되었다. 물론 이런 상황은 바람직하다고도 할 수 있는데, 아이디어가 어떻게 받아들여지는지가 그것을 내놓은 사람이 원래 가지고 있던 그리고 종종 뒤얽힌 의도보다 훨씬 더 소중하기 때문이다.

로버트 영과 프리 어소시에이션 북스의 관계자들 덕분에『블랙 아테나』는 출발부터 대단히 성공적이었다. 드러내지 않는 적대적 반응이 예상되었으나, 1987년 3월 책이 출판된 지 며칠 만에「가디언」지에 두 면에 걸친 특집기사가 실렸고, 그 후 우호적이거나 찬반이 뒤섞인 서평들이 나왔다. 예상과는 달리 첫 두 해 동안『블랙 아테나』를 쓴 내 능력에 대한 노골적인 비난이나 정면 공격은 전혀 없었다. 서평들은 대체로 서술사적 부분은 받아들였지만, 고고학적 측면에 대한 판단은 유보했고, 언어학적 주장에 대해서는 회의를 표했다.

이러한 서평들을 보고 몇 군데 미국 대학출판사가 관심을 보였고, 이전에 원고를 거부한 출판사들도 교섭해 왔다. 출판사의 전문 평론가들도 전보다 훨씬 우호적이고 존경을 표했으나 출판 계획은 거부했다. 그러다가 러트거스 대학의 출판부장 케네스 아놀드는, 정상적인 전문 심사과정 없이

1년에 3권의 책을 출간할 수 있는 자신의 권리를 활용해『블랙 아테나』를 무조건적으로 출판하기로 결정했다. 그는 인문학 관련 편집자 레즐리 밀크너의 열정적인 협력을 받았다. 이렇게 영국과 미국에서 이례적인 방식으로『블랙 아테나』가 출간되었다는 것은 적어도 '이 책이 출판되었다는 사실 자체가 대학 출판사들이 출판될 수 있는 아이디어만 출판한다는 나의 주장을 반박하는 것'이라는 어느 평론가의 비평을 충족시킨 셈이었다. 어쨌든 내 책들을 출판하는 위험을 무릅쓴 두 편집자 로버트 영과 케네스 아놀드에게 감사를 표한다. 또한 프리 어소시에이션 북스는 헐 기금에서 폭넓은 재정 지원을 받았는데, 이 기금은 출판사들에게 자금을 지원해 코넬 대학 교수들의 저술이 출간되는 것을 도왔다.

『블랙 아테나』에 대한 영국과 미국에서의 반응에는 흥미로운 유사점과 차이점이 있었다. 가장 놀라운 차이는 정치적인 것이었다. 영국에서의 반응은 매우 선명하게 갈렸다. 트로츠키주의자가 발행하는 「사회주의 노동자」지에 적대적인 평론이 실렸는데, 나는 이것이 비평가 개인의 견해를 반영한 것인지 아니면 트로츠키주의 전체의 유럽중심주의적 견해를 반영한 것인지는 모르겠다. 그러나 대체로 좌익과 자유주의자들은 이 책을 좋아했으나, 우익 성향의 「인디펜던트」지에게는 무시를 당했다.

미국에서의 반응은 좀 더 복합적이었다. 좌익은 처음부터『블랙 아테나』를 환영했고, 흥미롭게도 '「타임」지의 우익판'임을 자처하는 「인사이트 매거진」의 특집기사에서도 치우치지 않은 정당한 대접을 받았다. 영국과는 다른 미국에서의 반응은 자유주의 체제에서 기인한 것이었다. 비록『블랙 아테나』가 점차 뉴스거리가 되었다 하더라도, 「타임」이나 「뉴스위크」는 이 책을 평하거나 논하지 않았고, 「뉴욕 타임스」는 오랫동안 완전히 무시했다.

그런데 영국과 미국에서의 반응은 차이점보다는 유사점이 훨씬 많았다. 두 나라의 흑인 공동체와 비유럽인 공동체에서는 즉각적이고 긍정적인 반응이 있었다. 이들 공동체 출신의 지식인들은 내 책을 호의적으로 평가했고 책의 판매를 적극적으로 도왔으며, 모임이나 매스컴과의 인터뷰를 통해 내 생각을 개진할 기회를 많이 만들어주었다.

시각예술가와 디자이너들은 상당한 관심을 보여주었고,『블랙 아테나』

에 대한 가장 통찰력 있는 평론의 다수가 예술 관련 저널에 게재되었다. 나는 이것이 부분적으로는 예술 종사자들이 일반적으로 갖고 있는 급진적 성향과 정통에 대한 거부에서 기인한다고 생각하지만, 더 중요한 이유는 『블랙 아테나』가 이집트 예술과 그리스 예술 사이의 밀접한 관계(예술가들은 오래전부터 이를 느끼고 있었다)를 설명하는 역사적인 틀을 제공했기 때문이라고 생각한다.

더욱 놀라웠던 것은, 양국에 나의 견해에 동조하는 상당수의 고대사학자와 고전학자들이 있고 그들이 나와 비슷한 견해를 유통시키기 시작했다는 것을 발견한 점이었다. 기쁘기는 했지만, 이러한 발견은 나의 지식사회학이 갖는 주요한 결점을 드러냈다. 유명한 고전학자 프레드 알(그는 여러 해 동안 많은 도움을 주고 격려해 주었다)과의 친교에도 불구하고, 나는 고전학에 대해 획일적인 학과라는 절망적으로 단순화된 이미지를 지니고 있었다. 나는 고전학은 고전학 이외의 것들을 통해서만 극복될 수 있다고, 즉 일반 교양 독자 그리고 특히 다른 학과 학자들의 참여로 극복될 수 있다고 믿었다. 나는 두 가지 점에서 잘못 생각하고 있었다. 사실 고전학자는, 그리스인과 로마인이 자신들의 먼 과거에 관해 기록한 것을 누구보다도 잘 알고 있는 사람들이 아니던가. 또 사실이 어떻든, 내 생각이 고대인의 생각과 동일하다는 것을 어느 누구보다도 더 잘 알고 있었던 것이다. 그리고 아리안모델 및 그 모델의 실증적 서술에 저항하는 불평들이, 아직은 책으로 엮어져 출간되지는 않았으나, 이미 있었다는 것을 나는 알아차리지 못했다. 이런저런 이유로 그 분야에 관해서는 거의 또는 전혀 모르는 일반 독자보다 상당수의 고전학자들이 내 견해를 더욱 적극적으로 받아들이려 했다.

개방된 사고를 지닌 고전학자 가운데 가장 놀랄 만한 예는 몰리 미에로 비치 레빈이었다. 그녀는 이스라엘의 바르 일란 대학에서 고전학을 가르치다가 지금은 미국의 지도적인 흑인 대학 가운데 하나인 하워드 대학에서 강의하고 있다. 그녀는 『블랙 아테나』를 읽었고, 이 책에 대한 학생들의 흥미를 민감하게 받아들였다. 그녀는 전반적으로 이 책에 대해 호의적이었지만, 교재로서 어느 정도로 믿고 이용해야 할지에 대해서는 확신이 서지 않았다. 그래서 그녀는 이 책에 관한 토론 모임을 조직했고, 연례 모임 논제로 이 책에 관한 논의를 아메리카 문헌학회에 제안했다.

그녀가 학회에 참석할 수 있는지 물었을 때 나는 흔쾌히 승낙했다. 그러한 제안이 결코 받아들여지지 않을 것이고, 설혹 예상치 않은 기회가 주어진다 하더라도 사람들이 잘 모이지 않는 시간대에 뒷방이나 배당받을 정도일 것이라고 확신하면서도 말이다. 그런데 내 예상은 완전히 빗나갔다. 그 분과 모임은 '학회 주요 토론'으로 가장 중요한 시간대에 주 회의장에서 열렸다.

나는 학회에서 이루어진 논의와 비평에도 매혹되었지만, 더운 강의실에서 세 시간 내내 앉아 있었던 청중의 인내가 가장 인상적이었다. 나의 견해에 동조한 사람이 있었는지는 모르겠으나, 논제가 흥미를 강하게 유발시켰다는 데에는 의문의 여지가 없었다. 세 개의 전문 저널에서 발표문을 출간하겠다고 나섰고, 가장 활발한 고전학 저널인 「아레투사」 특별호에 게재되었다.[1]

개최 날자는 공표되었지만 아직 학회가 열리지 않았을 때, 나는 과학사가이자 과학철학가인 토마스 쿤을 만났다. 그는 그 학회가 너무 일찍 열리는 셈이 될 것이며, 고전학 분야는 근본적인 도전에 대체로 빨리 반응하지 않는다고 말했다. 첫 번째 지적에 대해 우리 모두가 '포스트 쿤 시대'에 살고 있으며 이 시대에는 근본적인 또는 '패러다임적' 전이의 가능성이 모든 학과에서 보인다고 답했다. 두 번째 지적에 대해 고전학자들은 자기 만족을 위해 나의 손발을 자를 수도 있을 것이라고 또 다른 차원에서 답했다. 그러자 쿤은 그 모임에서 실제로 일어나는 일에는 '관심이 조금도 없다'고 말하면서, 중요한 것은 그 모임을 주도함으로써 얻게 될 정통성이라고 말했다.

그가 옳았다는 데에는 의심의 여지가 없다. 학회가 열린 1989년 1월 이후 내가 제안한 생각들이 고전학자들에게 '정통'으로 받아들여지지는 않았지만, 이제 심사숙고할 만한 정통의 변형이라고 널리 여겨지고 있다. 반대가 없다고 말하는 게 아니다. 항상 반대의 목소리는 있었지만 1989년 여름까지는 거의 들리지 않았다. 그러나 나는 강렬한 적대감을 한 인도유럽어

---

1) Peradotto and Myerowitz Levine(1989).

언어학자의 반응에서 볼 수 있었는데, 개인적인 대화에서 그는 나의 저서를 홀로코스트가 일어난 것을 거부하는 '수정주의자'의 저서에 비유했다. 그 비교는 적어도 두 가지 점에서 마음을 끈다. 첫째로 아리안모델을 홀로코스트에 비유할 정도로 나의 주장에 대해 정서적 반응을 보였다는 점에서, 둘째로 특정 학문분과의 구성원이 지닌 믿음(오늘날 학자들이 재구성한 까마득한 옛날의 언어적 관계가 고대인이 생생하게 기억하고 있던 대량의 그리고 대량으로 입증된 역사적 사건만큼 동일한 진실성을 지녔다는 믿음)의 예라는 점에서 그러하다. 그런데 이것은 나의 언어학적 능력에 대한 공격과 마찬가지로 저녁 식탁에서 나눌 수 있는 대화의 주제이지 공개적으로 언급하거나 출판될 수 있는 논문의 주제는 아니다.

1989년 여름 무렵 『블랙 아테나』에 대한 부정적 평가가 모습을 드러내기 시작하더니, 곧이어 맹렬한 공개적 공격이 잇달았다. 그 공격 가운데 일부는 아메리카 문헌학회 모임에서, 일부는 미국의 흑인이 그 책을 이용하면서 일어났다. 두 경우 모두 『블랙 아테나』에 담긴 생각들이 점차 사라져가다가 점잖게 잊히지는 않을 것임을 명백히 보여주었다.

극우적 성향의 두 저널 「새로운 기준」과 「내셔널 리뷰」가 나의 정치적 견해를 공격하기 시작했다. 우선 『블랙 아테나』를 분명히 읽은 한 평론가는 내 책이 흥미 있는 주장을 포함하고 있지만 핵심적인 악으로 인해 정도를 벗어났다고 주장했다. 즉, 그는 나의 연구가 내 아버지가 갖고 있는 마르크스주의에 의해 고무되었다고 비판했다. 내 아버지는 과학결정론자이자 과학사가이며 유명한 공산주의자였다. 비록 마르크스주의는 아리안모델과 완전하게 양립할 수 있으며, 아리안모델로 연구하는 많은 저명한 마르크스주의 고전학자가 있다는 그의 정확한 인식 덕분에 주장의 강도는 다소 누그러졌지만 말이다.

내가 아버지에게 큰 영향을 받았다는 점에서 그의 주장은 일리가 있다. 그러나 나는 마르크스주의 자체가 아니라 아버지가 보여준 역사에 대한 폭넓은 통찰력과 사회적 약자에 대한 동정적 시각에서 더 영향을 받았다.

「내셔널 리뷰」의 공격은 훨씬 덜 흥미로웠고 근거도 빈약했다. 처음에는 내가 흑인이라는 둥, 헤로도토스에 따르면 그리스인이 금발이라는 둥 실없는 주장을 했다. 그리고 얼마 후에 실린 편지 형식의 글에서 내가 가르쳤던 한 학생이 나를 '창백한 얼굴의' 영국 모택동주의자라고 비난했다. 나는 놀라긴 했지만 즐거웠고 나의 답장이 생략되지 않은 채로 인쇄되었다.

보수적인 고전학자들은, 그들의 학문적 태도가 정치적 보수주의와 필연적인 상관관계를 가진 것은 아니었지만, 내가 처음부터 예상한 태도를 취했다. 그들은 내가 무능력한 '별난 사람'이라고 언급하거나 적어도 그렇게 시사했다. 1987년이나 1988년이라면 이러한 비난은 『블랙 아테나』의 학문적 명성을 흔들었겠지만, 때는 너무 늦었다.

만약 누가 '괴짜' 또는 '별난 사람'(틀에 박힌 주관성에서 탈피하려 한다면 괴짜가 되어야만 한다고 나는 생각한다)인지 아닌지를 판단하는 인습적 또는 사회적 기준을 적용한다면, 나는 더 이상 그 별명을 받을 자격이 없기 때문이다. 가장 관련 있는 두 학문분과인 고전학과 이집트학을 이끄는 미국의 지도적인 전문학회들의 연례 모임에서 특별 토론회의 개최를 이끌어낸 아이디어에 '괴짜의' 또는 '삐뚤어진'이라는 용어를 적용하려 한다면, 그 의미를 파열점까지 확장해야 할 것이다. 그리고 그러한 아이디어를 지닌 나는 연대 측정에 관한 국제학술대회에서 초청 연설을 요청받았고, 두 개의 전문 저널에서 『블랙 아테나』에 관한 특별호가 발행되었다.

나는 영미의 교양 독자가 내 주장에 동조할 것이라고 잘못 예견했다. 그들은 대체로 『블랙 아테나』에 관해 아무 것도 모르고 있었다. 내가 이미 언급했듯이, 「인디펜던트」, 「타임스」, 「선데이 타임스」, 「타임스 문학 증보」의 독자는 내 책에 관한 어떤 기사도 볼 수 없었다. 미국의 「뉴욕 타임스」에는 내 책에 대한 어떤 평도 게재되지 않았다. 이러한 무시는 대단히 중요하고 흥미로운 일이어서 자세히 생각해볼 가치가 있다. 전체 이야기를 재구성하는 것은 불가능하지만, 내가 파악한 대략의 내용은 다음과 같다. 1988년 『블랙 아테나』가 처음 「뉴욕 타임스」 서평위원회에 제출되었을 때 단호하게 거절되었다. 그해 후반기에 미국에서 가장 영향력 있는 흑인 학자인 헨리 루이 (스킵) 게이츠가 나에게 평론과 새로운 신문기사의 기록들을 모으라고 요청하고는, 친절하게도 그것들을 자신의 강력한 추천을 곁들여 신문사에 보냈다. 그러나 아무 일도 일어나지 않았다. 그해 말 「뉴욕 타임스」의 한 흑인 통신원이 뉴욕 텔레비전의 토크 쇼*Like It Is*에서 나를 보고는 『블랙 아테나』에 관한 「뉴욕 타임스」의 서평을 찾아보았으나 발견하지 못하자 나에게 서평을 쓰려고 하니 책 한 부를 보내달라고 요청했다. 러트거스 대학 출판부의 여직원이 그 통신원에게 서평이 언제 나오냐고 질문했을 때 곧 나올 것이라는 언질을 받았으나, 아무런 일도 없었다. 1989년 가을 '아메리카 문헌학회' 모임에 관한 「아레투사」의 특별호가 출간된 후 러트거스는 다시 기사화를 시도했다. 이번에 「뉴욕 타임스」는 그 책과 그 반응에 관한 특집기사를 기획하는 데 동의했다. 나는 이것이 가장 좋은 방법이라고 여겼는데, 책에 관한 평론가들의 이런저런 입장을 취급할 필요가 없기 때문이었다. 나는 약간 길게 인터뷰했고, 사진기자가 연구실에 와서 내 사진을 찍어 갔다. 그때 나는 「뉴욕 타임스」의 또 다른 통신원에게 전화를 받았는데, 그녀는 이집트가 검다는 흑인의 주장에 관한 기사를 쓰고 있었다. 그녀는 나를 한 시간여 인터뷰하고 기사를 작성해 게재했다. 그러나 『블랙 아테나』는 그 기사의 주제와 직접 연관되는 것이 아니어서 당연히 크게 부각되지 않았을 뿐만 아니라, 심지어 내 책에 대한 어조가 적대적이고 경멸적이어서 분명 독자에게 그 책을 읽지 못하게 하려는 목적을 지녔다고 보여진다. 그 후 특집기사는 없는 일이 되었다.

왜 「뉴욕 타임스」는 『블랙 아테나』의 배경이 되는 생각들의 논의를 막는 것일까? 나는 다음과 같은 수순으로 진행되지 않았을까 생각한다. 처음에는 내 책이 어리석은 작업으로 생각되었을 것이다. 그 후 논박할 만한 가치가 있다고 여겨졌을 때, 기꺼이 논박하려는 또는 논박할 수 있는 전문가를 찾기가 어려웠을 것이다. 시간이 지나감에 따라 전문가들의 반응이 즉각적이지 못하다는 것이 점차 당혹스럽게 와 닿았을 것이다. 마침내 새로운 요소가 들어왔는데, 그것은 두려움이었다. 비록 『블랙 아테나』를 효과적으로 비난할 수 있다고 하더라도, 나의 흑인 지지자들이 보낼 화난 편지다발이라는 두려움 말이다. 이러한 순서를 생각하고 있자면, 나는 존경받는 학문분과가 인종주의적 뿌리를 가질 수 있다는 생각이 사람들의 심기를 근본적으로 불편하게 했고, 인종주의가 완고한 사람뿐만 아니라 인습에 묶이지 않았다는 사람들의 생각에도 스며든 것은 아닌가 하는 의구심이 든다.

「뉴욕 타임스」에 『블랙 아테나』에 대한 서평이 게재되지 않았다는 것은 내 책이 그 신문의 주요 독자층인 미국의 자유주의적이고 교양 있는 백인 대중에게 도달되지 않았다는 것을 의미한다.『블랙 아테나』에 관한 정보는 두 진원지(학계와 흑인공동체)로부터 입에서 입으로 퍼져나갔다. 이것은 미국에서 그 책의 판매 유형이 전혀 평범하지 않았음을 의미한다. 즉, 그 책의 판매부수는 정점에 올라 급락하지 않고 2년 여 동안 꾸준히 증가했다.

내가 제안하고 있는 생각들이 분쇄되기에는 이제 너무 늦었다. 그 생각들은 기존 학계의 논제가 되었다. 닉슨의 충복 H. R. 할데만이 워터게이트 폭로 후 적절하게 표현했듯이 '치약을 다시 튜브에 넣을 수는 없다.'『블랙 아테나』는 또한 미국 흑인 공동체의 오랜 자긍심을 강화했다. 나의 고전학 친구 가운데 일부는 나에게 흑인 인종주의자가『블랙 아테나』를 이용하는 것에 혼란스럽지 않느냐고 질문했다. 나는 어떤 종류의 인종주의든 증오하기 때문에 혼란에 빠진다고 대답했다. 그런데 나는 질문자의 입장보다는 나의 입장에서 보는 것을 더 좋아한다. 왜냐하면 나는 흑인 인종주의보다 백인 인종주의에 훨씬 더 큰 관심을 갖고 있고, 백인 인종주의자가 직접적으로든 간접적으로든 고전세계와 아리안모델이라는 정통 견해를 끊임없이 이용하고 있기 때문이다. 어쨌든 입장에 따른 정치역학은 무시하기로 하자. 내가 이 연구에 삶의 후반부를 헌신하고 있는 이유는 단순히 백인 인종주의에 대한 공격이 아니라, 수정 고대모델이 그와 관련된 역사를 더 정확하게 제시할 수 있다고 믿고 있을 뿐만 아니라, 얽힌 역사를 풀어내는 작업이 매혹적이기 때문이다.

나는 제1권의 서문에서 감사를 표한 이들에게 다시 감사를 표하고 싶다. 나의 비정상적인 활동을 용인해주었을 뿐만 아니라 격려하고 보상해준 코넬대학교 행정학과에 감사를 표하고자 한다. 나는 다시 한 번 특별한 감사를 프레데릭 알, 그레고리 블루, 솔 레빈, 데이비드 오웬, 에릭 클라인, 수잔 홀리스, 에드워드 멜처, 게리 렌즈버그, 앤서니 스노드그라스, 제임스 와인슈타인에게 표하고자 한다. 이들은 대단히 중요한 정보를 제공했고 나의 귀찮은 질문에 대답하는 데 대단한 인내심을 보여주었다.

지난 3여 년 동안 항상 격려하며 연구를 도와준 아누아르 압델 말키, 멕 알렉시우, 타르크 알리, 아메드 벤 벨라, 제프리 체스터, 엘레니 쿠비트, 배질 데이비드슨, 마가렛 드래블, 그레고아 뒤낭, 스키프 게이츠, 안젤라 길리엄, 리처드 고트, 쇼마르카 케이타, 몰리 마이어러위츠 레빈, 리스터벨트 미들턴, 조너선 밀러, 존 나지미, 길 노블, 존 페라도토, 자밀 라제프, 존 레이, 낸시 라마지, 에드워드 사이드, 로버트 스티글리츠, 마이클 비커스, 레이먼드 웨스트브룩, 잭 윈클러 등에게 심심한 감사를 표한다.

제2권의 저술에 각별히 도움이 되었던 마이클 베일리, 조지 베이스, 퍼트리샤 베케이, 존 콜먼, 피터 다니엘스, D. O. 에드저드, 루시 구디슨, 피터 후버, 몰리 이럴리, 버나드 크나프, 피터 큐니험, A. 람브로퓨어로우, 코니 램브로우 필립슨, 어니스트 맥클레인, 새러 모리스, 스코트 노에겔, 케빈 팽, 앤드루 레미지, 배리 슈트라우스, 코넬리우스 버뮬, 에밀리 버뮬, 아닛타 야나이 등에게도 감사를 표하고자 한다.

나는 1986년과 1987년의 겨울 동안 프리 어소시에이션 북스에서 일했던 밥 영과 앤 스콧을 포함하는 모든 분에게 감사를 표하는데, 그분들의 엄청난 노고로 더 할 나위 없이 매력적인 제2권이 출간되었다. 특히 편집자인 셀리나 오그라디에게 감사를 표하고자 하는데, 그녀는 조직적이지 못한 내 원고를 구해내기 위해 쉼 없이 일했다. 그리고 교정을 보아준 레오프랑크 홀포드-스티븐스 박사와 아다야 헤니스, 색인 작업을 한 제인 딕만에게도 감사를 표하고자 한다. 이들은 내가 범한 많은 실수들 중 상당수를 바로잡아주어 나를 구해주었다. 물론 아직도 남아 있는 사실상의 그리고 해석상의 많은 실수는 전적으로 나의 책임이다.

그리고 미국의 출판자들에게도 감사를 표하고 싶다. 특히 레즐리 밑크너, 마릴린 캠벨, 켄 아놀드는 나에게 격려와 지지뿐만 아니라 조언을 끊임없이 해주었다. 또한 제니 자딘에게도 심심한 감사를 표하는데, 그녀는 나의 매우 엉성한 스케치와 더 모호한 지시를 근거로 멋진 지도를 그려주었다.

예전과 마찬가지로 가족의 사랑과 지원이 없었다면 제2권의 완성은 상상할 수 없는 일이었다. 아내 레즐리, 자식들인 소피, 윌리엄, 폴, 아담, 패트릭, 사위 마크, 어머님 마가렛, 그들은 나를 현실과 접촉하게 해주었고 앞으로도 항상 그렇게 할 것인데, 현실과 단절된 학문적 업적은 모두 의미가 없다.

서론

이 시리즈의 제1권은 고대 그리스의 기원에 관한 두 개의 견해와 관련되었다. 내가 '고대모델'이라고 부른 첫 번째 견해에 따르면, 그리스에는 원래 펠라스고이인과 그밖의 원시부족이 거주했다. 이들은 이집트와 페니키아에서 온 이주자들에 의해 문명화되었는데, 그 이주자들은 '영웅시대' 동안 그리스의 많은 지역을 통치했다. 두 번째 견해인 '아리안모델'에 따르면, 그리스 문명은 인도유럽어를 말하는 '선先헬레네스인'이 북쪽에서 침입·정복함으로써 발생한 문화적 혼합의 결과였다. 제1권에서 나는 기원전 5세기 그리스에서 널리 퍼진 고대모델이 기원후 18세기 말까지 존속되다가 19세기 초에 허물어지면서 1840년대 아리안모델에 의해 대체되는 과정을 추적해 보았다.

제1권의 서론에는 이 저술계획의 개요가 담겨 있다. 거기에서 나는 아리안모델이 내가 칭한 수정 고대모델로 대체되어야만 한다는 믿음을 피력했다. 수정 고대모델은 한편으로는 이집트인과 페니키아인이 고대 그리스에 정착해 막대한 영향을 끼쳐다는 것을 받아들이며, 다른 한편으로는 그리스어가 근본적으로 인도유럽어라는 의심의 여지가 없는 사실을 수용하고 있다. 또한 이 모델은 최근의 고고학에 의해 제시된 다양한 연표상의 조정을 수용하고 있다. 나는 제1권의 결론에서 다음과 같이 서술했다.

나는 아리안모델이 죄악 속에서, 심지어 과오 속에서 잉태되었다 하더라도 그 점이 곧 아리안모델을 무효화하지는 않는다고 생각한다. 거의 같은 시기에 마찬가지로 '불명예스런' 많은 동기에서 비롯된 다원주의는 여전히 매우 유용한 '새로운 것을 발견하게 해주는' 도식으로 남아 있다. 니부어와 뮐러, 그리고 쿠르티우스를 비롯한 여러 학자는 아서 케스틀러가 말했던 의미의 '몽유병자'(후대에 받아들여지지 않는 이질적인 근거와 의도에서 비롯된 '과학적' 발견을 설명하기 위한 용어)였다고 충분히 주장할 수 있다. 내가 이 책에 대해 자부할 수 있는 것은 답변되어야 할 문제를 제기했다는 점뿐이다. 즉, 그 의심스런 기원이 아리안모델을 그릇된 것으로 만들지 않는다 해도, 고대모델에 대한 아리안모델의 본질적 우월성은 여전히 의문시된다는 것이다.[1]

---

1) 제1권, pp.613-614.

제1권을 평한 글들에는 필자가 제안한 수정 고대모델의 유용성이나 '진실성'에 대한 의구심이 담겨 있었다. 그러나 나의 서술사적 틀은 일반적으로 받아들여졌고, 아리안모델을 확립했던 많은 사람들이 인종주의자와 반유대주의자였다는 나의 주장도 대체로 수용되었다. 또한 이러한 입장이 그들의 역사 서술에 영향을 끼칠 수 있었다는 인식도 생겨났다. 나는 이러한 수용을 나의 연구를 지속시켜도 좋다는 허락으로 받아들인다.

그런데 연구의 진행 형태가 근본적으로 바뀌었다. 많은 비평가들은 내가 제1권의 '서론'에서 제시했던 연구 방식으로는 믿음을 주는 저서를 내놓는 데 큰 어려움이 있을 것이라고 지적했다. 그 지적은 옳았다. 결국 나는 각별히 세 가지 점에서 애초의 계획을 변경해야만 했다. 첫째, 원래는 두 개의 장으로 고고학적 증거와 청동기시대 문헌 증거를 망라할 계획이었으나, 이제는 두 가지 근원적 증거에 온전히 한 권을 할당하는 것이 필요하다고 생각을 바꾸었다.

둘째, 종류가 다른 증거를 말끔하게 따로 분리시키려는 나의 의도는 완전히 허물어졌는데, 다른 증거에 대한 언급 없이 한 가지 증거의 중요성을 지적하기가 불가능하다는 것을 알게 되었기 때문이다. 예를 들어, 기원전 21세기 크레타의 왕궁 확립은 같은 시기 중왕국의 성립으로 이집트에서 중앙권력이 회복된 것에 많은 영향을 받았다고 서술하면서, 이러한 주장을 당대 크레타의 황소 숭배 도입과 이전부터 있었던 이집트의 황소 숭배 사이의 유사점에 연계시킨다면 좀 더 신뢰할 만한 견해가 될 것이라는 데 생각이 미친 것이다. 마찬가지로, 미트 라히네 비문의 중요성을 검토하면서 고전기 사료와 헬레니즘시대의 사료 그리고 고고학적 증거를 광범위하게 조사해야만 한다고 생각하게 되었다. 나는 이처럼 다양한 유형의 정보를 동시에 포함하는 '두터운 묘사'를 고려하면서 자료에 대해 하나의 학문적 엄격성만 적용하려는 시도를 포기했다.

이것은 원래의 계획에 대한 세 번째이자 가장 중요한 변화로 이어졌다. 두 모델을 놓고 나는 불편부당의 가면 쓰기를 포기했다. 수정 고대모델에 대한 헌신을 고려한다면 내가 불편부당한 태도를 취하기 어렵다는 것은 이미 예견된 일이었는지도 모른다. 마침내 나는 그것이 불가능하다는 것을 깨달았다. 이제 나는 '중립적' 태도로 두 모델 가운데 '어느 것이 더 유용한 탐구도구인가'를 저울질하는 대신, 수정 고대모델이 아리안모델보다 훨씬 더 완전하고 설득력 있게 고대 그리스 문명의 발전과 본질을 기술하고 설명할 수 있음을 보여주고자 한다.

수정 고대모델을 선호하는 내재적인 근거

근본적으로 오해를 불러일으킬 가능성이 있지만, 고전학자 R. A. 맥닐은 1972년 매혹적인 논문에서 '선사시대'의 에게해 문명에 대해 네 가지 방법으로 접근할 수 있다고 주장했다. 즉, '① 고고학적 유물, ② 언어, ③ 사용하기를 원한다면, 인간의 유골, ④ 그리스 신화와 전설'[2]이다. 오늘날 고고학자는 건물, 정착유형, 농업과 수공업의 흔적(유물에만 국한되지 않는다)에 극단적으로 관심을 갖고 있으며, 대단히 모호한 유골 증거를 고고학에 쉽게 포함시킨다. 이러한 현상이 심각한 문제점은 아니다. 그러나 당대의 문헌사료를 빠뜨리고 있다는 점은 오늘날 고고학의 큰 문젯거리다. 에게해권의 청동기시대는 맥닐이 생각하는 것처럼 '선사적'이 아니다. 이집트·레반트·메소포타미아의 문헌에는 에게해 문명에 관한 언급이 많으며, 더욱이 선형문자 A와 B라는 에게해의 음절문자로 쓴 서판書板이 있다. 나는 문헌정보가 가장 중요하다고 생각한다. 바로 이러한 이유로 나는 애초에 '당대문헌'에 관한 장으로 제2권을 시작하려고 했다. 그런데 고고학이 신석기시대와 전기 청동기시대(에게해권에는 실제로 이 시기에 기록된 문헌 증거가 존재하지 않는다)까지 거슬러 올라갈 수 있기 때문에 나는 계획을 바꾸어 근동과 에게해권 사이의 접촉에 관한 문헌 증거를 제10장에 배치했다.

맥닐은 네 가지 범주인 고고학, 언어, 인간의 유골, 전설에서 추출한 증거들을 종합적으로 다루려는 시도를 강력하게 논박했다. 그는 그것들 사이의 상호관계는 결코 확실한 것이 될 수 없다는 점을 강조하면서, 학자는 다른 학자의 전문적 비밀을 이해할 수 없기 때문에 이웃 분야를 침입해서는 안 된다고 주장했다. 그러나 그의 주장은 설득력이 없다. 마지막 주장에

---

2) McNeal(1972, p.20). 내가 이 논문을 높이 평가하는 이유는, 아리안모델의 주관적인 언어학적 보강을 대담하게 공격하고 있는 데다가 괴테의 격언('이해해야 할 가장 중요한 것은 모든 사실이 이론일 뿐이라는 점이다')을 적용하고 있기 때문이다. 그러나 전문주의에 대한 믿음과 완벽하게 확실하지 않은 것은 수용하지 않으려는 태도가 이 논문의 약점이라고 생각한다.

대한 나의 반대는 제1권을 읽은 독자에게는 명백할 것이다.

더 나아가 나는 확실성에 대한 그의 주장을 받아들일 수 없다. 나의 연구는 확실성보다는 '어느 것이 더 개연성이 있는가'에 근거한다. 그 이유는 단순하다. 확실성이란 이 분야에서 달성하기 불가능한 것이기 때문이다. 내가 할 수 있는 최선은 개연성 또는 그럴듯함에 도달하는 것이며, 이와 관련된 위험성을 알고 있다 하더라도 모든 자료에서 증거를 엮어냄으로써 가장 훌륭하게 달성된다. 그러므로 나는 제2권에서 상이한 접근법을 구분하려고 시도는 했지만, 그것들을 따로 떼어놓는 데 실패하더라도 걱정하지 않는다.

나는 증거의 다양한 근원이라는 관점에서 수정 고대모델의 가치를 검토하기 전에, 아리안모델과 맞대 놓고 수정 고대모델의 상대적인 내재적 개연성을 고찰하고자 한다. 고대모델은 관련 시기와 시기적으로 더 가깝다는 이점을 지니고 있다. 혹자는 고대모델을 처음으로 증언하고 있는 기원전 5세기와, 근동 사람이 그리스에 정착했다는 기원전 18세기(나는 이를 믿는다) 사이에 1,200년이라는 간격이 존재한다고 주장할 수도 있다. 사실 1,200년이라는 세월은 오늘날과 샤를마뉴 시대의 간격보다 조금 더 길기는 하다. 그리고 미케네 그리스와 고전 그리스 사이의 이러한 시간적 간격은 페니키아인 및 이집트인의 가설적 정착의 시기와 오늘날 사이에 존재하는 3,500년보다 질적으로 짧지 않다고 주장할 수도 있다.

이러한 주장을 부정할 만한 타당한 이유가 있다. 첫째, 루스 에드워즈가 『페니키아 사람 카드모스: 그리스 전설과 미케네 시대에 관한 연구』에서 보여주었듯이, 고대모델이 상고기(기원전 776-500년)와 기하학적 문양 시기(기원전 950-776년)에도 존재했음을 시사하는 문헌적·예술적 상황증거가 많다. 이는 역사의 간격을 몇 세기나 단축시킨다.[3] 더욱이 선형문자 B의 증거(점차 고고학 정보의 양이 증가하면서 보강되고 있다)는 적어도 종교적 측면에서 미케네 그리스로부터 고전 그리스까지 상당한 지속성이 있음을 보여주고 있다.[4]

나는 다른 곳에서 서부 셈어의 알파벳이 기원전 1400년 이전에 에게해

---

3) Edwards(1979, pp.65-89).
4) Nisson(1932). Burkert(1985, pp.47-53)는 좀 더 조심스럽지만 닐손의 주장을 거부하지 않는다.

권에 도입되었음을 주장했는데, 최근의 비문 발굴과 그 해석에 따르면 그리스 알파벳이 기원전 11세기 이후에 차용되었거나 적응·변화되었을 가능성은 극히 적다.[5] 알파벳이 기원전 9세기에 도입되었다 하더라도 키프로스 음절문자(역주: 사용 시기 기원전 1500-300년)가 분명히 5세기 넘게 알파벳과 함께 공존했다는 사실과 1,000여 년 동안 동부 크레타에 선형문자 B가 명백히 존재했다는 사실에 비추어보면, 기원전 12세기 미케네의 왕궁 사회가 붕괴하자마자 선형문자 B에 관한 모든 지식이 사라졌다는 주장은 정말로 그럴듯하지 않다.[6] 오히려 일부 문헌은 청동기시대에 기록되어 철기시대 초까지 살아남았다고 가정하는 것이 합당하다. 반면에 기원전 12세기와 8세기 사이에는 상당한 문화적 후퇴가 있었으며 이 기간 동안 사실들에 관한 많은 정보가 상실되고 신화·전설·민담이 덧붙기는 했지만, 그렇다고 하더라도 선형문자와 알파벳이 몇 세기 동안 함께 사용되었음이 확실하다. 그리스의 청동기시대와 철기시대가 문맹이라는 스며들 수 없는 세기들에 의해 서로 분리되어 있다고 주장하는 것은 이제는 거의 불가능하다.

예를 들어, 『일리아스』 제2권은 미케네 그리스의 도시들을 광범위하게 기술하고 있는데, 많은 도시들은 호메로스가 저술했던 기원전 9세기에는 이미 사라진 것으로 보인다. 즉, 『일리아스』는 청동기시대의 기록에 근거했던 것으로 여겨진다. 더욱이 고전기와 헬레니즘시대의 저자들은 기록전승과 구전전승을 소유하고 있을 뿐만 아니라 미케네 문명의 잘 보존된 폐허들을 방문할 수 있었으며, 그때에도 일종의 고고학적 연구가 수행되고 있었다.[7]

지중해의 다른 지역에 관한 청동기시대의 실질적인 기록은 고전기의 페니키아인과 메소포타미아인만이 아니라 이집트 사제도 이용 가능한 것이었다. 이러한 고대 문서의 일부는 헬레니즘시대에 이집트 사람 마네토, 페니키아 사람 비블로스의 필론, 메소포타미아 출신 베로소스 같은 사제나

---

5) Naveh(1973, pp.1-8); Bernal(1987, pp.1-19); Bernal(1990).

6) 키프로스와 관련해서는 Jensen(1969, pp.138-141)과 Friedrich(1957, pp.124-131) 참조. 크레타와 관련해서는 Davis(1967, p.26); Gordon(1966, p.13); Stieglitz(1976, p.85); Marinatos(1958, p.228); Raison and Brixhe(1961, p.130); Brown(1978, p.44) 참조. 반대 견해는 Brice(1959, p.330) 참조.

7) Thucydides, I.1; Pausanias, III.3.3; Plutarchos, *De Gen. Soc.* 5-7.

학자에 의해 그리스어로 번역되거나 요약되었다.[8] 이것들과 그 외의 여러 사료는 압데라의 헤카타이오스, 에페소스의 메난드로스 같은 그리스 저자들이 입수할 수 있는 것이었다. 그 이전인 기원전 6세기에 시로스의 페레키데스는 이집트와 갈대아(역주: 이라크 남부 및 쿠웨이트에 위치한 지역으로 바빌론의 지배를 받았다. 히브리어 성서에는 카스딤Kaśdim으로 기록되었고 그리스어로는 칼다이아Χαλδαία이다)의 기록에 근거해 저술한 것으로 여겨진다.[9]

반면에 헤로도토스, 시실리의 디오도로스, 여러 고대 저자들은 이집트 역사에 대해 잘못 전해진 견해를 갖고 있었는데, 원사료에 접근할 수 있는 오늘날의 이집트학 학자의 견해보다 여러 점에서 열등한 것이었다.[10] 그러나 미트 라히네 비문(제12왕조 이집트가 시리아와 그 너머로 행한, 이전에는 알려지지 않았던 광범위한 원정과 항해를 기술하고 있다)은 이집트학이 의심할 바 없는 학문적 성취를 이루었다고 해서 오늘날 지식의 완벽함을 과대평가해서는 안 된다는 점을 보여주고 있다. 헤로도토스와 여러 그리스 저자들은 세소스트리스의 정복 활동에 관한 기술에서 미트 라히네 비문에 기록된 활동을 이미 언급했는데(제5·6장 참조), 이는 주목할 만한 놀라운 일이다. 그리스인이 오늘날의 학자에게는 알려지지 않은 이집트와 에게해권의 관계에 관한 것을 알고 있었을 가능성은 대단히 높다.

좀 더 일반적인 차원에서 이집트학 학자는 많은 점에서 마네토가 전한 이집트의 전승을 근거로 삼고 있으며 그가 전해준 전통적인 왕조들의 표를 여전히 사용하고 있다는 것에 주목해야 한다. 또한 이집트학 학자들이 자주 언급하는 헤로도토스, 플루타르코스, 디오도로스는 직접적인 접촉을 통해 오늘날의 학자가 결코 동일하게는 느낄 수 없는 고대 이집트에 대한 '감感'을 갖고 있었다.

오늘날 이집트학 학자들이 갖는 고전기와 헬레니즘시대의 그리스인에 대한 상대적인 우월성은 레반트의 경우에는 해당되지 않는다. 우가릿에서

---

8) Josephus, Contra Apionem, I.12-21. 필론에 관해서는 Baumgarten(1981), Attridge and Oden(1981) 참조. 마네토에 관해서는 Waddell(1940, pp.vii-xxx) 참조.

9) Josephus, Contra Apionem, I.14; Walcot(1966, pp.18-19); Kirk, Raven, and Schofield(1983, pp.48-72).

10) 주석가들은 헤로도토스의 이집트 역사 연표를 단순한 원문 교정으로 바로잡을 수 있다고 지적한다(de Selincourt, 1954, p.166).

출토된 서판은 후기 청동기시대 100여 년간 시리아의 중요한 항구에 관한 매혹적이고 상세한 그림을 제공한다. 물론 단편적이긴 하지만 서부 셈족의 종교와 신화에 관한 중요한 증거도 제공하고 있다. 아마르나에서 발견된 설형문자로 기록된 편지들은 우리에게 정치의 세기라는 생각을 갖게 한다. 그런데 남부 레반트에서 널리 사용된 쓰기 재료는 파피루스였는데, 특히 페니키아의 도시들에서는 대량으로 소비됐다. 유대인 정치가이자 역사가 요세푸스는 기원후 1세기에 다음과 같이 기록했다.

> 아주 오랜 시대부터 이집트인과 바빌로니아인은 연대기에 관심을 가져왔다. … 그리스인과 접촉했던 나라 가운데 **특히 페니키아인은 일상사와 공적 사건을 기념하기 위해 기록을 많이 남겼다.** 내 생각으론, 이것이 사실로서 보편적으로 받아들여지고 있으므로 이것에 관해 더 이야기할 필요는 없겠다.[11]

더욱이 기원전 1천년기(역주: 1000년을 단위로 하는 밀레니엄millennium을 천년기千年期로 번역했다)에 페니키아의 도시들이 많이 파괴되었지만 문헌들은 헬레니즘시대까지 그리고 로마시대까지 살아남았던 것으로 보인다. 요세푸스는 다음과 같이 기록하고 있다.

> 과거 오랜 세월 동안 티로스인은 국내 역사에서 그리고 외국과의 관계에서 기억할 만한 사건에 관한 공문서를 보관했는데, 그 공문서는 국가에 의해 편찬되고 매우 조심스럽게 보존되었다. … 그들(기원전 10세기 히람과 솔로몬)이 교환했던 많은 편지가 오늘날까지 보존되어 있다.[12]

이 문헌 중 어떤 것도 오늘날까지 전해지지 않는데, 오늘날 갖고 있는 가나안 문학의 유일하게 중요한 작품은 구약성서이다. 이것은 아주 중대한 역사적 가치를 지니고 있지만, 에게해에 관한 것이라기보다는 주로 지중해에 관한 것이다. 매우 적은 문서와 극히 모호하고 단편적인 고고학적 증거로

---

11) Josephus, *Contra Apionem*, I.28.
12) Josephus, *Contra Apionem*, I.107-111.

인해 후기 청동기시대 레반트 해안에 관한 오늘날 학자들의 지식은 고전기와 헬레니즘시대의 그것에 비하면 보잘것없다.

에게해권의 선형문자 B 서판은 말할 수 없이 소중한 언어학적 증거와 후기 미케네 왕궁 경제에 관한 중요한 정보를 전해주었다. 그것은 후기 청동기시대 그리스의 종교에 관한 애타는 증거도 담고 있었다. 그런데 그것은 신화나 역사에 관한 문서는 포함하고 있지 않았다.

지난 한 세기 동안 그리스에서 예전보다 훨씬 체계적인 발굴로 매우 중요한 증거를 확보하게 되어 중기와 후기 청동기시대(역주: 청동기시대의 시대구분에 관해서는 부록 도표 참조)의 연속적인 도기 층위가 확립되었다. 그런데 절대연대는 지금도 불확실하고, 특별한 관심사의 하나인 중기 청동기시대와 후기 청동기시대 사이의 경계는 여전히 모호하며, 중동과의 동시발생사건(같은 연대에 속하는 사건)이 격렬하게 논의되고 있다.[13] 예상된 연대와 맞아떨어지지 않자 탄소14 측정법과 독립적인 여러 연대 측정방법을 불신하는 경향이 생겨났다. 저명한 고고학자 폴 아스트룀은 다음과 같이 서술했다.

> 나는 에게해권 청동기시대의 정확한 연대를 측정하는 데 탄소14 연대측정법은 무용하다는 점을 강조하고자 한다. 이것은 한 가지 예로 증명될 수 있다. 탄소14로 테라 섬의 파괴 시기 또는 그보다 조금 이른 시기에 짧게 생존했던 7개 표본에 대해 연대 측정을 하니 기원전 1688±57년이라는 결과가 나온다. 명백히 그 결과가 대단히 우스꽝스러운데, 폭발이 기원전 15세기 전반 어느 땐가 발생했다고 말하는 다른 근거에 대한 일반적인 동의가 있기 때문이다.[14]

다른 많은 독립된 측정들은 아스트룀이 '우스꽝스럽다'고 여긴 이른 연대를 확인해 주고 있으며, 내가 제7장에서 보여줄 것이지만, 이제는 많은 학자들이 기원전 15세기설에서 물러서고 있다.[15] 내가 강조하려는 점은, 아

---

13) 제7장, 주 2-62 참조.
14) Åström(1978, pp.87-90).
15) 제7장 참조.

리안모델이라는 정통론은 새로운 과학적 기술이 고고학에 적용되기 오래
전에 확립된 것이었는데, 과학적 기술로 얻어낸 결과에 따라 아리안모델을
조정하거나 포기하지 않고 그 결과를 자신의 틀 내에 억지로 끼워 맞추려
한다는 점이다. 두 모델(역주: 아리안모델과 수정 고대모델) 중 어느 것이 더
좋은 모델인지는 그 모델들이 확립된 후 추종자가 이용할 수 있는 정보에
근거해서가 아니라(역주: 그 모델의 학자들이 사용한 정보만을 보게 되면 그들
의 주장에서 잘못을 찾아내기가 힘들다는 말 같다) 그 모델들이 형성된 시기의
지식 수준에 근거해 판단되어야만 한다. 아리안모델의 경우 지식의 수준은
19세기 중반의 수준으로, 그 당시에는 연대학이라는 고고학적 지식이 없었
다. 연대학은 1880년대에야 확립되었는데, 그때에는 플린더스 페트리가 이
집트에서 발견된 미노안 도기와 미케네 도기의 연대를 측정할 수 있었
다.[16]

　오늘날 도기의 연대가 정확하게 측정되기 시작하고 그것이 어디에서 만
들어진 것이지를 알 수 있게 되었다. 그러나 도기는 그것을 만든 자와 사용
한 자가 말한 언어를 결코 말해줄 수 없으며, 만약 완전한 문화적 단절을
포함하는 경우가 아니라면 도기는 침입이나 인구이동(이것들은 다행스럽게
도 매우 희귀하다)을 증명하거나 부정할 수 없다(역주: 도기가 수입되는 경우
도 있다). 이처럼 고고학은 그 자체로는 우리가 관심을 갖고 있는 의문, 즉
청동기시대 동안 이집트와 페니키아가 에게해권에 미친 영향의 유형, 정
도, 기간에 답할 수 없다.

　청동기시대에 대하여 고전기 및 헬레니즘시대의 그리스인이 얼마나 알
고 있었느냐는 기원전 13세기 이후 문화적 단절의 정도에 달려 있다. 기원
전 6세기 전반에 이집트 사제들이 솔론에게 말했던 바와 같이, 이집트에서
는 그러한 단절(역주: 청동기 시대 말엽과 철기시대 초 사이의 그리스 '암흑시
대')이 없다.[17] 분명한 것은, 기원전 13세기 이후 몇 세기 동안 이집트에서
정치적 불안과 경제적 쇠퇴가 있었으나, 문화의 연속성이나 과거에 대한
기억이 실제로 끊긴 적이 없다는 점이다. 제1권의 부록에서 상술했듯이,
기원전 13·12세기에 바다의 민족들이 근동을 침입함으로써 레반트 해안에

---

16) Petrie(1890, 1891, 1894). Cadogan(1978, p.209)도 참조.
17) Platon, *Timaios* 22D.

단절이 야기되었는데, 그로 인해 청동기시대에 주로 왕이 다스리는 도시들
(완전한 상업도시였지만)이 새로운 유형의 도시(왕궁이 아니라 신전에 의해
지배되는)로 대체되었으며, 일반적으로 '노예사회'라고 부를 수 있는 사회
로 넘어갔다.[18] 그런데 이러한 근본적인 사회 변화에도 불구하고 도시들
은 파괴된 지 몇 세기 후가 아니라 몇 십 년 후에 물질문화에서 강한 연속
성을 지니고 부활했다. 기원전 11세기 이집트인 여행가 웬 아몬은 적어도
비블로스라는 도시에서 공식기록이 1세기 이상 보존되었음을 전하고 있
다.[19]

아나톨리아의 혼란은 히타이트 제국을 영원히 파괴했다. 그러나 히타이
트 전문가인 제임스 맥퀸이 기술했듯이, "4백 년 동안의 카오스를 상정함
으로써 거의 완벽한 유목생활로의 복귀를 가정할 수는 없다."[20] 많은 제국
의 전승이 철기시대에 이르기까지 잘 살아남았다. 그리스도 내가 앞에서
주장했듯이 예외가 아니었다. 단절은 일반적으로 묘사되듯이 그렇게 철저
한 것이 아니었다. 대체로 단절은 지역적으로는 재앙이었지만, 동지중해
전체에서 소위 암흑시대는 과거와의 말끔한 단절을 만들어내지는 않았다.

기원후 5-8세기의 대단히 예외적인 문화적 붕괴로 인해 '암흑시대'는 부
정적 의미를 지니게 되었다. 비록 비잔티움 제국이 그 위기를 넘기고 살아
남았다 하더라도, 살아남기 위해 급진적으로 개혁되어야만 했다. 이슬람도
이집트·그리스·바빌로니아의 제도·과학·철학을 보존했지만 완전히 새롭
게 시작했다. 서유럽에서 프랑크제국은 로마제국의 계승자임을 자처했지
만 로마제국이 아니었다. 대체로 중동의 청동기 문명은 헬레니즘시대와 로
마 정복기를 거치며 약화되었지만, 고트족 및 아랍족의 침입과 그리스도교
와 이슬람의 승리가 있기까지는 살아남았다.[21]

일신교가 대두하면서 문명이 파괴되는 와중에 초기 문명의 위대한 문어
文語인 수메르어, 아카드어, 이집트어가 사라졌다. 그러므로 기원후 500년
과 800년 사이의 전반적인 문화적 단절은 기원전 12세기의 혼란을 사소하

---

18) Bernal(1989a, pp.22-25).
19) Gardiner(1961, p.309); Wilson(1969, p.27). 물질문화의 지속에 관해서는 Prausniz(1985,
　　p.191) 참조.
20) Macqueen(1975, p.52).
21) Herrin(1987, pp.19-53) 참조.

게 보이게 만든다. 결과적으로 청동기시대의 전통이 사라지고 있을 때, 고대모델의 제안자들은 살아남아 고대 세계에 여전히 존재했다. 반면에 아리안모델의 전사들은 진정한 단절이 이루어진 지 많은 세기가 지난 후에야 모습을 드러냈다.

그렇다면 고대모델 속에서 저술활동을 했던 고대의 저자들은 공동의 문화를 지녔기 때문에 자신들의 글에 관련된 '감感'을 지니고 있었을 뿐만 아니라 아니라, 아리안모델의 지자자보다 청동기시대에 관해 더 많은 정보를 갖고 있었다는 것은 대체로 명백하다 하겠다. 그런데 아리안모델의 지지자들은 고전기 및 헬레니즘시대의 '순진한' 저자들과는 달리 정보의 부족을 보상하고도 남을 '비판적 접근법'과 과학적 관점을 지니고 있다면서 우월성을 주장한다.

새로운 연구를 위해 독일에서 사용된, '고대학Altertumswissenschaft'이라는 용어는 그것의 영어 번역 '고대를 연구하는 과학science of antiquity'보다 덜 제한적인 의미를 지닌다. 그렇다고 하더라도 '과학적scientific'이라는 단어의 포괄적인 의미에는 19세기 초의 흥분 및 자신감을 담고 있는데, 그러한 느낌으로 19세기 학자들은 '바로크' 선배들을 모조리 무시할 수 있었다. 정확히 말해서, '과학적'이라는 용어는 칸트의 용어에서 영향을 받아 최초로 1790년대에, 그러니까 1810년대와 1820년대의 증기와 전기의 기술적 약진이 있기 이전에 만들어졌다. 그리고 철도·증기선·전신이 이전의 모든 수송수단과 통신수단을 능가한 것처럼, 19세기의 문헌학자와 고대사 역사가는 과학적이고 '중요한' 역사적 접근법 또는 '방법'으로 인해 자신이 모든 선배들보다 범주적으로 우월하다고 확신했다.

새로운 학자들에게 고대모델은 미망이었다. '과학적인' 역사가는 자연사의 법칙에 반하는 켄타우로스나 사이렌을 비롯한 신화적 동물에 대한 그리스인의 언급을 무시해야만 했듯이, 이집트인과 페니키아인에 의해 그리스가 문명화되었다는 고대인의 견해는 '인종학'의 법칙에 반하기 때문에 제거되어야만 했다. 이처럼 많은 학자들에게 인종학은 다른 모든 학문을 포함하는 지고의 과학이었고 소위 '역사의 인종적 원리'는 새로운 역사가들의 역사 서술에 가장 중요한 기여로서 널리 받아들여졌다는 점을 짚고 넘어가자.[22]

아리아주의자의 객관성에 대한 주장은 고전학과 정치적 이데올로기의 관계(제1권에서 상세히 논의했다)에 비추어보면 신뢰할 만한 것으로 보이지 않는다.[23] 간단히 말해서, 동물학이나 물리학에 관해 19세기 학자가 고전기의 저자보다 더 믿을 만하다고 할 수 있을지 몰라도, 그리스에 대한 근동의 영향이라는 문제에 관해서는 아리안모델의 기초자 대부분이 고대 그리스인보다 훨씬 덜 '객관적'이었다. 고대 그리스인은 고대 문명을 존중하는 마음과 이집트인 및 페니키아인(이들은 여전히 주위에 많았고, 일반적으로 혐오되었다)보다 문화적으로 열등하지 않으려는 욕망 사이에서 갈등을 겪었다. 이와는 정반대로, 극소수의 예외가 있기는 하지만, 19세기 고전학자는 '인종적' 특징의 영속성과 유럽인의 근원적 우월성을 확인한다는 오직 한 방향으로 기울어졌다.

이처럼 아리안모델이 유럽 중심주의와 인종주의에서 나왔고 적어도 부분적으로 그것에 의해 유지되었다고 해서 그 모델이 거짓이라든가 탐구의 도구로서 무용한 것이라고 말할 수는 없다. 맬서스 이론을 싫어하는 사람이라 하더라도 여전히 다윈의 이론(분명 맬서스 이론에 기초를 두고 있다)을 대단히 유용한 것으로 볼 수 있다. 이 책의 주제에 좀 더 직접적으로 관련된 예로, 북부 인도에 대한 아리아 정복 가설을 들 수 있다. 19세기의 인종주의적 인도학 학자들이 그 가설에 빠져 있었다고 해서 그 가설이 사실이 아닌 것은 아니다. 최근 급진적 학자들이 비판을 했지만, 그 가설을 쓸모없게 하는 데는 실패했다.[24] 그리스와는 달리 인도에는 북쪽으로부터의 정복이라는 강력한 고대 전승이 있으며, 전前아리아 언어가 얼마간 살아남아 있다는 사실에도 주목해야 한다. 제2권의 제8장에서 언급하겠지만, 빅토리아 시대와 20세기 초의 역사가들이 힉소스가 이집트를 침입할 때 북시리아에서 온 민족(인도이란어 또는 인도아리아어를 사용하는 자들도 있었을 것이다)이 포함되어 있었다고 서술한 것은 옳은 듯하다. 이처럼 '아리안모델'이 적절하게 여겨지는 경우가 있는데, 왜 그리스의 경우에는 사실이어서는 안

---

22) 제1권, pp.426-429.
23) 특히 제1권, pp.397-462 그리고 Bernal(1988).
24) Leach(1986)와 Thapar(1975, 1977)는 19세기 인도학과 인도유럽학 연구에 대한 훌륭하고 날카로운 이데올로기적 비평을 썼지만, 그들의 견해와는 달리 인도의 아리아 정복론은 받아들여져야 한다.

된단 말인가? 아리안모델의 인종주의적 창안자들은, 케스틀러의 용어를 빌리면, '몽유병자'가 아닐까. 다시 말해서, 그 모델의 창안자들은 동시대 사람인 다윈처럼 외재적인 이유들 때문에 성공적이고 생산적인 모델을 확립할 수도 있었을 것이다.

아리안모델을 통해 그리스 언어 및 문화의 인도유럽적인 국면이 크게 부각되었지만, 적어도 1880년대 이래로 아리안모델은 탐구의 도구로서는 성공적이지 않았다. 고대모델에 대한 아리안모델의 승리는 우월성의 지표로 여겨질 수 없다. 사실 자연사의 이해에 공헌한 다윈주의의 장기간에 걸친 결실과, 고대 그리스 문명의 근원이나 본질을 설명하는 아리안모델의 빤한 부적절성 사이에는 현저한 차이가 있다. 나의 분석 또는 어원 연구에 동의하든 안 하든, 거대한 범위를 지닌 고대 그리스 문화에는 아직도 설명되지 않는 부분이 있다는 것을 부정하는 사람은 없다. 이것이 바로 고대 그리스 역사에 대한 고대 그리스인의 견해를 선호하는 내재적인 이유이다. 더욱이 아리안모델 자체에는 부적절한 것이 너무나도 많다. 내가 제2권과 그 다음의 제3, 제4권에서 보여주기를 희망하듯이, 수정 고대모델이 아리안모델보다 훨씬 더 많은 설득력을 가지고 있다.

이론적으로 고려해야 할 점

고대모델에서 아리안모델로 옮겨가서, 좀 더 추상적인 방식으로 그것을 살펴보자. 비록 쿤의 도식이 물리학사를 위해 구상되었다 하더라도, 나는 그것이 인문학에서도 혁명적인 변화를 연구하는 유용한 탐구의 도구라고 확신한다. 제1권보다 덜 서두르면서, 나는 고대모델과 아리안모델을 패러다임 또는 학문연구의 틀로서 보고자 한다. 아리안모델은 '전문 학과 연구의 틀'은 '전문적'이어야 한다는 쿤의 요구사항에 잘 맞아떨어진다. "그 틀은 전문 학자들의 공동의 재산이기 때문이다. '틀'인 이유는 그것이 다양한 종류의 질서 잡힌 요소들(그 각각은 더 자세한 설명을 요구한다)로 구성되었기 때문이다."[25] 쿤의 주장을 사회학자 배리 반즈는 다음과 같이 설명하고 있다.

---

25) Kuhn(1977, p.463). 쿤이 더 초기의 '패러다임'을 'exemplars'와 'disciplinary matrices'로 나눈 것에 관해서는 Suppe(1977, pp.135-151) 참조.

('패러다임' 또는 '전문 학과 연구의 틀'에서) 옛것보다 새것을 취하기 위해 기존의 것과 전혀 관계가 없는 '이성적 정당성'('진전' 또는 '진보'의 파기할 수 없는 증거)을 산출하는 것은 … 결코 가능하지 않다. 개념, 이론, 과정이 변한다. 문제도 변한다. 판단의 기준이 변한다. … 어떤 것도 비교평가를 위한 흔들리지 않는 근본적인 표준점이 되지 못한다. 혁명은 동일한 표준으로 잴 수 없는 형태들을 과학적 삶에서 분리해낸다.[26]

이 글은 내 저술계획의 변화(탐구 도구로서 두 모델의 유용성에 대해서 초연하게 '중립적' 평가를 내리겠다는 처음의 입장에서, 새로운 모델 또는 패러다임 연구가 가져올 수 있는 결과를 제시하겠다는 입장으로)를 가져온 이면의 이유를 이론적으로 뒷받침해주고 있다. 쿤은 하나의 생산양식에서 다른 생산양식으로 변화한다는 마르크스적 변증법을 기막히게 연상시키는 다음과 같은 주장을 펼치기도 했다.

과학자는 극히 중요한 두 조건이 충족되지 않는다면 그것(새로운 패러다임)을 포용하려 하지 않을 것이다. 첫째, 새로운 패러다임은 어떠한 방법으로도 풀 길이 없다고 일반적으로 인정된 큰 문제를 푸는 것으로 보여야 한다. 둘째, 새로운 패러다임은 옛 패러다임이 과학에 기여했던 구체적인 문제해결 능력의 상당 부분을 보존하는 것을 약속해야만 한다.[27]

이것은 여러 점에서 라카토스가 쿤에 대한 비평(그는 쿤이 주장한 '패러다임적 전이'가 임의성을 띠고 있다고 보아 비평했다)에서 주장했던 '여분의 설명적 가치'와 비슷하다.[28]

고대모델을 무너뜨린 커다란 불합리는 그리스가 이집트인과 페니키아인에 의해 문명화되었다는 고대모델의 주장과 19세기 세계관 사이의 모순이었다. 그 세계관에서 인종은 역사의 제1의 변수였고 백인, 황인, 흑인이라는 등급 순서는 자명한 것이었다. '자생적 기원 모델'은 1970년대 콜린

---

26) Barnes(1982, p.11).

27) Kuhn(1970, p.169).

28) Lacatoš(1970, pp.106-111).

렌프루에 의해 확립된 것이지만, 1820년과 1840년 사이에 K. O. 뮐러와 조지 그로트가 이미 시사한 바 있는데, 이 모델은 유색 인종에 의한 그리스의 문명화라는 문제를 건너뛰었다.[29] 그런데 이 모델은 초기 그리스 역사의 내적인 역동성의 연구(사실 그로트는 이를 완전히 포기했다)에 어떤 기여도 하지 않았다.[30]

아리안모델은 자생적 기원 모델보다 더 많은 것을 파악할 수 있게 했는데, 그리스어를 인도유럽어에 연계시키면서 쿤이 '표본'이라고 부른 것을 제공했다. 그러나 새 모델인 아리안모델은 쿤의 두 번째 요구사항(새로운 패러다임은 옛 패러다임들[역주: 여기서는 고대모델]이 과학에 기여했던 구체적인 문제해결 능력의 대부분을 보존하는 것을 약속해야만 한다)을 충족시키는 못했다. 정반대로, 고대모델을 파괴하면서 아리안모델을 확립한 자들은 판을 싹 쓸어버리고 새로이 시작했다. 왜 19세기의 고대사 역사가들은 쿤의 패턴에 맞지 않는 것일까? 그 대답은 그들이 고대모델 속에 거대한 불합리가 있다고 인지한 것 속에 있는 듯한데, 그 불합리는 다른 모델을 더 선호하게 또는 어떤 모델도 선호하지 않게 만들었다. 아리안모델이 성공을 거둔 유일한 내적 이유는 그리스어의 인도유럽어적 기초를 설명하는 힘이었다. 이리하여 그리스어의 기초를 설명해줄 수 있다는 분명한 이점과 그리스의 전승을 부정해야 하는 필요성으로 인하여, 초기 학자들이 보았던 그리스에서 나타나는 중동문화의 많은 흔적들은 무시되어야 했다. 간단히 말해 고대모델이 아리안모델에 의해 대체되었다는 사실 자체만으로는 아리안모델의 우월성이 확보되지 않는다.

각 장의 개요

이 시점에서 나는 이 책의 개요를 밝혀 이제 들어서려 하는 사실 및 견해의 미로를 인도할 실마리를 주려 한다. 앞에서 언급했듯이, 제2권은 청동기시대 그리스 자체, 그리고 동지중해의 다른 지역과 그리스 사이의 관계를 고고학과 당대의 문헌에 초점을 맞추어 기술할 것이다. 그 외에 언어, 지명, 신화, 종교도 다루겠지만 이것은 제3권과 제4권에서 집중적으로 논

---

29) 제1권, pp.565-567.
30) 제1권, pp.456-463 그리고 Bernal(1988).

의할 것이다.

1장은 기원전 2100년 이전의 크레타에 관한 것이다. 아프리카, 유럽, 아시아 대륙의 중간 지점에 위치하는 크레타 섬은 세 대륙 사이의 중요한 '다리' 중 하나였다. 1장은 크레타의 신석기시대(기원전 6000년 이전 아나톨리아에서 농업과 도기를 도입하면서 시작된다)에 대한 개략적 서술이다. 여기에는 북쪽의 키클라데스 및 그리스 본토의 영향뿐만 아니라 이집트, 리비아, 레반트의 영향도 포함되는데, 그 영향은 이 긴 시기와 관련된 고고학적 유물유적으로 보건대 명백하다.

신석기시대 에게해권에서 가장 번성한 지역은 밀을 재배하는 북부 그리스의 대평원이었으므로, 크레타는 상대적으로 중요하지 않았다. 그러다가 기원전 3000년이 되기 얼마 전 청동기시대가 시작되면서 북부 지역이 낙후되기 시작하고 남에게해의 해안과 섬들이 더 풍요롭게 발전되었다. 이렇게 번영하는 지역이 바뀐 원인에 관한 논의가 있다. 일부 학자는 동방에서 새로운 '지중해성' 작물, 특히 포도와 올리브가 도입된 것을 원인으로 꼽지만, 다른 학자는 그것의 도래 연대를 의심하면서 해운의 개선과 교역의 증가를 강조한다. 어느 하나 또는 모두에 의해서든 북에서 남으로의 전이는 그리스가 근동과 더 많이 접촉하였음을 보여주는 것 같다.

도기 및 (납 성분을 함유한) 금속 유물의 기원지를 정확하게 알아낼 수 있는 새로운 과학 기술이 20세기 초의 '수정 전파론'을 확인해주었다. 하지만 캠브리지 대학 고고학 교수 콜린 렌프루가 이끄는 극단적인 수정 고립론에는 거슬리는 것이었다. 이제는 4천년기 말과 3천년기 초에 이미 중동을 중심으로 서쪽으로는 스페인과 헝가리에 이르기까지, 그리고 동쪽으로는 아프가니스탄에 이르기까지 광범위하게 교역이 이루어졌다는 것은 명백한 사실로 받아들여지고 있다. 따라서 동지중해권의 내부 접촉으로 제한되었다는 생각은 터무니없는 것이 되었다.

크레타에 초점을 맞춘 1장에서는 이 시기 이 섬에 새로운 야금술과 새로운 유형의 도기가 도래한 것에 관해 논의한다. 또한 레반트에 기원을 둔 것으로 보이는 다른 문화적 양상도 논의할 것이다. 서부 셈어가 크레타로 들어온 때는 전기 청동기시대(역주: 시대구분에 관해서는 부록의 도표 참조)의 초라고 여겨지며 기원전 2천년기 중반 그리스어가 대두하기 전까지는 지배적인 언어는 아니라 하더라도 중요한 언어가 되었던 것으로 보인다. 동시에 전기미노아 시기의 크레타 종교가 이집트에서 큰 영향을 받았다는 것은 명백한데, 이집트의 유물과 예술적 주제는 레반트의 그것과 더불어 3천년기부터 크레타 섬에서 발견된다.

이 시기에 관해 여류 고고학자 루시 구디슨의 연구가 있다. 구디슨은 크레타인에게 지모신이 있었다는 생각을 논박하면서, 태양의 도상을 여성의 이미지로서 예증했다. 19·20세기 학자들은 비非아리아 인종이 숭배했던 신들 중에서 지모신의 이미지에 각별한 관심을 가졌는데, 여기에는 흥미로운 이데올로기적 이유가 있다. 19세기 초기부터 언어학자들은 아리아 인종을 하늘을 숭배하는 남성적이고 정신적인 인종으로, 아리아 인종의 지배를 받는 인종을 본질적으로 여성적이며 땅과 물질에 관심을 가진 인종으로 구분했다. 이집트에서 태양은 남성이지만, 하늘은 여성이고 땅은 남성인 경향이 있었다. 구디슨은 자신이 재구성한 크레타 종교를 고유의 특징을 지닌 것으로 올바르게 파악했다. 더 나아가 그녀는 이집트 종교와의 현저한 유사점을 지적하는데, 배를 타고 하늘을 가로질러 항해하는 태양의 개념이나 오시리스의 죽음을 애도하는 이집트 여신인 이시스와 네프티스를 닮은 두 명의 애도하는 여성 조각상이 그러하다.

대체로 크레타 내에서 문화의 지역적 변이가 있었고 신석기시대부터 이어져온 지역적 요소를 포함하고 있음은 분명하다. 그것은 또한 이웃 문화의 영향을 크게 받았음을 보이고 있다. 북쪽의 키클라데스, 북동쪽의 아나톨리아에서 영향을 받았고, 남쪽의 이집트와 남동쪽의 레반트에서 훨씬 더 큰 영향을 받았다. 이 조심스럽고 상식적인 견해는 극단적인 아리안모델이 대두한 지 오랜 시간이 지난 뒤인 1960년대에 이르러서야 완전하게 받아들여질 수 있었다. 그때까지는 선先헬레네스 문화에 미친 '오리엔트의' 영향을 수용한다 하더라도 아리안모델에 거의 위협이 되지 않았다. 비인도유럽어이지만 코카서스어이면서 다소 유럽어의 특성을 지닌 언어를 말하는 선헬레네스인은 그리스 문화에 대한 아프리카와 셈족의 영향을 정화하는 여과막으로서 작용했다. 예를 들어, 뛰어난 진보적 고고학자이자 고고학 이론가인 고든 차일드는 '수정 전파론' 및 초기 유럽에 대한 근동의 중대한 영향을 주장했다. 비록 그가 한때는 아리아 인종 우월론을 거리낌 없이 설파하던 젊은 전사였지만 말이다.

1972년 이래 캠브리지 대학의 고고학자 콜린 렌프루는 기원전 3천년기 에게해 문명에 대한 해석에서 지배적 위치를 차지한 인물이었다. 렌프루는 고고학과 종교 중심으로 그리스 문화를 연구하는 경향을 따랐다. 그에 의하면 그리스 문화의 기원은 북쪽에서 왔다고 주장되는 아리아인의 문화가 아니라 에게해권의 토착인에게 있었다. 렌프루는 사실상 자생적 기원 모델을 주장했는데, 그에 따르면 인도유럽어는 농업과 함께 그리스만이 아니라 유럽 전역에 당도했다는 것이다. 렌프루 이전 학자들의 주장에 따르면, 3천년기 크레타에서 나타난 레반트와 이집트의 심대한 영향은 그리스 문화에 고스란히 충격으로 작동했을 것이다. 그러므로 그리스가 동쪽에서 영향을 받지 않고 순수한 유년기를 가진다는 것이 필요했다. 그는 다음과 같이 말했다.

> 남부 에게해권에 걸쳐 1천년 동안 현저한 변화가 모든 분야에서 일어나고 있었다. … 이러한 발전은 오리엔트의 영향에 거의 빚지고 있지 않았다. 그런데 바로 이 시기에 차후의 미노아-미케네 문명의 근본 양상이 결정되고 있었다.[31]

그리스인에 대한 이집트와 페니키아의 영향을 모두 부정한 학자에게 '극단적인 아리아주의자'라는 용어를 사용했으므로, 선헬레네스인에 대한 중동의 영향을 완전히 부정하는 학자들에게 사용할 적절한 용어를 발견하기 어렵다. 그들은 청동을 사용하거나 전차를 타고 다니던 아리아인이 아니라 신석기시대의 농부를 첫 유럽인으로 보고 있으므로, '초超유럽주의자'라는 용어가 그래도 가장 합당한 용어라고 나는 생각한다.

2장과 3장은 주로 보이오티아와 관련되어 있다. 중부 그리스에 있는 보이오티아 지방은 산으로 둘러싸인 평원으로 여러 강줄기가 흐르고 있다. 이로 인해 그곳에는 얕은 습지 호수가 많이 형성되어 있는데, 가장 크고 유명한 호수는 코파이스 호수다. 이들 호수는 자주 출구가 막혀 바다로 흘

---

31) Renfrew(1972, p.xxv).

러가지 못했지만, 청동기시대의 어느 시기에는 수로를 파고 터널을 뚫어 지하동굴을 연결해 바다에 이르는 출구를 만들어 호수의 물을 빼냈다. 이처럼 극도로 복잡하고 정교한 배수와 관개기술로 만든 시설이 청동기시대 말에 무너진 후 여러 번의 단호한 재건 시도에도 불구하고 기원후 19세기까지 복구되지 않았다.

이러한 수준의 정교한 수로와 굴은 그 당시 지중해 분지에서는 이집트에서만 만들 수 있는 것이었다. 대단히 오래된 계단식 인공 둔덕(가장 최근에 이 둔덕을 발견한 사람은 이것이 이집트의 피라미드를 모방한 것이라고 믿었다)의 존재와 함께 이러한 배수시설은 전기 청동기시대 보이오티아에서 이집트 영향의 가능성(식민화는 아니라 하더라도)을 제기한다.

2장은 고전기 및 헬레니즘시대 저자들이 보았던 보이오티아와 이집트 사이의 연계에 대한 개관으로 시작된다. 이러한 연계의 가능성을 생각하게 한 것은 부분적으로는 '테베'라고 불린 두 도시이지만, 더 크게는 나일 강의 둑 및 삼각주와 코파이스 습지 연안 사이의 유사점 때문이다. 나는 그 유사점의 기원이 물의 관리자인 아테나 여신의 이집트 짝인 네이트 숭배로 거슬러 올라갈 수 있다고 믿는다. 이집트 신화에 따르면, 네이트는 후에 여신의 신성한 도시 사이스가 될 곳에 정착하기 위해 삼각주에서 수영하고 있는 암소로 묘사되고 있다. 이것은 테베의 건국자인 카드모스에 관한 그리스 신화와 놀라울 정도로 유사한데, 카드모스는 장차 그의 도시가 될 지역에서 암소가 쓰러질 때까지 그 뒤를 따라간다.

카드모스는 그곳에서 암소를 희생 제물로 바쳤고 옹가 또는 옹카라는 신비한 별칭을 지닌 아테나 숭배를 확립했다. 고대의 저자 파우사니아스는 이 별칭에 대해 설명하지 않았는데, 어떤 이들은 그것을 이집트어로 보았지만 그는 페니키아어로 보았다. 옹카라는 별칭은 헬레니즘시대의 그리스인에게 아누키스로 알려진 이집트 여신 안케트^{c}nkt에서 유래했음이 거의 확실하다. 아누키스는 나일 폭포와 여러 지류 사이에 박혀 있는 섬들의 여신이었다. 그러므로 그리스의 테베가 세 개의 개울물이 떨어지는 가파른 경사지의 가장자리에 세워졌다는 것은 매우 흥미롭다. 펠로폰네소스의 아르카디아에 있는 옹카와 옹카이오스라는 이름에 필적하는 다른 신화적 이름은 빨리 흐르는 강 라돈의 수역과 연관되어 있는데, 그곳에서 강물이 흘어

지면서 여러 섬들을 형성한다. 테베의 건국 신화, 특히 카드모스의 왕비 하르모니아와 관련된 신화가 목걸이와 여러 가지 줄에 관련해 엮여져 있는 것처럼, '목걸이'를 의미하는 셈어 어근 'nq아나크(히브리어)가 동음이의와 관련되었다는 것 또한 명백하다.

그리스 테베와 밀접히 연관된 또 다른 신화적 인물인 알크메네는 제우스에게 유혹되어 헤라클레스를 낳는다. 2장의 상당 부분을 메소포타미아, 서부 셈, 이집트의 많은 요소를 찾아내는 데 할애했는데, 이 요소들이 가장 위대한 그리스의 영웅, 특히 테베의 영웅 헤라클레스를 형성했다. 영웅을 형성하고 있는 선례는 세 문화 모두에서 유래한 그리고 대부분 파악하기 힘든 신들이지만, 이집트의 파라오도 포함되어 있다. 특히 중왕국의 파라오들이 포함되어 있는데, 그들의 정복과 그리스에 가했을 충격이 이후의 장들에서 논의될 것이다.

이것은 좀 더 일반적인 두 가지 문제를 제기한다. 첫째, 절반은 신인 영웅(그는 항상 왕족이다)이라는 특이한 그리스적 개념의 기원이 이집트의 인간-신 또는 신성한 파라오에 있을 가능성이다. 둘째, 그리스 저자 에우헤메로스의 생각에 어떤 실체가 있을 수도 있다는 점이다. 그는 특출한 정복자인 알렉산드로스 대왕과 동시대 사람이고, 헬레니즘시대 신적神的 군주정이 확립되었을 때 살았던 사람이다. 에우헤메로스는 '신'의 개념이 특출한 인간에서 나왔다고 주장했다. 근대에 '에우헤메리즘'이라는 단어는 정반대의 의미로, 신화적 존재를 역사적 인물로 변형하는 것을 나타내기 위해 사용되어왔다(나도 이에 대해 책임이 있다). 실제로 두 과정이 자주 발생했다는 것은 의심의 여지가 없으며, 중왕국의 파라오가 헤라클레스의 형성에 중요한 구성 요소였을 가능성이 있다.

2장 전체는 보이오티아와 근동 사이의 자세한 그리고 얽혀 있는 신화의 유사한 모습을 제시하고 있는데, 그것의 대부분은 청동기시대로 거슬러 올라가며 일부는 기원전 3천년기에서 유래한 것으로 보인다. 이것은 보이오티아에 관한 근대 고고학자들의 상충하는 주장(3장에서 논의될 것이다)을 평가할 배경을 핵심적으로 제공할 것이다. 앞에서 언급했듯이, 청동기시대 이집트의 영향을 가리키는 두 가지 중요한 물질적 징표가 있다. 첫째는 암피온과 제토스의 무덤 또는 '피라미드'이다. 그것이 거대한 인공물이며 고

전기와 헬레니즘시대에 걸쳐 대단히 특별한 신성성을 지니고 있었으며, 암피온과 제토스가 테베의 건국자로 여겨졌다는 점은 확실하다. 고전기 이래로 그들이 테베의 최초 건국자인지에 관한 논쟁이, 즉 그들이 훨씬 잘 알려진 카드모스보다 이전에 도래했는지에 관한 논쟁이 있어 왔다. 더 오랜 전승인 호메로스의 전승은 그들이 카드모스의 이전에 도래했다고 전하고 있으며, 페니키아측 전거를 사용했다고 여겨지는 페레키데스는 그 도시가 파괴된 후 카드모스가 옛 터에 테베를 재건국했음을 덧붙이고 있다.

그 둔덕이 도기연대(역주: 도기연대 도표 참조)로 전기헬라스 II, 즉 이집트 고왕국 시기인 기원전 3000년에서 2400년 사이로 거슬러 올라갈 수 있다는 데에는 거의 의문의 여지가 없다. 그것을 발굴했던 테오도레 스피로풀로스는 정교한 계단구조는 초기 이집트 피라미드를 닮았다고 믿는다. 스피로풀로스는 둔덕 꼭대기에 있는 무덤의 부장품이 이집트에서 온 것이라고 믿지만, 거의 모든 것을 약탈당한 그곳에서 발견된 매우 적은 유물의 기원을 꼭 집어서 말하기는 어렵다. 앞에서 언급한 신화적 배경과 이 시기에 이집트인이 피라미드를 건축하고 있었다는 사실을 고려하면, 그 기념물을 건축하기 위한 대규모 공사에 관련된 이집트인이 그곳에 있었다고는 말할 수 없다 하더라도, 적어도 이집트의 영향이 있었을 것이라는 가정은 합당하다.

최근의 발굴에 따르면, 전기헬라스 II의 보이오티아는 높은 수준의 번영과 도시화를 보였다. 더욱 놀라운 것은 코파이스 호수의 북안에 있는 오르코메노스 근처에서 발견된, 소위 이 시기의 '둥근 건축물Rundbau'이다. 이 건축물에 대한 가장 그럴듯한 설명은 '곡물창고'이다. 1970년대 후반 사망할 때까지 그리스 고고학의 제일인자였던 스피리돈 마리나토스는 이 곡물창고가 이집트에서 발견되고 이집트의 무덤 벽화에 그려진 곡물창고를 닮았으며, 매우 이른 시기 이집트의 영향을 보여준다고 주장했다. 그러한 곡물창고의 존재는 또한 그 지역에 잉여양곡이 많았음을 시사한다. 그러한 잉여는 자연히 코파이스 호수가에서 또는 그 호수로 흘러드는 케피소스 강의 둑에서 생산된 것일 수 있다. 그런데 그것이 인공적인 배수와 관개의 결과였다는 가정이 훨씬 더 그럴듯하다.

코파이스 분지의 가장 초기의 둑과 간척지가 전기헬라스 II로 거슬러 올라간다는 생각은 새로운 것이 아니다. 수력토목공사에 학문적 삶을 바쳤던 독일의 기술자이자 고고학자인 로퍼는 그렇게 믿었다. 오늘날 좀 더 신중한 그의 후계자는 가장 초기의 공사는 미케네 그리스 시대 이전(역주: 기원전 1730년 이전)에만 있었다고 주장한다. 스피로풀로스는 한 둑에서 전기헬라스 II의 도기를 발견했다고 주장하는데, 이는 로퍼의 견해를 확인하는 것이다. 이처럼 '피라미드', 수로, 둥근 건축물 등 그 시기의 일반적인 번영이라는 증거를 모으게 되면, 기원전 3천년기 중반 보이오티아에 대규모의 토목건축공사가 있었다는 것을 가리킨다. 물론 '피라미드'와 둥근 건축물 같은 유적들이 이집트에만 연계되는 것은 아니다. 이보다 수천 년 전부터 메소포타미아에 정교한 배수 및 관개시설이 있었다. 그렇다고 하더라도 이집트는 훨씬 가까웠고 고왕국 시기 내내 대규모의 수력토목공사를 벌였다. 이처럼 코파이스를 제어하는 것과 관련된 복잡한 문제를 해결해나가는 데 필요한 기술의 가장 그럴듯한 근원은 이집트였던 것으로 보인다.

보이오티아는 청동기시대에 배수 및 관개 시설을 갖춘, 그리스의 유일한 지역이 아니다. 펠로폰네소스 반도의 중앙에 있는 아르카디아의 산악지역에 이와 유사한 수로와 댐이 있다. 이것의 연대를 정할 수는 없지만, 그것을 조사한 고고학자와 기술자는 유사점들로 보아 보이오티아의 것과 동시대에 건축되었다고 믿는다. 더욱 언급할 만한 것은 아르고스 평원에 있는 티린스 근처의 거대한 댐이다. 이것은 보이오티아와 아르카디아에 있는 댐들보다 훨씬 규모가 커서 비슷하다고 할 수 없을 정도이다. 티린스 댐도 전기 청동기시대에 시작되었을 것이라는 가능성은 티린스에 있는 전기헬라스 II의 '둥근 건축물'의 발견에 의해 더욱 커졌는데, 그렇게 거대한 규모라면 아르고스 평원 전체의 생산물을 저장할 수 있었을 것으로 보인다. 이는 눈부신 번영만이 아니라 강력한 중앙집권화된 정치적 또는 적어도 경제적 관리체제를 가리키는데, 이는 렌프루가 이 시기에 해당한다고 보고 있는 자신의 소규모 농업 모델로는 생각할 수 없는 유형이다. 이러한 규모의 조직은 또한 레르나에서 '타일의 집House of Tiles'으로 알려진 그 시기의 중요한 건물의 발견으로도 미루어 짐작할 수 있다. 이것이 작은 왕궁이든 아니면 평의회의 중심 건물이든, 둥근 건축물이 시사하는 정교한 중앙집권화된 행정을 확인해 준다.

　3장에서는 홍수 및 관개와 관련된 지명을 특별히 분석하고 있다. 페네오스Pheneos 또는 페네이오스Peneios라는 이름은 강이나 호수에서 흔한 이름인데, 그리스 전역에 걸쳐 있으며 특히 보이오티아 북쪽의 테살리아와 아르카디아에서 자주 나온다. 그 말들은 인도유럽어 어원을 갖고 있지 않고, 홍수를 뜻하는 이집트어 파 누(이)P3 Nw(y)에서 온 것이라는 설이 가장 그럴듯하게 보인다. 이러한 이름에는 모두 지진이 일어나 물길을 막아 홍수를 일으켰다는 강한 징표가 있고, 그것을 홍수와 영웅적인 관개와 연계시킨 강한 고대 전승이 있다.

　그리스에서 자주 나오는 강 이름 중 하나가 케피소스Kēphis(s)os(또는 케피쏘스)이다. 나는 이것이 이집트어 지명 케베크Kbḥ(w)(또는 케베쿠)에서 온 것이라고 믿는데, 그것은 이집트에서 시내, 강, 또는 물과 관련된 이름들에 흔하게 나타난다. 그것은 분명히 이집트어 어근 케베브kbb(서늘한)와 케베크kbḥ(정화하다)에 연결되어 있다. 케베브는 제1폭포에 있는 엘레판틴 근처의 두 동굴 이름 중 하나였고, 케베크(쿠)Kbḥ(w)라는 이름은 지하에서 솟아 나오는 서늘하고 순수한 물과 일반적으로 연계되어 있었다고 여겨진다. 대부분이라고는 할 수 없더라도 많은 그리스의 케피소스들은 지하에서 나오거나 지하로 들어갔고, 의식을 위한 정화수로 사용되었다. 케베크(쿠)는 또한 물새가 있는 습지 연못과 호수를 나타내는 지명으로 사용되었다. 이것은 코파이스(이곳으로 케피소스라고 불리는 강이 흘러든다)만이 아니라 아르카디아에 있는 카피아이Kaphyai 호수의 어원으로 적절하다.

　보이오티아와 아르카디아에서 오르코메노스Orchomenos라고 불리는 도시들은 청동기시대 둑과 수로 가까운 곳에 있었다. 그 지명은 선형문자 B 서판에서 발견되므로, 분명히 청동기시대로 거슬러 올라간다. 이것의 인도유럽어 어원은, 리투아니아 동사 베르지우veržiu(둘러싸다)에서 재구성되어 '가까운'을 뜻하는 어근에서 나온 것으로 제시되었다. 그러나 가나안어 어근 아라크ʿrk가 좀 더 그럴듯한 어원으로 보인다. 그것의 기본 의미는 '질서있게 정렬하다' 또는 '열을 짜다' 또는 군사적 의미로 '전선을 짜다'이다. 이것은 아르크arch로 시작하는 그리스 단어의 풍부한 단어군의 기원으로 여겨지는데, 이는 군사적 의미로 '먼저 가다' 또는 '지휘하다'를 뜻한다. 아르크의 인도유럽어 어원은 없다. 그렇다면 아르크만이 아니라 오르코orcho

와 에르코ercho도 셈어 ʿrk아라크(히브)로부터의 차용어일 가능성이 크다고 여겨진다. 이것은 오르코메노스, 에르코메노스가 '규제된' 또는 '둘러싸인 장소'를 의미하고 근처의 둑과 수로에 관련되어 있다는 가설을 강화한다. 그것의 궁극적인 셈어 기원에도 불구하고, 뒤에 나오는 메노스menos는 그리스어의 과거분사로 여겨지는데, 이는 그 지명 자체를 그리스어로 보이게 할 수 있을 것이다. 하지만 언어학적으로 메노스는 셈어의 mayim마임(히브)(물의 복수형)에서 나온 '혼성어'일 수도 있다. '통제된 물'은 맥락상으로 정확하게 들어맞는 것 같다.

실제 고대의 관개토목공사나 그러한 공사에 필요한 기술은 주로 이집트에서 그리고 둘째로는 레반트에서 왔음이 틀림없을 것이다. 이집트로부터 온 이주자들을 초기의 관개와 연계시키고 있는 전승 등의 배경에서 가능성 있는 어원을 볼 수 있다. 그런데 커다란 어려움은 그 이름이 도래했던 청동기시대의 시기를 구별해 내는 것이다. 관개공사가 3천년기에 시작되었다는 것은 명백해 보이지만, 2천년기에 여전히 발전되고 있었고 어휘는 후기에야 도착했을 수도 있다. 이러한 가능성은, 인도유럽어의 그리스 도래를 전기헬라스 II 말이나 중기 청동기시대 초로 잡는다면, 실제적으로 확실하다고 여겨진다. 그런데 숭배의식과 전승의 일부(특히 관개의 신 네이트/아테나와 관련된, 그리고 그 여신이 황무지 세력인 세트/포세이돈과 벌인 싸움에 관련된 것들)는 더 이른 시기로 거슬러 올라갈 수 있다.

그리스 전승에는 이중 건국에 관한 잦은 언급이 있다. 이에 대한 하나의 설명은 단순히 좀 더 신비하게 만들기 위한 '더블링doubling'이라는 공동의 신학적·신화적 관행이라는 것인데, 마치 두 번의 탄생, 두 어머니, 두 아버지 등등을 지닌 신들의 경우처럼 말이다. 또는 그것은 레비스트로스의 신화적 구조의 필요조건일 수도 있다. 그러나 이 경우에 더블링은 역사적 기초를 가지고 있을 가능성이 큰 것으로 여겨진다. 그리고 철기시대의 그리스인은 하나의 암흑시대(트로이 전쟁 몇 십 년 후 미케네의 몰락 및 헤라클레스 후손의 복귀로 시작되는 암흑시대)만이 아니라 더 이른 암흑시대들이 있었다는 것을 희미하게 알고 있었을 가능성이 있다. 기원전 1600년경에 일어났다고 보고 있는 데우칼리온의 홍수로 인한 암흑시대, 또는 무엇보다도 암피온과 제토스의 테베를 파괴했던 훨씬 더 이른 암흑시대 말이다.

의심의 여지없이 도기연대 전기헬라스 II에 그리스의 사회와 경제는 대단히 번영하고 정교해 현존하는 많은 모습이 매우 이집트적인 것으로 보이며, 더욱이 그 당시는 고왕국의 전성기였으므로 그리스가 이집트의 영향을 받았다는 것은 놀라운 일이 아니다. 이 시기에 해당하는 분명하게 이집트적인 유물이 보이오티아 또는 아르카디아에서 발견되지는 않았다. 대신 고왕국 이집트의 중요한 유물이 수가 적기는 했지만 크레타뿐 아니라 에게해의 다른 곳에서 발견되었다. 요컨대 내가 3장에서 주장하는 바는, 기원전 3천년기 에게해권만이 아니라 그리스 본토에 미쳤을 이집트의 영향 그리고 그보다는 덜하지만 레반트의 영향이 있었음을 보여줄 상황증거가 있다는 것이다.

4장의 개요는 다음과 같다. 3천년기 끝 무렵 크레타의 발전은 그리스 본토의 발전과는 매우 다른 형태를 띠었다. 그전에는 북쪽의 번영과 경제 활동의 규모가 오히려 크레타보다 더 컸을 것으로 여겨진다. 또한 고왕국 이집트의 유물과 3천년기 전기 및 중기의 레반트 유물이 크레타 섬에서 더 많이 발견되었다 하더라도, 앞에서 주장했듯이 중부 및 북부 에게해권과 중동 사이에는 동일하게 커다란 접촉이 있었던 것으로 여겨진다. 그런데 차이는 기원전 24세기 크레타의 전기미노아 II의 말 이후(본토 도기연대로는, 전기헬라스 II의 말 이후)에 일어났다. 그리스에서는 파괴가 있었고 이후 도시화와 정착지의 밀도가 줄어든 반면, 크레타에서는 소위 원原왕궁기의 발전이 있었다. 이 시기에 크레타의 거대한 왕궁이 출현했는데, 이것은 3천년기의 마지막 세기에 최초로 건립되었던 것으로 보인다.

전기미노아 도기 시대에 크레타 발전(경작은 되었지만 대체로 도시화되지 않은 크레타로부터 합당한 크기의 그리고 관료적으로 운영된 국가들로 구성된 왕궁사회로의 발전)의 원인에 관해 상당한 논쟁이 있었다. 그러한 변화가 커다란 중요성을 띠고 있다는 것을 받아들이지만, 렌프루와 극단적인 유럽주의자는 (놀라운 일은 아니지만) 그것이 핵심적으로는 자생적임을 주장한다. 크레타 고고학의 창시자 아더 에반스 경과 그의 가장 뛰어난 제자 J. D. S. 펜들베리를 포함하는 수정 전파론자는 전기미노아 III 지층에서 발견된 다량의 레반트 및 이집트 유물, 야금술의 변화, 돌 항아리와 도기 항아리의 디자인 변화는 레반트와 이집트의 영향을 반영한다는 사실에 주목했다. 그들은 또한 크레타 왕궁의 건축 및 운용체제가 수세기 앞선 중동의 것들과 핵심적으로 유사하다는 점에도 주목했다. 그들은 이 변화를 동쪽의 영향과 연관시키려 했다.

흥미롭게도 수많은 젊은 세대의 캠브리지 고고학자들은 매우 다른 길을 통해 비슷한 결론에 이르고 있다. 그들은 극단적인 유럽주의자에게 교육받았으나, 고고학적 증거를 매끄러운 진화 모델(에반스가 그리고 어느 정도는 렌프루가 취했던 모델)에 들어맞게 하는 데 어려움을 겪었던 것이다. 그들은 이제 다윈의 진화에 대한 비판가들의 언어를 사용하고 있고, 일시적 평형점에 관해 이야기한다. 그들은 또한 원왕궁기에 근동과의 교류를 보여주는 증거가 급격히 증가하는 것에 주목한다. 그렇다 하더라도 구세대의 수정 전파론자처럼 그들은 어떻게 그리고 왜 이런 발전이 일어났는가에 관해서는 매우 모호한 입장을 취한다.

최초의 크레타 왕궁이 이집트 제11왕조 때 지어졌을 가능성에서 설명의 실마리를 잡아야겠다. 이 왕조는 테베 주에서 피부색이 검은 상이집트인에 의해 건국되어 이집트를 통합하면서 소위 중왕국을 확립했다. 이 왕조 아래에서 이집트의 군사력은 자라났고 레반트로 원정했다는 데는 의심의 여지가 없다. 또한 납 동위원소 분석을 통해 이집트 제11왕조가 아티카의 라우리온(아테네 남쪽) 광산에서 채굴한 은을 수입하고 있었다는 것을 알고 있다. 라우리온의 은 그리고 크레타에서 발견된 이 시기의 이집트 유물은 크레타 왕궁의 확립이 어떤 면에서는 동시대 이집트 세력의 재확립의 결과였을 가능성을 시사한다. 그러나 아직 둘을 연계시키는 고고학적 근거는 미약해 보인다.

그런데 증거의 또 다른 근원이 있다. 크레타의 왕궁 사회의 두드러진 모습 중 하나는 황소 숭배였다. 이에 대한 증거는 미노스의 라비린토스(迷宮)와 미노타우로스에 관한 그리스 전승에서 그리고 크레타 왕궁의 유물·유적에서 나타난다. 비록 그 섬은 가축의 사육에 적합한 평원이 있긴 하지만 주로 산으로 이루어졌기 때문에 본질적으로 염소, 야생 염소가 자라기에 적합한 고장이다. 따라서 지리학적으로 전기미노아 시기의 바로 끝까지 황소 숭배의 증거가 없다는 것은 놀라운 일이 아니다. 이로 말미암아 기원전 2천년기 크레타 황소 숭배의 기원을 놓고 가장 자주 제안되는 가설, 즉 기원전 7천년기 차탈 휘윅 신석기 문화의 강력한 황소 숭배에서 유래되었다는 기원론을 받아들이는 데 어려움이 있다. 그리스 본토처럼 크레타가 아나톨리아 문명에서 많은 또는 대부분의 농업기술을 전해 받았다는 것은 아마도 사실일 것이고, 나는 자주 '침묵의 논증'(역주: 무엇을 발견하기 전까지는 의미를 부여해서는 안 된다는 믿음)에 반대하여 이를 주장해 왔다. 그러나 아나톨리아에서든 에게해권에서든 황소 숭배를 입증할 수 없는 4천년이라는 시간적 간격은 어려움을 제기한다. 이 가설의 가능성은 줄어들고 있는데, 지리적으로 대단히 가깝고 시기적으로 정확히 일치하는 기원전 21세기에 또 다른 가능성 있는 기원지가 있기 때문이다. 바로 제11왕조의 이집트이다.

강력하고 아름다운 동물로서 황소는 다른 여러 문화에서 종교적 숭배의 대상이었다. 이집트에서 황소 및 황소의 뿔은 전前왕조(역주: 제1왕조 이전의 왕조) 이래 숭배적 중요성을 지닌 것이었다. 파라오의 시대가 시작되면서 수많은 황소 숭배가 있었는데, 그중에서 가장 유명한 것은 아피스 황소 숭배였다. 이것은 후에 그리스인에게 메네스Mēnēs 또는 민Min으로 알려진 제1왕조의 첫 지배자이자 위대한 입법자에 의해 멤피스(또는 멘 네페르Mn nfr) 근처에서 확립되었다(역주: 버낼은 이집트 단어를 대부분 자음으로만 표기하였다. 독자의 편의를 위해 그 모음이 알려져 있지 않은 경우에는 관례에 따라 자음과 자음 사이에 모음 'e'를 넣어 한글로 표기하였다). 크레타의 전설상 입법자이자 지배자인 미노스가 황소 숭배 및 미노타우로스와 밀접히 연계되어 있는 것이 인상적이다. 미노타우로스는 황소의 머리와 인간의 몸을 지닌 신의 모습으로 이집트 초상화법의 전통에서 매우 많이 나타난다.

또 다른 중요한 이집트의 황소 숭배가 있다. 오늘날의 카이로 북동쪽에 위치한 헬리오폴리스에는 므네비스Mnevis 숭배가 있었는데, 그것의 이집트 이름은 신성문자로 꼬불꼬불한 성벽(ⵎ)과 함께 기록되었다. 그리스 전승에 따르면, 미노스의 건축가 다이달로스는 이집트 모델을 따라 크레타의 미궁迷宮을 지었는데, '미궁'에 관한 그리스인의 최초 언급은 크노소스의 건물과 관련된 것이 아니라 파이윰 호수 어귀에 있는 제12왕조 파라오 아메넴하트 3세의 장대한 장제전葬祭殿과 관련된 것이었다. 나는 미궁이라는 뜻의 라비린토스Labyrinthos가 아마도 그 파라오의 또 다른 이름 니마아트라

N ms'.t R'로부터 왔다고 믿는데, 이 이름은 헬레니즘시대 그리스인에 의해 라바레스Labarēs, 라바리스Labaris 등 여러 방식으로 표기되었다.32)

여기에 주목할 만한 삼중의 유사점이 있다. 이집트에는 멘Mn이라는 이름에 연계된 황소 숭배가 있었고, 멘은 개국자 파라오 또는 입법자의 칭호였고, '꼬불꼬불한 성벽'과 연관된 황소였다. 이 모든 것은 고왕국으로, 즉 크레타 왕궁의 확립 이전으로 거슬러 올라간다. 크레타에는 미노스 왕과 미궁에 연계된 황소 숭배가 있었다. 이들 유사점은 더욱 얽혀 있는데, 전승에 따르면 미노스 왕은 항상 위엄 있는 입법자는 아니었고 때로는 호색적인 사티로스였다. 이것은 또 다른 이집트의 신 민Min을 닮았는데, 그 신은 거대한 성기 때문에 모습이 확연히 구분되며 후대에는 사티로스의 후원자인 그리스의 신 판Pan의 원형으로서 보인다. 민은 때로는 건국자 민/메네스와 혼동되거나 융합된 것으로 보인다.

황소와 연관된 또 다른 이집트의 숭배는 만추Mntw 숭배였는데(역주: Mntw에서 M과 n 사이에 모음 'a'가 삽입되는 것에 관해서는 제4장 주150을 보시오), 그는 전쟁과 정복, 특히 북쪽 정복의 중요한 신이었다. 그 신은 멘투호테프(역주: 버낼은 멘트호트페Menthotpe로 표기하였으나 여기서는 널리 사용되는 표기를 따랐다), 즉 '만추가 만족하다'라는 왕명을 지닌 제11왕조 파라오들의 수호신이 되면서 국가적 중요성을 띠게 되었다. 크레타의 황소 숭배는 기원전 21세기에 대두했던 것으로 보이는데, 바로 이때 제11왕조가 이집트를 재통합하고 황소 숭배를 진작하면서 해외로 영향력을 펼쳤다. 레디 만추*Rdi Mntw('만추가 주다' 또는 '만추가 주었던 자에게')의 형태 속에 있는 만추라는 이름은 미노스 왕의 형제인 전설상의 왕 라다만티스Rhadamanthys에 보존되어 있다고 볼 수 있다. 라다만티스는 정복자이자 타고난 재판관이었다. 신왕국 이집트에서 제1왕조의 건국자 민과 중왕국의 건국자 멘투호테프는 때로는 함께 숭배되었는데, 이는 그리스 전승에서 미노스와 라다만티스의 관계와 완전히 맞아떨어지는 셈이다. 이집트에서 민/메네스, 민, 만추, 멘투호테프 사이에 신과 파라오의 어떤 혼동이 있었던 것으로 보이는 것처럼, 크레타의 미노스와 라다만티스의 모습도 신적인 그리고 왕과 관련된 근원들 모두로부터 끌어냈다고 하는 것이 개연성을 지닌다.

32) 제1권, p.109.

이러한 일치를 설명할 방법은 많다. 첫째는 단순한 우연의 일치로 돌리는 것이다. 이것은 그럴듯하지 않은데, 왜냐하면 유사점의 정교함과 두터움으로 보아 그러하다. 두 번째 설명은 고전기와 헬레니즘시대의 이집트 사제와 그리스 사제가 서로 짜고 날조했다고 여기는 것이다. 이것은 실제적으로 불가능한데, 미노스와 라다만티스의 이름이 헤시오도스와 호메로스의 글에 나타나 있고 이런 사실로 미루어보건대 그들에 관한 대부분의 전설이 이미 10세기와 9세기에 존재했다는 것이 명백하기 때문이다. 유사점을 날조했다면 더 이른 시기에 아마도 '암흑시대'에 일어났을 수밖에 없었을 것이다. 이것도 거의 그럴듯하지 않은데, 이집트와 그리스 사이의 접촉 성격과 그 당시에는 아직 체계가 잡히지 않은 그리스 종교를 보아 그러하다. 만약 더 이른 시기에 날조되었다면, 가장 그럴듯한 시기는 기원전 15·14세기가 될 것이다. 그때 동지중해권 내부에서 접촉이 있었고 종교가 두 지역에서 모두 번창하고 있었다. 사실 그리스의 전설이 이때 형성되었을 것 같다. 그런데 고고학에 따르면 만추가 가장 번창하고 있을 바로 그때(역주: 기원전 21세기) 크레타의 황소 숭배가 시작되었으므로 기본적인 유사점은 그때로 거슬러 올라간다고 가정할 이유가 충분하다.

이러한 일치를 3천년기 말로 잡는 또 다른 이유는 기원전 2000년경 이집트의 국가적 숭배가 만추에서 숫양 신 아몬으로 바뀌었기 때문이다. 만추는 특히 북쪽 정복과 연관되어 이집트 만신전의 중요한 구성원으로서 남았고 크레타 종교에서 숫양 잔^{Zan}으로서 또는 제우스로서 아몬이 대단히 중요하게 되었다는 것은 사실이지만, 이집트가 황소 숭배를 포기한 후 그 숭배의 중심지 역할을 크레타가 맡게 되었다. 이것은 주변부 지역은 중심부에서 포기한 문화의 국면을 보존한다는 문화의 일반적 경향에 맞는다. 예를 들어, 불교가 스리랑카·동남아시아·네팔·티베트에서는 살아남아 있지만, 정작 기원지인 인도에서는 그렇지 않다. 그리스도교도 마찬가지인데, 유럽과 동아프리카에서는 살아남았지만 발생지인 시리아-팔레스타인, 이집트에서는 주요 종교가 아니다.

크레타의 황소 숭배가 이집트로부터 도입되었다는 것은 거의 확실한데, 크레타 왕궁과 근동 왕궁 사이의 건축학적·사회적 유사성, 그밖의 많은 숭배의식적·도상학적 유사점 등을 보면 전前왕궁기 크레타로부터 원原왕궁기 크레타로의 문화적 '도약'이 동시대 근동에서 받은, 적어도 간접적인 자극의 결과라는 점은 명백하다. 이는 분명히 이 지역에서 이집트의 수위권首位權의 재확인과 연결되어 있었다. 나는 또한 라다만티스의 전승과 고고학적 증거는 기원전 21세기 남에게해권에서 이집트 종주권의 가능성을 시사한다고 믿는다.

제5장과 제6장은 제12왕조의 파라오 센워스레 1세(그리스인은 세소스트리스라고 불렀다)의 '정복'과 관련되어 있다. 헤로도토스와 후기 그리스 저자들은 그의 정복에 관해 길고도 자세히 묘사했다. 그와 그의 군대는 아시아, 남부 러시아의 초원지대인 스키티아를 가로질러 코카서스까지 원정했던 것이다. 인도까지 이르렀던 알렉산드로스 대왕의 정복 이후 저자들은 세소스트리스가 그만큼 멀리 갔었다고 주장했다. 기원후 18세기 이래로 학자들은 이 모든 기록을 깎아내렸고, 대부분의 학자가 오랫동안 센워스레를 세소스트리스와 동일시하는 것을 꺼렸다. 학자들의 편향적인 주장에 따르면, 이러한 기록은 분명히 국가적 영웅을 찾아내려는 이집트의 시도에서 나온 것이고, 헬레니즘시대 시실리 사람 디오도로스가 과장했다는 것이다. 그 국가적 영웅의 정복은 키루스 대왕과 같은 페르시아 지배자의 정복을, 그리고 알렉산드로스 같은 마케도니아 지배자의 정복을 능가할 수 있어야 했다는 것이다. 오늘날 학자들이 의심을 품게 된 원인은 문명화된 아프리카 군대가 서남아시아만이 아니라 유럽에서도 정복의 중요한 성과를 거두었다는 것을 받아들이기가 어려운 데 있었다. 그러한 생각은 19세기 후반과 20세기의 체계적인 인종주의에 정면으로 대드는 것이었다.

20세기 중반에 이르면 비문 증거와 고고학에 근거해 제12왕조 동안 시리아-팔레스타인이 이집트 '제국'의 일부였다거나 또는 적어도 영향권이었다는 것이 일반적으로 받아들여졌다. 그런데 그 후 의구심이 일더니만 일부 학자는 그 존재를 의심하는 지경에 이르렀다. 레반트에 이집트 기지가 없다면 센워스레/세소스트리스의 정복은 의문거리조차도 되지 않는 완전한 허구가 되는 셈이었다.

시리아-팔레스타인에 대한 제12왕조의 '제국적' 통치를 주장하는 학자들은 멤피스 또는 오늘날의 미트 라히네 마을에서 비문을 발견하고 아직은 완전하지는 않다 하더라도 대체적으로 해독해낸 결과 지지를 얻게 되었다.

그 비문에는 센워스레 1세와 그의 후계자 아메넴하트 2세가 이끈 육지와
바다를 통한 많은 주요 원정이 기록되어 있었다. 일부 원정대는 아프리카
의 누비아, 더 남쪽에 있는 쿠쉬로, 북쪽으로는 아시아로 진군해 시나이와
레바논에 이르렀고, 훨씬 북쪽에 있는 세체트[Stt]라는 지역에도 이르렀다.
세체트는 후대에 그리스인이 말하는 '아시아'와 동일시되었다. 이전의 이
집트 사료에서는 이름이 알려지지 않은 많은 도시들이 파괴되었다. 원정대
는 이집트로 상당한 약탈품을 보냈는데, 두드러진 것은 포로와 금속(금속
중에서도 특히 납과 은)이었다.

원로 학자인 조르주 포제네는 중왕국 이집트의 연구, 특히 서남아시아
와의 관계 연구에 생애를 바쳤는데, 그는 미트 라히네 비문을 시리아-팔레
스타인에서 중왕국의 종주권에 대한 그의 강한 믿음을 뒷받침해줄 강력한
증거로 여겼다. 그는 이스라엘 고고학자 라파엘 기베온의 지지를 받았다.

한편 예견할 수 있었던 일이지만, '제12왕조의 제국'이라는 생각에 반대
했던 미국의 이집트학 학자로서 이집트는 레바논 사람들을 통해서만 외부
와 접촉하였음을 주장하는 윌리엄 워드는 미트 라히네 비문이 제19왕조에
서 새긴 것이며 가정되는 사건들이 일어난 지 700년이나 후에 새긴 것이므
로 증거로서 사용할 수 없다고 주장했다. 그런데 저명한 독일의 이집트학
학자인 볼프강 헬크는 처음에는 서남아시아에서 광범위한 중왕국의 활동
이라는 견해에 반대하다가, 미트 라히네 비문의 증거를 포제네가 사용하는
것에 확신을 얻고는 그 증거를 제12왕조 때의 것으로 받아들인다. 그는 또
한 그 원정지역이 키프로스와 남아나톨리아에 이르는 먼 곳까지 망라했다
고 주장했다.

헬크보다 한 걸음 더 나아가서 나는 미트 라히네 비문이 그리스 저자들
이 보고한 세소스트리스의 광범위한 정복의 역사성 문제를 다시 제기했다
고 주장한다. 사실 그 비문이 없다 하더라도 그러한 수정은 시작될 수 있는
것이다. 앞에서 기술했듯이, 나는 고대 사료들이 한 곳으로 모일 수 있는
내용을 담고 있고 고대에 논쟁의 여지가 없었으므로 고대 사료가 이야기하
고 있는 것을 연구가설로 취해야 한다고 믿기 때문이다.

그리스 저자들의 개연성 여부를 평가하기 전에 가능한 한 그들의 주장
을 구체적으로 따져볼 필요가 있다. 예를 들어, 헤로도토스가 '세소스트리

스는 대륙 아시아를 가로질러 진군했다'고 보고할 때 그는 세소스트리스가 추코트카(역주: 러시아의 가장 북동지역)와 베링 해협까지 멀리 가로질렀다는 것은 믿지 않았음이 분명하다. 사실 고대 저자들은 세소스트리스가 인도까지 갔다는 디오도로스의 주장에는 반기를 들었다. 이러한 맥락에서 헤로도토스가 '아시아'를 언급했을 때 그것은 분명히 오늘날 소아시아 또는 터키라고 부르는 곳을 뜻했다. 이 경우 세소스트리스의 원정이 아나톨리아를 통과해 흑해의 북쪽 부근 코카서스까지 간 것으로서 보아야 한다. 3,000여 마일에 달하는 그 원정로는 2,000년 동안 기억될 만한 가치를 지닌 인상적인 거리이다. 그것은 알렉산드로스 대왕의 진군로보다 상당히 짧지만, 중국 공산당이 도보로 행한 대장정의 거리와는 견줄 만하다. 물론 대장정은 세소스트리스와 알렉산드로스의 진군과는 달리 안정된 국가로부터의 지원과 바다를 통한 보급을 받지 못했지만 말이다.

제5장은 연표에 관한 두 부분을 포함한다. 한 부분은 세소스트리스의 연표에 직접 관련된 것은 아니지만 중요하다. 왜냐하면 고고학의 '과학적' 근거를 확립하려는 고고학자들의 소망에 의해 야기된 어려움을 탁월하게 설명할 수 있기 때문이다. 그것은 이집트 연표에 관련된 것인데, 이집트 연표는 20년 전까지 중동의 나머지 지역 및 에게해권 연표의 근거였다. 이집트만이 3천년기 또는 그 이전으로 거슬러 올라가는 왕들과 치세기간의 목록을 갖고 있기 때문이다. 이 목록은 완전하지 않고 때로는 서로 모순되기도 하다. 그리고 강력한 왕조들 사이에는 소위 '중간기'가 있었는데, 이 시기에 이집트의 정치적 혼란이 역사기록 및 연표에도 혼란을 가져왔다. 그렇다고 하더라도 제12왕조 때의 천문학적 연대 설정의 도움으로 대부분의 학자는 제1왕조가 기원전 3400년경에 시작되었음을 받아들였다.

기원후 20세기 중반 이집트학 학자들과 고대사가들은 그들의 학문분과와 자신을 위해 '과학적' 지위를 확립하려는 강한 욕구가 있었다. 이를 달성하기 위한 가장 간단한 방법은 의문을 품고 신중한 태도를 취하는 것이라고 생각하였다. 그럴듯한 주장은 허용되지 않았고, 머리 속에서만 추론한 것이 아님을 보이는 게 절대적으로 중요했다. 회의懷疑와 신중함은 특히 공간과 시간에 적용되었다. 고대인의 지리적 활동 범위를 제한하려는 경향이 강했고, 연표를 낮추어 잡으려는 경향은 더 강했다. 치세 범위 중에서 가장 짧은 길이를 취함으로써, 그리고 파라오가 후계자와 옥좌를 나눈 공통 통치기간 또는 겹치는 왕조를 주장함으로써, '새로운 과학적' 학자는 제1왕조의 개창을 기원전 29세기까지 낮출 수 있었다. 그러나 후에 이러한 급진적 경향에 대한 반발이 있었고, 타협이 이루어져 기원전 31세기에서 그러니까 옛 학설보다 200-300년 늦은 선에서 정해졌다.

지난 20년간에 걸쳐 '사실적인' 자연과학자들이 등장했고, 그들은 편견이 없는 열린 마음으로 이제는 그들의 방식이 먹혀들 수 있는 그 문제를 풀기 원한다. 방사성탄소 동위원소와 그밖의 기술로 측정한 연대가 고고학의 정통론에 근거한 예상 연대보다 훨씬 이르게 나오는 경향을 보이자 그들은 어느 누구보다도 놀랐다. 그런데 5장의 연표 부분에 대해서는 아직 치열한 논쟁이 벌어지고 있다.

1979년 재기 넘치지만 상식을 벗어난 고고학자 제임스 멜라트(그의 동료들은 그를 '건전치 않은' 학자로 여겼다)는 연표에 관한 논문을 게재했는데, 그는 도발적이게도 방사성탄소 동위원소 연대측정에서 나온 새로운 데이터에 맞추고자 근동 연표의 전반적인 상향 조정을 요구했다. 그 논문은 즉각 고고학자들에 의해 자료의 부분적 선별과 왜곡을 이유로 논박되었다. 논박은 성공했지만, 현상의 방어는 길지 않았다. 한동안 방사성탄소 실험실은 연대 설정에서 '실수'를 계속 만들었고, 그 후 '올바른 이해에 다다랐다'는 생각이 들 때까지, 즉 정통론의 연표에 맞는 연대를 발견할 때까지 실수가 반복되었다. 흥미로운 것은, 비록 이러한 '실수들'의 일부가 중심 연대로부터 벗어나기는 했지만 기원전 3천년기와 4천년기에 관련된 대부분의 연대 측정은 200-500년의 차이가 있을 정도로 '너무나도 높은' 연대이었기 때문에 심각하게 받아들여지지 않았다는 점이다. 한 저명한 실험실의 경우 이러한 '실수'는 수년간 지속되다가 마침내는 '정정'되었고, 고고학자들은 유적지의 연대 책정을 이전보다 1-2세기 낮추라는 신중한 조언을 들었다. 그런데 '실수'에 대해 또는 정정의 근거에 대해 어떠한 설명도 없었다.

1980년 후반 텍사스와 스위스로부터 온 일단의 과학자들은 수많은 피라미드에서 80개의 새로운 탄소 표본을 수집했고, 분석한 결과 고왕국 파라오들의 연대를 얻게 되었는데, 그것은 정통론이 말하는 연대보다 평균 374

년 더 일렀다. 사실 이것은 멜라트가 제안한 연대보다 더 높고, 그의 주장을 강력하게 뒷받침해 주고 있었다.

이러한 이유에서 나는 20세기 초의 전통연표로 멜라트가 되돌아간 것을 받아들인다. 그 연표에 따르면, 제1왕조는 기원전 3100년이 아니라 3400년에 시작되었고, 고왕국의 첫 번째 왕조인 제3왕조는 『캠브리지 고대사』가 말하는 기원전 2686년이 아니라 3000년경 건국되었다. 에게해권 도기연대는 이집트 연표를 근거로 계산되기 때문에 전통연표에 따르다면 전기미노아 I /전기헬라스 I의 시작을 기원전 3000년에서 3300년으로, 전기미노아 II / 전기헬라스 II의 시작을 기원전 2500년에서 3000년으로 다시 올려야 한다.

멜라트는 고왕국 연대의 상향 조정은 필연적으로 중왕국 연대의 상향 조정을 수반해야 한다고 주장했는데, 이는 결국 모든 초기 이집트 연표가 근거했던 제12왕조의 천문학적 연대를 포기하자는 것이었다. 반면에 그는 신왕국과 관련된 전통적인 연대를 받아들였는데, 그도 신왕국이 기원전 1567년에 시작한 것으로 보았다. 그가 고왕국의 시작을 이르게 잡으면서도 신왕국의 시작을 기원전 1567년으로 잡을 수 있었던 것은 제2중간기를 늘렸기 때문이다.

제2중간기의 연대결정과 지속기간은 제8장에서 길게 논의될 것이고, 이것에 대한 전통적인 견해에는 몇 가지 문제점이 있다는 데는 의문의 여지가 없다. 그렇다고 하더라도 나는 제12왕조의 천문학적 연대를 포기하는 것은 매우 못마땅한데, 그것은 탄탄한 근거를 갖고 있는 것으로 보이기 때문이다. 멜라트가 중왕국과 신왕국 사이에 있는 제2중간기를 확장했다면, 나는 고왕국와 중왕국 사이에 있는 제1중간기를 연장하는 것이 더 낫다고 생각한다. 지난 70년간에 걸쳐 제1중간기는 특히 급격하게 압축되었는데, 왜냐하면 '매우 말랑한' 시기로서 그 시기의 축소나 배제는 제1왕조와 고왕국의 시작 연대를 낮추는 데 가장 손쉬운 방법이었기 때문이다. 나는 고왕국의 연대는 수정하지만, 중왕국과 신왕국의 연대에 관해서는 전통론을 받아들인다.

멜라트의 연대 올리기는 이집트에 국한되지 않았다. 그는 방사성탄소의 연대 측정에 따라 기원전 4천년기와 3천년기의 메소포타미아 연대도 올려야 한다고 주장했다. 이는 두 지역 사이의 동시대사건이 유지되는 것을 허용한다. 여기에서 그의 견해는 통계학자인 피터 후버의 과학적인 연구에 의해 부분적으로 지지되었다. 후버는 기원전 2천년기 초를 연구했다. 이것을 근거로 삼아 그는 소위 중간 및 낮은 연표는 이 자료들과 맞을 수 없으나 '긴' 연표는 그것과 참으로 잘 맞았음을 제시했다. 여기서의 '긴' 연표 long chronology는 훨씬 더 높은 '높은' 연표high chronology(20세기 초 학자들이 사용하고 멜라르트가 주장한 연표)와 혼동되어서는 안 된다.

방사성탄소 동위원소에 관해 연구하는 과학자나 기술자와 달리 후버에게는 선입견이 없었다. 그는 자신의 연구 결과가 높은 연표가 되든지 낮은 연표가 되든지 개의치 않았고, 그 문제를 단지 흥미 있게 풀 수 있는 퍼즐로 보았다. 후버의 불편부당함을 고고학자들은 지니지 못하였는데, 그들은 연표를 몇 십 년 내려왔던지라 그의 발견을 거부한다. 그런데 이제 그들의 견해는 아나톨리아에 있는 한 왕궁에서 나온 자료에 근거한, 미출간되고 검증되지 않았던 연대들로 강화될 수 있는 것 같다. 그 연대들은 중간 연표를 그리고 아마도 낮은 연표도 지지하는 경향이 있다. 이처럼 모든 종류의 연표가 옳을 수 있는 가능성이 있다.

만약 '긴' 연표를 받아들인다면 기원전 20세기 후반과 19세기 전반에 한편으로는 이집트, 레반트, 남에게해에서 평화와 번영이 있었고, 다른 한편으로는 아나톨리아, 발칸, 코카서스에서 잦은 파괴라는 현저한 대조가 있었던 것 같다. 오늘날의 고고학적 전통에 따라 그 파괴는 이 지역에서 전기 청동기시대가 끝났음을 의미한다. 이 파괴는 일반적으로 북쪽의 침입에 기인한 것으로 본다. 그런데 아나톨리아와 발칸에서는 특정한 '북쪽의' 유물이 파괴 면에서 발견되지 않았지만, 아나톨리아에서는 제12왕조 이집트의 유물이 소수 발견되었다. 이러한 시나리오는 중간 연표 및 짧은 연표와는 조화되기가 힘든 것이었다.

'긴' 연표가 옳을 가능성과 이 파괴들이 이집트 원정의 결과일 가능성은 아메넴하트 2세 치세의 보물창고의 발견으로 강화되었다. 그것은 테베 바로 남쪽 토드Tôd에 있는 만추 신전에서 발견되었다. 그것은 수많은 아나톨리아의 은 용기와 청금석(라피스 라줄리)으로 만든 원형 인장을 포함하고 있는데, 그 인장의 재료는 아프가니스탄에서 채굴되었으나 메소포타미아에서 새겨지고 아마도 하나는 아나톨리아에서 새겨졌을 것이다. 사실 이 모든 유물의 가장 그럴듯한 출처는 중앙 아나톨리아이다. 메소포타미아의 인장은 아마도 아시리아 교역인을 통해 아나톨리아에 이르렀을 것이다. 아시리아 교역인이 기원전 20·19세기에 아나톨리아에 존재했다는 것을 알고 있기 때문이다.

토드의 보물창고는 아나톨리아와 이집트 사이에서 이루어진 교역의 결과일 수도 있다. 그런데 그것이 특히 세체트Stt와 연관된 정복의 신 만추의 신전에 안치되었다는 것은 그 봉헌물이 전쟁으로 획득한 약탈품일 가능성을 더욱 크게 한다. 이 가설은 세체트로부터 토드에 있는 만추 신전으로 약탈품을 선물로 보냈다는 미트 라히네 비문의 기록으로 더욱 강화된다. 이처럼 고고학은 세소스트리스가 소아시아로서 이해되고 있는 '아시아'를 정복했다는 고대의 주장을 뒷받침하고 있다.

오늘날 불가리아로 불리는 고대 트라키아의 증거는 덜 명확하다. 기원전 20세기 후반 그리고 19세기 초에 확실히 대규모의 파괴가 있었고, 발칸에서만 얻을 수 있는 많은 보석과 준準보석이 처음으로 제12왕조의 이집트에 나타났다. 물론 이것은 장거리 교역을 통해 얻은 것일 수 있다. 파라오가 이 지역을 정복했을 가능성이 있지만, 아나톨리아의 경우만큼 강력한 증거가 그 근처의 어느 곳에도 없다. 스키티아 또는 남러시아 스텝에서의 증거는 더욱 희소하다. 비록 그때 그 지역에 다수의 유목민이 거주하고 있었으므로 증거를 확보하기 더 어렵지만 말이다.

코카서스 정복에 대한 사실 여부를 조사하기 위해서는 제6장에서 또 다른 증거를 살펴볼 것이다. 그것은 후기의 전승이다. 헤로도토스는 흑해 동안에 사는 콜키스의 주민이 그곳에 주둔했던 세소스트리스 군 병사의 후손이라고 믿었다. 그는 여러 가지 요소를 그의 주장의 근거로 제시했는데, 이에는 콜키스인들이 주장하는 자신들의 기원, 그리고 머리에 달라붙는 곱슬머리(특히, 곱슬머리는 헤로도토스가 이들이 이집트인이라는 것을 확인한 근거였다)를 지닌 흑인이라는 점이 포함되어 있다. 이것의 사실 여부를 떠나서 우리는 중왕국 병사의 모습에서 그들이 이집트인만이 아니라 전형적인 누비아인을 포함하고 있었다는 것을 알고 있다.

콜키스인의 기원에 대한 헤로도토스의 견해는 많은 후기 저자에 의해 받아들여지고 확대되었다. 그 가운데 가장 주목할 만한 사람은 로도스의 아폴로니오스인데, 그는 기원전 2세기 알렉산드리아의 대도서관에서 근무한 대단히 박학한 사서였다. 아폴로니오스의 서사시 『아르고 호 이야기 *Argonautika*』는 황금빛 양털을 쫓아 아르고 선船이라는 마법의 배를 타고 영웅들을 선원으로 삼아 콜키스까지 간 이아손의 이야기이다. 서사시에 묘사된 흑해의 남안과 동안에 살던 여러 민족에 관한 많은 정보는 아폴로니오스 자신의 시대가 아니라 훨씬 이른 시기의 것으로 확인되었는데, 이는 그가 정확한 사료에 접근할 수 있었음을 짐작케 한다. 이집트인은 콜키스인과는 달리 두 나라 사이의 관계를 알지 못했다고 헤로도토스는 말하고 있지만, 그가 지나치게 신중했던 것으로 보인다. 『아르고 호 이야기』의 긴 구절 하나에 따르면, 그리스라는 나라가 생겨나기도 전에 콜키스는 이집트 파라오에 의해 건국되었다. 이 구절과 콜키스 문화에 관해 보고된 많은 자료는 헤로도토스의 묘사를 확인해주고 있다. 콜키스인의 전승이 본질적으로 정확하다고는 할 수 없더라도, 적어도 기원전 5세기 콜키스인은 자신이 세소스트리스의 군대 출신 병사들의 후손이라고 믿고 있었던 것이다.

좀 더 놀라운 사실은 오늘날에도 수쿠미 휴양지 근처에 사는 지역 인구 중에 아열대 해안에서 유입된 아프리카의 흑인이 있다는 사실이다. 스탈린은 이들을 분산시키고 인종 간의 결혼을 강제하려고 했지만, 이들은 여전히 압카즈어라는 코카서스 방언을 사용하는 이슬람교도로 살아남았다. 그들의 일부 조상이 좀 더 근래에, 즉 그 지역이 터키의 관할 하에 있었을 때 이주했다는 데는 의문의 여지가 없다. 오늘날 검은 피부를 가진 흑해 연안의 인구는 17세기까지, 그리고 검은 피부를 가진 고대의 인구는 기원후 4세기까지 거슬러 올라갈 수 있다. 그러나 이러한 시간 간격은 헤로도토스와 세소스트리스 사이의 간격보다 크지 않으니(역주: 기원후 17세기와 기원후 4세기 사이의 간격 대對 기원전 20세기와 기원전 5세기 사이의 간격), 압카즈 및 그루지아의 학자들이 받아들이듯이 연속의 가능성을 배제할 수 없다.

다른 지역에도 위대한 이집트 정복자의 흔적을 나타내는 전통적 징표가 있다. 레반트·후루·아나톨리아의 천둥 신인 지역 순으로 바알, 테슈브, 타르쿤의 2천년기 그림은 중왕국 이집트 파라오의 이미지에서 크게 영향을 받았다는 것은 의심의 여지가 없다. 가장 눈에 띄게 닮은 점은 상이집트의 백색 왕관과 비슷한 높은 모자인데, 투구 같은 그 모자는 때로는 이마의 위치에 장식된 수호신 뱀 우레우스uraeus(역주: 그리스어로는 우레오스οὑραῖος)의 이미지로 복잡해지기도 한다. 그런데 신의 이미지와 파라오의 이미지 사이에는 발의 위치라든가 자세 등에서 주목할 만한 유사점이 있다. 헤라클레스의 모습에 중왕국 파라오가 영향을 미쳤을 가능성이 제기되었고(2장 참조), 헤라클레스와 청동 몽둥이를 내려치는 신들 사이의 연계도 고려되고 있다.

알렉산드로스에게 큰 영향을 미쳤던, 동방을 문명화하기 위한 오시리스/디오니소스의 원정 전설은 적어도 부분적으로라도 세소스트리스의 승리가 에우헤메로스화化(위대한 사람이 신으로 되었다는 의미)된 것으로 보인다. 또한 둘 사이에는 직접적인 관계가 있었다. 그 당시 이집트인이 알렉산드로스를 새로운 세소스트리스로 여겼다는 것은 명백한 것 같고, 알렉산드로스의 죽음 직후 시작된 그의 전설은 처음에는 헬레니즘시대에 퍼져 있던 세소스트리스에 관한 대중적 이야기와 서사시에 근거해 기본형이 만들어졌던 것으로 보인다. 사실 헤로도토스와 여러 그리스 저자들이 보고했던 세소스트리스의 이집트 전승은 매우 오래된 것이었다. '오시리스의 정복'은 제18왕조부터 입증된다.

헤라클레스와 디오니소스 신화 속에 세소스트리스의 정복에 관한 이야기가 간접적으로 반영된 것일 수도 있다. 이외에도 그리스의 두 토착 전승도 그럴 가능성이 있는데, 그 중 하나는 아테네를 건국한 이집트 사람 케크롭스Kekrops의 전승이다. 케크롭스라는 이름은 세소스트리스의 대관식 이름 praenomen 케페르카라Ḫpr K3rꜥ 또는 그의 증손자 세소스트리스 3세의 대관식 이름 카카우라Ḫꜥ k3w Rꜥ에서 왔을 가능성이 있다. 아테네는 라우리온 광산에서 가까웠는데, 그 광산은 제11왕조 이집트에 은을 공급하고 있었다. 이처럼 아티카에 이집트인이 정착한 것은 세소스트리스의 군사적 행동 방식에 맞는 것 같고, 그 주요 동기는 금속을 얻는 것이었다. 이것은 제3권에서 더 논의될 것이다.

제12왕조의 정복을 담고 있을 또 다른 민속적 기억은 흑인 영웅 멤논의 활동에 관한 전승이다. 서사시 전승에 따르면, 트로이 전쟁에서 프리아모스 왕을 도우러 온 멤논을 호메로스는 '트로이에서 가장 잘 생긴 자'라고 묘사했다. 멤논의 전승은 북서 아나톨리아에서 가장 자주 나오는데, 그곳에서 그는 여인네들과 새들이 애도하는 오시리스적인 풍요의 신으로 그리고 헤로도토스가 세소스트리스와 견준 정복 영웅으로 받아들여졌다.

그리스인이 멤논을 에티오피아인으로, 즉 흑인으로 보았다는 데는 의심의 여지가 없다. 그런데 그리스인이 두 민족을 '에티오피아인'으로 보았기 때문에 혼란이 생긴다. 이집트 남쪽의 에티오피아인, 그리고 메소포타미아와 페르시아 만 동쪽에 있는 고대 왕국 엘람의 주요 주민이던 에티오피아인 또는 '흑인'이 그들이다. 엘람 문명은 셈 문명과 메소포타미아의 수메르인의 문명만큼 오래되었다. 엘람의 언어는 오늘날 남인도에 가장 강하게 남아 있는 드라비다어족에 속하며, 엘람 인구 중에 '니그로' 유형의 흑인들이 있었기는 하지만 대다수는 남인도 유형의 흑인이었던 것으로 보인다. 고전기 시대에 페르시아의 지배를 받던 엘람인은 멤논을 민족적 영웅으로 여기고 있었으며, 그가 '새벽'에서 그리고 동방에서 왔다는 강한 그리스 전승이 있었다.

반면 멤논이 아프리카 에티오피아인이었고 나일 계곡과 연관되어 있다는 동일하게 강한 전승이 있다. 멤논은 나일 강을 끼고 테베 건너편에 있는 아멘호테프imn ḥtp 또는 아멘호트페Amenḥotpe 3세의 유명한 거상을 가리키는 그리스식 이름이었다. 그런데 그 거상에는 그것을 아메노트Amenoth와 파메노트Phamenoth라고 명명한 그리스어 낙서도 있는데, 이는 아멘호트페의 이름을 알고 있었음을 나타내는 것으로 볼 수 있다.

그런데 멤논이라는 이름이 아멘호테프imn ḥtp로부터 온 것이 아니라 아메넴하트imn m ḫ3t(역주: imn m ḫ3t의 이집트식 발음은 아메넴하트이고, 그리스어식 또는 마네토식 발음은 암메네메스이다. 여기서는 아메넴하트로 통일하였다)에서 왔다는 분명한 징표가 있다. 아메넴하트라는 이름은 세소스트리스의 아버지와 아들의 이름인데, 그 이름은 미트 라히네 비문과 그밖의 전거에서 언급된 세소스트리스의 정복과 관련되어 있다. 우리는 또한 제12왕조 왕가가 남쪽의 상이집트에서 왔고 누비아인 선조를 두고 있었다는 것을 알고 있다. 이처럼 멤논이라고 불리는 정복자 흑인 영웅이 동쪽에서 북서 아나톨리아에 도착했다는 전승은 세소스트리스의 아들이자 후계자인 아메넴하트 2세가 이끄는, 아나톨리아를 가로지른 역사적인 이집트의 원정과 명확하게 맞아떨어진다. 호메로스(또는 그가 끌어다 썼던 전승)가 기원전 19세기의 영웅을 기원전 13세기의 트로이 전쟁의 영웅으로 삼으면서도 왜 아무런 가책을 느끼지 않았는가에 대한 이유는 없다. 베르길리우스 역시 카르타고의 건국자인 기원전 9세기의 디도Dido를 트로이가 몰락할 때의 인물로 삼고 있지 않는가. 또한 사실이든 픽션이든 멤논이라는 인물이 원형 영웅이 되어, 아메넴하트 2세 이후 700년이 지났을 때 미케네의 한 왕은 아직도 '위대한 멤논'이라는 의미인 아가멤논이라는 이름을 사용했다는 것은 명백하다.

이처럼 넓은 지역에 걸쳐 나온 많은 고고학적·도상적·전설적 현상을 현재로서는 설명할 수 없다 하더라도, 만약 그리스인의 보고와 미트 라히네 비문의 기본적인 진실을 받아들인다면, 이것들은 함께 엮여져 의미를 구성할 수 있다. 만약 내가 제안한 방식으로 받아들인다면, 세소스트리스의 원정에 내재적으로 불가능하거나 그럴듯하지 않은 것은 없다. 사실 그 근본적인 역사성을 받아들이기를 거부하는 것이 더 성가신 일이 될 것이다.

비록 그리스인의 기록과 전설이 세소스트리스의 정복을 재구성하는 데 치중했더라도, 그 전설에는 그 파라오가 그리스에 왔다는 어떠한 언급도 없다. 이는 이집트 사람 케크롭스에 관한 이야기와는 분명히 구분된다. 그리고 멤논에 관한 전설의 초점은 그리스가 아니라 북서 아나톨리아에 맞추어져 있다는 점이 인상적이다.

제7장의 주요 관심은 크레타 북쪽 약 110킬로미터 떨어진 곳에 있는 테라 화산의 대폭발 연대를 재설정하는 것이다. 연대 재설정은 여러 가지 이유로 중요하다. 연대 재설정이 중동의 영향이 더 이른 시기부터 있었다는 것을 보여줄 수 있고, 고고학의 연대와 문헌사료의 연대를 거의 일치시킬 수 있기 때문이다. 또한 테라 폭발의 연대 재설정은 학자들이 새로운 증거가 품고 있는 뜻을 직시하기보다는 어떤 방식으로든 기존 이론을 고수하려 애쓴다는 사실을 보여주는 또 다른 사례연구를 제공한다. 제1권에서 나는 기원전 1500년 또는 1450년이라는 전통 연대보다는 위험을 무릅쓰고 기원전 1628-1626년의 연대를 받아들였다. 그렇게 한 이유는 이른 연대가 미국 서부와 아일랜드의 나이테 형성에 나타나 있고, 그것이 탄소14로 측정한

결과와도 잘 맞아떨어지기 때문이다. 이른 연대는 또한 이집트 기록의 부재(역주: 이 시기에 힉소스는 하이집트를, 이집트인들은 상이집트를 차지하고 있었다)를 설명할 수 있는데, 이집트의 기록은 기원전 1500년과 1450년 사이에 관한 것은 많이 담고 있는 반면, 기원전 17세기 후반에 관한 기록은 없다. 특히 나는 늦은 연대가 다음과 같은 육감에만 근거하고 있다는 것을 알게 되었다. 즉, 폭발이 크레타에서 미노스 지배의 파멸의 원인이자, 그 섬에 대한 미케네 그리스인의 승리(이집트 기록으로 크레타에서 그런 일이 일어난 때가 기원전 1450년경이라는 것을 알고 있다)의 원인이었을 것이라는 육감 말이다.

내가 제2권을 발간한 이후 높은 또는 이른 연대를 지지하는 더 많은 증거가 나타났다. 그러한 증거는 독일과 영국에서의 나이테로부터 나왔고, 특히 그린란드 만년설에서 겨울의 강설과 여름의 해빙에 의해 남겨진 층들을 연구하면서 나왔다. 그 층들은 테라 유형의 폭발에서 예상할 수 있는 산도酸度의 급격한 증가가 기원전 1640년경에 있었음을 보여주고 있다. 이 미량의 얼음이 기원전 1500-1450년 설에 결정타를 가했고, 청동기시대 에게해권을 연구하는 거의 모든 고고학자들은 이제는 기원전 17세기 설이 옳다는 것을 받아들인다.

제7장의 한 절에서는 여러 논쟁을 검토하면서 고고학자들이 매우 객관적인 반대 증거를 마주하고서도 박약한 가설에 그다지도 오래 달라붙어야만 하는 이유를 찾아보고자 했다. '누구도 실수를 저지를 수 있다'라는 말에 비추어 보면, 그러한 검토는 일반적으로는 악의를 띤 것으로 여겨질지도 모르겠다. 그래도 검토를 하려는 나의 목적은, 첫째로 가설을 그러한 방식으로 구체화하는 것에 대해 경고하고, 둘째 그렇게 만들어진 기존 학설이 대가를 치르게 하기 위해서이다. 학계에 끼친 누累(commission)는 오늘날 맹렬히 비난받고 있지만, 현상을 무비판적으로 수용하기 위해 다른 학설을 빠뜨리는 누락漏落(omission)에 대해서는 매우 관용적이다. 나는 두 가지 실수에 대한 처벌의 불공평함을 줄이기 위해 내가 할 수 있는 것을 할 것이다.

제7장의 후반부는 폭발에 관한 민속적 기억을 보존한 것으로 보이는 세 가지 전승과 관련이 있다. 첫 번째는 성서이다. 「출애굽기」에서 이집트로

부터 이스라엘 사람들의 출발에 연계된 많은 현상은 화산 활동을 강력하게 시사하는 것으로 오랫동안 여겨졌다. 그 현상은 '느껴질 수 있을 정도의 어둠'이고 낮에는 '구름 기둥'이고 밤에는 '불의 기둥'이다. 특히 홍해가 갈라졌다가 돌진하며 되돌아와 파라오의 군대를 익사시키는데, 이는 테라 폭발의 결과로서 이집트 및 팔레스타인의 지중해 해안에서 일어났던 것으로 여겨지는 화산 폭발로 인한 파도 또는 지진해일(쓰나미)의 효과와 놀라울 정도로 유사하다.

기원전 1450년이나 1500년보다 기원전 1628년으로 이 전설을 추적하는 것은 강력하고 오래된 가설(이집트에서 이스라엘인의 포로생활 또는 체류라는 성서적 전승이 이집트에서 힉소스 지배에 대한 민중 기억에 근거한다는)을 더욱 강화하는 경향이 있다. 그 기억에서 후기 이스라엘에 사는 사람들이 분명히 큰 역할을 했다. 힉소스의 추방이 기원전 1570년경, 곧 테라 폭발 50여 년 후에 일어났으므로 시간적 일치는 정확하지 않다. 두 가지 극적인 사건은 전설 속에서 융합되었던 것으로 보인다. 그렇다고 하더라도 기원전 1628년이 앞서 언급한 폭발의 늦은 연대보다 힉소스의 퇴각 시기에 더 가깝다. 이 지진 재앙이 이스라엘인에게 도움이 되었다는 생각은 그들의 신 야훼가 지진과 모든 종류의 자연계 혼란의 신이었다는 사실과 분명히 연계되어 있다. 야훼의 이집트 판인 세트에 대한 힉소스의 헌신은 이 숭배가 폭발보다 앞선 것임을 보여준다. 그런데도 그 폭발이 그러한 숭배를 강화시켰다고 가정할 충분한 이유가 있다.

고려해야 할 두 번째 전승은 「티마이오스」와 「크리티아스」에서 플라톤이 전하는 이집트-그리스의 전승이다. 이것은 아틀란티스에 관한 극적인 이야기와 묘사인데, 기원전 600년경 이집트의 수도 사이스를 아테네 정치가 솔론이 방문했을 때 들은 이야기라고 한다. 이야기에 따르면, 아틀란티스는 대서양의 풍요롭고 화려한 섬이었는데, 그 섬에서 왕들이 연합하여 이집트를 제외한 모든 아프리카를 그리고 아테네를 제외한 모든 유럽을 정복하기 위해 대군을 모았고, 아테네는 그들에 대해 영웅적으로 저항했고, 아틀란티스는 지진과 홍수에 의해 극적으로 파괴되었다는 것이다.

여기에는 지리적이고 역사적인 두 가지 융합이 있는 것으로 여겨진다. 오랫동안 학자들은 불과 물의 파괴와 테라 폭발 사이에 연관이 있을 것이라고 생각해왔다. 그러나 플라톤은 아틀란티스가 헤라클레스의 기둥(지브롤터 해협) 너머, 즉 대서양에 있었다고 아주 명백히 말하고 있다. 나는 플라톤의 글에 테라에 관한 언급이 있었다는 것과 '아틀란티스'라는 이름에서 기인하는 혼동이 있다고 생각한다. 나는 아틀란티스Atlantis, 아틀란틱Atlantic, 아틀라스Atlas(산맥과 거인의 이름이다)에서 발견되는 어간 '아틀라'가 이집트어 예트루itrw로부터 온 것이라고 주장한다(역주: 이집트어의 i는 대체로 자음 y의 음가를, 단어의 맨앞에서는 때로 ɜ의 음가를 지닌다). 그것은 나일 강의 이름이자 큰물을 가리키는 이름이며, 오케아노스Okeanos(대양)와 의미상 동일하다. 오케아노스라는 이름은 메소포타미아에 기원을 둔 것으로 보인다. 이처럼 아틀란티스가 바다의 이름이라면 지중해에 있는 테라의 배경이 될 수 있다. 비록 이것이 대서양 너머에 있는 아메리카라는 모호한 의미와도 연계시킬 수 있기는 하지만 말이다.

시간상의 혼동은 예트루itrw가 이집트어 얌ym(셈어 얌yâm[바다]에서 차용되었다)의 동의어라는 사실에 연계되어 있다. 얌은 기원전 12세기에 이집트를 공격했던 '바다의 민족들'을 지칭하기 위해 사용되었다. 플라톤의 한 구절은 아틀란티스로부터 발진된 침입을 문명세계에 대한 음모로 묘사하고 있는데, 그 구절은 '바다의 민족들'이 '자신들의 섬에서 (모의한) 음모'를 기술하고 있는 라메세스 3세의 비문을 놀랍도록 닮았다. 만약 헤라클레스 왕가의 복귀 또는 '도리스족의 침입'을 바다의 민족들의 침입에 뒤이은 에게해권 부족의 움직임에 연계시킨다면, 아테네는 실제로 북쪽 침입자에 저항했다. 비록 아테네가 세상을 이끌면서 그 저항으로 세상을 구했다는 주장은 과장이라 하더라도 말이다. 그렇다면 솔론의 이야기는 두 이야기(제2중간기의 화산으로 인한 테라의 파괴 및 힉소스의 발흥에 관한 이야기와, 제3중간기의 정치적 혼란에 관한 이야기)가 겹친 것으로 여겨진다.

그런데 흥미롭게도 제3중간기는 기원전 1159년 아이슬란드의 가장 큰 화산 헤클라의 세 번째 폭발로 말미암은 주요한 화산 사건을 포함했다. 아일랜드와 스코틀랜드의 고고학자들과 고古기후학자들은, 그 이전의 기간에도 명백히 삶의 조건이 악화되어가고 있었지만 헤클라 III의 결과로 북서 브리튼의 인구가 감소되었음을 보여주었다. 이러한 상황이 모든 곳에서 일률적이지 않았고 지중해권에서 비슷한 대재앙이 없었다 하더라도, 기후 유형은 유사했을 것이다. 기원전 13세기 말부터 기후가 악화되면서 이주와 소요가 일어났고, 기원전 12세기 중반 경에는 붕괴가 있었다.

　기원전 1628년과 1159년의 두 폭발은 중국에 좀 더 극적이고 지속적인 효과를 미쳤던 것으로 보인다. 7장은 중국에서의 사건을 담고 있는데, 중국계 미국 과학자 케빈 팽의 흥미로운 기후 연구에 초점을 맞춘다. 팽과 그의 동료들은 지난 4,000년간의 기상 기록을 확립하는 과정에서 중국 자료를 사용했다. 기원전 9세기 이후의 '비상한' 자연 현상(화산폭발의 결과로 보이는 것을 포함)의 묘사에 대해서는 연대를 상당히 정확하게 책정할 수 있다. 그러나 기원전 9세기 이전에 대한 연구는 어려움으로 가득 차 있는데, 왜냐하면 연대 설정에 상당한 논란이 있기 때문이다. 그런데 나는 하夏의 몰락을 기원전 17세기 말로, 상商의 몰락을 12세기 말로 책정하는 것이 가장 합당하다고 여긴다는 점에서 팽의 견해에 동의한다.

　연대의 전후 관계에 근거한 팽의 주요 논제는, 중국의 첫 두 왕조 하와 상의 몰락은 테라와 헤클라 III의 폭발에 연계되었다는 것이다. 그러므로 왕조의 몰락과 관련해 사료에 기록된 기이한 현상(두 개의 태양, 창백한 태양, 마른 안개, 여름의 서리 등등)의 상당수는 심각하게 다루어져야 한다. 최근까지 대부분의 학자는 초자연적인 사건에 관한 이러한 보고를 옛 왕조가 '천명天命'을 잃었으므로 새 왕조(새 왕조가 그러한 보고를 기록한다)에 의해 붕괴되는 것이 마땅하다는 것을 드러내려는 정치적 목적을 띠고 조작되거나 과장된 것으로 평가했다. 그러나 그 보고들은 진실을 담고 있는 것으로 보이는데, 수확하지 못하게 되면서 생겨난 경제적 결과만이 아니라 두 폭발로 말미암은 기상 '이변'이 실제적이었던 것으로 여겨진다. 비록 기상 이변이 하와 상이 몰락한 모든 원인이 아니라 할지라도 말이다(물론 사회적·경제적 요인도 있다).

　그 보고가 정확하다는 것이 그럴듯한 것은 하 왕조의 몰락과 상의 대두를 기술하는 문서의 근거가, 일반적으로 여겨지듯이 기원전 6세기 공자의 시대 즈음에서 연유한 것이 아니라, 훨씬 이르게 상 몰락 후인 기원전 12세기에서 또는 17세기에서도 연유할 수 있기 때문이다. 어느 경우이든 그것은 공자가 태어나기 500여 년 전 중국의 식자층이 '공자적' 견지에서 생각하고 있다는 것을 가리킨다. 따라서 자신을 원래의 저자가 아니라 전달자라고 주장한 공자의 말은 심각하게 고려되어야만 한다.

이러한 연대 재설정은 좀 더 광범위한 결과를 야기하는데, 그것은 '기축 시대Axial Age' 이론을 떠받치는 '다리들' 중 하나를 제거하기 때문이다. 이에 따르면, 우연히 또는 섭리에 의해 비상한 것이 기원전 6세기와 5세기에 세계적으로 발생했다. 즉, 바로 그때 진정한 종교, 철학, 과학이 시작되었다는 것이다. 중국에서 공자와 노자가, 인도에서 부처가, 페르시아에서 조로아스터가 활동했고, 바빌로니아에서 유대교가 창시되었는데 그중에서도 가장 중요한 것은 '그리스의 기적Greek Miracle'이었다. 그러나 공자는 기원전 12세기와 11세기 주나라 초기 문화에 확고히 기초했으며 훨씬 더 오랜 전승에 분명히 의존하고 있었던 것으로 보인다. 또한 부처는 힌두교에 반발했는데, 힌두교는 부처의 시대보다 3,000여 년 전부터 존재해왔던 것이다. 조로아스터는 기원전 2천년기의 사람이고, 성서는 대부분이라고는 말할 수 없다 하더라도 많은 부분이 기원전 6세기 훨씬 이전에 기술되었다. 그런데 기원전 6세기에 일어났던 유일한 '혁명'은 그리스의 혁명이고, 이것은 훨씬 더 이른 시기의 이집트 및 레반트의 종교적·철학적, 그리고 '과학적' 전승에 깊이 빚을 지고 있다고 나는 확신한다. 그리스를 상대적으로 내세우려는 속셈이 깔려 있다. '기축 시대'라는 개념은 그리스가, 다시 말해 유럽인이 세계 문화의 시초에 있었다는 것을 암시한다. 이에 따라 아시아와 아프리카의 위대한 청동기시대(여기에 서양 고전문명의 기술技術뿐만 아니라 정신과 이성도 근거하고 있다)는 부정되었고 부정되어야만 했다.

하와 상의 몰락에서 테라 및 헤클라 III의 폭발은 중차대한 장기적 효과를 미쳤던 것으로 보인다. 케빈 팽보다 한 걸음 더 나아가서 나는 대략 500년쯤 떨어진 두 폭발이 왕조 계승의 역사적 모범을 확립하는 데 중요한 역할을 했다고 주장한다(이러한 역사적 모범이 일본에서는 보이지 않지만). 또한 나는 천명天命이 거두어졌다는, 두 폭발이 담고 있는 명백한 신호는 중국과 베트남에서 '정통성이 없는 권위'에 대한 정당화된 반란의 전통을 확립하는 데 중요했다고 믿는다. 두 나라에서 천명의 전통은, 천명이 거두어질 수도 있다는 뿌리 깊은 가능성과 더불어, 봉기에 대한 강한 농민적 전통으로 받아들여져 그 일부가 되었다. 농민의 천년왕국운동이 대부분의 사회에서 존재했지만, 중국과 베트남에서 그것은 다음 세상이 아니라 이 세상에서의 정치적 변화 가능성에 연계되었다.

기원후 19세기 일본 학자들은 유럽의 용어인 '레볼루션revolution'의 번역어로 카쿠메이(천명의 철회)를 선택했고, 레볼루션의 한자 표기인 '革命'(역주: 革은 '[털을] 갈다'의 의미도 있다)은 중국의 전통적 개념과 서구적 개념을 연결하였다. 1940년대 후반 중국에서 국민당이 천명을 잃었다고 널리 받아들여졌음은 의심의 여지가 없으며, 천명을 받은 공산주의자는 사회적·민족적 혁명의 열기에 부응해 사회를 개조할 전통적인 허가권 또는 의무를 지니게 되었다. 바로 이러한 이중의 권위로 마오쩌둥과 그 지지자들은 대단한 속도로 성공적인 토지집단화를 완수하고 대약진운동과 유례가 없을 정도로 급진적인 문화혁명을 시작할 수 있었던 것이다. 이처럼 오늘날에도 중국은 여전히 3,500여 년 전 테라 폭발의 흔적을 지니고 있는 것이다.

제8장은 힉소스와 관련되어 있다. 북동쪽에서 온 힉소스는 중왕국 말엽 이집트에 침입하거나 침투해 기원전 1570년경 이집트-누비아의 제18왕조에 의해 쫓겨날 때까지 150여 년간 적어도 하이집트를 장악했다. 고려해야 할 첫 번째 문제는 연표인데, 이에 관한 이집트 기록은 매우 불확실하다. 나는 팔레스타인의 도기연대에 근거해 힉소스가 동부 삼각주에 늦어도 기원전 1740년에는 도착했다고 주장한다. 두 번째 문제는 힉소스의 인종 정체성에 관한 문제이다. 나는 힉소스에 관한 역사 서술을 고려함으로써 이에 접근한다. 이에 관한 표준적인 고전 문서는 이집트 사제 마네토의 기록으로, 그는 이집트에 침입하여 무자비하게 정복한 힉소스를 '동쪽 지역에서 온 불분명한 종족의 침입자'라고 기술했다. 앞에서 언급했듯이, 적어도 헬레니즘시대부터 여러 저자는 이집트에서의 힉소스 지배를 이집트에서의 이스라엘 포로생활 또는 체류와 연계해왔고, 19세기 말까지 그들을 이스라엘인 또는 원이스라엘인, 어쨌든 셈어를 말하는 사람들로 추정해왔다.

그런데 반유대주의가 체계화되면서 북쪽 사람들이 풍요로운 강의 계곡을 휩쓸어버렸다는 이미지는, 만약 19세기 후반의 학자들이 그리했던 것처럼 반유대주의의 목적을 위해 아랍인들의 역할을 감소시킨다면, 전형적으로 아리안적인 것이지 셈족에 관련된 것은 전혀 아닌 것으로 여겨졌다. 힉소스에 대한 이러한 견해는 '불분명한 인종'이라는 마네토의 기록으로 뒷받침되고 있었다. 또한 제18왕조의 한 비문에 따르면 힉소스의 수도에는 ʿ3mw(역주: 이 단어는 시대에 따라, '아아무'로도 '아르무'로 도 읽을 수 있다)와 셰마우ᶴm3w가 있었다. ʿ3mw는 시리아-팔레스타인의 셈어를 말하는 자들을 나타내는 표준적인 이집트어이고, 셰마우는 '방랑자' 또는 '그들과 함께 사는 방랑자 또는 외국인'이라는 뜻으로, 힉소스의 중심이 비셈족이라는 징표로 해석되었다.

독일의 학자들은 힉소스의 정복이 몽골과 터키의 급작스런 정복과 매우 유사하다는 점에 자극을 받아, 힉소스는 '내륙 아시아의' 민족이었다고 주장했다. 이 민족은 새로이 발견된 후루인과 재빨리 동일시되었는데, 그들은 셈어도 아니고 인도유럽어도 아닌 언어를 사용하며 그즈음에 코카서스 너머로부터 북메소포타미아로 이주했다고 여겨지는 자들이었다. 이제는 후루인이 3천년기부터, 아마도 훨씬 그 이전부터 메소포타미아에 있었던 민족이라는 것을 알고 있다. 미탄니라는 후루인의 왕국(제18왕조와 동시대의 왕국이다)에 대한 학자들의 열성은, 몇몇 미탄니 왕과 신의 이름 그리고 전차戰車 관련 용어가 인도아리아어는 아니라 하더라도 인도이란어라는 것을 발견하게 되었을 때 훨씬 더 커졌다. 이것은 그들에게 그 왕국이 아리아족이라는 '지배 인종'에 의해 형성되었음을 시사했는데, 지배 인종은 전차와 관련되었다. 그들의 제안을 강화시킨 사실이 있었다. 시리아-팔레스타인에 관한 기원전 17세기의 정보는 거의 또는 전혀 없었지만, 그 지역이 기원전 15세기 이집트의 기록에 다시 나타날 때 많은 후루인과 인도이란적 이름을 지닌 상당히 많은 전사가 시리아-팔레스타인에 있었던 것으로 보였다.

이러한 주장에 많은 이집트학 학자들이 저항했다. 그들은 자신의 영역에 대한 이러한 접근에 반대했고, 극적이거나 광범위한 사건을 다루는 것에 대해 전문가로서 탐탁지 않게 여겼다. 또한 그들 중 일부는 힉소스에 후루인과 아리아인을 끼어들게 함으로써 반유대주의에 연루되는 것을 싫어했다. 그들은 대부분의 힉소스 이름이 셈어 어원을 지니고 있고 인도유럽어의 이름이나 (그들이 알기로는) 후루어 이름이 없었다는 것을 지적하며 반대의 근거를 내세웠다.

논쟁은 1920년대와 1930년대에 계속되었는데, 대체로 중부 유럽인과 고대사 역사가가 힉소스의 후루적인 그리고 아리아적 부분을 믿었던 반면, 그 외의 이집트학 학자는 힉소스의 압도적인 셈적 본질을 강조했다. 그런데 이들 대부분은 후루의 현존을, 비록 항상 인도이란적인 것으로는 아니라 하더라도, 받아들였다. 제2차 세계대전 후 반유대주의에 대한 그리고 아리아인종이 '지배 인종'이라는 이론에 대한 혐오는 힉소스에 대한 태도에 주요한 충격을 가했던 것으로 보인다.

이제 학자들은 힉소스의 인도유럽적 요소는 말할 것도 없고 후루적인 요소의 가능성도 제외시키는 경향을 보인다. 그들은 또한 이집트로의 극적이지 않은 느린 셈족의 이주 또는 침투를 가정하는 것을 더 좋아하면서, 침략이 있었다는 믿음에도 도전했다. 그들은 유행하는 낮은 연표나 중간 연표에 근거해 연구를 했는데, 그러한 연표에 따르면 후루가 시리아와 메소포타미아로 팽창하던 때는 기원전 17세기였다. 기원전 17세기는 후루가 원래의 힉소스 움직임과 관련을 맺기에는 너무 늦은 시기이다. 그러자 후루의 요소를 고집하는 일부 학자는 힉소스를 두 유형, 즉 초기의 셈족 침입자와 후루인이 이끈 후기의 정복자들로 구분해야 했다.

만약 메소포타미아의 '긴' 연표를 받아들인다면, 후루의 팽창 시기는 기원전 18세기 전반에, 즉 힉소스의 이집트 도래 직전에 놓여진다. 받아들여지지 않는다 하더라도, 이슬람·몽골·태평천국운동(중국)의 발흥들을 보면, 강력한 세력이 1-2년 내 아주 갑자기 대두하는 것이 가능함을 알 수 있다. 어찌 되었든, 내가 힉소스에 대한 후루적 또는 인도이란적 영향을 부정하려는 학자의 정치적 성향에 박수를 보내는 만큼이나 나는 그들이 그르다고 생각하며, 증거로 보건대 힉소스 가운데 후루적 그리고 아마도 인도이란적 요소가 있다고 생각하며, 이 요소는 아마도 전차와 관련되었다고 생각한다.

그렇다면 이러한 나의 생각은 '아리안모델'의 명백한 사례로 여겨진다. 나는 때때로 북쪽 이민족에 의한 정복이 있었다는 것까지는 결코 부정하지 않는다. 나는 북인도에서 그 모델이 적용된다고 믿는데, 그곳에는 그 모델을 지지하는 강력한 전승이 있다. 그리고 후기의 언어 분포도 그 모델과 잘 맞아떨어진다. 『블랙 아테나』에서의 주장은, 간단히 말해 그리스에는 북쪽의 정복에 개연성이 없다는 것이다. 그리스에는 그러한 전승도 없고 언어적 분포도 없다.

힉소스 가운데 후루어와 인도이란어를 말하는 자들의 존재를 받아들인다 하더라도, 이집트 정복자들은 압도적으로 셈어를 말하는 자들이었다는데는 절대적으로 의문의 여지가 없다. 힉소스 인명의 대부분은 셈어이고, 동부 삼각주의 텔 엘 다바에 있었던 힉소스 수도의 발굴에 따르면 그들의 물질문화가 시리아-팔레스타인적인 문화이거나, 더 정확하게 말하면 이집트 물질문화와 레반트 물질문화의 혼합이었음을 보여준다. 아틸라(역주: 5세기 전반 지금의 루마니아에 위치한 트란실바니아를 본거지로 삼아 주변의 게르만족과 동고트족을 굴복시켜 동쪽으로는 카스피 해에서 서쪽으로는 라인 강에 이르는 대제국을 건설한 유럽 훈족의 황제) 군대의 압도적 다수는 로마의 옛 이웃인 게르만족이지만 서부 유럽 대부분을 지배하게 되었던 것은 독일 문화이지 훈 문화(또는 야만)가 아니었던 것처럼, 힉소스의 이집트 침입의 순수한 효과는 새로운 힉소스의 무기 및 시리아-팔레스타인의 문화와 언어의 도입이었다.

제9장에서 나는 에게해권으로 힉소스의 역동성이 퍼져나가 지속되는 것에 관심을 두었다. 내가 이것을 제안한 최초의 저자는 아니다. 이미 20세기 초 독일의 유력한 고대사가인 에두아르트 마이어와 여러 학자들이 제안했다. 보다 최근에는 캠브리지의 고고학자인 프랭크 스터빙스가 미케네의 수갱竪坑 묘들이 힉소스 군주의 묘라고 주장했다. 그런데 일반적으로 이 견해는 지난 50여 년 동안 구닥다리가 되었다. 나는 지난 20년간에 걸친 발굴에 힘입어 나의 논지를 부활시키려 한다. 가장 중요한 발전은 테라 폭발의 새로운 연대로 인해 많은 도기연대가 상향조정되었다는 점이다. 이 새로운 연대에 따르면, 근동의 예술 및 기술의 매우 특별한 종류에 연계된 에게해권 물질문화에서의 단절이 기원전 18세기 4/4분기에 있었다. 이것은 이러한 단절과 혁신이 힉소스와 연계되어 있다는 것을 의미한다. 이 점에서 나는 고대모델을 따르지 않는데, 고대모델은 페니키아적/이집트적 힉소스가 기원전 1570년경 이집트에서 축출된 후 그리스에 도래한 것으로 보고 있기 때문이다. 나는 에게해권에 근동 사람이 정착하기 시작한 때가 힉소스의 이집트 지배의 끝이 아니라 시작인 기원전 1730년경이라고 주장한다. 이것은 수정 고대모델의 두 번째 '수정'이다. 첫 번째 수정은 그리스어의

인도유럽어적 기초가 북쪽에서 어떤 방식으로든 어느 땐가 도착했음에 틀림없다는 것을 수용하는 것이다.

제9장의 1절은 기원전 1730년경 크레타에서 발생했던 변화에 관련된다. 이때 크레타의 모든 왕궁이 파괴되고 급속히 재건축되었다. 비록 핵심적인 문화의 지속성이 있었지만, 많은 역사가들이 그 시기를 기준으로 옛 왕궁기Old Palace Period와 새 왕궁기New Palace Period를 구분할 정도로 뚜렷한 차이점이 있다. 또한 옛 왕궁도 근동의 영향을 받았지만, 새 왕궁에는 그 영향이 더욱 강하게 나타난다는 데 일반적으로 의견이 일치한다.

대부분의 학자는, 크레타의 야금술이 지속되고 있지만 새로운 시대의 무기가 근동 특히 시리아의 기술에 크게 영향을 받았음에 동의한다. 도기연대로 중기미노아 III(기원전 1730-1675년)에 검劍이 크레타에 도입되었다. '검'을 뜻하는 두 가지 주요 그리스 단어인 크시포스xiphos와 파스가논phasganon에 대한 개연성 있는 이집트 어원과 셈 어원이 논의되었지만, 인도유럽어에 속하는 단어 및 관련 단어에서는 그 어원을 찾을 수 없다. 검이 도래하였을 때에 후기 청동기시대의 또 다른 새롭고 '놀라운 무기' 전차가 크레타에 도래했던 것으로 보인다.

에게해권 또는 근동에서 이전에는 알려지지 않은 예술의 유형이 나타난다. 새 유형은 '나는 듯한 도약flying leap'이라는 새로운 표현법으로 요약할 수 있는데, 공중에서 앞뒤로 뻗은 동물의 다리는 빠른 움직임을 묘사하고 있다. 일반적으로 활기活氣, 비행, 속도가 강조된다. 이러한 표현법은 이집트와 시리아-팔레스타인에서 발견된 힉소스의 장식 유물에서도 나타난다.

이 시대에 도입된 두 가지 중요한 예술적 주제는 날개 달린 스핑크스와 그리핀이었다. 스핑크스는 훨씬 오래전에 이집트에서 기원했지만, 기원전 18세기 말 크레타에 나타난 날개 달린 스핑크스는 시리아적 형태였고 특히 힉소스에 연결되었다. 매 혹은 독수리의 머리를 지닌 사자獅子인 그리핀도 특별히 시리아적 형태로 도기연대 중기미노아 III에 크레타에 도입되었다. 그리핀은 '날아다니는 스타일'로 싸우거나 사냥하면서, 에게해권 전체에 걸쳐 다음 500년간 자주 나타났다. 이것은 단순히 예술사의 문제가 아니고 정치적 중요성을 강하게 시사하고 있는데, 그리핀은 크노소스의 가장 큰 크레타 왕궁과 미케네 그리스 시대의 필로스 왕궁에서 옥좌를 둘러싸고 있었기 때문이다. 날개달린 스핑크스처럼 그리핀은 힉소스 왕권의 상징이었던 것으로 보이며, 크레타의 지역 지배자에 의해 차용되었을 것이다. 근동에서 널리 퍼졌던 유형에 속하는 무기의 수가 급증하고 질이 급격하게 향상된 것은 차용의 차원에서 설명될 수 있다. 그러나 힉소스 자신의 것이었다는 설명이 훨씬 그럴듯하다. 왜냐하면 이 단계에서 모든 크레타 왕궁은 파괴되었고, 레반트의 영향과 힉소스 상징물이 증가했기 때문이다. 뿐만 아니라 크노소스에서 옛 왕궁의 파괴 지층에서 수많은 인장과 두 개의 초상화가 발견되었기 때문이다. 인장은 새로운 생생한 예술적 표현양식을 지니고 있었다. 그리고 두 개의 초상화는 분명히 왕가의 사람을 묘사하고 있는데, 하나는 젊은 왕자를 다른 하나는 턱수염이 있는 남자를 묘사하고 있었다. 두 초상화는 동시대의 유물 중에서는 오직 예리코의 힉소스 무덤에서 출토된 사람 머리 모양을 한 인상적인 화병과 미케네 수갱 묘들에서 발견된 마스크들을 닮았다.

대체로 그 당시 힉소스의 크레타 정복을 보여주는 증거는 없지만, 그러한 가설로 하나로 묶어낼 수 있는 많은 느슨한 지스러기로 미루어 보건대 그 가설을 제안했던 에두아르트 마이어와 여러 역사가들을 따르는 게 경제적이다. 이를 뒷받침해주는 에게해권의 다른 곳에서 나온 상황 증거도 있다.

제9장의 2절은 거대한 폭발로 묻힌 도시인 테라 섬의 아크로티리(오늘날 지명)에 관련되어 있다. 그 도시의 작은 부분만 발굴되었지만 놀라운 것이 드러난다. 그곳은 지금도 발굴되고 있지만 전형적인 모습을 지닌, 분명히 번영하는 지중해 도시였다. 정상적이라면 사라졌을 유물을 가득 담은 채 이층의 가옥들이 발굴되었다. 그것은 청동기시대의 폼페이지만, 더 잘 보존되어 있었다. 폼페이에서처럼 가장 놀라운 발견물은 수많은 프레스코였는데, 그것은 예술적 기법에 관해 많은 것을 말해주고 있을 뿐만 아니라 더욱 흥미진진하게 폭발이 있기 몇 십 년 전 테라의 사회에 관해 말해주고 있다. 프레스코는 부유하고 정교하고 분화된 사회만이 아니라 극도로 코스모폴리탄적인 사회도 묘사하고 있는데, 거기에는 크레타만이 아니라 아프리카와 레반트에 관한 지식도 담겨 있었던 것이다. 이집트의 강력한 영향력, 특히 의식용 배는 전문가들의 놀라움을 자아냈다. 또한 상층 계층이 입고 있는, 가장자리에 장식을 한 흰 의상의 그림도 놀라운 것이었다.

나는 유사한 것들을 시리아 발굴물에서 찾아볼 수 있다고 믿는다.

예술사가들은 테라의 그림과 그것이 묘사하고 있는 문화가 크레타의 영향을 대단히 받았지만, '미케네적인' 것도 있다는 것에 주목했다. 거기에는 그리스 본토의 전형적인 투구로 보이는 것을 쓴 무장한 남자들이 있었고, 미케네의 수갱 묘에서 발견된 흑금상감黑金象嵌기법(역주: 니엘로niello기법. 금속 표면에 새긴 디자인을 황과 은·구리·납의 검은 금속합금으로 메우는 기법)으로 묘사된 장면과 닮은 것도 있었다. 그런데 나는 기술과 장면 모두를 '힉소스의 국제적' 문화에 속한 것으로 보는 것이 좀 더 유용하다고 생각한다.

테라의 폭발 및 그 도시의 연대가 기원전 16세기 후반 또는 15세기에 속한다고 믿었을 때에는 이 사회의 코스모폴리탄적 성격은 충분히 불가사의한 것이었다. 그런데 이제 폭발의 연대를 재설정하게 되면서 그 프레스코들이 기원전 17세기의, 즉 여기에서 가정되고 있는 힉소스의 크레타 정복이 있은 지 대략 1세기 후의 사회 국면을 기록했음을 알고 있다. 그러한 가설은 예전에는 당혹스러움을 안겨주었던 프레스코의 여러 특징인 코스모폴리스적 성격, 이집트의 영향, 전쟁, '미케네적' 영향, 벽화에 그려진 그리핀이라는 왕의 상징 등과 잘 맞아떨어지는 경향이 있다.

고전기의 전승에 따르면, 크레타가 키클라데스의 섬들(이들 중 하나가 테라 섬이다)을 지배했다. 크레타가 키클라데스를 오직 한 시기에만 지배했다고 가정할 이유는 없다. 많은 학자들은 중기 청동기시대 말과 후기 청동기시대 초에(역주: 시대 구분에 관해, '역자 부록'을 참조하시오) 크레타가 키클라데스를 지배했다고 믿는다. 이것은 그럴듯하다. 그런데 만약 크레타가 그 당시 힉소스 군주에 의해 지배되었다면, 힉소스의 키클라데스 지배가 기원전 18세기 말과 17세기 동안임을 시사한다. 그들의 활동이 더 북쪽까지 미친 것은 아닐까?

그리스 본토에서 이루어진 청동기시대 문화의 가장 놀라운 발굴은 미케네에서 독일의 사업가이자 고고학적 천재인 하인리히 슐리만의 발굴이었다는 데는 거의 의문의 여지가 없다. 그가 미케네 시에서 수갱묘들을 발굴함으로써 그 후 '미케네 문명'이라고 알려지게 된 문명의 가장 눈부신 것들이 최초로 모습을 드러냈다. 미케네의 초기 지배자들과 함께 묻힌 부장품은 아주 특이하다. 그것에 대한 즉각적이고도 지속적인 인상은 폭력과 야만, 막대한 양의 무기(일부 무기는 흑금상감기법으로 아름답게 장식되어 있다), 턱수염이 수북한 전사들의 금박 마스크이다.

좀 더 자세하게 조사하면 비상한 절충주의가 나타난다. 도기는 지역적인 중기헬라스 전통에 속하지만, 그 이외의 거의 모든 것은 이국적이며 그리스에서는 분명히 새로운 것이다. 크레타에서 가장 큰 영향을 받았지만, 어떤 물건은 생각할 수 없을 정도로 먼 곳에서 온 것이다. 호박은 발트 해에서, 수정은 알프스에서, 타조 알은 아프리카에서 온 것이다. 시리아-팔레스타인과 이집트의 영향을 보여주는 유물도 많다. 그런데 이집트의 영향은 순수하게 이집트적인 것이 아니라 주로 변형된 형태인데, 나는 그것을 '제대로 소화되지 않은 이집트 양식Off-Egyptian' 또는 '국제화된 힉소스 양식 Hyksos international'이라는 말로 가장 잘 설명할 수 있다고 믿는다. 이처럼 이질적인 물질문화의 기원들은 분명히 복잡하게 얽혀있었을 것이니, 그것을 설명하려는 역사적 틀도 복잡해질 수밖에 없다.

여기에서 제안하는 예는 노르만의 영국 정복이다. 스칸디나비아에서 출발한 바이킹이 노르망디를 장악했고, 100여 년 후 '노르만인'이 영국을 정복했다. 이 정복의 효과는 영국에 스칸디나비아 언어와 문화를 들여온 것이 아니라 노르만인의 수하에 있던 프랑스인 및 이탈리아인 추종자와 행정가의 언어와 문화를 도입한 것이었다. 1066년에 이르면 노르만인은 문화적으로는 프랑스인이 된다. 그러나 힉소스의 팽창은 훨씬 빨랐으므로 족장과 군주는 여전히 자신의 물질문화와 언어의 많은 부분을 보유했을 것이고, 이런 점에서 노르만인과는 달랐다. 그런데 힉소스가 이집트에 있었으면서도 상당한 정도로 셈적 특징을 지니고 있었다는 것은, 훈족, 몽골, 무굴 같은 빠르게 확장한 이민족의 '제국'처럼, 자신의 문화는 이집트에 영향을 거의 미치지 못했지만 다른 민족의 문화를 이집트에 도입했음을 강하게 시사한다. 훈족은 독일 문화를 서유럽에 들여오는 것을 도왔고, 몽골은 동아시아의 문화를 이란과 유럽으로 가져왔고, 투르크 무굴인은 페르시아 문화를 인도에 들여왔다. 각 경우에 그들은 정복지의 문화를 변형했다.

여기에서 제안되는 가설은 수갱묘와 그밖의 초기 미케네 무덤에 매장된 왕족들은 시리아에서 온 힉소스였고, 그들은 필시 후루어를 그리고 어쩌면 인도이란어를 사용했다는 것이다. 그런데 통치 계층의 대부분은 레반트의 셈어를 사용하는 자들이고, 상당수의 이집트인과 크레타인이 있었을 터인데 그들 대부분은 아마도 셈어로 말했을 것이다. 이 세 종족 모두에게 이집트 문화는 완전히 스며들었고, 특히 종교 분야에서 그러했다. 한편으로 도기 스타일의 지속과 그리스어가 인도유럽어라는 사실은 토착 인구 및 문화가 지속되었다는 것을 보여주지만, 다른 한편으로 물질문화의 단절과 새로운 이국적 영향(그리고 이집트 및 페니키아로부터의 식민화라는 그리스 전승)은 이집트와 레반트로부터 온 외국인 정복자가 기원전 15세기 또는 14세기에 아나톨리아의 펠롭스 가문이 도래하기 이전까지 그리스의 일부 또는 전체를 지배하고 있었고, 테베에는 원래의 페니키아 왕조가 기원전 13세기 그 도시의 몰락에 이르기까지 살아남았다는 것을 말해주고 있다.

여기에서 제안된 역사의 틀에 따르면, 기원전 1400년 후 원주민의 영향과 아나톨리아의 영향이 있었지만 '미케네적인' 예술 스타일은 기원전 18세기 시리아에서 일어났던 힉소스의 국제적 스타일이 살아남은 것으로 보아야 할 것이다. 이 스타일은 이집트와 크레타에서 완전히는 아니지만 대부분 사라졌는데, 그곳에는 풍부하고 세련된 원주민 전통이 있었던 것이다. 반면에 덜 발전된 중기헬라스의 그리스 본토에서는 문화적 저항이 덜해 힉소스 스타일이 후기 청동기시대에 에게해권의 특징적 스타일이 되었다.

언어를 보면, 이집트어 및 셈어의 단어와 이름은 기원전 3천년기 에게해권에서 통용되었다는 것이 내가 보기에는 거의 의문의 여지가 없다. 그리스어는 기원전 950년부터 기원전 300년에 이르는 기하학 시기, 상고기, 고전기뿐만 아니라 기원전 1470년 이후 후기 청동기시대에 이집트가 동지중해를 지배하고 있는 동안 이집트어와 셈어에서 대량의 단어와 이름을 차용했다. 그렇다 하더라도 하나의 언어로서 그리스어가 창조되었을 가능성이 가장 높은 시기로 자주 주목되는 기원전 1730-1530년 시기에 그리스는 서부 셈어와 이집트어를 말하는 자들에게 지배되었던 것으로 여겨진다. 이 두 언어가 그 당시 그 지역에서 높은 위치를 점했다는 데는 의심의 여지가 없다.

제10장은 동시대의 문헌 증거와 관련되어 있다. 즉, 청동기시대 에게해권과의 접촉에 관한 이집트와 레반트의 기록, 그리고 이집트 및 시리아팔레스타인과의 접촉에 관한 에게해권의 언급들이다.

첫 절은 이집트의 기록에 관한 것인데, 다른 곳에서처럼 여기에서도 저자들이 사용한 다양한 지명이 무엇을 뜻했는가를 결정하는 것이 필요하다. 예를 들면, 적어도 제12왕조 이래로 사용된 멘웨스Mnws라는 이름이 있는데, 그것은 펜쿠Fnḫw, 아마도 페니키아인과 연관되었을 것이다. 오늘날 일부 학자들은 멘웨스를 미노스 그리고 크레타와 연계하였다. 상황은 그렇게 간단하지 않다. 이집트 신 민Min과 최초의 파라오 민/메네스부터 미노스의 파생이 제4장에서 논의되고, 남에게해 지역의 미노아Minoa라는 지명이 서부 셈어의 메누하Menuhâh(휴식처)에서 파생되었을 가능성도 있다. 그렇다 하더라도 멘웨스가 크레타의 일부 지역과 관련되었을 가능성이 큰데, 문헌 증거는 크레타 출신 군주들이 세소스트리스의 종주권을 받아들였다는 것을 시사한다. 앞 장들에서 논의된 다른 증거도 이를 가리키는 것으로 보인다.

케프티우Kftiw 또는 카프투Kaftu는 그리 문제가 되지 않는다. 무덤 벽화에 그려진 케프티우의 군주들이 너무 '아시아적'으로 보였기 때문에 그 위치를 찾아내려는 시도를 반복해왔다. 그러나 그 이름이 크레타와 관련되었다는 전통적인 이론을 무너뜨릴 이유가 없다. 이는 제18왕조의 파라오 아메노피스 3세의 조각상 기단에서 확인되었는데, 케프티우가 에게해의 수많은 지명 중 맨 앞에 있었던 것이다. 먼 교역 파트너로서 케프티우에 대한 가장 이른 언급은 기원전 2450-2100년 사이의 제1중간기 때의 것이다. 케프티우는 제18왕조에서 특별히 기원전 1470년대 이후 가장 자주 언급되고 있다. 기원전 1470년대 투트모세 3세(역주: 버낼은 투트모시스Thuthmosis라고 표기하였으나, 이 번역서에서는 이집트식 투트모세Thutmose로 통일하였다)가 시리아-팔레스타인의 많은 부분을 정복했고, 케프티우의 군주들이 파라오에게 공물을 바치고 있는 것으로 보이는 부조浮彫가 제작되었다.

이 부조의 그림을 보고 불편함을 느낀 오늘날의 학자들은 진실을 부정하는 수많은 논리를 찾아냈다. 이집트의 레반트 지배로 인해 세련되고 야심적인 에게해의 지배자들이 파라오와 협상을 맺으려 했다는 것만으로도, 나는 이집트의 주장을 의심할 이유가 없다고 본다.

그런데 앞의 것보다 이집트의 정복에 더 관련된 것이 있다. 투트모세는 다음과 같이 주장했다. '화살 아홉 개를 함께 묶었다. 와즈 웨르W3d wr의 가운데 있는 섬들, 하우 네부트H3w nbwt 그리고 반역하는 외국들.’ 이로부터 이집트의 해군 원정대(이집트가 당시 해군을 보유했다는 것은 알려져 있다)가 에게해로 출동했음을 알 수 있다. 와즈 웨르(거대한 초록)이라는 이름은 이른 시기부터 ‘바다’를 뜻했으나, 신왕국에 이르면 그것은 지중해에 그리고 구체적으로는 종종 에게해에 국한되었다.

하우 네부트H3w nbwt(섬들의 뒤에)는 3천년기『피라미드 문서』에 나타나는데, 이집트학 학자 앨런 가디너는 ‘에게해에 대한 충분히 정확한 묘사’로서 받아들였다. 또 다른 이집트학 학자이자 이집트-에게해권 관계 전문가인 장 베르쿠테가 이 문제에 도전했다. 그는 이러한 동일시가 불가능하다고 주장했는데, 왜냐하면『피라미드 문서』의 대부분이 작성된 4천년기에 이집트인이 그렇게 정교한 지리적 지식을 지니지는 않았다고 보았기 때문이다. 나는 전前왕조의 이집트인이 지리에 대한 이러한 폭넓은 지식을 지니고 있었다는 생각에 별 어려움을 느끼지 않는다. 그러나 그 문서가 고왕국 말경(3장에서 논의되듯이, 이집트 관리들이 에게해를 알고 있었다는 것은 다른 증거를 보아도 분명하다)에 각인되었을 무렵 하우 네부트라는 용어가 삽입되었을 가능성도 있다.

어쨌든 하우 네부H3w nbw(역주: 앞에서는 H3w nbwt로 표기되었는데, 여기서 단어 끝의 t가 생략된 이유는 t가 단어 끝에 붙는 접미사이기 때문일 것이다)가 신왕국 이래로 에게해와 그리스를 나타내는 데 사용되었다는 것은 알려져 있다. 사실 투트모세 3세의 치세 이후인 기원전 1450년부터 케프티우Kftiw는 하우 네부H3w nbw로 대체되기 시작했다. 프톨레마이오스 시대에 케프티우라는 이름이 페니키아인을 나타내는 데 사용되었다는 사실에 비추어보면, 이는 크레타의 인구 중 대다수는 아니라 하더라도 상당 부분이 셈어를 말하는 자들이 있었을 때 케프티우라는 용어가 그 섬을 나타내기 위해 사용되었다는 것을 시사한다.

신왕국 이집트에서 ‘그리스’를 나타내기 위해 사용된 또 다른 이름은 Tin3y(타나야Tanaya), D3-în(데네Dene 또는 데니엔Denyen)이다. 이것은 호메로스가 그리스인을 나타내기 위해 가장 자주 쓰는 이름들인 다나오이Danaoi(또는 영어식 표기로는 다나안Danaan)와 같다는 것에는 의문의 여지가 없다. 타나야Tin3y를 나타내는 이집트 상형문자에 포함된 노쇠한 노인의 기호를 통해서도 연결이 이루어진다. 이집트어에서 보면 이것은 어근 테니tni(늙은, 노쇠한)와 연결되어 있고, 그리스어에서 보면 다나오스의 묘사와 완벽하게 들어맞는다. 전승에 따르면 그는 이집트로부터 와서 그리스의 아르고스를 식민화했다. 다나오스는 늙고 노쇠한 자로 묘사되고 있었다. 식민자로 그리고 관개자로 그의 긍정적인 속성은 이집트어 중에서 동음이의어 데니dni(배분하다, 관개하다)에 잘 나타나고 있고, 이는 셈어의 dn단(히브) 또는 dyn다얀(재판관)에 연계된다. 비록 고대 저자들이 분명히 이러한 관계를 알고 있었다 하더라도, 원래의 이름이 이 어원에서 단순히 파생될 수는 없다. 왜냐하면 다-네Da-neki(역주: 윗첨자 'ki'는 '땅'을 나타내는 정관사이고 음역하지 않는 것이 관례로, 전체 뜻은 '다네 땅' 또는 '다네국國')라는 지명이 기원전 2500년경 메소포타미아 문서에서 극서極西에 분명히 연관되어 나타나기 때문이다.

기원전 1470년과 1250년 사이에 이집트는 티나이와 직접적인 거래를, 그리고 레반트의 군주들을 통해 간접적인 거래를 하고 있었던 것으로 보인다. 티나이의 족장은 무덤 벽화에서 투트모세 3세에게 공물을 가져왔던 것으로서 그려져 있고, 앞에서 언급된 아메노피스 3세의 조각상 기단에 케프티우와 티나이는 에게해권 도시 이름의 목록을 작성할 때 사용된 두 표제어다.

데네 또는 데니엔은 기원전 12세기 이집트와 레반트를 약탈한 바다의 민족 중 하나의 이름이었다. 또한 그 민족은 호메로스의 다나오이에 연계되어 있다. 그것은 성서의 '단Dan'지파와도 연계되는데, 이 부족은 바다의 민족 중 하나로 원래 이스라엘을 구성하는 부분이었던 것으로 보인다.

메소포타미아와 시리아 문서 속에도 에게해에 대한 언급이 있다. 다-네라는 이름이 앞에서 언급되었다. 시리아 도시 에블라의 유사한 목록의 동일한 위치에서 크노소스의 항구 이름인 암니소스Amnissos에 연결시킬 수 있는 암-니Am-niki라는 이름이 있다. 이 이름은 크노소스의 항구 이름으로 매우 오래된 것으로 알려져 있다. 유프라테스 상류에 있는 마리 시에서 나온 기원전 18세기 목록은 카프타라Kaptara(크레타)를 교역 파트너로 그리고 사치품의 제조 중심지로 언급한다.

시리아의 항구 우가릿에서 나온 기원전 14-13세기의 적지 않은 기록 속에는 그리스인에 대한 언급이 놀랄 정도로 없다. 내 생각으로 이것은 부분적으로는 그 당시 우가릿에 대해 종주권을 행사했던 히타이트 왕들이 우가릿이 미케네 왕국과 교역하는 것을 막으면서 생겨난 결과라고 설명할 수 있다. 그러나 우가릿의 모든 교역이 봉쇄된 것은 아니었으며, 정기적으로 크레타와 교역하고 있었던 우가릿의 탐카룸tamkarum(시전市廛상인)의 보고가 남아 있다.

우가릿 문서는 레반트와 그리스 사이의 또 다른 유형의 접촉을 시사하고 있다. 우가릿의 많은 전설과 송가는 초기 그리스의 것들과 현저한 유사점을 보이고, 종종 그리스적 주제와 성서적 주제 사이의 중요한 '다리'를 제공한다. 이러한 차원에서도 적어도 후기 청동기시대에 이르면 동지중해의 공동 문화가 있었던 것으로 보인다.

에게해권에는 선형문자 A와 B로 남아 있는 청동기시대 문헌이 있고, 이제는 두 문자 모두 읽을 수 있다. 두 문자는 미노아 문명과 미케네 문명의 음절문자였는데, 에게해의 여러 지역 특히 크레타에서 사용되었다. 선형문자 A로 된 언어의 어족에 관해 아직도 상당한 논란이 있지만, 그 언어에 상당수의 셈어 단어가 들어 있다는 데는 의문의 여지가 없다. 그것에는 사치품만이 아니라 곡물과 포도 같은 주산물과 '모두' 또는 '총總'이라는 기본 단어가 포함되어 있다. 그러한 단어가 현존하는 이유는 그 언어가 셈어이기 때문이든가(나는 그렇다고 믿는다), 또는 미지의 크레타 언어 속으로 셈어가 다량 차용되었기 때문이다. 어느 경우이든 그 단어들은 크레타와 레반트 사이의 밀접한 연계를 가리킨다.

선형문자 B는 그리스어를 기록하기 위해 사용된 문자로 선형문자 A와 매우 유사하다. 선형문자 B가 해독되기 전에는 그리스어에 있는 셈어의 차용단어(예를 들면, 키톤chitōn[의상의 한 형태]과 크리소스chrysos[황금])가 기원전 7세기에 도입되었다고 믿어졌다. 이제 그 단어들이 이미 기원전 14-13세기에 있었다는 것이 알려져 있다. 일부 학자들이 셈어와 이집트어로부터 여러 단어가 그리스어로 차용되었다는 것을 받아들이려 하지 않는다 하더라도(그러나 나는 선형문자 B 문서에 그런 차용단어가 있다고 믿는다), 문서는 어휘 차용의 확고한 증거를, 그러므로 청동기시대에 문화적 접촉이 있다는 증거를 제공하고 있다.

문서가 보여주는, 미케네 왕궁의 경제 및 사회는 근동 왕궁의 그것과 상당히 세밀한 일치를 보인다. 문서에서 사용된 도량형과 행정상의 관용적 표현은 이집트와 서남아시아로부터 차용되었음을 구체적으로 보여주고 있다. 더욱이 선형문자 B 문서에는 셈어, 후루어, 이집트어 어원을 지닌 수십 개의 인명이 있다. 아이쿠피티오Aikupitio(아이기프토스Aigyptos, 멤피스 사람 또는 이집트인), 미시라요Misirajo(셈어의 Mṣry미츠리(히브), 이집트인), 아르다요Ardajo([페니키아의 도시] 아르와드Arwad의 사람), 투리야요Turijajo 및 투리요Turijo(티로스 사람) 등이 그러하다. 그 이름은 기원전 17세기 '케프티우Kftiw 사람의 이름을 기록하는 방법'에 관한 이집트 파피루스가 제공하는 내용을 확인해준다. 이 파피루스는 크레타 섬의 인구가 완전히 이질적인 사람들로 구성되었음을 보여준다. 마찬가지로 파 케프티P₃ Kfty(크레타 사람)라는 인명이 기원전 16세기 이집트에 나타난다. 이집트, 레반트, 에게해권에서 나온 문헌 정보의 이런 조각들은 모두 한 방향을 가리킨다. 즉, 청동기시대에 적어도 기원전 17세기에(그러나 아마도 그보다 훨씬 오래 전에) 동지중해 주변에서 상당한 정도의 접촉 및 인종적 혼합이 있었음을 가리킨다.

제11장은 그리스의 후기 미케네 시기(역주: 기원전 1470-1100년)에 관련되어 있다. 미케네 문명은 이 책에서 사용된 연표에 따르면, 기원전 18세기부터 12세기까지 오랫동안 지속되었으며 상당히 분명한 문화적 지속성을 지니고 있었다. 비슷한 예술적 표현방식, 주제, 특히 스핑크스와 그리핀이 전 시기에 걸쳐 지속적으로 사용되었다. 고고학적 증거는 드물어서 수 세기에 해당하는 전기 미케네 그리스(역주: 기원전 1730-1470년)의 경제적·사회적 구조를 확인하기가 불가능하다. 수갱묘와 그밖의 묘를 보면 전기 미케네인은, 강박적이지는 않다 하더라도, 전쟁에 관심을 갖고 있었다는 것을 알 수 있다. 그런데 기원전 17세기의 테라 벽화들은 상당히 평화롭고 세련된 모습의 키클라데스 사회를 보여주고 있고, 비교적 부유하고 도시화된 사회임을 말해주는 고고학적 증거도 있다.

문화적 지속성과 재건축(파괴보다 재건축이 이전 건물의 흔적을 더 적게 남긴다) 때문에 전기 미케네 왕들의 거주지(무덤이 아니다)가 발견되지 않는 것 같다. 상당수의 왕궁이 미케네 그리스의 후기에 발견되었다. 미케네가 끝나갈 무렵 선형문자 B로 쓴 서판들이 있는데, 앞에서 언급했듯이 이것은 왕궁의 경제와 사회적 구조에 관해 상당한 문헌 증거를 제공한다.

이러한 유형의 증거에 따르면, 일반인의 관료제도를 허물어뜨리는 폭력적인 영웅사회라는 그림이 그려진다. 그런데 실제적인 상황은 그렇게 단순하지는 않았다. 테라에서 나온 증거는 기원전 17세기의 평화롭고 세련된 사회를 가리키고 있을 뿐만 아니라 미케네 왕궁은 나중에야 제대로 요새화되었다. 미케네 시기의 대부분 그리스는 수많은 왕국으로 나뉘어 통치되었을 가능성이 매우 높다. 일반인에 의한 왕궁관료제도는 왕국들 사이의 빈번한 전쟁 및 무사도와 함께 공존했다. 내가 알고 있기로는, 기원후 8세기 이후 일본이 이것과 가장 유사하다. 그곳에서는 정교하고 세련된 왕궁과 '봉건제도' 또는 악당패거리 같은 무사도의 잔혹성이 대조되었다.

더 이른 시기의 장대함이 강조되기 마련인데도, 흥미롭게도 그리스 전승은 후기 청동기시대(역주: 기원전 1700-1200년)의 경제적 또는 문화적 성공보다 '영웅시대'(역주: 후기 청동기시대의 후반부에, 대략 후기 미케네 그리스 시대에 속한다)의 전쟁 활동에 훨씬 더 큰 관심을 보인다. 이것은 피비린내 나는 대담한 행위가 항상 더 좋은 이야깃거리를 만들기 때문이라는 데에는 의문의 여지가 없다. 그러나 영웅담은 기원전 12세기 왕궁의 몰락 후 암흑시대에(이 시기에 대부분의 전설이 형성되었다) 문명은 사라지고 전쟁·충성·배반이 지속되는 데 그치지 않고 오히려 격화된 결과로부터 나온 것일 수 있다.

제11장에서 관심을 두고 있는 300년 동안의 시기인 기원전 1550-1250년은, 청동기시대 중에서도 문헌 증거와 고고학 증거 모두에서 이집트 및 레반트가 에게해권과 접촉했다는 가장 많은 징표가 있는 시기였다. 그런데 최근까지 두 종류의 증거를 연결시키기 어려웠다. 왜냐하면 이집트 문헌이 말하는, 에게해권과 가까운 관계를 맺고 있는 시기(투트모세 3세의 후기 치세[기원전 1470-1450년]와 아메노피스 3세 및 그의 아들 아케나톤의 치세[기원전 1419-1364년])가 정통론이 말하는 또는 고고학적으로 가장 빈번한 접촉이 있었음을 가리키고 있는 도기연대가 아니기 때문이었다. 그 시기는 도기연대에 따르면 후기헬라스 IIIA와 후기헬라스 IIIB인데, 정통론에서 그 연대는 각각 기원전 1400-1275년과 기원전 1275-1180년으로 설정되어 있다. 그런데 이제 이집트와의 새로운 동시대사건들에 근거해 그리고 테라

폭발의 연대 재설정에 따른 모든 후기 청동기시대 에게해권 도기연대의 상향 조정에 근거해 확립된 연표에 따라 후기헬라스 IIIA의 시작은 기원전 1490-1470년으로, 후기헬라스 IIIB의 기간은 기원전 1370-1220년으로 조정되어야 한다. 이집트의 신왕국의 연표는 이렇게 확정되어야 한다. 이는 이집트 및 레반트의 에게해권과의 밀접한 접촉을 보여주는 역사적 증거와 고고학적 증거가 이제 시간상으로 일치하게 되어 응집력 있는 그림을 그릴 수 있게 되었음을 뜻한다.

연대 재설정은 크레타 역사의 시기 구분에 변화를 가져온다. 고대 역사가들은 투트모세 3세(기원전 1460-1450년)의 치세 말에 그려진 무덤 벽화의 한 인물을 오랫동안 주목해왔다. 그 벽화에서 파라오에게 공물을 가져온 크레타 사람의 처음 의상은 미노아식 킬트였지만, 그 위에 미케네식 킬트로 덧칠해져 있었다. 선형문자 B 서판으로 볼 때, 그리스어가 기원전 14세기 또는 적어도 13세기 크레타에서 지배적인 언어였다는 인식이 생긴 이래로, 덧칠의 시점은 크레타에 대한 미케네 그리스인의 침입 또는 도래의 시점으로 사용되어왔다. 정통론에 따르면, 기원전 1450년이 도기연대 후기미노아 II의 시작 연도이다. 이것은 그 무렵 크레타에 있는 지역 왕궁이 파괴되고 전체 섬의 행정이 크노소스로 집중되었다는 사실과 잘 맞아떨어지는 것 같았다. 그런데 이를 뒷받침하기 위해 사용되어왔던 그밖의 여러 주장(예를 들면, 그 시기에 크레타에 수갱 묘가 도입되었다는)은 그 이후로 폐기되었다. 아더 에반스 경이 크노소스 궁전은 후기미노아 IIIA 초(그 당시 기원전 1380년경으로 여겨졌다)에 파괴되었다고 선언하자, 미케네인의 도래로 인해 기원전 1450년경 크레타의 상황이 생겨난 것으로 보게 되었기 때문이다. 그리고 그리스어가 그 섬 수도의 공식 언어로서 확립되는 데 시간(역주: 기원전 1450년부터 기원전 14-13세기, 즉 1-2세기의 시간)이 필요하다고 여겨졌다.

수십 년 동안 언어학자 레너드 파머가 이끄는 이단 학자들은 크노소스 왕궁이 기원전 13세기 말까지 살아남았으며, 거기에서 나온 선형문자 서판은 기원전 13세기 말로 책정되어야 하지, 200년 전으로 책정되어서는 안 된다고 주장했다. 고고학적 증거에 대한 최근의 해석은 이 점에서 파머를 지지하는 것으로 보이며, 그리스인의 크레타 도래의 연도는 기원전 1300년 이전의 어느 때이어야 한다는 조건은 더 이상 존재하지 않게 된다.

그렇다 하더라도 지배자들이 바뀌었음을 보여주는 이집트 증거(케프티우Kftiw라는 이름의 사용이 줄어들고 테니Tni의 사용이 증가하는 것에서도 시사된다)는 기원전 15세기 중반에 크레타에서 권력이 이양되었다는 강력한 근거가 된다. 그러나 여전히 의문은 남아 있다. 어느 도기연대에 그러한 변화가 일어났는가? 후기미노아 II 유형의 도기는 선행하는 후기미노아 IB로부터 발전해 후기미노아 IIIA로 이어진다. 이처럼 도기는 권력 이양의 시기를 알아내기 위한 증거로서 사용될 수 없다. 어쨌든 여러 증거로 미루어 보건대, 언어가 변화했는데도 그 섬의 본질적인 문화는 지속되고 있었던 것으로 보인다. 할 수 있는 가장 간단한 일은 절대연대를 유지하거나 기원전 1470년경으로 살짝 상향 조정하는 것이다. 기원전 1470년경은 도기연대로는 후기미노아 IIIA와 후기헬라스 IIIA의 시작 연도이다. 범에게해권의 도기인 이 두 유형의 도기는 지중해 및 그 너머에 걸쳐 발견되었는데, 특히 투트모세 3세의 승리 후 이집트의 통제 하에 또는 영향 하에 있었던 지역으로 알려진 키프로스, 레반트, 누비아 그리고 이집트에서 발견되었다.

어떠한 미케네의 도기도 발견되지 않았던 지역 중 하나가 중앙 아나톨리아의 고원지대라는 것은 흥미롭다. 그곳은 그 당시 히타이트가 지배하던 곳이다. 제11장의 몇 절이 에게해권과 아나톨리아의 관계에 할당되었다. 한 절은 히타이트 서쪽에 있는 그들의 이웃인 아르자와Arzawa와 아수와Assuwa(여기에서 아시아Asia라는 이름이 파생되었다)를 언급하는 히타이트 문서에 관련되어 있다. 기원전 15세기 말경 히타이트 문서에서 새로운 서방세력인 아키야와Ahhiyawa가 등장하는데, 1920년 이래로 많은 학자들이 그들을 아카이아인과 동일시했다. 아카이아인이라는 이름은 그리스인 중 다수를 차지하는 부족에게 호메로스가 붙인 이름이다. 상황은 극도로 혼동되어 있다. 그러나 히타이트 문서와 후기 그리스 전승에서 그려볼 수 있는 개연성이 가장 큰 그림에 따르면, 아키야와/아카이아인이 그리스화된 서부 아나톨리아인과 그리스인의 혼합체로 히타이트 제국의 변경과 에게해권에 살았던 약탈자였다는 것이다. 그들은 그리스의 전설적 영웅 펠롭스에 관계되어 있음에 틀림없는데, 펠로폰네소스(펠롭스의 섬)는 그의 이름을 딴 것이었고 호메로스의 위대한 왕들인 아가멤논과 메넬라오스는 그의 후손이라고 주장했다. 나는 펠롭스라는 이름이 이집트어 파 레파트[P3 Rpˤt](왕세자)로부터 유래한 것이라고 믿는다. 그것은 인명이 아니라 직함이다. 그것의 주요한 원형이 되는 사람이 북서 펠로폰네소스에 있는 엘리스 지역을 장악했던 시점을 알아내기는 힘들다. 그곳은 아카이아인 또는 펠롭스 왕조의 첫 기지였던 것으로 보인다. 그것은 기원전 1425년과 1300년 사이의 어느 시점일 것이다. 어려운 점은 다나오이인의 물질문화와 아카이아인의 물질문화를 구분하기가 불가능하다는 점이다. 호메로스가 두 부족을 분명하게 구별하지 않았듯이, 문헌 증거와 전설 증거도 정확치 않다. 이집트인이 테니우[Tniw](역주: 테니[Tni]의 복수형)와 아카이와샤[Ikwš](역주: Akaiwasha, 아카이아인) 모두를 언급했던 것으로 보이는데, 그들은 이집트를 습격한 바다의 민족 중 일부였다.

가장 단순한 설명은 '다나오이'를 원래의 '힉소스' 영웅들에 의해 기원전 18세기 말에 확립된 왕국의 거주자 또는 보유자로 보고, '아카이아인'을 새로운 '아나톨리아' 왕조에 정복된 자들로서 보는 것이다. 엘리스에 언제 펠롭스의 왕국이 확립되었는지를 책정하기 어렵듯이, 미케네/아르고스, 스파르타 같은 다른 왕국이 언제 아카이아의 지배하에 들어가게 되었는지를 지적하기란 쉽지 않다. 가장 분명해 보이는 것은 힉소스의 마지막 왕조인 테베의 카드모스 왕조가 기원전 13세기 말까지 살아남아 있었다는 것이다.

아카이아인이 아나톨리아와 관련을 맺고 있다는 사실은 그들이 히타이트와 동맹을 맺었다는 것을 의미하는 것이 아니다. 정반대이다. 다나오이인처럼 그들은 중앙 아나톨리아인의 숙적이었던 것 같다. 히타이트 문헌에 따르면 아키야와는 히타이트의 숙적이었다. 히타이트 영토에는 미케네 도기가 없다는 것을 앞에서 언급했다. 비슷한 양상이 이 시기의 것으로 보이는, 미케네에서 발굴된 외국 유물에서도 나타나는 것 같다. 미국의 고고학자 에릭 클라인의 지적에 따르면, 미케네에서 발굴된 외국 유물 중 이집트 및 레반트의 유물은 상당수 있지만 히타이트 유물로 보이는 것은 하나가 있을 뿐이며 그것도 히타이트의 관할 지역 너머에 있는 아나톨리아의 한 지역에서 나온 것이라고 한다.

미케네 상품이 매우 넓게 분포되어 발견되고, 히타이트인이 메소포타미아와 북시리아에서 활동적인 교역인이었다는 것을 알 수 있다. 왜 미케네와 히타이트는 서로 배타적이었을까? 설혹 아키야와를 아카이아와 동일시하지 않는다 하더라도, 두 지역이 서로를 몰랐다는 것은 생각할 수 없는 일이다. 그럴듯한 설명은, 비슷한 지리적 활동범위를 점하기는 했지만 그들은 상대의 생산품을 필요로 하지 않았다는 것이다. 이 설명이 어느 정도 진실을 담고 있다면, 그러한 경제적 독립이 정치적 의지로 인해 강화되었을 것이라고 가정할 이유가 충분하다. 이 가설을 지지할 문헌 증거와 고고학적 증거가 있다. 그 문헌은 기원전 13세기 히타이트와 종속국인 북시리아의 왕 사이에 체결된 조약문인데, 히타이트는 특별히 그 왕에게 아키야와에서 오는 선박들이 그의 영역들을 지나다니며 교역하는 것을 막아달라고 요청하고 있다. 고고학적 증거도 이를 가리키고 있는데, 북시리아에 후기헬라스 IIIA의 미케네 도기는 많지만 후기헬라스 IIIB에 속하는 것은 하나도 없다. 그 지역이 기원전 1370년경 그러니까 후기헬라스 IIIB가 시작되었을 때 히타이트의 봉신국이 되었다는 알려진 사실이 이에 대한 가장 그럴듯한 설명이 될 것이다.

가장 그럴듯한 그림은 기원전 1430년경부터 1230년경에 이르기까지 그리스인과 히타이트인 사이에 불화가 있었다는 것이다. 히타이트의 강력한 경쟁 상대는 물론 이집트인이었다. 투트모세 3세는 기원전 15세기 중반 에게해에 토벌 원정대를 틀림없이 보냈을 것이다. 문헌 증거와 고고학적 증거에 따르면, 다음 세기에 지도적인 그리스 왕국들이 이집트의 영향권에 들어간 것에 그리고 파라오로부터 '생명을 숨결'을 받았던 것에 만족했던 것으로 나타난다.

이 시기에 교역과 문화의 긴밀한 접촉이 있었다는 것은 의문의 여지가 없다. 10장에서 논의된 그러한 접촉에 관한 문헌상의 언급 이외에도 이것을 지지할 상당한 고고학적 증거가 있다. 앞에서 언급했듯이, 후기헬라스 IIIA와 후기헬라스 IIIB(LHIII, 기원전 1470-1220년)에 속하는 상당량의 미케네 도기가 이집트가 장악하고 있거나 영향을 미치는 지역 전체에 걸쳐 발견되었고, 마찬가지로 각종 상품을 담는 용기로서 사용된 가나안산産 큰 항아리가 에게해권에서 다량으로 발견되었다.

지금까지 레반트산 용기가 가장 많이 발견된 곳은 터키 남서 해안 카쉬 Kaş 앞바다의 난파선인데, 120개가량을 선적하고 있었다. 이 난파선의 연대는 이집트의 전성기가 끝나는 무렵인 기원전 1360년경으로 설정할 수 있다. 이 난파선의 풍부한 화물은 후기 청동기시대 동지중해에서의 경이적인 교역의 모습을 보여주고 있다. 상아와 아프리카산 흑목黑木(역주: 흑목에 관해 제 11장 주189 참조)만이 아니라 많은 수의 구리괴가 발견되었다. 구리괴는 그 당시 주로 키프로스와 사르디니아에서 채굴된 구리의 광범위한 교역을 확인해준다. 또한 이보다 소규모이기는 하지만 훨씬 더 광범위한 주석 교역도 시사하고 있는데, 주석은 먼 지역인 아프가니스탄·보헤미아·콘월 (역주: 잉글랜드 남서부의 주)로부터 채굴된 것이었다.

최근에 이루어진 흥미로운 발견 중 하나는 납 그리고 납이 함유된 은 교역의 발견인데, 그 교역을 납 동위원소 분석으로 추적할 수 있다. 이제는 아테네 남쪽 아티카의 라우리온 광산이 적어도 이집트 중왕국 초기부터 납을 수출한 곳이었다는 것을 알고 있다. 후기 청동기시대에 이 광산의 납이 메소포타미아와 이집트에서도 발견되었다.

매혹적인 또 다른 발견은 미케네에서 발굴된 왕의 이름 아메노피스 3세가 각인된 수많은 파이앙스 명판인데, 이집트에서 신전의 기초에 놓아두는 것들이다. 이것은 흥미로운데, 왜냐하면 만약 그것이 이집트에서 발견되었다면, 고고학자들은 즉각 그 위에 세워진 신전의 다른 표식을 찾기 시작했을 것이기 때문이다. 그런데 미케네에서 대부분의 명판이 귀중한 유물과 함께 발견되었지만, 신전의 네 구석을 점하는 위치에서 나온 것은 아니었다. 그 명판들이 의식상으로 큰 중요성을 지녔지만 그것 자체의 가치는 없는 것으로 보아서, 수입된 것 같지도 않고 기념품으로 들여온 것 같지도 않다. 그 당시 이집트 파라오가 미케네와 접촉하고 있었다는 다른 징표를 고려하면서 그 명판으로 판단하건대 그곳에 이집트식 건축물의 기초를 놓으려 했던 때가 있었던 것으로 여겨진다. 비록 그 건축물이 짧은 기간만 지속됐거나 전혀 세워지지 않았을 수도 있지만 말이다.

명판의 상징적 의미만 그 당시 이집트와 그리스의 친밀한 접촉을 보여주는 것이 아니다. 유약 속에 있는 납에 대한 분석은 그것이 라우리온산産이라는 것을 보여준다. 이것은 두 가지 견지에서 설명될 수 있다. 그 당시 명판을 만들 수 있는 공식적인 이집트 왕립공예공장이 그리스에 있었거나, 아니면 그리스에서 수입한 납으로 유약을 이집트에서 만들었을 것이다. 후자가 더 그럴듯하다. 이러한 해석도 기원전 1400년경 이집트와 에게해권이 복잡하게 연결되어 있음을 강조한다.

이집트와 아프리카 지역에서 상아와 흑목을 비롯한 적도 물품인 향유, 향신료, 타조 알, 깃털, 파피루스를 수출했다는 것을 알 수 있다. 비록 그리스가 금광을 가졌다 하더라도 아프리카에서 금을 보냈을 수도 있다. 노예는 주로 북에서 남쪽으로 보내졌던 것 같다. 이러한 교역의 많은 부분이 통과하는 레반트는 삼나무, 정교한 제조상품 같은 자체의 생산품을 갖고 있었다. 반면에 에게해권은 고품격의 도기, 미케네 용기에 담겨 있었던 내용물(거의 확실하게 올리브기름이었을 것이다)을 비롯해 납과 은을 수출했다.

그러한 교역은 균형 잡히지 않은 것이다. 이제는 그리스가 금속의 주요 수출국이었음을 알게 되었는데, 정치적 또는 경제적 요소로 명백한 불균형을 설명할 수 있다. 하나의 가능성은 이집트가 정치력과 해군력으로 에게해권을 착취했다는 가설이다. 그러나 좀 더 그럴듯한 설명은 근본적으로는 경제적인 설명이다. 이집트는 기원전 776-325년의 상고기 및 고전기에 동지중해권 전역에 걸쳐 밀을 수출하고 있었는데, 이 때에도 그리하였을 것이다. 문헌적·고고학적 증거들은 대량의 곡물 교역을 실행하기에 충분한 용적을 지닌 배들이 있었음을 명백히 보여주고 있다. 또한 이집트가 기원전 13세기에 바다를 통해 아나톨리아와 레반트의 기근을 구제하기 위해 식량을 공급했다는 것은 알려져 있다. 후에 페니키아를 형성하는 레반트 도시 중 일부가 그 당시 정기적인 식량부족을 겪고 있었음은 거의 확실하다. 남그리스에서 나온 고고학적·문헌적 증거 모두 그 당시의 극도로 높은 인구밀도와 놀랍도록 낮은 식량생산을 시사한다. 이것은 잦은 기근과 끊임없는 곡물 수입을 암시한다. 곡물의 일부는 흑해 지역에서 왔을 가능성이 있는데, 흑해는 고전기에도 그리스에 곡물을 공급했다. 그러나 곡물의 대부분은 이집트로부터 왔다고 보는 것이 훨씬 더 가능성이 높다. 흥미롭게도 그리스 전승은 트로이 전쟁 훨씬 이전에 아티카의 기근을 이집트가 구제해준 것을 언급하고 있다. 이러한 암시는 밀이나 밀을 구워 빵으로 만드는 것과 관련된 많은 그리스어 단어에 대한 개연성을 지닌 이집트어 어원과 더불어, 고전기·헬레니즘시대·로마시대에 그리스를 포함하는 지중해권 지역에 대한 이집트의 밀 수출이 이미 후기 청동기시대에 확립되었다는 것을 시사한다.

지난 20년간 치열하게 전개된 학문적 논쟁거리 중 하나는 후기 청동기시대 동지중해에서 누가 교역을 지배했는가라는 의문이었다. 극단적인 아리안모델의 승리 이래로 지배적인 견해는 역동적인 미케네인이 교역을 완전히 장악하고 있었다는 것이었다. 이것은 다른 지역보다 레반트와 이집트에 훨씬 더 많은 에게해권 도기가 있었다는 사실로 정당화되었다. 그런데 도기는 누가 교역을 주도했는가를 보여주는 적당한 지표가 아니다. 예를 들어, 17세기 이후 서유럽에서 사용된 많은 도자기가 중국산이거나 유럽 지역에서 만든 열등한 모조품이라는 단순한 이유로 그 당시 중국 선박이 서유럽 주위에서 교역하고 있었다고 가정하는 것은 그른 판단이다. 많은 학자들이 우가릿에서 나온 풍부한 교역 기록에 그리스인이 없다는 것을 지적했다. 나는 이것이 히타이트가 종속국에게 아키야와와의 교역을 금지시킨 데에서 기인하는 지역적 현상으로 설명될 수 있다고 생각한다. 우가릿과 레반트 여러 도시는 선형문자 B 서판에 나타난 것처럼 에게해에 있는 어떤 왕궁 경제주체보다 훨씬 더 중상적이었다는 데는 거의 의문의 여지가 없다. 또한 모든 교역이 페니키아인의 수중에 있었다는 호메로스의 서사시가 제공하는 뚜렷한 기록도 있다.

후기 청동기시대 말에 속하는 난파선이 처음으로 터키 남부 해안의 겔리도냐 곶 앞바다에서 발견되었는데, 발굴자인 조지 배스는 그 배에 레반트인이 승선하고 있었다고 믿었다. 그의 훨씬 더 큰 발견과 발굴은 카쉬 앞바다에 침몰한 배였는데, 그 배 승무원의 '국적'은 훨씬 모호했다. 여러 민족이 섞여 있었던 것 같으나 거의 확실하게 그리스인이 포함되어 있었다. 승무원의 국적에 관한 논쟁이 서부 셈족에게 어떤 창조적인 역할도 부정했던 극단적인 아리안모델과 그러한 역할을 허용했던 광의의 아리안모델 사이의 다툼에서는 중요하다 하더라도, 결국 쓸모가 없게 되었다. 이제는 기원전 1470-1220년 동지중해권은 완전히 코스모폴리탄적이었다는 것이 분명해졌기 때문이다. 이집트 선원만이 아니라 에게해권 선원과 레반트 선원 그리고 여러 국적의 선원이 완전히 뒤섞인 화물을 싣고 항해하고 있었던 것이다. 그런데 일부 학자는 이러한 평화와 번영이 '미케네의 평화Pax Mycenaeaca'의 결과였다고 주장했다. 이것은 본말이 전도된 아리아주의적 주장으로 보인다. 기원전 1470년부터 1370년까지 이집트가 그 지역에서 지배적인 세력이었고 기원전 13세기 말까지도 군사적·정치적·문화적으로 중요한 세력으로 남았다는 데는 의문의 여지가 없다. 이러한 교역과 번영이 '이집트의 평화Pax Aegyptiaca' 아래 일어났다고 가정하는 것이 더 타당하게 보인다.

기원전 2천년기 후반 장기간 에게해를 포함하는 동지중해에 걸쳐 코스모폴리탄 사회가 존재했다는 사실은 문화적 고립론이라는 생각을 어리석은 것으로 만든다. 문화적 차용, 특히 이집트어 및 서부 셈어로부터 그리스어로의 언어적 차용을 예상할 수 있는 충분한 근거가 있다. 확실히 언어의 차용을 말하는 내재적인 증거를 부정할 근거는 없는 것 같다. 그런데 이 시기의 고고학적 증거가 아리안모델과 자생적 기원 모델을 유지할 수 없는 것으로 만들지만, 좁은 의미에서는 고대모델을 약화시키는 것으로도 여겨질 수 있다. 왜냐하면 장기간의 우호적인 접촉은 정복이나 식민지라는 생각에 근거하지 않고서도 실질적인 종교적·언어적·문화적 차용을 설명할 수 있기 때문이다. 이와 관련해 후기 미케네 그리스(역주: 기원전 1470-1200년경)는 이미 그리스어로 말하고 있었고, 후대에도 사용되었던 그리스어 이름을 지닌 신들을 숭배하고 있었다. 내가 이집트어 또는 셈어 기원을 지녔다고 믿는 단어와 이름이 이때에 이르면 그리스에서 자리를 잡았던 것으로 보인다. 이제는 테라 벽화로부터 적어도 키클라데스 문화가 기원전 17세기에 이미 완전히 코스모폴리탄적 성격을 띠었다는 것을 알고 있다. 기원전 1470-1220년 동지중해권에서는 밀접한 접촉이 이루어지고 있었지만, 상고기와 고전기의 그리스 문화가 핵심적으로는 이미 기원전 17세기에 형성되었다는 것을 의심할 이유는 거의 없다. 그러하다면 내가 그리스 문화에 대한 이집트 및 셈의 근본적인 영향이라고 믿는 것을 더 이른 시점에서 찾아야 한다. 앞에서 언급한 대로 이것의 일부는 3천년기 또는 훨씬 이전으로 거슬러 올라갈 수 있다. 그러나 고고학적 증거는 2천년기 후반을 중요한 시기라고 가리키고 있는데, 그 영향은 힉소스의 정복 및 식민화에 관련된 것으로 보인다.

이 책의 열두 번째이자 마지막 장은 미케네 시대의 끝부분인 기원전 1250-1150년에 이르는 한 세기를 다룬다. 그리스의 테베와 트로이의 포위와 파괴에 초점이 맞추어져 있다. 여기에서도 도기연대의 낮은 연대 설정으로 인한 혼동이 문제가 되어왔다. 정통론에 따르면, 후기헬라스 IIIB와 IIIC는 각각 1275년과 1180년에 시작된다. 고고학적 증거는 테베가 후기헬라스 IIIB2에 파괴되었음을 말해주고 있는데, 정통 연표에 따르면 1200년경이다. 그런데 호메로스의 트로이가 있었을 가능성이 있는 두 개의 고고학적 층이 있다. 트로이 VI층은 후기헬라스 IIIB의 시작 무렵에 파괴되었던 것으로 나타나는데, 정통 연표에 따르면 기원전 1275년경이다. 이는 트로이 몰락에 관한 전통적인 연대인 기원전 1250-1170년보다 이르다. 더욱 심각한 것은 이 연대가 전통적인 도기연표에 따른 테베의 최종 몰락의 연대보다 더 이르다는 점이다. 전승에 따르면 테베는 트로이 전쟁 이전에 몰락했다. 그런데 트로이 VIIa라는 또 다른 파괴 지층은 후기헬라스 IIIC 초에 호메로스가 말하고 있는 불에 의해 파괴되었다(트로이의 파괴는 정통론에 따르면 기원전 1175년 이후가 될 것이다). 이것은 그리스 연표(역주: 이 연표에 따르면 트로이 전쟁은 기원전 1250-1170년에 일어났다)의 하한선과 들어맞기는 하지만, 그때에 이르면 미케네 문명이 급격하게 몰락해가고 있었으므로 1180년 이후 설은 대규모로 잘 조직된 그리스인의 원정이라는 전통적인 묘사와는 조화되기 어렵다.

어느 '트로이'가 파괴되었는가에 관한 혼동과 불확실성으로 말미암아 1960대와 1970년대 캠브리지 고고학의 지도적인 학자였던 모지즈 핀리 같은 회의적인 학자들은 실리만의 놀라운 발견 이래로 행해진 적이 없었던 방식으로 트로이 전쟁의 역사성에 의문을 제기했다. 그런데 도기연대의 새로운 상향 조정은 두 가지 점에서 상황을 명백하게 한다. 첫째, 트로이 VI층의 몰락은 기원전 1350년경으로 조정해야 하는데, 이는 기원전 1210년경 트로이의 파괴 이전에 1세기 여의 시간을 허용하고 있다. 기원전 1210년은 전통적인 연표 범위의 중간과 정확하게 일치하고, 파괴의 성격이 서사시의 묘사와도 잘 맞는다. 그리스인이 진을 쳤다고 여겨지는 해안에서 발견된 매우 시사적인 유물과 함께, 도기연대의 상향 조정은 호메로스의 글이 지닌 기본적 역사성을 의기양양하게 회복했다.

제12장의 절들은 트로이의 복잡한 역사와 관련되어 있는데, 트로이의 역사가 고고학과 히타이트의 문서를 통해 확립될 수 있기 때문이다. 흑해

로 가는 선박들이 다르다넬스 북쪽으로 항해하기 위해 좋은 바람을 기다려야만 하는 지점에 전략적으로 위치한 트로이는 대단히 번영하는 도시이지만 후기 청동기시대에 히타이트 세력과 그리스 세력 사이에 끼어 있었다. 호메로스의 글에는 히타이트에 관한 언급이 전혀 없다(그리스 전승 전체에서도 마찬가지이다). 이것은 비록 히타이트 제국이 기원전 12세기 초에도 최종적으로 몰락하지 않았다 하더라도 기원전 1230년대에 이르면 서부 아나톨리아에 대한 힘과 영향을 잃었다는 사실로 설명될 수 있다. 어떤 점에서는 트로이 전쟁은 한편으로는 생겨난 권력 공백을 채우려는 그리스 측과, 다른 한편으로는 이를 저지하려는 남·서 아나톨리아 국가들의 연맹 및 트라키아인 사이에 벌어진 전쟁이었다.

또한 12장은 테베에 관한 절들을 포함한다. 내가 생각하기에 힉소스 군주에 의한 두 번째 개국이 영웅 카드모스의 전승에 나타나므로 이에 따라 재구성해볼 수 있는 테베 역사의 개요가 소개된다. 그의 활동 연대에 관한 주장들에 대한 논의가 있고, 고대 세계에서 제안된 후기 연표(오늘날의 많은 학자들이 선호한다)에 대한 논의도 있다. 나는 이러한 주장이 다음과 같은 강력한 욕망에서 나오게 된 것이라고 믿는다. 곧, 카드모스가 그리스에 알파벳을 도입했다는 전승을 알파벳의 가장 이른 도입 시기는 기원전 1300년경이라는 믿음과 조화시키려는 욕망 말이다. 나는 금석학적 근거에서 셈어 알파벳이 기원전 1400년 이후에는 그리스에 도입되지 않았으며, 아마도 기원전 1800년경에 도입되었을 것이라고 주장해왔다. 나는 카드모스(또는 그로 대표되는 침입)가 다나오스 및 그의 식민화와 같은 시기인 기원전 1730년경에 도래했다는 주요 고대 전승을 의심할 이유를 찾을 수 없다.

더 이른 도상적 증거에 잘 어울리는 풍부한 고전기의 증거에 따르면, 기원전 13세기 테베인이 자신의 지배자가 옛 페니키아의 후손이라고 믿었다는 것은 거의 확실하다. 나는 이 전승이 순수한 역사적 기초를 가졌고 그때에 이르면 테베 왕국이 힉소스의 나라 중에서 유일하게 살아남았다는 것을 의심할 이유가 없다고 본다.

테베가 근동과의 접촉을 유지했거나 부활시켰음은 명백하다. 카드메이온 또는 테베 왕궁에서 많은 근동의 보물이 발견되었다. 보물의 일부는 그 도시가 망할 무렵에 만들어지고 있었거나 다시 가공되고 있었다. 이를 근거로 삼아 한 학자는 동방 장인의 거류민단이 왕궁에서 일하고 있었음을 시사했다. 가장 놀라운 발견은 청금석(라피스 라줄리)으로 만든 원통형 인장 모음인데, 그것의 대부분은 바빌로니아에 있었던 카시트 왕조 하에서 만들어진 공식적 또는 종교적 인장이었다. 서아시아 인장의 전문가 이디스 포라다는 이 인장들을 추적해 카시트 바빌론을 정복한 아시리아의 투쿨티 닌우르타Tukulti Ninurta 1세가 약탈한 신전들에 있었던 것들이며, 그가 교역 품으로 또는 외교적 이유로 그리스로 보냈다고 주장했다. 포라다는 그리스 와 아시리아 사이에 교역을 방해하려는 히타이트-우가릿 조약을 알고 있었 으나 큰 납괴에 관련된 증거는 알지 못했다. 그 납괴는 투쿨티 닌우르타의 이름이 찍혀 있었으나, 아티카의 라우리온 광산의 납으로 만든 것이었다.

테베가 망할 당시 근동과 긴밀하게 접촉하고 있었다는 것은 의심의 여 지가 없지만, 그러한 긴밀한 접촉이 그 당시 그리스 국가 가운데에서 특이 한 것이 아니었다는 점 또한 명백하다. 그러나 테베의 국조 카드모스와 그 의 페니키아 기원을 의심할 이유가 없지만, 이러한 인장의 발견 자체가 테 베가 근동의 기지였다는 것을 증명하지는 않는다.

아시리아가 바빌론을 정복한 연도는 기원전 1235년경으로 설정되어왔 다. 이것은 테베의 최종적 파괴의 상한 연도를 제공하며, 그 파괴는 이제 1220년대로 조정되어야 한다. 그리스 전승에 따르면 테베의 파괴는 트로이 전쟁 직전에 발생했으니, 트로이 전쟁은 1210년대로 책정할 수 있고 그 전 쟁의 절정인 트로이 몰락은 기원전 1210년경이 되겠다.

제12장에서 나는 미케네 시대의 종말과 청동기시대 문명의 일반적 파괴 를 고려한다. 그것은 기원전 12세기에 발생했지만, 테베 및 트로이의 몰락 은 그것의 전조로 보일 수 있다. 12세기가 시작되면서 이집트 문헌에서 보 고된 '바다의 민족들의 침입'이 있었다. 이에는 아나톨리아 북쪽과 서쪽, 레반트, 이집트(역주: 리비아의 오기로 보인다)로부터의 침입이 포함되었다. 바다의 민족들은 히타이트 제국을 멸망시키고 레반트의 해안 국가들을 일 시적으로 파괴하였다. 이집트는 살아남았으나, 간신히 그리고 훨씬 약해져 서 살아남았다.

오늘날 '그리스인'이라고 부르는 사람들이 이 약탈과 그에 뒤따른 정착에 연루되었다는 데는 의심의 여지가 없다. 그러나 어떻게 이러한 이주가 동시대에 그리스 자체에서 발생하고 있었던 소요에 연결되는가는 정확하게 말하기 어렵다. 그 소요의 핵심은 북서 그리스에 있던 도리스족의 남부 그리스에 대한 습격과 정복이었다. 그 안에 진실이 있든 없든 간에 도리스인의 왕들은 '헤라클레스의 후손' 또는 신들의 후손 그리고 더 이른 이집트-페니키아의 통치 왕조의 후손이라고 주장했다. 이런 방법으로 그들은 아르고스, 스파르타 등지에서 쫓아낸 펠롭스 후손보다 월등한 정통성을 주장할 수 있었다. 이집트-페니키아계 조상을 두었다는 것이 후기 스파르타 왕들로 하여금 스스로 유다인과 혈족이라고 믿게 만든 이유이기도 했다. 스파르타 왕들은, 힉소스가 자신들의 실제적인 또는 상상의 조상이었던 것처럼, 유다인의 지도자들도 이집트인에게 축출된 힉소스 군주였던 것으로 보았던 것이다.

그리스에서의 소요는 기원전 1150년대에 극에 달했고 바로 그때 미케네가 몰락했던 것으로 보인다. 그 당시 청동기 문명이 몰락한 여러 이유가 있다. 한 가설에 따르면, 근본 원인은 기원전 13세기 4/4분기부터 영향을 미친 기후 이상이었다(이것은 7장에서 자세히 논의된다). 그런데 이 가설에 따라 연구한 학자들은 어떠한 장기간의 악화를 발견하지 못했다. 몇 년간 지속된 가뭄의 가능성을 받아들이면서도 학자들은 많은 인구를 부양했던 남부 그리스가 기원전 14세기에 비슷한 가뭄을 겪었다고 그럴듯하게 주장하기도 한다. 나는 이 수수께끼가 기원전 1470-1220년 이집트의 곡물을 수입해 그리스인이 기근의 시기를 이겨낼 수 있었음을 받아들임으로써 풀릴 수 있다고 생각한다. 바로 바다의 민족들의 침입으로 이집트는 약화되고 곡물 해상 수송의 가능성은 차단되었다. 이로 인해 남부 그리스 경제는 도기연대 후기헬라스 IIIA와 B의 제조업 및 특화농업 경제를 더 이상 유지할 수 없게 되었고, 후기헬라스 IIIC에는 이전보다 잦아진 가뭄에 훨씬 적은 인구를 부양하는 근근이 연명하는 경제가 되었던 것이다.

비록 기원전 13세기 후반과 12세기의 장기간 쇠퇴가 기후적 요인과 정치적 요인 모두로부터 기인했더라도, 우선적인 그리고 제1의 원인은 '이집트의 평화'가 정치적으로 붕괴된 데에서 찾을 수 있다. 그런데 수많은 지역에서 청동기 문명을 최종적으로 무너뜨린 최후의 일격은 기원전 1159년 헤클라 III의 폭발 후 발생했던 기후악화였던 것으로 보인다. 뒤이은 10년 간 주나라의 군주가 상 왕조를 공격하기 시작했고 북서 브리튼의 인구가 감소했으며, 이란에 있는 중기 엘람 왕국이 붕괴되었고 그리스의 왕궁사회 가 파괴되었다는 것은 흥미롭다.

이집트는 결코 굴복하지 않았고 레반트는 곧 부와 세력을 회복했으나, 근동의 주변 지역은 회복에 훨씬 더 긴 시간이 필요했고 회복했을 때는 매 우 다른 사회 형태를 맞게 되었다. 그리스에서 관료적인 왕궁 사회는 훨씬 더 원시적인 부족사회로 대체되었다. 그리고 기원전 9-8세기의 회복은 크 게는 기원전 11세기 페니키아에서 확립된 노선에 따른 것이었다. 상업과 제조업을 근간으로 한 페니키아의 도시 국가들은 가재家財 노예노동에 근 거하고 있었으나 시민권에 대한 강한 감각을 가지고 있었다. 그러한 차이 를 상징적으로 표현하면, 왕궁이 있었던 곳에 이제는 정체성의 구심점이 된 신들에게 바쳐진 신전에 의해 지배되는 도시가 들어섰다고 할 수 있다. 그러나 근동의 영향이라는 새로운 물결과 토착적인 그리스 전승의 관계는 또 다른 주제이므로 이 연구에서는 언급하지 않겠다.

제1권의 서문에서 나는 대담하게도 그때 계획한 제2권과 제3권의 차례 를 공표했다. 이제 내가 얼마나 잘못했는가가 확연해졌다. 따라서 이번에 는 제3권과 제4권의 계획된 세부를 언급하지 않으려 한다. 대체적으로 두 권은 제1권의 서문에서 제2권과 제3권에 관해 제시했던 분야를 포함할 것 이다. 이러한 세부적 변화 이외에는 두 권이 '두터운' 묘사로 구성될 것이 라는 점에서 제2권과 동일한 노선에 근거할 것이다. 이것은 공평한 경쟁과 는 대조되는데, 이 연구의 틀을 처음으로 내놓았을 때 나는 그러한 경쟁이 가능하다고 잘못 생각했던 것이다.

제1장
왕궁기 이전의 크레타, 기원전 7000-2100년

근동과 에게해권의 관계를 개관하려면 크레타부터 시작해야 한다. 그 이유는 첫째로 크레타 섬이 신석기 이래로 서남아시아 및 북아프리카와 접촉해왔을 뿐만 아니라 전기 청동기시대에도 접촉이 지속되었다는 증거가 있기 때문이다. 둘째로, 기원전 3천년기 후반과 2천년기 초 왕궁 문명이 발전한 후 크레타는 후기 이집트와 레반트의 영향을 그리스 본토로 전한 전달자 및 여과막의 역할을 했기 때문이다. 이처럼 크레타의 영향은 기원전 2천년기 미케네 문명의 형성과 발전에 중추적인 요소였다.

이번 장에서는 크레타 역사의 가장 초기 단계를 고찰할 것이다. 기원전 7000년경부터 2100년에 이르는 신석기와 전기 청동기시대를 포괄하는 긴 기간이다. 여기에서 나는 주로 고고학에 관심을 갖는다. 이것은 고고학이 학문으로서 타고난 우월성을 갖고 있다고 믿고 있기 때문도 아니며, 고고학이 기원전 2천년기(기원전 2000-1000년, 이 시기에 이 책은 크게 관심을 갖는다)의 에게해권에 관해 무엇인가를 찾아내는 유일한 길이기 때문도 아니다. 나는 두 가지 이유로 고고학에 초점을 맞춘다. 첫째, 항상 그것이 역사시대 또는 원역사시대에 관한 지식을 얻는 중요한 방법이기 때문이다. 둘째, 비록 전설 자료와 언어 자료에서 얻는 정보가 극히 유용할 수 있다 하더라도 연대적 정확성을 확보하며 이용하기란 매우 어렵기 때문이다. 예를 들어, 기원전 3천년기를 다룰 때 상대적으로 당대의 문헌이 적기 때문에 고고학을 통해 얻는 정보가 그 시기에 연결될 수 있는 증거의 유일한 유형이다. 그러나 나는 그렇게 매우 이른 시기에서도 고고학적 증거를 독립적으로 다루는 것은 바람직하다거나 가능하다고는 믿지 않는다. 그러므로 이번 장에서는 당대 문화와 관련된 문헌 증거(후기 전설, 신화, 종교적 숭배, 때로는 언어와 고유명사로부터의 증거)를 배경으로 깔고 고고학적 증거를 다루고자 한다.

전후 관계의 문제 이외에도 학문으로서 고고학에 내재된 어려운 점들이 있다. 나는 고고학이 독립된 학문(다른 학문의 과학적 방법을 사용하는 학문에 대립되는 의미로)인지에 관한 복잡한 철학적 의문에 빠져들지는 않겠다.[1] 고고학이 이 책이 관심을 갖고 있는 특정 문제에 영향을 미치므로,

---

1) M. H. Salmon(1982, 특히 pp.19-30). Renfrew, Rowlands and Seagraves(1982)에 실린 여러 논문 참조.

여기에서는 단순히 고고학의 관례 또는 저차원 이론을 고려하고자 한다. 유물의 신빙성에 관해서 또는 훌륭한 발굴에서 유물이 어디에서 그리고 어느 지층에서 발견되었는가에 관해서는 의문의 여지가 있는 경우가 드물다. 오늘날 유물을 구성하는 물질에 관한 과학적 연구로 그것의 출처를 알아낼 수 있게 되었다. 때로는 방사성탄소 연대측정(유기체가 죽었을 때 감소하기 시작하는 방사성탄소의 비율 측정)과 수령학樹齡學(나이테 세기)을 통해 그 절대연대를 말할 수 있다. 그렇지만 어떻게 그 유물이 거기에 있게 되었는지 그리고 그것이 무엇을 나타내는지는 고고학자나 역사가의 주관적 해석에 달려 있다. 마찬가지로 건축물 또는 농업이나 산업의 흔적(이것들이 오늘날 고고학의 주요한 관심사이다)을 볼 때 해석의 편차가 큰데, 특히 다른 지역의 것들과 관계를 추적할 때 그러하다. 간단히 말해서 자료 자체가 확정적인 대답을 거의 제공하지 않는다. 그것이 할 수 있는 것은 고고학자에게 추측의 테두리를 설정해주는 것뿐이다.

전파론 대 고립론

추측의 영역에서는 자연 그 시대의 취향이 중요한 역할을 한다. 제1권에서 나는 식민주의와 '전파론'('더 높은 수준의 문화'가 정복이나 이주를 통해 확산되었다는 믿음)의 선호 문제를 간단하게 논했다.[2] 그리스와 관련해 고대모델, 아리안모델, 수정 고대모델은 모두 전파론임을 기억해야 할 것이다. 그런데 지역의 창조성과 주도권에 대한 믿음, 즉 토착적인 발전에 대한 믿음을 지닌 고립론(고립론의 옹호자는 고립론을 다소 혼동되게 [자체] 진화론으로 부르기를 좋아한다)은 전파론에 대한 건전한 반발로서 여겨졌고 1940년대 이래로 고고학을 지배했다.

전파론의 식민주의적 양상에 대한 가장 명백한 공격은 누비아에 관한 뛰어난 고고학자인 윌리엄 애덤스의 논문에서 나타났지만, 콜린 렌프루 같은 고립론자들의 주요한 연구주제였다.[3] 그들은 고고학적 증거의 전파론적 해석에 강력한 반론을 제기했다. 애덤스는 그의 논문 「침입, 전파, 진화」의 말미에 전파론에 항변하며 반론을 요약해 놓았는데, 그 논문은 고고학

---

2) 제1권, pp.565-566.
3) Adams(1968); Renfrew(1987, 특히 pp.86-94).

분야의 주요 학회지 중 하나인 『고대*Antiquity*』에 게재되었다.

고고학에서 어떠한 결정적인 증거가 없는 한 모든 존재하는 해석은 새로운 발굴의 견지에서 재검토되어야만 한다. 증거를 잊고 해석을 받아들이는 것은 불행히도 아무런 의의가 없다. 모든 이론은 개연성을 지닌 것에 지나지 않기 때문에 이론에 이론을 쌓는 것은 개연성을 대폭 감소시킬 것이다. 궁극적으론 근거 있는 증거만이 역사라는 건물을 쌓을 수 있는 벽돌로 사용될 수 있다.[4]

그런데 불행히도 '해석'과 '확고한 증거' 사이의 구분은 그렇게 편리하게 명확하지 않다. 고고학자가 발굴지를 선택하는 순간부터 그는 선입견을 지녔음에 틀림없다. 이러한 선입견은 후배 고고학자에게 전해져 어디를 파고, 어떤 방법을 택할 것인지, 어디에서 멈추고, 무엇을 조사하고 삭제하고 기록하고 보존할 것인가 등에 관한 모든 결정에 분명히 영향을 끼치고 있다. 중요성에 대한 관점은 불가피하게 주관적이다. 애덤스의 결론은 공정한 것처럼 보일지도 모르겠다. 그러나 서론에서 언급된 맥닐의 결론처럼, 그것은 전파론에 대한 공격이자 그가 전파론의 인종주의적 함의라고 본 것에 대한 공격이다.[5] 선사시대에 관한 고고학적 또는 그밖의 '증거'에 근거한 모든 가설의 유용성을 거부하면서 애덤스와 맥닐 같은 학자는 지역적 진화에 기초한 고립론를 선호하며 추측을 남긴다.

나는 '증거'에 대한 그들의 비판을 완전히 받아들이지만, 한편으론 우리가 가지고 있는 것을 최대로 이용해 계속 가설을 세워야 한다고 믿는다. 끊임없이 가설의 불안정성을 유념하면서 말이다. 내가 이렇게 주장하는 이유는 첫째로 가설 없는 연구는 의미 없는 뒤범벅된 결과를 낳을 따름이고, 둘째로 비록 그것이 절대적으로 '사실'일 리 없다 하더라도 서로 다른 가설들은 어느 정도 설명방식으로 유용할 수 있으며, 셋째로 연구라는 것이 가설을 만들어내고 가장 나쁘지 않은 것을 선택하는 것이라고 확신하기 때문이다. 애덤스의 두 번째 요점에 대한 두 가지 당연한 결과는 다음과 같다.

---

4) Adams(1968, p.213).
5) McNeal(1972, p.19). '서론'의 주2 참조.

첫째, 새로운 가설의 확립에 대한 금지는 불가피하게 그 자리에 옛 가설을 남겨놓는데, 옛 가설은 자주 그리고 훨씬 덜 믿을 만한 증거에 근거하고 있다. 둘째, 그러한 금지에는 고립론자의 명백한 편견이 담겨 있는데, 증명을 요하는 것은 고립이 아니라 연계라고 잘못 생각하고 있기 때문이다. 나는 이것이 틀렸다고 생각한다. 왜냐하면 나는 '수정 전파론'의 태도를 취하고 있기 때문이다. 즉, 나는 문화적 변화는 외부 영향의 결과로서 또는 내적 발전의 결과로서, 또는 두 영향의 상호작용으로 가장 흔하게 발생될 수 있다고 믿기 때문이다.

청동기시대(기원전 3300-1100)의 에게해권에 대한 태도로 보아 오늘날의 고립론적 지적 분위기에는 유념해야 할 것이 있다. 대략적으로 말하면, 최근까지도 고고학자는 두 진영 중 하나에 속해 있다. 제1권에서 개관했듯이, 한 진영에는 프랭크 스터빙스와 고인이 된 스피리돈 마리나토스처럼 근본적으로 보수적인 학자들이 있다. 고대모델의 자투리에 영향을 받은 이들은 그리스가 후기 청동기시대 초쯤인 기원전 1570년경 이집트와 레반트로부터 침입을 받았다고 말하지만, 이것이 그리스 문화에 의미 있거나 장기적인 충격은 주지 않았다고 주장한다. 다른 진영에는 존 빈틀리프와 피터 워런 같은 고대 그리스를 연구하는 대부분의 중년 기성 고고학자와 역사가가 포진해 있다. 이들은 체계적 고립론자의 성향을 지닌다. 그들은 렌프루의 자생적 기원 모델(신석기 초 이래로 외부로부터 그리스에 문화적으로 중요한 정착은 없었다는 믿음)로 기우는 경향이 있다. 그들은 특히 근동에서 에게해권으로 침입 또는 중요한 정착이 있었다는 생각에 맹렬히 반대한다.[6] 렌프루는 그리스인이 근동과는 어떠한 중요한 접촉을 갖지 않았으며 선先헬레네스인은 순수하고 혼혈되지 않았다고 주장한다는 점에서 아리안모델의 창시자들을 능가한다.

이 시점에서 제1권에서 남겨진 심각한 간극을 채울 필요가 있다. 나는 극단적인 아리안모델이 20세기로 접어들며 대단한 힘을 발휘했다고 주장했으며, 한 힘찬 아시아 인종이 이집트로부터 세계 도처로 문화를 퍼뜨렸다고 믿었던 엘리엇 스미스의 전파론적 생각을 간단하게 고려했다.[7] 그런

---

6) 제1권, pp.565-572 참조.
7) 제1권, pp.385-387 참조.

데 언급하지 않았지만, 좀 더 온건하고 영향력이 있었던 고고학의 한 학파가 있었는데, 그들은 유럽 문화가 근동에서 궁극적으로 파생되었다고 주장하였고, 그리하여 그들의 적으로부터 '빛은 동방에서'의 신봉자라는 별명을 얻었다.

이들 '수정 전파론자' 가운데 뛰어난 인물은 스웨덴의 고고학자 오스카 몬텔리우스였다. 그는 특히 영국에서 특출한 제자를 많이 배출했는데, 존 마이어스 경, 호주의 위대한 고고학 이론가인 고든 차일드 등이 그들이다.8) 이들은 에게해권 사람이 기원전 3천년기에 근동에서 기술의 대부분은 아니라 하더라도 많은 양을 받았다고 주장했다. 그런데 내가 제1권에서 언급했듯이 마이어스와 차일드는 아리아인들의 인종적 우월성을, 그리고 고대 그리스인은 가장 훌륭한 아리아 문명 중 하나를 보유했다고 완전히 확신했다. 이러한 두 근본적인 믿음들 사이에 있는 잠정적 모순은 '선先헬레네스'라는 존재를 가정하면서 피할 수 있었는데, 이것이 근동적 요소로부터 아리아적 헬레네스를 분리하는 여과막으로 작동했다.9)

수정 전파론자의 적 가운데 제1권에서 논의된 잘로몬 라이나흐는 유럽의 모든 발전의 기원을 아시아에서 찾는, '오리엔트라는 신기루'(그가 그렇게 불렀다)에 현혹된 학자들을 공격했다. 20세기 초 독일 고고학을 이끈 구스타프 코시나는 아리아인, 핀인, 수메르인 같은 모든 지배 종족은 궁극적으로 쉴레스비히-홀스타인에서 왔다고 했다. 열등한 인종은 우월한 인종과의 혼혈로 이득을 얻지만, 가장 위대한 문명은 북부 독일의 경우처럼(우연히 그렇게 된 것이지만) 순수하고 혼혈되지 않은 곳에서 지배 인종이 일어난다고 주장했다.10) 렌프루와 워런의 연구는, 이러한 인종주의를 결코 시인하지 않았지만 많은 점에서 몬텔리우스와 차일드의 수정 전파론에 대한 고립론자 또는 진화론자의 반대를 부활하고 혼혈되지 않은 순수성이라는 개

---

8) 이러한 고고학적 경향을 잘 요약한 Trigger(1980, pp.24-31, 44-49) 참조.

9) 존 마이어스의 인종주의는 제1권, pp.542-543 참조. 아리아인에 대한 고든 차일드의 초기 사랑은 제1권, pp.541-543 그리고 Trigger(1980, pp.49-53) 참조. 차일드는 후기에 나치의 인종주의와 반유대주의에 저항하는 눈에 띄는 역할을 했다. Trigger(1980, pp.91-92) 참조

10) 라이나흐에 관해서는 제1권, pp.517-522 참조. 코시나에 관해서는 Trigger(1980, pp.24- 26) 참조. 수메르인이 메소포타미아 문명의 창시자로 보였다는 것은 기억될 것이다. 이것의 이데올로기적 측면에 관해서는 제1권, pp.509-512 참조.

념을 에게해권에 적용하려는 시도였다. 유럽 문화를 세계 역사에서 가장 위대한 문화로서 그리고 인도유럽어를 말하는 유럽인에 의해 배타적으로 창조된 것으로서 본다는 점에서, 그들의 생각도 인종주의적 색채를 띠고 있었다. 렌프루의 방대한 책이 『문명의 대두 : 기원전 3천년기 키클라데스 제도와 에게해』라는 특이하고 선동적인 서명을 지녔다는 것은 매우 의미심장하다. 비록 차일드에 맞서 싸운 렌프루가 역설적이게도 그 책을 '고든 차일드를 기리며'라며 헌정했지만 말이다.

기원전 1450년경(그때부터 미케네인이 크레타를 지배했던 것 같다) 이전 크레타를 다루다 보면, 고립론자와 전파론자 사이에 벌어진 전투 한가운데에 나 자신이 있다는 것을 발견한다. 그런데 수정 전파론자조차 '미노아' 문명이 근동 문화에 결여된 유럽적 '자유'와 '남자다움'을 지녔다고 주장하는 경향이 있다.[11]

기원전 21세기 이전의 크레타

신석기 크레타, 기원전 7000 – 3300년

기원전 1세기와 기원후 1세기에 걸쳐 살았던 지리학자 스트라본에 따르면, 크레타는 에게해가 아니라 그리스와 아프리카 사이에 있었다.[12] 오늘날 크레타를 연구하는 고고학자이자 역사가인 키스 브래니건은 크레타가 "교류선상에 위치했고 이 선을 따라 두 대륙의 위대한 문명의 예술과 기술이 제3의 미개인에게 전달되었다"[13]고 주장했다. 고고학적 증거는 크레타가 주요한 다섯 지역에서 영향을 받았음을 보여준다. 아나톨리아, 레반트, 이집트, 리비아, 그리고 키클라데스 및 그리스이다. 그리스 본토가 그러하듯이, 농업은 아마도 기원전 8천년기 또는 7천년기에 아나톨리아로부터 크레타로 들어왔다는 데는 의문의 여지가 없는 것으로 보인다.[14] 그 뒤를 이

---

11) Trigger(1980, p.50) 참조.

12) Strabo, *Geography* 10.4.2.

13) Branigan(1968a, p.7).

14) Branigan(1968a, p.7); Renfrew(1972, pp.63-64). Hood(1971, p.28)는 가장 이른 도기는 가장 동쪽에서, 아마도 팔레스타인에서 왔을 가능성을 제기하고 있다.

은 오랜 신석기시대에 지역 자체의 발전이 이루어졌고 외부의 영향도 있었다. 미국의 고고학자 솔 와인버그는 기원전 5천년기 후반 신석기시대의 크레타에서 발견된 무광도료 도기라는 새로운 양식은 동시대의 메소포타미아와 시리아에서 발견되는 우바이드 도기에 근거한다고 주장했다. 이것은 언어학적 중요성을 지니고 있는데, 제1권의 서문에서 시험적으로 제시했듯이 우바이드 도기의 확산은 셈족의 확산에 연계시킬 수 있기 때문이다.[15]

크레타 고고학의 창시자 아더 에반스 경은 리비아의 성기 보호대를 착용한, 신석기 지층에서 발견된 사람 인형에서 크레타에 대한 리비아의 영향을 보았다. 그런데 영국의 고고학자 싱클레어 후드는 이 성기 보호대가 전前왕조 이집트에 존재했고 그곳에서 온 것일 수 있음을 지적했다. 그는 크레타의 후대에도 성기 보호대가 남아 있는 것을 보고 다음 같이 일반화했다. "이러한 보존성은 크레타 미노아 문명의 많은 국면을 여는 열쇠인데, 그곳에는 원래 근동에서 널리 퍼진 믿음과 관습이 좀처럼 없어지지 않는 경향이 있었다."[16] 이러한 인식을 뒷받침해줄 수 있는 다른 예(앞으로 서술할 것이다)가 많이 있다.

에반스에 이어, 이집트 고고학과 에게해권 고고학의 지식을 합친 펜들베리 그리고 그리스 고고학자 알렉시우가 신석기시대의 크레타에 대한 그리고 아마도 후에 크레타의 톨로스 또는 돔식 무덤으로 발전된 돌무덤 유형에 대한 리비아의 영향을 찾아냈다.[17] 이집트의 영향은 전前왕조 이집트의 많은 돌사발과 크노소스의 후기 또는 마지막 신석기 지층에서 발굴된 곤봉형 석조권표石造權表mace head에서 엿보인다.[18] 그런데 전파론적 견해

---

15) Weinberg(1965b, p.47). Renfrew(1972, p.67)는 이 생각에 분명 의혹을 품고 있지만, 이의를 제기하지 않는다. 우바이드 도기와 셈어의 관련성에 관해서는 제1권, p.46 참조.

16) Hood(1971, p.31).

17) Evans(1928, p.34); Pendlebury(1963, p.74); Alexiou(1967a, p.484). Branigan(1970a, p.141)도 참조. 동일한 생각을 그리스 고고학자 Xanthoudides(1924, p.128)가 제기했다. 이에 대해 Banti(1933, pp.244-245)와 Hood(1971, p.173)가 반론을 제기했다. P. Chantraine이 만족할 만한 인도유럽어 어원을 찾아낼 수 없었던 톨로스tholos라는 단어는 이집트어 두레트dw3t(민용문자로는 테[투]레트t[w]3t)에서 나온 것 같고, 그 뜻은 '지하세계' 또는 '무덤의 내실'이다. 두레트dw3t는 두루dw3w(새벽, 아침)에서 파생된 것으로 보인다. 기원전 3천년기 에게해권의 분묘와 해돋이의 관계에 관해서는 Goodison(1985, pp.70-72) 참조.

18) Warren(1965, pp.30-31). Pendlebury(1930a, pp.20-21)와 Hood(1971, p.29)도 참조.

에 반론을 펴면서, 워런과 렌프루는 아마도 활 송곳으로 만들어진 이런 종류의 크레타 신석기 돌용기는 지역적 발전의 결과라고 주장한다.[19] 그 당시 이집트가 유사한 유물을 대량 생산하고 있었고 전파론을 증명하지 않는다 하더라도 이것의 일부가 크레타에서 발견되었다는 사실은 아더 에반스와 여러 고고학자가 긍정적으로 제기한 주장을 매우 그럴듯하게 해준다.[20] 이처럼 나는 매우 이른 시기부터 다양한 동지중해권 문화가 크레타에서 만났음을 가리키는 증거가 충분하다는 것을 제안하는 바이다.

전기 청동기시대, 기원전 3300년경―2000년

전기미노아 시기의 크레타를 조사하기 전에 동지중해 전체에 걸친 청동기시대의 시작을 살펴볼 필요가 있다. 일반적으로 전기미노아 문화의 탄생이 기원전 4천년기 말 서남아시아와 이집트에서 일어난 문화적 폭발과 분명히 관련되어 있다는 데는 거의 의심의 여지가 없다.

이 시기에 메소포타미아의 셈-수메르 문화가 시리아로 확장되었다.[21] 페니키아의 도시 비블로스에서 발굴된 자료에 따르면, 그 당시 그곳은 상당히 도시화되어 있었다.[22] 기원전 34세기 제1왕조 하에 통합된 이집트가 출현했다. 분명히 이러한 발전은 이후 뚜렷한 문명으로 성장한 지역 신석기 문화의 기초 위에서 일어났다. 그렇더라도 거의 동시적인 변형 모두는 적어도 자극성을 띤 전파stimulus diffusion(지역의 발전을 일으킬 수 있는 외재적인 자극)와 분명히 관련되었다. 이는 동시대 발전의 유사성만이 아니라 예를 들어 전前왕조 말 및 제1왕조의 이집트와 기원전 4천년기 후기 메소포타미아 사이의 예술적 표현법이 구체적으로 닮았다는 것에서도 나타난다.

더욱이 고고학적 증거에 따르면 그 당시 이집트와 이란을, 메소포타미아와 아프가니스탄을 연결하는 교역망이 있었다.[23] 가장 이른 파라오의 무덤은 이집트에서가 아니라 누비아에서 발견되었는데, 멀리 수단 서부에

---

19) Warren(1965, p.8); Renfrew(1972, p.347).

20) Evans(1921, pp.64-70); Evans(1928, Volume 2, pp.21-59); Evans(1925, 특히 pp.11-23).

21) Oates(1979, pp.21-22, 29-30).

22) Jidejian(1968, pp.11-15).

23) Gardiner(1961, pp.396-397); Hoffman(1979, pp.293-294). 라피스 라줄리(청금석)의 교역에 관해서는 Biggs(1966); Herrmann(1968); Kulke(1976) 참조.

있는 고르도판 고원과 레반트 해안에서 온 유물이 부장되어 있다.[24] 그 당시 이집트, 팔레스타인, 스페인 사이에 접촉이 있었다는 강력한 고고학적 징표가 있고, 그 시기의 메소포타미아 서판이 루마니아에서 발견되었다.[25] 이것은 그리 놀라운 일은 아니다. 트란실바니아(역주: 루마니아 부근)·헝가리·보헤미아에 납·은·주석이 매장되어 있는데, 이들 금속은 메소포타미아 문명에서 대단히 귀히 여겨졌고 유용한 것이었기 때문이다. 기원전 4천년기 후반 젬데트 나스르Jemdet Nasr 시기에 속하는 우르에서 발굴된 네 개의 컵은 헝가리로부터 온 납으로 만든 것으로 보인다. 납 동위원소 분석으로 이를 알 수 있는데, 방사성 동위원소가 고정 비율로 줄어들므로 납 안에 든 우라늄과 토륨의 비율로 납의 특정 방사선원放射線源의 지질학적 나이를 결정하는 방법이다. 이 과정은 납만이 아니라 다른 금속에도, 특히 구리와 은 같은 금속이 납과 섞였을 때 적용할 수 있다.[26]

기원전 3300년경에는 이전과 구분될 정도로 기술적 변화만이 아니라 지리적 변화가 생겼다.[27] 이후 그리스가 된 지역에서 신석기시대에 가장 비옥한 곳은 북부에 있는 테살리아와 마케도니아의 풍요한 농경지였다. 크레타와 남부 그리스는 훨씬 더 작고 뒤처진 공동체가 있었는데, 매우 제한된 사용 가능한 경작지와 적은 강수량을 고려하면 놀랄 일은 아니다. 그런데 기원전 2천년기에 접어들면서 역전 현상이 나타나 남부 에게해권은 경제

---

24) Williams(1980; 1985, pp.32-35; 1986).

25) 일반적인 교역 유형에 관해서는 Helck(1979, pp.12-13) 참조. 스페인에서 나온 증거에 관해서는 Monteagudo(1985, pp.36-41) 참조. 루마니아와 관련해서는 Helck(1979, pp.9-12); Dumitrescu(1982, p.84) 참조. 이 경우 방사성탄소 연대가 상당히 높아서 기원전 6·5천년기를 가리키고 있다. 나는 이 연대를 완전히 무시할 수 있다고 생각하지 않으며, 이 까마득한 시기에도 문자가 있었을 가능성이 있다. 그렇다고 하더라도 교역은 기원전 4천년기에 시작되었을 것 같다. 마찬가지로 분명히 메소포타미아로부터 영감을 받은 원통형 인장들, 그리고 알바니아에서 발굴된 말리크Maliq 2기에 속하는 아나톨리아의 도기를 닮은 도기의 형태는 기원전 4천년기는 아니라 하더라도 기원전 3천년기 초의 것으로 연대를 상향 조정해야 한다. 이 유물에 관해서는 Prendi(1982, p.204); Eggebrecht(1988, p.186) 참조.

26) 적어도 기원전 4천년기 말 다뉴브 강 유역에 근동의 시굴자가 있었다는 것은 오래된 생각이다. Childe(1949, 특히 pp.239-240); Dayton(1982a, p.154) 참조. 극단적인 아리아주의자인 J. E. Dayton은 주도권은 유럽에 있었던 것으로 보고 있다. 납 컵에 관해서는 Dayton(1982a, p.166) 참조.

27) 이 연대는 정통론의 연대보다 다소 이르지만, 최근 이집트 고왕국의 탄소연대의 영향을 받아 근동 연표도 일반적으로 상향 조정되고 있다. 제5장 주71-87과 96-97 참조.

적 호황을 맞았던 것으로 보이며 북부는 침체되었다. 이 새로운 상황은 설명을 요한다.

렌프루는 이러한 경제적 팽창은 새로운 작물, 특히 포도와 올리브를 도입한 결과라고 주장했다. 두 작물은 곡물에 더 적합한 북부의 평원보다 바위가 많은 해안과 섬에서 잘 자라났다.[28] 그런데 포도와 올리브가 초기 청동기시대에 '상업적으로' 개발되었는지에 관해서는 최근까지 아니 오늘날조차도 상당한 의문으로 남아 있다(언어학적 증거는 이 점에서 모호하다). 오늘날 렌프루의 추종자들은 새로운 생산물보다 남부 에게해권에서 항해상의 개선과 교역의 성장을 강조하는 경향이 있는데, 이것으로 인해 농사에 실패하더라도 외부에서 식량을 공급받을 수 있었다는 것이다. 그들은 가설적 교역을 에게해권에 국한시킴으로써 렌프루 학파 내에 머물렀지만, 작지만 활동적인 무역 도시들의 교역망을 상정한 셈이다.[29] 그러한 교역망은 적어도 기원전 4천년기의 3/4분기 이래로 중동에 존재했으므로 직접적인 전파는 아니더라도 자극을 주는 전파가 경제적·사회적 혁신에 연루되었다는 것은 그럴듯하다. 이 시기에 속하는 크레타의 물질 증거는 이것에 개연성을 부여한다.

전기청동기/전기미노아 시기 동안 크레타의 작은 평원을 점한 문화는 상당히 다양했다. 도기를 보면 신석기 전통이 지속되고 키클라데스로부터 영향을 받았음을 알 수 있다. 그런데 크레타의 동부와 남부에서 그리고 후기에는 북부에서도 새로운 스타일의 아기오스 오누프리오스Agios Onouphrios 도기가 우세했다. 이것이 아나톨리아에서 기원했다는 주장이 있지만, 브래니건은 「왕궁기王宮期 크레타의 기초들」에서 다음과 같이 기술하고 있다.

담황색 바탕의 적색 무늬 전통의 유일한 도래지는 시리아-팔레스타인인데, 이곳에 매우 유사한 유형이 기원전 4천년기 말에 있었다. 이러한 장식의 기풍은 미노아 도기와 매우 유사하고 모양도 그러하다. 더욱이 앞선 (팔레스타인의)

---

28) Renfrew(1972; 1984, pp.248-257) 참조. Trump(1981, pp.75-77); Andel and Runnels(1988, pp.240-242)도 참조.

29) Andel and Runnels(1988, pp.242-245) 참조. 그들이 제목에서 렌프루보다 유럽 중심주의적이지 않았다는 점을 주목하는 것은 흥미롭다. 그들은 '에게해 세계에서 문명의 대두'를 언급했을 뿐이다.

동석기銅石器 시대(역주: 신석기시대에서 청동기시대로의 과도기)에 속하는 도기의 일부는 크레타의 도기, 특히 소위 '새 화병bird vases'과 유사성이 있다. 필자는 아기오스 오누프리오스 도기의 발전을 (남부 크레타에 있는) 메사라에서 아마도 동부의 영향을 받아 일어난 것으로서 본다. 이에 대한 다른 증거가 있다.[30]

그가 언급하는 '다른 증거'는 동굴이나 톨로스의 집단 매장과 두개골 적재라는 증거였다. 이 증거와 더불어 청동 제조법의 도입은 그로 하여금 팔레스타인에서 시리아를 거쳐 크레타로의 이주를 가정하게 했다.[31] 브래니건의 그럴듯한 가설을 논박할 수 없자 렌프루는 증거의 요구로 후퇴했다. "전기미노아 I 지층의 어떤 것도 이집트 또는 근동과의 접촉을 명료하게 가리키지는 않는다."[32]

미국의 고고학자 솔 와인버그는 기원전 3천년기의 크레타 문화와 좀 더 이른 팔레스타인의 가술Ghassul 문화 사이에는 놀랍도록 많은 유사점이 있다고 주장했다. 와인버그는 증거들을 열거했다. "새 화병, 도기 바닥에 있는 돗자리 무늬mat impressions, 잔盞의 높은 발들, 자루형 손잡이, 진흙 국자들, 광택을 낸 무늬, 치즈 단지, 찍어 넣은 나선문양, 석곽묘 속 시신의 웅크린 자세, 옹관pithos 매장, 픽시스pyxis(역주: 화장품이나 보석을 담는 작은 도기), 새긴 장식."[33] 영국의 고고학자 브래니건과 후드는 이러한 유사점을 받아들이고 그것을 근거로 확장한다.[34] 비록 렌프루는 와인버그의 이론이

---

30) Branigan(1970a, pp.199-200). '오누프리오스'는 오시리스의 일반적인 칭호로, '좋은 또는 아름다운 존재'라는 의미인 웬 네페르Wn nfr로부터 온 것으로 받아들여진다. 물론 이것은 그 도기와는 아무 상관없는데, 그것은 '성聖 오누프리오스'라는 뜻인 아기오스 오누프리오스라는 지명을 따라 명명된 것이다.

31) Branigan(1970a, pp.199-200).

32) Renfrew(1972, p.89).

33) Weinberg(1954, p.95; 1965a, pp.302-308). 기원전 3300년경 팔레스타인, 키클라데스, 스페인에 있는 요새 양식 사이에도 놀라운 유사성이 있다. de Vaux(1971, pp.214-218); Trump(1981, pp.100, 126); Renfrew(1972, pp.392-399) 참조.

34) Branigan(1970a, pp.199-203); Hood(1971, pp.36-38). Branigan(1970a, pp.181-182)은 고왕국 시대에 속하는 이집트 유물의 발굴목록을 작성했지만, 그의 논문(1973b)에서 그 수량을 대수롭지 않게 본다. 이는 전기미노아 III 이후 이집트와 에게해권 사이에 접촉이 크게 확장되었음을 강조하는 것으로 여겨진다. Warren(1965, p.38)도 전기미노아 유물과 가술 유물 사이에는 각별하게 닮은 점들이 있음을 받아들인다.

'흥미로운 것이라고' 받아들이기는 했지만, 렌프루의 책 전체는 고든 차일드 및 그 지적 후계자들(와인버그와 브래니건 같은 학자들)이 절대적으로 그릇되게도 '수정 전파론'을 옹호하고 있다는 가정에 근거하고 있다.[35]

이집트와 레반트에서 수입된 유물도 있다. 전기미노아 시기에도 크노소스는 상당한 규모의 정착지였는데, 앞서 보았듯이 이집트의 전왕조 및 고왕국의 돌사발들과 그 지역이나 외국에서 만든 상아 유물은 에게해권에서 발견되는 것만큼 크노소스에서도 발견되었다.[36] 그러나 렌프루는 "크레타의 이집트식 돌사발들 이외에 기원전 3천년기에 외국과 접촉했음을 보여주는 증거는 거의 없다"[37]고 말했다.

고립론자에게는 다른 문제가 있다. 예를 들어, 전기 청동기시대 에게해권에서 도기 물레가 출현해 널리 사용되었다. 워런과 렌프루는 이것이 전파의 결과라는 1930년대 고든 차일드의 주장에 반대했다. 렌프루는 다음과 같이 기술하고 있다.

> 가장 이른 고속 물레는 우루크 시기에 속하는 것으로 우르에서 발견되었고, 확실히 에게해권에는 이보다 이른 시기의 물레는 없다. 킬리키아산産 도기 물레는 전파과정의 중간에 위치하는 도기임을 가리키는 것 같은데, 트로이 II 지층과 (킬리키아의) 타르수스 사이에는 명백히 어떤 접촉이 있었다. 차일드의 전파론은 이처럼 지지될 수 있다. 그러나 한편으로 고속 물레의 출현 전에 에게해권에서 회전반回轉盤이 십중팔구 사용되었는데, 워런이 주장하듯이 이는 물레가 에게해권에서 독자적으로 발전되었을 가능성을 열어놓고 있다. 그 기원이 어디에 있든지 간에 말이다.[38]

내 생각으론, 다른 곳에서처럼 여기에서도 차일드의 전파론에 대한 렌프루의 반대는 무리가 있는 것으로 보이고 그 오스트레일리아인의 주장을 약화

---

35) Renfrew(1972, p.347). 이 주장은 제1권, pp.49-50에 언급되어 있다.

36) Helck(1979, pp.13-15); Renfrew(1972, pp.444-449). 상아에 관해서는 Krzyszkowska(1983, pp.163-170) 참조.

37) Renfrew(1972, p.449).

38) Renfrew(1972, p.57).

시킬 만하지 않다. 렘프루의 반대는 에게해권을 근동에서 떼어놓고자 하는 그의 욕망을 드러낸다. 와인버그와 브래니건이 제시한 틀의 세부를 받아들이든 아니든, 크레타와 남부 에게해권이 광범위한 교역에 영향받지 않는다는 것이 가능할까? 앞에서 언급했듯이, 이집트 전前왕조의 돌사발이 크노소스에서 발굴되었다. 또한 키클라데스 제도의 한 섬인 멜로스에서 생산된 흑요석의 광범위한 발견으로 기원전 3300년보다 수천 년 이전에 해외 교역이 크레타와 남부 에게해권에서 일어났다는 것을 알게 되었다. 호메로스는 전기 철기시대에 크레타에서 이집트로 곧바로 항해하는 것이 일반적인 일이었고 다시 돌아올 수도 있었다는 것을 입증한다. 독일의 이집트학 학자이자 고대 국제관계 전문가인 W. 헬크는 초기의 흑요석 교역에 관련해 지적했듯이, 신석기와 기원전 3천년기 사이에 항해술이 사라졌다는 증거는 없다.[39] 참으로 오늘날보다 더 좋은 항구들이 있던 남부 에게해에서의 항해는 기원전 4천년기 말에 개선되었으며, 그 지역 사회가 교역에 깊이 관련되었다는 것은 일반적으로 인정되고 있다.[40]

고립론의 틀이 그럴듯하지 않는 이유는 뒷받침할 증거가 없기 때문일 것이다. 그 이론은 진흙과 금속의 기원지를 결정하는 새로운 과학기술이 고고학에 적용되기 전에 형성되었다. 그런데 고립론자의 견해에는 핵심적으로 이데올로기적 구조가 있다. 렘프루는『문명의 대두』서문에서 다음과 같이 기술했다.

나는 넓게 받아들여지는 전파론자의 견해, 즉 에게해 문명이 오리엔트로부터 차용된 것이라는 견해가 적절치 않다고 믿는다. 그것은 고고학적 기록에서 실제로 보이는 것을 설명하지 못하고 있다. 유럽의 선사시대를 통합하는 유일한 주제는 '오리엔트 문명에 의한 유럽 야만성의 계몽'이라는 고든 차일드의 말을 더 이상 받아들일 수 없다. … 남에게해권 전체에서 천 년 동안(기원전 3천년기) 놀라운 변화가 모든 분야(농업, 기술, 사회조직, 예술과 종교, 교역, 인구)에서 일어나고 있었다. 이러한 발전은 오리엔트의 영향과는 분명히 관련 없는 것이었다. **바로 이 시기에 곧 뒤이어 발생한 미노아-미케네 문명의 기본**

---

39) *Odyssey*, XIV. 252-258; Helck(1979, p.4).
40) 앞의 주29 참조.

모습이 결정되고 있었다.(버널 강조)[41]

렌프루는 종교 및 신화의 역사가인 마틴 닐손 같은 학자의 견해(미노아-미케네 문명에서 고전기 그리스의 문명에 이르기까지 핵심적인 연속성이 있다는 견해)를 분명히 받아들이고 있다. 그리스와 유럽 문화의 독립성은 전체적으로 위기에 처해 있다. 몬텔리우스와 차일드, 그리고 그 추종자들은 기원전 2000년 이후 에게해 문화에서 중요한 단절을 보지만, 닐손처럼 렌프루는 핵심적 문화의 지속성을 본다. 만약 렌프루가 신석기시대와 전기 청동기시대의 에게해권에 대한 중요한 근동의 영향을 받아들인다면, 그것은 그 영향을 모든 그리스 문명의 중심에 위치시키는 경우가 될 것이다.

전기 미노안 시대에 근동에서 여러 가지 차용이 있었던 것으로 보인다. 아마와 그 생산물인 아마천(린넨)이 그 당시 근동에서 에게해권으로 처음 들어온 것으로 보인다.[42] 렌프루는 포도와 포도주 생산이 기원전 3천년기 크레타에 도입된 것으로 보인다고 주장했지만, 최근에 일부 학자들은 이에 의문을 제기한다. 그것이 근동에서 에게해권으로 도입되었다면(그럴 가능성이 크다), 언어학적 증거가 도움이 될 수 있을 것이다.

'포도송이'와 '포도주'를 의미하는 와인wine이라는 단어는 정통론에 따르면 '종잡을 수 없는 단어'이다. 이 단어는 많은 언어에서 발음상의 유사성을 나타내기 위해 사용되지만 모호한 용어이다. 왜냐하면 이 단어는 원래의 근거를 전혀 또는 충분히 드러내지 않기 때문이다.[43] 어근은 인도유럽어 전체에서 발견된다. 그리스어의 오이노스oinos, 라틴어의 비눔vinum, 아르메니아어의 기니gini, 히타이트어의 위얀wiyan이 그러하다. 그뿐만 아니라 셈어의 와인wayn은 '검은 포도'를 뜻하는 아라비아어 단어이고, '포도나무vine'를 뜻하는 에티오피아어의 와야네wǎyâne가 있다. 또한 '포도주'를 뜻하는 아카드어의 이누inu, 우가릿어의 인yn, 히브리어의 야인yayîn이 있다. 러시아 언어학자 일리치 스비티치와 A. B. 돌고폴스키는 이 어군이 노스트라틱Nostratic(아프리카아시아어와 인도유럽어, 그리고 그밖의 어군을 포함하는 언어의 상위

---

41) Renfrew(1972, p.xxv).

42) Renfrew(1972, p.269).

43) Masson(1967, p.9, n.1); Chantraine(1968-1975, p.785).

어군)의 공동 유산이라고 주장하지 않았다. 그들은 그것이 셈어에서 '원原 인도유럽어'(『블랙 아테나』에서 말하는 원인도히타이트어)로 차용된 단어로 보았다.[44]

그런데 '와인wine'에 해당하는 선형문자 B 단어는 우오노wono(인도히타이트 어근에서 왔을 것이다)이지만, 크레타의 경우 미노아어에서 선형문자 A 로 기록된 형태는 야네yane라는 것에 주목해야 한다.[45] 이것은 보편성을 띤 어근의 독립적 발전일 수 있으나, 특정하게는 서부 셈어의 형태(첫 철자 w 는 y로 된다)에서 왔을 가능성이 더 크다. 많은 학자들은 서부 셈어에서 w 로부터 y로의 전이는 기원전 2천년기에 시작되었다고 주장한다.[46] 이것은 젊은 고고학자들의 주장을 지지하는 경향이 있는데, 그들의 주장에 따르면 청동기시대가 개막된 이래로 에게해권에 야생 포도가 있었지만 경작된 포 도나무는 기원전 2천년기 중반까지 그 지역에 나타나지 않았다.[47] 그런데 언어학적 증거는 그렇게 명확하지는 않다. 왜냐하면 w로부터 y로의 전이 가 서부 셈어의 변경에 위치한 언어인 아모리어에서 발생했기 때문인데, 아모리어는 기원전 3천년기까지 거슬러 올라가며 그것의 일부 흔적이 기 원전 3천년기의 또 다른 서부 셈어인 에블라어에서 나타난다.[48] 어쨌든 야네yane가 야생포도를 묘사하기 위해 기원전 3천년기에 도입된 단어일 수 있지만, 그것은 확실히 기원전 2천년기 레반트 해안에서 셈어를 말하는 사 람들이 사용한 단어의 형태였다. 그러므로 야네라는 용어가 기원전 2천년 기에 경작된 포도나무와 함께 들어왔다면 이것은 정확하게 예상할 수 있는 형태인 것이다.

이 모든 것이 전기미노아 크레타 문화가 독점적으로 근동의 성격을 띤 다고 말하는 것은 아니며, 더군다나 번영을 맞고는 있었지만 핵심적으로는 농촌에 거하는 크레타 인구가, 동시대의 시리아·메소포타미아·레반트의

---

44) Dolgopolskii(1987, pp.5, 9). 그루지아어 크비니kvini는 때로 토착어라고 믿어졌지만, 이제는 일반적으로 차용어로 간주되고 있다. 이 단어의 상세한 연구로는 Brown(1969, pp.147-151) 이 있다.

45) 야네yane에 관해서는 Gordon(1966, pp.28-29) 참조. 제10장의 주137도 참조. ay>a의 단모음 화에 관해서는 Rendsburg(forthcoming) 참조.

46) Harris(1939, pp.8-9); Moran(1961, pp.34-72); Moscati et al.(1969, p.46).

47) Zohary and Hopf(1988, pp.140-141) 참조.

48) 이것은 Lipinski(1981, p.201)의 믿음이다.

해안·이집트처럼, 도시나 국가에 의해 지배되는 사회에서 살고 있었다는 것을 말하려는 것도 아니다. 여기서 지지를 받고 있는 견해는 정확히 고든 차일드의 견해인 '수정 전파론'이다. 그 이론에 따르면, 많은 문화적 품목이 지역 문화에 도입·흡수되고 지역 문화는 혼합과 다양성에서 응집성을 산출한다.

전기 청동기시대 크레타의 종교

렌프루와 워런이 '수정 전파론'에 반대하는 태도를 보였지만, 이후 크레타의 종교 개념에 관한 흥미로운 새로운 연구(고고학적 유물에 근거한)를 통해 그 개념이 일반적으로는 중동의 그리고 특정하게는 이집트의 당대 개념과 매우 긴밀히 연관될 수 있다는 것을 보여주었다. 에게해 고고학자인 루시 구디슨은 기원전 3천년기의 발견물로부터 크레타와 키클라데스의 죽음과 매장에 관련된 극도로 다양한 형상에서 거듭되는 모습을 찾아냈다. 대단한 솜씨로 그녀는 여인의 자궁과 음부의 상징적인 표현이 건축과 예술의 중심임을 제시했을 뿐만 아니라, 부활의 준비단계로서 간주된 죽음의 다른 징표를 제시했다.

그녀는 미노아 종교가 원래 '땅 어미' 여신의 숭배에 근거했다는 전통적인 견해를 확고히 거부하고, 그 대신 태양의 여신에 근거한 종교라고 주장했다. 그녀의 해석을 지지하는 증거가 너무 강해서 그녀에겐 다른 학자들 특히 마틴 닐손이 미노아의 도상에서 태양의 중심적 역할을 (태양의 여성적 특징은 차치하고라도) 보지 못했다는 것이 놀라운 일이었다.[49]

구디슨이 고려하지 못한 것은 아리아인의 종교는 하늘의 종교이고 선先 헬레네스의 종교는 아마도 땅에 근거했을 것이라는 아리아주의자의 고정관념이었다. 이 관념은 그리스 종교가 지니고 있는 하늘의 '올림포스적' 국면과 땅의 국면 사이에서 생겨나는 그리스 문화의 사실적인 긴장 및 분화에 연계되어 있다. 반면에 오늘날에는 그것을 발전시켜 '인종'에 적용하고

---

49) Goodison(1985, pp.159-160; 1988, p.169). 구디슨에게 가장 중요한 숭배 유물은 'frying pan'이라 부르는 도기이다. 상세한 개요에 관해서는 Coleman(1985) 참조.

있다. 그것은 정신과 물질이라는 마니교의 범주적 구분을 낭만주의와 인종 주의가 전유한 일례이다. 이것이 이미 독일의 낭만주의자 프리드리히 폰 슐레겔의 언어학에서 명백히 드러난다. 그에 따르면 인도유럽어는 '정신 적'이고 다른 언어 특히 셈어는 '동물적'이다.[50] 아리아 인종은 정신적이 고 열등한 인종은 물질적이라는 생각은 19세기 후기 독일에서 번창했고 나치 이데올로기의 핵심이 되었다.[51] 이러한 구분은 최초로 1820년대 고 전학에서 나타났고, 고대모델을 파괴한 학자 칼 오트프리트 뮐러에 의해 강화되었다. 뮐러는 어리석으나 비상하게 영향을 끼친『도리스족』의 많은 부분을 우월한 북쪽 종족의 종교는 하늘 및 태양과 관련된 아폴론적이라는 점을 강조하는 데 할애했다.[52] 매우 최근까지 그리스 종교는 헬레네스의 하늘 신들과 에게해권의 땅의 정령들의 혼합물이라는 견해가 정통론으로 그리고 검증되지 않은 채로 남아 있다. 그런데 그리스 종교의 권위자인 독 일 학자 발터 부르커트는 올림포스 신들과 침입자 헬레네스 사이의 연관을 매우 효과적으로 무너뜨리고 있다. 그는 그리스의 땅 숭배가 올림포스적 숭배보다 오히려 인도유럽종교의 숭배에 더 가깝다는 것을 지적한다.[53] 첨언하면 이는 북쪽의 정복이라는 아리안모델을 상당히 약화시킨다.

크레타의 태양 숭배에 관한 구디슨의 생각으로 돌아가자. 그녀는 이러 한 모습의 일부(특히 여성 태양의 모습)는 독특하고도 지역적인 것이라고 주장했다.[54] 그러나 그녀는 다른 것은 에게해권과 이집트에 공통적이라고 보고 있다. 특히 낮에는 하늘을 가로지르고 밤에는 배를 타고 세계 아래로

---

50) 제1권, pp.332-335 참조.

51) Katz(1986, pp.168-169); Pois(1986, pp.43-45) 참조. 이렇게 언급할 수 있었던 것은 Glenn Ayala 덕분이다.

52) Müller(1820-1824); 제1권, pp.435-437.

53) Burkert(1985, pp.200-201).

54) 그런데 Goodison(1985, p.50)이 지적하듯이 일본 문화처럼 많은 문화에 태양 여신이 있으며, 태양 여신은 지중해 주변의 아나톨리아와 우가릿에서도 발견되었다. 그러므로 이것이 꼭 에게해권의 지역적 현상은 아니다. 히브리어 셰메쉬^{šemeš}(태양)은 여성이기도 하고 남성이 기도 하다. 나는 크레타의 경우 이집트어와 관련되어 있다고 믿고 있다. 마치 후기 크레타 에서 지도적인 여신인 레아가 그 이름을 이집트어 리야트 타이$^{R^{c}t(Riyat)\ t\ni y}$(태양의 여성화) 로부터 얻은 것으로 여겨지듯이 말이다. 제4장, 주137-138 참조. 에게해권에서는 여성형의 태양을 선호했는데, 아르테미스와 에우로파와 관련해 이집트의 태양 신학이 그리스에 받아 들여졌을 때 어떻게 영향을 미쳤는가는 제3권 참조.

여행하는 태양이라는 개념과 죽음과 부활의 이미지를 가진 식물이 그러하다. 두 주제는 이집트 종교에서도 매우 유사하게 나타난다. 이집트 종교에서는 많은 신성한 돛배가 태양신 레와 함께 하늘을 가로질러 항해한다고 여겨진다. 마찬가지로 형제 세트에 의한 오시리스의 살해와 나중의 부활, 그리고 그 아들 호루스의 승리와 복수는 농작물 및 여러 식물의 계절적 죽음 및 부활과 긴밀히 연계되어 있다.[55]

구디슨은 크레타의 많은 무덤에서 발견된 '무대舞臺'는 축제를 위한 장소라고 주장했다. 그 축제에는 이집트의 여신인 이시스와 네프티스의 애도를 포함한다. 두 여신은 그들의 죽은 오빠이자 연인인 오시리스를 위해 애도하고 그의 잘려나간 몸을 다시 맞춘다. 그녀는 이집트의 두 자매 여신을 당시 인장에 간혹 새겨진 두 여인네의 후보자로 보고 있다.[56]

조금 나중의 일이지만, 그녀는 크레타의 언덕 성소에 헌정된 딱정벌레를 신성한 투구벌레 장신구인 이집트 스카랍scarab에 연계시켰다. 그 벌레가 언덕 위로 둥그런 쇠똥을 밀어 올리는 것이 태양의 주기를 나타내는 것으로 보았다. 그녀는 이 연계의 관점에서 등에 태양을 진 투구벌레의 미노아 모델의 발굴을 언급했다.[57] 기원전 3천년기 중반 스카랍의 대두 전에 이집트 종교에서 '태양'의 여신 네이트에 연계된 또 다른 태양 투구벌레가 있었을 강한 가능성이 제2장과 제3권에서 논의될 것이다.[58]

루시 구디슨의 관찰은 다음과 같은 맥락에서 나온 것이다. 콜린 렌프루와 피터 워런처럼 그녀는 크레타에서 전기 청동기시대부터 중기 및 후기 청동기시대에 이르기까지 그리고 전기 철기시대까지도 상당한 문화적 지속성이 있었다고 생각한다. 그러나 렌프루와 워런이 지속성과 발전을 고립 속에서 본다면, 구디슨은 지역 문화와 중동 사이에 지속적이고 풍성한 상호작용이라는 좀 더 복잡한 시각에서 본다.[59]

발터 부르커트는 이러한 상호작용의 또 다른 예를 제공했다. 그는 '양날

---

55) Goodison(1985, pp.84-85; 1988, p.169).

56) Goodison(1985, pp.85, 101).

57) Goodison(1985, p.110). Watrous(1987b, p.67)도 크레타의 투구벌레 소상小像과 이집트의 태양 투구벌레 사이에 연계가 있다고 여긴다.

58) 제2장 주25, 그리고 제3권 참조.

59) Renfrew(1972, pp.44-60); Goodison(1985, pp.120-123).

도끼'라는 종교적 상징물을 기원전 4천년기 상메소포타미아의 아르파키야 Arpachiya로부터 기원전 3천년기 메소포타미아 중부 및 동부에 있는 수메르와 엘람에 이르기까지 추적했다. 양날도끼 숭배는 기원전 3천년기 전반의 트로이 II 지층에서도 발견되었고, 황소 숭배(양날도끼 숭배는 후기에 황소 숭배에 연계된다)와는 달리 전기미노아 크레타에서도 발견되었다.[60] 그런데 고왕국의 하이집트에서 번성했고 상이집트에서 여전히 깊은 뿌리를 두고 있는 양날도끼 숭배가 크레타에 훨씬 더 밀접하다.[61] 나는 이것이 북동 아프리카의 신神 민Min의 이중 벨렘나이트belemnite(역주: 오징어류의 화석으로 전석箭石이라고도 한다) 상징물과 연결될 수 있다고 생각하는데, 그것의 중요성은 제4장에서 논의될 것이다. 이처럼 유럽 및 아나톨리아의 대표적인 상징물 중 하나로 여겨졌던 양날도끼는 아프리카 및 근동에 훨씬 더 그럴듯한 뿌리를 두고 있고, 두 지역의 양날도끼가 상호 배제적이어야만 할 이유가 없다.[62] "만약 크레타인을 도와준 오리엔트의 신비적인 아이디어가 혹시라도 있었다면, 나는 그런 아이디어는 형성되기 전에 빨리 양날도끼로 찍어내야 한다고 생각한다"[63]와 같은 아리아주의적 언급은 듣기에도 거북할 뿐만 아니라 세부적으로도 부정확하다.

결론

렌프루와 워런의 수정주의를 거부할 합당한 이유가 있고, 몬텔리우스와 차일드가 주창하고 와인버그나 브래니건을 비롯한 여러 학자들이 유지해나간 일반적인 견해(크레타는 신석기시대보다 전기 청동기시대에 다량의 문화적 영향을 전체적으로는 근동에서, 특정하게는 이집트에서 받았다는 견해)를 재확인할 적절한 이유가 있는 것 같다. 이것은 도기의 양식 및 형태, 도기 제작용 물레, 아마, 린넨, 포도재배 등의 도입에 의해 그리고 매장 관습과 도안에 의해 강하게 시사되고 있다.

60) Burkert(1985, pp.37-38).
61) Newberry(1909, pp.27-30); Hall(1929).
62) 제4장 주72-86 참조.
63) Cadogan(1986, p.171).

현재 전기미노아 초로 연대를 책정하는 기원전 4천년기 후기에 이집트 문명은 이미 확립되어 있었고,[64] 시리아와 레반트는 고도로 도시화되고 있었다. 기원전 3천년기 초 고왕국 이집트는 문화의 정점에 달했다. 고왕국 말에 이집트인과 누비아인이 동부 이란이나 아프가니스탄과도 교역하고 있었다는 증거가 있다.[65] 마찬가지로 기원전 3천년기 전반에 시리아와 레반트의 고도로 상업적인 도시 문명은 매우 복잡하고 광범위한 교역망을 갖고 있었다. 일부 고고학자들은 전기미노아 초에 팔레스타인에서 크레타로 이주가 있었다는 것을 조심스럽게 주장했다. 그 사실 여부를 떠나 직접적이든 정황적이든 고고학적 증거를 근거로 삼아 전기미노아 시기 전체에 걸쳐 크레타 문화의 발전에 근동 및 이집트의 영향이 스며들었음을 믿을 충분한 이유가 있다.

제4장에서는 기원전 3천년기가 막 끝나는 무렵 크레타 왕궁의 발전을 보게 될 것이다. 그런데 그전에 이집트와 그리스 본토(특히 중부 그리스의 주요 지방인 보이오티아)의 관계를 살펴보도록 하자.

---

64) 앞의 주27 참조.
65) Porada(1982, p.291) 참조.

제2장
기원전 3천년기 보이오티아 및 펠로폰네소스에 대한 이집트의 영향 I

-숭배적·신화적·전설적 증거-

이번 장에서는 관개와 배수라는 주제와 관련해 보이오티아와 이집트 사이에 특별하게 얽힌 두터운 신화적 유사점의 연계를 살펴볼 것이다. 나는 보이오티아의 신화와 전설을, 그리고 그리스의 다른 곳 특히 펠로폰네소스 아르카디아의 신화와 전설 중에서 보이오티아의 그것들과 대단히 유사한 것들을 분석하고자 한다. 이러한 유사한 점은 지명뿐만 아니라 상당한 배수 계획의 물리적 증거(이것은 보이오티아와 펠로폰네소스에서 모두 발견되며 제3장에서 자세히 논의될 것이다)에서도 나타난다. 나는 배수 계획이 이집트의 수력 기술에 영향을 받은 것으로 생각한다.

제례, 신화, 지명, 고고학에 관련된 증거를 모아보면, 보이오티아 및 그리스의 여타 지역이 청동기시대에 이집트와 레반트로부터 커다란 영향을 받았음을 강하게 시사하고 있다. 이러한 영향은 전기헬라스 시기에 시작되었을 가능성이 대단히 높다. 그런데 에게해권의 몇몇 국가에 대해 이집트가 종주권을 쥐고 있었을 수도 있지만, 이 영향이 이집트에 의한 식민화의 결과였다는 것을 예증할 만한 증거는 없다. 전기 청동기시대(기원전 3300-2000년) 및 후기 청동기시대(기원전 1700- 1200년경)에 근동의 상황과 에게해권의 상황에는 유사점이 많지만, 직접적인 종주권을 실제적으로 시사하는 유일한 시기는 후기 청동기시대이다.

헬레니즘시대와 로마시대의 테오프라스토스, 플리니우스, 플루타르코스 같은 저자들은 나일 강변과 코파이스 호숫가의 유사점을 자주 이끌어냈다. 그들은 두 지역의 떠다니는 섬들, 수생 식물, 대추야자, 아마포의 직조 등에서 닮은 점을 보았다.[1] 이렇게 증거가 축적되자 칼 오트프리트 뮐러는 농경민의 이주 또는 이집트인에 의한 정복이라는 생각이 "근거 없는 것으로 여겨지지는 않는다"[2]고 기술했다. 물론 곧바로 그는 이주나 정복이 있었을 수도 있다는 자신의 생각이 겉으로만 보고 오해했던 것임을 해명했다.[3] 그러나 뮐러도 깨달았듯이, 이집트를 코파이스 분지에 연결시킨 것은

---

1) Theophrastos, *Peri phytōn historias*, IV.10.1; IV.59; *Peri phytōn aitiōn*, II.12.4; Pliny, *Natural History* II.95, XIX.1.2.2; Plutarch, *Sulla* 20.3-5. 이것을 Herodotos II.156과 관련해 보아야 한다. 사라피스, 아몬, 이시스, 아누비스는 모두 테베에서 숭배되었고, 남부 보이오티아의 타나그라에 사라피스의 숭배 중심지가 있었다는 점에도 주목해야 한다. Herodotos II.156 참조. 그러한 숭배는 그 당시 그리스에 하도 널리 퍼져 있어서 중요한 것으로 보기는 어렵다.

2) Müller(1820-1824, I, p.92).

두 습지 사이의 지리적 유사점 때문만은 아니었다. 이집트의 나일 강 및 호수와 코파이스 호숫가 및 보이오티아의 도시 테베 사이에는 강력한 신화적·전설적 유대도 있었다. 테베·코파이스·케피소스 같은 지명과 미니아이인·라피트인 같은 종족명에 대한 그럴듯한 이집트 어원에 대해 나중에 논의할 것이다.[4] 오이디푸스 및 스핑크스 관련 신화와 같은 보이오티아 신화의 이집트적 그리고 셈적 국면은 제4권에서 고려될 것이다. 여기에서는 단지 이집트의 영향을 보여주는 제식적·신화적 증거와 이름 증거를 보여주고자 한다. 나는 이것이 제3장의 배경을 제공해주었으면 바라는데, 제3장에서는 코파이스 호수 주변이 이집트인에 의해 식민화되었음을 보여주는 기원전 3천년기에 속하는 고고학적 증거를 다룰 것이다.

세멜레와 알크메네

우선 테베에 살았던 전설상의 공주 알크메네를 만나보자. 그녀는 제우스에게 유혹되어 헤라클레스를 낳았다. 그녀에 대한 숭배는 코파이스 호숫가에서 대단히 중요한 일이었다. 제우스의 아들 중에서 테베와 강한 연계를 지닌 여인들에게서 태어난 디오니소스와 헤라클레스의 탄생에는 강한 유사점이 있다. 이 연계를 뒷받침해주는 것으로, 『일리아스』 중에 제우스가 과거의 연인들에 관해 추억에 잠기는 대목이 있다.

나를 위하여 미노스와 신과 같은 라다만티스를 낳아준
널리 이름난 포이닉스의 딸을 사랑했을 때에도,
그리고 테베의 세멜레나 알크메네를 사랑했을 때에도,
알크메네는 대담무쌍한 헤라클레스를 아들로 낳아주었고
세멜레는 디오니소스를 낳아 주었소.[5]

이 구절은 헤라클레스와 디오니소스를 카드모스의 누이 에우로파(명성이

---

3) Müller(1820-1824, I, p.93).

4) Kopais와 Kēphis(s)os에 관해서는 제3장 주94-97 참조. 미니아이에 관해서는 제3장 주48과 제3권 참조. 테베에 관해서는 제12장 주49-52 참조.

5) *Iliad*, XIV.321-5(천병희 옮김, 숲, 2007).

드높은 포이닉스의 딸)를 통해 테베의 전설상의 건설자인 페니키아 사람 카드모스에게 연결할 뿐만 아니라, 에우로파를 세멜레 및 알크메네와 엮어놓는다.6) 제1권에서 나는 제우스의 정부 이오라는 이름이 '암소'를 뜻하는 이집트 단어에서 파생했음을 주목했다.7) 신화에 따르면, 세멜레는 카드모스의 딸로 제우스의 유혹을 받아 디오니소스를 낳았다. 그녀의 이름도 이집트어 어원을 가졌던 것으로 보인다. 그러나 다른 어원도 제안되었는데, '하늘'을 뜻하는 의심스러운 프리기아어 단어에서 또는 '달'을 뜻하는 그리스어 셀레네selene에서 파생된 것으로 보기도 한다.8) 셈학 학자 마이클 애스터의 제안이 더 큰 가능성을 지니고 있는데, 그에 따르면 세멜레는 서부 셈족의 신 Ṣml(역주: 히브리어의 쩨멜ç emel 또는 첼렘tselem, 독수리의 어머니)로부터의 파생어이고, 디오니소스의 탄생과 사지절단 이야기의 어떤 판본은 Ṣml 신화 또는 오시리스/디오니소스에 해당하는 우가릿의 바알Baal 신화를 닮았고, 그 신화들은 분명히 공동의 모습을 공유한다는 것이다.9) 이처럼 서부 셈어의 영향이 아닌가 하고 생각해볼 이유가 충분하다.

그런데 세멜레Semele를 근본적으로 끌어낼 수 있는 가장 그럴듯한 단어가 이집트어로 야생 암소인 셈레트smȝt(역주: 여기서 ȝ은 유음)로 보인다. 가축을 기르는 사람으로서 이집트인(지금도 나일 계곡에 거주하는 실루크족과 누에르족에게 암소는 부와 미의 기준을 제공한다)의 문화적 기원은 특히 이집트어 셈레트smȝt 또는 셈리에트smȝyt('왕가의 배우자'를 의미한다)에 나타나 있다.10) 상이집트의 숫양 신 아몬과 제우스(고대 그리스인은 제우스를 아몬의 그리스 판으로 보았다)가 왕의 특징을 지녔다고 가정하면, 세메레(리)트smȝ(y)t와 세멜레는 각각 아몬과 제우스의 매우 적절한 배우자로 보인다.

6) Schachter(1981, p.16)는 세멜레와 알크메네 숭배가 테베에서는 유사한 것으로서 여겨졌다고 보고 있다.
7) 제1권, pp.148-150.
8) 샹트렌은 그리스어 셀라스selas(불 또는 횃불)에서 그럴듯하게 끌어낸다. 그런데 그는 이것에 어울리는 어원을 찾아내지 못한다. 셀라스와 '심지' 또는 '횃불'을 뜻하는 이집트 민용어 sl(콥트어의 솔sol) 사이에는 연계가 존재하는 것 같다. 그 어근은 고대 이집트어에는 존재하지 않는데, 체르니는 솔sol이 셈어 *sˁl에서 왔다고 주장한다. 아랍어 샤알라šaˁala는 '불붙이다', '불길'을 뜻한다. 가장 그럴듯한 가설은, 민용어와 그리스어 모두 입증되지 않은 서부 셈어 *šaˁl살('불', '불꽃', '횃불', 또는 '봉화'를 뜻한다)에서 차용했다는 것이다.
9) Astour(11967a, pp.170-172). 이에 대한 날카로운 비판으로 Burton(1972, pp.102-103) 참조.
10) 이집트 문명의 기원에서 소치기의 중요성에 관해서는 Hoffman(1979, pp.236-238) 참조.

제우스와 보이오티아의 아몬(암몬) 사이의 연계는 특히 잘 확립된 것으로 주목할 필요가 있다. 기원후 2세기 그리스 여행작가인 파우사니아스는 기원전 5세기 그 지역의 시인 핀다로스가 봉헌한 조각상이 안치되어 있는 테베의 암몬 사당을 언급하고 있다.[11] 핀다로스가 '올림포스의 왕 암몬'이라는 구절이 들어 있는 송가를 쓴 것을 기억해보라.[12]

알크메네Alkmēnē의 이집트 어원을 보면 그녀의 신분은 세멜레Semelē보다 낮다. '알다'라는 뜻의 동사 레크rḫ는 성서적 또는 육적 의미를 지닌다. 레크 아멘Rḫ imn(역주: 버낼은 알크메네의 어원이 이집트어 레크 아멘일 수 있음을 말하려 한다)이라는 이름은 레크 네수rḫ nsw와 레케트 네수rḫt nsw(왕의 남녀 지인)와 용법이 같다.[13] 또한 테베와 관련을 맺고 있는 아르고스의 영웅 알크마이온Alkmaiōn과 7세기 도리스 시인 알크만(마온)Alkma(o)n이라는 그리스 이름이 그리스어에서 널리 쓰이는 고유명사 알키Alki(보호자)와 관련될 수 있지만, 레크 아멘에서 그럴듯하게 파생될 수 있다. 제우스의 애인 알크메네라는 이름은 레케트 아멘Rḫt imn에서 온 것으로 보인다. 중간자음 t와 s는 이집트어에서 안정적이지 않고, 아멘호테프ʾImn ḥtp가 아메노피스Amenōphis로 음역되는 경우처럼 때로는 이집트어 이름이 그리스어로 음역되는 과정에서 사라졌다. 지금은 기원전 2천년기 중반 ʾImn에 모음을 삽입하여 재구성하면 아마나ʾAmāna로 된다는 것을 알고 있다. 또한 이집트어에서 두 개 또는 세 개의 자음으로 단어가 시작될 때, 항상 전치 모음을 만들어낸다는 것과 강세가 없는 모음은 축약되었다는 것을 알고 있다.[14] 이처럼 이집트어 아르케마나*aRḫᵉmāna에서의 차용은 그리스어로는 쉽게 알크마나*Alkmāna로 받아들여질 수 있고, 그 후에는 이오니아어로 알크메네Alkmēnē로 받아들여질 수 있는 것이다. 아레케트 아멘*aRḫt imn/알크메네Alkmēnē는 아몬/제우스의 배우자에게는 완전히 적합하게 보인다.

알크메네의 이름이 이집트어일 강력한 가능성을 고려했으므로 그녀의 배경에서 이집트적 요소를 간단히 살펴보자. 앞에서 언급한 제우스/아몬의

---

11) Pausanias, IX.16.1.
12) 제1권, pp.174-175 참조.
13) Ranke(1935-1952, I, p.226) 참조.
14) Gardiner(1957, pp.428-430).

관계 그리고 다음에서 논의될 헤라클레스의 근본적으로 이집트적인 특성 이외에 헤로도토스는 알크메네와 그녀의 남편 중 하나인 암피트리온이 이집트인이라고 믿었다.[15] 또 다른 남편 라다만티스의 이집트적 국면은 제4장에서 논의될 것이다. 여기에서는 알크메네의 남편, 그러니까 헤라클레스의 계부 라다만티스가 그 영웅에게 활쏘기를 가르쳤다고 말하는 것으로 충분하다.[16] 이것은 흥미로운데, 이집트 신학에서 만추Mntw(제4장에서 논의하겠지만, 라다만티스의 이집트적 원형이다)는 궁술을 후원하는 신이었기 때문이다.

보이오티아의 아테네 시市와 아테나 여신: 아테나 이토니아 및 아테나 알랄코메나의 숭배

알크메네의 무덤은 코파이스의 남쪽 물가에 있는 할리아르토스 근처에 있는데, 고대에 그 무덤이 발굴된 것에 관해서는 제3장에서 논의할 것이다. 그것은 라다만티스의 무덤과 가깝고 아테네의 영웅적 건설자 케크롭스의 사당에서도 가깝다. 실제로 그 지역에는 그밖의 많은 '아테네'의 흔적이 있다. 그곳에는 아테나 여신의 사당이 있으며, 코파이스 호수의 범람으로 사라진 아테네와 엘레우시스라고 불리는 두 도시가 있던 곳으로 추정되었다. 스트라본은 아티카에 있는 동일 이름을 지닌 주요 도시들처럼 이 두 도시도 케크롭스에 의해 건립되었다고 말한다.[17] 더욱이 할리아르토스에는 케크롭스의 영웅 숭배가 있었다. 비록 이 케크롭스가 아테네의 창건자인지 아니면 아테네의 후기 왕 중 하나인 판디온의 아들 케크롭스인지에 관해 논쟁이 있지만 말이다.[18]

보이오티아 전문가인 J. M. 포시와 A. 샥터는 할리아르토스 서쪽 지역의 이러한 '아테네 관련 주제'는 훨씬 후(아테네가 기원전 171년부터 121년까지

---

15) Herodotos, II.43.

16) Tzetzes, *Scholiast on Lykophron*. 이것을 Apollodoros(II.4.12)도 받아들였던 것 같다. 이에 대한 논의는 Frazer(1921, I, p.183, n.1) 참조.

17) Strabo, IX.2.18.

18) Pausanias, IX.33.1. 이 케크롭스가 후대의 아테네 왕이라는 생각에 대해 Roesch(1982, p.214)는 도전하고, Schachter(1986, p.113)는 지지한다. 나는 Roesch가 옳을 수 있으며, 파우사니아스가 여기에서 합리적으로 설명했다고 믿는다.

그 지역을 통치했을 때)에 생겨난 것이라고 주장하며, 상대방 의견을 서로 지지했다.[19] 사실 포시는 그렇게 극단적이지는 않게 "순전히 지역적 전승이 인위적인 아테네 전승과 … 융합했음"[20]을 받아들였다. 샤터 또한 아테나 알랄코메나와 아테나 이토니아의 지역 숭배가 '상당한 고대성'을 지녔음을 받아들인다.[21]

할리아르토스 서쪽으로 10킬로미터 떨어진 코로네이아에 위치한 아테나 이토니아Athena Itonia 사당은 보이오티아 제례의 중심지였고, 상고기(기원전 776-500년)와 고전기(기원전 500-325년)에는 더욱 번성했음이 분명하다. 그것은 트로이 전쟁(기원전 1210년경) 이후 어느 시점에 북쪽에서 그 지역을 정복한 보이오티아인(그 이름을 따서 그곳을 보이오티아라고 불렀다)에 의해 확립되었다고 전통적으로 생각해왔다. 파우사니아스는 이토노스Itonos라는 이름은 보이오티아인의 시조인 보이오토스Boiotos의 아버지를 가르킨다고 전했다. 아테나 이토니아의 호전적 숭배의식은 고전기와 헬레니즘시대 전체에 걸쳐 테살리아에서 중심이 되는 제례였다. 스트라본의 가능성 높은 가정에 따르면, 정복자 보이오티아인이 테살리아에 있는 그들의 고향에서 코파이스 호숫가로 가져왔다는 것이다.[22]

이토니아라는 이름은 어디에서 온 것인가? 두 후보가 있는 것 같다. 첫째는 이집트어 ꜣItn.t아트네트(여성 태양 원반[역주: 끄트머리의 여성형 어미 t는 남성형 ꜣItn아텐을 여성 명사로 만드는 접미사])이다. 제1장에서 크레타에서 이 상징 및 개념이 갖는 고대성을 논의했다. 네이트Neit(이 신을 고대인은 아테나 여신의 이집트 판으로 보았다)가 ꜣItn.t라고 유일하게 입증된 시기는 기원후 2세기다. 그것은 믿을 만한 이집트 전승에 근거했다기보다는 그리스적 영향의 결과였을 것이다. 그런데 태양 돛배에 탄 네이트의 모습, 여신과 태양(특히 레의 눈目으로 상징화되었을 때)의 연계, 여신과 우레우스(태양원반으로 그 원반으로부터 코브라가 나온다)의 연계는 적어도 제18왕조까지

---

19) 샤터의 학위논문을 인용하는 Fossey(1974, p.15, n.40)와 포시의 논문을 인용하는 Schachter
   (1981, p.114, n.3) 참조.
20) Fossey(1974, p.15, n.40).
21) Schachter(1981, p.113).
22) Strabo, IX.2.29. 또한 Pausanias, I.13.1와 X.1.10 그리고 Farnell(1895-1909, I, pp.402-403,
   n.61) 참조.

거슬러 올라간다.[23] 특히 태양이 레의 눈과 우레우스로 상징화되었을 때 그렇다. 이보다 더 이른 시기에는 갑충류 투구벌레와 네이트의 연계가 있었는데, 그 도안은 스카랍의 도안을 앞섰던 것으로 보이며 빛을 내고 있는 것으로 보아 태양과 비슷한 기능을 가졌을 것이다.[24] 네이트와 태양의 가장 강력한 연계는 기원전 3천년기 전반 고왕국에서 있었던 것으로 보인다. 더욱이 태양 투구벌레 도안은 이미 전기미노아 시대 크레타에서 널리 퍼졌다는 증거가 있다.[25] 그리스에서 후기에 입증되었다 하더라도 그것은 대단히 오래된 이집트 전승을 반영하는 것일 수 있다.

아테나를 태양 원반에 연계시킬 수 있는, 그리고 고르곤의 얼굴(이 얼굴을 여신은 방패나 흉갑에 거의 항상 달고 있다)의 형태 속에 있는 뱀들에 연계시킬 수 있는 기원전 2천년기 에게해권의 증거가 있다는 것을 제3권에서 주장할 것이다. 그 여신의 사나운 성격은 아테나 이토니아의 전사적 특성과 매우 잘 맞아떨어진다.

이토니아라는 별칭은 또 다른 기원을 가지고 있는데, 그것이 더 우선적인 관심사이다. 스트라본이 코로넬라Korōnela의 아테나 이토니아 숭배의 테살리아 기원을 기술했을 때 그는 쿠랄리오스Kuralios, 코랄리오스Kōralios, 코로넬라Korōnela라는 강 이름에 관한 동음이의 기법이 사용되었다고 기술했다. 여신의 가슴과 같은 두 개의 샘에서 흐른다고 여겨진 이 강은 여신 숭배에서 분명히 중요했다.[26](역주: 버낼은 아테나 이토니아에서 '이토니아'를 강江과 연결시키려 하며, 그런 다음에는 치수治水에 연결시키려 한다. 결국 버낼은 아테나를 치수와 관련된 여신으로 부각시키려 한다.)

이것은 이토니아를 위한 또 다른 가능성 있는 어원을 제기한다. 기원후 6세기에 저술활동을 한 비잔티움의 스테파노스에 따르면, 크레타 도시 이름의 시조 이타노스Itanos는 포이닉스(페니키아인의 이름 시조)의 아들이라고 한다. F. C. 모베르스와 빅토르 베라르는, 셈족이 그 섬에 있었다는 징표에 근거해 히브리어에서 발견되는 ʾētān에탄 또는 ʾêtån(항구적인, 끝없이 흐

---

23) Sayed(1982, I, pp.71-72, 106-114).
24) Keimer(1931, pp.151-159); Hollis(1988, pp.1-3).
25) 제1장 주58 참조. 더 자세히 알려면, 제3권 참조.
26) Strabo, IX.2.29.

르는)이라는 단어에서 그 이름의 기원을 보았다.[27] 그들이 글을 쓴 이래로 그 이름은 선형문자 A와 B 모두에서 각각 이타노Itano와 우타노Utano로 입증되었다. 변형인 이탄Itan, 이톤Itōn은 셈어의 å가 그리스어나 다른 언어로 음역될 때 a만큼이나 자주 ō로 옮겨졌다는 사실로 설명될 수 있다. 예를 들어, '작은'이라는 뜻을 지닌 후기 가나안어 카탄qåtån 또는 카톤qåton으로부터 파생된, 그리스어 코톤Kōthōn으로 알려진 카르타고에 있는 작은 내항의 이름을 보라.[28] 이토니아를 관통해 흐르는 시냇물이 지닌 숭배의식상의 분명한 중요성을 가정하면 이 이름이 보이오티아인의 도래보다 더 오래되었을 가능성이 높고, 그곳에 그 숭배의식이 확립될 이유가 충분히 있었던 것으로 보인다. 후기 청동기시대에 보이오티아에 서부 셈족이 실제로 있었을 가능성이 큰데, 이는 그 이름이 셈어라는 것을 가리킨다. 그런데 에게해권에서 이타노스Itanos/이토노스Itōnos라는 지명이 빈번히 나타나는 것을 보면 그 지명이 지역의 언어에서 별개의 힘을 지녔던 것으로 보인다.

학자들은 일반적으로 아테나 알랄코메나의 숭배가 아테나 이토니아 숭배보다 더 오래되었다는 것에 동의하며, 두 숭배의 연결을 지지하는 주장도 있다. 호메로스는 '알랄코메네의 아테나'를 언급한다.[29] 샤터는 그것이 대단히 오래 되었음을 받아들이는 여러 이유를 제시하는데, 그것이 고대세계에서도 고대의 것으로서 간주되었다는 사실, 그것이 선사 시대의 전설을 끌어들였다는 사실, 그것이 아테나 이토니아의 숭배지에 매우 가깝게(3킬로밖에 떨어져 있지 않다) 존재했다는 사실 등이다.

알랄코메나가 고대성을 띠고 있고 이른 시기에 아테나 여신에 연계되었을 것이라는 점은 보이오티아 역법의 마지막 달 이름 알랄코메니오스Alalkomenios에 의해서도 시사되고 있다. 그 달은 태양력을 태음력에 맞추기 때때로 윤달로 덧붙었다.[30] 달력은 일반적으로 옛 이름을 보존하는 것으로 받아들여지고 있다.

---

27) Movers(1841-1850, II, 1, p.258); Bérard, *Les Phéniciens et l'Odyssée*, 2nd. ed., II, p.227; Astour(1967a, p.140) 참조.

28) '큰 술잔'을 뜻하는 것으로서 kōthōn의 용례는 카르타고 항구에 관련될 수 있거나 병사들의 유머의 예일 수 있다. 이 어원에 관해 좀 더 알려면 Brown(1969, p.157) 참조.

29) Schachter(1981, p.113); *Iliad*, IV.8 and V.908.

30) Schachter(1981, p.113).

아테나 알랄코메나 숭배에 관해서는 비교적 적게 알려져 있다. 적어도 기원전 4세기로 거슬러 올라가는 이야기에서 알랄코메나 또는 알코메나는 보이오티아의 전설상의 첫 지배자 오기고스Ōgygos의 세 딸 중 하나였다고 여겨졌다.31) 파우사니아스는 오기고스가 아티카에서 엘레우시스의 아버지이기도 했다고 보고했다.32) 오기기아Ogygia는 『오디세이아』에서 칼립소가 살고 있던 먼 섬 이름이다. 그 섬의 주민 오기고스와 그 이름의 보이오티아적·아티카적 함의를 연결시키는 것은 최초의 홍수다. 독일의 고대사가인 에두아르트 마이어는 각별히 오기고스를 코파이스의 범람에 연결시켰다.33) 호수와의 연계 그리고 그 호수 서안에 있는 아테네와 엘레우시스라는 범람 도시들로 보건대, 보이오티아 및 아티카와 오기고스의 당혹스러운 연계는 확실히 해명이 된다. 고대성과 습지라는 이중적 함축은 아이스킬로스의 『페르시아인들』의 한 구절에서 나타나지만, 그 비극은 보이오티아의 테베에 관련된 것이 아니라 이집트의 테베와 관련된 것이기는 하다.34)

오기고스(또는 오기게스Ogyges)와 오기기아의 가장 분명한 어원은 서부 셈어에서 온다. 오기기아와 오케아노스Okeanos(대양 또는 세계의 가장자리)의 가장 흔한 그렇지만 결코 일반적으로는 받아들여지지 않는 어원은 셈어 어근 √ᶜwg아와가(원을 그리다)이다.35) 대양, 그리고 대양과 연관된 (세계를 둘러싸고 있는) 산맥이라는 이러한 함의는 서부 셈의 신화적 인물인 바샨Bashan의 임금 오그ᶜŌg에도 나타나 있다. 오그는 오기고스와 놀랍도록 닮았다. 그는 성서에서 마지막 레파임Rephaim으로 나온다. 레파임은 장례문헌에 등장하는 토착의 거인족이자 지하세계의 심연과 관련된 사자死者의 정령이다.36) 레파임은 이러한 특징과는 정반대로 치료 및 뱀과도 연계되어 있

31) Pausanias, IX.5.1.

32) Pausanias, I.38.7. Varro, *Res rusticae*, 3.1.2

33) Meyer(1928-36, II, p.194). Fontenrose(1959, pp.236-237)도 참조.

34) Aischylos, *The Persians*, II.37-40.

35) 제7장의 주122-123 참조.

36) Pope(1981, p.170) 참조. 제4권에서 진창에 사는 레파임과 그리스의 타이탄 사이의 관계를 좀 더 상세히 논의할 것이다. Titanes이라는 이름은 그리스어 titanoi(진흙의 또는 석고의 사

다. 뱀은 그리스와 레반트에서 약과 연관되어 있으며, 생명, 다시 태어남, 풍요 등과도 연계되어 있다.[37]

우가릿 문서에서 레파임Rpim(라피우마)은 카드미마qdmym(동쪽의 또는 옛날의)이라고 불리는데, 테베의 건설자 이름인 카드모스의 어근과 동일하다.[38] 성서 「신명기」에서 바샨의 왕 오그는 가나안 지역에 살고 있는 레파임의 마지막 생존자였다고 보고된다.[39] 이처럼 가장 오랜 거주자로서의 위치는 보이오티아에서 오기고스의 위치와 매우 닮았다. 바샨은 일반적으로 모압 북쪽, 오늘날 북부 요르단에 위치한다. 그런데 대체적으로 불모지임에도 불구하고 바샨은 대단한 풍요와 살찐 가축에 연계되어 있다.[40] 이런 식으로 바샨은 보이오티아의 풍요롭고 습지가 많은 초지와 유사했다.

오그는 대홍수에서 유일하게 살아남은 대홍수 이전의 피조물이었다. 기원후 5-6세기 바빌로니아에서 기록된 미드라시 유대 성서의 주해서에 따르면, 오그는 대홍수 때 노아의 방주 꼭대기에 앉아서 살아남았다.[41] 애스터는 오기고스를 오그에 연계시키지 않는다. 그는 오기고스를 노아의 짝으로 그리고 메소포타미아의 우트-나피스팀과 그리스의 데우칼리온을 오기고스의 짝으로 본다.[42] 노아Noah(정확하게는 Noaḥ노아흐)라는 이름은 전통적으로는 셈어 어근 √nwḥ누아흐(히브)(쉬다, 정착하다)에서 파생된 것으로 생각된다. 음절 끝의 ḥ에도 불구하고 그것은 이집트어 누이nwy(물, 홍수)에 영향받은 것 같다. 이것은 「이사야」에서 발견되는 mê noaḥ메 노아흐(홍수)라는 용어와 같은 변칙을, 그리고 노아Noaḥ를 『70인 역』에서 노에Nōe로 표현하는 것을 설명한다.[43] 이처럼 여러 방법으로 노아는 홍수이고, 홍수는 그 자신

람들)에 연결되어 있다. Astour(1967a, pp.196-197, n.3)는 그것이 '진흙 또는 점토'를 뜻하는 셈어 단어(아카드어의 티투titu에서 발견된다)에서 왔음을 그럴듯하게 제시하고 있다. 오기고스와 오그 사이의 관계에 관한 이 절 전체는 Scott Noegel의 글에 근거하고 있다. West(1971, p.41)도 참조.

37) Astour(1967a, pp.236-237)는 레파임(어근은 √rpʿ[치유하다])과 대천사 라파엘 사이에, 그리고 레파임과 뱀 사이에 연계가 있다고 보고 있다.

38) Pope(1981, p.170).

39) 「신명기」 3:11.

40) 「에제키엘」 38, 39.

41) Midrash Bereshit Raba 31.13; Sanhedrin 108b; Targum Yerushalmi Dt. 2.11, 3.10; Yalkut Reubeni on Gn. 7.22.

42) Astour(1967a, p.212).

과 연계된다. 이러한 다의성多義性 또는 이중의 기능은 오그와 오기고스의 경우에도 사실이다. 이 연계에서 후기 이집트어 웨가ʷᵍ³는 '물 또는 홍수의 유형'이었다는 점에서 흥미롭다.44) 지명 웨그(가)Wg(3)는 상이집트의 제3의 주州(노메)에서, 즉 에스나 시가 속한 주에서 물 무리의 이름('대운하 또는 나일 강의 흐름')으로 나타난다.45) 에스나는 상이집트에서 네이트 숭배의 중심지였다. 여기에서 웨그(가)Wg(3)가 물 그리고 아테나 여신의 이집트 짝 네이트에 연결되어 있다는 것은 대단히 주목할 만하다.

그런데 이것을 오그ʿŌg와 오기고스의 원형으로 보는 데는 어려움이 있다. 첫 번째 경우 셈어 명사에서 최초의 아인ayin(ʿ)은 어려움을 제기한다. 물론 이집트어에서 w와 ʿ 사이에 긴밀한 연계가 있기 때문에 그 장벽은 극복하지 못할 것은 아니다. 웨그(가)Wg(3)에서 오기고스Ōgygos의 파생과 관련된 문제점은 두 번째 g인데, 어떤 이집트 문서에도 그에 대한 증거가 없다.

그런데 서부 셈어에는 증거로 보이는 것들이 있다. 우선 성서에 언급된 거인 고그Gôg이다. 고그는 그의 형제 마고그Magôg와 함께 야벳의 아들이었고 북쪽 끄트머리에 산다고 여겨졌다. 이것이 그를 오그와는 다르게 만든 것으로 보인다. 비록 '바샨의 황소와 들소들'이 고그의 장례식에서 먹혀질 것이라고 예언되었음에도 불구하고 말이다.46) 그렇다면 고그가 단순히 '거인'을 나타내는 서부 셈어 단어일 가능성이 있는데, 어근 √gg가그(히브)는 아카드어, 우가릿어, 가나안어에서 '지붕, 맨 위층, 꼭대기'라는 일반적 의미를 지닌 것으로 입증되었다. 암하라어Amharic(역주: 에티오피아의 북서부 지방의 언어)에서 gəgg거그는 '아랫 이빨을 밀었내는 윗 이빨'을 의미한다. 고그와 마고그라는 이름과 과장된 키가 지닌 일반적인 함의는 가능성을 제기한다. 어쨌든 그리스어 기가스gigas(거인)는, 줄리어스 폴로니나 피에르 샹트렌 같은 존경받는 사전편찬자들이 반복해 말하듯이, 인도유럽어 어원을 가지고 있지 않다는 데는 의심의 여지가 없다. 기가스가 셈어에서 왔든 아니든, 오기고스Ōgygos의 두 g는 그리스 단어 기가스gigas의 영향을 받았을 가

---

43) 「이사야」 54:9.

44) Erman and Grapow(1982, I, p.376). 그러나 Lesko and Switalski-Lesko(1982-1990)의 글에는 없다.

45) Gauthier(1925-1931, I, p.208).

46) 「에제키엘」 39:18.

능성이 대단히 크다.

애스터는 오기고스가 셈어 어근 √ˀgg아가그(히브)(태우다, 화염)에서 파생되었다고 주장한다. 그는 이것을 홍수가 종종 불과 관련되어 있다는 강한 전승에 연계시킨다. 한 가지 예는 그리스 홍수 영웅 데우칼리온의 아내가 피르라Pyrrha(불)로 불렸다는 사실이다.[47] 제7장에서 나는 이 전승이 화산 활동에, 특히 기원전 1628년 테라의 거대한 폭발에 역사적 근거를 두고 있음을 주장할 것이다. 탈무드에 보존된 유대인 전승에 따라, 바샨의 오그를 거의 휩쓸었던 홍수는 불과 뒤섞였고, 거인의 힘이 없었다면 그는 화상을 입어 죽었을 것이다.[48]

요약해보자. 서부 셈어 오그ˁŌg가 이집트어 웨가wg3(홍수)로부터 파생했다는 것은 근거가 약하고, 그리스어 기가스gigas가 셈어 √gg가그(히브)에서 파생했다는 것이 확실하지는 않지만, 촘촘한 유사점의 망으로 보건대 오기게스Ōgygēs 또는 오기고스Ōgygos를 오그에 밀집히 관련짓는 것은 매우 그럴듯하다. 어쨌든 그리스 토착민 중에서 보이오티아 대표인 오기고스가 근동과 여러 가지로 얽힌 관련을 맺고 있다는 데는 의문의 여지가 없다.

알랄코메네

이제 오기고스의 딸 알랄코메나 또는 알코메나에게로 되돌아가자. 알랄코메네는 오디세우스의 탄생지로 여겨지기도 하는데, 그 영웅의 고향 섬 이타카에 있는 또 다른 알랄코메네와 혼동되었을 수도 있다.[49] 더욱 중요한 것은, 이름 시조인 알랄코메네우스Alalkomeneus가 알랄코메네와 코로네이아 아래에 있는 트리톤 강둑에서 아테나를 키웠다는 전승이다.

이것은 아테나가 리비아에 있는 트리톤 강가에서 키워졌다는 또 다른 전승의 짝이었다.[50] 헤로도토스는 아테나와 관련된 트리톤을 '리비아'에

---

47) Astour(1967a, p.212).

48) Zebahim 113b; Sanhedrin 108b; Rosh ha-Shanah 12a; Yerushalmi Sanhedrin 10, 29b; Yelmmadenu in Yalkut 11508 on Isaiah 64.11.

49) Schachter(1981, p.113)는 오디세우스와의 연계를 완전한 공상으로 제쳐놓았는데, 그가 옳을 가능성이 크다. 오디세우스라는 이름은 '여행자'를 뜻할 수 있으므로 이집트어 웨지트wdyt(원정하다, 여행하다, 전투하다)에서 파생된 웨주(웨지투)*wd(yt)w가 오디세우스의 어원일 수 있다. 이것은 헤라클레스에게도 적용될 수 있을 것 같은데, 그 숭배와 헤라클레스가 연계되었을 가능성을 다음에서 논할 것이다.

두었는데, 오늘날의 튀니지 남쪽에 있었던 것으로 보인다.[51] 여러 고대 저자들은 그것을 북아프리카 또는 서아프리카의 다른 지역에 두고 있지만, 대부분 그것은 늪과 관련되어 있다.[52] 기원전 3세기 알렉산드리아의 사서였던 로도스의 박식한 아폴로니오스는 서사시 『아르고 호 이야기』(제6장에서 논의할 것이다)의 매우 흥미 있는 부분에서 트리톤이 나일 강의 고대 이름이었다고 주장했다. 그것을 포세이돈의 아들로서 이름 시조인 트리톤에 연계시키는 것 이외에, 그 이름의 만족스러운 어원을 찾기 어렵다. 비록 그것이 그리스어의 트리토스tritos(제3의)에 관련 있다고 모호하게 여겨졌지만 말이다. 그런데 그리스어 어근 트리토trito는 동사 tr테르(존경하다)에서 파생된 명사 이집트어 테리트tryt와 종종 혼동되는데, tr는 왕이나 신과 관련되 사용되었다. 『이집트어 사전』의 주요 편집자인 아돌프 에르난과 헤르만 그라포우는 tr를 테웨르twr(존경하다)로부터 이끌어낸다. 그런데 이 단어의 기본 의미는 '정화하다'이다. '빛(낮) 속으로 들어가기 위한 책'이라고 불리는 영혼 안내서는 『사자의 서』로 더욱 흔하게 알려져 있는데, 그 서명이 기원전 19세기 이집트의 이미지에 더 적합하다. 그것은 가장 폭넓게 입증된 이집트 문서 중 하나이고, 제18왕조 또는 기원전 17세기 제17왕조에까지 거슬러 올라간다. 『사자의 서』에서 테웨르Twr(△⊃○☰)는 풍요한 곡물과 번영하는 농경으로 가득 찬 강들 중 하나 또는 복된 자의 밭 이름이다.[53] 이것은 트리토니스Tritonis의 어원으로서 만족스럽지 않지만, 아테나와 그 이집트 짝인 네이트가 습지의 배수 그리고 나일 강둑과 여러 강과 호수의 둑을 따라 있었던 생산적인 땅의 창조에 연계되어 있다는 것에 유념해야 한다.

---

50) Pausanias, IX.33.7. 파우사니아스(VIII.26.5-6)는 아르카디아에 아스클레피오스 및 아테나 숭배지 근처에 트리톤 강이 있었다고 보고하고 있다. 흥미롭게도 그 강은 페네오스에 있었는데, 우리가 다음에서 살펴볼 것이지만 페네오스라는 이름은 이집트어 파누p3nw(홍수)에서 유래한다. 트리톤 강 근처에서 아테나의 탄생 및 활동에 관한 다른 언급을 알려면 Farnell(1985-1909, I, pp.266-269; 385-386, n.16) 참조. 물론 파넬은 리비아의 강 트리톤이 그리스의 강 트리톤의 이름을 땄다고 믿고 있다.

51) Herodotos, IV.178.

52) Apollonios Rhodios, IV.149; Diodoros, IIZI.53.4; Pliny, *Natural History*, V.28.

53) 테웨르twr에서 테르tr의 파생에 관해서는 Ermann and Grapow(1925-1931, V, pp.255, 318) 참조.

알랄코메네의 아테나는 서쪽으로 3킬로미터 떨어진 이토니아의 아테나 숭배에, 그리고 동쪽으로 비슷한 거리에 있는 알크메네의 무덤에 연계시킬 수는 없는 것인가? 샥터는 이웃하는 아테나 숭배지 사이에 근본적인 연계를 그럴듯하게 주장했다. 그는 알랄코메네이온이 아테나 이토니아의 숭배의 원장소였지만, 아마도 범람의 위기 때문에 서쪽으로 이동했다는 시론試論을 내놓았다.[54] 그의 주장을 받아들이기 위해 그리 멀리 갈 필요가 없다. 그의 주장을 뒷받침해줄 수 있는 고대 사료가 있다. 기원후 4세기 아프리카의 그리스도교 저자 락탄티우스로부터 기원전 6세기 시인인 바킬리데스에 이르는 저자들은 이토니아의 아테나와 알랄코메네의 아테나는 동일하다고 기록하고 있다.[55]

이러한 유사점이 받아들여진다면, 아테나 이토니아 숭배의 흥미로운 성격이 아테나 알랄코메나 숭배에 적용될 수 있는 것 같다. 예를 들어, 아테나 알랄코메나 숭배는 적어도 기원전 6세기에 뱀 같은 동물과 분명히 연계되어 있다.[56] 샥터는 보이오티아의 레카네lekane(얕은 분지)에 묘사된 뱀은 땅의chthonic 제우스라고 믿는데, 왜냐하면 할리아르토스에서 아테나 이토니아는 제우스의 짝이기 때문이다.[57] '땅의' 또는 '뱀 같은' 제우스의 흔적이 있지만, 이러한 그리스의 도상에 대해 이집트와 관련된 두 가지 설명이 있다. 하나는 네이트를 우레우스(파라오의 의식용 머리장식)라는 곧게 선 코브라에 연계시키는데, 코브라는 여신에게 한정되는 상징적 표식이기도 했다. 더욱 그럴듯한 것은, 코로네에서 발견된 동물 그림은 기원전 6세기에 속하는 또 다른 보이오티아 화병에서 그리고 소아시아 해안의 프리에네에서 발굴된 아테나의 그림(그 여신 앞에 똬리를 튼 뱀이 그려져 있다)에서 발견되는 동물을 닮았는데, 그 동물 그림은 고왕국 이래 네이트의 아들이자 가장 빈번하게 배우자로 등장하는 악어 신 소베크Sobek를 나타낸다.[58] 소베크는 홍수, 강둑, 특히 습지 호수인 파이윰(거대한 저지대이자 오아시스로 나일 계

---

54) Schachter(1981, p.113).

55) Lactantius on Statius, *Thebaid*, VII.330. Schachter(1981, p.112) 참조.

56) Farnell(1895-1909, I, p.xv); Schachter(1981, p.122) 참조.

57) Schachter(1981, pp.120-121).

58) Sayed(1982, I, pp.101-106). 프리에네의 주화와 조각상에 관해서는 Farnell(1895-1909, I, p.338) 참조.

곡과 연결되어 있다)의 신이었다. 나는 이번 장의 후반부에서 알크메네와 아테나 알랄코메나 사이에 연계를 살펴볼 것이다. 우선은 네이트의 또 다른 국면을 고려하고자 한다.

치수자 네이트

나는 제3권에서 네이트와 아테나 사이의, 그리고 네이트의 도시 사이스 또는 헤트 네트Ht Nt와 아테네 사이의 친숙한 관계를 논할 것이다. 그런데 현 시점에서는 코파이스 호숫가에 있었던 아테나 숭배에 대한 통찰력을 얻기 위해 이집트 여신의 한 국면을 고려해야만 하겠다.

네이트는 전사로서, 직물 짜는 자로서, 상층 공기인 에테르의 신으로서 많은 기능을 갖고 있었다. 그러나 여신의 핵심적 특징은 소의 신, 창조력을 지닌 암소(아헤트Ahet)와 관련된 것이었다. 그 암소는 거대한 홍수 또는 늪지, 원시의 물인 메헤트 웨레트Mḥt Wrt(거대한 습지)에 연계되어 있다. 이것에 관한 자세한 것은 기원전 1천년기 사이스에 있던 프톨레마이오스 시대의 문서에서 분명히 입증된다. 그런데 『피라미드 문서』(고왕국 후기[기원전 2700-2500년]의 피라미드들에 각인되었으나 그보다 여러 세기 전에 작성되었다)와 중왕국(기원전 2100-1750년)의 『관 문서*Coffin Texts*』를 볼 때 이러한 생각이 훨씬 더 오래된 것임이 분명하다.[59] 그 여신에 대한 숭배는 서부 삼각주 늪지대에 있는 사이스에서 제1왕조 때 있었지만, 그보다 훨씬 더 오래된 것으로 보아도 될 것이다.[60]

『피라미드 문서』는 여신의 중심적 국면을 묘사하고 있다. "네이트는 메헤트 웨레트Mḥt Wrt(거대한 습지)의 가장자리에 있는 여신의 호수에서 왔다. … 네이트는 지평선의 두 둑 위의 풀을 푸르게 만든다."[61] 『낮으로 들어가기 위한 지침서』의 신왕국 판에서 여신은 둑과 섬에 연계된 것으로 보인다.[62] 후기의 문서는 어떻게 네이트가 '섬과 둑을 분리해' 물로부터 땅을

---

59) Sayed(1982, I, pp.51-62).

60) Sayed(1982, I, pp.31-32).

61) *Pyramid Texts* 508-509. Sayed, Doc. 196(1982, I, pp.31-32). 그는 출판된 번역물 모두에 관한 참고문헌을 제시하고 있다.

62) Sayed(1982, I, pp.61-62; II, pp.319-320, Doc. 287).

창조했는지를 상술하고 있다. 고왕국에서 여신은 '길을 열었다.' '길을 연다'는 것은 종종 돛단배를 타고 물길로 종교적 행렬과 장례 행렬을 이끌었음을 의미한 것이 분명하다.[63] 웨프(웨피)Wp(i)는 물길 '열기'도 의미했다. 이처럼 네이트는 수로를 만들어내고 사나운 습지를 제어한 여신이다.

네이트 대對 세트의 싸움과 아테나 대 포세이돈의 싸움

영양분을 담은 홍수, 수로, 관개, 땅, 간척의 신으로서 네이트의 역할은 오늘날의 학자들에게 그동안 설명할 수 없었던 아테나의 신화적 성격의 많은 국면을 이해하는 열쇠를 제공하는 것 같다. 예를 들어보자. 여신이 아테네와 트로이젠 등지에서 포세이돈과 싸운 것은 네이트가 포세이돈의 이집트 닮은꼴인 세트 그리고 사악한 큰 뱀 아포피와 싸운 것과 유사하다.[64] 이 싸움에 대한 설명을 찾으면서 그리스 종교에 관한 지도적 정통 학자인 루이스 파넬은 1900년경 다음과 같이 기록하고 있다.

그리스 종교에서 팔라스(아테나)와 포세이돈의 성격이 원래 닮았다고 가리키는 부분이 전혀 없다. 그 숭배가 나란히 존재하는 곳(예를 들면 아테네의 아크로폴리스, 콜로노스 구區, 수니온, 트로이젠, 스파르타, 아르카디아에 있는 아세아Asea, 아마도 코린트)에서 처음에는 자주 충돌했던 두 숭배의 최종적 화해가 있었다고 가정할 수 있다. 아티카 땅을 놓고 벌인 아테나와 포세이돈의 싸움이 물리적 변화의 상징이라고, 다시 말해서 바다의 접근 또는 후퇴를 시사하는 것이라고 말하는 것은 매우 그럴듯하게 보이지만 사실이 아니다. 코린트에서 헬리오스와 포세이돈이 벌인 싸움의 비슷한 예가 있는데, 그러한 설명이 좀 더 자연스럽고 그럴듯하게 보이겠지만 우리는 그러한 설명이 옳지 않다는 것을 알고 있다. 왜냐하면 우선 두 신이 분쟁을 벌였던 영토는 아크로코린토스인데, 그곳은 고지여서 홍수를 겪었다든가 또는 바다로부터 위협을 받았다든가 하는 기억을 어떤 그리스인도 지니고 있지 않기 때문이다. 둘째로, 코린트에

---

63) Sayed(1982, I, pp.67-69). Hollis(1987b, pp.8-9)도 참조.

64) 웨트Weth와 아포피에 대한 네이트의 승리에 관해서는 Sayed(1982, I, pp.72-76) 참조. 세트와 포세이돈을 동일시하는 것에 관해서는 제1권, pp.112-113 참조. 제4권에서 상세히 논의될 것이다.

매우 오래된 헬리오스 숭배가 널리 퍼져 있었다는 풍부한 증거들이 있는데, 그 숭배는 후기에 이오니아의 포세이돈 숭배가 있기 전에 사라졌다. 포세이돈이 코린트에서 숭배되었던 물리적 이유는 확실하다. 그러나 이러한 싸움에 관한 코린트 전설, 델피의 경우 아폴론과 피톤 사이의 싸움에 관한 전설과 정鼎을 놓고 벌인 아폴론과 헤라클레스의 다툼에 관한 전설, 아티카의 경우 포세이돈 과 아테나의 경쟁에 관한 전설과 이와 비슷한 신들 사이의 싸움에 관한 수많 은 전설 등은 모두 숭배의식들 사이의 실제적인 갈등이라는 역사적 사실의 동 일한 핵을 품고 있을 것이다. 원주민의 더 이른 토착 숭배의식과 새로운 정착 자에 의해 도입된 후기의 숭배의식 사이의 갈등 말이다. 아테나는 아티카의 더 오래된 여신이고, 포세이돈은 이오니아인의 위대한 신이다. 아크로폴리스에서 벌인 두 신들 사이의 싸움과 우정은 아티카적 요소와 이오니아적 요소의 갈등 과 합일의 종교적 표현일 수 있다.[65]

이 구절의 기본적인 결점은 '인종'이나 '인종 원리'의 문제로 단순화시키고 있다는 점인데, 이러한 단순화는 바르톨트 니부어가 시작했고 19세기의 고 대사가들이 애용했다.[66] 자연히 아테나는 아테네와 긴밀한 관계를 맺고 있었다고 본 것이다. 나는 포세이돈이 이오니아인의 수호신이라는 고대의 견해를 받아들인다. 좀 더 나아가 나는 이러한 고대의 견해를 포세이돈 신 에 대한 미케네의 편애에 그리고 힉소스의 세트 숭배에 연계시킬 것이다. 그렇지만 이오니아인이라는 지배 인종이 대두하기 '이전에 사그라진 토착 아테네인'이 있었다는 것을 믿을 이유는 없다.

그리스 종교에 관한 스위스의 권위자인 발터 부르커트는 이러한 인종 이론을 언급하지 않는다. 그는 인종 원리보다는 두 신들의 말(馬)과의 연 계를 강조한다.[67] 많은 말 숭배가 존재했음은 의심의 여지가 없으며, 나는 제4권에서 포세이돈이 기원전 18세기 이래로 전차에 연계되었을 가능성을 주장할 것이다. 그러나 내가 알기로는 전차를 타고 싸우는 두 신에 관한 묘사나 그림이 없다. 나는 아테나 숭배와 포세이돈 숭배라는 두 신의 경쟁

---

65) Farnell(1895-1909, I, pp.270-271).

66) 제1권, pp.426-430 참조.

67) Burkert(1985, p.221).

관계가 그리스에 전차가 도입되는 것보다 더 오래되었음을 명백히 하기를 희망한다. 부르커트는 아폴론과 포세이돈 사이의 다툼에서 유추해 아테나와 포세이돈의 다툼은 젊은이와 늙은이 사이의 세대적 갈등을 상징화하는 것이라고 주장한다.[68] 명백한 것은, 떠오르는 태양의 상징으로서 아폴론은 그의 이집트 짝인 호루스와 케프리Khepri처럼 젊은이로서 여겨지며 그의 삼촌(敵) 포세이돈(세트)보다 더 젊은 신으로 묘사된다는 점이다. 그러나 포세이돈의 조카딸임에도 불구하고 아테나(또는 네이트)는 반드시 더 젊다고는 할 수 없다. 왜냐하면 아테나와 네이트 모두 흥미롭게도 늙은 것도 아니며 그렇다고 젊지도 않기 때문이다.

만약 이러한 틀이 깨진다면 무엇이 남는가? 첫째, 그 다툼은 '물리적 변화의 상징이며, 바다의 접근과 바다의 후퇴를 시사하는 것'이라는 파넬이 포기했던 주장이 있다. 여기에서 그는 포세이돈을 순전히 바다에 관련된 신으로만 봄으로써 오도되고 있다. 포세이돈은, 세트 그리고 우가릿의 닮은꼴 신 얌Yam(바다)처럼 경작지 너머에 있는 무질서의 신이다. 그의 영역이 바다를 확실히 포함하지만, 지진이나 사막 유목민의 당나귀와 말 같은 것도 포함한다.[69] 파넬이 언급한 주요 갈등은 조직된 땅과 혼돈의 물 사이에 있다. 그러나 물은 소금물만이 아니라 민물일 수 있다. 이집트에서 벌어진 호루스와 세트 사이의 전투는 일반적으로 한편으로는 인간, 다른 한편으로는 강변 또는 호수의 크고 강력한 동물인 악어 또는 더 공공연히 하마 사이의 다툼으로 표현된다. 하마(강의 말)가 말과 많이 닮지 않았으므로 하마를 뜻하는 힙포포타모이hippopotamoi라는 그리스어와 그 개념이 세트와 티폰(후기에 세트의 그리스 짝)을 통해 말과 관련되면서 생겨난 것일 수도 있다는 것에 주목하자.

강에 관련된 이러한 함의는 아세아Asea 및 스파르타의 아테나와 포세이돈 숭배를 설명할 수 있는데, 두 지역은 펠로폰네소스에서 두 번째로 큰 에우로타스 강의 수원이자 범람원에 있다(아테네에서의 다툼은 원래 아티카 해변에 있는 트리아시아 평원에서 벌어졌다). 아테네와 사이스(습지 주위에 있는 네이트의 도시) 사이의 밀접한 연계, 아르골리스에 있는 트로이젠과 네

---

68) Burkert(1985, p.221).
69) 세트의 특징에 관해서는 Rundle-Clark(1959, pp.114-115) 참조.

이트의 남쪽 도시 에스나(이 도시 또한 치수가 필요했다)의 덜 확실하지만 여전히 가능성이 있는 짝짓기는 그리스 도시들에서 아테나와 포세이돈에 대한 이중 숭배를 설명하기에 충분하다. 여러모로 보아 아테나와 포세이돈의 싸움터인 아테네는 네이트와 포세이돈의 싸움터인 헤트 네트Ht Nt(사이스)를 그리스로 옮겨놓은 것이다.

공통점이 없는 신들이 함께 숭배되는 현상은 분명히 다른 두 인종 또는 다른 세대 사이의 종교적인 갈등을 나타낸다고 주장하기보다 그 싸움이 숭배의 중심이라는 것을 가정하는 편이 훨씬 더 그럴듯하게 보인다. 폰텐로즈와 여러 학자들은 두 신들의 싸움이 지니는 보편성을 보여주었다.[70] 여기에서 나는 그리스에서 발견되는 많은 공동의 주제 중에서 특정 형태가 거의 항상 이집트적 또는 서부 셈적이라는 것을 강조하기를 원할 따름이다.

대부분 장소에서처럼 이집트에서 자연의 악마적 힘을 길들이는 일은 인간이 살아가기 위해서 필요한 것으로 여겨진다. 나는 말 숭배가 아테나와 포세이돈 사이의 다툼과 관련된 숭배에서 근본적이라는 것을 부정한다. 그러나 '포세이돈이 말을 만들고 아테나가 고삐와 재갈을 발명해 동물을 인간이 부릴 수 있도록 했을 때' 그리하여 '자연의 힘과 기술적인 지혜가 효과적으로 배열된 것'으로 보아 그 다툼의 신화는 훨씬 더 보편적인 것을 나타낸다는 발터 부르커트의 지적은 절대로 옳다.[71]

포세이돈/세트

나중에 아테나로 되돌아가겠지만, 여기에 잠시 포세이돈을 고려할 필요가 있다. 그는 코파이스 호수의 남쪽 지역에서도 숭배되었다. 할리아르토스의 동쪽 10킬로미터에 포세이돈 옹케스토스Onchestos의 숲이 있었고 후기에는 신전이 있었다. 그것이 테베와 할리아르토스를 분리하는 고개에 위치하고 있었으므로, 샥터는 테살리아 광야에 있는 고개 또는 수극水隙(역주: 하천 침식에 의해 습곡산지에 형성된 협곡)에 위치한 포세이돈 숭배의 다른 중심지에 연계시켰다. 그는 그러한 숭배가 청동기시대까지 거슬러 올라간

---

70) Fontenrose(1959).
71) Burkert(1985, p.221).

다고 믿었다. 샥터는 옹케스토스의 숭배의식을 칼라우리아^{Kalauria}(역주: 펠로폰네소스 반도의 동쪽 지역) 암픽티오니 또는 도시 연맹에 연계시키는데, 그 도시들은 남부 그리스의 주요 평원에 세워졌다. 최근에 의혹이 제기되고 있다 하더라도 그 숭배의식은 초기 미케네 시대로부터 기원했음을 보여주고 있다.[72] 옹케스토스 숭배는 특히 그 지역의 황량함 그리고 말에 연계되어 있었다. 포세이돈 텔푸사^{Telphousa}의 숭배도 동일하다. 숭배지는 텔푸사 또는 틸푸사^{Tilpusa}의 샘물에 위치했다. 그 샘물은 통상 알랄코메나이^{Alalkomenai}에서 1킬로미터밖에 떨어져 있지 않은 틸푸사 산 절벽 밑에 있었던 것으로 보고 있다.[73] 바로 이곳에서 포세이돈은 맹렬한 여신 에리니스와 동침해 마법의 말 아레이온을 낳은 것으로 여겨지는데, 그 말은 헤라클레스를 돕고 또 다른 영웅 아드라스토스를 구출한 것으로 유명하다.[74] 이 신화는 아르카디아에 있는 텔푸사에도 있는 것으로 보아 그 중요성은 좀 더 확장된다. 여기에서 포세이돈은 데메테르 에리니스에게 폭력을 행사하였던 것으로 여겨졌고, 후자는 아레이온을 낳게 된다.[75]

에리니스와 아레이온이라는 유사한 이름은 어떤 점에서 에리스^{eris}(다툼)라는 단어에 연계된 것으로 여겨진다.[76] 여기에서 다시 이집트 신화는 그리스의 그 신화군을 이해하는 데 유용한 안내자가 될 수 있다. 폰텐로즈는 에리니스와 코레/페르세포네 사이의 밀접한 관계를 알아챘다.[77] 에리니스를 이집트 네프티스의 그리스 판으로서 볼 수 있다. 네프티스는 이시스의 자매이자 세트의 아내였다. 이시스의 그리스 짝은 지모신 데메테르인데, 데메테르는 페르세포네의 어머니다.

네프티스는 선하기도 하고 악하기도 한 여신으로서 묘사되는데, 보통

---

72) Schachter(1986, pp.211-214).

73) Pausanias, IX.33.1; Strabo, IX.2.36.

74) Thebais schol. on *Iliad*, XXIII.346-347.

75) Pausanias, VIII.25.4-7 and 42.1. Bérard(1894, pp.136-137)도 참조.

76) 이러한 연계는 아르카디아 주화에 새겨진 다양한 아레이온의 모습으로 확인될 것 같다. Schachter(1986, p.222, n.5) 참조. 인도유럽어에서 어원을 찾을 수 없는 Eris(다툼)는 서부 셈어 어근 √ḫrr하라르^(히브)(헐뜯다, 부추기다)로부터 나온 것일 수 있는데, 그 어근은 「잠언」 26:21에서 '다툼을 부추기다'의 의미로 사용되고 있다. 이에 관해 좀 더 알려면, 아래의 '헤라클레스 절' 참조.

77) Fontenrose(1959, p.368, n.5).

이 여신에 해당하는 그리스 여신은 페르세포네 또는 코레다. 네프티스는 자신의 자매와 함께 오시리스와 호루스를 보호하지만 동시에 죽음의 신이었다.[78] 자매인 풍요의 여신 이시스와는 정반대 이미지로 네프티스는 보통 애를 낳지 못하는 여신이었으나, 자칼 신 아누비스라는 자식 하나를 두었던 것으로 여겨졌다. 이집트 신화에서 종종 그러한 것처럼 아버지에 관해서는 확실치 않다. 어떤 전거의 주장에 따르면, 오빠 오시리스라는 설도 있고, 남편인 세트라는 설도 있다.[79] 후자의 판이 그리스 이야기와 꼭 맞아떨어지고, 아누비스를 포세이돈의 자손인 아레이온과 연결시킨다. 아누비스의 두 아비 가설은 신학적 특징의 결과로 보인다. 아누비스는 죽음과 밀접하게 연결되어 있지만 그의 역할(이는 제4권에서 보다 충분하게 논의될 것이다)은 핵심적으로 긍정적이다. 아누비스는 (마치 그 신의 그리스 판인 헤르메스가 영혼의 안내자인 것처럼) 영혼의 안내자이자 때로는 영혼을 나르는 신이었다. 사자를 구출하고 안전하게 호송한다는 점에서 아누비스는 아레이온을 닮은 것 같다. 대체로 포세이돈, 에리니스, 아레이온의 이야기는 이집트 유형(그러나 관점이 말[馬]로 바뀜)을 따르는 것으로 보인다.

델포스와 아누비스

많은 학자들이 텔푸사Telphousa/틸푸사Tilphousa, 델포스Delphos(포세이돈 또는 아폴론과 멜란토Melantho 또는 멜라이나Melaina 즉 데우칼리온[洪水]의 돌고래 같은 딸 사이에서 태어난 아들), 델푸사Delphoussa(델피에 있는 세 샘물 중 하나) 사이에 그럴듯한 유사점이 존재한다고 보고 있다는 점에서, 이 유형은 대단히 얽혀 있다.[80] 연계는 명백히 중요하다. 왜냐하면 피티아의 아폴론에게 바치는 호메로스의 송가에 따르면, 아폴론은 텔푸사 샘가에 그의 신전과 신탁소의 건립을 고려했던 적이 있기 때문이다.[81] 결국 델피에 세웠지만 말이다. 그것은 아르카디아의 지명 쎌푸사Thelpousa/텔푸사Telphousa/델푸

---

78) 이것 그리고 막달라 마리아와의 유사점은 제4권에서 좀 더 상세히 논의될 것이다.

79) 오시리스 판본에 관해서는 Plutarch, *De Iside...*, 356F, 366B-C 참조. 아버지로서의 세트에 관해서는 Budge(1904, p.378) 참조. 그것에 관한 미출간 사료들에 관해서는 Grafe(1984, IV, col.459, n.20) 참조.

80) Bérard(1894, pp.136-137); Fontenrose(1959, pp.47, 421) 참조.

81) *Hymn to the Pythian Apollo*, 244-276.

시아Delphousia 세 형태의 존재에 의해 다시 한 번 확인된다(역주: Thelpousa를 상례에 따라 '텔푸사'로 표기해야 하지만, 이것만은 Telphousa와 구분하고자 '쎌푸사'로 표기하였다). 이것이 우리로 하여금 델포스를 아폴론과 동일시하게 하고, 델피의 아폴론 숭배와 관련된 분규에 관심을 가지게 한다. 이것에 대해 조금 뒤에 그리고 제3권과 제4권에서 논의할 것이다. 여기서는 단지 몇 국면만 논의할 것이다.

기원후 5세기 그리스 사전작가인 헤시키오스는 한편으로는 델레파트 Delephat 그리고 다른 한편으로는 금성에 해당하는 '칼데아식' 이름을 연관 지었는데, 이를 근거로 삼아 빅토르 베라르는 쎌푸사/텔푸사/델푸시아 숭배를 아침별 딜바트Dilbat에 대한 셈족의 숭배와 동일시했다.[82] 그러나 우리에게 더 관심이 가는 것은, 델포스가 포세이돈(또는 아폴론)과 멜라이나 (또는 멜란토) 사이에서 태어난 아들로 보인다는 사실이다. 만약 포세이돈을 세트로 그리고 오시리스의 아들 호루스를 아폴론으로 받아들인다면, 델포스의 부모에 대한 애매함은 아누비스의 경우와 대단히 유사하다.

멜라이나/네프티스

델포스의 어머니는 훨씬 더 흥미로운데, 폰텐로즈는 멜라이나를 게gē (땅)와 동일시하며, 간접으로는 지모신 데메테르와 동일시한다.[83] 멜라이나/멜란토는 '검은'을 뜻하는 그리스 어근 멜란melan과 관련 있다는 데는 의문의 여지가 없으며, 땅은 그리스어 저술에서 자주 '검은'이라고 표현된다는 데도 의문의 여지가 없다. 바로 이러한 이유로 그녀의 아들 델포스는 아프리카 흑인으로 간주되었던 것으로 보이는데, 그의 초상은 델피와 아테네에서 나온 수많은 5세기의 주화에 새겨져 있다.[84] 그런데 그 어근이 어디에서 온 것일까?

검은색을 나타내는 인도유럽어 어근은 없다. 비록 샹트렌이 발트어 어근 멜른*meln(하늘색)을 멜란melan에 해당하는 인도유럽어로 보려고 했지만 말이다.[85] 그런데 이것을 이집트 이름 멜레누M3nw(역주: 여기서 3은 유음),

---

82) Bérard(1894, pp.136-137).
83) Fontenrose(1959, p.47, 특히 n.5). 게gē와 데메테르 사이의 관계에는 제1권, p.101 참조.
84) 이것에 관한 완전한 참고문헌은 Snowden(1970, pp.307-308, n.6) 참조.

곧 서쪽에 있는 산에서 끌어내는 것이 좀 더 그럴듯한 것 같다. 저녁에 태양이 지는 그 산은 지하세계의 입구이다(제4장과 제10장에서 더 논의할 것이다).86) 셈어 어근 √ʿrb에레브(히브)와 관련된 단어군에 비추어 본다면 멜레누 Mзnw로부터 멜란이 파생되었을 가능성은 대단히 크다. 그 셈어 어근의 의미는 '입구', '태양이 지는 곳에 있는 장소', '서쪽' 그리고 '어두운'인데, 어근은 호메로스의 그리스어 에레보스erebos에 담겨 있다. 리델과 스코트가 쓴 표준적인 그리스 사전에서 에레보스는 '지상에서 하데스에 이르는 길을 형성하는 네테르의 어둠의 장소'로 정의되어 있다. 에레보스는 아카드어 에레부erebu(해짐)로부터 나왔음이 거의 확실하다.

멜라이나/멜란토는 '검음'을 의미할 뿐만 아니라 서쪽과 저녁의 어둠을 의미한다. 이것은 그녀를 에우로파에 연결할 수 있게 하는데, 에우로파(그 이름이 ʿrb에레브(히브)에서 파생되었다)는 보이오티아의 전설 및 숭배에서 중요한 역할을 한다.87) 어두컴컴함과의 연계는 멜라이나/멜란토를 다음의 두 이집트-그리스 여신 중 하나에 연계시킬 수 있을 것이다. 저녁 태양의 사나운 사자獅子 여신인 헤레트 테메트Hrt Tmt/아르테미스, 또는 생과 사 그리고 낮과 밤 사이의 경계의 여신인 네프티스/페르세포네이다. 앞에서 언급된 데메테르와의 연계를 가정한다면, 그리고 포세이돈의 에리니스 강탈에 관한 텔푸시아 신화와의 유사점들을 가정한다면, 네프티스/페르세포네가 훨씬 더 그럴듯하게 여겨지고 훨씬 잘 들어맞을 수 있다. 플루타르코스는 『이시스와 오시리스에 관하여』에서 오시리스와 네프티스 사이의 부정한 동침을 비유로서 보았다.

산 옆에 있으면서 바다와 경계를 하고 있는, 육지의 가장 바깥 부분을 이집트인은 네프티스Nephthys라고 부른다. 이것은 그들이 네프티스에게 '종착終着teleutē

---

85) André(1948, pp.44-53).

86) 제4장 주99와 제10장 주9 참조.

87) Lewy(1895, p.139); Astour(1967a, p.130). 인도유럽주의자들은 산스크리트어와 아르메니아어에서 발견되는 어근 레구오스ʾreguos(어두운)로부터 엘레보스erebos를 끌어내기를 선호한다. '서쪽'을 나타내는 또 다른 셈어 아카론ʾaḇārôn은 강의 이름 아케론Acherōn에서 나타난다. 그 강은 숭배의식과 신화에서 죽음에 연계되어 있고, 그리스로부터 가장 먼 북서쪽에 위치하고 있다. Astour(1967a, p.314) 참조.

이라는 이름을 준 이유이며, 그녀를 티폰의 아내라고 부르는 이유이다. 나일 강이 범람하여 많은 물이 가장 바깥의 지역에 살고 있는 자들에게까지 멀리 퍼질 때마다 그들은 이것을 오시리스와 네프티스의 결합이라고 부르는데, 식물의 싹터 오름으로 그 결합이 증명된다.[88]

이미 언급했듯이 텔푸사의 샘물은 절벽 아래에 있다. 샘물은 코파이스 호수의 옛 물가에서 수 미터 떨어진 곳에, 그러나 95미터 등고선(고대의 대부분 시기 동안 이 높이가 표준수면으로 여겨졌던 것 같다)에서는 1킬로미터 이상 떨어진 곳에 있다.[89] 플루타르코스가 이집트에 있는 네프티스 영역을 묘사하는 것과 똑같이 그 샘은 정확하게 범람원의 가장 자리에 있었다. 근본적인 차이는 이집트 이야기에서 세트의 아내 네프티스를 은혜로운 홍수인 오시리스가 유혹했다면, 그리스 신화에서 페르세포네를 하데스가 납치했고 에리니스(멜라이나/멜란토)를 텔푸사/틸푸사에서 격렬한 물의 상징인 포세이돈이 강탈했다는 점이다. 그럼에도 불구하고 플루타르코스의 비유와 보이오티아 신화 사이의 유사점은 주목할 만하다.

이러한 유사점이 의미를 가지려면 명백히 까다로운 두 가지 조건에 맞아야 한다. 첫째, 포세이돈과 세트의 그리고 페르세포네와 네프티스의 동일시를 받아들여야 한다. 비록 이러한 동일시가 고전기와 헬레니즘시대에 공식적으로 받아들여지지 않았지만, 나는 나중의 권들에서 연결을 하나씩 증명하기를 희망한다. 두 번째 조건은 이집트 이야기가 매우 오래된 것이라면(그렇게 보인다), 그것은 원래 비유적인 것임에 틀림없거나 플루타르코스보다 1,000여 년 전부터 비유적 의미를 지녔음에 틀림없다. 많은 사례 중에서 가장 주목할 만한 것은 오시리스를 둘러싼 신화에 대한 플루타르코스의 이야기인데, 그는 1,000여년 거슬러 올라가는 전승과 접촉했던 것으로 보인다.[90] 만약 네프티스를 페르세포네/에리니스와 동일시한다면, 틸푸사 신화와 플루타르코스 비유 사이의 주목할 만한 유사점이 '그리스인 특유의 해석Interpretatio Graeca'일 수 있다는 가능성은 무시해도 좋다. (아리안모델을

---

88) Plutarch, *De Iside et Osiride*, 366B.
89) Knauss(1987a, pp.43-46; 1987b, p.3).
90) Fontenrose(1959, pp.177-181) 참조.

따르는 학자들은 후기 그리스인이 자신의 문화가 이집트와 서남아시아로부터 깊이 차용한 것으로 잘못 해석했다고 보았는데, 이런 그리스인의 해석을 나타내기 위해 그들은 '그리스인 특유의 해석'이라는 용어를 사용했다.) 무시해도 좋은 이유는 보이오티아 숭배의식들의 고대성 때문이고, 정확히는 고전기와 헬레니즘시대의 그리스인 및 이집트인이 세트와 포세이돈을 공적으로 동일시하지 않았기 때문이다(역주: 무시해도 좋은 이유를 달리 말하면, Interpretatio Graeca는 고전기 및 헬레니즘시대의 그리스인들의 해석을 말하는데, 보이오티아 숭배의식들은 고고학적으로 청동기 시대의 의식들이고, Interpretatio Graeca에는 세트=포세이돈이라는 해석이 없기 때문이다).

아레이온과 페가수스

많은 학자들이 주목해왔듯이, 마법의 말 아레이온의 수태와 탄생 이야기는 벨레로폰과 페가수스의 이야기와 대단히 유사하다.[91] 신화에 따르면, 날개 달린 말 페가수스는 서부 히페르보레아 또는 리비아에서 포세이돈과 메두사 사이에서 태어났다고 여겨지며, 특히 샘물과 연관되어 있다. 영웅 벨레로폰에게 잡혀 길들여진 후 페가수스는 주인을 도와 괴물 키메라를 죽인다. 그 후 벨레로폰이 자만에 빠져 올림포스로 날아오르려다 떨어지고 페가수스는 꼭대기에 도달하여 신들의 하인으로서 남았다.

마이클 애스터는 벨레로폰이라는 이름이 셈어 바알-라폰Baʿal-râphôn(치유의 주님)로부터 왔으며, 그의 선조가 명백히 서남아시아 출신이라는 것을 보여주었다(물론 페가수스의 도상과 일부 신화의 주제도 서남아시아에서 온 것이다).[92] 그런데 그는 페가수스의 이름과 선조를 설명할 수 없었다.

적어도 헤시오도스(나는 그를 기원전 10세기 사람으로 생각한다) 때부터 페가수스라는 이름이 페게pēgē 또는 페가pāgā(샘 또는 흐르는 물)에 연계된다고 받아들여졌다.[93] 기원전 1세기 사람 스트라본은 힙포크레네Hippokrene(말 샘)를 틸포시온과 코파이스 호수 남쪽 수 킬로미터쯤에 있는 헬리콘 산 위 페가수스의 샘물로 언급했다.[94] 샹트렌은 어원이 불분명하다고 보

---

91) Fontenrose(1959, pp.370-372).

92) Astour(1967a, pp.226-227; 250-271).

93) Hesiod, *Theogony*, 282-283.

았지만, 샘물이 서늘하기 때문에 페게pēgē는 동사 페그니미pēgnymi에 관련된다고 생각하는 데까지 나아갔다. 페그니미pēgnymi는 보통 '고정하다 또는 결정하다'를 뜻하지만, 드물게는 '얼(리)다 또는 신선한'의 뜻으로도 쓰인다. 이것은 이상한데, 페게pēgē 또는 그것의 동사형인 페가조pēgazō는 정확하게는 물, 눈물 등등의 액체의 용솟음 또는 움직임의 의미를 갖고 있기 때문이다.

페게pēgē와 페가수스를 이집트어의 의미군에서 끄집어내는 것이 더 그럴듯하다. 이에는 페가우pg3w(씻기 위한 물 항아리), 페가pg3(계곡의 입구), 페가pg3(터지다, 또는 파열하다), 페기pgy(상처가 터지다) 같은 단어들이 포함된다. 이 모두는 한정사 페세그psg 또는 페게스pgs(⟋: 침, 뱉다)와 함께 사용된다. 페가수스는 목이 잘린 어머니 메두사의 목에서 뛰쳐나온 것으로 여겨졌음에 주목해야 한다. 더욱이 ⟋과 함께 쓴 페가Pg3와 페게스Pgs라는 장소 이름이 있었다. 페가수스라는 이름의 형성에는 동음이의법paranomasia(이집트어 형태의 파 게흐 에스*P3 gḥ s[가젤], 게스gs[달리다], 게세트gst[속도] 등을 보라)이 사용되었을 가능성이 대단히 큰데, 다음에서 제시될 것이다.[95]

리비아와의 관련성과 말(馬)

틸포시아라는 이름이 탈레비우T3lbyw(리비아)로부터 파생되었을 가능성이 조금 뒤에 논의될 것이다. 여기에서 리비아에서 발견되는 말과 샘 사이의 연계를 생각해볼 것이다. 나는 리비아라는 이름을 리비아 국가라는 오늘날의 의미로 그리고 고대의 '리비아'(마그레브, 사하라와 더 남쪽을 포함)라는 의미로도 사용할 것이다. 오늘날처럼 고전기 때 이집트 서쪽에 있는 지역은 사막으로 알려져 있었다. 그런데 그 지역은 말, 전차, 오아시스로도 유명했다. 이집트를 통해 노새와 말이 기원전 2천년기 중반과 신왕국 초에

---

94) Strabo, IX.2.25.

95) Bérard(1894, p.116)는 √pgh파가하(우가릿어)(고삐로 제어하다)에서 이름을 끌어냈다는 점에서 Bochart를 따르고 있다. 이것은 아테나가 페가수스에 고삐를 달았다는 신화를 고려하면 그럴듯하다. 이 형태는 히브리어 성서에서는 입증되지 않는다. 그런데 때로는 고삐를 의미하는 파그pag 그리고 파가pagȃ°(재갈)는 아람어와 기원후 1세기부터 사용되는 새 히브리어에 나타난다. 그리고 그 어근이 훨씬 더 일찍 존재했을 가능성이 아주 높다. 벨레로폰의 어원을 고려하면 페가수스의 어근도 신화의 창조에 어떤 역할을 했다고 보는 것이 그럴듯하다.

리비아로 유입되었던 것 같다. 기원전 13세기 제19왕조에 이르면 이집트인은 그곳에서 그 동물들을 생포했다.[96] 고전기에 리비아는 특별히 말의 고장이 되었다. 핀다로스는 그 지역의 동쪽에 있는 키레네를 '좋은 말'의 고장이라고 불렀고, 3세기 시인 칼리마코스는 키레네를 '가장 좋은 말을 산출하는' 고장이라고 명명한다.[97] 그런데 고대 리비아인에 관해 20세기 초의 저자 오릭 베이츠가 지적했듯이 "'말'은 조랑말만 하지만 거칠고 강인하고 빠르며, 개들이 주인을 따르듯이 잘 훈련되어 있었다."[98] 개와 비슷한 아누비스와 앞에서 언급된 아레이온를 등치시키는 관점에서 보면 이것은 흥미롭다.

리비아인은 좋은 기수로서만이 아니라 뛰어난 전차몰이꾼으로도 명성이 높았다. 기원전 1171년 라메세스 3세는 리비아인에게 약 100대의 전차를 포획했다고 선언했다.[99] 리비아 남쪽의 니제르에 이르기까지 사하라를 가로질러 발견되는 바위그림(그중 몇 개는 라메세스 3세 시기로 거슬러 올라간다)에는 수백 대의 전차가 묘사되어 있다.[100] 고전기에 거의 모든 북아프리카 부족은 전쟁에서 전차를 사용한 것으로 보인다.[101] 헤로도토스에 따르면, 4두 2륜 전차 또는 4두 전차가 리비아에서 그리스로 도입되었다.[102] 호메로스가 그것의 사용을 언급했으니 기원전 800년 이전이었음에 틀림없다. 더 이른 시기일 수도 있는데,[103] 가장 가능성 있는 시기는 바다의 민족으로서 리비아인과 그리스인이 연합했을 때인 기원전 12세기이다.

한편으로는 말과 전차, 다른 한편으로는 샘과 오아시스 사이의 연계는 리비아에 사는 유목민 약탈자의 부족 이름에서 나타난다. 말을 타고 또는 전차를 타고 내륙에서 해안을 급습한 부족 중 가장 유명한 부족은 니그레타이Nigretai 또는 니그레테스Nigretes였다. 그들의 아름다운 검은 피부는 라틴

---

96) Breasted(1906, III, ∮589 and IV, ∮111) 참조.

97) Pindar, *Pythian Ode*, IV.2; Strabo, X.5.1 그리고 XVII.3.21에서 인용된 Kallimachos. 다른 사료들에 관해서는 Bates(1914, pp.96-97) 참조.

98) Bates(1914, p.97).

99) Breasted(1906, IV, ∮111)

100) Lhote(1959, pp.122-128) 참조.

101) Herodotos, IV.170-93.

102) Herodotos, IV.189.

103) *Iliad*, VIII.184-185, 그리고 *Odyssey*, XIII.81-85.

어 니게르niger의 어원이 되었는데, 이로부터 포르투갈어, 스페인어, 영어의 'negro'가 연유했다. 그들의 이름은 셈어 어근 (n)gr가르/나가르(히브)(모래 속으로 흐르는 물)로부터 온 것인데, 이 낱말은 가르Gar, 게르Ger, 나가르Nagar, 니게르Niger, 특히 니제르 강과 같은 지명의 기원이다. 그 강은 대서양 쪽에서 동쪽으로 흘러, 그 이유를 설명할 수는 없었지만, 분명 사막 속으로 흘러들었다.[104]

노바타이

셈어 어근 √nbṭ나바트(아카디아어)는 '물의 분출' 또는 오아시스를 의미했다. 사막과 오아시스에 사는 사람을 아라비아에서는 때때로 나바투Nabatu, 나바티Nabati 또는 나바타이인들Nabataeans이라고 불렀다. 상황은 이집트의 지명 네베트Nbt 또는 네비트Nbyt로 인해 혼란스러워지는데, 그 지명은 상이집트에 있는 두 마을 옴보스Ombos 및 옴비Ombi와 관련되어 있다. 사막의 가장자리에 있는 옴보스는 세트의 가장 중요한 숭배중심지였는데, 세트는 '옴보스의 그' 또는 네브티Nbty로 자주 불렸다.[105] 옴보스는 사막과 사막의 사람 및 동물의 신인 세트를 오아시스의 사람과 엮는 역할을 했다. 동부 사하라에 살고 있는 유목민 노바타이Nobatai의 기원이 어느 것에서 유래했는지를 알아내는 것은 불가능하고 어느 정도는 관심 밖이다. 상이집트의 누비아에 있는 그들의 도시는 나바타Nabata 또는 나파타Napata이다.[106] 프톨레마이오스 시대에 지리 용어인 타 엔 나피투T3 n N3pytw(나피투Napitu의 땅)를 고대 이집트 지리를 연구하는 앙리 고티에는 리비아의 한 지역으로 여겼다. 로마 황제 디오클레티아누스는 기원후 294년 이집트의 남부 경계를 방어하기 위해 나피투인을 소집했는데, 그들은 동리비아에서 온 노바타이인일 수 있다.[107] 그들을 특정 리비아 부족으로 확인하려고 다양한 조사가 시도되었지만, 만족할 만한 결과를 얻지 못했다.[108] 그러나 '오아시스 거주자'인 노

---

104) Bernal(앞으로 나올 예정).

105) Gardiner(1947, II, pp.5, 28-29) 참조.

106) Procopius, *History*, I.19.29; Pliny, *Natural History*, VI, 35; Arkell(1961, p.178); André(1948, pp.44-53). 그리스어 오아시스oasis가 이집트어 웨하트wh3t, 콥트어 우아헤uahe에서 왔다는 것이 일반론이다.

107) Procopius, *De Bello Persico*, I.19.29-31, Bates(1914, p.236)로부터 재인용.

바타이가 누비아와 아라비아뿐만 아니라 리비아로부터 보고되었다는 것을 제시하는 것만으로도 충분하겠다.

세트와 포세이돈, 네브티Nbty와 넵튠

헤로도토스에 따르면, 4두 전차만이 아니라 그 수호신인 포세이돈은 리비아로부터 그리스로 왔다. "리비아인은 항상 포세이돈의 이름을 알았고 그를 숭배했던 유일한 사람들이다."[109] 앨런 로이드는 이집트에 관해 기술한 헤로도토스 제2권에 대한 놀라운 주석서를 쓴 학자인데, 그는 이 서술을 전혀 이해할 수 없었다. 아리안모델을 근거로 연구하는 로이드는 포세이돈의 "인도유럽적/그리스적 기원을 전혀 의심할 수 없으며 포세이돈이 그리스에 도입된 연대는 적어도 아카이아 시기(후기 청동기시대)이다"[110]라고 주장한다. 포세이돈의 이름을 이집트어와 셈어가 혼합된 파시돈(파우 시돈)P3(w) Sidôn(시돈의 그)에서 이끌어낸 나의 시도적인 가설은 제1권에서 언급되었다.[111] 나는 포세이돈이라는 이름 자체는 인도유럽어라거나 리비아어라는 것을 받아들이지 않는다. 앞에서 주장했듯이, 나는 그를 이집트 신 세트의 짝으로 보는데 세트는 고전기에 악의 화신으로 여겨졌다.

이는 왜 헤로도토스의 이집트 정보원들이 포세이돈(이 신은 그리스에서 존경스러운 신이었다)에게 이집트 만신전의 한 자리를 그렇게 완고하게도 내주지 않았는지를, 그리고 왜 그들은 그 신을 경계 밖의 황량함의 신, 즉 리비아 신으로서 보았는지를 설명해준다. 정보를 제공해준 이집트 사람들의 말을 따라서 헤로도토스는 포세이돈을 리비아나 더 서쪽 지역에 있는 트리톤 강과 트리토니스 호수와 연결했다.[112] 이처럼 그 신은 리비아 내에 있는 내륙의 물과 관련된 것으로 보인다. 물론 오아시스에 사는 거친 거주자들의 사냥, 말, 전차와도 연결되었지만 말이다.

---

108) Gauthier(1925-31, V, p.21).

109) Herodotos, II.50.

110) Lloyd(1976, pp.237-238).

111) 제1권, p.113 참조.

112) Herodotos, IV.180 그리고 188.

이쯤에서 포세이돈의 이탈리아 짝인 넵튠이라는 이름을 살펴보자. 앞에서 보았듯이, 셈어 어근 √nbt나바트(아카디아어)은 오아시스와 그 주민을 나타내기 위해 사용되었는데, 나바타와 나파타라는 지명에 그리고 고대 후기 동리비아에 살았던 노바타이 부족 이름에서 나타난다. 로마 근처의 네페테Nepete라는 마을에는 강과 샘이 있는데, 골동품 애호가 조지 드니스는 1840년대 다음과 같이 묘사했다.

> 그(여행자)는 캄파냐의 탁 트인 황무지를 떠나 삼림지대로 들어섰다. 바로 중부 이탈리아의 몇 지역들의 하나로, 그러한 지역들은 그가 영국인이라면 그에게 고향을 생각나게 할 것이다. 밝은 초록색 초지의 이 물결들 … 전체가 영국의 공원 풍경을 생생하게 모방해놓은 듯하다. 이는 대륙에서는 극히 드물다.113)

그것은 사실 오아시스였다. 로마 근처의 많은 지명(로마라는 이름을 포함해)이 그럴듯한 셈어 어원를 갖고 있음을 제3권에서 논의할 것이다. 셈어 어근에서 네페테의 파생은 대단히 의미론적으로 적절하게 보이는데, 쉽게 놓칠 수 없다. 서부 셈어의 인명과 민족명에 덧붙는 접미사 ân 또는 ôn과 함께 네페테는 넵튠Neptune의 매우 그럴듯한 기원을 보여준다. 그리고 또 다른 기원의 주요한 후보는 이집트어 네브티Nbty, 곧 세트이다.114) 이처럼 네페테라는 이름의 존재는 사람들이 건조한 지역들에 위치한 사막의 오아시스 그리고 유럽의 수원 및 그 인접지역이 서로 닮아 있음을 보았다는 것을 짐작케 한다. 만약 이 배경을 받아들인다면, 포세이돈의 틸푸사에 있는 샘과의 연계는 자연스러운 것으로 보인다.

---

113) Dennis(1848, I, p.109).

114) 소속 접미사(gentilic) -n에 관해서는 Gordon(1966, ∮8.60) 참조. 에트루리아어 형태 Nethun이 라틴어 Neptune보다 더 오래되었다고 볼 수 있는 이유가 없다. Nethun은 다른 것보다 Neptune에서 파생되었다는 것은 좀 더 있음직한 일로 보인다. 로마인이 Nbty의 중요성을 인지하고 있었다는 것에 관해서는 Winkler(1985, pp.309-318) 참조.

틸푸사/텔푸사/쎌푸사Tilphousa/Telphousa/Thelpousa라는 이름에서 무엇인가를 얻을 수 있을까? 델푸사Delphousa와 델포스Delphos는 '쌍' 또는 '형제'라는 기본적 의미에 연계되어 있는 것 같은데, 이것은 앞에서 다루어졌고 제4권에서 더 논의될 것이다.115) 그런데 나는 이집트 지명 탈레비우T₃lbyw(리비아의 땅)과 자주 나오는 에게 지명 접미사 s(s)a 사이에도 연관이 있다고 주장한다.116) T₃lbyw는 리비아인을 나타내는 레브Rb 또는 리부Libu의 특이한 변형이다. 그 이름 자체는 기원전 13세기 라메세스 2세의 통치 기간에만 발견되는데, 그 당시에 이집트 서부에 있는 먼 부족을 뜻했던 것으로 보인다.117) 바다의 민족들(즉, 북서쪽과 서쪽에서 온 민족들)이 침입한 기간에 이집트인의 관점에서 보면 리부Libu가 서부 사막의 지도적인 민족이 되었다.

탈레비우T₃lbyw와 보이오티아의 텔푸사 사이의 유사점을 끄집어내기 위해서는 리비아가 그리스인에 의해 아마도 호메로스 또는 그전에 나일 강 서쪽 아프리카 전체를 지칭하는 것으로 사용되었다는 것을 기억해야 한다.118) 이 지역 대부분은 사막과 오아시스로 구성되었다. 이와 비슷하게 보이오티아의 텔푸사는 가파른 절벽과 그 아래 '오아시스' 같은 샘을 포함하고 있으며, 리비아처럼 그것에서 트리톤 강이 흐르는데 그 강은 습지에 연결되어 있다. 텔푸사 또는 '리비아의'는 이집트의 네프티스(이시스의 자매로 아기를 낳지 못했다)에 해당하는 그리스의 에리니스/페르세포네(이시스의 그리스 짝인 데메테르의 무서운 자매)에게는 썩 잘 어울리는 별명이다.119) 만약 에리니스의 짝인 멜라이나/멜란토가 이집트 '서부의 산' 멜레누M₃nw에 연계되어 있다면, 내가 앞에서 말했듯이 이것도 리비아와의 연계를 암시한다.120) 더욱이 아프리카의 리비아는 멜라이나/멜란토 및 델포스의 검음과 유사하다.121) 이러한 것들과 더불어, 포세이돈과 리비아의 연계

---

115) 델포스Delphos에 관해서는 앞의 주84 참조 어간 Delph-의 뜻에 관해 제4권 참조.

116) Gauthier(1925-31, V, p.27).

117) Rb, Libu에 관해서는 Gardiner(1947, I, pp.121-122) 참조.

118) *Odyssey*, IV.85 그리고 XIV.295 참조.

119) Tilphousa/Telphousa/Thelpousa를 언급하고 있는 참고문헌에 대해서는 Fontenrose(1959, p.367, nn.3-4) 참조.

120) 주86 참조.

를 보여주는 신화는 탈레비우Tзlbyw에서 유래된 텔푸사의 어원을 아주 그 럴듯하게 만든다.

아르카디아의 쎌푸사

아르카디아에 있는 쎌푸사Thelpousa를 리비아와 지리적으로 동일시하는 경우는 아주 명백하다고 할 수 있다. 아르카디아의 쎌푸사는 라돈 강변에 위치해 있는데, 골짜기에서 발원한 물줄기가 만든 작은 범람원으로 다양한 수로가 분산되는 곳이다. 라돈이라는 이름은 보이오티아의 테베를 지나쳐 흐르는 이스메노스 강의 또 다른 이름으로 나타나며, 펠로폰네소스에서 두 번(한 번은 아르카디아에서 또 한 번은 엘리스에서) 나타난다. 아르카디아의 라돈 강은 페네오스Pheneos 호수에서 발원하는 '샘'으로부터 흐르는데, 그곳 에서는 아테나와 포세이돈이 함께 숭배되었다. 샘 또는 수로는 예전에도 현재도 땅의 흔들림이나 지진에 의해 자주 막히고 홍수에 의해서도 수로가 급작스레 막히게 된다.122) 이 모든 것은 지진의 신 포세이돈에게 명백히 귀속될 수 있으며, 쎌푸사 하류에서 데메테르 에리니스의 강탈이라는 생 각을 설명할 수 있다. 엘리스에서 라돈 강은 엘리스의 필로스 또는 '출구' 에 있는 페네이오스Peneios 강으로 흘러든다. 두 이름 사이의 이중 연계는 흥미로운데, 특히 페네우스의 강력한 어원으로 이집트어 파 누(이)P3 Nw(y) (물 또는 홍수)가 있기 때문이다.123)

애스터는 리비아의 트리톤 호수로부터 멀리 않은 곳에 라톤Lathōn 또는 레톤Lēton 강이 있었음을 지적하면서 이것을 우가릿의 용 로타누Ltn 그리고 히브리어의 리브야탄Liwyâtân(리바이어던)과 연결시켰는데, 그 용은 근대의 학자들에 의해 우가릿의 바다의 신 얌Yam과 그럴듯하게 동일시되어왔 다.124) 이 어원은 신화적인 라돈에 의해 강화되는데, 라돈은 헤스페리데스

---

121) 주83, 84 참조.

122) Frazer(1898, IV, pp.262-263, 286).

123) 이것에 관해 좀 더 알려면 제3장의 주85, 86 참조.

124) Astour(1967a, p.214). 우가릿의 유사점은 Gray(1956, p.32) 참조. 성서와의 유사점은 Pope(1973, p.30) 참조. 아르카디아의 라돈을 뱀 또는 용에 연결시키는 전통은 오늘날의 지명에도 살아남은 것 같다. '용의 산'이라는 뜻의 드라코부니Drakovouni는 강의 수원 근처 에 있는 산을 나타낸다.

의 .황금사과를 지켰던 뱀이며 아마도 리비아에서 헤라클레스에게 죽음을 맞았다. 헤시오도스에 따르면, 이 뱀은 강일 수 있다.[125] 강/뱀/용에 의해 둘러싸인 세계, 그리고 그 가운데 지옥이 있다는 생각은 기원후 2·3세기 이집트의 영지주의적 책자『신앙의 지혜*Pistis Sophia*』에 나타나는데, 신화학자인 조셉 폰텐로즈는 이를 더 이른 이집트의 개념에 그럴듯하게 연계했다.[126] 나는 세계를 둘러싸고 있는 대양으로서 아틀라스-아틀란토스에 연계해 이를 제7장에서 더 논의할 것이다. 물론 거대한 아틀라스와 대서양은 헤라클레스, 헤스페리데스, 리비아와 밀접히 연계되어 있다.[127]

로도스의 아폴로니오스에 주석을 단 고전 주석자는 라돈을 티폰-용龍으로서 묘사했는데, 티폰은 시리아에 있는 오론테스 강의 샘에서 숨을 거두었다.[128] 그런데 오론테스 강은 지진 운동의 결과로 자주 그 흐름과 물길을 바꾸었다. 티폰은 세트의 그리스 판版이었는데, 애스터가 이 연계 속에서 지적했듯이 세트와 포세이돈에 해당하는 우가릿의 얌 또는 싸피투 나하루(나흐루)Tpt Nhr(재판관 강)은 용으로 그려졌다.[129] 이처럼 그리스, 레반트, 이집트에서 라돈/로타누Ltn는 강, 용, 소요의 신에 연계되어 있다.

네이트/아테나 그리고 네프티스/에리니스

보이오티아의 라돈은 우리를 보이오티아의 호수가로 데려가는데, 그곳에서 길들여지지 않은 습지 그리고 샘의 신으로서 포세이돈의 현존이 쉽게 이해된다. 만약 에리니스가 페르세포네 그리고 세트의 아내인 네프티스에 연계될 수 있다면, 에리니스의 현존도 이해된다. 마찬가지로 물의 제어와 간척의 신으로서 아테나의 현존은 정확히 관개와 간척이 함께 진행되고 있었던 장소로 예상할 수 있다. 그런데 두 여신 아테나와 에리니스 사이의 관계를 이해하는 데 몇 가지 어려움이 있다.

두 여신이 연계된 하나의 방법은 고르곤 메두사를 통해서였는데, 앞에

---

125) Hesiod, *Theogony*, 333-335. 뱀은 「신통기」에서 실제로 명명된 것이 아니라 라돈과의 동일시를 위해 명명된 것이다. West(1988, p.258, l.334) 참조.

126) *Pistis Sophia*, 287-289; Budge(1934, pp.357-379); Fontenrose(1959, pp.234-237) 참조.

127) 제7장, 주107-118 참조.

128) Scholiast on Apollonios Rhodios, IV.1396.

129) Astour(1967a, p.214).

서 언급했듯이 메두사는 페르세포네/네프티스 그리고 부수적으로는 리비아에 긴밀히 엮여 있다. 그런데 아테나가 신화적으로는 그 괴물의 죽음과 참수에 관련되었고, 여신은 메두사의 얼굴로 무장함으로써 또한 메두사에 연계되었다. 이 관계는 청동기시대까지 거슬러 올라가는데, 제3권에서 더 논의될 것이다.

아누키스/옹카

여기에서는 두 여신인 네이트/아테나 그리고 네프티스/에리니스 사이의 또 다른 연계에 관심을 가질 것인데, 그 연계는 옹카Onka라는 이름에서 발견된다. 아르카디아의 쎌푸사에 있는 데메테르 에리니스의 신전은 옹케이온Onkeion 지역에 위치했다. 옹케이온에는 아폴론 옹카이오스Onkaios의 아들로 이름 시조 옹코스Onkos 왕이 있다.130) 이 이름들은 지역에서 유래한 이름들로 보인다.

옹카의 어원은 확실히 이집트 여신 안케트ᶜnkt(헬레니즘시대의 그리스인에게는 아누키스Anukis로 알려졌다)의 이름에서 유래한다. 이집트어 및 셈어의 자음 아인ayin(ᶜ)은 자주 후설모음인 o와 u로 음역되었다. 예를 들어, 이집트어 아아ᶜ3(위대한)로부터 음역된 콥트어의 접미사 o를, 아네크ᶜnḫ(생명)에 해당하는 콥트어 ōnh온흐와 ōnḫ온크를 보라. 단어 끄트머리의 t와 s는 보통 이집트어에서는 탈락되고 그리스어에서는 항상 탈락되었다. 이처럼 안케트로부터 옹카를 끄집어내는 데는 어떤 음성학적 문제거리가 없다.

아누키스 여신은 엘레판틴(이집트 남쪽 변경 제1폭포의 급류 옆에 있다)에서 세계를 창조한 숫양 신 크눔과 연계되어 있다. 여신은 주변의 섬에 연계되어 있는데, 특히 사헬, 엘라판틴, 필레에 연계되어 있다.131) 또한 나일강이 이집트로 폭발적으로 흘러들어가는 지점의 여신으로서, 나일의 수원(헤로도토스에 따르면 때로 샘pēgai으로 묘사된다)이나 나일 홍수에 연계되어 있다.132) 여신의 신성한 동물은 파 게헤스*P3 gḥs(가젤)이다. 이것은 앞에서

---

130) Fontenrose(1959, p.369) 참조.

131) Anuket(is)는 Otto(1975c, cols.333-334) 참조. Onka로부터 이것을 끄집어낸 것에 대해서 Bérard(1894, p.140) 참조.

132) Herodotos, II.28. 샘물을 둘러싼 거대한 복잡성을 알려면 Lloyd(1976, pp.107-117) 참조.

언급한 바 있는 페가수스의 어원 중 하나라는 점에서 흥미롭다. 가젤은 아누키스 섬을 지나 돌진하는 동물의 게세트gst(속력)에 연계되어 있다. 인간의 형태로 아누키스는 일반적으로 누비아의 머리장식으로 표현되었고 비이집트인으로 보였다.133) 여신은 또한 네프티스와 밀접히 연계되어 있다.

이처럼 옹카이오스라는 이름은 넘칠 정도로 많은 것들과 연관되어 있다. 옹카이오스가 쎌푸사(빨리 흐르는 라돈 강이 유속이 느려지며 섬들을 형성하는 곳이자 데메테르 에리니스의 신전이 위치한 곳)에 자리 잡고 있다는 사실은, 훨씬 적은 규모이기는 하지만 나일 폭포의 섬들에 안케트의 숭배 중심지가 있을 뿐만 아니라 그 여신이 네프티스에 연계되어 있다는 것과 완벽하게 맞아떨어진다.

네이트/아테나 그리고 아누키스/옹카

옹카이오스의 숭배보다 더 잘 알려진 것은 아테나 옹카 또는 아테나 옹가의 숭배였다. 전설에 따르면 이 숭배를 카드모스가 테베의 중심지에 확립하였는데, 신성한 암소가 그를 테베로 인도한 후 도시를 세우라는 표시로 쓰러졌다.

네이트와 아테나 그리고 아누키스와 옹카 사이의 연계를 받아들인다면, 네이트와 아누키스 사이의 연계를 발견하는 데 기대를 걸 수 있다. 그런데 두 이집트 여신 사이의 어떤 연계도 증명되지 않았다. 그런데 그 연계는 생각할 수 없는 것은 아니다. 프톨레마이오스 왕조 시대에 네이트와 숫양신 크눔이 에스나에서 신성한 짝이었고, 세계를 창조한 한 신성의 두 형태로서 나타났다. 더욱이 창조의 신 암소 아헤트3ḥ3t[Ahet]의 국면을 지니고 있는 네이트는 크눔의 어머니로 여겨졌다. 네이트에 관한 표준서를 저술한 라마단 엘 사예드는 네이트와 크눔 사이의 연계는 훨씬 더 오래된 것이라고 믿는다.134)

이 연계는 그리스의 숭배의식에서 반영되었던 것으로 보인다. 크눔은 네브 케베후Nb Kbḥw(폭포의 주主)로서 널리 알려졌고, 그가 때로는 단순히 케베흐Kbḥ로 언급되어졌을 가능성도 있다.135) 다음 장에서 이집트의 케베

---

133) 네프티스와 아누키스에 관해서는 Graefe(1982, cols.458-459) 참조.
134) Sayed(1982, I, p.125).

흐Kbḥ(나일 폭포수 또는 동굴로부터 나오는 신선한 물)가 보통의 그리스의 강 이름 케피소(쏘)스Kēphis(s)os의 기원이라고 주장될 것인데, 케피소스는 지하로 흐르는 시내와 관련되어 있다.[136] 나는 또한 케피소스는 신화적인 인물이며 크눔과 관련되어 있다고 믿는다. 예를 들면, 아르고스에서 케피소스는 포세이돈이 아닌 헤라에게 영토를 부여했던 재판관 중 하나였는데, 다른 곳에서 언급된 포세이돈과 아테나의 다툼에 매우 가까운 신화이다.[137]

아르고스 시에 케피소스 성소가 있었는데, 파우사니아스는 그 옆에 있는 메두사의 머리를 묘사했다.[138] 메두사와 아테나 및 에리니스/페르세포네 사이의 관련은 앞에서 언급되었다. 마찬가지로 상이집트에서 네이트와 아누키스는, 네프티스와의 관계를 유지하면서 크눔의 가까운 동료들이었다. 이처럼 아누키스와 네이트는 크눔/케피소스를 통해 연계될 수 있다.

아테나 옹카와 테베의 암소 전승(테베 건국과 관련된 이 암소는 아테나 여신에 연계되어 있다)의 연계는 로마 시대 에스나에 있는 아테나 여신의 거대한 신전에 있는 비문에서 아헤트로서 네이트에 관한 언급으로 더 가깝게 된다. 아헤트는 사이스에 정착하기 위해 자신의 뿔 사이에 태양을 간직한 채 수영했다.[139] 아헤트의 이야기는 대단히 오래된 것으로 보인다. 앞에서 언급했듯이, 네이트는 기원전 3천년기 초의『피라미드 문서』에 나오는 메헤트 웨레트Mḥt Wrt(거대한 습지)의 암소와 동일시되었다.[140] 또한 네이트는 가장 초기 왕조 시대 이래로 여신의 도시 사이스 또는 헤트 네트Ht Nt(네이트의 집)와 동일시되었다. 중왕국의『관 문서』에 나오는 레의 어머니라는 여신의 증거를 함께 취하면, 에스나 후기의 비문이 훨씬 오래된 이야기를 반영했을 가능성이 압도적으로 높다.[141]

---

135) 네브 케베후Nb kbḥw로서 크눔이 알려진 것에 관해, Gardiner(1947, II, p.4) 참조. 그는 Gauthier(1925-31, V, 170)를 참조하고 있으나 크눔을 언급하지는 않는다. 케베흐Kbḥ라는 칭호를 단독으로 사용할 수 있는 가능성에 관해, Budge(1904, II, p.5) 참조.

136) 제3장의 주94-97 참조.

137) Pausanias, II.4.5 참조.

138) Pausanias, II.20.6 참조.

139) Inscription at Esna, Sayed, Doc. 1024(1982, II, pp.634-635).

140) 주60 참조.

141) 레의 어머니와 암소로서의 네이트에 관해서는 Sayed, Doc. 260(1982, II, pp.308-309) 참조.

마이클 애스터는 도시 세울 곳을 발견하기 위해 암소를 따라갔다는 이 야기가 성서에서 발견되며 그것이 서부 셈 문화에도 알려졌을 가능성을 보여주었다.[142] 그런데 한편으로는 아헤트로서의 네이트와 사이스의 건설, 다른 한편으로는 암소를 따라가다가 아테나 여신에게 암소를 제물로 바치고 테베와 아테나 옹카 숭배를 확립했다는 카드모스의 이야기 사이의 유사점은 더 크다. 더욱이 아헤트로서 네이트에 관한 이집트 신화의 초점은 크눔과 가장 가까운 여신의 국면인데, 왜냐하면 아헤트는 크눔의 어머니이기 때문이다. 그러므로 네이트 여신은 아누키스에게도 가깝다. 이처럼 사이스의 건국 신화이든 그리스 테베의 건국 신화이든, 각별하게는 지리적 상황으로 보아 테베는 네이트/아테나와 아누키스/옹카의 혼합이 발견되리라고 예상되는 곳에 건국된 것으로 보인다.

파우사니아스는 아테나 옹가의 테베 숭배에 관해 기술했다. "카드모스가 테베로 온 이집트인이지 페니키아인이 아니라고 생각하는 자들은 잘못 생각하고 있는 것인데, 왜냐하면 그가 들여온 아테나는 페니키아어로 옹가의 아테나로 불렸지 이집트어로 사이스의 아테나라고 불리지 않았기 때문이다."[143] 카드모스의 이집트 기원과 페니키아 기원을 놓고 파우사니아스가 혼동한 것에 관해서는 제12장에서 자세히 논의될 것이다. 다만 여기서는 아테나와 사이스 사이에 밀접한 연계가 있음을 가정했다는 점에서 파우사니아스가 옳았으며, 아테나 옹카에 당황한 것도 그럴 만한 이유가 있었다는 것을 지적하고자 한다. 아테나 옹카는 여신의 표준적인 이름이 아니고, 여신과 아누키스의 혼합이다. 파우사니아스가 옹카가 이집트어인지 페니키아어인지에 관해 확신하지 못한 합당한 이유가 있었다.

아누키스의 이집트어 이름 안케트ʿnḳt에 대한 가장 그럴듯한 어원은 동사 예네크ink(포옹하다)로부터 온다. 이것은 강의 지류가 여신의 섬을 포옹하는 것과 관련 있다. 그런데 셈어 어근 √ʿnq아나크(히브)(목걸이)에서 더 밀접한 유사점을 발견하는데, 급하게 흐르는 강들이 목걸이 모양을 형성하거나 격류의 강물 속에 있는 섬들이 줄로 꿰어진 보석처럼 보였을 것이기 때문이다. 이것은 두 요소가 없다면 지나친 비약으로 보일 수 있다. 첫째, 테

---

142) I. Samuel 6.7-12; Astour(1967a, pp.157-158).

143) Pausanias, IX.12.2.

베의 지리적 위치이다. 그 도시는 테베 평원의 급사면에 있는데, 이곳에서 두 개 또는 세 개의 강 또는 시냇물이 흐르다가 급사면이 끝나는 곳에서 합류한다.[144] 이처럼 그 지역은 이집트어의 안케트의 섬을 그리고 셈어 어근 ꜥnq아나크(히브)(목걸이)의 섬을 모두 닮았다. 둘째, 그 지형이 고대에 이런 식으로 보였을 가능성은 카드모스의 왕비의 이름이 하르모니아(하르모니아는 '함께 꿰기'를 의미한다)라는 사실에서 그리고 그들의 성대한 결혼식에서 주어진 가장 유명한 선물이 호르몸hormom(목걸이)였다는 사실에서 엿볼 수 있다.[145]

이 모든 연계는 에우리피데스의 비극 「페니키아의 여인들」에서 볼 수 있다. 테베가 기울어가고 있을 때 페니키아 여인들로 구성된 합창단은 페니키아의 건국을 축하하며 노래를 부른다.

> 그리고 그때 하르모니아의 결혼식에 하늘의 신들께서 오셨나니,
> 그리고 테베의 성벽은 하프의 음악에 맞추어 높이 솟아올랐고,
> 그리고 암피온의 수금의 탄주에,
> 두 강들 사이에 있는 땅에서 그녀의 탑들이 똑바로 일어섰고,
> 그곳에서 디르케와 이스메노스는 나란히,
> 푸르게 우거진 초원을 적셨나니.[146]

줄에 관련되어 반복된 언급을 주목하라(셈어 어근 √ḫrm헤렘(히브)[줄 또는 그물]로부터 하르모니아와 호르몬이 파생되었음은 제3권에서 논의될 것이다).

물론 하르모니아는 다른 신화적 속성을 지녔다. 예를 들면 애스터는 그녀가 '집 또는 왕궁의 숙녀'라는 칭호를 지닌 수메르와 셈의 여신에 연계되어 있음을 보여주었다.[147] 이것은 그녀를 네프티스 또는 네베트 헤트Nbt Ht에 가깝게 하는데, 네프티스 또한 '집의 숙녀'를 의미한다. 이처럼 보이오

---

144) Symeonoglou(1985, pp.7-11).

145) Euripides, *The Phoenician Women*, 822-833, 그리고 Scholiast on [1].71; Apollodoros, III.4.2 에서 인용된 Pherekydes; Pindar, *Pythian Odes*, III.94(167); Diodoros, IV.65.5, V.49.1; Pausanias, IX.12.3. 상세한 참고문헌은 Frazer(1921, I, p.317, n.4) 참조.

146) Euripides, *The Phenician Women*, 822-7(오홍식 옮김).

147) 그들이 뱀의 특성을 지니게 된 이유를 알려면 Astour(1967a, pp.154-158, 392) 참조.

티아의 테베에서 옹카와 하르모니아 숭배의 연계는 아누키스를 네프티스와 동일시하는 것과 잘 맞아떨어진다. 하르모니아와 그녀의 남편 카드모스가 뱀으로 변해 인생의 마지막에 헤스페리데스로 갔다는 또 다른 이야기가 있다. 이 신화도 많은 국면을 지니고 있다. 그 한 국면은 '목걸이'(이스메니오스/라돈[역시 헤스페리데스에 살았다] 강은 목걸이로서 해석될 수도 있겠다)로서 하르모니아는 이미 그러한 뱀이라 할 수 있다.[148] 그러나 내가 강조하는 점은 '목걸이'로서 하르모니아의 이름이 그녀를 안케트ᶜnkt·아나크ᶜnq·옹카Onka에 더 가까이 가져간다는 것이다.

앞서 보았듯이 안케트의 가장 그럴듯한 어원은 동사 예네크ink로부터 온다. 그 존재와 한정사 ()는 이집트어에 '목걸이'를 의미하는 단어 아네크ᶜnk가 있었을 가능성을 제기한다. 그런데 보이오티아에서 그렇게 많은 다른 셈어 이름의 존재는 입증된 셈어 형태를 더욱 그럴듯하게 만든다. 이처럼 파우사니아스가 옹카라는 이름이 이집트 어원인지 페니키아 어원이지 사이에서 혼동했음은 숭배의식이 확립되었던 바로 시초에 두 언어의 존재를 반영하는 것 같다.

아테나 옹카와 아테나 알랄코메나

이러한 유형에 포함될 수 있는 또 다른 이집트 어근은 아레크ᶜrk인데, 이것은 이집트어에서 발음적으로 아네크ᶜnk에 가깝다. 옹카에 매우 유사한, 모음이 삽입된 발음은 그리스어 호르코스horkos(맹세)에서 발견될 수 있는데, 그것은 이집트어 아레크ᶜrk(맹세하다, 맹세)로부터 그리고 콥트어 오르크ōrk로부터 온다.[149] 아레크ᶜrk의 기본 의미는 한정사 ⌒(아마亞麻 끈)에서 보이는 '묶음'이다. 이것은 아네크ᶜnk의 기본 의미(포용하다, 목거리)와 유사한 것 같다. 그런데 아레크ᶜrk는 콥트어 오르크ōrk로 항상 여겨진 것은 아니었다. 파이윰 방언에서 아레크ᶜrk(맹세)는 올크ōlk로 여겨졌다. 관련 형태인 아레키ᶜrky(월말), 아레키 레네페트ᶜrky rnpt(1년의 마지막 날)가 공동적으로 사용되었다. 아마도 이것들은 작은 원으로서의 한 해라는 의미로부터 유래

---

148) Astour(1967a, p.160).

149) Barthélemy(1763, p.226)는 이것을 보았다. 200년 후 Chantraine은 호르코스horkos의 그 어원을 '불분명하다'고 생각했다.

했던 것 같다.

이집트인은 4개는 몰라도 적어도 3개의 달력을 가지고 있었지만, 이 신화 무리에 중심적인 것으로 보이는 달력은 오늘날 '상용常用' 달력으로 알려진 것이다. 이 달력은 30일이 한 달, 1년이 12달로 되어 있으며, 닷새의 '윤날epagomenal' 또는 '부가된' 날이 더해졌다. 새해는 시리우스가, 태양이 떠오를 무렵에, 함께 떠오름으로 시작되었다. 그것은 7월 중순 나일 강의 범람이 시작되는 지표였다. 적어도 제18왕조에 이르면 범람의 첫째 달의 첫째 날 그리고 새해의 첫날은 창조의 신이자 나일 급류의 신인 크눔의 축제였다.[150] 이처럼 아레키 레네페트ʿrky rnpt는 나일 홍수로 보인 안케트/아누키스(크눔의 동반자)에 연계되었고, 적어도 후대에 안케트/아누키스 여신은 시리우스의 여신인 세페데트Spdt/소티스와 동일시되었다.[151]

아레키ʿrky는 콥트어로 오르크ōrk 또는 올크*ōlk만이 아니라 알케alke로도 기록되었는데, 이러한 사실은 우리로 하여금 알크메네와 알랄코메나의 문제를 되돌아 보게 한다. 그 유사점은 음성적인 것에 그치지 않고, 달력상의 중요한 연계를 시사한다. 아레키ʿrky가 닷새의 부가된 날들 중에서 마지막 날(이시스와 네프티스에게 봉헌되었다)이었다. 앞에서 언급했듯이 보이오티아에서 그달은 때때로 윤달을 넣어 달력을 조정하고자 반복된 달인데, 알랄코메니오스Alalkomenios라고 불렀다. 알랄코메나와 아테나 알크메네 사이의 관계는 다음에서 논의될 것이다. 여기에서는 메나mena 그리고 메네mēnē가 분명 그리스어의 메네(달)와 닮은 것으로 보이는 것에 주목하겠다. 샥터가 주장하기를, 아테네에서 알랄코메니오스에 해당하는 달을 아테나이오스라고 부르는데, 그것은 아테나 알랄코메나와 잘 맞아떨어진다.[152] 이집트의 남는 날들인 아레키 레네페트ʿrky rnpt와 보이오티아의 알랄코메니오스 월月 모두에서 나타나는 달력상의 불분명성은, 제우스가 알크메네와 희롱해 아들 헤라클레스를 임신하게 했을 때 낮밤의 하루 주기를 사흘로 바꾸었다는 전설과도 잘 맞아떨어진다.[153]

---

150) Sethe(1906-9, IV, I.823).

151) Hintze(1975, col. 333).

152) Schachter(1981, p.113). 그런데 Poseidonios가 그러하듯이, Bickerman(1980, p.20)도 알랄코메니오스 달이 아테나이오스 달에 해당한다고 보았다.

153) Apollodoros, II.4.8; Diodoros, IV.9.2.

이처럼 비슷한 어근의 아네크ᶜnk 그리고 아레크ᶜrk 사이의 얽혀 있는 단어 장난을 통해 아테나 옹카 및 안케트/아누키스(그러므로 네프티스, 그리고 안케트/아누키스의 그리스 짝들인 에리니스 및 페르세포네)에 대한 테베의 숭배와 아테나 알랄코메나 및 알크메네 숭배 사이에 유사점들이 있다고 여겨진다. 이것을 완성하기 위해 우리는 아테나 알랄코메나와 알크메네 사이의 관계를 확립해야만 한다.

아테나 알랄코메나 그리고 알크메네

알크메네라는 이름은 중첩되었거나, 중복 규정되었거나 동음이의어로 보인다. 그것은 적어도 두 개의 다른 기원, 하나는 레케트 아멘*Rḫt imn(아몬의 친구)이고 다른 하나는 아레키ᶜrky(한 해의 마지막 날들)를 지닌 것으로 보인다.

할리아르토스에서 그리고 아마도 코로네이아에서 아테나 이토니아(이 여신의 숭배가 아테나 알랄코메나에 연계되어 있음은 이미 논의되었다)를 제우스와 짝 지우는 것이 흥미로운데, 다른 지역에서는 자주 아테나가 독신으로 묘사되거나 또는 포세이돈과 헤파이스토스 같은 경쟁상대를 두고 있는 것으로 묘사되고 있기 때문이다. 제우스는 제우스 카라이오스 또는 케라이오스(뿔 달린)로서 보이오티아 전역에 걸쳐 숭배되었다. 이것이 샥터에게 기원전 5세기 초 적어도 핀다로스의 시대 이래로 테베에서 이집트의 숫양뿔의 '암몬'신에 연계가 있을 가능성을 제시했다.[154] 그런데 아리안모델로 연구했던 샥터는 이 아이디어가 잘못된 것이라고 믿었다. 반면 이 모델을 사용하지 않는 학자는 알크메네가 제우스의 배우자였다는 사실과 관련해 아테나와 함께 제우스를 숭배하는 지역이 있다는 것은 아테나 알랄코메나의 사당이 알크메네의 무덤에서 불과 7킬로미터밖에 떨어져 있지 않다는 사실과 더불어 그들 이름 사이의 비상한 유사성은 대단히 중요하며 우연한 일치의 결과가 아닐 강한 가능성을 제기한다.

하나의 가능성은 알랄코메나가 알크메네로부터 온 것일 수 있다는 점이다. 알랄코메나는 알크메네에 이집트어의 흔한 지명 접두사 R-(~의 입구,

---

154) Schachter(1981, p.121, n.3).

제1권에서 언급되었다)이 첨가된 형태일 수 있다.[155] 우리는 이것이 그리스어 La-로서 음역될 수 있으며 전치모음은 단자음 앞에 놓일 수 있다는 것도 보았다. 더 나아간다면, R-은 대단히 넓게 사용되어 그것은 종종 단순히 '~의 영역'을 뜻한다.[156] 이 경우에 알랄코메나는 '알크메네Alkmēnē의 영토'일 수 있다. 청동기 후기에 보이오티아에 대한 가나안의 영향을 말해주는 많은 징표를 가정한다면, 알랄코메니아Alalkomenia(역주: 이 단어는 이 책에서 한 번 나오는데, 단어에 대한 설명이 없다) 중에서 첫 철자 A-는 관사 ha로부터 왔을 가능성이 크다. 예를 들어 아타비리온Atabyrion에서 발견되는데, 그것은 가나안어 하타보르Hatabor(가장 높은 중심 부분)로부터 유래한 로도스의 가장 높고 중앙에 있는 산(역주: 타보르 산)의 이름이다.[157] 반면 알랄코메나Alalkomena의 첫 철자 A는 단순히 전치어일 수 있다. 만약 알랄코메나가 '알코메니아Alkomenia의 영토'을 의미한다면, 아테나 알랄코메나는 어떤 의미로는 아테나와 알크메네('아몬 또는 제우스의 배우자')의 혼융일 수 있다.

네이트와 아몬 사이에는 많은 연계가 있다. 앞에서 언급한 대로, 네이트는 때때로 태양 원반인 아텐itn에 연계되었다. 여신은 태양신 레의 어머니로서 묘사되면서 아몬에 연계되었는데, 아몬은 자주 아몬-레로 통합되었다. 적어도 기원전 4세기의 제30왕조부터 네이트는 아몬의 두 배우자인 아메네트Amenet와 여신 무트Mut와 동일시되었다.[158] 무트의 고대성은 다음에서 논의될 것이다. 또 다른 흥미로운 점은 네이트와 만추Mntw의 관계인데, 만추는 이집트의 전사 신으로 특히 북쪽 정복에 연계되었다. 제11왕조의 매우 흥미로운 두 부조는 만추와 네이트가 파라오 멘투호테프Mntw Htp 2세를 보호하고 있는 것을 보여주고 있는데, 그 파라오가 에게해권에 연루되었을 가능성은 제4장에서 고려될 것이다.[159] 네이트와 만추 그리고 아마도 네이트와 아몬이 제11왕조와 제12왕조 파라오들의 수호신이었다는 개념은 알크메네가 신화적인 재판관이자 입법자인 라다만티스와 결혼한 것과 흥미롭게 그 유사점을 비교해볼 기회를 제공하고 있다. 라다만티스는

---

155) 제1권, p.123.

156) Gauthier(1925-31, III, pp.112-128)는 R-로 시작되는 89개의 지명을 소개하고 있다.

157) Lewy(1895, p.194, n.2).

158) Sayed(1982, p.141) 참조.

159) Sayed(1982, pp.282-283, Docs.220 and 221).

신 만추 그리고 제11왕조 파라오 멘투호테프 둘 모두에 상응하는 그리스
의 신화적 존재인데, 나를 이를 제4장에서 주장할 것이다. 그것은 또한 제
우스가 알크메네와 동침해 영웅 헤라클레스를 낳는 것에 대한 흥미로운 유
사점을 제공하는 것 같은데, 헤라클레스는 중왕국의 한 파라오와 대단히
많이 닮았다.

헤라클레스

헤라클레스의 수메르 원형과 셈 원형

헤라클레스는 대단한 풍부함과 복합성을 띤 신화적 인물이어서 그를 구
성하고 있는 다양한 요소를 분리해내기란 대단히 어려운 일이다. 발터 부
르커트는 상上구석기시대인 지금부터 2만 년 전부터 1만 5천 년 전까지 그
를 막강한 동물을 죽이는 위대한 사냥꾼으로서, 죽은 자의 세계로 들어갔
다가 되돌아 나올 수 있는 무당으로서 추적한다. 더 구체적으로 그는 기원
전 3천년기 수메르와 아카드의 인장에 새겨진 한 영웅의 모습을 지적하기
도 하는데, 그 영웅은 사자가죽 옷을 입고 활과 곤봉으로 사자, 용, 맹금류
따위를 죽인다.[160] 신중한 부르커트는 그 이름을 거명하지 않고 있지만 수
메르의 영웅 길가메시를 염두하고 있었음은 명백하다. 다른 학자들은 좀
더 명시적이었다.[161] 길가메시는 기원전 2600년경 우루크 시의 통치자였
다. 사후 수세기 동안 그 주위에 여러 가지 전설이 들러붙었음은 명백하지
만, 그의 위업에 관한 최초의 문서는 기원전 2100년경에야 나타난다. 우리
가 알고 있듯이, 『길가메시 서사시』는 기원전 2천년기 전반에 정형화定型化
되었던 것으로 보인다.[162]

길가메시는 호전적인 지배자로 결혼과 안정된 생활을 거부하고 장발이
며 자연 그대로의 또는 야성적인 인간 엔키두라는 친구와 함께 멀리 여행
하면서 괴물인 후와와 그리고 거대한 하늘황소를 죽인다. 엔키두의 죽음
후 길가메시는 지하세계에 있는 그의 친구를 방문하러 갔고 불사를 얻기

---

160) Burkert(1985, p.209).
161) Kirk(1974, p.257) 참조.
162) Jacobsen(1976, p.195).

위해 여정에 올랐다. 신화 연구자들은 이 서사시도 대단히 얽혀 있음을 보여주었다. 그 서사시는 역사상의 인물 길가메시와 민속 주제로 구성되어 있다. 민속 주제는 전 세계의 이야기와 문학적 창작물에서 발견되는 것들로 그 일부는 천문학적·철학적 중요성을 지닐 수 있다.[163]

『길가메시 서사시』가 헤라클레스와 관련된 그리스 신화에 어느 정도로 영향을 미쳤을까? 수메르의 서사시가 어디에서 전 세계적인 민속 주제를 끌어들였는지 말하는 것은 당연히 불가능하다. 마찬가지로 두 영웅이 모두 죽음과 불사의 경계에 위치하고 죽음과 관련되어 있지만, 이 주제는 너무 일반적이어서 두 영웅 사이의 특정 관계를 보여주지 못한다. 그런데 두 영웅은 구체적인 모습에서 많이 닮아 있다. 길가메시와 헤라클레스 모두 전차를 타기보다 걸었으며, 검보다 곤봉을 사용했다. 이것은 그리스 영웅의 기원이 기원전 1750년 이전임을 짐작하게 하는데, 기원전 1750년 전차와 검이 지중해 지역에 나타났고 즉각 영웅적 당당함의 상징이 되었다. 또한 길가메시와 헤라클레스 모두 그들의 위업을 홀로 또는 한 명의 헌신적인 친구나 시종과 함께 수행했고, 친구나 시종의 죽음이 두 영웅의 마음을 대단히 흔들어놓았다.

페니키아의 중요한 신 멜카르트Melqart(또는 Mlk qart멜레크 카르트, 도시의 왕)는 페니키아의 도시 티로스의 수호신이었는데, 길가메시와 헤라클레스 사이에 다리를 제공할 수 있다. 헤로도토스의 상세한 기술과 비문 증거로 보건대 멜카르트와 헤라클레스는 명백히 동일한 존재이다.[164]

멜카르트 숭배가 티로스에서 얼마나 오래된 것이지를 말하기란 불가능하다. 헤로도토스의 기록에 따르면 헤라클레스 신전은 티로스만큼이나 오래되었는데, 헤로도토스는 티로스가 그의 시대로부터 2,300년 전에 건국되었다고 믿고 있다. 즉, 기원전 2700년경이다. 프랑스 셈학 학자 르네 뒤소가 지적하듯이 이것은 바알(하다드) 숭배와 관련되었을 수 있는데, 바알은 멜카르트가 유래한 신들 중 하나이다. 멜카르트는 많은 신들이 나중에 통합된 것이다.[165] 대부분의 근대 학자는 멜카르트 숭배는 훨씬 후기의 것이

---

163) Jacobsen(1976, pp.208-219).

164) Herodotos, II.44; Levy(1934, p.48).

165) Dussaud(1946-1948, p.208).

라고 주장한다. 극단적인 학자는 멜카르트 숭배를 입증하는 가장 초기의 비문을 기원전 10세기에 위치시키며, 그 숭배는 티로스에서 행해진 더 이른 숭배를 대체했다고 주장한다.[166] 멜카르트가 메소포타미아의 신 네르갈Nergal을 포함하는 여러 신 그리고 서부 셈족의 역신인 레셰프Reshef와 동일시되었다는 데는 거의 의문의 여지가 없다.[167]

헤라클레스라는 이름은 영웅의 근동 기원을 말하는 것 같다. 고대 세계의 정통론에 따르면 헤라클레스라는 이름은 '헤라에게 영광'을 뜻하였다. 어쨌든 그 이름의 마지막 음절을 클레오스kleos(유명한)와 재빠르게 동일시함으로써 그의 이름에 관한 어원 연구에서 헤라Hēra라는 첫 요소가 관심의 대상이 되었는데, 그것은 헤라Hēra라는 이름에서 그리고 아마도 히어로hero라는 단어에서도 발견될 수 있다. 헤라의 인도유럽어 어원은 보통 어근 세르*ser(봉사하다 또는 보호하다)에서 파생되었다고 한다. 그런데 이 주장에 대해 미케네 그리스어의 지도적인 전문가인 존 채드윅은 신성한 이름을 나타내는 선형문자 B 형태인 에라Era에 근거해 논박했다. 세르*ser는 재구성된 형태 헤르와*herwa로 따지면 w가 모자라는데, 채드윅은 w가 필요하다고 믿는다.[168] 이러한 비판이 지나친 꼼꼼함에 근거하든 아니든, 헤라Hēra 및 히어로hero의 기원을 그리고 헤라클레스의 특징적 국면의 기원을 세 개의 서부 셈어 어근의 신성한 동음이의법 또는 조합에서 찾는 것이 더 낫게 보인다. 세 어근은 모두 √ḥrr하라르(히브)에 근거하고 있다.

셈 어근의 첫 번째는 헤라클레스·헤라·히어로의 성격에서 중심적인 요소로서의 √ḥrr하라르(히브)(고귀한, 자유의)이다. 히브리어에서 호르Hor는 '자유인 태생의' 또는 '고귀한'을 의미하는데, Ḥrr라는 이름은 우가릿어에서 나타난다. 기원후 20세기 우리는 벤허Ben Hur와 아라비아어 어원의 스와힐리 단어 우후루uhuru(자유)에서 그 어근을 만난다. 모음삽입에 문제가 있다. 왜냐하면 선형문자 B 형태인 에라Era로 보건대, 헤라Hēra에서 ē가 기본적인 것이고 a(서부 셈어의 경우에 우리가 재구성할 수 있는 모음이다)로부터 발전

---

166) 이에 관한 완전한 참고문헌으로 Lloyd(1976, pp.205-206) 참조.

167) Brundage는 헤라클레스, 길가메시, 멜카르트 사이의 관계를 효과적으로 예증한다. 그리고 그는 아마도 '경우에 맞지 않는 꼼꼼함'에 오도되어 그리스 영웅을 기원전 7세기 남서 아나톨리아와 엮는다.

168) Chadwick(1976, pp.87, 95).

된 것이 아님을 보이기 때문이다.[169]

√ḫrr하라르(히브)의 두 번째 뜻은 '타는, 태우는'이다. 아카드의 신 에라Erra (불태우는 자)는 이로부터 파생된 것이다. 에라는 사르곤 시대인 기원전 3천년기에 알려졌으나 그에 관한 서사시는 기원전 1천년기 초의 산물이었던 것으로 여겨지는데, 이 시기는 메소포타미아 역사에서 특히 잔혹한 시기였다. 에라 또는 '탄 땅'은 맹렬하고 잔인한 그러나 영웅적 전사였다. 그는 황폐화시킨다거나 태움을 통해 기아를 야기하는 데 전문가였다. 그는 여러 모로 굉장한 두려움의 대상이었던 역신 네르갈과 동일시되었다.[170] 이 어근은 그리스의 헤라클레스가 갖고 있는 '광기' 그리고 파괴적인 충동을 나타나는 것으로 보인다. 이 어근은 또한 그 영웅이 불을 좋아한 것과 관련될 수 있는데, 불은 특히 페니키아의 헤라클레스 숭배에서 두드러졌다. 여기에서 음성학적으로 보아 호르ḥor보다 √ḫrr하라르(히브)가 더 좋다. 에라가 어근 √ḫrr로부터 오고 첫 철자 ḥ가 아카드어에서 탈락된 반면 서부 셈어에서는 보존되었을 것이라는 점은 의문의 여지가 없다. 그런데 서부 셈어에서는 r이 중복되는 것을 용인하지 않는다. 그러므로 에라Erra의 서부 셈어의 짝은 헤라Hera였을 것이다. 비록 e의 정확한 성격이 확실치 않지만 말이다.

세 번째로 셈어 √ḫrr하라르(히브)(어원적으로는 √ḫrr)에는 '뚫어서 구멍을 만들다'라는 뜻이 있다. √ḫrr(고귀한, 자유의)의 경우처럼, 이것은 히브리어에서 후설모음 o와 u로 모음이 삽입되는 경향이 있다. 이것의 의미 범위에는 굴을 뚫는 사람과 관개자灌漑者로서의 헤라클레스가 반영된 것 같다. 나중에 명백해지겠지만, 이것은 다른 기원을 갖고 있기는 하지만 말이다.

그밖에 이집트어 이름 헤르ḥr(이는 하루우*Ḥāruw로서 재구성되고, 일반적으로 호루스Horus로 표기한다)로부터 파생되었을 수 있다. 이 이름은 사나운 송

---

169) 아카드어의 사룸sarrum(에블라어에는 존재하지 않는다) 그리고 히브리어 사르šar(왕)과의 동음이의도 있을 수 있다. s>h를 겪었다는 것이 제3권에서 논의될 것이다.

170) Roberts(1971)와 Jacobsen(1976, pp.225-232) 참조. 흥미롭게도 발터 부르커트는 에라와 테베 사이의 연계를 본다. 그런데 그는 그 메소포타미아 신을 아르고스의 신화적 왕이자 테베의 적인 아드라스토스에 연계시키는데, 그는 테베를 치러 일곱 명의 영웅을 이끈다(1984, pp.97-104). 에라와 동일시될 정도로 헤라클레스는 여기에서 테베의 옹호자라기보다 적이다. 그렇다 하더라도 헤라클레스의 폭력성과 불안정성을 고려하면, 이것은 아주 가능하다.

골매와 태양신을 나타내기 위해서 그리고 살아 있는 파라오의 상징과 이름으로서 사용되었다. 이것은 조금 뒤에 논의될 것이다.

혼동스럽고 직접적인 증거가 불충분하다는 문제가 있지만 에라(헤라)(H)era가 서부 셈어를 말하는 자들에 의해 헤라클레스나 멜카르트 같은 영웅을 나타내기 위해 사용된 이름이었음은 명백하다. 이것을 위한 가장 강력한 증거가 압데라Abdēra라는 도시명이다.

서부 셈어 압데라ᶜabdera(에라Era의 하인)에서 압데라를 끄집어내는 것은 아주 그럴듯하다. 비록 개인의 칭호에서 지명으로 발전하는 경우가 희귀하다 하더라도 그러한 경우가 있다. 그 예는 디디마Didyma인데, 디디마이오스Didymaios(쌍둥이, 아폴론의 칭호)의 신탁으로 유명한 카리아 해안 도시의 이름이다. 나는 제3권에서 델피와 델로스가 델포스('쌍둥이'를 뜻하는 또 다른 단어로 아폴론의 별명으로 사용되었다)로부터 이름을 받았음을 주장할 것이다.

압데라라는 이름을 지닌 도시와 헤라클레스 사이에는 확실한 연계가 있다. 전설에 따르면 트라키아에 있는 압데라는 헤라클레스의 하인 또는 시종 압데로스Abderos가 살해되고 매장된 곳인데, 이 트라키아의 도시와 스페인 남동부에 있는 압데라는 헤라클레스에서 도시명이 유래했다. 우리가 접두사 Abd-의 분명한 셈어적 성격을 제쳐놓는다 하더라도, 그 이름을 그리스어적인 견지에서는 설명할 수 없다. 왜냐하면 트라키아의 압데라는 그리스어가 사용되기 이전에 페니키아와 밀접히 연계된 지역에 있었고, 스페인의 압데라 역시 이베리아 반도의 남동 해안에 있는 페니키아인 정착지의 중심이었기 때문이다.[171]

헤라클레스의 이집트 기원

헤라클레스라는 이름의 셈어적 기원에 대한 강력한 명분이 있는 것을 가정한다면, 헤로도토스가 헤라클레스라는 '이름'이 이집트로부터 왔다고 명백하게 기술한 것은 다소 당혹스럽다.[172] 앨런 로이드는 헤로도토스가

---

171) Apollodoros II.5.8. 확장된 참고문헌은 Frazer(1921, p.201, n.2) 참조. 스페인 압데라에서 헤라클레스 숭배에 관해 그리고 아리아주의 학자들이 그 숭배의 순수한 페니키아적 본질을 다루는 데에서 느끼는 어려움에 관해서는 Farnell(1921, pp.145, 167) 참조.

'이름'이라고 기록했을 때 이름을 뜻한 것이지, 다른 학자들이 주장하듯이 '개념'을 뜻한 것이 아니었다고 주장했다. 로이드는 (다른 곳에서처럼) 여기에서 이 그리스 역사가가 이집트 신들을 그리스 이름으로 불렀다는 것을 정말로 믿었다는 점에서 헤로도토스를 '그리스인 특유의 해석Interpretatio Graeca'이라는 환영의 희생자로 보고 있다.[173] 지금까지 명백하게 밝혔듯이 나는 '그리스인 특유의 해석'이 환영이라는 것을 받아들이지 않는다. 나는 아폴론, 아테나 등과 같은 많은 그리스 신의 이름이 사실 이집트어이며, 헤로도토스가 '이름'이라고 말했을 때 보통 그것은 이름을 뜻했다고 믿는다. 그런데 헤라클레스의 경우에는 증거가 덜 명백하며, 헤로도토스가 단지 헤라클레스의 개념을 언급하고 있다는 것을 주장하는 조심스러운 학자들이 옳다는 것은 당연하다.

그런데 헤로도토스의 정보원이 한 이름을 마음속에 담고 있었을 가능성이 있다. 이것은 Ḥr k3(♡∪♫)이었을 것이다. Ḥr k3은 일반적으로 Ḥk3(마술)로 기록되는 이름의 형태로 기원전 2세기 프톨레마이오스 6세 치세에서만 입증된 형태이다.[174] 이집트 종교의 혼동된 세계에서조차 Ḥk3 또는 헤카Heka의 모습은 특히 희미하고 파악하기 어렵다. 마술의 인격화로서 헤라클레스의 기본적 본질은, 이집트 종교의 전문가 헤르만 테 벨데가 기술하고 있듯이 "마술의 힘, 신의 창조적인 에너지, 인간의 창조성, 생동력 있는 잠재력, 신비적인 효험"[175]으로 나타났다. 그러나 이것은 너무 모호한 신의 특징이어서 헤라클레스의 특징이라고 말할 수 없다. 더욱이 기원전 1천년기 후기까지 Ḥr k3은, Ḥk3이 경우와 동일하게, 아마도 히크Hik로 발음되었다는 점에서 심각한 발음상의 문제점이 있다. 이러한 동일시 때문에 Ḥr k3로 표기했던 것으로 보인다. r과 3을 유음으로 본다면, 그 이름을 고대의 방식으로 읽었을 것이다(역주: Ḥr k3가, 기원전 1천년기 후기에, '헤르 카'가 아니라 '헤르 켈'로 발음되었을 것이라는 뜻).

그런데 이 관계를 제쳐버리기 전에 한두 가지 요점을 호의적으로 고려

---

172) Herodotos, II.43.

173) Lloyd(1976, pp.203-204).

174) Sauneron(1968, p.18).

175) te Velde(1970, p.186).

해야만 한다. 첫째, 헤켈Ḥk3은 카오스의 큰 뱀 아포피스Apopis를 정복한 신으로 보였다.176) 둘째, 헤(르)켈Ḥ(r)k3과 투투Tutu로 알려진 후기의 신 사이에는 밀접한 관계가 있었다. 투투는 프톨레마이오스 시대에는 걸어다니는 사자獅子로 묘사되었고 '대단한 용맹을 지닌 네이트의 아들'로 알려졌다. 이처럼 그는 헤라클레스(뚜렷이 사자와 같은 자였다)를 닮았고, 알크메네/아테나 알랄코메나의 아들이었다. 투투 숭배의 위대한 시기는 기원후 1-2세기였는데, 이 시기는 헤라클레스 숭배의 절정기이기도 했다.177) 헤(르)켈Ḥ(r)k3과 투투는 공기의 신 슈Shu의 현신으로 여겨졌는데, 슈와 헤라클레스의 의심할 바 없는 관계는 조금 뒤에 논의할 것이다. 셋째, 프톨레마이오스 시대 및 로마 시대에 에스나에 있는 네이트와 크눔의 신전에서 헤(르)켈Ḥ(r)k3는 신의 자녀로서 그의 어머니는 네이트였다. 헤라클레스를 둘러싼 신화 속에서 유년기의 중요성은 의심의 여지가 없다. 이것으로 미루어 보건대, 헤(르)켈Ḥ(r)k3은 헤르 에프 케레드Ḥr p ḥrd('어린 아이 호루스', 그리스어로는 하르포크라테스Harpokratēs)로 알려진 젊은 호루스에 연결된다.178) 고대 후기에 헤라클레스와 하르포크라테스 사이의 혼동은 기원전 3세기 초 알렉산드리아의 사서였던 에라스토테네스의 테베 왕들에 관한 편찬집에서 볼 수 있다. 에라토스테네스는 파라오 셈프루크라테스Semphrukratēs를 '헤라클레스 하르포크라테스'로 언급하고 있다.179)

이것은 무엇을 말하고 있는가? 헤로도토스와 그의 이집트인 정보 제공자들이 헤라클레스라는 이름은 이집트로부터 왔다고 말했을 때 마음속으로 헤(르)켈Ḥ(r)k3을 생각하고 있었다는 것은 아주 그럴듯하다. 그런데 헤라클레스라는 이름이 실제로 헤르켈Ḥrk3에서 왔다는 것은, 비록 가능성이 있다 하더라도, 대단히 그럴듯하지 않다. 대체로 끝음절 클레스kles는 인명에 자주 사용되는 '영광'을 의미하는 그리스어 접미사일 가능성이 아주 많다. 그런데 헤라라는 이름과 '히어로hero'라는 단어, 더 나아가 헤라클레스라는 이름의 기초는 특히 셈어 어근 √ḥrr(고귀한, 자유로운)의 영향을 받은 것으

---

176) te Velde(1970, p.175). Budge(1904, I. p.463)는 헤르켈 에프 케레드Ḥrk3 p ḥrd, '어린 아이 헤르켈Ḥrk3'의 다양한 형태에 주목한다.

177) Budge(1904, I, p.463); Sauneron(1960) 참조.

178) Budge(1904, I, p.463, n.3).

179) Syncellus(1719, p.81). 이것에 대한 Lepsius의 해석은 주222 참조.

로 보이지만, 호루스 또는 하루우*Hāruw에서 유래한 것으로 보일 수 있다. 선형문자 B 형태인 에라Era는 헤라Hēra라는 이름 속에 있는 ē가 범그리스적인 것이지 동부 그리스어 방언에서 ā가 ē로 옮겨진 결과가 아님을 보여주고 있다는 점에서 발음상 문제가 있다. 그러나 의미상의 유사점은 인상적이다. 첫째, 헤라클레스와 호루스/아폴론 사이에는 태양적·영웅적 유사점이 많고, 좀 더 구체적으로는 헤라클레스 및 그리스 영웅들과 중왕국의 이집트 파라오들(이들의 공식적인 왕명은 항상 헤르Hr와 소위 호루스 명名으로 시작했다) 사이에 유사점이 있다. 헤라라는 이름과 연관해 제18왕조의 여성 파라오 하트셰프수트(역주: 버낼은 하세프소웨Hashepsowe로 표기하였지만, 여기서는 국내에 널리 알려진 이집트식 발음 하트셉수트Hatshepsut로 표기하였다)는 그녀 자신을 헤레트 네트 자암Hirt nt ḏ'm(정금正金의 암 호루스)로 불렀다는 것은 흥미롭다.[180] 그 이름이 갖는 다양한 성격을 감안하면, 그리스 신화가 헤라클레스의 유년기를 시리아나 메소포타미아에 두지 않았다는 것은 놀라운 일이 아니다. 그는 이집트와 많은 접촉을 가졌던 것으로 보인다.

근대의 학자들이 헤라클레스를 복합적 인물로 보고 있듯이, 고대 저자들도 헤라클레스라고 불리는 다양한 인물이 있다고 주장했다. 헤로도토스는 신 헤라클레스와 영웅적인 인간 헤라클레스를 구분했고, 매우 오래된 이집트의 헤라클레스, 페니키아의 헤라클레스, 페니키아의 식민지 타소스에서 숭배된 헤라클레스, 테베의 헤라클레스를 구분했다.[181] 기원전 1세기에 보편사를 저술한 시실리 출신 디오도로스는 세 명의 헤라클레스를 보았다. 가장 오래된 자는 이집트의 테베에서 태어나 전 세계를 정복했고, 두 번째 인물은 올림픽 경기를 확립한 크레타인이었으며, 세 번째는 알크메네와 제우스의 아들로서 트로이 전쟁 직전에 태어났다.[182] 키케로는 여섯 명의 헤라클레스를 구분했는데, 이집트의 헤라클레스는 두 번째이고, 네 번째는 티로스 출신이고, 그리스 출신은 여섯 번째이다.[183]

---

180) Gardiner(1957, pp.71-73) 참조.

181) Herodotos, II.43-44. Lloyd(1976, pp.207-211)는 페니키아 숭배의식과의 연계가 있다는 것을 부정한다. 이것은 이미 Van Berchem(1967)에 의해 논파되었지만, 로이드는 이를 인용하지 않고 그 문제를 전 지중해에 걸쳐 다루지 않았다.

182) Diodoros, III.74.4.

183) *De Natura Deorum*, III.42.

이집트 전승 중 가장 오래된 헤라클레스는 아니라 하더라도 오래된 헤라클레스를 찾을 수 있을까? 숫양 신 헤리셰프Hry š-f이다. 그 신은 그리스어로는 아르사페스Arsaphes이며 '그의 호수 위에 있는 자'를 뜻했다. 비록 그가 삼각주에 더 작은 숭배 중심지인 헤라클레오폴리스 파르바Herakleopolis Parva를 가지고 있었지만, 그의 주요 도시는 후에 파이윰 지역에 있는 헤라클레오폴리스 마그나로 알려졌는데, 그것의 이집트어식 이름은 네네이-네수(트)Nni-nsw(t)(왕의 아이들의 도시)였다. 일반적으로 헤라클레스처럼 하르사페스Harsaphes(역주: 헤리셰프Hry š-f는 그리스어로 하르사페스/아르사페스 (H)Arsaphes로 음역된다)는 왕의 아이들에 연계되었다. 그는 아몬을 닮은 왕의 신으로서 받아들여졌는데, 후에 아몬에게 동화되었다. 그는 또한 오시리스처럼 풍요의 신이었다. 풍요와의 이 연계가, 그의 이름 그리고 파이윰과 삼각주 습지에 있는 그의 숭배 중심지들(이곳에서 상당한 간척이 이루어졌다)의 위치와 함께 고려한다면, 그가 관개와 배수에 관련되었음을 가리킨다.184) 헤라클레스의 이러한 국면은 조금 뒤에 논의될 것이다.

기원전 3천년기 중반부터 에블라의 서부 셈족의 신이 라-사-아프Ra-sa-ap임이 증명되기는 하였지만, 헤리셰프Hry š-f라는 이름은 서부 셈족의 전쟁 및 질병의 신 레셰프Ršp 또는 Reshef의 기원으로 보인다.185) 레셰프의 만족할 만한 셈적 기원은 없다.186) 헤리셰프가 비블로스에 신전을 가졌다는 것이 알려져 있고, 거기에서 그리고 그밖의 여러 곳에서 그와 레셰프 사이에 혼동이 있었다는 데는 의심의 여지가 없다.187) 이러한 동일시가 가나안 신 레셰프가 신왕국 이집트에서 숭배되었다는 사실 때문에 무효화되지 않는다. 이것에 비근한 예로서 이집트 여신 와지트W3dyt가 서부 셈의 여신 Qdšt (역주: 우가릿어로는 카디쉬투 또는 카디샤투qadiš(a)tu)에 동화되었고 이집트에

---

184) Altenmüller(1977, cols.1015-1018); Yadin(1982) 참조.

185) 이에 관한 참고문헌은 Yadin(1982, p.266) 참조.

186) 제안된 셈어 어원의 만족스럽지 못한 특성은 Fulco(1976, pp.64-65) 참조.

187) 비블로스에서의 숭배에 관해서는 Fulco(1976, p.55, nn.292-294) 참조. 이집트의 신과 서부 셈족의 신 사이의 혼동에 관해서는 Leclant(1960, p.53, nn.7-10)와 Simpson(1960, p.68) 그리고 반대 견해는 Fulco(1976, p.55) 참조. 이집트의 도시에 관해서는 Gardiner(1947, II, pp.113-114, 176) 참조.

서 동화된 신으로서 숭배되었음이 제4권에서 주장될 것이다.

이집트에는 레셰프 숭배와 관련된 흥미 있는 양상이 있다. 첫째, 헤리셰프의 숭배 중심지인 헤라클레오폴리스 마그나의 정북쪽에 그 신에게 봉헌된 계곡이 있었던 것으로 보인다. 페르시아 시기에 쓴 비문은 "네니-네수 Nni-nsw(헤라클레오폴리스 마그나)의 주主의 아들 레셰프" 또는 "네니-네수 Nni-nsw의 주主 레셰프의 아들"로 읽힌다.188) 어느 쪽으로 읽든 레셰프와 헤리셰프 사이에 밀접한 연계가 있는 것 같다. 후자의 이름은 후기에 이르면 '그의 호수에서'의 의미를 상실했다.189)

적어도 제18왕조 이래로 이집트에서 레셰프는 파라오의 전쟁 신이었고, 특히 궁술은 만추Mntw와 동일시되었다.190) 제6장에서 보게 되겠지만, 이는 라다만티스(나는 라다만티스가 만추와 동일시되어야 한다고 주장한다)가 헤라클레스의 계부라는 것과 유사하다. 라다만티스를 닮은 암피트리온(알크메네의 또다른 남편으로 테베로 추방되었다)이 헤라클레스의 무술 선생이었다.191)

만약 아르사페스Arsaphes가 레셰프와도 헤라클레스와도 동일시되는 것이 명백하다면, 삼각관계는 레셰프와 헤라클레스 사이의 밀접한 유사점이 존재하는 것에 의해 완성된다. 사후에 출간된 논문에서 장군이자 고대사 학자인 이가엘 야딘은, 서부 셈의 레셰프가 그리스의 아폴론과 동일시되고 (둘 다 화살과 역병에 연계되어 있다), 레셰프는 다시 네르갈 및 헤라클레스와 동일시되었음을 예증했다. 그는 레셰프를 사자獅子와 동일시하는 것을 매듭짓기 위해 우가릿에서 발견된 레셰프에게 봉헌된 사자머리 모양의 뿔잔rhyton을 이용한다. 야딘은 이 술잔을 헤라클레스와 사자의 연계에, 그리고 이전의 글에서 주장했던 헤라클레스와 삼손의 동일시(둘 다 모두 핵심적으로 태양 영웅들이었고 사자와 관련 있었다)에 연결했다. 야딘은 삼손이 속해 있었던 이스라엘 지파인 단Dan이 바다의 민족 중 하나에 그 기원을 두고 있다고 보았다.

---

188) Fulco(1976, p.20).
189) Gardiner(1947, II, p.114).
190) Fulco(1976, pp.3-21).
191) Diodoros, IV.10.2. 제4장, 주132-158도 참조.

이처럼 야딘은 에게해의 헤라클레스와 가나안의 레셰프 사이에 혼용을 보았다.[192] 나는 이보다 오래전부터 둘 사이에 연계가 있고 이들 중 가장 오래된 존재는 이집트의 헤리셰프였다는 것을 믿는다. 이들의 특징(그들은 태양과 관련되고, 방황하며, 호전적인 궁사로 강력하게 사자와 동일시되며 어린 아이와 같지는 않다 하더라도 젊은)에 근접한 신은 아침 태양의 신 호루스(또는 헤페레르Hprr)와 호루스의 그리스 짝 아폴론이다. 레셰프 또는 헤리셰프로부터 아르수프Arsuf라고 명명된 필리스티아의 도시는 그리스어로 아폴로니아로 불렸고, 키프로스 비문은 레셰프와 아폴론을 동일시하고 있다.[193] 그렇다고 이 때문에 헤라클레스와 레셰프의 동일시가 약화되는 것은 아니다.

헤라클레스, 콘수, 슈

K. 제테에서 그윈 그리피스와 로이드에 이르는 많은 학자들이 헤라클레스를 또 다른 이집트 신 콘수Khonsu와 동일시해왔다. 콘수는 테베에서 숭배된 세 명의 신 중 세 번째 신으로, 아몬을 아버지로 두고 무트(어머니 그리고/혹은 독수리)를 어머니로 두었다. 콘수의 이름은 동사 케네스bns(여행하다)에서 파생된 것으로 보이는데, 여행하는 영웅에 잘 들어맞고 또는 로이드가 기술하듯이 '하늘에 이른 방랑자'에도 잘 들어맞는다.[194] 그런데 이집트학 학자인 조르주 포제네는 케네스bns 그리고 왕자로서 콘수의 동일시 사이에는 동음이의법이 사용되었다고 믿었다. 이를 위해 그는 크-엔-네수b-n-nsw(왕의 아이)의 형태를 지닌 이름을 재구성했고, 이를 헤라클레오폴리스 마그나 또는 네니-네수(트)Nni-nsw(t)(왕의 자식들의 도시)에 연계시켰다. 포제네는 또한 콘수가 신들의 왕인 아몬뿐만 아니라 지상의 군주들과도 연계되었다고 주장했다.[195] 아몬처럼 이들 중 많은 수가 그들의 주좌를 테베에 두었다. 많은 전승에서 헤라클레스는 그리스의 테베에서 태어나고 자랐다고 전하는데, 이것은 흥미를 끌기에 충분하다.

---

192) Yadin(1982, pp.269-274). Dan에 관한 그의 주장은 Yadin(1968)과 제10장의 주53-59 참조. 바다의 민족들의 에게해적 기원에 관해서는 제1권, pp.616-621 참조.

193) Fulco(1976, p.50); Yadin(1982, p.270).

194) Lloyd(1976, p.195).

195) Posener(1966).

제테, 그윈 그리피스와 로이드는 콘수가 대기의 신 슈와 밀접하게 동일시된다고도 지적했는데, 슈는 맹렬한 전사로서 알려졌다.[196] 슈의 맹렬함은 한낮 태양의 맹렬함과 관련되었다. 이는 또한 √ḥrr하라르(히브)(태우다)와 데몬/영웅 에라와 유사하다.[197] 슈의 주요 기능은 땅을 하늘로부터 분리하는 것 또는 하늘을 지지하는 것인데, 이것은 헤라클레스와 아틀라스에 관련된 전설과 유사하다. 그 전설에 따르면 아틀라스는 처음에 헤라클레스를 속여 하늘을 짊어지게 했으나 헤라클레스가 그 거인을 되속여 그의 짐을 다시 지게 했다. 아틀라스라는 이름의 이집트적 기원은 제5장(역주: '제7장'을 오기한 것 같다)에서 논의될 것이다.[198]

헤라클레스와 슈의 동일시는 헤라클레스와 안타이오스의 싸움에 의해 강화된다. 이집트 전설 속의 슈처럼 그 싸움에서 헤라클레스는 안타이오스를 공중으로 들어 올림으로써 그 사악한 존재를 땅에서 떼어놓는다. 안타이오스가 리비아에 살았고 포세이돈의 아들이었다는 전승이 있다.[199] 이 이야기의 이집트적 함의는 안타이오스에 해당하는 이집트의 안티위ᶜntywy가 세트의 형태였다는 것을 가디너가 예증함으로써 확인된다. 그는 다음과 같이 기술하고 있다.

여태까지 이집트의 안티위를 안타이오스(헤라클레스가 살해한 리비아의 거인)와 동일시하는 것은 이름의 동일시에만 근거하는 것으로 여겨졌다. 그런데 앞에서 지적된 세트-티폰의 동일함은 예전에 어렴풋이 느끼고 있었던 이집트 전설과 그리스 전설 사이의 더 많은 닮음을 보여주고 있다.[200]

리비아와의 동일시 그리고 넵튠, 포세이돈, 안타이오스/안티위의 연계는 세트를 포세이돈에 연계할 또 다른 이유를 제공한다. 흥미롭게도, 아마도

---

196) Sethe(1929, pp.30-34); Bonnet(1952, p.142); Griffiths(1955, p.23). 완전한 참고문헌으로 Lloyd(1976, p.195) 참조.

197) 앞의 주170 참조. 동일한 뜻(태우다, 역병)을 지닌 히브리어 어근 √rsp가 있으나, Fulco(1976, pp.64-65)는 신의 이름에서 파생된 것으로서 본다.

198) Sethe(1929, pp.30-34); Bonnet(1952, p.142); Griffiths(1955, p.23); Lloyd(1976, p.195).

199) Apollodoros, II.5.11.

200) Gardiner(1947, II, p.55).

고대에서 끌어냈을 '이집트 출신 헤라클레스'와 리비아 왕 안타이오스 사이에 벌어진 이 전투에 관한 르네상스 시기의 전승이 있다. 마키아벨리는 『로마사론*Discorsi sopra la prima deca di Tito Livio*』에서 이를 언급한다.

> 시인들의 우화에서, 리비아 왕 안타이오스가 이집트 사람 헤라클레스에게 공격을 받았을 때 그 자신의 왕국 테두리 속에서는 자신의 왕국이 그를 기다리고 있기 때문에 그는 정복되지 않는 존재였다. 그러나 헤라클레스의 지혜로 인해 그가 왕국에서 떼어지자 그는 자신의 국가와 생명을 잃었다.[201]

리비아에서 안타이오스에게 승리를 거둔 헤라클레스는 호루스를, 이집트 파라오를, 슈를 닮았다. 그런데 헤라클레스를 슈와 동일시하는 학자들은 투투 그리고 헤르 켈Ḥr k3을 슈의 현현이라는 것을 언급하지 않는다. 이처럼 그들의 주장은 헤라클레스라는 이름이 헤르 켈Ḥr k3에서 이끌어져냈을 가능성을 별도로 강화하는 경향이 있다.

이제 콘수의 신성한 어머니 무트를 생각해보자. 이 여신은 제18왕조의 하트셰프수트의 치세(기원전 1503년경부터 1483년경까지)에만 두드러졌는데, 이때 왕의 세 수호신에게 봉헌된 신전이 카르나크에 세워졌다. 그런데 여신의 이름은 중왕국 시기에 입증된다.[202] 제20왕조(기원전 1184년경부터 1087년경까지)에 이르면 무트는 네이트에 연결되며 더 후기에는 동화의 증거가 발견된다.[203] 이것은 무트가 단지 고대 네이트의 새로운 형태인가에 관한 의문을 남겨놓지만, 두 여신은 후기 청동기시대에는 동일 신이었음을 보여준다. 여기에서 슈, 투투, 헤르 켈Ḥr k3은 모두 네이트의 아들로서 묘사되고 있음에 주목해야만 한다.[204] 이처럼 네이트와 무트가 상응하고 아테나 알랄코메나와 알크메네가 상응한다는 것은 슈 및 헤르 켈Ḥr k3과 헤라클레스가 상응한다는 점과도 잘 어울린다.

---

201) Machiavelli(Gilbert, 1964, p.354). 헤라클레스와 안타이오스에 대한 완전한 참고문헌은 Frazer(1921, I, pp.222-223, n.2) 참조.

202) te Velde(1982, cols.247-248).

203) Sayed(1982, pp.139-140).

204) Sayed(1982, pp.116, 128)

헤라클레스와 중왕국의 파라오

이 시점에서 헤라클레스의 또 다른 국면, 즉 중왕국(기원전 2100년경부터 1800년경까지)의 파라오에 대한 그리스인의 이미지로서 헤라클레스의 국면이 고려되어야만 한다. 잠시 후 살펴보겠지만, 그 그리스 영웅은 관개와 같은 일에서 고왕국과 중왕국의 파라오를 닮았지만, 그 중에서도 중왕국의 파라오를 좀 더 구체적으로 닮았다. 헤라클레스는 일반적으로는 그리스 테베 출신으로서 또는 더 오래된 이집트 출신의, 좀 더 구체적으로는 이집트 테베 출신의 화신으로 여겨졌다.[205] 슈처럼 중왕국 파라오는 테베 주 출신이었고, 널리 퍼진 그리스 전승에 따르면 제12왕조의 몇몇 파라오는 그리스인에게 위대한 정복자로 간주되었는데, 이집트의 군대가 리비아 및 에티오피아로부터 스키티아 및 코카서스의 콜키스까지 이르렀다.

비록 오늘날 학자들이 중왕국 때 이집트가 누비아를 정복했다는 것을 역사적 실재로 받아들이고 있고 일부 학자는 시리아-팔레스타인에 대한 이집트의 지배권을 생각하게 되었다 하더라도, 그들은 헤로도토스와 디오도로스가 말하고 있는 세소스트리스(제12왕조 파라오 센워스레 1세)의 광범위한 정복 중 어느 것도 사실로 받아들이지 않는다. 나는 제5·6장에서 그 가능성에 관해 길게 주장할 것이다. 이러한 주장이 받아들여진다면, 이러한 실제적인 정복을 신화적 인물 헤라클레스가 행한 정복의 기초로 보는 데 어려움이 없을 것이다. 이러한 연결을 만들기 위해 우선 남쪽 정복의 실재성을 받아들일 필요가 있다. 기원전 2천년기에 그리스인이 그렇게 까마득히 오랜 사건을 들을 수 없었을 것이라는 생각은 버려야 할 것이다. 모든 것을 고려하면, 중왕국의 정복은 정복자 헤라클레스의 이미지 형성에 한몫을 했을 정도로 대단했던 것으로 보인다.

헤라클레스와 후기 그리스 영웅들처럼 제12왕조의 파라오들은 인간과 신 사이에 위치한 존재로 여겨졌다. 헤로도토스의 주장에 따르면, 헤라클레스는 아주 오래된 이집트 신이었으며 영웅 헤라클레스는 훨씬 후기의 인물이다.[206] 그는 이집트 종교에는 영웅 숭배가 없었다고도 주장한다.[207]

---

205) 앞의 주181 참조.
206) Herodotos, II.44.
207) Herodotos, II.50.

그러나 앨런 로이드는 이집트인만이 인간을 신격화했다고 주장한다.

<blockquote>학자, 현인 또는 뛰어난 능력을 지닌 마법사. 물론 견해의 차이는 고대 그리스와 고대 이집트의 문화 사이에 존재하는 기풍의 근본적인 차이를 나타낸다.[208]</blockquote>

로이드는 구분 짓는 데 다소 열심이었던 것으로 보인다. 사실 이집트인은 완전히 별개의 계급인 파라오를 끊임없이 신으로 만들었다. 그리스 영웅처럼 파라오는 왕의 피를 지녔고 굉장하고 용감한 행위를 하는 자로서 받아들여졌다. 이러한 존경은 제11·12왕조에서 특히 강력해졌다. 후세의 세대는 멘투호테프 2세, 아메넴하트 1세와 2세, 센워스레 1세와 3세라는 신적인 인물에게 각별히 충성을 바쳤다.[209] 그 칭호가 헤르ᅢ로 시작되고 종종 그 이름이 반복되는 이 신성한 존재들은 신과 인간의 특성이 혼합되어 있다는 점에서 헤라클레스와 유사하다. 더욱이 제12왕조의 절정기에 파라오가 후계자와 함께 통치하는 것은 관행이었다. 이처럼 이집트에서 콘수, 아르사페스, 헤라클레스가 왕의 아이들에 연계되어 있다는 것은 헤라클레스와 여러 그리스 영웅 모두와 잘 맞아떨어진다.

군대를 거느리고 정복했던 디오니소스(디오니소스의 정복이 센워스레 1세의 정복에서 파생되었음이 제6장에서 논의될 것이다)와는 달리, 헤라클레스는 길가메시처럼 홀로 또는 한 명의 동료와 함께 행동했던 것으로 여겨진다. 이것이 대군을 거느린 이집트의 파라오와 헤라클레스를 구분한다. 그런데 비문에 나타난 이집트의 선동문과 훨씬 더 선동적인 도상은 마치 군대의 도움을 거의 받지 않고 파라오 홀로 이루어낸 것인 양 정복을 묘사하고 있었다.

거대한 야수의 사냥꾼으로서 헤라클레스의 역할은 이미 언급되었다. 이것도 이집트 파라오와 비슷한데, 파라오의 굉장한 사냥이 그림이나 부조에서 두드러지게 부각되어 있다. 또한 그리스 저자들은 세소스트리스의 뛰어

---

208) Lloyd(1976, p.239).

209) 멘투호테프의 신성에 관해서는 제4장의 주158, 센워스레 1세의 신성에 관해서는 제5장의 주57 참조.

난 사냥 능력을 주목했다.[210]

치수자로서의 헤라클레스

중왕국(그리고 고왕국) 파라오의 행동과 치수자로서의 헤라클레스 역할(이 영웅의 특성으로는 다소 당혹스러운 국면이다) 사이에는 흥미로운 유사점이 있다. 영웅이 적을 제압하고 괴물을 죽이는 것은 아주 평범한 것이지만, 수로와 터널을 판다는 것은 걸맞지 않은 일이다. 그런데 후자도 헤라클레스를 둘러싼 신화에서 가장 빈번한 모티프 중 하나이다.

메소포타미아의 인장을 보면 일곱 개의 머리를 지닌 괴물을 죽이는 헤라클레스 같은 영웅의 이미지가 기원전 3천년기로 거슬러 올라간다는 것은 명백하다. 우가릿 신화는 이 이미지를 7개의 머리를 지닌 용 라돈Ladōn(또는 린Lin)의 살해에 연결시키는데, 라돈은 분명히 우가릿의 바다와 강의 신 얌Yam(m)에 연계되어 있다.[211] 그런데 헤라클레스가 두 번째 과제에서 많은 머리를 지닌 히드라(물)를 죽이는 것은 여러 강 하구의 지류를 댐으로 막는 이미지와 치수의 이미지를 포함한다.[212] 헤라클레스는 다섯 번째 과제에서 아우게아스의 마구간을 알페이오스 강과 페네이오스 강의 물을 끌어들여 청소한다. 그가 스팀팔로스의 새(독이 든 똥을 누는 새)를 죽인 것은 역한 냄새가 나는 습지의 배수를 포함하는 이야기들에 연계되는 것 같다. 아우게아스의 마구간의 경우처럼 이 전설에 나오는 강 중 하나를 페네이오스라고 부르는데, 내가 다음 장에서 논의하겠지만 그것은 이집트어 파누P3 nw(홍수)에서 유래된 이름이다.[213] 열 번째 과제에서 헤라클레스는 고향으로 가축 떼를 몰기 위해 스트리몬 강을 막았다. 열한 번째 과제에서 그는 괴물 라돈을 죽이는데 그 괴물이 강과 관련되었음은 앞에서 언급했다. 이것은 또한 두 마리 뱀을 목 졸라 죽이는 어린 헤라클레스 이야기의

---

210) Diodoros, I.55.5.

211) Rachel Levy(1934)는 50여 년 전 텔 아스마르Tel Asmar 인장印章과 헤라클레스의 고역 사이의 유사점을 지적했다. 인장에 대한 상세한 연구 그리고 이 주제에 관한 우가릿 문서와 그리스 전설에 관해서는 Rendsburg(1984) 참조.

212) 기원후 4세기 버질의 글을 주석한 세르비우스는 Aeneid VI.287에 관한 주석에서 이것을 지적했다.

213) Diodoros, IV.18.6; Graves(1955, II, p.120) 참조.

한 국면일 수 있는데, 이는 테베의 주화에 새겨져 테베의 상징이 되었다. 두 마리 뱀은 테베를 관통해서 흐르는 두 강을 나타내는 것 같은데, 그 하나가 라돈 강이다.[214] 헤라클레스가 코파이스 호수를 넘치게 하려고 케피소스 강의 물줄기를 거꾸로 바꾸었다는 강한 전승이 있다.[215]

헤라클레스의 이러한 특성은 어떤 점에서 셈어 어근 √ḥrr<√ḫrr(터널을 뚫다)와 관련되었을 가능성이 있다고 앞에서 언급했다. '그의 호수에 있는 자'라는 뜻인 헤리셰프Ḥry š-f/아르사페스와 헤라클레스를 동일시하는 것과도 연계된 것 같다. 그러나 가장 분명한 유사점은 중왕국 파라오와의 관련성이다.

헤로도토스는 민 왕이 삼각주 머리에 있는 멤피스를 보호하고자 수로를 건설했다고 기록하고 있다.[216] 그는 위대한 제12왕조의 정복자 세소스트리스가 건설과 관개를 위한 대규모 공사에 전쟁포로를 사용했다고 기록했다.[217] 헤로도토스는 제12왕조에 속하는 파라오 모이리스Moeris, 즉 라비린토스의 건설자 아메넴하트 3세가 관개에 관련되었음을 강하게 시사하고 있다.[218] 디오도로스는 관개에 관한 두 개의 보고서를 상술했다. 그는 모이리스가 어떻게 파이윰을 배수시키고 나일 강의 높이와 흐름을 규제했는지를 상술했다.[219] 그는 또한 홍수로부터 도시를 보호하고 관개를 개선하려는 세소스트리스(그의 기록에 따르면, 세소오시스)의 활동을 언급했다.[220]

치수자 헤라클레스의 이미지와 관개 및 간척 사업을 벌인 제12왕조의 파라오에 대한 고전기 그리스인의 인식 사이에는 놀라운 유사점이 있다. 사실 이집트인과 고전기 그리스인에 의해 취해진 이러한 신격화된 인간의 이미지와 영웅 헤라클레스의 이미지 사이에는 의심의 여지없이 매우 강력

---

214) 앞의 주122-127 참조. Astour(1967a, p.392)의 지적에 따르면, 두 마리 뱀을 목 졸라 죽이는 신의 그림이 테베에서 발견된 카시트 인장 중 하나에 있었다(제12장의 주75-87 참조). 비록 이는 그 도상이 중동에서의 청동기시대로 거슬러 올라간다는 것을 보여주지만, 나는 그 인장이 테베에 있었다는 것이 단순한 우연의 일치일 수 있다고 믿는다.

215) Pausanias, IX.38.7, 그리고 Strabo, II.4.11.

216) Herodotos, II.99.

217) Herodotos, II.108.

218) Herodotos, II.13, 101.

219) Diodoros, I.51.5-52.

220) Diodoros, I.57.1-4.

한 유사점이 존재한다. 이러한 닮음은 도서관 사서 에라토스테네스를 통해 확인되는데, 그는 테베의 제26대 왕을 '셈프루크라테스Semphroukrates, 헤라클레스 하르포크라테스Herakles Harpokrates'라고 그리고 제34대 왕을 '시스토시케르메스Sistosichermes, 용감한 헤라클레스'라고 기술했다. 셈프루크라테스는 누군지 알기 힘들지만, 중왕국에 속했던 파라오 같다. 시스토시케르메스는 근대 학자들에 의해 세소스트리스 1세 또는 3세, 또는 양인 모두를 언급하는 것으로 그럴듯하게 해석되었다.221) 19세기 이집트학 학자인 라이하르트 렙시우스는, 세소스트리스와 헤라클레스를 비교한 결과 동일하다고 여긴 것에 관해 상세한 논문을 쓰면서 "고대 비평가들의 관점에서 두 사람(헤라클레스와 세소스트리스)의 신화적 연계가 명백히 인지되었고 암시되었다"222)고 주장했다.

헤라클레스는 분명히 검과 전차의 사용 이전 시대로 거슬러 올라간다. 이 점에서 그는 신왕국(기원전 1575-1100년)의 파라오와는 닮지 않았는데, 그들은 검과 전차를 실제로 그리고 상징적으로 사용했다. 헤라클레스처럼 제11·12왕조의 파라오는 사자가죽 옷을 입었고(또는 '입은 것'처럼 보였다) 곤봉을 휘둘렀다.223) 중왕국 파라오의 신격화는 그들 통치기간 중에 또는 직후에 일어났다.224) 신격화는 후기에 이루어진 것이 아니었다. 따라서 헤라클레스가 보여주는 본질적인 특성은 청동기시대, 즉 기원전 1100년 이전에 만들어진 신화에서 바탕이 되었을 것이다. 제12왕조의 파라오가 특별히 아몬(테베 왕가의 신으로서 왕들의 신성한 아버지였다)의 보호를 받았다면, 헤라클레스는 제우스의 아들로서 그리스 테베에서 특별히 아몬과 밀접히 동일시되었다. 더욱이 멘투호테프라는 제11왕조의 파라오들이 몬트Mont 또는 만추Mntw에게 헌신했다면, 헤라클레스는 어떤 의미로는 라다만티스의 아들이었다. 아테나가 알크메네와 동일시되었다는 것은 앞에서 언급되었고, 그리스 신화에서 아테나가 자주 헤라클레스를 돕고 지원했다는 데는 의문의 여지가 없다. 마찬가지로 네이트가 멘투호테프 2세의 수호 여신이

---

221) Waddell(1940, pp.223, 225) 참조. 주209도 참조.
222) Lepsius(1871, p.54). Burton(1972, pp.171-173)은 측정의 기술적 어려움을 일부 지적한다.
223) Wildung(1984, p.40, ill.33).
224) 좀 더 상세한 내용은 제5장의 주57 참조.

었다는 명백한 증거가 있고, 그 여신이 제12왕조의 파라오를 위해 동일한 기능을 행했다는 데는 거의 의문의 여지가 없다.

오늘날의 학자들이 세소스트리스의 정복에 관한 헤로도토스와 디오도로스의 보고에 대해 경멸을 쏟아부어왔지만, 문헌 자료와 고고학의 상세한 증거는 중왕국 치수사업의 위업에 관한 두 역사가의 기록을 강력하게 지지하고 있다. 비록 파이윰이라는 거대한 호수의 배수를 위한 주요 사업이 제12왕조에서 벌어졌지만, 전승에 따르면 기원전 3400년경 통치자이자 최초의 파라오인 메네스에 의해 이집트에서 관개사업이 시작되었다는 것은 정확한 사실로 보인다. 고왕국(기원전 3000-2500년) 때부터 댐을 쌓은 고고학적 증거도 있다.[225] 파라오 센워스레 1, 2, 3세의 치세에 운하를 팠다는 풍부한 증거가 발견되었고, 이들 파라오가 세소스트리스의 원형으로 인정되고 있다. 그리고 모이리스의 경우에도 동일하다.[226] 모이리스라는 이름은 두 근원을 가진 것으로 보인다. 첫째, 메르 웨르Mr wr(거대한 호수 또는 거대한 수로)라는 지명으로 파이윰의 입구 근처 마을의 이름이다. 둘째, 보통 아메넴하트 3세로 알려진 제12왕조 파라오의 이름은 Nemaˁ rēˁ(역주: 보통 니마아트라Nimaatra로 음역된다. 각주 226참조)로, 그는 파이윰에서 대규모 관개사업을 벌이다가 사망했다.[227] 이처럼 파라오들의 실제 업적이 헤라클레스 신화를 형성하는 데 중요한 역할을 했다는 주장은 매우 중요하게 받아들여져야만 한다.

보이오티아에 있었던 중왕국 파라오로서의 헤라클레스

그리스 신화에서 헤라클레스는 핵심적으로는 테베의 영웅이었다. 테베는 일반적으로 그의 탄생지로 여겨졌고, 그곳은 초기의 영웅적 행위 중 많은 것이 일어난 무대였다. 그가 숭배된 보이오티아에도 많은 유적지가 있었다. 이 시점에서 이집트 또는 구체적으로 중왕국 파라오에 연계되어 있

---

225) Stevenson Smith(1971, p.169).

226) Burton(1972, pp.175-176). 니마아트라Ny-m3ˁ t-Rˁ라는 이름은 라마레스Lamarēs와 라마리스Lamaris, 그리고 라바레스Labarēs와 라바리스Labaris를 포함하는 다양한 방식으로 번역되었다(Waddell, 1940, p.224, n.1).

227) 이와 관련된 복잡한 문헌에 대한 뛰어난 두 개의 개요인 Burton(1972, pp.162-163)과 Lloyd(1976, p.34) 참조.

다는 징표를 찾기 위해 그에 대한 숭배를 들여다볼 필요가 있다.

서부 보이오티아의 두 도시는 대단히 비슷한 테스피아이Thespiai와 티스베Thisbe라는 이름을 지니고 있었다. 애스터가 지적했듯이, 두 도시 이름의 기원이 후루의 폭풍의 신 테슈브Teššub일 가능성이 높다.[228] 후루의 영향이 청동기시대 보이오티아에 미쳤다는 생각은 그럴듯한데, 첫째로 나중에 주장될 것이지만 에게해권을 식민화한 힉소스 가운데 후루의 요소가 있었을 가능성 때문이고, 둘째로 청동기시대 말엽에 아나톨리아의 영향 때문이다. 이 문제는 제9장과 제11장에서 논의될 것이다.

그러한 후루의 영향과 헤라클레스의 숭배 사이의 특정한 연결이 영웅의 아내 헤베의 이름에 나타난다. 많은 학자들이 그녀의 이름은 단순히 '젊음'을 의미하는 것만이 아니라는 것을 보여주었다. 독일의 언어학자 크레치머는 그것을 오르페우스 찬가 중 두 개에서 발견된 히프타Hipta에 설득력 있게 연결시키고, 두 개가 모두 테슈브의 아내인 후루의 여신 헤바트Hebat라는 이름에서 파생되었음을 보여주었다.[229] 그런데 중왕국의 파라오를 제쳐놓을 필요는 없다. 내가 제6장과 제11장에서 주장하겠지만, 후루의 지역에 대한 세소스트리스의 정복은 상이집트의 백색 왕관을 쓴 그 파라오의 흔적을 후루 왕가의 문양과 '내려치는 신'(가장 주목할 만하게는 테슈브)의 문양에 남겨 놓았다.

파우사니아스는 테스피아이에 있는 헤라클레스의 성소를 발견했다. "암피트리온의 아들 헤라클레스의 시대보다 더 오래되었고, (더 이른) 헤라클레스라고 불린 자에게 속한 … 성소를 나는 이오니아의 에리트라이에서 그리고 티로스에서 발견했다."[230]

---

228) Astour(1967a, pp.215-216). Levin(1989)도 보시오.

229) Kretschmer(1927, pp.76-78), Hrozny[Civ. of Hittites and Subaraeans] 그리고 Graves(1955, p.206).

230) Pausanias, IX. 27.8. 그는 각별히 '이다의 다크틸로스'(즉, 크레타와 북서 아나톨리아에 있는 이다 산의 '손가락')로서 헤라클레스를 언급하고 있다. '이다의 다크틸로스'는 어린 제우스의 보호자였다. 손가락에 연계된 '이다'라는 이름은 분명히 파생어일 터인데, 아니면 적어도 셈어 어근 √yd야드(히브)(손)의 동음이의법과 관련이 있고, 아마도 기호 ⌒의 음가를 지닌 원이집트어 단어 d로부터 파생되었을 것이다(비록 그것이 이집트 문서에서 의미가 입증되지는 않았지만 말이다). Gardiner(1957, p.455); Greenberg(1986, p.287) 참조.

티로스에서의 헤라클레스/멜카르트 숭배는 앞에서 언급했다. 파우사니아스에 따르면 에리트라이에 있는 헤라클레스 조각상은 "아이기나의 조각상도, 아테네의 가장 오래된 조각상도 닮지 않았다. 그것은 순수한 이집트 조각상이었다."231) 티스베에서 물을 제어하고 농경을 위한 토지를 마련하기 위해 사용된 큰 둑이 있었다는 것은 언급될 만하다.

코로네아에서만이 아니라 테스피아이와 티스베에서도, 헤라클레스는 카롭스Kharops, 헤라클레스 카롭스, 더 자주 카롭스 헤라클레스로 알려졌다. 카롭스라는 별명은 '빛나는 눈을 가진'을 뜻하는 것으로 보인다. 또 다른 가능성은 그 이름이 아테네의 전설상 건국자인 케크롭스Kekrops에 연계되어 있다는 점인데, 케크롭스의 신전이 할리아르토스에도 있었다. 케크롭스는 제3권에서 더 논의될 것이다. 여기서는 그 이름이 센워스레 1·2·3세의 대관식 이름인 케페르카라Ḫprk3Rˁ, 카케페라Ḫˁbpr Rˁ 또는 카카우라Ḫˁk3wRˁ에 연계될 수 있다고 주장하는 것으로 충분하다. 이처럼 보이오티아의 헤라클레스를 제12왕조의 이집트에 연계시킬 수 있는 점들이 있다.

결론

이번 장은 청동기시대 동안 보이오티아, 아르카디아, 근동 사이에 밀접하면서도 장기적인 관계를 시사하는 증거의 작은 단편만 다루었다. 제3장에서 나는 코파이스, 케피소스, 오르코메노스, 미니아이, 테베를 포함하는 핵심적으로 중요한 보이오티아의 지명에 대한 그럴듯한 이집트 어원과 셈 어원을 고려할 것이다. 또한 제4권에서 이집트 스핑크스와 보이오티아 스핑크스 같은 괴물 사이에, 호루스/케페레르Ḫprr와 아폴론의 태양 숭배 사이에, 오이디푸스와 이집트의 카 무트-에프K3 Mwt.f(그의 어머니의 황소, 역주: 끝의 f는 접미 대명사suffix pronoun로 3인칭 단수 남성) 사이에 동일하게 얽힌 신화적 유사점을 검토할 것이다. 이번 장에서는 지하수, 관개, 배수와 관련된 신화에만 관심을 가졌다.

---

231) Pausanias, VII.5.5. 애스터(1967a, p.215)는 테스피아이에 비슷한 조각상이 있었다고 말함으로써 이 경우를 과장하고 있는 것 같다.

지금까지 살펴보았듯이, 코파이스 호숫가와 테베에서 아테나에 대한 고대 숭배는 습지의 여신이자 습지 개간의 여신으로서 네이트를 둘러싼 신화와 비슷한 것 같다. 이집트와 리비아에서 그 여신과 포세이돈은 경쟁관계인데, 이는 농경과 자연 사이의 투쟁과 관련된 것으로 보인다. 테베에서 아테나 옹카의 숭배가 시사하는 것은, 이집트 신 아누키스를 통해 네이트/아테나를 네프티스/페르세포네/에리니스에 동화시키고 물의 흐름 및 제어에 연계시킨다는 점이다. 안케트/옹카와 아르크ʿrk/알케alke 사이에도 관련이 있는 것 같은데, 이는 옹카와 알크메네를 연결시킨다. 이토니아와 알랄코메나에서 아테나 관련 숭배는 아테나와 알크메네(아몬/제우스의 배우자이자 헤라클레스의 어머니)의 동일시를 가리킨다. 이집트에서 네이트는 제11왕조 파라오 멘투호테프 2세의 신성한 어머니로 나타난다.

테베의 영웅 헤라클레스가 여러 근원으로 만들어진 복합적인 인물이라는 것은 명백하다. 비록 이집트적 근원이 가장 오래된 것(그리스인은 그렇게 생각했다)이 아니라 하더라도 그것이 헤라클레스의 형성에 근원적이었음은 명백하다. 한편으로 슈와 헤리셰프Hry š-f/아르사페스 같은 신이 있었고, 다른 한편으로 중왕국의 파라오가 있었다. 아르사페스와 파라오는 치수자로서의 헤라클레스의 공적에 배경을 제공한다. 이처럼 헬레니즘시대에 알려진 것처럼 코파이스 호수와 이집트 사이에 유사점이 있을 뿐만 아니라 이집트 신화와 보이오티아의 아테나 숭배 사이에는 복합적인 유사점이 있다. 물론 한편으로는 치수자로서의 헤라클레스에 관한 전설, 그리고 다른 한편으로는 배수 및 관개에서 중왕국 파라오들이 이룩한 업적의 이미지 및 실재성 사이에도 유사점이 있지만 말이다. 크게는 보이오티아의 고대 치수작업, 작게는 코파이스 호수의 치수작업이 어떤 방법으로든 이집트의 그것에 연계되었음을 시사하는 풍부한 증거가 있는 것 같다.

지금까지 논의된 신화들 중의 일부는 후기 청동기시대(역주: 기원전 1700-1200년)에 속하는 것 같다. 호메로스와 헤시오도스는 그러한 신화가 적어도 기원전 10세기 이전에 존재했음을 보여주지만 기원전 17세기보다 훨씬 더 이른 시기일 수는 없다는 징표를 제시하고 있다. 이것의 가장 명확한 예는 포세이돈 및 에리니스가 말(馬)로서 언급되고 있는 신화인데, 말은 기원전 17세기 이전에 중동과 에게해권에서 중요할 정도의 숫자로 존재하지 않았기 때문이다. 텔푸사/쎌푸사라는 이름이 탈레비우T3lbyw, 레브Rb, 리부Libu라는 이름에 연계된 것도 아마 사실일 것이다. 비록 리비아가 적어도 기원전 3천년기 초 이래로 에게해권 사람들에게 알려졌다 하더라도, 이 이름과 그 지역의 말에 관련된 연계는 기원전 2천년기 후반기에야 생겨날 수 있었을 것이다. 마찬가지로 티스베/테스피아이와 헤베라는 명백한 후루의 이름도 힉소스의 도래 후에야 도입되었을 텐데 힉소스 도래는 기원전 18세기 말에 있었다(나는 이를 제9장에서 주장할 것이다). 오기고스를 둘러싼 불(火)에 관련된 신화는 기원전 1628년 테라의 폭발 이후에 발전되었던 것 같다.

그 이유를 해명하기 위한 예비단계로, 우리는 더 이른 시기의 신화적 및 제식적 자취를 찾아 보았다. 여기에서 말할 수 있는 있는 것은, 헤라클레스, 알크메네, 라다만티스를 둘러싼 기초적 신화는 기원전 2000년경에 유래했을 것이라는 점이다. 반면에 보이오티아에서 아테나와 포세이돈의 첫 숭배와 같은 것은 더 오랜 것일 수 있다. 좀 더 그럴듯한 시대를 계산하기 위해 다음 장에서 고고학적 증거를 살펴볼 것이다.

제3장
기원전 3천년기 보이오티아와 펠로폰네소스에 대한 이집트의 영향 II

-고고학적 증거-

　제2장에서 살펴본 보이오티아에 관한 신화와 전설은 그리스의 다른 지역에서 특히 펠로폰네소스의 아르카디아에서 밀접한 유사점을 갖고 있다. 두 지역 사이의 유사점은 지명이나 대규모 배수 계획(종종 이집트의 치수·토목기술에 영감을 받았다고 생각된다)의 물리적 증거에서 나타난다. 제1권에서 나는 이집트와 레반트가 그리스에 영향을 미쳤던 중요한 시기는 기원전 2천년기 특히 기원전 1730년과 1600년 사이의 시기이며, 그때 에게해권에 힉소스의 정착지 또는 '식민지'가 있었다고 주장했다. 그 후 연구를 진행하면서 나는 훨씬 더 이른 시기에 중요한 영향이 있었음을 믿게 되었다. 우선 도기연대로는 전기헬라스 II 시기인 기원전 3천년기 전반(이집트의 고왕국 시기와 일치한다)에 그 영향이 그리스 본토에 전달되었다. 이후 또 한 번의 영향이 주로 크레타를 포함한 에게해권의 여러 지역에 전해졌는데, 기원전 2100년과 1800년 사이 이집트 중왕국 시기로 크레타 도기연대로는 전기미노아 III에서 중기미노아 III 시기이다(도기연대 도표 참조). 이번 장에서는 우선 크레타에 대한 영향을 그리고 이 책의 후반부에서는 에게해권에 대한 영향을 살펴볼 것이다.

　비록 보이오티아에서 발견된 관개시설이 청동기시대로 거슬러 올라간다는 데는 의문의 여지가 없지만, 그것이 청동기시대의 어느 시기에 속하는지에 대해서는 상당한 논란이 있다. 보이오티아에서 관개시설이 전기헬라스 시기에 건축되기 시작했다는 것을 시사하는 증거가 증가하고 있다. 아르카디아에 축조된 댐의 연대는 여전히 확정적이지 않지만, 꽤 오래되었을 것으로 추정된다. 코파이스 호수 북쪽에 있는 오르코메노스에서 이집트 유형으로 보이는 곡물창고가 발견되었고, 그 연대는 전기 청동기시대인 것으로 보인다. 관개에 기초하고 이집트의 영향을 막대하게 받은 복잡한 보이오티아 경제라는 이 그림은 테베에 있는 큰 규모의 분묘로 강화되는데, 그것의 발굴자 테오도레 스피로풀로스는 전기헬라스 II 시기의 '피라미드'로 보고 있다.

　아직 청동기시대의 어떤 피라미드도 펠로폰네소스 북동 지역의 아르골리스에서 발견되지는 않았지만, 청동기시대의 거대한 댐뿐만 아니라 전기헬라스 시기에 세워진 상당한 규모의 이집트식 곡물창고들이 티린스 근처에서 발견되었다. 이러한 것들과 아르고스 만의 머리 부분에 있는 레르나에서 20킬로미터도 채 안 떨어진 곳에서 발굴된 전기 청동기시대의 중요한 건축물의 상당한 잔해는 아르골리스에 이집트의 영향을 크게 받은 발달된 국가가 있었을 가능성을 시사하고 있다. 그리스의 남부와 중부의 다른 지역에서 발견된 '타일의 집들Houses of Tiles'은 어느 정도의 정치적 조직 또는 적어도 이 지역에서 사회적 응집이 있었음을 보여준다.

제례, 신화·지명, 고고학적 증거 등을 모으면 보이오티아와 그리스의 여러 지역이 청동기시대에 이집트와 레반트의 영향을 크게 받았음이 아주 명백해진다. 이러한 영향이 실제로 전기헬라스 시기에 시작되었음도 확실하다. 이는 그 당시 일부 에게해권 국가에 대한 이집트의 종주권에 의한 것일 수도 있지만, 그보다는 여러 전설이 말하고 있듯이 더 이른 시기에 이집트 또는 레반트에 의한 식민화의 결과일 가능성이 더 크다. 기원전 3천년기 전기 청동기시대의 근동과 에게해권의 상황은 기원전 2천년기 후기 청동기시대의 상황과 여러 가지로 유사하지만, 이집트나 레반트 출신 지배자에 의한 직접적 지배에 관한 유일한 실체적 시사점은 후기 청동기시대에 관련되었다.

스파르타 고고학: 알크메네의 분묘

기원전 3천년기와 2천년기의 고고학적 증거를 조사하기 전에, 고대의 고고학 발굴 보고서를 살펴보자. 기원후 2세기경 저술활동을 한 플루타르코스는 400여 년 전의 발굴에 관한 기록(그의 주장에 따르면, 그 기록은 발굴 당시에 작성되었다)을 인용하고 있다. 기원전 382년과 380년 사이 스파르타가 보이오티아를 점령하고 있는 기간에 아게실라오스 2세의 명을 받아 스파르타인은 코파이스 호수 남안에 있는 할리아르토스 시 근처에 위치한 알크메네의 무덤이라고 믿어졌던 장소를 발굴했다.

무덤에서 발견된 것은 돌 하나(이에 대한 다른 해석은 거기에 해골이 있었음을 시사한다), 크지 않은 청동제 팔찌, 그때에는 돌이 된 흙을 담고 있는 두 개의 도기 단지, 속이 꽉 찬 덩어리 하나가 전부였다. 그런데 무덤 앞에 긴 각문刻文을 담고 있는 청동제 서판이 놓여 있었다. 그 각문은 너무나 오래되어서 알아볼 수 없었지만, 물로 씻어내자 특이하고 이국적인 모양의 문자가 드러났다. 그것은 이집트 문자와 거의 유사했다. 아게실라오스는 파라오(네크타네베스Nbt nbf, 기원전 379-363)에게 복사본을 보냈다. … 그 스파르타인은 아게실라오스로부터 받은 긴 문헌을 가지고 신의 대변자 코누피스Chonuphis를 만나기 위해 멤피스에 도착했는데, 그 대변자는 당시 플라톤, 페프레토스의 엘로피온, 테베의 심미아스(역주: 소크라테스의 제자) 등과 많은 철학적 토론을 벌였다. 그 스파르타인은 코누피스에게 가능한 빠른 시간 안에 비문을 해석해 달라는 왕의 명을 전했다. 코누피스는 사흘간 칩거하면서 고대의 책에서 모든 종류의 글자체를 자세히 조사하고는 왕에게 답장을 썼다. 그 답장에 관해 왕은 우리에게 알려주었다. 코누피스에 따르면, 그 문서는 뮤즈를 기념하는 경연의 개최를 명령한 내용을 담고 있었고, 각문의 문자는 프로테우스Proteus 왕의 시대에 널리 통용된 문자의 모습을 지녔다. 암피트리온의 아들 헤라클레스가 그 문자를 배웠는데, 그 신(역주: 헤라클레스)은 그리스인에게 항상 철학을 논쟁의 장으로서 취하고 무기를 내려놓고 뮤즈에 대한 호소와 논의로 여가와 평화를 즐기며 살 것을 가르치고 촉구하고자 그 비문을 사용했다.[1]

이 기록에 중요한 것이 있는가? 스파르타인이 그 당시 보이오티아를 장악했다는 것과 아게실라오스 2세가 그들의 군대를 지휘했다는 데는 의문의 여지가 없다. 무덤을 열라고 명한 아게실라오스의 동기는 알 수 없지만, 그의 후원자이자 연인인 그 유명하고 잔혹한 스파르타의 장군 리산드로스가 16년 전인 395년 할리아르토스에서 전사했다는 사실과 관련 있을 가능성이 매우 크다. 여행가 파우사니아스는 리산드로스의 무덤이 할리아르토스 근처에 있다고 기록했다. 그런데 오늘날의 학자인 피터 리바이는 리산드로스의 이름이 고대 무덤에 덧붙게 된 것이라고 주장한다.[2] 비록 상황은 명확하지 않지만, 알크메네 무덤의 발굴은 리산드로스의 '영웅적' 숭배를 통해 스파르타의 국익 증진에 어떤 방식으로든 연결되었을 가능성이 높다. 어쨌든 리산드로스와의 연계는 이 부분에 관한 플루타르크의 인용에 신빙

---

1) Plutarch, *De Genio Socratis*; de Lacy and Einarson, pp.389-397. 이 비문에 관해서는 Schacter (1981, p.14) 참조. 무덤 및 그 발굴에 관해 좀 더 알려면 Persson(1932, pp.295-307) 참조.
2) Levi(1971, I, p.380, n.190).

성을 더한다.

　그 무덤에서 발굴된 유물에 대한 상세한 묘사와 묘사의 산문적인 특성은 발굴보고를 매우 그럴듯하게 여기도록 한다. 여기에는 큰 뱀, 거대한 뼈, 큰 보물에 관한 이야기가 없다. 『블랙 아테나』 제1권을 읽은 독자라면, 고대모델을 받아들이고 있는 기원전 4세기의 그리스인이 그 고대 유물과 서판을 이집트의 것으로 가정했다는 데 놀라지 않을 것이다. 이것이 왜 보이오티아에 있는 알크메네의 무덤이어야 할 이유는 조금 뒤에 논의할 것이다. 그 발굴에 관한 표준 논문을 쓴 회의적인 J. 슈워츠조차 플루타르크의 견해를 받아들인다.3)

　아게실라오스가 평생 이집트에 연루되었다는 것도 알려져 있다. 기원전 396년 파라오 네페리테스Nepheritēs 1세는 페르시아에 대한 스파르타의 원정에서 아게실라오스 2세를 원조했다. 길고 활동적인 생애를 살았던 스파르타 왕은 기원전 360년 페르시아에 대항하는 이집트를 돕기 위한 용병 원정 중에 죽었다.4) 철학자들의 전기작가인 디오게네스 라에르티오스는 수학자이자 천문학자인 크니도스의 에우독소스에 관해 보고한다. "그는 아게실라오스가 네크타나베스에게 보내는 소개 편지를 지니고 의사인 크리시포스와 함께 이집트로 갔다. 네크타나베스는 그를 사제들에게 천거했다."5) 에우독소스와 크리시포스는 카리아에 있는 스파르타의 식민지 크니도스(기원전 390년 스파르타에 의해 함락되었다) 출신이었다. 에우독소스가 아테네에서 지냈다는 사실에도 불구하고 두 사람이 새로운 파라오에게로 보내진 스파르타 사절에 끼어 있었을 가능성이 매우 높다. 그런데 연대 문제가 있는데, 디오게네스에 따르면 에우독소스는 23살(그러니까 기원전 381년 이전이었음에 틀림없다)까지 아테네에 머물다가 그 직후 이집트로 갔기 때문이다. 그럼에도 불구하고 에우독소스가 동일한 사절단원이었다면 연대는 매우 잘 들어맞는다. 이러한 시기의 불일치는 잘못 기록된 나이, 아테네와 이집트에 머물렀던 시기 사이에 누락될지도 모를 여행 등으로 설명할 수 있다. 아게실라오스가 네크타나베스의 치세(기원전 379-363년) 말기뿐만

---

3) Schartz(1950, p.81).

4) Cartledge(1987, pp.328-329).

5) Diogenes Laertios, VIII.87.

아니라 초기에도 교류했다는 것은 있음직한 일로 여겨진다.[6] 참으로 기원전 379년은 특별히 중요한 해이다. 바로 그해에 페르시아에 대한 항전을 이끌었던 키프로스 살라미스의 독재자 에바고라스가 페르시아에 항복했기 때문이다. 같은 해 네크타나베스는 아게실라오스의 옛 동맹자 네페리테스 1세가 건국한 제29왕조의 마지막 파라오를 쫓아냈다. 별다른 동맹국이 없는 상황에서 새로운 이집트 왕조가 페르시아를 저지하려면 그리스에서 가장 강력한 스파르타와의 관계를 공고히 하는 것이 매우 중요했다.

사절단원 에우독소스와 음역된 비문 사이의 연계는 에우독소스가 코누피스라는 이름의 사제와 함께 공부했다는 강력한 고대의 전승으로 긴밀하게 된다.[7] 기원전 390년경 플라톤이 이집트에서 코누피스와 철학적 논쟁을 벌였다는 것도 매우 그럴듯한 일이다.[8] 이는 에우독소스가 지닌 소개 편지와 아게실라오스의 번역 부탁에 관한 두 보고에 신빙성을 부여한다. 그 이야기는, 스파르타인이 문헌을 이집트 파라오에게 보냈고 파라오는 그 문헌을 코누피스에게 회부했다는 것을 언급하는 것으로 보아, 대단히 있음직한 일로 보인다.

그런데 이 모든 것이 무덤에서 발견된 유물들이 이집트의 것이었다는 것을 의미하지는 않는다. 실제로 그것이 이집트의 유물이었다는 것은 있음직하지 않다. 청동 팔찌와 도기 항아리는 그 유물이 전·중기헬라스 시기(기원전 3300-1700년) 또는 미케네(기원전 1700-1200년)의 것임을 시사한다. 무덤 앞에 있던 청동 서판은 더 큰 문제를 제기하는데, 그와 같은 것이 이집트·레반트·에게해권 문화에서는 발견되지 않았기 때문이다. 그렇지만 이것 때문에 보고를 불신할 이유는 없다. 이들 문화들 모두에서 무덤 앞에 청동 서판을 놓았을 수도 있기 때문이다. 그 위에 새겨진 기호가 상형문자였을 가능성은 없다고 보아야 한다. '프로테우스 왕 시대에 사용되고 암피트리온의 아들 헤라클레스가 익혔던 문자'는 선형문자 B이거나 선형문자 A 또는 설형문자였을 가능성이 가장 크다.[9] 만약 그 비문이 이집트 신성

---

6) Schwartz(1950, p.78)가 가정한 것처럼 시기는 크리 큰 문제가 되지 않은데, 네크타나베스는 기원전 378년이 아니라 379년에 통치하기 시작했기 때문이다. Lloyd(1983, p.281) 참조.

7) Plutarch, *de Iside*, 10; Clement of Alexandria, *Strom.*, I.15, 69; Diogenes Laertios, VIII.90; Schwartz(1950, p.78).

8) 플라톤의 이집트 여행 여부에 관한 참고문헌은 제1권, 제1장 주148 참조.

문자의 어떤 형태를 지닌 것이었다면 코누피스가 그 서판을 읽어내려고 했을 때 겪은 명백한 어려움을 설명하기 어렵다. 왜냐하면 교육받은 이집트 사제가 신성문자를 읽어내는 것은 비교적 쉬운 일이었기 때문이다. 이야기의 가장 그럴듯하지 않은 부분은 코누피스의 문서 번역에 관한 보고이다.

> 그 신(역주: 헤라클레스)은 그리스인에게 항상 철학을 논쟁의 장으로서 취하고 무기를 내려놓고 뮤즈에 대한 호소와 논의로 여가와 평화를 즐기며 살 것을 가르치고 촉구하고자 그 비문을 사용했다.

이것을 그저 무심하게 지나쳐서는 안 된다. 할리아르토스 지역에서 뮤즈 숭배가 성행했다고 가정하면 그리고 보고가 정확하다면, 코누피스가 보이오티아에 관해 무엇인가를 알고 있었다는 것은 있음직하다. 이집트 사제가 헤라클레스를 선택했다는 것도 매우 의미심장하고 확실히 의도적이다. 앞에서 보았듯이, 보이오티아의 헤라클레스와 이집트 사이에는 근본적인 옛 관계가 있었다. 더욱이 청동기시대의 고분을 리산드로스의 무덤으로 둔갑시킴으로써 보이오티아를 '항구적으로 스파르타의 것'으로 만들려는 의도 이외에도 테베의 영웅이기도 하고 '헤라클레스의 후손'인 스파르타 왕들의 전설상 조상이기도 한 헤라클레스를 언급함으로써 보이오티아에서 스파르타인의 현존에 정통성이 부여되는 것으로서 보일 수 있기 때문이다. 사실 스파르타의 점령은 종교적 견지에서 보면 매우 불안했다. 이집트에 사절을 파견하기 얼마 전 아게실라오스의 승인 하에 테베의 아크로폴리스를 스파르타인이 불경스럽게도 점령했기 때문이다.[10] 그러나 코누피스의 문장은 스파르타의 정치선전문처럼 읽혀지지 않는다. 왜냐하면 스파르타는 그 당시 내전에 매우 적극적이었기 때문이다. 이것은 페르시아에 대항해 그리스 전역의 정치적·문화적 단합을 요구하며 기원전 380년에 연설가 이소크라테스가 쓴 「찬사*Panegyric*」와 같은 취지를 담고 있다. 그 '번역'을 페르시아에 대항하고자 아마도 스파르타의 패권 하에 그리스가 단결하기를 바라는

---

9) 이것이 많은 저자들의 견해이다. Persson(1932, p.303); Schwartz(1950, p.81) 참조.
10) Cartledge(1987, pp.296-297).

이집트의 호소로서 설명하려는 시도는 개연성이 가장 적다. 아테네의 제독 카브리아스는 스파르타에 대항하는 보이오티아 테베와의 관계를 강화한 후 기원전 377년 원군을 이끌고 이집트에 도착했기 때문이다.[11]

무덤의 발굴자들이 비문을 왜 이집트어라고 생각했는지를 설명하는 것은 어렵지 않다. 기원전 4세기 그리스에 고대모델이 널리 퍼져 있었다는 사실 이외에도 알크메네, 그녀의 남편 라다만티스, 그녀의 아들 헤라클레스, 코파이스 호숫가에 있는 할리아르토스에 있는 무덤의 위치, 테베 및 보이오티아 전체, 이 모든 것에 이집트를 연계시킬 특별한 이유(제2장에서 살펴보았다)가 있었기 때문이다.

암피온과 제토스의 무덤

이제 나는 고대 고고학에서 오늘날의 고고학으로 방향을 틀고자 한다. 테베가 여전히 사람이 살고 있는 도시라는 사실은 그곳에서의 발굴 작업을 극도로 어렵게 만든다. 이로 인해 테베의 역사시대와 선사시대를 파악하기 어렵고, 특히 전기헬라스 시기의 테베가 가졌던 본질의 재구성을 어렵게 했다. 전기헬라스 II(기원전 3000-2400년)와 전기헬라스 III(기원전 2400-2050년)의 가옥 흔적이 있고, 아르골리스 지방의 레르나 등지에서 발견된 '타일의 집'과 비슷한 가옥 유적이 있다. 이들 가옥은 왕궁 또는 집회소였던 것으로 보인다.[12] 아마도 테베는 이미 기원전 3천년기에 중요한 중심지였을 것이다. 이것은 피라미드라고 묘사할 만한 기념물이 테베에 있다는 사실로 강화된다.

1970년대 보이오티아 고고학 발굴의 총지휘자인 테오도레 스피로풀로스는 발굴과 조사에 관해 상당수의 논문을 썼다. 이들 중 두 편은 보이오티아에서 이집트인이 살았을 가능성 또는 이집트의 영향 가능성과 직접 관련된 것이다. 「이집트인에 의한 보이오티아의 식민화」와 「코파이스 호수 지역의 연구 입문」이라는 논문이다. 이집트가 보이오티아를 식민지로 삼았다는 스피로풀로스의 주장은 두 가지 중요한 고고학 유적지에 근거했는데, 암피온과 제토스의 무덤, 코파이스 호수의 배수를 위해 사용된 둑 및 수로

---

11) Schwartz(1950, p.79).

12) Symeonoglou(1985, pp.15-19); Shaw(1987, p.60) 참조.

의 복잡하고 세련된 망網이었다.

1981년 스피로풀로스는 테베 시 북쪽에 있는 큰 흙둔덕에 관한 책 한 권을 발간했다. 도시를 휘둘러 흐르는 여러 개울 중 두 개울이 합쳐지는 급사면 위에 있는 그 둔덕은 전통적으로 암피온과 제토스의 무덤으로 알려져 있는데, 헤시오도스는 암피온과 제토스가 수금을 연주함으로써 테베의 성벽을 쌓았다고 기록했다. 테베가 목걸이 및 하르모니아에 연계되었다는 제2장의 언급을 고려하면, 현악기의 이미지에 주목하는 것은 흥미롭다.13) 호메로스에 따르면 "최초로 일곱 성문이 있는 테베의 자리를 확립하고 그 것을 성벽으로 둘러친 자가 쌍둥이 암피온과 제토스인데, 그들이 아무리 막강하다 하더라도 성벽 없이 거주할 수 없었기 때문이었다."14) 그들의 적 은 야만족(아오네스인, 템미케스인, 히안테스인, 렐레게스인, 펠라스고이인)이 었음이 분명한데, 그들은 원주민이거나 바로 남쪽에 있는 아티카로부터 온 자들이다.15) (제1권에서 펠라스고이 그리고 이집트어 예웬[예웨니우, 예웬티 우]iwn([t]yw)[야만족]에서 아오네스와 히안테스라는 이름이 파생된 것에 관해 길 게 논의했다.)16) 그렇다면 호메로스의 견해로 보건대 암피온과 제토스는 그 지역을 식민화한 국외자였을 가능성이 높다. 기원전 6세기 신화작가 페 레키데스뿐만 아니라 헤시오도스와 여러 초기 저자들은 쌍둥이를 테베의 최초의 건설자로 보았다(제2장에서 고찰한 오기고스Ogygos는 후에 보이오티아 로 알려진 영토의 첫 번째 신화적 왕이었지만, 테베의 건국자는 아니었다).17) 테 베 역사에 관한 페레키데스의 견해에 따르면, 암피온과 제토스의 도시는 플레기아이인Phlegyai을 막고자 건설되었다. 그들은 북쪽에 있는 테살리아로 부터 왔던 것으로 보이며 쌍둥이의 죽음 후 그 도시를 파괴했다. 그 부족 명에 해당하는 가능한 이집트어 어원 파 레쿠(레키우)Pɜ rk(y)w(敵)가 있다. 카드모스와 그가 거느리고 온 자들이 버려진 장소에 훨씬 뒤에 테베를 재 건했던 것으로 여겨진다.18)

---

13) Hesiod, Merkelbach and West, 1983, frg.182. Palaephatos c.42 in Loeb, p.214, no.96.

14) *Odyssey*, XI.262-264.

15) 헤카타이오스의 단편, Jacoby(1923-1929, I, F.119).

16) 제1권, pp.132-134.

17) Hesiod, Merkelbach and West, 1983, frg.182 참조. Palaephatos c.42 in Loeb, p.214, no.96. 이 증거의 일반적 개요는 Buck(1979, p.46); Symeonoglou(1985, pp.76-77) 참조.

그런데 페니키아 사람 카드모스가 테베에 나라를 세운 여러 사람들 중 하나가 아니라 테베를 처음으로 세운 오직 한 사람이라는 강한 전승도 있다. 서부 셈어에서 qedem케뎀(히브)은 '동쪽의'라는 의미뿐만 아니라 '고대의'라는 뜻도 있었다. 어쨌든 카드모스가 테베 최초의 식민자였다는 다른 전승들도 있으나, 이것들은 모두 후기에 속하는 것이다. 이들 전승은 암피온과 제토스를 어떻게 볼 것인가라는 문제를 제기한다. 기원전 5세기 역사가 헬라니코스와 기원전 4세기의 필로코로스는 단순히 순서를 바꾸어 쌍둥이를 카드모스 이후에 놓았다.[19] 파우사니아스는 이러한 견해에 따르면서, 암피온과 제토스에 의해 건설된 테베는 카드모스에 의해 건설된 카드메이아 아래에 있었다고 주장했다.[20] 그런데 이러한 류의 견해는 테베의 후기 왕들이 카드모스의 후손으로 확실히 간주되었다는 데서 어려움에 직면했고, 이를 타개하기 위해 카드모스 혈통의 복위를 필요로 했다. 기원전 5세기 초의 저자인 밀레토스의 헤카타이오스와 기원전 4세기의 역사가 에포로스는 이러한 번거로움을 피해 갔는데, 기원전 1세기의 스트라본이 이것을 따랐다. 그들은 호메로스의 구절을 부정하면서 암피온과 제토스가 테베가 아니라 남서쪽에 있는 에우트레시스Eutresis를 세웠다고 주장했다.[21]

쌍둥이가 도시를 세운 이야기(예를 들면, 로물루스와 레무스에 의한 로마 건국 전설)는 명백히 민속적 주제이지만, 암피온과 제토스에 관한 전승 중 입증된 가장 초기의 기록자인 호메로스를 불신할 이유가 없다. 후기의 명칭인 '암피온과 제토스의 무덤'이 청동기시대에 그렇게 불렸다는 것을 보여줄 어떤 증거도 없지만, 이른 시기의 그 무덤 이름은 알려지지 않고 있다. 그 무덤은 아이스킬로스에 의해서도 언급되고 있고, 파우사니아스 시대에도 그 이름으로 깊은 존경을 받았다.[22] 오늘날의 학자인 요아니스와 에벨린 루카스가 역설하듯이, 그 유적지는 고대 내내 신성한 곳으로 여겨

---

18) 페레키데스의 단편, Jacoby(1923-9, III, F.41). 에우리피데스의 「페니키아의 여인들」 638에 대한 고전주석에 따르면, 카드모스는 자신을 테베로 이끈 어린 암소를 펠라곤Pelagon이라는 사람에서 얻었는데, 이 이름도 파 레쿠P3 rkw로부터 온 것으로 볼 수 있지 않을까?

19) 이 전거들에 대한 상세한 논의는 Buck(1979, p.46); Symeonoglou(1985, pp.76-77) 참조.

20) Pausanias, IX.5.1-3.

21) Strabo, IX.2.28; Buck(1979, p.46); Symeonoglou(1985, pp.76-77).

22) Aischylos, *Seven Against Thebes*, 526-529; Pausanias, IX.17.2. 이를 참조해 유적지의 정체를 밝힌 Symeonoglou(1985, pp.83, 192) 참조.

졌고 거의 3,000여 년 동안 그곳에 건축물을 짓지 않았다.[23] 그것이 그 도시에서 가장 오래된 큰 건축물이라는 데도 거의 의심의 여지가 없다. 20세기에 그 언덕에 대한 몇 차례 발굴 작업이 있었고, 전기헬라스와 후기헬라스 시기에 속하는 많은 분묘가 발견되었다.[24] 1971년 스피로풀로스는 그곳을 발굴하면서 3층의 계단식 피라미드 구조임을 밝혀냈는데, 중앙의 꼭대기 부분은 햇볕에 말린 벽돌로 덮여 있었다. 그리고 놀랍게도 분묘 속에서 쌍둥이의 전승을 연상시키는 매장을 위한 두 개의 움푹 파인 흔적을 발견했다.

그 묘는 고대에 약탈당했지만 목걸이에 매달려 있던 것으로 보이는 작은 황금 펜던트 세 개는 화를 면했다. 그것은 백합꽃 모양을 하고 있는데, 파피루스 형태와 진주로 덮인 꼭대기에 두 개의 나선螺線이 있었다.[25] 보석의 지리적 출처는 불분명하다. 제4장에서 살펴보겠지만, 청동기시대 크레타와 에게해권의 보석류에는 이집트의 영향이 강하게 반영되어 있다.[26] 구체적으로 파피루스 형태의 장식은 궁극적으로 이집트에서 유래한 것이지만, 이러한 예술적 주제가 그 당시 크레타에서 널리 사용되었기 때문에 반드시 이집트에서 만들어졌다고 말할 수는 없다. 연대에 관해서는 별다른 이의 없이 기원전 3천년기에 속하는 것으로 보인다. 스피로풀로스는 거기에서 발견된 도기 사금파리와 보석에 근거해 고분의 연대를 전기헬라스 II로 설정했는데, 그 시기는 기원전 3000-2400년이다.[27] 한편 보이오티아 고대 유물관의 부관장이자 자세한 내용을 담고 있는『테베의 지형학』저자인 사란티스 시메오노글루는 무덤 내부에 있는 도기를 중기헬라스 시기의 것으로 설정하지만, 그 시기의 어느 부분에 해당하는지는 명시하지 않는다.[28] 대부분의 학자는 그것이 전기 청동기시대라는 스피로풀로스의 결론을 받아들이고 있으며, 나는 그것에 도전할 이유가 없다고 생각한다.[29]

---

23) Loucas and Loucas(1987, p.100).

24) Keramopoullos(1917, pp.381-392). Symeonoglou(1985, p.273)도 참조.

25) Spyropoulos(1972a, pp.18-23). Loucas and Loucas(1987, p.96)가 인용한 Konsola(1981, p.100)도 참조.

26) Pausanias, IX.34.3 참조. Higgins(1979, pp.25-27).

27) Spyropoulos(1972a, p.20). 이 책에서는 그리스 도기연대의 근거가 이집트 동시발생사건의 방사성탄소 연대측정법으로 상향 조정된 연대를 사용한다. 제5장의 각주84-88 참조.

28) Symeonoglou(1985, p.273).

많은 학자들이 고분에 대한 스피로풀로스의 연대 설정을 인정하지만, 그 기원을 이집트에 두는 그의 주장을 기꺼이 받아들이는 것은 아니다. 아리아주의자는 그것을 쿠르간의 고분(남부 러시아와 발칸에서 발견되는 매장 둔덕)에 관련지어 설명하면서 원인도유럽어를 사용하는 자들의 특징을 지녔다고 가정했다.[30] 그러한 비교는 억지이다. 왜냐하면 쿠르간인의 고분은 돌과 흙으로 만든 평평한 형태이기 때문이다. 이와 대조적으로 암피온과 제토스의 무덤은 계단식 구조로 만들어졌고, 꼭대기는 벽돌로 이루어지고, 기존의 언덕에 세워졌으며, 장례숭배와 관련된 것으로 여겨지는 묘 속에 이르는 수많은 회랑을 가지고 있다.[31]

스피로풀로스는 두 개의 벽감壁龕을 포함한 석관 앞 공간을 접근 수갱 또는 경사진 접근로(드로모스dromos)에 해당하는 현관으로 보고 있는데, 그는 이 고분을 키프로스의 라피토스와 엔코미에 있는 고분과 비교한다.[32] 크레타 장례에 관한 표준서를 쓴 인고 피니는 드로모스 형태의 크레타 분묘는 이집트의 영향을 받았다고 주장한다.[33] 또한 스피로풀로스는 수갱을 지닌 크레타의 장방형 무덤과 직접적으로 연계되어 있다고 가정하는데, 크레타 무덤의 원형은 분명히 이집트에 있었다.[34] 그러나 크레타 무덤은 기원전 2천년기 초의 옛 왕궁기에 속하므로 암피온과 제토스의 무덤에 대해 스피로풀로스가 설정한 연대 이후가 되기 때문에, 두 무덤을 직접적으로 연계시킬 근거가 불확실하다.

암피온과 제토스의 무덤과 그리스 북쪽 레우카스와 카로네아에 있는 동시대 무덤의 유사점을 끌어내려는 시도는 별다른 성과를 얻기 못했기에 암피온과 제토스의 무덤이 그리스에서 독특한 형태라는 데에는 거의 의문의 여지가 없다.[35] 이상하게도 가장 유사한 유럽의 고분은 영국 에이브버리

---

29) 이러한 견해를 수용하는 Treuil(1983, p.441); Konsola(1981, p.140); Loucas and Loucas(1987, p.96) 참조.

30) Schachermeyr(1967, pp.269-270); Konsola(1981, pp.231-234, 238) 참조. 이들은 Loucas and Loucas(1987, p.97)에 인용되었다.

31) Loucas and Loucas(1987, pp.97-98).

32) Spyropoulos(1981a, pp.84-86).

33) Pini(1968, p.39).

34) Spyropoulos(1981a, pp.117-124).

35) Treuil(1983, p.441).

Avebury의 거석 원주 바로 바깥에 있는 실버리 힐Silbury Hill이다. 백악白堊(역주: 석회질이 퇴적되어 생성된 백색이나 연한 회색의 석회암)으로 조심스레 건축된 이 계단식 피라미드는 기원전 28-27세기에 건축된 것으로 추정된다. 그런데 시기는 암피온과 제토스 무덤의 추정 건축 연대와 매우 근접하며, 이집트의 대피라미드가 건축된 지 2-3세기 후이다(대피라미드는 기원전 3000-2800년 사이에 건축된 것으로 본다.)36) 나는 실베리의 건축자들이 동시대의 이집트 피라미드에 관해 알고 있었다는 것(이에 대해 20세기 초와 중기의 학자들은 경멸을 퍼붓고 있다)에 대해 의심치 않지만,37) 웨섹스가 제3·4왕조의 이집트인에 의해 식민화되었다는 것은 거의 있을 수 없는 일이라고 생각한다.

암피온과 제토스의 무덤의 건축자들이 이집트의 피라미드에 관해 알고 있었다는 것은 명백하다. 그러나 암피온과 제토스의 무덤이 조성된 때로 보이는 전기헬라스 II 시기에 이집트에서 계단식 피라미드가 더 이상 유행하지 않았음이 지적되어왔다.38) 이 지적은 겉보기만큼 그리 심각한 문제를 야기하지 않는다. 그 이유는 다음과 같다. 첫째, 긴 도기연대(기원전 3000-2400년)에서 그 무덤이 언제 건축됐는지 지적하기란 불가능하기 때문이다. 만약 그 도기연대 초기라면, 가장 큰 계단식 피라미드가 건축되었던 제3왕조(기원전 3000-2920년)와 동시대일 것이다. 둘째, 매끈한 유형의 피라미드로 발전된 후에도 계단식 피라미드는 커다란 종교적 중요성을 지니고 있었기 때문이다. 더욱이 계단식 피라미드는 계속 건축되었다. 제5왕조의 파라오 니우세르라Niuserreˁ(기원전 2700년경)의 태양신전은 계단식으로 세워졌고, 제3왕조의 파라오 조세르(기원전 3000년경)의 거대한 계단식 피라미드는 제5왕조의 수세기에 걸쳐 여전히 신성하게 여겨졌다고 가정할 만한 증거가 있다.39) 셋째, 단순하게 생각하면 유행이 이집트에서 끊겼다

---

36) Burl(1979, pp.130, 254).

37) Burl(1979, p.129). 나는 Ivimy(1974, pp.68-80)의 의견(실버리 힐과 그밖의 기원전 3천년기 거석기념물이 이집트 식민자에 의해 세워졌다는 의견)에 전적으로는 동의하지 않지만, 그 건축자들이 정교한 수학적 지식을 갖고 있었고 확실히 이집트 고왕국에 관해 알고 있었다는 의견에는 동의한다.

38) Loucas and Loucas(1987, p.99).

39) Edwards(1947, pp.136-137).

하더라도 해외에서 지속된다는 것은 그리 놀라운 일이 아니기 때문이다.

그런데 계단식 지구라트가 여전히 건축되고 있었으므로 요아니스와 에벨린 루카스가 메소포타미아의 영향 가능성을 고려하는 것은 명백히 옳다.40) 피라미드처럼 지구라트는 상징적으로 인간을 하늘에 이르게 할 수 있는 신성한 건축물이었다. 바로 이러한 기능으로 그리고 왕이나 영웅의 실제적 또는 가정된 매장 장소로서 암피온과 제토스의 무덤이 수천 년간 특별한 신성을 보존했다는 데는 의심의 여지가 없다. 무덤이 보이오티아 평원의 풍요의 근원으로서 여겨졌다는 것 또한 명백하다. 파우사니아스는 다음과 같이 전하고 있다.

> 제토스와 암피온에게 바친 공동의 기념물은 작은 흙 분묘이다. 포키스의 티토레아에서 온 사람들은 태양이 하늘의 황소(타우로스) 속에 있는 동안 흙을 채취한다는 생각에서 분묘의 흙을 가져가기를 원한다. 만약 그들이 이곳에서 흙을 가져갈 수 있다면 그리고 그것을 안티오페(쌍둥이의 신화적 어머니)의 묘에 뿌린다면, 땅은 테베가 아니라 티토레아에서 곡물을 낼 것이다.

그리고 나서 파우사니아스는 이 전승의 고대성을 보이기 위해 예언력을 지닌 기원전 7-6세기 바키스의 글을 인용한다.41)

파우사니아스 시대(기원후 2세기)에 티토레아에는 이시스를 위해 그리스에 지어진 가장 성스러운 신전이 있었는데, 그곳에서 이집트식 의식이 엄격하게 수행되었다.42) 이 관습이 얼마나 오래된 것이었는가를 밝힐 방법이 없지만, 그것이 제1권에서 언급된 이집트화 운동의 일환으로 헬레니즘시기 또는 로마시기에 확립되었다고 말해도 될 것 같다.43) 그렇다 하더라도 이 특정한 숭배가 '이집트식으로 진행'되었을 것이라는 점은 흥미롭다. 그런데 파우사니아스가 인용한 바키스의 문장은 호메로스의 「게Gē에게

---

40) Loucas and Loucas(1987, pp.99-100).

41) Pausanias, IX.17.3; Levi(1971, I, pp.342-343). 바키스에 관한 전거는 Kern(1986, II, cols.2801-2802) 참조.

42) Pausanias, X.32.9.

43) 제1권, pp.178-184 참조.

바치는 송가」 관련 구절과 에우리피데스의 실전된 비극 「안티오페」의 한 장면과 비슷한데, 이 모든 것은 경연의 전통 및 암피온과 제토스의 무덤 흙의 주술적 힘이 청동기시대에까지 거슬러 올라갈 수 있음을 시사한다.[44]

중왕국의 파라오들은 여전히 피라미드를 건축하고 있었다는 것을 주목해야 하는데, 대부분의 피라미드는 파이윰의 습지 호수를 굽어보고 있었다. 파라오들은 그 습지의 물을 빼서 비옥한 평원으로 바꾸고 있었다. 암피온과 제토스의 무덤보다 나중의 것이긴 하지만, 이 피라미드들은 (파이윰에 해당하는 그리스의 호수인 코파이스 호수가 아니라 하더라도) 테베 평원을 지배하고 있는 암피온과 제토스의 무덤과 흥미 있는 유사점을 제공한다. 테베 분묘의 건설자들이 피라미드를 본뜬 묘를 (분명히 왕의 묘로서) 건설했다는 사실은 그들이 노동력을 동원할 수 있는 상당한 부와 능력을 지녔음을 보여주고 있지만, 그렇다고 해서 그들이 이집트에서 온 식민자였다는 것을 증명하지는 않는다. 그리고 앞에서 보았듯이, 이집트 유물이라고 명백히 말할 수 있는 것이 없다. 그런데 스피로풀로스는 이집트에 의한 식민화가 있었다는 주장을 그 무덤에만 근거하고 있지 않다. 그에게 훨씬 더 중요한 것은 코파이스 지역에 있는 대규모의 치수시설인데, 그는 그것을 동일한 도기연대인 전기헬라스 II(그는 이 시기를 기원전 2600-2300년으로 본다)에 조성된 것으로 보고 있다. 그러나 이 책에서는 기원전 3000년경-2400년으로 잡고 있다.

코파이스의 배수

코파이스 호수는 보이오티아의 북서쪽에 위치한 350제곱킬로미터 가량의 평평한 분지에 있다. 케피소스 강과 여러 작은 강들이 그곳으로 흘러들지만, 동쪽과 바다로 이르는 길은 프토온Ptoon 단층지괴에 의해 봉쇄되어 있다. 그런데 석회암으로 된 지형에 따른 동굴로 구멍투성이가 되어 인간의 개입 없이도 지하수로katavotra를 형성하며 코파이스 호수의 물을 바다로 배수시킬 수 있다. 청동기시대 상당한 기간에 정교하게 배열된 댐들과 간

---

44) Homeric Hymn to Ge, 11.6.-17; Euripides, Nauck frg. 195.

척지로 인해 케피소스 강은 평원의 북쪽 가장자리를 따라 만들어진 지하수로를 통해 바다에 이르게 되는데, 이렇게 코파이스 호수 유역의 많은 부분이 겨울에 배수되고 여름에 관개되었다는 데에는 의심의 여지가 없다. 이 배수망이 북쪽 부족인 도리스족과 보이오티아족이 남쪽을 휩쓸었다고 보고된 후기헬라스 III(기원전 1150년경) 말에 파괴된 듯하다. 기원전 1100년 이후 철기시대인 고전기에 이 배수망을 보수했으나 범람을 효과적으로 제어하지 못해 그곳은 비생산적인 습지로 바뀌었다. 이러한 변화는 청동기시대에 거대한 부 및 정치적 힘을 가졌던 테베와 북부 보이오티아의 도시 오르코메노스가 왜 상고기 및 고전기(기원전 8세기부터 기원전 4세기까지)에는 후진성을 면치 못했는가를 설명한다.

기원전 4세기 말 알렉산드로스 대왕은 다시 한 번 그 호수를 배수시키려 했으며 분지의 중앙을 관통하는 수로가 굴착되었다. 그런데 그 작업은 정치적 이유에서인지 아니면 기술적 이유에서인지, 아니면 둘 다 때문인지 완성되지 않았다. 어쨌든 코파이스는 늪 호수로 남았고, 다음 2천년에 걸쳐 더 커지기조차 했다. 1870년대 프랑스 회사가 그것을 배수시키려고 했으나 실패했고, 1890년대에 이르러서야 한 영국 회사가 청동기시대와 동일한 위업을 이루어내어 코파이스를 다시 생산적인 농업지대로 바꾸어놓았다.[45]

청동기시대의 배수와 관개는 호수의 북안에 위치한 다양한 크기의 만灣을 둘러싸는 간척지를 조성함으로써 조금씩 시작되었던 것으로 보인다. 이 작업은 거대하면서도 정교한 치수사업을 필요로 했고 이에는 사회적 안정과 대규모의 정치조직이 연계되어 있었다. 이러한 치수사업이 제기하는 커다란 의문 중 하나는 연대이다. 고고학자들인 포시와 월리스는 미케네 그리스 시대(기원전 1700-1200년경)에 이러한 치수사업이 진행되었다고 보고 있다.[46] 반면 50년 동안 건축 일을 해온 독일의 치수·토목 기술자들과 고고학자들은 가장 초기의 작업이 훨씬 이전에 이루어졌을 것이라고 주장하

---

45) 코파이스의 배수에 관한 참고문헌은 Hope Simpson(1965, pp.113-120) 참조. Spyropoulos (1972a, pp.22-26, 1973a); Fossey(1974); Wallace(1979); Knauss, Heinrich and Kalcyk (1984); Knauss(1986, 1987a, 1987b)도 참조.

46) Fossey(1974, p.7); Wallace(1979, p.8) 참조. 포시는 '최초의 건축'이 더 이를 수 있음을 받아들인다.

는데, 이 연구의 원로인 라우퍼는 전기헬라스 시기에 속하는 것으로 보았다.[47] 크나우스 같은 그의 후계자는 그것을 '미니아이인과 관련된' 것으로 보는 경향이 있다. 전승에 따르면, 미니아이인이 배수 작업을 했다(미니아이인의 이름이 목동을 뜻하는 이집트어 멘유Mniw로부터 파생한 것에 관해서는 제3권에서 논의될 것이다). 그리스 전설에서 '미니아이인'은 코파이스 호수 북쪽 도시 오르코메노스에 살았던 초기 부족과 관련된다. 그 이름은 후에 오르코메노스에서 발굴된 도기로 가장 잘 대표되는 도기 양식에 붙여졌는데, 그 양식은 중기헬라스 시기의 전형으로 여겨지고 있다. 그러나 오늘날의 이러한 연계는 전적으로 임의적인 것임이 강조되어야 하겠고, 미니아이인을 배타적으로 중기헬라스 시기의 사람들로 볼 이유가 고대모델 내부에는 없다.

어쨌든 크나우스와 그 동료들이 내놓은 육중한 첫 연구서의 제목은 『코파이스에서 미니아이인의 치수토목공사: 유럽에서 가장 오래된 강의 치수』이고, 두 번째 책의 제목은 『기원전 2천년기 미니아이인에 의한 코파이스 분지의 개선』이었다. 이처럼 그들의 마음속에 또는 당대 학자들의 마음속에 그 작업이 중기 청동기시대(기원전 2015-1675년)에, 그러니까 스피로풀로스가 주장하는 것보다는 후기에 그러나 미케네 시기나 후기 청동기시대보다는 이전에 시작되었다는 인식이 있었음에는 의문의 여지가 없었다.[48] 매우 신중한 독일의 학자들은 다른 학자들보다 더 세밀하였다. 1984년에 출간된 책에서 크나우스 등은 배수가 기원전 2100년과 1900년 사이의 어느 때에 시작되었다고 계산했다.[49] 그런데 그 공사가 이른 시기에 있었다고 보았던 크나우스가 1987년에 "아마도 중기헬라스 후반부의 어느 때"에 시작한 것으로서 수정한다.[50] 이 책에서 제안된 연표에 따르면, 기원전 1830년과 1675년 사이의 어느 때쯤 될 것이다.

크나우스는 스피로풀로스가 내놓은 도기 증거를 고려하지 않았는데, 스피로풀로스는 호수의 북쪽 둑에서 발견된 도기는 전기헬라스 시기로 거슬

---

47) Lauffer(1981, pp.245-246).

48) Knauss, Herinrich and Kalcyk(1984); Knauss(1986, 1987a, 1987b).

49) Knauss, Heinrich and Kalcyk(1984, p.56).

50) Knauss(1987a, p.103).

러 올라가는, 아마도 암피온과 제토스의 무덤과 동시대의 것이라고 보았다.[51] 이처럼 더 이른 연대 설정을 그리스의 고고학자 콘솔라, 요아니스, 에벨린 루카스 등이 받아들였다.[52] 스피로풀로스는 전통적인 미니아이인은 미노아인과, 따라서 이집트인과 동일시되어야 한다고 주장한다.[53] 나는 스피로풀로스가 '미니안Minyan'을 신조어 '미노안Minoan'과 동일시하는 것을 받아들이지는 않지만, 정점에 달했던 고왕국의 이집트는 코파이스 주변에서 발견된 치수·토목 공사의 높은 수준을 끌어낼 수 있는 명백한 장소임을 제안한 것에 대해서는 그가 아주 옳다고 생각한다.[54] 이처럼 암피온과 제토스의 무덤과 코파이스의 가장 이른 둑은 어떤 방법으로든 연결되어 있고 기원전 3천년기로 거슬러 올라간다는 그의 주장은, 그 시기의 보이오티아에서 출토된 확실한 이집트 유물의 부족에도 불구하고 그럴듯하게 보인다.

스피로풀로스의 가설을 지지하는 상당한 상황 증거가 있다. 전기헬라스 II 시기에 그 지역은 일반적으로 부와 풍요로움을 누렸다는 것이다. 불행히도 그 시기에 속하는 정착 유적지가 제대로 발굴되지 못했고 연구 결과도 발표되지 않았다. 그러나 그동안 테베에서 남동쪽으로 10킬로미터 떨어진 에우트레시스Eutresis에 약간 큰 마을이 있었음이 밝혀졌고, 힐리케 호숫가에 있는 도시 리타레스Lithares 북쪽 7킬로미터에서 이루어진 최근의 발굴은 명백한 도시 계획을 지닌 번영하는 전기헬라스 II의 정착지를 보여주었으며, 아나톨리아, 마케도니아, 키클라데스와의 교역·접촉이 있었음이 증명되었다.[55]

곡물창고

보이오티아의 치수·토목 공사가 기원전 3천년기 중반에는 시작되었을 가능성은 오르코메노스에서 직경 2.5-8미터에 이르는 다양한 크기의 수많

---

51) Spyropoulos(1981, pp.133-134).

52) Konsola(1981, p.39); Loucas and Loucas(1987, pp.102-103).

53) Spyropoulos(1981, pp.133-134).

54) 제12왕조의 파이윰 물관리라는 중요한 주제에 관한 연구가 최근에 거의 출간되지 않았다는 점은 놀랍다. 그러나 Arnold(1977, cols.87-93) 참조.

55) Tzavella-Evjen(1984) 참조.

은 둥근 건물의 유적지들이 발견되면서 증가했다. 후에 그리스 청동기시대 고고학의 지도적 인물이 된 스피리돈 마리나토스는 이 건물은 무덤·신전·거주지가 아니라 이집트 벽화의 곡물창고와 키클라데스의 섬 멜로스에 발견된 모델을 빼닮은 곡물창고라고 1946년에 주장했다. 그는 크기로 보아 그 곡물창고들이 넓은 면적의 땅에서 곡물을 거두어들였다는 것을, 그리고 곡물의 다량 저장은 대규모의 정치적 조직을 가리킨다고 주장했다. 마리나토스는 그것의 조성 연대를 전기헬라스 I과 II로 책정했다. 더 나아가 그는 전기헬라스 II로 연대를 책정할 수 있는, 좀 더 대량의 또는 '진짜 거대한' 원형 벽돌건물(원주가 88미터에 이르고 높이가 26.4미터에 이른다)이 북동 펠로폰네소스, 아르골리스 지방의 티린스에 있었던 것 같다고 지적했다. 그것이 곡물창고로 보이는데, 만약 그러하다면 전체 아르고스 평원에서 생산된 곡물을 보관했을 것이다.[56]

마리나토스의 주장은 전문 학자들을 곤혹스럽게 했을 것이다. 한편으로는 1950·60년대와 1970년대 초 고대 그리스 고고학을 지배했던 학자의 주장이었기 때문이며, 다른 한편으로는 기원전 3천년기 그리스 본토에 이집트가 영향을 미쳤으며 그곳에 대규모의 정치적·경제적 조직이 있었다는 주장은 북유럽 학자들이 수행한 근래 몇 십 년 동안의 그리스 연구 분위기에 반反했기 때문이다.

고립론의 옹호자인 렌프루 같은 학자는 그 건축물에 대해 혼란스러운 반응을 보였는데, 만약 그것이 곡물창고라면 그 크기로 보아 전기 청동기시대 그리스의 농업이 소규모의 지역적 농경이라는 그의 생태학적 모델이 심각하게 타격을 받을 것이기 때문이다. 그는 『문명의 대두』에서 둥근 건물들이 곡물창고라는 것을 의심하면서 "아마도 거주지로서 간주되어야 할 것 같다"[57]고 주장했지만, 다른 곳에서 둥근 건물들과 티린스의 건축물이 곡물창고일 가능성은 받아들였다. 그러나 그는 자신의 학문적 틀에 해를 입힐 수 있다고 여겨서인지 결국은 마리나토스의 주장을 거부하고 있다. 그의 틀에 따르면 기원전 3천년기 그리스 농경은 '자급자족'에 근거했다.[58]

---

56) Marinatos(1946). Vermeule(1964, p.35)도 참조.

57) Renfrew(1972, p.110).

코파이스의 배수 시설, 티린스 근처의 좀 짧기는 하지만 더 대규모의 비슷한 댐이 존재한다는 것을 고려하면, 보이오티아의 큰 곡물창고를 치수·토목 공사에 연계시키는 것은 그럴듯하게 보인다. 우리가 보았듯이, 그 곡물창고들의 조성 연대는 전기헬라스 I과 II(기원전 3300- 2400년경)로 설정되었다. 티린스 댐의 조성 연대는 논란 중이다. 미국 학자 잭 마틴 발서는 코파이스 댐들과의 유사함을 근거로 후기 미케네 시대라고 가정한다.[59] 그러나 크나우스는 티린스 댐이 보이오티아의 댐보다 훨씬 커서 어떠한 유사점도 끌어낼 수 없다고 보았다. 어쨌든 그는 코파이스 제방을 기원전 1830년과 1680년 사이에 조성된 것으로 간주한다.[60] 그런데 흥미롭게도 그는 티린스 댐의 하한 연대를 전기헬라스 II로 설정하면서 더 이른 시기의 것일 수 있다고 믿는다.[61] 티린스 댐은 티린스 곡물창고와 일치할 수 있지만, 코파이스 간척지에 대한 크나우스의 연대 책정은 곡물창고의 전기헬라스 II보다 훨씬 이후이다. 그런데 스피로풀로스는 곡물창고들을 전기헬라스 II까지 거슬러 올라가는 관개에 연계시킨다.[62] 이처럼 둥근 건물은 곡물창고일 가능성이 있고, 이집트의 영향을 받았을 수 있다. 따라서 그것의 이른 연대 설정은 정확한 것일 수 있다. 반면에 아직 확실하지 않지만, 코파이스(그리고 펠로폰네소스)의 배수는 이집트 고왕국(기원전 3000-2470년경) 시기 동안 이집트의 영향 아래에서 일어났다고 주장할 수 있다. 왜냐하면 각별히 그러한 곡물창고들이 케피소스 강의 비옥한 둑에서 나오는 수확물을 또는 자연적으로 배수되었던 시기에 때때로 호수바닥에서 거두어들인 수확물을 보관하는 데 사용되었을 가능성이 크기 때문이다.

티린스로부터 수 킬로미터 떨어진 레르나에 전기헬라스 II에 속하는 '타일의 집' 또는 작은 왕궁이 존재하는 것은 그 당시 농경 잉여물과 관개에 호의적인 또 다른 상황 증거를 제공한다. 그렇기는 하지만 레르나와 테베에 있는 '타일의 집'이나 작은 왕궁을 반드시 관개에 관련된 것으로 받아들여져서는 안 된다. 서남펠로폰네소스의 메세니아에서 발견된 '타일의 집'

---

58) Renfrew(1972, p.288).
59) Balcer(1974)는 중기 또는 전기헬라스의 가능성을 고려하지 않는다.
60) Knauss(1987a, pp.103-104).
61) Knauss(1987a, p.206, n.33).
62) Spyropoulos(1973a, p.209).

근처에는 관개가 예상될 수 있는 지역임에도 불구하고 댐의 흔적이 전혀 없으며, 관개와는 거의 또는 전혀 상관없는 아이기나의 섬에도 또 다른 '타일의 집'이 있다.[63]

아르골리스에서의 관개와 정착

나는 제1권에서 아르고스의 식민 개척자 다나오스가 수행했다고 여겨지는 관개를 언급하면서, 전통적인 관점에서 그를 기원전 2천년기 힉소스 시대에 이집트로부터 온 자로 보았다. 다나오스의 관개에 대한 강조는 그의 이름에서 그리고 이집트어 데니ᵈⁿⁱ(배분하다, 관개하다)에 관련된 동음이의법에서 파생된 것일 수 있다.[64] 만약 그러하다면 그의 어떤 성격은 기원전 2천년기가 아니라 3천년기의 관개로부터 파생되었을 수 있다. 그러나 제10장에서 논의될 그 이유들과 관련해 나는 그의 전설적 성격을 만들어낸 사람들과 사건들이 현저하다 할 정도로 후기에 속한다는 것을 여전히 주장한다. 반면 아르고스의 초대 왕이자 이오의 아버지인 신화적이지는 않지만 전설상 인물 이나코스는 일반적으로 다나오스 전에 살았다고 생각한다. 이나코스는 단순하게는 아르고스에서 가장 큰 강인 이나코스 강의 의인화로서 해석될 수 있다. 이 지명에는 전통적인 설명이 없다. 제1권에서 나는 그것이 이집트어 아네크ʿⁿḫ(생명)에서 왔다고 주장했는데, 그것은 '살아 있는 물'을 나타내기 위해 그리고 자주 살아 있는 파라오의 별칭(아네크 제트ʿⁿḫ ᵈᵗ[그가 영생하기를] 등의 주문에서)으로 사용되었다.[65]

이나코스는 일반적으로 오토크토누스autochthonous, 즉 토박이로 생각되었다. 그런데 교부 유세비오스는 다나오스처럼 이나코스가 이집트에서 온 정착자였다는 전승을 언급했고, 이 전승을 18세기 프랑스 학자 니콜라스 프레레와 아베 바르텔르미가 받아들이면서 이나코스와 그의 신화적 아들 포로네우스는 기원전 20세기에 아르골리스에 정착한 이집트인이었다고 주장했다.[66] 그 이름의 이집트적 기원과 그 이름이 지니고 있는 왕권, 물, 까

---

63) Shaw(1987).
64) 제1권, pp.139-152.
65) 제1권, pp.147-148.
66) 제1권, pp.147, 273.

마득한 고대성이라는 함의를 고려하면, 이집트의 관개, 티린스의 댐 및 둥근 건물Rundbau에 관련된 식민화(가능성이 있다), 기원전 3천년기 레르나의 '왕궁'으로 사용된 것으로 보이는 '타일의 집' 등에 대한 민속 기억이 보전된 것일 수 있다. 그러나 이것은 추측일 따름이다.

아르카디아의 배수와 관개

티린스 북쪽의 댐과 코파이스 댐의 배수 및 관개는 이런 종류로는 가장 큰 토목 공사였지만, 그리스에는 티린스뿐만 아니라 펠로폰네소스의 중심인 아르카디아에서도 치수·토목 공사를 벌인 다른 예들이 있다.

아르카디아의 자연환경이 페네오스 호수로부터 흘러나가는 텔푸사와 라돈을 논의했던 제2장에서 언급되었다. 페네오스 호수는 지하수로를 통해 스팀팔로스 호수로 흘러나갔다. 파우사니아스가 전하는 지역 전승에 따르면, 이 수로를 만든 자는 헤라클레스였다.[67] 이것이 인간에 의해 만들어지거나 적어도 개선되었다는 생각은 오늘날의 조사로 강화되었다. 가장 최근에 크라우스와 그의 팀에 의해 페네오스 호수와 스팀팔로스 호수에서, 남쪽에 있는 카피아이 분지와 펠로폰네소스의 오르코메노스에서, 아르카디아 트리폴리의 남서쪽 테게아 근처의 타카 호수에서 이러한 조사가 수행되었다. 이 조사들은 모두 그 지역에서 댐들의 대규모 건축과 자연적인 지하수로의 개선이 있었음을 보여주었다.[68]

이러한 치수시설의 연대 책정은 매우 불확실하다. 몇몇은 헬레니즘시대 또는 로마시대에 만들어졌지만, 대부분은 후기 청동기시대에 존재했다. 이에 대한 증거는 미케네 그리스 시대로 연대가 설정된 초기 정착지에서 찾을 수 있다.[69] 트로이 전쟁 시기에 아르카디아의 오르코메노스에는 '가축 떼가 많았다'라는 호메로스의 기술도 있다.[70]

일반적으로 청동기시대 아르카디아의 부와 고전기 후진성 사이의 대조는 배수와 관개가 더 이른 시기에 효과적이었음을 가리키는 것으로 보인

---

67) Pausanias, VIII.14.2.

68) Kalcyk and Heinrich(1986); Knauss(1987c); Knauss, Heinrich and Kalcyk(1986).

69) Hope-Simpson(1965, p.81).

70) *Iliad*, II.605. Knauss, Heinrich and Kalcyk(1986, p.604)도 참조.

다. 댐과 수로가 청동기시대로 거슬러 올라간다는 또 다른 징표는 그것이 전설상의 헤라클레스에 연관되어 있다는 점인데, 그 영웅을 둘러싸고 있는 불확실성에도 불구하고 그는 그 시대에 분명히 속한다.[71] 아르카디아 치수·토목 공사의 고대성을 보여주는 훨씬 확실한 징표는 아르카디아의 댐이 티린스의 댐이나 보이오티아의 댐과 매우 유사하다는 크나우스 등의 주장이다. 그것들이 확실히 미케네 시대에 존재했으므로 아르카디아 댐이 후기의 것이라고 가정할 이유는 없다. 크나우스 등은 펠로폰네소스의 댐들이 코파이스에 있는 '미니아이의' 토목공사와 닮았다고 지적하면서 그것이 후기헬라스보다는 전기헬라스 또는 중기헬라스 시기에 건축되기 시작되었을 가능성을 제기한다.[72]

보이오티아 지명과 아르카디아 지명 사이의 유사점

오늘날의 고고학자들은 보이오티아와 아르카디아에서 댐 및 수로의 건축술이 아주 유사하다는 데 충격을 받았다. 그런데 더 언급할 만한 것은, 관개시설이 있는 두 지역 주변의 지명 사이에 발견되는 범상치 않은 유사점이다. 제2장에서 이미 양 지역에서 동일한 이름의 라돈 강이 존재하고 틸푸사와 텔푸사, 옹카와 옹카이오스 등 유사한 지명이 언급되었다.[73] 더욱더 놀라운 것은 오르코메노스의 존재인데, 그것은 코파이스 호수의 가장 초기의 간척지로 여겨지는 지역 가까이에 있다. 또 다른 오르코메노스는 아르카디아에 있는 고대 호수인 카피아이 호수와 오르코메노스 호수 사이에 위치한 수로 위에 전략적으로 만들어졌다. 테살리의 프티오티스 평원의 가장자리에도 오르코메노스가 있었다.

그 이름이 고대의 것이라는 데는 거의 의문의 여지가 없다. 오코메노Okomeno와 에코메노Ekomeno가 선형문자 B에 나타난다. 비록 채드윅이 이것이 아르카디아의 오르코메노스(그는 보이오티아의 오르코메노스일 가능성은 고려하지 않는다)에 관련되지 않는다고 주장했지만, 그것이 고전기에 발견되는 두 가지 변형인 오르코메노스Orchomenos와 에르코메노스Erchomenos에 잘

---

71) 아르카디아의 호수들에 헤라클레스가 연계된 것에 관해서는 제2장의 주213-214 참조.
72) Knauss, Heinrich and Kalcyk(1986, p.604).
73) 제2장의 주122-124 참조.

맞아떨어진다는 것을 받아들인다.[74] 샹트렌에 따르면 오르코메노스의 어원은 '불분명'하다. 그런데 그것이 '포도나무 또는 과일나무의 열'을 뜻하는 어간 오르크orch에서 파생되었다는 일반적인 믿음이 있다. 크나우스는 그 지명이 '울타리 친 장소'를 뜻하는 것으로서 보는 학자들의 전통을 따른다.[75] 그는 이것과 관련된 문제점, 즉 두 도시는 관개시설의 가운데가 아니라 북쪽에 있다는 문제점을 받아들인다. 그런데 스트라본과 파우사니아스의 기술을 근거로 그는 보이오티아의 오르코메노스는 원래 코파이스 평원에 있었고 청동기시대 말에 범람해 나중 자리로 이동했다고 주장한다.[76] 반면에 아르카디아의 오르코메노스에 대한 비교 증거는 없다.

어근 오르크orch-의 인도유럽어 어원이 재구성된 형태인 웨르-그*wer-gh(닫다)라는 주장이 있는데, 그 형태가 리투아니아어 베르지우veržiu(둘러싸다)와 옛 노르만어 비르길Virgil(줄, 현絃)에서 발견된다고 한다. 그런데 가나안어 어근 ʿrk아라크(히브)가 동등한 또는 좀 더 그럴듯한 어원이 되는 것으로 보인다. 이 동사의 기본 의미는 '정렬하다', '열로 세우다'이지만, '전열을 형성하다'의 의미로 군사 조직에서 자주 사용된다. 가나안어에서 비非강조 파열음(모음 뒤의 b, g, d, k, p, t 같은 폐쇄음)이 마찰음화 또는 연음화 begadkephat(베갇케팥) 현상이 언제 최초로 나타나기 시작했는지 불분명하다는 점에서 약간의 음성학적 문제가 있다. 이 현상에 따라서, ʿrk아라크(히브)가 ʿrkh로 된다. 그렇기는 하지만 셈어 k가 그리스어 ch로 음역되는 경우는 너무 흔해 두 개가 서로 같다고 보아도 될 정도이다. 연음화 현상은 ʾrḥ(길, 여행하다, 오다, 도착하다)로부터 나온 또 다른 셈어 어근 ʾrḥ와의 혼동으로 인해 증진되었다. ʾrḥ는 인도유럽어에 어원이 없는 그리스어 에르코마이 erchomai(여행하다, 오다, 가다)의 기원으로 보인다.

그리스에서 두 어근 ʿrk와 ʾrḥ의 파생어가 많았던 것으로 보인다. '전열 짜기'라는 의미로 ʿrk아라크(히브)는 arch아르크로 시작하는 풍부한 그리스어 어군의 기원일 수 있는데, 아르크의 어원은 인도유럽어에서 발견되지 않는다. 샹트렌은 그것의 기본적 의미를 '먼저 가다, 주도권 잡다, 시작하다'로

---

74) Ventris and Chadwick(1973, p.543).

75) Knauss, Heinrich and Kalcyk(1986, p.611).

76) Knauss, Heinrich and Kalcyk(1986, p.611). Strabo, IX.2.18; Pausanias, IX.24.1-3 참조.

본다. 그는 또한 아르케인archein을 군사적 의미에서 '지휘하다'로 번역한다. 이것에서 '지휘'와 '이른' 같은 아르크의 많은 의미가 파생될 수 있다는 것이다.[77] 이처럼 오르코orcho와 에르코ercho가 셈어의 차용어였다는 것은 있음직한 일로 여겨진다. 이것은 오르코메노스Orchomenos 또는 에르코메노스Erchomenos가 '규제하다' 또는 '둘러막은 지역'을 뜻하고 물을 통제하는 둑과 수로에 관련되었다는 가설을 강화한다. 최초의 요소는 궁극적으로 셈어에서 기원했지만, 단어 끝부분의 메노스menos는 그리스어의 과거분사로 보이는데, 지명 자체는 그리스어임을 가리키고 있다. 물론 셈어족의 가나안어 마임mayîm(또는 아람어의 마인mayîn, '물들'이라는 의미)과 관련된 혼성어일 수 있다. 다른 언어에서처럼 이중모음 ay는 자주 단모음화되거나 셈어의 e로 축소되었다.[78] '규제된 물들'은 맥락에 정확히 맞아 떨어진다.

이 점에서 관개에 연계된 그리스 단어의 두 어원을 고려해야만 한다. 첫째는 고대 저자들이 사용한 댐과 둑쌓기를 나타내는 코마Khōma라는 단어이다. 이것은 도시와 큰 지역을 둘러싸는 벽을 나타내기 위해 사용되는 히브리어 ḥôma호마(벽)과 놀랄 정도로 유사하다. 코마khōma가 그리스어에서 고립되어 있기보다 ḥôma가 셈어에서 더 고립되어 있으므로, 차용은 아마도 서로부터 동으로 일 것이다. 두 번째 단어는 게피라gephyra이다. 고전학자 제임스 후커는 이 단어의 셈어 기원을 주장했는데, 그것이 이 단어의 후기 의미인 '다리(교량)'보다는 원래 '둑쌓기'를 의미했다고 합리적으로 생각했다. 그는 '파다', '둑', '방파제'를 뜻하는 √gb가바(우가릿어) 같은 셈어 어근에서 그것을 끌어낼 수 있다고 주장했다.[79] 나는 제3권에서 음성학적 근거에서 게피라gephyra를 셈어 *qʷbr카바르(히브)(묻다, 매장하다)로까지 추적할 수 있다고 주장할 것이다. 어쨌든 그 단어의 셈어 함의는 헤로도토스의 보고로 강화된다.

게피라이오이인은 … 원래 에레트리아에서 왔다고 주장하지만, 필자가 조사한 바로는 그들은 오늘날 보이오티아라고 부르는 지역으로 카드모스가 거느리고

---

77) 여기에서 동사 erchomai와 혼성混成(contamination)되었을 수도 있다.

78) Moscati et al.(1969, p.47) 참조.

79) Hooker(1979).

왔던 페니키아인 중 일부였다. 그들은 카드모스로부터 보이오티아의 타나그라의 땅을 할당받아 정착했다. 먼저 카드메이오이인이 아르고스인에 의해 보이오티아에서 쫓겨났다. 게피라이오이인은 후에 보이오티아인에게 쫓겨나서 아테네로 피신할 수밖에 없었다.[80]

이처럼 '둑쌓기'라는 이름을 지닌 한 종족이 청동기시대에 침입자 카드모스와 함께 도착했고, 그들은 특별히 페니키아 종족으로 분류되었다. 이것은 보이오티아의 관개를 위한 토목공사에서 셈어를 말하는 자들이 연루되었다는 흥미로운 단서를 제공한다. 이러한 셈어적 지명·단어·인명은 청동기시대 보이오티아와 아르카디아에 대한 셈족의 영향을 말하는 숭배적·신화적 증거와 잘 맞아떨어진다.[81]

독일 학자인 칼치크와 하인리히는 아르카디아의 오르코메노스에서 가까운 오릭시스Oryxis 산은 오리소oryssō(운하를 파다)에 연계되어 있고 '산 파기'의 의미라고 지적한다.[82] 인도유럽어에는 어간 오리그/오리크oryg/k의 만족스러운 어원이 없다.[83] 반면에 「욥기」에서 '마른 땅을 갉다'로서 입증된 셈어 어근 √ʿrq아라크(히브)(갉다)가 있다.[84] 오릭시스 산은 사이티스Saitis 산에서 가깝다. 네이트/아테나의 고향 도시 사이스와 그 도시의 치수가 어떻게 연계되는가는 제2장에서 언급되었다.[85] 둘 다 페네오스 호숫가에 있는 오르코메노스에서 가깝다.

페네오스Pheneos라는 이름은 보이오티아와 아르카디아에서 물 및 관개의 명칭에 대한 이집트의 영향을 보여준다. 파 누(이)P3 Nw(y)(홍수)에서 페네오Pheneo와 페네이오스Pēneios, 콥트어 파나우Panau를 끌어내는 것은 제2장에서 언급되었다.[86] 페네이오스는 북서 펠로폰네소스의 엘리스에 있는 강 이름인데, 라돈 강이 이 강으로 흘러든다. 페네오스는 또한 테살리아 평원

---

80) Herodotos, V.60(역주: Herodotos .V.57의 오기인 것 같다).

81) Astour(1967a, pp.138-224); Bérard(1894) 참조.

82) Kalcyk and Heinrich(1986, p.12).

83) 샹트렌은 리투아니아어 루케트rūkēt(파다)와 연결을 시도한다.

84) 「욥기」 30:3-8.

85) 제2장의 주59-71, 139-41 참조.

86) 제2장의 주123-124 참조. Panau에 관해서는 Gardiner(1947, II, p.177) 참조.

(고대에는 원래 호수였던 것으로 생각된다)을 관통해 흘렀던 제일 중요한 강의 이름이기도 하였다. 그런데 지진 또는 포세이돈으로 인해 테살리아의 페네이오스 강은 바다로 흘러들었다.[87] 기원후 5세기 고대의 자료에 근거해 작품 활동을 한 이집트의 서사시인 논노스는 이 극적인 사건을 세상을 휩쓴 대홍수의 끝과 연결시켰다.[88] 홍수의 시사는 아르카디아의 페네오스에서도 동일하게 강하다. 페네오스의 물은 원래 라돈 강으로 흘러들었으나 잦은 지진으로 막히게 되었다는 것은 제2장에서 언급되었는데, 자연적·인공적 지하수로가 지진에 취약했음에 틀림없다.[89] 플리니우스는 역사시대에 그곳에서 다섯 번의 홍수가 있었다고 보고했다.[90] 파우사니아스는 그것에 관해 다음과 같이 기술했다.

> 페네오스 평원은 카리아이 아래에 있는데, 그들의 말에 따르면 고대의 페네오스가 언젠가 강의 범람으로 물에 잠겼고 그리하여 오늘날에도 산에는 물이 올라온 흔적이 남아 있다.[91]

제임스 프레이저와 후기의 학자들은 이 선의 흔적을 보았는데, 크나우스 등은 인간이 만든 호수의 수선水線으로 보았다.[92] (페네오스/페네이오스 Pheneos/Pēneios를 인명 피네아/피네스Phinea/es와 혼동해서는 안 된다. 히브리어의 피느하스Pînḥâs처럼, 그 인명은 이집트어 파 네헤스P3 Nḥs[누비아인 또는 흑인]에서 파생된 것인데, 이에 관해서는 제8장 참조.)[93]

이집트어 어원을 가진 것으로 보이는 또 다른 아르카디아 호수가 카피아이Kaphyai이다. 케베흐(케베후)Kbḥ(w)는 가장 흔한 이집트어 지명 중 하나로, 시냇물, 강, 물을 나타내는 데 사용된다.[94] 그것은 분명히 어근 케베브

---

87) Herodotos, VII.128-129.

88) Nonnos, *Dionysiaka*, VI.366-380.

89) 제2장의 주122 참조.

90) Pausanias, *Natural History*, XXXI.54.

91) Pausanias, VIII.14.1; Levi(1971, II, p.405).

92) Frazer(1898, IV, pp.231-233); Kalcyk and Heinrich(1985, p.12). 나는 그들이 p.11에 재현해 놓은 사진에서 이 줄을 볼 수 없었다.

93) 제8장의 주48-49 참조.

94) Brugsch(1879-1880, pp.823-825); Gauthier(1925-31, V, pp.169-172) 참조.

ḳbb(서늘한), 케베흐ḳbḥ(정화하다)에 연결되어 있다. 케베브는 엘레판틴 근처에 있는 두 동굴의 이름 중 하나로 이곳에서 나일 강이 솟아오른다고 여겨졌다. 헤로도토스는 두 샘pēgai을 언급했다.[95]

케베흐(케베후)Ḳbḥ(w)라는 이집트어가 땅속 동굴에서 나오는 서늘하고 순수한 샘물에 연계되는 있다는 것은 신비한 샘물과 지하수로에서 물을 공급받는 카피아이 호수와 잘 맞아떨어진다. 흔한 에게해권의 지명 접미사 이소스issos와 함께 Ḳbḥ(w)는 케피소스Kephissos와도 잘 맞는다. 이 강은 코파이스 호수로 흘러들고 그리스에서 가장 흔하게 사용되는 강 이름 중 하나이다. 대부분이라고는 할 수 없다 하더라도 많은 물줄기가 동굴로부터 나왔고 의식용 정화수로 사용되었다.[96] 한정사 🐦 또는 🦆과 함께 Ḳbḥ(w)는 물새가 살고 있는 연못이나 호수의 이름으로 사용되었다.[97] 이것은 카피아이 호수에 적용될 수 있고, 코파이스 호수의 경우에도 확실히 적절하다.

그런데 크나우스는 다른 것을 제안한다. 그는 플리니우스의 기록, 즉 "코파이스는 노를, 플라타이아는 키를, 이카로스는 돛을, 다이달로스는 돛대와 활대를 발견했다"[98]를 인용한다. 이 기록은 너무 현학적이어서 쉽게 지나칠 수 없다. 플라타이아Plataia와 키plate 사이의 단어 장난이 분명하고, 이카로스의 전설적인 날개는 '돛'에 맞는 것 같다. 파우사니아스와 플루타르코스는 다이달라 축제를 기술하고 있는데, 보이오티아와 아티카 경계에 살고 있는 플라타이아 사람들은 의식에 필요한 나무 우상을 만들기 위해 가장 큰 떡갈나무를 찍어냈다. 이것은 제드Ded, 즉 나무로 된 '솟대'를 만드는 이집트의 숭배의식과 관련된 것으로 보인다. 이것은 다이달로스가 돛대를 발명한 것을 설명하는 것 같다.[99] 그런데 코파이스와 노 사이의 연계는

---

95) 제2장의 주135-138 참조.

96) 이소스issos에 관해서는 제3권 참조. Pausanias, I.37.3; II.20.6 참조. 파우사니아스는 아티카의 케피소스에 의해 테세우스가 정화되었다고 기술하는데, 정화가 이루어진 장소에는 케피소스에게 봉헌된 성소가 있고, 그 성소에서는 지하에서 흐르는 강물 소리를 들을 수 있었다고 전한다.

97) Gauthier(1925-31, V, p.171) 참조.

98) *Natural History*, VII.209. Knauss(1987a, p.199, n. 22) 참조.

99) Pausanias, IX.3.3.-4; Plutarch, *Daedala*(플루타르코스의 이 글은 Eusebius, *Praeparatio Evangelica*, III.1.6에 있다). 제드에 관해서는 제4장의 주45 참조.

이해하거나 받아들이기가 쉽지 않다. 크나우스는 '노'에서 코파이Kopai의 어원과 자신의 믿음(코파이스에 있는 수로가 배수와 관개만이 아니라 내륙 항해를 위해 사용되었다는)을 결부시킨다.[100] 그러나 내륙 항해와 관련된 언급은 그럴듯하지만, 어원에 관한 그의 주장의 근거가 취약하고 '노櫓'라고 불리는 장소도 그럴듯하지 않다.

그러므로 코파이스라는 이름을 카피아이의 경우처럼 풍부하게 입증된 이집트어 지명 케베흐Kbb로부터 이끌어내는 것이 훨씬 더 그럴듯해 보이는데, 그 지명은 얕은 늪 호수에 정확하게 맞는다. 이처럼 코파이스와 카피아이의 경우를 보건대, 한편으로는 보이오티아 및 아르카디아에서 관개에 관련된 지명들과 다른 한편으로는 이집트에 놀랍도록 관련된 지명 사이에 존재하는 또다른 유사점들이 있다. 이 다양한 어원에서 무엇을 얻을 수 있을까? 그들 중 상당수는 이집트어와 서부 셈어로부터 기원한 것으로 보인다는 사실은 그 이름이 붙여졌을 때, 이집트어와 서부 셈어를 말하는 사람들이 있었음을 시사한다. 그러나 이것은 확실하지 않은데, 그 지명이 사람들의 이주가 아닌 형태로 이집트와 레반트로부터 취해졌을 수 있기 때문이다. 또 다른 문제는 연대이다. 그런 이름이 언제 붙여졌을까? 치수·토목 건축물의 건축 전인가, 중인가, 후인가?

이것은 보이오티아와 펠로폰네소스에서 치수·토목 공사의 상대적인 시기에 의해 더 복잡해진다. 앞에서의 논의는 보이오티아와 아르골리스에서 치수·토목 공사가 전기헬라스 시기에 시작되었음을, 그리고 유사성으로 보건대 아르카디아에서도 동일할 수 있음(비록 그 토목공사가 여러 세기 후에서 시작되었을 가능성도 있지만)을 암시하고 있다. 여기서 보이오티아와 아르카디아의 기술의 유사성으로 보건대 보이오티아의 경험이 더 남쪽으로 적용되었고, 그러므로 지명이 중동에서 직접 들어온 것이 아니라 보이오티아에서 펠로폰네소스로 왔다고 추론할 수 있지 않을까? 비록 지명 중 하나인 오르코메노스가 후기 청동기시대에 사용되었지만, 만약 치수 시설물의 연대를 훨씬 이르게 잡는다면 그것의 건축 시작과 장소의 명명 사이의 연계가 필연적인 것은 아니다.

---

100) Knauss(1987a, pp.194-199).

이러한 지명의 전체 주제는 극도로 얽혀 있지만 신화에서와 같이 티스베, 테스피아이 같은 중동 기원의 지명은 후기 청동기시대(즉, 치수시설의 첫 건축 후)에 도입되었다는 것이 거의 확실하다. 그러나 다른 것은 더 이르게 여겨진다. 내가 확실하게 말할 수 있는 것은 청동기시대 말까지 치수·토목 공사에 연관된 많은 지명이 있었고 그것의 대부분은 십중팔구 이집트어 및 서부 셈어의 어원을 가졌다는 점이다. 이처럼 지명 증거는 결코 확실하지는 않지만, 그 이름이 댐과 수로와 관련해 나왔고 셈어와 이집트어를 말하는 자들이 아마도 전기 청동기시대에 그리고 거의 확실하게는 미케네 시대에 그 건축에 관여했음을 가정하는 것이 가장 그럴듯해 보인다.

전기헬라스 시기 그리스의 사회·정치적 구조

내가 고려하고자 하는 그리스의 첫 '나라'는 아르골리스의 티린스 및 레르나에 근거한 나라이다. 여기서 나는 아르고스 평원은 상당한 면적이고 비록 기원전 3천년기의 중반에 몇 차례 방해를 받았음에도 불구하고 분명히 융성한 번영의 시기를 맞았다는 것을 강조하고자 한다.

아르고스 만의 머리에 위치한 레르나는 상당한 정착지로 전기헬라스 II 시기에 많은 가옥, 정교한 도시 성벽, 작은 '왕궁'인 '타일의 집'을 갖추고 있었다.[101] 레르나는 티린스보다 작았으며, 그 지역에 다른 큰 도시들이 있었을 것이다. 앞서 언급했듯이 레르나의 '타일의 집'과 비슷한 저택이 메세니아에서, 아티카와 아르골리스 사이에 있는 아이기나 섬에서, 테베에서도 발견되었다.[102] 이처럼 전기 청동기시대의 아르골리스는 부유하고 세련된 사회였다. 더욱이 티린스의 곡물창고와 댐의 규모를 고려하면(만약 그것이 이 시기에 속한다면), 그 지역은 정치적 통일체를 가졌던 것으로 보인다. 에밀리 버률은 협동은 '공동체적인' 성격을 띤다고 주장하고 있는데, 이는 사회조직의 유형을 모호하게 한다. 그런데 동시대 근동에서 사회조직과 국가 형성을 고려하면 아르골리스가 이집트 그리고 레반트 해안의 거대 교역 도시인 비블로스처럼 왕국 또는 공국이었거나, 또는 동시대의 시리아 대도시 에블라처럼 귀족정 또는 상인이 주도하는 '베네치아식' 정부를 가

---

101) Caskey(1956, 1957, 1960, 1971); Vermeule(1964, pp.29-44).

102) Shaw(1987).

졌을 가능성이 큰 것으로 보인다.[103]

비록 그 당시 코파이스는 완전히 배수되지 않았고 그곳의 곡물창고가 티린스보다 작았음에도 불구하고, 보이오티아의 오르코메노스에 공국 또는 작은 '공화국'이 있었음은 틀림없어 보인다. 암피온과 제토스 무덤의 거대한 크기 및 외양은 테베에 일정한 형태의 국가가 있었다는 것을 시사한다. 아르카디아의 댐을 구축한 사회조직의 형태는 생각해보기 더욱 힘들지만, 일반적으로 전기헬라스 II의 그리스 본토에는 많은 국가들(일부는 아주 상당한 규모였을 것이다)이 있었던 것이 분명하다. 적어도 아티카와 키클라데스 섬인 시프노스에 상업적 광산이 있었다는 것은 분명하다. 두 곳의 광산에서 나온 납이 전기헬라스 II 시기에 속하는 크레타와 보이오티아의 유적지에서 발견되었다.[104]

아르골리스 앞바다 도코스Dokos에서 발굴된 두 개의 납괴는 80킬로미터 떨어진 아티카의 끄트머리 근처에 있는 라우리온의 납과 은 광산에서 나온 것이다.[105] 제4장에서 라우리온에서 채굴된 은이 기원전 2000년경 이집트로 수출되었음을 보게 될 것이다.[106] 상당히 탄탄했던 것으로 보이는 도코스의 배가 레반트나 이집트에 도달했을 가능성이 매우 높다. 그렇지만 두 지역의 어느 곳도 최종 목적지였다는 징표는 없다. 난파선의 위치는 그 배가 아르고스 평원, 남부 펠로폰네소스 또는 크레타로 향하고 있었다는 것을 보여준다. 그런데 기원전 3천년기 초반 납은 이미 에게해권에서 상품이었다고 추정할 수 있다. 최근의 금속 연구는 라우리온 광산이 기원전 5세기에야 채굴을 시작했다는 전통적인 믿음이 적어도 2,000년이나 잘못되었다는 것을 보여주었다.[107]

그 당시 그리스 본토에 큰 나라들이 있었다는 가정은 여러 문제를 제기한다. 우선, 왜 전기 청동기시대 크레타(제2장에서 보았듯이, 크레타는 이집트와 레반트에서 많은 영향을 흡수한 것으로 보인다)에 왕궁이나 국가가 없었는가를 설명하기 어렵다. 왕궁이나 국가가 훨씬 북쪽에 있는 아르골리스와

---

103) Vermeule(1964, p.35). 에블라에 관해서는 Pettinato(1981, pp.69-95) 참조.

104) Gale and Stos-Gale(1981); Stos-Gale and Gale(1984b).

105) Vichos and Kyriakopoulou(1989); Bass(1990a).

106) 제4장의 주23 참조.

107) Dayton(1982a, p.158) 참조.

보이오티아에도 이미 존재했던 것으로 보인다. 가장 설득력 있는 설명은 지리적인 것으로 메사라Messara를 제외하고 크레타에서 배수 및 관개에 적합한 실질적인 습지나 평원이 없었고 그러한 토목공사를 다룰 큰 사회적 조직이 없었다는 설명이다. 이처럼 크레타는 중기 및 후기 청동기시대에야 왕궁 경제구조를 지지할 수 있었던 반면, 전기미노아 또는 전前왕궁기 크레타(역주: 기원전 2000년경 이전의 크레타)의 번영과 높은 문화는 왕궁 경제구조 없이도 매우 잘 유지될 수 있었다. 키클라데스 제도는 전기 청동기시대에 번영하는 경제와 문화를 가졌고 근동 문명과 접촉했는데, 지금껏 알려지기는 어느 단계에도 왕궁은 없었다.[108] 코파이스의 배수와 청동기시대 보이오티아의 부富는 본토 그리스의 평원이 농업적 잠재력을 이용하기 위해서는 대규모의 사회조직이 요구되었다는 주장에 무게를 실어주고 있다.

또 다른 문제는 만약 그러한 정교한 국가가 존재했고 글쓰기가 근동 전체에 걸쳐 확립되었다면, '그리스'의 국가들은 틀림없이 글을 알았을 것이다. 그러나 어떤 글자체의 흔적도 존재하지 않는다. '침묵의 논증'을 근거로 인장들이 전기헬라스 그리스에서 만들어지거나 사용되지 않았다고 여겨지곤 했다. 그러나 그것들이 그리스에서 만들어졌고 실제로 새김으로 장식된 인장의 생생한 전통이 있었음이 분명하다.[109] 이는 그 사회에 사유재산이나 공공재산에 대한 강한 의식이 있었음을 보여준다. 전기헬라스 II에 속하는 도공의 표식들이 풍부히 남아 있다. 그런데 이 표식들은 어느 것도 선형문자의 음절기호를 닮지 않았고, 그렇다고 그 시기에 지역별 글쓰기의 다른 징표도 없다.[110]

나는 다른 곳에서 '침묵의 논증'을 글쓰기에 적용할 때에는 각별히 조심해야만 한다고 길게 설명했다. 왜냐하면 글쓰기는 일반적으로 사라져버리기 쉽거나 깨지기 쉬운 표면에 가볍게 행해지기 때문이다.[111] 이처럼 나는 전기헬라스에 속하는 글자의 흔적을 발견하지 못했다고 해서 당황하지는 않는다. 그런데 만약 그 시기에 그곳에서 글쓰기가 있었다면, 그것은 크레

---

108) Vermeule(1964, pp.45-58); Renfrew(1972) 참조.
109) Vermeule(1964, pp.37-39).
110) 도공의 표식에 관해서는 Vermeule(1964, pp.40-41) 참조.
111) Bernal(1990, pp.54-56) 참조.

타의 신성문자나 선형문자 A·B의 원형과 거의 확실하게 비슷했을 것이다. 제4장에서 설명하겠지만, 선형문자 B는 선형문자 A로부터 직접적으로 파생될 수 없다. 학자들은 선형문자 B가 기원전 1600년경 전前선형문자 A로부터 갈라져 나왔다고 주장하지만 말이다.112) 키프로스 음절문자, 선형문자 A 음절문자, 선형문자 B 음절문자 사이의 갈라짐을 설명하기 위해 나는 그것들의 공동 원형은 기원전 3천년기 중반 이후에는 거의 존재할 수 없었을 것이라고 주장한다. 이러한 나의 주장을 옹호해본다면, 이웃 사회의 읽고 쓰는 능력을 고려하면 에게해권과 아나톨리아에서 (작은 공동체는 그렇지 않다 하더라도) 적어도 큰 국가들은 글쓰기를 하였을 가능성이 대단히 높다. 내가 주장하듯이, 알파벳이 기원전 2천년기에 그 지역으로 도입되었다면, 왜 크레타와 그리스 본토에서 음절문자가 공식적인 글자체로 남았는지를 음절문자의 뿌리 깊음으로 설명할 수 있을 것이다.

그러한 생각은 스피로풀로스의 이집트 식민지론에 반한다. 만약 그의 주장대로 이집트에 의한 식민화가 파죽지세였다면, 보이오티아에 신성문자 또는 이집트의 초서 글자체인 신관문자가 확실히 도입됐을 것이다. 전기헬라스 그리스에서 가장 흔하게 사용된 글자체는 에게해권 글자체이거나 아나톨리아의 글자체였을 가능성이 대단히 높은데, 이는 다른 문화적 속성도 그러했을 것임을 시사한다. 나는 이것이 구어의 경우에는 분명히 그러할 것이라고 믿는다. 반면에 전기 청동기시대 에게해권에 대한 이집트의 심대한 영향의 징표인 '피라미드', 관개시설물, 곡물창고 등 외에도 이집트인이 그 시대에 상당한 수효로 그 지역에 존재했을 가능성을 보여줄 또 다른 고고학적 증거들이 있다.

에게해권에 남긴 고왕국 이집트의 또다른 고고학적 흔적

기원전 3천년기 중반 이집트와 에게해권의 접촉을 살펴보기 전에 그 시기는 근동에서 그 울타리를 훨씬 넘어서 외교적·교역적 접촉을 가졌던 번영하는 문명 시기였다는 점이 강조되어야 한다. 그때쯤 시리아의 도시 에블라는 오늘날의 쿠르디스탄에 있는 왕국과 교류했고, 메소포타미아는 아

---

112) 제4장의 주43-44 참조.

프가니스탄에서 라피스 라줄리(청금석)를 받아들였음이 확실하고 주석을 받아들였을 가능성도 아주 높다.113) 납 동위원소 분석에 따르면, 그때 메소포타미아는 남동 스페인의 알메리아Almeria산産 은과 구리를 받아들이고 있었다.114) 그러한 교역 범위를 고려하면 이집트와 에게해권의 접촉은 많은 점에서 지역적 왕래로 볼 수 있다.

기원전 3천년기 크레타에 대한 이집트의 영향은 제1장에서 논의되었고, 고왕국 시기부터 에게해권에 대한 가능성 있는 이집트의 관계는 제10장에서 조사될 것이다. 여기에서는 에게해권의 다른 곳에서 나온 고고학적 증거만 고려할 것이다. 전前왕조시기(역주: 제1왕조 이전 시기) 또는 초기 왕조시기(역주: 고왕국 이전의 제1·2 왕조시기)에 속하는 두 개의 이집트 돌사발이 아르골리스 지역의 미케네와 아시네에서, 곧 티린스와 동일 지역에서 발견되었다. 그런데 미케네에서 발견된 것은 후기헬라스 도기와 함께, 아시네에서 발견된 것은 미케네 시대의 배경에서 발견되었지만, 모두 제작된 지 1500-2000년 후에 그리스 땅에 묻힌 셈이다. 이집트학 학자이자 크레타에 관한 고고학자인 펜들베리는 특별히 아름답고 내구성이 있는 이 유물은 크레타를 경유해 왔거나 후기 그리스인의 도굴 결과로 오게 되었다고 주장했다.115) 기원전 3천년기 아르골리스에서의 이집트 영향력에 관한 시사를 고려하면, 돌사발이 그때 도착해 그리스 본토에 매장되거나 가보로서 보존되었을 가능성을 간과할 수 없다. 이와 비슷하게 아시네에서 전기헬라스 III 맥락에서 발굴되고 발굴자에 의해 이집트의 것으로서 확인된 단추 인장은 '그러한 접촉이 너무나 이르다'는 이데올로기적 근거로 무시될 수는 없다.116) 그러나 단추 인장의 연대를 이르게 잡을 수 있지만, 부가적인 증거인 인장에 너무 많은 중요성을 두어서는 안 된다.

또 다른 의심할 바 없는 고왕국 유물은 대리석 컵인데, 거기에는 아마도 기원전 26세기에 통치했을 제5왕조의 건국자 우세르카프Userkaf의 태양신전의 이름이 새겨져 있다. 그 컵은 펠로폰네소스 반도의 남동 끄트머리 앞

---

113) Pettinato(1981, pp.103-109). Biggs(1966); Herrmann(1968); Kulke(1976, pp.43-56)도 참조.
114) Dayton(1982a, pp.159, 163).
115) Pendlebury(1930a, pp.53, 57, 64-67).
116) Brown(1975, pp.8, 106). 원래의 연대 설정에 관해서는 Frödin and Persson(1938, p.234) 참조.

바다에 있는 키테라 섬에서 발견되었다.117) 이 비교적 섬세한 유물은 제작된 지 오래지 않아 그 섬으로 수송되었을 가능성이 매우 높다. 헬크는 그것은 제5왕조의 몰락 후에 도착했을 것이라고 주장했는데, 한 유물이 왕조의 몰락 이전에 그 왕조의 신전에서 '사라질' 리 없기 때문이라는 것이다.118) 그 섬이 셈족과 강한 연계를 맺고 있는 것에 비추어 보면, 그것은 기원전 2천년기 언젠가 레반트인에 의해 수송되었을 것이다. 그 섬에 관해 설형문자로 기록한 나람 신Naram Sin(기원전 20세기 초 에쉬누나Eshnuna의 왕)의 봉헌물이 있다.119) 쿠-테-라Ku-te-ra라는 이름이 이집트의 에게해권 지명 목록에 기원전 2천년기 중반부터 나타난다(제10장에서 논의될 것이다). 케테레트 ktrt(왕관)에서 파생된 키테라Kythera라는 이름의 셈어적 기원은, 그리고 세 켐티sḫmty(이집트의 이중왕관)에서 파생된 스칸데이아Skandeia라는 키테라의 또 다른 '짝이 되는' 이름의 이집트어적 기원은 제1권에서 언급되었다.120)

그런데 이 모든 것은 이집트가 전기헬라스 II 시기에 에게해권과 접촉했다는 증거로 그 컵을 이용할 수 있는지의 여부를 말해주는 것은 아니다. 그 증거는 시사적이기는 하지만 확실한 것은 아니다. 그것은 또한 그리스 본토에 대한 이집트 영향의 명확한 증거가 아니다. 그 시기에 키테라는 본토보다 크레타의 영향권 속에 있었던 것으로 보이기 때문이다.121)

에게해권에서 발굴된 또 다른 두 개의 고왕국 유물이 있는데, 두 유물은 완전히 다른 어려움을 제공한다. 그것은 상업적인 보물 사냥꾼이 황금 비장秘藏에서 꺼내 파렴치한 거래자들에게 팔려고 시도한 또는 파는 데 성공한 유물들이었기 때문이다. 악명 높은 것은 소위 '도락 보물Dorak Treasure'이다. 이것은 트로이에서 동쪽으로 160킬로미터 되는 곳인 마르마라 해 근처 도락에서 발굴된 것으로 보인다. 요르탄Yortan 문화의 수많은 황금 유물, (전기 청동기시대의 것으로 보이는) 철제 검 유물, 몇 개의 황금판들(이 황금판들은 분명히 왕관이었던 것으로 보이고, 제5왕조의 파라오 사후라Sahureʿ의 이름이 새겨져 있었다)이 포함되어 있었던 것으로 여겨진다. 그 '보물'은 1959년

---

117) 그 컵은 아테네 박물관의 품목번호 4578이다. Stevenson Smith(1971, p.180) 참조.
118) Helck(1979, p.15).
119) 이 문서의 음역과 논의에 관해서는 Astour(1967a, pp.142-143) 참조.
120) 제1권, pp.532-533 참조.
121) Coldstream(1973; Coldstream and Huxley(1984).

「런던 일러스트레이티드 뉴스*The London Illustrated News*」에 게재되고 그림으로 그려진 이후 사라졌고, 그것의 신빙성에 대한 의심이 표명되어왔다.[122] 그런데 나는 제임스 멜라트의 판단을 받아들일 준비가 되어 있는데, 그는 그 유물들을 조사한 후 그에 대한 최초의 짧은 논문을 썼다.[123] 그것이 믿을 만하다면, 그 황금판들은 지역의 지배자(아마도 도락의 지배자)에게 준 이집트의 공식적인 선물로 보이는데, 그 지역에 대한 이집트의 종주권을 가리키는 것으로 보인다.

이것은 고왕국 이집트와 아나톨리아의 접촉을 가리키는 유일한 고고학적 증거가 아니다. 킬리키아산 손잡이 달린 항아리들이 기자에 있는 이집트 제4왕조의 무덤에서 발견되었고, 제6왕조 이집트의 단추 인장이 킬리키아의 타르수스에서 발견되었다.[124] 아나톨리아 동남의 킬리키아와 북서의 트로이 및 도락 사이에 놀라운 양의 접촉이 있었고, 그러한 유물들이 이집트가 시리아를 넘어서 행한 교역 및 공식적 접촉을 가리키고 있지만, 도락 보물과는 달리 그것들은 에게해에서 이집트인의 현존을 제시하지는 않는다.

이집트인의 현존은 또 다른 황금 비장에 의해 시사되는데, 그것은 왕녀의 부장품으로 보인다. 비록 그 출처가 에게해권이라는 데는 의심의 여지가 없지만, 정확히 어디인지는 알려져 있지 않다. 헬크에 따르면, 도락 비장처럼 그것의 출처는 북서 아나톨리아, 아마도 트로이일 것이고 전기 청동기시대에 속하는 한 곳에서 발굴된 유물들로 구성되어 있다.[125] 그 비장에서 가장 눈길을 끄는 유물은 큰 황금 원통형 인장인데, 그것은 제4왕조 파라오인 멘카우호르Menkauḥōr와 이조지Izozi 치세의 매우 높은 관료의 것이었다. 어떻게 개인 인장이 북에게해권에 이르렀을까? 에밀리와 코르넬리우스 버뮬은 다음과 같이 생각한다. "그들이 이집트 너머 지중해 해안에 외교적 또는 상업적 대사로서 관료를 보냈던 것일까? … 그는 그의 인장을 신임장으로서 지니고 왔다가 결혼하거나, 살해되거나, 아마도 해외에서 인장을 도난당한 것은 아닐까?"[126] 그들은 이집트 관리들이 기원전 3천년기

---

122) 의심할 바 없이 선풍적인 이 주제에 관해서는 Pearson and Connor(1968) 참조.

123) Mellaart(1967, p.394) 참조.

124) Mellaart(1967, p.401) 참조.

125) Helck(1979, p.16). Vermeule and Vermeule(1970)도 참조.

126) Vermeule and Vermeule(1970, pp.36-37).

동지중해를 항해했다고 상상하고, 파라오 사후라의 이름만이 아니라 멘카우호르와 이조지라는 이름이 비블로스에서 발굴된 설화 석고 항아리들에 기록되어 있다는 것을 지적하며 자신들의 상상을 뒷받침하고 있다. 이처럼 그 당시 이집트가 해외 영토에 관심을 지녔을 것이라는 생각은 결코 어리석지 않으며, 그렇게 귀한 개인 소유물의 상실은 분명히 설명을 요한다. 에밀리 버뮬은 다른 곳에서 전기헬라스 시기에 키클라데스 및 '그리스의' 해상 교역의 정도에 관한 글을 썼으며, 좀 더 최근의 연구에서는 그 당시 보이오티아 항구들의 번영 상태를 보여주었는데, 이제 도코스 난파선에서 나온 증거도 있다. 이처럼 그리스가 북서 아나톨리아보다 더 후진적이었을 것이라고 생각할 이유가 없다.[127]

일반적으로 고대모델을 그리고 특정적으로는 그리스의 디오니소스 숭배가 이집트의 오시리스 숭배로부터 파생되었다는 생각을 받아들이면, 이집트와 에게해권 사이에 기원전 3천년기 접촉이 있었다는 또 다른 증거를 볼 수 있다. 아티카의 앞바다에 있는 케오스 섬에서 기원전 3천년기 후기 지층에서 발견된 풍요의 신으로서 디오니소스 숭배가 그것이다.[128]

이 모든 증거의 조각을 연결하면서, 이집트학 학자이자 비교예술사가인 윌리엄 스티븐슨 스미스는 다음과 같이 강한 개연성을 표현했다.

> 제5왕조에서 좀 더 명백히 드러나기 시작하는 육·해로를 통한 왕의 교역 확장으로 보건대, 스네페루Sneferu(제4왕조의 시작, 기원전 2900년경)로부터 피옵스Phiops 2세(제6왕조의 끝, 기원전 2450년경)에 이르는 시기는 … 이집트가 에게해 세계를 알게 될 정도로 번영기였을 것이다.[129]

달리 말하면, 고왕국 시기 이집트의 부, 파라오들의 정치적 힘, 남부 이웃들과의 교역과 약탈에 대한 그들의 관심, 비블로스 및 레반트 해안에 대한 그들의 끊임없는 상업적·정치적 관심 등을 고려하면, 그 당시 이집트와 에

---

127) Vermeule(1964, pp.64-66); Konsola(1981, p.182). 이 두 글을 Loucas and Loucas(1987, p.103)가 인용했다.
128) Caskey(1980) 참조.
129) Stevenson Smith(1971 p.181).

게해권 사이에 접촉이 없었다는 가정이 놀라운 일이 될 것이다. 더욱이 그러한 접촉의 결과가 그리스에 대한 이집트의 영향일 것이라는 데는 거의 의심의 여지가 없다. 이처럼 나는 크레타와 에게해권의 여러 곳에서 발견된 비교적 적은 수이기는 하지만 고왕국 유물에 중요성을 부여할 수 있다고 믿는다. 그렇다 하더라도 나는 테베의 '피라미드'에서 그리고 좀 더 인상적인 관개시설과 곡물창고를 이집트 영향의 증거로 본다.

전기 청동기시대 '높은' 문화의 끝

전기헬라스 II에서 그리스의 문화와 번영은 기원전 23세기(나는 기원전 25세기로 설정되어야 한다고 믿는다)의 파괴들로 끝났다고 일반적으로 주장된다. 대부분의 역사가들은 바로 이 단절에 발칸 반도로의 인도유럽어 유입을 연계시킨다. 비록 나는 더 이전에 인도히타이트어가 그리스로 유입되었고 이후 인도유럽어가 유입되었다고 생각하지만, 이에 대해 분명한 태도를 표명하지는 못하겠다. 그러나 북쪽 부족이 일련의 파괴와 정착에 연루되었고, 바로 그때 인도유럽어가 그리스로 유입되었을 것이라는 데는 거의 의심의 여지가 없다.130) 바로 그때 레르나가 파괴되고 아르골리스가 황폐화되었으며, 에밀리 버뮬이 기록하듯이 "(레르나에서) 타일의 집이 불탄 후 동일한 수준의 문명으로 다시 접근하는 데 500년이 걸렸다."131) 그러나 기원전 12세기 미케네 문명의 파괴에 따른 '암흑시대'처럼 모든 지역이 일률적으로 황폐된 것은 아니었다. 어떤 지역은 손대지 않은 채로 있었던 것 같고, 어떤 지역은 이웃의 손실로부터 실제로 이득을 보았다. 더욱이 다른 방향으로 전반적인 인구 이동이 있었던 것으로 보인다. 예를 들어, 기원전 24세기의 파괴는 보이오티아에서는 덜 심각했던 것으로 보인다. 비록 대부분의 권위 있는 학자들이 전기헬라스 II의 말 이후 그곳도 그리스의 나머지 지역과 마찬가지로 인구가 급감하고 문명이 쇠락했다는 견해를 지니고 있지만 말이다.132) 이에 반해 시메오노글루는 실제로 전기헬라스 III 시기에

---

130) Howell(1973); Caskey(1986, pp.22-23) 참조. 이에 관한 최근의 개요는 Drews(1988, pp.17-20) 참조.

131) Vermeule(1964, p.59).

132) Buck(1979, pp.35-36) 참조.

테베 및 보이오티아 전체의 인구와 문화 수준이 극적으로 증가했다는 견해를 지니고 있다. 그는 이것을 북쪽이 아니라 남쪽의 외부 '침입'에 연결시키려고 시도한다. 비록 확고한 '아리아주의자'인 그는 이것이 '에게해 내부의 인구 이동'에서 기인했다고 급히 덧붙이긴 하지만 말이다.[133]

시메오노글루는 전기헬라스 III 시기의 '침입'을 카드모스 관련 전설과 연결시키는데, 카드모스를 그 당시 크레타로부터 온 자로 보고 있다.[134] 내가 시메오노글루의 고고학적 결론을 놓고 그와 다투기를 원하지 않지만, 그의 틀에는 많은 난점이 있다. 스메오노글루는 카드모스 및 다나오스의 전설이 전기헬라스 시기의 외국 주로 이집트의 영향과 관련되어 있다고 믿기 때문이다.[135]

첫째, 전승에는 카드모스가 페니키아인이라는 그리고 그 이름의 그럴듯한 셈어적 기원에 관한 구체적인 언급이 많다. 이 문제는 제12장에서 상세히 다룰 것이다. 둘째, 시메오노글루와 스피로풀로스의 틀은 모두 호메로스 전승을 부정하고 있는데, 그 전승을 따르면 암피온과 제토스가 테베를 건국했고 카드모스가 그것을 재건국했다. 기원전 6세기 산문작가인 페레키데스는 그 이야기에 주석을 달아 옛 도시가 카드모스의 도래 이전 몰락해 폐허화되었다는 것을 보여주고 있다.[136] 반면 시메오노글루는 후기의 전승을 따르는데, 그것에 따르면 순서가 뒤바뀌어 있다. 즉, 카드모스가 원래의 건국자이다.[137] 더 오래된 전승은 전기헬라스 III과 중기헬라스 초기는 쇠퇴기였다는 전통적인 고고학적 견해와 일치하는데, 이것은 제12장에서 논의할 것이다.

그리스에서 전기헬라스 II의 파괴는 이집트에서 고왕국의 몰락과 정치적·사회적 해체라는 제1중간기와 일치하는 것으로 보인다. 기원전 13·12세기 후기 청동기시대 문명을 끝냈던 침입 이후의 상황처럼 이집트와 레반트는 빠르게 회복되었으나 에게해권과 그 주변 지역은 수세기 동안 지속된 긴 '암흑시대'를 거쳤다.

---

133) Symeonoglou(1985, pp.69-70).

134) Symeonoglou(1985, pp.70-75).

135) Symeonoglou(1985, pp.133-137).

136) 페레키데스의 단편, Jacoby(1923-9, III, F.41). Buck(1979, p.47) 참조.

137) Symeonoglou(1985, pp.76-77).

결론

제2장에서 논의된 지명, 종교적 숭배 및 전승의 두텁게 얽힌 증거로 본다면, 보이오티아와 펠로폰네소스 일부는 청동기시대 이집트 그리고 셈어를 말하는 레반트로부터 막대한 문화적 영향을 받았다는 것이 확실하다.

더 상세하게 말하기는 어렵다. 일부 신화, 아마도 아테나와 포세이돈 관련 신화(나는 이 신화가 습지를 길들이려는 투쟁과 관련된 것이라고 믿는다)는 전기 청동기시대부터 그리스의 배수 및 관개에 이집트가 연루되면서 생겨난 것일 수 있다. 제우스, 알크메네, 헤라클레스 등과 관련된 신화(헤라클레스의 많은 측면을 담고 있다)는 기원전 2천년기에야 그리스에 도착할 수 있었던 것 같고, 다른 신화 특히 말과 관련된 신화는 기원전 18세기(역주: 그리스로 힉소스가 도래하기 시작한 시기) 그리스에 말과 전차가 실제로 도래한 이후 생겨났음에 틀림없다. 카드모스 관련 전설이 훨씬 오래된 자료를 틀림없이 담고 있을지라도, 기원전 18세기에 생겨난 것으로 보인다.

모든 것을 종합하면 신화, 전설, 지명은 보이오티아, 아르골리스, 아르카디아에 이집트어와 셈어를 말하는 자들이 대규모로 지속적인 영향을 미쳤음을 보여준다고 할 수 있다.[138] 그러한 그림은 고고학적 기록과 비교적 잘 맞아떨어진다. 암피온과 제토스의 '피라미드' 건축과 전기 청동기시대 코파이스에서의 가장 이른 배수 계획에 대한 실제적인 이집트의 영향 가능성이 오르코메노스 근처 '이집트식 곡물창고'의 경우처럼 길게 논의되었다. 미케네 그리스 시대의 테베 왕궁에 대한, 그리고 카드메온^{Kadmeon}에서 발견된 기원전 13세기의 것으로 보이는 근동 유물의 볼만한 비장^{秘藏}에 나타나는 이집트 및 레반트의 영향(제12장에서 논의될 것이다)은 그러한 접촉 및 영향의 지속성을 입증해준다.

불행히도 우리가 관심을 갖고 있는 시기에 보이오티아와 이집트 사이에 존재했던 관계의 유형을 결정하기는 불가능하다. 이집트에 의한 직접적인 식민화의 형태를 취했을 가능성은 매우 낮다. '침묵의 논증'이 위험한 것이

---

138) 제1권, pp.92-97 그리고 pp.140-156 참조. 아테네와 스파르타에 관해서는 제3권에서 더 상세히 논의할 것이다.

기는 하지만, 이집트 유물과 증거가 부족할 뿐만 아니라 보이오티아에서 사용된 문자가 신성문자나 신관문자보다는 에게해권 문자였을 가능성이 높다는 것도 주목해야 한다. 그러나 그 시기 보이오티아에서의 이집트 기술의 고고학적 징표, 그리고 보이오티아의 숭배의식·신화·전설·지명에 침투된 이집트적 및 셈적인 요소의 깊이와 두터움, 이집트 관리들이 기원전 3천년기 에게해권에 있었을 가능성 등은 이집트 종주권의 가능성을 대단히 높게 한다.

보이오티아에 대한 이러한 그림을 어느 정도까지 그리스의 나머지 지역에 확장할 수 있을까? 아르골리스에서 정교한 연합 정체政體와 관련된 고고학적 유형이 나타나고 있는데, 그 정체는 이집트식 곡물창고를 세우고 아마도 이집트에서 발견되는 유형의 치수·토목 공사를 했던 것으로 보인다. 이것으로 보건대, 이집트가 종주권을 행사했을 개연성이 높고 아르고스와 이집트 사이에 외교적 관계가 존재했음은 실제로 확실한 것 같다. 만약 아르카디아의 치수공사가 이르게는 전기헬라스 시기에 시작되었다면, 두 지역의 건축을 둘러싼 신화와 지명 사이의 주목할 만한 유사점은 두 지역에 이집트와 셈의 영향이 있었으리라는 것을 시사한다. 이처럼 매우 이른 시기부터, 아마도 인도유럽어(인도히타이트어에 반대되는 것으로서)의 유입 이전에 이집트와 레반트의 청동기시대 문명이 에게해권에 대규모의 영향을 행사했다.

전기 청동기시대 크레타와 키클라데스의 모습은 그리스 본토와는 크게 다르다. 그곳은 도시생활의 흔적을 지녔지만 강한 국가 권력의 징표는 없었으며 매우 매력적이고 정교한 물질문화를 보여준다. 제1장에서 언급했듯이 고고학적 증거로 보건대, 적어도 크레타 문화에 대한 이집트와 레반트의 영향은 의문의 여지가 없다. 제10장에서 이를 지지하는 것으로 해석될 수 있는 이집트 문헌 증거를 살펴보게 될 것이다. 전기 청동기시대 이집트 고왕국의 전성기에 에게해권과 근동 사이의 관계 그리고 신왕국이 강력했을 때인 후기 청동기시대의 관계 사이에는 기본적인 유사성이 있는 것 같다.

물론 현저한 차이도 많다. 우선, 제1중간기라는 해체 및 혼동의 시기 이후 기원전 21세기에 중왕국이 들어서면서 이집트 세력의 부활은 크레타를 왕궁과 국가를 지닌 영역으로 변모시키는 데 중요한 역할을 했던 것으로 보인다. 반면 중왕국의 대두가 그리스 본토 및 좀 더 북쪽의 섬들에 미친 충격은 덜 중요한 것으로 보인다.

기원전 2000년 이후 문화적으로 그리고 아마도 정치적으로 강력한 '미노안Minoan' 크레타의 존재로 인해 그 섬은 기원전 2천년기 전반에 근동과 에게해권 사이의 가장 중요하고도 유일한 중개자가 되었다. 앞으로 살펴보겠지만, 이것은 '그리스' 문명의 발전에 결정적 요소였다. 전기 청동기시대의 에게해권과 후기 청동기시대의 에게해권 사이에는 또 다른 중요한 차이가 있다. 기원전 3천년기 에게해권에 관한 직접적 식민화의 증거가 거의 없거나 전혀 없지만, 이집트-셈의 문화 및 언어를 지닌 힉소스 군주들이 기원전 18·17세기에 그리스에 식민지를 실제로 건설하고 오래 지속된 왕조들을 세웠을 가능성이 매우 높다(제9장 참조).

제4장

크레타의 옛 왕궁기와 이집트 중왕국, 기원전 2100-1730년

이번 장에서는 크레타로 다시 눈을 돌려 작은 공동체로 이루어진 번영하는 문명 사회에서 왕궁이 지배하는 중앙집권화된 국가로 변화하는 것을 고찰할 것이다. 이러한 변화는 수 세기 전 중동 대부분 지역에서 널리 행해진 방식에 따라 일어났다. 크레타 발전에서 그 독특한 양상이 대단히 중요한데, 그것 자체로도 그러하려니와 이후 미케네 문명의 중요한 구성 요소를 많이 제공하기 때문이다. 미케네 문명은 후기 청동기시대에 에게해권을 지배했고 상고기 및 고전기 그리스 문명의 기초를 형성했다.

이번 장에서는 왕궁의 흥기 뒤에 있는 이집트의 영향을 강조하는데, 이는 고대 전승에서 언급되었지만 1900년경 아더 에반스의 크노소스 발굴 이래로 20세기 내내 너무 경시되어왔다. '미노안' 크레타라는 놀라울 정도로 세련되고 아름다운 문화의 발견은 아리안모델의 신봉자로 하여금 그것을 '동방'과 '유럽' 사이에 있는 단순한 징검다리로 받아들이는 것을 참을 수 없게 만들었다. 이처럼 크레타는 그리스 문명의, 따라서 모든 서구 문명의 부모 중 하나로 여겨지게 되었는데, 나머지 부모는 씩씩한 인도유럽인을 낳았던 중앙아시아의 초원과 산맥이었다.[1]

전기미노아 III: 전前왕궁기

도기연대인 전기미노아 III이 끝나고 중기미노아 IA가 기원전 2000년 무렵에 시작되었다. 이 변화는 크레타 역사에서 왕궁기Palatial Period의 시작을 나타낸다. 전기미노아 시기에 크레타는 비교적 사회 분화가 이루어지지 않았지만, 중기미노아 사회는 중앙 왕궁에 의해 통제되는 국가였다.

놀라운 일은 아니지만, 고립론자인 콜린 렌프루는 외부로부터 영향을 받아 생겨날 수 있는 변화의 정도를 대수롭지 않은 것으로 보려고 한다. 그는 "전前왕궁기 크레타로부터 원原왕궁기 크레타로의 전이에서 지속성이 강조되어야 한다"[2]고 주장한다. '전왕궁기prepalatial'라는 단어는 전기미노아 시기Early Minoan Period 전체를 나타내기 위해서도 사용할 수 있고, 또는 왕궁 건축 직전의 몇 십 년간(나는 이런 의미로 사용한다)을 나타내는 데 사용될 수 있다는 점에서 용어적인 어려움이 있다. 최근 젊은 학자들은 '왕궁

---

1) 1900년 이후 고대 크레타의 새로운 모습에 관한 논의는 제1권, pp.537-539 참조.
2) Renfrew(1972, p.98).

이 없었던 전기미노아 시기'와 전왕궁기를 구분하는 것이 중요하다는 것을 재확인했다. 점진적 발전smooth evolution에 대한 그들의 의심은 동크레타의 남부 해안에 있는 미르토스Myrtos 유적지에 초점이 맞추어졌는데, 왕궁 성립 직전인 전기미노아 시기의 후기로 보였기 때문이다. 젊은 고고학자인 T. M. 화이트로는 미르토스가 전기미노아 시기의 크레타 사회와 전왕궁기 크레타 사회 사이의 다리 역할을 하지 않는다는 것을 보여주었다.[3] 다른 학자들도 이것을 받아들이는 경향이 있다. 한 캠브리지 고고학자가 기술하듯이 "미르토스의 재해석 이후 중기미노아 왕궁이 전기미노아에 속하는 원형의 양적인 다른 표현이라고 할 수 없다는 것이 분명해졌다."[4] 또 다른 캠브리지 고고학자인 존 체리도 동일한 결론에 이르렀던 것으로 보인다. 그는 자신의 논문 「미노아 크레타에서 진화, 혁신, 복합사회의 기원들」에서 "기원전 2000년을 전후한 세기에서 왕궁 사회로의 전이가 몇 가지 중요한 점에서 이전에 있었던 것 너머로의 '질적 도약'이었을 가능성"[5]을 제기한다. 이러한 조심스러움은 콜린 렌프루가 고고학과의 역동적인 교수로서 재직하고 있는 캠브리지 대학의 분위기를 고려하면 놀라운 일이 아니다. 그런데 그곳은 체리의 심장이 놓여 있는 곳이기도 하다. 체리는 크레타 고고학의 창시자인 아더 에반스와 그의 동시대인들이 견지했던 점진적 진화론progressive evolutionism을 통찰력 있게 비판하면서 렌프루를 이 전통에 확고히 못박아두었을 뿐만 아니라 이 전통을 빅토리아 시대의 가장 위대한 진화체제인 다윈주의의 한 모습으로 보았다. 그는 상대적인 정체로 이어지는 중단된 평형punctuated equilibria을 선호하며 점진적 진보로서 다윈주의적 진화에 대한 생물학적 거부를 크레타 고고학에 적용한다. 체리의 주장은 크레타 사회의 놀라운 분화(도시와 시골 사이의 분화, 사회 계급 사이의 분화)와 정교한 왕궁조직에 근거한다. 그는 그때 크레타와 근동 사이의 급격한 교류 증가를 보여주는 고고학적 증거를 강조한다.[6]

이 현상을 조사하기 전에 두 지역의 상대적인 연표를 살펴보자. 아더 에

---

3) Whitelaw(1983, pp.323-340).

4) Lewthwaite(1983, p.172).

5) Cherry(1983, p.33).

6) Cherry(1983, p.41).

반스는 원래 크레타 연표를 고대 이집트의 세 왕국을 근거로 확립했다. 그의 전기미노아 시기는 고왕국과, 중기미노아 시기는 중왕국과, 후기미노아 시기는 신왕국과 일치했다. 이것의 전체적인 틀은 놀랍도록 잘 지속되어오고 있다. 그런데 지난 50년에 걸쳐 몇 가지 수정이 가해졌다.[7] 그러한 수정 중 하나는 동지중해권의 관계에 많은 시간을 들인 미국의 이집트학 학자 윌리엄 워드가 기술하고 있듯이 "도기연대를 사용하는 에게해권 전문가의 대다수는 이제 중기미노아 IA의 시작을 기원전 2000년경으로 또는 제12왕조 초로 잡고 있다"[8]는 인식에서 왔다. 그에 따르면, 그것을 앞서는 전기미노아 III은 기원전 22세기의 마지막 몇 십 년에 시작했던 것으로 여겨진다. 더 최근에 캐도건은 중기미노아 IA의 시작을 기원전 2050년경으로 잡았는데, 이는 탄소연대측정과 맞아떨어지는 것으로 보인다.[9] 그런데 그와 여러 전문가들은 왕궁이 중기미노아 IA가 시작된 지 몇 십 년 후 처음으로 건축되었다는 데 일반적으로 동의하고 있다. 어쨌든 거대한 크레타의 왕궁들은 기원전 2000년을 전후한 25년 이내에 세워지기 시작한 것으로 보인다.[10] 그러나 왕궁이 건축되기 전에 전왕궁기는 대략 1세기 동안 분명히 지속되었고, 도기연대 전기미노아와 중기미노아 사이의 경계는 이 시점에서 매우 불분명하다. 사실 크노소스의 중기미노아 IA 도기와 동부 크레타의 전기미노아 III 도기 사이에는 겹치는 부분이 있다. 워드가 주장했듯이 전기미노아 III의 끝 부분 및 그 시기에 해당하는 전왕궁기는 이집트의 제1중간기에 일치하지 않으며, 차라리 중왕국의 첫 번째 왕조인 제11왕조와 동시대인 것으로 보인다. 그 왕조는 기원전 22세기 중반에 시작되어 21세기에 번영을 맞았다.[11]

---

7) Matz(1973a, pp.141-143).

8) Ward(1971, p.72). 워드는 이어서 이에 대한 아스트룀의 낮은 연표를 뒤엎는다(Ward, 1971, pp.74-82). 아스트룀은 후기의 저술(Åström, 1978, pp.87-90)에서 이를 회복하지 못했다. 그 저술은 그가 주장하는 메소포타미아의 낮은 연표에 근거하고 있는데, 이것에 대해서는 제5장의 주105 참조.

9) Cadogan(1978, pp.209-214). 상황은 크노소스에서 중기미노아 IA로 알려진 도기 유형과 크레타의 다른 지역에서 전기미노아 III으로 불리는 도기 유형의 마지막 시점이 시간적으로 겹친다는 사실에 의해 복잡해진다. Merrillees(1977, p.37) 참조.

10) Matz(1973a, pp.141-145).

11) Ward(1971, pp.72-125).

전기미노아 III 기간에 크레타와 일반적으로는 중동, 세부적으로는 이집트 사이에 접촉이 급격하게 증가했다. 고고학자 키스 브래니건은 크레타에 밀어닥친 시리아의 영향이라는 새로운 물결을 주목했다. 명백히 지속성이 있었지만 크레타의 야금술은 그 당시 "시리아와 킬리키아에서 사용된 유형 및 기술에 상당히 영향을 받았고 그 시기 그리고 이후에 시리아 대검이 실제로 수입되었다"[12]는 것이다. 또 다른 고고학자인 O. 크르지쉬코프스카는 전기미노아 III 시기에 이집트나 시리아에서 들여왔을 상아와 이집트에서 들여왔음에 틀림없는 하마 어금니라는 괄목할 만한 증거에 주목한다.[13] 피터 워런은 전기미노아 III 시기부터 크레타 도기에서 발견되는 작은 실린더형 항아리와 작은 암포라가 돌로 된 이집트의 원형에서 나온 것임을 보여준다.[14]

고고학자인 반스 와트러스는 다음을 지적하고 있다. "중기미노아 I의 시기에 많은 새로운 화병 모양(긴 받침이 달린 잔, 옆으로 누운 형태의 컵, 원뿔형 컵, 가늘고 긴 칸타로스[역주: 잔의 깊이가 깊으며, 고리 모양의 손잡이가 몸체의 바닥에서 시작되어 잔의 가장자리보다 높게 뻗어 있는 도기 술잔], 짐승 모양의 뿔 잔 등)이 더 오랜 역사를 지닌 근동의 용기를 본떠서 크레타에서 나타난다." 또한 그는 "크레타, 이집트, 레반트에서 이러한 용기가 특정한 숭배의식용으로 사용된 것을 보면, 세 지역 사이에 관계가 형성되어 있다"[15]는 것이다. 그는 중기미노아 I-II 시기에 남부 크레타에서 최초로 나타난 빠른 물레가 "왕궁에서 필요로 하는 특정 용품과 수요량을 감당하고자"[16] 근동에서 처음 도입되었다는 흥미롭고 그럴듯한 주장도 한다.

납과 나선무늬

이 시기에 속하는 구체적인 이집트 유물이 크레타에서 발견되었다. 6개

---

12) Branigan(1970a, p.81).

13) Krzyszkowska(1983, p.168). 마찬가지로 전기미노아 III 시기에 증가한 도기는 이집트 또는 시리아로부터 온 것일 수 있다. Karen Pollinger Foster(1979, pp.56-59)는 시리아를 선호했다. 그의 근거는 근동 상품이 크레타에 들어오고 있었다는 정통론(순환적 근거)과, 크레타에서 발견된 도기 기술이 이집트보다는 시리아의 기술에 더 가깝게 보인다는 점이다.

14) Warren(1965, pp.7-43; 1967, pp.36-48; 1969, pp.41-45, 71-91).

15) Watrous(1987b, p.67). 도기 유형에 관한 고립론자의 견해를 타파하는 논의(p.70)도 참조.

16) Watrous(1987b, p.70).

의 이집트 스카랍(역주: 고대 이집트인이 매우 신성시한 곤충의 모양을 본뜬 호신부)이 남부 크레타의 전기미노아 III과 중기미노아 I에 속하는 메사라의 톨로스 묘들에서 발견되었다.[17] 그것의 중요성은 크기 또는 수가 가리키는 것보다 훨씬 크다. 그것은 이집트의 인장과 크레타 인장 사이의 연계(전기미노아 III에 시작된)를 확인해주기 때문이다.[18] 펜들베리는 다음과 같이 쓰고 있다. "특히 구체적인 수입품을 모아놓았을 때에는 여러 가지로 너무 밀접해서 그 시기에 이집트와 메사라 사이의 직접적인 교역을 받아들이지 않을 수 없다."[19] 펜들베리가 이 글을 쓰기 전 이집트와 크레타 사이에 연계가 있다는 에반스의 견해는 1928년 베를린에서 출판된 F. 마츠의 책에서 논박되었다. 마츠는 그 시기 크레타의 보석 조각술을 발칸 또는 다뉴브 지역에 연계된 것으로 보았다.[20] 독일과 오스트리아의 다른 학자들은 크레타의 인장 제작이 아나톨리아에 기원을 두고 있다는 견해를 선호했다.[21] 그런데 이 견해에 끌리면서도 워드는 "보다 최근의 글에서 보여지는 학자들의 이러한 주장에도 불구하고, 에반스의 원래 생각에 대한 지지가 놀랄 만한 양에 이른다"[22]고 서술했다.

북쪽에서 남쪽으로의 접촉을 조사하면(납 동위원소 분석에 따르면), 기원전 21세기 제11왕조의 조각상이 아티카에 있는 라우리온 광산에서 나온 은으로 만들어졌을 가능성이 매우 높다. 분석이 잘못되었을 수도 있고, 그 은이 몇 세기 더 이른 고왕국 시기에 제3장에서 언급된 교류를 통해 수입되었을 수도 있겠다(좀 더 나중 시기 라우리온에서 이집트로의 수입은 제11장에서 논의될 것이다). 그런데 가장 그럴듯한 설명은 중왕국 초기 이집트와 에게해권 사이에 직·간접적인 또는 정치적 접촉이 있었다는 것이다.[23]

---

17) Ward(1971, pp.92-95).

18) Evans(1921-35; I, pp.117-125).

19) Pendlebury(1963, p.83).

20) Matz(1928, pp.30-42). 그 당시 크레타와 이집트의 연계를 부정했지만, 마츠는 만자卍字 모티프가 크레타에서 북동 아프리카로 갔다고 믿었다. 만자 모티프와 아리아 '인종'(나치에게만 국한된 것이 아니다) 사이의 연계를 고려한다면, 그 형태가 아프리카에서 유럽으로 전해질 수 있다는 것은 생각할 수조차 없는 것이었다. Ward(1971, pp.85, 89)는 크레타와 이집트 두 곳의 만자 모티프 동시발생은 독립적 발명의 결과였다고 주장함으로써 그 문제를 피해가고 있다.

21) Fimmen(1921, pp.154-60); Biesautl(1954, pp.33-41); Helck,(1979, p.20).

22) Ward(1971, p.86). 그 인장에 대한 논쟁의 참고문헌은 워드의 책 n.347 참조.

북쪽의 영향에서 가장 자주 인용되는 예는 나선무늬이다. 독일학자들이 나선 문제라고 한 것은 나선 장식이 기원전 21·20세기에 크레타와 이집트 모두에서 자주 사용되었다는 사실에서 온다. 핌멘과 헬크 같은 독일 학자들이 제안한 이 문제에 대한 하나의 해법은, 이 장식무늬가 북쪽에서, 아마도 키클라데스에서 유래했다고 가정하는 것이다.[24] 또 하나의 해법은 제2차 세계대전 후 반反전파론적 분위기에서 좀 더 인기 있었던 것인데, 세 지역 모두에서 독립적인 발명을 가정하는 것이다.[25] 워드는 키클라데스에 주목했지만, 독립적 발명을 강조하면서 전파의 세 중심지로 키클라데스, 동부 터키, 이란을 제안했다.[26] 이것은 받아들일 만하게 여겨졌다.

그런데 나선무늬는 적어도 기원전 3천년기부터 중동과 에게해권 전역에 걸쳐 흔한 것이었음을 주목해야만 한다.[27] 더욱이 나선형 모티프는 고왕국 이집트에 존재했다. 두 가지 예를 들면, 므네비스Mnevis의 '나선형 벽'(ⵡ)과 이아웨트i3wt 또는 민의 상징물 위에 그려진 '풀리는 나선과 뿔(⚥)'은 각별히 황소 숭배와 연결되어 있다. 황소 숭배는 다른 차원에서 그때 이집트에서 크레타로 도입된 것으로 보인다(다음 절 참조). 비록 2000년경 이집트-크레타의 나선 형태가 키클라데스나 아나톨리아에서 온 것일 수 있지만, 상징적으로 사용할 정도로 그 나선 형태에 의미를 부여한 관례는 이집트에서 왔을 것이다.

크레타의 왕궁들

크레타의 황소 숭배 기원을 논의하려면 먼저 번영을 구가하던 크레타의 왕궁을 고려해야 한다. 크레타의 왕궁은 기원전 21세기의 마지막 몇 십 년에 최초로 세워졌고 기원전 12세기까지 존속되었던 것으로 보이는데, 마지막 250여 년간은 미케네의 지배하에 있었던 것으로 보인다.[28]

---

23) Poursat(1984, p.87)와 그에 대한 Z. A. Stos-Gale의 주석.
24) Ward(1971, pp.107-125); Helck(1979, pp.21-22).
25) Kantor(1947, pp.21-24).
26) Ward(1971, pp.108-110). '옭매듭' 디자인이 기원전 19·18세기에 이집트로부터 크레타로 도입된 듯 보인다는 것은 이러한 연계에서 흥미롭게 주목할 만하다. Higgins(1979, p.37).
27) Vermeule and Vermeule(1970, p.33) 참조.
28) 비정통론적 연표의 정당화에 관해서는 제10장의 주91-105 참조.

크레타는 강력한 지진 활동 지역에 위치했으므로 군사행동이나 우연한 화재보다는 지진으로 더 많이 파괴되었던 것으로 보인다. 기원전 1450년경 그리스인의 도래 이외에 유일한 중요한 문화적 단절은 기원전 18세기 말경에 있었던 것으로 보이는데(역주: 버낼은 힉소스의 크레타 도래를 염두에 두고 있다), 도기연대로는 중기미노아 II와 III 사이이며 건축학적으로는 전기 왕궁기Early Palace Period와 후기 왕궁기Late Palace Period를 구분하는 시기이다.29) 비록 왕궁 구조와 상징물의 사용에서 변화(아래에서 논의될 것이다)가 있었지만, 왕궁기 800여 년 전체 시기 동안 놀라운 지속성을 유지했던 것 같다. 우리는 후기 왕궁기 말 왕궁의 관료제도와 경제에 관해 꽤 많은 것을 알고 있는데, 이를 근거로 여러 가지 초기 특징을 알아낼 수 있다.

기원전 2000년경 크레타 왕궁의 건축은 1,000여 년 동안 중동의 많은 지역에 확립된 경제적·사회적 체제가 에게해권 남부로 확장되면서 나타난 것이라는 데는 의문의 여지가 없다.30) 더욱이 왕궁은 일반적인 차원에서 도입되었지만, 특유한 것도 포함하고 있었다. 제임스 월터 그레이엄은 왕궁 건축의 연구에 많은 시간을 바쳤는데, 이 문제에 관해 표준서로 남아 있는 『크레타의 왕궁들』에서 다음과 같이 기술하고 있다.

크레타 왕궁과 근동 왕궁 사이에 닮은 점이 존재한다는 것은 거의 부정될 수 없으며, 마찬가지로 크레타의 건축과 이집트의 건축 사이에도 그러하다.

특히 유프라테스 상류에 있는 마리의 왕궁과 미노아 왕궁은 기본적인 성격에서 닮은 점이 있다. 방들은 궁정 주위에 배치되어 있고, 왕궁의 다른 부분은 다른 목적을 위해 사용되었고 … 진흙으로 만든 욕조가 있는 목욕탕, 알현장 등등. 그러나 이 광범위한 유사성이 있지만 차이점도 대단히 깊고 뿌리 깊어서 왕궁건축의 한 유형이 다른 유형에 의미를 지닐 정도로 정말로 영향을 미쳤는지 쉽게 말할 수 없다. 반목조半木造half timbering와 석판石板orthostat 같은 건축의 일반적인 방법 또한 넓게 펴져 있다. …

---

29) 『캠브리지 고대사』는 테라 화산의 폭발의 연대를 기원전 1628년으로 다시 설정한 것을 받아들여 도기연대를 상향 조정하면서, 그 단절을 1700년으로 설정한다. 나는 이를 기원전 1730년경으로 잡는다. 제7장 참조.

30) 이 사실을 과소평가하는 입장은 Trump(1981, p.175) 참조.

세부적으로도 닮은 점이 있는데, 예를 들면 마리와 크노소스의 진흙 도관이라든가, 크레타의 길고 둥근 기둥과 대접받침모양의 기둥머리 그리고 이집트의 석주는 서로 닮았다. 벽화는 또한 제한적이나마 접촉한 분야이다. …

입수 가능한 증거로 보건대, 기원전 2000년경 왕궁이 처음으로 나타났을 때 크레타 건축 기술자들은 다른 곳의 일반적인 왕궁 건축법을 알고 있었지만 크레타에 필요한 것과 크레타의 환경에 적합한 형태를 만들어냈고, 또한 동지중해권에서 전해 내려온 대체로 그들에게 친숙한 건축기법을 사용했다. … (그들은) 좀 더 효율적이고 좀 더 특이한 지역적 형태를, 즉 어느 정도 해외 이웃의 건축에 영향 받은 형태를 계발했다. … 새로운 형태의 장식을 위해 그들은 특히 이집트에 관심을 돌렸다. … 미노아 왕들이 파라오들을 흉내 내어 화려한 모습의 궁전을 원했을 때 연회장은 이집트식으로 장식되었을 것이라는 추측이 가능하다. …31)

근동 및 이집트의 영향을 마지못해 수용하는 이 학자의 태도는 후기 논문에도 나타나는데, 그 논문에서 그는 중부 크레타의 남쪽에 있는 파이스토스의 후기 왕궁기 왕궁에 대한 매우 특정한 이집트의 건축적 영향을 상술했다.

앞의 논문에서 나는 그 섬의 외부 문화가 어떤 단계에서 크레타의 건축에 영향을 미쳐 발전시킨, 크레타 건축의 근간이 될 수 있는 강력한 영향은 찾아볼 수 없다고 주장했다. 나는 아직도 이러한 견해를 지니고 있다. 그러나 세공 장식과 같은 호화로운 개별 장식구나 거대한 접견실 또는 연회장 등의 화려한 모습은 수입하거나 외부의 영향을 받았을 뿐만 아니라 십중팔구 그러했을 것이다.32)

호화로운 장신구 같은 것은 왕궁에 겉도는 것이 아니다. 그것과 그것이 만들어내는 화려함은 정치체제와 경제의 운영에 필수적인 것이다.33) 많은

---

31) Graham(1962, pp.231-232).
32) Graham(1970, pp.238-239).

'세공 장식'이 왕궁이 최초로 건립되었을 때부터 크레타 왕궁에서 발견된다. 예를 들면, 이집트 보석과 크레타 보석 사이의 놀라운 닮음은, 옛 왕궁기Old Palace Period에 시작된 주제와 기술 모두에서 상당한 차용을 의미할 수 있다.[34] 크레타 미술의 많은 장식적 모티프는 중왕국 이집트에서 발견될 수 있다. '미노아인'은 여성을 노란색/하얀색으로 남성을 붉은색/갈색으로 칠하는 이집트의 전통을 물려받았다. 이집트에서 해산의 여신 타 웨레트T3 wrt(위대한 자)를 등에 악어가죽을 쓴 똑바로 선 하마로 표현하는데, 그 여신은 크레타에 도착해 도상학적으로 에게해권 전공 고고학자에게 '게니이 genii'로 알려진 곤충의 모습으로 변형을 시작한 것으로 보인다. 그 모습은 크레타 예술 어디에서나 나타나게 되었다.[35]

왕궁에서 발견된 다른 '크레타적' 장식 및 종교적 상징물과 이집트에 있는 그러한 상징물과의 관계는 이번 장에서 그리고 제2권의 후반부에서 논의될 것이다. 또한 크레타와 중동 왕궁의 공식적이고 경제적인 구조 사이의 놀랍고도 상세한 유사점은 제10장에서 고려될 것이다.

최근에 워트러스는 전기미노아 III 시기에 오리엔트에 기원을 둔 많은 예술적·건축적 혁신이 왕궁과 관료체제의 도입과 연관되어 '왕권 체제의 일부'로서 크레타에 통합적으로 도입되었다고 주장했다. 그는 명백하게 그리고 내가 보기에는 효과적으로 렌프루의 고립론를 무너뜨렸다. 또한 그는 많은 역사적 유사점으로 판단하건대 증가하는 부와 도시화 자체가 크레타와 근동 모두에서 발견되는 매우 특정한 형태의 왕궁 사회로 이르게 하지는 않았다고 주장한다(역주: 크레타가 근동에서 차용한 문화적 영향도 고려해야 한다는 뜻).[36] 워트러스의 생각은 비록 다른 학문 분야의 학자에게는 이상한 것이 아니라 하더라도, 에게해권 전공 고고학자 사이에서는 명백히 인기를 끌지 못하고 있으며 에게해학 학자들은 그의 결론에 동조하는 것이 힘들다고 생각한다.[37] 어쨌든 두 가지 요점은 명백하다. 첫째, 왕궁과 사회

---

33) 고대 이집트에 적용되었던 이 원리를 잘 묘사한 글로는 Springborg(1990, pp.73-88) 참조.

34) Higgins(1979, pp.22-37).

35) Schachermeyr(1967, p.47)는 이 전통이 중기미노아 III 초에 크레타에서 확립되었다고 주장한다. 그런데 그의 주장의 근거는 그 전통이 결코 적용될 수 없는 항아리들이다. 타 웨레트에 관해서는 Schachermeyr(1967, p.31 and plate 63-69) 참조.

36) Watrous(1987b, pp.65-66, 70).

의 일반적인 유형(그것은 여러 가지 세부 사항만이 아니라 중심을 형성했다)은 중동에서 크레타로 왔다. 둘째, 20세기 대부분의 학자들은 이 사실을 인정하는 것을 못마땅해 한다.

나는 그레이엄을 크레타가 근동에서 차용했다는 개념에 적대적인 태도(이러한 태도는 그의 연구 전체에 걸쳐 명백히 나타난다)를 취하고 있는 학자로서 이미 인용한 적이 있다. 이러한 태도의 좀 더 명백한 예는 키스 브래니건이다(앞에서 그는 크레타가 외부의 영향을 받았다는 생각에 놀랄 정도로 개방적인 태도를 보인 학자로 언급은 되었다).

> 그러나 특히 미노아 왕궁의 전체 개념은 청동기시대에 다른 어떤 곳에서의 왕궁 건축의 개념과는 전적으로 다르다. 미노아 왕궁에는 중심으로서 중앙 궁정宮庭이 있다. 왕궁은 이 궁정 주위에 배치되었고 중앙에서 바깥으로 확장되었다. (성벽이 없었기 때문에) 건축기사는 그의 도안을 미리 결정된 공간이나 모양에 맞출 필요가 없었던 것으로 보인다.[38]

이 글은 이데올로기적 믿음, 즉 어떤 방식으로든 미노아인은 '원유럽인'이며 그러므로 아시아인이나 아프리카인과는 달리 자유로웠다는 믿음을 명백히 암시하고 있다. 왕궁 성벽이 없다는 것은 자주 이러한 방식으로 언급된다. 그것은 또한 미노아 사회의 목가적이고 평화로운 성격을 설명하기 위해 사용되었는데, 이는 많은 점에서 18-19세기에 대단히 유행했던 평화롭고 순진무구한 그리스인이라는 빙켈만 식의 그림에 가까운 것으로 여겨진다. 마찬가지로 아더 에반스는 크레타인을 행복하고 평화로운 사람들로 재현해 놓았는데, 거기에는 그가 속한 세련된 상층계급의 배경이 크게 작용했음이 근래에 밝혀졌다.[39]

이렇게 말하긴 했으나, 크레타의 왕궁과 문명에는 뚜렷하게 '크레타적인' 무엇인가가 있다. 그러나 그런 지역적 특색은 모든 지역에서 그렇다. 메소포타미아, 시리아, 아나톨리아 같은 중동 지역의 왕궁도 지역적 특색

---

37) Bennet(1990, p.194, n.70).

38) Branigan(1970a, p.52).

39) Bintliff(1984).

을 지니고 있다. 모든 지역의 왕궁은 지역적, 지리적, 사회적, 경제적, 문화적 상황을 반영했다. 인신공양을 강하게 시사하는 최근의 발견(제3권에서 그 일부를 논의할 것이다)은 미노아 사회가 아더 에반스가 생각했던 것처럼 그렇게 목가적인 것이 아니었음을 보여준다.[40] 그러나 전기 왕궁기에는 방어와 폭력에 상대적으로 거의 관심을 갖지 않았던 것으로 보인다. 비록 후기 왕궁기에는 상당히 변화된 것으로 보이지만 말이다. 이것은 전기 왕궁기인 기원전 2000-1730년에 그 섬에 있었던 왕궁 '국가들' 사이에 조화가 적절히 이루어졌고 외부의 위협이 없었다는 것을 시사한다.

특별한 해양성 장식 기술 같은 크레타적 특징은 지리적 위치로 간단히 설명될 수 있다. 또한 크레타의 지리적 중심성은 그 왕궁 문화를 동시대의 다른 왕궁 문화와 구분한다. 그 당시 크레타는 레반트, 이집트, 토착적 영향력의 접점 지대였다. 전왕궁기 시초의 날카로운 단절에도 불구하고, 렌프루가 전기미노아 시기부터 중기미노아 시기에 이르기까지 상당한 지속성이 있음을 지적한 것은 옳다. 이것은 고립의 결과가 아니라 잦은 문화적 혼합의 결과였음을 기억해만 하지만, 전기미노아 크레타가 자신의 문화적 정체성을 지닌 세련된 사회였다는 것은 의심의 여지가 없다.

크레타의 문자체계

크레타의 문자체계가 독자성을 띠고 있다는 것은 왕궁기의 크레타가 이집트 상형문자, 설형문자, 비블로스 문자를 채용하지 않고 자신의 상형문자와 음절문자를 사용했다는 사실 속에 반영되어 있다. 크레타 문자의 발전에 관한 전통 학설은 다음과 같다. 중기미노아 I 시기 왕궁의 건립 직후 전기미노아 I 시기 이래로 사용된 기호가 규칙화되어 그림문자를 형성하게 되었으며, 그림문자는 중기미노아 III이 시작되는 기원전 18세기 후반까지 수세기 동안 사용되다가 음성 음절문자인 선형문자 A에 의해 대체되기 시작했다는 것이다. 또한 이 선형음절문자는 선형문자 B에 의해 대체될 때까지 크레타에서 계속 사용되었는데, 선형문자 B는 그리스어를 기록하기 위해 선형문자 A를 변용한 비슷한 문자체로 기원전 1450년경 그리스인의 도

---

40) Warren(1981); Sakellarakis and Sapouna-Sakellaraki(1981).

래와 함께 크노소스에 유입되어 사용되었다는 것이다.

이 틀에는 몇 가지 난점이 있다. 그것은 우선 선형문자 B가 선형문자 A로부터 직접적으로 파생될 수 없다는 사실에 기인한다. 정통론은 선형문자 B가 선형문자 A라는 선구자로부터 가지를 쳐 나왔다고 가정하는데, 이는 그림문자로부터 선형문자 A로의 직접적인 발전이라는 틀에서는 허용되지 않는다. 그것은 또한 매혹적이게도 단순한 이론, 즉 그리스인이 크노소스 왕궁을 정복하러 왔을 때 선형문자 B가 크레타에서 발전되었다는 이론을 취하는 것을 불가능하게 한다. 금석학적 증거로 설명하려면, 그리스 본토에서 선형문자 B가 크노소스 정복 이전에 이미 존재했다는 것이 전제되어야만 한다.

미국의 고전학자 스털링 도우는 음절문자는 기원전 1600년경에 만들어졌다고 주장한다. 이것은 정통론의 역사가들에게 두 가지 문제를 제기한다. 첫째, 왜 그리스인은 왕궁을 갖기 전에 그러한 문자를 갖게 되었는가? 둘째, 어떻게 그것은 그렇게 많은 세기 동안 입증될 수 없었는가?[41] 이 문제 중 어느 것도 나에게는 심각한 것으로 보이지 않는다. 아주 단순한 정치적·경제적 구조를 지닌 사회도 아주 복잡하고 세련된 문자를 사용·계발했다. 예를 들어, 기원후 1천년기 후반에 서부 신장에서 발전된 서하西夏문자를 보라. 어쨌든 제3장에서 그리스 본토는 일찍이 기원전 3천년기 중반에 몇몇 국가다운 국가를 갖고 있었다고 주장되었다. 기원전 2천년기의 그리스에서 수세기에 대한 입증 결여에 관해 그리고 침묵의 논증에 대해 고고학자들은 두려움을 느끼는데, 이는 침묵의 논증이 대단히 보증되지 않은 믿음임을 보여주는 것으로 나는 생각한다. 더욱이 문자의 기록에는 훨씬 더 긴 명백한 간극의 예가 많다.[42]

전통적인 틀의 또 다른 어려움은 선형문자 A, 선형문자 B, 키프로스 음

---

41) Dow(1973, p.602).

42) Dow(1973, p.606)는 이 문제에 특히 민감한데, 그는 청동기시대와 상고기를 분리하는 장기간의 문맹기가 있었다는 주장을 확립하기 위해 '침묵의 논증'의 사용을 원하기 때문이다. 이는 청동기시대의 문자체가 고전기까지 보존되었다는 점에서 '키프로스는 그리스와는 결정적으로 다를 수 있음'을 보여주기 위한 그의 염원에서 나온 것으로 볼 수 있다. 이 주장에 관해서 그리고 이 주장이 아리안모델을 지지하고 고대모델을 불신하고 있는 것에 관해서는 제1권, pp.552-553 그리고 Bernal(1990, pp.57-58) 참조.

절문자 사이의 관계에서 연유한다. 키프로스 음절문자는 아마도 에게해권 두 음절문자의 원형보다 더 오래된 선조로부터 왔을 것이다. 따라서 다음 과 같은 틀을 만들 수 있다.

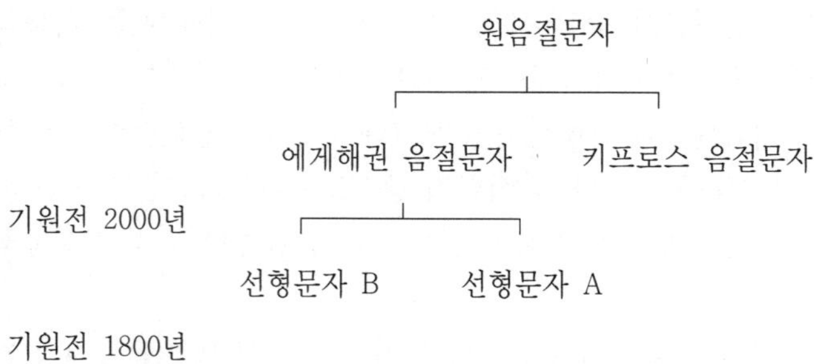

선형문자 A가 기원전 3천년기 말의 중기미노아 IA 시기에 사용되었다는 파이스토스의 남쪽 크레타 궁전에서 나온 증거가 있다.[43] 기원전 17·16세 기에 이르면 선형문자 A를 이미 오래된 것으로 간주될 수 있다는 생각이 중기미노아 IIIB(기원전 1700년경, 이 시기에 현존하는 최초 서판들의 대부분이 속한다)에 그 문자가 지역 방언들로 기록되었다는 사실에 의해 강화된 다.[44] 만약 선형문자 A가 기원전 2천년기로 접어드는 시기에 나온 것이라 면, 선형문자 B를 파생시킨 원형은 기원전 3천년기에 존재했음에 틀림없 다. 이 경우 두 선형문자와 키프로스 음절문자의 조상은 그 이전, 즉 기원 전 3천년기 중반 또는 더 이른 시기에 잘 발전되어 있었음에 틀림없다. 그 것이 기원전 2500년 전에 발전되어 있었을 가능성은 설형문자(그것은 적응 력이 있었고 많은 언어에 적용되었다)가 그때까지면 레반트에서 잘 확립되었 다는 사실에 의해 증가한다.

그러므로 가장 그럴듯한 가정은 다음과 같다. 즉, 음절문자들의 조상이 키프로스로부터 남부 아나톨리아를 거쳐 크레타에 이르는 범위의 어딘가 에서 그림문자의 발전 직후인 전기 청동시대의 초쯤에 발전했을 것이다. 그것은 유성음의 자음과 무성음의 자음 사이에 어떤 구분(역주: p-b, k-g, 선

---

43) Godart(1983).

44) Ventris and Chadwick(1973, p.31).

형문자에서는 b, g 같은 유성음의 자음이 없다)도 두지 않은 언어를 표기하기 위해 만들어졌다. 그 언어는 그리스어와는 달랐고, 아나톨리아의 대부분 언어들과 크레타의 셈어Cretan Semitic(셈학 학자인 사이러스 고든이 가정한 언어다)를 닮았다.

입증이 부족하지만, 음절문자 금석문체가 크레타에서 전왕궁기까지는 잘 확립되었다는 것은 있음직하다. 이것은 비非왕궁기non-palatial 크레타와 전왕궁기 크레타 사이에 문화적 단절이 있었고 기원전 21세기 레반트 및 이집트에서 막대한 영향이 있었으면서도, 왜 크레타 왕궁이 설형문자, 신성문자, 신관문자를 받아들이지 않았는가를 설명한다. 역설적으로 이러한 역사적 틀은 문자체라는 중요한 분야에서 전기미노아 시기에서 중기미노아 시기로 문화적 연속성을 옹호하는 렌프루의 주장을 확인해주는 경향이 있다.

전기 왕궁기 크레타의 숭배 상징물

여러 중요한 점에서 전왕궁기 및 전기 왕궁기에 중요한 혁신이 있었고, 이것 중 많은 것이 레반트 또는 이집트에 기원을 둔 것으로 보인다는 점이 놀랍다. 종교적인 상징물 가운데 세츠st(⟩: 어깨매듭)과 테예트tit(⟩: 묶음)이 있다. 후자는 제드Ded(⟩)를 두 배로 한 것인데, 제드는 숭배의식에 관련된 갈대 건축물과 갈비뼈가 붙어 있는 황소의 척추 뼈(아네크ᶜnḫ, ⟩)를 모두 나타낸다. 생명을 뜻하는 아네크Ankh는 아마도 샌들 끈을 나타내는 것으로, 더 그럴듯하게는 들소의 등뼈를 나타내는 것으로 보인다.45) 기원전 2천년기 초 크레타에서 좀 더 명백하게 소와 관련된 이집트의 종교적 상징물이 사용된 것은 '신성한 뿔horns of consecration'에서 볼 수 있는데, 이것은 신성한 모티프이기는 하지만 너무 자주 사용되었기 때문에 크레타의 왕궁 문화에서 그것의 기능은 때로는 단지 장식적인 것으로 사용되었으리라 여겨진다. 이 상징물은 20세기 초 이집트학 학자 뉴베리와 게르테에 의해 두 개의 이집트 상징물인 뿔(⟩, 웨페트wpt)과 계곡으로 나뉜 두 산(⟩, 주dw)의 합성

---

45) Evans(1921-35, II, p.49). Rundle Clark(1959, p.237) 참조. 두 기호 모두 야생 황소의 등뼈로 부터 나왔다는 그럴듯한 가설은 Schwabe, Adams and Hodge(1982) 참조. 이는 두 기호가 그 밖의 많은 상징적 의미를 융합하지 않았다는 것을 말하는 것은 아니다.

에서 나온 것으로 인식되었다.[46] 두 상징물의 시각적 융합(중기미노아 II 시기에 최초로 나타난다)은 겉보기에는 지역적인 크레타의 현상으로 보인다. 그런데 개념적으로 그 융합은 훨씬 더 오랜 이집트의 뿌리를 지녔다. 기원전 28-27세기 제5·6왕조에서(그러나 분명히 더 오래되었을 것이다) 기록된 피라미드의 글에는 이 융합을 보여주는 구절이 있다.

웨피Wpy '두 산이 갈라지고, 왕이 태어나고, 왕은 몸에 힘을 지닌다.'[47]

웨피Wpy는 명백히 웨피wpi(열림, 특히 아기가 태어날 때 자궁의 열림)와 관련되어 있다. 두 산과의 관계는 또 다른 상징 아케트ȝḫt(또는)—두 산 사이에 있는 지평선(태양이 지는 장소로 죽음과 부활의 상징)에 떠오른 태양을 뜻한다—에서 온 것 같다. 이집트 종교와 전기 미노안 시기의 크레타 종교에서 불사와 부활의 관계(제1장 참조)가 이것에 연계되었다는 것은 범람(아케트ȝḫt), 경작지(아헤트ȝḥt), 파피루스 덤불(아크ȝḫ), 영靈(아크ȝḫ, 또는 영이 되다) 같은 단어군에서 나타나는 것 같다. 이것은 그리스 어근 라크lakh(식물, 초록의)에서도 나타나는 것 같다.[48] 아크 아크ȝḫ ȝḫ(자라서 초록색이 되다)는 라리온Rarian(Ῥάριον)에서 나타나는 것으로 보이는데, 라리온은 엘레우시스의 신성한 옥토 이름으로 오르가스Orgas로 더 널리 알려져 있다.[49]

이집트의 상징물을 크레타의 '신성한 뿔'과 동일시하는 것을 닐손은 거부했다. 비록 '형태의 유사성'은 인정했기는 하지만 말이다. 그는 이집트의 기호 는 상징이며 반면 미노아의 예들은 축성된 장소 또는 목적물을 나

---

46) Newberry(1909, pp.24-31); Gaerte(1922, pp.72-75).

47) *Pyramid Text*, Utt. 685. Faulkner(1969, p.295).

48) 전기미노아 시기의 크레타 숭배의식에 관해서는 제1장의 주55 참조. 인도유럽어에는 라크 Lakh의 어원이 없다. 아크ȝḫ의 다른 파생어는 레이켄leikhēn(나무 이끼, 리켄lichen)을 포함하는 것 같다. 이것이 영어의 'lick(핥다)'와 그리스어 레이코leikhō에서 발견되는 인도유럽어 어근 레이그*leigh에서 어원을 취하는 것보다 좀 더 그럴듯하다. 또 다른 강한 가능성을 갖고 있는 것은 그리스어의 라시오스lasios(털이 많은)이다. ḫ와 š가 교체되는 경우가 이집트어에서는 흔했다.

49) 라리온 평원에 관한 참고문헌은 Frazer(1898, II, pp.514-15) 참조. 오르가스의 어원에 관해서는 제4권 참조.

타내기 위해 사용된 숭배 목적물일 뿐이라고 주장한다. 그는 또한 크레타의 상징물은 특정한 신에게 연계되지는 않았다고 주장한다.[50] 그런데 오늘날의 학자인 배리 파월은 두 산에 관해서 동일하게 마찬가지임을 지적하고, 닐손의 그밖의 더 모호한 반대를 거부한다.[51] 그렇다면 '신성한 뿔' 역시 왕궁기 크레타에서 발견된 이집트의 종교적 상징물의 저장고에 더해질 수 있다는 데는 거의 의문의 여지가 없다.

황소 숭배의 아나톨리아 기원론의 가능성

뿔들의 논의에서 왕궁기 크레타의 황소 숭배와 이것이 이집트 중왕국 초기에 기원했을 가능성으로 이야기를 돌려보자. 황소는 실제에서나 상징물로서 매력적이고 강력한 동물이다. 황소 숭배는 도처에 존재하고 자주 토착적 기원에서 유래된 것으로 보인다. 그런데 산이 많은 크레타는 이름 자체가 일상적인 이집트 지명 케리트^{K3yt}(고원지대)에서 유래한 것일 수 있는데, 황소보다는 염소와 야생 염소에 특히 적합한 지역이다.[52] 이 사실을 고려한다면 어디에서 황소 숭배는 유래했을까? 오리엔트 기원을 찾아갈 때 일반적으로 선호하는 후보지가 아나톨리아이다.[53] 예를 들어 발터 부르커트는 이제는 표준서가 된 『그리스 종교』에서 다음과 같이 기술한다.

차탈 휘윅의 신석기 마을에서 발굴된 유물로 보건대, 에반스가 '신성한 뿔'이라고 불렀던 뿔 상징물이 참으로 실제의 황소 뿔에서 유래했다는 것을 의심하기가 거의 불가능하다. 차탈 휘윅의 신전에서 발견된 진짜 황소 뿔의 빽빽한 열은 사냥 기념물로서 그 당시에는 훨씬 사나운 황소로부터 취했던 것이고 여신의 신전에 세워놓은 것이었다. … 차탈 휘윅에서 크레타로 오는 여정에서 중

---

50) Nisson(1950, p.189).

51) Powell(1977, pp.72-3). 파월은 이것에 관한 더 초기의 문헌들에 관해 뛰어나게 개관하고 있다. 상징들은 생각의 근본적인 체계에 영향을 주지 않고서도 완전히 이질적인 문화들 사이에서 전해질 수 있다는 것을 주장함으로써, 그는 이것에 관한 아리아주의적 정통론을 옹호했다.

52) K3yt는 크레타 섬에 관련해 입증되지 않는다. 크레타를 나타내는 알려진 이집트의 이름에 대한 논의는 제10장의 주2-23 참조.

53) 아나톨리아를 선호하는 논의는 제1권, pp.544-546 참조.

간 기착지들이 나타나기 시작하고 있다. 키프로스 신전들의 모델은 기원전 3
천년기 말에서부터 시작된다. …54)

계속해서 부르커트는 양날도끼의 어원에 관해 견해를 개진하지만, 크레타
의 황소 숭배 기원에 관한 그의 기본 틀은 심각한 문제에 봉착한다.55) 차
탈 휘윅의 황소 숭배는 참으로 인상적이지만, 그는 그것이 번창했다가 기
원전 6천년기에 사라졌다가 3,000여 년이나 지나서 키프로스나 크레타에
서 '신성한 뿔'로 최초로 나타났다는 사실을 설명하는 데 실패했다. 실제로
이집트에서는 기원전 11천년기부터 4천년기의 초기 왕조(역주: 제1, 제2 왕
조)에 이르기까지 매장지를 뿔을 지닌 황소의 머리가 땅위로 솟아나오게
해 표시하는 동일하게 놀라운 전통이나 또는 산발적인 사건이 있었던 것으
로 보인다.56)
　　나는 '침묵의 논증'에 너무 많은 주의를 기울여서는 안 된다고 자주 주
장했고, 황소 뿔을 숭배의식에서 사용했다는 증거가 3천 년 동안 없지만
아나톨리아에서 사용되었을 가능성은 있다. 그러나 아나톨리아가 '신성한
뿔'의 근원지로서 그리고 전체적으로는 크레타의 황소 숭배 근원지라는 주
장은 지나친 것 같다. 그 뿔의 기원이, 이치에 닿게 그럴듯한 이집트-크레
타적 기원이 이번 장의 마지막 절에서 다루어질 것이다. 신석기시대 또는
전기 청동기시대의 크레타에는 어떠한 황소 도상도 거의 존재하지 않았
다.57) 키프로스에서 기원전 3천년기 말에 황소 숭배가 있다. 같은 무렵인
왕궁기 초 황소가 크레타의 종교에서 구심성을 지니게 된다.

---

54) Burkert(1985, p.37).

55) 제1장의 주60 참조.

56) Hoffmann(1979, p.91).

57) 전기미노아 크레타의 황소 숭배에 대한 유일하게 가능성 있는 증거는 메사라에 위치한 포
르티Porti와 쿠마사Kumasa에서 발굴된 두 개의 화병인데, 그 화병에는 황소의 뿔에 묶여 있
는 인간의 모습이 표현되어 있다. Branigan(1970b, p.81)은 이것에 관해 다음과 같이 기술하
고 있다. "혹자는 그 화병들을 전기미노아 II에 그럴듯하게 귀속시킬 수도 있다. 우리는 이
것의 연대에 관해서는 확신할 수 없다. 그것은 더 후기의 것일 수 있고, 아기오스 키릴로스
Agios Kyrillos의 화병들처럼 확실히 일부 황소 화병은 중기미노아 I에 속한다."(나의 이 언급
은 모건Lyvia Morgan 덕분이다.) 헤라클레온 박물관에 있는 진흙 모델 4126과 5052의 경우에
도 그 연대가 동일하게 불확실하다. 이것은 왕궁기 크레타의 황소 숭배의 이른 또는 토착적
기원을 주장할 정도의 강력한 근거가 되는 것으로는 보이지 않는다.

천둥과 성性: 민, 판, 뷔제

　이번 절에서는 고고학에서 잠시 벗어나 기원전 21·20세기 크레타 섬에서 갑작스레 나타난 것으로 보이는 크레타 황소 숭배의 또 다른 가능한 기원을 조사할 것이다. 이것은 3,000년이나 더 이전의 것으로 입증된 아나톨리아의 전통에서 연유했던 것이 아니라 당대 제11왕조의 이집트로부터 나온 것이라고 나는 주장한다. 그런데 중왕국 초기의 황소 숭배를 조사하기 전에 더 이른 아프리카의 황소 숭배 및 그것의 크레타와의 연계를 살펴봐야만 한다.

　그리스의 판Pan과 닮은 이집트의 신 민Min은, 헤로도토스의 주장에 따르면 "매우 오래되고 다른 신들 이전에 존재했던 여덟 신 중 하나이다."[58] 기원전 1세기에 저술활동을 한 역사가 디오도로스는 메로이Meroe(오늘날의 카르툼 북쪽 100마일에 있는 상나일 강가의 정치적·문화적 중심지)에 사는 에티오피아인의 신들을 이시스, 판, 헤라클레스, 제우스라고 불렀다.[59] 그보다 좀 젊은 같은 시대의 지리학자 스트라본은 그들이 헤라클레스, 판, 이시스 그리고 또 다른 이민족 신을 숭배했다고 주장했다.[60] 다른 신들의 정확한 정체는 제4권에서 논의될 것이다. 여기에서 우리의 관심은 판, 곧 이집트의 신 민이다.

　민은 두 남쪽 도시인 코프토스와 아크민에서 이집트 역사의 가장 오랜 단계로부터 유래한 신이다. 민(그 이름은 아마도 처음에는 *Minw메이누로 발음되었을 것이다)은 누비아(나일 강 바로 상류에서 이집트에 인접해 있는 나라)와 푼트(훨씬 남쪽, 동부 아프리카의 한 지역으로 이집트에서는 바다를 통해 도달할 수 있다)에 연관되었다.[61] 중왕국에서 민은 '젊은 이방인'이라 부르며 그가 온 방향은 분명히 남쪽이었다.[62] 프톨레마이오스 왕조의 문서에서 민은 자주 푼트만이 아니라 메자Mḏ3(나일 강 동쪽 사막에 살았고 오늘날에는 남부 이집트와 동부 수단에 살고 있는 베자족)에 연계되었는데, 민은 열대 사치품의 분배자로 여겨졌다. 프랑스의 이집트학 학자 샤시나와 그밖의 학자

---

58) Herodotos, II.145.

59) Diodoros, III.8.

60) Strabo, XVII.2.3.

61) Chassinat(1966-8, II, p.676); Gundlach(1982, cols.135-139).

62) Chassinat(1966-8, II, p.676).

들은 베자족이 해안과 나일 계곡 사이의 교역에서 중개상인으로 활동했을 것이라고 가정했다.[63]

민은 이집트에서 풍요와 생장과 관련되었는데, 그것은 사막의 신으로서 그의 숭배에 잘 맞지 않는 것으로 보인다. 나는 이것은 그 신과 오늘날의 동아프리카의 신인 뷔제Bʷāzā(이 신은 비를 내리게 하는 천둥이 지닌 비옥한 힘을 나타냈다) 사이의 상응점을 이끌어냄으로써 조정될 수 있다고 믿는다.

이라크와 시리아에 사는 야지디스족과 알라위족은 예외로 할 수 있다 하더라도, 남·중부 에티오피아의 구라게Gurage족 중의 비그리스도 교도 또는 비회교도는 오늘날 유일하게 셈어를 말하는 '이방인'들이다. 이들 사이에서 뷔제 또는 바조Bazo는 제멋대로의 폭력성과 성적 취향 때문에 여전히 숭배 받는다. 구라게족의 송가에는 다음과 같은 내용이 서술되어 있다.

오 뷔제여, 당신이 내려오지 않는 곳이 있습니까?
한 케이에Keyae(가정)를 찾아가서는
당신은 아버지와 아들을 살해하고,
당신은 어머니와도 딸과도 눈이 맞아 함께 도망하지 않는가요?[64]

흥미롭게도 이 두 개의 명백히 모순되는 측면은 뷔제라는 이름 속에 어원적으로 반영되어 있는 것으로 보인다. 이것은 셈어적 또는 아프리카-아시아적 두 개의 자음으로 된 어근 √BZ바즈(히브)(다양한 형태를 지니고 있다)로부터 오는데, 사전편찬자인 데이비드 코헨은 다양한 형태를 '쪼개다, 나누다, 배분하다'와 '팽창시키다, 씨뿌리다, 풍성하다'의 두 가지 의미군으로 나눈다.[65]

나는 제3권에서 뷔제라는 이름이 가나안 문화에서 보아즈Bōʿaz로 나타난다는 것을 주장할 것이다. 「룻」에서 보아즈는 나오미의 혈족 이름으로서 그 혈족의 풍요와의 연계는 추수기 베들레헴에서 '빵의 집'에 있는 타작마

---

63) Chassinat(1966-8, II, pp.676-677). Gardiner(1947, I, pp.80-86)도 참조.
64) Shack and Habte(1974, p.26). 뷔제에 관해 좀 더 알려면 Leslau(1950, pp.54-55) 참조.
65) Cohen(1970-1976, II, p.53). 정통적인 해석은 그 이름을 바b3+아즈aʿaz('힘으로써')로부터 끄집어냈지만, 문제가 있는 구성이다. Mulder(1986, pp.19-25) 참조.

당에서 열린 룻과의 결혼으로 귀착된다.[66] 붸제의 천둥적인 측면은 야훼의 신전 앞에 놓인 한 쌍의 기둥 중 한 기둥의 이름으로서 보아즈라는 성서 속의 이름에 상응한다. 보아즈는 아마도 다른 가나안 신전 앞에 놓였던 것으로 알려진 비슷한 기둥의 이름이기도 했다.[67] 신전 앞에 솟대를 두는 관행은 구라계족의 붸제 숭배에서 짝을 갖고 있다. 마가maga라고 부르는 붸제의 사제(이란의 마기magi와, 흥미롭지만 설명할 수는 없는 가까운 이름)는 복을 받기 위해 번개로 쓰러진 나무에서 나온 조각인 셰나šäna를 분배한다. 이것은 복합 건축물의 입구 근처나 오두막의 바깥에 있는 땅에 놓여진다. 인류학자인 윌리엄 샤크가 기술하고 있듯이 "셰나를 볼 수 있는 곳은 어디든지 땅과 재산이 축복을 받는다는 것을 상징하고, 다른 자들은 보자Boza(붸제)의 보복을 두려워하여 셰나를 숭배한다."[68] 집 앞의 정신적 번개 인도자라는 이러한 유형은 신전 앞에 놓인 보아즈와 유사한 것으로서, 구라계족은 보아즈의 가정적 국면을 표현하고 있는 것으로 보인다. 서부 셈의 종교에서 이 강력하고 그러나 창조적인 신의 보호를 받을 필요성은 우가릿 송가와 바알의 서사시에서도 엿보인다. 바알은 땅을 비옥하게 하면서도 무자비하게 벌을 내리고 폭풍우처럼 나무를 찢어내고 뽑아버린다.[69]

흥미롭게도 이 숭배에 연계되어 있는 것으로 보이는 크레타의 관습이 있다. 아리스토텔레스의 제자 클레아르코스의 글에 따르면, 기원전 5세기 남부 이탈리아의 타란톤 사람들이 야피게스Iapyges라는 부족이 거주하는 인근 도시 카우시스나Kausisna를 정복했다. 이에 대한 벌로 그들은 번개를 맞았다. 그러자 타란톤 사람들은 번개 맞은 자들을 위해 그들의 집 문 앞에 기둥을 세웠고, 제우스 카타바이테스Katabaites, 즉 '강림자'에게 봉헌된 기둥에 제물을 바쳤다.

영국의 고전학자 A. B. 쿡은 이러한 유형의 숭배의식은 '크레타를 가리킨다'고 주장했다. 사실 클레아르코스는 야피게스족의 이름 시조인 야픽스Iapyx가 크레타에서 기원했다는 전설상의 믿음을 지지하는 여러 가지 세부

---

66) 구약성서, 「룻기」 3:1-18. 특별히 풍부한 신화의 다른 국면은 제3권에서 논의될 것이다.
67) 「열왕기 상」 7:21. 다른 예는 Herodotos, II.45, 이에 관한 참고문헌은 Lloyd(1976, p.200) 참조.
68) Shack and Habte(1974, p.175).
69) Gordon(1962b, pp.178-205) 참조.

적 내용을 보여주고 있다.[70] 쿡은 또한 '강림자 제우스'가 휘두르는 번개 (그는 이것을 강림자 제우스의 상징으로 믿었다)는 크레타의 양날도끼와 잘 연계될 수 있다고 주장했다.[71]

부르커트가 기원전 4천년기 메소포타미아에까지 쫓아갔던 양날도끼의 도상학적 궤적은 그것의 종교적 의미를 시사해주지 않는다. 그러나 제1장 에서 언급했듯이, 옛 이집트에 또한 양날도끼 숭배가 있었던 것으로 보인 다.[72] 만약 쿡의 주장을 받아들인다면, 적어도 크레타의 양날도끼(양날도 끼의 일부는 줄로 세워져 난간을 이루고, 일부는 따로 서 있다)의 종교적 목적 중 하나는 야피게스족의 솟대와 마찬가지로 실재적이면서도 정신적인 천 둥번개를 막는 것이다. 조금 뒤에서 양날도끼의 모양이 제우스의 천둥번개 모양을 대략 닮았다는 것을 볼 것이다. 이처럼 뷔제의 천둥번개로부터 보 호되고자 구라게족이 번개 맞은 나무로부터 취한 셰나를 사용하듯이, 양날 도끼는 번개와 번개로부터의 보호를 모두 상징했을 것이다.

제우스의 이집트 짝인 아몬이 천둥번개를 가졌느냐 여부는 명백하지 않 다. 그런데 민은 초기에 그리고 자주 아몬과 몬트 두 신과 관련되어 있는 데, 분명히 켬Ḥm(➤➤)이라는 것을 지녔다. 켬Ḥm은 민의 상징이었고, 그를 숭배하는 두 도시인 아크민Akhmin/파노폴리스Panopolis와 코프토스Koptos의 이 름에서 사용되었고, 아마도 그리스어로 켐미스Khemmis로 알려진 상이집트 의 9번째 주州의 이름으로도 사용되었을 것이다. 적어도 제1왕조(기원전 3400-3200년)까지 거슬러 올라가는 이 신비한 기호의 중요성은 불분명하다. 가디너는 시험적으로 그것을 '두 개의 전석箭石belemnites'이라고 불렀다. 그 런데 그는 "(그 심볼의) 가장 초기의 예는 쌍두 화살을 닮았다"[73]고 지적 했다. 이집트학 학자 G. A. 웨인라이트는 켬Ḥm은 황소와 천둥 신 숫양의 융합 후 아몬이 민에서 인수한 양식화된 천둥번개였다고 주장했다.[74] 이

---

70) Klearkhos, fr.9, in Frag. Hist. Gr. II. Cook(1914-1940, II, pp.28-32) 참조. 야피게스족에 관해 더 알려면 Bernal(1990, pp.44-47) 참조.

71) Cook,(1914-1940, II, p.30) 참조. Jane Harrison(1927, pp.176-177)도 양날도끼를 강림자 제우 스 및 천둥과 동일시하고 있다. 천둥번개와 동일시되는 것은 양날도끼만이 아니다. Harrison(1927, pp.56-57)의 지적에 따르면, 돌도끼와 원시적 돌도끼도 그렇게 간주되었고 오늘날의 그리스 농부는 그것을 별 도끼astropelekia로 부른다고 한다.

72) 제1장의 주61-62 참조.

73) Gardiner(1957, p.503, R‑22).

처럼 오늘날의 자연사 견지에서 설명할 수 없는 전석들은 이집트와 그리스 모두에서 동일한 방식으로 천둥번개로 해석되었던 것 같다. 그리스에서 상고기에 제우스의 한 조각상은 한 손에는 전석 '천둥번개'를, 다른 한 손에는 암모나이트를 매우 닮은 굽은 지팡이를 쥐고 있다.[75] '두 개의 또는 이중의 전석'인 켐Ḫm은 기원전 7세기부터 천둥번개를 막 던지려는 제우스의 모습을 닮았다.[76]

많은 이집트의 신들이 깃발을 가졌으나, 흥미롭게도 민은 자신의 신전 앞에 의식용 장대가 세워진 신이었다는 것을 주목하자. 그 장대는 이아트 ỉ3t 또는 이아웨트ỉ3wt()였다. 이미 앞에서 언급했듯이 이 상징은 감기지 않은 나선을 지닌 막대 위의 황소 머리 또는 뿔을 나타내는 것으로 보인다. 나선의 중요성은 불분명하다. 그것은 목자의 굽은 지팡이일 수도 그리고/또는 더 그럴듯하게는 암모나이트일 수도 있다. 암모나이트는 가장 흔한 화석화된 복족류로, 비록 머리는 없지만 똬리 튼 뱀 모양을 하고 있어서 그 자체로 천둥번개처럼 보일 수 있다. 암모나이트는 아몬의 이름을 딴 것이었고, 중세의 학자들이 암몬의 뿔Cornu Ammonis(그 이름은 오늘날에도 사용된다)이라고 부르기 이전에, 다른 사람들이 아몬(암몬)의 숫양 뿔과 암모나이트 사이의 닮음을, 그리고 연계를 보았다는 것은 거의 확실하다.[77] 로 기록되는 이아트ỉ3t는 또한 자궁을 상징한 것일 수 있고, 그러므로 아마도 나선과 미궁迷宮을 상징한 것일 수 있겠다.[78]

두 개의 벨렘나이트 켐Ḫm이 비슷한 방법으로 사용되었을 것이라는 흥미있는 징표가 있다. 비록 켐ḫm(사당)과 켐ḫm(신성한 형상)이 중왕국 이래로 과 함께 기록되었던 것으로 입증되었지만, 켐ḫm의 발음은 '신성한'을

74) Wainwright(1931, pp.185-195). 웨인라이트도 그 화살을 호루스 그리고 그의 짝인 아폴론에 연계시킨다.

75) Cook(1914-1940, I,1, pp.85-86).

76) Cook(1914-1940, I.1, pp.85-86).

77) Gardiner(1957, p.487); Gundlach(1982, p.136) 참조.

78) 이집트의 상징은 여성의 자궁보다는 어린 암소의 자궁을 나타낸다. 가축, 특히 암소가 중심이 되고 있음이 위에서 언급되었다. Schwabe, Adams and Hodge(1982, p.445)은 그것이 인간 자궁의 모양이었다는 믿음이 기원후 16세기 베살리우스의 저서에 이르기까지 유럽인의 생각에 살아남아 있었다고 주장한다. 나에게는 이를 의심할 이유가 없는데, 그들이 Gardiner (1947)를 언급했지만 나는 그 출처를 찾을 수 없었다. 자궁 및 창자를 나선 및 미로에 감동적으로 연계시킨 것에 관해서는 Eco(1989, pp.362-3) 참조.

의미하고 신성한 힘의 표시인 '두 개의 벨럼나이트'는 양날도끼가 크레타에서 사용된 방법처럼 신성의 일반적인 상징으로서 더 많이 사용되었을 가능성이 있다.[79] 이것은 전前왕조와 고왕국 이집트에서 발견된 의식용 양날도끼가 켐ḫm(켐은 크레타의 '양날도끼'의 가장 중요한 기원은 아니라 하더라도 중요한 근원이 되었다)의 발전형태 또는 변형이었을 가능성을 제기한다.

다시 민으로 돌아가자. 민 숭배를 연구한 이집트학 학자들인 고티에와 샤시나는 그 신의 두 국면, 즉 건조한 황야의 신이자 농경지의 풍요의 신이라는 두 국면을, 그 신의 숭배가 적도의 푼트에서 시작되어 동부 사막을 거쳐 상이집트로 이동되었고 그곳에서 코프토스의 고대 풍요의 신 카 무트-에프K3 mwt.f(그의 어머니의 황소, 역주: 끝의 f는 접미 대명사suffix pronoun로 3인칭 단수 남성) 숭배에 동화되었다고 주장함으로써, 설명하고자 했다.[80] 만약 융합이 발생했다면 그것은 기원전 4천년기였을 텐데, 코프토스에는 고왕국의 시작 이전으로 거슬러 올라가는 민의 조각상이 있기 때문이다.[81] 이 경우에 지나치게 정확성을 추구해서는 안 된다. 나는 상이집트를 포함하는 동아프리카의 넓은 지대에 걸쳐 가축에 연계된 민 유형의 신에 대한 숭배가 있었다고 믿으며, 축축한 지역에서 이 숭배는 곡물의 풍요에 연계되어지는 경향이 있고 건조 지역에서는 그 지역의 끊임없는 마른번개에 연계되는 경향이 있다는 것을 단순히 받아들인다. 민은 산이 많은 이방의 나라들과 각별히 연관되었다.[82]

---

79) 다른 한정사와 함께 기록된 켐ḫm은 단어군에 대한 흥미를 증가시킨다. ▱(떨어지는 벽) 그리고 ▬(때리다, 힘)과 함께 켐ḫm은 '건물을 허물다, 누군가를 해치다'를 뜻하지만, '내쫓다, 배제하다'라는 의미로도 사용되었다. 후기 이집트어에서 이 단어는 '허물다, 억지로 열다, 헤치고 나아가다'를 의미했다. 한정사 ∧(움직임)과 함께 그것은 '사나운, 동물의'를 의미했던 것으로 보인다. 케마ḫmꜥ는 '잡다, 붙들다' 또는 '관통하다' 또는 '쫓아버리다'를 의미했다. 합치면 그 단어군은 의미적으로 셈어 보아즈bꜥaz(파괴 및 관통 그리고 그것의 보호라는 이중 의미를 지니고 있다)에 대단히 가까운 것으로 보인다. 켐(케무, 케미)ḫm(w/y)은 '먼지'도 의미했다. 그것이 ▽(돛)과 함께 기록되었다는 것은 바람에 연계되었다는 것을 시사한다. 폭풍우의 신 붸제와 민의 켐과의 유사점을 고려하면, 이것이 '폭풍우'라는 의미로 그리스어 케이몬kheimōn의 기원일 수 있다. '겨울'을 뜻하는 케이마Kheima는 분명한 인도유럽어 어원을 가지고 있다. 그러나 그리스에서 겨울은 폭풍우가 부는 계절이긴 하지만 케이마Kheima는 상대적으로 구분되는 두 개의 의미 영역을 지닌 것으로 보이며, 그 단어는 두 개의 상이한 어근이 융합된 결과일 수 있다.

80) Gauthier(1931, pp.149-150); Chassinat(1966-8, II, pp.684-691).

81) Gundlach(1982, col.136).

민의 주요 동물이 황소라는 데는 의문의 여지가 없다. 그 신은 카 무트-에프K₃ mwt.f뿐만 아니라 카 네페르K₃ nfr(아름다운 황소)와 카 네케트K₃ nḫt(힘센 황소)로도 불렸다. 그 신은 또한 때때로 황소의 뿔로 표현되었다.[83] 더욱이 황소의 뿔을 닮은 그 신의 큰 성기는 샅이 아니라 배에 달려 있었다. 그렇기는 하지만 독일의 이집트학 학자인 에베르하르트 오토는 민과 숫양신 아몬 사이에는 '근본적인 닮음'이 있다고 기술했다.[84] 두 신은 제11왕조 이래로 테베에 연계되어 있었고, 신왕국에 이르면 아몬과 레는 많은 숭배의식에서 거대한 남근상으로 표현된 민과 융합되었던 것으로 보인다.[85]

그리스의 신 판을 염소와 동일시하는 것은 숫양/염소 아몬과의 융합된 결과로 설명될 수 있다. 민에서 판이 파생되었음을 확인해주는 증거로는 다음과 같은 것이 있다. 판의 거대한 성기, 그 신이 가축의 풍요에 연계된 점, 황야에서의 판의 삶, 두 신이 가지고 다니는 채찍, 시종 사티로스처럼 그 신의 상이 채색될 때 종종 사용되는 흑인의 피부색인 검은색 등이다. 판 신의 어머니 칼리스토Kallisto의 이집트식 이름과 신학적 위치는 제4권에서 논의될 것이다.

19세기 초 니부어의 후원자이며 낭만주의 시인이자 신화학자인 요한 하인리히 보스는 판이라는 이름이 유럽어의 어근 파(스)*pa(s)(지키다, 보호하다. 이로부터 'pasture'[목장], 'pastor'[목사] 등을 이끌어낸다)에서 파생되었다고 생각했다.[86] 판에 관해 책을 낸 스위스의 고전학자 필립 보르조드는 보스의 견해는 파오니Paoni라고 지칭된 판에게 바쳐진 6세기 봉헌물의 발견으로 확인되었다고 믿는다. 보르조드는 파원*Pawōn 그리고 궁극적으로는 파온(파손)*Pa(s)ōn로부터 왔다고 주장하는데, 이는 설명을 요한다.[87] 샹트렌은 보르조도의 주장에 회의적이었으며, 네덜란드 학자 C. H. 뢰이흐Ruijgh의 제안(판이라는 이름은 '선先헬레네스적'이고, 아폴론을 나타내는 고대의 이름으로

---

82) Gauthier(1931, p.197). 이 지역에서 그 신에 관련된 금석문의 자세한 개관은 Bernand(1977) 참조.

83) Gauthier(1931, p.176).

84) Otto(1966, p.118; n.d., p.123).

85) Budge(1904, II, p.18); Gauthier(1931, pp.180-181); Otto(n.d., p.123).

86) Voss(1827-1834). 보스와 니부어에 관해서는 제1권, pp.420-421 참조.

87) Borgeaud(1979, p.263). 이에 대한 대략적인 설명은 Alfred Willy(Borgeaud 1979, pp.283-285)의 '부록' 참조.

여겨지는 파이아온Paiáōn의 짝일 것이라는 제안[88])을 따른다. 이온Iōn, 이아온 Iaōn, 파이온Paiōn의 관계 그리고 이집트어 예웬iwn, 파 예웬p3 iwn('이방인'과 '이방인들')에서 그것이 파생되었음은 제1권에서 언급했다.[89] 그러한 이름 은 모두 야성의 판에게 잘 어울리는 것으로 보인다.

그러나 이것은 그 이름의 유일한 근원은 아닌 것 같다. 파이아온*Paiáōn이 판Pan으로 축약된 것은 신성한 또는 신비적인 동음이의법이나 말장난에 영 향받은 것으로 보이는데, 그러한 말장난으로 고대 근동과 지중해 문화는 수수께끼를 갖게 되었다.[90] 판의 동음이의어들 중의 첫 번째는 그리스어 의 판pan(모든, 모든 것)이다. 그런데 다음의 두 동음이의어는 이집트어인데, 판을 민과 연결짓는 것 같다. 하나는 파 켐P3 bm인데, 이는 켐Um에 관련될 수 있다. 다른 하나의 이집트어는 파 이엠p3 im(신음)인데, 그리스어 판은 파 켐P3 bm보다 이 단어에서 더 큰 영향을 받아 파생되었을 수 있다. 이집트어 파 이엔p3 in(물고기)로부터 그리스어 판pan, 파노스panos(나일 강의 물고기)가 파생되었다는 것은 파 이엠p3 im의 경우와 유사한 음성학적 사례가 되겠 다.[91] 의미론적으로 파 이엠p3 im(신음), 아쉬ˁš(신음), 아쉬ˁš(삼나무) 사이 에는 유사점이 있다. 신화에서 '신음'과 '삼나무'는 둘 다 나무 속에 있는 오시리스에게 적용되었다.[92] 신성한 이름을 신음에 연계시키는 것은 셈어 바쿠이Bâkûi(통곡하다)로부터 나온 바코스Bakchos와 인도유럽어로부터 나온 바코스의 짝인 펜테우스Pentheus(통곡하다) 같은 이름에서 보인다.[93] 판과 신음빠吟의 연계는 파니코스panikos(돌연한 공포panic)와 파니스모스panismos(공 포)에서 엿볼 수 있다. 플루타르코스는 타무스Thamus에 관한 이야기에서 그 연계를 명백하게 보여주었다. 분명히 두무지Dumuzi/탐무즈Tammûz인 타무스 는 메소포타미아와 시리아에서 곡물 및 가축의 풍요를 가져오는 신으로,

---

88) Ruijgh(1967, s.86, n.40).

89) 제1권, 1장, 주50.

90) 이에 관한 논의는 제1권, pp.144-145 참조.

91) 이집트어 이엔(예네트)in(t)과 그리스어 판pan은 틸라피아 닐로티카Tilapia Nilotica라는 물고 기와 관련되어 있다.

92) Sethe(1908, pp.11-14; 1910a, pp.71-78) 참조. Hani(1976, p.69)도 참조. 이에 관해 좀 더 알 려면 제4권 참조.

93) Astour(1967a, pp.174-175) 참조. 신비한 그리스의 물고기 이름 바코스는 판-파노스pan-panos 의 동음이의적 표현일 수도 있다.

자신의 너무 이른 죽음 때문에 매년 통곡했다.[94] 그는 여러 모로 이집트의 오시리스 신에 해당했다. 타무스는 배를 타고 팔로데스Palodes로 가서 '위대한 판이 죽었다!'라고 소리치라는 지시를 받았다. 그는 그렇게 했고 "그의 외침이 채 끝내기도 전에 한 사람이 아니라 놀라움의 외침이 뒤섞인 많은 사람들의 애도가 뒤따랐다."[95]

민과 미노스

이집트의 호색적인 황소 민과 그리스의 호색적인 염소 판의 관계를 다루어 보았는데, 이제 에게해권에서 미노스라는 이름으로 이집트의 '민'이 현존했을 가능성을 살펴보자.

적어도 헤시오도스까지 거슬러 올라가는 그리스 전승에 따르면, 미노스는 크레타의 왕이자 입법자로서 '죽어야 할 왕들 중에서는 가장 왕다운' 자였다.[96] 호메로스는 그를 죽은 자의 재판관으로 보았다.[97] 이처럼 매우 이집트적인 역할로 인해 그는 오시리스로 여겨졌다. 그런데 신왕국에 이르면 아몬은 오시리스의 한 측면, 좀 더 자세히 말하면 바b3 또는 '정령'으로 표현되었다. 기원전 7세기 『사자의 서』의 사이스 판본은 아몬에게 보내는 호소를 담고 있는데, 아몬은 그때에 이르면 죽은 자의 재판관으로 오시리스에 동화된다.[98] 이런 점에서 크레타의 미노스는 오시리스와 아몬 모두를 닮았다. 그는 또한 아몬에 동화된 민도 닮았다.

제10장에서는 올브라이트가 제안한 가설, 즉, 외국을 나타내기 위해 사용된 이집트 지명 멘웨스Mnws는 미노스를 통해 크레타와 동일시해야 한다는 가설을 고려할 것이다. 또한 미노스가 해 지는 산인 메르누M3nw에 연결될 가능성도 살펴볼 것이다. 아몬에 동화된 레도 그 산과 직접적으로 연계되어 있다.[99] 그런데 불행히도 멘웨스Mnws와 메르누M3nw의 모음 삽입된 형

---

94) Frazer(1911, I, pp.6-121); Jacobsen(1076, pp.25-73) 참조.

95) Plutarch, "On the Obsolescence of Oracles," 419.

96) 플라톤은 「미노스」에서 헤시오도스(Loeb, p.204)를 인용한다.

97) *Odyssey*, XI.586.

98) Budge(1904, II, p.10)가 인용한 CLXII 및 CLXIII에 대한 주서朱書. Otto(1975b, cols.245-246) 도 참조.

99) 제10장 주2-8 참조.

태가 없다. 그래서 이것과 미노스의 동일시는 가설로 남을 수밖에 없다. 특히 그리스어 이름이 크레타 섬을 직접적으로 언급하지 않고 그 섬의 전설적인 왕과 연결되었기 때문에 더욱 그러하다.

미노스라는 이름이 최초의 이집트 파라오 메네스(기원전 3400년경)의 이름 Mn에서 파생되었다는 것이 좀 더 그럴듯한데, 그 파라오의 이름은 후기 그리스어 음역으로는 메네스Mēnēs이다. 그런데 헤로도토스는 몇 세기 전에 그를 민으로 불렀다.[100] 그러나 이 이름에는 상당한 어려움이 있다. 신왕국의 공식적인 이집트 왕명록에는 제1왕조의 초기 지배자들을 하나의 네브티Nbty 이름(역주: 파라오에게는 공식적으로 5개의 칭호 또는 이름이 있는데, 그 중 하나이다)으로만 표현했기 때문이다. 반면 당대인은 살아 있는 군주를 또 다른 이름인 호루스 이름으로도 칭했다. 그런데 왕명록에는 네브티 이름 메니Mni가 나타나지만 한두 개의 당대 비문에서는 Mn이라는 이름이 발견되었다. 그러나 어느 호루스 이름에 덧붙여졌는지 알기 어렵다. 가디너와 로이드는 Mn을 호루스명이 나르메르Narᶜmer인 제1왕조 최초의 파라오와 동일시했는데, 아마도 옳을 것이다.[101]

이 문제는 우리의 관심사가 아닌데, 왜냐하면 Mn이라는 이름을 제1왕조 초 어느 중요한 파라오가 분명히 사용했고 후기에 Mn(i)는 왕조의 개창자로서 보편적으로 생각되었기 때문이다. 멘mn(확고하다, 확립되다. 이 단어는 때때로 타동사[확립하다]로 사용되었다)이라는 단어의 경우 동음이의어법이 사용되었을 가능성도 있다. 크레타의 미노스는 지역의 '개국자' 그리고 통합자의 칭호였을 수 있다.[102] 고전기에 Mn은 최초의 파라오만이 아니라 어떤 곳의 응집력 있는 정부의 개척자로도 생각된다. 디오도로스는 Mn과 크레타의 미노스 사이의 명백한 유사점을 이끌어냈다. 그에 따르면, 그 이집트인은 다음과 같았다.

그 이집트인은 위대한 영혼을 지닌 자였을 뿐만 아니라 그의 생애에서 이름이

---

100) Herodotos, ii.7 그리고 99. 두 개의 모음을 삽입하게 되면 더 이른 마인ᵃMayn을 가리킬 수도 있지만, 이것은 가설일 따름이다.

101) Lloyd(1988, pp.6-10) 참조.

102) 인도에서 정치적 질서를 확립한 자이자 입법가인 전설적인 인물을 마누Manu라고 불렀다는 사실은 이를 더욱더 혼란스럽게 한다.

기록된 모든 입법자 중에서도 가장 큰 공공심公共心을 지닌 자였다. 전승이 전하는 그 자신의 주장에 따르면, 헤르메스가 그에게 법을 하사하면서 그가 큰 축복의 근원이 될 것임을 확신시켰다. 그리스인의 말에 따르면, 마치 크레타의 미노스가 제우스로부터, 라케다이몬의 리쿠르고스가 아폴론에서 법을 받았듯이 말이다.[103]

흥미롭게도 우리가 지금 크레타의 황소 숭배를 고려하고 있는 것처럼 후기 전승은 민/메네스를 황소에 연계시켰다. 기원후 2-3세기 로마의 저자인 엘리아누스Aelianus는 메네스가 아피스 황소 숭배를 확립했다고 주장했다.[104] 이집트 역사가 마네토는 이것이 제2왕조에서 확립되었다고 주장했지만, 제1왕조 파라오 아하ʿḥ의 치세부터 그 숭배에 관한 언급이 있으므로 마네토의 기록은 지지받지 못했다.[105] 더욱이 민/메네스와 아피스 숭배의 장소인 멤피스(Mn멘 nfr네페르) 사이에는 많은 관련이 있다.[106] 이처럼 엘리아누스의 주장을 받아들일 만한 이유가 충분한 것 같다. 비록 그 숭배의 확립이 그가 글을 쓰기 3,000여 년 전에 발생하기는 했지만 말이다. 이것은 언급할 만한 그리고 내가 믿기로는 도움이 되는, 장대한 시간에 걸친 전승의 힘과 지속성을 보여주는 예이다. 간단히 말해, 이름의 비슷함, 황소 숭배와의 연계 그리고 정치적 개창자로서 이집트 지배자의 이미지 등을 고려하면 입법자이자 죽은 자의 재판관인 미노스를 민/메네스로부터 끌어내는 것은 그럴 듯하다.

그런데 민/메네스가 미노스 왕의 유일한 근원이 아니며, 적어도 두 개의 근원이 더 있다. 첫째는 므네비스Mnevis이다. 앞에서 인용한 디오도로스의 글에서 이 저자는 분명히 메네스를 언급하였다. 그런데 디오도로스가 메네스를 나타내기 위해 사용했던 이름은 므네비스였다. 므네비스는 예웬iwn 또는 헬리오폴리스(오늘날의 카이로 교외)에 있는 신성한 황소를 나타내는 그리스식 이름이었다(제1권에서 논의되었다).[107] 그 황소의 이름은 정상적

---

103) Diodoros, I.XCIV 1-2.

104) Aelianus XI.10. Otto(1938, p.5, n.2)가 재인용했다.

105) Manetho, fragments 8, 9, 10; Vercoutter(1975, col.38). Lloyd(1976, p.171)도 참조.

106) Herodotos(II.99)는 민이 그것을 세웠다고 주장했다. Gardiner(1961a, p.408)도 참조.

으로는 이집트어로 메르 웨르Mr Wr(위대한 메르Mr)였다. 그런데 중왕국의
『관 문서』에서 그것은 넴 웨르Nm Wr로 나타난다.108) 20세기 초 독일 이집
트학 학자인 쿠르트 제테는 므네비스를 가정된 이집트어 형태인 므네웨
*Mnewe로부터 끌어냈는데, 이는 이후 후기 이집트어 단어 메니Mni의 발견으
로 확인되었다.109)

사실 가장 초기의 시대부터 이집트어에서 세 가지 두자음군 메르mr, 멘
mn, 넴nm 사이에는 상당한 혼동이 있었다. 중왕국 시기에 셈어 이름 속에
있는 'l'은 이집트어로 거의 구별 없이 r, ꜣ, n으로 음역되었음에 주목해야
한다. 가장 알려진 마지막의 예는 이집트어 이름 케벤Kbn인데, 이 도시는
이집트에서 셈어를 말하는 주민에게는 구블라Gubla로, 후기 그리스인에게
는 비블로스Byblos로 알려진 도시이다.110) 메르mr, 멘mn, 넴nm 모두는 가축
과 관련 있다. 메루mrw는 '황소들'을, 메리mry는 '싸우는 황소'를 의미한다.
메니Mni 이외에 멘유mniw(목자들), 메나트mnˁt(젖소), 메네메네트mnmnt(가축)
이라는 단어가 있다. 메네멘 무트-에프Mnmn mwt.f(그의 어머니의 황소)는 민
의 별명이었다. 멘유mniw를 매우 닮은 네미우Nmiw는 '베두인'을 의미한
다.111) 네메넴nmnm은 메네멘mnmn처럼 '진동'을 의미하지만, 전자는 '가축
처럼 앞뒤로 가다'를 뜻하기도 한다. 네미nmi （'가로지르다.'
후기 이집트어에서는 '두루 여행하다')와 （가축의 울음소리)이
뜻하는 두 의미 모두 ⨅을 담고 있음은 흥미로운데, 가디너는 그것이 '이유
가 알려지지는 않았지만' 음가 넴nm으로 읽어야 한다고 믿는다. 그런데 동
일한 표식이 메레레트mrrt （거리)와 므네비스 황소의 이름 메르
웨르Mr Wr 또는 의 쓰기에서 나타난다. 그런데
음가 넴nm과 '꼬불꼬불한 성벽'의 의미는 후기 이집트어 네마nmˁ(출발하다,
벽을 허물다)에서도 보인다. 어근 놈nom에 관련된 그리스어 의미군(노마디

---

107) 예웨누iwnw 또는 아온ʾOn에 관해서는 제1권, pp.259-261 참조.

108) Coffin Texts, V.1916. Kakosy(1982, col.165)도 참조.

109) Sethe(1923, p.191). Otto(1938, p.34)도 참조.

110) 이외에도 메니에웨트mniwt(항구)와 메루mrw, 메르mr 및 메르게트mrgt 같은 유사점을 발견
하는데, 이것은 모두 '항구, 해안, 좌초하다'를 뜻한다. 흥미롭게도 오늘날의 마그레브어와
이집트의 아랍어에서 음절 끝의 'l'은 futban(football)의 경우처럼 종종 -n으로서 발음된다.

111) 멘유Mniw는 뒤에서 미니아이인을 다룰 때 논의될 것이다.

테스nomadites[유목민]와 노모스nomos[법]에서 발견되는)이 ㄴㅁnm에 관련된 이집트어 의미군에서 생겨난 것임은 제3권에서 논의될 것이다.112)

이것을 종합하면 삼중의 유사점을 볼 수 있다. 이집트에는 Mn(건국자 파라오와 나선의 성벽)에 연계된 황소 숭배가 있었다. 크레타에는 건국 왕 미노스 및 미로에 연계된 황소 숭배가 있었다. 유사점은 더욱 밀접해질 수 있다. 고전학자이자 이집트학 학자인 앨런 로이드는 멤피스에 있는 아피스와 헤파이스토스(프타) 신전들 옆에 있는 드로모스(경기장)에서 황소 싸움에 관한 스트라본의 기술은 고왕국까지 거슬러 올라가는 이집트의 전통임을 보여주고 있는데, 그 싸움은 호루스와 세트의 싸움을 상징화했던 것으로 여겨진다.113) 드로모스는 번역하기 어려운 단어이다. 그것은 분명히 경기장이었지만, 형태가 정해진 것이 아니다. 원형극장일 가능성이 있지만, 더 자주 한길 또는 경주로였다. 구불구불한 성벽을 지닌 경주로였을까? 싸움소를 종종 메리mry라고 부르는데, 분명히 메르 웨르Mr Wr에 연계된 용어이다. 더욱이 메르 웨르Mr Wr/므네비스는 때로는 황소로, 그리고 후기에는 황소의 머리를 지닌 사람으로 나타났다. 이처럼 그것은 놀랍게도 미로에 있는 미노타우로스를 닮았다.114)

고대 전승에 따르면, 미노스의 건축기사 다이달로스는 이집트 모델을 따라 크노소스에 미궁을 지었다 한다.115) 또한 주목할 만한 것은, 헤로도토스의 글에서 라비린토스라는 단어가 가장 이르게 사용된 건물은 크레타의 건물이 아니라 제12왕조의 파라오 아메넴하트 3세(기원전 1859-1814)가 장제전葬祭殿으로 세운 거대한 복합 건물단지라는 점이다. 그 단지는 파이윰 하구에 있는 엘 라훈의 서쪽으로 수 마일 떨어진 오늘날의 하우와라 Hawwara에 있다. 그 거대한 건축물은 헤로도토스 시대 이후에도 여전히 서

---

112) 제3권 참조.

113) Lloyd(1978, pp.609-26). 황소 싸움이 벌어지는 장소 이름인 메츠웬mtwn, 메츠웬과 관계가 있는 단어들(모토스mothos 및 그것의 대격 모톤mothon[동물들의 싸우는 소리], 그리고 지명인 메톤Mothone, 메탄Methana 등등)에 관한 논의를 알려면, 아래에 있는 주174와 제3권 참조.

114) Erman(1934, p.27); Otto(1938, p.36). Lanzone(1881-6, vol.I, pp.170-172, pl.55.3)가 재현한 소의 머리를 지닌 므네비스는 프톨레마이오스 시대의 모습인데, 내가 알고 있는 한 더 이른 시기의 입증된 모습은 없다.

115) Diodoros, I.61.1-3; Pliny, N.H. XXXVI.90 참조.

있었고, 아마도 기원전 1세기의 스트라본도 보았던 것 같다.[116)]

케디브 이스마일Khedive Ismaiᶜil(1866-1879. 역주: 이집트가 오스만터키제국의 속국이었을 때의 왕)이 고용한 이집트학 학자 하인리히 브루크쉬는 샹폴리옹 이후 괴팅겐에서 최초의 이집트학 교수가 되었다. 그는 1879년 출간된 방대한 『고대 이집트 지리 사전』을 집필했다. 이 사전에서 그는 그리스어 라비린토스labyrinthos는 이집트의 건물로 '호수의 하구에 있는 신전'이라는 뜻을 지닌 *R-pr R-ḥnt라페로훈트(역주: 이 음역에 관해서는 http://www.masseiana.org/brugsch1.htm 참조)의 이름에서 파생되었다고 주장했다.[117)] 그것은 입증되지 않았지만, r-pr는 콥트어로는 레호네Leḥōne 또는 리호네Liḥōne로서 표기되는 가장 흔한 용어로 오늘날에는 엘 라훈El Lâhûn이라는 마을 이름에 보존되었다. 명백한 이유로 이 가설은 뒤이은 수십 년간 호의를 얻지 못했고, 1930년대에는 『지리사전』의 저자 고티에의 맹렬한 반박을 받았다.[118)] 라비린토스의 어원이 라페로훈트*R-pr R-ḥnt라는 주장은 1900년경 리디아어 라브리스labrys(양날도끼)로 완전히 대체되었는데, 양날도끼의 상징물이 크노소스에서 대단히 자주 발견되면서 리디아어 어원의 개연성이 증가했다.[119)] 앞에서 언급했듯이 양날도끼가 미노아 크레타에서 중요한 종교적

---

116) Herodotos, II.148-149; Strabo, XVII.1.37 참조. 1889년과 1911년 페트리가 그곳에 갔을 때는 단지 석회암 조각들의 광대한 지역이었다. 로마시대에 그곳에는 불타고 있는 상당량의 석회가 있었던 것으로 여겨진다. 디오도로스(I.61.1-3)와 그리고 플리니우스(36.90)는 그것이 그들의 시대에는 파괴되어 있었다고 기술했다. Gardiner(1961a, pp.139-140) 참조. 이것에 관해 헤로도토스뿐만 아니라 스트라본과 페트리의 증언을 부정하려는 회의적이며 확신을 주지 못하는 시도에 관해서는 Armayor(1978, p.70; 1985) 참조. 고대 후기 이래로 헤로도토스의 모이리스 호수를 파이윰과 동일시했던 극소수의 학자들은 라비린트의 건축(모이리스 또는 아메넴하트 3세에 의한)과 그 호수에 관한 그의 상세한 기술을 받아들였다. 그런데 그들은 미로를 크고 정교한 장제전(고고학적 증거와 비문 증거에 의해 확인되었다)으로 보이는 건물에 연계 짓는 것이 개연성이 있다고 보았다. 이에 대해 좀 더 개관하려면 Lloyd(1988, pp.121-127) 참조. Armayor가 크레타의 미로에 대해 훨씬 더 애매한 기원을 취하고 있음은 주목할 만한데, 그의 접근은 회의적인 아리아주의적 접근방식(그리스인의 이집트 묘사를 열광적인 그리스인의 상상이라는 견지에서 보려는 경향이 강하다)을 보여주고 있다.

117) Brugsch(1879-80, II. p.501). 브루크쉬는 제1권, pp.371, 374에서 언급되고 있다.

118) Gauthier(1925-31, III, p.119).

119) Kretschmer(1896, p.404) 참조. 이 가설에 대한 많은 학자들의 견해는 Hester(1965, pp.358-359) 참조. 프리스크와 샤트렌은 브루크쉬의 가설을 언급하지 않는다. 양날도끼 숭배와 그것의 근동 기원에 관해서는 제1장의 주61-63 참조.

상징이었다는 것은 사실이지만, 왜 양날도끼가 건물 이름의 유래가 되었는지 파악하기란 쉽지 않다. 어쨌든 리디아어 또는 아나톨리아어가 크레타에서 사용되었다는 것은 전혀 확실하지 않다. 라비린트를 리디아에 연계하는 어떤 주요 전승도 없다. 에둘러 말하는 이 가설은 1880년 이후 이집트의 또는 셈의 기원은 생각할 수조차 없다는 독일과 영국의 학자 대부분의 태도, 근동의 영향보다 아나톨리아의 '아시아적' 영향을 선호하는 지식사회학적 이유로 받아들여졌던 것 같다.

제1권에서 나는 라페로훈트*R-pr R-hnt에서 파생되었다는 브루크쉬의 제안을 받아들였는데, 이를 최근에 셈학 학자인 로버트 스티글리츠가 부활시켰다.[120] 나는 여전히 이 이름이 그리스 단어에 영향을 미쳤을 것이라고 믿지만, 이제는 마스페로, 스피겔버그, 아더 에반스가 인정한 어원을 선호한다. 그러나 그 어원을 1920년대에는 역사가 H. R. 홀은 회의적으로 취급했고, 더욱 최근에는 앨런 로이드가 거부했다.[121] 에반스 등의 견해에 따르면, 라비린토스의 어원은 원래 이집트 '라비린트labyrinth'의 건설자인 파라오 아메넴하트 3세의 첫 이름인 니마아트라Ny-mꜣꜤ t-RꜤ에 있다. 고전기의 저자들은 니마아트라Ny-mꜣꜤ t-RꜤ를 마레스Marēs, 라마레스Lamarēs, 라마리스Lamaris, 라바레스Labarēs, 라바리스Labaris 등 다양한 방식으로 표기했다.[122] 건축물 라비린트의 이름과 그것에 봉헌된 파라오 이름의 일치는 우연이라 하기에는 주목할 만한 것이 있다고 여겨진다. 널리 퍼진 마지막 ㄴ토스nthos는 일반적으로 선先헬레네스의 언어로 믿어지지만, 나는 치음 앞의 단순한 비음화를 포함해 많은 다른 근원을 갖고 있다고 믿는다. 그런데 나는 안토스anthos(꽃, 성장)의 경우처럼 ㄴ토스nthos가 이집트어 네체르ntr(신성한 [범신론적 의미의] 성장)로부터 온다고 생각한다.[123] 이것은 라비린토스labyrinthos의 마지막 인토스inthos의 경우에도 그렇다 할 수 있겠다.

---

120) 제1권, p.109; Stieglitz(1981b, pp.195-198).

121) Hall(1905, pp.320-324) in 1920(pp.153-155); Lloyd(1970, pp.92-96; 1988, pp.120-121).

122) Waddell(1940, p.224, n.1). Diodoros(I.61)가 파라오를 '멘데스Mendēs 또는 마르루스Marrus'라고 불렀을 때 파라오의 두 이름 모두를 재현했던 것으로 보인다. 아메넴하트imn m bꜣt와 니마아트라Ny-mꜣꜤ t-RꜤ에서 나는 이 이름들을 끌어낼 것이다. 그런데 Vergote(1962)는 두 형태 모두가 니마아트라와는 다르다고 주장한다. 아메넴하트와 멤논Memnōn 사이의 관계에 관해서는 제6장의 주147-148 참조.

123) 제3권 참조.

앞에서 언급했듯이, 라비린토스와 이집트 사이에는 강한 연계점이 있다. 더욱이 크레타 왕궁의 건축과 장식에는 명백한 이집트의 영향이 많이 나타난다. 대조적으로 청동기시대 크레타와 아나톨리아 사이에는 단지 희미한 연계점이 있고, 리디아와는 전혀 없다. 바로 이러한 이유로 나는 더 나은 의미론적 적합성과 더불어 라비린토스에 관한 리디아어 어원보다 이집트어 어원을 선호하는 것이다.

설혹 '라비린트'라는 이름이 이집트에서 오지 않았다 하더라도, 그리고 후기의 그리스인들과 그밖의 사람들 사이에 황소를 위한 경주로가 있는 장제전葬祭殿과 크레타의 왕궁 사이에 명백한 혼동에도 불구하고, 이집트의 황소 숭배와 왕궁기 크레타의 황소 숭배 사이에는 놀라운 유사점이 있다는 것은 분명하다. 황소 숭배가 이집트의 경우 기원전 4천년기로 거슬러 올라가지만 크레타에서는 기원전 2000년경에야 시작되었다. 그렇다면 어느 지역에서 그 숭배가 최초로 발전되었는가에 대해서도 의문의 여지가 없다. 전달의 구체적 내용을 살피기 전에 좀 더 많은 신화적 유사점들을 엮어보는 것이 유용하겠다.

크레타의 미노스는 엄숙한 입법자의 이미지와는 맞지 않는 특징을 지녔다. 그는 님프와 인간 여인을 강간하고 유혹한 것으로 유명했다.[124] 물론 이 점에서 그는 제우스와 비교될 수 있지만, 미노스는 분명 불사의 존재도 아니고 인간 도덕의 위에 있는 자도 아니다. 이러한 측면은 민이라는 동일한 이름의 파라오보다는 민이라는 이집트의 신에 일치한다.

우선, 신神 민의 상징 켐bm(이중의 벨럼나이트)과 미노아 크레타에서 널리 퍼진 양날도끼 사이에는 명백한 일치점이 있다. 더욱이 미노스가 칭송해 그의 소떼의 우두머리로 삼은 눈부신 흰 황소의 이야기가 있다. 미노스의 아내 파시파이는 다이달로스에게 명해 그녀를 위해 만들라고 했던 기묘한 기구 속에 웅크리고 있었는데 그 황소는 파시파이를 임신시켰다. 바로 이 결합으로 미노타우로스가 태어났다. 이집트의 황소 신 민에게 봉헌된 흰 황소는 민의 별명 카 무트-에프K₃ mwt.f(그의 어머니의 [그의 어머니를 임신시킨] 황소, 역주: 끝의 f는 접미 대명사suffix pronoun로 3인칭 단수 남성)에 연계

---

124) Apolldoros, II.5.9, III.1.2; Nonnos, XIII.222, XL.284. 미노스의 성적인 기담奇談에 관한 고대 전거의 참고문헌은 Graves(1955, I, p.301) 참조.

되어 있다. 이처럼 미노스도 파시파이의 아들 미노타우로스도 그의 흰 황소였으니, 미노스와 미노타우로스는 민과 동일시될 수 있다. 민의 숭배가 신성한 검은 암소, 예헤트 케메트iht kmt를 포함했다는 것 또한 놀랍다.[125] 이집트에서 민과 아몬 그리고 크레타에서 제우스와 미노스가 밀접한 짝이라는 점을 고려한다면, 제1권에서 논의된 제우스의 애인 이오의 이름은 아헤트iht(암소)에서 연유했을 가능성이 크다는 것 또한 흥미롭다.[126]

두 가지 민(하나는 신으로서 민과 다른 하나는 파라오 민)의 융합은 순전히 크레타적인 현상이 아닐 것이다. 이집트에서는 두 민이 함께 숭배된 때가 있었다. 제19왕조(기원전 13세기) 테베에서 신 민의 거대한 축제에서 그의 조각상을 뒤따르는 첫 조각상은 민/메네스의 조각상이었다.[127] 만약 둘 사이에 실제적인 연관이 없다(일부 학자들은 이렇게 주장한다) 하더라도, 동음이의의 고대 정신은 숭배자들로 하여금 중요한 종교적 연계를 보도록 이끌었을 것이다.[128] 그러므로 왕으로서의 민/메네스, 신으로서의 민과 신성한 황소 므네비스는 미노스의 모든 전설적 특징을 구성했던 것으로 보인다.

이집트의 영향에 반대하는 경우

민과 미노스의 놀라운 유사점을 제시하는 것은 고고학의 문제라기보다 비교 신화의 문제였다. 더욱이 크레타 왕궁에 황소 숭배가 나타났던 시기는 기하학적 도기시대(기원전 1000-700년) 및 상고기(기원전 776-500년)보다 1,000년 전이다. 종합하면, 크레타와 이집트 사이의 유사점은 단지 그리스의 사제계층과 '바르바로이'의 사제계층(즉 이집트 사제계층) 사이에서 일어난 후기의 '영합'과 '연결'의 결과라고 주장하는 칼 오트프리트 뮐러 및 그의 많은 추종자와 논쟁을 벌일 수 있을 것으로 본다.[129]

125) Gauthier(1931, p.83).

126) 제1권, pp.148-149.

127) Gauthier(1931, pp.83, 205). 제테가 아비도스 목록의 47과 52 이름을 네페르-카 메이엔 Nfr-k3 Min과 네페르-카 메이엔 안누Nfr-k3 Min ʿnnw로 읽었다는 것(Stock[1949, p.35]이 소개하고 있는 논의 참조)은 이런 점에서 흥미롭다. 기원전 25세기 중반부터 시작되는, 아직 잘 알려져 있지 않은 제8왕조의 파라오들은 400년 후 크레타에서 민과 왕권이 연계되는 것을 도왔을 수 있다.

128) Gundlach(1982, col.136).

129) 제1권, pp.435-437 참조.

그런데 이러한 해석에는 두 가지 주요한 난점이 있다. 첫째, 유사점의 비상한 얽힘이다. 둘째, 비록 미노스 왕에 관한 전설들의 더 완전한 판은 후에야 나타나지만, 헤시오도스와 호메로스가 그 전설을 단편적으로라도 언급하고 있다는 것은 두 시인의 시대에 그 전설이 알려져 있었다는 사실이다. 이처럼 그 유사점이 후기의 발명이라는 견해에 동조하는 현대인들은, 만약 뮐러와는 달리 그들이 체계적이라면, 날조를 기원전 10세기 이전에 두어야 할 것이다(나는 헤시오도스를 가장 초기의 시인이라고 믿는데, 그를 기원전 10세기 시인으로 잡고 있다).130) 즉, 주요한 날조가 미케네 문명이 몰락한 바로 직후 시기인 기원전 1150-1000년(이 시기는 세련된 문화와는 거리가 먼 시기이자 에게해권과 중동 사이에 상대적으로 거의 우호적인 접촉이 없었던 시기였다)에 또는 후기 청동기시대에 일어났어야 한다. 후자의 시기에는 이집트와 레반트에 고도로 학식 있는 사제계층이 있었을 뿐만 아니라 크레타 왕궁 그리고/또는 미케네 왕궁이 여전히 번영하고 있었고 일종의 역사기록을 지녔던 때에 조작의 천을 짰다는 것을 의미한다. 이러한 상황은 역사의 조작 가능성을 제한하는 것으로 보인다. 그러나 그러한 신화의 창조가 그 시기에 가능하다는 것은 의심의 여지가 없기는 하다. 더욱이 기원전 15-14세기 이집트와 에게해 사이의 긴밀한 관계를 감안하면, 두 지역을 연결하고 북쪽에 대한 이집트의 우월을 확립하기 위해 그러한 조작의 동기를 찾아낼 수도 있기는 하다.

전설은 역사적 실재를 반영하며 크레타 왕궁이 근동 영향의 결과로서 발전되어 나왔듯이, 왕궁에서 중요한 역할을 했던 황소 숭배가 구체적으로 이집트로부터 그리고 정확하게 동시대인 기원전 21세기에 파생되었다는 단순한 주장을 지지할 또 다른 증거가 있다.

몬트와 라다만티스

증거의 다른 근원을 조사하기 위해 우선 미노스의 전설상 형제 중 하나인 라다만티스Rhadamanthys 왕을 살펴보자. 로버트 그레이브스는 이 놀라운 이름이 라브다 만티스Rhabda Mantis(지팡이를 가지고 통치하는 자)에서 왔다고

---

130) 제1권, pp.137-139 참조.

주장한 반면, 빌라모비츠는 다소 모호하게 그것은 카리아어라고 주장했다.[131] 샹트렌은 이러한 제안만이 아니라 여러 가정을 '기초가 없는' 것으로 무시했다. 나는 그 이름을 이집트어 레디 만추[*]Rdi Mntw('만추Mntw 또는 몬트Mont가 주다' 또는 '만추 또는 몬트가 주었던 자')로부터 파생된 것으로서 생산적으로 볼 수 있다고 믿는다. 이 형태가 입증되지 않았음에도 불구하고 그 구조는 표준적이고, '레디Rdi+신의 이름'의 형태와 신의 이름 만추Mntw는 현존하는 이집트어 고유명사 연구에서 매우 흔하다.[132] 라다만티스라는 형태는 가설적 차용이 이른 시기에 있었음을 시사한다. 왜냐하면 동사 레디rdi가 중왕국 시기에도 그것의 첫 음 r을 떨어뜨리기 시작하기 때문이다(역주: 라다만티스는 아무리 늦게 잡아도 중왕국 때 차용되었다는 뜻). 비록 이집트 문화에서 옛 것의 부활하는 힘을 결코 과소평가해서는 안 되지만 말이다.[133]

먼저 라다만티스/레디 만추Rdi Mntw가 신 몬트 또는 합쳐진 만추 레Mntw Rˁ(Re)를 나타냈을 가능성을 고려해보자. 몬트는 아몬 및 레에 연계된 또 다른 태양신이었다. 그는 『피라미드 문서』에서 태양신 또는 별신으로 언급되었다.[134] 그 신은 상이집트에 있는 테베 주의 신이었다. 그 신은 제11왕조(기원전 2153-1979)에서 그의 영토가 부상하면서 대두했다. 이 시기의 후반기에 왕궁에 연결된 몬트 숭배는 이집트 전역에 걸쳐 지배적인 것이 되었다. 제12왕조가 시작되면서 몬트 숭배는 아몬 숭배에 의해 대체되기 시작했는데, 몬트는 아몬과 동일시되는 경향이 있었다. 그렇긴 하지만 이후에도 몬트는 테베 주에서 중요한 신이었고, 제1중간기라는 300년간의 분열 후에 제11왕조에서 이집트의 재통합에 연계된 전쟁의 신으로서 일반적으로 인기가 있었다. 제5장에서 좀 더 자세히 보게 될 것이지만, 그 신은 또한 특히 북쪽 이민족의 복속과 연관되어 남았다.[135]

---

131) Graves(1955, I, p.298); Wilamowitz-Moelendorff(1931-1932, I, p.56, n.3).

132) Ranke(1935-52). 나는 라다만티스의 이집트어 어원을 제안한 최초의 학자는 아니다. Bérard(1902-1903, pp.68-69)가 최초의 학자인데, 그는 그것을 이집트어 '아멘티amenti/imnty'에서 끌어냈다. 그는 그것을 플루타르코스가 '아멘티스Amenthys'로 음역했음을 지적한다. 이것은 서부의 땅인데, 그곳에서 죽은 자들이 심판을 받았다. 이것에는 단어 장난이 있었을 수 있지만(이번 장의 주143 참조), 베라르는 첫 부분인 라다Rhada를 설명할 수는 없었다.

133) Gardiner(1957, p.217, §288).

134) *Pyramid Texts*, Utt.503.

몬트에게는 원래 두 명의 배우자가 있었다. 한 배우자는 예웨니트iwnyt (남부 예웬iwn의 그녀)였는데, 이것이 그의 숭배 중심지 이름이 되었는데, 테베의 상류 20킬로미터에 있는 아르만트Armantt 시 또는 헤르몬티스Hermonthis 시가 그것이다. 그 도시는 하이집트에 있는 헬리오폴리스(iwn)의 짝이었다.136) 다른 배우자는 텐니트Tnnyt인데, 그녀의 이름은 테넨Tnn의 여성형이다. 테넨Tnn은 창조적인 대장장이 신 프타와 합체된 옛 토착 창조신이다. 예웨니iwny와 텐니트Tnnyt는 후에 개별적 정체성을 잃고 라아트 타위Rˤt tȝwy (두 땅들의 리아Ria)에 의해 대체되었다.137) 라아트Rˤt는 분명히 라Rˤ의 여성형이며, 레아Rhea라는 이름의 이집트 원형이다. 그것은 음성학적으로 완벽하게 들어맞는데, 신왕국 시대에 라아트Rˤt는 아카드어로 리야Riya 또는 리아Riʔa로 음역되었다.138) 레아는 누트Nut와 동화되었는데, 누트는 헬레니즘 시대에 레아의 이집트 짝으로서 여겨졌다.

하늘 여신으로서 누트의 성격과 주로 땅 신으로서 동굴과 석굴에 있는 젊은이를 보호하는 레아의 성격 사이의 명백한 불일치는 이집트 의식에서 별신 누트의 주요한 기능은 관 내부에 있는 미라 위에 몸을 구부려 무덤과 관을 보호하는 것이었다는 사실로 해결된다. 일부 학자들은 하늘 여신에서 땅에 강하게 연결되어 있는 죽음의 여신으로의 하강을 추적할 수 있다고 주장한다. 그런데 다른 학자들은 지하와의 연계는 가장 이른 시기부터 존재했다고 믿는다.139) 라다만티스와 관련해서 몬트의 배우자 레아가 크레타에서 가장 중요한 신 중 하나였다는 것은 각별히 흥미로운데, 이는 그 이집트 신이 크레타 섬에 연계되었을 가능성을 높인다.

흔하게 사용되는 이름 만추 라Mntw Rˤ는 그와 태양신 레Re 사이의 연계를 보인다. 만추 헤르Mntw Ḥr라는 이름은 젊은 전사 신 호루스와의 연계를 시사한다. 호루스처럼 그리고 약탈하는 전쟁 신으로서 몬트는 때때로 매의 머리를 지닌 것으로 묘사된다. 그런데 제11왕조부터 그는 화난 황소와 동

---

135) 그 신의 숭배에 관한 뛰어난 개요는 Bourghouts(1982, cols.200-204) 참조.

136) Jahnkuhn(1980, col.212).

137) Bourghouts(1982, col.201).

138) Budge(1904, I, p.328); Mercer(1949, p.125).

139) Rusch(1922); Frankfort, de Buck and Gunn(1933, p.27). 반대 견해로는 Hollis(1987a, pp.7-8) 참조.

일시되었고, 황소로서 또는 황소와 함께 그의 숭배는 제12왕조에 이르면 모든 그의 숭배 중심지에서 입증된다. 그때에 이르면 신성한 황소의 색깔은 종종 하얀색으로 여겨졌고, 몬트의 황소는 민의 하얀 황소에 밀접하게 연관되었다. 몬트는 '검은 암소, 예헤트 켐iht km와도 연계되었는데, 이오Iō와의 일치는 앞에서 고려되었다.140) 기원전 700년 이후 몬트 황소 숭배는 네 가지 형태를 띠었다. 그중 하나는 신탁이었고, 의식, 행렬, 황소와 관련된 싸움을 포함했던 것으로 보인다.141) 그러한 호전적인 신이 장례 종교에서 죽은 자의 재판관으로서 중요한 역할을 할 수 없었을 것으로 시사되어 왔다. 그런데 사나운 성정이 어느 곳에서도 재판관에게 부적격의 조건인 경우는 드물었고, 특히 지하세계에서는 그러했다. 사실『사자의 서』로서 흔히 알려진『낮으로 들어가기 위한 지침서』는 몬트를 엘리시움에 있는 신들 중 하나로 여기고 있다.142)

이러한 특징이 어떻게 라다만티스와 부합할까? 그 크레타인이 입법자로 알려져 있다. 그의 의붓아들 헤라클레스는 살인에 관한 그의 법들 중 하나를 인용했던 것으로 여겨지는데, 그것은 '눈에는 눈'의 원리에 근거했던 것으로 보인다. 미노스와 함께 라다만티스는 헤시오도스, 호메로스 그리고 이후의 저자들에게 죽은 자의 재판관으로 여겨졌다.143)『오디세이아』에서 그는 크산토스xanthos라고 불리는데, 제3권에서 주장할 것이지만 종종 그것은 '좋은 머리카락'보다는 '신성한'으로 받아들여야 한다.144) '신성한'은『일리아스』에서 그에게 주어진 별명 안티테오스anthitheos(신 같은)에 확실히 더 잘 어울린다.145)『오디세이아』에서 라다만티스는 하루 만에 서쪽으로 갈 수 있는 데까지 갔다가 되돌아올 수 있는 자로 표현되는데, 이는

---

140) Otto(1938, p.47); Bourghouts(1982, col.201); Drawer(1940, pp.157-159).

141) Bourghouts(1982, col.202).

142) *Book of Coming Forth by Day*, CXI, 6, CLXX. Budge(1904, II, p.26) 참조.

143) Hesiod, in Merkelbach and West 1983, frs.140-144. *Odyssey*, IV.564; Diodoros, V.79; Nonnos, XIX.190. Marinatos(1949, p.11)도 참조. Victor Bérard(1902-1903, pp.68-69)는 이것을 '아멘티amenti'에 연결시킨다(주132 참조). 이것은 라다만티스의 성격에 대한 동음이의어일 수 있다.

144) *Odyssey*, IV.564 and VII.323. Marinatos(1949, p.11)는 그것을 '금발의'로서 해석하고, 라다만티스가 보이오티아에 연계되어 있다는 그의 주장을 지지하기 위해 사용한다. 마리나토스는 보이오티아가 그 주민의 금발로 유명했던 것으로 보고 있다.

145) *Iliad*, XIV.322.

태양과의 연계를 강하게 시사한다.[146]

입법자로서 그리고 재판관으로서 라다만티스의 명성으로 보건대, 그는 평화적인 사람으로 여겨지지 않았다는 것을 상기해야 한다. 그는 정의에 대한 명성 때문만이 아니라 '악행자에 대한 … 가차 없는 벌' 때문에 이오니아 섬들에 대한 지배권을 얻었다고 여겨졌다.[147] 크레타로부터 보이오티아로 라다만티스의 전설적인 도망, 제우스와의 연계, 헤라클레스의 의붓아버지로서의 그는 제2장에서 논의되었다. 헤라클레스가 중왕국의 파라오라면, 라다만티스는 제11왕조 및 후기 파라오들의 후원자로서의 몬트와 비슷하다.[148]

일반적으로 라다만티스를 몬트에 연계시킬 합당한 근거가 있다. 둘 다 호전적이었고 어느 점에서 방랑하는 영웅/파라오의 아버지였다. 제2장에서는 몬트를 만추 호테프Mntw Htp 2세(역주: 버낼의 표기에 따르면 멘트호테프 Menthotpe 2세이고, 『옥스포드 고대 이집트사』의 표기를 따르면 멘투호테프 Mentuhotep 2세이다. 제11왕조의 파라오다)의 보호자로서 표현된 것에 주목했다.[149] 라다만티스와 몬트 모두 아몬/제우스와 밀접하게 연계되어 있고 크게든 작게든 황소에 연계되어 있다. 음성학적으로 만추Mntw에서 만티스manthys 요소를 끌어내는 데는 어려움이 없다. 우리는 만추 엠 하트Mntw m ḫ3t라는 인명을 아시리아어로 만티메케Mantimeḫe로 음역한 데서 Mntw의 어간모음이 원래 a였다는 것을 알 수 있다.[150]

몬트와 크레타의 연계는 라다만티스에 국한된 것이 아니다. 그 섬의 후기 종교에서 레아의 중심성을 고려한다면, 이집트 신학에서 두드러진 존재가 아니었던 라아트Rᶜt/리아Ria가 몬트의 배우자였음을 발견하는 것은 놀라운 일이다. 또한 흰 황소의 일치도 있는데, 그 황소는 몬트와 라다만티스를 라다만티스의 형제 미노스와 신성한 민에 연결시키는 것으로 보인다. 더욱이 므네비스처럼 몬트는 황소의 머리를 가진 사람으로 표현되었을 가능성

---

146) *Odyssey*, VII.323.
147) Diodoros, V.79.1-2.
148) 제2장의 주190-191 참조.
149) 제2장의 주159 참조.
150) Ranke(1935-1952, I, pp.54, 57). Mntw의 어간모음이 'a'였다는 또 다른 징표는 Gardiner (1947, II, p.22) 참조.

이 있는데, 이는 확실히 후대의 경우였다.[151] 테베 근처의 카르나크에서 출토된 독특한 3면 인장은, 제1중간기 또는 제11왕조로 연대를 설정할 수 있는데, 황소의 머리를 가진 인간을 그리고 있다.[152] 그 당시 몬트의 우세를 감안하면 그것이 몬트를 나타낸다고 할 수 있지만, 확신할 수 있는 방법이 없다. 몬트의 성소 아래에서 발견된 아메넴하트 2세(기원전 1917-1882) 치세에 속하는 토드 보물Tôd Treasure에서 '황소 인간'이 두 개의 메소포타미아 인장에 나타난다는 것도 흥미롭다. 이는 제5장에서 논의할 것이다. 그것들이 몬트에 특별히 적합한 것으로 고려되는지의 여부는 생각해볼 가치가 있다.[153]

중왕국에서 황소에 굳게 연관되어 있다 하더라도, 몬트는 그 당시 일반적으로 새매의 머리를 가진 것으로 묘사되었다.[154] 그런데 크레타에서 왕궁기 초기부터 소머리를 지닌 미노타우로스의 표현은 없으며, 그리스 전승에서 그렇게 강력한 이미지는 기원전 15세기 이집트와의 대규모 접촉 이후에야 대두되었을 것이다. 어쨌든 민의 황소처럼 간접적으로 아몬과 동일시되었던 몬트의 성난 황소는 미노스의 아들이자 라다만티스의 조카이자 제우스의 손자인 미노타우로스와 잘 맞아떨어진다는 데는 의문의 여지가 없다. 이제 라다만티스가 이집트의 신만이 아니라 군주로부터 파생되었을 가능성을 고려해도 되겠다(미노스가 신 민과 왕 민/메네스 모두와 동일시되었던 것을 기억하자).

제1왕조의 공식적 개창자인 민/메네스는 항상 정복자와 입법자로서 새로워졌다. 그의 명성에 비견될 수 있었던 유일한 다른 이집트 지배자는 나라를 재통합한 중왕국의 건국자들이었다. 비록 기원전 2150년경에 활약했던 멘투호테프 1세가 전문 학자의 견지에서는 파라오였던 것으로 보이지 않지만, 제11왕조의 조상으로서 그리고 테베 주를 근거지로 삼아 이집트를 재통합했던 흑인 가문의 한 사람으로서 칭송되었다.[155] 기원전 21세기에

---

151) Drioton(1931, pp.260-261); Lanzone(1881-1886, vol.1, pp.293-299, pls.99.2 and 4).

152) Ward(1971, p.138).

153) Contenau(1953, p.17, plate 40). 이 보물은 제5장의 주126-137에서 상세히 논의될 것이다.

154) Bourghouts(1982, col.200).

155) 유사점에 관해 Maspero(1884, p.462, n.1) 참조. 만약 머리가 그의 것이라면, 디오프Sheikh Ana Diop가 지적하듯이, 민/메네스의 모양은 초기 아프리카인이다. 멘투호테프 2세의 얼굴

통치했던 멘투호테프 2세는 그 왕조의 가장 유능한 지배자였고, 그의 치세 51년 동안 이집트는 다시 한 번 고왕국처럼 주요한 세력이 되었다.[156] 가디너는 다음과 같이 기술하고 있다.

> 멘투호테프는 '몬트는 만족하신다'라는 의미의 이름이다. 지역 신이 만족한 데는 그럴 만한 이유가 있었다. … (그 신은) 여러 해 동안의 갈등을 겪었던 이집트 전역이 하나의 지배자 아래 재통합되는 것을 보았기 때문이다.[157]

이집트 전승에서 두 명의 위대한 멘투호테프가 자주 중왕국의 건국자로서 융합되고, 민/메네스와 비슷하게 여겨졌다. 예를 들어, 민/메네스와 멘투호테프의 조각상은 제19왕조 라메세스 2세의 치세에 테베 근처 라메세움에서 거행된 민 신의 대축제에서 특별히 우대되었다.[158] 이처럼 파라오인 민/메네스와 멘투호테프가 특히 민 신의 황소 숭배에서 중요한 역할을 하고 있음을 발견할 수 있다.

이집트의 숭배와 크레타의 숭배 사이의 신학적 유사점은 모두 얽혀 있지만 말끔하다. 이집트에서 민과 몬트는 흰 황소에 연계되었고 아몬과 동일시된다. 크레타에서 미노스와 라다만티스는 형제이고, 미노스는 흰 황소에 연계되어 있고, 둘 다 아몬의 짝인 제우스의 아들이다. 라다만티스를 멘투호테프와 동일시하는 것은 그 연계를 우아하게 완성시킨다. 미노스가 황소 신 민을 건국자 파라오 민/메네스와 결합시켰다면, 라다만티스는 황소 신 몬트를 건국자 파라오 멘투호테프와 결합시켰다고 할 수 있다. 이집트에서 두 파라오가 엄격한 지배자이고 입법자였듯이, 미노스와 라다만티스는 크레타에서 그러한 두 가지 특성을 지니고 있었다. 본질적으로 이집트의 제도인 사자死者의 법정에서 두 왕-영웅들의 역할에 대한 크레타적 견해도 있었다.

이 진짜 흑인은 아니지만, 카이로 박물관에 있는 그의 유명한 조각상의 채색으로 보건대 피부색이 검다는 데는 어떤 의문의 여지도 없다. Diop(1974, plates 5 and 9) 참조.

156) Beckerath(1982a, col.66; 1982b, cols.66-68).
157) Gardiner(1961a, p.120).
158) Gauthier(1931, p.205).

비록 신과 군주의 그러한 융합이 이상하게 보일지라도 그것은 이집트에서 완벽하게 정상적인 것이었고, 매우 밀접한 유사점이 제12왕조 파라오 세소스트리스 1세에 관한 언급에서 나타난다. 그것은 제5장에서 상세히 고려될 것이다. 세소스트리스는 '옌티우intyw(이방인들)을 도망하게 한 흰 황소'로 묘사된다.[159] 이집트의 황소 숭배에 관해 광범위하게 저술한 독일의 이집트학 학자 오토는 이것에 관해 다음과 같은 견해를 밝혔다.

> 이것은 몬트Month(만추Mntw) 황소의 호전적인 성격에 연결되고, 호전적인 왕과 상이집트의 황소 숭배 사이의 연결이 얼마나 단단한지를 보여주는 새로운 증거를 제공하는 것으로 생각된다.[160]

숭배의식에서 보이는 이집트와 크레타의 정교한 유사점은 왕의 흰 황소 숭배가 기원전 21세기 이집트에서 번영했다는 사실로 인해 놀라움을 자아내는데, 앞에서 언급된 고고학적 증거로 보건대 바로 그때가 크레타 왕궁이 처음으로 세워지고 크레타의 황소 숭배가 처음으로 입증되었던 시기이다.[161] 앞에서 언급했듯이, 그것은 몇몇 학자들이 그 섬에 대한 이집트와 레반트의 영향을 목격했던 시기이기도 하다. 펜들베리는 크레타는 나일 삼각주(그 일부가 제1중간기에 셈어를 말하는 사람들에 의해 지배되었다)를 통해 이집트와 레반트의 문화로부터 광범위한 영향을 받았다고 주장했다.[162] 상당한 근거를 가지고 윌리엄 워드는 그러한 현상이 초기 중왕국 시기에 발생했다고 주장하는데, 이집트의 영향이 일반적으로는 페니키아를 경유해, 특정하게는 비블로스를 경유해 크레타에 전해진 것으로 보았다.[163] 비블로스는 항상 대단히 이집트화된 곳이었다. 그곳에서 발견된 중왕국의 많은 이집트 비문은 당시 그곳의 군주를 하티ḥ3ti(시장市長)로 표현하고 있는데, 시리아-팔레스타인의 다른 지도자들은 헤카 카수트ḥk3 ḫ3swt, 즉 '힉소스'

---

159) Inscription from Wadi Halfa. Otto(1938, p.47)로부터 재인용.

160) Otto(1938, p.47).

161) 주28-39 참조.

162) Pendlebury(1963, pp.120-121).

163) Ward(1971, pp.119-120).

또는 '외국의 군주들'로 표현한 것을 보여주고 있다.[164]

우리는 멘투호테프 2세가 이집트를 재통합했을 뿐만 아니라 그의 장군들이 누비아, 시나이, 아마도 더 북쪽 지역으로 원정했음을 알고 있다. 또한 문헌 사료로부터 적어도 하나의 공식적 해상 원정이 비블로스로 보내졌음을 알고 있다.[165] 이러한 문헌기록의 내용은 고고학적 증거로 확인된다. 제11왕조에서는 시리아 목재로 상자와 관을 만들었다. 더욱이 비블로스에서 발견된 대부분 이집트의 유물을 담고 있는 거대한 비장인 '몬테트 항아리Montet Jar'는 기원전 21세기로 연대가 책정되었다.[166] 제11왕조의 이집트인이 에게해를 가로질렀으리라는 것을 보여주는 증거는 그 시기에 만들어진 두 개의 이집트 조각상에서 발견된 아티카의 라우리온 광산의 은인데, 은 취득이 항해의 동기가 되었을 것이다.[167] 크레타가 기원전 21세기 레반트를 통해 이집트와 서부 셈의 영향을 상당히 받았다는 것은 매우 가능성이 높다고 여겨진다. 기원전 21세기 이집트와 시리아-팔레스타인 모두에서 지배적인 인물은 멘투호테프였고, 그는 몬트와 몬트의 사나운 황소를 숭배했다.

그 당시 에게해권에 대한 이집트의 원정을 말하는 문헌 증거는 없다. 그러나 미트 라히네 비문은 이전에는 알려지지 않았던 이집트의 바다 및 육지 원정을 기술하고 있는데(제5장에서 상세히 논의될 것이다), 이 비문은 침묵의 논증에 대해 극적으로 경고하고 있다. 그러한 문화적 영향의 팽창을 설명하기 위해 정복이 필요한 것은 아니지만, 멘투호테프라는 이름을 가진 파라오들이 이집트를 재통합했고 레반트에서 지배적인 세력이 되었을 뿐만 아니라 북동 아프리카와 서남아시아에서는 얻을 수 없는 금속을 원했다는 사실은 정복설을 뒷받침해주는 설명으로 충분할 것이다. 만약 라다만티스를 멘투호테프와 동일시한다면, 정치세력의 확장이 있었다는 전설상의 징표를 찾을 수 있다. 디오도로스는 라다만티스에 관해 다음과 같이 기술했다. "그는 적지 않은 섬들과 아시아의 해안의 큰 부분을 소유하고자 왔

---

164) 이것에 관한 참고문헌은 Helck(1975a, cols 889-91) 참조.

165) Ward(1971, pp.58-65).

166) Ward(1971, pp.62-63).

167) 주23 참조.

다. 모든 사람은 그의 정의 때문에 자유의사에 따라 그 수중에 자신을 내맡
겼다."168) 또 다른 점에서 디오도로스는 카리아와 이오니아의 섬들을 구
체적으로 지명했다.169) 그리스 인종인 이오니아인의 이름이 이집트어 예
웬iwn(궁수, 이방인)에서 유래했다는 그럴듯한 가설을 제1권에서 상술했
다.170) 이 점에서 북쪽 이방인과의 전쟁에 특히 관심을 가졌던 몬트가 네
브 헤세프 예웬티우Nb ḫsf iwntyw(이방인들을 제압한 군주)라는 타이틀을 가졌
다는 것은 흥미롭다.171) 라우리온 광산에서 나온 은 이외에 제11왕조가 에
게해권에 세력을 뻗었다는 것을 보여주는 고고학적 증거는 없다. 내가 알
기로, 크레타 이외에 에게해권에서 발견된 중왕국의 유일한 이집트 유물은
스파르타에서 나온 스카랍과 사모스의 헤라이온에서 나온 목조상이다.172)
그런데 이것들은 사모스가 이집트와 활발한 교역을 벌였던 상고기(기원전
776-500년)에 수입되었을 가능성이 훨씬 크다. 라다만티스는 보이오티아와
연계되었고, 제2·3장에서 보았듯이 이 지역은 기원전 3천년기 이집트의 영
향을 강하게 받았다.

황소 숭배의 존속: 크레타의 보수성

일반적으로 황소 숭배가, 구체적으로는 몬트의 숭배가 기원후 2·3세기
종교가 붕괴될 때까지 이집트에서 중요하게 남아 있었다. 그러나 황소 숭
배가 제11왕조에 절정에 이르렀다가 제12왕조 때 왕가에서 숫양 숭배 또
는 인간의 머리를 지닌 아몬 숭배가 대두함에 따라 쇠퇴했다는 데는 의심
의 여지가 없다. 크레타의 황소 숭배와 관련해 에게해권을 전공한 고고학
자 싱클레어 후드의 다음의 말은 중요한 의미를 지닌 것 같다. "보수성은
… 크레타의 미노아 문명의 여러 국면의 열쇠이다. 이곳에서는 원래 근동
의 다른 곳에서 널리 퍼졌던 믿음과 관습이 오래 머무르는 경향이 있었
다."173) 왕궁기 몇 백 년 동안 황소 숭배가 중심이 되면서 크레타인은 초

---

168) Diodoros, V.77.1.

169) Diodoros, V.84.1-4.

170) 제1권, pp.132-134.

171) Reisner and Reisner(1933, pp.35-46).

172) Pendlebury(1930a, p.109); Burleigh and Hewson(1979).

173) 제1장의 주16 참조.

기 중왕국 이집트의 종교를 보존했다. 이와 같은 양상은 비슷하게 동아시아에서 나타난다. 한국과 일본은 수·당 왕조의 중국에서 대규모의 문화를 차용했다. 두 나라는 중국 문화가 변화하고 있는 동안에도 그 문화의 많은 부분을 보존했다. 따라서 수백 년 내에 중국의 고풍古風은 지역 문화에서 수정되어 고유한 한국 문화 또는 일본 문화로서 여겨지게 되었다. 예를 들어, 오늘날에도 한국 여성의 '민족의상'은 기원후 7·8세기의 중국 패션을 보존하고 있다. 좀 더 직접적으로 종교적으로 유사한 경우는, 불교가 원래의 발생지인 인도에서는 거의 사라졌는데도 스리랑카, 티베트, 동남아시아에서 살아남아 있는 것에서 볼 수 있다. 살아남아 있는 지역에서 불교는 완전히 개별화되고 지역화되었다.

결론

이번 장의 주제로 돌아가자. 크레타에서 출토된 기원전 2000년경 이전의 고고학적 증거는 우리에게 무엇을 믿도록 이끌고 있는가? 내가 제1장에서 주장했던 것을 회상하는 것으로 시작해보자. 첫째, 증거로 보건대 신석기 크레타가 아나톨리아로부터 농경과 도기를 받아들였고 이미 북아프리카와 레반트와 접촉하고 있었음을 강하게 시사한다. 둘째, 후기 신석기와 초기 청동기시대에 크레타 문화는 리비아·이집트·레반트·아나톨리아 및 북쪽의 영향을 받아 형성된 혼합 문화였다. 기원전 3000년경 에게해 남부에서 발전하게 된 교역 사회라는 새로운 형태가 근동에서 더 이른 시기에 이루어진 비슷한 발전에 직접적으로든 간접적으로든 자극을 받았다는 것은 증명할 수는 없지만 개연성이 있다. 어쨌든 에게해권이 근동에서 도기양식이나 매장관습뿐만 아니라 물레도 받았다는 데는 거의 의문의 여지가 없다. 전기미노아 크레타의 종교적 상징과 관련된 유물유적에 대한 연구는 크레타의 종교가 동시대 고왕국 이집트의 종교와 매우 비슷하다는 것을 알려주고 있다.

크레타 왕궁은 전기미노아 사회에서 점진적으로 그리고 자연적으로 등장한 것이 아니라 예전과의 단절 속에서 나타났다는 것은 분명하다. 왕궁의 도입, 그리고 근동에서 수세기 앞서 존재했던 사회조직방법의 도입은 레반트 영향의 명백한 증거이다. 더욱이 왕궁의 건축과 많은 세부적인 장식은 오직 이집트로부터 올 수 있었다. 기원전 21세기 바로 왕궁 사회가 크레타에서 대두하고 있었던 바로 그때, 왕궁 사회에 중심적 역할을 한 황소 숭배가 제11왕조 이집트의 국가 숭배였다는 것 또한 놀랍다.

고고학은 단지 주목할 만한 일련의 일치점만으로 이것을 보여줄 수 있다. 그러나 그것의 증거가 그리스 전승과 이집트 비문에 보존된 정보와 함께 연결되고 그 숭배가 그 당시 이집트에서 차용되었다고 본다면, 수많은 얽힌 그리고 세밀한 유사점들이 만족스럽게 설명될 수 있다. 왕궁기의 크레타에서 미노스 및 미노타우로스 전설을 구심점으로 삼아 진행되었던 숭배 의식은 바로 당대 이집트 왕의 황소 숭배에서 온 것이지, 연쇄의 사슬을 아득하게 거슬러 올라가 그보다 3,000여 년 전 아나톨리아의 차탈 휘윅의 황소 숭배에서 온 것이 아니다.

기원전 21세기 크레타의 사회적·문화적 변형은 제11왕조 하의 이집트 재통합 그리고 이집트의 영향력이 레반트로 또한 아마도 그 너머로 확산된 것과 일치한다. 크레타 왕조가 황소 숭배를 명백하게 채용한 것으로 보건대, 이 중요한 단계에서 직접적인 이집트의 영향이 있었던 것으로 보인다. 단지 헬레니즘시대에 기록된 몇몇 전설은 그 당시 크레타와 섬들의 일부에 대해 이집트의 지배 또는 종주권이 있었을 수 있음을 제시하는 것으로 보이지만, 그 속에 담긴 징표가 후대의 것이고 간접적인 성격을 띠고 있다는 것을 고려하면 그러한 암시는 암시로 그쳐야 하겠다. 그러나 크레타가 기원전 21세기에 이집트로부터 크게 영향을 받았다는 데는 의심의 여지가 없다.

크레타에 미친 근동 특히 이집트의 광범위한 영향이 있었다고 해서, '미노아인'이 단지 이웃들로부터 베끼기만 했다는 것을 의미하지는 않는다. 다른 대부분의 사람들처럼 크레타인은 상당한 문화적 독창성을 지녔다. 아마도 그들이 이집트의 두 가지 상징물(역주: ∪ + ⌣)로부터 '신성한 뿔'을 개발했던 것처럼, 황소 숭배를 그들 자신의 것으로 개발했다는 데는 의심의 여지가 없다. 예를 들어, 이집트인이 '황소 등에서 재주넘기'를 시행했다는 증거는 단지 약간만 있을 뿐이지만, 크레타에서 그것은 대단히 흔한 것이 되었다.[174] 마찬가지로 스타일과 모티프가 이집트와 레반트로부터 자주 차용되었지만, 어느 누구도 크레타 예술을 알아보는 데 어려움을 갖고 있지 않다. 특히 그것이 대륙적인 근동 예술에서는 거의 찾아볼 수 없는 해양 생활의 표현을 담고 있을 때 그러하다. 그렇다 하더라도 이번 장에서 주어진 증거로 보건대, 다른 지역처럼 크레타가 뚜렷한 여러 가지 지역적 특징을 지니고는 있지만, 전기 왕궁기의 크레타는 이집트 및 레반트로부터 대단히 많이 차용한, 명백히 중동 문명세계의 일부였다는 것을 보여주고 있다.

---

174) 메츠웬mtwn(경기장)이라는 단어의 한정사 에서 황소 등 위로의 움직임을 시사하는 호기심 가는 표식 참조(Ermann and Graspow, 1982, II, p.175). 그 단어는 고왕국 때부터 입증되었다. 주 107-112도 참조.

제5장
세소스트리스 I
-그의 정복을 뒷받침하는 그리스의 고고학 및 문헌 증거-

"세소스트리스라는 이상한 인물은 헤로도토스 제2권의 문제거리들 중 하나이다."(Levi, 1971, vol.1, p.117, n.245)

내가 보여주었기를 희망하는바, 고대 지중해를 연구하는 여러 유용한 접근법이 있다. 이것에는 고고학, 언어, 고유명사, 후대에 그 지역의 사람들 사이에 퍼져 있던 전승이 포함된다. 또한 당대 문헌이 있는데, 여기에서는 특별히 다루어질 것이다. 왜냐하면 적어도 기원전 3천년기에 이집트는 확실히 그리고 레반트는 거의 확실히 문자를 사용하고 있었기 때문이다. 아나톨리아와 에게해권 모두에서 이 책이 크게 관심을 갖고 있는 2천년기에 글쓰기가 정착했음도 명백하다.

나는 고고학적 증거를 살펴볼 때와 마찬가지로 여기서도 다시 한 번 '확실한 증거'는 없다는 것을 명백히 말한다. 'X라는 이집트인/페니키아인이 그리스의 그곳에 도래해 도시/왕국을 확립했다'라는, 특히 고대모델을 확인해주는 당대의 문헌은 없다. 그렇다고 그것을 부정하는 당대 문헌도 없다. 그러한 문헌이 없는 가운데 우리가 할 수 있는 것은 상황 증거를, 즉 중기 및 후기 청동기시대에 레반트와 에게해권 사이의 접촉에 관해 말하고 있는 청동기시대 문헌이 제공하는 상황 증거를 살피는 것이다.

이번 장은 문헌 증거 중에서 가장 풍부한 사료로부터 나온 이집트 문서에 초점을 맞출 것이다. 이 문서는 그리스를 직접 언급하지는 않는다(제10장에서는 그리스를 직접 언급한 문헌을 살필 것이다). 그러나 미트 라히네 비문은 그 자체로도 중요하지만, 파라오 세소스트리스의 대정복에 관한 헤로도토스 및 여러 저자들의 보고에 대한 이 비문의 관련성은 고전기 사료의 신빙성 조사에 있어서도 그리고 전기 청동기시대 말 아나톨리아, 발칸, 코카서스, 에게해권 등의 변화를 이해하는 데에도 아주 중요하다고 나는 생각한다.

미트 라히네 비문의 발견

카이로에 있는 스위스 고고학연구소 소장 게르하르트 헤니는 몇 년간 람세스 2세(기원전 1290-1224년)의 거상 아래에 큰 비문이 있지 않을까 생각했다. 그 거상은 오늘날의 미트 라히네 마을 근처 멤피스에 있는 제12왕조 유적지에 제19왕조의 파라오들이 건축하거나 증축한 프타 신전 앞에서 있었다. 1974년 고대 유물 조사관 사미 파라그가 큰 석판에 새겨진 비문을 끄집어냈다.

그 석판을 본 이집트학의 일인자인 이집트 학자 라비브 하바치는 즉시 그것이 1909년 플린더스 페트리가 그 근처에서 발견해 출판한 훨씬 작은 파편과 닮았다는 것을 알아챘다. 곧 두 석판은 '예외적으로 긴' 동일 비문의 부분들로 밝혀졌다. 비록 새로운 '파편'이 장방형으로 2미터×2.5미터나 되는 크기였지만, 두 조각은 전체의 일부를 구성할 뿐이었다. 원 비문의 처음과 끝은 모두 없어졌고, 모든 행의 꼭대기도 없어졌다. 음역할 부분인 사진의 왼쪽 부분은 초점이 맞지 않았기 때문에 글자는 더 불분명했다. 그렇다고 새로운 사진을 찍을 수도 없었다. 그래도 파라그와 벨기에의 이집트학 학자 조르주 포제네는 비문이 대단히 중요하다고 믿고 완전하지 않다 하더라도 가능한 한 빨리 출판되어야 한다고 생각해 그 내용을 1980년 「레뷔 데집톨로기*Revue d'Egyptologie*」에 게재했다.[1]

완전하게 해독할 수는 없었지만, 포제네와 파라그는 비문 내용에 대해 주석을 달았다. 비문에는 중왕국의 제12왕조 초기(기원전 1959-1882년) 파라오 센워스레 1세와 그의 아들 아메넴하트 2세가 아주 빈번하게 언급되었는데, 그것은 거의 확실히 후자의 통치 직후에 만들어졌다.[2] 원문은 대체로 이집트 너머 육·해로의 원정과 관련된 것이었다. 원정 중 일부는 아프리카에 관한 것이었으나 대부분은 아시아와 관련된 것이었다. 시나이 반도에 한 차례, 케네티-쉬Unty-š(레바논)에 두 차례, 세체트Stt(파라오가 직접 이끌었다)에 한 차례 원정했다.

세체트는 제일 북쪽에 있는 나라의 이름이다. 그것은 신왕국 동안에는 나흐린Nahrin(역주: 현재의 아프가니스탄 북동쪽에 있는 지역) 또는 북시리아에

---

1) Farag(1980, p.75); Posener(1982, p.7); Petrie and Walker(1909, pp.6-7, 17-18).

2) Giveon(1985, p.16, n. 34)처럼 파라그와 포제네는 그 비문의 기록을 있는 그대로 받아들여져야 하고 제12왕조 때 제작되었다는 견해를 가지고 있었다. 중왕국에 관해 일가견을 지닌 워드는 그들의 견해와 다른 파편에 대한 페트리의 견해를 대수롭지 않게 간단하게 언급하고는, 그것이 '람세스 시대에 속한다'고, 즉 기원전 19세기가 아니라 13세기의 것이라고 주장했다(Ward, 1987, p.528). 그는 기록된 이름이 살아 있는 왕들이 아니라 장례 기념물에 기록된 이름들이라고 지적했다. 그러나 그는 그 이름들이 '제12왕조 초'의 인물들일 수 있다는 것은 받아들인다. 워드에 대해 반론을 편다면, 외부의 지명들은 신왕국 문서에서 알려지지 않았을 뿐만 아니라 중왕국 발음의 견지에서야 그럴듯하게 여겨진다는 점이다. 바로 그러한 이유로 그리고 다음에 제시된 상황 증거로 나는 파라그와 포제네의 주장에 따라 이 비문의 연대가 제12왕조(원문은 이 연대를 가리키고 있다)에 속하는 것으로 받아들인다. 이제 이집트학 학자들 대부분이 이 견해를 받아들이고 있다. O'Connor(1990) 참조. 이러한 견해를 가진 가장 두드러진 학자는 Helck(1989)이다.

있는 미탄니의 왕국과 메소포타미아를 나타내는 데 사용되었지만, 제11왕
조 이래 아시아의 나라를 나타내기 위해 사용되었음이 입증되었다.[3] 미트
라히네 비문은 또한 북쪽에 있는 다른 나라들을 파괴한 원정에 관해서 언
급하고 있는데, 그 나라들의 이름은 다른 이집트 문서에서는 나타나지 않
았던 것들이다. 이 원정 또는 습격의 결과로 막대한 양의 가축, 노예, 금속
이 이집트로 보내졌다.

중왕국 시기 아시아까지 뻗힌
이집트 제국을 말하는 증거로서 비문의 중요성

이 비문은 어떤 면에서 그리 놀랄 만한 것인가? 첫째, 그것은 센워스레
1세와 아메넴하트 2세가 이집트의 북쪽으로 멀리까지 주요한 원정을 감행
했다는 훨씬 후기의 그리스 전승을 지지하는 강력한 증거를 제공한다. 둘
째, 중왕국의 이집트는 제국을 형성했거나 적어도 레반트를 영향권으로 갖
고 있었다고 주장하는 이집트학 학자들과 고대 역사가의 주장을 크게 강화
해준다. 셋째, 그 원문은 학문 분과로서 이집트학 및 고대사에 유익한 교훈
을 제공하는데, 수차례의 대규모 원정에 관한 새롭고 놀라운 증거가 공식
문헌과 문학 문헌 모두를 통하여 잘 보고되어 있다고 일반적으로 생각되었
던 시기에 속하기 때문이다. 이러한 문헌을 통해 왕조 창립자인 아메넴하
트 1세의 권력 장악 후 제12왕조 초기에 이집트가 부유하고 강력했다는 것
이 알려졌다.

왕가는 남쪽 끄트머리 출신이다. 아메넴하트의 아버지는 테베 주 출신
인 것으로 보이며, 그의 어머니는 타 세티$^{T3\ Sty}$ 출신으로, 즉 엘레판틴 국
경도시나 멀리 누비아 출신으로 보인다. 어쨌든 이 왕조는 가디너가 기술
하듯이 "인구 중에서 적어도 부분적으로라도 누비아 인종이 있는 곳" 출신
이라는 데는 의문의 여지가 거의 없다.[4] 이 파라오들을 흑인으로 묘사하
고 있는 조각상의 정확함을 받아들이는 것이 합당하게 보인다. 비록 어떤
조각상은 좀 더 아시아적 외모를 지닌 것으로 묘사하고 있지만 말이다. 그

---

3) Farag(1980, pp.78-79); Posener(1982, p.8). 세체트^{Stt}에 관해서는 Gardiner(1947, I, p.177);
  Gauthier(1925-2931, I, p.95) 참조.

4) Gardiner(1961a, p.126).

들은 남쪽 출신이었지만, 왕조의 수도를 제11왕조의 수도였던 테베로부터 상이집트 북부에 있는 리시트Lisht로 옮겼다.

센워스레 1세 치세에서 건축이 대대적으로 이루어졌다. 이집트학 학자 인 W. K. 심프슨은 다음과 같이 쓰고 있다. "어떤 유적지도 왕의 광범위한 기념물 건축 활동을 증명하지 않는 곳은 없다."[5] 그 비문이 멤피스에 있는 프타의 거대한 신전에 연계되었을 것이라는 점은 특히 흥미롭다. 그리스 저자들은 그 대신전을 특별히 세소스트리스에 연결시켰다.[6]

우리는 아메넴하트 1세(역주: 센워스레 1세의 아버지)의 장군들이 누비아 에서 그리고 서쪽으로는 리비아인에 대해 주요한 전투를 활발히 벌이고 있 었다는 것을 알고 있다. 부왕에 대한 암살기도가 있었을 때 센워스레 1세 는 리비아 전투 중 하나를 이끌었던 것으로 보인다. 언제 암살기도 사건이 일어났고 성공했는지(아마도 성공했을 것이다)는 분명하지 않다.[7] 만약 이 것이 사실이고 두 사람의 10년간 공동 통치가 끝날 무렵에 일어났다면, 세 소스트리스는 급히 질서를 회복하고 이집트의 부와 힘을 계속 확장했을 것 이다.

학자들은 제12왕조의 아시아에서의 이해관계와 권력에 대해 여러 의견 을 가지고 있다. 오늘날까지도 아시아에서 정복에 관한 유일한 직접적인 문헌 증거는 네수 만추Nsw Mntw 장군의 스텔라(기념석주)인데, 이 석주는 아 메넴하트 1세와 센워스레 1세의 공동 통치 기간에 아시아인에 대한 전투 에서의 승리와 요새의 파괴를 기록하고 있다.[8] 그러나 그러한 정복을 뒷 받침해주는 간접적인 증거는 상당히 많다. 흥미롭게도 그 당시 이집트가 아시아와 관련을 맺고 있었다는 이집트학 학자들의 정보는 주로 그 시기의 문학작품인 『시누헤Sinuhe 이야기』에 근거한다.[9]

---

5) Simpson(1984a, col.891).

6) Herodotos, II.110; Diodoros, I.57.5 참조. Lloyd(1988, pp.36-37)는 비문을 논하지 않고서 거기 에 제12왕조의 유물이 있었다는 것을 받아들지만, 그리스인이 세소스트리스와 그 가족의 조 각상이라고 믿었던 것은 사실은 라메세스 2세의 조각상들이었다고 어느 정도 개연성을 가지 고 주장한다.

7) 이에 대한 회의론은 Simpson(1984b, col.950) 참조. 암살이 성공했다고 믿는 학자는 Posener(1956, pp.66-73); Blumenthal(1983, pp.105-106) 참조.

8) 석주와 네수 만추Nsw Mntw에 관한 참고문헌으로는 Posener(1971, p.538); Simpson(1984a, col.899) 참조.

　이 생생한 시누헤에 관한 이야기는 수세기 동안 이집트에서 가장 대중적인 이야기 중 하나였다. 시누헤는 궁정인으로서 아메넴하트 1세의 죽음에 관한 비밀을 어쩌다 듣게 되었다. 목숨의 위협을 느낀 그는 가나안으로 도망쳤다. 그는 북쪽으로 비블로스까지 갔다. 그 후 그는 '고향을 향해' 돌아섰고 마침내 상上레츠누Rtnw에 정착했는데, 그곳은 남시리아의 내륙 지역으로 추정된다.10) 그곳에서 그는 처음에는 지역 왕의 고문이 되었고, 그 보답으로 부유한 족장이 되었다. 그곳에서 여러 해를 지낸 후 파라오 센워스레 1세는 그에게 이집트로 귀국해도 좋다고 전했고, 돌아온 그를 환영하며 궁정에 복귀시켰다. 사후에 시누헤의 시신은 이집트에 매장되었다.

　어느 누구도 그 이야기가 역사적 사실과 창조적인 허구를 담고 있다는 것을 의심하지 않는다. 어려움은 그 둘을 구분하는 데 있다. 레츠누Rtnw에서 시누헤의 삶에 관한 이야기는 전쟁 묘사를 거의 담고 있지 않다. 사실 이집트인과 그 지역의 원주민 사이의 일반적인 우호 관계, 센워스레 1세의 사신들이 레츠누Rtnw를 거쳐 오고 가는 일, 이집트 당국에 대한 시리아 군주의 겸손한 접근 등은 모두 그 지역에 대한 이집트의 지배권을 시사하고 있는 것으로 여겨진다. 반면 『시누헤 이야기』는 센워스레 1세를 '베두인을 치고 사막 여행자를 분쇄하는 임무를 받은' 자로서 그리고 '아시아인 사이에 있었던 자들의 목을 자른 자'로서 묘사한다. 센워스레 1세의 장제전에 묘사된 장면에는 정복된 외국인에서 빼앗은 가축과 약탈물, 그리고 한 시리아인을 포함한 포로들의 열列을 담고 있다.11) 전쟁과 평화의 대비되는 이 묘사들을 어떻게 이해해야 하는가? 하나는 이집트의 지배 영역 내에서는 평화를 묘사했고, 그 너머에서는 전쟁을 묘사한 것으로 볼 수 있다. 이러한 생각을 발전시키기 전에 중왕국의 이집트가 아시아에 제국을 가지고 있었는지에 대해서 고고학적 증거에서 유추된 매우 상이한 해석을 살펴보자.

　지금은 시나이의 광산에서 강렬한 활동이 있었음을 알고 있다. 그곳에서 벌인 이집트의 활동에 관한 기념물은 다른 왕조들을 합한 것보다 더 많

9）Liachtheim(1975, I, pp.222-235) 참조. 이 유명한 이야기의 번역물에 관한 참고문헌은 Lichtheim(1975, I, pp.222-223); Simpson(1984b, col.953) 참조.

10）레츠누Rtnw의 위치에 관한 긴 논의로는 Gardiner(1947, I, pp.142-149) 참조.

11）Posener(1971, p.538).

이 제12왕조에서 발견되었다. 더욱이 그 관계는 다른 시기에 비해 우호적이었던 것으로 보인다. 고왕국의 기념물과는 달리 광산 파견대가 무장되었다는 것을 시사하는 중왕국의 기념물은 거의 없다.[12]

그러나 이집트와의 접촉을 보여주는 고고학적 증거는 시나이 너머 멀리까지 존재한다. 센워스레 1세 때의 유물이 시리아-팔레스타인만이 아니라 아나톨리아에서도 발견되었다. 이번 장과 제6장에서 살펴보겠지만, 이것의 중요성에 대해 20세기 동안 뜨겁게 논의되었다. 셈학과 팔레스타인 고고학의 전문가인 윌리엄 폭스웰 올브라이트는 양차 세계대전 사이에 영국과 미국 고고학의 연구 결과를 다음과 같이 요약하고 있다.

> 서부 팔레스타인, 페니키아, 시리아의 일부가 이집트의 힘과 물질문화에 의해 지배받았다. … 기원전 19세기 초(올브라이트는 이때를 제12왕조로 잡고 있다)까지 거슬러 올라가는 이집트 왕국과의 직접적인 연계를 증명하는 기념물은 북쪽으로는 우가릿, 동쪽으로는 홈스Hums(역주: 고대에 에메사Emesa라고 부르던 시리아 서부에 있는 도시) 북동쪽에 있는 콰트나Qatna 등지에서 발견되었다. 비블로스에서 발견된 유물은 페니키아의 예술과 기술에 이집트의 영향이 어느 정도였는지를 생생하게 알려준다. 「비난 문서*Execration Texts*」(제12왕조 말의 것으로 이집트의 적을 비난하고 있다)는 우리에게 다마스쿠스 북쪽 시리아 중부를 가로질러 페니키아 중부의 엘레우테루스 계곡에 이르기까지 이집트의 직접적인 영향권을 그려볼 수 있게 한다.[13]

이러한 일반적인 묘사는 조르주 포제네와 이스라엘의 고고학자인 라파엘 기베온에 의해 유지·발전되었다.[14] 포제네는 정기적으로 통신하고 약탈물을 이송하는 시리아-팔레스타인에 있는 이집트 '제국'의 징표에 주목했다.

---

12) Posener(1971, p.539).

13) Albright(1960, p.85).

14) Posener(1940; 1956; 1971); Giveon(1978a, pp.61-72; 1981; 1985). Weinstein(1974, p.52)은 레반트에 중왕국 이집트의 '제국'이 있었다는 생각에 적극적으로 반대하지만, 팔레스타인에 센워스레 1세의 많은 스카랍이 있다는 것을 받아들였고 그의 딸일 수도 있는 한 여인의 조각상이 텔 게제르Tell Gezer에서 발굴되었다는 것을 받아들였다. 지금은 그녀가 아메넴하트 3세의 딸이었다는 주장의 고고학적 근거는 사라진 상태이다.

그는 시누헤가 레츠누Rtnw에서 살고 있을 동안 쓴 글 한 행을 인용한다. "(파라오의) 거처를 향해 북으로 또는 남으로 갔던 사신이 내가 거기에 있었기 때문에 멈추었다."15) 포제네는 시누헤가 방문했던 여러 장소에서 이집트인을 발견했다는 점을 지적했다. 또한 포제네는 일반적으로 「직업들에 대한 풍자Satire of the Trades」라고 알려진 유명한 당시의 문서를 언급했다. 이 문서는 서기라는 직업을 빼고는 모든 직업이 편하지 않다는 말로써 학생들에게 공부를 권유하는데, 다음과 같은 구절이 있다.

> 그 궁정인이 사막으로 간다,
> 그의 재산을 그의 아이들에게 맡기고는.
> 사자獅子들과 아시아인들(ᶜ3mw)을 두려워해
> 그는 이집트에 있는 때만 자신을 안다.16)

ᶜ3mw(역주: 3을 유음으로 보면, 한글 음역은 '아르무')라는 이름은 일반적으로 비이집트어로 받아들여지는데, 아마도 셈어일 것이다. 그런데 전문가들은 그 기원에 관해 확실한 견해를 갖고 있지 않다. 가장 그럴듯한 근원은 유목민 아람인을 지칭하는 아라미ᵃramî(아시리아 문서의 arami)로 여겨진다. 그런데 의미론적 어려움이 있다. 셈어 사료들 중에서 처음으로 아람인을 언급하는 사료는 기원전 12세기 후반 티글라트 필레세르 1세의 연대기인데, 이집트 문서에서는 ᶜ3mw가 이보다 1000여 년이나 앞서 언급되어오고 있다는 점이다.17) 이는 인종명이 지속되었다는 점과 두 무리 사이의 현저한 유사점에 의해 극복된다고 나는 믿는다. ᶜ3mw와 아라미ᵃrami는 시리아와 북메소포타미아의 사막에 거주하는 유목민으로 나타난다. ᶜ3mw는 처음 고왕국 말엽에 발견되고 3이 외국어로 r과 l로 음역되곤 했던 중왕국에는 흔했으므로, 이것은 문제가 되지 않는다. 두 지명의 첫 철자에서 이집트어의 아인

---

15) Posener(1956, p.109).

16) Posener(1971, p.540). 인용에 관해서는 Lichtheim(1975, I, 188) 참조. 그녀는 세카카티 Sb3b3ty라는 용어를 논하는데, 그녀와 브루너는 '특사'로 번역하지만 Helck는 '대상隊商'으로 번역한다.

17) Giveon(1975, cols.462-463). Helm(1980, p.229, n.5)의 글에서 그 이름에 관한 참고문헌 참조.

(ʿ)과 서부 셈어의 알레프(ʾ)의 차이는 좀 심각하다. 그러나 셈어 내부에서 그것들이 치환되는 예가 많다. 그런데다가 특히 사막 유목민을 나타내는 또 다른 셈어 이름 아랍ʿarāb에서 이집트어 이름이 영향을 받았을 가능성이 있다면, 차용어에서 혼동이 있었을 가능성이 아주 크다.[18]

신화학자 폰텐로즈가 지적했듯이, 호메로스가 아리모이Arimoi를 언급하는 것으로 보아 아람인에 관해 알고 있었던 것 같다. 『일리아스』에서 아리모이가 언급되는 부분은 각별히 관심을 끈다.

노하여 번개를 던지시는 제우스의 아래에 있는 것인 양, 땅은 그들(아카이아인의 무리) 아래에서 신음했다. 티포에오스의 침상이라고 이야기되는, 아리모이인의 지역에 있는 티포에오스 주변의 땅을 언젠가 제우스께서 벌하셨을 때처럼.[19]

극단적인 아리아주의자 프란시스 비앙은 그리스에 대한 셈족의 모든 영향을 제거하려는 체계적인 시도에서 호메로스의 아리모이를 완전히 신화적 요정의 나라로 치부했다.[20] 폰텐로즈가 티포에오스 또는 티폰의 땅을 킬

---

18) 두 이름들 사이의 혼동은 메넬라오스의 방황을 기술하는 『오디세이아』의 구절에서 에렘보이Eremboi라는 부족에 대한 호메로스의 언급과 관련된 어려움에서 엿볼 수 있다. "키프로스와 페니키아 너머 나는 방랑했다. 그리고 나는 이집트에, 에티오피아인에게, 시돈인에게, 에렘보이인에게, 리비아에 갔다. …"(IV.82-85). 고대에 그것은 아랍인에 대한 언급으로 여겨졌으나(Strabo, I.41), Helm(1980, p.217)이 지적하듯이, 아람 사람의 이름에 의해 영향을 받았던 것일 수 있기 때문에 에렘보이는 단순히 근동의 유목민을 의미할 수 있다. 아랍인에 대한 훨씬 더 이른 그리스인의 언급이 있다. "벨로스 왕의 딸 트로니아Thronia와 훌륭한 헤르마온 사이에서 태어난 아라보스Arabos의 딸은…"[Hesiod, *Catalogue of Women*, frg.15(137), trans. Evelyn White(1914, p.167)]. Frag.137 in Mekelbach and West(1983). 여기서 벨로스는 분명히 셈적인 맥락을 제공한다. 만약 헤시오도스를 기원전 10세기 인물로 본다면 이 언급은 근동의 어떤 기록보다 이른 것이다(제1권, pp.137-139). 근동에서의 첫 증언은 기원전 853년 아시리아의 왕 살마네세르 3세의 비문에 있다. 그 이름에 대한 성서의 언급은 6세기 예언서들에 있다. 이것에 관한 모든 전거는 Eph'al(1982, pp.6-9) 참조. Eph'al(p.7, n.24)은 아랍ʿarāb과 아라바ʿarābāh(사막) 사이의 연계를 무시한다. 비록 그가 아랍ʿarāb의 어원으로서 아라바ʿarābāh를 부정하는 것은 옳다 하더라도, 두 단어는 연계되어야만 한다. 나는 아랍Arab의 가장 개연성 있는 어원은 셈어 어근 √ʿrb에레브(히브) 또는 √ġrb가라바(우가릿어)(들어오다, 일몰, 서쪽)에서 유래한다고 생각한다. 이처럼 그 민족명칭은 메소포타미아 서쪽 사막에 살았던 민족을 나타내는 메소포타미아식 이름일 수 있다.

19) *Iliad*, II. 782-785.

20) Vian(1960, pp.19-24).

리키아와 북시리아(아람인은 기원전 9세기 그곳의 지배적인 세력이 되었다)에 연결시킨 것이 훨씬 더 개연성을 갖는다.[21] 이런 맥락에서 티포에오스가 이집트의 세트와 닮은꼴임은 흥미로운데, 세트는 소요의 신이자 사막의 신으로 특히 세체트Stt의 땅에서 그러했다. 두 이름 사이에 동음이의의 관계가 있는 것으로 보인다. 세체트는 일반적으로 시리아-팔레스타인으로 여겨졌고 북쪽(p.333-334 참조)을, ꜥ3mw의 땅을 가리킨다. 세트와 호루스의 싸움은 분명히 티포에우스/티폰과 제우스 사이의 싸움에 관한 그리스 신화에 반영되어 있다.[22]

ꜥ3mw/아람인에 관해 초기 그리스인이 알고 있었을 가능성은 호메로스의 작품 속에서 어근 에레모erēmo에서 나온 에레모스erēmos라는 단어의 입증으로 증가하는데, 그 뜻은 '(장소나 사람과 관련해) 고적한 또는 포기된'을, 특히 사막과 그 주민이라는 함의를 지니고 있다. 그것의 파생어 중 하나가 에레미테스erēmitēs인데, 그것에서 영어의 'hermit'이 나온다. 이 단어에 관련된 아프리카-아시아어 어원의 가능성은 사전편찬자들이 인도유럽어 어원을 발견하지 못하는 것으로 보아 증가한다.[23]

그 당시 시리아-팔레스타인에 대한 이집트의 지배에 호의적인 포제네의 주장으로 되돌아가면, 그는 비블로스나 베이루트뿐만 아니라 우가릿, 알레포 등지에서 발견된 제12왕조의 가슴에 다는 황금장식이나 보석 그리고 왕의 스핑크스 상을 분봉왕들에게 하사한 예물로서 해석했다.[24] 스티븐슨 스미스와 윌리엄 워드는 팔레스타인, 시리아, 멀리 크레타와 아나톨리아 남부에는 지역 신전에 봉헌된 이집트 개인의 상들이 있다고 지적하면서, 이는 이 지역에서 이집트인이 장기간 존재했음을 시사한다고 보았다.[25] 다른 각도에서 포제네는 기원전 19세기 초의 중부 이집트에 있는 베니 하

---

21) Fontenrose(1959, p.71, n.2).. 여기에는 Vian(1963, pp.64-82)에 대한 반론도 담겨 있다.

22) Fontenrose(1959, pp.82, 177-193). 세트와 세체트 및 시리아-팔레스타인의 연계는 Van Seters(1966, p.99) 참조.

23) Chantraine(1968-1975, p.371)은 이것에 관해 'rien de clair(전혀 분명치 않음)'라고 쓰고, 에레모erēmo를 인도유럽어 어근 er(풀린)에서 끄집어내려는 Pokorny(1959-1969, pp.332- 333)의 시도를 올바르게 제외시켰다.

24) Posener(1971, pp.540-541). 조각상의 목록에 관해서는 Helck(1971, pp.68-69) 참조.

25) Ward(1961, pp.17-38); Stevenson Smith(1965, pp.14-150). 이것에 관한 완전한 참고문헌으로 Stevenson Smith(1965, p.15, n.48) 참조.

산의 분묘 벽화에 그려진 아시아인은 일반적으로 생각되어온 굶주리는 베두인이 아니라 수행원을 거느린 부유하고 아마도 교역이나 공식 임무를 띤 족장임을 제시했다. 그는 이것을 제12왕조 이집트에서 많았던 아시아의 수입품 및 노예에 연결했다. 나는 세소스트리스 치세 초의 다른 그림들에 등장하는 인물을 이집트 및 누비아의 병사뿐만 아니라 아시아의 병사라고 본다.26)

그런데 다른 학자들은 아시아의 '제국'에 대해 더더욱 회의적이었다. 지난 30년간 독일의 이집트학을 이끌었던 볼프강 헬크는 시누헤가 단지 팔레스타인 남부에 있었다는 것을 제안하면서 그 이집트인의 서술에서 얻을 수 있는 시리아에 관한 어떤 정보도 무시했다.27) 아시아에 이집트의 '제국'이 있었다는 생각은 무시하면서, 헬크는 비블로스와는 거의 식민지적 유형의 밀접한 접촉이 있었음을 받아들인다. 그러나 그는 아프가니스탄처럼 먼 장소와는 틀림없이 상품을 교환하였다고 믿고, 제12왕조 기간 이집트에서 상당수의 아시아 노예는 대부분 시리아의 중간상인을 통한 간접 교역의 결과였다고 믿는다.

레바논인 및 페니키아인을 중간상인으로 보고 있는 미국 학자 윌리엄 워드 또한 중왕국의 아시아 '제국'에 대해 회의적이다. 그는 시누헤로부터의 증거는 팔레스타인에 이집트인의 존재를 가리킨다는 것을 인정한다. 그러나 이집트의 동부 변경에 세워진 방어벽 너머로 잠입해야만 한다는 시누헤의 기록을 근거로 그 너머에 있는 광활한 영토를 이집트가 장악했다는 것은 있을 법하지 않은 일이라고 주장했다.28) 그러나 성벽이 굳건히 유지되고 지켜진 때조차 중국이나 로마와 같은 전통적 제국의 성벽은 변경을 거의 구분하지 않고 일반적으로 유목 지역과 정착 지역을 나누었을 뿐이다. 나는 이집트에서 이 가능성을 부정할 이유가 없다고 생각한다.

프랑스와 독일의 지도적인 이집트학 학자들 사이에 의견이 맞서면서 이 문제는 교착상태에 빠졌다. 포제네는 미트 라히네 비문의 발견이 자신의 주장을 지지해줄 수 있다는 것을 알아챘고 비문을 상술한 노트에 다음과

---

26) Posener(1971, pp.540-541). 그림에 관해서는 Davies and Gardiner(1936, plates X and XI) 참조.
27) Helck(1971, p.41).
28) Ward(1971, p.68).

같이 기록했다.

미트 라히네 비문은 어휘, 지리, 경제 분야에서 대단히 흥미로운 정보 이외에
도 제12왕조 초기 왕들의 대외정책에 대해 새롭게 설명할 수 있는 길을 터놓
았다. 나는 이 점을 주장하고자 한다. 헬크 그리고 최근에는 프란트젠 같은 학
자들은 이집트와 이웃 나라 사이의 관계에 관해 글을 쓰면서, 시리아와 팔레스
타인에 미친 제12왕조의 충격을 크게 감소시켰다.
　　우리는 그 관계의 정확한 본질을 알지 못한다. 그러나 그것이 엄격하게 상
업에만 국한되었다 하더라도 대등한 관계는 아니었다. 이집트처럼 크고 강력
한 국가는 필연적으로 아시아의 작은 나라들에 대해 강한 압력을 행사했다. 이
것은 결국 군사 원정이 밑받침된 지배 형태였다.
　　이제 미트 라히네 비문은 제12왕조의 초부터 시리아 및 팔레스타인에 대한
이집트의 장악을 최소화해서는 안 된다는 것을 말해주고 있다.[29]

불행히도 포제네는 사망했고, 그 발견이 내포하고 있는 의미를 발전시켜
출간하지는 못하게 되었다. 그런데 볼프강 헬크는 열린 마음과 지식의 추
구에 대한 사심 없는 헌신을 보여주었는데, 이는 위대한 학자들 사이에서
조차 희귀한 일이다. 비록 짧은 글이지만 그는 자신과 최소론자에 대해서
미트 라히네 비문에 근거한 포제네의 도전은, 중왕국 기간에 시리아 및 팔
레스타인이 '적어도 이집트 세력이 미친 지리적 범위'에 포함된다는 점에
서는, 옳았음을 받아들였다. 더욱이 이제 헬크는 센워스레 1세 또는 적어
도 그의 아들이자 후계자인 아메넴하트 2세가 훨씬 북쪽으로 원정했다고
주장한다.[30]

센워스레와 세소스트리스

미트 라히네 비문은 시리아-팔레스타인에 중왕국 '제국'의 존재 여부보
다 훨씬 더 중요한 문제를 제기한다. 그것은 센워스레 1세가 후대의 여러

29) Posener(1982, p.8).
30) Helck(1989, p.27).

저자들이 언급한 세소스트리스와 동일인일 가능성을 강화해주었다. 세소스트리스는 헤로도토스와 여러 그리스 저자들이 위대한 이집트 정복자로 묘사하고, 기원전 3세기 이집트 사제이자 역사가인 마네토가 제12왕조 파라오로 기술한 인물이다.

파라오 이름을 둘러싼 타원형 밧줄 문양인 카르투시 내에 있는 표식의 순서가 매우 불규칙하다. 처음에 이집트학 학자들은 제12왕조 파라오의 공동 이름을 웨세레트 센Wsrt sn으로 여겼다. 샹폴리옹과 그의 제자들은 한편으로는 세소스트리스, 세소오시스, 세손코시스, 그리스인이 이집트의 세계 정복자에게 붙인 이름의 다양한 변형들과 다른 한편으로는 웨세레트 센Wsrt sn라는 이름 사이에서 닮은 점을 찾을 수 없었다.[31] 따라서 그들은 세소스트리스는 허구의 인물이며 그의 정복 활동은 기원전 13세기의 파라오인 라메세스 2세와 9세기의 파라오인 세숀크가 행한 정복을 부풀린 것이라고 주장했다. 그러한 해법은 여러 이유에서 만족할 만한 것이었다. 첫째, 그것은 과학적인 근대 이집트학 학자들의 '우리가 더 잘 안다Besserwissen'를 확인해주었다. 둘째, 그것은 아프리카 사람 그리고 필경 수동적인 사람들이라는 이집트인의 해외 정복의 수와 규모를 제한했다. 웨세레트 센Wsrt sn과 세소스트리스가 동일인의 이름들이라고 주장하는 것이 못마땅했던 것은 초기 이집트 역사에 대한 19세기 초 그리스도교의 반감에서 온 것일 수 있는데, 그것은 성서의 연표를 위협했다. 이런 태도를 독일의 고대사가 바르톨트 니부어가 잘 표현하고 있는데, 그는 힉소스 이전 이집트 역사의 실제성을 부정했다.[32]

그러나 여러 가지 다른 의견이 있었고, 니부어의 측근인 크리스티안 분젠을 포함해 많은 학자들이 기원전 3세기에 활동한 이집트의 사제이자 역사가인 마네토가 세소스트리스를 명백하게 제12왕조의 파라오라고 말하는 것에 주목했다. 그들은 세소스트리스를 웨세레트 센으로 부른 것으로 여겨지는 세 명의 파라오 중 하나 아니면 모두와 동일시하기를 원했다.[33] 1900년 독일의 이집트학 학자 쿠르트 제테가 왕명을 웨세레트 센Wsrt sn이

---

31) Maspero(1901, p.593).

32) 제1권, pp.362-363, 430.

33) Bunsen(1848-1860, I, pp.309-324); Maspero(1901, p.593).

아닌 셴 웨스레트S-n Wsrt(웨스레트Wsrt 여신의 사람, 역주: S-n Wsrt를 버낼이 이후 'Senwosre'로 표기하고 있기에 역자도 '센워스레'로 표기하였다)로 읽음 으로써 그 문제를 해결했다. 그는 전통적으로 세소스트리스로 여겨졌던 그 인물이 바로 그 이름의 기원이라고 주장했다.34) 세소스트리스와 센워스레 1세의 동일시가 매우 그럴듯하게 여겨져서 거의 즉각 받아들여졌고 지난 75년간 도전받지 않았다.35)

아메넴하트imn m ḥst(살아 있는 아몬)는 명백히 아몬을 숭배했던 것으로 알려진 파라오들에게 잘 어울리는 이름이지만, 센워스레S-n Wsrt는 수수께 끼 같으면서도 흥미로운 이름이다. 워스레Wsrt는 '강한, 부유한, 영향력 있 는'을 뜻하는 형용사 워스르wsr로부터 파생되었다. 오래되고 모호한 성격 을 지닌 이 여신은 미와 사랑의 여신 하토르의 지역(테베)적 형태였을 것 이다. 두 여신은 모두 먼 곳에 관련되어 있는데, 특히 하토르는 값진 광물 과 그 근원지의 수호 여신이었다.36) 파라오가 하토르에 연계되었다는 것 은 디오도로스의 언급, 즉 세소스트리스가 정복할 때 그를 인도한 딸 아티 르티스Athyrtis에 대한 언급에서 드러나고 있다.37)

하토르/워스레Wsrt의 연계는 특히 세소스트리스의 후기 정복과 귀금속에 대한 관심이라는 관점에서 특히 적절하다. 그런데 센워스레라는 이름이 정 복 활동 이전에 주어졌는지 이후에 주어졌는지 불분명하다. 센워스레는 이 집트학 학자들이 그 파라오의 긴 직함 속에 있는 출생이름nomen이라고 부 르는 이름이다. 보통 출생이름은 왕위에 등극하기 전에 주어지는데, 동일 한 출생이름을 지닌 후기의 파라오 역시 확실히 그러했다.38) 아메넴하트 1세가 외국 정복과 긴밀히 관련된 것으로 여겨지므로 사실일 가능성이 크 다. 물론 그 이름이 센워스레가 아버지와 함께 통치하고 있는 동안 벌인 특정한 정복 활동 이후 주어진 것일 가능성도 있다. 적어도 그 이름은 치세

---

34) Sethe(1900; 1904). Burton(1972, p.164)은 제테의 논문의 발표 연도를 각각 1902년과 1905 년으로 기록하고 있는데, 이는 잘못된 연도이다.

35) Maspero(1901, pp.596-597)는 세트의 이름 독법 센워스레를 받아들였지만, 곧 세소스트리스 는 라메세스의 별명 라스세트수Rˁ s s t sw로부터 왔다고 주장했다. 1904년 제테는 마스페로 의 주장을 뒤엎었다.

36) Burton(1972, p.166).

37) Diodoros, I.53.8.

38) Gardiner(1957, p.74).

기간에 이루어진 가장 주목할 만한 업적을 예시라도 해주는 듯 딱 들어맞는다고 할 수 있다.

마네토의 세소스트리스

이제부터 센워스레가 여러 저자들이 언급한 '바로 그 세소스트리스'인지 알아보자. 이를 위해 우선 그리스와 후기 이집트 저자들이 세소스트리스에 관해 기록한 것을 살펴보고, 그 다음으로 센워스레 1세에 관한 이집트의 고고학적·비문적 증거를 살펴볼 것이다.

그런데 몇 가지 문제가 가로놓여 있다. 우선 마네토는 세소스트리스를 제12왕조의 세 번째 파라오로 간주했다. 그에 따르면, 위대한 정복자의 선임자들은 제12왕조의 개창자 아메넴하트(역주: 마네토는 그를 제12왕조의 첫 파라오로서는 기록하지 않고 있다), 세손코시스, 그리고 자신의 내관에게 살해된 암마네메스(역주: 아메넴하트 1세)였다.[39] 마네토는 왕들의 다소 혼란스러운 순서를 자의로 고쳤던 것으로 보이는데, 이제 그 순서는 대략 다음과 같이 확립될 수 있다.

아메넴하트 1세	기원전 1979-1950년
센워스레 1세	기원전 1959-1914년
아메넴하트 2세	기원전 1917-1882년
센워스레 2세	기원전 1884-1878년
센워스레 3세	기원전 1878-1859년
아메넴하트 3세	기원전 1859-1814년
아메넴하트 4세	기원전 1814-1805년
세베크노프루	기원전 1805-1801년

마네토는 센워스레 1세(마네토는 이 파라오를 세손코시스Sesonchosis라고 불렀다)를 센워스레 2세나 센워스레 3세와 혼동한 것으로 보인다. 센워스레 3세는 매우 강력한 통치자였고, 그 어떤 선임 파라오보다 아프리카에서 활

---

39) Manetho, frs.32, 34-36.

발하게 정복 활동을 벌인 것으로 보인다.[40] 그러므로 헤로도토스 같은 후기 저자들이 센워스레 1세의 자손들의 업적, 특히 센워스레 3세의 업적을 센워스레 1세에게 돌렸을지도 모를 가능성이 있다.[41]

마네토가 제기하는 두 번째 문제는 세소스트리스에 대한 그의 기술에서 나온다.

> 9년이 지나 그는 아시아 전체 그리고 트라키아에 이르는 유럽을 복속하고는 여러 부족의 정복을 기리는 기념물을 도처에 세웠다. 그는 석주에 용감한 인종을 위해서는 남성의 국부를, 비열한 인종에게는 여성의 국부를 새겼다. 그는 이집트인에게 서열상 오시리스 다음의 존재로 존경받았다.[42]

이러한 이미지는 음란하다고는 할 수 없을지라도 독자의 흥미를 끌려고 만들어낸 것으로 그리고 세소스트리스의 위대하고 신 같은 명성에 연계된 것으로 보일 수도 있겠다. 이러한 이미지는 오늘날의 고전학자가 마네토에 대해 갖고 있는 이미지(비논리적이고 믿을 수 없는 헬레니즘시대 역사가의 전형이라는)를 강화하고 있는 듯하다. 곧 살펴보겠지만, 이 기록 뒤에는 역사적 실재가 존재한다.

헤로도토스의 세소스트리스

헬레니즘시대의 기록에 담긴 사실을 분석해내기에 앞서, 세소스트리스에 관한 기원전 5세기 헤로도토스의 기록과 기원전 1세기 디오도로스의 기록을 살펴보자.

먼저 헤로도토스는 다음과 같이 기술한다.

> 사제들의 두루마리에 다른 왕들의 역사 기록은 전혀 남아 있지 않으므로 건너뛰고, 나는 그들을 계승했던 세소스트리스에 관해 이야기하겠다. 사제들이 말

---

40) 상세한 내용은 Delia(1980, pp.24-107) 참조.
41) 이와는 대조적으로 Hayes(1971, p.505)는 세소스트리스 3세를 원형으로 보고 있다.
42) Manetho, Frs.32, 34-36.

하길, 세소스트리는 우선 함대를 거느리고 아라비아 만에서 인도양 해안을 따라 항해하면서 해안의 부족을 정복하고 수심이 얕아 더 이상 항해할 수 없을 때까지 나아갔다 한다. 사제들의 이야기에 따르면, 그 후 그는 이집트로 귀국해 강력한 군대를 일으켜서는 대륙을 가로질러 진군하면서 그곳에 있는 모든 민족을 복속시켰다고 한다. 그는 자유를 위해 용감하게 대항하는 적과 싸우고 난 후에는 그곳에다가 자신의 이름과 나라 이름 그리고 승리의 내용을 보여주는 문장을 새긴 석주를 세웠다. 그런데 만약 한 도시가 싸움도 하지 않고 쉽게 항복해버리면 그는 석주의 비문에 앞서 말한 것과 동일한 것을 기록하게 했을 뿐만 아니라 여성의 국부 그림을 더하게 했다. 그 도시의 사람들이 여성보다 더 용감하지 않다는 것을 보이려 했던 것이다. 이처럼 아시아를 휩쓴 그의 승리의 진격은 계속되어 마침내 유럽에 들어가 스키티아인과 트라키아인을 물리쳤다. 내 생각으로는 이것이 이집트 군대가 도달한 가장 먼 지점이었는데, 왜냐하면 기념석주가 이 지역에서는 볼 수 있지만 그 너머로는 볼 수 없기 때문이다. 돌아오는 길에 세소스트리스는 콜키스에 있는 파시스 강에 다다랐다. 여기에서 그는 군대의 일부를 떼어놓고 정착하게 했던 것 같다. 아니면 병사 중 일부가 진군으로 병들고 쇠약해지자 정착시켰을 수도 있다. 나는 어떤 가정이 올바른 것인지 확실하게 말할 수 없지만, 콜키스인이 이집트 혈통의 사람들이라는 것은 의심할 바 없는 사실이다. …

세소스트리스 왕이 정복지에 세운 기념석주의 대부분은 사라졌지만, 나는 팔레스타인에서 내가 언급했던 비문과 여성의 국부를 새긴 기념석주 몇 개를 직접 보았다. 이오니아에서도 바위에 새겨진 두 개의 세소스트리스 상이 있었는데, 하나는 에페소스에서 포카이아로 가는 노상에 있고, 다른 하나는 사르디스와 스미르나 사이에 있다. 각각에 새겨진 모습은 약 2미터의 키에 오른손에는 창을 왼손에는 활을 들고 있으며 잘 어울리는 여러 가지 장비(일부는 이집트 장비이고 일부는 에티오피아 장비이다)를 갖춘 남자를 나타내고 있다. 비문은 한 어깨에서 가슴을 가로질러 다른 어깨까지 이집트 신성문자로 새겨져 있다. "내 어깨의 힘으로 나는 이 땅을 얻었노라." …

사제들이 계속 말하길, 세소스트리스는 정복지로부터 포로를 거느리고 귀국하던 중 펠로시온 근처 다프네에서 동생(출정하면서 동생에게 이집트의 통치를 맡겼었다)의 마중을 받게 되었고 아들들과 함께 잔치에 초대되었다. 만찬을 즐기는 동안 그의 동생은 건물 주위에 장작을 쌓더니만 불을 붙였고 … 그 결과 그의 아들 중 두 명이 불타 죽었고 나머지 아들들은 아버지와 함께 구출되었다. …

세소스트리스는 에티오피아를 통치한 유일한 이집트 왕이었다. 그는 각각 45피트 높이의 자신과 부인의 석조 조각상과 각각 30피트 높이의 네 아들의 조각상을 남겼다. 그것들은 헤파이스토스(프타) 신전 앞에 세워졌다. 오랜 후에 페르시아의 다리우스 왕이 이 조각상들 앞에 자신의 조각상을 세우는 것을 헤파이스토스의 사제는 허용치 않았는데, 왜냐하면 (사제가 말하고 있듯이) 다리우스의 업적이 이집트 사람 세소스트리스의 업적만큼 위대하지 않았기 때문이다. 세소스트리스의 정복은, 다리우스의 정복보다 더 광범위한 것으로, 스키티아인도 포함하고 있는데 다리우스는 그들을 복속할 수 없었다. 그러므로 다리우스를 능가하는 업적을 이루었던 한 왕이 봉헌한 조각상들 앞에 다리우스의 조각상을 세우는 것은 옳지 않았다. 사제들은 다리우스가 그 말의 진실성을 받아들였다고 말한다.[43]

디오도로스의 세소스트리스

디오도로스가 세소오시스Sesoōsis라고 부르는 파라오에 대한 그의 좀 더 긴 기록은 헤로도토스의 기록과 비슷하며, 동일한 이집트의 기록에서 그리고 선배 역사가로부터 직접 인용한 것 같다. 세소오시스의 정복에 관한 디오도로스의 글은 다음과 같다.

우선 세소오시스는 그의 동료들을 대동하고 아버지의 명에 따라 군대를 거느리고 아라비아로 진군했다. 그곳에서 그는 … 아라비아의 모든 나라를 정복했는데, 아라비아는 그의 시대 이전에는 결코 예속된 적이 없었다. 그 후 서부 지역으로 진군한 그는, 아직 젊은이에 지나지 않았지만 리비아의 대부분을 복속했다. 그리고 부왕이 사망하자 왕위에 오른 그는, 이전에 이룬 공적으로 자신감에 차서 사람이 거주하고 있는 세상 모두를 정복하겠다고 장담했다. …

---

43) Herodotos, II.100-110.

원정 준비를 마친 그는 우선 이집트 남쪽에 살고 있는 에티오피아인에게 진군했고, 그들을 정복한 후 흑목黑木(역주: 흑목에 관해 제 11장 주189 참조), 황금, 상아를 조공으로 바치게 했다. 그 후 그는 400척의 함대(전함을 건조한 최초의 이집트인이 되었다)를 홍해(오늘날의 페르시아 만과 인도양)로 파견했고, 그 해역의 섬들을 장악했을 뿐만 아니라 대륙의 해안을 인도에 이르기까지 복속했다. 한편 그 자신은 군대를 이끌고 육로로 진군해 모든 아시아를 복속했다. 그는 마케도니아의 알렉산드로스가 복속했던 지역뿐만 아니라 알렉산드로스가 가로지르지 않았던 지역도 복속했다. 왜냐하면 그는 갠지스 강을 건너 대양에 이르기까지 인도의 모든 곳을, 그리고 타나이스 강(돈 강. 이 강은 유럽과 아시아를 나누고 있다)에 이르기까지 스키티아의 부족이 사는 곳에도 다다랐기 때문이다. 그들의 말에 따르면 바로 그때 메오티스 호수(아조프 해) 근처에 남겨진 일부 이집트인이 콜키Colchi라는 나라를 건국했다고 한다. … 같은 방식으로 그는 아시아의 나머지 모두를 복속했고 키클라데스 제도의 대부분도 복속했다. 그리고 그는 유럽으로 건너 들어왔고 트라키아의 중심부를 가로질러 진군하던 중 식량 부족과 그 지역의 열악한 환경으로 군대를 거의 잃었다. 결국 그는 트라키아에서 원정의 한계를 긋고, 그가 획득했던 지역의 많은 부분에 기념비를 세웠다. … 그는 피정복민 모두를 온화하게 다루었고, 9년간의 원정을 끝내고 모든 나라에게 능력에 따라 매년 이집트에 선물을 보내라고 명하는 한편, 그 자신은 여태까지 가장 많은 수효의 포로들을 모으고 다른 약탈품을 모아 …

비록 많은 위대한 행위가 세소오시스에게 돌려졌지만, 그의 위대함은 그가 출궁하여 외국의 권력자를 다루는 데서 가장 잘 나타났던 것 같다. 그가 정복했던 지역의 사람들을 계속 통치할 수 있는 권한을 허용 받은 왕들과 그로부터 가장 중요한 직책을 받았던 여러 사람들은 특정한 때 이집트에서 그를 알현하고 선물을 가져오곤 했고, 그는 그들을 환대하며 모든 일에서 그들에게 명예와 특별한 환대를 보여주곤 했다. 그러나 신전이나 도시를 방문할 때마다 그는 자신의 4두 전차에서 말들을 떼어내고 대신 왕들과 권력가들에게 4명씩 무리를 이루어 멍에를 지우곤 했다.[44]

<hr>

44) Diodoros, I.53.5-58.2.

세소스트리스 이야기의 사실과 허구

이처럼 터무니없는 이야기를 얼마만큼 믿어야 할까? 오늘날 대부분의 학자는 세소스트리스/세소오시스를 센워스레 1세 및 3세와 동일시하고 이 이야기에 역사의 핵심이 담겨 있다고 믿는다. 그런데 그들은 그 핵심이 상대적으로 작고 매우 깊이 묻혀 있다고 말한다. 그들에 따르면, 세소스트리스의 전설적인 모습은 후기의 정복 파라오들(특히 제19왕조의 라메세스 2세와 제22왕조의 세숀크)에게서 대단히 많은 것을 차용했으며, 세소스트리스는 파라오의 이상형으로 만들어진 인물로서 후대에 승리를 거둔 페르시아인들 및 그리스인들에 견줄 수 있는 이집트인 정복자이다. 헤로도토스는 페르시아 제국이 아직 번영하고 있을 때 글을 썼고, 마네토와 디오도로스는 알렉산드로스 대왕의 비범한 정복 후에 글을 썼다.[45] 비록 이러한 해석들은 분명히 '우리가 더 잘 안다'라는 의식을 생각나게 하지만, 그래도 어느 정도 진실이 담겨 있는 것 같다.(『블랙 아테나』 제1권을 읽은 독자라면, 내가 '우리가 더 잘 안다'라는 의식을 예증하는 이러한 설명보다 고대 사료를 더 신뢰한다는 것을 알 것이다.)

그러나 특히 조르주 포제네는 두 가지 점에서 세소스트리스 전설이 담고 있는 내용의 많은 부분은 중왕국으로 거슬러 올라간다고 주장했다. 첫째로 그 이야기는 상당한 정도로 사실적 근거를 가지고 있고, 둘째로 고왕국 말부터 많은 목적을 위해 특별히 왕에 관한 신화 창조를 위해 선전을 의식적으로 이용했던 것으로 보아서 세소스트리스 전설은 그의 치세로 거슬러 올라갈 수 있다고 보았다.[46]

'신화'를 뜻하는 이집트 단어는 메드-에트md.t(연설, 이야기)였고, 이로부터 그리스어 미토스mythos가 파생된다. 메두mdw 또는 무두mwdw(이집트 민용어 메트mt, 콥트어의 무테moute 또는 무트mout)는 동사로서는 '말하다, 조언하다'를, 명사로서는 '연설 또는 단어들'을 의미한다. 메두 네체르mdw ntr는 '신의 단어' 또는 복수로 '신성한 글'을 의미한다. 제드 메두dd mdw(이집트 민용어 제드 메드[메데트]dd md[t], 콥트어의 데 므타우de mtau)라는 표현은 '단

---

45) Sethe(1900; 1904); Maspero(1901); Rattenbury(1933); Braun(1938, pp.13-18); Lange(1954); Malaise(1966); West(1977); Lloyd(1982; 1988, pp.16-18).

46) Posener(1956, p.15) 참조.

어들을 말하기' 또는 '마술'이다. 메데트mdt는 '연설, 단어들 또는 법적 호소'이다. 그것은 메트mēt 또는 메트met로서 모음 삽입된 것으로서 입증된다. 그리스 단어 미토스가 정확하게 어떤 형태로부터 차용되었는지는 불분명하다. 그러나 메두/메데트mdw/mdt 및 미토스mythos 그리고 그 같은 어간을 지닌 많은 단어들 사이에 의미가 빈틈없이 일치한다는 점을 헤아리면서, 느슨한 음성적 맞음새를 살펴야 한다.47)

세소스트리스에 관한 보고들로 돌아가자. '남을 쉽사리 믿는 고대인'의 주장을 모욕하거나 간단히 처리하지 말고, 정보의 다른 전거에 비추어 그것을 확인해보는 것이 가치 있다고 여겨진다. 나는 제1권에서 널리 퍼졌고 논쟁의 여지가 없는 고대 전승을 연구 가설로 삼는 것이 도움이 된다고 주장했다. 그런데 고대에 일반적으로 받아들여졌던 이야기의 요소들만을 취하는 것이 온당하다고 여겨지므로, 이제 그러한 요소들이 무엇인가를 조사하고자 한다.

내가 알고 있는 한, 고대에 도전받은 유일한 것은 세소스트리스의 인도 정복설이었다. 세소스트리스가 메소포타미아에 갔었다고 헤로도토스가 언급하지 않은 것도 흥미롭기는 하지만 말이다.48) 세소스트리스의 북쪽 정복은 '아시아'(이 경계는 뒤에서 논의될 것이다), 콜키스(그루지아), 트라키아(남동의 발칸인), 남러시아의 스키티아에 국한되어야만 할 것으로 보인다. 그러나 트라키아와 스키티아에 관해서는 의문이 있다.

근대의 저자들은 트라키아와 스키티아의 정복을 사실로 다루어서는 안 된다고 그럴듯하게 주장한다. 그 이유에 따르면, 헬레니즘시대에 이집트인이 세소스트리스의 정복을 과장해 알렉산드로스의 정복을 능가하게 만들었듯이, 페르시아의 이집트 정복 기간에 또는 그 후에 위대한 페르시아 정복자인 키루스와 다리우스의 정복을 능가하기 위해 조작했다는 것이다. 세소스트리스가 스키티아를 정복하는 데 성공했지만 페르시아군은 실패했기 때문에, 다리우스가 멤피스에 있는 프타 신전 앞에 자신의 조각상을 건립

---

47) 러시아의 이집트학 학자이자 콥트학 학자인 Petr Victorovitch Ernshtedt(pp.55-57)는 1953년 mythos의 이집트어 어원을 확립했다. 샹트렌은 mythos의 원래 의미를 '지시, 제안, 담화가 포함되어 있는 일련의 단어들', '단어들의 내용'으로 정의했다. 그 단어에 해당하는 인도유럽어 어원이 없다는 것 또한 사실이다.

48) Strabo, XV, 686과 Arrian, *Indica*, V.4에 인용된 Megasthenes.

할 허락을 얻지 못했다는 전설이 이러한 조작설을 뒷받침하는 것으로 보일 수도 있다.[49) 누비아의 경우도 마찬가지인데, 페르시아군은 그곳을 정복하는 데 실패했다. 그런데 센워스레 1세와 3세가 누비아에서 성공했다는 것을 보여주는 분명한 비문적·고고학적·숭배제례적 증거가 있다. 마찬가지로 이집트군이 트리키아와 스키티아를 통과했다는 이야기는 '아시아'를 통과했다는 이야기보다 가능성이 적기는 하다. 그러나 그 가능성을 따져볼 것이다.

우선 '아시아'라는 용어의 모호성이 제기하는 어려움을 따져보아야 한다. 아시아라는 그리스어식 이름은 아수와Assuwa 왕국에서 발견된 초기 지명에서 나온 것인데, 아수와는 히타이트 문서에 따르면 서부 아나톨리아에 있고 그곳의 도시 아소스Assos는 트로이 주변의 지역인 트로아드에 있는 것으로 보고된다. 서부 아나톨리아의 리디아 왕국이 기원전 6세기 페르시아 제국에 병합되었을 때 이오니아 지리학자는 '아시아'의 의미를 확장해 두 가지 의미를 지니게 했다. 하나는 아나톨리아 전체를 가리키는 의미이고, 다른 하나는 유럽, 리비아(아프리카)와 함께 세 대륙의 한 이름으로 사용했다.

헤로도토스가 두 번째 의미로 사용했을 때 그의 선임자를 따랐다는 데는 의문의 여지가 없지만, 그의 저술에서 아나톨리아를 나타내는 용어가 없는 것을 고려한다면 초기와 후기의 지리학자들처럼 그 역시 '아시아'를 후에 '소아시아'라고 부르는 지역의 이름으로 사용했다는 것은 아주 그럴 듯하다.[50) 따라서 "세소소트리스가 연전연승 진군하여 아시아를 거쳐 마침내 유럽으로 들어갔다"는 기록을 남겼을 때, 헤로도토스는 단순히 아나톨리아를 거쳐 원정했다는 것을 언급하고 있는 것이다. 나는 바로 '아시아'라는 이름의 이런 모호성이 디오도로스와 여러 후기 저자들로 하여금 세소스트리스의 정복을 그 규모에서 대륙적인 것으로 만들게 했다고 믿는다.

세소스트리스의 정복에 관한 이러한 후대의 확장된 이야기는 알렉산드로스 대왕의 위업과 경쟁하기 위해 디오도로스와 여러 저자들의 필요에서 나온 것으로 보아야 한다. 나는 제6장에서 두 사람에 관한 '로망스'에서 드

---

49) Herodotos, II.110; Diodoros, I.58.4 참조. 이에 대한 현대의 논의는 Lloyd(1982, p.37) 참조.
50) Georgacas(1969, pp.34-7). Helm(1980, p.23, n. 23)도 참조. 아시아의 이집트 어원들 또는 번역어들에 관해, 아래에 있는 주164-172 참조.

러나는 밀접한 유사점을 살펴볼 것이다.51) 부왕이 죽은 후 세계를 정복하려는 젊은 세소스트리스의 야망에 관한 디오도로스의 묘사는 아버지 필리포스에 대한 알렉산드로스의 태도와 매우 비슷하게 들리는데, 이는 주목할 만하다. 반면 세소스트리스가 '겨우 젊은이에 지나지 않은 나이에 리비아의 대부분을' 복속했다는 이야기는 허구적 요소가 끼어들기는 했지만 굳건한 역사적 기반을 갖고 있는 것으로 보인다. 또한 세소스트리스의 부왕 암마네메스가 '내관에 의해 살해되었다'는 마네토의 기록도 오늘날의 이집트학에서 확인된 것으로 보인다.52)

이제 헤로도토스와 디오도로스가 말하고 있는 많은 이야기 속에서 허구와 사실의 혼합을 추적해보자. 세소스트리스의 형제가 그를 태워죽이려 했다는 이야기는 그것의 민속적 성격 때문에 믿을 수 없을 것 같다.53) 그러나 동일하게 또는 더 허구적인 것 같지만 다른 이야기는 놀랄 만큼 사실적 근거를 가지고 있는 것 같다. 예를 들면, 파라오가 석주에 남성과 여성의 성기의 모습을 담은 비문을 새겼다는 기록은 헤로도토스·마네토·디오도로스의 글에서 나타나는데 이는 사실에 근거를 두고 있는 것 같다. 이집트어 헴hm(⬛: 비겁자)는 남성과 여성의 성기를 동시에 나타내는 기호를 담고 있으며, 경멸적인 의미로 남성 동성애의 명백한 함의를 지녔고 헤메트hmt(⬛: 여인네)에 연관되었다. 헴hm은 중왕국 시기의 군사적 문서에 그리고 누비아 상류 나일 강가에 있는 셈나와 우로나르티에 있는 센워스레 3세가 세운 변경 석주에 적敵과 연관되어 사용되고 있으며 이집트 군에서는 비겁자에 연계되어 있었다.54)

디오도로스의 또 다른 '터무니없는 생각'은 세소스트리스의 전차를 이집트의 권력가들과 외국 왕들이 끌었다는 언급이다. 제테, 말레즈, 뷔르통

---

51) 제6장의 주12-14 참조.

52) 이에 관한 참고문헌은 Posener(1956, pp.68-69) 참조.

53) 스피겔버그는 세소스트리스가 두 아들의 시신을 밟고 화재로부터 탈출했다는 이야기를 승리자 파라오를 나타낼 때 자주 쓰는 표현법으로서 설명한다. 그는 종종 두 개의 머리 위에 발을 올려놓은 모습으로 묘사되는데, 이는 이집트의 외적인 흑인과 시리아인을 상징한다는 스피겔버그의 주장은 지나치지만 가능할 수도 있다(Spiegelberg, 1927, p.25).

54) 유사점을 Iversen(1961, p.149, n.16)이 처음 지적했다. Burton(1972, p.171)도 참조. 상세한 것을 알려면 Delia(1980, pp.54-56) 참조. ⬛(우물)이라는 상형문자는 중왕국 시대부터 헴hm(여성의 성기)을 나타내기 위해 사용되었다.

은 이에 반대하면서, 중왕국 시기에는 전차나 말의 증거가 없으며 그것은 후에 힉소스 침입자들이 이집트로 가져왔다고 주장했다.[55] 그러나 상황은 그들이 알고 있는 것처럼 그렇게 명쾌하지 않다. 다소 쇠약해진 말을 매장한 유적이 누비아의 부헨에 있는 중왕국의 요새 근처에서 발견되었고, 세소스트리스의 널리 퍼진 북쪽 정복에 대한 주장이 정당화된다면 이집트인은 적어도 전차를 사용하는 민족과 접촉했을 것이다. 원통형 인장에서 나온 증거는, 기원전 20세기 말에 이르면 동부 아나톨리아에서 전차가 알려졌음을 보여주고 있다.[56] 그런데 이것은 순환 논법이므로 만족스럽지 않다. 말들이 끄는 전차에 관한 언급은 후기의 겉치레라는 것이 훨씬 더 개연성을 지닌다.

그런데 세소스트리스의 전차를 고관과 외국 왕들이 끌었다는 디오도로스의 주장은, 종교적인 목적으로 도시를 방문할 때 신들의 조상을 나르거나 끄는 이집트의 오랜 전통을 고려한다면 대단히 그럴듯해진다. 선임자들이 단순히 '신적' 존재였고 신의 현현이나 '신과 같은' 자들이었던 것과는 달리, 센워스레 1세는 '신이었다'는 점에 유념해야 한다.[57] 더욱이 그의 전차를 고관과 외국 왕들이 끌었다는 이야기를 뒷받침해주는 것은 파라오가 '신전이나 도시'를 방문했다는 디오도로스의 언급이다.

헤로도토스가 '터무니 없이' 주장했던 세소스트리스의 업적들 중 일부라도 진실의 요소를 담고 있다면, 그의 광대한 정복 업적들 중에서 좀 더 실체를 지닌 것들은 어떤 것일까? 이것을 직접 다루기 전에 왜 그것들이 오늘날의 학풍에서 대수롭지 않게 다루어졌는지를 알아보자.

광범위한 정복에 대한 주장이 거부된 것은 상세한 고고학적 또는 역사적 탐구에 근거해서가 아니라 그러한 정복이 본질적으로 터무니없는 것으로 '알려졌기' 때문이다. 이것은 고대모델의 몰락 이전에도 학자들의 의심

---

55) Sethe(1900, p.3); Malaise(1966, p.250); Burton(1972, p.178).

56) Emery(1960, p.6); Clutton-Brock(1974, pp.92-93). 퀼테페 II에서 발굴된 원통형 인장에 새겨진 '전차'에 관해서는 Drews(1988, pp.93-96) 참조. 드루스는 퀼테페 II 유적지가 기원전 1910-1840년이라는 '중간 연표'를 받아들인다.

57) 공식적인 신상의 운송에 관해서는 베를린 박물관에 있는 이케르노프레트Ikhernofret의 석주(Lichtheim, 1975, pp.123-129) 참조. 센워스레 1세의 '신' 칭호에 관해서는 Blumenthal(1985, pp.108-109) 참조. Springberg(1990, pp.46-47)도 참조.

을 받았다. 제1권에서 언급했듯이, 에드워드 기번은 15살 때인 1752년에 쓴 '세소스트리스의 시대'에 관한 첫 역사 에세이를 1780년에 찢어버렸는데 "성숙해진 나이에 나는 더 이상 먼 구름 속에서 사라진 그리스, 유대, 이집트의 고대사를 연결할 수 있다고 생각하지 않기"[58] 때문이었다. 1820년대와 1830년대에 이르면 인종적 계서제가 확립되었고, 특이하게 고립된 민족이라는 이집트인에 대한 이미지가 확고히 자리를 잡았다. 이러한 고정관념으로 말미암아 아시아 또는 유럽을 아우르는 이집트 제국이라는 개념이 완전하게 배제되었다.[59]

따라서 제12왕조에서 행해진 아프리카에서의 정복과 파라오에 관한 그리스 이야기의 내용 일부가 확인되었음에도 불구하고 지난 150년 동안 세소스트리스의 북쪽 정복은 본질적으로 거짓이라고 별 의심 없이 받아들여져왔다.[60] 프랑스 고전학자 폴 푸카르는 이러한 경향에 유일하게 반대하면서 고대의 널리 퍼진 믿음을 깊이 생각하지도 않고 무시하는 것에는 어떤 정당성도 없다고 주장했다.[61] 그러나 그 후로도 새로이 이용할 수 있게 된 많은 정보를 활용해 그리스 이야기가 지닌 개연성을 평가하려는 시도는 거의 없었다.

만약 세소스트리스가 인도에 도달하고 그 너머에까지 갔다는 디오도로스의 주장을 배제하더라도 그가 벌인 에티오피아와 리비아에 대한 정복 그리고 '홍해'(그리스인에게 홍해란 일반적으로 인도양을 의미했다)에 대한 해군 원정은 여전히 유효하다. 그 후 9년 동안에 걸친 그의 육로 원정은 아나톨리아, 트라키아를 거쳐 명백히 흑해를 둘러 스키티아를 거쳐 콜키스까지 이르렀다. 또한 정확하진 않지만 메소포타미아와 페르시아의 정복도 시사하고 있다.

이런 맥락에서의 '정복'은 무엇을 의미할까? 세소스트리스의 은총을 강

---

58) 제1권, pp.252, 272.

59) 제1권, p.456 참조.

60) 아프리카와 아라비아에서 일어난 세소스트리스의 정복 이야기를 받아들인 학자는 Sethe(1900, pp.16-20), Malaise(1966, pp.260-264), Lloyd(1988, p.36) 등이다. 로이드는 2차 문헌에 관한 완전한 참고문헌을 제시하고 있다.

61) Meyer(1928-1936, I, p.263)의 Fourcart(1914, p.4) 인용. 푸카르에 관해서 좀 더 알려면 제1권, pp.378, 440, 530, 534 참조.

조하는 이집트의 주장에도 불구하고, 정복은 그것을 경험한 민족에겐 무시무시한 경험이었을 것이다. 이집트와 고전기의 보고는 모두 파괴, 사람과 부의 포획, 정규적인 조공의 부과에 관한 것이다. 기념석주의 건립은 통제를 유지하려는 시도를 암시하지만 그가 오랜 기간 제국을 확립했다는 시사는 없다. 그러나 뒤에서 논의될 것이지만, 식민지가 건설되었다는 전승은 있다.

중왕국 이집트의 군사력

이집트인이 중왕국 시기에 남쪽으로 항해해 적도의 땅들에 이르렀다는 것을 당대의 '난파선 선원' 이야기가 전하고 있다.[62] 또한 테베 건너편 나일 강 기슭의 데이르 엘 바흐리Deir El Bahri에 있는 하트셰프수트 여왕의 유명한 처마 밑 부조에는 기원전 15세기에 공식적으로 파견된 함대가 동아프리카의 해안까지 항해했음을 보여주고 있다.[63]

그런데도 버튼은 이집트인이 고왕국 이래로 '전투를 위한' 배를 사용했다고 하면서도 특히 전함은 실제로 기원전 12세기 초 람세스 3세의 치세에 바다의 민족들에 대항하는 큰 전투까지는 나타나지 않는다고 주장했다. 그러나 제18왕조의 해군이 특화되었고 유능했다는 것을 전하는 문헌 증거들이 있다.[64] 중왕국의 함대에 관한 우리의 지식이 대단히 불완전하다고 해서 그러한 배들이 제18왕조보다 수세기 앞서 있었을 가능성을 배제할 수는 없다. 그렇다 하더라도 세소스트리스가 '전함을 건조한 최초의 군주'였다는 디오도로스의 서술을 의심할 몇 가지 이유가 있다. 더욱이 그가 '홍해' 또는 인도양에 400척의 배를 보냈다는 서술은 있음직하지 않게 여겨질 수 있다(비록 알려진 그의 군사작전 규모로 볼 때 불가능한 것이 아니지만). 마찬가지로 헤로도토스의 기술에도 문제가 있다.

(그는) 최초로 함대를 거느리고 아라비아 만부터 인도양의 해안에 살고 있는

---

62) Lichtheim(1975, I, pp.211-215) 참조.

63) Naville(1894-1908, III, plates 69-71); Stevenson Smith(1958, pp.136, 138; 1965, p.7).

64) 라메세스의 함대에 관해서는 Burton(1972, p.169) 참조. 제18왕조의 해군에 관해서는 Hayes(1973, pp.367-369); Säve-Söderbergh(1946, pp.35-50) 참조. 제10장의 주86도 참조.

부족을 복속하며 항해했다. 마침내 그는 수심이 얕아 더 이상 항해할 수 없다
는 것을 알았다.[65]

이것은 대양 항해와 나일 강 항해 사이의 혼동으로 보이는데, 나일 강의
얕은 수심으로 인해 제12왕조의 군사 원정이 어려움을 겪었다.[66] 그러나
헤로도토스가 기술한 첫 부분을 의심할 내재적 이유는 없다.

세소스트리스의 군대에는 전차, 말, 검(이것들은 보통 아시리아의 티글라
트 필레세르, 페르시아의 키루스 대왕 또는 알렉산드로스의 고대 전투나 정복에
연계되어 있다)이 부족하기 때문에 세소스트리스의 육로 원정에 대한 보고
서들은 얼핏 있음직하지 않은 일들을 묘사한 것처럼 보인다. 그런데 세소
스트리스보다 300년쯤 전에 메소포타미아의 사르곤 대왕은 더 좋다고 할
수 없는 장비로 같은 지역에서 광대한 정복 활동을 전개했다. 더욱이 좀
더 후기의 군대에서도 말을 운송용으로 사용하지 않았다. 실제로 기원후
19세기에 이르러서야 도보 운송을 대체해 육로로 군인과 보급품을 운송할
방법이 나타났다.

미트 라히네 비문은 이집트로 약탈품을 가져오는 데 배들을 사용했음을
알려주고 있다. 따라서 해안에 있는 군대로 보내는 보급품은 같은 방법으
로 보내졌을 것이다. 또한 우리는 당나귀가 시리아와 아나톨리아에서 짐
싣는 동물로서 이미 사용되고 있었다는 것을 알고 있으니, 이집트 군대에
서도 사용되었을 수 있다고 본다. 만약 세소스트리스의 원정에 관한 보고
서들이 믿을 만하다면, 대부분의 보급품은 현지 조달되었던 것 같다. 디오
도로스가 세소스트리스 군대가 유일하게 난관에 부딪혔다고 지적한 곳은
상대적으로 가난하고 먼 트라키아와 스키티아였는데, 그곳에서 "그는 식
량부족과 그 땅의 어려운 특성 때문에 군대를 거의 잃었다."[67]

그 시기에 속하는, 군복을 입은 이집트·누비아·아시아 군대의 많은 像

---

65) Herodotos, II.100.

66) 우로나르티Uronarti에서 발굴한 센워스레 3세 19년(기원전 1864년경)의 비문(Khartoum
   2683) 참조. 이에 관해서는 Delia(1980, pp.77-79) 참조. 세소스트리스가 얕은 수심 때문에
   저지되었다는 문학적인 설명에 관해서는 Lloyd(1988, p.19) 참조. 그러나 로이드는 그 비문
   의 내용이 나일 강이 아니라 바다에 관련된 것으로 받아들이고 있다.

67) Diodoros, I.55.6.

들이 남아 있는데, 그들은 창, 활, 전투용 망치로 잘 무장되어 있다.[68] 제12
왕조 군대의 규모와 효율성을 보여주는 가장 인상적인 모습은 누비아에 있
는 그들의 요새 유적들에서 나타나는데, 그것들 대부분은 아스완 하이 댐
에 의해 수몰되었다. 누비아 전문가 윌리엄 애덤스는 다음과 같이 기술하
고 있다.

> 남쪽 땅들의 약탈품에 만족하지 않은 파라오들은 북부의 바튼 엘 하자르(역
> 주: 수단에 있는 나일 강의 제2폭포 남쪽의 암석 지대)에 있는 나일 강을 고대
> 세계에서 세워졌던 가장 강력한 요새의 열쇄로 강화했다. 이것이 건축된 지 4
> 천년 후 그리고 그것이 최종적으로 포기된 지 3천년 후, 이 거대한 유적의 진
> 흙 벽들은 아직도 사막 위에 40피트 높이로 솟아 있다. … 제2폭포에 있는 요
> 새들은 대략 100년의 세월에 걸쳐 센워스레 1·2·3세의 치세에 명백히 건축되
> 었다. 그것들은 하나의 복합 건축물을 형성했던 것으로 여겨지며, 통합된 명령
> 하에 있었던 것 같다. 계획의 유사점으로 미루어 보건대, 몇몇 요새들은 동일
> 한 설계사에 의해 설계되고 거의 같은 때 건축되었다. … 부헨 요새의 크기와
> 복잡한 방어시설은 인간의 상상력을 넘어선다. 보루, 총안銃眼, 해자, 해자에
> 걸친 적교吊橋, 비낀 제방 등 실제로 유럽 중세 요새의 고전적인 요소가 모두
> 있다. 크든 작든 동일한 모습이 다른 중왕국의 대다수 요새들에 갖추어져 있
> 다.[69]

세소스트리스 치세 하의 이집트가 갖추고 있던 부(경제력)와 중앙집권화,
그리고 군사적 목적을 위해 이러한 자원을 집중시킬 수 있는 능력을 보여
주는 누비아로부터 나온 증거를 고려하면, 그러한 군사적 기구를 지닌 국
가가 아시아의 상당 부분을 정복하지 못할 어떤 내재적 이유는 없는 것 같
다. 물론 그러한 능력 자체가 정복이 실제로 일어났다는 것을 뜻하지는 않
는다. 정복의 가능성은 좀 더 많은 증거를 필요로 한다.

---

68) Wildung(1984, plates 140, 150-151) 참조.
69) Adams(1984, pp.176-181). 이 요새들의 비교는 van Seters(1966, pp.33-37) 참조.

배경

기원전 4천년기·3천년기의 이집트 연표

세소스트리스 정복의 고고학적 흔적을 찾기 전에 가능하다면 가정되는 원정의 연도를 뽑아내는 것이 필요하다. 제12왕조는 파라오의 치세기간에 대해 분명한 기록을 가지고 있을 뿐만 아니라 상대적으로 단단한 시간적 닻을 가지고 있다. 그 닻은 센워스레 3세 7년에 기록된, 나일 강의 범람을 알리는 소티스 별의 떠오름으로 태양력 신년의 시작을 일치시키는 것에 근거하고 있다. 이것이 멤피스에서 관측되었다면 기원전 1872년이 될 것이다. 이 일치를 여러 해 동안 이집트학 학자들이 인정해왔고, 기원전 1991년부터 1786년에 이르는 전체 왕조의 연표가 1950년 이집트학 학자이자 이집트 천문학 전문가인 R. R. 파커에 의해 확립되었다.[70] 그런데 다음 몇십 년에 걸쳐 파커와 여러 학자들은 파라오의 치세기간을 압축하고 공동통치기간은 늘이기 위해 파라오들의 전통적인 치세기간을 점검하기 시작했다. 이런 방식으로 제12왕조는 12년 짧아져 이제는 기원전 1979-1801년으로 정해졌다.[71]

동시에 많은 독일 학자들은 소티스의 떠오름을 위도 30도나 그 근처에 위치한 멤피스나 헬리오폴리스에서 관측한 것이 아니라 6도 더 남쪽인 엘레판틴 변경에서 관측했다고 주장하기 시작했다. 그렇다면 소티스의 떠오름과 태양력 새해 시작의 일치는 기원전 1830년이었을 것이고, 42년을 더 줄여 제12왕조는 기원전 1937-1759년으로 된다.[72] 그러나 그리스 도기연대의 상향 조정(다른 장에서 논의될 것이다) 때문에 그 존속기간을 배제할 수 없다 하더라도 그 연대는 있음직하지 않은 것으로 여겨진다.

이집트 고왕국의 연표

더 낮은 또는 '짧은' 연표의 일반적인 난점 그리고 그것을 대두시킨 학

---

70) Parker(1950, p.69).

71) Parker(1976, pp.178-184); Kitchen(1987, p.43).

72) Krauss(1985, pp.73-82); Kitchen(1987, p.43).

계 내의 힘은 초기 이집트 역사에 관련된 기원후 20세기의 연대 설정으로 드러났다. 학계 내에서 작동한 이 과정을 이해하기 위해 나는 이집트 고왕국의 연대 설정을 고려하는 것이 도움이 된다고 믿는다. 엄격히 말하면 제12왕조의 연대 설정에 꼭 필요한 것은 아니라 하더라도 말이다. 20세기 초에 이르면 학자들은 모든 이집트 연표를 활용해 소티스 연대를 계산할 수 있게 되었다. 이후 모든 연표는 소티스 연대를 이집트 기록들과 연결함으로써 계산되었다.[73]

제11왕조 파라오들의 치세는 제12왕조의 그것들보다 덜 확립되었으나, 제11왕조가 전체적으로 160년 이상 존재했던 것으로 보이는 증거가 있다. 비록 오늘날의 학자는 143년의 존속기간을 선호하지만 말이다.[74] 제11왕조의 존속기간은 소위 「토리노 왕명록*Turin Canon*」에서 알 수 있다. 그 왕명록은 파라오들과 그들의 연대 목록으로 기원전 13세기 제19왕조 기간에 작성된 것이다. 그것은, 1,000년 후쯤 이집트의 그리스인 지배자들을 위해 쓴, 마네토의 역사로부터 우리가 알고 있는 것과 현저하게 닮았다. 「토리노 왕명록」은 프랑스의 이집트 영사 드로베티가 입수했을 때에는 완전했던 것으로 보인다. 그런데 샹폴리옹이 그것을 토리노(역주: 이탈리아 도시로 영어로는 Turin)에서 볼 수 있게 되었을 때에는 조각나 있었다. 그것이 지난 180년 동안 그곳에 있었기 때문에 「토리노 왕명록」이라 부르게 되었다. 많은 생각과 대단한 수고가 이 작고 부서지기 쉬운 조각들을 재조합하는 데

---

73) Meyer(1904, pp.45-51).

74) Farina(1938, p.35)가 토리노 왕명록의 col.V.1.18의 신관문자로 기록된 문서를 음역한 이래 오늘날의 통설은, Winlock(1940, p.118, n.2)의 다소 성급한 주장에 뒷받침을 받아 제11왕조가 143년간 지속되었다는 것이다. Gardiner(1959, p.16)는 음역할 때 동일한 방법으로 그것을 복사했다. 그런데 Sethe(1905)는 그것을 160년 이상으로 읽었고, 이를 Meyer(1907b, p.21)와 Breasted(1906, I, p.41)가 받아들였다. 이 문제에 대해 확고한 판단을 하기란 불가능한데, 문제 자체가 극도로 모호하기 때문이다. 그 행은 상이한 파편들(63, 64 등)에 담긴 두세 개의 불분명한 절로 구성된 것 같다. Meyer가 기록하듯이 "이 빈약한 파편들로부터 (제테는) 그의 평상적인 정확성으로" 그가 찾아냈던 총 160년 이상을 확정했다. 의심할 바 없이 Winlock이 저술을 하고 Farina와 Gardiner가 그 문서를 연구하고 있을 때 이집트 연표의 연대를 몹시 낮추어 잡는 경향이 있었다. 이처럼 그들 그리고 그들의 동시대인들이 문서에서 143이라는 수를 보았는지의 여부를 말하는 것은 불가능하다. 왜냐하면 그 수가 거기에 있었기 때문에 말했을 수도 있고, 또는 그 수가 있어야만 한다고 그들이 믿었기 때문에 말했을 수도 있기 때문이다. 새로운 방사성탄소 연대측정으로 초기 학자들의 연표가 일반적으로 더 신뢰할 만한 것이 되었는데, 연표에서 나는 후기 학자들보다는 초기 학자들을 따르는 경향이 있다.

모아졌다. 원문, 원문의 표지, 세금 문헌뿐만 아니라 파피루스 섬유도 이러한 자료들을 서로 연결시키며 조각의 관계를 확립하는 데 사용되었다.[75] 이렇게 해서 하나의 주요한 모습이 비교적 잘 확립되었던 것으로 보인다. 최초의 파라오 메네스의 치세를 시작으로 고왕국의 마지막 왕조인 제6왕조 또는 제8왕조 및 그 쇄락한 후계자들에 이르기까지 955년의 기간이 확립되었다.

이것을 받아들인다 해도 거기에는 아직 제6왕조 또는 제8왕조의 몰락 후 소위 제1중간기라는 문제가 있다. 중간기에 관한 전문가 한스 스톡은 1930년대에 다음과 같이 주장했다.

제7왕조(약 27년)   기원전 2190-2163년

제8왕조(약 65년)   기원전 2175-2110년

제9왕조(약 45년)   기원전 2175-2130년

제10왕조(약 90년)   기원전 2130-2040년[76]

이 연대표는 기원후 20세기 초의 것과는 매우 다르다. 미국의 이집트학 학자 제임스 브레스티드는 1906년 다음과 같은 연표를 제안했다.

제7왕조   기원전 2475년

제8왕조   기원전 2475년

제9왕조   기원전 2445년

제11왕조   기원전 2160년[77]

브레스티드의 동시대인이자 박식한 고대 역사가인 에두아르트 마이어는 제1중간기 전체를 기원전 2440±100년과 2160년 사이에 두었다.[78] 상기 스톡의 연표에서 알 수 있듯이, 근래의 학풍은 제1중간기의 길이를 최소화

---

75) Gardiner(1959, p.103).

76) Stock(1949, p.103).

77) Breasted(1906, I, pp.40-45).

78) Meyer(1907b, pp.68, 178).

한다. 생애 마지막에 가디너는 그 중간기가 100-200년 동안 지속된 것으로 보았다.[79] 윌리엄 헤이즈는『캠브리지 고대사』에서 단지 48년간을 책정했고 이집트 제11왕조의 통합이 기원전 2040년에 있었던 것으로 보았다. 오늘날 대부분의 이집트학 학자들은 이에 동의한다.[80]

제1중간기의 이러한 압축은 이집트 역사의 연대를 낮게 잡으려는 일반적인 경향의 일부로 보인다. 앞에서 언급했듯이, 브레스티드와 마이어 이래로 새로운 이집트 연표가 발견되지 않았는데도 왜 학자들은 연대를 낮게 책정하고자 했을까? 나는 그 경향이 지식사회학의 견지에서 가장 잘 설명된다고 생각한다. 제1차 세계대전 이후 고고학자와 고대사 연구자들은 '과학적' 지위를 얻기 위한 노력을 강화했다. 그들의 욕망은 '당신보다 더 논리적'이려는 바람으로 표현될 수 있다. 조심스럽고 보수적인 학자들은 무엇보다도 머리로만 생각한다는 비난을 두려워하게 되었다. 동시에 그들은 혁신적이기를 바라는 눈길을 받았다. 이 상황에서 혁신을 위한 유일한 여지는 증거의 모든 형태에 대해, 특히 고대 문헌 전거들로부터 나온 증거에 대해 가혹하게 평가하는 것이었다. 이처럼 그들은 공간과 시간에서 고대의 모든 주장을 제한하려 했다.

그러나 아이러니하게도 이제 이러한 경향은 이집트학 학자들과 고고학자들이 애써 배우려 해왔던 '자연과학'의 정보에 의해 저지되고 있다. 이 책 도처에서 알 수 있듯이, 정보의 새로운 근원은 고대인의 행위에 역사적 깊이와 지리적 넓이를 더하는 경향이 있다. 처음의 도전은 방사성탄소로부터 왔다.

1979년 아나톨리아 고고학을 광범위하게 연구하는 제임스 멜라트는 표준적인 영국의 학회지『고대*Antiquity*』에「이집트 및 근동의 연표: 딜레마인가?」라는 깜짝 놀랄 논문을 게재했다. 연표를 만들 수 있는 다른 근거가 있는 이집트와 메소포타미아에서는 방사성탄소 연대측정을 사용할 수 없다고 정통론자들은 주장하지만, 그는 탄소연대에 의한 연표의 재조정과 그 기술이 정교화되면서 그러한 전통은 더 이상 유효하지 않는다고 주장하였

---

79) Gardiner(1961a, p.67).

80) Hayes(1971, p.996). 제1중간기의 기간을 줄이거나 없애려는 경향에 관한 참고문헌의 개요로는 Kemp(1980, p.27) 참조.

다. 따라서 멜라트는 새로운 증거에 근거한 연표의 평가를 제안했다. 이집트에 대한 그의 결론은 탄소연대측정은 제1왕조가 기원전 3400년경에 시작되었다는 것을 가리켰다는 것이다. 이처럼 이집트사에서 모든 연대는 신왕국의 건국에 이르기까지 300년 상향 조정되어야 하는데, 그는 신왕국 건국의 전통적인 연대인 기원전 1567년은 믿을 만하다는 데 동의했다.

멜라트가 자신의 높은 연표로부터 정통론의 연표로 '건너간' 시점은 제2중간기였는데, 중간기의 상당 기간 동안 이집트는 북쪽에서 온 침입자인 힉소스에 의해 지배되었다.[81] 그는 이 시기가 일반적으로 생각하는 것보다 훨씬 길었다고 주장했다. 『캠브리지 고대사』가 제12왕조의 몰락과 제18왕조의 대두 사이의 간격을 219년(기원전 1786과 1567년 사이의 기간)으로 계산했다면, 멜라트는 기원전 1946년과 1567년 사이의 기간인 379년으로 잡았다. 이 주제는 제8장에서 더 상세히 다룰 것이다. 단지 여기에서 주목해야 할 것은, 긴 제2중간기를 옹호하는 그의 주장의 근거는 힉소스가 기원전 18세기에 이집트에 있었고 마네토 및 동시대 기념물은 힉소스 도래전 제13왕조에는 많은 파라오가 있었음을 가리킨다는 것이다. 멜라트는 제12왕조의 기간을 기원전 2155-1946년에 둔다면 소티스 연대와 조화될 수 없다는 것을 받아들였으나, 소티스 연대와 논박할 수 없는 증거로 여겨졌던 방사성탄소 연대를 조화시킬 방법을 찾지 못했다.[82]

이집트 및 팔레스타인의 연대에 관한 멜라트의 주장은 전체 이집트학 학계를 혼란시켰는데, 그때에 이르면 학계는 '중간 연표'의 지지자들과 낮은 연표를 확립하려는 자들로 나뉘어져 있었다. 그의 논문은 즉각 이집트학 학자인 배리 켐프와 제임스 와인슈타인의 도전을 받았는데, 그 주장들이 너무 기술적이고 신랄해서 대부분의 독자는 따라갈 수 없었다.[83] 그렇지만 이러한 공격은 멜라트의 수정을 불신하는 효과를 낳았다.

8년 후인 1987년 피라미드로부터 나온 샘플에 근거한 새로운 탄소연대측정의 상세한 보고서가 발간되었다. 허버트 하스가 이끄는 스위스 및 미국의 학자로 구성된 연구팀은 피라미드로부터 84개의 새로운 유기체 샘플

---

81) Mellaart(1979, pp.7-11).
82) Mellaart(1979, p.7).
83) Kemp(1980); Weinstein(1980).

을 수집해 텍사스와 스위스에 있는 실험실에서 시험했다. 그 결과는 놀라운 것이었다. 왜냐하면 『캠브리지 고대사』의 시기구분이 374년 상향 조정되어야만 한다는 결과가 나왔기 때문이다.[84] 전통론의 연표를 지지하는 경향이 있는 이전의 방사성탄소 연대측정에 대한 논의에서 하스와 동료들은 이전의 샘플은 신선하지 않았고, 더 이른 연구자들은 덜 진보된 덜 정확한 기술을 사용했으며, 측정이 불규칙했다는 사실에 주의를 환기시켰다.[85]

텍사스와 스위스의 실험실은 그들의 연구와 그밖의 연구들(예를 들어 1985년에 발표된 캠브리지의 고고학자 얀 쇼의 논문 「이집트 연표와 아일랜드 떡갈나무의 나이테 측정」[86]) 사이에 존재하는 또 다른 차이를 제기하지는 않았다. 쇼와 여러 학자들은 이집트학 학자들과 긴밀히 접촉하며 연구하면서 그들의 조사결과를 전통론의 연표와 조절하는 데 열심이었는데, 이것이 가능하지 않았을 때 실망했던 것처럼 보였다. 반면에 하스와 동료들은 전문성에 훨씬 더 관심을 가졌고, 열린 마음으로 의문을 대했던 것으로 보인다. 비록 그들이 『캠브리지 고대사』의 연대와 그들의 연대가 상당히 차이가 나자 놀라기는 했었지만 말이다.[87] 하스와 동료들의 연구에 대한 반응은 지금까지 없다. 하나의 반대의견이 있었는데, 그 내용은 텍사스와 스위스의 실험실이 단명한 물질과 장수하는 물질 사이의 차이에 적절한 주의를 기울이는 데 실패했고 원목에서 취한 샘플을 연대측정할 때 정확성이 결여되었다는 것이다. 그 원목이 피라미드 건축에 사용되기 몇 십 년 전 또는 몇 세기 전에 죽었을 수도 있기 때문이다. 하스와 그의 팀은 피라미드를 세우는 데 종종 몇 십 년이 걸렸다고 주장함으로써 이에 맞서려고 했다.[88] 샘플의 대다수가 수명이 긴 것이어서 피라미드보다 오래된 것일 수도 있다. 나는 『캠브리지 고대사』의 연대가 374년 상향 조정되어야 한다는 주장은 다소 줄어들어야 할 필요가 있다고 믿는다.

그런데 텍사스와 스위스 팀의 높은 연대 책정에 대한 주요 반론은 그것

---

84) 그 결과는 하노버에서 최신식 방법으로 얻어낸 다른 샘플에 대한 연구결과의 뒷받침을 받았던 것으로 보인다. Haas et al.(1987, p.597).
85) Haas et al.(1987, pp.586-587).
86) Shaw(1985).
87) Shaw(1985, p.304); Haas et al.(1987, pp.596-597).
88) Haas et al.(1987, pp.588-589).

이 이전에 행해진 이집트 관련 방사성탄소 연대 및 사료에 근거한 연대와 조화되지 않는다는 점에서 흥미롭다. 더욱이 그것은 팔레스타인 연대와도 맞지 않는데, 그 연대는 이집트와의 동시발생사건과 방사성탄소 연대에 기초하고 있다.[89] 이것에 대해서, 하스와 동료들이 사실 이전에 측정된 이집트 관련 방사성탄소 연대들을 고려했다는 말로 반론을 펼 수 있겠다. 더욱이 그들의 연대가 오늘날 재구성된 역사적 연표와 잘 맞지 않지만, 만약 앞에서 언급된 이유로 그것을 조금만 하향 조정한다면 동일한 이집트 연대기에 근거했던 브레스티드와 그 동시대인의 연표와도 어울린다.

앞에서 서술한 대로, 나는 브레스티드의 연표가 후배 학자들의 연표보다 더 신뢰성이 있다고 믿는다. 후배 학자들은 하향 조정의 압력을 받고 있었기 때문이다. 팔레스타인 연표는 거의 전체적으로 이집트와의 동시발생사건에 기초하고 있다. 따라서 이 시기와 관련된 이집트 연표를 조정하기 위해 팔레스타인 연표를 사용하는 것은 순환적 성격을 지닌다. 팔레스타인의 탄소연대에 관한 와인슈타인과 멜라트 사이의 논쟁은 그들의 해석이 극도로 불확실하다는 것을 보여준다.

에블라의 연표

브레드스티드와 마이어의 이집트 고왕국 연표에 의지할 때 얻게 되는 하나의 이점은 거대한 시리아 도시 에블라의 연표에 담긴 어려움을 풀 수 있다는 것이다. 이 도시의 발굴은 20세기의 4/4분기 근동 고고학에서 가장 놀라운 사건이었다. 풍부한 유물이 여러 시기의 지층에 걸쳐 발굴되었지만, 초점의 대상이 된 것은 IIB1라는 지층에서 발견된 왕궁이었고 이 왕궁에서 다량의 서판이 발견되었다. 이 서판들이 고대 근동의 경제, 사회, 종교, 언어의 연구에 미친 혁신적인 충격은 너무 크고 복합적이어서 여기에서 그것을 다루기는 힘들다.[90]

나는 단지 연표 문제, 문서고가 발견된 왕궁의 파괴 연대, 따라서 서판의 연대만 고려할 것이다. 메소포타미아의 지배자였던 사르곤 대왕과 그의 손자 나람 신이 에블라를 정복했다고 선언했다. 고고학자 파올로 마티에는

---

89) Weinstein(1989b, p.103); Harding and Tait(1989, pp.151-2) 참조.
90) 에블라 유물의 개요와 그것들의 지닌 의미에 관해서는 Pettinato(1981) 참조.

에블라 유적지에서 많은 보물을 발견했는데, 건축과 예술 양식에 근거해 그 도시의 파괴가 기원전 23세기 나람 신에 의한 것이었다고 최초로 주장했다.[91]

　금석학자인 조반니 페티나토는 최초로 서판을 읽었고 에블라어(많은 서판이 그 지역 언어로 쓰여 있었다)라는 새로운 셈어를 재구성했는데, 그는 마티에의 연대 설정에 반론을 펴면서 에블라의 문서고는 훨씬 이르게, 즉 사르곤 치세 한참 이전에 파괴되었다고 주장했다. 이러한 주장은 많은 사실에 근거했다. 첫째, 서판은 많은 양의 지리적 정보를 담고 있으나 사르곤이나 그의 도시 아카드에 관한 언급은 전혀 없다. 이는 그 정복자가 메소포타미아에서 갖는 압도적인 중요성과 그가 시리아를 유린했다는 사실을 고려하면 이상하게 여겨진다. 둘째, 에블라 서판, 그리고 메소포타미아에서 출토된 기원전 2500년에 속하는 '사르곤 이전의' 문서 사이에는 문자체와 언어의 유사점이 있다. 이를 근거로 그는 에블라 문서고를 처음 파괴한 자를 메소포타미아 남부 도시 라가시의 수메르 왕 에안나툼Eannatum으로 보았다. 에안나툼은 에블라 동쪽 약 270킬로미터 떨어진 상유프라테스 강가에 있는 마리 시를 정복했다고 알려져 있다. 그런데 페티나토는 후에 정복 연대를 기원전 2400년경으로 그리고 메소포타미아의 도시 키시의 수메르 지배자 루갈자기지Lugalzaggizi의 중요한 원정 시기도 낮추었다.[92] 사르곤 이전의 파괴에 대한 페티나토의 주장은 저항할 수 없는 것이었고, 마티에와 그의 지지자들은 페티나토처럼 더 멀리 가지는 않았지만 조용히 기원전 2350년경 사르곤에 의한 파괴로 옮겨갔다.[93]

　마티에는 나람 신의 파괴를 지지하는 증거 하나를 가진 것으로 보였다. 문서고가 발견되었던 왕궁 IIB1에서 제4왕조 파라오 케프렌의 이름이 있는 섬록암 용기의 파편 두 조각과 제6왕조의 페피 1세의 이름이 있는 설화석고 항아리 뚜껑이 출토되었다. 『캠브리지 고대사』에 따르면, 페피 1세는 기원전 2331년부터 2283년까지, 나람 신은 2291년부터 2255년까지 통치했다. 비록 나람 신을 조금 후기에 두기는 했지만, 이를 근거로 마티에는 왕

---

91) Matthiae(1981, p.9).

92) Pettinato(1981, p.107).

93) Matthiae(1988, p.76).

궁이 무너졌을 때 케프렌의 파편은 이미 골동품이었지만 페피의 항아리는 동시대의 선물이었다고 주장했다. 따라서 그는 에블라 왕궁은 사르곤에 의해서도 그리고 더 이른 메소포타미아의 지배자에 의해서도 파괴될 수 없다고 주장했다. 비록 이제 마티에는 사르곤의 파괴를 받아들이고 있지만, 여전히 이집트의 동시발생사건으로 보면 연대를 낮춰 잡아야 한다는 생각으로 분명히 거북해 한다.[94]

그 시기 메소포타미아 지배자들에 대한 천문학적 자료는 『캠브리지 고대사』를 지지하는 것으로 보이며, 사르곤의 연대를 단지 9년 올릴 뿐이다. 결국 사르곤은 기원전 2380-2324년에, 나람 신은 기원전 2300-2263년에 통치했던 것으로 보아야 한다. 여기에서 제안된 이집트 연표에 따르면, 페피 1세는 기원전 2614-2565년경에 통치했다.[95] 이것은 페티나토가 제안한 가장 이른 연대(그가 처음 설정했던 에블라 왕궁 IIB1의 파괴 연대는 기원전 2500년경이다)도 수용한다. 대부분의 학자들은 이 연대를 메소포타미아와의 금석학적 비교의 견지에서 선호할 만한 것으로서 본다.

두 가지 다른 문제는 브레스티드와 마이어가 제안한 이집트 고왕국의 연표로 돌아감으로써 해결된다. 첫 번째는 에블라 서판에서 이집트에 관한 언급이 없다는 점이다. 이집트 고왕국의 정통 연대를 받아들였을 때, 그리고 문서가 언급하고 있는 50-70년간의 시기에도 위대한 제4왕조가 번영했다는 것을 믿었을 때 페티나토는 혼란스러웠다.[96] 그러나 기원전 2500년에 이르면 제5왕조와 고왕국은 무너지고 있었던 것 같고, 만약 에블라의 파괴가 30년쯤 낮아져 기원전 2470년경이 된다면 그것은 이집트 역사의 혼돈 시기 중 하나와 일치한다. 이렇게 되면 에블라 서판에 이집트가 언급되지 않는 것에 놀랄 이유가 없다. 이러한 주장은 지나친 것이라 할 수 없는데, 서판들이 에블라의 서쪽에 관한 지리적 정보는 상당량 담고 있다는 주장이 있기 때문이다(역주: 서쪽에 대한 정보는 담겨 있는데, 이집트에 관한 정보가 없다는 것은 단순한 누락이 아니라는 뜻).[97]

---

94) Matthiae(1988, p.77). 비블로스에서의 동시발생사건도 사르곤이 이집트의 제1중간기에 통치했음을 가리키고 있다.

95) Huber(1987b, p.9).

96) Pettinato(1981, p.107; 사적인 의견 교환, Cornell, 1983).

97) Steinkeller(1986, pp.31-40).

이집트 고왕국의 연대를 높게 잡을 경우 두 번째 문제가 풀릴 수 있다. 즉, 만약 메소포타미아의 아카드 왕조가 이집트 고왕국과 동시대가 아니라면(제1중간기와 동시대라면), 메소포타미아 또는 그밖의 곳에서 동시대임을 가리키는 이집트 유물이 발견되지 않은 이유를 설명할 수 있다. 강력하고 광범위한 두 제국 사이에서 그러한 유물의 발견이 당연히 예상되는 것이 아닌가.

이러한 두 가지 문제는 내가 여러 번 논박한 침묵의 논증에 근거하고 있다. 그러나 부가적인 이점과 에블라와의 그럴듯한 동시성을 고려하면 고왕국의 연표가 『캠브리지 고대사』에서 주어진 것보다 상당히 더 높아야 하고, 새로운 방사성탄소 연대측정으로 브레스티드, 마이어, 멜라트의 이집트 고왕국 연표가 확인되었다는 것을 의심할 하등의 이유가 없다.

고왕국 이전의 이집트 연표

이것이 초기 이집트 연표의 전체로 확장될 수 있을까? 새로운 결과들과 '높아진' 고왕국을 전통적인 소티스 연대 및 「토리노 왕명록」과 조화시킬 수 있는 분명한 방법은 고왕국 이전의 원왕조Proto-dynasties(제1·2왕조)의 시기를 짧게 하는 것이다. 이 방법으로 제3왕조가 기원전 3000년경에 시작했다 하더라도, 제1왕조는 기원전 3200년경으로 잡을 수 있다.그러나 불행히도 이 해법은 이집트사의 또 다른 근원인 「팔레르모 비문」에 저촉된다. 이것은 「토리노 왕명록」보다 적어도 1000년은 앞선다. 팔레르모에 있는 이 비문은 명백히 제5왕조 때 새겨진 석판 조각인데, 아주 초기의 파라오들과 그 치세에서 눈에 띄는 사건을 열거하고 있다. 「토리노 왕명록」처럼 그것은 애타게 만드는 조각난 정보만 제공할 수 있다. 정보 중 하나는 첫 두 왕조가 444년간 지속되었다는 것이다. 이 기간은 역사적 중요성보다는 수적·산술적 중요성을 더 띠고 있다 할 수 있다. 「팔레르모 비문」에 대한 최근 연구는 처음 두 왕조의 기간을 405년과 486년 사이로 그럴듯하게 잡고 있다.98) 이 비문에 이름이 보존된 파라오가 비교적 적다고 하더라도 이 기간을 200년보다 적게 줄이는 것은 불가능하다. 브레스티드의 주장을 따라

---

98) Gardiner(1961a, pp.62-63); O'Mara(1979, addendum) 참조.

멜라트가 파라오의 이집트 건국 연대를 기원전 3400년경으로 복귀한 것은 옳았다. 이제는 제3왕조는 대략 기원전 3000년에 시작했던 것으로, 고왕국은 기원전 2470년경에 끝났던 것으로 받아들여야 한다. 이는 고왕국의 끝이 제1왕조가 건국된 지 955년 후라는 「토리노 왕명록」의 주장을 따르는 것이다.[99]

중왕국의 연대 책정

만약 멜라트가 고왕국에 관해 옳았다면 중왕국에 관한 그의 높은 연대 설정을 받아들여야만 하는가? 나는 그렇지 않다고 믿는다. 배리 켐프는 소티스 연대의 압도적인 그럴듯함을 잘 방어했다.[100] 고왕국에 관한 새로운 높은 연대 설정을 중왕국의 소티스 연대 설정과 결합하는 유일한 방법은 제2중간기보다 제1중간기를 늘리는 것이다. 이 시기에 많은 파라오가 있었다는 데는 의문의 여지가 없다. 명백히 100살에 페피 1세가 죽은 후 18명의 파라오가 있었을 것이다. 이 파라오들은 제6왕조의 끝이나 제8왕조에 속한다. 「토리노 왕명록」은 제9·10왕조에 속하는 18명의 파라오를 거명했다.[101] 그러나 이 치세 모두가 짧거나 무정부적이지 않았다는 것은 분명하다. 많은 파피루스는 적어도 나라의 어떤 지역에서 어떤 시기 동안 아주 평화롭고 번영하는 삶을 묘사한다. 또한 무시할 수 없는 호족(주州[노모스]의 '지배자'들)의 왕조들이 있었던 것으로 보인다.[102]

예술사가인 윌리엄 스티븐슨 스미스는 많은 측면에서 낮은 연대 설정의 풍조에 맞섰는데, 고왕국과 중왕국 사이의 주요한 문화적 차이점을 보았고 이 중간기를 압축하는 경향을 부정적으로 지켜보았다.[103] 중왕국의 공식적인 문어인 중왕국 이집트어의 일부가 고왕국 시대에도 나타났지만, 표준어의 변화는 두 왕국의 실제적인 정치적·문화적 단절을 시사한다.[104] 표

---

99) Mellaart(1979, p.9).

100) Kemp(1980, p.25).

101) Mit Rahina, col.5+x 참조.

102) Gardiner(1961a, pp.112-116).

103) Smith(1965, p.xxiv).

104) Callender(1975, p.1) 참조. 그는 중왕국 이집트어가 고왕국 말기와 제1중간기의 구어였다고 주장하기도 했다. 신왕국 이집트어와 중왕국 이집트어 사이의 차이가 고왕국 이집트어

준어의 변화는 1세기(100년) 동안에 일어날 수 없는 것으로 보이며, 상당한 세월을 요하지 않고서는 거의 불가능하다. 간단히 말해, 나는 올바른 초기 이집트 연표를 위해 브레스티드로 돌아가야만 한다고 믿는다. 이는 첫 두왕조, 고왕국, 제1중간기 연대 설정의 근본적인 수정을 의미하지만, 이번 장에서 관심을 갖고 있는 연표인 중왕국과 세소스트리스 치세의 연표에는 상대적으로 거의 변화가 없다는 것을 뜻한다.

메소포타미아의 연표

메소포타미아와 아나톨리아에 세소스트리스의 원정이 가했을 충격을 평가하려면 기원전 2천년기 초 메소포타미아 연표에 관해 어떤 개념을 갖는 것이 필요하다. 지난 50년간 이 문제에 관해 상당한 논쟁이 있었다. 논쟁은 바빌론의 유명한 왕 함무라비의 치세와 후기 히타이트의 바빌론 점령 같은 연대에 관련해 '긴', '중간', '짧은' 연표 사이의 경쟁에 초점이 맞추어져 있다. 이 연표들은 바빌로니아의 서판에서 발견된 금성의 천문학적 관찰 보고에 따른 네 개의 가능한 연대에 근거했다. 지난 10년 동안 가장 이른 연대('긴' 연표)는 MIT의 통계학자 피터 후버가 강력하게 옹호했다. 후버는 금성의 8년 주기에 대한 바빌로니아의 관찰뿐만 아니라 월식, 달의 길이 등이 모두 다른 두 연표보다 '긴' 연표를 가리킨다고 주장했다. 그는 다음과 같이 기술하면서 그 주제에 관한 가장 최근의 저술을 끝맺었다.

내 견해로는 2천년기 초기의 연표 문제는 여러 상황으로 인해 매우 중요한 방식으로 움직였다. 그러나 문제는 역사적 또는 그밖의 비천문학적 주장을 근거로 금성 연표 중 하나를 선택하는 것이 아니라 하나의 연표를 받아들이느냐 거부하느냐 하는 것이다. 물론 99퍼센트의 자신감은 100퍼센트 확실성과는 다르지만, 나는 1퍼센트라는 이 실수의 한계가 역사가의 주장이 지니고 있는 실

와 중왕국 이집트어 사이의 차이보다 훨씬 더 큰 것은 사실이다. 그리고 제2중간기 230년이 제1중간기 310년보다 짧다는 것도 사실이다. 그런데 힉소스 침입의 언어적 충격보다 더욱 중요한 것은 고왕국 이집트어와 중왕국 이집트어 모두 하이집트에 있는 멤피스의 구어에 기초했던 것으로 보이는 한편, 신왕국 이집트어는 상이집트 테베의 구어였다는 사실이다(Greenberg 1986, pp.282-283 참조). 이처럼 신왕국 이집트어는 시간적 거리 못지않게 지역적 거리가 상당히 컸다.

수의 한계보다 더 적다는 것을, 그리고 이에 대한 논박이 잠재력을 지닐려면 특별하게 강력한 반증에 근거해야만 할 것이라고 믿는다.[105]

후버의 결론은 아나톨리아 고고학자들 사이에서 우세한 오랜 경향과도 맞는다.[106] 문제는 후버가 요구했던 '강력한 반증'이 이제 나타난 것처럼 보인다는 점이다. 이것은 수령연대로부터 온다. 수령연대학자 피터 큐니호움Peter Kuniholm은 마리의 왕 야크툰-림Iakhtun-Lim의 서명이 발견된 중앙 아나톨리아에 있는 아쳄 휘윅 왕궁이 1792/1±37년으로 연대가 책정될 수 있다고 믿는다.[107] 야크툰-림은 아시리아 왕 샴시-아다드Šamši-Adad와 동시대 사람으로 나이가 더 든 사람이었던 같다. 긴 연표에 따르면 샴시-아다드는 기원전 19세기 중반에 통치한 왕이었다. 이러한 연대 설정과 긴 연표를 조화시키는 것은 대단히 어렵다. 그것은 중간 연표와는 잘 맞을 수 있고 짧은 연표와는 약간의 문제가 있을 따름이다.[108]

반면에 아쳄 휘윅 관련 연대는 많은 문제점을 갖고 있다. 첫째는 연대측정이 '순수한' 수령연대학의 결과가 아니라는 점이다. 즉, 중부 아나톨리아에는 오늘날에 이르기까지 각 해에 상응하는 나이테의 지속적인 모음이 없다는 것이다. 그 연대는 그러한 지속적인 모음이 있는 장소에서 채취한 나무 나이테에 필적하는 아쳄 휘윅의 나이테를 방사성탄소 연대측정으로 얻어낸 것이었다. 그러므로 비록 이 방법이 단순한 방사성탄소 연대측정보다 훨씬 더 의지할 만한 것이긴 하지만 실수의 가능성이 있다. 두 번째 문제는 목재와 인장이 출토된 아쳄 휘윅 왕궁의 발굴 결과가 아직 발표되지 않았다는 점이다. 이런 불확실성 때문에 긴 연표를 단순하게 포기할 수도 없지만, 마찬가지로 후버의 긴 연표에 대한 거의 절대적인 확신을 공유할 수도 없다.

---

105) Huber(1987a, p.17). Huber(1982)도 참조. '긴' 연표는 랜즈버거와 나겔이 제안한 더 높은 연표가 아니다(Strommenger, 1964, chart 참조). 이것은 약 80년 더 이르다. 그런데 후버가 더 낮은 연표에 대항하고자 자신의 수치를 완전하게 점검해 보았지만, 더 높은 연표에 대해서는 그 정도로 점검하지 않았다는 것을 지적한다. 논박에 대한 그의 철저한 재논박은 Åström(1987-1989, III, pp.61-63) 참조.

106) Mellaart(1957; 1958; 1967).

107) 1990년 10월 코넬 대학에서 Peter Kuniholm과의 개인적인 대화에서.

108) '지도와 도표' 참조.

제12왕조 경우 파커의 높은 연표와 독일 학자의 낮은 연표로 연구해야 하는 것과 똑 같이, 메소포타미아의 경우 높은 연표, 중간 연표, 낮은 연표로 연구해야만 한다. 나는 이집트의 관점에서 센워스레 1세와 아메넴하트 2세의 치세 동안, 즉 기원전 1958-1883년 또는 기원전 1912-1841년에 일어난 아나톨리아에서의 파괴 흔적을 찾고 있다. 아나톨리아에서 이집트 원정이 센워스레 1세의 치세 초에 일어났을 것 같지는 않다. 우리는 센워스레 1세가 왕좌에 올랐을 때 정치적 위기가 있었고 치세 초기에 리비아에서 싸우고 있었다는 것을 알고 있다. 그가 충분하고 강력한 정치적·경제적·군사적 기반을 닦기 전에 아시아의 '정복' 같은 대업을 시작했을 것 같지 않다. 전통적 근거에 의하면, 그의 해군과 육군이 먼저 남쪽으로 원정했고 그 후 북쪽으로 원정했다. 또한 미트 라히네 비문에는 그의 아들 아메넴하트 2세에 관한 언급이 있다. 이 모든 것에 비추어 보면, 아메넴하트 2세가 연루되었고 원정이 세소스트리스(센워스레) 치세의 마지막 부분에서 발생했다는 것이 좀 더 그럴듯하다. 따라서 나는 기원전 1930-1916년 또는 기원전 1898-1884년 아나톨리아에서 그리고 그 너머 어딘가에서 강력한 군대의 고고학적 증거를 찾고 있다.

원정을 말해주는 고고학적 증거

만약 세소스트리스의 정복을 가설화하려면 무엇을 고고학적 기록에서 찾아내야 할까? 기본적으로 언급된 지역인 아나톨리아, 트리키아, 스키티아, 서부 코카서스에서 그 시기에 광범위한 파괴가 있었음을 발견해야 한다. 전승은 제국이 장기간 지속되었다고는 구체적으로 말하지 않고 있으므로, 이집트 지배의 많은 흔적을 예상하기보다 몇몇 이집트 유물을 기대해야 할 것이다. 운이 좋다면, 정복지로부터 이집트로 보내진 약탈품 일부를 발견할 수 있다. 경제적으로는 번영하는 중앙 지역에서는 파괴 후의 비교적 빠른 회복을 볼 수도 있다(비록 경제적으로 덜 안전한 지역은 회복에 많은 시간이 걸렸겠지만). 정치적으로 몽골의 동남아시아로의 짧은 침입과 유럽인의 사하라 남쪽 아프리카로의 짧은 침입은 '정복'이 지니는 유사점(대량의 이주를 야기하고, 새로운 국가와 인종적 정체성의 형성에 자극을 준다)을 제공한다. 장기간 지속된 식민지가 확립되었다는 전승도 있으니, 파괴된 지역을 따라 새로운 번영 지역을 발견해보고자 한다.

시리아-킬리키아의 중기 청동기시대I에 속하는 채색도기의 분포에 대한 올브라이트, 포제네, 그리고 '최대론자들maximalists'(이들은 징표의 정도를 강조한다)의 해석에 따르면, 고고학적으로 제12왕조 '제국'의 징표가 있다. 기원전 2000년경 그 지역의 물질문화는 분명히 오늘날 터키 남동부인 킬리키아를 시리아에 묶어 두고 있었으며, 제임스 멜라트가 지적했듯이 그곳에서 발견된 이집트의 제12왕조 유물들로 인해 이집트와 관련되어 있다.[109] 이렇듯 킬리키아가 센워스레 1세 그리고/또는 그의 아들 아메넴하트 2세에 의해 정복되었다는 것은 매우 그럴듯하고, 그곳이 그 후 수십 년간 이집트의 정치적 영향 하에 있었다는 것은 개연성이 있다. 비록 동쪽에서 유목민의 습격을 받아오긴 했지만, 그 이전에도 서부 시리아-팔레스타인은 이집트의 보호령이라는 비교적 안정된 기지였고, 그곳에서 센워스레와 그의 아들이 원정을 시작할 수 있었을 것이다. 중동의 다른 곳들의 상황과는 현저하게 대조적인 기원전 20세기와 19세기 초 이 지역의 안정성을 고고학적 기록은 뒷받침해주고 있다. 멜라트는 센워스레 1세의 치세 말 이집트와의 관련을 맺고 있는 시리아-킬리키아를 중앙 및 북부 아나톨리아(이곳에서는 교역의 고리가 동쪽에 있는 아시리아에 연결되는 성향이 있었다)와 선명히 구분한다.[110]

초기 아나톨리아: 역사 개요

아나톨리아는 지리적으로 특이하게 나뉘어져 있고, 기후적으로는 풀이 우거진 지중해 연안의 평원, 대륙의 높은 산들, 고원, 내륙 호수 등을 지닌 다양한 지역이다. 오늘날 터키가 비교적 문화적 통일성을 이루고 있지만, 이는 어찌 보면 예외일 뿐이다. 알려진 역사의 대부분을 보면 아나톨리아는 오늘날의 코카서스와 많이 비슷한데, 문화적·언어적 모자이크를 이루면서 지역적 보수성을 띤 고립된 지역과 혁신 및 침입으로 급격하게 영향을 받은 지역이 합쳐져 있었다. 기원전 2천년기 초에도 확실히 이와 비슷

---

109) Mellaart(1982, pp.31-32).
110) Mellaart(1982, pp.31-32).

했을 것이다.

동시대의 이름들과 후기의 분포를 근거로 재구성해보면, 언어적 유형이 다양하게 나타난다([지도 13] 참조). 이들 언어 중 히타이트어, 루비안어, 팔라익어, 리디아어, 카리아어는 인도히타이트어족의 아나톨리아어 가지에 속하고, 프리기아어와 원아르메니아어는 인도유럽어에 속한다. 또한 하티어, 원原카르트벨리아어proto-Kartvelian(이로부터 그루지아어가 발생했다), 후루어가 있는데 이것들은 인도유럽어가 아니다.[111] 아나톨리아 역사의 재구성과 파괴에 대한 설명은 북쪽으로부터 히타이트어와 아나톨리아어를 말하는 자들의 '도래'와 관련되어 있다. 나는 제1권에서 이 언어들이 비인도유럽어와 마찬가지로 그 지역의 토착 언어였다고 믿는다는 점에서 게오르기에프와 렌프루를 따른다고 기술했다.[112]

따라서 이들 언어의 도입은 여기에서 문제가 되지 않는다. 반면에 후루어는 남동에서 들어왔을 가능성이 있고, 프리기아어와 아르메니아어의 인도유럽어적 부분은 분명히 북쪽에서 도래했다. 기원전 2천년기 초에 프리기아어와 아르메니아어가 아나톨리아에 있었다는 것이 입증되지 않았으나, 언어학적 증거로 보건대 그것들이 그전에 아나톨리아에 도래했을 가능성이 있다. 비록 프리기아어가 기원전 1천년기 전반에야 아나톨리아 반도의 중앙으로 확장되었지만 말이다. 두 언어가 최초로 도래했을 가장 개연성이 있는 시기는 우리가 고고학과 아카드의 기록에서 기원전 23세기에 발생했던 것으로 알고 있는 대변동기로 보인다. 바로 그 시기에 소위 쿠르간Kurgan 문화(위대한 학자 마이코프 배로우Maikop Barrow가 코카서스 북쪽의 문화로 정의했다)가 동부 아나톨리아에 침입해 토착 문명과 섞였다는 것이 일반론이다.[113] 같은 무렵에 서부 아나톨리아의 소요('루비안Luvian족의 침입'과 연관되어 있다)가 북서로부터 온 원프리기아인의 도래에 의해 촉발되었다는 것은 이론상으론 가능하지만, 실제로 일어났을 가능성은 덜한 것 같다.[114]

---

111) Gurney(1973, pp.229-232); Watkins(1986, pp.45-48).

112) 제1권, p.48.

113) Lang(1966, pp.43-44; 1977, p.76); Burney and Lang(1971, 78-85); Bosch-Gimpera(1980, p.171); Mellaart(1967, pp.36-39).

114) Mellaart(1967, pp.29-31) 참조.

　어쨌든 기원전 2100년경 이후 중부 및 동부 아나톨리아는 풍부한 광물 자원과 중동과의 교역에 근거해 경제적 팽창과 번영의 시기를 시작했다. 이러한 시기는 몇 차례 상당한 중단이 있었지만 기원전 12세기 청동기시대 말까지 지속되었다. 현존하는 '히타이트 신성문자' 중에서 가장 이른 것은 기원전 2000년경에 속한다. 이 문자체는 아나톨리아인이 쓰기에 관해 알게 된 후, 그러나 설형문자와 접촉하기 이전에 기원했던 것으로 보인다(설형문자와 접촉하게 된 것은 기원전 2000년 무렵일 것이다). 히타이트 제국이 사용한 설형문자 유형은 우리가 관심을 갖고 있는 소요 이후에 발견되었는데, 아시리아 것이 아니라 시리아 것이었다. 언제 어떻게 그것이 전래되었는가는 알려지지 않았으나, 기원전 20·19세기에 시리아 쪽으로 문이 열렸을 가능성이 있다(역주: 버낼은 세소스트리스의 침입으로 인한 시리아 쪽 문의 개방을 염두에 두고 있다).

아나톨리아의 파괴: 퀼테페 II 시기와 카룸 카네시(역자도표 참조)

　비록 지금까지 기원전 3천년기 아나톨리아에서 지역적으로 읽고 쓰는 능력이 있었다는 흔적이 없지만, 기원전 20세기 중반부터 중부 아나톨리아에 관한 역사적 정보를 담은 사료가 있다. 오늘날 퀼테페라고 부르는 평범한 터키 마을에 있는 유적지 카룸 카네시Karum Kanesh에 있었던 아시리아의 교역소에서 발견된 수천 개에 이르는 서판이 바로 그것이다. 불행히도 아시리아학에서 거의 항상 겪는 일이지만, 완벽주의 및 서판을 개인 소유로 보는 학자들의 생각 때문에 대부분의 서판은 출간되지 못하고 있다. 그럼에도 불구하고 이용할 수 있었던 서판들로부터 카네시의 카룸(교역소) 구조에 관해 그리고 아나톨리아에 있는 여러 아시리아의 교역소와 약 800킬로미터 떨어진 매우 험준한 지형에 위치했던 아수르 시의 관계에 관해 상당히 많은 것을 알게 되었다. 또한 교역소는 우리에게 고대 세계의 교역과 사상私商의 중요성에 관해 많은 것을 말해준다. 특히 아나톨리아의 은, 금, 납의 많은 양이 아시리아로 수출되어 메소포타미아 산 직물 및 더 동쪽에서 아마도 아프가니스탄에서 왔을 주석과 교환되었다는 것을 보여준다.115)

서판들은 외국 상인이 활동을 벌이고 있는 사회에 관해서도 어느 정도 알려주고 있다. 대부분의 도시에는 왕이 있었고 많은 왕들이 히타이트식 이름을 지녔다. 서쪽으로 약 160킬로미터 떨어진 부루샷툼Burushattum에는 '대왕'이 있었다. 히타이트 역사서는 그들의 첫 번째 왕을 카네시 북쪽에 있는 쿠싸라Kussara의 왕 아닛타Anitta라고 언급하는데, 그는 수도를 아마도 카네시로 추측되는 네샤Nesha 또는 니샤Nisha로 옮겼다. 그가 많은 도시들을 정복했고 푸루시칸다Purushkhanda/부루샷툼의 왕에게 항복을 강제했다고 기록되어 있다. 아닛타는 아시리아 문서에서도 언급되며, 그의 이름이 새겨진 단도 혹은 화살촉이 카네시에 있는 왕궁의 폐허에서 발견되었다. 그런데 그가 퀼테페 II 시기인 기원전 20세기 후반의 인물인지 퀼테페 Ib 시기인 기원전 19세기의 인물인지에 관해 학자들 사이에 논란이 있다.116) 어쨌든 그와 히타이트 제국의 다음 '건국자'인 기원전 18세기 중반 또는 후반의 인물 라바르나스Labarnas 사이에는 상당한 그리고 거의 완벽한 시간적 간격이 있다.

이것은 퀼테페 서판의 연대 측정이라는 중요한 문제를 제기한다. 우리가 관심을 갖고 있는 두 시기는 퀼테페 II와 퀼테페 Ib이다(역주: II가 Ib보다 더 옛 지층이다). 두 시기는 모두 번영기였는데, 그때 카네시와 아수르 사이에는 상당한 교역이 있었고 수많은 서판이 만들어졌다. 그러다가 퀼테페 II의 끝에 도시와 아시리아인이 살던 교외지역은 거의 어떤 경고도 없이 완전히 파괴되었고, 몇 십 년이 지나서야 복귀되어 퀼테페 Ib 시기가 시작되었다.

카룸의 경제와 사회구조에 관해 훌륭한 연구서를 펴낸 덴마크의 아시리아학 학자인 모겐스 트롤레 라르센은 현명하게 연대 문제를 다루지 않았다. 카룸의 연대에 관한 가장 상세한 연구는 1955년 터키의 고대사가인 K. 발칸이 간행한 것이다. 그는 서판에서 아시리아 왕들에 대한 언급을 읽은 후 그들을 바빌론의 동시대 왕들과 연결시킬 수 있었다. 아시리아인의 카룸은 왕 에리슘Erišum 1세의 치세 초에 시작되었던 것으로 보인다. 그런데

---

115) Larsen(1976, pp.80-105).

116) 논쟁에 관한 참고문헌은 Gurney(1973, pp.232-233) 참조. Macqueen(1975, p.21)과 Mellaart (1978, p.57)는 후자의 연대에 찬성한다.

서판은 그의 40년 또는 41년의 치세 중 마지막 14년을 언급할 뿐이다. 서판은 에리슘 1세의 후계자인 이크눔Ikūnum과 샤룸-킨Šarrum-kîn의 치세를 기술하고 있고 풋주르-앗슈르Puzur-Aššur 2세의 치세에 끝난다. 불행히도 아시리아 왕명록은 왕들의 치세 기간을 언급하지 않고 있어 추측할 수밖에 없다. 그러나 샴시-아다드Šamši-Adad 왕 10년에 카룸의 재건축이 있었다는 기술로 다시 단단한 근거를 가질 수 있게 되었다.

아시리아 연표에 따르면, 에리슘 1세와 샴시-아다드 죽음 사이의 기간은 159년이다. 발칸은 26년을 카룸의 시기(문헌으로 뒷받침되지는 않는다)에, 80년을 퀼테페 II에, 나머지 23년을 샴시-아다드의 치세인 퀼테페 Ib의 시기에 배당하면서, 퀼테페 II와 Ib 사이에 30년의 간격을 두었다. 이에 따르면 퀼테페 II는 기원전 1890년경에 파괴된 셈이다.[117]

여기에는 여러 가지 문제점이 있다. 발칸은 시기들 사이의 더 긴 간격을 선호하며 다음과 같은 것을 중시한다. 우선, 두 층 사이에는 1미터 넘는 잔해가 있었고 가옥의 방위와 계획이 변했는데 이는 새로운 정착자가 옛 정착지의 설계를 알지 못했다는 것을 의미하고, 유물의 유형과 제작기술상의 변화가 있었고 그 중간기에 수많은 중요한 언어적 변화가 있었다고 보았다.[118] 두 번째 요점은 특별히 언급할 만한데, 설사 카룸의 전체 아시리아인 인구가 파괴 때 죽임을 당했다고 해도 이동한 인구 중에는 다른 곳에서 생존한, 그것의 설계를 알았던 자들이 틀림없이 있었을 것이라고 보았다. 이러한 이유로 발굴자 외즈귀츠Tahsin Özgüç는 그러한 변화에 50년이 걸렸을 것이라고 주장했다. 나는 이 기간도 최소한이라고 믿는다.[119]

두 시기 사이의 간격은 나람-신 및 에리슘 2세의 치세와 샴시-아다드의 첫 10년을 포함한다. 발칸은 그 파괴가 풋주르-앗슈르 2세의 치세 말에 일어났다고 추측하지만, 이에 대한 근거가 없으며 그 왕은 더 오래 통치했던 것 같다. 우리는 나람-신이 적어도 15년간 통치했다는 것을 알고 있다. 그러므로 30년 간격은 장기간에 걸친 그의 치세를 위해 또는 풋주르-앗슈르

---

117) Balkan(1955, pp.58-63). 수령연대학(나이테 연구)은 파괴 연도를 확립할 정도는 되지만 아직 절대연표에 닻을 내리지는 못했다. Kuniholm and Newton(1989) 참조.

118) Balkan(1955, pp.42-43, 58-63).

119) Mellaart(1957, p.58)의 재인용.

2세의 치세를 위해 단지 5년을 허용한다. 에리슘 2세의 전체 치세를 30년에 포함시키지 않는다 하더라도 압축이 너무 큰 것으로 보인다.

동시에 서판의 뒷받침을 받고 있는 퀼테페 II 시기의 시간은 너무 긴 것으로 보인다. 몇몇 상인 가족이 4세대 동안 그곳에 살았던 것으로 보이지만, 카룸에 대한 라르센의 상세한 연구에 따르면 증조부는 편지 왕래가 시작하기 전에 죽었고 증손자는 매우 어렸던 것으로 여겨진다(역주: 증조부라면 4대가 언급된 것이지만, 실제로는 2대로 보아야 한다는 뜻).[120]

그렇다면 서판의 뒷받침을 받고 있는 퀼테페 II는 단축되어야 하고 퀼테페 II와 Ib 사이는 20-40년 길어져야만 할 것 같다. 아시리아 왕명록(에리슘 1세의 등극에서 샴시-아다드의 죽음에 이르는)의 전체 159년을 받아들인다면, 그리고 카룸에서 편지 왕래를 시작하기 전에 에리슘의 치세로부터 30년을 그리고 샴시-아다드의 치세에서 23년을 뺀다면, 퀼테페 II와 파괴의 시기를 위해 108년이 남는다. 그리고 만약 편지가 오고 간 퀼테페 II의 기간을 40-50년으로 보면, 퀼테페 II가 샴시-아다드 10년보다 50-70년 전에 파괴되었다는 계산이 나온다. 이처럼 모든 것은 메소포타미아의 긴 연표, 중간 연표, 짧은 연표에 따라 샴시-아다드 10년의 절대연도인 기원전 1859년, 1803년, 1729년에 달려 있다. 여기에 50-70년을 더하면 파괴는 기원전 1929-1909년, 1873-1853년, 1799-1779년의 범위에서 일어났다. 파커에 따르면 긴 연표는 센워스레 1세 치세의 후반부와 완벽한 동시대성을 제공한다.

중간 연표는 센워스레 1세 치세와 맞지 않으나, 아메넴하트 2세의 치세를 기원전 1875-1842년으로 잡고 있는 독일의 이집트 낮은 연표와는 맞을 수가 있기는 하다. 우리는 가설적인 이집트에 의한 파괴가 세소스트리스 2세와 3세의 치세 동안에 일어났다고 제시함으로써 동시성을 확보할 수도 있다. 이것은 이집트인이 아나톨리아에 현존했을 시기를 기원전 1830년 또는 1788년으로 낮추는 셈이다. 멜라트는 제12왕조의 초기 부분을 선호했지만 아나톨리아의 파괴층에서 발견된 제12왕조의 유물에는 그 시기에 해당하는 것이 전혀 없다. 또한 카룸의 편지에는 이집트인이 언급되지 않는데, 이는 이집트인이 오랫동안 그 지역에서 싸움을 벌였다는 것을 그럴듯

---

120) Larsen(1976, pp.81-84).

하지 않게 만든다. 더욱이 조금 뒤에 언급할 토드 보물에서 나온 퀼테페 II에서 발견된 것과 유사한 유물이 아메넴하트 2세의 치세기간에 이집트에 도착했다는 증거가 있다.

정리해보자. 만약 후버의 천문학적 계산에 의해 뒷받침된 메소포타미아의 긴 연표를 받아들인다면, 퀼테페 II층의 파괴와 센워스레 1세 치세의 후기에 대한 파커의 연대 책정 사이에는 동시성이 있다. 아메넴하트 2세의 치세와 관련해 독일 연표와 중간 연표 사이에는 동시성이 있기는 하지만, 만약 메소포타미아의 낮은 연표를 받아들인다면 동시성은 전혀 없다.

이집트의 높은 연표와 제12왕조의 유물을 근거로 연구한 멜라트는 그 파괴를 기원전 1940년과 1900년 사이에 둔다.[121] 이것은 그 파괴를 세소스트리스의 가설적인 북쪽 원정 시기에 가깝게 두는 셈인데, 나는 그 원정을 대략 기원전 1930년과 1916년 사이 연대로 잡는다.

내가 퀼테페 II층의 파괴 연도를 결정하는 데 이렇게 많은 지면을 사용한 이유가 명백해졌기를 희망한다. 히타이트인이 카네시, 네샤, 니실리 등 다양하게 부른 곳은 중요한 문화적·군사적 중심지였다. 수도를 북쪽의 하투스Hattus로 옮기고 한참 후 히타이트인은 건국자 아닛타의 도시 이름 하투스를 따서 자신의 언어 이름으로 사용했다. 퀼테페 II층의 끝 무렵 2만-3만 명에 달하는 상당한 인구가 살고 있던 카네시는 메소포타미아와 시리아로부터 시작해 북쪽으로는 오늘날의 세빈카라히사르Sebinkarahisar와 흑해 부근의 풍부한 은·납 광산에 이르는, 그리고 서쪽으로는 에게해 해안과 트로이에 이르는 교역로의 주요한 교차점이었다([지도 12] 참조). 이 맥락에서 1958년에 발표된 멜라트의 고전적 논문 「아나톨리아 및 에게해권에서 전기 청동기시대의 끝」에서 다음의 구절을 읽어보자.

중앙 아나톨리아의 대도시 카네시 성벽 아래에서 번영하는 아시리아의 카룸 또는 교역소는 기원전 1900년경(II지층) 잿더미로 변했고 50년 동안 사람이 살지 않았다. 또 다른 교역 중심지인 알리샤르 휘윅Alishar Hüyük이라는 동시대의 도시도 같은 운명을 겪었으나, 알라카르 휘윅Alacar Hüyük V층의 파괴는 명백

---

121) Mellaart(1958, p.9; 1967, p.37)는 처음에는 기원전 1900년경으로, 나중에는(1978, p.49) 기원전 1940년으로 설정했다.

히 더 이른 시기이다. 키르세히르Kirşehir 분지에 있는 많은 유적지 가운데 유일하게 발굴된 하스 휘윅Has Hüyük은 불탔고, 할리스 강 남쪽 아크사라이Aksaray 부근 아젬쾨이Acemköy에 있는 거대한 둔덕의 파괴층은 기원전 1900년이나 조금 후에 일어난 대화재를 가리킨다.

할리스 강과 상가리우스 강 사이에 있는 언덕 지역에는 광범위한 파괴의 흔적이 있다. 카라올란Karaoğlan, 비티크Bitik, 폴라티Polatli, 고르디온Gordion은 불에 탔고, 에티오쿠슈Etiokuşu, 체르케스Çerkes 등 몇몇 유적지는 황폐화되어 있다. 상가리우스 강의 거대한 굴곡부 내부에 위치한 에스키세히르Eskişehir 평원은 데미르지 휘윅Demirci Hüyük 문화의 전기 청동기시대 마을들로 점점이 박혀 있었고, 적어도 기원전 1900년 이후 사람들이 떠난 후 다시 점유되지 않았다. 훨씬 서쪽으로 쿠타햐Kutahya의 서쪽에 있는 큰 둔덕 쾨프뤼외렌Köprüören과 타브샨리Tavşanli는 파괴된 도시 성벽의 탄 벽돌로 덜그럭대고 있고(어느 둔덕이든 트로이 V층 유형의 도기와 관련되어 있다), 테페지크Tepecik라는 이웃 유적지는 그 시기의 끝 이후에 사람들이 떠났던 것으로 보인다.

이 지역과 트로아드 사이에 발리케시르 평원이 있다. 이 평원은 이제는 요르탄Yortan 문화의 중심지로서 유명한데, 그 문화에 관한 지식은 거의 전적으로 그것의 공동묘지로부터 끌어낸 것이다. 그러나 어느 것에서도 전기 청동기시대의 말보다 더 후기의 도기는 출토되지 않았다.

트로아드에서 트로이 V층은 불로 파괴되지 않았으나 다음 시기에 문화의 변화를 보이고, 소위 트라키아 케르소네소스에 있는 둔덕이라고 부르는 쿰테페Kumtepe II와 카라아슈테페Karaağaçtepe에서 살던 사람들은 떠났다. 렘노스 섬에 있는 마지막 전기 청동기시대의 정착지 폴리오키니Poliochni는 지진으로 파괴되었다고 하는데, 중기 청동기시대에 다시 사람들이 살지 않았다.[122]

이 파괴성을 지닌 대담한 조사목록과 10년 후 멜라트가 『캠브리지 고대사』에 게재하게 되는 그 축약본은 조심스러운 학자들에 대한 도전이었다. 학계에 힘이 있는 미국의 고고학자 제임스 뮬리는 카룸 카네시에서의 파괴를 '지역적 사건'으로 보았다.[123] 하투스에 관해 글을 쓴 비텔은 거기에 있었

---

122) Mellaart(1958, p.10).

던 아시리아의 카룸은 파괴된 것이 아니라고 주장했으나, 나중의 연구는 이것과는 모순되는 것으로 보인다.[124] 멜라트는 사실 그것이 파괴되었다고는 주장하지 않았지만 다음과 같이 수정의 여지를 남겼다. "이후의 연구로 우리의 목록에서 유적지의 일부를 제거한다고 해도 다른 것들을 첨가할 것이라는 데는 의심의 여지가 없다." 아프로디시아스Aphrodisias로 알려진 서부 아나톨리아의 주요 도시가 그때쯤 파괴되었던 것으로 보인다.[125] 그가 기술하고 있듯이 "전기 청동기시대 말에 아나톨리아의 북쪽 절반에서 소요를 가리키는, 태워지거나 버려진 유적지들의 긴 줄"이 있었다는 데는 의심의 여지가 없다.[126]

세소스트리스는 파괴자였는가

1958년에 멜라트는 그 파괴는 중앙 아나톨리아로 히타이트가 침입한 결과였으며, 이는 서쪽으로의 이주와 혼돈을 야기했다고 주장했다. 이것을 위해 그는 히타이트 왕 아닛타의 이름이 새겨진 창촉이 파괴 후인 퀼테페 Ib층에 속한다고 주장했을 뿐만 아니라 퀼테페 II층에서 발견된 히타이트의 이름들을 거부하기까지 했다.[127] 그러나 그는 자신의 가설적인 침입자의 물질문화가 부족하다는 데 당황했다. 그 물질문화는 그에게 '그들이 중동 문명의 지역 너머에서 왔다'는 것을 시사했기 때문이다. 그런데 기원전 3천년기에 아나톨리아가 코카서스 너머에 있는 문화와 접촉했음을 보여주는 물질적 증거는 풍부했다. 이 부분에 대한 멜라트의 틀은 개연성이 없었기 때문에 결국 전체 틀을 포기해야만 했던 것 같다. 그러나 일단의 파괴는 남아 있고, 멜라트가 그것을 설명하는 데 실패함에 따라 파괴는 더욱 의문으로 남게 되었다.

그것을 세소스트리에 연계시킬 수 있을까? 그가 '동쪽에서 서쪽으로 아시아 모두'를 정복했다(아시아는 아나톨리아를 나타내기 위해 일반적으로 쓰

123) Muhly(1973b, p.326). 이 논문을 반복하는 Mellaart(1967, pp.44-45) 참조. 그런데 멜라트는 1978년에는 그것을 빠뜨린다.

124) Bittel(1970, pp.46-7). 화재 보고에 관해서는 Mellink(1977, p.293) 참조.

125) Kadish(1971, p.123).

126) Mellaart(1958, p.10).

127) Mellaart(1958, p.14).

이는 용어이다)는 헤로도토스, 마네토, 디오도로스 등의 기술을 받아들일 수 있을까? 나는 연대의 어려움에도 불구하고 그것이 가능하다고 믿는다. 멜라트가 '북쪽' 유물의 부재에 주목하면서 후에 그 길을 따라 주요 장소에서 발견된 이집트 제12왕조의 많은 유물을 기록했다. 앞에서 언급했듯이, 부분적으로는 바로 이것에서 그는 파괴의 연도를 확립했다.[128] 그 당시 중앙 아나톨리아에서의 이집트 원정을 지지하는 더 이상의 고고학적 증거는 이집트 자체에서 나온다.

토드의 보물

토드의 보물은 1930년대 테베 주 룩소르(테베)에서 상류로 17킬로미터 떨어진 토드에 세워진 몬트 성소의 기초에서 발견되었다. 몬트는 테베의 지역 신이었고, 테베는 제12왕조의 본거지였다. 그 신전 단지는 테베 주에서 통치했던 제11왕조에 의해 조성되었는데, 센워스레 1세는 이 이른 구조물을 부수고 새로운 성소를 건축했다. 보물은 아메넴하트 2세의 이름이 새겨진 네 개의 구리 궤에 담겨 있었다.[129]

그 궤들은 이집트에서 만든 것이었지만 내용물은 모두 외국산이었다. 그것은 금괴, 금·은·호박금으로 된 반지, 팔찌, 장신구, 그리고 143개의 펴진 은 사발과 10개의 안 펴진 은 사발 등이었다. 하나의 궤에는 청금석이 가득 차 있었고 많은 원통형 인장을 담고 있었다. 발굴자인 비송 드 라 로크Bisson de la Roque는 그 유물이 아시아에서 왔다는 데는 의문의 여지가 없다고 지적했다. 누비아와 흑해 연안에서 온 황금은 (궤가 아니라) 자루에 담겨 왔다. 누비아와 흑해 연안에서는 은이 생산되지 않았는데, 그때 은은 금만큼 또는 더 가치가 있었다.[130] 발칸에 훨씬 더 큰 은광이 있었는데도 은은 아나톨리아, 코카서스, 그리스의 라우리온에서 왔다.

몇몇 보물에는 이집트의 품질보증 표식이 있으므로 그 보물은 분명히 높이 평가되었다. 그러나 일부 사발은 뭉개지기는 했으나 녹이지 않았다는

---

128) Mellaart(1978, map on pp.46-47).

129) Bisson de la Roque et al.(1953, pp.7-14); Helck(1971, p.382). 이것에 관한 참고문헌은 Kemp and Merrillees(1980, p.290, n.690) 참조. Vandier(1972, pp.260-261)도 참조.

130) Bisson de la Roque et al.(1953, p.10).

사실은 그것의 형태와, 내가 믿기로는 그것의 출처가 그 가치를 더하게 한다는 것을 가리키는 것으로 보인다.[131] 만약 그 금속의 원산지에 관해 의혹이 있다면 그것의 형태로 해결된다. 그 형태는 미노아적 형태가 아니다. 비록 에게해적 형태를 띠는 몇 가지는 소아시아의 서부가 원산지로 보이지만, 전체적으로 그것은 분명히 아나톨리아나 코카서스로부터 온 것이다. 어떤 컵은 퀼테페 II층에서 발견된 컵과 매우 유사했다.[132]

원통형 인장은 크게 보아 동일한 원산지를 가리킨다. 대부분은 메소포타미아 산이지만, 적어도 하나는 중부 아나톨리아의 북부에 있는 카파도키아 산이었고 다른 하나는 이란 산이었다. 인장(또는 귀금속화폐)들은 여러 시기에 만들어진 것이지만, 마지막 시기에 속하는 것들이 많았다. 마지막 시기에 속하는 것들은 기원전 23세기 아카드 시기의 끝에까지 거슬러 올라가지만, 대부분은 기원전 20세기 또는 19세기 초에 지배했던 바빌론의 제1왕조로부터 온 것이다. 메소포타미아의 긴 연표를 받아들인다면, 이런 보석 조각술의 유형이 바빌론 제1왕조 전에 존재했음을 보여주기 위한 포라다의 창의적인 시도는 필요하지 않을 것이다.[133] 그것의 기원과 연대는 이집트인과 그 동맹국이 기원전 20세기 후반에 아나톨리아와 아나톨리아에 있었던 아시리아인 교역자들을 약탈했다는 가설에 완벽하게 맞아떨어진다.

보물의 또 다른 큰 부분은 청금석이었는데, 궁극적으로는 아프가니스탄에서 왔다. 비록 나는 이집트 군대가 그곳에 도착할 수 있었을 가능성을 완전히 부정하진 않지만, 그 청금석이 메소포타미아, 코카서스, 아나톨리아를 거쳐 왔다고 가정하는 편이 훨씬 개연성이 있다. 우리는 신왕국 시기에 아시리아가 청금석의 특별한 공급지였음을 알고 있다.[134]

어떻게 그 보물이 토드에 이르렀을까? 은컵 중 하나에는 그것을 들여온

---

131) Pace Kemp and Merrillees(1980, p.296).

132) Davis(1977, pp.69-78, 특히 p.72; 1974, pp.46-81); Kemp and Merrillees(1980, p.290).

133) Porada(1950, pp.155-162). 켐프와 메릴리스가 인장에 대해 아무런 언급을 하지 않은 것은 의미가 있다. 인장은 보물의 연대를 낮게 책정하기 위한 그들의 독창적인 시도에 무익할 뿐만 아니라, 더 나아가 훌륭한 연구를 방해한다.

134) Bisson de la Roque et al.(1953, p.9 and plates XLIII-XLIX); Kemp and Merrillees(1980, p.295).

이집트인 전달자가 표시되어 있는데, 포제네는 그의 지위를 시누헤에서 언급된 시리아팔레스타인을 위 아래로 움직이는 사절들에 연계했다.[135] 포제네는 토드에 있는 세소스트리스 신전의 봉헌 비문에서 인용했다. 그것은 귀중한 물질로 만들어진 봉헌 탁자의 증정을 묘사하고 있다.

> 모든 사람이 전에 이 나라에서 보았던 것보다
> 두 배나 아름답고 두 배나 많도다.
> 땅들을 가로질러 여행했던 외국인들과 탐험가들이
> 전달했던 것들을 대표하도다.[136]

세소스트리스는 오래 살아 자신의 이름값(센워스레S-n $Wsrt$[워스레$Wsrt$의 사람], 외국 광산의 보호자)을 했다.[137] 무엇인가 아주 예외적인 것이 세소스트리스의 치세 후반부에 진행되고 있었다는 징표(이는 그리스의 저자들과 미트 라히네 비문과 너무나도 잘 맞아떨어진다) 이외에, 이 봉헌 비문은 그 물건들이 조공을 바치는 외국인과 이집트 관리가 들여왔음을 가리킨다. 이는 신왕국 때 이집트에 도착한 조공물의 묘사나 그림과도 맞아떨어진다. 켐프와 메릴리스는 다음과 같이 신왕국에 보내진 선물을 묘사한다. "일부는 정복지들로부터의 약탈물과 세금이었고, 일부는 외교적인 선물로서 이집트로 보내졌다."[138] 토드 보물도 마찬가지일 것이다. 그러나 군사적 행동이라는 또다른 징표에 비추어 생각하면 약탈 및 징세가 강조되어야 한다.

더욱이 봉헌이 몬트에게 바쳐졌다는 것을 기억해야 한다. 몬트는 테베 주의 신으로 제11·12왕조에서 중심이 되는 신이었고, 더 나아가 전쟁의 신, 외국 정복과 이민족 진압의 신이었다. 각별히 몬트는 아시아에 있는 세체트Stt의 땅과 연관되어 있었다.[139] 토드의 몬트가 미트 라히네 비문에서 세체트로부터 온 외국 약탈물을 받는 신으로서 특별하게 언급되고 있다는 것

---

135) Posener(1971, p.540).

136) Posener(1971, p.543).

137) 주36-37 참조.

138) Kemp and Merrillees(1980, p.295).

139) Erman and Gapow(1982, II, p.92).

이 두드러진다.[140]

　우리는 나중에 세테트Stt(좀 더 정확하게는 세체트Stt)의 지리적 위치로 그리고 토드의 몬트 신전과의 연계로 돌아갈 것이다. 여기서는 일단 보물의 그럴듯한 기능을 고려해야겠다. 켐프와 메릴리스는 원료 그대로인 그것의 상태와 경제적 가치에 강조점을 둔다. 비록 이것이 의심할 바 없는 사실이겠지만, 유물 중 많은 것이 기초 금속들의 괴로 만들어지지 않았고 몬트 신전에 봉헌되고 보관되었다는 것을 잊지 말아야 한다. 다른 신전 보물처럼 토드 보물은 두 가지 기능을 지녔던 것으로 보인다. 하나는 세속적 기능이고 다른 하나는 종교적 기능이다. 토드 보물은 금·은의 괴가 아니다. 그것을 구성하고 있는 뭉그러뜨린 외국의 유물은 모두 외국인 예속의 적절한 표현이었다. 그것은 또한 몬트 및 몬트에게 돌려질 수 있는 이집트의 군사적 승리에 대한 봉헌이었다.

　이처럼 이집트·레반트·아나톨리아의 고고학으로 본다면, 세소스트리스의 아나톨리아에서의 정복에 관한 그리스 저자들의 기록을 배제할 이유가 없다. 없다. 그리스 저자들이 묘사하고 있는 그 원정들은 전에는 설명할 수 없었던 많은 현상을 설명할 수 있게 한다. 특히 파괴의 지대地帶를, 그리고 아나톨리아 및 더 동쪽에서 온 유물을 담고 있는 토드 보물을 설명할 수 있다. 만약 중간 또는 낮은 메소포타미아 연표를 받아들인다면, 그 파괴는 다른 원인의 결과일 수 있다. 미트 라히네 비문과 아나톨리아 정복에 관한 그밖의 증거를 고려하기 전에, 다른 지역에 원정했음을 보여주는 증거를 살펴보는 것이 유용할 것이다.

트라키아 및 스키티아의 세소스트리스?

　북부 아나톨리아의 파괴 지대에 관한 멜라트의 인용문에는, 헬레스폰트(역주: 다르다넬스 해협) 바로 건너편 트라키아 케르소네소스에 있는 유기遺棄된 주요 유적지를 언급하고 있다.

　터키령 트라키아('유럽에 있는 터키'라고도 한다)와 해안지방과 마케도니아

---

140) Farag(1980, p.78, line 9+x); Borghouts(1982, cols.200-204). Helck(1989, p.29)는 미트 라히네 비문과 토드 보물을 일반적으로 연계시키고 있다.

(그리스령 트라키아)는 고고학 지도에서 공백 상태이지만, 불가리아에는 북부 아나톨리아의 소요가 그곳에서도 느껴졌다는 것을 보여주는 증거가 있다. 불가리아 학자들(Yunacite, Salcutza, Esero 등등)은 전기 청동기시대의 끝을 기원전 1900년경으로 잡고있는데, 이 유적지의 급작스런 유기(또한 그곳에는 중기 청동기시대가 전혀 존재하지 않는다)는 확실히 어떤 대재앙을 가리킨다.[141]

멜라트는 그리스에서 훨씬 더 복합적인 상황을 묘사하는데, 제6장에서 살펴볼 것이다. 그것은 그리스 저자들에 의해 기술된 세소스트리스의 여정에 관한 것이 아니었기 때문에 여기에서는 기술하지 않을 것이다.

불가리아령 트라키아에 있는 마리차Mariça 계곡의 전기 청동기시대 문화는 북쪽에 있는 이웃의 문화보다 훨씬 풍부하고 더욱 수준 높은 것이었다. 비록 이웃 문화와 많은 문화적 모습들을 공유한다 하더라도 말이다. 그런데 불가리아의 고고학자가 전기 청동기시대로서 칭한 시기를 루마니아·유고슬라비아·러시아의 고고학자는 동석기銅石器시대 또는 '구리·석기시대'라고 부른다. 비록 구리와 금이 풍부했지만, 그때 사람들은 연장과 무기를 청동이 아니라 여전히 석기로 만들어 쓰고 있었기 때문이다.[142] 기원전 1900년경이 발칸의 역사에서 분수령이라는 데는 의문의 여지가 없다.

내가 알고 있는 한, 그 지역에 중왕국 이집트의 존재를 말해주는 고고학적 증거는 없다. 그런데 이집트에는 흥미 있는 징표가 있다. 30퍼센트의 은과 70퍼센트의 금으로 구성된 호박금이 최초로 이집트에서 사용된 것은 중왕국 시기인 것으로 보인다. 자연적으로 이 비율이 일어나는 세계 유일의 광산은 트란실바니아(역주: 루마니아에 있다)의 아푸시Apusi 산맥에 있다. 이 지역은 또한 자수정, 벽옥, 홍옥수紅玉髓, 옥수를 산출한다. 이것들은 상감물로서 사용되는 맑은 붉고 노란 옥과 마찬가지로 중왕국 이집트에서 최초로 나타나는데, 루마니아의 다른 곳에서 왔다. 이러한 유형의 옥은 이집트에서 나지 않으며, 이러한 품질의 자수정도 나지 않는다.[143] 그렇다면 호박금과 이러한 준準보석은 발칸에서 왔을 가능성이 대단히 높다. 물론

---

141) Mellaart(1958, p.11).

142) Dumitrescu(1982, pp.37-43); Garašanin(1982a, pp.142-152).

143) Dayton(1982a, p.155).

이것이 그 지역에 대한 이집트의 정복을 필연적으로 전제하지는 않는다. 교역 사슬이 정치적 또는 군사적 장악 없이도 이보다 더 멀리 뻗어 있었다. 반면에 그러한 사치품에 대한 열망은 그 지역으로의 이집트 원정에 동기를 제공할 수 있으며, 그 당시 이집트에 그런 사치품이 있었다는 것은 세소스트리스의 원정을 둘러싼 전승이 역사성을 지니고 있다는 또 다른 정황 증거를 제공한다.

러시아의 대초원지대는 기원전 1900년경에 단절을 겪었다. 트라키아에서와 마찬가지로 기원전 1900년은 거기에서 구리·석기시대의 끝이자 청동기시대가 시작하는 전통적인 연대이다. 그러나 멜라트가 불가리아에서 보았던 것과 비교될 수 있는 광범위한 파괴는 보고되지 않고 있다. 파괴의 흔적을 추적하기는 매우 어려운데, 전부라고는 할 수 없지만 인구의 많은 부분이 유목민이기 때문이다. 남부 러시아에서 번영하던 트리폴리에^{Tripolye} 농경문화가 몇 세기 앞서 해체되었다는 것을 주목해야 한다. 아프리카 군대가 대초원지대의 기후에 얼마나 잘 대처할 수 있었을까를 상상하기는 힘들다. 세소스트리스에 관한 이야기에서 디오도로스는 추위보다 배고픔이 문제였다고 언급한다. "그가 유럽으로 건너가서 트라키아를 답파한 후, 그는 식량 부족과 그 땅의 어려운 특성으로 인해 군대를 거의 잃었다."[144] 이와 비슷하게 우리는 스키티아에서 두 가지 어려움에 봉착한다. 첫째는 그곳에 이집트인이 있었다는 고고학적 흔적이 없다는 것이다. 둘째는 이집트의 영웅이 페르시아의 지배자들(그들은 스키티아를 정복하는데 실패했다)을 능가하도록 하기 위해서 이집트인이 세소스트리스가 스키티아를 정복했다는 이야기를 만들어냈다는 동기가 분명하다는 것이다.[145] 그런데 反페르시아적 목적을 위해 만들어졌다고 평가받은 세소스트리스의 누비아 정복은 사실임이 밝혀졌다. 이처럼 선전을 목적으로 그 파라오의 스키티아 정복을 조작해냈다는 주장은 그의 스키티아 정복의 역사성을 없애지 못한다.

콜키스의 세소스트리스?

세소스트리스가 흑해 동쪽 해안의 콜키스에 있었다는 주장은 상당히 강

---

144) Diodoros, I.55.6-7.
145) 주49 참조.

력하다. 기원전 3천년기 동안 분명히 언어가 대단히 다양했음에도 불구하고 서부 코카서스 전역에 걸쳐 있던 물질문화(쿠라-아락세스Kura-Araxes 또는 쿠로-아락세스Kuro-Araxes 문화라고 알려져 있다)에는 주목할 만한 통일성이 있다. 이 문화의 찬란한 도기는 레반트에서는 최초로 키르베트-케라크Khirbet -Kerak에서, 그리고 남쪽으로는 팔레스타인에서 발견되었지만 중앙 아나톨리아에서는 발견되지 않았다. 그 문화권에서는 지역 자체에서의 소비를 위해 그리고 남과 북으로의 수출을 위해 서·남 코카서스의 풍부한 광산이 이미 개발되고 있었다.[146]

기원전 2300년경 이 문화는 분명히 북부 쿠르간 문화로부터 압력을 받아 해체되었다. 쿠르간 문화는 인도유럽어와, 마이코프Maikop에 있는 왕가 묘지에 의해 잘 알려진 사람들의 침입 또는 침투와, 그루지아의 트리알레티Trialeti에 있는 최초의 바퀴 달린 손수레 등과 관련되어 있다. 전기 청동기시대 II에서 III으로 전이할 때의 급격한 변화가 도기에서 나타나는 것으로 감지되어왔다.[147]

고고학자들 사이에는 파괴와 문화적 혁신의 연대에 관해 혼동이 있었던 것 같다. 버니는 멜라트가 제기한 일련의 파괴에 전기 청동기시대 II에서 III으로의 전이를 연결하려고 했다.[148] 그런데 이 두 시기 모두에 파괴의 물결이 있었던 것으로 보이므로 이것은 인도유럽인의 침입이 기원전 2300년부터 1900년까지 400년에 걸쳐 있었다는 것을 뜻한다. 이 문제는 2300년경 북쪽의 침입과 기원전 1930년대 또는 1920년대에 세소스트리스의 원정을 가정함으로써 해결될 수 있다. 이것은 버니와 랭이 기원전 2000년에 관해 쓴 글과 잘 맞아떨어진다.

… 기원전 3천년기의 긴 지속이 마침내 사라졌다. 비록 인구가 급격하게 바뀌지는 않았지만, 새로운 요소가 모습을 드러내고 있었다. 새로운 세력이 트랜스-코카시아 전역에 걸쳐 그리고 우르미아Urmia 분지의 대부분에서 태동하고 있었다.[149]

146) Lang(1966, pp.43-45; 1978, pp.70-73); Muhly(1973b, pp.202-206); Mellaart(1982, pp.22-23).
147) Burney(1958, pp.169-175); Lang(1978, p.78); Burney and Lang(1971, p.95).
148) Burney(1958, p.178); Lang(1978, p.78).

다른 곳에서 랭은 다음을 주목했다.

인구의 어떤 주요한 움직임이 아르메니아 및 동부 아나톨리아의 전기 청동기 시대에 종말을 가져왔다는 것은 재의 지층과 그 지역의 유적지에서 발생한 급작스런 소요의 증거로 시사된다. 아르메니아에서 우리는 정착된 마을 공동체가 위치한 비옥한 낮은 땅들에서 높은 목초지로의 인구 이동을 목격한다. 높은 목초지는 보통 크고 작은 가축 떼의 소유자가 선호하며, 스텝 지역에서 온 초기 인도유럽인 부족의 목가적 생활 모습이다.[150]

산으로의 퇴각은 조직된 군대의 침입에 대한 반응이었을 수 있다. 같은 성격을 지닌 증거가 상당히 이집트화된 비블로스에 남아 있는데, 그곳에 코카서스 금속기술자들이 존재했다는 증거가 발견되었다. 프랑스의 고고학자 클로드 셰퍼는 그것을 코카서스의 청동 기술자의 이동에서 찾았는데, 그 이동은 기원전 2000년경 그 지역을 흔들었던 '예외적인 힘을 지닌 지진'에 의해 야기되었다고 믿었다. 셰퍼가 상정한 연표의 많은 부분은 새로운 발견과 과학적 방법 때문에 수정되어야만 한다. 그렇다고 하더라도 그가 제시했던 기본 요점은 아직도 유효하다.

사실, 소아시아의 나라들은 기원전 3천년기의 마지막 시기에 서아시아와 원역 사시대의 유럽proto-historic Europe의 모든 나라를 앞서는 야금술을 소유했으나 기원전 2천년기 초에 독점을 잃게 되고 가장 뛰어난 장인들을 빼앗겼다. 기원전 2000-1500년 소아시아에서 금속 유형의 절대적 빈곤 양상은 항상 고고학자의 주위를 끌었는데, 주변 나라의 풍요로운 생산과 대비된다는 점에서 더욱 주목할 만하다.[151]

1978년 멜라트가 막대한 광상鑛床과 집중적인 금속업을 지녔던 북동 아나

---

149) Burney and Lang(1971, p.85).
150) Lang(1978, p.76).
151) Schaeffer(1948, pp.544-545).

톨리아 전체 지역(후기의 아르메니아와 서부 그루지아)에 '중기 청동기시대
의 어떤 알려진 정착지'가 없었다고 지적한 것은 인상적이다.[152] 그루지아
의 내륙에 있는 유명한 트리알레티의 유적지를 포함해 동쪽에 있는 지역은
번영을 계속했다는 점이 강조되어야 한다. 기원전 2300년경 전기 청동기시
대 II의 말에 있었던 '침입'은 쿠반Kuban과 코카서스 북쪽을 풍요롭게 했으
나 그렇다고 북동 아나톨리아의 번영과 기술을 파괴하지도 않았다. 기원전
20세기의 소요는 지역적으로 파괴적이었으나 주변에 있는 지역 특히 남쪽
에 있는 지역을 이롭게 했던 것으로 보인다. 레반트 전체에 걸쳐 북쪽 기술
의 흔적과 야금술의 큰 발전이 나타난다.[153]

이집트는 그 시기에야 대규모로 금속을 사용하기 시작했다. 제12왕조의
군대가 새로운 야금술로 만든 대검, 독특한 창槍 모양의 구멍이 있는 도끼,
낫 모양의 검 같은 새로운 무기를 재빨리 택했다는 것은 흥미롭다. 그 당시
누비아로부터 코카서스에 이르는 지역에서 군사적 장비 및 기술의 표준이
어느 정도였가는 주목할 만하다.[154]

내가 알고 있는 한, 그 시기에 속하는 어떤 확인된 이집트 유물이 코카
서스에서 발견되지 않았다. 비록 아르메니아에서 발견된 한 쌍의 갈고리
청동퇴靑銅槌의 머리가 이집트 유물일 수도 있지만 말이다. 반면 코카서스
원산의 유물이 이집트에서 발견되었다는 데는 거의 의문의 여지가 없
다.[155]

이처럼 서남코카서스에서 나온 고고학적 증거로 보건대, 불가리아의 트
라키아처럼 주요한 파괴와 장기간의 폐허를 겪었던 것으로 보인다는 점에
서 그 지역이 침입을 받았다고 할 수 있다. 고고학과 문헌증거로 보건대,
북쪽의 침입만으로는 제12왕조 기간에 북부 아나톨리아와 코카서스 야금
술의 남쪽 확산이 설명될 수 없다. 반면에 세소스트리스가 막대한 수의 포

---

152) Mellaart(1978, p.47, map). 전기 청동기시대 II의 아나톨리아에서 야금술의 높은 발전에
　　관해서는 Yakar(1985) 참조.

153) Maxwell-Hyslop(1946).

154) Tylecote(1976, p.21); Yadin(1963, I, pp.60-62, 153-175); Maxwell-Hyslop(1946). 제9장의
　　주22-34 참조.

155) Lang(1978, p.77). 코카서스 흑요석으로 만든 두 개의 화려한 제12왕조 금박 연고항아리에
　　대해서는 Wildung(1984, p.93, plate 82) 참조.

로를 고국으로 보냈다는 그리스 저자들의 기록은 이 현상을 매우 잘 설명한다.

미트 라히네 비문이 말하는 세소스트리스 '정복'의 증거

이제 미트 라히네 비문과 이 전승을 풀어낼 수 있는 자료로 돌아가자. 비문들이 그러하듯이 미트 라히네 비문은 파라오의 영광스럽고 유익한 원정이라는 매우 동일한 그림을 제공한다. 그것의 대부분은 가축, 노예, 귀중한 물품, 특히 금속을 이집트로 보내는 것에 관심을 보이고 있다. 은에 관한 잦은 언급과 납에 관한 한 번의 언급이 있는데, 전에는 신왕국의 시기가 되어서만 수입되었다고 알려진 금속들이었다.156) 이것들은 아나톨리아, 코카서스, 혹은 그리스로부터만 올 수 있었을 것이다. 또한 세테트Stt<세체트Stt의 땅에 관한 언급들도 있다.157)

미트 라히네 비문을 토드 보물에 연계시킨다면, 세테트Stt가 아나톨리아를 포함했다는 것을 강하게 시사한다. 비문의 두 단편 행들은 예웨니iwny (테베 상류 20킬로미터 떨어진 나일 강 서안의 아르만트Armant)에 있는 왕의 몬트 신전에 바쳐진 세테트에서 온 봉헌물(금속을 포함)과 아메넴하트 2세가 체르티Drty(토드)에 있는 몬트 신전에 바친 세테트에서 온 다른 봉헌물 사이에 유사점이 있음을 보여주고 있다. 정확한 관계는 불분명하지만, 예웨니에 있는 신전과 토드에 있는 유명한 몬트 신전 사이의 유사점을 고려하면, 봉헌물들의 유사점은 가장 그럴듯하게 수용할 수 있는 것 같다.158) 예

---

156) Helck(1971, p.389). 주요 은광과 납 광산은 세빈카라히사르Sebinkarahisar 근처에 있는데, 흑해 연안의 기레순Giresun과 에르가니 마덴Ergani Maden(중부 터키, 상유프라테스 강가에 있는 디야르바키르Diyarbakir 근처)의 남쪽으로 약 90킬로미터 되는 곳에 있다. Dayton(1982a, p.166) 참조.

157) Gardiner(1947, I, p.177).

158) Farag(1980, p.78, lines 9+x and 10+x). 이 부분의 음역만이 아니라 스타일도 불분명하다. 예를 들어, 좀 더 관례적인 레디rdi 대신 디dy를 사용하거나 (데스-ds-가 아니고 -데스-ds-)를 사용하는 것을 보라. 후자의 경우 가 '맥주 항아리'를 나타내기 위해서가 아니라, 예누inw (공물)에서 사용되는 한정사처럼 일반적인 봉헌물을 나타내기 위하여 사용되고 있다. Gardiner(1957, p.530) 참조. 그리고 내가 제안하는 독음은 누(니우)n(y)w를 엔n 또는 네트nt가 아니라 'of'를 뜻하는 것으로 사용하는 것(중왕국에서는 흔한 용례이다)을 포함한다. 를 '과자'가 아니라 외국으로 읽는 이유는 그 행에서 더 이르게 (=) (세체트Stt의 구리 또는 청동)을 언급하고 있기 때문이다. 다른 많은 경우에도 그러하지만, 이 경우에 나는 에드워드 멜처에게 크게 빚지고 있다. 물론 그는

웨니의 유물은 '토드 보물'에 속하지 않는다. 그런데도 토드에 있는 몬트 신전에 아메넴하트 2세가 봉헌한 아나톨리아에서 온 금속 유물을 동일한 파라오가 바친 세테트로부터 온 봉헌물에 관련지을 수 있다는 것은 놀라운 일이다. 이처럼 적어도 중왕국에서 세테트는 아나톨리아를 포함했다는 것은 거의 확실하다. 나중에 세테트와 동일시된 '아시아'가 아나톨리아를 포함했듯이 말이다.

이 경우에 아메넴하트 2세의 지휘 하에 세테트Stt의 베르b3(파괴 또는 복속. 몬트 신에 대한 봉헌이 언급되기 직전의 행에서 언급된다)가 무엇으로 여겨지는가는 다른 의미를 지닌다.[159] 이것은 세테트Stt에 대한 유일한 언급이지만, 비문은 전에는 알려지지 않았던 아시아의 지명 세 개를 담고 있다. 이들 중 첫 번째는 ▬ 𓀀𓏏𓏲𓈖 (쳄페루Tmp3w)이다. 이것은 중부 시리아에 있는 도시 𓈖𓊪𓏲𓈖 (쳄푸Tnpw), 또는 𓂝𓏲𓈖 (N) (투니파Twn(y)p3) 즉 투니프Tunip일 가능성이 있다. 이 중요한 도시는 함무라비 치세 때부터 바빌로니아 문서에 적혀 있고 n과 m이 상호 교환될 수 있으니 같은 도시일 가능성이 대단히 커진다.[160] 그런데 𓄿(p3)가 신왕국에서 모음을 포함하는 pa를 나타내기 위해 사용되었다면, 3은 중왕국에서는 r 또는 l 같은 유음의 특성을 지녔다는 점에서 또 다른 음성학적 어려움이 있다. 의미론적 어려움은 쳄페루Tmp3w가 '납'을 생산하는 것으로서 기술되었다는 점에서 더욱 심각하다. 납이 시리아에 있었다는 것은 알려지지 않고 있다.[161] 약간의 가능성이 있는 후보는 타발루Tabalu 또는 투발Tubal이라는 땅인데, 아시리아 문서와 성서로부터 알려진 아나톨리아 중부 또는 북동부에 있는 지역으로 금속가공으로 유명하다. 「창세기」에서 그것의 이름 시조인 투발 카인Tûbal Qayîn(대장장이)은 '모든 구리 대장장이와 철 대장장이의 선생'으로서 알려져 있다. 철은 기원전 3천년기 이래로 아나톨리아에서 소량

나의 결론에 대해서는 책임이 없다. 세체트의 쓰기에 관한 또 다른 논의와 제11왕조 한 비문에서의 세체티우sttyw(아시아인들) 속에 있는 𓌙에 대한 언급은 van Seters(1966, p.107) 참조.

[159] Farag(1980, p.77, lines 8+x). 나는 Posener(1982, p.8)를 따라서 세체트Stt 앞에 있는 '새(鳥)'를 베르b3로 읽는다.

[160] Helck(1971, pp.295-297, 571).

[161] Muhly(1973b, pp.209-211)는 그 지역에 구리 광산이 있다는 보고조차도 의심한다.

으로 다루어졌다.[162] 이처럼 쳄페루Tmp3w로부터 납을 가져온 것은 아나톨리아에서 그 시기에 이집트가 가졌던 힘의 징표로 여겨진다.

비문에 담긴 다른 새로운 이름은 이집트 군대에게 파괴되거나 복속된 두 '도시'의 이름 iw3i(　)와 i3sy(　)이다. 볼프강 헬크는 iw3i를 아우-라ʾ3ur-a로 읽어내고 고대도시 우라Ura로 본다. 우라는 600년 후인 기원전 13세기에 히타이트, 우가리트, 이집트 문서들에서 발견되는데, 킬리키아 해안에 있는 중요한 도시이다.[163] 그럴 수도 있겠다. 그런데 iw3i는 또한 w3 iwr y(　)(역주: 10장에서, 신왕국 때의 이 지명을 학자들은 '월리야'로 음역한다)와도 닮은 데가 있는데, 이는 기원전 1400년경 아멘호테프 3세의 돌기둥 기부에서 발견된 에게해권의 이름으로, 대부분의 학자들은 (우)일리오스(W)Ilios(트로이)와 동일시해왔다.[164] 만약 그 이름이 w3y우에리로 읽혀질 수 있다면 동일시의 가능성이 있지만, 그렇게 읽혀질 가능성은 없는 듯이 보인다. 그러나 제3장에서 언급했듯이 고왕국으로까지 거슬러 올라가는 그리고 정치적으로 중요한 이집트 유물이 트로아드에서 발견된 것으로 본다면, 그 도시가 트로이라는 것이 내재적으로 불가능하지는 않다.[165]

멜라트는 기원전 1900년경의 파괴 목록에 트로이를 포함시켰으나, 그는 그때에 끝났던 트로이 V 지층이 불탄 것이 아니었음을 받아들였다. 그러나 그때에 범주적 단절이 있었다는 그의 주장은 옳은 것 같다.[166] 만약 iw3i가 트로이라면 미트 라히네 비문이 그 도시가 베르b3(문자적으로는 난도질된, 파괴된)되었다고 주장했던 사실은 그다지 큰 어려움을 제공하지는 않는다. 왜냐하면 적어도 신왕국에서 그 단어는 단순히 '복속하다'를 의미하기 위해 사용되었던 것으로 보이기 때문이다. iw3i와 일리오스 사이의 연계는 너무 미약해서 그 위에 실제적인 무엇인가를 근거하기가 힘들다. 그렇다고

---

162)「창세기」 4:22. 철을 다루는 것에 관해서는 Tylecote(1976, p.40) 참조. Yakar(1985)도 참조. 제11장의 주76도 참조. 특별히 아나톨리아와 관련해 m, p, b 사이에 상호 교환이 있다는 논의에 관해서는 Bernal(1990, pp.92-93) 참조. Helck(1989, p.28)도 참조.

163) Helck(1989, p.28).

164) Cline(1987, p.28). 더 자세한 논의는 제3장의 주122-124 참조.

165) 제3장의 주122; Macqueen(1975, p.18) 참조.

166) 주121 참조.

기원전 20세기 말에 아나톨리아를 휩쓸었던 파괴의 목록에서 트로이를 제외해야 한다는 뜻은 아니다(제6장에서 트로이 성벽에 있었던 아프리카 군대의 이미지를 살펴볼 것이다).

iw3i는 우라Ura와 동일시되어야 한다는 헬크의 주장은 다른 이름 i3sy알레시를 키프로스(우라 남쪽으로 바다를 건너 150킬로미터 되는 곳에 위치)로 보면 강화된다. i3sy알레시라는 이름은 형태로 보아 두 이름(역주: 아래에서 논의될 irs와 isy) 사이에 위치하는데, 두 이름 모두 큰 논쟁의 주제이기 때문에 i3sy알레시가 어디인지를 알아내기가 어려워진다. 이것들 중에서 첫 번째이자 덜 논쟁적인 것은 irs(𓇌𓏤𓊖𓈖)인데, 보통 아카드어와 히타이트어의 음역을 근거로 모음을 삽입하면 알라샤Alasia가 된다. 알라샤irs는 일반적으로 키프로스를 나타내는 이름이다. 일부 학자는 그것을 남부 아나톨리아에 있는 해안선으로서 보기도 하지만 말이다.[167] 이 이름은 신왕국에 이르러서야 이집트 및 다른 곳에서 입증된다. 중왕국 시기 동안 3이 유음이었다는 사실을 고려하면, i3sy알레시가 알라샤의 초기 형태였다는 멜처와 헬크의 제안은 그럴듯하게 여겨지고, 이것은 미트 라히네 비문의 증거와도 잘 맞아떨어진다.[168]

---

[167] Gardiner(1947, p.131); Helck(1971, pp.282-283) 참조. Strange(1980, pp.169-183)는 알라샤가 키프로스가 아니라고 주장하지만 Wachsmann(1987, pp.99-102)은 정통론을 강력히 주장한다. 박스만의 주안점은 거의 50년 앞서 Power(1929, p.156)가 주장한 것인데, 알라샤가 비블로스 북쪽에 있는 도시일 수 없다는 것이다. 왜냐하면 아마르나 편지 114에서 비블로스 왕 리브-아디Rib-Addi는 알라샤를 그의 적들을 피해 이집트로 가는 도중에 있는 곳으로 보았기 때문이다. 확신을 지니지 못한 채 메릴리스는 이 주장은 애스터에 의해 제기된 주장을 닮았다고 주장했다(Merrillees, 1987, p.59). 애스터는 텔 마르디크가 여정旅程에서 에블라로 묘사되지 않았다는 것을 근거로 텔 마르디크를 에블라와 동일시하는 것을 부정했다. 알라샤를 키프로스와 동일시하는 것은 에블라의 동일시 및 우가릿의 동일시만큼 확실한 것이 아니라는 메릴리스의 지적은 아주 옳다. 에블라와 우가릿의 이름은 풍부한 지역 문헌에 의해 입증되고 있다. 반면에 메릴리스와 같은 견해를 지닌 학자들은 알라샤의 대체적인 위치를 제시하지 않고 있고, 기원전 2천년기의 이집트어, 레반트어, 메소포타미아어, 히타이트어에는 키프로스를 나타내는 다른 지명은 없다. 이처럼 동일시는 개연성이 대단히 크다. 이상하게도 메릴리스는 애스터가 확실성을 요구한 것만이 아니라 텔 마르디크를 에블라와 동일시하는 근거가 되는 개연성을 애스터가 거부한 것을 그리도 자주 언급하면서, 자신은 알라샤를 키프로스와 그럴듯하게 연계시키는 것에 대해 동일한 방법으로 부정하고 있다.

[168] Meltzer(personal communication, 22 October 1987); Helck(1989, p.28). Vercoutter(1956, p.93, n.4)는 알라샤irs가 아케나텐 치세 후에야 나타났다는 것을 주목하고는, 알라샤irs가 아시isy보다 후에 사용되었음에 틀림없다고 주장했다. 아시isy 또한 사용되었을 것이지만

포제네는 ỉw3ỉ와 ỉ3sy가 아시아 있었음에 틀림없다고 지적한다. 왜냐하면 1,546명의 ⁽3mw(아시아) 포로들이 그곳에서 취해졌기 때문이다. 다른 약탈품은 청동 도끼, 대검, 칼을 포함하고 있으므로 아나톨리아나 키프로스와 들어맞고, 키프로스는 후기 청동기시대(역주: 기원전 1700년 이후)에 구리 주산지였던 것으로 알려져 있다. 그런데 많은 학자들은 키프로스가 기원전 2000년경 전기키프로스Early Cypriot III 시기 이래로 금속을 산출했다는 것을 받아들인다.169) 전기키프로스 III에 키프로스에 강력한 이집트의 영향이 있었던 것으로 보이고, 중왕국의 구슬과 부적이 키프로스에서 동시대의 지층에서 발견되었다. 비록 이 시기의 키프로스산 물질이 이집트에서 확인된 적은 없지만 말이다.170) 20세기 키프로스에서 파괴의 증거는 명백하지 않지만, 아나톨리아에서 일어났던 그러한 규모의 파괴는 키프로스에서 결코 발생하지 않았을 것이다.

여기에도 약간의 문제가 있다. ỉw3ỉ와 ỉ3sy 모두 도시(거의 정복된 도시들)를 나타내는 성가퀴(역주: 성 위에 낮게 쌓은 담으로 여기에 몸을 숨기고 적을 감시하거나 공격한다) 카르투시와 함께 기록되지만, 일반적으로 외국(이 비문에서는 쳄페루Tmp3w)을 나타내는 산(⌒)을 뜻하는 표식과 함께 사용되지 않는다는 점에서도 약간의 문제가 있다. 그러나 영토와 그것의 주요 도시는 항상 구분되는 것은 아니고, 도시와 나라로서 irs/알랴샤는 자주 교체되어 사용되었다. 이처럼 ỉ3sy는 엔코미 또는 키프로스의 그밖의 주요 도시일 수 있다.171)

ỉw3ỉ와 ỉ3sy의 밀접한 유사점은 두 '도시'가 우라와 키프로스처럼 지리적으로 인접했다는 것을 시사한다. 만약 ỉw3ỉ가 트로이였고 ỉ3sy가 키프로스였다면 이것은 경우에 맞지 않는다. ỉw3ỉ 주위의 엉킴은 신왕국에서 기록된 또 다른 이름인 ◁—— ⋀⦀⌒(아시isy, 역주: 제11장에서 버낼은 키프로스를 아시Asy로 표기)를 고려할 때 더욱 커진다. ỉ3sy와 매우 닮은 이 이름은 논란의 주제였고 일부 학자는 그것을 irs/알라샤의 초기 형태로 보았다.

ỉ3sy가 사용되었을 개연성이 좀 더 큰 것 같다.

169) Farag(1980, p.79, line 16+x); Posener(1982, p.8).

170) Catling(1971, pp.818-822); Merrillees(1977, pp.44-46).

171) Ward(1961, p.30). Merrillees(1987, pp.67-71)는 이 모호성을 둘러싼 이전 문헌의 완전한 개요를 제시하고 있다. Helck(1989, pp.27-28)도 참조.

그런데 1946년 고대 아나톨리아 전문가인 H. T. 보서트는 아시[isy]가 분명히 '아수와'라고 확인했는데, 아수와는 서부 아나톨리아의 한 왕국을 나타내는 히타이트식 이름으로 이로부터 그리스식 이름 '아시아'가 파생되었다.[172] 오래전인 1886년에 이집트학 학자이자 고대사가인 가스통 마스페로는 아시[isy]의 확장 범위로부터 아시아라는 이름을 끌어냈고, 그는 그것을 원래 키프로스를 나타내는 이름이었던 것으로 보았다.[173]

이 복잡한 문제에 대한 가능한 해법이 미트 라히네 비문에 기록된 이름 i3sy로부터 온다. 이것은 키프로스를 나타내는 지역적 또는 레반트식 이름인 i3sy를 그 범위를 넓혀 키프로스 북서쪽의 먼 곳까지를 망라하는 의미로 이집트인이 사용한 것으로 가정하는 것이다. 이와 유사한 경우가 16세기 인디즈[Indies](역주: 인도 제국諸國, 즉 인도, 인도차이나, 동인도 제도 전체를 총칭하는 옛 이름)라는 이름의 사용이고, 그리스인이 아시아라는 단어를 확장해서 사용하는 경우가 될 것이다. 이처럼 그 이름의 믿을 만한 어근이 나온 키프로스에서 발음이 보존되었고, i3sy가 지배적인 단어가 되었다가 후에 아시[isy]로 발음되고 기록되었다는 것이다. 이 가설은 1915년 고대사가인 웨인라이트가 도달한 결론과 잘 일치하는 것 같다. 그에 따르면, 아시[isy]는 해안에 위치했고 시리아 및 소아시아와 비슷한 점들을 지니고 있었으며 킬리키아에 연계를 맺고 있었지만 결코 섬으로서 불리지 않았다는 것이다.[174]

반면에 고대 그리스어 학자인 조르가카스는 '아시아'라는 이름에 관한 그의 상세한 연구에서 이런 주장에 대해 두 가지 반박점을 제시한다. 첫째는 이집트인에게는 이미 아시아를 나타내는 이름인 세체트[Stt]가 있었다는 것이다. 그런데 앞에서 언급했듯이 처음으로 사용하는 용어(세체트)의 모호함을 고려한다면 서부 아나톨리아에 있는 특정 지역이 i3sy라고 명명되어서는 안 될 이유는 없다고 본다. 조르가카스의 두 번째 주장은 훨씬 더 강력하다. 아수와는 아나톨리아어에서 잘 확립되어 있기 때문에 아수와에 해당하는 이집트어 어원을 제안할 필요가 없다는 것이다.[175]

---

172) Bossert(1946, pp.5-40, 177).
173) Maspero(1886, pp.361-368).
174) Wainwright(1915, pp.1-36).

아시^{isy}, 아수와, 아시아 사이의 연계는 명백하지만, 그 기원은 그렇지 않다. 마찬가지로 i3sy가 irs/알라샤/키프로스의 초기 형태이지만 또한 아시^{isy}/아수와/아시아의 기원일 수 있다. ʿ3mw의 포로 및 금속 약탈물에 관한 보고도 잘 들어맞는다. 키프로스는 이집트에 더 가깝고 그런 이유로 더 그 럴듯하게 여겨진다. 어쨌든 미트 라히네 비문에 거명된 세체트^{Stt}, 쳄페루^{Tmp3w}, iw3i, i3sy와 그 생산물은 세소스트리스의 원정대가 시리아팔레스타인 너머 키프로스와 아나톨리아로 진군했다는 것을 분명히 가리킨다.

결론

세소스트리스의 북쪽 출정에 관한 전승은 그 주제에 관련된 고고학적 또는 비문적 증거가 나오기 오래 전인 기원후 19세기 초부터 불신되었다. 그것은 무엇보다도 거의 증거가 없는 그러한 초기 시대에 관한 생각을 새로운 회의론이 용인할 수 없었기 때문에 거부되었다. 힉소스 이전의 이집트 역사에 대한 종교적인 반대도 있었는데, 그것이 천지창조에 위험스러울 정도로 가까이 갔기 때문이다. 이것에 점차 체계적인 인종주의가 더해졌음에 틀림없는데, 인종주의는 한 아프리카 왕이 레반트뿐만 아니라 소아시아와 유럽까지 군사 원정을 할 수 있다는 사실을 거북스러워했던 것이다.

이처럼 그 문제에 관해 어떤 관계를 지녔을 모든 후기의 발견은 세소스트리스의 북쪽 원정에 관한 전승이 완전히 어리석다는 '지식'의 맥락에서 검토되었다. 만약 이러한 선입견을 의문시한다면 이전에는 관계없다고 여겨졌던 여러 증거가 비교적 응집력 있는 유형에 잘 들어맞는다. 이러한 증거에는 제12왕조 군대의 막강한 힘과 군사력의 세련됨을 보여주는 누비아의 특별한 요새, 아나톨리아 및 발칸에서 같은 무렵(대단히 가능성이 크다)에 있었던 파괴, 북쪽 정복의 신 몬트에게 봉헌된 북쪽 및 동쪽의 귀금속과 보석을 소장한 토드 보물, 센워스레 1세 또는 그의 아들 아메넴하트 2세에게 봉헌된 건축물에 있는 비문과 부조 등이 있다.

---

175) Georgacas(1969, pp.39-41). Vercoutter(1956, p.181)는 이 문제를, 아시^{isy}와 아수와 사이의 연계를 간단히 부정함으로써, 피한다. Merrillees(1987, p.36)가 지적하듯이, 베르쿠테는 이 것을 '문헌적 근거에서가 아니라 역사적 근거에서' 부정한다.

미트 라히네 비문은 이집트가 그리스를 식민화했을 가능성과는 관련되어 있지 않다. 가장 가능한 방법으로 넓게 해석되고 세소스트리스에 관한 전승에 연결된다 하더라도 그의 정복은 아나톨리아 및 트라키아의 이웃 지역에만 영향을 미쳤지, 그리스 반도와 에게해권에는 영향을 미치지 않았다. 그렇다면 고대 그리스와 관련이 없는데도 왜 세소스트리스 전승을 (이 책의 이번 장과 다음 장에서) 검토해야만 하는가? 그 대답은 우선 고대모델에 관련된다. 헤로도토스 및 헬레니즘시대 그리스 저자들의 이야기는 일반적으로 가장 어리석은 것으로 생각되어왔지만 미트 라히네 비문은 그들의 이야기를 지지하고 있다. 만약 이야기 속에 진실의 실체적인 요소가 있다면 고대모델은 더욱 진지하게 검토되어야만 한다.

또한 특히 미트 라히네 비문이 보여주는 바에 따르면, 아리안모델의 지지자가 통상적으로 생각하듯이 이집트인은 항상 진취성이 없는 그리고 보수적인 민족이 아니다. 20세기 초 고전학자 폴 푸카르의 주장에 따르면, 데이르 엘 바리의 부조에서 발견된, 하트셰프수트 여왕 치세의 아프리카 해상 원정의 그림은 그러한 이미지를 완전하게 부정하는데, 이집트인이 이러한 원정을 남쪽에만 국한시켰을 이유는 없다는 것이다.[176] 아리안모델의 지지자는 그의 요점을 반박할 수 없게 되자 그것을 무시했다. 시리아-팔레스타인 너머 육지 및 바다 원정에 관한 보고를 담고 있는 미트 라히네 비문은, 아리안모델의 지지자가 '과학적 진실'을 독점하고 있다는 것을 더 이상 주장할 수 없게 된 좀 더 시의적절한 때에, 좀 더 날카로운 형태로 이 문제를 제기한다.

제1-4장에서 크레타와 보이오티아로부터 나온 고고학적 증거를 전설, 숭배, 지명의 맥락에서 자리 잡게 하는 것이 필요하다고 여겨졌던 것처럼, 나는 미트 라히네 비문과 그 내포하고 있는 의미를 조사하고자 다른 전거 특히 고고학에서 좀 더 많은 증거를 도입해야만 했다. 특정 입장에 얽매이지 않은 이러한 과정에서 엄격함이 결여되기는 했지만, 나의 확신에 따르면 이런 방법으로 얻은 전반적인 그림은 이 주제에 관해 그리고 아마도 다른 주제에 관해서도 전통론에 대한 신념을 덜 가져야 하고 고대모델에 좀

---

176) Fourcart(1914, pp.2-3). 푸카르에 관해 좀 더 알려면 제1권, pp.117, 378, 440, 530, 534 참조. 푸카르의 생각은 제4권에서 상세하게 논의될 것이다.

더 많은 신뢰를 가져야 한다는 것을 가리킨다. 그런데 그리스인의 기록을 검사할 수 있는 또 다른 가능한 정보의 근원이 있다. 고대 세계의 신화, 전설, 민속적 기억 등이다. 나는 다음 장에서 이것에 관심을 돌릴 것이다.

제6장
세소스트리스 II
－숭배적·신화적·전설적 증거－

이번 장에서 여러 문화(이집트, 레반트, 아나톨리아, 트라키아, 흑해의 동부 해안에 있는 콜키스, 마지막으로 그리스) 속에 있는 숭배의식, 신화 전승을 살펴보고, 그것이 세소스트리스에 의한 역사상의 실제적인 정복을 언급하는 것으로 이해될 수 있는 요소를 포함하고 있는지 파악하고자 한다. 내가 믿는 바로는, 놀라울 정도로 많은 징표가 있을 뿐만 아니라 역사상 그런 정복자가 실제로 있었다고 가정한다면 많은 전승 속에 있는, 전에는 설명할 수 없었던 많은 모습의 의미를 이해할 수 있게 할 것이다.

그리고 나는 이러한 요소를 제5장에서 논의된 비문과 고고학의 증거와 엮어 확실하지는 않다 하더라도 적어도 더 그럴듯하게 세소스트리스를 헤로도토스, 마네토, 디오도로스에 의해 묘사된 인물과 같은 사람으로 구체화시키고자 한다. 이러한 초상화는 그들의 저술에서 '가장 터무니없는 것들' 중의 하나라고 받아들여져왔으므로, 제12왕조의 이집트에서 수행된 정복의 대다수는 아니라 하더라도 몇몇에 역사성을 복귀시킨다면 그리스와 이집트 역사가들의 신빙성에 중요하고도 긍정적인 일깨움을 줄 수 있을 것이다.

이집트의 전승

헤로도토스, 디오도로스, 마네토가 묘사하고 있는 세소스트리스가 역사상의 인물에 관련되었다고 믿든 그렇지 않든, 그 누구도 이 저자들이 이야기를 지어냈다고는 하지 않는다. 표준적인 견해는 그들이 센워스레 1세, 센워스레 3세, 라메세스 2세에 관한 전승을 뒤섞고 오리엔트식으로 과장했다는 것이다. 독일의 이집트학 학자 빌헬름 슈피겔베르크는 1925년의 강좌에서 여전히 헤로도토스를 방어하고 있지만, 19세기와 20세기의 풍조인 생색내기와 '우리가 더 잘 안다Besserwissen'는 의식에 물든 학자였다. 그는 다음과 같이 말했다.

그(헤로도토스)의 이야기 가운데 순수하게 이집트적인 것이 많다. 예를 들어, 람프시니토스의 보물창고에 관한 유명한 이야기(121장)라든가 세계 정복자 세소스트리스의 전설(102장 이하)이 그러하다. 세소스트리스라는 이름 하에 몇몇 이집트 왕들의 업적이 열거되어 있다. 그것은 지역적 색채를 띠었다는 점에서 대단히 순수한 것이어서 이집트 파피루스에서 곧바로 나온 것으로 보일 정도이다. 그리고 마스페로는 그것들을 그의 흥미 있는 고대 이집트 민담집 속에 포함시킬 정도로 아주 옳았다.[1]

기원전 1천년기에 널리 퍼졌던 세소스트리스의 광대한 정복에 관한 이집트의 이야기가 있었다는 것을 받아들이는 것에는 어려움이 없다. 세소스트리스 또는 센워스레 1세가 신왕국 시기 동안 강하게 숭배되었다는 사실은 그의 특별한 자질에 관한 전승이 훨씬 더 오래된 것임을 시사한다.[2] 포제네는 세소스트리스의 전설상 특질은 역사적 부분을 다분히 지니고 있을 뿐만 아니라 중왕국으로까지 거슬러 올라간다고 주장했다.[3] 라메세스 2세와 같은 후기의 파라오들이 대규모로 재건축했지만, 그래도 중왕국 시기의 많은 부분과 관련된 미트 라히네 비문과 그밖의 비문들이 남아 있어 사용할 수 있을 것 같다. 연표와 파피루스에 적힌 연대기는 말할 것도 없다.

일반적으로 헤로도토스와 이후의 저자들이 저술할 당시 이미 상당한 기간 동안 세소스트리스에 관한 풍부하고 지속적인 전승이 있었던 것 같다. 아마도 알렉산드로스 대왕과 견주고자 디오도로스와 그의 정보원이 전승을 꾸몄다는 것도, 페르시아아인에 대한 경쟁심으로 그의 전설이 부풀려졌다는 오늘날 저자들의 주장이 옳을 수 있다는 것도 거의 확실하다.[4] 그러나 전승의 핵심은 훨씬 더 오래된 것이고 전승의 많은 부분이 이집트의 '정복'이 행해졌던 당대의 전거로부터 온 것이지 전승이 마음껏 부풀려진 이야기만은 아니라는 데는 거의 의문의 여지가 없다.

세소스트리스에 관해 진실을 보고하기를 원했던 기원전 5세기의 주의 깊은 역사가는 진실을 보고할 수단을 갖고 있었으리라고 여겨진다. 문제는 헤로도토스가 그렇게 할 시간과 의향을 지녔는지 여부이다. 다른 분야에

---

1) Spiegelberg(1927, p.20). 슈피겔베르크는 그의 시대의 전형적인 학자였지만, 내 생각에 그의 태도는 Diels(1887, p.423) 또는 Sayce(1885)보다 더 열려 있었고, 그런 점에서 Armayor (1985)보다도 더 열려 있었다.

2) Simpson(1984a, col.891).

3) Posener(1956, pp.141-144).

4) 제5장의 주45 참조.

관한 그의 보고를 근거로 삼는다면, 두 질문에 대한 대답은 '예'이다. 마네토와 디오도로스의 보고는 덜 명백하다. 그러나 헬레니즘시대 동안 이집트 민족주의의 압력이 있었지만, 찬반의 증거를 대조·검토하지도 않은 채 그 보고와 전거를 무시할 이유는 없다.

세소스트리스 그리고 오시리스/디오니소스

오시리스의 세계 정복에 관한 이집트 전승에는 세소스트리스의 정복 흔적이 있을 가능성이 있다. 디오도로스는 이집트인의 말에 따르면 오시리스는 신들에게 이집트의 통치를 맡기고는 자신은 음악가와 춤꾼으로 구성된 군대와 함께 원정을 떠났다고 전한다.

(오시리스는 에티오피아와 인도를 통과한 후) 코끼리 사냥에 흥미가 있었으며 도처에 자신의 원정에 관한 비문이 새겨진 석주를 남겨 놓았다. 그리고 그는 다른 아시아의 나라들도 방문했고 헬레스폰트에서 유럽으로 건너갔다. 트라키아에서 그는 리쿠르고스를 살해했고 … 마침내 오시리스는 이런 방법으로 인간이 거주하는 세계 모두를 방문했고 가장 쉽게 경작되는 과실을 도입해 공동체의 삶을 진전시켰다. 만약 어느 나라가 포도 재배를 받아들이지 않는다면 그는 보리 음료를 도입했다 … 이집트로 돌아오면서 그는 도처로부터 여러 가지 큰 선물을 가져왔으며 많은 하사품을 받은 사람들은 그에게 불사不死의 선물을 선사하고 하늘에 있는 신들에게 봉헌하는 것과 같은 영예를 주었다.[5]

한 세기 후인 기원후 100년경 플루타르코스도 동일한 투로 기록했다.

오시리스의 치세에 그가 행한 최초의 행위 중 하나는 이집트인을 가난하고 가혹한 삶에서 구출한 것이었다. 그는 그들에게 재배할 수 있는 열매를 보여줌으로써, 법을 하사함으로써, 신들을 존경하는 법을 가르쳐줌으로써 이러한 일을 했던 것이다. 후에 그는 세상 전체를 여행하면서 무기를 전혀 사용하지 않고 문명화했고, 노래와 모든 종류의 음악을 곁들여 설득력 있는 대화의 매력으로

---

5) Diodoros, I.20.

대부분의 민족을 그의 길로 끌어들였다.[6]

이 구절을 고려할 때 부딪히는 첫 번째 문제는 그것의 고대성이다. 세소스트리스의 정복에 관한 디오도로스의 묘사처럼, 인도와 코끼리 타기에 관한 플루타르코스의 언급은 오시리스의 이야기가 분명히 알렉산드로스의 영향을 받았음을 보여준다. 반면에 오시리스의 그리스 짝 디오니소스의 세계 정복 이야기는 알렉산드로스보다 시기적으로 앞서며, 오시리스 정복의 전승은 적어도 제18왕조로 거슬러 올라간다.[7] 이와 유사한 전승은 오직 이집트에서 그 기원을 찾을 수밖에 없다.

이 이야기는 주신적酒神的 풍요 숭배의 기초에 관한 신화만이 아니라 농업과 문명의 기원 및 전파의 기원에 관한 신화를 포함한다. 정복을 설명하기가 쉽지 않지만, 디오니소스 및 오시리스의 정복과 세소스트리스의 정복에 관한 디오도로스의 기술이 모두 구조적으로 유사한 것은 세소스트리스의 이야기가 디오도로스의 이야기에 영감을 제공했음을 시사한다.

이것은 에우헤메리즘의 문제로 우리를 이끈다. 제1권에서 나는 이 용어를 신이나 정령을 인간으로 바꾼다는 일반적으로 받아들여진 의미로 사용했다.[8] 나는 그 의미가 많은 부분 '우리가 더 잘 안다'는 정신에서 기인했다고 생각한다. 왜냐하면 원래 에우헤메로스Euhemeros는 '신은 위대한 인간의 신격화apotheosis였다'고 정반대로 말했던 것인데, 근·현대 학자들이 에우헤메로스보다 그 의미를 더 잘 안다고 확신하고 있었기 때문이다.[9] 그러나 제1권에서 상술된 고대 관념이 오늘날 정반대의 관념이 되어 오히려 정당화된 예가 많고, 신화적 존재를 '역사적' 인물로 '합리화하는 것'은 일반적인 과정이며 오래전으로 거슬러 올라간다는 것은 명백하다. 이 경우에 오시리스(그밖의 여러 신들도)가 원래는 이집트의 왕이었다는 전승이 제19왕조부터 「토리노 왕명록」에서 증명되고 있다는 사실은 흥미롭다.[10] 우리

---

6) *De Iside...*, 356A.
7) 제1권, pp.176-177, 6장 주193.
8) 제1권, pp.213-217.
9) Dörrie(1979).
10) Gardiner(1961a, pp.47-48).

는 많은 파라오와 후기의 왕들이 전임자 또는 자신을 신격화했다는 것을 알고 있으며, 나는 제2장에서 중왕국 파라오가 그리스 영웅에 영향을 미쳤다고 주장했다. 이처럼 인간은 때로는 에우헤메로스가 기술한 방식으로 신이 되었다.[11]

만약 세소스트리스의 실제적인 정복이 오시리스/디오니소스의 신화적 정복을 위한 모델이었다면, 원래의 의미에서 에우헤메리즘의 좋은 예가 되겠다. 두 과정이 상호 배제될 이유는 없으며, 인간이 신이나 그밖의 존재가 되는 것은 아주 가능했다. 사실 이 특정한 역사적이면서도 신화적인 이야기는 상호적인 과정의 특출한 예를 제공하는 것 같다. 신격화된 세소스트리스의 찬란한 통치와 정복은 오시리스/디오니소스의 속성과 일치한다. 오시리스/디오니소스의 신화적 정복과 문명 전파는 알렉산드로스 대왕의 영감이 되었고, 대왕의 실제적인 업적은 세소스트리스 주변의 전설과 오시리스/디오니소스에 관한 신화를 치장한다. 물론 완전히 새로운 신화와 전설을 만들어내기도 하지만 말이다.[12] 이집트에는 세소스트리스의 정복에 근거한, 두 개의 관련된 그리고 뚜렷이 구분되는 전승이 있었던 같다. 하나는 역사적인 전승이었고 다른 하나는 오시리스에 연관된 신화적인 전승이었다.

세소스트리스는 오시리스/디오니소스를 통해 간접적으로만 알렉산드로스의 삶과 전설에 영향을 미친 것이 아니었다. 직접적인 영향의 명백한 증거가 있다. 알렉산드로스의 삶은 전설적으로 윤색되어왔는데, 예를 들어 이러한 방대한 전통에서 최초의 글인 『알렉산드로스 로망스』가 그 증거이다. 그것의 가장 초기 판은 그 마케도니아인이 사망(기원전 323년)한 지 오래지 않아 이집트에서 기술되었다.[13] 이 책에서 알렉산드로스는 위대한 이집트의 정복자 센손코시스Sensonchōsis를 에티오피아 동굴 속에서 환영으로 만났던 것으로 되어 있다. 센손코시스라는 이름은 기원전 945-730년 제22왕조의 첫 파라오로부터 취해졌는데, 그리스 저자들은 그를 쇼센크Shōshenk와 세콘시스Sechōnsis 또는 세손코시스Sechōnsis라고 불렀고, 성서에서

---

11) 이에 관한 논의는 Posener(1960, p.43); Bell(1986a, p.274; 1985b); Springborg(1990, pp.209-214) 참조. 파라오와 영웅에 관해서는 제2장의 주208-210 참조.

12) 제1권, pp.176-177; 다음의 주16 참조.

13) *Alexander Romance*, 이 단편이 지어진 연대에 관해서는 Rattenbury(1933, pp.220-221) 참조.

는 시샤크Shishak로 나온다. 그런데 그 이름과 속성이 세소스트리스의 그것과 혼동되거나 섞였다는 데는 의심의 여지가 없다. 예를 들어, 마네토는 그 이름들을 교대로 사용했다.14) 또 다른 점에서 알렉산드로스는 '새로운 세손코시스'라고 명백히 불렸고, 알렉산드로스의 유해가 멤피스에 운반되었을 때 그는 '세계의 반신적半神的 지배자 세손코시스'로서 환영받았다.15) 사실 이러한 칭호의 역사성을 의심할 이유는 없다. 일반적으로 『알렉산드로스 로망스』와 이집트 정복자의 방대한 업적을 망라한 『세손코시스 로망스』 사이에는 유사점이 많다. 두 이야기 모두 프톨레마이오스 이집트와 로마시대의 이집트에서 그리고 거의 모든 곳에서 대단히 대중적이었다.16)

레반트와 아나톨리아의 전승

레반트나 아나톨리아의 어떤 문서도 그곳에서 세소스트리의 정복이나 다른 이집트의 '정복'이 있었다고 언급하지 않는다. 그런데 정복을 언급하는 것으로 볼 수 있는 전승과 기억의 징표가 있다. 가장 인상적인 것은 기원전 18-17세기에 망치나 도끼로 무장하고 상이집트의 왕관인 ⟨(헤제트ḥdt)를 쓰거나 상·하이집트의 이중왕관인 ⟨(세켐티sḫmty)를 쓰고 그 무기로 내려치는 신의 이미지이다. 그런데 때때로 그것은 더 오래된 메소포타미아적 전통을 지닌 상징적인 뿔과 결합된다.17) 조각상은 크게 보아 분명히 이집트적이지만, 그 모습들은 그 지역의 번개신인 바알, 테슈브Tessub, 타르쿤Tarkhun에 연계되어 있다.

이 모습들은 번개와 역병의 신 가나안의 레셰프와 동일시되기도 한다.

---

14) 제22왕조에 관해서는 Gardiner(1961, pp.326-334) 참조. 이름에 대한 마네토의 불확실성에 관해서는 Frs.34와 35 참조.

15) *Alexander Romance*, Pseudo Kallisthenes, I.23.2, I.34.4; III.24.

16) 두 전승 사이의 유사점에 관해서는 Rattenbury(1933, pp.219-223); Braun(1938, pp.13-18, 41-42); West(1977, pp.47-48) 참조. 『세손코시스의 로망스』와 『알렉산드로스의 로망스』는 이런 유형의 유일한 로망스가 아니었다. 특히 니노스Ninos 왕과 세미라미스Semiramis 왕비의 로망스는 9세기 아시리아 왕들의 업적을 과장하고 있다. Rattenbury(1933, pp.221-226); Braun(1938, pp.6-18); Pettinnato(1985) 참조.

17) Simpson(1953, p.86). 기원전 2천년기 비블로스와 우가릿 출신 인물에 관해서는 Amiet(1977, plates. 73-77) 참조. 뿔에 관해서는 루브르 박물관에 있는 그 유명한 석주에 새겨진 나람 신이 쓴 투구 참조(Amiet, 1977, plate 49). 그런데 이것은 왕관이라기보다 분명히 투구이다. 투구의 꼭대기는 상이집트의 백색 왕관보다 훨씬 낮다.

레셰프는 제18왕조 기간에 이집트 만신전에 받아들여졌으나 이미 중왕국 때에 그 이름에는 신의 특징이 나타난다. 서부 셈어로는 설명하기가 힘든 그 이름은 이집트어 헤리셰프Hry š.f, 그리스어로는 아르사페스Arsaphes('그의 호수에서'라는 뜻. 그들과 헤라클레스의 연계는 제2장에서 언급했다)에서 파생되었을 가능성이 있다. 사실 비블로스에서 그 이집트 신에게 바쳐진 신전에 대한 봉헌사는 헤리셰프Hry š.f와 레셰프 사이에 혼동을 보인다.[18] 레셰프가 이집트 만신전에 받아들여진 후 특별히 몬트에 연계된 것은 주목할 만한데, 몬트는 북쪽의 정복에 연계되어 있었다. 그의 그리스 짝은, 만약 나의 가설이 옳다면, 헤라클레스의 계부인 크레타의 지배자 라다만티스였다.[19]

라메세스 2세의 석주에는 다음과 같은 구절이 있다. "폐하께서 (북시리아에 있는) 격류인 오론테스 강을 레셰프처럼 건너셨다."[20] 이처럼 적어도 이집트인의 눈에는 레셰프가 왕의 북쪽 정복에 연계되어 있고, 직접적으로는 파라오와 몬트를 통해 그리고 간접적으로는 헤리셰프Hry š.f와 헤라클레스를 통해 연계되어 있다는 데는 의심의 여지가 거의 없다.

신학적인 동일시는 도상에서도 명백하다. '내려치는 신'의 모습은 외국인을 내려치는 파라오라는 중왕국의 표현을 강하게 기억하게 한다.[21] 인장 전문가인 이디스 포라다는 헤브 세드Heb Sed 또는 50년제에서 춤추는 센워스레 1세의 모습과 1-2세기 후 텔 엘 다바에서 발견된 시리아-팔레스타인의 날씨 신의 모습 사이에 유사점을 발견했다. 물론 중요한 차이점도 있었다. 그녀는 다음과 같이 주장했다.

뒤에 놓여 있는 왕의 발뒤꿈치는 땅에서 살짝 떨어져 있는 반면에, 폭풍우 신의 발은 그가 서 있는 산들 위에 평평히 놓여 있다. 더욱이 이집트 왕의 꼿꼿한 토르소는 다리를 넓게 벌려 걷는데도 움직이지 않은 채로 나타나지만, 폭풍우

---

18) 제2장의 주187 참조.

19) Simpson(1960, p.64).

20) Simpson(1960, p.65); Grdseloff(1942).

21) 이집트의 예는 Wildung(1984, p.40, plate 33) 참조. 레반트의 예는 Amiet(1977, pp.390- 393) 참조. 히타이트와 신新히타이트의 예는 Amiet(1977, p.399) 참조. 제11장의 주217- 224에 에게해권에서의 이런 모습에 대한 논의가 있다.

신의 토르소는 다소 앞으로 기울어져 있다.[22]

그러나 주목할 만한 유사점이 있다. 그러한 레반트적 모습은 기원전 3천년 기에는 발견할 수 없으므로 이집트 고왕국의 영향을 받았다고 할 수 없겠다. 반면 그 모습은 기원전 15세기 시리아에서 신왕국의 정복 이전에 잘 확립되어 있었다. 이처럼 강력한 신과 같은 파괴적인 파라오의 이미지가 기원전 15세기 투트모세 3세와 기원전 13세기 라메세스 2세의 활동에 의해 강화되었을지라도, 그것은 그러한 활동의 결과로 만들어졌을 수는 없다. 히타이트의 높고 뾰족한 모자는 비록 모습이 매우 다르기는 하지만 헤제트hdt 왕관 또는 아테프3tf( ) 왕관의 영향을 받았을 가능성이 있다. 이 연결이 없다고 하더라도 특정 시기에 이집트 파라오의 특징을 지닌 내려치는 신의 이미지가 출현한 것은 만약 세소스트리스가 그 지역에 원정했다면 쉽게 설명될 수 있다.

앞서 인용한 헤로도토스의 보고의 일부는 반복할 만하다.

세소스트리스 왕이 정복지에 세운 기념석주의 대부분은 사라졌지만, 나는 팔레스타인에서 내가 언급했던 비문과 여성의 성기를 새긴 기념석주 몇 개를 직접 보았다. 이오니아에서도 바위에 새겨진 두 개의 세소스트리스 상이 있었는데, 하나는 에페소스에서 포카이아로 가는 노상에 있고, 다른 하나는 사르디스와 스미르나 사이에 있다. 각각에 새겨진 모습은 약 2미터의 키에 오른손에는 창을 왼손에는 활을 들고 있으며 잘 어울리는 여러 가지 장비(일부는 이집트 장비이고 일부는 에티오피아 장비이다)를 갖춘 남자를 나타내고 있다. 비문은 한 어깨에서 가슴을 가로질러 다른 어깨까지 이집트 신성문자로 새겨져 있다. "내 어깨의 힘으로 나는 이 땅을 얻었노라." 정복자의 이름과 나라는 기록되어 있지 않다.[23]

이것은 멜라트가 말하는 파괴의 지대 남쪽에 있다. 그러나 그의 발표 후

---

22) Porada(1984, p.486).
23) Herodotos, II.106.

같은 시기에 속하는 또 다른 파괴가 아프로디시아스에서 발견되었는데, 그 곳은 아나톨리아의 서부 해안의 중간쯤에 위치한 밀레토스에서 내지 쪽에 있다.[24] 세소스트리스가 아나톨리아에서 정복을 행했다는 가정을 받아들 인다면 그가 그곳에 기념물을 남겨놓았다는 것은 가능한 일이다. 그런데 그 부조들은 이집트적인 것이 아니라 히타이트적인 것이었음은 거의 확실 하다. 그것들은 정확하게 에페소스에서 포카이아에 이르는 노상에서 확인 되었다. 그런데 왕처럼 보이는 인물이 히타이트식 높은 모자(이집트 왕관에 서 유래했을 것이다)를 쓰고 '도리깨'(이집트 왕의 대표적 상징물이다)를 쥐고 있다는 점에서 이집트와의 연계를 생각할 수 있다.[25]

나는 헤로도토스가 이 부조들과 이집트의 연계를 꾸며냈다는 것을 있을 수 없다고 생각한다. 훨씬 더 가능성 있는 일은 그가 지역적인 아나톨리아 의 전승이나 이오니아의 그리스 전승을 따르면서 그러한 기록을 남겼다는 것이다. 지명은 아나톨리아에 대한 이집트의 영향을 보여주는 증거의 또 다른 근원이 된다. 북쪽 해안에 있는 시노페는 헬레니즘시대에 멤피스 근 처에 있는 세-엔 하피Se(s-t)-n H'py(나일의 신 하피H'py의 장소)와 혼동되었다. 이로 인해 복합적인 신 세라피스가 명백하게 이집트 신인데도 아나톨리아 의 폰토스에 있는 시노페에서 온 것이라는 견해도 생겼다. 그런데 여기에 는 멤피스에 있는 황소 신 아피스의 신전인 에스-에트 엔 헤프S-t n Hp와 관 련된 동음이의법도 개입되었다(제1권에서 다나오스와 『탄원자들』의 논의에 서 헤프Hp와 하피H'py라는 두 이름들 사이의 동음이의법 또는 혼동을 보았다).[26] 이처럼 아나톨리아 이름 시노페는 그 기원에서 이집트 이름일 수가 있다.

훨씬 더 놀라운 예는 헬레스폰트 해협에 자리 잡은 아비도스라는 도시 이다. 이 지명은 옛날에 이집트어 아베두3bdw와 동일한 것으로서 여겨졌고, 그리스어로는 아비도스이다. 이집트의 아비도스는 종교 중심지였고 오시 리스의 무덤으로 유명했다. 보스포로스의 유럽 쪽에 있는 비잔티움의 이름

---

24) Kadish(1971, p.123).

25) 카이로 박물관에 있는 모델과 부조 참조(Wildung, 1984, pp.175-176, plates 150-151).

26) Amiet(1977, p.395, plate 518); Spiegelberg(1927, p.24); 제1권, pp.145-8. 에스-에트 엔 헤프 S-t n Hp에 관해서는 Gautheir(1925-1931, V, p.83) 참조. 시노페를 세 엔 하피Se n H'py와 동일 시한 최초의 학자는 Guignant(1828)였다. 그러나 Griffiths(1970, pp.396-397)는 그 글을 볼 수 있었으나 나는 볼 수 없었다.

은 미스테리이지만, 기원후 5세기 박식하고 헬레니즘화한 그리스 사람 논노스Nonnos에 따르면, 비자스Byzas(그 도시명의 유래가 된 건국자)는 카드모스 및 그 형제들과 비슷했다. 킬릭스는 남동 아나톨리아에 있는 킬리키아의 이름의 유래가 된 자이며, 타소스는 에게해 북쪽 타소스의 유래가 된 자이다. 두 사람 모두 그의 누이 에우로파를 찾다가 포기한 후 정착했다.

> 또 다른 사람은 등에 집을 지고 다녔는데, 이오의 신성한 혈통이자 제우스의 신성한 자손인 '비자스라는 자였다. 그는 짝이 없어도 아기를 낳는 나일의 일곱 하구의 물을 마셨고 이웃 땅에 거주했다. 그 땅에는 보스포로스 해안을 따라 물이 흘렀고, 그 옛날 언젠가 이나코스의 어린 암소가 그 물을 건넜다. 그가 저 미친 황소의 굽혀지지 않는 목을 비틀었을 때 그는 주위에 거주하고 있는 자들에게 빛을 보여주었다.[27]

고대 시에서 통상적으로 나타나듯이, 이 구절은 박식한 빗댐과 이중의미로 가득하다. '빛'은 헬레스폰트의 머리에 있는 람프사코스Lampsakhos와 관련된 것으로 보인다. 이오, 암소, 나일 강, 이나코스 사이의 얽힌 관계는 제1권에서 논의되었다.[28] 여기에서 더할 것은, 보스포로스가 전통적으로 '황소가 태우고 가다'의 장소로 보이는데, 황소로 변한 제우스가 에우로파를 보스포로스 건너 서쪽으로 데려갔다는 점이다. 그는 분명히 '미친 황소'로 언급된다. 여기서 그 미친 황소가 이집트의 북쪽 원정을 수호하는 신의 인격화로서, 즉 황소 신 몬트로서 세소스트리스를 빗대고 있을 수도 있다는 점을 생각해볼 수 있다.

비자스는 또 다른 신화적 인물인 피네우스Phineus와 비슷한데, 피네우스는 아게노르의 아들이자 카드모스의 형제로 비자스가 정착했던 바로 티니아Thynia 곳에 정착했다. 그 곳은 마르마라 해와 흑해를 가른다. 피네우스와 페네우스Peneus가 이집트어 파 누(파 누이)P3 nw(y)(남성형. 물 또는 홍수)에서 파생되었음을 제3장에서 논의했다.[29] 이 경우에 피네우스와 티니아 사이

---

27) Nonnos, III.1s.365-371, trans. Rouse(1940, I, p.127).
28) 제1권, pp.147-149 참조.
29) 제2장의 주123; 제3장의 주86-92; Apollonius, II.11.178-533 참조.

의 유사점은 이집트 자체에서 입증된 지명인 타 누웨트T3 nwt(여성형. 물의
펼쳐짐)에서 티니아를 이끌어냄으로써 설명될 수 있다.30) 이것은 해협을
나타내는 적합한 이름들로 보이는데, 해협을 통해 지중해로부터 온 항해자
는 흑해로 들어선다.

　이 지명적 증거는, 비록 이 이름들이 궁극적으로 이집트적이라 하더라
도 어떤 단계에서 또는 누구에 의해 그것이 도입되었는가를 말하는 것이
불가능하다는 사실 때문에 매우 불확실하다. 그 지명들이 세소스트리스의
'정복'까지 거슬러 올라갈 수 있겠으나, 동일하게 또는 더 가능성이 높게
후기의 접촉(직접적인 접촉, 또는 이집트 지명의 이치를 알고 있는 페니키아인
이나 그리스인을 통한 간접적인 접촉)을 통해서 온 것일 수도 있다. 고전기
시대에 이르면 이집트의 영향이 해안을 따라 느껴졌다는 것은 명백한데,
왜냐하면 레스보스에 있는 미틸레네로부터 마르마라 해의 남쪽 해안에 있
는 람프사코스와 키지코스에 이르는 모든 도시에서 암몬의 머리 문양이 새
겨진 주화를 주조했기 때문이다.31) 우리가 관심을 가지고 있는 바로 그 시
기에서 이집트의 영향으로 지적되는 것으로 보이는 유일한 이름은 마르마
라 해의 해안에 위치한 멤논의 무덤의 이름인데, 이것은 나중에 논의될 것
이다.

　시기에 관한 동일한 애매함이 이집트와 북서 아나톨리아 사이의 놀라운
종교적 유사점과도, 특히 죽는 풍요의 신(이집트의 오시리스, 셈의 아도니스,
북아나톨리아 프리기아의 아티스)에 관한 유사점과도 관련되어 있다. 이것은
제3권에서 자세히 논의될 것이다.32) 헤로도토스에 따르면, 파라오 프사메
티코스의 지시에 따라 두 아이가 어떤 언어도 들리지 않게 한 채 길러졌는
데, 그들이 말한 첫 단어는 프리기아어로 '빵'을 뜻하는 '베코스bekos'였다.
이는 프리기아어가 이 세상에서 가장 오래된 이집트어보다도 훨씬 더 오래
된 언어임을 증명하는 것이라고 한다.33) 근대 언어학자들에 따르면, 프리
기아어는 좁은 의미로 인도유럽어이고 이집트어보다는 훨씬 나중의 언어

---

30) Gauthier(1925-31, III, p.75).

31) Parke(1967, p.220).

32) Frazer(1914).

33) Herodotos, II.1-2.

이다. 그런데도 프리기아가 고대성을 놓고 이집트의 경쟁자로 보일 수 있었다는 것은 흥미롭다. 이에 대한 그럴듯한 이유는 두 나라 종교 사이의 닮은 점이다. 여기서도 이집트의 영향이 시작된 때에 관한 의문이 있다. 세소스트리스의 짧고 격렬한 침입은 종교상의 유사점을 설명하는 데에는 불리하다. 그렇다 하더라도 연대 결정의 어떤 방법도 갖고 있지 않은 지명과는 달리 아나톨리아의 숭배의식은 매우 오래된 것으로 보이며, 기원전 2천 년기까지 매우 그럴듯하게 거슬러 올라갈 수 있으니 기원전 20세기 접촉 가능성이 대단히 높아지는 것 같다.

트라키아와 스키티아

기원전 20세기 이집트의 정복에 관한 북서 아나톨리아의 더 많은 전승은 이번 장의 후반에서 그리스 전승과 함께 논의될 것이다. 여기서는 보스포로스의 다른 측면인 트라키아에 미친 이집트의 영향의 흔적을 대강 훑어 볼 것이다.

헤로도토스와 후기의 저자들은 사트라이Satrai와 베소이Bessoi라고 부르는 트라키아의 부족 집단 사이에서 행해졌던 디오니소스의 숭배의식에 관한 글을 썼다.[34] 나는 제4권에서 사티로이Satyroi처럼 사트라이라는 이름은 이집트어 동사 센체르sntr(성화하다)에서 나온 센체루*Sntrw의 형태에서 파생되었음을 주장할 것이다. 마찬가지로 베소이라는 이름은 동사 베스bs(시작하다)에서 나온 이집트어 베수*Bsw(입문자들)에서 파생되었을 가능성이 높다. 나는 벤디스Bendis와 세바지오스Sebazios 같은 트라키아 신들의 이름은 이집트적 기원을 갖고 있을 것이라는 점도 제안할 것이며, 오르페우스교의 트라키아적 측면과 이집트적 측면 사이의 유사점에 주의를 환기시킬 것이다. 내가 이러한 유사점을 본 최초의 사람이 아니라는 말을 덧붙여야겠다. 많은 학자들이 트라키아-프리기아와 아프리카 사이에서 보았던 많은 유사점을 설명하기 위해 '리비아-트라키아적 기층基層'을 언급해왔다. 그러나 나에게는 그 유사점이 이집트의 영향의 결과로서 더 그럴듯하게 설명될 수 있는 것으로 보인다.[35]

---

34) Herodotos, VII.107-109; Strabo, *Geography*, VIII.319 and frg.VII; Pliny, *Natural History*, IV.18, 11, 40. Paulinus, Harrison(1903, p.371)에서 재인용.

그런데 프리기아 숭배의식과의 유사점이나 그러한 영향의 연대를 정하기가 어렵다. 오시리스 숭배(이것에서 디오니소스 숭배가 파생된 것 같다)는 암몬신의 숭배(나는 암몬신의 숭배에서 제우스와 관련된 숫양 숭배가 나왔다고 믿는다)처럼 제12왕조에서 번창했다. 이러한 숭배의식은 그 후 '정복'의 시기에 도입되었을 것이다. 입문의 신 베스Bes 숭배와 게브/오르페우스 숭배 같은 많은 이집트적 요소들이 훨씬 후기에 왔던 것으로 보인다. 예를 들어, 트라키아에서 발견된 주화의 도안에는 암몬의 머리가 새겨져 있는데, 이로부터 이집트 숭배의식의 영향을 알 수 있다.[36] 기원전 1천년기 초에 그러한 영향이 있었다는 것은 그 시기 북 에게해에 페니키아인의 상당한 현존과도 잘 맞아떨어진다. 그러한 영향은 숭배의식의 유사점만이 아니라 역사적으로, 고고학적으로, 지명학적으로도 예증될 수 있다. 다른 천년기들에서도 그랬듯이 그때에도 페니키아인은 이집트 문명의 많은 부분을 흡수했고 발전시켰다.[37] 이처럼 트라키아에 대한 이집트의 문화적 영향의 명백한 증거가 있다 하더라도 그중에서 어떤 것도 기원전 2천년기 초와 세소스트리스의 정복으로 거슬러 올라가는 것을 보여주기란 불가능하다.

내가 알기로는 남러시아에 있는 스키티아에서 세소스트리스 또는 그 어떤 이집트인에 관한 전승도 없다. 비록 아프리카 군대가 통과했다 하더라도 스텝에서의 정치적 소요와 그 이후 2천년 동안 기록의 완전한 부재를 감안한다면 사람들의 기억이 보존되었을 것 같지 않다. 그런데 흑해 동쪽의 상황은 매우 다르다.

콜키스: 이집트의 식민지인가

콜키스는 오랜 문화적·언어적 지속성을 지닌 지역이다. 그곳에서는 코카서스어의 두 유형의 언어인 카르트벨리안어Kartvelian(그루지아어 중에서 가장 잘 알려진 언어)와 북서 코카서스어 중 하나인 압카즈어Abkhaz가 초창기 이래로 사용되어왔다. 이곳에서 발생한 유일하고도 주요한 변화는, 기원후

---

35) Cook(1914-1940, I, pp.400-401); Parke(1967, p.159).
36) Cook(1914-1940, I, p.371); Parke(1967, p.220).
37) 제3권 참조. 그렇다고 영향의 일부가 기원전 2천년기 후반에 그 지역으로 들어올 수 있었다는 것을 부정하는 것은 아니다.

9세기 아랍 지배의 시기에 산악지대의 내륙 이베리아-그루지아인이 해안으로 돌입한 사건이었다. 이 사건으로 아열대 해안 콜키스의 원原서부-카르트벨리안어를 말하는 주민은 남쪽과 북쪽으로 떠났고 그곳에서 압카즈어를 말하는 자들과 섞였다.[38] 그런데 좀 더 최근의 언어 집단들(아르메니아어, 이란어, 터키어)도 그곳에 있다. 그 지역은 항상 특별하게 언어적 다양성을 보여주는데, 일부는 압카즈어가 지속성을 지니고 있었기 때문에, 일부는 코카서스를 통한 많은 이주 때문에, 그러나 핵심적으로는 산악지역으로 인한 지리적 고립성 때문에 그러했다. 기원전 1세기 스트라본은 상이한 70개의 부족이 디오스키리아스Dioskyrias(오늘날의 수쿠미)의 시장에 섞여 있다고 보고했다.[39] 해안에서의 이러한 혼합은 오늘날 다양한 신체적 유형에 반영되고 있는데, 랭은 '수천 년간의 인종적 혼혈'의 결과로 보고 있다.[40]

이것을 고려하면서 세소스트리스의 정복에 관한 헤로도토스의 기록에 돌아가보자.

돌아오는 길에 세소스트리스는 파시스Phasis 강에 이르렀는데, 여기에 군대의 일부를 남겨놓고 정착시켰을 가능성이 크다. 또는 그의 장병 일부가 행군으로

---

38) Lang(1966, pp.20-22). 코카서스의 알바니아인이 발칸의 알바니아인과 아무 관계가 없듯이, 그루지아의 이베리아인은 스페인의 이베리아인과는 아무 관계가 없다. '이베리아'라는 이름에 대한 그 지역의 설명에 따르면, 아르메니아식 및 페르시아식 이름인 비르카Virkʻ가 그루지아인에게 적용된 것에서 유래한다(Lang, 1966, p.18). 그런데 나는 이베리아인과 히브리인 모두의 이름을, 기원전 2천년기 레반트에서 흔했던 이프리(이브리)ʿp/bri라는 이름에서 끌어내는 것이 더 개연성이 있다고 생각한다. 비록 Moshe Greenberg(1955, pp.86-87)가 세심한 이름 연구에서 그것을 언급하지 않고 많은 수의 이프리(이브리)ʿp/bri가 근처 도시들이나 그 주변에 정착했다는 것을 예증하였지만, 나는 동사 아바르ʿâbarʾ(건너다)와 에베르ʿêberʾ(건너편 지역)로부터 그리고 이프리(이브리)ʿp/bri의 무법자와의 연계로부터 그 이름을 끌어냈던 전통론이 설득력이 있다고 생각한다. 흥미롭게도 스페인과 코카서스 모두에서 이베리아인은 해양 경제 활동에 종사하는 '문명화된' 해안 인구에 대비되는 동화되지 못한 내지 사람이었다는 것은 주목할 만하다. 이러한 지명의 어원의 기초를 17세기 보샤르Bochart가 확립했다. 스코틀랜드를 나타내는 가장 오랜 이름인 Albany와 마찬가지로 Albanian이라는 이름, 도버의 하얀 절벽의 Albion, 레바논 등의 세 이름은 모두 셈어와 인도유럽어에 공통적인 어근인 √(a)lbn라반(히브)(역주: '하얀'이란 뜻)에서, 즉 석회암 또는 눈 덮인 산들로부터 온 것이다.

39) Strabo, XI.2.16.

40) Lang(1966, p.18).

인해 병을 얻어 탈영했을 수도 있다. 나는 어느 가정이 옳은 것이지는 확실히 말할 수는 없으나, 콜키스인들이 이집트 사람 혈통이라는 것은 의심할 수 없는 사실이다. 누군가가 그것을 언급하는 것을 듣기 전에 나는 이미 주목하고 있었고, 그런 생각이 들자마자 나는 콜키스와 이집트 두 곳 모두에서 사람들에게 질문을 던졌다. 콜키스인은 이집트인이 그들을 기억하는 것보다 더 뚜렷이 이집트인을 기억하고 있음을 나는 알게 되었다. 그런데 이집트인은 원래의 콜키스인은 세소스트리스 군대의 사람들로 생각한다고 말했다.[41]

이아손과 황금양털: 콜키스의 흑인 인구에 대한 증거

지금까지 흑해 지역에 관해 가장 잘 알려진 그리스 전승은 '이아손의 황금양털을 찾아서'라는 전승이다. 이것은 기원전 3세기 이집트의 알렉산드리아에서 로도스 출신의 아폴로니오스가 쓴『아르고 호 이야기』에 가장 응집력 있게 표현되었다. 전설은 보이오티아의 오르코메노스의 왕 아타마스로부터 시작되는데, 그는 마지못해 자신의 자식인 프릭소스와 헬레를 제물로 바치게 되었다. 그때 제우스는 그들을 구하기 위해 숫양을 보냈고, 숫양은 그들을 등에 태우고 헬레스폰트(이곳에서 헬레는 떨어진다)와 흑해를 가로질러 콜키스에 이른다. 그곳에서 숫양은 제물로 바쳐지고 그 황금양털은 보관되다가 이아손이 훔친다.

마이클 애스터는 이 이야기와 아케다Akedah의 이야기(아브라함이 이삭을 묶어 제물로 바치는 이야기) 사이에 놀라운 그리고 얽혀 있는 유사점을 보여주었다. 애스터는 아타마스 전설은 그리스에 대한 셈의 영향의 결과라고 주장한다.[42] 그런데 전파론의 위대한 옹호자인 제라즙호이R. A. Jairazbhoy는 이집트 종교에서 숫양 및 양털이 갖는 중요성을 지적하며, 헤로도토스의 구절을 언급한다. 헤로도토스는 숫양 신 아몬을 섬기는 테베인이 왜 숫양을 희생 제물로 바치지 않는지를 설명한 후 다음과 같이 말했다.

그러나 일 년에 한차례 벌어지는 제우스(아몬) 축제 때 그들은 관습을 깨고

---

41) Herodotos, II.104-105.
42) Lloyd(1967, pp.164-165, 282-283).

숫양을 그러나 단 한 마리만 도살한다. 그들은 그 동물을 여러 조각으로 자르고, 가죽을 벗기고, 그 양털을 제우스의 조각상 위에 걸친다. 옛날 제우스가 양털을 걸쳤듯이 말이다.[43]

이 구절에 대한 그의 상세한 주석에서 로이드는 이 의식에 대한 헤로도토스의 기술은 '아마도 옳을' 것이라고 결론짓는다.[44] 아몬, 제우스, 숫양 사이의 밀접하게 얽힌 관계는 제4권에서 논의될 것이다. 단지 나는 여기에서는 숫양으로서 그리고 신탁으로서 아몬의 전승이 우선 신왕국의 테베에서 입증되지만 중왕국으로까지 거슬러 올라갈 수 있다는 것을 언급할 것이다.[45] 이것은 우리를 콜키스로 다시 이끄는데, 스트라본은 콜키스에서 프릭소스가 확립한 신탁에서 숫양은 결코 제물로 바쳐지지 않았다고 보고한다.[46]

콜키스의 숫양 또는 양털을 둘러싼 전승과 숫양으로서 아몬의 이집트 숭배는 매우 밀접한 유사점이 드러난다. 제라즙호이는 양털을 큰 뱀이 지키고 있는 것으로 묘사하고 있는『아르고 호 이야기』의 한 구절에 주목한다. 그는 이 구절을 왕과 관련된 아몬의 숫양 머리를 지닌 아몬-레의 이미지에 연계시키는데, 숫양 머리 위에는 태양 원반과 레의 뱀 머리를 지닌 우레우스가 얹혀 있다. 만약 둘 사이에 관련이 있다면, 레에 관한 이 기록이 제18왕조에서만 발견되는 것으로 보아 후기의 영향을 가리키는 것 같다. 제라즙호이가 제시한 예는 제19왕조에 속한다.[47] 아나톨리아의 숭배 의식의 경우처럼, 대체로 보아 이 추정적인 이집트의 영향이 콜키스에 언제 도착했는가에 대한 징표는 없다.

얼핏 보기에 이아손은 기원전 13세기에 항해했던 것으로 여겨진다.[48] 사실성을 지녔든 아니든 이 전설은 살아남아 전해지는 가장 초기의 서사시

---

43) Herodotos, II.41; Jairazbhoy(1985, p.60).
44) Lloyd(1976, pp.192-195).
45) 제3권 그리고 Borghouts(1980, pp.33-46) 참조.
46) Strabo, XI.2.17-18.
47) Argonautika, II.402; Jairazbhoy(1985, pp.59-60).
48) 에라토스테네스에 따르면, 기원전 1225년, 유세비오스에 따르면 기원전 1263-1257년이다. Bacon(1925, p.143).

무리에 속한다. 기원전 10세기에 저술활동을 했던 헤시오도스는 프릭소스와 황금양털을 언급[49]한 것으로 보아 그 전승은 적어도 그 시기로 거슬러 올라간다. 물론 아폴로니오스의 콜키스 보고의 정확성을 평하기란 불가능하다.

그러나 랭은 다음과 같이 평가했다. "『아르고 호 이야기』의 세부 묘사가 대단히 많은 고고학적 발견물을 확인해주고 있다는 사실은 언급할 만하다. 물론 히타이트, 아시리아, 우라르투Urartu(역주: 아르메니아에 위치) 전거들 속에 흩어진 언급도 확인해주고 있다." 랭은 아르고 호 선원들이 콜키스로 가는 도중 만나는 사람들에 관해 상세하게 설명하면서, 소비에트 발굴단이 콜키스에 대한 아폴로니오스의 기록을 확인하였음을 강조한다.[50]

이처럼 남 흑해와 동 흑해에 관한 고대 저자들의 기술은 그 당시만이 아니라 그 이전 많은 세기 동안에도 믿을 만한 것이었다. 1,600년 전의 사건에 연관된 콜키스 전승에 대한 아폴로니오스의 보고가 사실인지의 여부는 또 다른 이야기이다. 그렇다고 콜키스 또는 아이아Aea의 역사에 관한 서사시의 다음의 구절을 빠뜨리는 건 어리석은 일이다.

회전하는 별자리가 아직 존재하지 않았을 때를 기억하라. 사람들이 신성한 다나오이 종족을 헛되이 찾고 있었으나 아피다나오이Apidanaean의 아르카디아인(달이 그곳에 있기 전에 그들은 언덕에서 도토리를 먹고 살았다)만을 발견했을 때를 생각해보라. 고귀한 데우칼리온의 공자들이 펠라스고이인의 땅을 통치하기 이전의 시절이 있었다. 그 시절에 더 이른 종족의 어머니 이집트는 곡물이 풍부한 새벽의 나라로서 알려졌고, 흐르는 곳마다 물로 적시는 나일 강은 트리톤이라고 불렀다. 그 관대한 강은 아직 비가 내리지 않는 땅을 통과해 흐르면서 자신의 물을 넘치게 해 곡물을 풍성히 생산하게 했다. 이제 우리는 이 나라로부터 한 왕이 강하고 충성스러운 군대의 지지를 받으며 출발했고 유럽과 아시아 전체로 진군해 그가 가는 곳에 많은 도시를 세웠다는 이야기를 듣고 있다. 비록 일부는 세월의 짐에 항복했지만 그들 중 일부는 살아남았다. 그

---

49) Hesiod(Merkelbach and West, 1983, frag.68 and 255) from the *Catalogue of Women* and the *Great Eoiai*, Loeb, p.177.
50) Lang(1966, pp.65-69).

러나 오늘날에 이르기까지 아이아는 그 왕이 그곳에 정착시켰던 바로 그들로
부터 내려온 사람들로서 건재하고 있다.[51]

이 구절은 흥미로운 것으로 가득 차 있다. '회전하는 별자리'는 춘분점
세차와 2만 6천년이라는 태양년의 '거대한 해'와 관련된 것으로 보인다.[52]
플라톤의 아틀란티스 연대 표기처럼 이것과 아폴로니오스의 다른 천문학
적 언급은 수학적 상징과 시적 과장법의 결합으로 보이는데, 이는 가장 오
랜 그리스 전승이 시작하기 이전의 기간을 언급하기 위해 사용되고 있다.
나일 강을 나타내기 위해 트리톤이라는 이름을 선택한 것은 다음에 논의할
것이다. 'Apidanaan'(역주: '펠로폰네소스의 다나오이인들'이라는 뜻)에서 아피
Api는 펠로폰네소스를 나타내는 비전적秘傳的인 이름과 관련된 것으로 보
이는데, 이것의 복잡한 이집트 기원은 제1권에서 논의되었다.[53]
　'유럽과 아시아 전체로 진군한' 이집트 왕에 대한 언급은 오랫동안 세소
스트리스에 관련된 것으로 여겨졌다.[54] 그러므로 나는 아폴로니오스가 이
집트의 콜키스 식민화에 대한 헤로도토스의 보고(일부는 당대의 이집트의
허구적 자료로부터 보충된)에 근거하고 있는지, 또는 그가 역사적 전승을 직
접적으로 언급하고 있는지를 살펴볼 것이다.
　앞에서 기술했듯이, 아폴로니오스는 그의 일생 대부분을 알렉산드리아
에서 보냈다. 더욱이 그는 대단히 학식 있는 사람으로 여겨져 그곳에 있는
거대한 도서관의 관장으로 임명되었다. 흑해 지역에 관한 다른 보고의 정
확성으로 미루어 보아 헤로도토스와는 별도로 그가 그것에 관해 많은 것을
알고 있었음을 알 수 있다. 나는 두 사람 모두 콜키스 전승(콜키스가 이집트
인에 의해 식민화되었다는 전승)을 보고하고 있는 것이 그럴듯하다고 생각한
다. 물론 전승에 진실이 담겨 있는지, 또는 그 전승이 오랫동안 전해 내려
온 중요한 고대 유산을 보존하려는 어느 옛 민족의 시도인지는 말하기가

---

51) Apollonios, IV.260-280.
52) Santillana and von Derchend(1969, pp.58-59) 참조. 춘분점 세차에 관해서는 제1권,
　　 pp.192-193 참조.
53) 제1권, p.145.
54) Riew intro. to Apollonios, pp.27-28 참조.

대단히 어렵다.

　헤로도토스는 전승을 후자의 경우라고 보고 자신이 독자적으로 이를 확인했다고 믿었다.

> 나의 추정은 콜키스인의 피부색이 검고 곱슬머리라는 사실에 근거한다. 하지만 그것만으로는 부족하다. 그런 특징을 지닌 민족은 그밖에도 많기 때문이다. 더 유력한 증거는 세상에서 콜키스인과 이집트인과 에티오피아인만이 처음부터 할례를 받는다는 것이다. 페니키아인과 팔레스타인에 사는 시리아인은 그런 관행을 이집트인에게 배웠다고 인정하고 있고, 테르모돈 강과 파르테니오스 강변에 사는 시리아인과 그들의 이웃인 마크로네스족은 할례를 근래에 콜키스인에게 배웠다고 말한다. …
> 　콜키스인이 이집트인과 유사한 점 또 하나를 밝히겠다. 콜키스인과 이집트인만이 아마를 같은 방법으로 가공한다. 그들의 전반적인 생활방식과 말도 서로 비슷하다. 헬라스인은 콜키스산 아마를 사르도니코스 아마라 부르고, 이집트에서 수입된 아마는 이집트 아마라 부른다.[55]

아마포의 생산을 눈여겨보라. 그것은 또한 코파이스 호숫가의 특징이었는데, 제2장과 제3장에서 보았듯이 그 호숫가에는 이집트 영향을 강하게 시사하는 것들이 있다.[56] 그러나 언제 그 기술이 보이오티아와 콜키스로 퍼졌는지를 말할 수 있는 방법이 없다. 비록 그것이 전파의 경우이기는 하지만 말이다. 불행하게도 콜키스 아마와 할례의 분포에 관한 헤로도토스의 기술은 그 자체로는 대단한 중요성을 띠고 있지만 검토할 수는 없다.

　그런데 검은 피부색에 관한 호기심을 끄는 증거가 있다. 헤로도토스가 그것을 언급한 유일한 고대 저자가 아니다. 그보다 좀 더 나이 많은 동시대인 핀다로스는 검은 피부의 콜키스인에 대한 이아손의 원정을 언급했다. 비록 헤로도토스의 영향을 받았을 수 있다 하더라도 후기의 저자들도 콜키스인의 검은 피부색을 언급한다.[57]

---

55) Herodotos, II.104-5(천병희의 번역을 대본으로 삼아 약간 수정했다).
56) 제2장의 주1 참조.
57) Pindar, *Pythian Odes*, 4.11. Vradii(1914, pp.116-117) 참조. Prokopios, *Wars*, VIII.3.10-12.

신체 인류학은 도움이 되지 않는다. 이베로-그루지아인이 거주하는 산악지대의 인구는 상당한 신체적 지속성을 보인다. 오늘날의 그루지아인이 그러하듯, 그 산악지대 사람들은 코카서스인의 전형적인 두상인 '단두형短頭形'이다. 반면에 콜키스의 해안가는 상당한 혼합을 보이는데, '장두형'도 포함되어 있다. 장두형 인구는 아프리카 출신일 수 있다.58) 압카즈어를 연구하는 언어학자이자 인종학자인 드미트리 굴리아는 콜키스인의 아비시노-이집트적 기원을 믿는 학자인데, 압카즈의 지명, 신의 이름, 인명에서 이집트의 영향의 흔적을 발견했다고 주장한다.59)

모든 것 중에서 가장 기대를 갖게 하는 증거는 기원후 20세기에 압카즈 공화국의 수쿠미 주변과 고대 콜키스의 북쪽에 이르는 지역에 아프리카 흑인 인구가 존재한다는 것이다. 적어도 이 흑인의 일부가 압카즈가 터키 제국의 일부였을 때인 기원후 16-18세기 동안 노예로 아프리카에서 왔다는 것은 명백하다. 그런데 그 공동체는 소비에트가 인종간의 결혼과 분산정책을 통해 흩으려고 했음에도 불구하고 여전히 살아남아 있는 것으로 보인다. 그 공동체는 그 지역에 뿌리를 깊이 내리고 있는데, 구성원의 대부분은 압카즈어만을 말한다.60)

현재의 압카즈 공화국의 흑인이 헤로도토스가 보았던 그 흑인의 자손인지에 관한 논쟁이 1세기 여에 걸쳐 러시아와 그루지아 학계에서 논의되고 있다. 좀 더 최근에 미국 저자인 패트릭 잉글리시는 비록 무비판적이기는 하지만 박학하고 중요한 논문을 발표했다. 그는 콜키스에 흑인 인구가 있었다는 믿음이 헤로도토스 이후 800여 년이 지난 기원후 4세기 말경 소프로니우스Sophronius(성 제롬)의 저술 속에 여전히 나타나고 있음을 보여주었다.61) 이것은 그 지역의 흑인에 관한 고대와 근대의 보고서 사이의 간격을 1,200년쯤(역주: 터키 제국 시기인 16세기와 소프로나우스의 저술이 기술한 4세기 사이의 간격)으로 줄이는데, 코카서스에 있는 다른 인종 집단의 지속을 감안한다면 고대 흑인 인구의 지속도 가능할 수 있다. 한편으로 콜키스의

---

58) Lang(1966, pp.19-20); English(1959, pp.49-50).

59) Tynes(1973); Blakely(1986, pp.10-11).

60) Blakely(1986, pp.5-12, 75-80).

61) English(1959, p.53). Bochart(1646, IV.XXXI, p.286)는 그러한 언급을 인용했다.

아열대기후가 다른 시기의 아프리카인에게 끌리는 기후였을 수도 있겠다.

영적인 지리학

일명 '신성한sacred' 또는 '영적인 지리학spiritual geography'의 견지에서 이집트와 콜키스 사이에 얽혀있는 얽힌 지명의 짝들을 살펴보자. 아폴로니오스의 구절로 되돌아가자.

> 고귀한 데우칼리온의 공자들이 펠라스고이인의 땅을 통치하기 이전의 시절이 있었다. 그 시절에 더 이른 종족의 어머니 이집트는 곡물이 풍부한 새벽의 나라로서 알려졌고, 흐르는 곳마다 물로 적시는 나일 강은 트리톤이라고 불렀다. 그 관대한 강은 아직 비가 내리지 않는 땅을 통과해 흐르면서 자신의 물을 넘치게 해 곡물을 풍성히 생산하게 했다.[62]

제2장에서 보았듯이, 트리톤Tritōn은 이집트어 테리트tryt(존경)에 연계되어 있는 것 같고, 리비아에 있는 여러 강들의 이름이었다. 트리톤은 아마도 포세이돈의 아들이었을 것이다.[63] 아폴로니오스는 계속 기록해나간다.

> 그러나 이날에 이르기까지 아이아Aea는 그대로이다. 그 왕이 그곳에 정착시켰던 자들의 후손이 주민인 것이다. 더욱이 그들은 선조들이 제작했던 지도를 새겨 넣은 석판을 보전해오고 있는데, 거기에는 땅과 바다의 윤곽과 모든 방향으로 향하는 길들의 윤곽이 담겨 있다. 지도에는 오케아노스의 가장 먼 지류인 강이 보이는데, 상인들의 배가 드나들 수 있을 정도로 넓고 깊은 강이다. 그들은 그 강이 아이아로부터 아주 멀리 떨어진 곳에 있다고 하였는데, 이스트로스 강(일반적으로 다뉴브 강으로 받아들여진다)이라고 명명했다. 북풍이 있는 곳을 훨씬 넘어 그 원류들이 리파이오이 산맥에서 아래로 돌진해 내려온다. 그 후 그것은 한동안 하나의 흐름으로서 끝없는 평원을 관통해 흐르지만, 트라키아와 스키티아의 경계에 이르게 되면 나뉘어져서 한 지류는 이오니아 해(흑

---

62) 주51 참조.
63) 제2장의 주53 참조.

해)로 흘러들고, 다른 한 지류(론 강?)는 남쪽으로 흘러 시실리 해 북쪽 깊은 만으로 흘러든다. 만약 아켈로오스 강이 헬라스로부터 시실리 해로 흐른다는 나의 생각이 옳다면, 시실리 해는 여러분의 해안을 적시고 있는 것이다.[64]

『아르고 호 이야기』는 흑해를 따라 상대적으로 차분하고 정확한 여정을 보이다가 이 지점부터 유럽과 지중해를 가로지르면서 미친 듯 돌진한다. 명백히 이 시詩의 세계적 국면은 지역을 초월했다.

　두 거대한 강, 나일 강과 다뉴브 강에 관한 언급은 중요하다. 나는 제7장에서 나일 강과 세계 주위에 있는 거대한 물 또는 '대양ocean'을 나타내는 이집트 이름 예트루itrw(나는 이것이 그리스어에서 어근 아틀라Atla로 나타난다고 믿는다)가 '아틀란틱Atlantic'에서만이 아니라 다뉴브라는 이름에서도 찾아볼 수 있음을 주장할 것이다. 아폴로니오스는 이 구절에서 죽은 자의 영혼이 통과해 항해해야 한다는 의미에서 실제적인, 천상적인, 지옥의, 영적인 지리를 동시에 언급하고 있다.

　이런 유형의 지리에 대한 가장 상세한 기술은 「파이돈」에 있는데, 그곳에서 플라톤은 죽음과 불멸성에 관한 소크라테스의 마지막 연설을 전한다.

　　땅은 매우 크며, 헤라클레스의 기둥과 파시스 강 사이에 거주하는 우리는 마치 연못 주변의 개미나 개구리처럼 바다 주변에 있는 땅의 작은 일부에서 살고 있으며, 다른 여러 사람들은 다른 여러 지역에서 살고 있다고 나는 믿는다.[65]

지리학의 평면 위에 거칠게 놓인 그의 우주관은 자의식에 의해 제한되고 있다. 그 우주관은 지중해 및 흑해 분지에 집중되고 있는데, 그 주위를 둘러싸고 있는 천상의 대양 또는 지상의 대양의 주위에서 발원한 네 개 또는 그 이상의 거대한 강들이 이 분지들 속으로 물을 부어댄다. 태양에 의해 지중해에서 증발된 물의 신비는, 플라톤이 호메로스를 인용했듯이, '땅 아래에 있는 가장 낮은 심연'으로의 흐름이라는 견지에서 설명되었다.[66] 네

---

64) Apollonios, IV.270-293.

65) *Phaedo*, 109B.

66) *Phaedo*, 8.14 and 112.A. 매혹적이고 신나지만 궁극적으로는 아주 잘 이해되지 않는 이 문제

개의 흐름은 일반적으로 남쪽의 나일 강, 서쪽의 대서양에서 헤라클레스의 기둥을 통한 유입, 북쪽의 다뉴브(그리고/또는 론 강과 포 강), 동쪽에서의 파시스 강을 이른다.

K3š케레쉬와 콜키스: 이집트어의 파생어인가

이집트를 흐르는 나일 강의 상류에 있는 땅과 콜키스에 있는 파시스 강의 풍요로운 계곡이 '이승'의 두 극단임을 고려한다면, 그리고 두 지역에 흑인이 거주했음을 고려한다면, 이 두 영역이 동일한 이름 케레쉬K3š/콜키스Kolkhis를 공유하지 않았을까? 이를 조사하기 전에 흑해에 이집트 지명이 존재했다는 것이 불가능하지만은 않다는 것을 보여주는 몇 가지 예를 살펴보자. 이미 시노페와 아비도스를 언급했지만, 또 다른 더욱 놀라운 예가 있다.

폰토스Pontos라는 이름은 고전기에 아나톨리아의 북부 해안과 러시아의 남부 해안만이 아니라 흑해에도 주어졌다. 그것은 '바다'를 나타내는 많은 그리스 단어 중 하나였다. 그것은 인도유럽어 어근 펜트pent(걷다, 길)에서 파생되었다고 전통적으로 여겨왔다. 그것에서 파생된 단어 중에는 라틴어 폰스-폰티스pons-pontis(다리)와 영어의 'path'가 있다. 뒤에서 논의하겠지만 바다 사람들조차 바다를 장벽 또는 변경으로 보는 것이 흔하고 인도유럽어에서는 그 어근이 그런 뜻으로 비슷하게라도 사용된 예가 없다고 하더라도, 바다를 '길' 또는 '통로'로 여겨서는 안 될 이유는 없다. 이것은 에게해와 흑해를 연결하는 헬레스폰트Hellespont에도 잘 들어맞는다.

그런데 그것이 폰토스(흑해)의 한쪽 땅에만 사용된다는 것은 문제를 제기한다. 이 점에서 폰토스는 이집트 지명 푼트Pwnt에 더 잘 상응하는 지명인 것 같다. 푼트는 홍해와 인도양에서 항해로 도달할 수 있는 지역이었다. 홍해와 인도양에서 적도 생산물이 이집트로 들어왔다. 비록 그 이름이 북쪽 지역을 위해 사용되었다는 기록은 없지만, 장소는 짝을 이루어 존재한다는 것이 이집트 우주론과 지명 작명법의 표준이었다. 그리스와 로마의 지리에서 '짝이 되는 두 장소coincidentiae oppositorum'는 보통 동과 서였다.[67] 예를 들어, 두 곳의 에티오피아가 있었다. 그런데 나일 강의 축을 따라 남

에 관한 논의는 Santillana and von Derchend(1977, pp.179-212) 참조.
67) Nagy(1979, pp.206-7) 참조.

북으로 긴 이집트에서는 그 짝이 일반적으로 '남'과 '북'이었다. 하이집트의 거의 모든 도시의 이름이 상이집트에도 있다. 외부의 지명에서도 때로는 동일했다. 예를 들어, 앞에서 언급한 북쪽의 세체트와 남쪽의 세체트가 있었다. 마찬가지로 타 네체르T3 ntr(聖地)는 아나톨리아로부터 동아프리카까지 펼쳐 있거나, 또 다른 남쪽과 북쪽의 쌍을 나타냈다.

이런 방식으로 보면 먼 남쪽과 먼 북쪽에 있는 케레쉬K3š와 푼트Pwnt라는 생각은, 비록 입증되지 않아서 독립된 증거로 사용할 수 없다고 하더라도 매우 그럴듯하다. 그럼에도 불구하고 그것은 이집트가 그 지역에 연루되었음을 시사하는 전반적인 경향에 좀 더 깊이를 제공한다.

콜키스Colchis/Kolchis의 어원은 알려져 있지 않다. 칼키스Chalkis 또는 칼키디케Chalkidike라는 지명에 비추어 보면 '청동' 또는 '금속'을 뜻하는 어근 칼크Chalk에서 나온 것으로 보이지만, 나는 셈어 어근 √ḫlq할라크(히브)(매끄러운, 매끄럽게 하다, 쇠를 두드리다, 만들다)에서 파생된 것으로 생각한다.68) 왕국의 유명한 광산과 야금술을 고려하면, 콜키스는 이 단어의 셈어 형태나 그리스어 형태로부터 온 것일 수 있고, 또한 서부 코카서스에서 사용하는 많은 언어 중 하나에서 왔을 수도 있다.

그런데 또 하나의 가능성이 있다. 기원후 4세기 소프로니우스는 콜키스를 '두 번째 에티오피아'라고 언급했다. 이처럼 콜키스라는 이름이 이집트의 남쪽 변경에 있는 상누비아를 나타내는 이집트어 이름인 케레쉬K3š로부터 온 것일 수 있다. 이것의 히브리어 번역은 쿠쉬Kûš이고 『70인역 성서』에는 쿠스Xous, 쿠스Khus 또는 에티오피아Aithiopias로 번역되었다. 유음 r 또는 l로서 3의 초기 음가(역주: 중왕국 때)는 앞서 여러 번 언급되었다. 이집트어와 다른 언어에서 š와 ḫ 사이에 빈번한 교환이 있고 히브리어 모음 삽입에 따르면 후두모음 o 또는 u를 삽입할 수 있으므로 콜키스Kolchis는 콜쉬/콜크Kolš/ḫ와 음성학적으로 각별하게 잘 맞아떨어진다.

---

68) 샹트렌은 어근을 설명하지 않고 있다. 포코르니Pokorny는 인도유럽어 어근 겔그*ghelĝh를 외국문화에서 차용된 것으로 본다. 어간 엘레크[트]ēlek[t], 알레크[트]ālek[t](빛나는)의 기원을 샹트렌은 '분명치 않다'고 하는데, 그 어간은 다음의 두 방식 중 하나로 √ḫlq할라크(히브)에서 온 것으로도 여겨진다. 첫째, 그 어근이 셈어와 원인도유럽어에 공통적이며 알레크[트]ālek[t]는 후두음 ḫ의 상실의 결과이다. 둘째, 가나안에서 ḫ가 ḥ와 융합된 후 √ḫlq로부터 차용된 언어였다.

만약 이집트어 어원을 받아들인다면, 콜키스Kolchis라는 형태는 케레쉬K3š의 중왕국 이집트어의 형태를 시사할 것이다. K3š에서 3은, 히브리어 쿠쉬Kûš에 보존된 신왕국의 발음보다는 유음 r 또는 l로서 발음되었다. 그것은 제12왕조를 가리키는 것 같다. 그때야말로 이집트의 정치적·문화적 영향력이 북쪽에 퍼질 수 있었던, 신왕국 이전의 유일한 시기이다. 의미상으로 보면 누비아와 콜키스 모두가 금 생산량이 풍부했으며, 케레쉬K3š가 하下누비아의 사막지역을 벗어나면 초지였다는 점(오늘날에도 상당한 강우량을 갖고 있다)에서 기후적으로도 비슷했다.

콜키스와 엘람의 흑인들

케레쉬K3š와 콜키스가 남-북의 짝이라는 가능성은 다음과 같은 사실로 인해 대단히 이해하기 어렵게 된다. 오늘날의 많은 학자들은 쿠쉬Kûš라는 성서 속의 이름이 한편으로는 누비아 또는 에티오피아에 연계되어 있고 다른 한편으로 두 다른 지역과 그 주민(서 아라비아의 미디안인Midianites, 메소포타미아 동쪽의 카슈Kaššu 또는 카시트인Kassites, 이들은 기원전 2천년기 중반 메소포타미아를 오랫동안 장악했다)을 나타내기 위해서도 사용되었다고 주장한다.[69]

실제로 쿠쉬라는 비슷하지만 별개의 두 이름이 있었던 것 같다. 그런데 두 이름 모두 짙은 피부색이거나 검은 사람을 나타냈던 것으로 보이며, 쿠쉬는 그들을 나타내는 종족명이 되었다. 이런 식으로 그것은 가나안 남동쪽에 있는 더 짙은 피부색의 미디안인을 나타내는 데 사용되었는데, 그들 중 많은 이들이 오늘날의 남부 아라비아 사람들처럼 소말리족 아프리카인과 북동 아프리카인을 닮았다.

메소포타미아의 변경에서 기원한 카시트인은 파악하기 어려운 종족이다. 그들을 알아보기 위해서는, 엘람의 주요한 독립된 문명을 고려하는 것이 필요하다. 기원전 2천년기에 이란어를 말하는 사람들이 도래하기 이전에 엘람인은 이란 고원만이 아니라 티그리스 강 동쪽 평원인 수시아나(오늘날 이란의 쿠지스탄)에도 거주했다.[70] 엘람인이 대大드라비다 어족에 속

---

69) Sasson(1980, p.212, n.3); Speiser(1967, pp.25-26).

70) Hinz(1973); Carter and Stolper(1984) 참조.

한다는 것은 거의 확실하며,[71] 그 언어를 말하는 이들 중 많은 사람의 용모가 '남인도인'을 닮았고 서쪽 사람보다 더 짙은 피부색을 지녔을 가능성이 높다. 그들 중에는 니그로negro 또는 '니그로적negritic' 유형도 있었을 것이다.[72] 엘람 연구의 일인자 힌츠는 기원전 500년경 페르시아 왕 다리우스의 엘람인 경호원을 묘사한 유약을 바른 벽돌 부조에 대해 다음과 같이 기술했다.

> 비록 엘람 복장을 착용하고 있기는 하지만 일부 경호원은 백인이고 분명히 페르시아인을 나타내려고 한 것 같다. 두 번째 집단은 갈색 피부이다. 세 번째 집단은 매우 어둡고 거의 흑색 피부인데, 이들은 내지 출신의 엘람인임에 틀림없다. 오늘날에도 어두운 피부색의 사람은 흑인종이 아니라 하더라도 쿠지스탄에서 볼 수 있다.[73]

이 부조들이 만들어진 지 20년 후에 헤로도토스는 동일한 군대에 관해 기술했는데, 고지高地 엘람인을 언급하는 것으로 보인다.

> 그 군대에는 두 종류의 에티오피아인이 있었다. 동에티오피아인은 인도인과 함께 복무했다. 동에티오피아인은 언어와 머리카락을 빼고는 남에티오피아인과 똑같았다. 동에티오피아인의 머리카락은 직모이지만, 리비아에 있는 에티오피아인(역주: 헤로도토스는 에티오피아가 오늘날의 리비아 바로 남쪽에 있다고 보았다)의 머리카락은 세계에서 가장 곱슬곱슬하고 꼬불꼬불하다.[74]

---

71) McAlpin(1974, pp.89-101; 1975, pp.105-115).

72) Rashidi(1985, p.20) 참조.

73) Hinz(1973, pp.21-22). 최근 오늘날의 아르메니아에 위치한 우라르투Urartu에서 발굴된 길가메시 전설의 8세기 엘람 판은 엘람인이 서남아시아의 일반적인 문화('극장'에서 배우와 합창대의 모임을 포함하는)를 공유했다고 지적한다. Diakonoff and Jankowska(1990, pp.109-110).

74) Herodotos, VII.70-1. 그는 다른 곳에서 키시아Kissian 분견대에 관해 언급하듯이, 여기에서 수시아나의 엘람인을 언급하는 것으로는 여겨지지 않는다. 이상한 것은, 힌츠가 다리우스 군대의 엘람인이 엘람 복장을 했다고 지적하는 한편, 헤로도토스(VII.62)는 크세르크세스 군대의 키시아인이 터번을 두른 것을 제외하고는 페르시아인처럼 옷을 차려입었다고 묘사하고 있는 점이다. 물론 제복과 민족의상은 갑자기 바뀔 수 있고 또 바뀐다.

여기서 헤로도토스는 남에티오피아 사람들의 머리카락과 콜키스인의 직모를 명백하게 구별하고 있다. 그러나 그가 여기에서 언급하고 있는 자들이 콜키스인일 개연성은 거의 없다.

두 종류의 에티오피아에 관한 전승은 헤로도토스보다 훨씬 오래된 것이다. 『오디세이아』에는 에티오피아인이 "쌍둥이로 나뉜 채 인간이 사는 곳 중에서 가장 먼 곳에, 즉 하나는 히페리온Hyperion이 지는 어딘가에, 다른 하나는 히페리온이 떠오르는 어딘가에"[75] 거주한다고 기술되어 있다. 이리하여 서리비아(아프리카)로부터 동메소포타미아에 이르기까지 흑인인 에티오페스Aithiopes('탄 얼굴'이라는 뜻)가 있게 되었다.

두 곳의 에티오피아는 두 가지 쿠쉬와 필적하는가? 일부 저자들은 쿠즈Khuz(쿠지스탄Khuzistan[엘람]의 쿠즈)를 쿠쉬에 연결시키려고 시도하는데, 나는 그것을 받아들이기 어렵다. 그러나 엘람과 쿠쉬 사이에는 연결고리가 있다. 헤로도토스는, 밀레토스의 아리스타고라스가 페르시아 제국 속주들의 지도에 지명을 기입했다는 것을 기술하면서 다음과 같이 기록했다. "다시 멀리 동쪽에 키시아Kissia가 있고, 당신은 그 강둑에 위치한 수사와 함께 코아스페스Choaspes가 표시된 것을 볼 수 있다."[76] 이 키시아를 스트라본도 언급한다. 그런데 그 이름을 유일하게 입증하고 있는 것으로 보이는 지명이 있다. 쿠지스탄(엘람)에 있는 강 이름 카시간Kashghan이다. 그런데 힌츠는 이것을 카시트의 영향으로 돌린다.[77]

다시 카시트인에게로 돌아가자. 그들은 아카드어로는 카슈Kaššû, 누지Nuzi 방언으로는 쿠슈Kuššû라고 불렸다. 그리스어로는 코사이오이Kossaioi인데, 메소포타미아와 성서 전문가 슈파이저의 주장과 같이 이는 그것이 성서의 쿠쉬Kûš가 지니고 있는 동일한 후설모음을 지녔음을 가리킨다. 그 민족은 스스로를 갈주Galzu, 갈두Galdu, 또는 갈슈Galšu(아카드어의 카슈)라고 불렀던 것으로 보인다. 모음 a를 보라.[78]

---

75) *Oddyssey*, I.22-25.

76) Herodotos, V.50.

77) Strabo, XV.3.2; Hinz(1973, p.99).

78) 카시트어와 엘람어 사이의 연계 가능성에 관해서는 Speiser(1930, pp.122-123) 참조. 카시트/코사이오이Kassite/Kossaioi의 모음 삽입에 관해서는 Speiser(1967, p.25) 참조. 갈주Galzu 등 등에 관해서는 Balkan(1954, pp.131-122) 참조. 갈슈Galšu는 케레쉬Kɜš와 거북하게도 가까운

카시트인의 기원지를 정하기는 너무나도 어려운데, 단지 그들이 메소포타미아의 가장자리에 있는 산맥에서 왔다고 말할 수 있을 뿐이다.[79] 그런데 그들의 후기 거점은 메소포타미아 동쪽의 자그로스 산맥에 있었기 때문에 엘람과 가까웠고 분명히 엘람의 영향권 내에 있었다. 후기에 엘람에 카시트인이 있었다는 것은 거의 의심의 여지가 없다. 비록 학자들이 카시트인의 언어에서 엘람어의 흔적(거의 발견되지 않는다)이 있는지를 놓고 논쟁을 벌이고 있지만 말이다.[80] 반면에 많은 엘람인의 '검은 피부'는 카시트인 자체가 흑인으로 보일 수 있는 가능성을 열어놓는다. 이러한 의문은 논의할 여지가 충분하다.

성서에 나오는 메소포타미아의 정복자 힘센 님로드Nimrod는 이 맥락에서 고려되어야만 한다. 그는 특히 쿠쉬의 아들이라고 일컬어졌다.[81] 슈파이저는 여전히 이 분야의 대가로 여겨지는 학자인데, 님로드가 이집트인일 수 있다는 에두아르트 마이어와 쿠르트 제테의 이론을 즉각 각하시켰다. 제테는 정복자의 이름 님로드가 니브무아리아Nibmuaria에서 파생되었다고 주장했는데, 니브무아리아는 아메노피스 3세의 이름 네브마아트Nb Mꜣꜥ t의 설형문자 음역으로 입증되었다. 그는 확실히 군사력은 아니라 하더라도 정치적 힘을 메소포타미아에 갖고 있었다.[82]

동쿠쉬가 존재한다 하더라도 아프리카와의 연계를 너무 단호하게 각하시켜서는 안 된다는 점에서, 나는 초기의 학자들과 의견을 같이한다. 그러나 나는 센워스레 1세에게 주어진 네브 에르-제트Nb r-dt(우주의 주인)라는

데, 그것이 모두 동일 덩어리에 속할 수 있다는 점에서 갈두Galdu의 ld를 아카드어 šš로 번역하는 것은 메소포타미아의 후기 이민족 정복자인 갈대아인들Chaldaeans(히브리어로는 카스딤Kaśdîm, 아시리아어로는 칼두Kaldu, 아람어로는 칼대Kalday)처럼 혼란스럽게 보인다. Steiner(1977, pp.137-143)는 마찰 측음 ł 또는 남부 셈어 s²를 원래의 소리를 위해 뒤에 둔다. 이러한 자음이 부족했던 언어에서 이 소리는 때로는 ś로서 때로는 l로서 여겨졌다. 카시트인과 갈대아인 모두 원래 칼루/카수kał/śu로 불렸을까? 이러한 일치는 주목할 만하다. 그런데 카시트인과는 달리 갈대아인은 남부로부터 온 것으로 보이고, 원래는 셈어를 말하는 자들이었다.

79) Gadd(1973, pp.224-225).

80) Delitzsch(1884, pp.39-47).

81) 「창세기」 10: 8-9. 님로드는 유대인 민담과 랍비의 저술에서 두드러진 악당 역할을 했다. 이것들 속에서 그는 무엇보다도 바벨탑을 세웠던 것으로 생각된다. Ginzberg는 *Legends of the Jews*(1968)에서 그의 색인에서 님로드를 195번 언급한다.

82) Speiser(1967, pp.41-42). 그밖의 메소포타미아 어원은 Gesenius(1963, p.650) 참조.

칭호가 좀 더 매혹적인 어원이라고 믿는다. 왜냐하면 신들도 거의 받아본 적이 없는 야심적인 칭호 '우주의 주인'은 성서에서 '지상에서 힘센 사람' 으로 묘사되고 있으며 그 자신을 신으로서 높이려는 오만으로 알려진 통치 자 님로드에게는 특히 적합하기 때문이다.[83]

슈파이저가 투쿨티 닌우르타Tukulti Ninurta에서 님로드를 독창적이지만 비 약적으로 이끌어낸 것보다 네브 에르-제트Nb r-dt는 확실히 음성학적으로 훨 씬 그럴듯하다.[84] 주요한 음성학적 어려움을 제쳐놓는다 하더라도 이 가 설은 상당한 의미론적 문제를 지니고 있다. 첫째, 투쿨티 닌우르타는 카시 트인이 아니라 바빌론에서 카시트인을 몰아낸 아시리아인이었다. 둘째, 그 는 기원전 13세기에 다스렸는데, 그 시기는 「창세기」가 기록된 연대와 불 편하게도 가깝다. 「창세기」와 탈무드 전승의 앞부분에서 '최초의' 정복자 였다는 님로드의 지위는 그가 매우 이른 시기의 인물이었음을 강하게 시사 한다. 이러한 시사는 투쿨티 닌우르타, 아메노피스 3세, 카슈 또는 카시트 왕들에게는 불리하게 작용한다.[85]

그러나 나는 님로드가 단순히 세소스트리스의 히브리 판이라고 주장하 는 것은 아니다. 남메소포타미아로부터 북에 이르기까지 위대한 사냥꾼의 정복에 관한 기술은 어떤 이집트인보다 아카드의 사르곤 또는 그의 손자 나람 신에게 더 잘 맞는다. 따라서 나는 님로드가 사르곤, 나람 신, 세소스 트리스 같은 초기의 위대한 정복자들로 구성된 복합적 인물임을 주장한다. 그런데 아카드인들 중 어느 누구도 어떤 면에서도 엘람 또는 카시트인에 연계되지 않았으므로 님로드의 이름과 혈통은 세소스트리스로부터 왔을 가능성이 가장 크다.

이집트가 콜키스를 식민화했다는 것에 대한 논쟁의 요약

이제 극도로 복잡한 주장을 요약해보자. 기원전 2천년기-1천년기에 서

---

83) Gardiner(1957, p.79, 100.1). 70인역에서는 네브로드Nebrōd로, 요세푸스에서는 네브로데스 Nebrōdēs로 그 이름이 음역된 것은 주목할 만하다. Burton(1972, p.167)은 디오도로스의 구절 '전 세계에 걸친 제국을 얻어라(pros tēn tōn holōn dynasteian)'에서 네브-에르-제드nb-r-dr가 살아남은 것으로 보고 있다.

84) Speiser(1967, pp.47-52).

85) Ginzberg(1968, V, pp.199-201).

남아시아에는 두 종류의 흑인 인구가 있었던 것으로 보인다. 하나는 아프리카인의 용모를 지니고 아마도 콜키스에 기원을 둔 것 같은데, 콜키스는 이집트어 케레쉬K3š(에티오피아)에서 파생된 것 같다. 그리스인은 이들을 에티오페스라고 부르지 않았으나 교부들은 그렇게 부른 것 같다. 또 다른 사람들은 에티오페스라고 지칭된 엘람에 있는 아시아 흑인이다. 이들은 쿠쉬Kûš라는 이름의 형태를 사용했으나 아마도 이웃인 카시트인에서 온 것 같다. 카시트라는 이름은 지역에서 독자적으로 발전된 이름으로 보인다.

헤로도토스, 아폴로니오스, 디오도로스는 콜키스에 세소스트리스 원정군대의 흑인 병사들이 정착했다고 확신했다. 헤로도토스는 이집트가 아닌 콜키스에서 이러한 지식을 얻었다고 주장하는데, 그에 따르면 이집트인은 '콜키스 식민지'에 관해 많이 알지 못했다. 디오도로스는 이집트의 전거에 기초해 이야기를 기술했을 것이다. 아폴로니오스의 정보 근원은 알려지지 않았다. 그는 아마도 헤로도토스와 이집트 사제들 및 사제들의 초기 기록에서 이야기를 끌어냈을 것이다. 아폴로니오스가 쓴 서사시의 많은 부분은 흑해의 남부 해안에 관해 상당하고도 정확한 지식을 보여주고 있는데, 초기 식민화에 대한 그의 믿음은 부분적으로는 헤로도토스처럼 콜키스 자료에 근거했을 가능성이 매우 높다.

콜키스가 이집트 파라오, 아마도 세소스트리스에 의해 건국되었다는 지역적 믿음이 적어도 기원전 1천년기 후반에 콜키스에 있었다는 것은 대단히 신빙성이 있어 보인다. 그 전승이 잘못 취해졌을 가능성도 있고, 존경받을 만한 문화적 조상을 가지려는 바람으로 또는 좀 더 그럴듯하게는 숭배의식상의 유사점만이 아니라 인구의 일부를 구성하는 아프리카적 용모를 설명하려는 바람에서 생겨난 것일 수도 있다. 그러나 흑인 인구에 관한 문제는 여전히 논쟁으로 남아 있다. 버튼은 20세기에 압카지아의 흑인에 대해 다음과 같이 말했다.

이것은 아프리카 밖의 옛 세계와 인도양의 해안지역에서 유일한 흑인 공동체라고 할 만하다. 분명히 그들은 세소스트리스 군대의 후손일 리가 없는데, 제12왕조의 왕들 중 어느 누구도 이 지역에 침입하지 않았기 때문이다. 그들의 근본은 모호한 채 남아 있다.[86]

물론 콜키스가 세소스트리스 원정의 결과라는 증거는 없다. 그런데 증거의 이 얽힘을 풀기 위한 가장 단순한 방법은 콜키스인과 그리스인의 말을 액면 그대로 받아들이고 아프리카 군대가 기원전 20세기에 동 흑해에 도달했다는 것을 받아들이는 것이다.

메소포타미아와 이란

헤로도토스는 세소스트리스가 메소포타미아나 이란을 정복했다고는 주장하지 않았다. 디오도로스가 갖고 있는 이러한 정복에 관한 믿음은 알렉산드로스와 경쟁할 이집트적 필요에 근거한 것 같은데, 알렉산드로스가 태어나기 거의 1세기 전인 기원전 5세기 중엽에 저술활동을 한 헤로도토스는 자연히 그런 필요를 느끼지 않았다. 디오도로스는 '아시아'라는 용어의 의미가 아나톨리아에서 전체 대륙으로 바뀐 후 산 사람이었다. (나중에 논의될) 상당히 오래된 멤논과 관련된 전승은 니네베와 수사에서 활발히 활동을 벌인 에티오피아 군대를 언급하고 있지만, 나는 이 전승이 엘람의 '에티오피아인'이라는 견지에서 설명될 수 있다고 믿는다. 당대 기록이나 후기 전승에서 이집트 침입자들에 관한 언급이 전혀 없다는 점에서 메소포타미아의 정복은 개연성이 매우 낮다.

그렇다고 메소포타미아가 이집트의 영향을 받지 않았다는 것은 아니다. 기원전 19세기경에 아시리아의 약화는 그 당시 동아나톨리아와 남코카서스에서 아수르의 상업망 붕괴에 연결되었다는 것은 개연성이 매우 높다. 메소포타미아를 우회하는 이란에 대한 이집트의 침입은 가능한 일이지만, 이에 관한 지역적인 엘람의 기록이나 메소포타미아의 기록이 있어야 할 것이다. 어쩌면 토드에서 발견된 중앙아시아의 청금석과 이란의 인장을 아나톨리아의 아시리아 교역상에서 온 것으로 보는 것이 더 간단할 수 있다.

멤논에 관한 그리스 전승과 아나톨리아 정복

그리스인 저자인 헤로도토스, 아폴로니오스, 디오도로스는 세소스트리

---

86) Burton(1972, p.170). Blakely(1986, p.11)는 유고슬라비아와 이란에 소규모 흑인 공동체가 있음을 지적한다.

스의 정복을 기술하면서 그리스가 아닌 이집트와 콜키스의 자료를 활용했
다. 또한 세손코시스의 로망스도 기본적으로 이집트의 것이라는 것이 일반
적으로 인정되고 있다.[87] 이는 놀라운 일이 아니다. 왜냐하면 그리스 역사
에 단절(특히 기원전 1150-800년의 '암흑시대')이 있었을 뿐만 아니라, 헤로
도토스의 말처럼 세소스트리스의 정복이 그리스에 영향을 미쳤다고 생각
하지 않았으며 디오도로스가 그 파라오가 키클라데스를 복속시켰다는 것
을 언급할 때처럼 단지 그리스 주변부에 영향을 미쳤을 따름이라고 여겼기
때문이다.[88]

그러나 내가 보기에 이러한 정복에 연계시킬 수 있는 그리스의 전승이
있다. 놀랍게도 그것은 아나톨리아의 서부 해안에 있는 이오니아에 집중되
어 있다. 이 지역은 이집트 전승에서는 이집트 군대에 의해 정복되었던 곳
으로 여겨졌다. 이오니아 전설과 이집트 전승 사이의 가장 큰 차이는, 이오
니아 전설에는 세소스트리스라는 이름이 전혀 없고 그 대신에 멤논이라는
이름이 거명된다는 점이다. 이러한 이집트 전승과 서부 아나톨리아 전승
사이의 충돌은 서부 아나톨리아에 있는 '이집트식' 또는 '에티오피아식' 조
각상에 대한 헤로도토스의 기록에 나타나 있다. "그 조각상을 본 사람들
중에는 그것이 멤논의 상이라고 생각하는 자들도 더러 있지만, 그것은 사
실과 거리가 아주 멀다. (왜냐하면 세소스트리스는 다른 데서 진실을 분명히
드러내고 있기 때문이다.)"[89] 나는 멤논이 세소스트리스의 아들 아메넴하트
2세라는 것을 주장할 것이다. 그런데 이 문제를 다루기 전에 그에 관한 그
리스 전승을 검토해보자.

멤논에 관한 현존하는 최초의 언급은 헤시오도스에 의한 것인데, 그는
『신들의 계보』에서 다음과 같이 기술하고 있다. "에오스Eōs가 티토노스
Tithōnos에게 투구 꼭대기에 청동 깃 장식을 단 에티오피아의 왕 멤논을 낳
아주었다."[90] 이것보다 더 이른 멤논의 전승도 있었는데, 그는 한 벌의 찬
란한 갑옷을 입었고, 트로이를 도우러 갔으며, 네스토르의 아들 안틸로코

---

87) Lloyd(1982, pp.37-40) 참조.
88) Diodoros, I.55.6.
89) Herodotos, II.106.
90) Hesiod, 1.984.

스를 죽였으나, 아킬레우스에 의해 살해되었다는 내용이다. 이것은 「에티오피스*Aithiopis*(어느 에티오피아인)」라는 제목의 서사시를 밀레토스의 아르크티노스*Arktinos*가 간추린 요약본에 들어 있다.[91] 아르크티노스는 기원전 8세기 초에 살았던 것으로 추정되는 인물이다. 그런데 분명히 헤시오도스와 호메로스도 그 이야기를 알고 있었다. 헤시오도스가 기록으로 남긴 이야기는 기원전 19세기로부터 또는 그 이전에서 기원했음에 틀림없다. 20세기의 고전학 학자인 클라크와 쿨슨은 멤논의 죽음과 신화적 인물인 사르페돈의 죽음 사이에 두드러진 유사점이 있음을 지적했다. 사르페돈은 미노스 및 라다만티스의 형제로 남아나톨리아에 리키아라는 왕국을 건국했으며, 트로이 전쟁에서 트로이를 도우러 왔던 여러 동맹국과 리키아인의 지도자였던 그는 아킬레우스의 친한 동료인 파트로클로스에게 죽임을 당한다. 클라크와 쿨슨은 "『일리아스』의 시인은 분명히 「에티오피스」에 나오는 안틸로코스와 멤논에 관한 사건을 잘 알고 있었지만, 이 영웅들을 포함하지 않기로 결심했다. … 그러나 대신 멤논의 에피소드를 대체하기 위해 사르페돈 에피소드를 만들었다."[92] 근대의 고전학자인 그레고리 나기는 멤논의 운명에서 사르페돈의 운명이 파생되었음을 부정하고, 그들 사이의 유사점은 두 인물이 하나의 전승에 속하는 데서 기인한 것이라고 설명했다. 그러나 그는 멤논 신화가 사르페돈 신화보다 더 근본적이라는 것을 받아들인다.[93]

후기의 보고들이 말하고 있는 세부 사항 중 어느 것이 원래 이야기에 속하는지 그리고 어느 것이 후기의 첨가물인지를 결정하는 것은 더 어렵다. 그런데 기원전 6세기의 도상 및 기원전 5세기의 저술들 속에 나타난 상황 증거와 그런 주제들이 널리 퍼진 정황으로 미루어 보아, 어떤 주제는 매우 초기의 것으로 여겨진다. 멤논은 에오스와 티토노스 사이에서 태어난 아들

---

91) Kinkel(1877, pp.32-34)에 있는 Proklos, *Krestomanthia*, II.

92) Clark and Couson(1978, p.73).

93) Nagy(1979, p.205, 242n.3). 나는 두 개의 전승이 클라크, 쿨슨, 나기가 상상하는 것보다 더 밀접하다고 생각한다. 왜냐하면 제4권에서 서술하겠지만, 나는 아폴론을 이집트의 신 케페레르*Hprr*(새벽의 신이고, 멤논의 어머니 에오스와 대단히 닮았다)에서 이름과 본성의 일부를 끌어낸 것으로서 보고 있기 때문이다. 이는 클라크와 쿨슨의 주장을 강화하는 경향이 있다.

인데, 에오스와 아킬레우스의 어머니 테티스가 자신들의 아들을 살려달라고 제우스에게 탄원하면서 벌이는 경쟁에 관한 이야기, 그리고 영웅들의 영혼을 저울추로 잰다는 이야기는 매우 오래된 것이다.[94] 실전失傳된 서사시의 제목인 「에티오피스」와 그 서사시에서 묘사하고 있는 장면을 표현한 이른 시기의 그림은 멤논이 에티오피아 사람, 즉 흑인이라는 것이 이야기의 중심이었음을 가리키고 있다.[95]

멤논이 어느 '에티오피아'에서 온 것인가에 관한 의문은 매우 오래전부터 있었던 것 같다.[96] 그가 동쪽에서 트로이로 왔다는 것은 의문의 여지가 없으며, 기원전 5세기에 이르면 헤로도토스는 엘람에 있는 수사를 '멤논의 도시'라고 표현하고 있다.[97] 헤로도토스가 이렇게 표현한 지 몇 십 년 후에 페르시아의 군주 아르타크세르크세스 2세는 자신을 멤논이라고 불렀다고 하는데, 아마도 그의 겨울 수도인 수사와 인근 지역의 엘람인들 사이에서 정통성을 공고히 하기 위해서였을 것이다. 적어도 그때까지 멤논은 엘람의 국민적 영웅이었던 것으로 보인다. 벨기에 고전학자인 구상 역시 멤논의 어머니가 '수시엔느susienne', 즉 수사 출신 여자임을 아이스킬로스의 실전된 희곡 「멤논」에서 스트라본이 인용한 것을 재인용했다. 실제로 희곡 「멤논」에는 그녀가 '키시아 사람Kissian'이라고 말할 뿐이다. 그런데 스트라본이 '수시엔느'라고 믿고 있었다면 그녀가 쿠쉬 여자 또는 단순히 흑인이었음을 뜻하는 것일 수도 있다.[98]

구상은 멤논을 수사 출신이라고 말하는 전승이 원본이고 아프리카 출신이라고 말하는 전승은 훨씬 후기의 것이라고 주장했고, 스나우던도 이것을 따랐다.[99] 그런데 일반적으로 멤논을 '아프리카의' 곱슬머리를 가진 흑인

---

94) Lung(1912, pp.13-27) 참조.

95) Lung(1912, pp.10-12)은 멤논은 에티오피아인이고 항상 흑인을 대동하는 것으로 표현된다는 것을 받아들인다. 그러나 그는 비록 많은 사람들이 그를 흑인으로서 묘사하고 있지만, 일부 초기의 화병에는 멤논 왕자를 그리스인으로서 표현하고 있다고 주장한다. 그러나 나는 트라키아인으로 알려진 또 다른 '이민족' 영웅 오르페우스가 트라키아인들에게 둘러싸인 한 사람의 그리스인으로서 묘사되듯이 멤논을 그리스인으로 표현한 화병 그림에 너무 많은 중요성을 부여해서는 안 된다고 생각한다. Guthrie(1966, pp.45-46, plates 4, 6) 참조.

96) Lung(1912, p.10).

97) Herodotos, V.54; VII.151.

98) Strabo, XV.3.2; Goossens(1939, p.337).

99) Goossens(939, pp.377-378); Snowden(1970, pp.151-155).

으로 묘사하고 있으며, 멤논과 세소스트리스를 혼동하는 경향(앞에서 인용된 헤로도토스의 보고를 보라)이 있다.[100] 또한 그리스인에게 원래의 에티오피아는 항상 아프리카의 나라로 받아들여졌다는 점이다(나는 이것을 대단히 중요하다고 생각한다). 테라의 프레스코를 보면 아프리카 흑인은 적어도 기원전 17세기 이래 에게해에 나타났던 것으로 여겨진다.[101] 그러나 어느 쪽에 속하는 증거이든 취약하고 멤논과 관련된 에티오피아의 두 위치에 관한 전승은 동일하게 오래된 것 같다.

그것을 조화시키려는 시도가 매우 일찍 시작되었다. 크니도스의 크테시아스Ktesias는 그리스인으로 기원전 400년경 아르타크세르크세스 2세의 궁정에 있었던 의사인데 다음과 같은 글을 썼다고 여겨진다.

테우타모스Teutamos가 아시아의 지배자였을 때 … 그리스인은 아가멤논과 함께 트로이로 원정했다. … 트로이 지방의 왕이자 아시리아 왕의 봉신이었던 프리아모스는 … 원군을 요청하는 사절을 보냈다. 그러자 테우타모스는 1만 명의 에티오피아인과 이와 비슷한 수의 수사 사람들과 200대의 전차를 파견하면서 티토노스Tithonos의 아들 멤논을 장군으로 임명했다.[102]

멤논의 부모

후기의 저자들은 두 전승을 모두 따랐는데, 아프리카의 에티오피아와 이집트에 대한 강조가 증가했다.[103] 그런데 이것과 멤논이라는 이름을 살피기 전에 영웅의 부모에게 보이는 이 전설의 신화적 국면을 조사하는 것이 유용하다. 멤논의 어머니 에오스는 새벽을 여성으로 의인화한 것으로 '동방'을 뜻한다. 그의 아버지 티토노스는 훨씬 더 복합적인 인물이었다. 호메로스에 따르면 그는 트로이 왕 프리아모스의 형제였으며, 크테시아스는 그를 아시리아 왕에 연계시켰던 것으로 보인다.[104] 호메로스에게 티토

---

100) Lung(1912, pp.10-13); Snowden(1970, pp.45-49, plates 15, 16, 18 and 19).
101) 제9장의 주139 참조.
102) Diodoros, II.22.1-3에서 인용.
103) 이에 관한 뛰어난 참고문헌은 Snowden(1970, pp.151-153) 참조.
104) *Iliad*, XX.239; Diodoros, II.XXII.2.

노스는 분명히 동방에 연계된 자였는데, 시인은 관용적 표현을 두 번 사용했다. "이제 새벽이 군주다운 티토노스 곁에 있는 그녀의 침상에서 일어났다."105)

그런데 만약 그 이름에 대한 가능한 아프리카아시아어 어원을 조사한다면 상황은 더욱 복잡하게 된다. 이것은 제4권에서 자세히 설명될 것이지만, 대략 두 가지 전거에서 온다. 첫 번째는 셈어 단어 tit티트(히브)(진흙)인데, 여기에 종족을 나타내는 접미사 n이 붙으면 '진흙 인간' 또는 '서쪽에 묻힌 죽은 자'라는 뜻이 되는데, 첨언하면 이것에서 그리스의 유아 살인 괴물인 티티아스Titias, 티티오스Tityos, 티탄Titan이 파생되었다. 두 번째는, 첫 번째와 동음이의의 오랜 전통을 지닌 것으로 Tdn/Dtn/Ddn이다. 이는 기본 방위이자, 메소포타미아 서쪽에 그리고 시리아-팔레스타인 남쪽에 살았던 야만족이다. 이 셈-수메르 이름들은 신 데드웬Ddwn에 연계된 것 같은데, 이 신은 이집트 남쪽에 있는 누비아와 서쪽에 있는 리비아에서 발견된다.106) 데드웬Ddwn 숭배는 imn/아몬 숭배와 매우 긴밀히 연계되어 있는데, 아몬은 누비아, 에티오피아, 남이집트와 강하게 연계되어 있고 제우스가 에티오피아인과 특별한 관계를 갖고 있는 그리스 전승에서 엿보인다.107)

북쪽을 제외한, 어떤 방향 또는 모든 방향에서 Tdn/티토노스Tithōnos가 왔을 것이라는 모호한 가능성은 세계를 둘러싸고 있는 흐름 또는 '대양ocean'의 해안에 그가 살았다는 주장으로 어느 정도 완화된다. 대양은 그리스 우주론에서 에티오피아인의 집으로 여겨졌다. imn아멘/아몬/제우스의 연계로 돌아와서, 이집트어 imn은 '서쪽'을 의미했다는 것에 주목하면 그것과 기원이 같은 셈어 √ymn야민(히브)는 '오른손' 또는 '남쪽'을 뜻한다.108) 동방

---

105) *Iliad,* XI.1; *Odyssey,* V.1.

106) 이러한 연관, 데드웬Ddwn에서 도도나Dōdōna의 이름 및 숭배의식의 파생, 리비아 사막의 시와Siwa 신탁소에서의 그에 대한 숭배의식 등에 관해서는 제3권 참조.

107) 에티오피아인을 수식하는 형용사 아미모나스amymonas(비난할 점이 없는)는 아문Amun의 동음이의법일 수 있다. 제1권, p.175에서 언급되었고 제3권에서 좀 더 자세히 다루어질 것인데, 제우스는 아문과 일반적으로 동일시되었다. 이것은 호메로스가 주로 아프리카의 에티오피아에 관해 생각하고 있었다는 주장을 강화한다.
아미모나스amymonas의 어근 mym(비난하다)은 서부 셈어의 mûm(흠, 볼꼴 사나움)에서 나온 것으로 보인다. 그 파생은 정확하게 동일한 의미인 중세 영어 'maim(불구)'에 의해 복잡하게 된다. 그런데 'maim'은 알려진 어원이 없고, 문제 전체는 풀리지 않은 채로 남아 있다.

사람 또는 좀 더 구체적으로는 아시리아 사람으로서 티토노스의 정체는 티드누Tidnu에서 온 것일 수 있는데, 티드누는 메소포타미아의 서쪽 사막에 사는 야만족이다. 그런데 에티오피아인의 이미지처럼 티토노스는 단순히 세계의 가장자리에서 온 사람인 것이 훨씬 더 있음직하다. 티토노스는 그의 아들처럼 멀리 떨어진 동쪽과 남쪽에서 온 사람이었다. 이제 그 아들의 명백한 신화적 요소를 살필 차례이다.

멤논과 오시리스

19세기 비교종교학의 위대한 선구자인 로버트슨 스미스는 전설적인 영웅 멤논의 한 측면을 멤논과 가나안의 나아만Naʿămăn(내 사랑) 사이의 혼동에서 기인하는 것으로 보았다. 나아만이라는 별명은 가나안어의 아도니ʿădônî(나의 주)에서 유래한, 그리스어로는 아도니스로 알려진 젊어서 죽은 신을 나타내기 위해 일반적으로 쓰인다. 그리스의 꽃 이름 아네모네anēmonē는 아마도 나아만에서 파생된 것 같다.[109] 그러한 동음이의법이 사용되었든 아니든 간에 나아만의 경우는 멤논의 정복이나 죽어가는 신들인 오시리스 및 디오니소스(아도니스의 닮은 짝들이다)의 정복과 잘 맞아떨어진다.[110] 또한 북서 아나톨리아에는 젊어서 죽은 후 부활한 신 아티스Attis를 주목해야 한다. 이 신의 숭배는 오시리스와 아도니스의 숭배와 매우 닮았다.[111]

멤논의 무덤(이곳에서는 멤노이데스Memnoides라고 부르는 검은 새와 관련되어 있다)은 트로아드(북서 아나톨리아에서 트로이 주변 지역)와 시리아의 팔토스Paltos에 있다고 전해져왔다. 멤노이데스는 영웅의 여자 친구들이었던 것으로 여겨졌는데, 그녀들의 통곡이 신들을 움직여 새들로 변했다고 한다.[112] 자연의 관점에서 보면 트로아드에 있는 그의 무덤 주변에 있는 검

---

108) Rendsburg(1981, p.198) 참조. 그의 주장에 따르면, 서부 셈족은 동쪽에 있는 태양의 근원을 중시했고, 이집트인은 나일 강의 근원이 있는 남쪽을 향했다. 따라서 오른손(√ymn야민[히브])은 남쪽 또는 서쪽이다.
109) Robertson-Smith(1894, p.507). 이 신들이 봄꽃에 연계된 것은 제3권의 히아킨토스Hyakinthos에 관한 부분 참조.
110) 이것의 개요는 제1권, pp.176-178 참조. 좀 더 상세한 내용은 제3권 참조.
111) 이것에 관한 자세한 내용은 Frazer(1914) 참조.

은 새 무리는 중앙아프리카에서 매년 이동해오는 철새 떼인데, 그것에 관해 호메로스 이래로 그리스인이 알고 있었던 것으로 보인다.[113] 신화적 차원에서 이것은 오시리스를 위해 애도하는 이시스와 네프티스의 이야기, 그들이 새로 변신하는 이야기를 대단히 닮았다.[114]

오시리스가 흑인으로 표현되는 것처럼 멤논이 검다는 것은 숭배의식의 차원에서 설명될 수 있다.[115] 이집트에서 오시리스의 가장 중요한 묘와 숭배 중심지가 아비도스에 있다면, 트로아드에 멤논의 무덤과 아비도스라고 부르는 도시가 있다는 것(비록 80킬로미터 이상 떨어져 있기는 하지만)은 흥미롭다. 시리아의 팔토스에 있다는 무덤에 관한 이야기는 가나안의 나아만 또는 아도니스 그리고 그리스 전승에 보존된 대단한 아름다움을 지닌 아도니스의 이미지로 다시 이끈다. 이것은 호메로스가 멤논을 트로이에서 '가장 잘 생긴' 남자로 묘사하고 있는 것과 비슷하다.[116] 더욱이 멤논은 대부

---

112) Strabo, XII.I.2; XV.II.2; Aelianus, *Nat. Anim.*, V.I; Servius on *Aeneid*, I.751. 개괄적 연구로는 Frazer(1898, V, p.387) 참조.

113) 호메로스는 다음과 같이 묘사했다. "두루미들이 겨울 폭풍과 끊임없는 비에서 도망치려 할 때 그 울음소리가 하늘에 이르기까지 울려 퍼진다. 그리고 두리미들은 울음소리와 함께 대양Ocean의 흐름을 향해 날아가서는 피그미들에게 학살과 죽음을 가져다준다"(Iliad, III.3-7) 난쟁이에 해당하는 그리스어 나노스nanos는 인도유럽어에는 같은 어원의 단어가 없고 이집트어 넴(네무)nm(w)(난쟁이)에서 왔을 것이다. 이집트인이 중앙아프리카에 관해 상당한 지식을 지녔다는 것은 의심의 여지가 없다. 데이르 엘 바흐리의 부조에 새겨 있는 증거뿐만 아니라 제12왕조의 눈(目) 그림이 우간다에 있는 부숨비Busumbi에서 온 것으로 여겨지기도 했다. Dayton(1982a, p.164) 참조. 피그메Pygmē(피그미 또는 권투선수)는 픽스pyx(주먹)에서 파생된 것인데, 그것의 기원은 완전히 불명료하다. 테라 벽화에 그려진 아프리카 권투선수로 보이는 사람, 아프리카인과 권투 사이의 후기의 연계, 피그미족의 의심할 바 없는 소재지인 고대 에티오피아 등을 고려하면, 그 그리스어가 이집트어로부터 또는 더 남쪽 언어로부터 유래했을 가능성이 대단히 높다. 그것은 [hieroglyphs]라는 이름에 관련될 수 있는데, 보통 게네브(투)gnb(tw)(바다를 통해 이를 수 있는 아프리카의 지역인 푼트Pwnt 출신 흑인이며 대단히 곱슬곱슬한 머리카락을 지니고 있다)로 읽힌다. 이 단어는 단어 내의 기호 치환도 될 수 있고(베겐[투]*bgn[tw]), 부정관사가 덧붙을 수도 있다(파 게네브[투]p3 gnb[tw]). 어쨌든, 두루미가 피그미 사람을 살해한다는 전설은 (파)겜(p3)gm [hieroglyphs](실제로는 두루미가 아니라 검은 따오기다)의 동음이의와 관련되었을 가능성이 크다. 전설과 관련된 동음이의어인 (파)게미(p3)gmi [hieroglyphs](발견하다, 제어하다, 파괴하다) 및 겜겜gmgm [hieroglyphs](내려치다, 갈기갈기 찢다)와 더불어 증가된 것으로 보인다.

114) Griffiths(1980a, pp.49-50) 참조.

115) Plutarch, *De Iside*, 359E. Griffiths(1982a, col.628)는 일부 초상화에서 검은색에 끼어든 녹색 색조를 강조한다.

분의 그리스 영웅들처럼 죽었다가 불사가 되었다는 점에서 오시리스를 닮았다.

그런데 멤논에 관한 모든 신화를 오시리스와 관련해 설명할 수는 없다. 몸의 부활이라는 오시리스 신화와는 반대로, 멤논의 시신은 태워졌고 그 연기에서 멤노이데스가 형성되었다는 전승이 있다. 이것은 재에서 일어난 피닉스의 이야기와 닮은꼴이 될 수 있는데, 멤논을 헬리오폴리스의 태양 숭배에 관련시킨다(제4권에서 논의할 것이다). 연기와 새들이 검은색이었다는 것 또한 의미심장하다.117)

비록 검은색이 이집트의 민족 색깔이지만, 이것은 한 에티오피아인을 위해서도 적합하다. 케메트Kmt(검은 땅)는 '이집트'를 뜻하였고, '민족'을 나타내는 한정사와 함께 쓰면 이집트인을 의미했다. 오시리스가 검은색으로 표현되는 유일한 이집트 신은 아니었다. 아몬도 검은색이었다. 이러한 관련은 조금 뒤에 논의할 것이다.

저울에 놓인 영웅

멤논 전설 속에 있는 또 다른 명백한 신화적 요소는 영혼을 저울질한다는 뜻의 프시코스타시아Psychostasia 또는 케로스타시아Kērostasia의 전승이다. 두 영웅의 영혼 중 어느 영혼이 인간과의 싸움에서 승리를 거둘 것인가를 결정하기 위해 무게를 재는 이미지는 헥토르와 아킬레우스 사이의 최종 전투에 명백히 묘사되어 있다.

그러고 나서 아버지(제우스)가 황금 저울을 펼쳐 들고
그 안에다 사람을 길게 눕게 하는 죽음의 운명(케레kēre) 두 개를 올려놓으니,
하나는 아킬레우스의 것이고 다른 하나는 말을 길들이는 헥토르의 것이었다.
그가 저울대의 중간을 잡자 헥토르의 운명의 날(日)[아이시몬 에마르aisimon ēmar]이 기울어져
하데스의 집으로 떨어졌다.118)

---

116) *Odyssey*, XI.522.

117) Ovidius, *Metamorphoses*, XIII; Aelianus, *Nat. Anima*, V.1.

118) *Iliad*, XXII.208-13(천병희 역). 아이시모스aisimos의 어근 아이사aisa는 미케네어에서 나타

이 주제는 다른 곳에서 집단적으로 그리스인과 트로이인에게 사용되었다. 영혼을 저울질하는 것에 대한 호메로스의 다른 시사들은 더 흥미롭고 중요하다. 독일학자 디트리히의 그럴듯한 주장에 따르면, 간단하게 표현된 그러한 시사들은 그 개념이 오래 지속된 것이고 호메로스와 그의 독자들에게 친숙했음을 보여주는 것이다.[119] 독일의 고전학자 G. E. 룽은 어느 정도 미심쩍어 하면서도 이것에 연계해 미케네 분묘에서 발굴된 금박으로 만든 저울을 언급한다.[120]

멤논과 아킬레우스 사이에 영혼의 저울질(케로타시아kērotasia)이 있었음은 아주 명백하다. 사르페돈의 죽음에서 '저울추(탈란타talanta)'가 언급되고 있는데, 클라크와 쿨슨은 그것이 멤논의 죽음과 매우 유사하다고 보았다.[121] 더욱이 아이스킬로스는 사라진 희곡 「멤논」에서 이 장면을 크게 다루었다.[122] 멤논과 아킬레우스에게 정말로 케로타시아가 있었던 것인가에 대한 의혹은 도상 증거로 사라지게 되었다. 아킬레우스의 어머니 님프 테티스와 에오스가 각자의 아들을 위해 호소하는 것을 나타내는 그림들만이 있는 것이 아니었다. 룽은 멤논과 아킬레우스를 포함하는 인물의 케로타시아를 묘사하고 있는 일곱 개의 화병 그림을 확인할 수 있었고, 클라크와 쿨슨은 세 개를 더 첨가할 수 있었다.[123]

이 장면과 죽은 자의 영혼이 축복받았는지 아니면 저주받았는지를 평가

나고 '일치된 부분'을 그리고 그 뜻을 확장해 '운명'을 의미하는데, 이탈리아 남부 지방에 살았던 고대 민족의 언어로서 인도유럽어인 오스칸어Oscan의 아에티aeti(몫)하고는 동일한 어원의 단어로 여겨진다. 그리스어 어근 아이사aisa는 이집트어 아수(또는 이에수→예수)isw, 콥트어 '아수asou'와 '에수esou'(보답하다, 보상하다)에서도 온 것으로 동일하게 또는 더 가능성 높게 보인다. 위스워스wiswos 또는 히소스hisos라는 그리스어 방언 형태는 불확실하다고 여겨지지만, 그 형태로 보건대 이에수isw에서 이소스isos 또는 에이세eisē(몫, 수효, 권리에 있어서 동일한)가 파생되었다는 데 이렇다 할 반대는 없는 것 같다. 영어의 접두어 '이소iso'는 이에수isw로부터 온다. 샹트렌이 제기한 이소스isos의 인도유럽어 어원은 가능성이 낮고 불분명하며 명쾌하지 않다.

119) *Iliad*, VIII.60-70; Dietrich(1964, p.108); Clark and Coulson(1978, p.67) 참조.

120) Lung(1912, pp.20-21) Tomb 3(Schliemann, 1878, pp.196-168).

121) *Iliad*, XVI.658; Clark and Coulson(1978). 탈란트talant가 분명한 인도유럽어 어원을 지녔지만, 저울추 그리고 저울추를 가로지르는 저울막대를 나타내는 표준적인 이집트어 단어인 메크레트Mḫ3t는 호메로스에서 사용된 그리스어 모클로스mochlos(지렛대 또는 막대)에서 나타난다.

122) Plutarch, *De audiendis poetis*, 2. *Iliad*, VIII.70에 대한 고전 주석.

123) Lung(1912, pp.13-19); Clark and Coulson(1978, pp.70-71).

하기 위해 영혼의 무게를 재는 장면(이집트의 신학과 문학예술에서 가장 많이 나타나는 이미지 중 하나이다) 사이의 유사점은 대단히 두드러져서 20세기 초에도 인지되었다. 신화학 학자인 오토 그루페는 이집트의 그림에서 토트가 무게를 기록하는 것으로 묘사되고 있듯이 그리스의 그림에서는 토트의 짝인 헤르메스가 무게를 재는 데 중심적인 역할을 한다고 지적하면서 둘 사이의 유사점을 끄집어냈다.[124] 룽은 잠재적으로 위험한 이 생각을 완화시켰다. "이 형태(그루페의 이론)는 유지될 수 없다. 왜냐하면 그리스의 프시코스타시아(저울질)에서 이집트의 영향을 찾아낼 수 없기 때문이다. 그보다 우리는 헤르메스와 토트가 어느 정도 일치한다고 말해야 한다."[125] 이러한 혼동은 패러다임(이 경우에는 아리안모델)이 대처할 수 없을 때 일어날 수 있는 것을 보여주는 좋은 예이다. 물론 이집트에서 두 영혼 사이의 경쟁이 아니라 깃털(𓆷◠|) 세웨트šwt 대對 한 영혼의 무게라는 점에서 두 장면 사이에는 중요한 차이가 있다. 그러나 헤르메스가 토트의 짝일 뿐만 아니라 아누비스의 짝이며 『낮으로 들어가기 위한 지침서』에서 아누비스는 항상 무게를 재는 곳에 있다는 그루페의 주장은 보강이 필요 없을 정도로 완벽하다. 나는 이집트 및 그리스의 후기 종교에서 나타나는 신들의 융합은 이와 같은 주요 그림에서 나타난 신들의 협력에서 온 것이라는 주장을 타당성 있게 논증할 수 있다고 믿는다.[126] 때때로 헤르메스는 멤논의 프시코타시아에서 영혼을 삶과 죽음 사이에서 옮겨서 불사로 이끄는 아누비스의 역할을 하고 있는 것으로 묘사되고 있다.[127]

이집트의 영혼과 그리스의 영혼

알렉산드리아의 고전주석자들 또는 더 초기의 원문에 대한 주석자들은 호메로스의 케로스타시아kērostasia(영혼의 저울질)과 아이스킬로스의 프시코스타시아psychostasia(영혼의 저울질) 사이에는 대립이 있다고 주장했다. 19세기 독일 학자들은 이것을 헬레니즘시대의 불필요한 정교함으로 받아들

---

124) Gruppe(1906, II, p.681, n.7).

125) Lung(1912, p.20).

126) 이 융합에 관해서는 제1권, pp.212-213 참조.

127) Clark and Coulson(1978, p.71).

였고 "케르Ker는 프시케의 더 오래된 형태일 따름이며 동일한 것을 나타낸다"128)고 간단하게 주장했다. 그리스적 견지에서 본다면 둘 사이를 구분하는 것은 참으로 힘들지만, 고전주석가들은 이집트에서 글을 쓰고 있었다. 그래서 나는 당연히 그들이 이집트 형이상학적 관점에서 그 차이를 알고 있었을 것이라고 믿는다. 이것을 조사하기 위해 두 그리스 용어(케로스타시아와 프시코스타시아)의 이집트어 어원을 살펴볼 필요가 있다.

그리스어 케르kēr는 때로는 도리스어와 아이올리스어에서 카르kār로 표현되는데, 풍부하고 복합적인 종교적 의미를 지닌 용어이다. 그것은 '운명, 불운 또는 격렬한 죽음'을 의미한다는 데는 의심의 여지가 없다. 그런데 호메로스는 그것을 개인의 운명 또는 '영혼'이라는 다른 의미로 사용하고 있다. 『일리아스』의 한 구절에 따르면, 그것은 한 사람이 태어날 때 그에게 부여되고 그가 죽을 때 그를 맞는다.129) 동일한 의미가 아테네의 축제 안테스테리아Anthesteria에서 사용된 고대 주문에 보존되어 있는데, 그 축제에서 죽은 자의 영혼이 산 자를 다시 방문한다. "케르들kēres은 나가시오. 안테스테리아 축제가 끝났습니다."130) 개인의 영혼으로서 케르의 의미는 원뜻의 중심으로 여겨진다. 그 단어는 인도유럽어 어원이 없다.

카k3의 개념(보통 ka로 표기)은 이집트 신학에서 중심이 되는데, 훨씬 풍부한 의미 영역을 지닌다. 벌린 팔 또는 포옹하는 팔을 나타내는 상형문자 ⊔처럼 카k3의 원래 의미는 존재들(신과 신, 신과 인간, 인간과 인간) 사이의 관계 중 하나였던 것으로 보인다. 아버지와 아들의 맥락에서 그것은 개인적이고 제도적인 지속성과 불사라는 함의를 얻었는데, 특히 왕의 가문에서 그러했다. 바로 이것에서 나중에 카k3는 유령이라는 의미를 갖게 된 것 같다. 고왕국에서 카는 인간이 죽는 순간에 만나는 정신적 동반자 또는 살아 있는 사람의 유령의 의미로 발전했고 '운명'의 의미로 널리 사용되었다.131)

---

128) Lung(1912, p.14) 참조.

129) *Iliad*, XXIII.78. 케르kēr의 이 의미를 Malten(1924, col.885)이 강조했다. Pârvulescu(1968)는 케르kēr가 단순히 '운명doom' 또는 '죽음'을 뜻할 수 없다는 것을 명백히 예증하지만, 그것이 '고통'을 의미한다고 주장할 때에는 설득력이 떨어진다.

130) 안테스테리아에 관해서는 Parke(1977, pp.116-117) 참조. 안테스테리아Anthesteria의 어간 anth의 이집트어 어원에 관해서는 제4장 주123 참조.

카k3와 케르kēr 사이에 존재하는 의미론적 궁합의 아름다움에 음성학적 유사점이 따라가지 못하지만, 그래도 음성학적 유사점이 상당하다. 이집트어 이름의 아카드어 번역은 모음을 넣으면 쿠ku가 되는데, 카k3의 후기 그리스어 음역과 콥트어 음역은 케ke, 키ki 또는 코이choi다.[132] 이것은 더 초기의 퀘르*kʷer를 가리키는 것 같다. 퀘르*kʷer는 케르kēr의 합당한 근거를 제공하는 것으로 보이고 카르kār는 후기의 형태로 설명될 수 있으나, 그리스어의 순연구개음(역주: 입술 모양을 둥글게 하면서 발음하는 연구개음으로, 예를 들어 우리 말의 '쿠, 구')의 붕괴 후임에 틀림없다. 그런데 유음으로서 3의 소리(역주: 즉, 영어의 r과 l)는 더 이른 차용을 시사한다. 이러한 문제가 있고 모음삽입이 불분명하지만 발음학상의 유사점은 의미적으로 동일하다는 것을 확인하기에 충분하다.

프시케psyche에 대한 이집트어 어원은 케르kēr의 경우처럼 동일한 정밀성을 가지고 있지 않다. 동일한 단어가 종종 '태양'과 '음지' 두 뜻을 모두 나타내는 데 사용된다는 것은 언어의 역설이다. 두 의미를 인도유럽어 어근 스카이skāi, 스커이skəi, 스키ski가 지니고 있는데, 그것에서 그리스어 스키아skia(그림자)와 그것의 동의어 스코토스skotos가 파생된 것 같다.[133] 스코토스는 영어의 'shade'에서 발견되는 마지막 치음과 함께 인도유럽어 어근에서 온 것일 수 있다. 그런데 그것은 동일한 의미를 지닌 이집트어 셰웨트(슈예트)šw(y)t에서도 파생될 수 있다. 이집트어 šw슈는 그것에 해당하는 인도유럽어만큼 양면성을 지닌다. 즉 슈šw(𓆄 ☉)는 '태양과 그 빛' 그리고 '마른'이라는 의미이고, 슈šw(▭ 𓆄 𓏏)는 '파라솔·피난처'를 뜻하며, 슈(셰웨트)šw(t)(𓆄 𓅃 ▭)는 '텅 빈'이라는 뜻이다. 특별히 영어와 관계있는 것으로는 슈예트šwyt(𓆄 𓏭𓏭 ☉ ▭) 또는 셰웨트šwt(𓆄 ☉ ▭, 그림자, 그늘), 그리고 셰웨트(슈예트)šw(y)t(𓉢 ▭ |), 한 인간의 개성의 일부로서 그늘, 신의

---

131) 거대하고 빽빽한 의미론 분야(단어 카k3[황소의 힘]에 의해 더욱 복잡해졌다)에 대한 개관은 Kaplony(1980, cols.275-282) 참조. 그는 주註에서 유용한 참고문헌을 제공하고 있다. 이집트에서 그리고 후기 이집트의 정치사상에서 카k3의 정치적 기능이 갖는 논의에 관해서는 Springborg(1990, pp.89-117) 참조.

132) Erman and Grapow(1925-1931, V, p.86) 참조.

133) Pokorny(1959-1960, I, pp.917, 957). 그는 그것들을 skāi, skəi, ski로 음역한다.

영) 등이 있다.

남성 관사 파p3가 붙은 이집트어 슈šw는 그리스어 프시케psychē의 어원이라고 할 수 있다. 프시케와 파 슈(파 셰웨트)p3 šw(t)는 의미상으로 잘 들어맞는다. 게다가 음성학적 어려움은 겉보기만큼 심각하지 않다. 기원전 2천년기 동안 여성 부정관사 타t3를 남성 부정관사 파p3로 대체하려는 경향이 점증했다. 예를 들어, 중기 이집트어의 주에트dwt(惡) 같은 '중성' 추상명사가 후기 이집트어에서는 '남성'이 되었다.[134] 만약 파 슈(파 셰웨트)p3 šw(t)에 있는 š가 치경경구개음齒莖硬口蓋音alveopalatal(역주: 영어의 /S, Z, tS, dZ/나 우리말의 /ㅈ, ㅊ, ㅉ/와 같이 혀끝을 치경[윗니 바로 뒤의 튀어나온 부분]과 경구개[치경 위에 있는 딱딱한 부분] 사이에 가까이 대고 내는 소리)의 특징을 보존한다면 그 소리는 그리스어로는 거의 발음되지 않는 프스키*pschy일 것이다. 그런 까닭에 프시크psych로의 글자위치전환metathesis을 가정하는 것은 정당화될 수 있다. 어원은 슈šw의 의미 영역('그늘진, 추운, 생기 없는, 빈')과 동일한 의미를 지닌 프시크로스psychros, 프시코스psychos, 프시코psychō 같은 단어군으로 강화된다. '공기 쐬기'와 '말리기'라는 의미로 사용된 프시코psychō의 후기 용례도 있는데, 이집트 용어의 반대되는 의미를 가리키고 있다.[135]

만약 이 어원들이 옳다면 케르kēr와 프시케psychē는 카k3와 슈(셰웨트)šw(t)(다른 두 영혼 또는 개성의 측면)를 나타낸다. 가디너 같은 이집트학 학자들은 이집트인이 두 가지 측면에서 영혼을 다루는 방법이 부적절하다고 주장

---

134) Gardiner(1957, p.417, 511.4).

135) Chantraine(1968-75, pp.1295-1296)은 이 단어군의 경우 알려진 인도유럽어 어원이 없다는 것을 받아들이지만, 응용력이 있는 Pokorny(1959-1960, I, p.146)는 프시코psychō에 근거해 어근 *bhes(숨 쉬다, 불다)를 만들어냈다. 물론 이 어원의 일부 또는 전부가 관사 없이 단순히 슈šw에서 왔을 수도 있다. 왜냐하면 글자 프시ψ가 구별되지 않는 몇몇 마찰음들을 나타내곤 했다는 것과, 이집트어로 들리는 단어에 첫 철자 p가 교정철자hypercorrection로서 부가되었음이 명백하게 여겨지기 때문이다. Bernal(1990, pp.118- 119) 참조.
　　콥트어는 쇼우šoou(향, 향기)라는 단어를 포함한다. Černy(1976, p.257)는 카우b3w(꽃들)에서 그것을 끄집어내었다. 그런데 쇼우에šooue(마른)와 슈오šouo(빈)은 둘 다 슈šw로부터 온다는 것을 고려하면, 쇼우šoou는 그것들에 적어도 물들었던 것 같다. 어쨌든 이것은 그리스어 단어 투모스thumos(정령 또는 영혼)와 대단히 비슷하다. 투모스thumos는 '연기smoke'의 인도 유럽어 어근(영어 단어 'fume[증기]'에서 발견된다)에서 파생된 것이다. 센체르sntr(향을 피우다)와 그것에서 파생된 그리스어 단어라고 내가 믿는 크산토스xanthos에 관해, 아래 참조.

해왔다. 첫 번째는 그들이 "우리보다 더 개인적이고 형체가 있는 것으로 그 개념을 상상했기" 때문이고, 두 번째는 예를 들어 카ᵏᵃ는 "다른 맥락에서 다양하게 보이는 그림자적이고 덜 정의된 개념으로 남아 있기" 때문이라는 것이다.[136] 이처럼 이 비유럽인들은 일반적으로 두 방향에서 오해했다는 것이다. 그런데 유럽인의 혼동은 이집트인에게는 미묘한 형이상학 또는 신학이다. 이집트 사제들이 개인의 두 부분을 매우 진지하게 구분했다는 데는 의문의 여지가 없다. 반면에 이 구분을 일반인이나 또는 그리스인과 같은 특별한 지식이 없는 외국인이 이해했을 가능성은 매우 낮다.

차용어들을 음성학적으로 분석하면 룽이 구분한 유형을 확인해주는 것 같다. 비록 그가 케르ᵏᵉʳ가 더 오래된 형태라는 것을 밝히기 위해 연구를 한 것은 아니지만 말이다. 앞에서 언급했듯이, 3의 유음적 특징은 신왕국 초에 사라졌다. 비록 의식적으로 고어를 사용했을 가능성은 있지만, 이집트로부터의 차용이 기원전 1500년 전에 있었을 가능성이 높다. 만약 영혼의 저울질(수갱 분묘에서 장례와 관련되어 발견된 저울을 감안하면 매우 있음 직한 일이다)이 기원전 2천년기 중반까지 그리스에 알려졌다면, 케로타시아라는 용어도 그때 확립되었을 것이다. 아이스킬로스가 고대의 전거만이 아니라 상대적으로 최근의 그리고 수준 높은 이집트 전거를 가졌다는 것은 제1권에서 서술했다. 이것은 호메로스의 용어를 프시코스타시아로 그가 대체한 이유를 설명할 수 있을 것이다.[137] 프시코ᵖˢʸᶜʰᵒ에 근거한 용어의 사용이 적합했던 이유는, 이집트의 영혼 저울질에서 죽은 자의 영혼은 깃털(슈šw, ß)이라는 저울추로 쟀기 때문인 것으로 보인다!

멤논의 북서 아나톨리아와의 연계

이집트와 신화적·사전적 유사점이 긴밀하다는 것은 시사적이기는 하지만 멤논 전설에 관해 특정한 것을 알려주지는 않는다. 내가 이 저서 전체를 통해 신념을 갖고 주장하듯이, 그리스 문화가 전반적으로 이집트의 영향을 받았다면 더더욱 그렇다. 전승 중에서 역사적 통찰력을 얻을 수 있는 가장 좋은 부분은 민담이나 신화적 주제가 아니라 구체적인 지리와 고유명사이

---

136) Gardiner(1957, p.173).
137) 제1권, p.146.

다. 이것은 명백히 역사적으로 검증해볼 수 있는 대상이다. 마치 알려진 역사상 인물의 이름을 지닌 영웅을 포함하는 웨일스의 설화집 『마비노기온 *Mabinogion*』이나 독일의 『니벨룽겐의 반지』 같은 판타지들처럼 말이다.

멤논의 '에티오피아' 기원은 길게 논의되었다. 여기서는 멤논이 특히 북서 아나톨리아와 트로이 지방에 연계되어 있음을 강조하고자 한다. 멤논이 트로이에 연계되어 있고 그의 '무덤'이 동쪽으로 약 110킬로미터 떨어진 곳에 있다는 것은 이미 언급했다. 고대의 청동제 무기에 관련된 매우 흥미로운 구절에서 파우사니아스는 "니코메데아(그의 '무덤'에서 동쪽으로 약 130킬로미터 떨어진 곳에 있다)에 있는 아스클레피오스 신전에 보관된 멤논의 검은 칼날과 창끝 전체가 청동으로 만들어졌다"[138]고 기술하고 있다. 이것은 아주 오래되었다는 암시를 주지만 유물에 대한 악명 높은 불신을 고려한다면, 그것이 멤논의 역사적 원형에 관련된 무기일 가능성은 실제로는 매우 낮다. 더욱이 내가 주장하듯이, 만약 그가 세소스트리스 원정과 동일시될 수 있는 자라면 기원전 20세기에 검이 있었다고 하더라도 극소수였다.

또 다른 관점에서 파우사니아스는 "프리기아인은 그가 (수사로부터) 그 지역을 가로지르는 지름길을 취하느라고 택했던 도로(여러 간이 역참으로 나뉘어져 있다)를 여전히 가리킨다"[139]고 보고한다. 이것은 헤로도토스의 기록과도 잘 맞아떨어지는데, 기록에 따르면 트로아드 남쪽의 북서 아나톨리아에 있는 리디아의 사람들은 그가 세소스트리스의 것이라고 믿었던 조각상을 멤논의 조각상으로 생각했다.[140] 대체로 멤논과 북서 아나톨리아 사이에는 강한 연계가 있다.

멤논의 이집트적 정체성

멤논은 테베의 강 건너에 있는 아멘호테프imn htp 3세의 유명한 거상에 붙여진 그리스어 이름인데, 근대의 학자들은 아멘호테프Amenhotep라고 부르고 마네토는 아메노피스Amenophis라고 불렀다.[141] 로마시대에 그 거상은 새

---

138) Pausanias, III.3.8; Levi(1971, II, p.17).
139) Pausanias, X.31.3; Levi(1971, I, p.487).
140) 주89 참조.

벽에 만들어내는 이상한 소리로 유명했다(에오스의 아들로서 적절하다).[142] 이 소리가 언제 처음으로 들렸는지 알려지지 않았지만, 그 소리는 멤논의 어머니가 누구인지를 선택할 때 영향을 미치고 그가 동쪽과 관련되었음을 강화했을 것이다. 나는 그 영웅이 이집트인으로 정체가 밝혀졌을 때조차 멤논은 티토노스에 연계되었다고 앞서 언급했다. 그 거상에 많은 그리스인이 낙서를 하였는데, 그중 하나는 "티토노스 또는 아메노트Amenoth의 아들 멤논"이라는 문구이다. 별칭을 확실하게 적시하지 못하는 태도가 다른 비문에서는 '멤논 또는 파메노트Phamenoth'라는 문구에서 더 직접적으로 나타난다.[143] 이것 혹은 저것이라는 말투가 혼동의 근원을 가리키는 것으로 여겨진다. 그런데 많은 그리스인 여행객이 그 조각상이 누구를 나타내는지 잘 알고 있었던 것처럼 보인다. 아메노트, 파메노트, 파메노프Phamenoph는 파 아멘호테프p3 imn ḥtp, 즉 아메노피스Amenophis의 합당한 표현으로 여겨진다. 파메노스Phamenos와 같은 다른 형태는 과감한 축약이거나 단순히 파 아멘p3 imn, 즉 '아몬'이라고 여겨진다. 파우사니아스는 이러한 방식으로 문제에 관한 견해를 요약했다.

> 나일 강을 건너 갈대밭(그들이 그것을 그렇게 부른다)에 이르면 이집트의 테베가 있는데, 그곳에서 나는 어마어마한 좌상 조각상을 보았다. 대부분의 사람은 그를 멤논이라고 부르는데, 그는 에티오피아에서 이집트로 진군했고 수사에 이르기까지 멀리 진군했다. 반면 테베인은 멤논이 아니라 그들의 지역에서 살았던 파메노프의 조각상이라고 말한다. 나도 그가 세소스트리스로 불리는 것을 들은 적이 있다.[144]

이집트로 진군하고 수사까지 진군한 에티오피아 왕의 이미지는 이집트를 정복한 에티오피아 사람 샤바카Shabaka(기원전 715-695년)와 타하르카Taharka(기원전 689-664년)에 근거한 것인지도 모른다. 그러나 그들이 헤시오도스,

---

141) Goossens(1939); Gardiner(1961b) 참조.
142) 이것에 관한 참고문헌은 Frazer(1898, II, pp.530-531) 참조.
143) *Corpus Inscriptionum Graecarum*, nos.4731 and 4727.
144) Pausanias, I.42.1; Levi(1971, I, pp.116-117).

호메로스, 아르크티노스 이후의 사람들이므로 그리스 저자들에게 멤논을 떠올리게 했을 리는 없다.

이 조각상에 멤논이라는 이름을 붙여진 것을 어떻게 설명할 수 있을까? 이것에 관한 두 개의 주요한 연구에 따르면 그리스 영웅의 이름이 지역적 이름과 혼동되었다고 한다. 아리안모델로 연구한다면 그 이름 자체가 이집 트로부터 왔을 가능성을 고려하지 않는다.

구상Goossens의 주장에 따르면, 멤논은 훔반Humban 또는 움만Umman 또는 암만Amman이라는 엘람의 신과 혼동되었다고 한다.145) 가디너는 기원전 1 세기 그리스의 지리학자 스트라본이 장제전의 이름으로 사용했던 멤노니 온Memnonion이라는 용어에서 조각상의 이름을 이끌어냈다. 그 장제전 앞에 는 두 거상이 앉아 있었고, 그중 하나가 '멤논'이 되었다. 가디너에 따르면, 혼동은 아메노피스 3세의 대관식 이름인 네브마아트라Nb mꜣˁt Rˁ로부터 온 것인데(앞서 님로드에 연계하여 언급했다), 그 대관식 이름은 후기 청동기시 대에 니브무리아Nibmuria 또는 님무리아Nimmuria로 음역되었다. 테베에 있는 소위 멤노니온이라는 이름은 그리스인이 동일한 이름으로 부르는 아비도 스에 있는 신전 단지의 이름에 의해 더욱 혼란스럽게 되었다. 이것은 아메 노피스가 아니라 제19왕조의 파라오 세토스 1세가 세운 것이고, 이집트어 로 세토스의 대관식 이름인 멘마아트라Mn mꜣˁt Rˁ는 공식어구 t3 ḥwt Mn mꜣˁt Rˁ ib ḥr m ꜣbdw(타 후트 멘 마아트 라 예브 헤르 엠 아비두: 멘마아트라의 저택, 아비도스에서 만족한 마음)에서 사용되었다.146) 멤논 또는 멤노니온이 님무 리아와 혼동되었다는 생각은 음성학적으로 극히 가능성이 없다. 멤논 또는 멤노니온과 멘마아트라 사이의 혼동은, 앞의 경우보다는 그래도 가능성이 조금이라도 더 있을 수도 있지만 말이다.

필자가 보기에, 스트라본은 이집트 이름 아멘호테프(이 이름으로 '그리 스' 영웅의 이름이 오해되었다)에 대한 실마리를 제공하는 것이 아니라 멤논 이라는 이름 자체의 기원에 대한 실마리를 제공하고 있다. 제4장에서 언급 했지만, 이집트인이 이스만데스Ismandēs가 멤논이라고 말했기 때문에 스트 라본은 아메넴하트 3세가 지은 파이윰에 있는 엘 라훈의 라비린토스가 멤

---

145) Goossens(1939, p.339).

146) Gardiner(1961b, pp.95-96).

노니움Memnonium일지도 모른다고 기록했다. 그는 일찍이 이만데스Imandēs가 라비린토스에 매장되었다고 쓴 적이 있었다.147) (역주: 스트라본은 XVII.1.37 에서는 이만데스로, 42에서는 이스만데스로 표기하고 있다.) 이처럼 일부 이집 트인은 멤논이라는 이름이 아메노피스의 조상에 적용되는 것에 반대했던 것으로 보이고, 일부 이집트인은 멤논을 아메넴하트와 동일시했다. 아메넴 헤트/아메넴하트/암메네메스가 아멘호테프/아멘호텝/아메노피스보다 멤논 의 기원으로 더 그럴듯하다. 아메넴헤트imn m ḥt와 멤논 사이의 음성학적 적 절함이 더 타당하며, 센우세레트S-n Wsrt로부터 끄집어낸 세소스트리스와 세소오시스의 그것보다 더 그럴듯하다. 그런데 만약 마네토가 상이한 아메 넴헤트imn m ḥt들을 구분하는 데 어려움이 있었다면(제5장 참조), 이집트 전 거를 따르려는 그리스인에게 그것이 어느 아메넴헤트/암메네메스를 언급 하고 있는가에 대해서 동일한 또는 더 큰 혼동을 일으켰을 것임에 틀림없 다.148) 그리스 전승이 말하는 멤논에 대한 가장 그럴듯한 후보자는 세소스 트리스의 아들이자 후계자이며 공동 통치자이자 동료 원정 지휘관인 아메 넴헤트/아메넴하트 2세다.

순환논법이라는 비난을 받을 위험이 있지만, 그래도 이것은 멤논 신화 들의 핵심을 형성하는 일련의 사건들을 가정해볼 수 있는 튼튼한 기초로서 여겨질 수 있다.

기원전 1900년경 이집트 군대(군대의 대다수는 흑인이었고 흑인 왕자[제12 왕조의 파라오들이 남쪽 끝 지방 출신임이 주목되어왔다]가 지휘했다)가 동쪽 에서 서쪽으로 아나톨리아를 관통해 진군했다면 어떻게 이러한 것이 기억 될 수 있었을까? 그의 대군과 찬란한 제복에 대한 기억이 지속되었을 것이 다. 에오스의 아들인 그는 동쪽에서 왔을 것이다. 이것과 그의 검은 피부는 수사(엘람인 '에티오피아인')와의 관련성을 설명할 것이며, 아마도 티토노 스라는 그의 아버지의 정체도 설명할 것이다. 티토노스 또한 동쪽과 남쪽 에서 왔다. 오시리스와의 유사점은 그가 흑인이자 이집트인이라는 사실로

---

147) Strabo, XVII.1.37, 42. Gardiner(1961b, p.96)는 그리스 단어 라비린트와 이집트 이름 사이 에 혼동이 있었음을 가정한다. 라비린트라는 이름이 아메넴하트 3세를 위해 사용된 또 다 른 칭호인 Ny-mꜣꜥt-Rꜥ니마아트라로부터 나온다는 주장에 관해서는 제4장의 주117-119 참조.
148) 마네토의 많은 다른 판들에 관해서는 Waddell(1940, pp.62-73) 참조.

부터 그리고 북서 아나톨리아에서 유력했던 아티스 숭배(위에서 언급되었다)에서 온 것 같다. 그리고 오시리스/디오니소스의 세계 정복은 제12왕조 파라오들의 원정에 자극을 받았을 수도 또는 적어도 영향을 받았을 수도 있다.[149] 멤논이 아킬레우스와 접전을 벌였다는 것은 다른 시기에 속하는 두 영웅의 접전일 것이다. 이것은 많은 신화에서 특히 그리스 신화에서 자주 일어나는 현상이다. 이아손의 배 아르고 호에 승선했지만 동시대에 속하지 않은 승무원들, 그리고 트로이 공략에 참가한 사르페돈[150]과 같은 영웅들을 보면 알 수 있을 것이다.

두 명의 세계 정복자인 세소스트리스/세손코시스와 그 로망스 사이의 밀접한 연계는 앞에서 언급했는데, 세손코시스 로망스가 가장 초기의 알렉산드로스 로망스의 형성에 주요한 영향력을 미쳤던 것으로 보인다.[151] 기원전 323년 사망 후 2,000여 년 동안 유라시아 전역에 걸쳐 발견되는 알렉산드로스 로망스는 특별히 여러 가지 유사한 이야기를 제공하는데, 그것을 근거로 정복자의 실제 업적에 기초한 환상적 이야기가 대중적 차원에서 널리 퍼진 변형이 생겨나고 생존했다는 것을 분명하게 가정할 수 있다.[152] 기원후 1천년기보다 기원전 2천년기와 1천년기에 일반적으로 더 긴 문화적 지속성을 보였음을 감안하면, 세소스트리스와 멤논에 관한 이야기는 기원전 20세기의 중기 청동기 초부터 기원후 10세기까지 이어져왔을 것이다(우리는 그 이야기들을 그리스 전승에서 뽑아낸 것으로 여기고 있지만 말이다).

다시 정리해서 말하면, 전설상의 멤논과 관련된 단편적인 전승만을 근거로 이집트의 북서 아나톨리아 원정을 가정하는 것은 분명히 어리석은 일이다. 그러나 아나톨리아에서 제12왕조의 군사행동을 시사하는 다른 정보들을 고려하면, 이 전승들은 이러한 방향에서 더 많은 증거를 제공하는 것 같다. 단적으로 멤논의 전설은 버팀대를 제공하는데 그 버팀대는 스스로 설 수는 없지만 더 넓은 구조에 여분의 힘을 제공한다.

---

149) 이 신화의 이집트 기원에 관해서는 제1권, pp.176-177 참조.

150) 주92 참조.

151) 제5장의 주51과 앞의 주12-16 참조.

152) Lane Fox(1980, pp.38-46, bibliography for ch.1).

기원전 1900년경 이집트의 트로이 정복을 지지하는 논거

그리스 전승에 따르면, 뛰어난 능력을 가졌음에도 불구하고 멤논은 트로이에서 그리스의 영웅 아킬레우스에게 살해되었다는 것은 명백하다. 그런데 이집트인이 그 도시를 장악했을 가능성은 고려되어야만 한다. 그때쯤 트로이 V이 끝나고 트로이 VI(이 숫자는 트로이 유적지에 세워진 각각의 도시와 관련되어 있다)이 시작된다는 데는 의문의 여지가 없다. 트로이 V은 불로 파괴되지 않았다. 멜라트는 트로이 V의 파괴면에서 나타나는 문화의 급격한 변화는 기원전 1900년경에 일어난 일련의 파괴의 일부로 보아야 한다고 주장했다. 그는 그 파괴에 트로이에서 매우 가까운 곳들을 포함시켰고, 앞에서 언급했듯이 파괴는 동쪽에서 온 침입자에 의해 일어났다.[153]

미트 라히네 비문은 iw3i라는 도시를 세소스트리스와 아메넴하트가 파괴했다는 정보를 제공하는데, 함께 기록된 베르b3라는 단어는 '태우다'라는 뜻을 포함하지는 않는다. 그런데 iw3i는 월리야W3 iwr y라는 이름의 더 오래된 형태로 추정할 수 있는데, 일부 학자들은 후자를 (우)일리오스(W)ilios(트로이)와 동일시했다.[154]

이 미약한 증거의 조각에 다음의 세 가지를 더 첨가할 수 있다. 첫째, 트로이 포로에 관한 이집트 기록이다. 제테와 가디너가 제안하듯이, 이 기록은 오늘날 투라Turah로 알려진 이집트 지명 타 에르-아위T3 R-3wy(카이로에서 상류 쪽 10킬로미터 지점으로, 트로이와 같다고 생각되었다)와 관련된 동음이의법의 결과로서 볼 수도 있다. 그렇다 하더라도 북서 아나톨리아 출신 이집트 노예들일 수도 있다는 가능성이 배제되어서는 안 된다.[155]

둘째, 호메로스와 후기 저자들에게서 발견되는 전승, 즉 헤라클레스가 널리 알려진 트로이 전쟁 이전에 트로이를 함락했다는 전승이 있다. 로버트 그레이브스가 지적했듯이, 만약 이것이 역사적 근거를 가지고 있다면 그것은 트로이 V층의 몰락과 관련된 것임에 틀림없다. 호메로스가 묘사한 헤라클레스는 분명히 그리스적이며, 호메로스의 모든 보고에 따르면 그는 바다를 통해 도착했다.[156] 그런데 제2장에서 보았듯이, 그리스의 헤라클

---

153) 제5장의 주121-125 참조.

154) 제5장의 주163-166 참조.

155) Strabo, XVII.1.34; Diodoros, I.56.4. Gardiner(1947, II, pp.126-127) 참조.

레스는 여러 가지 기원을 지닌 복합적인 인물이었다. 비록 서에서 동으로 갔던 오시리스/디오니소스와는 달리 그는 동에서 서로 갔던 태양의 정복자이지만, 헤라클레스와 오시리스/디오니소스는, 그러므로 헤라클레스와 세소스트리스/멤논은 서로 엮여질 수 있는 유사점이 있다. 또한 나는 제2장에서 헤라클레스는 때로는 이집트 테베 출신 이집트인으로 묘사되었다고 주장했다.[157] 헤로도토스는 분명히 그렇게 생각했고 헤라클레스를 이집트의 '열두 신'의 하나로서 기술했다.[158] 디오도로스도 다음과 같이 기록했다.

> 신화에 따르면 가장 오래된 헤라클레스는 이집트에서 태어났는데, 군대를 거느리고 인간이 거주하는 세계의 큰 부분을 정복했고 리비아에 있는 석주들을 세웠다.[159]

그가 흑인이었음을 암시하는 기록들도 있다.[160] 이외에도 헤리셰프Hry š.f/ 헤라클레스가 '내려치는 신' 또는 세소스트리스에 연계된다는 것은 중왕국의 정복 파라오들이 신화적인 헤라클레스의 형성에서 중요한 역할을 했을 가능성이 높은 또 다른 징표를 제공한다.[161]

이집트가 트로이를 정복했다는 세 번째 시사는 좀 지나친 감이 있다. 그것은 로도스 출신 아폴로니오스의 콜키스 보고서이다.

> 이제 우리는 이 나라로부터 한 왕이 강하고 충성스러운 군대의 지지를 받으며 출발했고 유럽과 아시아 전체로 진군해 그가 가는 곳에 많은 도시를 세웠다는 이야기를 듣고 있다. 비록 일부는 세월의 짐에 항복했지만 그들 중 일부는 살아남았다. 그러나 오늘날에 이르기까지 아이아는 그 왕이 그곳에 정착시켰던

---

156) *Iliad,* V.640-5; Diodoros, IV.32; Appoldoros, II.6.4. 다른 고대 사료에 관해서는 Frazer(1921, I, pp.244-245); Graves(1955, II, p.174) 참조.

157) 제2장의 주172-183 참조.

158) Herodotos, II.42-5. 이집트인이 열두 신 체계를 만든 것에 대한 부정과 이 구절에 대한 회의적인 분석은 Lloyd(1976, p.202) 참조.

159) Diodoros, III, 74.3.

160) Servius on Aeneid, V.30; Tzetzes on Lykophron 472; Hyginus Fabula 89.

161) 주13-15 참조.

사람들의 후손들이 그 주민이 되어 건재하고 있다.[162]

만약 이것을 심각한 역사적 기술로 받아들인다면, 기원전 1900년경부터 기원전 14세기까지 500여 년간 번영을 지속했던 트로이 VI을 그 도시 중 하나로 가정할 수 있을까? 매우 모호한 정보 조각들 자체는 역사적 징표로서는 전적으로 무용하다. 그러나 전반적으로 아나톨리아에서 제12왕조가 존재했음을 가리키고 있는 것으로 보아 그 조각들은 상황 증거로서 가치를 지닌다.

세소스트리스와 아메넴하트의 정복: 증거의 요약

나는 이제 이번 장과 제5장에서 살펴보았던 증거를 그리고 다양한 전거로부터의 새로운 정보를 세소스트리스의 북쪽 정복에 관한 그리스와 이집트 저자들의 보고와 관련시켜 고찰해보면서 하나로 엮어보고자 한다. 두 명의 파라오 센워스레 1세와 아메넴하트 2세가 행한 시리아 너머의 원정을 기술하는 미트 라히네 비문의 발견은 세소스트리스(그가 바로 센워스레 1세였다)가 '아시아'를 정복했다는 헤로도토스와 후기 저자들의 주장을 상기하게 하였다. 누비아에 있는 요새 및 군사적 계획에 관련된 고고학적 증거로 보건대, 제12왕조의 군대는 그러한 주요 작전을 수행할 능력을 지녔던 것으로 보인다. 가능성을 지닌 증거도 있다. 아나톨리아 전역에 걸친 파괴의 물결, 그리고 파괴의 시기에 속하는 것으로 볼 수 있는 그곳에서 발굴된 이집트의 유물이 그러한 증거이다. 또한 아시아와 특별한 연계를 지닌 정복의 신 몬트에게 봉헌된 남부 이집트의 토드 보물에서 아나톨리아 유물도 발견되었다.

시리아와 아나톨리아에 대한 군사 원정의 가능성을 보여주는 도상적 증거가 있는데, 군사 원정 직후에 나타난 이집트의 파라오를 닮은 '내려치는 신'의 모습이 있다. 그 지역과 그리스 두 곳 모두에서 기록된, 흑인 왕자 멤논이 대군을 거느리고 서西아나톨리아를 거쳐 진군했다는 전승도 있다. 이 전승은 세소스트리스의 아들 아메넴하트 2세에 대한 민속 기억을 잘 나

---

162) 주51 참조.

타내는데, 미트 라히네 비문에서 그는 외국 원정에서 역할을 했던 것으로 기록되어 있다. 만약 우리가 '아시아'를 아나톨리아로 이해한다면(헤로도 토스가 때때로 그렇게 이해했던 것으로 보인다), 세소스트리스가 '아시아'를 가로질러 진군했다는 그리스 저자들의 주장을 믿을 강력한 논거가 있는 셈 이다.

유럽 원정을 확인해줄 수 있는 증거는 훨씬 적다. 트라키아 정복에 대한 주장은 기원전 20세기 전반에 그 지역에서 광범위하고 오래 지속된 파괴 때문에 그럴듯하게 여겨지는데, 그 시기에 세소스트리스의 트라키아 원정 이 행해졌을 가능성이 대단히 크다. 군대가 스키티아(오늘날의 남부 러시아) 로 진군했다는 이집트와 그리스의 전승을 뒷받침할 고고학적 또는 전설적 증거는 없다. 유목지역에서는 눈에 띄는 파괴가 거의 남아 있지 않았을 것 이며 전승도 보존되기 어려웠을 것이다. 반면에 오늘날의 소비에트 그루지 아 지역인 콜키스에 세소스트리스의 군대가 국가를 세웠다는 그리스 저자 들의 보고가 있고, 그 지역에서 오랫 동안 존속해온 흑인 인구가 부분적으 로 세소스트리스의 군대에서 연유했을 가능성도 애태울 정도이기는 하지 만 있다.

코카서스의 다른 지역은 세소스트리스의 원정 때 황폐화된 것으로 보인 다. 그곳이 파괴되었다는 것을 보여주는 또 다른 증거로는 전통이 오래되 고 대단히 진보된 야금술을 지녔던 지역의 파괴, 그리고 코카서스 대장장 이들이 이집트의 영향 하에 있는 레반트 도시들로 분명히 이주한 사실 등 을 들 수 있다. 이것은 그리스 저자만이 아니라 미트 라히네 비문이나 여러 그리스 문서들의 기록과도 잘 맞아떨어진다. 그 기록들에 따르면, 센워스 레 1세(원래의 이름은 s-n Wsrt이다)가 전례가 없을 정도로 많은 양의 약탈 물을, 특히 금속과 노예를 이집트로 보내거나 직접 들여왔다. 그것은 코카 서스 원정뿐만 아니라 서아나톨리아 및 트라키아 원정의 이유를 설명해줄 수 있다. 그 지역들에는 광석이 풍부하고 야금술이 매우 발전된 곳이 많았 다. 센워스레와 아메넴하트는 정치적으로 덜 통합되었으나 우월한 기술을 지닌 사회를 장악하기 위해 이집트의 강력한 경제적 기초와 효율적인 국가 및 군사 조직을 사용했을 것이다. 이집트인은 성공적이었던 것으로 보인 다. 뒤이은 수 세기 동안 아나톨리아는 침체되었지만, 적어도 부분적으로라도 아나톨리아와 코카서스의 기술에 근거하여 레반트와 이집트의 야금술이 번영했다는 데는 의문의 여지가 없다. 예를 들어 이집트의 보석은 그 당시 동쪽에서 강한 영향을 받았다. 예술사가인 시릴 알드레드는 다음과 같이 서술했다. "제12왕조 시기에 이집트와 아시아 사이의 좀 더 친숙한 접촉이 이루어지면서 새로운 기술이 이주민에 의해 도입되고 이를 원주민 금 세공인이 받아들였다."[163]

여러 측면에서 고찰해보면, 그 시기에 이집트는 유일하게 석기시대에서 완전히 빠져나와 금속을 흔한 물질로 사용하는 사회가 되었다. 바로 그 시기에 중앙 아나톨리아에 대한 아시리아의 교역독점이 깨지고, 중앙 아나톨리아와 (이집트가 지배하는) 시리아 사이의 상업적 접촉이 확립되었음은 주목할 만하다. 이것은 이집트 원정의 의도적인 또는 비의도적인 결과일 수 있다.

발칸과의 접촉도 귀한 금속과 보석을 찾는다는 견지에서 비슷하게 설명될 수 있다.[164] 남부 러시아로의 원정은 설명하기 쉽지 않지만, 아마도 이집트인은 상당량의 노획물을 바라고 있었을 것이다. 그러나 알렉산드로스처럼 이집트인은 군사적 또는 정치적 능력의 한계를 넘어 진군했고, 이집트-그리스적 용어로 표현한다면 그들의 성공이 오만hybris의 정신 상태를 불러일으켜 흑해를 탐험하고 주위를 원정하고 마침내 코카서스라는 좋은 노획물에 이르게 되었을 가능성이 훨씬 더 높다.[165] 헤로도토스가 묘사한 원정에서 또는 디오도로스가 말하고 있는 9년간의 원정 기간에서 전략적으로 그럴듯하지 않은 것은 거의 없어 보인다.

---

163) Aldred(1971, p.113).

164) 제5장의 주142-3 참조.

165) Szemerényi(1974a, p.154)는 hybris(ὕβρις)를 입증되지 않은 히타이트-루비안어 후(와)프파르*Hu(wa)ppar에서 온 것으로 보았으나, 인도유럽어의 견지에서 설명되지 않는다. 내가 보기에 그것을 이집트어 웨르 예브wr ib(문자적으로는 '큰 마음' 그러나 '오만한'이라는 의미를 지닌다)에서 끌어내는 것이 좀 더 개연성이 있는 것 같다. 우리는 개구리와 황소라는 이솝 우화를 기억한다. 그리스어 단어의 첫 철자가 입실론(역주: υ, 영어로는 y로 표기)일 경우 자동적으로 입실론 위에 거친 숨표(역주: ', 영어로는 h로 표기)가 붙는다(역주: ὑ, 영어로는 hy). (마지막 문장에 대한 역주: 그리스어 ὕβρις[영어로 표기하면 hybris]에는 h 음가가 있는데, 이집트어 웨르 예브wr ib에는 h음가가 없지만, 두 단어가 다르다고는 볼 수 없는데, 왜냐하면 그리스 단어의 첫 철자가 υ로 시작할 경우 '(h)가 자동적으로 붙는 것에 지나지 않기 때문이라는 뜻).

　성인이 된 기번은 세소스트리스의 '정복'을 더 이상 연구하지 않는 이유를 다음과 같이 명백히 말했다. "성숙해진 나이에 나는 더 이상 먼 구름 속에서 사라진 그리스, 유다, 이집트의 고대사를 연결할 수 있다고 가정하지 않겠다."[166] 그런데 우리는 기번에게 암시적이었던 것을 그리고 후기 북쪽 학자들 사이에서는 확실히 존재했던 것을 물려받고 있다. 즉, '문명화된' 어떤 아프리카인이 승리를 거두며 진군해 남서 아시아를 가로질렀을 뿐만 아니라 '야만적인' 유럽 지역도 가로질렀다는 바로 그 생각에 대한 이데올로기적 반감을 물려받고 있다. 전승에 진실이 담겨 있다는 생각은 19세기 그리고 20세기가 거의 끝날 때까지 문자 그대로 생각할 수 없는 일이었다. 이제 그것을 재평가할 때가 되었다.

---

166) Gibbon(1794, p.137). 제1권, p.272 참조.

제7장

테라 폭발: 에게해에서 중국까지

이번 장은 기원전 2천년기 중반에 발생한 테라 또는 산토리니 섬의 대폭발과 관련되어 있다. 나는 테라 폭발의 연대를 기원전 1450년 또는 1500년에서 기원전 1628년으로 재설정하는 문제를 고려하면서 이야기를 시작할 것이다. 폭발 연대의 재설정은 여러 가지 이유로 중요하다. 무엇보다도 그것은 지식사회학의 관점에서 중요하다. 연대 재설정에 관한 논쟁은 외부 학자가 독자적인 자료에 근거해 내놓은 방대한 반대 증거에 직면했을 때 나타나는 학계의 고집을 느낄 수 있는 더할 나위없는 예를 제공한다. 외부 학자는 난처함을 일으키려는 특별히 의도를 가진 것이 아니라 단지 현상유지에 급급해하는 상황을 몹시 언짢게 여길 따름이다. 학자들은 새로운 증거를 대단히 느리게 받아들이는데, 이는 그들이 배웠던 그리고 그들의 가설을 자아냈던 구조에 동조하려는 성향 때문이다. 그들은 자신이 갖고 있는 믿음의 근거를 심사숙고해보려고 하지도 않고 도전자에게는 절대적인 증거를 요구한다. 테라 폭발 연대의 경우에 정통론의 근거는 대단히 미약하다.

연대 재설정은 에게해에서 그리고 전체적으로는 동지중해에서 기원전 2천년기 중반의 절대연표를 확립하는 데 대단히 중요하다. 그 폭발이 이 몇 세기에 관련된 도기 유형을 근거로 삼은 도기연대와는 잘 맞아떨어졌기 때문이다. 이 모든 도기연대는 이제 수십 년 상향 조정되어야만 한다.

이 거대한 사건에 관한 역사적 정보는 놀라울 정도로 부족하지만, 테라 폭발과 관련된 것으로 보이는 많은 전설이 있다. 이번 장에서는 이들 중에서 가장 그럴듯한 두 가지, 즉 「출애굽기」의 '화산' 장면과 플라톤의 아틀란티스 신화를 살펴볼 것이다. 아틀란티스 신화의 흥미 있는 국면 중 하나가 기원전 18-17세기의 사건(힉소스의 침입과 테라 폭발)이 기원전 12세기의 사건('바다의 민족들'의 침입과 기원전 1159년 아이슬란드의 헤클라 화산의 세 번째 대폭발)과 혼동되면서 생겨났다고 나는 주장할 것이다. 대략 500년쯤 서로 떨어진 두 묶음의 사건은, 플라톤에 따르면 이집트 사제들이 주장했다는 역사의 진행방식에 대한 믿음을 생겨나게 한 것 같다. 이에 따르면 역사는 재앙으로 단절되었는데, 재앙은 문명을 파괴했을 뿐만 아니라 이집트를 제외한 모든 나라의 역사적 기억조차 파괴했다. 그러나 이집트만은 나일 강의 항구성과 생명력으로 구원되었다.

이번 장의 후반부에서는 중국 전승도 이 두 가지의 전 세계적 사건에 영향 받았을 가능성이 있다는 점을 고려할 것이다. 나는 '천명天命'의 개념(이에 따르면 하늘은 한 왕조에게 다스릴 수 있는 권한을 뺏어서 다른 왕조에게 준다)이 사건들의 거대한 두 묶음에서 기원했을 가능성을 주장할 것이다. '장기적인 역사 주기'에 대한 이러한 견해는 중국에서 왕조 변화에 근본적인 충격을 가했다. 그것은 오늘날에도 줄곧 중국의 정치사상과 정치에 영향을 미치고 있는데, 중국은 인도나 일본과 같은 아시아 국가들과는 달리 혁명geming 또는 '명命의 철회'라는 고유한 전통을 가지고 있기 때문이다.

연대 설정에 대한 논쟁

현재 산토리니 섬이라고 부르는 테라 섬은 크레타에서 북쪽으로 약 113킬로미터쯤 떨어져 있는 전망 좋은 섬이다. 오늘날 사람들은 거대한 화산의 분화구 속으로 내려갈 수 있는데, 거기에는 여전히 부글거리며 연기를 내뿜는 작은 섬들이 있다. 그것은 기원전 2천년기의 어느 땐가 폭발했는데, 그 이전에는 하나로 된 산이었다.

그 폭발의 규모는 1883년 수마트라와 자바 사이에 있는 크라카토아Krakatoa 폭발보다 더 컸다. 크라카토아 폭발은 약 193킬로미터나 떨어져 있는 바타비아(자카르타)에 있는 유리 창문을 깨뜨렸을 뿐만 아니라 큰 파도를 일으켜 실론(스리랑카) 해안에 살던 사람들을 익사시켰고, 대기로 내뿜은 먼지는 수년 동안 멋진 일몰을 만들어내며 인상주의 발전에 영향을 주었을 것이라고 여겨진다. 더 중요한 것은 크라카토아에서 분출된 화산재가 세계의 기온을 떨어뜨렸다는 점인데, 미국의 서부와 같은 멀리 떨어져 있는 곳에서도 몇 달간 2-4도 정도 기온이 뚜렷하게 떨어졌다.[1] 이와 비슷하게 지질학자와 물리학자들은 테라 폭발의 거대한 규모를, 폭발로 인해 대기로 내뿜어진 재와 먼지의 어마어마한 양을, 그리고 분출 후 거대한 양의 바닷물이 밀려나고 다시 분화구 속으로 밀려오면서 야기되는 쓰나미 또는 거대한 파도가 있었을 강한 가능성을 제시했다.[2]

---

1) La Marche and Hirschbeck(1984, pp.124-126). Kelly and Sear(1985, pp.740-743)는 기온 하강의 정도가 더 낮다고 주장한다.
2) McCoy(1980); Stanley and Sheng(1986).

　1988년까지 폭발의 연대에 관해 상당한 논란이 있었다. 후에 그리스 고고학을 이끈 스피리돈 마리나토스는 널리 퍼져 있던 믿음(미노아 문명은 기원전 1450년경의 분출로 파괴되었으며 이로 인해 미케네인이 그 지역을 정복할 수 있었다는 믿음)을 1939년에 학술적 형태로 내놓았다. 그는 이집트 증거에 따르면 '미케네인'이 크레타의 지배자 '미노아인'의 위치를 기원전 15세기 중반에 차지했으므로 테라 폭발의 연대를 기원전 1450년경으로 잡아야 한다고 주장했다.3) 마리나토스는 기원후 1960대까지 그 가설을 검증할 수 없었다. 그 후 재정 지원을 받아 준비를 갖춘 그는 가장 유망하다고 여겨지는 곳을 발굴하기 시작했는데, 그곳은 테라 섬의 남쪽 경사면에 있는 아크로티리Akrotiri였다.

　그 결과는 세간의 이목을 집중시키기에 충분한 것이었다. 고고학자들은 얼마 되지 않아 분출된 재와 용암 아래에서 도시 하나를 발견했고, 이후 비록 기술적 어려움과 고고학적 치밀함으로 인해 더 큰 유적지를 발굴하지는 못했지만 수년에 걸쳐 계속된 발굴로 10여 개의 건물을 확인할 수 있었다.4) 선풍적인 발견으로 대단히 높아진 마리나토스의 평판, 그의 지적 능력과 상상력, 그리스의 주요 정치가들과의 친분 등으로 인해 매우 그럴듯한 그의 이론은 여러 해 동안 논박을 받지 않았던 것 같다.

　그런데 발굴 작업의 초기부터 그는 연대 설정의 어려움을 겪었다. 무엇보다도 아크로티리에서 발굴된 도기는 모두 후기미노아 IA이거나 더 이른 도기연대에 속하는 것들이었다. 그 당시에는 후기미노아 IB가 기원전 1500년경에 시작되었다고 간주되고 있었으므로, 폭발은 틀림없이 그 연대 이전에 일어났음을 가리키고 있었다. 그래서 폭발은 기원전 1550년과 1500년 사이에 있었다고 어중간하게 서술되었다. 기원전 1450년보다 더 이른 연대를 수용할 경우 마리나토스가 세운 가설의 전제, 즉 폭발이 기원전 1450년경 미노아 세력을 분쇄했다는 전제가 무효화된다는 사실은 애써 무시되었다.

　이미 여러 해 전에 은퇴한 전직 사업가인 레온 포메란스는 세 가지 점에서 기원전 15세기 폭발설을 공격했다. 첫째, 테라 폭발은 성서의 「출애굽

---

3) Marinatos(1939) 참조. 이에 대한 더 이른 이론의 개요는 Ramage(1978, pp.39-41); Vitaliano (1978, pp.143-144) 참조.
4) Doumas(1983; pp.11-14, 29-42) 참조.

기」에 기술된 많은 표시와 징조('우박과 불이 섞였다', '느껴질 정도의 어두움', '낮에는 연기기둥', '밤에는 불기둥', 거대한 파도를 뒤따르는 바다의 갈라짐이라는 쓰나미와 비슷한 효과)에 대해 역사적 설명을 제공하는 것으로 보인다고 포메란스는 주장했다. 출애굽은 분명히 파라오 라메세스에 연계된 확고한 역사적 근거를 갖고 있다는 것이 일반적인 학설이었다. 포메란스는 이를 바탕으로 출애굽의 시기를 기원전 13세기나 12세기로 설정할 수 있으므로 폭발은 그때 일어났음에 틀림없다고 주장했다.[5]

포메란스의 두 번째 주장은 기원전 15세기에 이집트는 전반적으로 번영기를 구가하고 있었으며 그러한 커다란 재앙 후에 예상할 수 있는 어떠한 역사적 단절도 보이지 않는다는 것이었다. 반대로 13세기 말과 12세기 초의 단절(이는 후기 청동시대와 초기 철기시대를 구분한다)은 정확하게 그러한 류의 단절로 볼 수 있다는 것이다. 기원전 15세기 설에 반대하는 포메란스의 세 번째 주장은 그 세기에 관련된 이집트의 기록이 잘 보존되고 있을 뿐만 아니라 이집트와 크레타의 관계에 관한 특정한 정보가 있었던 시기라는 것이었다. 포메란스는 테라 폭발로 인한 화산재가 이집트에 도달했을 것이고 쓰나미가 이집트의 저지대인 삼각주를 강타해 그곳에 파괴적인 흔적을 남겼으리라고 확신했다. 만약 그렇지 않다고 하더라도 이집트인은 에게해권의 재앙을 확실히 목격했을 것이며 그것에 관해 기록했을 것이라고 확신했다.[6]

포메란스는 아마추어이고 비정통적인 인식을 가졌다는 것 외에도 불리한 점들이 있었다. 그것은 그가 유대인이라는 점과 에게해권의 폭발을 성서에 연계했다는 점이었다. 그의 반대론자의 눈에 이것은 두 가지 불쾌한 연계로 보였다. 첫째는 종교적인 신화와 '과학적인' 고고학 사이의 연계이고, 둘째는 그리스인과 레반트인 사이의 연계(이는 『블랙 아테나』의 주제 중 하나로, 금기)였다. 이러한 불리한 점들을 지녔지만, 놀랍게도 포메란스와 그의 생각은 과소평가되지 않고 관심을 받았다. 그가 지닌 지성과 결단력과 돈이 사람들로 하여금 그의 말에 귀 기울이도록 만들었지만, 그는 철저히 주변에서 맴돌아야만 했다. 그는 1977년 '제2회 테라 국제학술회의

---

5) Pomerance(1970; 1978).

6) Pomerance(1970; 1978).

Second International Conference on Thera'에 참석했으나, 그의 연설은 청중이 거의 없거나 전혀 없는 이른 시간에 배정되었고 그의 논문은 방대한 학술대회 논문집의 끝에 실렸다.[7]

그럼에도 불구하고 포메란스의 생각은 부분적으로나마 주목을 받았다. 이제 테라에서 퍼져나간 쓰나미가 코스, 로도스, 키프로스, 시리아, 이스라엘을 강타했고 아마도 하이집트도 강타했을 것이라는 가정이 일반적으로 인정되고 있다.[8] 더욱이 테라의 재가 이집트 삼각주에 떨어졌다는 데는 의심의 여지가 없다. 침전물학 학자인 다니엘 스탠리와 해리슨 셩은 이것에 관한 증거를 연구한 후 다음과 같이 결론지었다.

> 산토리니 화산재의 존재는 다양한 초기 문헌에 기록된 중요한 자연 현상을 뒷받침하는 강력한 비고고학적 논거가 된다. 각별히 주목할 것은 성서의 「출애굽기」에 적힌 '어둠의 역병'이다("이집트 땅이 온통 손으로 만져질 만큼 짙은 어둠에 휩싸이게 되리라"(「출애굽기」 10:21, 공동번역).[9]

폭발을 성서의 기록에 연계시키는 것과는 별도로, 그 폭발에 대한 이집트의 충격을 찾는 연구는 포메란스 주장의 한 논점(기원전 15세기에 속하는 상당량의 이집트 문서에 규모가 상당히 컸을 그 재앙에 관한 어떤 기록도 존재하는 않는다는 것은 있을 수 없다)에 무게를 실어주고 있다. 그러나 포메란스는 출애굽 전승을 너무 문자 그대로 받아들이는, 구체적으로 말하면 출애굽의 연대를 기원전 1200년경으로 받아들이는 실수를 저질렀다(「출애굽기」의 역사성은 뒤에서 논의할 것이다). 그 결과 그는 폭발의 시기를 기원전 15세기 이전이 아니라 개연성이 없게도 기원전 15세기 이후로 잡고 있다.

방사성 탄소의 도전

포메란스가 자신의 가설을 진척시키고 있는 동안 테라 폭발이 좀 더 이른 연대에 일어났음을 지지하는 강력한 증거가 나타났다. 1970년대에 미

---

7) 1983년 12월, 뉴욕에서의 사적인 대화.
8) Stanley and Sheng(1986, p.733).
9) Stanley and Sheng(1986, p.735).

국의 고고학자 필립 베탄코트 등은 그 유적지의 폭발 지층 바로 아래에서 단수명short-lived 탄소방사성 표본들을 채집·분석한 후 그 표본들은 폭발이 기원전 17세기에 발생했음을 가리키는 경향이 있다는 요지의 논문을 발표했다.[10]

오직 단수명 표본만 연대를 정확하게 끄집어내는 데 유용하다. 왜냐하면 탄소14는 살아 있는 물질이 죽으면 붕괴되기 시작하는데, 특정한 나이테가 죽더라도 나무의 중심은 살아 있을 수 있기 때문이다. 나무가 베어지고 건물이 놓인 곳에 건축되기 수세기 전에 '죽은' 나무의 중심에서 목재 기둥 하나가 나올 수 있는데다가, 건물이 파괴되기 전에도 상당 기간 기둥이 계속 살아있을 수도 있다. 이런 이유로 관목이나 올리브씨에서 얻은 탄소(그것은 파괴와 동시대이다)가 훨씬 더 정확한 안내자가 된다.

그런데 단수명 표본을 통해 얻은 기원전 17세기 가설은 곧바로 전통론자들의 먹잇감이 되었다. 1978년 스웨덴의 에게해권 전문 고고학자인 아스트롬은 다음과 같이 썼다.

테라의 폭발 당시 또는 조금 이른 시기로부터 나온 7개 표본 중에서 한 단수명 표본의 평균 수정 탄소14 연도는 기원전 1688±57년이다. 이 결과는 분명히 대단히 우스꽝스럽다. 왜냐하면 폭발이 기원전 15세기 전반의 어느 때(내 견해로는 1475년경) 일어났다는 설이 여러 근거에 기초해 일반적으로 인정되고 있기 때문이다.[11]

같은 해 영국의 고고학자 제럴드 캐도건은 「방사성탄소 없이 에게해권 청동기시대의 연대 설정」이라는 논문을 발표했다. 여기에서 그는 "탄소 연대측정은 이 문제에서 분명히 잘못되었으므로 고고학자들은 간단하게 무시해야만 한다"[12]고 주장했다. 좀 더 개방적인 입장을 취하는 학자들도 있었다. 1980년 이집트학 학자 배리 켐프와 지중해 고고학자 로버트 메릴리스는, 이집트와 에게해권 사이의 동시대사건과 방사성탄소 연대측정에 근거

---

10) Betancourt and Weinstein(1976); Betancourt, Michael and Weinstein(1978).

11) Åström(1978, p.88).

12) Cadogan(1978).

하여, 테라 폭발은 기원전 1600/1575년 '또는 더 이른' 연대로 설정되어야 한다고 주장했다.13) 흥미로운 주장도 있었는데, 1979년 에게해권 전문 고고학자인 피터 워런은 후기미노아 IA의 시작 연대를 올려야 한다고 제안했다. 그는 레반트 도기와의 동시성에 근거해 테라 폭발이 기원전 1550년부터 1600년 사이에 일어났다고 주장했다. 그는 폭발 연대의 설정에서 방사성탄소 연대의 고려를 여전히 거부했지만, 후에 수령연대학을 기초로 제안된 기원전 1628년을 거의 묵인했다.14)

1980년대 그리스의 고고학자 M. 마르타리가 테라의 파괴 지층에서 나온 도기가 그리스 본토의 중기헬라스 도기를 닮았다는 것을 지적했을 때, 낮은 연대 설정의 약점이 다시 노출되었다.15)『캠브리지 고대사』는 중기헬라스의 끝을 기원전 1600년에 두었으나, 너무나도 흔한 일이지만 북유럽인과 미국인은 그리스 학계의 연구에 거의 관심을 기울이지 않았다.

어쨌든 정통적인 견해는 여전히 상당한 영향력을 지니고 있었다. 방사성 탄소 연대측정과 관련된 논문을 발표했던 학자들은 처음부터 자신의 연구결과와 전통론 사이의 불일치로 인해 마음이 편치 않았다. 그후 베탄코트는 1978년의 논문에서 '에게해권의 후기 청동기시대의 절대연대가 이미 확립되었다는 견해에 완전히 동의한다'는 견해를 밝혔다.16) 또한 H. N. 마이클과 게일 와인슈타인은, 비록 모든 예를 설명할 수 없음을 알고 있었지만 화산가스에 의한 왜곡이라는 견지에서 자신들의 연구 결과를 설명하려고 했다.17) 그들은 탄소 연대측정이 매우 분산되어 있어서 믿을 만하지 않다는 것도 강조했다. 따라서 그들의 결론은 극도로 소극적이었다.

기껏해야 후기미노아 IA에 대한 방사성탄소 연대측정은 이른 경향을 제안한다고 말할 수 있다. 아직 테라에 관한 두 연대측정 모두는 문제점을 가지고 있다. 설명의 내용이 무엇이든, 우리는 조심스럽게 나아가야만 한다. 특히 연표

---

13) Kemp and Merrillees(1980, p.259).

14) Warren(1979a, pp.106-107).

15) Marthari(1980).

16) Betancourt(1987, p.45).

17) Michael(1977, p.794).

적 목적을 위해 테라 연대를 활용하려는 시도에서 그러하다.[18]

전통론 옹호자들의 주저와 완강한 반대를 감안한다면, 방사성탄소 증거를 근거로 한 도전은 조심스러운 성격을 지녔던 것으로 여겨진다. 그런데 켐프와 메릴리스의 결점과는 별도로, 또 다른 전선인 수령연대학의 증거로 본다면 정통 주장에는 약점이 있다.

수령연대학의 증거

1960년대와 1970년대에 수령연대학樹齡年代學dendrochronology이 크게 발전했다. 수령연대학이란 나이테를 세거나 측정하고 비슷한 상황을 다른 나무들에 맞춤으로써 다소 광활한 지역에 걸쳐 연대를 설정하는 방법이다. 가장 많은 나이테를 가진 (즉, 수령이 가장 오래된) 나무는 미국 서부 숲에 있는 강털 소나무bristlecone pines다. 그런데 설선雪線 근처의 나무들에서는 흥미로운 점이 발견된다. 나이테의 폭과 색깔은 아주 미세한 온도 차이를 반영하고 있는데, 여름 서리는 특히 뚜렷한 모습을 남긴다. 이러한 나이테 상의 표식은 역사적으로 증명된 화산폭발에 연계되어 있었고, 먼지를 대기 속으로 내뿜어 지구의 온도를, 적어도 북반구의 온도를 떨어뜨리는 효과에 연계되어 있었다. 과학자들은 그러한 세계적 규모의 사건들 직후 3년 동안 여름 서리가 빈번히 일어났고, 그 횟수는 통상적으로 예상할 수 있는 것보다 6배나 된다는 사실을 주목하였다. 이후 이러한 현상을 설명하기 위해 '크라카토아 효과' 이론이 확립되었다.[19]

1970년대 중반 새로운 이론을 정립한 학자 중 한 사람인 발모어 라 마치는 기원전 15세기 또는 14세기에 테라 폭발의 규모에 걸맞은 크라카토아 효과를 찾을 수 없었고, 기원전 2천년기 중반에서는 유일하게 기원전 1628년에 그 효과가 나타났다고 언급했다. 따라서 그는 테라 폭발은 틀림없이 기원전 1628년에 발생했다고 결론지었다. 그런데 그 문제가 라 마치에게는 특별히 중요한 것이 아니었고 고고학자들의 위협적인 반발을 염려해서였

---

18) Weinstein and Michael(1978, p.208).

19) Lamarche and Hirschbeck(1984, pp.124-125).

는지, 그는 비록 1976년에 발간된 「내셔널 지오그래픽」의 한 기사에서 이러한 결론을 간단히 언급은 했지만 따로 책으로 출간하지 않았다.[20] 이처럼 주목할 만한 수령연대학이라는 단어가 '의견을 달리하는' 고고학 모임(이 모임은 이른 방사성탄소 연대에 관심을 갖고 있었다)에서 유행했지만, 그것은 공식적인 토론의 주제가 되지 못했다.

라마치가 자신의 결론을 1984년 「네이처」에 공식 게재하면서 1980년대 중반 상황이 바뀌었다.[21] 기원전 17세기 가설을 뒷받침하는 수령연대학적 증거가 나타나기 시작했다. 벨파스트에 있는 퀸즈 유니버시티의 마이클 베일리는, 아일랜드 소택지에 보존된 떡갈나무들에 기원전 15-16세기에 해당하는 크라카토아 유형을 지닌 주목할 만한 사건은 없지만, 기원전 1648년에 주요한 단절이 있음(그해에 떡갈나무 몇 그루가 죽었다)을 알아냈다.[22] 이러한 베일리의 연구는 1989년에야 출간되었지만, 출간되기 3-4년 전에 이미 알려졌었다.

테라 폭발과 중국

테라 폭발의 더 이른 연대를 가리키는 방사성탄소와 수령연대학의 증거는 놀랍게도 중국의 자료로 보강되었다. 그런데 테라 폭발에 관한 중국의 증거를 조사하기 전에, 조금 멀리 돌아가는 듯하지만 유럽에서 일어난 두 건의 후기 폭발이 중국에 남긴 흔적을 살펴보는 것이 필요하다.

1984년 중국계 미국인 기후학자 케빈 팽과 중국학 학자 저우훙샹周紅祥은 「그린란드 얼음 핵심 기후 수평선과 고대 기후 기록 사이의 관계」라는 협동 논문을 발표했다.[23] 그들이 중국 기록과 연관시킨 두 사건은 기원전 44년 시실리의 에트나의 폭발과 기원전 1120년경(이제는 기원전 1159년으로 설정한다) 아이슬란드의 화산 헤클라의 세 번째 폭발(헤클라 III)이다.

에트나 폭발로 인한 효과는 이듬해 유성을 둘러싼 붉은 먼지에 관한 서술 등에서 나타났다. 서양에서 이것은 케사르의 죽음을 특징짓는 것으로

---

20) Matthews(1978, p.610).
21) Lamarche and Hirschbeck(1984).
22) Baillie and Munro(1988); Baillie(1988a; 1988b; 1989b).
23) Pang and Chou(1984).

여겨졌다.24) "그림자도 드리우지 않고 온기도 없는 남빛 태양"을 중국의 천문학자와 역사가들이 기록했는데, 그들은 또한 계절에 맞지 않는 서리를 기록했다.25)

팽과 주는 기원전 12세기 폭발을 후기 중국 저서들에서 보고된 기상 현상에 연계시켰다. 그런데 이 연계는 2,000년 동안이나 분분했던 역사적 논쟁과 부딪혔다. 중국사에 대한 정통적 견해는 기원전 2세기에 살았던 중국 역사학의 기초자인 사마천의 주장을 따르는데, 그에 의하면 기원전 1122년 상이 망하고 주 왕조가 권력을 잡았다. 그런데 『죽서기년竹書紀年』에 관련된 비주류 전승은 다른 연대를 말하고 있다. 『죽서기년』은 기원후 281년 허난성 지센汲縣의 위魏 양왕襄王(재위 기원전 334-319)의 능에서 출토되었지만 대략 6세기 앞서 묻힌 것이다. 『죽서기년』에는 상의 몰락을 기원전 11세기 중반으로 잡고 있었다.26)

이 논쟁은 1980년대에 재개되었다. 미국의 중국학 학자 데이비드 니비슨, 데이비드 팬키니어, 중국의 고대사 역사가 첸멩지아 등은 기원전 1050년과 1029년 사이의 연대를 주장했다.27) 그들은 『죽서기년』의 정확성을 지지하고, 수성·금성·화성·목성·토성의 희귀한 합습의 중요성을 강조하는데, 그것은 기원전 1059년에 발생했다. 적어도 기원전 3세기까지는 그러한 합은 상의 몰락 직후에 일어났던 것으로 여겨졌다.28) 케빈 팽은 다섯 행성의 합이 정확하게 검사될 수 있는 시기에 합의 연대가 조작되었다는 것을 지적함으로써 이것에 맞서면서, 후기의 학자들이 그 합을 역산했다는 더 이른 전통론을 받아들인다.29) 팽은 월식이 일어났던 해로 주나라 문왕 35년을 선호한다(문왕은 상의 패배 바로 직전인 기원전 1137년까지 통치했다).

---

24) Plutarch(Caesar, 53.1)는 기원전 44년 카이사르가 죽은 후 대단히 비슷한 현상들을 보고한다. 연도는 일치하지 않지만 그것들이 동일한 현상을 묘사하고 있다는 데는 의문의 여지가 없다.

25) Ban Gu(1959, IX, pp.297-9; 1959, XXVII.2.2, p.2377; 1959, XXVII.3.2, p.2452). 반고班固의 「한서漢書」 참조.

26) 이 논쟁의 개요는 Shaughnessy(1985-1987) 참조. Nivison(1983), Pang(1987, pp.142- 143); Hsu and Linduff(1988, pp.387-390)도 참조.

27) Chen Mengjia(1977, p.53); Nivison(1983); Pankenier(1981-1982).

28) Pankenier(1981-1982, p.25).

29) Pang(1987, pp.147-148).

이는 상 왕조가 기원전 1117년에 몰락했음을 의미한다.[30] 그런데 팬키니어는 동일한 월식을 기원전 1065년으로 잡았다.[31]

관련된 상세한 천문학적·수학적 주장을 따라가지 못하는 나의 무능력에도 불구하고, 팽과 그의 동료들이 좀 더 그럴듯한 논거를 갖고 있다는 것을 나는 거의 의심하지 않는다. 이 선호의 외재적 이유는 다음과 같은 사실 때문이다. 제5장에서 논의되었듯이, 20세기 고고학자들과 고대사 역사가들 사이에서 나타나는 늦은 연대에 대한 일반적인 선호 현상이 방사성탄소, 수령연대학, 그밖의 과학적 측정을 근거로 삼은 정보에 의해 불신되고 있기 때문이다. 이것에는 자연과학자의 판단에 대한 나의 깊은 신뢰가 연결되어 있는데, 그들은 고고학자들과 역사가들의 학문적 전통에서 기인하는 낮은 연대책정에 덜 방해받기 때문이다. 팽과 그의 동료들은 '짧은'(기원전 1027년) 연표와 '중간'(기원전 1045년) 연표를 제안하는 학자들의 연구에 내포된 단순한 산술적 실수를 예증했다.[32] 더욱이 그들은 초기 주 왕조로부터 방사성탄소 연대는 그들의 더 높은 연대 설정과 일치한다는 것을 상당히 그럴듯하게 주장한다.[33]

팽과 그의 동료들은 주나라 왕 의懿의 치세에 일어났던 일식이 기원전 899년에 일어났다는 것을 보여주었는데, 그것은 짧은 연표와 중간 연표에서 수용할 수 없는 것이다.[34] 그들은 이 연대를 사용했고, 다섯 행성의 합(그 합은 하 왕조[상 이전의 왕조이다]의 첫 통치자 우禹의 치세인 기원전 1953년에 일어났다)의 더 이른 연대를 사용했다. 그리하여 우왕과 의왕 사이의, 기원전 1953년과 기원전 899년 사이의 기원전 1054년을 상당히 정확하게 계산된 37세대로 나누어 한 세대의 기간을 대략 계산하고자 했다. 그들이 지적했듯이, 이것은 한 세대의 전통적인 표준길이인 30년에 대단히 가깝다.

이러한 계산, 즉 의왕의 치세와 원래의 주 정복 사이에는 7세대가 있었고 주 정복과 공화共和로 알려진 섭정정치(기원전 841년에 있었다고 일반적으로 받아들여진다) 사이에는 9세대가 있었다는 지식을 사용해 팽과 주는

---

30) Pang(1987, pp.147-148). 그는 Chen Zongguei(1984, p.1009)를 인용한다.

31) Pankenier(1983, p.5).

32) Pang, Espenak, Huang, Chou and Yau(1988, p.9).

33) Pang, Espenak, Huang, Chou and Yau(1988, p.10); Shaanxi Zhouyuan Kaogu Dui(1979).

34) Pang, Yau, Chou and Wolff(1988, pp.6-8).

주나라의 정복의 연대가 기원전 1100년경이라는 데 도달했다.[35] 이것은 '짧은' 또는 '중간' 연표와는 부합하지 않지만, 기원전 1117년이라는 연도 (주나라 문왕 35년, 곧 기원전 1137년에 있었던 일식을 근거로 도출한 연도이다) 와는 잘 맞아떨어진다.[36]

상 왕조가 기원전 1117년에 몰락했다는 것을 받아들이기만 한다면, 상 왕조의 말에 보고된 수많은 기상학적 사건은 주요한 폭발 후에 예상할 수 있는 현상들에 적합한 것으로 여겨진다. 예를 들면, 상의 도시 '보훙'에서 보고된 재의 떨어짐은 상의 마지막 왕 주紂의 치세 5년에 발생했는데, 그것은 기원전 1164년이 될 것이다. 마이클 베일리는 헤클라의 세번째 폭발 연도를 기원전 1159년으로 잡고 있는데, 기원전 1164년과는 5년 차이가 나지만 용인할 만하다.[37]

팽과 주는 또한 '갑골문'에서 이 사건의 증거를 제시한다. 고대 중국인은 황소나 양의 쇄골이나 거북 등껍질에 열을 가해 갈라진 금(틈)을 만들어내어 점괘를 얻어냈는데, 점괘를 얻어낸 그 갈라진 금을 갑골문이라 한다(나중에 더 논의될 것이다). 팽과 주는 방사성 탄소 연대로 기원전 1095년 (±90년)으로 측정된 새로 발견된 뼈를 예로 든다. 그 각문은 수확이 없고 어린 묘종이 성장하지 못한 한 해를 언급한다.[38] 이 해가 상 왕조 말경의 어느 해와 관련된 것 같지만, 정확히 알 수가 없다. 비슷하게 주왕 48년, 즉 기원전 1121-1120년 두 개의 태양이 함께 나타났다는 보고가 있다. 먼지 때문에 생겨난 굴절로 만들어진 '가짜 태양'을 보게 되는 것은 일반적으로 대규모의 폭발과 관련된 현상 중 하나이다.[39]

그 기상학적 증거가 흩어졌다는 것은 의심의 여지가 없다. 그렇다고 하더라도 상과 주 사이의 왕조 다툼은 아마도 1159년과 1140년 사이의 해에 시작되었으며, 그 다툼은 베일리의 주장에 따르면 헤클라 III의 영향을 받

---

35) Pang, Espenak, Huang, Chou and Yau(1988, p.19).
36) 기원전 1100년은 일본 역사가 시라카와 시즈카白川靜의 연표와도 잘 맞는다. 그는 주의 정복을 기원전 1087년으로 잡고 있다. Hsu and Linduff(1988, p.390) 참조. 그러나 이것은 천문학적 지지도, 전통론자들인 팽과 그의 동료들의 지지도 받지 못하고 있다.
37) Baillie(1989a); Keys(1988).
38) Pang and Chou(1984).
39) *(Gu) Zhushu Jinian*(『죽서기년』), in Wan Guowei(1941, XXVI.I, p.7b) 참조.

았다. 더욱이 주의 지지자들은 주의 문공이 '하늘의 위임委任'을 그가 죽기 (기원전 1128년에 사망한다) 9년 전에 받았다고 주장하는데, 그렇다면 '하늘의 위임'을 받은 해는 기원전 1137년으로 일식의 해이며, 헤클라 III에 연계된 재앙 직후인 셈이다.[40]

그런데 왕조의 전복에 대한 이 기상학적 설명은, 새로운 왕조의 첫 황제인 주나라 무왕이 상의 정복을 정당화하기 위해 내놓은 정치선전문에 자연재앙에 관한 어떤 언급도 없다는 사실과는 상반된다. 이것은 놀라운데, 왜냐하면 무왕은 상나라의 탕왕(이전 왕조인 하를 전복했다)에 비유되고, 탕왕은 권력 이양을 둘러싼 자연 재앙의 현존을 크게 강조했다고 여겨지기 때문이다. 이것에 관한 탕의 언급이 주나라 초에 다시 기록되었다는 추측도 가능하다.[41]

1985년에 팽과 주는 또 다른 논문을 발표했는데, 거기에서 그들은 이 폭발에 관한 자신들의 주장을 다시 펴면서 산토리니 폭발을 논했다. 그들은 산토리니 폭발이 하 왕조의 몰락과 연결되어 있다고 주장했다. 거기에 여러 가지 기상학적 현상(마른 안개, 희미한 태양, 혹독하고 계절에 맞지 않는 추운 날씨, 흉작)이 있다는 데는 의심의 여지가 없다. 그러한 현상은 주요한 폭발의 결과로 그럴듯하게 설명될 수 있다.[42] 1985년의 논문에서 팽은 가뭄이 든 해에 뒤이어 이례적인 홍수의 보고를 인용함으로써 그의 명분을 강화했는데, 그의 주장에 따르면 그러한 것은 폭발로 야기되었을 것이며 상 왕조 초까지 연장되었을 것이다.[43]

팽과 주는 이러한 기후 변화가 정확히 언제 일어났는가에 관해 매우 부정확했는데, 왜냐하면 폭발의 연대와 하 왕조의 몰락 연대가 불확실했기 때문이다. 그들은 테라 폭발을 기원전 1400년과 1600년 사이에 두었고, 왕조의 교체를 기원전 16세기에 두었다. 그들이 설정한 테라 폭발의 연대는 전통적인 연대인 기원전 1450년 및 1500년과, 그들이 알고 있었던 수령연대학적 증거가 말하는 기원전 1628년 사이의 타협이었다. 중국 왕조 교체

---

40) Wang Guowei(1941, XXXVI.II, p.27a)가 인용한, *Songshu, Furuizhi* 참조.

41) 『서경書經』에 있는 「주서周書」에 포함된 '태서泰誓'편과 '무성武成'편.

42) 『서경』. '탕서湯誓' I.3.; 중훼지고仲虺之誥, II.2; '탕고湯誥' V. Pang and Chou(1985).

43) Pang(1985, p.10; 1987, p.145).

에 관한 전통적 연대기에 따르면 상 왕조의 시작은 기원전 1785년과 1557년인데, 그들은 두 가지 전통적인 연도가 허용하는 범위에 영향을 받았다. 이것은 초기 상商 지층에서 얻은 방사성탄소 연대측정 결과(기원전 16세기 초)로 뒷받침되었다.[44]

그런데 이후 팽은 왕조 교체가 기원전 1600년경에 있었다고 확신하게 되었다. 이것은 부분적으로는 테라에 관한 의견의 변동 때문이었지만, 다른 이유도 있었다. 첫 번째 이유는 위에서 언급되었듯이, 상 왕조의 끝이 기원전 1100년경이었다는 그의 점증하는 확신에서 왔다. 사마천의『사기史記』에 근거한 계산에 따르면, 상 왕조는 471년간 지속되었는데, 이는 상 왕조의 건립 연도를 기원전 16세기 초에 두게 한다.『죽서기년』에 근거한 연대기는 상 왕조의 지속 기간을 508년으로 보는데, 이는 맹자(기원전 4세기에 저술활동을 했다)가 제안한 '500여' 년과 잘 맞는다.[45] 이에 따르면 하의 몰락은 기원전 1600년경이 되는 셈이다. 팽의 '세대에 근거한 계산'도 동일한 결과를 산출했다.[46] 만약 주에 의한 상의 정복 연도를 천문학적으로 이끌어낸 기원전 1117년으로 받아들이고 508년을 계산하면 하의 몰락은 기원전 1625년이 된다. 이 연도는 개정된 테라 폭발의 연도인 기원전 1628년과 거의 완벽하게 맞아떨어진다. 1984년과 1987년 사이에 팽과 그의 동료들은 폭발 연도로서 기원전 17세기 또는 16세기 초에 호의적인 좀 더 많은 증거를 제공했다.

폭발 연도 재측정

1986년에 이르면 나는 방사성탄소 자료, 미국과 아일랜드로부터의 수령 연대학적 증거, 중국의 징표, 이집트 제18왕조에서 폭발의 징표 부재 등이 모두 테라 폭발의 발생 연도를 기원전 1500년경이나 1450년경이 아닌 기원전 1628년이라고 말해주고 있다고 확신했다. 특히 후기 연도는 '미노아' 세력의 몰락에 확실하게 연계된 것이 아니기 때문에 이런 나의 생각은 더

---

44) Keightley(1983, p.525). 고고학자 가오밍高明이 Kevin Pang에게 보낸 개인적 편지도 참조 (Pang, 1987, p.146).

45) *Mencius*(『맹자』), VII.2.38.

46) Pang(1987, pp.144-166); Pang, Espenak, Huang, Chou and Yau(1988, p.10).

욱 확고해졌다. 그래서 나는 제1권의 서론에 다음과 같이 서술했다.

재앙의 규모가 엄청났기 때문에 이 경우엔 '침묵의 논증'을 예외적으로 받아
들일 수 있을 듯하다. 그러나 이러한 유형의 논증이 본질적으로 취약하다는 점
을 부인하는 것은 아니다. 더욱이 수령연대학과 탄소 연대측정법, 그리고 '중
국' 연대 측정 모두 의심의 여지가 있다. 그럼에도 불구하고 폭발이 기원전 15
세기에 일어났다는 주장의 심각한 취약성을 감안할 때 네 가지 자료에 기초한
기원전 1626년(나는 이제 1628년을 받아들인다)이라는 연대가 훨씬 더 그럴
듯해 보인다.[47]

비록 이 주장의 논리가 나에게는 반박의 여지가 없는 것으로 보였지만 나
는 그것을 불안해하며 제기했는데, 왜냐하면 정서적 차원에서 나는 그렇게
많은 전문가들이 심사숙고해 내놓은 견해에 반대할 수 있다는 것을 의문시
했기 때문이다. 그들은 유사한 문제를 다루면서 학자로서의 삶을 살아왔던
분들이다. 제1권의 출간을 둘러싼 그렇게 많은 일들처럼 폭발에 관련된 문
제에서도 나는 매우 운이 좋았다. 왜냐하면 기원전 15세기설에 찬동하는
학자들의 일치된 의견이 1987년에 무너졌기 때문이다.

첫 발은 필립 베탄코트가 발사했다. 그는 방사성탄소 연대측정법을 전
통론과 조화시키려는 시도를 철회했다. 그의 주장에 따르면, 테라의 경우
처럼 '연대의 큰 무리가 평균화'된다면, 화산에 의한 연대측정의 왜곡이 극
복될 수 있다는 것이다. 더욱이 그는 왜곡으로 이끈다고 생각했던 모호한
'섬 효과island effect'를 완전히 부정했다.[48] 이어서 그는 폭발의 연대를 끌어
올림으로써 필연적으로 수반되는 새로운 도기시대 구분은 이집트 왕조나
레반트 도기와의 동시성과 충돌하지 않는다고 주장했다.

베탄코트의 유일한 어려움은 힉소스 지배자 키얀Khyan의 이름이 새겨진
돌 뚜껑인데, 아더 에반스는 그것을 크노소스의 중기미노아 III의 매장물에
서 발견했다고 주장했다. 키얀의 재위연대로서 기원전 17세기 중반 또는

----

47) 제1권, p.83.
48) Betancourt(1987, pp.45-46).

후반 연대를 받아들인 베탄코트는 이것을 자신의 새로운 결과(그것에 따르면 중기미노아 III의 끝은 1700년이었다)와 조화시킬 수 없었다.[49] 그러나 그에게는 다행스럽게도, 에반스의 출판된 자료는 그 지층의 혼합된 성격과 발굴 노트의 불확실성 때문에 인도유럽어 언어학자인 레너드 파머와 포메란스의 도전을 받고 있었다.[50]

베탄코트에 대한 응답에서 피터 워런은 에반스를 옹호하면서 뚜껑을 둘러싸고 있는 고고학적 맥락에 관련된 에반스의 연대측정에 대한 베탄코트의 공격은 '의도적'이라며 맹공했다(나는 뒤에서 이 문제가 그들의 생각만큼 그렇게 심각한 것은 아니라고 주장할 터인데, 왜냐하면 힉소스 키얀의 재위 연대를 몇 십 년 올리는 것이 가능하기 때문이다). 방사성탄소 연대측정에 대한 워런의 도전은 그 내용으로 보면 단순한 것이었다. 즉, 단명한 종의 연대는, 크게 벗어난 것들을 배제하고 조정한다면 1표준오차(역주: 표준오차[σ]란 샘플링을 여러 번 했을 때 각 샘플의 평균이 전체 평균과 얼마나 차이를 보이는가를 알 수 있는 통계량이다. 2σ는 샘플링의 횟수를 2배로 늘려 샘플의 평균값을 좀 더 정확히 측정한 것이다)의 범위인 기원전 1620-1520년이 되지만, 2σ의 범위로 잡는 것이 더 타당할 수 있다는 것이다. 테라 폭발의 경우에 2σ는 기원전 1670-1510년이 될 것이다.[51] 그런데 이 범위의 하향선을 주장하는 워런은 수령연대학적 증거를 고려하지 않았을 뿐만 아니라 크레타에 있는 미르토스-피르고스Myrtos-Pyrgos의 후기미노아 IB 지층에서 나온 새로운 단수명 표본들이 시사하고 있는 훨씬 높은 연대를 그 스스로가 받아들임으로써 약화되었다.[52] 그는 베탄코트의 도전을 저지하는 데 실패했다. 사실 정통적 견해에 위기가 다가서고 있었다. 베탄코트가 재개한 방사성탄소 연대측정이라는 문제는 완전히 다른 종류의 증거로 곧 강화되었다.

몇 십 년 동안 학자들은 그린란드 만년빙에서 여름의 해빙 후 겨울의 강설을 매년 조사함으로써 수령연대학 학자들의 연구에 견줄 만한 연구를 해

---

49) Betancourt(1987, p.46).
50) Palmer(1969, pp.63-64); Pomerance(1984) 참조. 에반스는 후드Hood의 옹호를 그리고 헬크의 지지를 받았다. 그러나 헬크는 중기미노아 III이 기원전 1610년에 시작했다고 주장했다. Helck(1979, pp.48-49) 참조. 뚜껑에 관한 참고문헌과 고고학적 맥락에 관해서는 Cline(1987, p.31) 참조.
51) Warren(1987, pp.209-210).
52) Warren(1987, p.210).

오고 있다. 계절이 바뀌면 구분되는 층 또는 판막의 연속이 생겨나는데, 그 것은 초기 기후 조건에 관한 독립적인 정보를 제공하는 근원이다. 이것의 분석에서 중요한 세 가지 매개변수는 방사성 동위원소의 구성률, 먼지의 성분, 산성도이다.

10여 년 동안 C. U. 해머가 이끄는 덴마크의 지리물리학 팀은 그린란드 얼음 판막에 구멍을 뚫고 중심부를 연구해왔다. 그들은 1980년 발표한 논 문에서 북그린란드에서 채취한 얼음 샘플을 근거로 테라 폭발은 기원전 1390년경에 일어났음이 틀림없다고 주장했다.[53] 이 결과는 다른 모든 전 거들과 반대되는 것이었는데, 포메란스를 제외한 어느 누구에게도 환영받 지 못했고 관심을 거의 끌지 못했다.

1987년 해머와 그의 동료들은 새로운 논문을 발표했는데, 그들은 이전 의 주장을 철회했다. 남그린란드(이곳은 북그린란드보다 더 적합한 듯한데, 좀 더 확실한 여름 용해 때문에 그리고 전체적으로는 북반구에서 일어난 사건에 더 민감한 곳이었기 때문이다)에서 채취한 새로운 중심부 표본을 사용해 그 들은 기원전 1644년에 산도가 최대치에 이르렀다고 제시했다. 그들은 그 연구 결과를 베탄코트의 방사성탄소 연대와 그가 근거한 증거에 대한 그들 의 요약과 연결했다. 그것은 1σ(기원전 1630-1530년) 그리고 2σ(기원전 1675- 1525년)의 가중평균加重平均을 주었다. 더 긴 범위는 그들의 폭발연대인 기 원전 1645년 그리고 이듬해의 산도 최대치와 맞아떨어졌다. 그들은 ±7년 의 표준오차와 ±20년의 측정실수한계를 허용했다.[54]

이에 대해 고고학자인 제럴드 캐도건은 정통론의 입장에서 반응했다. 그는 지리물리학적 연구의 일반적인 불확실성, 그리고 얼음 표본의 기원전 1645년과 수령연대학의 기원전 1628년 사이의 차이를 문제 삼았다. 캐도 건은 방사성탄소 연대가 정통론의 기원전 1500년 폭발 설을 받아들일 수 없게 한다는 것을 인정했지만, 이집트와의 상관관계 때문에 여전히 기원전 16세기 설을 고수했다. 그는 베탄코트의 높은 연표에 분명히 반대했다.[55]

1988년 3월에 발간된 「네이처」에서 캠브리지대 출신의 젊은 오스트레

---

53) Hammer, Clausen and Dansgaard(1980, pp.230-235).

54) Hammer, Clausen, Friedrich and Tauber(1987).

55) Cadogan(1987).

일리아 고고학자 스터트 매닝은 기원전 1628-1626년을 확립했다. 그는 캐도건의 기원전 16세기 설을 다음과 같이 논박했다.

> … 온당하지 않다. 단지 전통적인 도기 연구만이 이 견해를 지지할 따름이다. 그러나 전통적인 고고학적 증거를 사용하는 몇몇 그럴듯한 반대 해석들도 있지 않은가. … 캐도건은 세 개의 독립된 과학적 기술(얼음 채집 표본, 수령연대학, 방사성탄소)이 3600년에 대해 단지 30년 편차가 나는 결과를 내놓았는데도 그 편차 때문에 그 기술들을 모두 거부해야만 한다고 주장한다. 대신에 그는 우리에게 1세기나 늦은 주관적인 고고학 연대를 받아들일 것을 요구한다.[56]

이러한 논박에 이어 매닝은 세 가지 과학적 방법을 조화시켰다. 그는 수령연대학에 의한 결과를 받아들였으나, 초기 과학자들이 정도를 벗어난 방사성탄소 연대를 제거하지 못했다고 주장했다. 만약 제거했다면, 1σ의 범위는 기원전 1675-1609년이 되었을 것이고 조정된 평균치는 기원전 1629-1622년이 되었을 것이다. 그는 1645년에서 ±20년의 실수한계(해머와 그의 팀이 허용한)는 기원전 1628-1622년에도 잘 맞는다고 주장했다.[57] 이것에 대해 해머와 클라우젠은, 베탄코트와 마이클처럼 매닝도 정도를 벗어났다고 생각한 방사성탄소 연대들을 너무 빨리 제거했으며 비록 그러한 제거로 더 높은 연대를 주장하는 자신들에게 도움이 되었다 하더라도 자신들은 기원전 1628-1626년 설이 증명되지 않은 것으로 생각한다고 답했다. 문제의 핵심은 그들의 다음과 같은 확신이었다.

> 기원전 1645-1644년 얼음 층의 산도는 확실히 주요한 화산 분출과 관련되어 있다. 한편 기원전 1628-1626년 서리에 의한 손상은, 비록 화산 폭발에 관련될 통계상의 가능성을 지닌다 하더라도 화산 작용보다는 다른 기후적 충격으로 생겨난 것일 수도 있다. 우리는 방사성탄소나 그밖의 방법으로 우리의 논문보

---

56) Manning(1988).
57) Manning(1988).

다 좀 더 정확하게 연대를 정하는 것은 시기상조라고 생각한다. 이것이 제안된 연도인 기원전 1645±7년을 제쳐놓을 수 없는 이유이다.[58]

이러한 조심성은 비난받을 수는 없다. 그러나 북그린란드에서의 표본 채집이 자신들의 실수로 예증되었듯이, 그들은 자신들의 측정방법이 우수하다고 단언하면서도 나무의 중심부보다 얼음의 중심부를 다루는 것이 훨씬 더 어렵다는 것을 언급하지 않았다. 만약 수령연대학적인 크라카토아적 효과가 테라 폭발의 결과가 아니라면, 그들은 다른 폭발(그것은 북반구에 걸친 사건이었다)의 효과가 다른 곳에서 나타나지 않는 문제를 다루지 않고 있다. 그들은 아일랜드 습지 떡갈나무에 관한 베일리와 먼로의 연구(그것은 분명히 기원전 1640년대가 아니라 기원전 1628년 또는 1627년을 가리킨다)를 알았던 것 같지 않다. 매닝이 오차의 한계 ±20년을 허용한 것으로서 베일리와 먼로를 올바르게 인용했다는 데는 의심의 여지가 없다.

이 논쟁이 「네이처」에서 진행되는 동안 또 다른 논쟁이 「고대연대측정법Archaeometry」이라는 학술지에서 벌어지고 있었다. 이것은 베탄코트(그리고 그의 옛 동료인 마이클)와 워런 사이의 논쟁이었는데, 영국의 고대연대측정학자 M. J. 에이트컨은 사태를 관망했다. 여기에서 다시 이른 연대의 지지자들이 승리를 거두었다. 워런이 얻은 유일한 것은 키얀 뚜껑의 지층 위치였다.[59] 이러한 과정을 거쳐 1988년 말까지 고고학학회가 기원전 17세기 후반 그리고 아마도 기원전 1628년을 테라 폭발의 정확한 연도로 받아들였다.[60] 1989년 북아일랜드에서 나온 기원전 1628년 설에 호의적인 증거가 에이레, 영국, 독일로부터 나온 새로운 자료로 확인되었다.[61]

연대 재설정의 의미

나는 세 가지 이유에서 연대 설정의 논쟁을 하나하나 제시했다. 첫째는

---

58) Hammer, Clausen, Friedrich and Tauber(1988). Manning(1990)은 이것에 관한 그들의 견해에 거의 동의한다. 그렇다 하더라도 그는 방사성탄소 연대는 기원전 17세기를 가리킨다는 것을 예전보다 더욱 확신하고 있다.

59) Aitken(1988); Michael and Betancourt(1988a; 1988b); Warren(1988).

60) 1988년 캠브리지에서 Colin Renfrew와의 개인적인 의견교환.

61) Baillie(1989b).

폭발이 기원전 1628년에 일어났다는 압도적인 개연성을 확보하기 위해서이고, 둘째는 가설이 구체화되는 과정의 어려움과 학계의 기득권층이 오랜 기간 성공적으로 자신을 방어할 수 있었던 방식을 보여주기 위해서이고, 셋째는 기원전 1500년 설과 기원전 1450년 설이 어떻게 전체 연표의 틀에 끼워 넣어졌는가를 보여주기 위해서이다. 사실 '구조'는 정통론을 방어하는 가장 효과적인 수단이었다. 더 이른 연대를 확립하게 되면서, 우리는 에게해권만이 아니라 동지중해 분지 전체에서 후기 청동기시대의 연표를 다시 고려해야만 한다.

이 시기의 연대를 올리는 경향은 새로운 연대 설정 전에 이미 시작되었다. 1980년 이집트학 학자 배리 켐프와 오스트리아의 외교관이자 키프로스 고고학의 전문가인 로버트 메릴리스는 방대한 연구서인 『2천년기 이집트의 미노아 도기』에서 이 과정을 시작했다. 이 책에서 저자들은 이집트 신왕국과의 동시발생사건에 근거해 크레타의 도기 시기인 후기미노아 IA, 후기미노아 IB, 후기미노아 II의 연대가 이전의 전통론보다 대략 75년 상향 조정되어야 한다고 주장했다. 앞에 언급했듯이, 이렇게 조정된 연표는 기원전 1628년의 테라 폭발을 허용하는데, 왜냐하면 그것은 후기미노아 IA (폭발이 일어났던 시기)를 전통론이 주장하듯이 기원전 1600-1500년 동안 지속된 것이 아니라 기원전 1675-1650년부터 기원전 1600-1575년까지 지속된 것으로 보고 있기 때문이다.

1986년에 쓴 『블랙 아테나』 제1권의 서론에서 나는 후기미노아 IA가 기원전 1628년을 기준으로 확립될 필요성을 논했고, 조심스럽게 그 연대를 기원전 1650-1550년으로 올렸다. 베탄코트는 그 시기를 좀 더 과감하게 대략 1세기 더 올렸다. 켐프와 메릴리스에게 그리고 어느 정도는 베탄코트의 주장에 확신을 얻어서 나는 비록 세 학자들처럼 대폭적인 조정은 아니지만 그 연대를 상향 조정했다.[62] 이것은 부수적으로 예전에 나를 괴롭혔던 문제에 실마리를 제공했다. 후기미노아 IB의 도기에만 그려져 있다고 생각된 물(水)을 나타내는 추상적인 표시와 같은 다양한 문양이 폭발 전 테라의 벽화에 이미 나타났던 것이다.[63] 후기미노아 IA의 시기를 기원전

---

62) 제1장 참조.

63) Morgan(1988, pp.166-167)에 언급된 논의 참조.

1675-1600년으로 설정한다면, 기원전 1628년보다 수십 년 전 이 문양을 담고 있었던 벽화는 '성숙한' 후기미노아 IA 시기에 그려져 있었다고 말할 수 있게 된다.

앞에서 언급했듯이, 힉소스 지배자 키얀의 이름이 새겨진 뚜껑에 대해서는 전통론자가 방사성탄소 연대의 제안자들보다 우위를 점한다. 에반스는 그 뚜껑을 크노소스의 중기미노아 III의 배경 속에서 발견했다고 주장했다. 베탄코트, 켐프와 메릴리스는 이 도기연대가 기원전 1700년 또는 기원전 1675-1650년에 끝났다고 설정한 반면에, 키얀의 전통적 연대는 기원전 17세기 후반이었다. 급진론자는 파머와 포메란스의 다소 안정성 없는 연구를 따름으로써 불일치를 우회하려고 했는데, 결과적으로 이는 뚜껑에 관련된 에반스의 지층 연구를 불신하는 것이었다. 나는 그 문제의 해결에서 이러한 방법을 사용하는 것은 옳지 않다고 생각한다. 우리는 이제 에반스의 연대와 키얀에게 전통적으로 주어진 연대 중에서 어느 것이 더 그럴듯한지 따져보아야 한다. 내가 보기에, 비록 에반스의 결론에 어떤 의혹이 있다 하더라도 그 결론은 힉소스 시기에 관한 오늘날의 연대보다는 훨씬 더 믿을 만하다.

테라와 칼리스테

헤로도토스에 따르면, 테라의 원래 이름은 칼리스테였다. 그 이름의 시조이자 식민자인 테라스(카드모스 또는 페니키아인 후손으로 라코니아 사람이다)가 정착하기 '8세대 전'에 페니키아 사람 멤블리아로스가 정착했을 때 그렇게 불렀다.[64] 멤블리아로스라는 이름의 셈어적 기원은 조금 후에 논의할 것이다. 칼리스테는 단순히 '가장 뛰어난 아름다움'을 의미할 수도 있는데, 중국의 화산 섬 타이완을 나타내는 포르모사Formosa(포르투갈어로 '아름다움')라는 이름처럼 칼리스테의 비옥한 화산 토양에 적합한 이름이다. 또는 님프 칼리스토에 연계될 수 있는데, 이 이름의 함의는 제4권에서 논의될 것이다. 칼리스테에서 테라로 이름이 바뀐 것에 대한 하나의 가능한 설명은 폭발로 인한 섬의 형태가 변화되었다는 점이다.

---

64) Herodotos, IV.147.

테라Thera(또는 좀 더 정확히 Thēra)라는 이름은 전통적으로 테르ther-(야생 동물, 사냥감)에서 왔다고 여겨지고 있지만, 재구성된 원인도유럽어 궤르 *ghwēr에서 파생되었다는 것은 잘 납득되지 않는다.65) 테라라는 이름은 선형문자 B 서판에 나타나지 않지만, 부족명 케라요Qerajo(케라Qera 사람)가 있기는 하다. 이를 근거로 미케네 언어학자인 존 채드윅은 테라는 순연구개음 퀘라*Qʷera에서 왔다고 주장했다.66) 비록 첫 철자 q-로 음역되는 일련의 기호들이 원래 순연구개음을 나타냈다 하더라도, 붕괴한 후에는 지금처럼 순음, 연구개음 또는 치음의 음가를 지닌 음들을 나타내기 위해 사용되었음을 나는 제3권에서 주장할 것이다. 우리는 퀘라의 기원과 의미에서 어려움을 겪는데, 이 문제에 대한 일반적인 해결책은 단순하지만 그 구체적 사항은 대단히 얽혀 있다. '주전자' 또는 '큰 솥'을 의미하는 퀘르*kʷer, 퀘르*qʷer, 키오르*kior로 발음되는 단어가 기원전 2천년기 동지중해에 널리 퍼졌다는데는 의문의 여지가 없다. 그런데 어근의 기원과 발전은 추적하기가 극도로 어렵다. 페니키아어와 아나톨리아어에 관해 글을 썼던 언어학자 요하네스 프리드리히는 히브리어 키요르kiyôr를 우라르투Urartu어 키키kiri에서 파생된 것으로서 보았다.67) 이에 대해 윌리엄 올브라이트는 키요르는 수메르어 키우르ki.ur에서 파생된 아카드어 키우루kiuru에서 왔다고 주장했다.68) 프리드리히가 우라르투어(후루어에 연관된 북동 코카서스어로 동부 아나톨리아에서 사용되었다)에 관심을 가진 것은 명백히 옳은 방향이었는데, 최근 소비에트 학자들이 '봉신'을 나타내는 원原동부코사서스어에 해당하는 형태 콰르 V*kʷar V(역주: V는 'vocal'을 뜻함)를 재구성했다.69) 유대인 학자 아론 돌고폴스키는 퀘르*kʷer를 나타내는 우라르투어와 원인도히타이어어를 원

---

65) Chantraine(1968-75, I, p.436) 그리고 Pokorny(1959-69, I, p.493). 순연구개음은 단어 페르 phēr의 존재로부터 추론된다. 페르는 호메로스에서 복수형태(페르신phērsin[*Iliad*, I.268] 그리고 페라스phēras[*Iliad*, II.743])로만 나타난다. 그 의미는 '켄타우로스들'이다. 그러나 후에는 테르ther-와 같은 어원을 지닌 것으로 보인다. 이것은 둘 다 더 이른 순연구개음에서 왔음을 시사한다. 나에게 더 개연성을 갖는 가설은 그리스어 *페르스phērs(켄타우로스)를 셈어 prs파라쉬(히브)(기병)에서 끌어내고 테르ther를 인도유럽어 어근 *dheures에 연결시키는 것이다. *dheures로부터 영어 'deer', 독일어 'Tier'(야생동물)가 나왔다.

66) Ventris and Chadwick(1973, p.577).

67) Friedrich(1933, p.67).

68) Albright(1942, pp.151-153, 216); Ellenbogen(1962, p.84).

69) Diakonoff and Starostin(1986).

셈어 어근 √qʿr(종종 쿠아르[*]qu[ʕ]ar-로 모음이 삽입되고, '깊다, 속이 비다'라는 의미를 지니고 있다)에서 모두 파생되었고 이것은 그 후 k를 지닌 키우루[kiuru] 또는 키요르[kiyôr]로서 아카드어나 히브리어로 재차용되었다고 보았다.[70] 이것은 대답이 될 수도 안 될 수도 있지만, 명백하지만 단순하지 않은 관계를 설명하는 데 그러한 복합적인 틀이 필요하다.

어근 쿠아르√qʿr는 아프리카아시아어에 속하는 셈어에만 있는 것이 아니었다. 이집트어에서도 케레르[krr] 또는 케르[kr]를 발견할 수 있는데, 그 의미는 '구멍, 동굴 또는 용기'이다. 더욱이 한정사(ⵁ)와 함께 쓰는 케르헤트[krḥt](그릇)라는 단어가 있다. 이것은 상고기의 큰 솥(ⵁ)과 대단히 유사하다. 케르헤트[krḥt]가 이러한 의미로 사용되었다는 것은 가능하다.[71] 그런데 퀘라[*]K[ʷ]era>테라[Thēra]라는 지명의 가장 그럴듯한 기원은 가나안어 쿠르[kûr]인데, 그것은 '도가니' 또는 '아궁이'라는 특정한 의미를 지녔다. 이것이 퀘르[*]k[ʷ]er로 발음될 수 있는 강한 가능성은 제3권에서 논의될 것이다.

대체적인 모습이 화산 분화구를 닮은 섬에는 '용광로'라는 의미가 '야생 동물'보다 훨씬 더 적합한 이름으로 보인다. 셈어에서 차용되었다면 그것은 그리스어에서 순연구개음의 붕괴 전인데, 일반적인 동의에 따르면 그러한 붕괴는 기원전 16세기 또는 15세기에 일어났다. 앞에서 언급했듯이 (또한 10장에서 다시 논의할 터이지만) 크노소스 서판과 필로스 서판이 기록되었던 시기로 보이는 기원전 13세기까지 케라요[Qerajo]는 테라요[*]T(h)eraio로 발음되고 있었다는 것은 매우 있음직한 일이다.

대폭발 이전 섬이 어떤 모양이었는지를 재구성하는 것은 불가능하고, 폭발 이전에 거대한 분화구가 중요한 모습이었을 수도 있다. 그러나 만약 거대한 분화구가 폭발 후에 생겨난 것이라면, 기원전 1628년이라는 새로운 연대 설정에 따라 그 섬의 이름은 폭발 후에 그러나 순연구개음의 붕괴 이전에 분화구에서 연상된 의미로 명명되었을 가능성이 있다. 이는 그 섬이 폭발 전에 '가장 아름답다'(칼리스테)고 불렸을 것이라는 생각을 또한 뒷받

---

70) Dolgopolskii(1987, p.5).

71) 또한 이집트어에는 쿠에르[kwr](광부, 구멍을 파다)가 있다. 민용어 구리[gwri]과 콥트어 쿠르[kour](회전축이나 문의 기초에 뚫려진 구멍)는 그것이 이집트어에서 u가 모음 삽입되었다는 생각을 강화한다.

침한다.

「출애굽기」의 화산 비유

이번 절과 다음의 몇 절에서는 테라 폭발과 관련된 것으로 보이는 여러 전승을 살펴볼 것이다. 『블랙 아테나』의 곳곳에서 나는 역사적 사건과 그 과정을 이해하는 데 도움을 주고자 신화와 전설을 사용해왔다. 그러나 여기에서는 신화와 전설을 설명하기 위해 거꾸로 역사적 사건과 그 과정, 즉 알려진 사건과 연대를 말할 수 있는 사건(테라 폭발, 힉소스의 축출, 바다의 민족들의 침입 등)을 사용해볼 것이다. 이것은 그 자체로 흥미로운 과정일 뿐만 아니라 고대 전승의 역사적 신뢰도를 평가하는 데, 그리고 고대 전승을 어느 정도까지 이용할 수 있는가를 평가하는 데 유용한 방법이라고 할 수 있다. 그러한 평가 과정을 거친 고대 전승은 역사적 그리고 고고학적 증거가 이용 가능하지 않은 경우에 과거를 재구성하는 데 도움이 될 것이다.

앞에서 언급했듯이, 레온 포메란스는 「출애굽기」가 테라 폭발과 관련된 구절을 담고 있다는 견해를 지지했다. 물론 포메란스만 그런 견해를 가진 것은 아니었다.[72] 그가 지적하듯이 「출애굽기」의 몇 구절은 뚜렷이 '화산과 관련'되어 있다. 예를 들면, 야훼와 모세가 이집트에 가한 일곱 개의 천벌 중에 어둠이 그렇다. "어둠이 이집트 땅을 덮고, 어둠이 느껴질 수 있었고 … 이집트 전역에 사흘 동안 짙은 어둠이 드리웠다."[73] 이것은 그만한 규모의 폭발로부터 그 정도의 거리에서 예상될 수 있는 효과일 가능성이 매우 크다. '화산과 관련된' 두 번째 언급 또한 인상적이다.

그들(이스라엘인)은 수꼿을 떠나 광야 접경에 있는 에담에 진을 쳤다. 야훼께서는 그들이 주야로 행군할 수 있도록 낮에는 구름기둥으로 앞서 가시며 길을 인도하시고 밤에는 불기둥으로 앞길을 비추어주셨다.[74]

---

72) Pomerance(1970, p.19)는 선배 학자들의 글을 인용한다. 그에 이어서 이집트학 학자 Goedicke가 합류했다. 다음의 주80 참조.

73) 「출애굽기」, 10. 20-3.

74) 「출애굽기」 13:20-1(공동번역).

이는 테라의 폭발과 같은 폭발을 멀리 떨어진 곳에서 바라본 것을 묘사한 것이라고 할 수 있다. 그런데 동부 삼각주는 테라로부터 약 800킬로미터 떨어져 있어서 지형상 굴곡이 그 기둥을 볼 수 없게 한다는 점에서 문제가 있다.[75] 이 전승을 형성하는 데 기여했던 사람들은 이처럼 그 현상을 명백하게 알고 있었지만, 구체적으로 테라에 연계시켜 표현하지는 않았다. 그러나 「출애굽기」에는 '하느님께서 불과 구름 속에 사셨다'는 명백한 성서 전승이 있다.[76] 또한 야훼는 비록 그의 백성이 처신을 잘한다면 부드럽게 다루겠다고 약속하고 좀 더 평화롭고 자애롭게 자신을 보여준다 하더라도 세트, 얌Yam, 포세이돈처럼 예측할 수 없는 분열의 신으로 특히 화산에 관련된 혼란의 신으로 표현되고 있다(제4권에서 논의할 것이다).

포메란스는 파라오 군대의 파괴를 묘사한 구절이 가장 암시적이라고 주장했다.

> 야훼께서는 밤새도록 거센 바람을 일으켜 바닷물을 뒤로 밀어 붙여 바다를 말리셨다. 바다가 갈라지자 이스라엘 백성은 바다 가운데로 마른 땅을 밟고 걸어갔다. 물은 그들 좌우에서 벽이 되어 주었다. 이집트인이 뒤쫓아 왔다. 파라오의 말과 병거와 기병이 모두 그들을 따라 바다로 들어섰다. 새벽녘에 야훼께서 불과 구름기둥에서 이집트 군대를 내려다보시자 … 날이 새자 바닷물이 제자리로 돌아왔다. 이집트인은 물결을 무릅쓰고 도망치려고 했으나, 야훼께서 그들을 바다 속에 처넣으셨다.[77]

상기 인용문의 이미지는 원문 그 자체는 아니지만, 모세가 승리를 거둔 후 불렀다는 노래로 보건대, 오래된 것으로 보인다. 모세의 승전가는 일반적으로 매우 오래된 것으로 받아들여진다. 그 구절은 다음과 같다.

> 당신의 세찬 콧김에 바닷물이 쌓였고
> 물결은 둑처럼 일어섰으며

---

75) Pomerance(1970, p.19)는 이 문제를 제기하지 않는다.
76) 「출애굽기」 3:2-5, 19:18, 34:5 그리고 「신명기」 4:24, 9:3을 비롯한 여러 구절 참조.
77) 「출애굽기」 14:21-28.(역주: 공동 번역의 '에집트'를 이집트로 바꾸었다.)

바다 속 깊은 데서 물이 엉겼습니다.

…

그러나 당신께서 바람을 일으키시자
바다가 그들을 덮어버렸습니다.[78]

비록 후기 산문에서 언급되고 있는 물이 갈라지는 현상에 대한 명백한 언급이 없다 하더라도, '모세의 노래'의 작자는 두 기둥의 이미지라는 화산과 관련된 특성을 알고 있었듯이 쓰나미에 관해서도 알고 있었을 가능성이 대단히 크다. 이 경우에 가장 있을 법한 쓰나미는 테라의 폭발로 인한 것이었을 텐데, 그것은 거의 확실히 하이집트의 해안을 강타했을 것이다.[79] 더욱이 성서의 구절에 근거한다면 불과 구름의 기둥으로 인해 만들어졌다는 특정한 연결점이 있다. 그런데 폭발 연대를 기원전 1628년으로 받아들인다면, 필리스티아(역주:「출애굽기」 15:14 "블레셋 주민은 겁에 질리고", 블레셋인들이 거주하는 지역을 필리스티아라고 칭하였다)를 언급하는 것으로 보아 사건이 있은 지 여러 세기가 지난 후 기록되었음에 틀림없다. 필리스티아는 기원전 13세기 말 바다의 민족들의 첫 침입 후에야 존재했다.

이것은 이집트학 학자 한스 괴디케 같은 학자에게 어려움을 야기하는데, 그는 출애굽을 기원전 1450년 또는 1500년의 테라 폭발에 연계시키려고 했다.[80] 또한 출애굽의 연대를 기원전 13세기 말로 책정하는 것은 기원전 1219년 제19왕조의 파라오 메르네프타의 치세에 세워진 소위 '이스라엘 석비'를 진지하게 받아들이는 학자들에게 어려움을 일으킨다. 이 석비에는

---

78) 「출애굽기」 15:8-10.

79) 주8 참조.

80) Pomerance(1970, p.19); Khamalkov(1981, p.52). Goedicke(1986, pp.40-41)는 라인드 파피루스Rhind Papyrus의 뒷면에 적혀 있는 짧은 글을 "'세트의 목소리'가 있은 후 이시스의 다음 날에 하늘이 무너졌다"로 해석했다. 이 현상은 어떤 파라오 11년에 발생했는데, 괴디케는 그를 제18왕조의 개창자 아모세 1세로 보고 있다. 그는 그의 치세를 기원전 16세기 후반으로 매우 낮게 잡고 있다. '세트의 목소리' 그리고 이시스에 연계된 무너짐은 화산 폭발과 그 소음을 시사한다(폭발의 소음이 있은 지 하루 후에 화산 쇄설물이 낙하한다). 그의 지적에 따르면, 이것은 신들에게 봉헌된 달력상의 여분의 날들과 관련이 없다. 나는 다음 제8장(특히 주22)에서 11년째 해는 힉소스의 지배자 아포피의 치세와 꼭 들어맞는다고 주장할 것이다. 그의 치세에 라인드 파피루스가 복사되었다는 것이 일반적으로 받아들여지고 있다. 어쨌든 괴디케의 특정 가설은 테라 폭발의 연대 재설정에 달려 있다.

이스라엘이라는 이름이 분명히 팔레스타인에 이미 살고 있었던 민족과 관련되어 서술되어 있는데, 이는 출애굽 이전의 일이다.[81] 그렇다면 이미 팔레스타인에 있었던 이스라엘인은 좀 더 일찍 출발했어야만 한다. 올브라이트가 출애굽은 기원전 13세기 중반 이전에 일어났다고 주장하는 것은 이러한 견해를 수용했기 때문이다.[82] 만약 포메란스처럼 주류적 성서 전통을 받아들이고 테라 폭발이 기원전 12세기에 발생했다고 생각한다면, 필리스틴인에 대한 언급은 물론 문제가 되지 않는다.[83]

나는 출애굽 전승이 이집트인이 힉소스의 축출로서 기술했던 것에 대한 느슨한 민중 기억에 기초하고 있다는 생각한다(출애굽과 힉소스의 축출 사이의 관련은 다음 제8장과 제9장에서 더 논의될 것이다). 그런데 이 경우에도 정치적 사건들을 테라의 폭발 및 쓰나미에 연결하는 것은 불가능한데, 힉소스는 빨라야 기원전 1570년대에 축출되었는데 그때는 폭발이 있은 지 50여 년 후이기 때문이다.[84]

요약하면, 천벌에 대한 묘사로 보건대, 출애굽 전승은 테라 폭발의 기억을 담고 있는 것으로 보인다. 더욱이 폭발의 기억은 힉소스의 축출에 관한 민중 기억과 어떤 식으로든 합쳐진 것 같다. 그렇지만 천벌에 대한 묘사는 통일성 있는 전설을 형성하지 못하고 있는데, 예를 들어 '느껴질 수 있는 어두움'은 이집트에서 발생한 '화산과 관련되지 않은' 여섯 역병들 가운데에 놓여 있다. 그러므로 테라 폭발과 힉소스 축출/출애굽을 너무 단단히 묶으려고 할 이유가 없는 것으로 여겨진다.

멤블리아로스와 어둠의 장막

우리가 이후의 장들에서 테라와 관련되어 가나안어를 말하는 사람들이 이스라엘인만은 아니라는 것을 보게 될 것이다. 우리는 폭발과 관련될 수도 있는 전설에 관심을 갖는다. 이것들 중에는 서부 셈어 전승 속에서 보전

---

81) 중요한 원문의 번역과 논의에 관해서는 Gardiner(1946, p.46; 1961a, p.273) 참조. Gardiner(1946, p.46; 1961a, p.273) 참조. 제8장의 주148도 참조.
82) Albright(1957, pp.255-256).
83) Pomerance(1970, p.20) 참조.
84) 제1권, pp.165-166.

되었던 것도 있다. 헤로도토스는 다음과 같이 기록하고 있다.

마이클 애스터가 지적했듯이, 테라스Theras는 분명히 테라 섬 이름의 기원
이 되는 선조인 것처럼, 멤블리아로스Membliaros라는 이름은 분명히 지명 멤
블리아로스 또는 블리아로스(아나페Anaphe의 옛 이름으로 테라 섬에서 가장 가
까운 섬)에서 왔다. 그가 예증한 바로는, 블리아로스라는 형태로 보건대 그
간 일반적으로 인정된 것처럼 멤블리아로스가 멤블로마이memblomai로부터
파생되었다는 것은 불가능한 것이었다. 멤블로마이는 멜로melō(돌보다)의
제2현재중간태인데, 그것은 어쨌든 의미상으로는 터무니없다. 대신에 그
는 그것이 "우가릿어나 고대 페니키아어의 멤블리아르mêm bli-ʾår(빛이 없는
물) 또는 축약형 블리아르bli-ʾår(빛이 없는 어둠)의 매우 정확한 음역을 나타
낸다"[86]고 주장했다. 아리안모델 지지자인 프란시스 비앙은 멤블리아르가
입증된 적이 없다며 애스터의 가설에 반대했다. 그러나 애스터는 서부 셈
어의 기록이 매우 불완전한 것이어서 비블로스의 필론(기원후 1-2세기의 페
니키아인으로, 고대 페니키아 사료를 번역했다고 개연성 있게 주장한 사람)의
우주발생론은 알려진 단어들의 알려지지 않은 결합으로 가득 차 있다고 대
답했다.[87] 애스터는 이 지명을 닮은 단어가 가나안어를 말하는 레반트에
존재하지 않았다는 반대론에 대해서도, 그리고 에게해권에서 구句가 단독
이름들로 차용된 어떠한 유사한 예도 없다는 반대론에 대해서도 답하지 않
았다.

---

85) Herodotos, iv.147.(역주: 천병희 역을 대본으로 하고 고유명사의 표기를 약간 바꾸었다.)
86) Astour(1967a, p.114).
87) Astour(1967a, p.389).

그러나 이 단어의 음성학적 궁합은 완벽하고 페니키아인과의 연계는 분명하다. 애스터는 기원전 3세기 로도스 출신 아폴로니오스(그의 박식함이 유감없이 발휘된『아르고 호 이야기』는 제6장에서 살펴보았다)를 인용하면서 더 나아간다.[88]

그러자 곧 밤이, 광활한 크레타의 심해 위로 달려가는 그들을 두렵게 했다. 이는 사람들이, 어둠의 장막이라고 부르는 것이다. 별들도 저 운명적인 밤을 뚫지 못했고, 달빛도 그러했다. 오히려 하늘로부터 검은 카오스가 내려왔거나, 아니면 어떤 다른 어두움이 깊고 깊은 심연에서 생겨나 올라와 있었다.[89]

아르고 호의 선원들은 아폴론에게 간청함으로써 그 어둠에서 탈출했다.

그러자, 레토의 아들이시여, 당신은 귀여겨 들으시고 하늘로부터 얼른 멜란티아이 바위 위로 내려오셨습니다. 그 바위들은 그 바다에 있지요. 그 둘 중의 하나 위로 올라가서, 당신은 오른손으로 황금의 활을 높이 들어올리셨습니다. 활은 타오르는 빛을 사방으로 두루 비쳐 보냈다. … 곧 새벽이 떠오르며 빛을 보냈다. 그들은 아폴론을 위하여 그늘진 숲 속에 영광스런 성역과 그늘 드리운 제단을 세웠다. 잘 보이는 빛이 있었으므로 아이글레테스('빛을 비추시는') 포이보스를 부르며 그 빈약한 섬을 아나페('드러냄')라고 불렀으니, 포이보스께서 그것을 혼란에 빠진 자신들에게 드러내보이셨기 때문이다.[90]

아나페에 대한 이 언급은 비문 증거와 그 섬에 아폴로 아이글레테스의 숭배가 있음을 보여주는 스트라본의 증거로 뒷받침된다.[91]

애스터는 아폴론의 활bow과 홍수 후에 노아에게 제시된 세계를 밝게 하는 그것(역주: 무지개rainbow) 사이의 유사성을 지적한다.[92] 그의 주된 관심

---

88) 제6장의 주42-54 참조.

89) *Argonautika*, IV. 1694-1698. 아폴로니오스 로디오스 지음·강대진 옮김, 『아르고 호 이야기』 (작은 이야기, 2010)을 대본으로 삼아 약간 바꾸어 사용하였다.

90) *Argonautika*, IV. 1706-1718.

91) Farnell(1895-1909, IV, 365); Strabo, X.5.1 참조.

은 한편으로는 멤블리아로스의 묘사 및 '어둠의 장막' 그리고 다른 한편으로는 성서의 우주발생론(더 크게는 가나안적인 우주발생론) 사이의 유사점을 예증하는 것이다. 성서가 말하는 세계는 다음과 같이 시작되었다.

> 땅은 아직 모양을 갖추지 않고 아무 것도 생기지 않았는데, 어둠이 깊은 물 위에 뒤덮여 있었고 그 물 위에 하느님의 기운이 휘돌고 있었다. 하느님께서 "빛이 생겨라!" 하시자 빛이 생겨났다.[93]

애스터가 자신의 주장을 관철했고, 멤블리아로스라는 이름만이 아니라 그의 섬을 둘러싼 전설이 서부 셈족의 우주발생론을 가리킨다는 것에도 의문의 여지가 거의 없다(제4권에서 나는 서부 셈족의 우주 발생론이 멤블리아로스 신화를 닮은 방식을 살피면서 어느 정도는 이집트의 방식에서 파생되었음을 보일 것이다.) 그런데 애스터는 왜 이 그리스 신화가 크레타 북쪽 테라와 아나페 부근에 국한되었는지를 설명하지 못했다. 그 이유는 거기에는 거대한 테라 폭발의 기억이 있었기 때문일 것이다. 이처럼 창조 전 카오스의 상징화뿐만 아니라 멤블리아로스 그리고 별과 달도 뚫을 수 없는 '어둠의 장막'은 기원전 1628년 테라로부터 뿜어져 나온 다량의 먼지구름을 가리키고 있는 것이다.

아틀란티스 신화

아테네의 정치가 솔론과 이집트 사제들이 나눈 대화에 관한 플라톤의 보고는 제1권에서 언급되었다.[94] 또한 아테나와 네이트, 아테네 시와 사이스 시의 동일시에 대한 주장, 그리고 나이든 사제의 말("오, 솔론. 솔론, 당신네 그리스인은 항상 어린아이로군요. 늙은 그리스인은 없으니 말이오")을 살펴보았다. 솔론이 이를 의문시하자 그 사제는 이렇게 대답했다.

---

92) 「창세기」 9:11-14.
93) 「창세기」 1:2.
94) 제1권, p.166.

당신들 하나하나는 영혼이 젊군요. 그 영혼 속에 오래된 옛 전승에서 끄집어낸 하나의 믿음도 갖고 있지 않고, 세월이 흐르며 회백색이 된 하나의 학문도 갖고 있지 않군요. 그 이유는 이러합니다. 인류는 많고도 다양한 파괴를 겪어왔고 앞으로도 그러할 것입니다. 그중에서 가장 큰 것은 불과 물에 의한 파괴였고, 다른 것들에 의한 파괴는 정도가 덜했지요.

사제는 천체의 움직임(이것이 맹렬한 불로 지구에 파괴를 일으킨다)으로 파이톤과 헬리오스의 신화에 관한 합리적인 견해를 피력했다.[95] 그는 계속 말했다.

그러한 때 산에 그리고 높고 마른 곳에 사는 자들 모두는 강과 바다 근처에 사는 자들보다 더 파괴를 겪었소. 우리의 경우에는, 우리의 모든 면에서 구세주인 나일 강이 높이 솟아오름으로써 이 재앙에서 우리를 구했소. 반면에 신들께서 홍수로 지상을 정화했을 때 산에 있는 모든 목동과 양치기는 구원되었지만, 여러분 땅의 도시에 사는 자들은 바다로 휩쓸려갔소. … 홍수로 인해 여러분 중에서 글자를 모르고 배우지 못한 자들만 남게 되었고, 그리하여 여러분은 이 땅에서나 여러분 자신의 땅에서 그 옛날에 일어났던 모든 것에 대한 지식을 지니지 못한 채 항상 젊게 된 것이오.

---

95) 이것은 오비디우스Ovidius의 *Metamorphoses*, I.755-80에서 가장 완전하게 이야기된다. 이 신화의 풍부한 개관은 Ahl(1985, p.394) 참조. 그것에 따르면, 헬리오스(태양)의 아들 파이톤은 아버지의 전차를 몰려고 했지만 본래의 궤도를 따라 제대로 조정할 수 없었다. 그래서 파이톤이 전차를 너무 높게 몰면 땅이 얼었고 너무 낮게 몰면 땅이 불탔다. 화난 제우스는 번개로 그를 죽였고 파이톤은 땅으로 떨어졌다. 이집트 사제가 주장하듯이, 신화의 요지는 기상의 이상 형태를 설명하는 것이었다. 파이톤이라는 이름은 이집트-그리스의 파라노마시아paranomasia 또는 복잡한 단어 장난에서 온 것 같다. 파이톤은 그리스어 어근 파이phae-(빛나다)에서 온 것 같으며, 호메로스는 이를 헬리오스(태양)의 별명으로 사용한다. 그런데 신화를 보면 파이톤은 많은 이집트 칭호에서 끌어낸 것으로도 보인다. 첫 번째 칭호는 파 예덴(파 예데누)P3 idn(w) 또는 민용문자 파 아테누P3 itnw이다. p3에서 pha-의 파생은 파 레네누에트P3 rnnwt로부터 파르무티Pharmuthi라는 달의 이름이 나온 것에서도 엿보인다. 두 번째 칭호는 그 이야기에서도 나타나는 P3 itn인데, 모음 삽입하면 파 아툰*pa ꝫatun(태양 원반)이 될 것이다. 세 번째 칭호는 P3 itn(경쟁자 또는 적)이다. 마지막으로 콥트어 e-p-itn에서 발견되는 구句가 있는데, 이것은 단어 epitn(아래로 이끄는 공간)으로 실체화되었다. 이처럼 그리스 신화의 전체 내용은 이 어근들의 상호작용 속에 담겨진 것으로 여겨진다.

이렇게 그리스 전통에 대해 경멸을 퍼부은 후 그는 계속해서 말했다.

솔론이여, 물에 의한 가장 큰 파괴가 있기 이전에 한때는, 지금의 아테네 국가
는 전쟁에서 가장 용감했었고 모든 점에서도 극도로 잘 조직되었소이다.[96]

고대 아테네의 영광에 관해 상세히 설명한 후 사제는 다음과 같이 말했다.

옛날에 당신네 나라가 힘센 무리에게 어떻게 끝까지 맞섰는지 우리의 기록에
언급되어 있소이다. 그 무리는 아틀란틱 오션에 있는 먼 곳에서 출발해 약탈물
을 얻고자 유럽과 아시아 전체를 공격하려고 오만하게 진격하고 있었소이다.
오션은 한때 항해할 수 있었소. 여러분 그리스인이 … '헤라클레스의 기둥'이
라고 부르는 입구 앞에, 리비아와 아시아를 합한 것보다 더 큰 섬이 있었소.
그 당시 여행자들이 그 섬에서 다른 섬들로, 그리고 그 섬들로부터 섬들의 맞
은편에 있는 대륙(이 대륙은 진정 오션을 둘러싸고 있었소) 전체로 건너갈 수
있었소. 우리가 말하는 헤라클레스의 기둥이라는 좁은 입구 안에는 항구가 하
나 분명히 있소이다. 그 입구 너머로는 이름에 걸맞은 오션이 있고, 그것을 둘
러싸고 있는 땅은 가장 올바르게 그리고 가장 완전히 그리고 진실된 의미로
대륙이라고 부를 수 있겠소. 아틀란티스라는 그 섬에는 크고 놀라운 권세를 지
닌 왕들의 연합이 있었는데, 그 왕들은 그 섬 전체와 다른 섬들과 대륙의 일부
를 장악하고 있었소. 그리고 그들은 해협 내에 있는 이곳의 땅들 중에서 리비
아 너머 이집트에 이르기까지 그리고 유럽 너머 투스카니에 이르기까지 통치
했소. 어느 날 이 무리는 함께 모여 당신네 나라, 우리나라, 해협 내에 있는 전
영토 모두를 한 번의 살상으로 예속시키려 했소이다. 그때 바로 당신네 나라의
용맹이 세계 사람들의 눈에 특출한 용맹으로 보였소. … 그 용맹으로 아테네는
자유인이 예속되는 것을 저지했고 헤라클레스의 경계 내에 거주하는 우리의
나머지 모두를 기꺼이 해방시켰소이다. 그러나 후에 무서운 지진과 홍수가 일
어났고, 가혹한 낮과 밤이 다가오면서 당신네 전사 모두를 땅이 삼키고 아틀란
티스 섬도 바다가 삼켜 사라졌소이다.[97]

---

96) Plato, *Timaeus*, 22-23.

한 독일 저자의 계산에 따르면, 플라톤의 이 구절과 관련된 서적은 최근의 7천여 권을 포함해 2만 여 권에 이른다고 한다.[98] 따라서 아틀란티스에 관한 2차 문헌 전부를 망라하는 것은, 바람직하기는 하지만 불가능하다. 이런 이유로 나는 그 주제에 관한 최근의 학술연구와 1차 사료에 논의를 국한시킬 것이다.

이 구절에 대한 회의적인 전통은 플라톤의 제자 아리스토텔레스까지 거슬러 올라갈 수 있고, 1840년대 조지 그로트 시대에 다시 확고하게 자리 잡았는데, 전체 이야기를 비역사적인 신화로서 보았다.[99] 그와는 반대로 그 이야기를 전체적으로 사실이라고 믿었던 사람들도 있었다.[100] 그러나 그것에 관해 글을 쓴 대다수의 저자는 두 극단 사이에서 위치를 잡았다. 그들은 두 극단 사이에서 망설이거나, 비록 플라톤이 그 이야기를 자세히 기술한 이유와는 거리가 멀다 하더라도 그 신화 속에는 역사적 사실이 존재한다고 보았다.

나는 이 문제에 관한 한 온건한 다수에 속한다. 나는 그 이야기가 역사적 전체를 형성하지는 않는다고 믿는다. 그러나 어떤 부분은 실제 장소나 사건과 관련되어 있음이 확실한 것 같다. 문제는 어떻게 그것을 뽑아내느냐이다.

아일랜드의 고전학자 존 루스의 강력한 주장에 따르면, 솔론은 기원전 600년 직후 이집트에 갔으며 그에게는 크리티아스라는 이름을 가진 조카와 증손자뻘 되는 친척이 있었다. 솔론의 증손자뻘 되는 크리티아스는 플라톤의 대화편에 나오는 인물로 플라톤의 증조부였다. 이것은 플라톤이 크리티아스의 말이라고 표현한 것들과 잘 맞아떨어진다. 이처럼 솔론의 방문과 플라톤의 대화편의 작성 사이에는 200여 년의 간격이 있지만, 플라톤은 집안에서 내려오는 이야기를 기초로 글을 쓴 것 같다. 그런데 루스가 지적

---

97) Plato, *Timaeus*, 24-25.

98) Steurerwald(1983, p.11).

99) Ramage(1978, pp.23, 32-33).

100) 이를 완전히 믿는 전통은 일찍이 플라톤의 최초의 주석가 크란토르Krantor(335-275 BC)에 의해 세워졌다. 이것과 후기의 쉽사리 믿는 경향에 관해서는, Ramage(1978, pp.23-45) 참조. 1987년 미국의 저술가 Mary Settegast는 아름답게 출간된 책에서 동일한 견해를 나타냈다.

했듯이, 플라톤은 부가적인 정보를 직접 이집트를 방문해 얻었을 것이
다.101)

아틀란티스와 '대서양'

플라톤이 '아틀란티콘 펠라고스Atlantikon Pelagos'라고 언급한 것이 우리가
알고 있는 대서양Atlantic Ocean을 의미한다는 데는 의문의 여지가 없다. 그 이
유는 그가 그것이 헤라클레스의 기둥, 즉 지브롤터 해협 너머에 있다고 아
주 명백히 말하고 있기 때문이다. 지리학적 근거에서 '리비아(아프리카)와
아시아를 합친 것보다 더 큰' 섬이 대서양 한가운데(오늘날 그곳에는 대서양
해령Atlantic Ridge이 있다)에 있다가 사라진 대륙이 아니라는 것도 명백하다.
반면에 (콜럼부스의 발견 이후로 학자들이 제안했듯이) 아틀란티스는 아메리
카였을 수도 있다.102)

제1권에서 나는 기원전 1천년기 초 아프리카와 멕시코가 접촉했을 가능
성이 있음을 시사했다.103) 우리는 또한 헤로도토스의 기록을 통해 파라오
네코Necho(기원전 610-595년)에게 고용된 페니키아인이 아프리카를 빙 둘러
항해했고 기원전 5세기에 카르타고인이 서아프리카 해안을 따라 기니 만
까지 항해했다는 것을 알고 있다.104) 그렇다면 아프리카 해안의 바람과 조
류를 피하는 동안 (포르투갈 항해사 카브랄이 기원후 1500년에 했던 방식으로)
브라질을 보았거나 상륙했을 기회는 대단히 많다. 따라서 나는 교양 있는
이집트인이 기원전 4세기 초 플라톤의 시대에 또는 6세기 초 솔론의 시대
에 아메리카를 알지 못했다고 단언할 수는 없다.

아틀란티콘 펠라스고스가 대서양이고 그 안에 있는 거대한 섬이 아메리
카일 수 있다면, 동시에 그렇게 등치시킬 수 없는 측면이 명백히 존재한다.

---

101) Luce(1978, pp.76-77). Fredericks(1978)는 플라톤의 이야기와 테라 폭발이라는 현저하게
    잘 어울리는 실제 사건 사이를 연계시킬 수 있다는 어떤 시사에 대해서도 극단적인 회의
    를 내보이고 있는데, 그의 이러한 태도는 아리아주의적 고전 학풍에 대한 맹신에서 나온다.
102) 아메리카를 플라톤의 아틀란티스로서 최초로 기록한 사람은 스페인의 역사가 고마라
    Francesco López de Gómara인데, 1553년 그는 성급하게 그 둘을 연계시켰다(Ramage 1978,
    p.30 참조).
103) 제1권, 제5장, n.168. 이제 나는 그것을 좀 더 이른 시기로 설정해야겠다.
104) Herodotos, IV.42. Bartolini(1988, pp.74-75)도 참조.

아메리카 '왕들의 연합'이 이집트에 이르는 아프리카를 그리고 투스카니에 이르는 유럽을 지배했다는 시사는 정말로 그럴듯하지 않다. 그리고 어떤 사람이 아메리카가 '바다에 의해 삼켜질 수 있었다'고 진지하게 상상했다는 것 또한 전혀 불가능하다. 여기서 잠깐 그리스어 어근 아틀라Atla-의 기원과 의미를 알아보고 다시 이 문제 및 아틀란티스와 테라 사이의 관련 문제를 살펴보자.

아틀란티스, 아틀라스, 아틀라스 산(맥)

북서 아프리카에 있는 아틀라스 산맥의 이름이 어디서 왔는가에 관해 가장 널리 인정되는 이론을 1863년 프랑스 지리학자 비비앙 셍 마르텡이 제안했고 1936년 발터 슈타인하우저가 비전적인 언어 형태로 제시했다. 즉, 아틀라스 산맥은 원주민 베르베르인의 단어 아드라르Adrār(산맥이라는 뜻)로부터 나왔다는 주장이다.[105] 아드라르는 19세기에 단어로 입증되었으나, 그것이 고대 언어가 아니라고 가정할 이유는 없다. 비록 슈타인하우저가 재구성한 원베르베르어 알타르*altār가 의심을 받고 있지만, 아드라르에서 아틀라스를 끄집어내는 데는 심각한 음성학적 어려움은 없다. 그런데 의미론적으로 아드라르가 아틀라스 산맥을 나타내는 지역 이름이 아니라는 점에서 몇 가지 문제가 있다. 그 지역에서 부르는 이름은 데렌Deren 또는 두린Durin, 때로는 합성되어 아드라르 은 데렌Adrār n Deren이었다.[106] 데렌은 스트라본이 두리스Duris로, 플리니우스가 아드디리스Addiris로 언급했던 산의 지역 이름일 수 있다.[107] 기원전 5세기 카르타고의 여행가 한노Hanno의 『여행기Periplous』에 '아틀라스' 산맥에 관한 간접적인 언급이 있고, 지리적 이름 '아틀라스'는 고대 후기에 널리 알려졌다.[108]

슈타인하우저는 신화 속 거인의 이름이 지명에서 왔다고 주장했다. 그럴 수도 있겠지만, 우리는 더 이르게 입증된 인명과 그것의 신화적 함의를 무시할 수 없다. 아틀라스라는 이름은 헤시오도스와 호메로스의 저작물에

---

105) Saint Martin(1863, p.154); Steinhauser(1937, pp.229-236).
106) Steinhauser(1937, pp.233-235).
107) Strabo, 17.825, 그리고 Pliny, *Nat. Hist.*, 5.5-16 참조.
108) Hanno, *Periplous*, 7.14.

서 티탄 또는 거인의 이름으로서 처음으로 등장하는데, 그 거인은 하늘에서 땅을 떼어놓았고 계속 커다란 기둥으로 하늘을 받치고 있었다.[109] 이러한 역할로 보면 그 거인은 이집트 신 슈Shu로부터 나온 것 같은데, 슈는 건조와 공기의 신으로 하늘 누트Nut를 땅 게브Geb에서 떼어놓고 있다.[110] 흥미롭게도 슈와 서쪽은 두 가지 점에서 관계가 있다. 첫째는 그의 이름(𓆄𓏏)에서 보인다. 𓆄은 분명히 관련 단어인 셰위šwi(공기, 빈, 자유로운)와 셰웨트šwt(𓆄𓏏, 깃털)과 관련 있으나, 𓆄 표시는 이집트 서쪽에 있는 리비아와 리비아인의 상징으로 그들은 머리에 큰 깃털 장식을 했던 것으로 보인다. 슈와 서쪽의 두 번째 연결은 저녁 또는 서쪽의 태양 신 템Tm과 슈의 밀접한 관계이다.[111]

지명으로서 아틀라스를 처음 언급한 사람은 헤로도토스인데, 그는 그것을 산악 지역이 아니라 기다란 원뿔을 가진 산(꼭대기는 항상 구름으로 덮여 있다)으로 언급한다. 헤로도토스에 따르면 그 지역 주민은 그들이 '하늘의 기둥'이라고 부르는 그 산의 이름을 따서 아틀란테스Atlantes라고 명명되었다.[112] 이처럼 아틀라스의 원래 의미는 헤라클레스의 기둥 또는 '세계의 가장자리'였던 것으로 보인다. 아틀라스가 헤라클레스를 속여 하늘을 받치게 했으나 헤라클레스가 다시 속여서 그 짐을 되돌려준다는 잘 알려진 이야기가 있다. 아틀라스와 헤라클레스 사이의 유사점 또는 연계는 제2장에서 다루었고, 세계의 문들에서 하늘을 떠받치는 기둥을 아틀라스가 잡고 있다는 개념은 헤시오도스에 이미 나타나 있다.[113]

거인과 아틀라스 산맥 사이의 연계는 헤로도토스가 산맥에 거주하는 자들로서 언급했던 아틀란테스만이 아니라 아타란테스Atarantes(헤로도토스에 따르면 북서 아프리카 사막에 사는 부족이다)라는 이름과도 잘 맞는다.[114] 간

---

109) Hesiod, *Theogony*, 509.746; *Odyssey*, I.52.

110) Evelyn-White(1914, p.93) 참조.

111) Budge(1904, II, pp.85-94). 제4권 중 아르테미스에 관한 절에 템Tm에 관한 좀 더 상세한 논의가 실릴 것이다. 헤라클레스와 슈에 관해서는 제2장의 주185-190 참조. šw로 표기된 단어군에 관해 제6장의 주134-135 참조.

112) Herodotos(IV.184)는 아틀란테스Atlantes를 '산들'로 언급하고 있는데, 다소 오해의 소지가 있다. 왜냐하면 사실 그 단어는 단수이기 때문이다.

113) Hesiod, *Theogony*, 746-50. 슈와 헤라클레스의 관계는 제2장의 주198-203 참조.

114) Herodotos, IV.187-188.

단히 말해서 아틀라스/아틀란티스라는 이름의 한 근원은 베르베르어 '아드라르'라는 것은 아주 가능성이 있어 보인다.

아틀라스와 오션

'아드라르'가 아틀라스/아틀란티스라는 이름의 많은 측면을 설명할 수 없으므로 유일한 기원이라고는 할 수는 없다. 예를 들어, 헤로도토스는 아틀라스라는 이름을 다뉴브 강의 주요 지류에 붙였고 이 강이 흘러나오는 산맥은 아트리스Athrys라고 불렀다.[115] 이러한 지명은 베르베르어라고 할 수 없다. 그 지명은, 제6장에서 논의되었듯이, '짝이 되는 두 장소coincidentiae oppositorum'라는 작명법에서 또는 적어도 주요한 측면들이 닮았다는 것에서 온 것일 수 있다. 어떤 관점에서는 대서양the Atlantic과 다뉴브 강은 세상의 가장자리로서 보였다.[116] 강으로서 아틀라스의 개념은 아틀라atla가 산맥이 아니라 '강들' 또는 큰물과 관련되었을 가능성을 제기한다. 따라서 대서양이 아틀라스 산맥의 이름에서 유래한 것이 아니라 대서양이라는 이름에서 아틀라스 산맥의 이름이 유래했을 가능성도 있다.

아틀라스와 오케아노스(세계를 순환하는 대양 또는 강이다) 사이에는 긴밀한 관계가 있다. 그리스의 우주발생론에 따르면 이러한 관념은 적어도 헤시오도스와 호메로스의 시대까지 거슬러 올라간다. 헤시오도스는 아틀라스를 폭풍의 별들인 펠레아데스Peleades 또는 플레이아데스Pleiads의 아버지로 보았다. 그들의 어머니는 플레이오네Pleione인데 그녀는 오케아노스의 딸이었다.[117] 그런데 플레이아데스는 때로는 아틀란티데스Atlantides라고도 불렸다. 아틀라스는 히아데스Hyades의 아버지이자 서쪽 대양의 별들/섬들인 헤스페리데스의 아버지이기도 하였다.[118] 세계를 돌고 땅과 하늘 사이의 가장자리를 형성하는 '오션ocean'은 산맥보다는 별자리에서 유래한다는 것이 훨씬 더 그럴듯하다. 이것은 특히 플레이아데스에게서 드러나는데, 플

---

115) Herodotos, IV.50. Georgiev(1966, p.134)는 아트리스Athrys를 게르만어 앗텔*attel에서 끌어낸다.

116) 제6장의 주66 참조.

117) Hesiod, *Works and Days*, 383; *The Astronomy*, frg.1, trans. Evelyn-White(1914, p.66). Apollodoros, III.10도 참조.

118) 이것에 관한 고전주석학자가 쓴 문헌의 개요는 Frazer(1921, II, pp.2-3, n.1) 참조.

438 블랙 아테나 II

레이아데스는 고대로부터 항해(그리스어로 플레인plein)의 별들로 여겨졌
다.119)

호메로스가 보기에 아틀라스는 "모든 바다의 깊이를 알고 있는 파괴적
인 마음을 지녔고 하늘과 땅을 떼어놓는 커다란 기둥을 쥔"120) 인물이었
다. 호메로스에 따르면, 아틀라스는 칼립소의 아버지이기도 했는데 님프인
칼립소는 먼 오션에 박혀 있는 오기기아Ogygia 섬의 동굴에서 살았다. 한편
헤시오도스는 칼립소를 오케아노스의 딸이라고 언급했다.121)

전체적으로 보면 아틀라스의 핵심적 기능은 땅을 하늘에서 떼어놓는 것
이다. 이것을 행할 수 있는 두 가지 방법은 세계의 가장자리에 있는 산이라
는 기둥에 의해서 그리고 두 영역 사이의 테두리를 형성하는 대양에 의해
서이다. 신화학적 증거로부터 판단하건데, 아틀라스의 본질은 물과 관련된
것이어서 대서양은 1차적인 것으로 그리고 아틀라스 산맥은 2차적인 것으
로 여겨진다. 간단히 말해 아틀라스/아틀란토스Atlantos는 오케아노스와 동
일한 것이다. 이것은 대서양과 아틀라스(세계의 또 다른 가장자리에 있는 다
뉴브 강의 지류를 나타내는 이름)라는 두 이름 모두를 설명한다.

오케아노스는 인도유럽어 어원이 없기 때문에 일반적으로 비인도유럽
어에서 차용된 단어로 인정되고 있는데, 아마도 칼립소의 섬 오기기아와
관련된 것 같다. 오기기아는 제2장에서 셈어 어근 √ᶜwg아와가(우가릿어)(원을
그리다) 그리고 바샨의 왕 오그ᶜŌg에 연계해 논의했다. 아틀라스가 오케아
노스(오케아노스는 세계를 둘러싸서 세계를 하늘로부터 떼어놓는 강이자 용이
며 뱀이다)에 연계되어 있다는 것이 오게노스Ōgenos(기원전 5세기 초 신화작
가 페레키데스가 언급했다)와 오겐Ogên(사전편찬자 헤시키오스에 의해 언급되
었다)이라는 이름을 근거로 주장될 수도 있다.122) 비록 나는 오기기아의
어원이 이집트어 웨가Wg₃(홍수)라고 믿기는 하지만, √ᶜwg와 오기기아 사
이의 연계는 의미상으로나 발음상으로나 가능하다.123) 그런데 그것들 사

---

119) Servius on Virgil, *Georgic*, I.138.

120) *Odyssey*, I.52.

121) *Theogony*, 359-364.

122) 제2장의 주35-36. Roscher(1884-1937, III, col.816); Onians(1988, pp.248-250, 315-317)도
참조.

123) 제2장의 주35-36.

이에 느슨한 연결 이상의 것을 만들 수는 없다.

또 다른 가능성은 수메르어 아키안[*]A ki an(u)(천지天地의 물)에서 오케아 노스가 파생했다는 것이다.[124] 땅 키[ki]와 하늘 안[an] 모두의 개념은 젖은 테 두리(두 테두리는 유사하거나 서로에게로 흘러든다)를 갖고 있는데, 이 개념 은 메소포타미아 종교에 확립되어 있었다.[125] 더욱이 메소포타미아의 우 주발생론과 우주진화론은 그리스의 신화와 사상에 중대한 충격을 주었고, 세계를 둘러싼 대양의 테두리라는 뱀과 같은 이미지에서 특히 밀접한 유사 점이 있다.[126] 아직 아키안[*]Akian은 입증되지 않고 있지만, 그 어원은 가설 로라도 남아 있어야 한다.

오케아노스는 레반트 또는 메소포타미아의 이름이라는 개연성도 있다. 아틀라[Atla-]의 이집트어 짝이 있지 않을까? 이집트 단어 예트루[itrw]는 일반 적으로 '강'으로 번역된다. 그것이 인도유럽어 어근 웨트[*]wet(젖은, 흐르는. 이는 자주 히타이트어 와아타르[wa-a-tar][영어의 'water']처럼 마지막 -r을 가진다) 와 발생적으로 관련이 있든 없든 예테루는 강을 넘어서는 더 넓은 의미 영 역을 갖는다.[127] 또한 형용사 아아[ꜥꜣ](큰)와 함께 예테르아(예트루아)[itr(w)ꜥꜣ] (큰 강)는 널리 사용되었다. 후기에 이것은 나일 삼각주 지류 중 하나 또는 그 이상에 연계되었으며, '나일 강의 전체 또는 주요 물길'을 나타내기 위 해서도 사용되었다. 그것의 콥트어 형태인 에이에로[Eiero] 또는 이아로[Iaro]는 유프라테스 강, 요르단 강, 그리고 흥미롭게도 다뉴브 강 같은 거대한 강에 적용되었다.[128] 후기 이집트어 형태에서 가나안어로 차용한(예트루[itrw]에 있는 t는 제18왕조에 이르면 탈락되었던 것 같다) 히브리어는 예오르[Yeʾôr]이다. 예테르아(예트루아)[itr(w)ꜥꜣ]처럼 이것은 특별한 강인 나일 강을 나타내기 위

---

124) Astour는 이것을 David Owen과의 개인적인 의견교환에서 구두로 제안했다.

125) Jacobsen(1976, pp.168-171) 참조.

126) Walcot(1966, pp.27-53); Onians(1988, pp.247-249, 316-318).

127) 이 마지막 철자 -r에 관해 많은 혼동이 분명히 있다. Pokorny(1959-69, I, pp.78-80) 참조. Bomhard(1984, p.121)의 해결책은 인도 유럽어에서 두 개의 뚜렷한 어간들을 가정하는 것 이다. [*]hbuer(비오다, 물 뿌리다) 그리고 웨트[*]wet(젖다). 그런데 Bomhard(1984, p.121)는 두 어간이 '의미적으로 중첩된다'는 것을 받아들이고 있다. 예트루[itrw] 이외에, 아라비아어 웨드[oued] 또는 와디[wadi](물길)처럼 아프리카 아시아어 어근의 또다른 예가 있는 것 같다. Partiridge (1958, p.798) 참조.

128) 이에 대한 자세한 논의는 Gardiner(1947, II, pp.156-168) 참조.

해 그리고 큰 강을 나타내기 위해 사용된다.[129]

『사자의 서』(『낮으로 들어가기 위한 지침서』라고도 하며, 영혼 인도서로서 이집트 제18왕조인 기원전 1585-1300년까지 거슬러 올라간다)에서 복수형 예트루itr(w)는 불멸의 강을 나타내는 데 사용되었다. 적어도 후기에 그것은 땅을 둘러싸고 있던 강 또는 대양을 위해 사용되었던 것 같다. 디오도로스는 "이집트인은 나일 강을 이집트어로 오케아노스라고 부른다"[130]라고 기술했다. 기원후 5세기의 상이집트 출신 호라폴로Horapollo는 나일 강을 명사 '심연' 또는 세계가 창조된 '깊음'인 대양과 동일시했다.[131] 이처럼 예트루 itr(w) 또는 예테르아(예트루아)itr(w)ʿ3는 나일 강 또는 대양 또는 어떤 중요한 큰물과 관련될 수 있다.

예테루 또는 예테루아에서 차용된 그리스어 단어 아틀라스 또는 아틀란토스가 강/대양의 의미를 갖고 있었던 것으로 보이지만, 어느 언어에서이든 어떤 큰물이냐에 관해서는 혼동의 여지가 상당히 있었음에 틀림없다. 물론 예테루 또는 예테루아가 와즈 웨르W3d wr(일반적으로는 바다, 특정하게는 에게해를 나타내기 위해 이집트인이 사용한 이름) 또는 얌yam(가나안어 얌 yâm[바다]에서 차용된 후기 이집트어 단어)과 동일한 단어임이 입증되지 않았지만, 예테루 또는 예테루아가 두 단어들과 같은 뜻(역주: '바다'나 '에게해')으로 사용되었을 개연성이 매우 높다.

플라톤의 아틀란티스와 테라의 폭발

이제 플라톤의 아틀란티스(불로 파괴되었다)와 테라 사이에 어떠한 연관이 있는지 살펴보자.[132] 대서양에 있는 광대한 섬과 에게해에 있는 테라를 지리적으로 혼동한 이유는 무엇일까. 예테루itr(w)·예테루아itr(w)ʿ3·아틀라와 오케아노스 사이의 특정한 연계를 가정한다면, 플라톤은 『대화편』에서 솔론이나 크리티아스로 하여금 그 사라진 섬을 본원적인 바다인 대서양에 있는 아틀라스·오케아노스·포세이돈에 연계시키도록 한 것은 아닐까(매우

---

129) Ellenbogen(1962, p.80).

130) Diodoros, I.96.7.

131) Horapollo, I.21. Budge(1904, I, p.284) 참조.

132) Luce(1969, 1978); Ramage(1978); Fredericks(1978) 참조.

그럴듯하다).

플라톤은 대서양과 지중해를 지리적으로 혼동하고 있을 뿐만 아니라 이집트의 소위 제2중간기(기원전 18세기 및 17세기)와 제3중간기(기원전 12세기)를 시간적으로 혼동하고 있었던 것 같다. 플라톤이 서술한 아틀란티스의 왕들은 기원전 12세기 초 이집트를 공격했던 바다의 민족들의 우두머리 연합과 매우 닮아 있다. 이 연합은 라메세스 3세의 그 유명한 비문에 언급되어 있다. "외국에 대해 그들은 자신들의 섬에서 음모를 꾸몄다. 어느 나라도 그들의 무기 앞에 버틸 수 없었다. 하티, 코데, 카르카메시, 아르자와, 알라샤 … 그들의 연맹은…"[133] 이것은 플라톤의 기술과 대단히 비슷하다.

> 아틀란티스라는 그 섬에는 크고 놀라운 권세를 지닌 왕들의 연합이 있었는데, 그 왕들은 그 섬 전체와 다른 섬들과 대륙의 일부를 장악하고 있었소. 그리고 그들은 해협 내에 있는 이곳의 땅들 중에서 리비아 너머 이집트에 이르기까지 그리고 유럽 너머 투스카니에 이르기까지 통치했소. 어느 날 이 무리는 함께 모여 당신네 나라, 우리나라, 해협 내에 있는 전 영토 모두를 한 번의 살상으로 예속시키려 했소이다.[134]

이 글에서 언급된 지명이 바다의 민족들 중에서 가장 잘 알려진 동맹국들 중 두 나라인 리비아와 Tršs(투르샤Tursha라고도 한다. 이들은 티르세노이 Tyrsēnoi/에트루리아인과 동일시되었다)라는 점에서 밀접한 연계의 징표를 제공하고 있다(두 동맹국은 라메세스의 원문에서는 언급되지 않았다).[135] 만약 플라톤의 글이 기원전 12세기에 관련된 것이고 여러 유사점을 바다의 민족들의 침입과 몇 십 년 후에 일어난 남부 그리스에 대한 '도리스인의 침입'에서 끌어낼 수 있다면, 명백한 아첨과 과장이 섞인 어구가 있다 하더라

---

133) Sandars(1978, p.119); Astour(1967a, p.11); 제1권, p.617 참조.

134) Plato(*Timaeus*, 25). Luce(1978, p.62)는 일반적인 유사성을 지적하는데, 플라톤의 글에 담긴 정보(지식)보다는 바다의 민족들을 묘사한 그림을 담고 있는 유명한 부조의 영향으로 유사성을 보인다고 생각하고 있다.

135) Gardiner(1947, I, pp.197-199) 참조.

도 아테네에 관한 플라톤의 보고에서 역사적 근거를 발견할 수 있다.

부분적으로는 그리스인의 지도자로서 행동하면서, 그리고 부분적으로는 생사
가 걸린 위험에 맞부딪히자 모든 자들이 회피했을 때 홀로 맞서서 아테네는
침입자를 물리치고 승전비를 세웠소. 그 용맹으로 아테네는 자유인이 예속되
는 것을 저지했고, 헤라클레스의 경계 내에 거주하는 우리의 나머지 모두를 기
꺼이 해방시켰소이다.[136]

그리스 전승과 고고학 증거에 따르면, 아테네와 아티카는 도리스인을 포함
하는 북쪽 사람들에게 저항했고 그들에게서 도망 온 자들에게 피난처를 제
공했다.[137]
　플라톤은 단순히 기원전 12세기를 기술하고 있는 것은 아니다. 「티마이
오스」의 속편인 「크리티아스」에서, 플라톤은 아테네의 왕들인 케크롭스,
에렉테우스, 에릭토니오스, 에리식톤과 관련된 '그 시기의 전쟁'을 언급했
다.[138] 그러나 도리스인이 침입했을 때 아테네인들의 왕은 이들이 아니라,
멜란토스와 코드로스였다. 물론 이러한 정보의 신뢰성은 매우 불확실하다.
연대기와 왕의 이름조차 일관성이 없고 믿을 만하지 않다. 그러나 나는 역
사성을 지닐 수 있는 노다지를 얻으려면 이러한 전승을 면밀히 살펴야 한
다고 믿는다.
　가장 완전한 고대 그리스 연대기인 「파로스 연대기」(기원전 264년에 새
겨졌고, 아테네의 주요 전승과 일치한다)에 따르면, 케크롭스는 기원전 1582
년에 통치하기 시작했고 「크리티아스」에서 언급된 다른 사람들은 다음 세
기 또는 그 이후에 살았던 그의 계승자들이었다.[139] 케크롭스라는 이름이

---

136) Plato, *Timaeus*, 25.
137) Helck(1979, pp.146-147)는 기원전 12세기 초에 미케네, 티린스, 필로스에서 일어난 주요
　　한 파괴를 기술하고 있다. Snodgrass(1971, pp.28-34)는 남부 펠로폰네소스의 파괴는 이
　　시기에 일어났지만 미케네의 파괴는 더 이후의 일로 보고 있다. 주요한 그리스 전승에 따
　　르면, 최후의 일격은 기원전 1120년경에 있었다. Hammond(1975, pp.682-706) 참조.
138) *Kritias*, 110B.
139) *Parian Marble*, II.1-18. Apollodoros, III.14도 참조. 이와 관련된 논의는 Frazer(1921,
　　pp.88-96) 참조.

훨씬 더 오래된 인물인 세소스트리스와 관련되었을 가능성은 제3권에서 논의될 것이다. 그런데 「파로스 연대기」의 연대가 이 경우에는 너무 낮을 가능성이 있다. 전승에 따르면, 그리스 역사에서 가장 큰 홍수인 데우칼리온 홍수가 케크롭스의 바로 다음 계승자인 크라나오스의 치세에 있었다.[140] 데우칼리온 홍수와 테라 폭발 사이에 연계의 가능성이 있는데, 이것은 쓰나미가 덮치거나 몇 년간 폭우가 계속되는 양상 등으로 나타났을 것이다. 테라 폭발로 인해 중국은 쓰나미와 폭우를 경험했던 것으로 여겨지고 다른 곳도 마찬가지였을 것이다. 만약 두 사건이 연계되어 있다면, 우리는 케크롭스를 기원전 1628년 이전에 두어야만 한다.[141] 이것이 사실인지 아닌지 그리고 케크롭스가 기원전 1628년 이전 사람인지를 보여주는 사료가 없긴 하지만, 플라톤은 바다의 민족들의 전쟁과 침입에 관한 보고와 힉소스(기원전 18세기 힉소스의 이집트 침입은 제8장에서 논의될 것이다)의 전쟁과 침입에 관한 보고를 뒤섞었던 것으로 보인다. 그러나 플라톤의 보고를 진지하게 받아들일 수도 있다.

> 그러나 후에 무서운 지진과 홍수가 일어났고, 가혹한 낮과 밤이 다가오면서 당신네 전사 모두를 땅이 삼키고 아틀란티스 섬도 바다가 삼켜 사라졌소이다.[142]

이 구절에 나오는 아틀란티스를 테라와 동일시할 수 있을까? 「크리티아스」에서 플라톤은 이 섬에 관해 자세히 묘사했다. 그가 말하는, 아틀란티스의 첫 왕의 이름은 포세이돈(이 신의 대양적 특성을 보여주는 또 다른 증거이다)의 장자 아틀라스였다. 「티마이오스」에서처럼 여기에서도 그 섬은 헤라클레스의 기둥 너머 대서양에 위치한다. 포세이돈은 그 섬 주위에 땅과 바다로 이루어진 복잡한 연속 원을 건설해 지하 터널로 외부를 중앙에 연결시킨다.[143] 플라톤의 묘사는 부분적으로 폭발이 있기 전 테라 또는 칼리스테의 실제적인 부와 풍요함에서 나온 것일 수 있다. 그런데 이 건축의 상징

---

140) *Parian Marble*, II.4-7.
141) Luce(1969, pp.145-147; 1978, pp.70-71) 참조. 중국에 관해서는 주32와 Baillie(1989b) 참조.
142) Plato, *Timaeus*, 25.
143) *Kritias*, 113-121.

적 중요성 그리고 그 섬의 완벽한 질서와 막대한 부를 묘사하는 데 사용한 세부적이고도 복잡한 수학과 조화는 역사성이라는 핵심을 두껍게 가리고 있다.[144]

그 섬이 포세이돈과의 관련되었다는 것은 다음과 같은 사실, 즉 포세이돈은 미케네 그리스에서 가장 널리 숭배된 신이었고 이집트인에 따르면 그 신은 세트의 짝으로서 힉소스가 열렬하게 숭배했던 신이었다는 사실에 연계되었을 가능성이 있다. 더욱이 포세이돈은 전차의 수호신이었는데, 전차는 힉소스에 의해 이집트에 그리고 아마도 에게해권에 도입되었다.[145] 여기에서도 도출 가능한 역사성은 아틀라스의 아버지, 바다의 수호신, 바다를 파괴하는 지진의 신인 포세이돈의 신화학적 중요성에 의해 가려진다.

아이슬란드의 헤클라 폭발

정치적·군사적 근거에서 제2중간기와 제3중간기가 섞여 있음을 논의했으므로 플라톤(또는 이집트 사제)의 첫 요점을 다시 생각해보는 것이 필요하다. "인류는 많고도 다양한 파괴를 겪어왔고 앞으로도 그러할 것입니다. 그중에서 가장 큰 것은 불과 물에 의한 파괴였고, 다른 것들에 의한 파괴는 정도가 덜했지요." 이집트 사제가 특별히 언급하고 있는 두 사건이 존재했다고 주장할 수 있는 좋은 논거가 있다. 그 논거는 기원전 1628년의 테라 폭발과 그 후유증, 그리고 기원전 1159년 헤클라의 세 번째 폭발이다. 중국에서 이 두 재앙의 결과는 앞에서 잠깐 살펴보았고 뒤에서 다시 논의할 것이다. 여기에서는 서부 유라시아에 기원전 12세기의 폭발이 어떤 충격을 가했는지 살펴보고자 한다.

헤클라 폭발이 아이슬란드에서 있었으므로 가장 극적인 영향은 영국에 있었다는 것은 놀라운 일이 아니다. 고대 기후학자인 크리스 시어와 믹 켈리는 다음과 같이 언급했다.

(화산에 의해 드리워진) 먼지 장막은 영국의 모든 섬에 걸쳐 낮은 기압과 낮은

온도의 지역을 만들어냈을 것이다. 우리의 조사에 따르면, 이로 인해 강수량이 급증했으며 찬 날씨와 합쳐져 스코틀랜드의 고지, 남부의 고지, 페나인 산맥, 레이크 지방, 웨일스 같은 지역에서 농경을 불가능하게 했을 것이다.[146]

고고학자 존 바버는 기원전 12세기 중엽 북브리튼에서 일어난 재앙과 주요한 인구 감소를 설명하고 있는데, 그와 베일리는 그것을 헤클라의 세 번째 폭발에 연계시켰다.[147] 그들은 또한 스코틀랜드 고지대의 경제 붕괴는 사회적 소요을 일으켰다고 주장했다.

> 재앙은 급작스럽고 혹독해 수십만의 사람이 고지의 고향을 떠나 이미 사람들이 거주하고 있는 계곡과 저지대에서 새로운 삶을 찾도록 했다. 그리하여 갈등과 싸움이 끊이지 않았을 것이고 기원전 12세기 후반에는 계곡 정착지가 요새화되기 시작했다.[148]

이 드라마에는 배경이 있었다. 바버와 베일리는 폭발이 있기 수세기 전부터 스코틀랜드의 고지대는 장기간에 걸친 기후 변화로 혹독한 곤경을 맞고 있었는데, 최종 붕괴는 폭발 이후에 일어났다고 주장했다.

이 자료를 어느 정도까지 다른 곳에 적용할 수 있을까? 동지중해 분지의 사회적 붕괴가 기원전 1150년 이후에 발생했다고 주장하는 것은 명백히 불가능하다. 바다의 민족들의 침입, 그들에 의한 하티(중앙아나톨리아에 있는 히타이트 제국) 및 여러 나라들의 파괴는 몇 십 년 먼저 시작됐고, 에게 해권의 소요는 기원전 13세기 말에 시작됐다. 이러한 사실은, 고전기 고고학자인 미국의 리스 카펜터가 30여 년 전에 제안했고 고고학자 브라이슨, 램, 돈리가 1970년대에 다른 방식으로 부활시킨 이론과 잘 맞아떨어지는 것 같다.[149] 그런데 좀 더 최근의 연구에서는 어떠한 장기간의 악화가 발견되지 않았다. 또한 이를 전제로 연구하는 학자들은 남부 그리스에서 가

---

146) Keys(1988).
147) Keys(1988); Baillie(1989a).
148) Keys(1988).
149) Carpenter(1966, pp.14-21); Bryson, Lamb and Donley(1974).

뭄(몇 지역에서 가뭄은 연속해서 수년간 지속되었을 것이다)이 있었음은 틀림없다는 것을 받아들이면서도, 비슷한 재앙이 더 이른 세기에 발생했을 수 있으나 인구의 대폭적인 감소 없이 극복되었다고 주장한다.[150]

　제11장에서는 대략 기원전 1470년부터 1220년까지의 '이집트의 평화Pax Aegyptiaca' 시대에 기아 구출을 위해 이집트 곡물이 에게해권으로 배로 운송되었음을 살펴볼 것이다.[151] 제12장에서는 '이집트의 평화'라는 구조의 정치적 붕괴와 그것에 근거한 교역 방식의 붕괴가 미케네 경제를 붕괴시켰고, 결국 그러한 경제구조로 부양되던 고밀도의 인구가 기후 이상에서 살아남을 수 없었음을 고찰할 것이다. 앞서 언급한 지중해 너머의 브리튼과 같은 장기간의 기후 악화로 인해 바다의 민족들의 침입이 부분적으로 촉진되었지만, 동지중해에서 청동기시대가 종말을 고하게 된 으뜸 원인은 기후라기보다는 정치적이었던 것 같다.[152]

　그렇지만 기원전 1159년 직후에 상황이 악화되었다는 데는 의심의 여지가 없다. 바로 이후에 미케네와 티린스가 파괴되었고, 남부 에게해 섬들에는 도리스인이 그리고 서부 아나톨리아에는 이오니아인이 정착했으며, 프리기아인은 중앙아나톨리아 지역으로 파괴를 일으키며 퍼져나갔다. 동시에 오늘날의 이란에 위치한 중부 엘람의 세력이 불가사의하게 붕괴했다.[153] 청동기시대 말의 사회적·경제적·정치적 붕괴를 헤클라의 세 번째 폭발과 직접 연결할 수는 없지만, 마이클 베일리가 이 커다란 화산 활동의 세계적인 효과라고 제시했던 것들이 가장 어려운 위기의 시기에 영향을 미쳤다는 것은 분명하다.[154]

　후기의 전승에서 테라 폭발이 힉소스를 둘러싼 정치적·군사적 사건에 연계된 것으로 보이는 것처럼, 헤라클라의 세 번째 폭발은 기원전 12세기의 사회적·정치적 혼돈과 맞물려 표현되었을 것이다. 플라톤과 그보다 앞선 세대인 크리티아스와 솔론은 힉소스와 바다의 민족들뿐만 아니라 테라의 폭발과 헤클라의 세 번째 폭발을 연결시켰다.

---

150) Bintliff(1977, I, p.51); Shrimpton(1987, pp.140-144).
151) 제11장의 주191-199 참조.
152) 제12장의 주135-137 참조.
153) Labat(1975, pp.500-503).
154) Baillie(1989a).

중국: 역사 서술상의 충격

이번 장의 앞부분에서 언급한 그럴듯한 주장, 즉 하 왕조의 붕괴 직전에 발생한 테라 폭발이 그 뒤를 이은 상 왕조의 승리를 도왔을 것이라는 주장은 지난 3,600년 동안 중국의 역사에서 테라 폭발이 어떤 영향을 끼쳤는지에 관한 흥미 있는 시사점을 보여줄 것이다. 이제 나는 역사 서술의 차원에서 하 왕조 몰락에 미친 테라 폭발의 관련 효과를 고찰하고자 한다.

앞에서 언급했듯이, 팽과 주는 하의 몰락에 관한 자료를 수집했는데,『서경書經』에 담긴 당대의 문헌과 그로부터 1000년 이후의 자료까지 망라하는 광범위한 것이었다. 그것에는 흐릿한 태양과 달, 여러 개의 태양, 마른 안개, 떨어지는 재, 여름의 서리와 작물의 파괴 등이 서술되어 있다. 이 모든 것은 기원전 1628년에 일어났던 것으로 여겨지는 그리고 테라 폭발에 이어 일어난 것으로 가정되는 소규모 '핵겨울'의 풍경과 잘 맞아떨어진다.155)

팽과 주가 주목하고 있는 기후적 사건은 관련 시기 중국에서만 기록으로 남은 것이 아니라는 그들의 주장은 고려할 만한 가치가 있다. 또한 유럽에서 일어난 폭발이 중국 왕조 교체 시기와 같다는 그들의 주장은 단지 증명되지 않은 일련의 가설에 근거하고 있다는 비난에 대해 답변하지 못하고 있다. 그러나 내가 반복해서 주장하듯이, 선사시대 또는 원사시대原史時代(선사시대와 역사시대의 중간)에 관련된 일반적 가설들(테라 폭발과 중국의 왕조교체의 연계를 부정하는 가설도 포함된다)도 똑같이 증명되지 않았다. 이 분야를 포함한 여러 분야에서 증명을 요구하는 것은 온당치 않은데, 왜냐하면 자연과학에서 대부분의 결론들도 증명하는 것이 어려운 일이거니와 이 흐릿한 분야에 관한 전통론의 기초도 증명된 것이 아니기 때문이다. 우리가 논증할 수 있는 최선의 것은 어느 것이 더 그럴듯하냐이다. 나는 팽과 주가 테라 폭발과 하의 몰락 사이의 관계가 연구가설로 취해져야 한다는 점을 충분히 강력하게 주장했다고 생각한다.

만약 그들이 옳다면 고대 중국의 기상에 관한 기술들이 갖고 있는 명백한 정확성은 우리가 고대의 수많은 역사 전거를 심각하게 고려해야 함을

---

155) 주37-52 참조.

시사한다. 이러한 역사적 전거 중에서 기원전 6세기에 공자가 편찬했다고 하는 『서경』은 20세기 학계의 경향에 따르면 본질적으로 공자와 후기 저자들의 말을 담고 있는 경건한 위작으로 구성된 책이다. 새로운 기상학적 증거에 따르면, 공자가 고대 기록을 단순히 편집해서 『서경』을 구성했을 수 있지만 일부 기록은 주나라 초 그리고 상 왕조까지 거슬러 올라가는 것도 있다. 또한 『죽서기년竹書紀年』의 상 왕조 연표와 『서경』의 많은 구절이 담고 있는 진실성은 현대 고고학의 연구 결과에서만이 아니라 '갑골문자'의 연구를 통해서도 확인되고 있다. 정보의 새로운 근원이 종합되면서 많은 중국 고전의 고대성과 정확성에 대한 엄정한 재평가의 필요성이 제기되고 있다.

중국의 전승은 첫 두 왕조인 하와 상의 존재에 관해 전혀 의심하지 않았다. 그런데 19세기 후반 서구와 중국의 학자들은 실증주의와 회의주의의 영향을 받아 두 왕조를 유학과 후기의 여러 학파가 대체로 또는 전적으로 상상해낸 허구(도덕적 그리고 교훈적 목적을 위해 조작된)의 왕조로 생각했다. 이와 같이 서아시아와 동지중해의 경우처럼 중국사에 대한 '과학적' 접근은 전통 연대를 하향 조정하고 여행, 정복, 접촉에 관련해 고대인이 주장하는 지리적 범위를 축소했다.

서양에서는 '우리가 더 잘 안다'의 접근이 다소 제어되지 않은 채 진행되었지만, 중국에서는 1920년대 '갑골문'이 대량 발굴됨으로써 크게 흔들렸다(이제는 방대한 갑골문 문집으로 정리되었다). 갑골이란 갈라진 금을 만들기 위해 달구어진 뼈를 말한다. 그 금은 조상의 영령에게 제기한 질문에 대한 답으로서 해석되었고, 뼈에 새겨졌다. 대체로 갑골은 전통적으로 상 왕조에 연계된 유적지에서 발굴되었는데, 상 왕조의 황제 이름들을 담고 있고 재위 순서도 전통적인 역사의 전후관계와 매우 잘 맞아떨어졌다. 1949년 이후 확장된 고고학은 이러한 전승에 대한 믿음을 계속 강화했다. 또한 탄소14의 연대는 전승이 말하는 것처럼 그렇게 높은 연대를 가리키지는 않았지만, 회의적인 학자들의 낮은 연대와도 거리가 멀었다. 그런데도 20세기의 정신은 그렇게 쉽게 멈추려 하지 않는다. 갑골문은 상 왕조에 관해 유일하게 인정된 사료이다. 학계에서는 여전히 상 왕조에 관한 전승적 사료(두드러지게 『서경』에 담겨 있다)를 사용할 수 없는 것으로 여기며, 하 왕조의 역사성을 뒷받침하는 고고학적 증거가 점증하는데도 불구하고 그 것을 거부하려는 경향이 지속되고 있다.

『서경』에 대한 회의론은 사실 매우 오래된 것이다. 공자의 제자 맹자는 기원전 4세기 그것에 관해 다음과 같이 기록하고 있다. "『서경』을 완전히 는 믿지 말라. 그것이 없는 게 더 나았을 것이다."[156] 그러나 후기의 많은 학자들의 경우처럼 맹자의 경우에도 가장 좋은 방침은 어떤 부분은 믿고 어떤 부분은 거부하는 것이었다. 1930년대 회의적 시대의 절정에 저술 활 동을 한 H. G. 크릴은 『서경』이 공자의 시대에 존재했다는 것을 부정했으 나, 「탕서湯誓」를 비롯한 여러 글들이 "의심할 바 없이 공자 이전의 시대에 속한다"[157]고 주장했다. '공자 이전의 시대'는 의도성을 띤 모호한 용어이 고, 핵심적으로는 공자가 「탕서」를 언급했거나 인용했다는 것을 의미할 뿐 이다. 겉보기로는 환상적인 현상으로 보이지만 이에 대한 기후학적 확인도 '세 왕조', 즉 하, 상, 주의 시기를 다루는 다른 글에 인용된 천체 관찰을 천문학적으로 뒷받침하는 것으로서 더해져야만 한다. 정리하면, 『서경』의 어떤 부분은 단순히 '공자 이전의 시대'로부터 연유한 것이 아니라 주 왕조 초기인 기원전 12세기 또는 11세기로부터 그리고 기원전 17세기 상 왕조 초기(이 시기가 그 관찰이 연유했다고 하는 시기이다)로부터 연유한 것이다.

기축시대의 오류

『서경』과 『죽서기년』의 연대에 관한 회의론은 19세기 후반과 20세기의 '우리가 더 잘 안다'의 관점에서, 그리고 독일 역사가이자 철학자인 칼 야 스퍼스가 가장 명백히 표현한 '기축시대Axial Age'라는 널리 퍼진 개념의 관 점에서 살펴보아야 한다. 이 도식에 따르면, 기원전 1천년기 중반에 불가 사의한 삼투현상에 의해 동시적인 문화적 약진이 있었다. 그리스에서는 소 크라테스·플라톤·아리스토텔레스에 의해, 이란에서는 조로아스터에 의해, 인도에서는 부처에 의해, 중국에서는 공자와 도교의 창시자 노자에 의해 약진이 이루어졌다.[158]

---

156) Mencius(맹자), VII.II.iii.1.

157) Creel(1951, p.111, n.7).

158) Jaspers(1949).

이 도식은 이란·인도·중국을 포함하고 있었기 때문에 그것이 확립되었을 때 유행했던 다른 개념들보다 덜 유럽중심적이다. 흥미롭게도, 놀라운 것은 아니지만 이러한 약진의 본질은 다소 불명확하다. 중국학 학자 벤자민 슈워츠는 기축시대라는 주제로 열린 두 학회에서 연구를 위한 '기축'의 정의를 성공적으로 제시하였다.

> 만약 그렇다 하더라도 이 모든 '기축'운동에서 공동으로 깔린 자극이 있다면, 그것은 초월을 향한 긴장이라고 말할 수 있다. … 내가 여기에서 언급하는 것은 그 단어의 어원적 의미에 가까운 것이다. 그것은 뒤로 물러나 그 너머를 보는 것인데, 실재에 대한 일종의 비판적·반성적 질문 제기와 그 너머에 놓여 있는 것에 대한 새로운 조망을 말한다. … 이러한 초월적 약진에 대한 우리의 관심을 모으면서, 우리는 예언자, 철학자, 현인의 작은 무리가 지닌 의식을 강조하고 있는데, 그들은 자신이 직접 접촉하고 있는 주변에 매우 작은 충격을 주었을 것이다.[159]

이 글은 우리가 알고 있는 기원전 3천년기와 2천년기의 이집트와 메소포타미아의 사제들에게 정확히 들어맞는 것처럼 보인다. 그런데 왜 기원전 6세기와 5세기에 변형이 있었다는 주장이 나온 것일까? 어떤 점에서 기축시대라는 전체 도식은 아리안모델의 재강화만이 아니라 결과라고도 할 수 있다. 거대한 청동기시대 문명의 과학적·철학적·종교적 중요성을 부정함으로써 기축시대라는 개념은 그리스 문명의 근원으로서 따라서 유럽 문명의 근원으로서 메소포타미아, 레반트, 이집트를 배제한다. 그것은 또한 상고기 및 고전기 그리스를 선봉에, '진정한 문명'의 중심에 위치시킨다.[160]

제1권에서 나는 기축시대라는 개념에 대해 반대하는 견해를 제기했다(그 생각이 그리스에 영향을 미치고 있기 때문이다).[161] 또한 기축시대라는

---

159) Schwartz(1975, pp.4-5).

160) 기축시대의 개념에서 그리스의 우선성과 중심성은 이 주제에 관한 가장 최근의 저서에서 엿보인다. 이 저서는 전체 483쪽 분량에서 첫 126쪽을 그리스에 할당했다. Eisenstadt(1986) 참조.

161) 제1권, pp 392-396.

개념에 근거한 이란에 대한 언급은 매우 의심스럽다. 위대한 종교개혁가 조로아스터가 기원전 2천년기에 살았다는 강력한 주장이 나왔다.[162] 공자는 그가 고대 문화의 전달자라고 주장했고, 기원전 550년경 자신이 출생하기 거의 1,000년 전에 매우 '공자적인' 방법으로 행동하는 엘리트 계층의 존재를 마음 속에 그리는 데 별다른 어려움도 없었던 것 같다.[163] 『서경』의 고대성을 역설하는 주장에 대한 신뢰성이 점증하는 것으로 보건대, 기원전 2천년기 후반에 그리고 아마도 더 이르게는 중반에도 완전히 '공자적인' 세계관이 있었을 가능성이 높다. 이처럼 '기축시대'의 중국이라는 '버팀대'는 이제 흔들리고 있는 것 같다.

하 왕조와 상 왕조의 연대기

하 왕조가 기원전 1628년 이후 10년 또는 20년 내에 몰락했을 가능성이 매우 높으므로, 왕조 변천의 연대를 설정하는 이전의 시도를 살펴보는 것은 흥미롭다. 하 왕조가 기원전 1600년경에 몰락했다는 케빈 팽의 결론은, 1950년대 사마천의 『사기史記』와 『죽서기년』을 근거로 연구한 퍼스발 예츠도 예상한 것이었다.[164] 한편 상 왕조를 연구하는 지도적인 서구 역사가인 데이비드 케이틀리는 갑골에 기록된 천문학적 자료를 근거로 기원전 1460년을 주장했고,[165] 상 왕조에 관한 또 다른 뛰어난 전문가인 K. C. 창은 그 천문학적 자료에 동의하지 않고 상 왕조에 관한 매우 이른 방사성탄소 연대측정치를 근거로 기원전 17세기 초를 끝까지 주장했다.[166] 이번 장의 앞부분에서 언급된 대로, 상 왕조의 첫 수도에서 나온 나중의 정보는

---

162) Boyce(1979, pp.18-19)는 조로아스터를 기원전 2천년기 전반의 인물로 보고 있다. Sir Harold Bailey(1988년 12월 캠브리지에서, 개인적인 의견교환)는 그를 기원전 11세기경의 인물로 보고 있다. 기원전 2천년기 설에 찬성하는 저서의 자세한 참고문헌은 Kingsley (1990, p.245, n.4) 참조. 그 이란 예언자를 기원전 6세기의 인물로 보았던 근거는 이란의 전승이 아니라 피타고라스가 조로아스터와 함께 수학했다는 그리스 전설이었다고 킹슬리는 자신 있게 주장한다.

163) 공자가 과거에 의지하고 있다는 것에 대한 회의적인 견해는 Fung(1952, I, pp.56-57) 참조. 좀 더 개방적인 견해는 Creel(1951, pp.153-159) 참조.

164) Moule and Yetts(1957, pp.xii-xvi).

165) Keightley(1983, p.524).

166) Chang(1980, pp.322-329).

상 왕조가 기원전 16세기 전반에 그 자리에 있었던 것을 가리키고 있
다.167)

테라 폭발의 종교적 충격

중국에서 테라 폭발은 종교적·정치적 관념에 충격을 주었던 것으로 보
인다. 종교에 미친 충격은 엄격한 의미에서 짧게 지속되었던 것으로 보인
다. 기원전 1620년경 하 왕조의 몰락 직후 하늘과 하늘의 신 상제上帝에 대
한 실제적인 두려움이 있었던 것 같다. 당대인들 또는 약 500년 후의 저자
들의 보고에 따르면, 상 왕조의 건국자인 탕은 거의 성서적 색채로 다음과
같이 말했다.

> 진실로 높은 하늘이 이 비천한 자(그 자신)에게 호의를 베푸시어, 범죄는 줄어
> 들고 제어되었다. 하늘의 임명은 실수가 없나니, 꽃이 만개하고 나무가 자라나
> 는 것처럼 이제 찬란하게 많은 사람들이 다시 살아나고 있지 않은가. 오직 한
> 사람 나에게 하늘과 천지신명의 조화와 평온을 받드는 것이 허용되었다. 그리
> 하여 나는 혹시 위와 아래의 권세를 범하지는 않았는지, 마치 깊은 심연으로
> 떨어질 것처럼 두려움에 몸을 떤다.168)

20세기의 중국 철학자 펑유란馮友蘭(1895-1990)은 "150자도 안 되는 연설
문에서 우리는 하늘과 신이 세 번씩이나 언급되는 것을 발견한다"169)고
지적했다. 탕이 프로테스탄트 전도사의 총애를 받았다는 사실은 놀라운 일
이 아니다. 예를 들어, 19세기 독일인 K. F. A. 귀츨라프는 다음과 같이 썼
다. "상제上帝를 향한 빈번한 그의 기도로 보건대, 우리는 그가 진정한 하
느님에 관해 무엇인가를 알고 있는 경건한 군주였다고 믿게 된다."170)

중국에서 하늘의 초월적인 힘은 몇 가지 중요한 방법으로 구체화되었다.
첫째로 처음부터 끝까지 초지일관 하늘의 명령(天命)이 철회되는 이유는

---

167) 주44 참조(역주: 주44와 관련된 본문도 보시오).

168) 『서경』의 '탕고湯誥'편. trans. Legge(1972, p.188).

169) Fung(1952, I, p.30).

170) Gützlaff(1838, p.306), cited in Legge(1972, III, p.190).

자연의 불균형을 초래한 통치자의 방종한 행위로 설명되었다. 이것은 명백한 인간 중심주의적 사고였다. 그런데 상 왕조 말에 이르면 황족만이 하늘에 접근했으므로 중국에서 재앙의 책임은 왕조가 짊어져야 하는 것이었지 이스라엘처럼 민족은 아니었다. 둘째로, 이스라엘의 전승과는 뚜렷이 대조적으로, 그러한 사건의 규칙적, 순환적, 거의 '계절적' 성격을 강조함으로써 하늘의 임의적인 힘을 제거하려는 시도가 중국에 있었다.

정치적 충격: 천명

헤클라의 세 번째 폭발과 연관해 살펴보면, 테라 폭발의 장기간의 충격은 '하늘의 명령', 즉 천명天命이라는 중국의 종교적·정치적 개념의 형성에 영향을 미쳤다. 천명이라는 개념 그리고 그 개념과 테라 폭발의 관계를 조사하기 전에 잠깐 황제의 역할과 하늘의 본질에 관한 고대 중국의 사상을 살펴보자.

미국의 지성사 사가인 벤자민 슈워츠는 '초기의 문화적 지향'에 관한 최근의 연구에서 기원전 1000년 이전 중국의 두드러진 특징은 강력한 조상 숭배와 위계적 가족구조라고 서술하면서 그러한 특징 속에서 혈족의 역할은 극도로 중요하다고 주장했다. 그는 그러한 가족구조가 확장된 씨족뿐만 아니라 더 나아가 사회 그리고 자연에도 적용된다고 주장했다. 그에 따르면, 가족과 국가가 위계적으로 구조화된 중국에서는 경쟁적이고 동등한 '시민사회'라는 개념이 다른 나라보다 약할 수밖에 없었다.[171]

황제 및 황족의 이미지(세상의 완벽한 전형이자 인간과 하늘 사이의 유일한 연결고리)는 가족과 국가의 직접적 결합에 연계되어 있었다. 슈워츠가 보기에, 중국의 과학을 연구한 위대한 역사가 조제프 니담(그의 견해를 슈워츠는 단순화시킨다)은 중국의 종교와 사상이 지니고 있는 우주내재론 또는 범신론을 과장했고 상제와 하늘(天)의 초월적 역할을 과소평가했다. 슈워츠는 중국의 전승에서 샤머니즘 또는 접신接神(다른 문화들에서 샤먼의 영혼은 몸을 떠나 지상 위로 솟아오른다)의 전통은 약하며 인간과 하늘의 연계를 황제가 독점했다고 주장한다. 이러한 견해를 뒷받침하는 중요한 요건은 '유

---

171) Schwartz(1985, pp.23-35).

일한 지배자'로서의 황제이다. 이러한 황제는 하 왕조 중반에 이르러 나타난 것으로 보인다. 그 이전의 지배자는 동등한 지배자 가운데 패자覇者 또는 첫 번째 지배자였다.[172] 또한 하늘과 땅 사이의 유일한 전달자로서의 황제라는 개념은 상 왕조 중반에야 대두되었던 것으로 보인다. 그 이전 중국의 지배자는 '점술사 집단'의 도움을 받았던 것으로 보이지만, 상 왕조 말에 그들의 역할은 거의 완전히 황제에게 종속되었다.[173]

나는 슈워츠가 중국의 샤머니즘을 간과했다고 생각하며, 훨씬 후기에조차 중국의 샤머니즘 전통은 그가 주장하는 것보다 더 강하다고 생각한다. 또한 그는 샤머니즘과 도교 및 다른 학파에서 보이는 '영지주의'와의 연계(니담에 의해 명백히 만들어졌다)를 파악하는 데 실패했는데, 이러한 영지주의적 철학에 의하면 세상의 이치를 깨친 철학자는 하늘에 오를 수 있다.[174] 그러나 슈워츠가 상 왕조 후기 이후 황제의 중심적 중개 역할을 강조하고 이 점에서 중국이 다른 고대 사회(다른 고대 사회에서도 사람들은 또는 적어도 사제 계층은 하늘의 힘과 직접 접촉하기는 했다)를 넘어섰다고 역설한 점은 명백히 옳다.[175]

이 시점에서 지난 3천 년 동안 중국을 지배해왔던 천(하늘), 천자('하늘의 아들' 또는 황제), 천명(하늘의 명)이라는 개념을 살펴보자. 현대 중국의 학자들과 서양 학자들은 오랫동안 '천'의 의미에 관해 논쟁을 벌여왔다. 혹자는 단순한 하늘이라고 주장했고, 혹자는 유대인과 그리스도교도와 이슬람교도의 '하느님'과 유사한 초월적 존재라고 주장했다. 서양에서 20세기 중반에 초기 중국 연구를 이끈 스웨덴의 중국학 학자 베른하르트 카를그렌은 갑골에서 발견된 천을 나타나는 글자(𣘓)를 '의인화된 신'의 형태라고 보았다.[176] 글자의 모양으로 보아서는 그럴듯하지만 갑골문 일본인 전문가 시마 쿠니오島邦夫는 이를 강경하게 부정했는데, 오늘날에는 시마의 견해가 우세하다.[177]

---

172) Hsu and Linduff(1988, p.11).

173) Hsu and Linduff(1988, p.26).

174) Needham(1954-, II, pp.132-139).

175) Schwartz(1985, pp.32-36).

176) Karlgren(1957, p.104).

177) Shima(1958, p.214); Hsu and Linduff(1988, p.106).

상 왕조와 그 이후 '천'에 대한 중국적 개념은 단순히 하늘을 의미하는 것부터 초월적인 신까지 다양하지만, '천구의 엄숙함'으로서 천의 이미지에 중심을 두고 있었던 것으로 보인다.[178] 일부 학자는 신으로서의 천의 개념은 상 왕조에서는 불가능한 것임을 시사했는데, 갑골문에서 종종 大(큰)와 天(하늘)이 글자 모양으로는 거의 구분되지 않기 때문이라는 것이다. 그런데 이를 너무 심각하게 받아들여서는 안 되는데, 갑골에 사용된 문자는, 그것이 기원전 2천년기에 사용되었을 때에는 이미 고체古體였기 때문이다. 상 왕조 때의 천은 대부분 하나의 직선보다는 둥근 '머리'를 지닌 채 기록되었다.[179] 그러나 대부분의 학자는 종교적 의미를 지닌 천은 상 왕조 시기의 서쪽 나라 주에서 발전되어오다가 승리를 거두고 주 왕조가 확립되었을 때에야 대두하였다고 믿는다. 그러한 학자들은 상의 갑골문에서는 천의 종교적 의미가 없었다는 것을 전제하고 있다.[180] 신성한 천에 대한 상의 관심은 넓었겠지만, 천에 대한 주나라의 특별한 숭배와 주 왕조의 시작 무렵 천에 대한 관심이 폭발했다는 점은 의심의 여지가 없다.

상의 황제는 제帝라는 신으로서 알려졌고, 적어도 왕조 말엽에는 상제上帝(가장 높은 제帝, 상 왕조의 최고 조상 또는 '제 중의 제')에게만 종속된 독립된 강력한 신으로 여겨졌다.[181] '제帝'라는 용어가 덜 유행했던 것으로 보이는 주대周代에 신격화가 수정되어 주의 죽은 지배자는 하늘에서 사는 것으로 여겨졌다. 또한 주 왕조의 초기에는 살아 있는 황제를 천자天子라고 부르기 시작했다. 이에 대한 전통적 해석은 그가 하늘을 아버지로서 섬겼기 때문이라는 것이다.

천자라는 칭호는 황제가 천명天命을 받았다는 개념과 밀접히 연계되었다. 이 개념은 주 왕조 초에 확립되었다. 천명은 『시경』(『시경』의 이른 연대가 일반적으로 받아들여지고 있다)에 있는 주의 송가頌歌에서 반복적으로 나타난다.[182] 『시경』에 따르면, "천명은 일정하지 않다."[183] 황제의 실정은

---

178) Hsu and Linduff(1988, p.106).

179) Karlgren(1957, p.104).

180) 이러한 주장에 관한 참고문헌은 Hsu and Linduff(1988, p.107, n.90) 참조.

181) Hsu and Linduff(1988, p.106).

182) *Shijing*(『시경』). III.i.1.6-7; IV.i.3.1. Karlgren(1950, pp.186-189; Odes. 235-236). David Keightley (개인적인 의견교환, Berkeley, April 1989)는 천명이라는 용어가 주 왕조 초에 제작된 청

자연의 질서를 혼란에 빠뜨리고, 천은 (높은 신 또는 대리자로서, 또는 단지 완만한 대응으로) 기이한 일(홍수, 가뭄, 지진, 기형생물의 탄생 등)을 통해 혼란을 표현할 수 있다.

이 전승에 대한 오늘날의 일반적인 해석은, 천명을 받은 것으로 여겨지는 새로운 찬탈자에게 정통성을 부여하기 위해 계획된, 본질적으로 정치적 책략이라는 것이다. 중국처럼 큰 나라에서 그런 주장을 정당화하기 위한 '비자연적인' 사건은 항상 발견될 수 있다.

천명의 변화라는 개념이 주 왕조 초에 확립되었다는 것은 분명하다. 상 왕조에서 천의 개념이 불분명했다는 것을 고려하면, 일반적으로 '천'이라는 개념이 상 왕조 때에는 존재하지 않았다고 생각한다고 해서 놀랄 일도 아니다. 그런데 데이비드 케이틀리는 흥미롭게도 상 왕조 때 '제帝의 명령'이라는 개념이 있을 수 있었다고 주장했다.184) 나는 주나라와 주 왕조에서 천의 개념이 입증되었다고 해서 그 개념이 주의 영역, 주의 시기, 초기 주의 통치자들(그들은 하늘의 명령을 받았다고 주장했다)이 끌어낸 유사점에 국한된다고는 생각하지 않는다. 상의 탕이 시사하는 바는, 『서경』에 있는 초기 상에서 전해졌다는 여러 원문(실제로 천명에 대한 강박관념을 갖고 있었다)의 진정성을 섣불리 배제해서는 안 된다는 점이다.

하 왕조의 말엽과 상 왕조의 말엽에 정말로 커다란 자연 재앙이 있었다면, 하늘의 명령에 대한 우리의 생각은 어떻게 바뀔 수 있을까? 정말로 그러하다면, 우리는 하의 인민들에 연계된 당혹스럽지만 주요한 기록을 이해할 수도 있다. "언제 이 태양이 꺼질 것인가? 우리는 당신과 함께 모두 파멸할 것입니다."185) 이것은 이른바 자연의 '핵겨울'에 직면해 선언된 감동적인 충성 선서로서 보일 수 있다.

자연적 재앙과 왕조 변천에 관해 언급한 기원전 2천년기 중반이나 후반

동 비문에 나타나지 않는다고 지적하면서, 그 비문은 약 30년 후 주 왕조의 세 번째 통치자인 강왕康王의 치세에 기록된 것이라고 주장했다. 흥미로운 주장이지만, 그 용어를 담고 있는 송시頌詩Odes가 주 왕조로 교체된 직후에 기록되었다는 것을 부정하는 것은 이해하기 어렵다.

183) *Shijing*(『시경』), III.i.1.3.

184) Schwartz(1985, p.46)로부터 재인용했다.

185) 『서경』 '탕서'편. Mencius, I.II.iv.4에서 인용.

의 글들은 새로운 왕조의 건국자의 항변, 즉 만약 하늘이 이전 통치자로부터 명령을 거두고 그에게 그것을 주지 않았다면 그는 결코 반기를 들지 않았을 것이라는 항변에 대한 우리의 의심을 줄인다. 이것은 어떻게 하늘과 인간 사이의 유일한 중개자인 왕의 가문에 그토록 초점이 맞추어진 한 문명이 그러한 급진적 단절을 만들 수 있는가에 대한 역설의 핵심을 설명하는 데 도움이 될 것이다. 그렇다고 하더라도 자연 재앙만으로 왕조가 몰락할 수 있다고 가정할 이유는 거의 없다. 하의 몰락은 정치적 위기, 후보 '왕가', 자연적 재앙이라는 세 가지 조건이 결합되어 이루어진 것으로 보인다. 어느 하나라도 결여되었다면 왕조 교체는 불가능했을 것이다. 이 세 가지 모두가 하와 상의 몰락에 작용했다. 하의 시초부터 상과 주의 군주와 군주령이 있었고, 정치적 위기는 고대의 연대기에 상세히 기록되어 있고, 이제 우리는 자연적 재앙에 관해 알고 있다.

테라의 폭발은 상의 승리를 위한 필요한 그러나 충분한 조건은 아니었던 것으로 보인다. 상 왕조 자체가 몰락에 이르게 되었을 때에도, 우리가 보았듯이 상황은 그렇게 명백한 것은 아니다. 그러나 상이 대략 500년 후에 몰락하고 그들의 몰락이 비정상적인 자연적 현상에 연계되었다는 사실은 500년 주기론을 나오게 했던 것으로 보인다. 기원전 마지막 세기들인 한漢 시대에 그것은 516년마다 나타나는 것으로 여겨지는 다섯 행성의 합과 분명히 연관되었던 것으로 보였고, 맹자가 새로운 왕이 500여 년마다 태어난다는 것을 주장할 때 이를 염두에 두었을 가능성이 있다.[186] 앞에서 언급했듯이, 다섯 행성의 합이 하의 초기인 기원전 1953년에 나타났고, 그 나타남의 연대는 주 왕조와 한 왕조의 시작과 맞아떨어지게 하기 위해 조작되었다.[187] 이와 같이 해서 단기간의 종교적 충격에도 불구하고 기원전 1천년기 중반에 이르면, 지배의 대상이라기보다 자연의 일부인 천의 개념이 담긴 우주내재론이 확립되거나 재확립되었던 것으로 보인다. 그러한 주기적 패턴은 중국(기본적인 시간구조는 계절의 반복적 '리듬'의 구조이다)과 같은 비열대성의 농경문화에 적합한 것으로 볼 수 있다.

---

186) Mencius, II.II.xiii.3. Shaughnessy(1985-1987, p.38) 참조.
187) Needham(1954-, III, p.408); Pang(1985, p.21; 1987, pp.151-152). Pang, Espenak, Huang, Chou and Yau(1988, p.17)도 참조.

'화산 가설'을 확인해주는 것으로 보이는 또 다른 증거는, 500년이 훨씬 지났는데도 천명의 바뀜이 없었다는 데 일부 주나라 사상가들이 놀랐다는 사실이다.[188] 기원전 7세기에 강력한 제후가 패자覇者(정치적 주도권을 쥔 자)가 되어 세력을 확장하면서도 작은 영역으로 축소된 주 왕조의 '상징적' 지위를 인정한 채 남겨 놓았다(춘추전국시대). 이것은 순전히 정치적 견지에서 설명될 수 있는데, 주 왕조는 다른 봉건 통치자들을 지배할 군사적·경제적 힘이 없었기 때문이다. 그런데도 후기 하와 상과는 달리 주 왕조에 대한 불신이 없었는데, 이는 세상을 흔들어 놓는 자연적 재앙의 부재 때문일 수 있다.

흥미롭게도 이러한 세속적 패권의 유형은 일본의 '막부幕府'시대에서도 나타났다. 일본에는 천명의 개념은 존재하지 않았으며, 왕가에는 어떤 단절도 없었다고 여겨졌다. 이것은 잦은 폭발과 자연 재앙에도 불구하고 기원후 1천년기 초 일본의 건국 이래 날카로운 정치적 위기에 일치하는 테라 및 헤클라 같은 충격적인 사건이 없었다는 사실로 설명될 수 있다.

철회될 수 있는 천명이라는 중국의 전통은 매우 강력했는데, 진秦의 시황제는 기원전 249년 주 왕실로부터 세속적 권력만이 아니라 종교적 권위도 장악하기 위해 천명이라는 개념을 사용했다. 이 전례가 이후 중국에서 지속된 왕조 승계의 전통을 확립했다.

기원전 4세기에 맹자는 천명의 또 다른 징조를 구별했는데, 천명의 상실은 올바르지 못한 지배자로부터 민심이 떠나 물이 아래로 흐르듯이 새로운 지배자에게 향함으로써 나타난다고 주장했다.[189] 이로써 천명을 하늘이 철회한다는 표현은 '민심은 곧 천심vox populi vox dei'이라는 표현으로 대치되면서 정통 유학의 전통을 확립했다. 이러한 맹자의 사상에 따르면, 백성의 항거로 새로운 정통성 있는 왕조를 세울 수 있게 된다.

서양 용어인 'revolution'을 나타내기 위해 일본은 카쿠메이(천명의 철회)라는 단어를 선택했다. 그러나 천명이라는 개념이 단지 부차적이었던 일본 문화에서 카쿠메이는 중국어 번역인 '혁명革命'(역주: 혁革은 '[털을] 갈다'라는 뜻도 있다)이 지닌 힘을 결여하고 있다. 반면에 중국에서는 민족주의

---

188) Mencius, II.II.xiii.3. Shaughnessy(1985-1987, p.38) 참조.
189) Mencius, I.I.vii.6.

자 쑨원(1866-1925)의 시대부터 20세기의 혁명가들은 스스로 그리고 남들에 의해서 새로운 천명의 위임자로, 따라서 전통적 의미에서 정통성이 있는 자로 자리매김했다.[190]

마오쩌둥이 권력을 잡았을 때 그의 이미지는 천자의 이미지에 쉽게 동화되었다. 특히 진 왕조의 건국자이자 중국을 최초로 통일한 진시황의 이미지에 동화되었다. 이것은 그가 새로운 시대에 맞추기 위해 세상을 바꾸는 데 필요한 거대한 전통적 허락을 획득했음을 의미했다. 1949년의 중국혁명은 제국주의에 직면한 국가의 분열, 농민의 절망적인 경제적·불평등적 지위, 전통적인 평등관에 대한 농민의 공격성, 마르크스-레닌의 이론 및 마오쩌둥의 전략가적 기질 등 여러 가지 힘이 상호 작용한 결과였다. 그러나 천명의 전통적인 정치적 함의와 천명의 철회가 중국 공산주의혁명에서도 중요한 역할을 했다.

정치적·사회적 변동과 자연재앙 사이의 연계는 결코 사라지지 않았다. 지속되고 있는 전통의 저력은 1976년 저우언라이周恩來, 주더朱德, 마오쩌둥 세 사람의 죽음이 세 지진에 연계되었다고 널리 퍼진 소문에서 엿보인다. 그중 한 지진은 탕샨唐山의 탄광 중심지를 황폐화시키면서 수십만의 목숨을 앗아갔으며, 이러한 사건은 한 시대의 종말과 천명의 철회를 알리는 것으로 보이기도 했다. 1949년과 1976년의 비상한 변화를 가능하게 한 조건은 '천자'와 철회될 수 있는 천명(자연적 재앙과 인민의 동향으로 표현된다)이라는 두 전통의 역설에 놓여 있다. 후자의 전통은 3,000여 년 전 하 왕조의 몰락에까지, 부분적으로는 테라의 폭발까지 거슬러 올라간다.

테라 폭발의 세계적 충격

테라 폭발의 세계적 효과를 정리하는 것은 같은 사건에 대한 다른 문화의 반응을 볼 수 있는 좋은 기회이다. 중국과 서아시아는 흥미로운 유사점과 차이점을 보인다. 우리가 출애굽과 관련된 전승을 테라에 연결시키는 포메란스를 따르든 그렇지 않든 이스라엘 문화가 자연 재앙의 파괴적인 효과를 민감하게 알고 있었다는 것은 분명하다. 거의 확실히 기원전 1628년

---

190) Schiffrin(1968, pp.99-100).

이전의 전승에서 이스라엘의 신은 근본적으로 이집트의 세트 및 그리스의 포세이돈을 닮은 소요의 신이었다. 그는 지진, 파도, 불과 물의 재앙을 일으키는 신이었다. 이러한 유형의 재앙은 그의 힘을 확인시켜주고, 그의 백성이 희생자가 된다 하더라도 그 백성의 힘을 확인시켜준다. 언제 어디를 칠 것인가는 그의 뜻에 달려 있었다. 그런데도 이스라엘 신의 핵심적 모습은, 그 재앙이 그것을 겪게 된 민족의 죄로 말미암아 생겨났던 것이라고 여겨질 정도로 인간 중심적이었다.

이스라엘 전승에서 하늘로부터 예측할 수 없는 재앙이 떨어질 가능성은 강하게 유지되었다. 당연히 메소포타미아는 전반적으로 화산보다 홍수에 더 관심을 가졌다. 홍수 신화는 테라 시대보다 훨씬 먼저이다. 이번 장의 앞부분에서 이미 언급했듯이, 재앙적인 홍수에 관한 그리스 전설의 많은 요소는 시기적으로 더 이른 근동 전설로부터 차용되었다. 가장 눈에 띄는 것은 기원전 2천년기에 생겨났다는 데우칼리온 전설인데, 그의 아내는 피르라(불)였다.

여러 지진 사건 가운데서 테라의 폭발을 반영할 수 있는 또 다른 그리스 전승은, 제2장에서 논의된 질서의 여신 아테나와 포세이돈(일반적으로는 혼란의 신이며 구체적으로는 바다와 지진의 신) 사이의 싸움에 관한 전승이다.[191] 그러나 중요한 재앙에 관한 그리스의 전승은 일반적으로 이스라엘과 중국의 전승보다 약하다. 그런데 역설적으로 그리스에서 재앙 전승이 상대적으로 약한 것은 재앙 자체의 결과일 수 있다. 이집트의 사제는 솔론에게 그리스 전승에 심각한 단절(이것을 재앙이라고 표현했다)이 있었다고 말했다고 한다. 지진이 잦고 테라 폭발이 발생했던 그리스에서 재앙 전승이 상대적으로 약한 다른 이유는 지중해성기후의 유쾌한 지속성, 그리고 그리스 전승이 이집트에 크게 의존했다는 사실 때문이었다. 이집트에서 통제되지 않는 초월성이라는 원리는 대단히 약했다. 만약 우리가 플라톤을 믿을 수 있다면, 기원전 6세기의 이집트 사제는 불과 물의 주기적 재앙이 다른 나라를 황폐화시켰다는 것을 잘 알고 있었으나, 이집트만은 항상 나일 강에 의해 구원된다는 독선적인 자신감을 지니고 있었다.

---

191) 제2장의 주65-71.

전체적으로 고대 이집트 문화에서 태양, 별, 나일 홍수의 움직임은 복합적이지만 규칙적이고, 예측 가능하고 일반적으로 혜택을 주는 것이었다. 인간에 대한 그리고 제우스 및 포세이돈의 변덕에 대한 '니체적인' 견해의 비극성에도 불구하고, 그리스에서 자연에 대한 견해를 지배했던 것은 바로 일반적으로 긍정적이라고 할 수 있는 이러한 태도였다.

결론

테라의 대폭발이 세계사에 커다란 그리고 장기간의 충격을 주었다. 그 영향이 수천 킬로미터 떨어진 중국에서 가장 지속적이었던 것처럼 보인다는 사실은 중국만이 기원전 1628년 이래 지속적인 문화적 역사를 지녔다는 것을 고려하면 그리 놀라운 일이 아니다. 당대의 여러 문명(이집트, 메소포타미아, 엘람 문명)은 사라졌다. 테라 폭발에 관련된 전설은 그리스와 이스라엘에서 보전되었지만, 이집트의 사제들이 지적했듯이 그리스인들은 장기간의 문화적 기억을 갖고 있지 않았다. 이제 다시 이 책의 중심 주제로 돌아와서 폭발의 성격과 연대에 관한 새로운 지식이 기원전 2천년기 중반 동지중해 역사에 관해 우리에게 말해주는 것에 귀 기울여보자.

제8장

힉소스

앞의 장들에서 나는 기원전 2천년기 연표의 두 '닻'이라고 할 수 있는 것에 관심을 두었다. 제5장에서 논의된 첫 번째 닻은 제12왕조 연표의 확립이다. 그 연표는 이집트 태양력 새해의 시작을 소티스 별의 떠오름(이는 나일 홍수의 시작을 말한다)에 일치시키는 것에 기초했는데, 그 떠오름은 세소스트리스 3세 7년에 기록되었다. 만약 그 관찰이 멤피스에서 이루어졌다면(가능성이 있다), 그 시기는 기원전 1872년일 것이다. 여러 해 동안 이집트학 학자들은 이 시기를 인정해왔는데, 1950년 파커에 의해 기원전 1991년부터 1786년에 이르는 제12왕조 전체의 연표가 확립되었다. 그런데 최근 파커를 비롯한 여러 학자들이 파라오의 전통적 통치 기간을 재조사한 결과 단독 통치 기간은 단축되고 공동 통치 기간은 늘어나게 되었다. 이런 방식으로 제12왕조의 존속 기간이 42년 짧아져 기원전 1979년부터 1801년까지 존속한 것이 되었다. 앞에서 언급되었듯이, 독일의 이집트학 학자들은 42년을 낮춘 이 연대를 선호하며, 엘레판틴에서의 관찰을 언급하고 있다.[1] 두 번째 '닻'은, 제7장에서 길게 논의되었던, 테라 폭발의 연대를 기원전 1450년이나 1500년이 아니라 기원전 1628년으로 설정한 것이다.

이집트 제12왕조의 연표는 몇 십 년 동안 일반적으로 인정되어왔다. 테라 폭발의 높은 연대는 낮은 연표를 불신하는 경향이 있다. 낮은 연표는 주로 중부 유럽의 학자들이 근거로 삼고 있는 연표인데, 그들이 제2중간기의 이집트 역사 서술을 지배하고 있다. 제2중간기란 중왕국의 끝(제12왕조의 끝이기도 하다)인 기원전 1800년경부터 기원전 1570년경 신왕국(제18-20왕조)의 대두 사이를 말한다.

동부 나일 삼각주가 기원전 18세기 후반에 레반트로부터 상당한 침투나 침입을 받았다는 데는 의문의 여지가 없다. 이번 장은 이러한 이동의 본질 그리고 '힉소스'의 본질에 관심을 기울인다. 이 외국인들은 기원전 3세기 이집트 사제 마네토에 의해 '힉소스'라고 명명되었다. 그런데 이 이름의 이집트어 원형 헤카 카수트 ḥḳ3 ḫ3st('구릉지대의 족장들')는 '힉소스' 시대만이 아니라 그 전후의 시기에도 존재했음이 입증되었다.

이번 장에서 힉소스의 인종적 구성에 관한 확장된 연구사적 논의를 다

---

1) 제5장 주70-72.

룰 것이다. 주요한 논쟁은 두 부류의 학자들 사이에서 벌어졌다. 한편은 힉소스는 가나안어를 말하는 인근 팔레스타인 주민만이라고 주장하고, 다른 한편은 힉소스는 북시리아와 동코카서스로부터 온 북후루적 또는 아리아적 요소도 포함한다고 믿는다. 가나안인 설을 주장하는 학자는 '힉소스' 또는 헤카 카수트라는 칭호는 족장 또는 지도자의 의미를 담고 있지 결코 특정 인종에 대한 함의를 갖지 않는다고 주장한다. 이들에 대항해 후루인 설과 아리아인 설을 주장하는 학자들은 마네토를 따르고 있는데, 그는 힉소스를 먼 '동쪽 지역'에서 온 '모호한 종족의 침입자'로서 묘사했다.

1880년대에 힉소스를 셈어도 인도유럽어도 아닌 언어로 말하는 후루인과 동일시하려는 시도가 있었다. 그 당시 후루인은 먼 중앙아시아로부터 왔다는 점에서 후기의 투르크인이나 몽골인과 유사한 사람들로서 여겨졌다. 그 후 제2중간기에 이르기까지 후루인은 북메소포타미아와 주변 산맥 속에서, 수천 년 동안은 아니라 하더라도 여러 세기 동안 살았다는 것이 정설이 되었다.

기원후 19세기 후반 반유대주의가 대두하면서 역동적이고 공격적인 힉소스가 북쪽에서 왔다는 견해가 지역에 근거를 둔 '셈족'의 이미지보다는 훨씬 더 호소력을 갖게 되었다. 후루인과 그들의 미탄니 왕국(기원전 2천년기 중반 북메소포타미아와 동시리아에서 번창했다)에 대한 관심은, 미탄니인이 인도의 신을 걸고 맹세하고 몇몇 왕들이 인도아리아인 이름을 지니고 있었고 더욱 놀랍게도 그들의 전차 용어(미탄니인은 말과 전차로 유명했다) 중 일부가 산스크리트어의 전차 용어와 매우 가깝다는 것을 알게 되었을 때 훨씬 더 강렬해졌다. 이러한 것들을 바탕으로 인도아리아어를 말하는, 즉 이란어가 아니라 인도어를 닮은 인도이란어를 말하는 사람들이 후루인을 정복하고 후루 사회에 대한 지배권을 쥐게 되었고, 그로 인해 그 사회는 역동성을 지니게 되어 서남 아시아를 휩쓸게 된 것이라고 매우 그럴듯한 설명이 제시되었다.

특히 인도유럽어 학자와 고대 세계를 연구하는 역사가들이 이러한 견해를 가졌다. 그러나 그것은 팔레스타인을 연구하는 일부 고고학자와 많은 이집트학 학자의 저항을 받았다. 그들은 그 당시 팔레스타인이나 이집트에 '북쪽 사람'이 있었음을 보여주는 고고학적 증거를 찾을 수 없었다. 또한 그들은 선풍적인 유행에 대해 전문가로서의 혐오를 갖고 있었던 것으로 보이며, 자신의 학문 분야에 대한 외부의 간섭을 거부했던 것으로 보인다. 더욱이 1920년대와 1930년대 반유대주의가 더욱 악의를 띠자 자유주의적 학자는 그 이데올로기적 함의를 그리고 역사의 틀로서 그 가설을 사용하는 것을 증오했다.

이러한 '전문적 또는 자유주의적' 사고의 흐름은 제2차 세계대전 후 반인종주의적 분위기 속에서 지배적이 되었다. 1950년대 이후 힉소스의 '침입'에 대한 일반적인 견해는 일반적으로 셈어를 말하는 사람들의 느리고 차분한 침투로 약화되었고 많은 이집트인도 협력했다는 것이었다. 후루 설을 부정하는 효과적인 방법 중 하나는 메소포타미아 역사에서 일반적으로 받아들여진 중간 또는 낮은 연표를 사용하는 것이었다. 그렇게 되면 기원전 17세기 후반까지 북메소포타미아에서 후루인의 어떤 움직임도 볼 수 없으므로 후루인은 100년 전에 훨씬 더 남쪽인 이집트와 거의 연루될 수 없게 된다. 그러나 메소포타미아 역사에 '긴' 또는 높은 연표를 적용하면 후루 설에 대한 반대는 무력해진다.

후루인과 인도아리아인은 경전차의 발전과 사용에 관련되었고, 전파론자들은 이것을 그들이 군사적으로 성공한 원인으로 보아왔다. 이러한 견해는, 중왕국에서는 말과 전차의 흔적이 거의 없거나 아예 없다가 제18왕조와 그 이후의 왕조에서 비로소 중요한 역할을 하기 때문에 그럴듯하게 보인다. 후루인과 힉소스를 연결하는 이 시도에 대해 많은 학자들은, 전차가 힉소스 치세 말에야 최초로 이집트에서 언급되므로 전차가 힉소스 치세 초에 있었다는 가정은 합당치 않다고 최근까지 주장했다. 그러다가 1950년대 말(馬)과 적어도 '말과科 동물'이 기원전 18세기 후반으로 추정되는 힉소스 분묘에서 발견되었다. 따라서 말과 전차가 힉소스와 함께 들어왔으며, 힉소스의 '침입'은 직접적이든 간접적이든 후루인의 팽창과 관련되었고, 더욱이 이러한 이동에 인도아리아어를 말하는 사람들이 포함되어 있을 수 있다는 내재적으로 그럴듯한 개념을 부정할 이유가 없는 것 같다.

이 모든 것은 불온하게도 '지배 종족'으로서 인도유럽인의 아리아적 또는 더 나아가 나치적 이미지와 같은 것으로 보인다. 나는 선호what one likes와 개연what is likely을 명백히 구분해야 한다고 확신한다. 내가 제1권에서 주장했듯이, 어떤 주장이 혐오스러운 또는 비도덕적인 이유를 포장하거나 그러한 이유를 위해 만들어진다고 해서 그 주장이 곧 거짓인 것은 아니다. 고대 그리스와는 달리 북인도에서는 아리안모델이 작동될 명분이 있었던 것으로 보인다.

그런데 '작동한다'는 용어는 상대성을 띤다. 힉소스 이동에서 후루인과 인도아리아인의 중요성은 대부분 군사기술에 국한된 것으로 보인다. 훈족은 유럽에 장기간의 영향은 미치지 못했고, 인도에서 무굴제국의 핵심을 형성했던 터키인은 이렇다 할 흔적을 남기지 못했다. 이러한 광범위한 이동의 근본적인 영향은 기존의 정치 구조를 붕괴시키고 이웃 문화를 융합한 것이다. 독일어와 그 '문화'가 서로마제국에 들어갔고 페르시아 문화가 인도에 들어갔다. 이와 비슷하게 힉소스가 이집트로 가져간 물질적·언어적 문화는 압도적으로 이웃 가나안인의 문화였던 것으로 보이고, 바로 그 '야만적 요소'도 지닌 이집트-레반트 문화가 기원전 1750년부터 1570년까지 하이집트를 지배했다.

제13왕조의 연대기: 이집트의 혼돈기

제5장에서 나는 비교적 잘 확립된 제12왕조의 연표가 있다는 것은 행운이라고 말했다. 그러나 이와는 정반대로 뒤따르는 시기는 이집트 역사에서 가장 혼돈된 시기 중 하나이다. 이것은 더욱 심각한 문제에 연관되는데, 최근까지 이집트 연표가 동지중해 지역(레반트, 키프로스, 아나톨리아, 에게해 지역)의 시기를 설정하는 기초가 되어왔기 때문이다. 물론 오늘날에 이르기까지 이들 지역의 도기 증거를 근거로 이집트 역사를 재건하려는 시도도 계속되었다. 그런데 이제 테라 폭발에 관한 독자적인 연구로 도출된 연대에 의해 상황이 다소 개선되었다. 비록 그것에 의해 관련된 문제가 모두 해결될 것은 아니지만 말이다.

언제 제2중간기가 시작되었는지는 여전히 논쟁 중이다. 제5장에서 언급했듯이, 나는 타협 연대인 기원전 1801년을 사용한다.[2] 제2중간기의 끝과 신왕국의 시작 연도 역시 논쟁 중이다. 『파라오들의 이집트』를 쓴 가디너

2) 제5장의 주70 참조.

로 대표되는 정통론은 그것을 기원전 1575년으로 보고 있다. 그러나 『캠브리지 고대사』는 기원전 1567년으로, 대부분의 독일 학자들은 기원전 1550년으로 잡고 있고, 한 학자는 기원전 1539년으로 낮게 잡고 있다.

어느 연도를 택하든 제2중간기는 211년간에서 260년간 사이의 기간이다. 따라서 이 기간 내에서 제13왕조 그리고 북쪽에서 온 힉소스 침입자의 왕조를 맞추어야만 한다. 기원전 3세기 마네토(또는 그의 책을 베껴 적은 사람들)는 자신의 책 『역사』에서 수차례 반복해 제15·16·17왕조를 힉소스 왕조로 언급했다. 제14왕조는 서부 삼각주 지역의 지배자로 구성되었던 것 같다. 오늘날의 이집트학 학자는 '제17왕조'를 테베의 이집트인 출신 왕조로 간주하고 있는데, 그들의 후손이 나중에 힉소스를 쫓아내고 나라를 재통합하면서 제18왕조를 확립했다.[3] 제13왕조는 힉소스 통치자의 일부와 겹쳤을 가능성이 있으며, 힉소스 통치자들이 적어도 제14왕조 및 '제17왕조'와 함께 수십 년간 공존했다는 것은 확실하다.

이 기간의 혼돈은 많은 왕들이 동시에 통치했을 뿐만 아니라 세력이 불안정하고 통치 기간이 짧았다는 것을 의미한다. 따라서 그들은 기념물(그들의 통치기간을 확증해볼 수 있는 근거)을 거의 세우지 못했다. 또한 기원전 13세기 돌에 새겨진 아비도스와 사카라의 왕명록王名錄(역주: 아비도스에 있는 이집트 제19왕조의 세티 1세의 신전 벽에서 발견된 왕명록에는 66명의 파라오 이름이 새겨 있다. 사카라에서 람세스 2세 시대 관리인 티엔리의 무덤에서 발견된 석판에는 58명의 파라오 이름이 적혀 있었는데, 이중 47개가 남아 있다)에는 이 기간이 언급되고 있지 않다. 제18왕조 때인 기원전 15세기에 제작된 「카르나크 왕명록」은 이 기간의 파라오 이름을 담고 있지만, 실제 이름과 상상의 이름이 뒤섞여 있다. 기원전 13세기 제19왕조 때 제작된 「토리노 왕명록」(역주: 300명이 넘는 왕의 이름이 기록되어 있고 이탈리아의 토리노[영어로는, Turin]에 보관되어 있다)은 그 시기를 망라하고 있고 많은 고고학자들이 진지하게 받아들이고 있지만, 제2중간기의 후반에 관련된 부분은 극히 단편적이다.[4] 「토리노 왕명록」은 비록 상상의 인물로 여겨지는 파라오의 이름도 보이지만, 분명하게 파라오의 연속적인 명단(그리고 재임기간

---

3) Von Beckerath(1965, p.165).
4) Von Beckerath(1965, p.70); Gardiner(1961a, p.440).

도)을 담고 있다. 1920년대와 1930년대에 걸쳐 매력적이고 매우 신중한 학자인 하인리히 이브셔가 수많은 파편(하나의 파편에는 한두 명의 파라오 이름이 담겨 있었을 뿐이다)으로 조각난 「토리노 왕명록」을 오늘날의 형태로 맞추어냈다. 그는 이집트어를 읽을 수는 없었으나 파피루스에 대한 그의 감感은 특별했다.[5]

마네토의 『역사』에도 명백히 극복할 수 없는 어려움이 있다. 첫째, 후기 역사가들의 저서에 보전된 『역사』의 단편들은 자주 서로 모순된다. 둘째, 단편들이 말하고 있는 각 왕조의 존속기간이 제12왕조와 제18왕조 사이의 기간보다 더 길고, 완전히 불가능하지는 않지만 몇몇 왕의 통치기간이 터무니없이 길다. 마지막으로, 제15왕조 말에 세워진 기념물과 당대의 문헌을 조사해서 얻은 파라오의 순서 배열과 마네토의 기록이 완전히 다르다. 마네토의 기록은 고대 이집트 역사의 재건을 위한 기초 자료이고 전반적으로는 믿을 만하지만, 제2중간기의 파악과 관련해서는 근본적인 모순이 있기 때문에 매우 제한된 가치만 지닐 뿐이다.[6]

이 시기에서 유일하게 상대적으로 안전한 연대는 정치적 질서가 완전히 붕괴하기 이전인 제13왕조 초기이다. 제13왕조가 개창된 직후 두 명의 파라오가 각각 3여 년간 이집트 전체를 지배했고 이후 파라오 없는 6년간의 시기가 뒤따랐다. 그리고 그 이후의 시기에 대해서는 최근까지 알려진 것이 거의 없었다.

제13왕조의 연표를 확립하기 위해 사용할 수 있는 유일한 외부 지표는 얀틴Yantin이라는 이름의 비블로스 군주이다(역주: [역자도표]를 참조하시오). 그는 비블로스의 또다른 군주인 얀틴 함무Yantin Ḫammu와 함께 파라오 네페르호테프(역주: 버낼은 '네페르호트페'로 표기하였으나, 여기서는 일반적인 표기를 따랐다)에게 충성을 서약했는데, 얀틴 함무는 상유프라테스에 있는 마리의 지배자 짐리 림Zimri Lim과 동시대인이었다. 윌리엄 올브라이트는 이 그럴듯한 이중의 동시발생사건을 기원전 1730년경에 일어난 것으로 잡았고, 많은 이집트학 학자들이 이를 따랐다.[7] 그러나 낮은 메소포타미아 연

---

5) Gardiner(1959, p.17, plate III) 참조. Ibscher에 관해서는 Gardiner(n.d., pp.47-59) 참조.

6) Van Seters(1966, p.155); Kempinsky(1985, pp.132-133).

7) Albright(1945; 1965, pp.54-57); Hayes(1973a, p.49); Von Beckerath(1965, p.222); Helck(1971,

표에 기초한 올브라이트의 연구는 대다수의 학자에게 의문을 제기하게 만들었는데, 그들은 중간 연표를 고려해야 한다고 주장했다. 1967년에 출간한 논문에서 이집트학 학자인 K. A. 키첸은 얀틴의 재위 기간을 25년 내지 30년으로 제시하면서, 얀틴이 네페르호테프에게 종속된 시기를 짐리 림의 '중간'(기원전 1775-1762년) 혹은 '낮은'(기원전 1705-1685년) 연대와 조화시켰다.8) 그러나 볼프강 헬크는 이것이 불가능하다고 생각했다. 즉, 메소포타미아의 낮은 연표로 동시발생사건들의 동시성이 유지된다 하더라도, 중간연표를 따른다면 얀틴과 얀틴 함무는 시대적으로 분리된다고 생각했다.9) 상황은 크라스가 내놓은 새로운 낮은 이집트 연표로 훨씬 더 복잡해졌다. 20년 후 같은 주제에 관해 집필하면서 키첸은 중간 및 낮은 메소포타미아 연대 설정으로 이집트의 높은 그리고 낮은 연대 설정을 변경했는데, 그렇게 하면서도 얀틴의 치세를 25년 내지 30년으로 설정함으로써 여전히 동시대성을 주장했다.10)

이러한 계산은 모두 네페르호테프가 기원전 1730년경에 통치했다는 가정에 근거했다. 이것은 결코 완전하지 않았지만 「토리노 왕명록」에 있는 파라오 이름의 순서와 비교적 잘 맞았다. 그러나 이것은 역사적 문제점을 제기하고 있었다. 즉, 기념물로부터 보건대 네페르호테프는 비블로스에 영향을 미쳤을 뿐만 아니라 이집트 전체를 지배한 강력한 통치자였던 것으로 보인다. 그의 치세가 많은 학자들이 믿고 있는 시리아-팔레스타인에서 이집트로 힉소스가 침입한 또는 침투한 직전일 것 같지 않았다. 이에 따라 동시발생사건에 관한 견해를 내놓기 전에 올브라이트는 「토리노 왕명록」의 순서를 조정하고 네페르호테프와 그의 선임자인 비교적 강력한 파라오 세베크호테프를 기원전 18세기 말이 아닌 초기의 인물로 설정하려 했다.11)

메소포타미아의 긴 연표를 받아들인다면 올브라이트의 대조 연표는 훨씬 더 날카로운 문제를 만든다. 이것은 마리의 짐리 림의 치세를 제12왕조

---

pp.95-96).

8) Kitchen(1967, pp.50-53).

9) Helck(1971, pp.64-66).

10) Kitchen(1987, p.48).

11) Stock(1955, p.62).

말기 무렵인 기원전 1831년과 1818년 사이에 두기 때문이다. 그렇게 되면 비블로스의 두 다른 군주는 제12왕조의 후기 파라오인 아메넴하트 3세 및 4세와 동시대인이 되는 셈이다. 파커에 따르면, 두 파라오는 각각 기원전 1859-1814년과 기원전 1814-1805년 동안 통치했다. 그러므로 얀틴 함무는 제12왕조 말 전에, 즉 기원전 1830년대와 1820년대에 다스렸을 것이다. 동시대인으로 여기고 싶은 유혹은 있겠지만 얀틴 함무는 제13왕조의 네페르호테프에게 충성을 맹세했던 그 얀틴과 동시대인일 가능성이 거의 없다. 두 얀틴을 조정하는 유일한 방법은 제12왕조의 연표가 기초하고 있는 소티스의 연대 설정에서 벗어나 그것을 몇 십 년 상향 조정해 기원전 1830년에 이르게 하는 것이다. 앞에서 언급된 연표의 두 닻 중에서 소티스 연대가 더 근거가 약하다. 후버의 '긴' 연표 또는 테라 폭발을 기원전 17세기로 잡는 연표보다 소티스 연대가 더 심각하게 의문시되는 한 그것에 근거한다면 연표상의 혼란을 쉽게 제거할 수 없을 것이다. 다른 이유에서 헬크는 동시대인들이 아닌 두 명의 얀틴을 가정했는데, 그것이 더 간단하게 여겨진다. 비블로스의 두 군주가 비슷한 또는 동일한 이름을 갖는 데는 특별한 어려움이 없다. 예를 들여, 우리는 기원전 18세기에 아비쉐무라는 이름을 가진 두 인물이 있다는 것을 알고 있다.[12]

비록 두 인물이 동시대인이라고 해서 꼭 그래야만 하는 것은 아니지만, 올브라이트의 논문이 발표된 이래로 학자들은 얀틴의 주군 네페르호테프를 기원전 1730년경 사람으로 생각했다. 그렇다고 하더라도 1940년대 초 스톡이 네페르호테프와 세베크호테프는 기원전 1780년과 1760년 사이의 파라오라고 주장한 것을 무시할 이유는 없다. 스톡의 주장을 받아들인다면, 힉소스의 도래 전 레반트에 이집트의 힘이 미미하게 미치거나 또는 전혀 미치지 못했던 수십 년의 기간이 존재했었을 가능성을 상정想定할 수 있다.[13] 어떤 연대를 따르든지 제13왕조의 상당 시기와 기원전 18세기 동안 이집트는 극도로 약했고 비효율적이었다. 이 시점에서 우리는 제13왕조

---

12) Kitchen(1967, p.53)은 높은 메소포타미아 연표가 받아들여진다면, 그 둘을 구분해야 한다고 주장했다.

13) Stock(1955, p.62)은 제12왕조 끄트머리의 해를 1780년대로 잡고 연구하고 있었다. 끄트머리 해를 1801년경으로 잡고 연구하던 나는 스톡의 연대를 10년가량 상향 조정했다.

의 연대기보다 더 가시 돋친 문제, 즉 힉소스를 둘러싼 일련의 문제를 고려해야만 한다.

제15왕조의 연대기: 힉소스 통치의 시작

힉소스 침입 또는 침투의 본질은 나중에 논의할 것이다. 여기서는 단지 연대학年代學과 힉소스의 시기가 언제 시작되었는가에 관심을 갖는다. 나의 해법은 힉소스 시기가 제13왕조 말에 시작되었다고 가정하는 것이다.

힉소스의 지배가 경우에 따라서는 기원전 1650년경에 시작되었다고 볼 수도 있다. 마네토는 '페니키아 출신 6명의 외국 왕'이라고 제15왕조를 언급하는데, 그들의 이름과 순서에 관한 두 가지 문서가 있다. 하나는 초기 그리스도교 연대기 작가인 아프리카누스가 마네토의 저서를 요약한 것이고, 다른 하나는 마네토의 저서를 길게 인용한 유대인 역사가 요세푸스의 글이다. 힉소스 지배자들의 통치 기간을 합하면 250-284년에 이르는데, 그 수치는 분명히 불가능한 것이다.[14] 그런데 그리스도교 교부이자 연대기 작가인 유세비오스는 몇몇 비슷한 이름과 플라톤의 「티마이오스」에 대한 주석을 가지고 힉소스의 제17왕조(역주: 유세비오스는 힉소스 왕조를 제15왕조가 아니라 제17왕조라고 기록하고 있다)를 언급하면서 그 존속 기간을 더 짧게 103년이라고 말했다.[15] 이것은 「토리노 왕명록」에 기록된 왕들에게 주어진 108년의 기간과 잘 맞는다. 이에 따라 많은 이집트학 학자는 힉소스 제15왕조의 통치시기를 기원전 1650년경에서 1540년경까지로 가정했다.[16]

이러한 해석은 제2중간기 끝과 제18왕조의 시작 연대를 매우 낮게 설정할 것을 요구한다. 제12왕조처럼 제18왕조 연표의 닻은 시리우스별의 관측 또는 소티스 연대에 기초하고 있는데, 제18왕조에서는 아멘호테프 1세 재위 9년에 있었던 것으로 기록되고 있다. 최근까지 이집트학 학자들은 이 관측이 관례에 따라 멤피스에서 이루어졌다고 가정했고, 통치 기간을 근거

---

14) Manetho, frags.43-44.

15) Manetho, frags.48-49.

16) Von Beckerath(1965, p.223); Helck(1971, pp.95-96); Bietak(1979, pp.235-236; 1980, col.101; 1984, p.473) Kitchen(1987, p.44).

로 제18왕조가 기원전 1570년경에 시작되었다고 추론했다.[17] 그러나 더 최근에 학자들은 관측 시점의 행정수도였고 소티스 연대를 기록하고 있는 파피루스가 발견된 테베를 관측 지점으로 보아야 한다고 주장했다. 이렇게 되면 아멘호테프 1세 재위 9년과 제18왕조의 시작을 모두 20년가량 낮추어 기원전 1550년으로 상정할 수 있다. 독일 학자 크라우스는 더 나아가 테베보다 훨씬 남쪽인 엘레판틴에서 관측이 이루어졌다고 주장하며 제18왕조의 시작을 기원전 1539년으로 보았다.[18]

나일 홍수가 엘레판틴에서 시작됐다고 믿었다는 점에서 이 주장에는 귀 기울일 만한 것이 있다.[19] 그러나 엘레판틴과 테베보다는 멤피스 또는 그와 이웃한 헬리오폴리스가 더 그럴듯한데, 전통적으로 멤피스와 헬리오폴리스에서 천문 관측이 이루어졌기 때문이다. 이처럼 제18왕조가 개창된 연대로 기원전 1570년경과 1550년을 모두 고려할 수 있다. 그러나 둘 중 어느 것도 기원전 1650년 이후의 기간에서 제15왕조가 존속한 103-108년을 짜내기가 어렵다.

그런데 제15왕조에 할당된 100여 년이라는 수치를 얼마나 신뢰할 수 있을까? 「토리노 왕명록」에 믿을 만한 것이 있다고 하더라도 제15왕조에 관한 기록은 거의 남아 있지 않다. 마네토와 마찬가지로 「토리노 왕명록」은 여섯 명의 힉소스 지배자가 있다고 기록하고 있다. 또한 「토리노 왕명록」과 같은 당대의 사료를 통해서 마지막 왕이 Hmwdy 또는 카무디Khamudi라는 것을 알고 있다. 카무디 직전의 지배자는 「토리노 왕명록」에 보존되어 있지 않지만, 마네토는 아포피스라는 이름의 왕이 분명히 40여 년 동안 통치했음을 언급하고 있다. 이것은 비록 그 이름에 관한 혼동(아포피스라는 이름을 여러 힉소스 지배자가 사용했을 수도 있다)이 있다 하더라도 개연성이 있다.

아포피스의 지배는 번영과 함께 그리고 테베의 원주민인 이집트 지배자와 좋은 관계를 맺는 가운데 힉소스의 종주권을 확보하면서 시작되었던 것으로 보인다. 그런데 그의 지배는 이집트 지배자의 저항을 받아 끝이 났고,

---

17) Parker(1976, p.186).

18) Krauss(1985, pp.63-67; 109-110).

19) 키첸은 크라우스의 주장을 논박했다. Kitchen(1987, p.42) 참조.

이는 아포피스의 사후 힉소스의 축출로 이어졌다.[20] 만약 마네토를 인용한 다른 글들이 주장하듯이 아포피스가 62년간 통치했고 그 왕조가 기원전 1570년에 끝난 것과 카무디가 6-8년간 통치했음을 받아들인다면, 아포피스가 통치하기 시작한 시기를 기원전 1630년대(즉, 테라가 폭발해 이집트에 그 충격을 미친 기원전 1628년 이전)로 설정할 수 있다. 이 연대는 파라오 아포피스 33년에 복사된 「라인드 파피루스*Rhind Papyrus*」(역주: 1858년 룩소르에서 이것을 구입한 알렉산더 헨리 라인드의 이름을 따서 부른다. 이집트의 서기書記 아메스가 쓴 수학책으로 「아메스 파피루스」라고도 한다)의 후면에 기록된 짧은 글이 뒷받침해주고 있다. 그 글은 익명의 파라오 치세 11년에 '세트의 목소리'와 '이시스의 추락'을 언급하고 있다. 이집트학 학자 한스 괴디케는 소요의 신인 세트의 역할을 고려한다면 이것을 화산 활동에 연계시킬 수 있다고 상당히 그럴듯하게 주장하면서, 그 기록을 특별히 테라 폭발에 연계시켰다. 그런데 그는 치세 11년을 맞은 그 파라오는 제18왕조의 첫 지배자 아모세 1세였다고 주장했는데, 테라 폭발의 연대 재설정을 고려하면 그것이 테라와 관련된 것일 수 없다. 반면에 아포피스 11년인 기원전 1628년은 여기에서 제안된 연대기와 아주 잘 맞아떨어진다. 그러나 원문과 괴디케의 원문 해석에 불분명한 점이 너무 많다.[21] 또한 그러한 위험한 가설을 받아들인다 하더라도, 그 사건 후 수십 년간 아포피스가 생존했다는 것은 힉소스 통치가 폭발에 의해 파괴되었다는 주장을 불가능하게 만든다. 비록 어느 통치자가 재위했든 폭발에 의해 약화되었다는 것은 있을 수 있는 일이지만 말이다.

　「토리노 왕명록」에서 몇몇 이름들이 떨어져 나갔기 때문에 아포피스 이전 제15왕조의 역사를 추적하는 것은 불가능하다. 일부 학자는 마네토가

---

20) Hayes(1973, pp.60-64).

21) 연대의 불규칙성과 번역의 불확실성에 관해서는 Goedicke(1986, pp.37-38) 참조. 그 짧은 글의 두 번째 행은 헬리오폴리스 입성을 언급하고, 변경 요새 실레*Sile*에 대한 공격을 언급하는 것으로 보인다. 괴디케는 이것은 힉소스의 축출을 언급하는 것이라고 주장했다. 그러나 힉소스의 수도 아바리스보다 헬리오폴리스와 실레에 관해 언급한 대목은 흥미롭다. 아바리스의 포위는 제18왕조의 재정복 신화 속에서 큰 역할을 했다. 나는 그 글이 힉소스 축출을 언급했다고는 생각하지 않는다. 그런데 제3행이 기후에 관한 보고라는 괴디케의 가설(Erman의 더 이른 연구에 근거했다)은 아포피스 11년이 대략 기원전 1628년이었다는 강한 가능성 때문에 더 큰 신뢰를 받았다. 제7장의 주80 참조. 그러나 전체 틀은 여전히 극히 불확실한 채로 남아 있다.

첫 통치자로서 언급했던 살리티스Salitis 또는 사이티스Saitis를 멤피스 사제
계층의 족보에 기록된 아포피스 바로 직전의 왕 샤레크Ŝ3rk와 동일시했다.22)
이것은 전혀 그럴듯하지 않은데, 발음학상으로 난점이 있을 뿐만 아니라
살리티스가 원래 힉소스 정복의 지도자는 아니라 하더라도 그 왕조의 개국
자였다는 마네토의 주장이 있기 때문이다. 미국의 이집트학 학자 H. 윈록
이 지적했듯이 살리티스는 셈어 어근 √slṭ 그리고 히브리어에서 발견되는
모음 삽입된 살리트salîṭ와 매우 비슷한데, 이는 '지배자'를 의미한다. 여기
에서 아랍어의 술탄Sulṭan이 파생되었고, 그것은 인명으로 해석할 수 있지만
(술탄처럼) 힉소스 지배자를 나타내는 일반적인 셈어 칭호이라고도 볼 수
있다.23) 어쨌든 살리티스를 샤레크와 동일시함으로써 얻을 수 있는 것은
거의 없는 듯하다.

　이와 비슷하게, 마네토에 의해 야나스Iannas 또는 스탄Staan으로 언급된 지
배자를 오늘날의 이집트학 학자는 파라오 키얀Ḫy 3n으로 여기는데, 그는 힉
소스 지도자 중 두 번째, 아니면 세 번째, 아니면 네 번째 지배자로 기록되
어 있다.24) 반면에 이스라엘 학자 켐핀스키는 키얀을 마네토의 목록에 있
는 다른 이름인 아파크난Apachnan과 동일시한다.25) 키얀을 둘러싼 불분명성
은 그가 강력하고 장수한 군주로 보이기 때문에 훨씬 더 관심을 끈다. 그의
이름이 든 카르투시(역주: 고대 이집트의 벽화·기념비 등에서 상형문자로 쓴
왕의 이름을 에워싸고 있는 타원형 테)는 이집트 전역에 걸쳐 그리고 팔레스
타인과 메소포타미아에서 발견되었다. 더욱이 제7장에서 언급했듯이, 그
의 이름이 새겨진 설화석고 용기의 뚜껑이 크노소스에서 발견되었다. 이
유물들에 의해 제기된 지리적 문제는 뒤에서 논의할 것이며, 여기에서는
단지 연대 문제에 초점을 맞출 것이다. 아더 에반스에 따르면, 그 뚜껑은
중기미노아 III의 맥락에서 발견되었다. 앞에서 이 연대에 대해 논란이 있

---

22) Von Beckerath(1965, pp.133-134).

23) Winlock(1947, p 96, n.21).

24) von Beckerath(1965, pp.130-131)은 키얀을 두 번째로 본다. Gardiner(1961a, p.158)와
　　Hayes(1973, p.60)는 그를 세 번째로, Bietak(1980, col.95)은 네 번째로 보았다. 그러나 나중
　　에 Bietak(1984, p.474)은 Kempinski의 견해를 받아들여 키얀을 아파크난과 동일시하며 세
　　번째 힉소스 파라오로 보았다.

25) Kempinski(1985, pp.131-134).

음을 보았지만,[26] 만약 에반스를 믿는다면 에게 지역 도기 기간의 새로운 연대 설정에 따라 기원전 1675년 이전으로 키얀의 뚜껑 연대를 설정할 수 있다. 이렇게 되면 키얀은 아포피스의 가까운 선임자인 야나스나 아파크난과 동일시될 수 없거나, 힉소스의 제15왕조가 기원전 1650년이 되기 수십 년 전에 시작되었거나, 마네토가 한 왕조 전체의 6명 지배자를 기록한 것이 아니라 단지 6명의 가장 잘 알려진 힉소스 지배자의 이름만 언급했을 뿐인 셈이 된다.

또 다른 힉소스 지도자(그의 정체와 연대는 어려움을 일으켜왔다)는 마아예브 라$^{Mꜣ˻ ib Rꜥ}$/세시^{Ššy}인데, 그의 이름이 새겨진 스카랍(딱정벌레 모양의 장신구)이 이집트, 팔레스타인, 수단에 있는 제3폭포의 케르마^{Kerma}에서 발견되었다. 일부 학자는 그를 마네토가 말하는 파라오 아시스^{Assis}와 동일시했으나, 다른 학자는 이를 부정하고 그를 살리티스에 연결시켰다.[27] 케르마의 같은 고고학적 지층에서 발견된 도기에 기초해 세시는 기원전 17세기 중반까지 연대가 설정된다. 테라 폭발 및 메소포타미아 '긴' 연표의 높은 연대에 맞추려면 레반트와 에게해권의 도기연대가 상향 조정되어야 하고 이 도기 연대의 수단 관련 연표도 상향 조정되어야 한다는 점을 고려하면, 이제 기원전 17세기의 전반 또는 그 이전의 관점에서 생각해야 한다.[28]

훨씬 더 흥미롭고 당혹스러운 힉소스 지배자는 메르 우세르 라$^{Mr wsr Rꜥ}$/야쿱 하르$^{Yꜥkb hr}$이다. 비록 그 이름이 성서의 야곱과 연관되었다 하더라도(뒤에서 논의할 것이다), 「토리노 왕명록」 또는 마네토의 저서에서 그 누구와도 연계되지 않았다. 단지 그의 스카랍과 세시의 스카랍의 형태가 유사해 학자들은 두 사람을 매우 밀접하게 연계시켰다.[29] 폰 베케라트는 야쿱하르를 세시의 바로 직전 선임자로서 보지만, 켐핀스키는 그들을 반대로 위치시켰다.[30]

그런데 켐핀스키는 자신의 주장에 어긋나는 점을 발견했다. 그는 하이

---

26) 제7장의 주49과 59 참조.

27) Stock(1955, p.69); von Beckerath(1965, p.134); Bietak(1984, p.474); Kempinski(1985, p.132).

28) 케르마 지층과 텔 엘 다바 지층의 비교에 관해서는 Bietak(1984, p.475) 참조. 비탁은 두 경우 모두 낮은 절대연표를 주장한다.

29) Stock(1955, pp.66-67); von Beckerath(1965, pp.134-135); Kempinski(1985, pp.132-133).

30) von Beckerath(1965, pp.134-135); Kempinski(1985, pp.132-133).

파 근처의 시크모나Shiqmona에 있는 무덤에서 야쿱 하르의 스카랍을 발견했고, 그것의 연대를 레반트의 도기연대인 중기청동기 IIB의 매우 이른 초기로 설정하면서 기원전 1750년과 1720년 사이로 잡았다. 결과적으로 켐핀스키는 야쿱 하르라는 두 명의 다른 통치자, 즉 제13왕조 때 팔레스타인의 지역 통치자인 야쿱 하르와 80-100년 후 이집트와 팔레스타인을 지배했던 힉소스 파라오 메르 우세르 라/야쿱 하르를 가정해야만 했다.[31] 앞에서 얀틴과 얀틴 함무처럼 동명이인을 가정하는 것이 때로는 도움이 된다 하더라도, 이 경우에 그럴 필요까지는 없는 것으로 보인다. 폰 베케라트처럼 메르 우세르 라/야쿱 하르는 마아 예브 라/셰시의 선임자였고 두 사람 모두 기원전 17세기보다는 18세기에 통치했다는 것을 가정하는 것이 더 간단하다.

텔 엘 다바에 있는 힉소스의 수도(역자도표 참조)

이 시점에서 만프레드 비탁을 중심으로 한 오스트리아 팀에 의해 1965년 이래로 특히 1970년대에 집중적으로 발굴된 동부 삼각주에 있는 텔 엘 다바에서의 고고학적 약진을 고려하는 것이 유용할 것 같다. 그는 그곳이 힉소스의 수도 아바리스의 유적지임을 보여주었다. 질퍽질퍽한 이집트 삼각주의 매우 힘든 발굴 현장에서 비탁은 고고학적 기술로 유적지의 명백한 층위를 신중하게 확보했다. 앞서 언급된 힉소스에 대한 정보로 예상할 수 있듯이, 그 도시는 힉소스의 기원지를 가리키는 이집트와 시리아-팔레스타인의 혼합된 물질문화를 구가하고 있었다.

텔 엘 다바는 힉소스의 문화 이외에도 연표에 관한 흥미로운 자료를 제공한다. 불행히도 비탁은 이 정보를 독일어권 학자가 선호하는 낮은 또는 대단히 낮은 연표에 끼워 맞추려고 했는데, 그 어느 것도 에게해권 및 메소포타미아의 더 높은 연표와는 맞지 않았다. 정통적인 시리아-팔레스타인 고고학의 견지에서조차 비탁이 설정한 연대는 당혹감을 줄 정도로 낮았다. 정통적으로 기원전 18세기 중반으로 잡고 있는 시리아-팔레스타인 중기 청동시대 IIA로부터 IIB로의 변천을 비탁은 1700년경으로 잡았다.[32] 그는 후기 청동기 IIB가 기원전 1590년경에 끝나는 것으로 보았으므로 팔레스

---

31) Kempinski(1985).
32) Bietak(1984, pp.476-477).

타인에서 매우 긴 그 도기연대의 기간이 상당히 압축된 셈이었다. 예를 들면 그 도기연대에 오늘날 나블루스Nablus 근처 세켐의 도시 방어시설 중 다섯 곳에서 상당한 규모의 재건축이 있었다.[33] 이 주제에 관한 최근 논문에서 그는 세 가지 증거를 낮은 연대의 기초로 삼고 있는데, 그 증거가 상향 조정될 수 없는 연대를 제공한다고 주장했다. 그 증거는 모두 스카랍의 유형에서 연유한 것이었다.

그러나 스카랍에 관한 유형학, 배열학, 연대학은 대단히 어려운 과제이며, 그것에 근거한 이론은 매우 취약해 쉽게 전복되었다. 우선, 비탁은 자신의 근거 하나를 스스로 폐기할 수밖에 없었다. 1984년 이후 그는 리-라 Rhy-Rˁ의 스카랍(예전에 그것이 기원전 1650년 이전에는 만들어지지 않았다고 주장했다)가 자신의 연표에 의거해도 기원전 1650년 이전의 지층에 있다는 것을 알게 되었다. 이것은 근거로 사용될 수 없었다.[34] 비탁은 텔 엘 다바의 지층 G2-3에서 발견된 검은 딱정벌레를 새긴 연꽃 문양 장신구에서 또 다른 징표를 찾아냈다. 그는 이 유형이 세베크호테프와 네페르호테프 치세의 독특한 산물이므로 기원전 1730년 이후로 연대를 설정할 수 있다고 주장했다.[35] 그런데 앞에서 보았듯이, 그들의 재위 연대는 대단히 불분명하며 30-40년 이전에 통치했다고 해도 별다른 무리가 없다.[36] 마지막으로, 표준이 되는 스카랍 유형은 텔 엘 다바의 F지층에서 출토된 동물이나 사람 모양을 함께 '깊게 새긴' 것이다. 그는 이런 유형의 스카랍은 마아 예브 라/셰시의 치세에 시작되었다고 주장했다. 따라서 그의 연표에 따르면, 이것은 기원전 17세기 초보다 더 이를 수 없었다.[37] 그런데 앞에서 언급했듯이, 그 지배자의 통치 시기가 기원전 18세기라는 주장이 나올 수 있다.

비탁의 스카랍을 활용한 연대 책정에 대한 극단적인 불신이 이집트와 레반트의 고대 관계를 전문으로 연구하는 윌리엄 워드의 세부적인 주장에서 제기되었다. 최근의 논문에서 워드는 이집트와 레반트의 스카랍 모음을

---

33) Knyon(1973, p.111); Cole(1984).
34) 1989년 1월 30일, J. Weinstein과의 사적인 의견교환. 레디 라Rdi Rˁ 스카랍은 엘쿠바니예El Kubaniyeh 의 제12왕조 후반 지층에서 발견되었다. Kemp and Merrillees(1980, p.218) 참조.
35) Bietak(1984, p.479).
36) 위에 있는, 주13 참조.
37) Bietak(1979, p.235; 1984, p.479).

478 블랙 아테나 II

사용해 세소스트리스 2·3세의 치세를 기원전 19세기 초로 보면서 도기연
대로는 중기청동기 IIA에서 IIB로 옮겨야 한다고 주장했다. 이것은 비탁의
주장보다 150년이 이르다.[38] 이에 대해 비탁은 다음과 같이 자신의 입장
을 밝혔다.

> 팔레스타인 연표는 이집트의 절대연표에 근거하고 있다. 따라서 이집트 틀 내
> 에서 텔 엘 다바 지층의 연표적 위치를 찾기 위해 팔레스타인 연대에 따라 그
> 것의 연대를 설정하려는 것은 방법론적으로 그른 것일 수 있다.[39]

에게해권에 적용될 수 있는 새로 확립된 더 높은 연표를 고려하면, 전통적
인 시리아-팔레스타인의 도기연대를 낮출 수는 없다. 제12왕조의 경우 파
커의 연대를 받아들인다면, 도가 지나쳐서는 안 되겠지만 연대는 상향 조
정되어야 한다. 워드는 비탁의 층위학이 갖는 정확성을 받아들이고 있다.
그렇다면 중기청동기 IIA로부터 IIB로의 주요한 전이에 대한 워드의 연표
(기원전 19세기초)는 유지될 수 없다. 워드의 연표를 텔 엘 다바에 적용한다
는 것은, F지층의 연대를 기원전 1850년 이전으로 설정해야 하고 G지층을
그보다 몇 십 년 전으로 설정해야 함을 의미한다. 텔 엘 다바의 중심부에는
파괴된 것으로 보이는 G지층 이전에 이집트 왕궁이 있었고, 2세기 동안 시
리아-팔레스타인인이 정착했던 지역이 있었다. 그러한 일이 강력한 제12
왕조의 절정기에는 일어날 수 없다고 생각한다. 이처럼 워드의 연표, 비탁
의 층위론, 제12왕조에 관한 전통적 연대 등을 조화시킨다는 것은 불가능
하다.

중기청동기기대 IIA로부터 IIB로의 전환 연도를 기원전 1750년이나 조
금 더 이르게 잡는 것이 타당할 듯하다. 이것은 비탁의 지층 F에 해당하는
데, 그는 그 지층을 텔 엘 다바에서의 힉소스 기간의 시작으로 본다. 텔 엘
다바 지층 G에서는 방사성탄소 연대가 단지 두 개가 측정되었지만 그것들
이 기원전 18세기 중반의 '중심 연대'의 역할을 하기 때문에 중요하다. 비

---

38) Ward(1987, pp.531-532).
39) Bietak(1984, p.472).

탁은 이 중 첫 번째가 "팔레스타인 고고학에 의해 일반적으로 받아들여진 절대연표의 틀에 매우 잘 맞아떨어진다"[40]고 서술했다. 지층 F에 연계된 파괴된 층은 없다. 그런데 앞에서 언급했듯이, F층 이전의 층(역주: G층)과 그 층 바로 이전의 층(역주: H층) 사이에는 두터운 재의 층이 있다. 여기에서 제안된 연표에 따르면, 제12왕조의 이집트 왕궁은 기원전 19세기 말이나 18세기 초에, 즉 제12왕조 말이나 제13왕조 초에 아시아 사람들에 의해 파괴되고 대체되었다.

400주년 기념 석비와 세트 신전

시리아-팔레스타인 사람 또는 힉소스가 적어도 동부 삼각주에서 기원전 18세기 동안 힘을 갖고 있었다는 생각은 텔 엘 다바의 북쪽에 있는 타니스에서 발견된 (세트 신전 건립 400주년을 기념하는) 석비로 더 믿을 만해졌다. 이것이 아바리스에서 힉소스 권력의 확립과 어떤 관련이 있는지에 관해서는 상당한 논쟁이 있어왔다. 그러나 어느 누구도 힉소스가 특별히 세트를 섬겼고 아바리스에 그 신에게 봉헌된 중요한 신전이 있다는 데는 이의를 제기하지 않는다. 또한 타니스가 아바리스라고 주장했던 목소리는 비탁의 텔 엘 다바 발굴로 침묵하고 있다.

'타니스 석비'를 건립한 세티(제19왕조의 초대 파라오)는 제18왕조의 마지막 파라오 하렘헤브 치세에 관리를 지냈다. 하렘헤브는 기원전 1348-1320년간 통치했다고 일반적으로 생각되고 있다. 타니스 석비에 각인된 400년이라는 기간의 정확성에 관해 의문이 있었지만, 학자들 대부분은 그 수치를 액면 그대로 받아들이고 있다.[41] 따라서 그 신전은 기원전 1748년과 1720년 사이에 처음 건립되었다고 간주된다.

별다른 근거를 찾을 수 없어 불확실하지만, 세트 숭배가 어떤 방법으로든 네헤시Nehesy 왕(「토리노 왕명록」에서 언급된다)과 연계되었다는 널리 받아들여지는 주장이 있는데, 왜냐하면 "세트가 총애하는 네헤시, 에르-아헤

---

40) BM—1165 and BM-1225. Shaw(1985, p.312); Bietak(1979, p.255) 참조.

41) 이에 관한 1960년대까지의 논쟁은 Van Seters(1966, pp.98-103) 참조. von Beckerath(1965, pp.161-162)도 참조. 제18왕조의 경우 Parker(1957)의 낮은 연대와 Kitchen(1987, p.52)의 더 낮은 연대는 투트모세 3세의 음력 연대에 관한 Casperson(1986)의 견해에 비추어보면 유지될 수 없는 것 같다.

트R-3ḥt의 군주"라고 적힌 각문의 파편이 발견되었기 때문이다. 에르-아헤트R-3ḥt는 '비옥한 땅의 입구'라는 뜻으로 아마도 힉소스의 수도 아바리스를 지칭하기 위해 사용되었을 것이다.[42] 정통론은 네헤시를 제14왕조에 속하는 왕으로 보았다.[43] 그런데 마네토의 저서를 인용하는 모든 글은 제14왕조가 서부 삼각주에 있는 크소이스Xois에 근거를 두고 있다고 주장하지만, 네헤시라는 이름이 새겨진 비문은 동부에 있는 타니스와 텔 엘 다바에서 나왔다. 따라서 캐나다의 고대사가 존 반 세터스의 좀 더 온건한 주장, 즉 네헤시는 아바리스의 지역 군주였다는 주장을 따르는 것이 더 타당해 보인다.[44] 세트에 대한 힉소스의 입증된 봉헌을 고려한다면, 아바리스에 숭배 의식을 확립한 것은 그 지역에 이미 아시아인의 강한 현존을 보여준다는 반 세터스의 생각을 그럴듯하게 만든다. 그런데 다른 학자들처럼 반 세터스는 네헤시의 이름이 누비아 사람(네헤스Nḥs)을 의미하므로 그는 이집트 관리임에 틀림없다고 가정하는데, 이는 네헤시가 아시아인이라는 것을 제외하고 있는 셈이다.[45]

네헤시가 누비아인일 수도 있다. 그런데 우리는 셈어를 말하는 사람들이 같은 이름을 사용했음을 알고 있다. 성서의 이름 피느하스Pinḥâs는 이집트어 파 네헤스P3 Nḥs, 즉 '누비아 사람' 또는 '흑인'에서 파생되었다. 이 이름을 사용한 것으로 최초로 입증된 인물이 「출애굽기」(힉소스와의 연계는 뒤에서 논의될 것이다)에 언급되어 있는 아론의 손자였다는 점은 각별히 흥미롭다.[46] 물론 이 이름이 사용된 시대를 말할 방법은 없다. 그런데 신화와 전설에서 이름은 가장 변하지 않는 경향을 지닌 요소이므로, 기원전 2천년기 또는 출애굽의 시기로 상정할 수 있다.

나는 네헤시와 피느하스 사이의 연계를 주장하지 않는다. 다만 피느하스(흑인)라는 이름이 누비아와 직접적인 접촉이 없는 가나안어를 말하는

---

42) von Beckerth(1965, pp.262-263) 참조. Van Seters(1966, pp.101-102)는 R-3ḥt를 R-3ḫt로 잘못 표기했다. 에르-아헤트R-3ḥt(옥토의 입구)가 그리스의 흔한 지명 라리사(싸)Laris(s)a의 원형일 가능성에 관해서는 『블랙 아테나』 제1권, pp.123-124 참조.
43) 정통론의 개요는 von Beckerath(1965, p.82) 참조.
44) Van Seters(1966, pp.101-102).
45) Van Seters(1966, p.101, n.22).
46) 「출애굽기」 6:25. 사제의 아들인 또 다른 피느하스가 「사무엘 상」에 자주 나타난다. 다음의 주140-147 참조.

사람들 사이에서도 사용되었다는 것을 지적할 뿐이다. 또한 피느하스라는 이름은 흥미롭게도 '인종적' 외모의 특징을 드러내는데, 지중해에 사는 사람보다 더 검은 피부의 사람들이 있었지만 이러한 외양은 흔하지 않아서 언급할 만한 것이다.[47] 기원전 18세기 텔 엘 다바에 시리아-팔레스타인이 있었다는 것을 우리가 알고 있고 또한 그 이후 세트에 대한 힉소스의 봉헌을 고려하면, 나는 네헤시(흑인) 자신이 아시아의 군주였을 가능성을 부정할 이유가 없다고 본다. 또한 다른 비문과 스카랍에서 네헤시가 왕의 아들임을 주장했던 것으로 보아 아마도 장자는 아니었다는 것을 짐작할 수 있다. 일반적으로 그의 아버지가 '왕조'를 창립했다고 가정하고 있으나, 이것은 결코 확실하지 않다.

비탁은 주 신전에서 나온 것이라고 믿어지는 석회암 파편에서 네헤시라는 이름을 발견했다. 자신이 설정한 다른 연대와 모순된다는 것을 받아들이면서 그는 그 신전을 기원전 18세기의 것으로 보았다. 이것에 따라 그는 지층 F를 기원전 1715년경으로 상향 조정해야 한다고 주장했다.[48] 만약 팔레스타인의 고고학자들을 따라 지층 F를 기원전 1750년 이전으로 상향 조정한다면, 아바리스에 세운 세트 신전의 창립 400주년을 말하고 있는 석비가 구체적으로 언급하고 있는 기원전 1748- 1720년의 시기와 텔 엘 다바에 있는 주 신전 건립의 연대는 양립할 수 있다. 더욱이 반 세터스가 지적했듯이, 네헤시 이전에도 북동 변경에 세트 숭배가 있었던 것 같다.[49] 이 숭배의식이 반드시 아시아적일 필요는 없다. 그러나 그것이 아시아의 것일 가능성은 네헤시보다 수십 년 전에 시리아-팔레스타인의 물질문화를 사용하는 사람들이 텔 엘 다바에 거주했다는 사실로 더욱 증가하는데, 만약 여기에 제안된 연표를 취한다면 이 물질문화는 기원전 18세기 초의 것이 된다.

연표 요약

제2중간기 이집트 연표에 관해 요약하면서 나는 다음과 같은 연구 가설

---

47) 아프리카 흑인을 나타내는 또 다른 이름인 시메온Simeon에 관해서는 제10장의 주155-159 참조.

48) Bietak(1979, p.255).

49) Van Seters(1966, p.101).

을 제안한다. 기원전 1800년 제12왕조의 몰락을 전후해 동부 삼각주에 있는 일부 지역은 아시아인의 수중에 떨어지면서 정치적 붕괴기를 맞고 있었다. 아시아인은 그곳에 그 후 2세기 동안 머물렀다. 그런데 제13왕조는 기원전 1770년대에 다시 힘을 모았고, 파라오 세베크호테프와 네페르호테프 치세에 적어도 명목상으로는 힘을 이집트 전역에 걸쳐, 더 나아가 전통적인 영향권 너머까지 재확립했다.

이는 강력한 두 명의 파라오의 재위 연대가 기원전 1730년대라는 전통 학설에 반한다. 그런데 앞에서 언급했듯이, 전통적인 늦은 연대는 올브라이트의 간접적인 대조 연표(마리의 짐리 림이 관련된 연표)에 크게 근거하고 있다. 대조 연표가 잘못 취해졌을 가능성이 있고 짐리 림이 80-100년 앞서 통치했을 가능성이 크므로, 그것은 거의 확실하게 잘못된 것이다.[50] 네페르호테프 치세에 대한 이런 이른 연대 설정은 「토리노 왕명록」(이것 자체는 너무 불안정해 증거로서 사용될 수 없기는 하다)을 따르는 학자에겐 불가능한 것은 아니라 하더라도 곤혹스러운 것이다. 그런데 높은 연대의 이점은 18세기 후반 하이집트에서 시리아-팔레스타인 세력이 규합(이를 특히 텔 엘 다바의 고고학이 보여주고 있다)할 수 있는 시간을 허용한다는 점이다. 힉소스 통치자 야쿱 하르$^{Yꜥkb\ ḥr}$는 바로 이 시기에 속했던 것으로 보인다. 그런데 제13왕조는 축소된 국가 형태로 멤피스에서 지속되었고 나중에는 수십 년간 아마도 17세기 중반에 이르기까지 상이집트에서 지속되었다는 데는 거의 의심의 여지가 없는데, 17세기 후반에 아마도 힉소스의 속국이 되었을 것이다. 제14왕조는 대략 같은 시기에 걸쳐 서부 삼각주에서 소규모로 지속되었다.

「토리노 왕명록」이 언급하고 있는 6명의 힉소스 왕은 총 108년 동안 기원전 1680년경부터 1570년까지 지배했다. 이것은 마네토의 제17왕조와 일치하는 것으로 보인다. 그러나 비록 그들의 이름 일부가 「토리노 왕명록」에 나타난다 하더라도 오늘날 제17왕조라고 부르는 테베의 원주민 이집트 지배자를 마네토는 제17왕조로 부르지 않았다는 점을 유념해야 한다. 후기 힉소스 왕조의 마지막 파라오가 카무디였다는 데는 의문의 여지가 없고,

---

50) 주9-14 참조.

그의 바로 전임자가 아포피스였다는 것도 거의 마찬가지로 확실하다. 그러
나 비록 마네토가 실제 이름을 언급하고 있다 하더라도(예외는 살리티스인
데, 이는 거의 확실하게 칭호였다), 그들이 어느 왕조에 속했는지를 확신하는
것은 불가능하다. 마찬가지로 「토리노 왕명록」에 나오는 뒤죽박죽된 이름
들도 사실이며 그중 일부는 마네토가 언급한 이름과 일치하는 것 같다. 그
러나 그들의 순서가 명백히 혼동되어 있고, 마네토의 모든 판에는 힉소스
파라오의 두 왕조가 언급되어 있다. 이것은 기원전 1680년경 이전에 이집
트에 힉소스 지배자가 있다는 것을 시사하며, 이 시사는 동부 삼각주에서
나온 시리아-팔레스타인 물질문화의 고고학적 증거로 강화된다. 여러 유
물로 인해 잘 증명된 키얀 같은 강력한 힉소스 지도자가 기원전 17세기 초
또는 18세기 말에 통치했다고 보아도 괜찮을 것 같다.

하이집트의 일부가 기원전 18세기 후반 힉소스의 지배자에 의해 지배되
었다는 생각은 멤피스에서 출토된 석비에 새겨진 멤피스 사제 계층의 족보
와도 잘 맞아떨어진다(역주: [역자도표]를 참조하시오). 앞에서 언급했듯이
사제들 중 한 명은 아포피스 때 사람이고, 다른 한 명은 아포피스의 미지의
선임자 샤레크^(Š3rk) 때 사람이었다. 그리고 샤레크와 그의 6대 선대왕 아켄^(ʿḥkn)
사이에는 다섯 명의 지배자가 있었고 이에 상응하는 다섯 세대의 사제들이
있었다. 아켄의 바로 선대왕은 이비^(Ibi)인데, 같은 성姓을 지닌 사람이 「토리
노 왕명록」에 나타난다. 가디너는 다음과 같이 주장했다.

이것은 엉성한 생각이다. 기록된 지배자들이 이집트인이 아니라면(완전히
명백한 것은 아니다), 마지막 군주 샤레크 직전의 지배자로부터 세 번째 지
배자(역주: 두 번째 지배자 아켄 바로 다음의 지배자)의 치세까지 사제직은 다
섯 세대에 이르렀다. 사제의 재임 기간이 왕의 치세와 비슷하다면, 총 여덟
명(「토리노 왕명록」이나 마네토에 의해 상술된 것보다 더 많다)의 힉소스 파라

---

51) Gardiner(1961, p.160).

오가 있었을 것이다(역주: 이비부터 샤레크까지 전부 8명의 힉소스 지배자).
사제의 재임 기간은 가장 높은 관리와 마찬가지로 대략 25년이었다고 가
정할 충분한 이유가 있다. 만약 샤레크가 기원전 1620년 또는 1630년에 통
치했다면, 아켄과 이비는 대략 125-150년 앞서서, 즉 기원전 18세기 중엽에
다스렸을 것이다. 그렇다면 멤피스는 마네토의 제17왕조(또는 오늘날의 제
15왕조)가 시작하기 70-80년 전에 이미 힉소스가 장악하고 있었다는 말이
된다. 따라서 힉소스 지배자가 기원전 18세기 중반부터 하이집트의 대부분
을 장악했던 것으로 보인다. 이렇게 이집트 연표는 팔레스타인 고고학뿐만
아니라 에게해권의 새로운 높은 연표와도 조화될 수 있다.

힉소스는 어떤 사람들인가

나는 어떤 개념이나 단어에 대해 일시적인 틀이라도 확립하는 것이 꼭
필요하다고 생각한다. 그러나 나는 '힉소스'라는 칭호가 누구를 나타내는
데 사용되었는지도 고려하지 않은 채 힉소스의 연대를 상술하고, 힉소스가
어디로부터 왔는지 또는 어떻게 도래했는지도 고려하지 않고 힉소스를 '시
리아-팔레스타인 사람'과 교대로 사용하면서 여러 방법으로 연표를 다루
었다. 서술의 순서를 뒤바뀐 것이다.

요약본이 아닌 마네토의 『역사』에서 현존하는 가장 긴 구절은 힉소스와
관련되어 있다. 그 구절은 기원후 1세기 알렉산드리아의 그리스 사람 아피
온의 반유대주의적인 저술에 대한 요세푸스의 논박 속에 보존되었다. 그
구절은 다음과 같이 시작된다.

투티마이오스. 무슨 이유인지 나는 모르겠지만, 그의 치세에 신의 광풍이 우리
를 쳤다. 예기치 않게도 동쪽 지역들로부터 불분명한 종족의 침입자가 승리를
확신하며 우리 땅으로 진군했다. 그들은 주력군으로 쉽게 우리 땅을 점령했다.
우리 땅의 지배자를 제압한 후 그들은 우리의 도시를 무자비하게 불태웠고, 신
전을 무너뜨렸고, 모든 원주민을 잔혹한 적대행위로 다루어 일부를 학살하고
그 처자를 노예로 삼았다. 마침내 그들은 살리티스라는 이름을 가진 그들 구성
원 중 한 사람을 왕으로 임명했다. 그는 멤피스에 거처를 잡고, 상·하이집트에

서 조공을 받아들이고 요충지에 수비대를 항상 남겨놓았고 … 그는 사이스 주
에 한 도시를 건립했는데, 대단히 좋은 위치에 있는 나일 강의 부바스티스 지
류의 동쪽에 한 도시를 건립하고 고대 종교 전통에 따라 아바리스라고 명명했
다. 이 장소를 그는 재건축하고 육중한 성벽으로 요새화했다. … 19년간 통치
하다가 그는 죽었다. 두 번째 브논Bnon이 승계하고 44년간 통치했다. 아파크난
이 왕위를 잇고, 36년 7개월간 지배했다. 그 후 아포피스가 61년간을, 야나스
가 50년 1개월을, 마침내 아시스가 등극해 49년 2개월간 지배했다. 그들의 첫
번째 지배자들인 이 여섯 명의 왕은 이집트 종족을 근절시키기 위해 점점 더
열심이었다. 그들 종족은 전체로서 힉소스Hyksōs라고, 즉 '양치기들의 왕'이라
고 불렸다. 힉hyk은 신성한 언어로 왕을 의미하고 소스sōs는 일상어로 '양치기'
또는 '양치기들'을 의미한다. 그렇게 해서 '힉소스'는 복합 단어이다. 혹자는
그들이 아라비아 사람이라고 말한다. 또 다른 사본에서는 힉hyk의 표현이 '왕
들'을 의미하지 않는다고 한다. 그 복합어는 '포로-양치기들'과 관련되었다는
것이다. 이집트어에서 힉hyk은 일부러 기음氣音(h)을 내면 학hak이 되는데, 이
는 '포로들'을 의미한다.52)

이집트학 학자와 고대사가는 이 구절을 이집트 민담에서 이끌어낸 것으로
기술했는데, 이는 믿을 만한 것이 못 된다는 의미를 담고 있었다.53) 확실
히 그렇기는 하지만, 어느 누구도 원문이 몇몇 역사적 사실을 담고 있음을
의심하지 않는다. 내가 앞에서도 언급했듯이, 이름은 다른 전통적 요소보
다 변하지 않으려는 경향이 있으므로 그것의 진정성을 고려해야 한다.
　힉소스라는 이름은 그 당시에 사용되었음이 확실하다. 헤카 카세트hk3
b3st(구릉지대의 족장)라는 용어는 중왕국 이래 베두인 족장을 묘사하기 위
해 사용되었고, 그것은 제2중간기에 '힉소스'의 지도자와 왕을 묘사하기
위해 사용된 칭호였다.54) 어원에 관한 마네토의 분석에서 첫 부분은 옳고,
두 번째 부분은 더 이른 샤수š3sw('이집트 북동쪽의 베두인과 그들의 땅'을 의
미한다)로부터 나온 콥트어 쇼스sōs가 있다는 사실에 근거하고 있다. 학hyk

---

52) Josephus, *Contra Apionem*, I.14, trans. as Manetho, frg.42.
53) Meyer(1928-36, I.2, p.313) 참조.
54) Gardiner(1961a, pp.156-157); Van Seters(1966, p.3) 참조. 제1권, pp.151-152도 참조.

이 '포로'를 뜻하기도 했다고, 요세푸스가 말한 의미는 다른 차원에서 힉소스의 이야기를 이집트에서의 포로생활이라는 성서적 전승과 관계를 맺게 하기 위해 만든 것으로 여겨진다. 그런데 여기에서도 단어 하쿠ʰ³ᵏʷ, 즉 포로들( ) 속에 어원의 기초가 있다. 헤카ʰᵏ³와 하쿠ʰ³ᵏʷ 사이의 동음이의는 사실 아주 오래된 것 같은데, 왜냐하면 로서 기록되는 하쿠ʰ³ᵏʷ는 '약탈자'를 뜻했고 힉소스에 대한 신왕국의 견해와도 매우 잘 맞는 칭호이기 때문이다.

투티마이오스Toutimaios라는 이름을 데두-메스Ddw-ms라고 부르는 파라오에 연결시키는 가정도 있었다. 상이집트의 기념물에 새겨진 그 파라오의 이름은 뚜렷하지는 않지만(???-ms) 「토리노 왕명록」에도 나타난다. 이집트학 학자 한스 스톡과 윌리엄 헤이즈는 투티마이오스와 데두-메스Ddw-ms는 동일인이라고 주장한다.[55] 가디너와 그의 재능 있는 제자 바티스콤 건은 매우 영향력 있는 논문에서 그러한 동일시를 거부했는데, 이집트 이름 요소인 -ms는 그리스어로 -mosis 또는 -mbis로서만 음역되었다고 주장했다.[56] 나에게 이것은 '지나친 꼼꼼함'으로 여겨진다. 비록 데두-메스Ddw-ms라는 이름의 번역이 티마이오스Timaios(이 이름으로 플라톤의 가장 유명하고 완전히 이집트적인 대화편이 명명되었다)라는 이름에 의해 제한된다 하더라도, 이것은 투티마이오스와 데두-메스Ddw-ms 사이에 놀라운 유사점을 무시해버릴 충분한 근거를 제공하지 않는다. 나는 스톡과 헤이즈가 인명 확인을 옳게 했다고 믿는다.

힉소스의 기원과 도래에 관한 다른 견해들

기원후 19세기 말까지 학자 대부분은 요세푸스가 발췌한 마네토의 서술을 문자 그대로 받아들였고, 힉소스를 단 한 번의 폭력적인 침입으로 이집트에 들어왔던 민족으로 보았다. 반면에 일군의 저자는 마네토의 기록과 이집트에서의 성서적 '체류' 또는 '포로생활' 사이의 유사점을 보고 그 침입자는 이스라엘인이거나 원이스라엘인, 어쨌든 셈족 유형의 사람들이라

---

55) Stock(1955, p.63); Hayes(1973a, pp.52-53).

56) Gardiner and Gunn(1918, p.38, n.5).

고 가정했다.[57] 그런데 19세기 말에는 대체로 아리아 인종의 방식으로 풍부한 계곡 땅을 휩쓴 민족이 전혀 '셈인종'으로, 적어도 유대인에 관련된 인종으로 여겨지지 않았다. 그들은 훨씬 북쪽에서 왔고 아마도 아리아 인종일 것이라고 믿는 경향이 점증했다.

'예기치 않게도 동쪽 지역들로부터 불분명한 종족의 침입자인' 힉소스가 왔다는 마네토의 기록은 그러한 견해를 뒷받침했다. 이 기록이 이집트인과 오랫동안 친숙했던 이웃 '셈족'과 관련된 것이라고 여겨지지 않게 되었다. 1884년에 출간되어 즉각 표준서가 된 『고대사』의 초판에서 에두아르트 마이어는 힉소스가 기본적으로는 셈족이고 구체적으로는 가나안족이지만 '아마도 아시아 내륙 민족에 속할 수도 있다'고 주장했다.[58] 마이어에게 아시아 내륙이란 실제로 아시아 내륙을 뜻했다! 1880년대에 사람들은 힉소스 이름이 새겨진 어떤 스핑크스의 얼굴은 분명한 몽골인의 모습이라고 확신했다. 그러나 비록 유사점이 있다 하더라도, 그 스핑크스들은 제12왕조의 것이고 힉소스보다 연대적으로 앞섰다.[59] 사실 그 스핑크스들은 유럽인이나 동지중해 사람으로 보이지 않는다. 제12왕조 파라오의 여러 초상처럼 힉소스는 아프리카인의 용모를 지녔을까?

19세기 말에 독립된 '지배 종족'으로서의 힉소스를 지지하는 것으로 보이는 고대 비문이 발견되었다. 박식한 노학자 프리드리히 막스 뮐러는 1840년대 이래로 영국의 오리엔트학, 인도학, 인도유럽학을 지배했는데, 1898년 그는 크리스티안 분젠의 간곡한 부탁으로 옥스퍼드에서 이 분야의 교수직에 임명되었고 근동 역사에 관한 논문을 발간했다.[60] 그가 조사했던 비문은 북부 상이집트에 있는 스페오스 아르테미도스Speos Artemidos에서 기원전 15세기 초 여성 파라오 하트셰프수트의 명으로 만들어진 것이었다. 뮐러에 따르면, 그 비문에서 여성 파라오는 "ᶜ3mw가 북쪽 땅 아바리스에서 세마우Šm3w와 함께 살았다"고 기록했다. 뮐러는 ᶜ3mw를 항상 이집트 북쪽

---

57) 힉소스에 관한 19세기 견해의 개관은 Griffith(1911) 참조. 힉소스와 출애굽 사이의 관계에 대한 논의는 아래 참조.

58) Meyer(1884, I, pp.133-134).

59) 이 논쟁에 관한 묘사는 Petrie and Walker(1909, I, pp.237-240); Hall and King(1906, p.136) 참조.

60) 뮐러의 생애와 학문적 입장에 관해서는 Chaudhuri(1974) 참조.

에 있었던 전통적으로 셈족 유목민을 의미하는 것으로 해석했고, 셰마우 Šmꜣw(보통 셈šm[여행하다] 또는 '외국인'에서 파생되어 단순히 '방랑자'로서 이해된다)를 동쪽의 지역에서 온 마네토의 '불분명한 종족'을 언급하는 것으로 보았다. 그는 또한 이 '지배 종족'이 아리아 인종일 수 있다고 생각했다.[61]

이 견해는 히타이트가 인도유럽어를 말하는 자들이었음이 알려지고 미탄니 왕국이 후루어(셈어도 인도유럽어도 아닌 언어로, 이집트의 신왕국 동안 북부 메소포타미아에서 번창했다)를 말하는 자들이었음이 알려지면서 좀 더 많은 개연성(과 이데올로기적 신념)을 얻게 되었다. 우리는 후루인이 기원전 3천년기에 북서 메소포타미아에 살고 있었다는 것과 그들이 기원전 7천년기 이래 그곳에서 있었다는 것을 알고 있다.[62] 그런데 기원후 20세기로 들어설 무렵에는 후루인을 아리아 인종의 유목민적 선구자로 보는 경향이 있었다. 후루인에 대한 흥분은 일부 미탄니의 신 및 왕의 이름 그리고 전차와 관련된 용어가 '아리아적'이라는, 즉 그들이 인도이란어족의 인도어 가지에 속한다는 것이 인지되었을 때 훨씬 더 강렬해졌다.

이러한 발견은 대단한 환영을 받았다. 그것은 후루어를 말하는 미탄니 왕국이 전차를 모는 인도유럽인 군주에 의해 건국되었거나 적어도 지배되었다는 것을 의미한다고 여겨졌고, 지금도 여전히 그렇게 여겨지고 있다.[63] 이는 아리아 인종이 '지배 인종'이라는 19세기의 견해와도 완벽하게 맞아떨어졌는데, 그 인종은 전차를 타고 중앙아시아 또는 스텝에서 확산되

---

61) Müller(1898, p.7) 참조. 스페오스 아르테미도로스 비문의 원문은 Sethe(1906-1909, IV.2, p.390) 참조.

62) 북메소포타미아 및 시리아에서 발굴된 기원전 6·5천년기의 할라피안Halafian 도기와 기원전 2천년기의 후루인 사이의 연계가 가능한지를 놓고 1930년대에 논쟁이 있었다. 일반적인 결론은 그 간격이 너무 커서 연결하기가 힘들다는 것이었다. von Soden(1937, p.9); Albright(1939, p.121) 참조. 초기 할라피안 도기로부터 기원전 2천년기 후루인의 채색 도기에 이르기까지 지속성이 있다는 것은 실제로 불가능하다. 그러나 기원전 3천년기 시리아에 후루어를 말하는 자들이 있었다는 에블라 자료를 통한 입증과 셈어와 우바이드 도기(할라피안 도자기를 대체했다) 사이의 일반적인 연계(Hrozný[1947, pp.47- 49]가 주장했다)로 보건대, 내가 보기에 그 의문이 다시 제기된 것 같다(제1권, p.46도 참조). 기원전 3천년기 후루어에 관해서는 Kammenhuber(1977, pp.133-135); Pettinato(1981, p.27) 참조.

63) Wolfram Nagel(1987, pp.169-170)과 같은 인종주의자만 이러한 방식으로 본 것이 아니다. 존경받는 인도유럽주의자인 Mallory(1989, pp.37-38)도 동의하고 있다.

었다고 생각되었다. 1908년에 에두아르트 마이어는 카시트인의 인도식 이름에 관한 논문을 출간했다. 카시트인은 힉소스가 이집트를 침입했을 무렵 메소포타미아를 정복했던, 동쪽 산악지대로부터 온 사람들이었다.[64] 이듬해 그는 『고대사』 제2판에서 힉소스가 "훨씬 멀리 떨어진 소아시아로부터 왔다"고 기술했다. "그들은 시리아와 이집트 모두를 유린했고, 아마도 히타이트에 연합했을 것이다."[65] 1910년 이집트학 학자 쿠르트 제테는 힉소스를 논하는 논문을 발간했다. 그는 한편으로 헤카 카세트ḥḳȝ ḫȝst가 중왕국 때 베두인 족장을 나타내는 용어로서 사용했으며 힉소스 지도자는 자신을 나타내기 위해 그 용어를 사용했다고 예시하면서, 그것이 '민족'보다는 '지위'에 관련되었음을 시사했다. 다른 한편으로 그는 적어도 기원전 15세기 투트모세 3세 치세에 이르면 헤카 카수트ḥḳȝ ḫȝswt(역주: 힉소를 나타내는 두 가지 상형문자 표기가 있는 것으로 보인다)는 전체 민족에 연계되었다는 점을 지적했다. 이 논문은 마네토의 주장을 뒷받침하는 적어도 1,200년간의 연구사를 담고 있다. 그런데 제테는 제2중간기에도 헤카 카세트ḥḳȝ ḫȝst가 두 가기 의미 모두로 사용되었는지에 관한 의문에는 답하지 않았다.[66]

대체로 전문가로서 이집트학 학자는 힉소스에 셈족 이외의 사람들이 있다고 여기는 것을 싫어했다. 미국의 이집트학 학자 제임스 브레스티드는 1906년에 출간된 방대한 개론서인 『고대 이집트의 기록들』에서 스페오스 아르테미도스 비문에 대한 뮐러의 강독에 도전했다. 그는 그것을 '북쪽 땅에서 살았던 ʿȝmw, 그들의 한가운데에 있었던 세마우Šmȝw와 함께 아바리스에서'로 읽는 것 대신에, ʿȝmw와 세마우는 동의어로서 이해되어야 하고 그 행들은 반복성을 지닌 것으로서 읽혀야 한다고 주장했다. '그들의' sn(역주: sn센= 𓊃 𓈗, '나라'라는 뜻)은 ʿȝmw가 아니라 북쪽 땅에 관련되었다고 보았다.[67] 40년 후 가디너는 비문의 개선된 복사본을 번역했는데, 그는 옛 친구인 브레스티드의 번역을 명백히 거부하지는 않았지만, 분명히 뮐러의 번역을 따랐다.[68] 1912년 부르카르트는 「힉소스의 인종적 기원 찾기」라는

---

64) 카시트인에 관해서는 제6장의 주79-80 참조. 그들의 신의 인도식 이름이 논쟁의 대상이 되고 있다. Mallory(1989, p.38) 참조.

65) 원서에 주65의 내용이 빠져 있다. —옮긴이

66) 미탄니에 관해서는 Meyer(1970a) 참조. 인용문에 관해서는 Meyer(1909, Lii, p.291) 참조.

67) Sethe(1910b).

짧은 글에서 마이어에게 응답했다. 부카르트는 많은 힉소스 이름의 명백한 셈어 어원을 면밀히 조사하면서 어떤 힉소스 이름은 셈어로 꼭 설명할 수는 없지만 ᶜ3mw는 항상 셈어로 보이며 힉소스에 대해 히타이트적인 또는 아리아적인 영향은 있었을 것이라고 주장했다.[69]

이 전문적인 응답에도 불구하고 동쪽에서 온 '지배 인종' 힉소스에 대한 생각은 1920년대의 점증하는 인종적 그리고 반유대주의적 분위기 속에서 상당한 호소력을 지녔다. 이것은 특별히 일반 역사가 사이에서 사실이었다. 『캠브리지 고대사』의 첫 판에 있는 '셈족'이라는 항목에서 S. A. 쿡은 스페오스 아르테미도스 비문이 힉소스를 말하고 있는 것으로서 해석했다. "그들은 많은 아무Amu(베두인)를 데려왔지만 그들 자신은 외래인이었다." 그는 '현저하게 남성적 조직'의 기상을 지녔던 미탄니인을 상정했고, 미탄니인에 히타이트인과 그밖의 인도유럽인이 포함되었다고 생각했다.[70] 같은 책에 있는 '중왕국과 힉소스의 정복'에 관한 H. R. 홀의 정리는 좀 더 조심스럽지만, 그 역시 힉소스의 침입을 인도유럽인의 이동 결과로 보았는데, 그는 인도유럽인의 영향을 미탄니인과 카시트인 사이에서 찾아냈다.[71]

1925년 에두아르트 마이어는 초기 인도유럽인의 팽창에 관한 새로운 논문을 발간했는데, 거기에서 그는 인도유럽인이 미탄니인과 카시트인에게 미친 중요한 영향을 강조했다. 그는 또한 인도유럽인과 후루인(그는 이 둘을 혼동하는 경향이 있다)이 셈족인 힉소스가 시리아, 이집트, 에게해권(이 책의 관점에서는 흥미롭다)으로 이동하는 데에 지배적인 영향을 끼쳤다고 보았다.[72] 『고대사』의 1928년 판에서 마이어는 널리 퍼진 유물의 발견을 키얀이라는 이름과 연관시키며 힉소스 제국이 크레타와 시리아로부터 이집트와 수단에 이르기까지 뻗어 있었다고 추론했다. 마음속에 중앙아시아에 대한 이미지를 지닌 그는 이 제국을 '흉노족과 몽골족의 덧없는 제국'에 비유했다.[73] 1920년대 말 반유대주의가 기승을 부렸던 시기에조차 이런

---

68) Breasted(1906, II, p.125); Gardiner(1946, pp.47-8) 참조. 가디너의 번역은 다음과 같다. "아시아인이 떠도는 유랑민의 무리와 함께, 만들어졌던 것을 파괴하며 북쪽 땅에 있었던 때부터."

69) Burchardt(1912a).

70) Cook(1924, pp.232-233).

71) Hall(1924, p.317).

72) Meyer(1925, p.253).

견해를 반대하는 학자들이 있었는데, 1929년 이집트학 학자 W. 볼프는 후루의 영향이 있었을 수 있음을 인정했지만 힉소스의 셈적 특징을 강조하고 아리아적 영향을 부정했다.[74]

1933년 백러시아(역주: 오늘날 벨로루시라고 부르며, 수도는 민스크이다)의 인도학 학자 N. D. 미로노프는 카시트인과 힉소스인 모두가 아리아 인종과 관련 있다는 가설을 강화하려고 했는데, 그는 셈어 또는 후루어 견지에서 설명되지 않는 이름의 인도어 어원을 찾아내려고 했을 뿐만 아니라 셈어와 후루어 이름으로 받아들여졌던 이름 중 일부에 대해서도 도전했다.[75]

지금까지 언급된 저술들은 일반적으로 힉소스 연구의 '선사先史'라고 여겨졌던 것에 속한다. 그것의 '역사'는 1936년에 출판된 이집트의 이집학 학자 파호르 라비브의 학위논문 「이집트에서 힉소스의 지배와 그 몰락」으로 시작되었다. 그것은 그 주제에 관한 금석학적·문헌적 전거에 관한 상세한 연구였다. 라비브는 셈어적 왕의 이름으로 힉소스는 셈족이라고 결론지었다.[76] 덴마크-미국 이집트학 학자 R. M. 엥버크는 1939년에 출간된『재구성된 힉소스』에서 덜 명확한 노선을 취했다. 엥버크는 '힉소스'를 인종적 용어로 보는 마네토의 용례를 받아들였고 "힉소스 가운데에는 셈족 이외의 혈통도 있었음이 확실하다"고 주장했다. 그는 다음과 같이 결론지었다.

> 셈족의 요소가 강하다는 것은 분명하다. 후루인 역시 그 이동에서 주요한 역할을 했던 것으로 보인다. … 그밖의 가능한 참여자 가운데 인도이란적 요소가 중요한 공헌을 했던 것으로 보인다.[77]

제3제국의 독일인은 상황을 더 단순하게 보았고 학문적인 다의성의 필요를 덜 느꼈다. 이집트학 학자 헤르만 융커는 '여러 인종'의 혼합인 힉소스를 기원전 18세기 아리아인의 압박 결과라고 생각했다.[78] 젊은 이집트학

---

73) Meyer(1928-36, I.ii, pp.315-319). 힉소스와 중앙아시아의 연계는 1920년대에도 여전히 학자들에게 솔깃한 주제였다. Peake and Fleure(1927, p.202) 참조.

74) Wolf(1929).

75) Mironov(1933, pp.150-170).

76) Labib(1936, pp.3-8).

77) Engberg(1939, pp.47, 49).

학자 한스 스톡은『이집트 제13왕조로부터 17왕조에 이르기까지의 역사와 고고학』에서 다음과 같이 기술했다.

> 그렇다고 하더라도 힉소스를 순수하게 또는 뚜렷하게 셈족으로 생각하는 것은 의심스럽다. **전체 이동의 지도자들은 의심의 여지없이 비셈족 기원을 가졌다.** … 힉소스를 특히 팔레스타인 출신의 가나안인이나 군주로 보아서는 안 된다. … 그들은 결코 필요한 군사적 힘을 보여주지 못했다(강조는 원저자).[79]

후에 스톡은 그 기간 동안 이집트에 대한 셈족의 영향을 받아들이면서 다음과 같이 주장했다.

> 그렇다고 하더라도 우리는 비셈족의 층을 지닌, 북쪽의 침입이 지닌 특징에 주의를 기울여야만 한다. 그러므로 괴체와 같이 우리는 후루인과 같은 아리아인 군주만이 아니라 셈족에 의해서도 지도된 이동을 생각해야 한다.[80]

동시대인인 괴체와 폰 조덴의 언어처럼 스톡의 언어는 학술적이었지만, 힉소스에 대한 '북쪽의' 영향을 주장하는 데는 내재적 근거가 있다(뒤에서 논의될 것이다).[81] 그러나 이 결론이 '셈족'과 적어도 팔레스타인에서 온 자들(아라비아인은 배제되어야 한다)은 본질적으로 수동적이며 역사를 통해 큰 규모의 정치적 조직은 만들 수 없던 것으로 '알려지게 한' 세계관에 의해 지독히도 영향을 받았다는 데는 의심의 여지가 없다. 이 태도는 나치 독일에만 국한된 것이 아니었다.『캠브리지 고대사』의 영국 저자들은 말할 것도 없고 막스 뮐러와 에두아르트 마이어의 저술 속에서도 명백했다.
　이 시기의 반유대주의적 힘을 고려한다면, 그 개념이 치열한 논쟁거리가 되었다는 사실이 더 놀랍다. 반대는 다양한 근원에서 왔다. 소아시아와

---

78) Junker(1933, p.105).

79) Stock(1955, p.71).

80) Stock(1955, p.74). Götze(1936, p.99)가 인용한 Stock의 언급이다.

81) 히타이트학 학자 괴체는 나치즘으로부터 피신하기는 했지만, 그도 동일한 힘에 의해 영향을 받았다. Götze(1936, pp.99, 105-106);von Soden(1937, pp.14-17) 참조.

코카서스를 전공하는 학자가 그 분야를 분석하려는 시도에 대해 이집트학 학자와 팔레스타인을 연구하는 고고학자가 갖는 의혹 속에는 편협함이 있었다. 힉소스의 유적과 기록이 압도적으로 시리아-팔레스타인적이고 셈적이라고 해서 더 넓게 숙고해볼 필요를 인정하지 않은 점에서 독단적이었다. 그들은 또한 앞에서 언급했듯이 일반 역사가와 아마추어에 의해 양양된 극적이며 광범위한 사건의 재구성을 직업적으로 싫어했다. 기본적으로 역사를 조직하는 원리로서의 인종주의에 대해 회의적이었던 그들은 1933년 이후에는 인종주의의 정치적 함의를 혐오하기에 이르렀다.[82]

유대인 대학살의 폭로와 이스라엘의 건국으로 본질적인 변화가 있었다. 1940년대 이전에는 한편으로는 가장 전문적인 이집트학 학자, 그리고 다른 한편으로는 역사에 대한 넓은 견해를 지닌 일반 역사가 및 마네토를 존중하고 만연한 역사의 인종적 해석과 반유대주의를 바탕으로 삼고 있는 일부 이집트학 학자 사이에 금이 그어졌다. 1950년대에 상황은 바뀌었다. 학문적으로 엄격한 전문가들은 일반 학자들 사이에 널린 퍼진 반유대주의에 대한 혐오감으로 인해 지지받지 못했다.

1951년 스웨덴 학자 세베-쇠데르베르그T. Säve-Söderbergh는 대단히 영향력 있는 글을 발표했는데, 거기에서 '북쪽 사람들'의 침입은 물론 또는 침입이라는 것 자체가 없었다고 주장했다. 그에 따르면, 힉소스의 이집트 지배는 아시아인에 의한 내부 봉기의 결과였는데, 그들은 원주민 이집트인의 도움을 받아 이미 수 세기에 걸쳐 이집트에 정착했던 자들이었다.[83] 흥미롭게도, '지배 인종'과 그들의 정복에 대한 동일하게 건전한 혐오의 분위기에서 그리고 1940대 후반과 1950년대 인종 갈등보다 사회혁명을 선호하는 분위기 속에서 조지 멘덴홀은 이스라엘인의 가나안 정복을 부정하고 '정복'은 사실상 인민 봉기였다는 주장을 내놓았다.[84] 가디너는 1947년에도 여전히 후루인이 힉소스라는 이집트 침입자의 큰 부분을 차지했다고 믿었지만, 14년 후에 펴낸 『파라오들의 이집트』에서는 세베-쇠데르베르그의 주장을 받

---

82) 그 당시 나치 아시리아학 학자 조덴Wolfram von Soden이 저술한 『아시리아 제국의 흥기*Der Aufstieg des Assyrerreichs*』(1939)에 대한 올브라이트의 훌륭한 서평 참조. 나는 이러한 언급을 하도록 도움을 준 피터 다니엘Peter Daniels에게 감사한다.

83) Säve-Söderbergh(1951).

84) Mendenhall(1962).

아들이고 있었다.[85]

세베-쇠데르베르그는 프랑스 셈학 학자 롤랑 드 보, 독일 셈학 학자 알브레히트 알트의 지지를 받았다. 그들은 셈어를 말하는 시리아-팔레스타인 사이에서 생겨난 새로운 움직임은 셈어를 말하는 아모리인이 시리아 사막에서 레반트와 가나안으로 이주하면서 생겨난 결과였다고 주장했다. 알트는 이러한 흔적이 제13왕조의 소위 '저주의 문서Execratio Texts'에 나타난다고 주장했는데, 그 문서에서 이집트인은 내륙의 시리아-팔레스타인 군주(그들은 그곳의 이집트 세력을 위협했다)의 이름을 저주했다.[86]

배타적으로는 셈인종의, 크게는 팔레스타인 사람들의 지역적 이동으로 힉소스를 보는 견해는 오늘날에도 여전히 우세하다. 적어도 중부 유럽 밖에서 그러하다. 이것은 제2중간기 전문가인 독일의 위르겐 폰 베커라트와 캐나다의 이집트학 학자이자 고대사가인 존 반 세터스에 의해, 그리고 『캠브리지 고대사』의 윌리엄 헤이즈에 의해서 강력하게 주장되어왔다.[87]

그런데 볼프강 헬크는 기원전 3천년기와 2천년기 이집트와 중동 사이의 관계에 관한 표준서를 썼는데, 그는 새로운 경향에 반대하며 힉소스 중에는 후루의 요소가 있다고 강력히 주장했다. 헬크는 힉소스에 관한 마네토의 기술에서 '불분명한 인종' 또는 '동쪽의 지역에서 온'이라는 부분을 간과해서는 안 된다고 믿었다. 그는 한편으론 동부 삼각주의 셈어를 말하는 침입자 그리고 다른 한편으론 힉소스라고 부르는 그들의 소小군주 및 후기 파라오를 날카롭게 구분했다. 그는 지배적인 학파의 반대에 대해 힉소스 파라오의 여러 이름이 셈어 또는 이집트어의 관점에서 설명될 수 없다는 자신의 주장을 고수했다.[88] 헬크가 '셈족의' 기간과 '지배층 힉소스'의 기간을 분명하게 구분할 필요를 느끼게 된 원인은, 그가 메소포타미아의 낮은 연대를 받아들였기 때문이었다. 이로 인해 그는 기원전 17세기 중반 이전에 이집트에 후루인의 현존을 가정하지 못했던 것 같다. 그래서 그는 18세기의 침략자 또는 침입자를 셈족으로 보았다. 만약 '긴' 연표가 받아들여

85） Gardiner(1947, I, p.185; 1961a, pp.156-157) 참조.

86） De Vaux(1967, pp.481-503); Alt(1954). '저주의 문서'에 관해, Posener(1940, 1975) 그리고 Helck(1971, pp.44-67) 참조.

87） von Beckerath(1965, pp.114-119); van Seters(1966, pp.181-190); Hayes(1973, pp.54-55).

88） Helck(1971, pp.101-103).

진다면, 중기청동기 IIB의 초인 기원전 1760년까지는 팔레스타인에서 '북쪽' 요소를 받아들이는 것이 가능하다. '중간' 연료를 받아들인다면 그러한 요소는 기원전 1740년대에 그곳에 있을 수 있다. 그러나 낮은 연료를 받아들인다면, 명백히 어색한 헬크의 두 단계 해결법이 필요하다.

비록 헬크가 기원전 18세기에 후루인이 시리아-팔레스타인에 있었다는 것을 믿지 않는다 하더라도, 여전히 그는 그들의 현존은 일반적으로 받아들여지는 것보다 더 이른 연대에서 설정되어야 한다고 주장했다. 즉 헬크는 힉소스 가운데 후루인의 현존이나 더 나아가 인도아리아인의 현존 가능성까지도 지지하는 주장을 강력하게 펼쳤다. 그의 주장이 근거하고 있는 사실은, 시리아-팔레스타인에 후루인이 존재한다는 것을 가리키는 고왕국과 중왕국 이집트의 문헌은 없지만, 기원전 13세기 라메세스 시기에 이르면 팔레스타인의 지명 중 하나가 '후루Hurru의 땅'일 정도로 신왕국의 문헌에서는 상당수 언급되고 있다는 것이다.[89] 더욱이 이집트와 우가릿의 문헌은 인도 이름을 가진 그 지역의 군주를 보여주고 있다. 문화적으로 후루인과 인도아리아인은 전차를 이용한 전투를 분명히 중시했다.[90] 그런데 후루인과 인도아리아인 전사 또는 '마리안누Maryannu'에 관한 신왕국의 언급은 15세기 투트모세 3세의 정복과 함께 시작하는데, 즉 헬크가 이집트에 대한 후루-힉소스 침입의 연대로 보았던 시기보다 2세기 후이다.[91] 반 세터스는, 이집트인이 후루라는 이름을 알았고 그 이름을 기원전 15세기부터 사용했고 힉소스를 나타내는 옛 용어 ꜥ3mw가 기원전 15세기에도 사용된 사실로 미루어 보아 국외자 중에는 후루인이 포함되지 않았을 것이라고 주장했다.

반 세터스는 기원전 15세기에 팔레스타인에 후루인이 있었다는 것은 제18왕조 초기에 이집트가 시리아에 있는 셈어를 말하는 아모리인에 대한 공격의 결과(힘의 빈 공간을 후루인이 채웠다)라고 해석하면 가장 잘 설명될

---

89) 이에 관한 언급은 Gardiner(1947, I, pp.181-187) 참조.

90) 이것의 예는, 미탄니 왕 투시라타Tushratta('공포의 전차'라는 뜻)의 이름에서, 누지Nuzi에 있는 후루인 사이에서 사용된 인도어 바르다슈아Bardashwa('많은 말들'이라는 뜻)라는 이름에서, 팔레스타인에 있는 악코Accho의 군주에 의해 사용된 주라타Zurata('좋은 전차의 소유자'라는 뜻)라는 이름에서 찾아볼 수 있다. 이것에 관한 논의는 Drews(1988, pp.150-151) 참조.

91) 기원전 15-14세기 '마리안누'에 대한 이집트의 언급은 Helck(1971, pp.482-487) 참조.

수 있다고 주장했다.[92] 예를 들어 반 세터스를 비롯한 여러 저자는 시리아의 해안도시 알랄라크의 제7층에서 나온 문서는 말과 전차를 언급하지만 후루인과 인도아리아인에 관해서는 시사하는 것이 없음을 지적했다.[93] 그런데 만약 메소포타미아의 '긴' 연표를 받아들인다면, 후루인의 이동과 카시트인의 이동(카시트인은 북동에서 메소포타미아로 이주했다)을 기원전 18세기 초까지 끌어올릴 수 있고 알랄라크 제7층은 기원전 17·16세기가 아니라 기원전 18세기에 놓일 수 있다. 그 도시는 히타이트 왕 하투실리 1세에 의해 파괴되었는데, 그 왕은 '긴' 연표에 따르면 기원전 1700년 이전에 지배했고 중간 연표에 따르면 기원전 17세기 후반에 다스렸다.

언어학자이자 고대사가인 아넬레제 캄멘후버는 아나톨리아 후루인이 극서로 팽창한 것은 히타이트 왕 하투실리 1세의 치세(그녀는 그 시기를 기원전 16세기로 본다) 때의 일이라고 지적했다.[94] 이 증거는 만약 긴 또는 중간 연표를 받아들이고 몇 십 년 또는 1세기 이상 이르게 그의 연대를 잡는다면 매우 다른 중요성을 갖는다. 그것은 기원전 18세기에 이르면 레반트에 후루인이 있었다는 주장을 강화하는 것으로 보인다.

다민족 연합으로서의 힉소스

근년에 텔 엘 다바의 발굴자 만프레트 비탁은 힉소스에 관한 새로운 그림을 발전시켜왔다. 그는 그의 발굴지에서 발견된 포도주와 기름을 담는 시리아-팔레스타인의 항아리의 엄청난 양에 주목했고 힉소스 시대에 나일 강 상류 및 하류 그리고 지중해 사이에 다량의 무역이 이루어졌다고 강하게 제시했다. 이를 근거로 그는 고대 사료와 선배 고고학자가 힉소스를 토지에 근거한 정복자로 본 것은 분명히 잘못된 것이라고 주장했다. 대신에 그는 비블로스로부터 아바리스로 셈어를 말하는 레반트인의 해상 이주가 있었고 아바리스에서의 흥기는 비블로스에서의 쇠락에 연계될 수 있다고

---

92) Van Seters(1966, pp.186-187).

93) Van Seters(1966, p.185).

94) 하투실리 1세에 관해서는 Kammenhuber(1977, p.133) 참조. 함무라비의 계승자 샴실루나의 치세에 바빌론에서 후루 이름의 부재에 관한 비슷한 주장이 있다. Kammenhuber(1977, p.132) 참조. 긴 연표를 따르면, 그의 치세는 기원전 1806년에 시작된 것으로 설정할 수 있다(중간 연표나 낮은 연표를 따르면 기원전 1750년이나 1686년이 된다).

가정했다. 그는 힉소스가 기원전 1천년기 페니키아인의 상업망과 같은 힘을 지닌 본질적으로 비호전적인 상업망을 형성하였다고 보았다.[95]

힉소스 후원 하에 수행된 대규모 교역에 대한 비탁의 증거는 논쟁의 여지가 없다. 그러나 그가 그것에서 이끌어낸 결론은 그리 확고하지 않다. 우선, 그 시기 또는 다른 시기에 비블로스에서 아바리스로의 이주에 관한 이집트 사료와 후기의 언급이 없다. 더욱이 북동쪽에서 육로를 통한 주요 침입(기원전 7세기 아시리아의 침입 전에 이집트 역사에서 언급된 유일한 침입)을 명백히 기록하고 있는 고대의 널리 퍼진 전승을 무시하는 것은 위험하다. 육로 침입설은 고고학과 상충하지 않고, 일부 고고학자는 자신들이 증거를 찾았다고 믿는다. 비탁도 텔 엘 다바에서 정복에 어울리는 파괴와 전사들의 무덤(그 앞에는 '말과科' 동물이 쌍으로 부장되었다)을 발굴했다.

나는 아바리스가 번영하고 있었을 때 비블로스가 쇠퇴했던 이유가 레반트로부터 나일 삼각주로의 해상 이주 때문이라는 설명을 받아들이지 않는다. 전승에 의해 상술된 것처럼 그 이유를 육로 침입의 결과로 설명하는 것이 훨씬 더 그럴듯하게 여겨진다. 그로 인해 시리아-팔레스타인 사람들에게 레반트는 물론 이집트와 나일의 교역을 장악할 기회가 주어졌던 것으로 보아야 한다. 이로 인해 비블로스가 희생되면서 아바리스는 새로운 상업 중심지로 부상되었을 것이다.

가장 중요한 요점은 군사적 정복과 하상河上 및 해상 교역이 결코 상호 배타적이지 않다는 점이다. 유사한 예들이 많다. 이슬람의 아랍인은 사막 습격 및 육지 기동전을 뿌리 깊은 상업주의에 그리고 후기에는 동부 및 남부 지중해의 교역 지배에 연계시켰다. 북유럽에는 바이킹이 있었는데, 그들은 그들의 유명한 습격을 광범위한 교역 및 북유럽의 많은 곳의 도시화에 연계시켰다. 나는 힉소스의 전통적 이미지를 내칠 이유가 없다고 본다. 대신에 나는 그들의 하상 및 해상 상업 활동의 증거(비탁의 발굴로 얻게 된 증거, 그리고 다음 장에서 다룰 그들의 에게해권 유적지에서 얻은 증거)를 단순히 덧붙이기만 하면 된다고 생각한다.

---

95) Bietak(1983). 이것에 관한 비탁의 최근의 견해는 Neil Asher Silberman(1989, pp.147 -152)과의 인터뷰 참조.

말과 전차: 후루인과 아리아인

헬크가 힉소스가 순수히 셈족이라는 것을 반박할 때 후루인을 염두에 두었는지는 전혀 명백하지 않다. 그는 『고대 이집트사』에서 다음과 같이 기술하고 있다.

> 남쪽으로 진출한 (후루인이) 시리아, 키쭈와트나(킬리키아), 팔레스타인을 복속했고 삼각주에 진입했다. 그들은 후에 부분적으로 인도의 귀족정 하에 있었는데, 인도인은 이주할 때 남러시아의 스텝에서 말과 경전차를 가져왔다. 물론 말은 메소포타미아에서 훨씬 일찍 알려졌지만, 새로 나타난 경전차에 연계해 말의 중요성과 가치는 대단히 커졌다.[96]

사륜 수레가 기원전 3000년 메소포타미아에서 사용되었다는 데는 의심의 여지가 없다. 처음에는 소나 물소 그리고 후에는 야생 당나귀나 당나귀가 수레를 끌었다. 또한 우리는 말과 수레가 어떻게 사용되었는지는 확실하지 않지만 메소포타미아에서 고바빌론 시대(기원전 20-19세기)에 존재했다는 것을 알고 있다.[97] 말이 유라시아의 스텝에서 중동으로 도입되었다는 것은 거의 확실하지만, 그렇다고 해서 이것이 전차용으로 말을 사용한 최초의 지역이 그곳이라든가 전차가 인도유럽어(그 언어에 속하는 인도이란어나 인도아리아어를 포함해서)를 말하는 자들에 연계되었음을 의미하는 것은 아니다.

이 주제로 최근에 책을 쓴 메어리 리타우어와 주스트 크라우얼은 사륜 수레가 튼튼한 살로 구성된 이륜 전차로 발전한 것은 그 지역에 인도유럽인이 흔적을 남기기 오래전에 일어났다고 주장했다.[98] 러시아의 언어학자이자 고대사가인 I. M. 디아코노프는 인도아리아인이 기원전 1600년 이후에야 근동에 있었음이 입증되었고 그때는 그곳에서 전차가 사용된 지 오랜 후이므로 말과 전차가 인도유럽인의 현존 증표로서 사용되어서는 안 된다고 강력하게 주장했다.[99] 극단적인 예를 든다면 누비아의 부헨에 있는 제

---

96) Helck(1968, p.132).

97) Mallory(1989, pp.40-41); Yadin(1963, pp.36-38, 74) 참조.

98) Littauer and Crouwel(1979, pp.51, 61). Drews(1988, pp.96-97)도 참조.

12왕조의 요새 근처에서 다소 마모된 말의 뼈가 출토되었듯이, 디아코노프의 주장은 명백히 옳다.[100]

그러나 스텝에서 기원한 인도유럽어를 말하는 자들(이들에게 말과 수레 여행은 가장 중요한 것이었다)과 중동에서의 전차 발전 사이에는 느슨하게 나마 분명히 연계가 있다. 러시아의 고고학자 로만 기르쉬만은 인도아리아어(또는 인도이란어)를 말하는 자들이 길들여진 말과 마차를 가지고 기원전 3천년기 초부터 북동 이란에 살아왔다고 주장했다. 그는 또한 기원전 1800년경 인도아리아어를 말하는 자들이 자그로스 산맥(오늘날의 쿠르디스탄)의 후루인과 섞였으며 바로 이들이 공동생활을 하며 기원전 2천년기 중반에 상메소포타미아와 그 북쪽 변경을 지배했던 미탄니 사회를 형성했다고 주장했다.[101]

기르쉬만이 이러한 인도아리아인의 이동을 지지하기 위해 내놓은 고고학 증거에 대한 날카로운 도전이 있었다. 그런데 내가 보기에는 그러한 도전으로 기르쉬만의 전반적인 틀이 지닌 개연성은 파괴되지 않았다.[102] 독일의 고고학자 아넬레제 캄멘후버는 아리아인 전차병에 의한 정복이라는 개념은 신화라고 주장하며 도전했다. 그녀는 미탄니어에 포함된 인도 단어는 구어(분명히 후루어이다)의 부분이 아닌 잔류어이며, 왕과 신의 아리아적 이름은 기원전 2천년기 중반 후루인과 인도아리아인이 일상적으로 접촉한 결과일 뿐이었다고 주장했다.[103] 그녀의 첫 번째 주장은 설득력이 있다. 그러나 그것은 후루어를 말하는 자들과 아리아어를 말하는 자들 사이의 접촉은 더 이르며 따라서 전차의 도입에 더욱 연관될 수 있음을 시사한다. 그녀의 두 번째 주장, 즉 신과 왕의 이름이 일상적 차원에서 채택되었다는 생각은 완전히 설득력이 없다.

기르쉬만이 언급한 후루인과 인도아리아인이 이룬 공동생활의 정확한 형태가 불분명하다. 그러나 그가 후기 문서(기본적 어휘는 후루어이다)에서 미탄니의 신, 왕의 이름, 전차 용어 중 일부가 인도아리아어임을 상술하고

---

99) Diakonoff(1972, pp.91-120).
100) 제5장의 주55-56 참조.
101) Ghirschman(1977, pp.3-10, 25-32).
102) 이러한 주장에 관한 논의는 Mallory(1989, pp.39-41) 참조.
103) Kammenhuber(1977, pp.220-223).

있다는 사실은 지배 엘리트라는 아리아주의자의 꿈을 넌지시 보여주고 있
다. 오늘날의 인도유럽주의자 J. P. 맬러리는 다음과 같이 기술했다.

인도어를 말하는 전차 전사들이 후루어를 말하는 원주민을 지배하며 수세기
간 지속된 왕조를 형성했던 것 같다. 인도어를 말하는 자들이 어떤 구조로 후
루인과 융합했는지 정확하게는 알려지지 않고 있다.[104]

이데올로기적으로는 받아들이기가 상당히 껄끄럽지만, 나는 이 글이 상당
한 개연성을 지니고 있다고 본다. 그러나 이것이 리타우어와 크라우얼의
논점, 즉 경전차는 이란과 스텝보다는 북메소포타미아에서 발전되었을 것
이라는 논점을 배제하지는 않는다.[105] 그렇지만 미탄니 전차와 아리아인
의 연계 그리고 인도유럽어를 말하는 자들이 중앙아시아로부터 아일랜드
에 이르기까지 전차를 사용하는 데 관련되었다는 사실로 보건대, 인도아리
아어를 말하는 자들이 전차가 발생한 곳에서 그 발전에 연루되었을 개연성
은 높다.[106] 1930년대 독일 고고학자인 게르트루트 헤르메스의 주장이 가
장 그럴 듯한데, 그에 따르면 경전차는 말과 수레 사이의 접촉 시점에서
인도유럽어를 말하는 자들과 근동의 기술자에 의해 발전되었다.[107]
　디아코노프가 주장하듯이, 전차에 대한 인도유럽인의 독점은 없으며 전
차의 사용은 다른 언어를 사용하는 많은 민족에게 퍼졌음이 아주 명백하
다. 그러나 나는 인도아리아어를 말하는 자들이 전차의 첫 발전을 이룩했
다는 것을 부정할 이유는 없다고 본다.

후루인과 힉소스

　후루인 및 인도아리아인으로 형성된 미탄니 왕국이 힉소스와 관련 있는
지에 관한 또 다른 의문이 남아 있다. 메소포타미아·아나톨리아·이집트의
사료에서 미탄니 왕국에 관한 언급은 기원전 15·14세기에야 나타난다. 맬

---

104) Mallory(1989, p.41).
105) Littauer and Crouwel(1979, pp.51-68).
106) Drews(1988, pp.136-157)도 이러한 견해를 갖고 있다.
107) Hermes(1936, pp.393-394).

러리는 다음과 같이 언급했다.

> 미탄니 문서에서 인도아리아적 요소에 대한 우리의 연대 설정은 순전히 그리
> 고 단순히 연대적 맥락을 제공하는 문헌 사료에 근거하고 있다. 우리가 이 연
> 대를 기원전 15세기 이전으로 설정할 수 없음은 확실하다. 그러나 잊지 말아야
> 할 것은, 후루어에서 인도어적 요소가 잔존한 사어死語에 지나지 않는 것으로
> 보인다는 사실과, 미탄니를 만들었던 공동생활이 수세기 전에 발생했을 가능
> 성도 있다는 점이다.[108]

앞에서 언급했듯이, 많은 학자들은 순전히 연대를 근거로 힉소스에 대한
후루적(좀 더 강력하게 말한다면 인도아리아적) 영향을 간과했다. 벨기에의
아시리아학 학자 쿠퍼는 『캠브리지 고대사』에서 다음과 같이 주장했다.

> 일반적으로 힉소스 시대가 기원전 18세기 말경에 열렸다는 것이 받아들여지
> 고 있다. … 이들이 삼각주로 이동하기 시작했을 때 후루인은 북시리아로 확산
> 되기 시작했다. 북시리아는 후루인이 이집트로 들어갈 수 있는 유일한 통로였
> 다. 사실이 이러할진대, 함무라비(함무라비는 바빌론의 유명한 왕으로서 메소
> 포타미아 연표의 대다수가 그의 치세에 근거하고 있다)의 연대를 상당히 과거
> 로 더 올리지 않고서는 힉소스를 후루인의 이주에 연계시키는 것은 불가능하
> 다. 마찬가지로 인도아리아인의 영향도 있을 수 없는데, 그들은 분명히 후에,
> 즉 알랄라크의 제7층 시기 이후에야 나타난다.[109]

만약 긴 연표를 따른다면 함무라비 시대는 기원전 1848-1806년까지 상당
히 거슬러 올라가며, 히타이트 왕 하투실리 1세는 기원전 1700년경 중부
아나톨리아에서 후루인과 싸움을 벌인 것이 된다. 중간 연표를 따른다면,
함무라비는 기원전 18세기 전반에 통치했고, 카시트인(그들의 이주는 후루
인의 이주 시기와 같았던 것으로 여겨진다)은 함무라비의 후계자 샴실루나의

---

108) Mallory(1989, p.42).
109) Kupper(1973, p.36).

치세에 나타난다. 두 경우 모두 기원전 18세기 후반에 시리아-팔레스타인에 후루인이 있었을 가능성은 대단히 커진다. 낮은 연표의 경우에만 그 가능성은 없다. 메소포타미아와 시리아에 있었던 왕국으로부터 침묵의 논증을 받아들인다 하더라도, 기원전 18세기 레반트에 후루인이나 인도아리아어를 말하는 자들의 존재를 무시할 이유는 없다. 이 모든 논의에서 나는 돌연성에 대한 평가절하가 있다고 생각한다. 돌연히 새로운 군사적, 정치적 또는 종교적 세력이 일어날 수 있다. 이슬람, 몽골, 태평(역주: 중국의 농민운동인 태평천국운동, 1851-1864)은 돌연히 대두했고 마네토가 힉소스에 관해 표현했던 그런 충격을 가했다.

후루인의 존재를 보여주는 고고학적·언어학적 증거

기원전 18세기 시리아-팔레스타인에서 후루인이 존재했다는 가설은 고고학적 기록에 나타날까? 일반적으로 후루인의 도래를 추정할 수 있는 가능한 경계선은 중기청동기 IIA와 IIB 사이인데, 앞에서 주장했듯이 그 시기는 기원전 18세기 2/4분기로 잡아야 한다. 20세기 학자들은 관련된 변화가 부족하다는 것을 강조해왔다. 캐슬린 케년은 『캠브리지 고대사』에서 다음과 같이 기술했다.

> 팔레스타인에 관한 한 … 모든 물질적 증거(도기, 무기, 장신구, 건축, 매장방식)에 따르면 중기청동기 시초부터 그 끝까지 그리고 그 이후에도 문화 및 기초 인구에는 어떠한 단절도 없었음을 강하게 보여주고 있다. … 이것이 지중해 연안 지역의 가나안 문화이다.[110]

이것의 핵심적 진실에 관해서는 절대적으로 의심이 있을 수 없다. 그러나 도기형식에는 변화가 있었다. 가장 괄목하게는 텔 엘 예후디예Tell el Yehudiyeh (동부 삼각주에 있는 힉소스의 정착지로부터 이름을 따왔다) 도기가 널리 사용되었다. 이 도기는 레반트와 북동 이집트에 걸쳐 발견되었다. 이 도기의 사용 시점에 관해서는 여러 가지 설이 있으나, 그것은 텔 엘 다바 G지층에서

---

110) Kenyon(1973, p.115).

나타났는데, 비탁은 G지층의 연대를 제13왕조로 그리고 중기청동기 IIA로
부터 IIB로의 전이 이전으로 설정하고 있다.[111] 그러나 그것이 기원전 18
세기 2/4분기에 동부 삼각주 시리아-팔레스타인 인구 가운데에서 처음으로
나타났으며 힉소스의 시기에 걸쳐 사용되었다는 데는 의문의 여지가 없다.
또한 그것이 북쪽에서 온 후루인 또는 인도아리아인 침입자에 의해 도입되
었다는 데도 의문의 여지가 없다.

일부 학자는 요새의 형식 변화에, 즉 진흙 또는 돌로 쌓은 완만한 경사
의 축대를 지닌 거대한 성벽에 관심을 기울였다. 이것은 일반적으로 전차
전에, 힉소스에, 때로는 북의 후루인의 침입에 연관되어 있었다.[112] 그런
데 이러한 '개량(변화)'은 이미 누비아에서 제12왕조의 요새에서 나타났고
기원전 20세기와 19세기의 중기청동기 IIA에 시리아-팔레스타인에서 분명
히 폭넓게 사용되었다.[113] 반면에 북시리아로부터 팔레스타인을 거쳐 동
부 삼각주와 오늘날의 카이로 교외인 헬리오폴리스에 이르기까지 수많은
유적지에서 발견된 성벽으로 둘러친 요새(때로는 구석에 지대를 높인 아크로
폴리스를 갖추고 있다)는 전례 없는 건축 형태이다.[114] 페트리는 그것이 전
차 요새라고 생각했고, 내가 알기로는 어느 누구도 더 나은 생각에 이르지
못하는 것 같다.[115] 설혹 그렇지 않더라도 그것의 목적이 군사적이었다는
데는 의심의 여지가 없다.

이것은 전차가 팔레스타인과 이집트로 확산되었을 가능성을 보여준다.
세소스트리스 치세 때 이집트에 의식용 전차가 있었을 가능성은 제5장에
서 고려되었다.[116] 이집트에서 말(ḥtr헤테르)과 전차(t3 nt ḥtry타 네트 헤트리)에
대한 가장 이른 언급은 기원전 16세기 초 테베의 통치자 카모세의 힉소스
원정을 축하하는 비문에 나온다. 반 세터스는 비문에 전차가 전쟁용으로
사용되었다는 언급은 전혀 없다고 지적하지만, 50년 후쯤의 비문은 카모세
의 후계자인 아모세 1세가 아바리스 포위 전투에서 전차를 타고 있었음을

---

111) Bietak(1984, p.476). Kemp and Merrillees(1980, pp.96-98)도 참조.
112) Van Seters(1966, pp.27-37).
113) 제5장의 주60; Van Seters(1966, pp.33-37) 참조.
114) Van Seters(1966, pp.28-29).
115) Petrie(1952, p.3).
116) 제5장의 주55-57.

언급하고 있다.[117] 반 세터스는 그 비문이 또 다른 점에서 상메소포타미아
에 있는 나하라인Naharayin에서 전차의 포획(그의 주장에 따르면, 그 포획 사건
은 기원전 15세기에 발생했을 가능성이 크다)을 언급하고 있다는 것을 근거로
시대착오적이라고 주장했다.[118] 그의 주장은 특이한 것 같다. 전차가 팔레
스타인뿐 아니라 이집트에서도 기원전 16세기 초에는 사용되었다는 데는
실제로 의심의 여지가 없다.

　이와 관련된 의미를 갖는 어휘의 기원에 관한 논쟁이 있다. 분명히 헤테
르htr라는 단어는 밭가는 황소의 쌍 또는 같은 멍에에 메인 소 한 쌍을 나타
내는 고古이집트어 용어로부터 나온 응용 용어이다. 이 단어는 전차를 끄
는 한 쌍의 말이라는 의미로서, 그리고 자체로서의 말(馬)이라는 의미로서
새로운 기술을 나타내기 위해서 사용되었다. 제18왕조에 최초로 나타난
'말'을 나타내는 또 다른 단어는 세스메트ssmt이다. 이것은 히브리어 수스
sûs(말)와 아카드어 시수sîsû와 연결된다. 이 어군은 아직도 논쟁 중이지만,
산스크리트어 아쉬바aśva(말)에서 발견되는 재구성된 원인도유럽어의 형태
에서 파생되었다. 어원은 우가릿어 형태(ś ś w)의 발견으로 더욱 그럴듯하
게 되었는데, 그것은 스와스와*sʷasʷa로 발음되었을 것이다. 이렇게 이들 단
어가 명백히 연계되었음에도 불구하고 그것이 또 다른 알려지지 않은 언어
에서 기원했을 가능성은 남아 있다.[119] '수말'을 나타내는 이집트 단어 예
베르ibr는 제18왕조에 처음으로 나타났는데, 히브리어 압비르ʾabîr와 우가
릿어 입비루ʾibr에서 발견되는 셈어의 형태에서 파생된 것이 분명하다.[120]
'전차'를 나타내는 이집트 단어 메르케베트mrkbt는 히브리어 메르카바merkåvåh

---

117) Gardiner(1916, p.107).

118) 이 비문에 관해서는 Sethe(1906-1909, IV, pp.1-3); Pritchard(1955, pp.233-236) 참조.
　　Gardiner(1961a, pp.168-9)와 반 세터스의 주장에 관해서는 Van Seters(1966, p.184, n.25)
　　도 참조.

119) Ellenbogen(1962, p.123); Gordon(1966, p.451). 반대 견해에 관해서는 Littauer and Crouwel
　　(1979, p.59, n.52); Drews(1988, p.141) 참조. 그들은 아시리아어 시수sisu 또는 시시에sisie가
　　인도아리아어를 말하는 자들의 도래 이전에 기원전 19세기 아나톨리아에서 사용되고 있
　　었다는 사실을 증거로 삼고 있다. 반면에 Segert(1983, pp.202, 215)가 우가릿어 ś를 sʷ로
　　독음하면서 그 연계는 강화되었다.

120) Gardiner(1957, p.459(E5)); Gordon(1966, p.350). 여기에서 주목해볼 만한 것은, 이집트어
　　헤테르htr처럼 서부 셈어 ibr(역주: 우가리트어의 입비루, 히브리어의 압비르) 또한 원래
　　소('등 혹이 있는 숫들소')의 의미도 지니고 있었다는 점이다.

또는 구성된 형태인 메르케베트merkebet에서 보이는 셈어 형태로부터 분명 파생되었다. 또 다른 단어 웨레트(웨르레트, 웨르리트)wr(r[y])t에 대해 셈어 학자이자 초창기 후루어 전문가인 E. A. 스피저는 후루어 와라투쉬후waratušhu 에서 온 것이라고 주장했지만, 이 형태의 존재는 불분명하다.[121] 불분명하 기는 하지만, 새로운 필요에 부응하는 원래의 이집트 용어만 있었던 것이 아니라 말이라는 새로운 종과 기술을 나타내기 위한 셈어, 아마도 후루어, 그리고 궁극적으로 인도아리아어도 있었던 것으로 여겨진다.

누비아의 부헨에서 말의 뼈가 출토된 것 외에도 힉소스 시대 끝 이전에 팔레스타인과 이집트에 말이 있었다는 또 다른 징표가 있다. 페트리는 자 신이 힉소스 지층이라고 기술한 가자의 한 지역에서 청동 말 재갈을 발견 했는데, 1936년 고대 말 전문가 게르트루트 헤르메스는 그것의 연대를 기 원전 1700년경으로 책정했다.[122] 이후 다른 학자들은 그 연대를 낮추려는 경향이 있었으나, 당대의 고전학자 로버트 드루즈가 기술하고 있듯이 그들 은 '헤르메스의 주장을 정식으로 다루지' 않았다.[123] 이번 장의 앞부분에 서 서술했듯이 학자들이 더 높은 연대를 일반적으로 받아들이고 있다는 점 을 고려한다면, 그 재갈이 기원전 18세기에 만들어졌다는 것을 의심할 이 유가 없는 것 같다.

텔 엘 다바로부터의 증거는 말 또는 적어도 말과科 동물이 기원전 1750 년 이전에 레반트로 그리고 하이집트로 도입되었다는 가설을 확인해주는 경향이 있다. 17마리의 당나귀 또는 말과科 동물의 유골이 G지층과 D3지층 에 이르는, 즉 기원전 1800년경부터 1570년에 이르는 시기의 유적지에서 발견되었다.[124] 대부분 무덤 앞에 쌍으로 매장되었고, 마구로 함께 연결되 었음을 추정할 수 있다. 이 무덤의 평면도를 눈여겨보면, 우리는 무덤이 말 과 동물이 끄는 상징적 사륜차나 이륜차로서 여겨지는 강력한 인상을 받는 다.[125] 지층 F9(기원전 18세기 초 또는 중기에 속한다)에서, 무장한 중요 인

---

121) Speiser(1933, pp.49-52). 그런데 나는 Laroche(1977)의 책에서 와라투쉬후waratušhu를 찾을 수 없었다.

122) Hermes(1936, pp.379-381).

123) Drews(1988, pp.102-103).

124) Van den Brink(1982, pp.46-47).

125) Bietak(1968, pp.91, 98) 참조.

물의 무덤 앞에 두 명의 젊은이와 다섯 마리의 '말과 동물' 유골이 발견되
었다. 비탁은 사람과 동물 모두 아마도 희생되었을 것이라고 믿는다.126)
또한 말 이빨이 기원전 18세기 후반의 E2층에서 발견되었다.127) 사람의
무덤 근처나 안에 나귀를 매장하는 관행이 중기청동기 II 유적지인 인샤스
Inshas, 동부 삼각주에 있는 텔 엘 파라샤Tell el Farasha와 텔 엘 마스쿤타Tell
el Maskhuntha, 팔레스타인에 있는 텔 엘 아줄Tell el Ajjul과 예리코에서도 나타
나는데, 보통은 무장한 사람 아마도 전사에 연계된 것으로 보인다.128) 이
처럼 전차의 직접적인 증거는 없다 하더라도 삼각주에 유입된 새로운 도래
자는 말과 동물과 이륜마차를 종교적인 또는 실제적인 차원에서 아니면 두
차원 모두에서 매우 심각하게 취급했던 것으로 보인다. 이 시기에 이루어
진 시리아와 더 북쪽에서 팔레스타인과 이집트로 전쟁과 관련된 말과 동물
과 탈것의 유입은 후루인과 인도유럽인이 힉소스 이주에 연관되었다는 가
설을 강화한다.

힉소스와 물질문화

텔 엘 다바의 발굴 이전에는 이집트에서의 힉소스 물질문화에 관해 거
의 알려진 것이 없었다. 이것은 부분적으로 제18왕조의 통치자들이 힉소스
의 구체적인 유물유적을 의식적으로 파괴한 탓이기도 한데, 그들은 힉소스
에게 격렬하게 적대적이었다. 그러나 '힉소스'의 물질문화에 적대감을 느
꼈던 것으로는 받아들여지지 않는데, 왜냐하면 텔 엘 다바에서 나타난 문
화는 이미 이집트와 팔레스타인을 연구하는 고고학자들에게는 사실 이미
잘 알려진 것으로서 시리아-팔레스타인의 중기청동기 II 문화와 이집트의
중왕국 후기 문화가 뒤섞인 것이었기 때문이다.

집의 마루 아래에 매장하는 관습은 레반트에서 중기청동기 IIA에 발전
되었던 것으로 보이지만, 텔 엘 예후디예 도기와 같은 다른 것들은 레반트
또는 가나안의 동부 삼각주에서 생겨났다. 그렇지만 두 현상은 힉소스의
문화와 그 시기에 특징적인 것이 되었다.129) 텔 엘 다바의 무덤에는 많은

---

126) Bietak(1968, pp.90-92).

127) Boessneck(1976, p.25); Bietak(1979, p.247).

128) Van den Brink(1982, pp.74-83).

양의 청동기 무기 특히 도끼, 단도, 칼 등이 부장되어 있었다. 이것은 이집트의 제12왕조 이래 시리아-팔레스타인에서 발전되었던 정교한 금속세공술 형태도 지니고 있었다.[130] 비록 지금까지 텔 엘 다바에서 발견되지는 않았지만, 분명히 더 이른 시기의 단도에서 발전된 검이 중기청동기 IIB-C 시기의 시리아-팔레스타인 전역에서 발견된다.[131] 기원전 18세기 후반 시리아-팔레스타인의 힉소스 문화에는 이미 청동기 후기의 지배적인 새로운 무기가 포함되어 있었다. 나귀, 말, 마차, 예리한 단도는 분명히 포함되었고, 전차와 검도 포함되었을 가능성이 대단히 높다.

고고학자이자 예술사가인 헬렌 캔터는 힉소스 시대의 예술을 '혼합 예술'이라고 평했다.[132] 힉소스 상층 계층과 북쪽 사이의 접촉을 시사할 수 있는 유일한 특징적 유물은 네 개의 가젤 머리와 뚜렷이 아나톨리아적으로 보이는 수사슴의 머리를 지닌 놀라운 호박금琥珀金(역주: 금과 은의 합금) 관冠이다. 이것은 텔 엘 다바로부터 10킬로미터 가량 떨어진 곳에서 발견된 '살히야 보물Salhiya Treasure' 중 하나이다.[133] 예리코에서 발굴된 힉소스 시기에 속하는 항아리에 그려진, 눈에 띄는 구레나룻의 남자 초상에서 다른 시기에서는 발견되지 않는 야만적 특성이 엿보인다.[134]

더욱이 많은 그림 속에 '비상飛上하는 말'의 모습이 있는데, 그 말의 다리가 앞뒤로 힘차게 뻗어 있음을 묘사하는 것으로 보아 속력의 인상을 주고 있다. 이 자세는 환상적인 새로운 동물 그리핀에 종종 나타난다(그리핀과 비상하는 말은 제9장에서 더 논의될 것이다).[135] 1947년에 출간된 선구자적인 저작『에게해권과 기원전 2천년기』에서 캔터는 '비상하는 말'은 에게해권에서 근동으로 왔다고 주장했다. 그러나 그녀의 연대 주장은 극도로 부정확하고, 선배 권위자의 견해에 근거했던 것으로 보인다. 그들은 순전

---

129) 매장에 관해서는 Van den Brink(1982, pp.74-83) 참조. 텔 엘 예후디예 도기에 관해서는 Kemp and Merrillees(1980, p.97, n.252) 참조.

130) Bietak(1968, pp.106-109).

131) Van Seters(1966, pp.56-57).

132) Kantor(1956, p.153).

133) Bietak(1979, pp.242-243).

134) 예루살렘 박물관 소장. 여러 곳에서 그 그림을 볼 수 있다. Amiet(1977, plate 77) 참조.

135) Bisi(1965, p.167); Frankfort(1970, pp.263-264).

히 고고학적 차원에서 그러한 '활달함'은 분명히 유럽적 근원을 가졌다고 추론했다. 헬크도 동일한 가설을 계속 지지했다.[136]

원통형 인장과 상아에 조각된 그림들은, 비록 많은 이집트적 모티프가 첨가되었다 하더라도, 북부 시리아에서 크게 차용한 것으로 보인다.[137] 하이집트와 팔레스타인 모두에서 인장과 상아보다 더 널리 퍼진 것이 힉소스 스카랍이었다. 이것의 일부는 이집트 중왕국에서 확립된 유형을 따르거나 복사된 형식이었지만, 일부는 기본적 꼴을 유지하면서 평평한 표면에 고유한 디자인을 발전시키고 있는데 시리아-팔레스타인 예술의 영향을 엿볼 수 있다.[138]

힉소스 예술의 주요 근원 중 하나는 명백히 비블로스인데, 그곳에는 수세기 동안 이집트-레반트의 절충적 전통이 있었다. 이것의 놀라운 예는 중왕국 이래 그곳에서 제작된 밝은 색채의 금속 상감이다. 반 세터스는 돋을새김의 자루와 칼집을 갖춘 힉소스 단도에 관련된 화려한 금속세공에 관해 기술하고 있다.

칼자루의 한 면에는 짧은 치마를 입고 이집트의 '백색 왕관'을 닮은 왕관을 쓴 이집트식으로 치장한 인물이 있다. 다른 면에는 뒷다리로 서 있는 두 마리의 영양이 있는데, 등과 등을 마주하고는 머리를 돌려 서로 쳐다보고 있다. 이것은 확실히 아시아의 모티프이고 시리아 보석 조각에 흔한 것이다. 두 마리의 영양 위에는 좀 더 자연스러운 자세로 풀을 뜯는 또 다른 영양이 있다. 칼집에 나타난 디자인은 혼합적이다. 비비원숭이, 들개, 물고기와 함께 있는 소년은 이집트의 모티프이고, 두 남자도 이집트 식으로 옷을 입었다. 그러나 영양, 사자, 사냥꾼이라는 소재는 언월도를 차고 나귀를 탄 남자와 더불어 분명히 아시아적이다.[139]

---

136) Kantor(1947, pp.92-95); Helck(1979, pp.80-81). 이것을 포함한 그밖의 모티프들과 관련하여 크레타와 힉소스의 우선성에 대한 논의는 다음의 제9장 참조.
137) Van Seters(1966, pp.67-79); Porada(1984).
138) Van Seters(1966, pp.61-67); Ward(1987, pp.517-532).
139) Van Seters(1966, p.71).

힉소스 예술의 원형으로 여겨지는 유물에서 동일한 모습이 발견되었다. 사카라에 있는, 분명히 셈어에 어원을 둔 ʿabd아베드(히브)라는 이름을 지닌 한 남자의 관棺에서 발견된 단도이다. 한 면에는 '네흐멘Nehmen을 주인으로 둔 심복'이라고 새겨 있는데, 아마도 히브리어 나하마니Naḥămânî('같은 마음을 지닌'의 뜻)로 여겨지는 서부 셈어의 이름으로 보인다. 검의 유형은 '아시아적'이다. 그리고 흑목黑木에 호박금을 입힌 칼자루의 디자인은 다음과 같다.

> 그 칼자루는 사자를 공격하는 활기 넘치는 자세를 취한 남자를 담고 있다. 그는 짧은 이집트 킬트를 입고 있지만, 아시아적인 팔찌 그리고 가슴을 열십자로 휘감는 원반의 띠를 두르고 있다. 사자 한 마리와 영양 한 마리는 '비상하는 말'에서도 묘사되어 있다.[140]

반 세테스는 이어서 다음과 같이 기술했다.

> 여러 점에서 이 작품은 기술적인 업적, 그리고 중기청동기 IIB-C 시기에 시리아-팔레스타인 및 힉소스의 이집트에서 공통적이었던 예술적 절충과 정치적·경제적 상호의존을 종합하고 있다.[141]

이러한 기술, 혼합된 예술적 주제가 미케네에 있는 동시대의 수갱묘에서 출토된 보석류에서 괄목할 만한 수효로 발견되지만, 그는 이에 관해서는 언급하지 않는다. 그 유사점은 제9장에서 논의할 것이다.

이집트에서의 힉소스와 성서적 포로생활 또는 체류

힉소스 문화의 절충적 성격에 관한 일반적인 개요를 끝내기 전에, 나는 힉소스의 정복과 이집트로부터의 축출에 관한 몇 가지 민간 기억을 보전하고 있는 두 개의 비이집트적 전승 중 하나를 살펴보고자 한다. 다나오스와 아이기프토스 사이의 경쟁에 관한 이야기에서 발견되는 그리스 판은 제1

---

140) Van Seters(1966, pp.71-72). Hayes(1975, p.64)도 참조.
141) Van Seters(1966, p.72).

권에서 논의되었고, 제2권의 제9장에서 좀 더 살펴볼 것이다.[142] 여기에서는 「창세기」의 끝부분과 「출애굽기」의 첫 부분에 있는 이야기를 생각해볼 것이다.

요셉이 이집트에 노예로 팔려가서 그곳에서 권좌에 올라 옥쇄 보관자 또는 총독이 되었다는 이야기는 「창세기」에 약간의 일탈과 함께 이야기되고 있고, 많은 민담이 이를 언급하고 있다. 가나안에 기아의 시기가 오자 그의 아버지 야곱과 그의 형제는 식량을 구하러 이집트에 갔고 요셉은 그들을 파라오의 농민으로 그곳에 정착시킨다.[143]

그 이야기는 대략 3세대 후 「출애굽기」에 다시 나타난다. 그때쯤 히브리인은 대단히 번창했는데, 새로운 파라오는 그들을 위협으로 여겼으며 동부 삼각주에 새로운 도시를 세우는 공사에 동원했다. 이집트인으로 자라난 히브리 소년 모세는 자신을 그의 민족과 동일시하게 되었고, 신의 지원을 얻어 유대인을 이집트로부터 떠나게 해 가나안으로 돌아가게 하려는 과정에서 정치적·주술적 싸움에 휘말렸다. 하느님과 그가 이집트에 가한 역병의 일부는 그 화산적 성격 때문에 제7장에서 기술되었다. 그런데 다른 재앙도 있었다. 그것은 이집트에서 태어난 모든 맏아들을 죽이는 것에서 정점에 이르렀고, 이로 인해 이스라엘 사람은 구출된다. 이것이 파라오의 저항을 무너뜨린다. 그는 유대인이 가는 것을 허락했고, 그들은 곧 빠져나갔다. 낮에는 연기 기둥이 그리고 밤에는 불기둥이 그들을 인도했다. 파라오는 마음을 바꾸고는 그들을 되잡아오기 위해 전차부대를 거느리고 출발했다. 얼마 동안 주저한 후 이스라엘 사람들은 계속 걸어갔고, 하느님은 이스라엘 사람들을 위해 바다를 갈랐고, 그 후 바다를 다시 합쳐 이집트 군대를 덮쳤다. 그런데 이스라엘인의 문제는 끝난 것이 아니었다. 그들은 황야에서 40년을 보내고서야 모세의 후계자 여호수아의 지도하에 가나안 땅으로 들어갈 수 있었다.[144]

성서는 출애굽의 연대에 관해 상충되는 증거를 제시하고 있다. 「열왕기」는 출애굽을 기원전 965년경 예루살렘 성전이 세워지기 480년 전, 즉 기원

---

142) 제1권, pp.148-154.
143) 「창세기」 37-50.
144) 「출애굽기」.

전 1445년경으로 잡고 있다.[145] 그러나 만약 「출애굽기」, 「판관기」, 「사무엘서」, 「열왕기」에서 언급된 연도를 함께 고려하면 출애굽의 시기는 예루살렘 성전이 세워지기 554+α(상당한 햇수가 될 수 있다)년 전, 즉 기원전 16세기로 책정된다.[146] 그런데 「출애굽기」에는 '식량창고 도시'인 피톰과 라메세스의 건축에 관한 언급이 있는데, 이는 기원전 1308년과 1194년 사이의 제19왕조를 가리킨다.[147] 이 후기의 연대가 모세의 증손자가 기원전 1150년경에 생존했다는 기록과 맞아떨어지는 것으로 보였다. 이처럼 정통론은 출애굽의 시기로 제19왕조의 끝 무렵의 치세를, 아마도 기원전 1224-1214년의 메레네프타 치세를 선호했다. 그렇지만 이것도 「출애굽」의 필리스틴인에 대한 언급을 수용하지는 못했는데, 필리스틴인은 이집트 사료에서는 기원전 12세기가 되어야 언급되고 있기 때문이다. 그러나 제7장에서 논의했듯이, 출애굽의 연대를 메레네프타 치세로 설정하는 것은 이 시대에 속하는 석비의 발견으로 인해 배제되는데, 그 석비는 이스라엘을 팔레스타인에 이미 정착한 민족으로 언급하고 있기 때문이다.[148]

초기의 혼동은 정복 이야기에서 언급된 가나안 도시의 파괴 연대에 관한 근대 고고학 논쟁에 의해 가중되었는데, 이 논쟁은 1세기 넘게 벌어졌다.[149] 핵심적으로 이 논쟁은 「열왕기」 인용문에 의해 지지되는 15세기 설과, 계보학적으로 잘 들어맞는 것으로 보이는 13세기 설 사이의 싸움이었다.[150] 이것에 대한 가장 최근의 논쟁은 영국의 성서고고학자인 존 빔슨과 데이비드 리빙스턴의 연구에서 다시 시작되었다. 그들은 「열왕기」의 15세기 설을 부활시켰고, 성서의 파괴와 맞아떨어지는 13세기의 파괴는 없다고 결론적으로 주장했다. 그 파괴를 만족시키는 충분한 규모의 유일한 연대는 중기청동기 IIC와 후기청동기 I 사이의 경계에서 나온다. 이 시기는 전통적으로 기원전 1550년경이었지만, 그들은 그것을 「열왕기」의 연대에 맞추기 위해 기원전 1420년으로 끌어내렸다.[151] 이러한 연표의 변경은 다른 모든

---

145) 「열왕기 상」 6:1.
146) Rowley(1950, pp.87-88) 참조.
147) 「출애굽기」 1:11.
148) 제7장의 주81-83 참조.
149) 제2차 세계대전에 이르기까지 잘 정리된 개요는 Rowley(1950, pp.10-19) 참조.
150) Rowely(1950, pp.10-11) 참조.

증거와 병립할 수 없었고, 특히 관계된 후기청동기 I 시기의 압축은 이 가
설을 다른 학자가 수용할 수 없게 만들었다.[152] 반면에 13세기 설의 수호
자는 기원전 13세기에 가나안의 정복 가설을 뒷받침할 고고학적 증거가
없다는 빔슨과 리빙스턴의 기본적 비판에 답하지 못했다. 또한 팔레스타인
에서 행해진 기원전 16세기와 15세기의 파괴는 이집트 원정(우리는 이집트
기록을 통해 이 원정을 알고 있다)의 결과로 가장 잘 설명될 수 있다는 사실
은 13세기 설에 반론을 제기한다.

막대한 시간과 노력을 허비해가며 출애굽의 지리적 흔적을 '경우에 맞
지 않는 꼼꼼함'으로 추적했듯이, 그 연대를 정확히 잡아내려는 시도 역시
쓸데없는 일로 보인다. 그 전설 전체를 만들어내기 위해 명백히 많은 상이
한 요소가 사용되었거나 조작되었다. 그렇다 하더라도 이집트에서의 체류
와 출애굽 이야기의 가장 중요한 근거는 힉소스의 이집트 정복과 이집트로
부터의 축출이라는 역사적 사실이다. 힉소스와 이스라엘인의 관계는 불확
실하다. 즉, 이스라엘이 기원전 17·16세기에 하나의 민족적 정체성을 지니
고 존재했는지를 알아내기란 불가능하다. 만약 정체성을 지녔다 하더라도
이스라엘인이 침입자 가운데에서 어떤 역할을 했는지를 발견하는 것 또한
불가능하다. 만약 이스라엘이 발전되어 나중에 정체성을 지니게 되었다면
(이것이 더 개연성이 있는 것 같다), 이스라엘을 구성하는 요소의 일부는 힉
소스 동맹에서 오는 것일까, 아니면 단순히 이스라엘인은 다른 민족의 전
설을 차용했던 것일까?

힉소스의 주류가, 후기의 이스라엘인들처럼, 가나안 출신으로 서부 셈어
를 말하는 자들이라는 사실이 둘 사이의 연계를 시사해주고 있다. 그런데
좀 더 직접적인 관계를 가정해볼 수 있는 두 가지 구체적인 이유가 있다.
첫째, 팔레스타인과 하이집트 두 지역 모두에서 기원전 18세기 후반 힉소
스 통치자는 야쿱 하르[Yᶜkb hr] 또는 야쿱[Yᶜkb]이라는 증거가 있다. 이 이름은
야곱[Yaᶜáqov]과 너무나도 닮았다.[153] 야곱 이스라엘은 이스라엘의 이름 시조

---

151) 이것에 관한 두 학자의 가장 최근의 견해는 Bimson and Livingston(1987, pp.40-53, 66- 67)
　　참조.

152) Halpern(1987, pp.56-71).

153) 앞의 주31 참조. Astour(1967a, pp.193, 393)는 Ykbʾr라는 이름이 Yqbir의 오독誤讀이 아니
　　라 야케 바알[Yakke Baʿal](바알께서 치시도록 하시오)로부터 온 것이라고 지적한다.

이자 조상일 뿐만 아니라, 전승에 따르면 이스라엘인을 이집트로 이끌고 간 족장이기도 했다. 둘째, 지금까지 힉소스 스카랍은 오늘날 요르단 강 서안 지구로 알려진 지역에서 가장 밀도 있게 발견되었다는 고고학적 증거가 있는데, 서안 지구는 청동기 말엽에 이스라엘의 중심부였다.154) 또한 「판관기」에 근거한 연대 계산에 따르면, 출애굽의 연대가 기원전 16세기 중반 힉소스의 축출과 양립할 수 있게 된다는 점이 흥미롭다.

힉소스와 이스라엘인을 동일시하는 것은 새로운 것이 아니다. 기원전 4세기 말에 저술활동을 한 압데라의 헤카타이오스는 「출애굽기」라는 유대인 전승과 다나오스 및 카드모스의 이주라는 그리스 전승은 모두 힉소스의 축출에서 연유한다고 주장했다.155) 마네토는 『역사』의 한 구절에서 제18왕조의 첫 파라오를 테트모시스Tethmosis라고 부르면서 그가 '양치기들'을 축출한 것으로 보았다. 또 다른 곳에서는 '양치기들'을 그들의 지도자 모세의 지도하에 있었던 '유대인'이라고 부른다.156) 유대인과 힉소스를 동일시한 것이 (후기의 발췌자인지) 마네토인지는 확실치 않지만, 그것은 매우 그럴듯하게 여겨진다. 기원후 1세기 알렉산드리아의 반유대주의자인 아피온과 그의 논적 요세푸스가 힉소스와 유대인을 동일인으로 다루었다는 데는 절대적으로 의문의 여지가 없다. 요세푸스는 힉소스를 "양치기들이라고 부르는 우리의 조상"으로 기술했다.157) 비잔티움의 수도승 게오르기오스 싱켈로스(역주: 보통 싱켈로스로 표기되는 800년경의 연대기작가. 그런데 싱켈로스는 사람 이름이 아니라 성직의 명칭이다)에 따르면, 출애굽의 시기를 제18왕조의 초보다는 말에 둔 것은 4세기 교부 유세비오스인데(아마도 성서의 영향을 받았을 것이다), 결국 유세비오스가 이스라엘인을 힉소스와 분리했다.158) 그 이후 둘을 동일시하는 것은 반유대적인 것은 아니라 하더라도 반종교적으로 취급되는 경향이 생겼다.159)

---

154) Weinstein(1981, pp.8-10).

155) Diodoros, XL.3.2.

156) Manetho, frags.50; Josephus(*Contra Apionem*, I.15)의 인용. Manetho, frags.51; Theophilus (*Ad Autolycum* III, 19)의 인용. Manetho, frags.52; Syncellus의 재인용.

157) *Contra Apionem*, I.14-16.

158) Manetho, frags.53. Waddell(1940, pp.114-115) 참조.

159) Schwartz(1950) 참조.

19세기 말 종교적 영향에서 벗어나면서 많은 학자들이 제18왕조의 초로 되돌아왔다. 불가지론적이고 무신론적인 고대사가와 이집트학 학자의 대부분(마이클 애스터, 제임스 브레스티드, 르네 뒤소, 앨런 가디너, H. R. 홀, 잘로모 루리아, 레이몽 베이유를 포함한다)은 힉소스의 지배 시기를 이집트에서의 성서적 체류나 포로생활에 대한 직접적 또는 간접적 근거로 그리고 힉소스의 축출을 출애굽의 근거로 취급했다.[160] 이러한 견해는 좀 더 넓은 마음을 지닌 종교적인 학자에게도 받아들여졌다.[161] 이처럼 출애굽 이야기는 적어도 부분적으로라도 힉소스의 축출에 관한 민속적 기억이었다는 것을 의심할 이유가 없다.

결론

야만인의 공격이나 정복은 학자에게 항상 혼란을 일으키는 사건이다. 그것은 급격히 발생했다가 사라지거나 빠르게 동화되기 때문이다. 만약 그것의 시간적 범위가 짧거나 지리적 범위가 넓게 분산되어 있다면 체계적인 발굴은 어렵다. '야만족'은 보통 항구적인 기념물을 남기지 않는다. 그들은 유목민이거나 적어도 유목민적 국면에 있었으므로 물질적 소유물을 비교적 적게 지니려는 경향이 있다. 그들이 소유한 것은 일반적으로 지역의 장인이나 정착한 장인에 의해 만들어진다. 이처럼 이주를 추적하기 위해 또는 역사적으로 입증된 이동(기원후 5세기 훈족의 정복이나 기원후 13세기부터 15세기에 이르는 몽골인과 무굴인의 정복과 같은 이동)의 성격을 분석하기 위해 고고학을 사용하는 것은 극히 어렵다.

그런데 우리는 그러한 시기에 형태의 혼합, 기술의 더 빠른 확산을 목격하게 된다. 예를 들어 기원후 13-14세기에 중국과 페르시아 예술의 복잡한 상호 작용을 볼 수 있다.[162] 이로 인해 지역의 더 이른 기술적 또는 예술적 전승이 붕괴에 이른다. 바로 절충에서 그리고 원래의 '야만적' 전승 중 일

---

160) Astour(1967a, pp.98-99); Breasted(1912a, p.220); Dussaud(1946-1948, pp.45-47); Gardiner (1961a, p.156); Luria(1926, p.97); Weill(1923, pp.185-191).

161) Baron(1952, I, pp.35-39) 참조.

162) Ashton and Gray(1935, pp.246-248); Grousset(1959, pp.287-288) 참조.

부의 현존에서 어떤 뚜렷한 야만적 유형이 발전되는 경향이 있다. 그런데 그 유형은 야만인의 정치적 힘이 사라지기도 전에 또는 동화되기 전에 사라지는 경향이 있다. 이후 더 오랜 정주민의 문화가 때로는 의식적인 복고주의와 함께 그러나 보통은 약간의 수정을 가해 다시 대두하는 경향이 있다.

야만인의 정복이 갖는 또 다른 특징은 '외부의' 야만인이 직접 또는 간접적으로 '내부의' 야만인(그들은 종종 수세기 동안 더 부유한 문명권에 인접해 살아왔다)을 부추겨 부유한 문명권을 침입하게 한다는 점이다. 예를 들어, 훈족이나 터키어를 말하는 자들은 로마제국에 침입한 경우가 거의 없지만, 훈족의 출현으로 움직이기 시작한 고트족과 게르만족은 로마제국으로 쏟아져 들어갔다. 비슷하게, 비록 인도를 정복하고 지배했던 무굴인의 지도자가 터키어를 말하기는 했지만, 그들의 침입으로 인도에 도입된 문화는 터키나 중앙아시아의 문화가 아니라 페르시아 문화였다. 그 문화는 수세기 동안 인도의 북서쪽에 살았던 고도로 문명화된 사람들의 문화였다.

이러한 '축적된 자극^{cumulative impulses}'의 모델은 시리아-팔레스타인 및 하이집트에서 발굴되는 기원전 1750-1570년 사이의 고고학적 증거와 맞아떨어지는 것으로 보인다. 앞에서 언급했듯이, 중기청동기 II 시기 전체를 통해 물질문화는 기본적으로 지속되고 있었다. 그래도 기원전 18세기에 어떤 변화가 있었는데, 그것의 대부분은 메소포타미아, 시리아, 레반트, 이집트 유형의 혼합이었다. 또한 북쪽의 또는 야만인의 영향은 흔적을 남겼는데, 즉 이동과 폭력에 대한 새로운 강조이다. 그렇다 하더라도 기원전 18세기 하이집트에 도달한 문화는 핵심적으론 시리아-팔레스타인 문화였다.

언어적 영향의 균형은 좀 다르다고 생각할 이유는 없다. 이름으로 보건대, 이집트에 있는 힉소스의 절대적인 대다수는 셈어를 사용했던 것으로 보이며, 텔 엘 다바의 힉소스 물질문화가 기원전 17세기에 점차 이집트화했던 것처럼 이집트어가 셈어에 봉착했지만 다시 확립되었다. 이 두 언어가 의심의 여지없이 지배적인 언어였지만, 다른 언어도 사용되었을 것이다.

분명히 아프리카적·아시아적이지 않은 힉소스 이름을 후루어와 인도유럽어의 견지에서 설명하는 것은 매우 어렵다. 그러나 마네토의 전승, 스페오스 아르테미도스 비문, 기원전 18세기 시리아로 후루인의 팽창, 미탄니의 말과 전차에 대한 관계, 기원전 15세기 팔레스타인에 후루어와 인도유럽어를 쓰는 자들의 현존에 대한 증거 등을 고려하면, 후루어와 인도유럽어를 사용하는 자들이 힉소스의 이집트 침입에서 한 부분을 형성했을 것이라는 생각을 학문적으로 부정할 이유가 없다. 물론 이것을 받아들인다는 것이 나에게 힘들기는 하다. 이 문제에 관한 나의 연구사 개요에서 알 수 있듯이, '지배 인종'으로서 아리아 인종의 이미지를 명백히 확인해주는 내용에 저항하는 사람들에게 나는 이데올로기적 공감을 강하게 느끼고 있기 때문이다.

그렇지만 내가 이번 장의 앞부분에서 주장했듯이, 나의 믿음에 따르면 학자는 이데올로기적 편향에서 자신의 역사적 해석을 가능한 한 떼어놓도록 노력해야만 한다. 이 경우 나는 아리아주의자의 해석을 받아들이지만, 사회적 다윈주의의 기본 전제(민족이나 언어집단은 폭력을 수반하는 정복이나 지배를 통해 피정복자나 피지배자보다 도덕적으로나 창조적인 면에서나 우월하게 된다)는 거부한다. 나는 훈족→게르만족→갈로-로만인(역주: 로마화된 골족) 또는 몽골인→터키인→페르시아인→인도인이라는 계서제를 결코 받아들이지 않으며, 게르만의 나치가 지배하고 살해했던 유대인, 집시, 동성애자, 공산주의자 위에 나치를 결코 두지 않는다.

제9장

기원전 18·17세기 크레타, 테라, 미케네 문화의 탄생

－힉소스의 침입이 원인인가－

이번 장은 기원전 2천년기 중반 근동과 에게해권 사이의 접촉에 관심을 두고 있다. 이때는 중차대한 시기인데, 고고학적 증거 때문이기도 하려니와 가장 포괄적인 고대 연표인 「파로스 비문」에 따르면 바로 기원전 16세기에 이집트와 페니키아의 군주가 그리스에 지배권을 확립했기 때문이다. 좁은 의미(그리스 문화는 이집트·페니키아에 의한 식민화의 결과였다는 의미)에서 고대모델은 이 시기의 증거에 근거하고 있다. 이 시기에 에게해권 및 그리스 본토와 이집트 및 레반트 사이의 접촉은 직접 이루어지기도 하고, 크레타 및 남부 에게해권을 통해 간접적으로 이루어지기도 했던 것으로 보인다.

크레타 문화의 절충적이면서 고도로 국제적인 성격은 제1장과 제4장에서 논의되었고, 기원전 3천년기에 그리스 본토에 대한 이집트 및 레반트의 영향의 강한 가능성은 제2장과 제3장에서 살펴보았다. 비록 제5-8장은 그리스에 관한 정보를 담고 있기는 하지만, 주요 관심사(세소스트리스의 소아시아 정복, 테라 폭발의 재연대설정의 연표적 의미, 힉소스의 본질과 대두)는 명백히 그리스 주변에 관한 것들이었다. 그러나 이번 장의 중심 문제인 기원전 1750-1500년까지 이집트 및 레반트에서 온 사람들이 에게해권 지역을 식민화했을 가능성을 이해하기 위해서는 이러한 주제들을 살펴보는 것이 필요했다.

기원전 2천년기 중반 광범위한 접촉이 있었다는 고고학적 증거는 『블랙 아테나』에서 제시된 많은 생각을 강력히 뒷받침한다. 미케네 문명의 형성기 동안 물질적 차원에서 광범위한 접촉이 있었다면, 그리스의 문화 그리고 특히 언어와 종교가 근동의 것을 대규모로 차용했다는 생각에 대한 반대는 실질적으로 약화된다. 반면에 고고학적 증거는 좁은 의미로 고대모델을 돕지 않는다. 파괴층(이 층의 아래에는 더 이른 원시적인 헬라스의 유물이 있다) 위에 놓여 있는 마지막 중기청동기시대의 정착지나 왕궁에서는 순전히 이집트적이고 레반트적인 유물(무기를 포함)이 주목할 만한 양으로는 나오지 않았기 때문이다.

제11장에서 보게 되겠지만, 에게해권에서 발굴된 청동기시대에 속하는 대부분의 이집트 및 레반트의 유물은 기원전 15-13세기의 것들이다. 이집트적인 종교 제도가 그 시기에 그리스에서 확립되었다는 것은 있음직하다.

반면에 '그리스의' 미케네 왕국이 그때까지는 잘 확립되었다는 데는 의심의 여지가 없다. 비록 펠롭스 왕가가 15세기 또는 14세기에 아나톨리아로부터 펠로폰네소스에 도래했다는 강한 전승(제11장에서 논의될 것이다)이 있기는 하지만 '이집트'와 페니키아에 의한 식민화의 시기는 전통적으로는 항상 그 이전이었다. 이것은 그리스 문화에서 발견되는 많은 근동의 문화적 특징이 그리스 전승에서 언급되는 군사적 정복의 결과가 아니라 이집트, 레반트, 에게해권 사이에서 장기간 지속된 관계로부터 올 수도 있다는 가능성을 제기한다.

1986년 제1권을 완성한 후 나는 '식민화' 시기(역주: 기원전 1500년경 이전의 시기)에 근동의 문화적 침투 정도를 과대평가했고 후기(특히 이집트 제18왕조의 국제적 힘과 명망의 절정기)에 발생한 문화 침투의 정도를 과소평가했다는 것을 깨달았다. 정치적 지배를 받고 있던 시기보다 독립 달성 이후 더 큰 문화적 차용을 보여주는 역사적으로 입증된 유사한 예가 실제로 동아시아에 있다. 후에 베트남의 중심지가 되는 홍강紅江 삼각주 지역이 기원전 1세기부터 기원후 10세기에 이르기까지 중국의 한나라와 후기 왕조에 의해 직접 식민화를 겪었고 이미 그 이전에 중국에서 문화적 영향을 받았다는 데는 의심의 여지가 없다. 그런데 베트남의 가장 강력한 중국화는 19세기 원주민 세력의 응우옌阮 왕조에 의해 추진됐다.[1] 이와 비슷하게 그리스에서도 이집트 및 레반트의 영향은 기원전 1450년 이후의 시기 대규모적으로 수용되었다.

미케네 문명이, 그리고 철기 시대의 그리스 문명이 절충적 성격(철기 시대에 그리스는 더욱 강하게 페니키아적이고 이집트적인 혼합성을 지녔다)을 지녔다는 주장은 압도적이다. 그러나 이러한 문화적 혼합물의 존재가 기원전 1750년부터 1500년까지 그리스에 힉소스의 식민지가 있었다는 것을 증명하지는 못한다. 그런데 나는 중요한 문화적 차용이 두 세기 반에 이르는 이 이른 시기에 일어났다는 것을 가리키는 당대의, 또는 당대와 관련된 풍부한 언어학적 증거와 그밖의 여러 가지 증거가 있다고 믿는다.

이번 장에서 관심을 갖는 기원전 1750년부터 1500년까지 이집트, 레반

---

1) Woodside(1971).

트, 에게해권 사이에 접촉을 보여주는 많은 고고학적 증거는 뚜렷이 군사적인 측면을 지니고 있다. 이것은 고전기의 그리스 전승에서 '영웅시대'로 알려진 시기와 부합하는데, 이 시대에 동방에서 온 영웅들이 그리스에 그들의 도시를 건국했다. 이처럼 이 시기에 적어도 간접적인 이집트-레반트의 식민화를 지지하는 그럴듯한 논거가 있는 것으로 보인다. 그런데 고고학은 너무나 무딘 도구여서 그러한 문제에 대한 명백한 답을 줄 정도는 아니지만, 고고학적 증거는 다양한 방식으로 설명될 수 있다. 동일한 고고학적 증거가 고대모델을 지지하거나 아리안모델을 지지하기 위해 사용될 수 있기 때문이다. 앞의 장들에서처럼 이번 장에서도 그리스 지역이 초기에 근동에서 문화적 영향을 받았다는 명백한 증거를, 즉 그리스 땅에 외래 왕조들의 현존을 가리키는 설득력 있는 고고학적 증거를 발견할 수 있으리라 믿는데, 그 왕조들은 에게해권의 문화를 변형했다.

내가 『블랙 아테나』에서 제안했던 고대모델의 첫 번째 수정은 그리스어가 본질적으로 인도유럽어라는 19세기 언어학자의 논증을 받아들이고, 어느 단계에 북쪽의 한 번 이상의 침입 또는 침투가 틀림없이 있었음을 받아들이자는 것이다. 두 번째 수정은 이번 장에서 제안된다. 제1권에서 나는 그리스의 식민화가 기원전 16세기에 발생했다는 고대 저자들의 믿음과, 다나오스의 아르골리스 획득과 이집트에 의한 힉소스의 패배(우리는 이것이 기원전 16세기 후반에 일어났다는 것을 알고 있다) 사이의 특별한 연계를 논했다.[2] 이 연표는 고고학적 증거에 의해 뒷받침되지 않아 항상 주장되기 힘들었는데, 테라 폭발과 에게해권 도기연대의 상향조정으로 인해 이제 조정이 불가피해졌다. 따라서 나는 고대 역사가와는 다른 길을 취해야만 했고, 식민화 또는 이집트-레반트의 영향의 물결이 힉소스 시대의 말인 기원전 16세기 초가 아니라 힉소스 시대의 초인 기원전 18세기 말에 있었음을 주장하게 되었다.

제1권의 「서론」에서 왜 고대 저자들이 이들 사건의 연대를 낮추었는가에 대해 가능한 여러 이유를 살펴보았다. 하나의 가능한 이유는, 연대 낮춰잡기로 현대의 역사가는 자신을 좀 더 온건하고 이성적으로 보이게 할 수

2) 제1권, pp.135-156 참조.

있다고 생각하는데, 고대의 역사가에게도 연대 낮춰 잡기가 동일한 압력으로 작동했다는 것이다. 깜짝 놀랄 만한 높은 연대로 사람들을 놀라게 하려는 반대의 욕망도 있었지만 말이다. 연대 낮춰 잡기가 이루어진 또 다른 가능한 이유는, 애국적인 그리스 저자들이 자신의 나라를 정복의 희생물이 아니라 망명객을 은혜롭게 받아들인 나라로서 보는 것이 덜 고통스러웠다는 것이다. 두 번째 이유는 힉소스라는 이름과 히케테스(탄원자라는 뜻으로, 형용사는 '히케시오스') 사이에 나타나는 닮음으로 인해 그 근거가 강화되었다. 헬레니즘시대에 다나오스의 이주를 성서의 출애굽에 연계시키려는 시도도 있었는데, 제8장에서 주장했듯이 출애굽은 이집트인에 의한 힉소스의 축출에서 그 역사적 근거의 많은 부분을 얻었다.

크레타의 새 왕궁들

지금까지 크레타 고고학을 다루면서 나는 전기미노아 시기부터 후기미노아 시기까지 도기사용시기에 근거한 에반스의 연표를 주로 이용했다. 에반스의 연표는 이집트 연표에 근거했는데, 전기미노아 시기는 고왕국과, 중기미노아 시기는 중왕국과, 후기미노아 시기는 신왕국과 시기적으로 일치시켰다. 에반스의 연표에는 문제점이 있는데, 이집트(그리고 크레타) 문화의 중요한 변화가 다음의 강력한 왕조의 형성기가 아니라 이전 왕조의 말에, 중간기 전 또는 중간기에 자주 나타나기 때문이다.

그런데 1950년대 이후 새로운 틀이 등장했는데, 이 틀은 연표 문제를 다루면서 건축에 특별한 관심을 기울임으로써 도기연대의 문화적 범위를 넓히려 한다. 이에 따르면 청동기시대의 크레타의 연표는 전前왕궁기Pre-Palatial period, 전기 왕궁기Early Palace period, 후기 왕궁기Late Palace period, 왕궁기 이후 Post-Palatialperiod로 나뉜다. 처음 두 시기의 경계에 관련해 일부 학자는 도기연대 중기미노아 IA를 전前왕궁기로 보는 반면, 다른 학자는 전기 왕궁기에 속하는 것으로서 본다.3) 반면 전기 왕궁기와 후기 왕궁기를 가르는 단절의 시점에 관해서는 이견이 없는데, 도기연대로 중기미노아 II와 III 사이에 발생했다고 일반적으로 인정되고 있다. 이것은 대체로 기원전 1700년에

---

3) 전자의 견해는 Platon(1956) 참조. 후자의 견해는 Matz(1973a, pp.141-143) 참조. '왕궁기 이후'의 성격에 관한 논쟁도 있다. 제10장의 주89-95 참조.

두어지고 있지만, 테라 폭발의 새로운 연대로 인한 상향 조정으로 이제는 다소 이른 기원전 1730년경으로 여겨진다.

단절은 크레타의 주요한 세 왕궁, 즉 북쪽의 크노소스 궁, 동부 중앙의 말리아 궁, 남쪽 메사라 평원에 있는 파이스토스 궁의 파괴로 나타난다. 이 파괴는 일반적으로 거대한 지진의 탓으로 돌려진다. 크레타가 극단적으로 불안정한 지진 지대에 위치했으며, 역사시대와 선사시대에 지진에 의해 잦은 그리고 광범위한 파괴를 겪었다는 데는 의심의 여지가 없다. 반면에 이러한 특정한 파괴 이후에 세워진 왕궁들은 미세하지만 분명한 차이를 보이는데, 학자들은 이 단절(차이)을 '전기'와 '후기' 왕궁의 분수령으로 간주한다.

전기 왕궁기 크레타에 대한 근동의 커다란 영향은 제4장에서 논의되었다. 그런데 그러한 영향이, 특히 이집트의 영향이 기원전 18세기 후반에 새로운 왕궁의 건축과 함께 증가했다는 주장이 일반적으로 그리고 설득력 있게 제기되었다.[4] 예를 들면, 중기미노아 III(즉, 기원전 1730-1675년)에 이집트 스타일의 목욕탕과 정교한 연회장이 크레타의 궁전에 만들어졌다.[5]

현존하는 크노소스의 그림 대부분이 후기에 속한다. 제5장에서 논의되었듯이, 이집트의 전통이 적어도 왕궁기 초부터 그림에 지배적인 영향을 미쳤던 것으로 보인다.[6] 이처럼 특정한 이집트의 모티프가 크레타에 정확히 언제 도착했는지 말할 수는 없다. 더욱이 중기미노아 III에 처음으로 나타난 몇몇 주제는 이집트적이거나 레반트적인 것으로 보이지만, 돌고래와 문어를 비롯한 다양한 바다 생물과 같은 모티프는 분명히 크레타적이다.

그러나 중기미노아 III 초 크레타 미술에 대한 근동 특히 이집트의 강력한 영향이 있었다는 데는 의문의 여지가 없다.[7] 날개 달린 스핑크스, 그리핀, '나는 듯한 도약' 같은 새로운 외래적 모티프는 뒤에서 상세히 논의될 것이다. 우선 직접적인 '정치적' 중요성이 덜한 것으로는 다음과 같은 것이 있다. 거의 정확하게 이집트에 있는 것처럼 묘사된 메추라기와 후투리 같은 조류, 정확히 이집트 방식에 따라 그린 갈대, 에게해권에서는 거의 자라

---

4) Pendlebury(193, p.173); Higgins(1979, p.60).
5) Graham(1962, pp.125-128); (1975; 1977).
6) 제4장의 주34 참조.
7) Schachermeyr(1967, pp.47-48) 참조.

지 않는 (그것은 나일 강을 따라 자란다) 파피루스 등이다. 또한 중기미노아 III 초 크레타 그림은 이집트 미술의 표현방식과 거의 일치했다.8) 고양이 한 마리가 몰래 접근해 새들을 잡고 있는 '나일강 풍경'은 오로지 신왕국 이후 이집트에서 입증된다.9) 그런데 에게해권에서 그것은 더 일찍 중기미노아 III과 후기미노아 I의 크레타에서, 그리고 고고학적으로 테라와 미케네에서는 기원전 17세기에 나타난다. 그렇지만 고왕국 이래로 풍경을 구성하는 다른 요소의 점진적인 발전으로 보건대 '나일강 풍경'은 이집트에서 기원했음이 사실상 확실하다.10) 사로잡힌 하늘색 원숭이 그림은 기원전 18·17세기 에게해권에서 존재했을 수 있다. 이것은 크레타가 이집트와 아프리카의 나머지 지역과 관련을 맺고 있음을 보여주는 흥미로운 지표라고 할 수 있다. 그런데 에게해권 예술가들이 이집트 미술의 원숭이를 모방했을 가능성도 있다.11)

후기 왕궁기 초에 부와 화려함이 전체적으로 증가하면서 중기미노아 I와 II의 놀랍도록 아름다운 카마레스Kamares 도기(표준 도기 중 하나)가 급격한 쇠퇴를 맞게 된다. 표준 도기의 쇠퇴 원인은 금속 특히 금과 은의 사용량이 늘어난 것에 있다고 할 수 있다.12) 또한 도기의 새로운 스타일은 이집트의 영향을 보이는데, 바로 그 시기에 도기 제작용 빠른 물레가 이집트와 크레타 두 곳에서 최초로 널리 사용되었다.13) 또한 중기미노아 III에 파이앙스로 만든 유물이 크레타에서 널리 분포했는데, 더 이른 제작 중심지는 이집트와 시리아에 있었다.14) 마지막으로 왕궁에서 발견된 화려한 장식의 유명한 '왕의 장기판'과 제18왕조의 이집트 유물 중에 유사한 것이 있다.15)

무덤이 이집트와 미케네 고고학의 보물창고 중 하나이지만, 기원전 2천

---

8) 에게해권의 고립을 강하게 주장하는 Morgan(1988, pp.20-24) 참조.

9) Davies and Gardiner(1936, plates 54 and 65) 참조.

10) Morgan(1988, pp.146-150). 중기미노아 III 시기에 크레타에서 채택되어 적용된 그밖의 이집트 예술의 모티프에 관해서 Higgins(1979, pp.22-29) 참조.

11) Morgan(1988, pp.39-40); Davies and Gardiner(1936, plates 16 and 33) 참조.

12) Pendlebury(1963, p.158); Betancourt(1985, pp.103-104).

13) Pendlebury(1963, pp.159, 165).

14) Pollinger-Foster(1979, pp.153-155).

15) Pendlebury(1963, pp.166-167); Sakellarakis(1981, p.39) 참조.

년기 크레타의 무덤은 거의 고려되지 않았다는 사실이 놀랍다. 그 이유는 두 가지이다. 첫째, 왕궁이 제공하는 정보만도 방대하였고, 둘째, 비상하게 다양한 매장양식에 관해 혼동이 있었기 때문이다. 그런데 몇몇 주요한 무덤이 있다.

크노소스 궁전 정남에 있는 '사원 무덤Temple Tomb'은 중기미노아 II부터 후기미노아 Ia까지의 것이다. 이 화려한 건축물은 안뜰, 지하실, 묘실을 갖고 있고, 지하실 위에 사원이 세워져 있다. 아더 에반스가 지적했듯이, 이 유형은 시실리에 있는 미노스의 무덤에 관한 디오도로스의 기술과 대단히 유사한데, 그 기술에 따르면 아프로디테 신전 아래에 감추어진 무덤 하나가 있었다.16) 비록 이것과 특정 이집트의 장례단지 사이에 대단한 유사점이 있는 것은 아니라 하더라도 크레타의 구조가 장제전葬祭殿의 일반적 등급에 속한다는 데는 의심의 여지가 없는데, 장제전(종종 분묘에 매우 가까운 곳에 위치한다)은 기원전 3천년기 내내 이집트에 세워졌다. 구도의 일반적인 유사성 이외에도 사원 무덤의 세부에서도 유사성이 나타난다. 예를 들어 하늘을 나타내기 위해 지하실의 천정을 하늘색으로 칠하는 것은 순전히 이집트적이다. 제4권에서 나는 이집트의 하늘의 여신 누트에 이것을 연계시켜볼 예정인데, 여신은 관 속에 있는 미라 위에 그리고 관 위에 있는 천정에 그려졌다. 누트에 해당하는 그리스 여신은 레아(그 이름은 라트Rᶜt에서 왔고 라Ra의 배우자이다)인데, 무덤의 땅 밑 신이기도 한 레아는 철기시대의 크레타 만신전에서 중심이 되는 신으로 남았다.

크노소스와 오늘날의 헤라클레이온 사이에 있는 이소파타Isopata에 중기미노아 III의 시기로 거슬러 올라가는 규모가 큰 분묘들이 있는 공동묘지가 있다. 그곳에서 가장 큰 '왕의 무덤'은 드로모스(분묘에 이르는 넓고 경사진 길)와 거대한 매장 방을 갖추고 있다. 매장 방은 내쌓기 기법으로 만든 8미터 높이의 아치형 천장을 지녔던 것 같은데, 이는 그것이 땅위로 솟아 상당한 둔덕을 형성했음을 의미한다.17) 내쌓기 기법은 이집트와 근동에서 적어도 기원전 3천년기 초 이래로 사용되어왔지만, 크레타에서 더 이른 시기에 사용되었다는 증거는 없다. 그런데 이는 석공술이 단순히 건물의 기초

---

16) Diodoros, IV.79.3; Evans(1921-1935, IV, pp.960, 965).
17) Pendlebury(1963, pp.193-194).

를 위해서만 사용되었기 때문일 수도 있다.[18] 이소파타에 있는 다른 무덤들은 2-3미터 깊이의 수갱을 갖추고 있는데, 수갱에서 묘실에 접근하게 되어 있다.[19] 이것은 에게해권에서 무덤의 새로운 유형이었던 것으로 보이지만, 근동의 많은 곳에서는 널리 알려져 있었다. 가장 대표적인 것은 비블로스에 있는데, 이집트 중왕국 시기로 거슬러 올라가는 수갱묘가 있는 왕가의 공동묘지이다. 수갱묘는 대단히 닮은 원형의 묘역을 형성하고 있다 (뒤에서 논의될 것이다).[20]

중기미노아 III, 크레타의 무기들

에반스가 최초로 만들어낸, 평화롭고 어린아이 같은 미노아인이라는 매혹적인 이미지는 이후에 커다란 영향력을 행사했다.[21] 이것은 왕궁이나 도시에 성벽이 있다는 증거가 없다는 사실에 근거하고 있었다. 그런데 스파르타에도 성벽이 없었다는 것을 기억해야만 한다. 크레타에 성벽이 없다는 것은 단순히 외부의 군사적 위협이 심각하지 않았다는 뜻이지 폭력에 대한 관심이 없다는 뜻은 아니다. 중기미노아 III 시기에 조성된 크레타의 수많은 무덤에는 훌륭한 청동기 무기가 포함되어 있는데, 이는 그 무덤의 주인공들이 싸움과 전쟁에 관심을 두고 있었다는 것을 강하게 시사하고 있다.[22] 사실 중기미노아 III 시기에 정교한 단도과 검이 놀라울 정도로 발전했다.

이 시기의 청동기 무기가 중동과 에게해권에 걸쳐 놀라운 일관성을 보이고 있음이 오래전부터 주목받아왔다. 고고학자 레이첼 맥스웰-히슬럽은 다양한 유형의 단도와 검을 분류한 후 그것이 '동일한 야금술을 지닌' 유랑하는 대장장이 무리에 의해 만들어졌음에 틀림없다고 주장했다.[23] 그런데 헬크는 다음과 같이 이러한 개념의 개연성을 설득력 있게 논박했다. 첫째, 청동기시대 문서에 유랑하는 대장장이에 관한 증언이 없으며, 둘째, 기원

---

18) Graham(1962, p.160) 참조.

19) Pini(1968, p.45) 참조.

20) Montet(1928-1929, pp.143-238).

21) 제4장의 주39 참조.

22) Pendlebury(1963, p.164). Hiller(1984)도 참조.

23) Maxwell-Hyslop(1946, p.15).

전 1천년기에 보고된 장인의 국외 추방은 절대로 자유인 노동자와 관련된 것이 아니며 이집트에서 무기 제작자는 국가에 고용되었다는 말로 논박했다.[24] 제5장에서 나는 기원전 20세기 세소스트리스 정복의 결과 중 하나(의도는 아니었을지라도)는 동부 아나톨리아의 금속공을 이집트와 레반트로 이송하게 된 것이라고 주장했다.[25]

200년 후 크레타에서 나타난 발전을 살펴보자. 펜들베리는 50여 년 전 그 분야의 표준서인 『크레타 고고학』에서 다음과 같이 기술했다.

청동기 무기는 중기미노아 I 시기에 뚜렷한 진전을 보인다. 말리아의 큰 검은 확실히 그 시대의 예외로 간주되는데, 그와 같은 검은 중기미노아 III 시기에 최초로 나타난다고 말하는 것이 옳다.[26]

일반적으로 중기미노아 III 시기의 무기 제조, 특정하게는 검의 제조가 어디서 기원했는가는 매우 답하기 어려운 의문이다. 에게해권 검의 기원에 관해 저술한 낸시 샌더스는 검은 시리아의 영향 하에 에게해권에서 발명되었다고 주장했다.[27] 고고학자이자 야금술의 전문가인 키스 브래니건은 그 문제를 심도 있게 연구해오고 있는데, 상황이 매우 복합적이라고 주장했다. 내가 제4장에서 주장했듯이, 그는 미노아의 무기 제조가 전기미노아 III 이래로 레반트에서 실질적으로 영향을 받아왔다고 믿고 있기 때문이다.[28] 그는 중기미노아 II와 III 사이의 변화에 대해 단일한 기원을 발견하지 못하고 절충적으로 결론을 내렸다.

(중기미노아 III부터 후기미노아 I까지 무기의) 혼합성에 시리아적이거나 레반트적인 요소가 포함되지 않는다고 말하기는 어렵다. … 그렇다고는 하지만 무기는 레반트적 양상보다는 여전히 에게해적 모습을 지니고 있다.[29]

---

24) Helck(1979, p.55).
25) 제5장의 주153-154. 제6장의 주163도 참조.
26) Pendlebury(1963, p.164). Shaw(1978, p.444; 1980, p.246)도 참조.
27) Sandars(1961).
28) 제4장, 주12 참조.

여기에서 문제가 되는 것은 단도와 검의 세 가지 유형, 즉 맥스웰-히슬럽이 분류한 유형 31, 32, 33이다. 유형 31의 특징은 '플랜지(역주: 보강이나 이음을 위해 부품의 끝 또는 접합부 주위에 붙인 둥근 테두리)를 지닌 칼자루'이다. 리벳(역주: 금속의 결합에 사용되는 막대 모양의 부속품)으로 고정된 플랜지는 칼자루에 상감 장식을 할 수 있게 한다. 기본 유형은 팔레스타인의 텔 아줄과 텔 파라^{Tell Fara}에 있는 힉소스 지층에서 출토된다. 확신할 수는 없지만, 이러한 유형의 단도가 중왕국의 일부 관棺 위에 그려져 있는 것으로 나타난다. 이 유형의 단도에는 때로는 m3sgw, 즉 b3sgw라는 표식이 있는데, 단도를 나타내는 그 단어는 한정사 ▌와 함께 기록되었다.[30] 이처럼 그것은 기원전 20세기 후반과 19세기에 널피 퍼진 군사적 표준 기술의 일부였던 것 같다.[31] 유사한 유형의 장검이 중기미노아 III의 크레타에서 나타나고, 후에 그곳에서 개선되었다.

맥스웰-히슬럽의 유형 32는 일반적으로 단도와 단검에서 발견된다. 그것에는 유형 31의 리벳이 없고 상당히 다른 칼날 모습을 지니고 있다. 그것은 기원전 18세기 비블로스에서 기원했던 것으로 보이며, 비록 중동과 에게해권에 걸쳐 발견되기는 하지만 시리아-팔레스타인에서는 대단히 일반적인 것이다.

맥스웰-히슬럽은 유형 33을 "측면의 선이 곧고 날카로운 칼날과, 칼날과 함께 주조된 평형한 플랜지 칼자루를 지니고 있고, 칼자루의 측면은 오목하고 그 기부는 평평하며 직사각형 모습을 띤 리카소(역주: 칼날에서 날이 서 있지 않은 부분)이다"[32]라고 기술했다. 이 유형은 힉소스 파라오 아포피스(마지막 장에서 기술할 것이다)를 섬겼던 네헤멘^{Nḥmn}의 사자 사냥 장면이 장식된 단도의 경우처럼 일반적으로 상감된 칼날을 지녔다.[33] 맥스웰-히슬럽은 이 유형이 북부 시리아에서 기원했고 이집트 신왕국 시기 동안 후

---

29) Branigan(1968b, p.201).

30) Lacau(1904-1906, I, plate 43, nos.255, 257, 259, 261). Gardiner(1957, p.511, item 8, n.2)에서 인용.

31) 제5장의 주151.

32) Maxwell-Hyslop(1946, pp.33-41). 맥스웰-히슬럽은 40여 년 전에 이 글을 썼지만, 그녀가 사용했던 연표는 최근의 저서들에서 발견되는 연표보다 이 책에서 따르고 있는 연표와 더 잘 부합한다.

33) 제8장의 주140-141 참조.

루어를 말하는 지역에서 널리 사용되었다는 사실을 근거로 유형 31과 32 이후이기는 하지만 힉소스의 무기였다고 주장했다.[34]

앞에서 언급된 몇 안 되는 무기 유형을 놓고 보더라도 그들 유형이 통용되었던, 시리아-팔레스타인, 하이집트, 중기미노아 III 크레타의 힉소스 지역을 포함하는 '넓은 지역'이 존재했다는 것이 명백하다. 이들 지역에서 무기의 형태는 대단한 동질성을 보이고 있다. 후기미노아 I 초기 이후 혁신이 에게해권에서 이루어졌고, 혁신 중 일부가 레반트로 수출되었다는 것이 실제적으로 확실한 것 같다. 중기미노아 I과 II의 야금술은 중기미노아 III의 만개에 일정 정도 역할을 했다는 것 역시 그럴듯하다. 그럼에도 불구하고 나는 중기미노아 III의 무기가 레반트에 있는 힉소스 지역에서 유래했을 가능성이 있다고 믿는다. 이 견해는 부분적으론 다른 지역에서 문화의 확산 방향과 잘 맞아떨어진다는 사실로부터 끌어냈는데, 일부는 이미 언급된 것이고 일부는 곧 살펴볼 것이다. 검에 관한 그리스 어휘로부터 얻을 수 있는 증거가 있다.

검과 단도에 관한 아프리카아시아어의 어휘

그리스어로 검에 해당하는 가장 흔한 단어는 크시포스xiphos이다. 이것은 선형문자 B에서 키-시-페-에qi-si-pe-e로 나타나는 것 같다.[35] 넓은 마음을 지닌 인도유럽어 학자 오스발트 스제메레니는 이 이름을 첫 철자가 순연구개음으로 시작되는 형태, 쿠시포스$^*K^w$siphos를 나타내는 것으로 간주한다. 그러나 쿠시포스가 나중에는 프시포스*psiphos로 되었다는 것을 의외로 받아들이지 않는다.[36] 내 생각으로는 그가 순연구개음을 제기하는 것은 '경우에 맞지 않는 꼼꼼함'일 수 있다. 그것은 차용어에서 연구개음화된 마찰음의 존재를 가리키기 위한 단순히 연구개음(역주: k, g 따위)과 마찰음(역주:

34） Maxwell-Hyslop(1946, pp.38-41).

35） Heubeck(1968) 참조. Pierce(1971, p.106)는 이에 대해 회의한다.

36） Szemerényi(1966b, p.36). 그는 불일치를 그 다음의 순음(역주: $^*K^w$siphos의 밑줄 부분) 때문에 k^w 속에 있는 순음 요소가 순음으로 바뀌지 못한 결과로 설명하려고 한다. 비록 그가 이를 정당화하기 위해 인용하는 예가 콰프$^*k^w$ap에서 나온 카프노스kapnos(연기)이기는 하더라도, 순음요소는 순음으로 바뀔 수 있다. 이 원형은 완전히 가설적인 성격을 지니고 있다. 뒤에서 논의될 것이지만, 그리스어 카프ㄴkapn-(연기를 내다, 불김에 쐬다)을 이집트어에서 끌어낼 수 있는 훌륭한 논거가 있다.

s, z 따위)을 함께 나타내는 이중자음일 수 있다. 마치 케-세-네ke-se-ne, 크세
노스xenos(이방인), 쿠-수크신ku-suxyn 또는 신syn(함께)의 경우처럼 말이다.37)

1850년대 아리안모델이 이집트학에서 승리를 거두기 이전에 사무엘 버
치와 하인리히 브루크쉬는 크시포스xiphos가 이집트어 세페트sft, 콥트어 세
페séfe(검, 칼)에서 파생되었다고 주장했다.38) 몇몇 이집트학 학자들은 말
끔하게 맞아떨어지는 그 주장을 아리안모델에 반하는 것임에도 불구하고
받아들였으나, 대부분의 학자들은 탐탁지 않게 여겼다.39)

1912년 이집트학 학자 M. 부르카르트는 이집트인이 그리스적 유형의 양
날검을 소유하지 않았기 때문에 크시포스가 이집트 어원을 가질 수 없다는
것을 근거로 그것을 각하시키려 했다.40) 그런데 그의 전제와 추론은 잘못
된 것이었다. 제2중간기 이집트에서 양날검이 있었다는 데는 어떠한 의문
도 없다.41) 그렇지 않더라도, 혁신은 거의 항상 전에 알려진 유사한 물건
에서 의미를 차용하고 변화시킨다는 것은 흔한 일이다. 예를 들면, 영국에
서 미국으로 와서 정착한 사람들은 전에 알려지지 않은 메이즈maize(옥수
수)를 나타내기 위해 '콘corn'을 사용했고, 새로운 자동차를 나타내기 위해
말이 끄는 '카car'를 사용했다. 이것에 더욱 밀접하게 연계된 것이 '단도'
바그수b3gsw(역주: 529쪽에서는 b3sgw로 표기되어 있다)를 나타내는 이집트
단어의 기원인데, 그 단어는 더 이른 단어인 b3gs(가시)에서 유래했다. 부
르카르트의 주장이 갖는 약점은 파생과 관련해 그의 이데올로기적 곤경을
말해주고 있는 것으로 보인다. 이러한 태도는 대부분의 고전학자에게 공통
적으로 나타나는데, 그들은 사치품을 나타내는 페니키아 이름을 완전하게
기꺼이 받아들이면서도 영웅시대의 초강력 무기를 나타내는 단어가 이집

---

37) 복합 파생어의 어원은 제3권에서 논의될 것이다. 여기에는 셈어 śn²세나(히브)(미워하다)에서
　　파생된 크센xen-과, 셈어 어간에서 파생된 크신xyn(함께) 등이 있는데, 후자는 에블라어 쉬-
　　인ši-in(~으로의 움직임, ~에 이르기까지)과 구난구라게어의 전치사 선səʼn(~에 이르기까지,
　　~까지)에서 발견된다.

38) Birch(1853, p.62); Brugsch(1855, p.40).

39) 이에 관한 참고문헌은 Pierce(1971, p.106) 참조. Pierce가 글을 쓴 이래 Černy(1976, p.171)
　　가 그 어원을 강조했다.

40) Burchardt(1912b, pp.61-63).

41) 텔 엘 다바에서 발굴된 유물(Bietak, 1968, p.106; 1979, p.261) 이외에 제8장(주139-141)에
　　서 묘사된 잘 알려진 단도가 있다.

트어 어원을 지닐 수 있다는 가능성은 논의하지 않는 것을 좋아한다.[42]

크시포스가 차용어라는 것은 의심의 여지가 없다. 수긍할 만한 인도유럽어 어원이 없는데다가 불규칙하게 유사한 여러 단어는 전형적인 차용의 모습을 보여주기 때문이다.[43] 첫째로 스키포스skiphos라는 방언이 있는데, 이것은 그리스어에서 복합마찰음이 지닌 공통적인 불분명성을 보인다. 둘째로 세피아sēpia(오징어)라는 단어가 있다. 박식한 율리우스 포코르니는 세피아의 인도유럽어 어원을 찾아낼 수 없었고, 오징어의 먹물 때문에 세포마이sēpomai(악취가 나다)로부터 그것을 끌어내려는 프렌켈의 주장을 샹트렌은 받아들일 수 없었다.[44] 복족류腹足類가 그 이름을 체내의 '칼날'로부터 얻었다는 것이 좀 더 그럴듯하게 보인다. 물론 이것은 영어에서 'cuttlefish'(오징어)의 'cuttle'과 유사할 수도 있는데, 비록 그것이 파생되지 않았다 하더라도 'cuttle'은 'cut(자르다)' 또는 그것의 확장어인 'cutler'(칼장수) 또는 'cutlass'(폭이 넓고 위로 휜 단도)의 영향을 받았다. 이처럼 세피아sēpia는, 비록 첫 철자 s와 장음 ē가 후기의 차용을 시사하더라도 이집트어 세페트sft, 콥트어 세페sēfe로부터의 차용어일 수 있다. 이집트 철자 f로부터 그리스 철자 p로의 전이는 이집트 단어 게프gf(원숭이)로부터 그리스어인 케포스kēpos, 케보스kēbos, 케이보스keibos의 파생에서, 그리고 이집트어로 한정사 (화염과 피어오르는 연기를 지닌 화로)를 지닌 게펜gfn(굽다)로부터 그리스어 어간 카프ㄴkapn-(연기)의 어원이 유래한 데에서 예시된다.[45] 마찬가지로 이집트 철자 f를 그리스 철자 ph와 동일시하는 것(이는 세페트로부터 크시포스의 차용에서 일어나는 것으로 보인다)은 다음과 같은 이름과 직위의 음역에서 엿보인다. -트페니스-thphēnis는 테프네트tfnt로부터, 카메피스Kamēphis는 카 무트-에프K3 mwt.f로부터, 온노프리스Onnōphris는 웨넨 웨프루Wnn wfrw로부터, 멤피스Memphis는 멘 네페르Mn nfr로부터 왔다.

---

42) 예외는 Hemmerdinger(1969, p.239)이다.

43) Benveniste는 어근 크쉬프라*kšipra(그는 그 어근이 오세트어Ossetic[역주: 카프카스 북부지역에서 오세트족이 사용하는 동부 이란어]의 액스시리프aexsyrf[큰 낫]에서 발견된다고 주장했다)에서 끄집어낼 수 있다고 하지만, Szemerényi(1966b, p.36, n.3)는 이를 받아들이지 않는다.

44) Fraenkel(1910-1912, II, p.174, n.1). 세포마이sēpomai의 셈어 어원은 제3권에서 제안될 것이다.

45) 케포스kēpos의 어원은 제10장에서 더 논의될 것이다. 다음의 주146 참조.

1971년 한 이집트학 학자가 이 그럴듯한 가설에 도전했다. 영국의 학자 리처드 홀튼 피어스는 세 가지 근거에서 그 어원을 공격했다. 첫 번째는 부르카르트의 비판에 근거했다. 두 번째는 거의 그럴듯하지 않았다. 피어스는 "콥트어 세페sēfe는 (이집트어) 세프-에트sf. t가 첫 음절에 악센트가 있는 장모음을 지니고 있다는 것을 보여주지만, 차용어라고 주장되는 크시포스xiphos는 상응하는 위치에 단모음을 지니고 있다"46)고 주장했다. 이것은 콥트어로부터 고대 이집트어 모음을 재구성할 수 있다는 특이한 믿음을 보여준다. 좀 더 상식적인 견해를 가디너가 주장했다.

콥트어의 불리한 점은 그것이 설명해야 할 언어로부터 시간적으로 너무 멀리 떨어져 있다는 것이다. '거위'를 뜻하는 오베트ōbet 같은 단어의 콥트어 발음을 고古이집트어의 거위에 해당하는 단어인 아페드3pd의 발음으로 여기는 것은 거의 합당하지 않은데, 이는 마치 오늘날의 영어 발음을 앵글로색슨 시대의 영어 단어를 발음하는 근거로서 사용하는 것과 마찬가지이다.47)

피어스의 세 번째 주장은 주목할 만한 유일한 것인데, 왜 이집트어의 첫 글자 s가 ks 자음군(qi-si와 xi 둘 모두와 관련된 것으로 보인다)으로 고려되어야만 하는가의 의문과 관련되어 있다. 이것은 '경우에 맞지 않는 꼼꼼함'으로 보인다. 첫째, 서로 다른 그리스어 마찰음 사이에는 상당한 상호교환이 있다는 데는 의문의 여지가 없다.48) 둘째, 피어스는 이집트어 s와 z을 구분하는 데 실패했다. 이것은 부분적으로는 변명의 여지가 있는데, 많은 이집트학 학자가 그 두 마찰음은 중왕국 이집트어에서 나타났고 s/zft의 쓰기에서 s와 z의 혼동이 있다고 생각하기 때문이다. 그렇지만 기원전 14세기부터 8세기에 이르는 시기에 만들어진 이집트어의 바빌론어 및 아시리아어 음역에서 s와 z은 뚜렷이 구분된다.49) 이처럼 차용의 시기에 그 형태는 zft였다는 것은 아주 가능하며, 첫 철자가 x일 가능성이 더 커진다.

---

46) Pierce(1971, p.106).

47) Gardiner(1957, p.428).

48) 이것은 제3권에서 더 고려될 것이다.

49) Erman and Grapow(1982, VI, pp.241-242).

그러나 리비아의 부족 Mšwš를 막시에스Maxyes로 음역하면서 이집트어 š와 그리스어 x는 의심의 여지없이 상응하지만, s/zft로부터 크시포스xiphos의 경우를 제외하면 이집트어나 셈어의 s를 x로서 받아들인 차용어나 음역은 없다. 그런데 제3권에서 나는 이러한 종류의 차용어가 많다는 것을 상세히 논할 것이다. 두드러지게는 셈어 śnʔ사네(히브)(미워하다)로부터 크센xen-(낯선, 외국의), 에블라어 쉬-인ši-in(~[으]로, ~에 이르기까지)에서 발견되는 셈어 어간으로부터 크신xyn 또는 신syn(함께), 남부 에티오피아의 군난 구라게Gunnan Gurage 셈어에서 발견되는 전치사 선səʼn(~에 이르기까지, ~까지) 등과 같은 차용어를 다룰 것이다.

크산트xanth-도 있는데, 이는 '금발'이 아니라 '갈색 밤나무'와 '요리된 고기의 색 및 향'과 '신성한'을 뜻한다. 제3권에서 논의할 것이지만, 이는 이집트어 센체르sntr(향 또는 신선하게 하다)로부터 온 것이다. 때로 크수토스xouthos가 색깔의 단어로서 크산토스xanthos와 혼동되고 있다. 크수토스xouthos의 다른 그리고 아마도 기본적 의미는 '앞뒤로 재빠르게 움직이는, 민첩한'인데, 꿀벌이라든가 메뚜기 등에 사용된다. 이집트어 수투트swtwt(주위를 걷다, 어슬렁거리다, 산책하다)는 이것에 매우 잘 맞는 것 같다. 이집트 단어가 항상 복제되지 않았을 가능성은 콥트어 소트sōt 또는 소트sot(되돌아가다, 반복하다)에서 엿보인다. 그 콥트어는 다른 어원을 가지지 않고 수투트swtwt에 연관된 것으로 보인다.50) 이처럼 이집트 발음 s가 그리스어에서 x로서 나타나는 비슷한 경우가 상당히 많은 것으로 보인다.51) 이것과 관련된 그리스어 중 어느 하나도 받아들일 만한 인도유럽어 어원이 없다.52)

---

50) Černy(1976)는 소트sōt의 어원을 제시하지도 않고, 어떤 어원도 주어지지 않은 단어에 그것을 포함시키지도 않고 있다.

51) 개연성이 별로 없긴 하지만, 그리스어 크실람xylam-이 이집트어 세르메트srmt(콥트어 소른 sorn, 사름sarm, 소렘sorem에서 발견된다)로부터 파생되었다는 주장이 있다. 인도유럽어 어원을 가지고 있지 않은 크실람xylam-이 이집트에서만 입증되고 농업과 분명히 연계되므로 이집트어 어원을 찾아내려 했으나 성공하지 못했다. 크실람xylam-을 세르메트srmt나 소름sorm에 연계시키려는 시도가 실패한 이유는 두 단어의 의미가 극도로 불확실하다는 데 있다. 크실람xylam-은 심기 전에 흙을 준비하기 위해 수행되는 과정이다. 만약 그것이 비료 주기의 일종이라면, 그것은 세르메트srmt와 소름sorm에 연계되어질 수 있다. 세르메트와 소름은 나중에 '지스러기' 또는 '찌꺼기'라는 의미를 지녔으나, 초기에는 일종의 과정을 거친 먹을 수 있는 작은 알갱이였다(Gardiner, 1947, II, pp.234-235). 그것이 비료로 사용되었을 수 있는지의 여부는 이 성가신 문제의 나머지만큼이나 불확실하다.

또한 마찰음의 차용은 너무 불분명한 문제여서 이를 근거로 하는 피어스의 반대는 크시포스xiphos가 세페트sft로부터 파생되었다는 전통적이고 완전히 개연성을 지닌 견해를 저지할 수 없다.[53] 크시포스가 이집트어로부터 왔다면, '검'을 뜻하는 또 다른 호메로스의 단어 파스가논phasganon(선형문자 B에서 파-카-나pa-ka-na로 입증된다)은 인도유럽어에는 받아들일 만한 어원이 없고, 셈어에 어원을 둔 것으로 보인다.[54] 매우 불명확한 기능을 지닌 흔한 셈어 접미사 중 하나인 끝 음절 -(a)n이 없다면, 그 어근은 √psg이다.[55] 파싸그psg(두 조각내다)는 틈을 지닌 산으로 성서의 지명인 피쓰가Pisgåh에서 발견된다. 비록 중간자음이 히브리 철자 '신'(역주: ש/ś)보다는 '싸메크'(역주: ס/s)와 함께 쓰이긴 했어도, 파싸그psg는 마찰음 측음 파사그pśg의 반영이라는 것은 그럴듯하다. 파사그pśg는 어근 plg팔라그(히브)(나누다, 쪼개다)와 관련되어 있는데, 이는 전체 셈어에서 잘 입증되고 있다.[56] plg

---

52) 이것의 어원을 인도유럽어에서 찾아보려는 시도의 포기에 관해, Chantraine(1968-1975, pp.763-768) 참조.

53) Rendsburg(1989b, p.76)는 세페트sft로부터 크시포스xiphos의 파생을 '완벽하게 이치에 닿는 것'으로 보고 있다.

54) 이것의 어원을 인도유럽어에서 찾아보려는 시도의 포기에 관해, Chantraine(1968-1975, p.1180) 참조. 기원전 20세기와 19세기의 군사적 코이네(공동문화)에서 발견되는 또 다른 '검'은 이집트인이 한정사 ⟜와 함께 쓴 케페쉬bpš라는 것으로 '큰 낫'을 뜻했다. Brown(1968a, pp.178-182)의 제시에 따르면, 그리스어 카르페karpē(낫)는 히브리어 헤레브ḥereb(아람어 하르바ḥarba[검]에서 보이는 더 초기의 모음 삽입된 형태인 하르브ḥarb에서 파생되었다)에서 발견되는 서부 셈어 √ḥrb헤레브(히브)에서 파생된 것이다. 이것은 관심을 끌 만하다. 그런데 Burkert(1984, p.41, n.32)가 지적했듯이, 하르페harpē의 만족스러운 인도유럽어 어원이 있다고 한다(부르커트의 원문에 조판상의 오자가 있는데, 헤레브ḫäräb 대신에 케레브ḫäräb로 읽고 있으며, 헤레브ḫäräb는 어원학적으로 √ḫrb가 아니라 √ḥrb이다). 그러나 나는 그가 인도유럽어 어근에 우선권을 주는 이유를 모르겠고, '혼성混成contamination'이 관련되었다는 것을 의심하지 않는다. 그런데도 브라운의 셈어 어원 주장은 힘을 잃고 있는 것 같다.

55) 접미사 -(a)n에 관해서는 Gordon(1965, p.63[8.58]); Moscati et al.(1969, p.82[12.21]) 참조.

56) ś와 l의 교체에 관해서는 Steiner(1977) 참조. 팔라그plg의 흔한 용례 중 하나는 장소를 나누어놓는 시냇물이나 운하이다. 아카드어 팔구palgu와 히브리어 플라가pelagåh, 플루가pelugåh 참조. 그리스어 펠라고스pelagos가 '해협'보다는 '공해'의 의미를 지니고 있고 19세기 학자들이 셈어 plg를 어원으로 보았으나, Muss-Arnolt(1982, p.69)는 이에 반대하고 있다. 나는 그의 반대를 받아들이지 못한다. 팔라그plg가 오늘날 제기된 인도유럽어 플라크plak-(뻗다, 평평한)보다 훨씬 더 근접한 것으로 보인다(Chantraine, 1968-1975, p.872). 더욱이 바다는 '나눔'이라는 이미지를 지니고 있는데, 그리스어 탈라싸thalassa(바다)와 이스트모스isthmos(해협 또는 목)의 가장 그럴듯한 본 뜻이, 내가 보기에는 이집트어 텔레쉬t3š(경계)와 세드메이sdmi(지협 또는 목)에 담겨 있다. 이는 바다의 그러한 이미지를 또한 강화하는 것으로 보인

의 어간은 후기 이집트어에서 페네그png(분리하다 또는 나누다)에서 나타나
는데, 한정사 칼(➘)과 함께 기록되었다. 이처럼 그리스어 파스가논
phasganon은 셈어의 파생어 어근 √pśg에서 왔고 '큰 칼'을 뜻했을 가능성이
대단히 높다.

선형문자 B에 있는 키-시-페qi-si-pe-와 파-카-나pa-ka-na가 만약 차용어라면,
그것이 그리스어에서 순연구개음의 붕괴 전에 도입되었음을 가리킨다는
것을 주목해야만 한다. 그렇지 않다면 키-시-페qi-si-pe-는 티-시-페*ti-si-pe-로
발음되었을 것이기 때문이다(역주: [역자도표]를 보시오). 그리고 나는 아프
리카아시아어의 발음 파pa 또는 바-ba-가 후기에 차용되었을 경우 선형문자
B로는 이미 파pa와는 동음이 되었던 카qa를 나타내는 기호로 음역되었다고
주장한다.

순연구개음의 붕괴의 연대는 확실하지 않고 논쟁 중이다. 그러나 순연
구개음이 모음 u와 y 앞에서 붕괴되었다 하더라도 다른 순연구개음은 선형
문자 B 서판이 기록되었을 당시에 아직도 여전히 순연구개음으로 발음되
었을 것이라고 일반적으로 여겨지고 있다.57) 그런데 내가 제3권에서 주장
하겠지만, 선형문자 B의 철자 표기 전통은 오늘날 현존하는 문서가 속하는
시기인 기원전 14·13세기 이전에 확립되었고, 또한 그때에 이르면 순연구
개음은 대부분의 그리스어 방언 속에서 변형되었다.58) 그러한 경우에 크
시포스xiphos와 파스가논phasganon 단어의 도입은 기원전 1400년경이나 아마
도 그보다 몇 백 년 전에 일어났을 것이다. 이는 그 단어가 에게해권에서
검과 발전된 단도가 처음으로 나타났을 때 차용되었음을 시사한다.

그런데 기원전 2천년기 전반 크레타에서 지배적인 언어가 셈어였을 것
이라는 사실에 의해 상황이 복잡하게 된다. 지배적인 언어가 아니었다 하

다. 어느 것도 인도유럽어 어원을 가지고 있지 않고, 둘 다 제3권에서 상세히 논의될 것이
다. 그런데 Muss-Arnolt는 그리스어 팔라케pallakē(첩)는 '가족에서 차단된' 의미에서 셈어
플라가pelagâh에서 왔다는 것을 받아들인다. 그런데 그는 히브리어 필레게쉬pilegeš(첩)을 그
리스어 팔라케pallakē로부터 차용된 단어로 보았다. 이 두 단어는 명확히 연계되어 있지만,
연계의 정확한 방식은 매우 불확실하다. 이에 관해 총망라한 19세기 참고문헌은
Muss-Arnolt(1892, pp.65-66) 참조. 좀 더 최근의 논의는 Ellenbogen(1962, p.134); Rabin(1974);
Brown(1968a, pp.164-169) 참조.

57) Szemerényi(1966b); Lejeune(1972, p.46[33]) 참조. 제12장의 주51도 참조.

58) Bernal(1989b, pp.35-37)도 참조.

더라도 이집트어와 더불어 서부 셈어의 방언이 그 섬에서 폭넓게 사용되었다는 데는 거의 의심의 여지가 없다.[59] 이것은 크시포스와 파스가논이 이집트어와 셈어 어근에서 파생되었다 하더라도 그것이 크레타에서 기원했을 것이고, 따라서 두 단어가 그 섬에서 또는 밖에서 검의 발전에 관해 말해줄 것이 거의 없을 수도 있다는 가능성을 열어두고 있다. 그런데 세페트 sft가 이집트에서 '검'을 나타내는 표준어였고 더 초기에는 '칼'을 의미하기 위해 사용되었다는 사실은 그것이 이집트 자체에서 발전되었을 가능성을 매우 크게 한다. 그런데 파스가논의 경우에는 덜 명백하다. 지금까지 살펴본 세 어근, 곧 파싸그psg, 파사그pśg 또는 팔라그plg가 레반트에서 날카로운 도구 또는 무기의 이름으로 사용되었다는 것을 입증할 증거가 전혀 없다. 이처럼 파스가논은 그리스 본토에 기원을 두는 것이 좀 더 그럴듯하다 하더라도 크레타의 셈어에 기원을 두는 것이 가능하다.

어쨌든 종합하면, 크레타의 검과 발전된 단도가 기원전 18세기 후반 레반트의 힉소스 지배 지역에서 크레타로 도입되었음을 시사한다는 점에서, 그 어원들이 고고학적 증거를 지지하는 것으로 여겨진다.

각궁, 말, 전차

중기미노아 III 시기에 활의 목재 부분이 가늘고 길게 다듬은 뿔로 강화된 각궁이 최초로 크레타에서 나타났다.[60] 이것도 시리아에 기원을 두고 있었던 것으로 보인다. 그것은 이집트에서 제12왕조 때부터 있었던 것으로 보이지만, 왕이나 고관이 사용할 수 있었고 이집트 회화에서는 '아시아인'에 연계되어 있었던 것으로 보인다.[61] 이처럼 중기미노아 III에서 각궁의 존재는 힉소스 침입과 잘 맞아떨어진다.

에게해권에 전차가 최초로 도입된 것은 본토 그리스를 다루면서 좀 더 상세히 살필 것이다. 여기서는 다만 말과 전차의 그림이 크레타에서는 중기미노아 III에 최초로 나타난다는 것을 지적해둔다. 두 마리의 말이 끄는 전차 문양이 새겨진 이 시기의 인장이 그 섬의 남쪽에 있는 메사라 평원의

---

59) 제10장의 주14-23 참조.
60) Lorimer(1950, pp.276-280).
61) Wolf(1926, pp.14-26); Lorimer(1950, pp.278-280).

아기아 트리아다에 있는 작은 왕궁에서 발견되었다.[62] 새 왕궁기New Palace Period(역주: 후기 왕궁기Late Palace period를 말함)에서 말의 중요성은 크노소스 남쪽 아르카네스에 있는 왕의 톨로스 무덤에서 말 한 필이 사지가 잘려 희생된 채 발굴된 것에서도 엿보인다.[63]

천마, 스핑크스, 그리핀

천마天馬가 이집트에 늦게 나타났다. 그 첫 예가 기원전 15세기에 이르러서야 포착되기 때문이다.[64] 반면에 천마는 크레타와 시리아에서 거의 동시에 나타났던 것으로 보인다. 그것은 크레타에서 중기미노아 III 초에 나타났으며 레반트의 힉소스 예술에서도 보인다.[65] 캔터는 그러한 생동적인 모습이 유럽적인 것임에 틀림없다고 주장하지만, 나는 천마와 사냥 취향과 전투 장면을, 우리가 다른 자료로부터 알고 있듯이 힉소스의 삶의 양식에 연계시키는 것이 훨씬 납득할 만한 것으로 보인다. 천마의 나타남은 중기미노아 III의 시작과 함께 시작된 크레타 예술의 움직임과 자연주의적 발전의 한 양상일 뿐이다.[66] 건축과 야금술처럼 예술에서도 미노아 그리고 동시대 근동 힉소스의 양쪽 전통으로부터 끌어들인 현저하게 새로운 형태가 창조되었다는 것을 알게 된다.

이제 왕권 및 정복에 연계된 두 가지 특정 모티프를 살펴보자. '스핑크스'라는 이름은 이집트어 셰세프 아네크*šsp ꜥnḫ(살아 있는 조각상)에서 나온 것 같은데, 『시누헤 이야기』에서 세소스트리스 궁전을 지키고 있는 스핑크스에게 사용되었던 것 같다.[67] 사자와 인간의 복합체는 중기미노아 II의 크레타에서 최초로 입증되었으나 가장 이른 시기의 날개 달린 스핑크스는 중기미노아 III에야 나타난다. 분명히 이집트, 시리아, 메소포타미아에서 그것의 기원은 훨씬 과거로 거슬러 올라간다.

비록 그 괴물은 기원전 2천년기 전반부터 이집트와 메소포타미아 모두

---

62) Pendlebury(1963, p.172); Crouwel(1981, p.122).

63) Herakleion Museum Case 75A; Sakellarakis(1981, p.60) 참조.

64) Helck(1979, pp.80-81). 제8장의 주136도 참조.

65) Matz(1973a, p.157); Stock(1955, pp.31-32). 제8장의 주135-136도 참조.

66) Matz(1973a, p.157).

67) Dessenne(1957, p.76)

에서 나타나고 있지만, 그것이 이집트에서 태양 상징물로 시작했고 바로 그곳에서 날개 달린 형태(그리핀과 유사성을 띠고 있는 것으로 보인다)가 발전되었다는 데는 거의 의심의 여지가 없다. 그런데 시리아가 그것의 도상적 발전과 확산에서 매우 중요한 역할을 했다는 것은 확실하다.[68] 스핑크스에 관해 내용이 풍부한 단행본을 쓴 앙드레 데센느가 힉소스 시기라는 혼란기에서 자신이 보았던 상황을 기술했던 것처럼 "그것(스핑크스)은 사라지지 않았을 뿐만 아니라 새로운 힘을 취했다고 말할 수 있다"[69]는 것 또한 명백하다. 중왕국 및 신왕국 시대에 이집트와 시리아-팔레스타인 사이의 의심할 바 없는 밀접한 관계를 고려한다면, 데센느는 제2중간기에 비해서 중·신왕국 시대에 스핑크스가 매우 드물게 나타난다는 점에 놀랐다. 이는 그로 하여금 그 괴물이 힉소스에게 특별한 의미를 지녔다고 결론짓게 했다. 그는 스핑크스가 힉소스 스카랍에 특별히 빈번하게 나타나고 있음을 기술했다. 데센느는 또한 날개가 없는 것과 있는 것, 움직이는 것과 정지해 있는 것, 서 있는 것과 누워 있는 것, 왕관을 쓴 것과 쓰지 않은 것 등 유형의 폭넓은 다양성에 관해 언급했다. 그러나 그는 시리아적이면서 비이집트적인 것이 가장 많이 나타났음을 강조했다. 분명히 스핑크스가 이집트와의 밀접한 관계가 있었다는 것을 고려한다면, 그는 그것이 놀라운 일이라고 생각했다.[70]

데센느는 스핑크스가 중기미노아 III 초에 크레타에 도착했다고 주장했다.[71] 더욱이 그 시기의 스핑크스 형태는 시리아에 기원을 두고 있었다. 데센느는 이집트의 남성적인 스핑크스와 에게해권의 여성적인 스핑크스 사이에는 근본적인 차이가 있다는 옛 아리아주의자의 주장을 두 지역에서 성의 커다란 혼동을 제시함으로써 무너뜨렸다.[72] 그런데 그는 스핑크스를 힉소스 침입자가 크레타로 들여왔다고 주장하는 데는 주저했다. 1950년대에는 힉소스가 이집트에 침입했다는 생각은 유행하지 않았고 크레타에 침입했다는 생각은 생각조차 할 수 없었던 때인데, 그는 글을 쓰면서 두 가지

---

68) Dessenne(1957, pp.27, 175-176).
69) Dessenne(1957, p 178).
70) Dessenne(1957, pp.35-43, 178-179).
71) Dessenne(1957, p.124).
72) Dessenne(1957, pp.112, 149). Helck(1979, p.75)도 참조.

동시적인 사건의 가설에 의지해야만 했다.

> … 전기 왕궁의 존재에 무자비하게도 종말을 가한 재앙 후에 우리는 오리엔트 화의 물결의 도착을 알고 있는데(이는 연구할 만한 홍밋거리이다), 이를 통해 스핑크스와 그리핀을 포함한 수많은 오리엔트의 모티프와 테마가 들어왔다. 왜 크레타는 그때 좀 더 수용력을 보였던 것일까? 우리는 추론만 할 수 있을 뿐이다. 첫 번째 왕궁과 두 번째 왕궁 사이에 단절은 없다 하더라도 과도기의 충격이 진공상태를 만들어냈다는 것은 가능하다. … 우리가 첫 절에서 말했듯 이, 크레타와 오리엔트 사이의 관계는 힉소스 시대에 일반적으로 믿고 있는 것 보다 더 컸을 개연성이 있다.[73]

크레타의 스핑크스가 힉소스 치하에 있는 지역에서 왔다는 가설은 그리핀 의 경우에도 반복된다. 매나 독수리의 머리를 지닌 사자 모양의 그리핀은 기원전 4천년기의 메소포타미아, 엘람, 이집트로 거슬러 올라간다.[74] 고왕 국과 중왕국 내내 그리핀이 이집트와 시리아에 존재했다는 것은 그것이 어 느 시기에라도 크레타인에 의해 차용되었을 것임을 의미했다. 이 동물이 그 섬에서 그려진 첫 예는 파이스토스에 있는 옛 왕궁의 가장 후기 지층에 서 발견된 두 개의 인장 도안에서 볼 수 있다. 오스트리아의 고대사가인 프리츠 샤허마이어는 이것이 이집트의 영향을 받은 결과라고 주장했다.[75] 또한 그리핀에 관해 단행본을 썼던 안나 마리아 비시는 다음과 같이 주장 했다.

> 크레타의 그리핀 발전에 관해 두 개의 견고한 고정점이 이미 확립된 것으로 보인다. 그리핀이 중기미노아 III 시기인 기원전 1700-1580년(이 책에서는 기 원전 1730-1675년) 이전에 그 섬에서 나타나지 않았다는 점과, 처음부터 그것 은 독립적인 창조물이 아니라 기원전 2천년기에 외부 지역인 시리아로부터 수 입된 것이었다는 점이다.[76]

---

73) Dessenne(1957, p 187).
74) Bisi(1965, pp.21-42).
75) Schachermeyr(1967, p.32, plate 76).

이 두 기록(역주: 샤허마이어와 비시의 기록) 사이의 타협은 겉으로 보이는 것처럼 그리 어렵지는 않다. 첫째, 역사나 고고학적 기록에서 그렇게 많은 '단절'의 경우에도 그러하듯이, 새로운 시기와 관련된 현상이 이전 시기의 말에 작은 숫자로 나타난다는 수많은 예가 있다. 둘째로, 샤허마허가 이집트의 영향을 선호하는 것은 아더 에반스를 따른 것으로, 이는 시리아의 영향을 선호하는 비시(앙리 프랑크포트도 그러했다)와는 반대되는 것이다. 샤허마허의 이집트 선호는 고고학이나 예술사 같은 다른 분야에서 힉소스 시기에 대해 느끼고 있었던 불확실성의 또 다른 예이다. 그런 점에서 이것은 고대모델 자체가 지닌 불확실성의 또 다른 예라고도 할 수 있다. 헤로도토스는 스파르타 왕들의 조상이 이집트인인지 또는 '아시리아인'인지 확실히 말하지 못하고 있다.[77] 그 답은 분명히 중기미노아 III 시기에 남부 시리아와 하이집트는 힉소스 지배하에 있었다는 것이다. 이 조합은 그리핀의 경우에 분명해 보인다. 1936년 뛰어난 논문에서 앙리 프랑크포트는 에게해권 및 신왕국 이집트의 그리핀 도상과 미탄니 및 중기 아시리아의 인장에 새겨진 그리핀 도상을 비교하고는, 그리핀이 힉소스 시기의 창조물이라고 확증했다.[78] 비시는 이 견해를 완전히 받아들였다.[79]

그리핀의 모습은 예술사가에게만 국한된 사소한 관심사가 아니다. 그것은 생동적인 정치적 의미를 지니고 있다. 스핑크스처럼 그리핀은 파라오를 보호하는 동물로서 시작되었던 것으로 보인다. 그러나 그리핀은 항상 공격적이고 탐욕스러운 모습을 지니고 있었으며, 왕과 관련된 의미를 지니면서도 그 모습이 기원전 2천년기 전반 시리아에서 두드러지게 나타나고 있다. 그리핀이 지닌 본질의 이러한 국면은 시간적으로 공간적으로 힉소스와 일치한다는 점과 더불어, 그리핀이 힉소스 왕권의 상징이자 지지자임을 실제적으로 확인해준다. 이는 그리핀과 동일한 것으로 여겨지는 가나안의 케룹 kerûb(cherub)(역주: 공동번역 구약성서에서는 '거룹')의 기능과 일치하는데, 케

---

76) Bisi(1965, p.167).

77) Evans(1921-1935, I, pp.709-713); Frankfort(1936-1937). Morgan(1988, pp.50-51); Herodotos, VI.53-54도 참조.

78) Frankfort(1936).

79) Bisi(1965, p.167).

룹은 성서에서 하느님의 옥좌와 전차를 지키는 환상적이고 다채로운 동물이다.[80]

케룹이라는 단어는 셈어에 뿌리를 확고하게 내리고 있는데, 아카드어에서는 카루부karûbu 또는 카리부karîbu에서 발견되고, 그것이 그리스어 그리프스-그리포스gryps grypos(그리핀)에 연계되었다는 생각을 19세기의 여러 학자가 주장했다. 후에 사전편찬자들이 인도유럽어 어원을 발견하지 못했는데도 그러한 주장은 냉대를 받았다.[81] 1968년 고전학자이자 셈학 학자인 존 페어맨 브라운은 성서, 그리스어 문서, 라틴어 문서를 방대하게 사용해 그리스어 그리프스gryps와 히브리어 케룹kerûb이 현저하게 유사한 모습과 기능을 지니고 있으며 어원을 부정할 이유가 없다고 주장했다.[82] 그런데 브라운은 차용의 시기에 관해 깊이 생각하지는 않았다. '그리핀'이라는 단어는 헤시오도스나 호메로스의 글에서는 나타나지 않으며, 그 차용이 '오리엔트화'의 시기인 기원전 6세기에 일어났을 가능성도 있는데 이 시기에 그리핀은 매우 자주 등장하는 모티프였다.[83] 청동기시대 이후 보이는 상당한 도상적 증거에 따르면, 언어적 차용은 아마도 기원전 2천년기에 일어났을 것이다.

힉소스 중에 셈어를 말하는 사람이 현저하게 많았다는 사실을 고려한다면, 그 짐승은 기원전 18세기에 이미 카루부karûbu, 카리부karîbu, 또는 케룹kerûb으로 불렸을 가능성이 대단히 높다.[84] 뛰고 날고 사냥하는 그리핀이 후기 미노아와 미케네 예술에서 자주 등장하는 이미지 중 하나였기 때문에 후기 청동기시대에 에게해권에서 그 이름이 사용되었을 가능성은 더욱 커진다. 가장 현저한 증거는 한 쌍의 그리핀이 후기 왕궁기 크노소스와 미케네 필로스에서 모두 왕좌의 좌우 벽에 그려졌다는 사실이다.[85] 이것은 그

---

80) Gesenius(1953, pp.500-501)의 짧은 소론 참조.

81) 19세기 학자의 주장은 Muss-Arnolt(1892, p.100) 참조. 그는 그것을 받아들이고 있다. 20세기 학자의 주장에 관해, Brown(1968a, p.185, n.3) 참조. Grimme(1925, p.17); Chantraine(1968-1975, p.75)도 참조.

82) Brown(1968a, pp.184-188).

83) Bisi(1965, pp.197-246).

84) 미케네 필로스의 그리핀이 포-니-케po-ni-ke로 불렸을 가능성을 Verntris and Chadwick(1973, p.136)은 거의 받아들이지 않았다. 그러나 그것은 대체 이름일 수도 있다. 피닉스phoinix 및 유사한 단어라는 매우 복잡한 주제가 제3권에서 고려될 것이다.

리핀이 후기 왕궁기 크레타와 미케네 그리스에 걸쳐 왕권의 표준 상징이었음을 보여준다. 크레타의 한 쌍은 후기미노아 II 시기에 속하므로 기원전 16세기 또는 15세기 전반으로 연대를 설정해야 하고, 필로스의 그리핀은 훨씬 이후이다. 이처럼 그리핀은 미케네 그리스의 상징이었다고 주장할 수 있겠다. 그런데 제11장에서 그리스인이 중부 크레타를 후기미노아 IIIA 초에야 정복했다는 것을 밝힐 것이다. 즉, 그 정복은 크노소스 그리핀이 그려진 이후에야 발생했다. 더욱이 중기미노아 III과 후기미노아 IA 시기에 그 모티프의 중요성을 보여주는 더 작은 유물로부터의 충분한 증거가 있고 이 시기에서 그리핀이 왕과 관련되었음을 보여주는 충분한 상황적 증거가 있다.[86] 스핑크스처럼 그리핀도 힉소스 지배하의 시리아와 이집트가 중기미노아 III 시기의 크레타 왕권 관련 도상에 직접적으로 영향을 미쳤던 것으로 보인다.

기원전 1730년경 힉소스의 크레타 침입이 있었는가

도기연대 중기미노아 III 초에 크레타의 세 왕궁 모두가 파괴되고 급속히 재건축되었다. 파괴의 전부터 후까지 분명히 연속성이 있음에도 불구하고, 고고학자와 역사학자가 그것을 크레타 왕궁 문화에서 유일한 단절로 묘사할 정도로 충분한 변화가 있었다. 건축, 분묘건축, 회화, 작은 예술품, 그리고 청동무기 제작에서 일어난 이러한 변화의 대부분은 그 지역의 발전과 이집트 및 시리아로부터의 형태상·기술상의 차용이 결합되어 있음을 가리킨다. 그 중에서 전차의 도입 또는 적어도 전차에 관한 지식의 도입은 힉소스와의 특별한 접촉을 시사하고 있으며, 힉소스와의 연계는 천마의 도입, 왕권의 두 상징인 스핑크스와 그리핀(둘 다 힉소스적 형태)의 도입에 의해 더욱 강화된다.

새로운 양상과 세 왕궁의 파괴에 대해 어떻게 설명할 수 있을까? 20세기 동안 이것에 대해 침입보다는 다른 방식으로 설명하려는 경향이 강력했다는 데는 의문의 여지가 없다. 그러한 '건전하고' 덜 극적인 설명이 때로

---

85) Bisi(1965, pp.167-195). 필로스의 두 메가론(역주: 왕궁의 큰 방)에 있는 그리핀의 쌍에 관해 그리고 필로스 쌍과 크노소스 쌍의 비교에 관해서는 Lang(1969, pp.99-103, 194-211) 참조.
86) Bisi(1965, pp.167-177); Morgan(1988, pp.49-51).

는 실수로 판명되었다. 예를 들면 고고학자 레너드 울리는 1953년 북서 시리아에 있는 알랄라크의 일곱 번째 도시는 외적의 침입으로 파괴되지 않았을 것이라고 대단히 그럴듯한 주장을 내세웠다.[87] 그런데 1957년에 발견된 히타이트 문서는 그 도시가 기원전 1700년경 히타이트 왕 하투실리 1세에 의해 파괴되었음을 보여주었다.[88] 크레타에서의 파괴에 대해서는 고고학자 싱클레어 후드가 내전의 견지에서 설명하려고 시도했지만, 지진에 의한 설명이 여전히 우세하다.[89] 왕궁이 크레타의 새로운 지배자가 된 힉소스 '군주'에 의해 파괴되었다는 것을 제안하는 것이 좀 더 경제적이지 않을까?

아더 에반스는 이 시기의 변화가 '새로운 인종적 요소'에 의해 일어난 것으로 보았지만, 그것이 '외래의 멍에'를 의미할 만큼 충분하지 않다고 주장했다.[90] 오늘날 대부분의 학자는 침입의 이러한 정도조차 받아들이려 하지 않으며, 기원전 3000년에서 기원전 1400년경 그 섬에 대한 '그리스인의' 침입에 이르기까지 연속성이 존재한다고 주장한다.[91] 비록『캠브리지 고대사』의 전기 미케네인에 관한 글에서 프랭크 스터빙스가 기원전 16세기 초 아르고스 지방에 힉소스 군주가 정착했음을 주장했음에도 불구하고 (그의 견해는 대체로 학자들 사이에 인기가 없었다), 기원전 18·17세기 힉소스의 크레타 지배설은 오늘날에도 생각할 수조차 없다.[92]

육지에 근거를 둔 '야만인' 정복자가 바다에 적응한 예는 수없이 많다. 몽골족이 일본을 정복하지 못한 것은 사실이지만, 그들이 큰 함대를 건조하고 원정을 준비했다는 데는 의심의 여지가 없다. 예속민이 야만인에게 조선술이나 항해술을 가르치는 것을 로마가 엄금했음에도 불구하고, 게르만 부족인 반달족은 북부 아프리카의 상당 부분을 장악할 수 있었고 기원후 5·6세기에 수십 년 동안 해군으로 서부 지중해를 지배할 수 있었다.[93]

---

87) Woolley(1953, pp.80-85).

88) Kupper(1973, p.31). 제8장의 주93도 참조.

89) Hood(1967, p.80).

90) Evans(1921-1935, I, p.316).

91) Warren(1973, p.43).

92) Stubbings(1973). 이 문제는 나중에 고려될 것이다.

93) Courtois(1955) 참조.

마지막 장에서 논의하겠지만, 비탁의 텔 엘 다바 발굴에 따르면 힉소스는 항해에 깊이 연루되어 있었고 비탁은 힉소스 해양 활동의 범위에 키프로스와 크레타를 포함시켰다.[94] 힉소스에 대한 새로운 설명은 힉소스가 에게해를 지배했다는 주장(에두아르트 마이어와 20세기 초의 고대사 역사가들이 내놓았다)을 어리석은 것으로 생각하려는 역사가에게는 아직도 받아들여지지 않고 있다. 마이어가 크노소스의 중기미노아 III에서 발견된 힉소스 파라오 키얀의 이름이 새겨진 설화석고 뚜껑에 전적이라고는 할 수 없다 하더라도 크게 근거해 자신의 주장을 전개했던 것처럼 받아들여지고 있다.[95] 그러나 마이어를 포함한 학자들의 가설의 기초를 하나의 유물에만 국한시키는 것은 그들의 생각을 지나치게 단순화시키는 것이다. 그들의 전반적인 생각은 동시대 이집트 및 크레타에서 나타난 변형들이 유사하다는 그들의 인식에 근거하고 있다.[96]

그럼에도 불구하고 마이어의 생각에 대한 주요한 도전은 뚜껑에 근거하고 있는데, 특히 히타이트 수도에서 흑요석 화장함化粧函에 기록된 키얀의 이름이 발견된 이래 그러했다. 그 화장함은 파라오 키얀이 히타이트 왕에게 보내는 선물로서 그럴듯하게 해석되었으므로, 크레타의 유물은 그것과 동일한 것으로 힉소스 제국의 존재를 증명하는 것이 아니라 독립된 세력과의 화합을 가리킨다고 설명되었다. 즉, 그 발굴물이 힉소스 제국의 존재가 아닌 독립국과의 '접촉'을 가리킨다고 주장했다.[97] 이집트학 학자이자 예술사가인 스티븐슨 스미스는 이 견해를 받아들였으나, 마이어를 불신하는 것을 못마땅해 하며 다음과 같이 썼다. "그렇다 하더라도 마이어의 꿰뚫는 직관은 (이집트의) 에게해권 및 시리아와의 점증하는 접촉의 표시를 상상적으로 강조했는데, 오늘날에는 더욱 그러한 것으로 여겨진다."[98] 내 생각에는 스미스가 생각하고 있는 것보다 조금 더 진지하게 마이어의 주장을 받아들이고 '점증하는 접촉'을 이집트의 그 힉소스 파라오의 패권 하에 힉소스 군주들이 맺은 동맹의 표시로 보는 것이 좀 더 개연성이 있는 것 같

94) 제8장의 주95 참조.
95) Schachermeyr(1967, p.43); Helck(1979, p.49) 참조.
96) Meyer(1928-1936, II, pt.1, pp.40-58, 162-175).
97) Schachermeyr(1967, p.43); Helck(1979, p.49).
98) Stevenson Smith(1965, p.28).

다. 그런데 크노소스 왕궁의 부와 화려함을 고려한다면, 중기미노아 III부터 후기미노아 IA 시기까지 크노소스 지배자는 왕이었거나 에게해권의 다른 군주를 거느린 패자였던 것 같다.

뒤에서 언급하겠지만 고고학적 증거에 따르면, 크레타가 적어도 키클라데스 제도의 일부 섬을 직접적으로 지배하지는 않았다 하더라도 긴밀하게 부속시켰던 것으로 보인다. 전기 미케네 그리스의 수갱묘나 다른 무덤에서 발견된 유물에서 보이는 막대한 크레타의 영향은 테세우스 전설이나 미노스 왕과 미노타우로스에 대한 아테네의 조공에 관한 전설을 강화하는 것으로 보인다. 이러한 전설로 미루어 보건대, 미노아의 '해상권' 또는 본토에 대한 일종의 수위권이 존재했던 것으로 보인다. '미노스의 해상권: 신화 아니면 실재?'라는 주제로 열린 최근의 학술회의에서 참가자의 대다수는 올바르게도 두 주장 사이의 중간 지점을 취하기를 원치 않았는데, 그 전설이 주로 새 왕궁기 초와 관련되었다고 믿었다.[99]

앞에서 언급했듯이 스터빙스는 크레타의 일부는 아니라 하더라도 본토 그리스의 일부가 힉소스 수장에 의해 정복되었다고 주장했다. 나는 동일한 일이 크레타에서도 벌어졌을 것이라고 믿는다. 힉소스 제국이라는 마이어의 이미지를 공격하면서 샤허마이어와 헬크는 크노소스와 히타이트 수도에서 발견된 것들과 유사한 선물이 중왕국 기간에 비블로스 지배자 및 시리아-팔레스타인 군주에게 보내졌음을 지적했다. 이것은 중왕국 시기에 레반트에 대한 이집트의 힘과 영향력의 성격과 정도를 논의했던 제5장의 주장을 뒤돌아보게 한다. 제12왕조의 대부분 기간 동안 이집트의 속국이었던 비블로스가 파라오에게 선물을 받았다는 것은 어느 누구도 의심하지 않는다.[100] 이처럼 파라오가 그의 패권 하에 있는 지배자에게 개인적 선물을 보낼 수 있었다는 것은 아주 분명하다.

이 절을 요약하면 다음과 같다. 모든 크레타의 왕궁이 기원전 1730년경의 어느 땐가 파괴되었고 그것이 재건축되었을 때 사소하기는 하지만 중요한 변화를 보이고 있다. 그러한 변화 중 많은 것이 같은 시기 힉소스 지배하의 레반트와 하이집트에서의 변화 경향을 닮았다. 특히 힉소스의 왕권

---

99) Wiener(1984); Hiller(1984); Stos-Gale and Gale(1984a); Korres(1984) 참조.
100) 제5장, 주8-30.

및 정복에 연계되어 있는 스핑크스와 그리핀과 같은 상징물이 중기미노아 III의 크레타에서 최초로 나타났다. 또한 크레타와 '힉소스 지역' 사이의 접촉이 뒤이은 수십 년 동안 계속되었다.

이러한 방향을 가리키고 있는 또 다른 증거는 소위 '상형문자 인장들의 매장물Hieroglyphic Deposit'이다. 이것은 정확하게 크노소스의 중기미노아 II과 III 사이에 있는 파괴 지층의 왕궁에서 발견되었다. 여기서 상형문자란 인장들의 각문인 크레타의 상형문자를 말하는 것이지만, 프리드리히 마츠는 『캠브리지 고대사』에서 다음과 같이 기술하고 있다.

> 인장들에는 장식적인 디자인 및 상형문자가 새겨져 있을 뿐만 아니라 자연을 직접적으로 재현한 그림들이 있는데, 크레타, 이집트, 동방에는 그러한 전례가 없는 그림들이다.[101]

마츠가 제안했듯이, 이것의 전례는 앞선 시기인 중기미노아 II에 속하는 크레타의 보석에서 발견할 수 있었다는 것은 그럴듯하다. 그렇다고 하더라도 주요한 요소는 제8장에서 논의되었던 절충적이고 생동감 있는 '힉소스의 국제적' 스타일이었던 것 같다.[102] 이 인장들 중에서 주목할 만한 두 개는 일반적으로 '지배자the ruler'로 알려진 덥수룩한 턱수염의 나이가 든 남자와 '왕자the prince'로 알려진 수염 없는 젊은이의 자연주의적 초상이다. '지배자'의 초상은 예리코의 '힉소스' 무덤에서 발견된 항아리에 그려진 초상(제8장에서 언급되었다)과, 수갱묘에서 나온 인장에 새겨진 초상, 그리고 미케네에서 나온 왕의 황금가면에 새겨진 초상(뒤에서 논의할 것이다)을 닮았다.[103] 만약 이것이 일반적으로 생각되어지듯이 통치자의 초상이라면 그들은 힉소스 야만인일 가능성이 대단히 높다.

크레타가 하이집트에서 온 힉소스 전사들에 의해 기원전 18세기 후반에 정복되었다는 직접적인 증거는 없지만, 앙드레 데센느의 주장에 동의하는 것보다는 다음의 가설을 세우는 것이 좀 더 유용하다. 즉, 중기미노아 II의

---

101) Matz(1973a, p.157).
102) 제8장의 주132-139, 162.
103) 제8장의 주134 참조.

말에 왕궁의 원인불명의 파괴 그리고 그 후 외래의 영향에 대한 개방이라는 두 가지 사건이 있었고, 우리는 새로이 세력을 확립하고 매우 공격적인 힉소스에 관해 알고 있다.[104]

테라 섬의 힉소스 흔적?

만약 힉소스가 크레타를 정복했다면, 이미 잘 확립되고 세련된 문화에 대한 그들의 기여는 얇은 겉장식을 덧붙인 정도에 지나지 않았을 것임에 틀림없다. 이처럼 가설적인 정복 직후에 물질문화에 대한 힉소스의 야만적 영향이 미노아의 전통 속으로 그리고 전체적으로는 세련된 동지중해의 전통 속으로 사라져버렸다.

크레타 북쪽에서의 상황은 조금 달랐을 것이다. 제2장과 제3장에서 논의되었듯이, 기원전 3천년기에 그곳에는 상당한 이집트 및 레반트의 영향이 그리고 지역적 문화의 높은 수준이 있었던 것으로 여겨지지만, 토착 문화는 기원전 2천년기 초에 다소 쇠퇴하고 있었다. 따라서 그리스 본토에 대한 힉소스 식민화의 문화적 영향은 훨씬 더 지속적인 충격을 주었을 것이다. 이에 따라 이집트에 대한 가장 큰 '힉소스'의 영향이 이웃 팔레스타인 문화의 도입이었던 것처럼, 에게해에서 '힉소스 침입'의 가장 큰 영향은 크레타로부터 왔을 것이다. 이집트의 힉소스가 인도아리아-후루-셈의 성격을 지녔고, 크레타의 힉소스가 인도아리아-후루-셈-이집트의 성격을 지녔다면, 키클라데스와 본토 그리스의 힉소스는 인도아리아-후루-셈-이집트-크레타의 성격을 지녔을 것이다. 그러한 복합이 그럴듯하지 않다고 여겨진다면, 서로마제국 붕괴가 초래한 훈-터키-이란-고트적 성격을 그리고 노르만 정복이 초래한 바이킹-프랑스(이탈리아)적 성격을 보면 되겠다. 역사적으로 입증된 경우에서 이웃 문화는 가장 영향력이 있다는 것을 주목해야만 한다. 이처럼 전체 에게해권의 물질문화의 견지에서 미노아적 형태 및 스타일의 확장을 예상할 수 있고, 크레타가 셈화되고 이집트화되었던 정도만큼 신화, 종교, 언어의 영역에서 이러한 문화들의 도입을 발견할 수 있다.

---

104) Dessenne(1957, p.178).

테라 폭발과 그 연대는 제7장에서 상세히 논의되었다. 여기에서는 단지 폭발에 의해 파괴된 문화가 남긴 상당한 잔존물의 국면을 고려할 것이다. 아크로티리Akrotiri의 놀랄 만한 유물을 언급하기 전에 힉소스와의 접촉을 가리키는 것으로 여겨지는 그 섬의 다른 곳에서 나온 두 가지 유물을 언급하는 것이 유용하겠다.

하나는 텔 엘 예후디예 스타일로 만든 세 개의 작은 항아리인데, 테라 박물관에 전시되어 있다. 텔 엘 예후디예 스타일을 힉소스와 동일시하는 주장이 제기되었는데, 의심스러운 점이 있지만 둘 사이의 겹침은 압도적이다. 그런데 작은 항아리들의 기원은 의문에 싸여 있다. 그것은 이집트에서 테라로 옮겨졌을 수도 있기는 하겠다. 그러나 그것들이 장식되지 않고 이집트적 특성도 지니고 있지 않으므로 테라로 옮겨진 것은 아닌 것 같다. 비슷한 작은 항아리들이 키프로스에서 발견되는 것으로 미루어 보아, 그것들이 고대에 키프로스에서 테라로 옮겨졌다는 스웨덴의 고고학자 아스트롬의 판단을 받아들이는 것이 가장 그럴듯하다.[105] 테라에서 발견되었다는 검도 있는데, 그 검은 힉소스 예술에 연계해 제8장에서 언급된 흑금상감기법으로 장식되었다.[106]

테라 폭발이 파괴한 것 중에는 오늘날 아크로티리라는 이름으로 알려진 고대 도시가 있다. 이 마을은 화산 쇄설물로 뒤덮였다가 되살아났는데, 고고학자 크리스토스 두마스는 '고대 에게해권의 폼페이'라고 불렀다. 제7장에서 언급했듯이 1939년 스피리돈 마리나토스는 미노아 문명은 기원전 1450년경 테라 폭발로 파괴되었다는 주장을 학설로 만들어 널리 퍼뜨렸다. 그는 바로 이 폭발 덕에 미케네인이 그 지역을 정복하게 되었다고 주장했다. 마리나토스는 그 가설을 확인해볼 수 없었으나, 1960대까지 그는 자금을 지원받아 장비를 갖추고 가장 적합한 곳이라고 생각한 장소를 발굴하기 시작했다. 그 결과는 놀라웠다. 몇 시간 내에 도시 하나를 찾아냈고, 그 후 수년에 걸쳐 12개나 되는 놀랍도록 잘 보존된 건축물(2층의 건축물도 있었

---

105) Åström(1971).

106) Thorpe-Scholes(1978, p.40). 제8장의 주139-141도 참조.

다)을 발굴했다. 기술적 어려움과 고고학적 신중함으로 인해 발굴은 중단 되었지만, 계속되었다면 그것은 분명히 훨씬 더 큰 유적지였을 것이다.[107]

그 도시는 기원전 17세기 남에게해에서 높은 수준의 세련된 삶이 구현 되고 있었음을 보여주었다. 그 문화는 크레타의 문화와 대단히 유사했다. 이 시기에 테라로부터 키클라데스 제도에 이르는 지역에서 문자가 기록된 유물은, 드물기는 하더라도, 크레타의 선형문자 A로 기록되어 있다. 아크 로티리에서 나온 저울추는 크레타의 도량법, 따라서 중동의 도량법과 거의 일치했다.[108] 테라에는 많은 미노아 석조 용기가 있었는데, 우리가 예상할 수 있듯이 도기의 6.5퍼센트는 주로 크레타의 북부와 동부로부터 수입된 것이었다.[109] 그리스 본토와의 접촉은 훨씬 적었던 것으로 보이는데, 그곳 에서 들여온 도기는 2.5퍼센트에 그쳤다. 그렇다 하더라도 수갱묘에서 발 견된 도기와 상응하는 것도 있었고, 기원전 1730년과 1675년 사이의 도기 연대인 중기헬라스 III 시기에 테라, 북동 펠로폰네소스에 있는 아르골리 스, 멜로스·케아·키테라 섬들 사이에는 특별한 연관이 있었던 것으로 보였 다.[110]

키클라데스의 그릇이 중기미노아 III의 크노소스에서도 발굴되었다. 그 런데 크레타의 관점에서 키클라데스 제도는 핵심적으론 본토 그리스에 이 르는 징검돌이었다는 그럴듯한 주장이 있었다.[111] 반면 적어도 상업적 기 반에서 더 넓은 접촉의 가능성이 대단히 큰데, 왜냐하면 중기미노아 III 시 기에 속하는 크레타의 납추는 아티카의 라우리온 광산에서 나온 납을 함유 하고 있고 그밖의 금속 유물은 라우리온의 구리와 라코니아의 구리(라코니 아의 금은 물론)를 함유하고 있기 때문이다.[112] 이처럼 풍부한 고고학적 증

---

107) Doumas(1983, pp.11-14, 29-42). 고대 아크로티리에 관해서는 Barber(1987, pp.201-216) 참조.

108) Barger(1987, pp.191-196). 저울추에 관해서는 제10장의 주145-146 참조.

109) Niemeier(1980); Morgan(1988, p.171).

110) Morgan(1988, p.171). 그녀는 폭발의 낮은 연대에 이상할 정도로 집착하고 있지만, 테라 도기와 유사한 도기들이, Marthari(1988, p.211, n.17)가 기술하듯이 '중기헬라스 전통'에 속한다는 것을 받아들인다.

111) Barber(1987, pp.156, 196). 바버는 중기미노아 III의 말에 징검돌들로서의 역할은 중지되 었다고 주장하면서, 역할 중지는 크레타가 섬들을 정치적으로 지배했음을 의미하는 것으 로 보고 있다. 내 생각으론, 침묵의 논증을 그 정도로 중시하는 것은 곤란하다.

112) Stos-Gale and Gale(1984b); Hiller(1984); Barber(1987, p.197).

거가 미노스의 '해상 패권'에 관한 많은 그리스의 전설과, 키클라데스의 케오스 섬에 미노아인이 정착하고 땅을 분배했다는 특정한 전승을 뒷받침하는 것으로 보인다.[113]

이집트와 근동의 유물도 아크로티리의 폭발층 바로 아래에서 발견되었다. 시리아-팔레스타인적 특성을 지닌 아홉 개의 석고화병과 수많은 삼발이 석기 사발이 출토되었다.[114] 또한 한 개의 레반트적 '가나안 항아리'가 나왔는데, 그것은 기원전 2천년기 대부분의 기간에 동지중해의 여러 지역에 걸쳐 흔했던 표준 꼴과 크기를 지니고 있었다. 또한 이집트의 설화석고 항아리 하나와 궁극적으로 아프리카에 기원을 둔 타조알로 만든 뿔꼴 술잔 두 개가 출토되었다.[115]

테라 벽화를 방대하게 연구하고 있는 리비아 모건은 더 많은 레반트 유물에 관해 흥미 있고 대단히 중요한 그러나 역설적인 견해를 내놓았다.

> … 도상적 증거에 따르면, 테라가 근동보다는 이집트와 좀 더 관련을 맺고 있었다는 다소 다른 결과를 보이는 것 같다. 아이디어는 이런저런 경로를 거쳐 또는 크레타를 거쳐 스며들었을 수도 있으나, 테라인과 이집트인 사이의 직접적인 접촉 가능성이 배제되어서는 안 되겠다. '눈에 보이지 않는' 수입·수출은 불가피하게 유령 같은 존재인데, 그 가운데에는 아이디어와 이미지가 있다.[116]

레반트에서 더 많은 물질 유물이, 이집트에서는 무형의 것이 더 큰 정도로 스며들었다는 명백한 역설은 청동기시대 에게해권 전체의 일반적인 현상이다. 리비아 모건이 제시하듯이, 그것은 시계반대방향의 무역(제11장에서 살펴볼 것이다)에서 비블로스와 그밖의 셈족의 레반트 항구들(대단히 이집트화했지만)을 통한 접촉의 결과로서 가장 잘 설명된다. 이제 테라로부터

---

113) Vermeule(1964, p.116).
114) Immerwahr(1977, p.189); Buchholz(1980, p.228); Morgan(1988, p.171). 체계적인 고립론자 Peter Warren(1979a, p.108)은 그 회반죽은 테라산産이라고 주장한다.
115) S. Marinatos(1976, p.30, plate 49b). 가나안 항아리들의 개관으로, 제11장, 주225-8 참조.
116) Morgan(1988, p.171).

나온 매혹적이고 중요한 도상 증거로 관심을 돌려보자.

테라 섬의 프레스코

아크로티리에서 발굴된 가장 놀라운 발견물은 수많은 프레스코였는데, 아더 에반스가 크노소스에서 발견한 것들보다 더 잘 보존되어 있었다. 테라 미술로부터 최초로 프레스코의 전반적인 구조를 이해할 수 있게 되었고, 이집트와의 상응점을 이용해 그 기능을 흥미롭게 숙고할 수 있게 되었다. 이제는 프레스코가 단순히 장식에 그치는 것이 아니라 일반적으로 종교적인 의미, 특히 숭배의 의미를 지녔다는 데는 의문의 여지가 거의 없다.117) 학자들은 테라의 프레스코가 지역적인 동시에 일반적인 특성을 모두 지니고 있다는 데 동의한다. 그것은 크레타의 프레스코와 유사하지만 동일하지는 않다. 그것은 또한 근동과의 밀접한 관계를 맺고 있다. 여성학자 나노 마리나토스는 프레스코에 관해 다음과 같이 기술했다.

> 당연히 크레타와 오리엔트 사이에는 중요한 차이점이 있지만, 유사점이 더 기본적이었다. 이집트인은 크레타에서 전적으로 이방인이라고는 느끼지 않았을 것이다. … 만약 우리가 미노아인의 심성에 접근해가려고 한다면(이것이야말로 문헌 사료가 없는 상황에서 우리가 할 수 있는 모든 것이다), 크레타와 테라를 고대 오리엔트라는 더 큰 세계의 부분으로서 보아야만 한다.118)

나는 제4권에서 그리스 신화에 대한 이집트의 영향을 알아보고자 프레스코의 의미에 주목할 것이다. 여기서는 테라 사회에 관해 프레스코가 드러내는 당대의 모습에 초점을 맞출 것이다.

이런 관점에서 가장 주목할 만한 벽화는 여러 가지 방식으로 해석할 수 있는, 실내 천장 바로 아래에 있는 띠 모양의 두 개의 프레스코이다. 하나는 도시와 농촌의 장면 그리고 해전으로 여겨지는 것이 묘사되어 있고, 다른 하나는 산에서 흐르는 강의 하구에 위치한 도시로부터 또 다른 도시(일반적으로 아크로티리로 생각되고 있다)의 환영식장으로 이동하고 있는 의전

---

117) N. Marinatos(1984, pp.31-33).
118) N. Marinatos(1984, p.32).

儀典 소함대를 담고 있다.119)

　예술사가이자 에게해 고고학자인 캐런 폴링어 포스터는 두 벽화가 합쳐져 전체를 이룬다고 주장했다. 그녀는 전체 장면은 이집트의 헤브 세드Heb Sed 축제(파라오의 희년禧年과 회춘을 축하하기 위한 수많은 경연과 의식이 행해졌다)의 에게해 판이라고 주장하면서, 자신의 주장을 뒷받침할 수 있는 많은 정밀한 상응점을 끄집어냈다.120) 이것은 도가 지나친 꼼꼼함을 보이기도 하지만, 그 프레스코는 분명히 이집트 의식의 많은 양상을 담고 있다. 프레스코는 두드러지게 삶의 세련됨과 화려함을 그리고 사회 분화의 높은 정도를 그려내고 있다. 의상이라든가 선실 내의 자리에는 분명한 사회 '계급'들 사이에 대비가 있고, 놀랍게도 노 젓는 사람들과 개인용 선실에 앉아 있는 한가한 승객들 사이에도 그러한 대비가 있다.121)

　그림을 자세히 살펴보면, 다양한 배의 구조와 장비에 관해 많은 것을 알 수 있다. 그 가운데 많은 것은 이집트적인 모습이고 레반트적이고 키클라데스 고유의 모습을 보여주는 것도 있다. 그러나 이러한 구분은 극도로 어려운데, 적어도 3천년기 이래 이들 지역에서 형태와 장비의 차용이 있어왔기 때문이다. 이스라엘의 해양 고고학자 애브너 라반은 테라 선박에 관한 그의 상세한 연구에서 다음과 같이 결론지었다.

　　테라 선박에는 키클라데스, 크레타, 이집트 해군의 전통이 뒤섞여 나타난다. 많은 이집트적 요소가 선박에 나타난다. 일부는 당대의 이집트 선박의 특징을 지니고 있고, 일부는 이집트 원왕조에까지 거슬러 올라갈 수 있다.122)

'해양 행렬' 속에서 볼 수 있는 배들의 또 다른 흥미로운 모습은 행렬 속의 배들이 항해용 돛이나 노로 움직이는 것이 아니라, 뱃사람들이 서서 구부린 자세로 특이하게 노를 젓는다는 점이다. 많은 저자들이 지적했듯이, 큰

---

119) Pollinger-Foster(1987, p.13).

120) Pollinger-Foster(1987, p.16).

121) Morgan (Brown)(1978, pp.631-641); Morgan(1988, pp.116-117); N. Marinatos(1984, pp.52-60). 실내 프리즈(역주: 천장에서 바로 이어지는 벽의 윗부분을 띠처럼 둘러싸는 부분)들에 관한 참고문헌은 N. Marinatos(1983, p.2, n.2) 참조.

122) Raban(1984, p.19). Morgan(1988, pp.116-142)은 거의 동일한 결론에 이른다.

선박을 이런 추진방식으로 운행하는 것은 비효율적일 뿐만 아니라 기원전 2천년기에는 이미 구식이었을 것이다. 큰 배를 그런 방식으로 움직이는 가장 가까운 예는 사카라에 있는 제5왕조(기원전 2500년경)의 부조에 있다. 이런 모습에서 그 배가 종교행사에서 단지 가까운 거리를 항해했다고 그럴듯하게 결론지었는데, 그러한 행렬에서 헤브 세드 또는 그밖의 의식에 적합한 복고적 성향이 엿보인다.[123]

이집트적인 특성이 강하게 나타나기는 하지만, 이 그림에 대한 주요한 문화적 영향이 남쪽으로 약 113킬로미터 떨어진 크레타의 영향이었다는 것은 의심의 여지가 없다. 그런데 테라의 그림과 크레타의 그림 사이에는 흥미롭고 중요한 차이점이 있다. 그 가운데 가장 놀라운 것은 테라의 것은 전쟁의 그림이지만, 크레타에서는 아직까지 그런 그림이 발견되지 않았다는 점이다. 또한 전사들은 멧돼지 어금니로 만든 투구를 쓰고 있는데, 이 모습은 이전에는 뚜렷하게 미케네적인 것으로서 보였던 것이다.[124] 그런데 리비아 모건이 지적했듯이, 그 멧돼지 어금니 투구는 '띠' 유형으로 크레타와 본토 그리스에서 모두 발견되었다. 그 투구는 크레타에서 '조금 더 많이' 발견되었는데, 그 연대가 중기미노아 III 시기로 거슬러 올라간다.[125] 그런데 그 당시 중동 및 에게해권의 고고학적 발굴물 중에서 검劍은 왕권과 연결되어 있다는 사실(영웅시대 그리스 전설에서도 그러하다)에 비추어 본다면, 검이 테라의 벽화에서 전혀 나타나지 않는다는 사실은 놀라운 일이 아닐 수 있다.[126] 벽화의 병사들이 사용하는 '탑塔'형 방패는 크레타에서 특히 중기미노아 III과 후기미노아 IA 시기부터 발견되었다.[127] 리비아 모건은 테라 프레스코에 그려진 사람들에게서 미노아적 특징과 미케네적 특징을 구분하려고 하는 것이 얼마나 어렵고 임의적인가를 지적했다.[128] 그 당시 테라에서 미케네적 특징을 지닌 모습을 볼 수 있다는 것은

---

123) 이것에 관한 참고문헌으로 Raban(1984, p.19, n.36) 참조. Casson(1975, p.7); Morgan(1988, p.127)도 참조.

124) 그 장면에 대한 다른 해석으로 Doumas(1983, pp.84-104); N. Marinatos(1984, p.38) 참조.

125) Morgan(1988, p.119).

126) 이것의 가장 두드러진 예는 테세우스 왕 전설에서 엿볼 수 있다. 그가 검을 소유했다는 것은 대단한 중요성을 지니고 있으나, 그의 적들은 자신의 팔과 다리, 바위, 소나무, 침대, 즉 검을 제외한 모든 것을 무기로 사용하고 있다. Graves(1955, I, pp.327-332) 참조.

127) Morgan(1988, pp.107-109).

특별히 놀랄 만한데, 왜냐하면 우리는 그 프레스코의 연대가 마리나토스와 여러 고고학자의 주장처럼 기원전 1450년이나 1500년경이 아니라 기원전 1628년 이전이라는 것을 알고 있기 때문이다.

어떤 옷은 근동과 에게해 지역의 양치기들이 입었던 거친 외투를 닮았다. 캐런 폴링어 포스터는 이것을 헤브 세드 축제 그림에 묘사된 시골사람처럼 왕의 수행원 직위에 연계시킨다.[129] 미노아인·미케네인·이집트인과는 달리 테라 벽화에 나오는 많은 사람은 길고 통으로 된 옷을 입는 것으로 표현되어 있다. 가장 세련된 옷에는 가장자리에 하나 또는 두 개의 둥근 띠가 있고 목 주위에 하나 더 있다.[130] 파이프 모양의 장식 테를 두른 비슷한 의상이 기원전 15세기 투트모세 3세 치세의 이집트 무덤 벽화에 그려진 시리아의 투니프Tunip 및 카데시의 군주 초상화에서 발견된다.[131] 기원전 17세기 테라와 기원전 15세기 시리아-팔레스타인 사이의 시간적·지리적 간격에도 불구하고 의상이 서로 닮았다는 사실(레반트 풍으로 차려입은 '케프티우[크레타] 군주'의 기원전 15세기 부조도 있다)은 테라 폭발 이전에 힉소스가 테라를 통치하지 않았다 하더라도 힉소스가 어느 정도 위광을 갖고 있었을 가능성을 시사한다.[132] 모건은 이 유사점에 주목하지 않는다. 그런데 그녀는 테라의 어떤 중요 인물(사제로 보인다)의 어깨 뒤에 걸친 장식적인 직물 조각은 수메르의 신에게까지 거슬러 올라가는 '근동에서 긴 역사를 지녔다'는 학자들의 지적을 기록했다.[133]

배의 행렬이 출발하는 도시의 위치에 관해 상당한 논의가 있었다. 피터 워런 등은 그 모든 모습이 에게해권에서 발견될 수 있다고 주장했다.[134] 그러나 다른 학자는 산에서 흘러내려온 강의 입구에 있는 도시라든가 동식

---

128) Morgan(1988, pp.118-120).

129) Pollinger-Foster(1987, p.16).

130) Morgan(1988, p.93).

131) Davies and Gardiner(1936, I, plates 21 and 24)가 재현해 놓은 멘케페레 세넵의 무덤 벽화 참조. 그들의 옷에 관한 자세한 내용은 Vercoutter(1956, pp.287-288); Helck(1971, pp.154-155)도 참조.

132) 이것에 관해서는 제10장의 주15-19 참조.

133) Morgan(1988, p.94).

134) Warren(1979b, pp.116-129). 그럴 가능성이 거의 없는 상황인데도 토착적인 발전을 선호하는 워런의 경향을 보여주는 예는 제1권, p.50 참조. 또 다른 예는 Doumas(1983, pp.83-4); Immerwahr(1983, p.147) 참조.

물, 특히 산에서 사슴을 사냥하는 사자 그림과 유사한 것을 에게해권의 다른 곳에서 발견할 수 없었다. 나노 마리나토스가 지적했듯이, 그리스 본토에 그 시기에 사자가 있었다고 해도 "사자가 황량한 에게해의 섬들에서 배회했다는 것은 그럴듯하지 않다."[135] 또한 사자를 뜻하는 그리스어 레온 leōn-과 미케네어 레워 rewo-와 리스 lis는 각각 이집트어 루 rw와 가나안어 라이스 layîs로부터 왔다는 것 또한 흥미롭다.[136]

스피리돈 마리나토스는 지리적·생물학적 근거에서 그 첫 도시는 리비아에 있었다고 주장했고, 영국의 고전학자 데니스 페이지, 이탈리아 고고학자 S. 스투치의 지지를 받았다.[137] 그들의 주장에 따르면, 이국적인 동식물로 가득하고 도시 주변의 바다로 흘러드는 강을 지닌 전망 좋은 산이 있는 해안은 에게해에 있을 수 없다. 마리나토스는 헤로도토스가 묘사한 리비아 부족의 생김새와 테라의 그림에서 유사점(두건을 쓴 면도한 머리, 큰 귀걸이, 할례, 갑옷, 물에 빠진 인물의 옷과 벌거벗은 모습 등)을 발견하고 자신의 주장을 강화했다.[138] 마리나토스는 또 다른 벽화에 그려진 권투하는 두 소년의 아프리카적 특징에도 주목했다.[139]

이 주장은 리비아 모건에 의해 고립론적 견지에서 논박을 받았다. 그녀는 그 그림은 평평한 동부 리비아 해안과 닮지 않았고, 키레나이카의 해안절벽에는 주요한 강은 말할 것도 없고 곶과 섬들조차 없다고 주장했다. 인

---

135) N. Marinatos(1984, p.41). Morgan(1988, pp.44-45)은 이에 동의한다.

136) Masson(1967, pp.85-87)은 두 단어의 공통된 지중해 기원을 가정함으로써, 이 현저한 유사점 설명에서 그리스어가 셈어 또는 이집트어를 차용했을 가능성을 피하고 있다. 우가릿어 라부 lbu 또는 히브리어 라비 âbî로부터 레우오 rewo를 끌어내는 것이 불가능하지는 않더라도 어렵다고 보는 점에서, 나는 나노 마리나토스와 Astour(1967a, p.338)의 견해에 동의한다. 그런데 이집트어 어원은, 특히 우리가 이집트어 발음 û는 자주 '깨져서' ew를 형성한다는 것을 알고 있으므로 훨씬 더 개연성이 있는 것 같다. Albright(1923, p.66) 참조. 고왕국 이래 이집트어 루 rw의 입증과 더불어 셈어 형태의 견지에서 그것이 원아프리카아시아어 *lbu에서 파생되었을 개연성은 그리스어와 인도유럽어가 이집트어로부터 차용했을 개연성을 훨씬 더 높인다. Masson이 '여행자 단어 mot voyageur'를 선호해 리스 lis의 어원으로서 라이스 layîs(Muss-Arnolt[1892, p.96], Lewy[1895, p.9], Boisacq[1950]가 제안했다)를 부정하는 것은 20세기 학계의 아리아주의적 힘을 보여줄 뿐이다.

137) Doumas(1983, p.105); N. Marinaos(1984, p.41); Page(1976); Stucchi(1967).

138) Morgan(1988, pp.89-91).

139) S. Marinatos(1969, pp.374-375; 1974, pp.199-200). 후기 청동기시대 키프로스의 자료에는 흑색 인종 negroid에 속하는 흑인의 그림들이 있다. Karageorghis(1988, p.10, n.2) 참조.

간의 특징에 대한 그녀의 지적에 따르면, 비록 리비아의 아이와 젊은이가 삭발한 머리에 두건을 썼다 하더라도 다른 문화권 사람들도 그리했다는 것이다. 큰 귀걸이는 에게해권에 있었고, 테라 사람들이 할례를 했다는 그림상의 증거는 환상이며 또한 리비아인은 할례를 하지 않았고, 갑옷과 의복의 유사점은 없으며, 적을 벌거벗은 채로 죽은 것으로 묘사하는 것은 일반적인 관례였다고 지적했다.[140] 그녀가 논박한 거의 모든 점은 유효하다.

그런데 특별히 리비아와의 연계를 부정하면서도 리비아 모건은 테라와 에게해의 다른 지역에서 보이는 두건과 여러 인물의 흑인적 모습에서 좀 더 일반적인 아프리카와의 연계를 받아들이고 있다. 이처럼 테라의 예술가가 흑인(현지에 있거나[제10장에서 논의될 인명이 제시하듯이] 아프리카에 있거나, 아니면 가장 가능성이 크지만 두 지역 모두에 있는 흑인)에 친숙해 있었다는 데는 거의 의심의 여지가 없다. 리비아 모건은 리비아 풍경설을 약화시키기는 했지만, 뚜렷하게 아프리카적인 동식물에 대한 논박은 할 수 없었다. 그런데 모건도, 마리나토스도, 그 지지자들도 좀 더 그럴듯한 원형으로 여겨지는 또 다른 지역인 레반트 해안을 고려하지 않았다. 비블로스와 시돈 같은 주요 도시 근처에 산에서 바다로 흘러드는 성스러운 강이 있었다. 또한 풍경에 관해 환상적으로 이국적인 무엇인가가 있다는 것을 지적했다는 점에서 모건은 분명히 옳지만, 직접적이든 간접적이든 테라 사람들이 크레타·이집트·레반트에 관한 상당한 지식을 지녔을 뿐만 아니라 아프리카의 다른 지역에 관해서도 상당히 알고 있었다는 결론을 피할 수는 없다.

앞에서 언급했듯이, 두 도시 사이에 오가는 소함대를 구성하는 다양한 배들은 놀랍게도 이집트 선박과 유사하다. 리비아 모건은 테라 프레스코는 봄 축제와 항해 시기의 개막을 묘사하고 있다고 매우 확신 있게 주장했다. 매우 다른 계절적 유형을 지닌 이집트에서 이것과 꼭 닮은 것은 물론 없다. 그런데 그녀는 이어서 유프라테스 강가 바빌론의 자그무크Zagmuk 축제와 새해에 나일 강을 따라 행해지는 배들의 축제인 이집트의 '오페트' 축제라는 전례를 지적하고 있다. 헤브 세드의 바다 행사에서처럼 이들 축제에서 배들은 화환으로 완전하게 장식되었고, 테라 벽화에서처럼 전체 인구가 축

---

140) Morgan(1988, pp.89-91).

제에 참여했다.[141]

　같은 곳에 있는 또 다른 작은 프레스코는 '강 풍경'으로 알려졌다. 고고학자 두마스는 다음과 같이 상술하고 있다.

　구불구불한 강의 양쪽 둑에 있는 야자나무와 그밖의 이국적인 식물과 덤불 사이에 야수들이 보인다. 야수 중에 두드러진 것은 나는 듯한 발놀림의 그리핀이며, 점박이 판다처럼 생긴 고양이과 동물 한 마리가 오리 떼에 살그머니 다가가고 있고, 그리핀 아래에는 뛰어가는 사슴이 있다. … 마리나토스는 식물과 동물을 보고 북아프리카의 풍경을 떠올렸고, 그의 리비아 설의 근거로 삼았다.[142]

나는 듯 빠른 속도로 뛰고 있는 그리핀의 모습은 인상적이다. 제8장과 그 전에 주장했듯이, 신화적 동물과 그 움직임은 모두 시리아와 에게해권에 있는 힉소스 군주의 특징이었던 것으로 보인다.[143] 비록 기원전 2천년기에 리비아에 그런 모습의 강이 있었다 하더라도, 프레스코의 그 강은 나일 강의 이상화된 모습이었을 가능성이 더 크다. 앞에서 언급했듯이 오리에 몰래 접근하거나 오리를 잡는 고양이과 동물은 이집트 회화에서 흔한 주제였다는 사실이 이를 뒷받침해준다.[144] 이처럼 이 장면의 아프리카 원형설을 주장한 스피리돈 마리나토스는 납득할 만한 논거를 내놓은 셈이다.

　이집트적 주제는 또한 아크로티리의 다른 건물에 그려진 회화에서도 발견할 수 있다. 그 그림에는 이집트의 식물이 묘사되어 있다. 파피루스는 크레타의 그림처럼 사실적이 아니라 이집트 전통에 따라 표현되어 있다.[145] 동부 아프리카의 영양 및 원숭이를 그린 그림도 많다. 비록 이러한 동물이 테라와 크레타에 존재했을 수도 있지만, 일반적으로 아프리카에 연계되어 있음은 의심의 여지가 없다. 사자의 경우처럼 원숭이를 나타내는 공통적인

---

141) Morgan(1988, pp.144-145); Pollinger-Foster(1986; 1987).

142) Doumas(1983, p.105).

143) Stevenson Smith(1965, p.155).

144) 앞의 주9-10와 Higgins(1979, p.25) 참조. Morgan(1988, p.44)은, 비록 테라 그림은 의미적으로 다른 모습을 지니고 있다고 주장했지만, 이를 인정하는 것으로 보인다.

145) N. Marinatos(1984, pp.94-96); Morgan(1988, pp.23-24).

단어가 있다. 이집트어의 게프(구프)g(w)f, 아카드어의 우쿠푸ukupu, 가나안
어의 코프qôp, 산스크리트어의 카피kapih, 그리스어의 케포스kēpos 또는 케보
스kēbos가 그것이다. 사전편찬자인 샹트렌은 이 모든 것을 이집트어에서 끌
어냈다는 점에서 19세기 셈학 학자 레비를 따랐다.146)

스피리돈 마리나토스는 프레스코를 그린 사람들이 리비아, 이집트, 레반
트와 긴밀히 접촉했다고 확신했다. 그는 그것을 힉소스 시기의 말인 기원
전 16세기 전반에 그리스가 이 지역들로부터 (또는 이 지역의 그리스인에 의
해) 침입을 받았다는 그의 가설을 뒷받침해주는 증거로 간주했다. 그러나
그는 폭발의 연대를 힉소스가 패배한 지 적어도 반세기 후로 잡았기 때문
에 어려움을 겪었다. 1974년 그는 다음과 같이 기술했다.

> 우리는 아직 명확한 연대를 제시할 수 없다. 테라에 매몰된 모든 옛것은 그 도
> 시가 그때 일어났던 거대한 화산 폭발의 재 아래에 기원전 1520-1500년경에
> 묻혔다는 것을 보여준다. '아프리카' 프레스코는 우선적으로 힉소스 격동기에
> 할당해야만 한다. 몇몇 학자들은 그 시기를 다나오스와 아이기프토스의 전설
> 에 연계시켜왔다.147)

이제 우리는 그 폭발이 기원전 1628년에 있었다는 것을 알고 있는데, 물론

---

146) Lewy(1895, p.6). Masson(1967, p.87, n.5)은 기원지를 확신하지 못한다는 점에서
Mayrhofer(1953, I, p.156)를 따르고 있다. 이집트어 형태가 나머지보다 훨씬 이르게 입증
된 것에는 의심의 여지가 없으나, 기원지가 이집트인지는 명확하지 않다. 그것은 원아프
리카아시아어 어근일 수도 있다. 대체어 케포스/케보스로 보건대, 그리스어 형태가 차용
어라는 것은 거의 확실하다. 원숭이를 나타내는 또 다른 그리스어 피테코스pithēkos는 개
연성 있는 이집트어 어원을 갖고 있다. 이것의 어근은 테헤크thḥ(맥주를 마시다, 맥주 단
지) ☉인데, 파생어로 테쿠tḥw(술꾼)와 테흐케트thḥt(술 취함)가 있다. 정관사 파p3와 함께
테크tḥ는 그리스어 피토스pithos(보통 포도주를 담는 큰 항아리)의 개연성 있는 어원으로
여겨진다. 피토스의 인도유럽어 어원은 없다. 민용 문자에 페르 테크pr tḥ(술 취함의 집)가
있는데, 이는 그리스어 피톤pithōn(포도주 저장실)과 동일 어원의 단어로 여겨진다. 피토
스는 많은 파생어를 가지고 있는데, 그것의 일부는 접미사 -ak를 지니고 있다. 피테코스
pithēkos가 그 가운데 하나라는 것은 개연성이 있다. 이것의 가장 그럴듯한 인도유럽어 어
원은 라틴어 포이두스foedus(못 생긴)와 관련 있으나, 샹트렌은 그것을 차용어로 본다. 원
숭이와 유인원을 술 취함에 연계시키는 것은 여러 문화의 속담에서 나타나는데, 예를 들
면 '원숭이처럼 현기증이 나는'이다. 서지중해의 섬들의 흔한 이름 피테쿠사Pithekusa는
'원숭이 섬'으로서가 아니라 '포도주 땅'으로서 받아들여져야 한다.

147) Marinatos(1973b, p.200).

그 연도는 영웅적인 식민자들이 도래했다고 하는 전통적인 연대보다 이전이다. 앞에서 언급된 더 이른 시기의 접촉을 가정한다면, 사실 중동에 관한 상세한 지식을 어떤 추정적인 정착에 연계시킬 필요는 없다. 그렇다고는 하지만 프레스코가 지니고 있는 군사적 함의로 보건대, 그것을 힉소스에 연계시켰던 마리나토스에게 여전히 주의가 기울어진다. 만약 수정 고대모델이 주장하는 식민화의 연대(힉소스 시대의 끝인 기원전 1575년경이 아니라 그 시초인 기원전 18세기 말)를 받아들인다면 그 연계는 가능성이 있다.

미케네 문명의 기원

도기연대인 중기헬라스 III, 즉 기원전 1730년부터 1670년에 이르는 시기의 테라, 북동 펠로폰네소스의 아르골리스, 멜로스·케아·키테라 같은 섬들 사이에 각별한 연계가 있었던 것으로 보인다고 앞에서 언급했다. 그 연계는 크레타와 그리스 본토 사이의 관계로 이끈다는 것도 제안되었다.[148] 물론 이는 아르골리스에 있는 미케네의 유명한 수갱묘의 가장 이른 것의 연대가 속하는 기간이다.

수갱묘는 1876년 하인리히 슐리만에 의해 최초로 발견되었다. 당시 슐리만은 학계의 의견을 무시하고 그 유적지에 관한 파우사니아스의 정확한 묘사에 따라 미케네 요새 안을 팠고, 나중에 '원형고분군 A^Grave Circle A'라고 부르게 된 유적지에 매우 빠르게 다다랐다. 그는 즉각 그것을 아가멤논과 그 가족의 묘로 판정했으나 '이민족적'이고 '비헬레네스적' 예술성으로 말미암아 곧 인기가 사라졌다. 사실 그 무덤들은 아가멤논이 번창했던 때로 여겨지는 미케네 시기의 끝이 아니라 초에 속한다는 것이 이제는 보편적으로 받아들여지고 있다.[149] 몇 십 년 동안 원형고분군은 독특한 형태라고 여겨졌지만, 1950년대 원형고분군 B라고 부르는 두 번째 고분군이 발견되고 발굴되었다.[150]

비록 수갱묘가 발견된 고분군은 쭈그린 자세의 시신을 담는 석곽묘石槨

---

148) 주109-114 참조.

149) 이것에 관한 짧고도 잘 정리된 개관으로 Ceram(1952, pp.44-55) 참조. 적대적이지는 않지만 회의적인 견해로는 Calder(1986) 참조.

150) Vermeule(1964, p.84) 참조.

墓 곧 돌로 네 벽을 쌓아서 만든 돌덧널무덤(이것은 중기헬라스 초기에 속한다)를 포함했지만, 수갱묘는 전반적으로 중기헬라스 III 시기에 속하는 것으로 여겨진다. 초기의 석곽묘와는 달리 그것은 4.5-6.4미터에 이를 정도로 더 크고 1-5미터에 이를 정도로 훨씬 더 깊었다. 수갱 아래쪽으로 나무 지붕이 가로질러 설치되었으며, 죽은 자는 쭉 펴져 눕혀 있었다. 특히 원형고분군 A에서 시신은 풍부한 장식물로 덮였으며 어떤 것은 인상적인 황금 가면을 쓰고 있었다. 또한 설화석고 용기, 수정 용기, 도기는 물론 청동 창, 검, 단도, 황금 용기, 은 용기, 청동 용기 같은 대단히 풍부한 부장품으로 둘러싸여 있는 것이 많았다.[151]

불행하게도 미케네에는 이 초기의 분묘에 연계된 건축물의 흔적이 없다. 이는 후기 청동기시대의 말에 미케네에서 상당한 규모로 건축이 이루어졌기 때문일 수 있다. 일부 학자는 미케네 예술에 포함된 유목민적 유형에 근거해서 그곳에 매장된 지배자는 일시적인 목재 건축물에서 살았고, 풍부한 부장품은 1,000년 후의 유목민 스키타이인의 부장품과 비교되어야 한다고 주장했다.[152]

이러한 생각은 그 지명에 해당하는 셈어 어원에 의해 강화되는 것 같다. 미케네Mykēnai라는 이름의 전통적인 기원은 미케스mykēs(버섯) 그리고 그 함의인 '혹'이다. 후자는 요새가 세워진 언덕에 적합하다. 그런데 다음의 것은 오늘날 일반적으로 비중 있게 다루어지지 않고 있다.[153] 1890년대 미국의 아시리아학 학자인 W. 머스-아널트는 그것을 셈어의 메코나m^ekonâh(지정된 휴식소, 기지)에서 이끌어냈다. 마카나투mknt라는 형태가 우가릿어에서 발견되고, 그 남성형인 마카누mkn는 페니키아어에도 존재한다.[154] 좀 더 그럴듯한 후보자는 우가릿어 지명인 마흐나투Mḫnt('진지'라는 뜻으로, 히브리어의 마하네Maḥăneh에 해당), 또는 마흐니마Mḫnm('두 진지'라는 뜻으로, 히브리어의 마하나임Maḥănayîm에 해당)으로 여겨진다. 서부 셈어에서 정착지의 이름은 종종 한 쌍의 형태로 나타나고, 이는 명백히 윗도시와 아랫도시를 반

---

151) Vermeule(1964, pp.86-90); Stubbings(1973, pp.630-633); Dickinson(1977, pp.87-100); Barber(1987, pp.58-64, 203-216).

152) 다음의 주196-197 참조.

153) Chantraine(1968-1975, p.720).

154) Muss-Arnolt(1892, p.48).

영한다. 접미사 아임^{ayîm}은 도시(아크로폴리스와 아랫도시의 이중 형태를 지니고 있다)를 -ai를 지닌 복수(아테나이^{Athēnai}, 테바이^{Thēbai})로 언급하는 일반적인 그리스 관례를 나타내는 가장 그럴듯한 기원일 수 있다. 이러한 셈어 어원은 『고대 그리스의 지명』(이 주제를 다룬 가장 최신의 책이다)의 저자인 독일 학자 아돌프 픽이 제기한 모호한 어원보다는 더 좋다. 1905년 픽은 미케네는 미칼레^{Mykale}와 미칼레소스^{Mykalessos}에 연계되었고 미케네는 카리아어라고 주장했다. 그러나 그는 그 단어의 어떤 의미도 알아내지 못했고, 이 단어 사이의 연계는 셈어와 이집트어의 처소격 접두사 m-을 공통으로 지니고 있다는 것에 그쳤다.[155]

미케네라는 이름이 원래 '기지' 또는 '진지'를 의미한다 하더라도, 미케네에서 중기헬라스 전반부의 도기 분포 밀도로 보건대 가설상의 침입자가 원주민의 중심지에서 떨어진 곳에 진지를 만들었다는 것은 있음직하지 않고 기원전 17세기에 아르골리스에 도시가 있었다는 것은 의문의 여지가 없다. 미케네 그리스 전기(역주: 버낼에 따르면, 1730-1470 BC)에 그리스 본토에 도시화의 고고학적 흔적이 없지만, 중부 및 북부 그리스에는 마을 유적지가 있다. 더욱이 우리는 당대 크레타와 테라에 있는 회화로부터 그리고 케아 섬과 멜로스 섬에 있는 유적지만이 아니라 아크로티리에 있는 유적지로부터 그 당시 에게해 주변에는 '지중해식' 다층 건물로 이루어진 도시가 많았다는 것을 알고 있다.[156] 간접적인 증거가 미케네에서 출토되었는데, 미케네에서 발굴된 두드려지고 조각난 은제 뿔꼴 술잔에는 이러한 유형의 도시를 포위하는 그림이 장식되어 있었다. 그 도시는 바로 미케네일 수 있다.[157]

그러나 도기연대인 중기헬라스 III과 후기헬라스 I 동안, 즉 기원전 1730-1600년에 그리스 본토에 왕궁이나 주요 도시가 있었다는 물리적 증거는 없다. 보존을 기대할 만한 기회가 없기도 했지만, 이러한 부재의 가장 있음직한 이유는 미케네 문명이 지속된 데 있는 것 같다. 즉, 최초의 미케

---

155) Fick(1905, pp.128, 131). 미칼레^{Mykale}와 미칼레소스^{Mykalessos}의 어원이 될 수 있는 것은 서부 셈어 미클라^{miklâh}(울타리를 친 곳, 우리)이다.
156) Vermeule(1964, pp.116-120); Dickinson(1977, pp.87-100); Barber(1987, pp.58-64, 203- 216).
157) Vermeule(1964, pp.100-104).

네 도시는 계속해서 그리고 자주 다음 500년 동안 건축되었고, 그 과정에서 더 초기의 구조를 없애고 말았다. 따라서 기원전 18세기 말과 17세기에 그리스 본토에 있었던 사회를 재구성하려면 무덤과 그 부장품에 기댈 수밖에 없다.

물론 수갱묘가 그 기간의 유일한 묘는 아니다. 풍부한 부장품을 지닌 톨로스 묘(역주: 언덕의 경사면을 파들어 가면서 만든 돌무덤)가 남부 펠로폰네소스의 라코니아와 메세니아에서 발견되었다. 좀 더 최근에는 중기헬라스 III 도기를 지닌 화려한 '왕의' 고분이 아티카의 토리코스와 마라톤에서 발굴되었다. 마라톤의 한 무덤에서, 종종 중앙아시아 무덤에서 나타나는 것처럼, 말 한 마리가 죽임을 당한 채로 지붕에서 발굴되었고, 이보다 후기에 속하는 또 다른 분묘에서는 여러 마리 말이 분묘의 앞에서 희생되어 있었다.[158]

수갱묘, 톨로스(돔식 무덤), 투물루스(능)

수갱묘는 미케네에 국한되지 않는다. 중기헬라스 III 후기와 후기헬라스 I(기원전 17세기)에 속하는 수갱묘가 아르골리스의 레르나, 아티카의 엘레우시스, 에우보이아 북쪽의 스코펠로스 섬, 이오니아 섬 중 북서쪽에 있는 레우카스 섬에서도 발견되었다. 가장 이른 크레타의 수갱묘가 그 섬에 대한 소위 '미케네인의 침입' 후인 후기미노아 II 시기에 속한다고 일반적으로 믿어지고 있지만, 이는 잘못된 것이다. 그 수갱묘는 중기미노아 III까지 거슬러 올라간다.[159] 에게해권 밖에서는 중앙아나톨리아의 알라자 휘윅 Alaca Hüyüc에서 발견된 기원전 3천년기 이후에 속하는 왕가의 수갱묘는 그리스의 것과 대단히 닮았다.[160] 땅속 바닥에 위치하거나 바위면 쪽으로 기댄 수갱묘는 중기청동기 IIB(대략 기원전 1760-1600년으로 힉소스 시기이다) 시기에 시리아-팔레스타인과 이집트의 신왕국에서 일반적이었다.[161] 수갱묘는 나무 지붕이 없었으나, 고고학자 올리버 디킨슨은 다음과 같이 기

---

158) 이것에 관한 문헌은 Drews(1988, pp.187-190) 참조.

159) 앞의 주19-20 참조.

160) Mellink(1956); Hooker(1976, p.45).

161) Kenyon(1973, pp.93-95); Van Seters(1966, p.47).

술하고 있다.

> 무덤 유형의 핵심적 모습은 그것이 바위 속으로 파고들었다든가 나무로 된 지붕을 갖고 있다는 것이 아니라 그 무덤이 수갱의 낮은 부분에서 만들어졌다는 점인데, 수갱은 가장 초기 이후에는 항상 상당한 깊이였다.[162]

고전학자이자 고고학자인 N. G. L. 해먼드는 그리스에 대한 북쪽의 영향이 갖는 중요성을 끊임없이 옹호했는데, 그는 수갱묘 그리고 수갱묘 주위의 둥근 담은 오늘날 알바니아와 에피로스에서 발견된 단독 능tumulus 주위의 담에서 기원했다고 주장했다.[163] 지층적 어려움 때문에, 그리고 능과 수갱묘 사이의 주요한 차이뿐만 아니라 알바니아 능과 그리스 능 사이의 주요한 차이 때문에 이 이론은 잘 받아들여지지 않았다.[164]

일부 학자는 좀 더 이른 원형고분군 B에 있는 상대적으로 빈약한 묘들이 중기헬라스에 속하는 매우 빈약하고 시신을 펴지 못할 정도로 좁고 얕은 석곽묘와 깊고 넓고 장엄한 수갱묘 사이에 존재하는 거대한 간극을 이어주는 것을 도왔다고 주장하며, 수갱묘가 중기헬라스 초기의 석곽묘에서 발전했다고 말했다. 최근의 예를 들면, 벨기에의 고고학자 올리버 펠론은 수갱묘와 그것을 둘러싸고 있는 둥근 담을 두 전통(크레타 전통에 속하는 거대한 원형 무덤 및 가족 묘, 그리고 토착 헬라스 전통에 속하는 석곽묘 그리고 이따금씩 나타나는 높은 지위를 지녔던 자가 묻힌 능)이 만난 결과로서 파악했다.[165] 이 결론은 에게해권 밖으로 눈길 주기를 거부하는 것이 얼마나 무익한지를 보여주는 것 같다. 비록 원형의 담장 속에 있더라도 수갱묘는 원형 무덤도 아니고 기념비적 무덤도 아니며, 또한 하나의 석곽묘가 자주 여러 시신을 담고 있는 더 큰 묘방을 닮지도 않았다. 다른 학자들은 그러한 지속성을 받아들이기가 어렵다고 생각한다. 프랭크 스터빙스는 『캠브리지 고대사』에 수록된 그의 글에서 다음과 같이 주장했다.

---

162) Dickinson(1977, p.51).
163) Dickinson(1977, p.51).
164) Dickinson(1977, p 51).
165) Mylonas(1973, I, 117); Dickinson(1977, p.51); Pelon(1987, p.115).

하나의 묘를 집단적으로 사용했다는 사실 하나만으로도 한 구의 시신만을 매장하는 중기헬라스 관행에서 괄목할 만하게 이탈한 것인지 아닌지는 논의의 대상이 될 만하다. 개인 묘와 둥근 천장을 지닌 가족 묘가 한 시기에 하나의 문화에서 나란히 존재할 수 있겠고, 시신의 웅크린 자세에서 펴진 자세로의 변화는 단순히 더 큰 무덤을 사용한 결과라고 말할 수도 있겠다. 그런데 점차 웅대해지고 그 이전과는 비할 수 없는 부의 아낌없는 사용은 설명되어야 한다. 그리고 부장품의 형태와 장식에서도 많은 혁신이 있는데, 우리는 이러한 매장을 중기헬라스 관행의 자연적 발전과 정교화로서 간주하기가 어렵다.[166]

에밀리 버뮬이 놀랍도록 간명하게 기술하고 있듯이 "정직하게 말하면, 중기헬라스 그리스는 수갱묘의 격렬한 화려함을 꾸밀 만한 것을 전혀 갖고 있지 않았다."[167] 만약 수갱묘가 다른 곳에서 왔거나 적어도 자극을 받았다면, 그곳은 어디일까? 아나톨리아 고고학자인 마흐텔트 멜링크와 제임스 뮬리는 알라자 휘윅의 매우 비슷한 무덤과의 연계를 생각하며 아나톨리아를 거쳐 에게해권에 미친 영향을 가정하고 있는데, 그들은 이 영향이 물질문화와 언어 같은 여러 국면에도 반영되었다고 주장했다.[168] 알라자 휘윅을 미케네에 연관시키는 데는 시간적·공간적 난점이 있다. 아나톨리아 무덤은 그리스의 것보다 적어도 500년 전 것이고, 지리적으로 두 무덤 사이에 어떤 비슷한 무덤도 없기 때문이다. 반면에 유사성이 큰 것으로 보아, 그리스의 수갱묘를 에게해권으로 이전된 동아나톨리아의 전통으로 볼 수 있다. 비록 그 이전이 아나톨리아를 통해 또는 흑해 북쪽을 우회해 일어났을 수 있지만, 가장 가능성 있는 통로는 힉소스와 관련 있는 것으로 시리아, 이집트, 크레타를 통해 유럽 본토에 이르렀을 것이다(이는 뒤에서 더 논의될 것이다).

스터빙스와 마리나토스는 다른 것을 근거로 그 영향이 이집트와 근동에서 온 것으로 간주하기를 선호하는데, 흥미롭게도 무덤 자체에 관한 의문

---

166) Stubbings(1973, p.631). Mellink(1956, pp.55-56), Vermeule(1964, p.108; 1975); Muhly(1979a, p.317); Drews(1988, p.185).

167) Vermeule(1964, p.81).

168) Mellink(1956, pp.55-56); Muhly(1979a, p.317); Drews(1988, p.185).

에는 침묵한다.169) 비록 알라자 휘윅의 무덤에 나무 지붕 같은 것은 없다 하더라도 '힉소스'의 시리아-팔레스타인 수갱묘와 신왕국 이집트 및 크레 타의 수갱묘는 흥미로운 유사점들을 제공한다. 반 세터스의 지적에 따르 면, 팔레스타인에 있는 힉소스의 수갱묘는 부유층에 국한되었던 것으로 보 이고 매장 시신의 수는 한 구일 경우도 있지만 대부분은 미케네에서처럼 여러 구였다.170) 또 다른 현저한 유사점은 비블로스에 있는 왕의 묘지와 관련 있는데, 그 묘지는 기원전 19세기 이집트의 제12왕조 기간에 처음 조 성되어 700년간 묘지로서 사용되었는데 반원의 형태로 수갱묘를 구성했 다.171) 이는 적어도 미케네의 원형고분군 A에 있는 후기 묘는 왕이나 엘리 트의 묘일 것이라는 가능성 있는 이론에 잘 부합한다.172) 일반적으로 이런 매장 방식은 더 이른 아나톨리아의 영향을 반영하는 것일 수 있지만, 확실 하게는 동시대 시리아-팔레스타인의 영향을 가리킨다.

전기 미케네 그리스에서 흔한 군주 또는 왕의 매장 방식은 톨로스와 능 이었다.173) 크레타에서 톨로스의 기원은 제1장에서 논의되었다. 형태상의 약간의 차이는 있어도 그리스 본토에서 중기헬라스 III의 끝에 톨로스가 나 타나고 수 세기 동안 유행하고 대규모로 건축되었다는 것은 크레타 영향의 결과였다는 것을 의심할 이유가 없는 것 같다. 이는 미케네 물질문화의 여 러 측면에서도 명백하다. 제1장에서 언급되었듯이, 톨로스는 신석기시대 에 크레타에서 처음으로 만들어졌고, 중기미노아 II에 이르기까지 계속 조 성되었고 후기미노아 IA에도 계속 사용되었다. 이처럼 톨로스가 중기미노 아 III에 그 섬에서 그리스로 도입되었다고 주장하는 데는 무리가 없다.174) 그런데 톨로스가 피라미드를 닮은 것은 간접적인 이집트의 영향을 가리킬 수도 있다.175) 능은 토착적인 헬라스 유형의 잔존을 반영할 수도 있다. 반

---

169) Marinatos(1973a); Stubbings(1973).

170) Van Seters(1966, p.47).

171) Montet(1928-1929).

172) Wace(1964, pp.21-22) 참조. 이 문제에 대한 근래의 논쟁에 관한 참고문헌은 Wilkie(1987, p.127, n.1) 참조.

173) 제1장의 주17; Branigan(1970b) 참조.

174) Dickinson(1977, p.61) 참조.

175) Vermeule(1964, pp.120-126).

면에 능이 수갱묘의 원형 담장(일부 학자는 수갱묘의 원형 담장이 원래 능으로 덮여 있었다고 다소 개연성이 없는 주장을 했다)과 명백히 연결되어 있다는 것은 능 역시 동방의 영향이 초래한 결과였다는 것을 보여주는 것 같다.[176]

매장과 부장품

수갱묘의 매장 및 부장품의 특징을 다루기 전에, 수갱묘와 그것의 사회적 함의를 고려해보는 것이 유용할 듯하다. 무덤의 비용과 장식은 그 사회에서 이용 가능한 부와 현저한 사회적 분화라는 두 가지 요소를 가리키는 것 같다. 앞에서 언급했듯이, 사회적 분화는 무덤의 배타적인 원형 담장에도 나타난다. 거대한 양의 무기는 매장된 개인이 뛰어난 전사이든 아니든 전쟁과 용맹함이 중요하고 바람직한 모습이었다는 것을 명백히 한다. 이처럼 우리는 군사 엘리트의 매장을 분명히 고려하고 있다.

골격의 신체인류학에서 얻을 수 있는 유일한 정보는 골격의 다양성이다. 그 다양성은 미케네의 모든 사회 계층에서 나타난다. 특권층은 다소 키가 컸다. 이것은 더 나은 영양 섭취, 엘리트 간의 결혼(또는 큰 골격의 선택)의 결과라 할 수 있다.[177]

금박 데스마스크는 수갱묘에서 나온 가장 뚜렷한 유물이다. 데스마스크에 대한 생각은 이집트의 미라에 관한 지식에서 왔을 수 있다. 그런데 데스마스크에서 가장 눈에 띄는 모습(분명히 이집트인의 모습은 아니다)은 덥수룩한 턱수염과 콧수염이다. 이와 가장 유사한 동시대의 예는 팔레스타인에서 나온 힉소스 단지와 크노소스에서 정확히 중기미노아 II와 III 사이에 속하는 '상형문자 인장들의 매장물'로부터 나온 인장의 도안이다.[178]

미케네의 초기 매장의 보편적인 특징은 시신이 쭉 펴진 채로 놓여 있었다는 것이다. 그것은 전기 및 중기헬라스의 시신처럼 웅크리지 않았고 인도아리아인의 장례 방식이자 미케네 시기의 말 호메로스적 영웅의 장례 방

---

176) Pelon(1976). 그는 기원전 3천년기의 쿠르간 전통에 연결된다고 주장했다. Drews(1988, p.184)도 참조.
177) Angel(1957); Dickinson(1977, p.52).
178) 제8장의 주134와 앞의 주101 참조.

식인 화장도 아니었다.[179] 앞에서 언급했듯이, 시신은 장식물과 보석으로 화려하게 장식되었고 청동기 무기로 중무장되었다. 적어도 하나의 시신은 소박한 미라 작업을 거친 것으로 보이는데, 이는 황금 마스크의 사용과 함께 이집트의 매장에 관한 지식을 시사했다.[180] 그러나 그것은 분명히 이집트의 미라도 석관도 아니었다.

미케네의 수갱묘는 텔 엘 다바에서 발견된 동시대에 속하는 훨씬 빈약한 힉소스 무덤과 현저하게 닮았다. 힉소스 역시 비슷한 매장 방식을 갖고 있었는데, 미라 시신은 청동기 무장을 갖추었고 미케네에서 나온 시신과 매우 비슷했다.[181]

원형고분군 A에 있는 미케네 무덤은 그 앞에 석비를, 때로는 전차의 모형물을 두었다. 마라톤의 초기 능에는 작은 말의 뼈가 있었고, 반면에 후기 능에는 희생된 한 쌍의 말들이 드로모스(역주: 분묘에 이르는 넓고 경사진 길)에 매장되어 있었다. 비슷하게 텔 엘 다바에 있는 웅대한 무덤에는 말과 科 동물과 마차가 그 앞에 매장되어 있었다. 무른 바위를 잘라 내거나 땅을 판 깊은 수갱묘와 텔 엘 다바의 묘 사이에 주요한 차이점은 후자가 깊이가 얕고 벽돌로 쌓았다는 것이다. 삼각주의 토양과 높은 지하수면을 고려하면, 이는 피할 수 없는 것이었다. 팔레스타인의 바위를 깎아 만든 수갱묘가 주요한 힉소스 매장 양식을 나타냈다는 것을 의심할 이유가 없다.

미케네에서 출토된 부장품은 광범위한 지역으로부터 온 것이었다. 타조알은 누비아에서, 청금석은 메소포타미아를 거쳐 아프가니스탄에서, 설화석고와 파이앙스는 크레타에서, 가공하지 않은 상아는 시리아에서, 은은 아나톨리아·헝가리·스페인에서, 수정은 알프스에서, 호박은 발트 해에서 왔다.[182] 크레타의 유물이 많았고, 스터빙스 등은 타조알과 몇 점의 이집트의 유물을 확인했다. 오리 모양의 크리스털 사발, 상아로 만든 개들의 모습을 박아놓은 무화과나무로 만든 상자, 파이앙스 꽃병 등이었다.[183] 사발, 꽃병, 오리는 이집트의 것으로 보인다. 그러나 상아상감은 시리아의 것

---

179) 인도아리아인 화장의 고대 흔적은 Mallory(1989, pp.47-48) 참조.
180) Dickinson(1977, pp.49, 57-58); Taylour(1964, p.76); Stubbings(1973, p.633).
181) 제8장의 주123-136 참조. 무기 형태에 관해서는 주21-34 참조.
182) Vermeule(1964, pp.89-90); Dayton(1982a, pp.164-166).
183) Stubbings(1973, p.633); Pendlebury(1930a, p.55[89]).

으로 보이지만 불확실하다. 또한 분명히 이집트에서 만들어진 힉소스 시대의 화려한 청금석 스카랍도 있다.[184] 좀 더 실용적인 부장품으로는 부싯돌과 화살촉이 있는데, H. L. 로라이머에 따르면 그것은 "거의 확실하게 이집트로부터 수입되었던" 물품이었다.[185] 모든 부장품은 기원전 17세기에 미케네와 이집트 및 근동 사이에 직·간접적인 교역이나 접촉이 있었음을 보여준다. 따라서 만약 미케네 문화의 기원을 조사하기를 원한다면, 미케네 유물 자체의 기원을 조사해야만 한다.

전기 미케네 그리스의 물질문화의 기원

전기 미케네(역주: 1730-1470 BC) 물질문화의 기원은 어느 학자의 말처럼 '뒤섞인 특성'을 가지고 있다.[186] 그 기원은 어떤 것은 알려지고 어떤 것은 알려지지 않은 거대한 영역의 예술 형태에 근거하고 있는 것으로 보인다.[187] 그러나 그 가운데 세 가지 형태가 우세하다. 미노아적 또는 키클라데스적 유형, 원주민의 헬라스적 유형, '제대로 소화되지 않은 이집트적' 유형이다. 그리스 본토에 대한 미노아 및 키클라데스의 영향은 처음부터 있었고, 미케네의 크레타 지배가 시작되는 기원전 15세기까지 증가한다. 미노아 및 키클라데스의 영향 그리고 그리스 본토 일부에 대한 미노스 왕의 지배를 말하는 강한 그리스의 전승에도 불구하고, 아더 에반스 이래로 어떤 학자도 수갱묘의 문화를 설명하기 위해 본토에 대한 미노아인들의 침입설을 제기하지 않았다.[188] 이것은 '제대로 소화되지 않은 이집트적' 유형을 보여주는 크레타의 선례가 부족했기 때문인 것으로 여겨진다.

도기 유형의 지속성에 관해서는 의문의 여지가 없다. 중기헬라스 III 유형은 수갱묘 시기에도 지속되었고, 후기헬라스 유형은 미노아적이고 '미케네적' 특징을 보임에도 불구하고 더 이른 시기부터 지속되었다는 데는 의문의 여지가 없는 것 같다. 일부 학자는 그 지속성에 중점을 두어 미케네를 포함하는 그리스 본토의 발전은 그리스 본토의 농업과 그리고 점증적으로

---

184) Boufides(1970).

185) Lorimer(1950, p.278).

186) Hooker(1976, p.46).

187) Hooker(1976, p.48).

188) Evans(1929); Dickinson(1977, p.53).

번영하는 유럽과의 교역에 근거한 내부적 발전이라고 주장하였다.[189] 그런데 이에 대해 물질문화의 모든 측면에서 특별한 변화가 있었을 뿐만 아니라, 고고학자가 중기헬라스 III 기간에 광범위한 파괴의 표시라고 믿었던 변화도 있었다. 이것은 아르골리스와 아티카에서는 사실이었고, 포키스에 있는 키라Kirrha와 크리사Krisa의 발굴자들이 기록했듯이 "많은 곳에서 중기헬라스 IIIb의 건축은 재의 층에 근거하고 있고, 재의 현존은 침입 가설과 잘 맞는다."[190] 도기의 지속성을 스피리돈 마리나토스는 원주민과 침입집단 사이에 '피의 동일성'이 있었다는 이상한 주장으로 자신의 침입설과 조화시키고자 했다.[191] 그러한 왜곡은 필요하지 않은 것 같다. 도기는 가난한 자의 기술 또는 예술 형태이므로, 도기라는 중기헬라스 물질문화의 생존은 전사 엘리트에 의한 침입설(지난 한 세기에 걸쳐 널리 퍼졌던 이론)에 쉽게 수용될 수 있다.

그리스인의 늦은 도래를 주장했던 독일의 고대사가 E. 그루마흐는 이 때 아리아인의 침입을 지지하면서 도공의 진흙, 케라모스keramos라는 단어와 그릇을 나타내는 단어(칸타로스Kantharos, 아리발로스aryballos, 레키토스lekythos, 데파스depas, 피알레phiale)는 비인도유럽어라고 지적했다.[192] 그런데 원래의 어간 케람keram은 진흙이 아니라 장인인 도공 및 금속기술자와도 관련된 것이다. 그것은 km 3(두들겨 펴다, 만들다)의 입증된 변형인 이집트어 케렘 k3m에 그럴듯한 어원을 가지고 있다. 그리스어 칸타로스kantharos는 다양한 의미를 지닌 단어로 '스카랍'과 '아피스 황소의 혀에 있는 표식'이라는 뜻을 포함한다. 그것은 이집트어 카 네체르k3 ntr(신성한 영혼)에서 파생된 듯하다. 데파스depas(역주: 고전기 그리스에서 헌주 때 사용한 그릇)는 이집트어 데페트dpt(작은 배 또는 그릇)로부터 파생되었음에 틀림없다.[193] 어느 누구

---

189) Cadogan(1971); Hooker(1976, pp.38-39); Dickinson(1977, pp.107-109). 테라 폭발의 연대 재설정과 탄소연대 측정에 의한 남부 브리튼에 있는 웨섹스 문화의 연대 하향 조정으로 이 분야에서 Butler(1963)와 McKerrell(1972) 같은 연구는 무효가 되었고, Bouzek(1973)가 주장하는 상식적인 견해(북유럽의 문화가 미케네 그리스로 퍼진 것이 아니라 미케네 문화가 북유럽에 퍼졌다는 견해)가 옳은 것으로 확인된다. Trump(1981, pp.195-197)도 참조.

190) Van Royen and Isaac(1979, pp.26-28); Dor et al.(1960, pp.32-33) 참조.

191) Marinatos(1973a, p.109).

192) Grumach(1968/9, pp.85-86).

193) 이 어원은 제3권에서 더 고려될 것이다.

도 원래의 그리스인이 이집트어를 말했다고 주장하지 않으므로, 그루마흐의 주장은 철회되어야 한다. 그렇다 하더라도 도기의 근본적이고 보수적인 성격에 관한 그의 일반적 요점은 살아 있다.

더 높은 예술과 기술의 분야에서는 토착 전통과의 완전한 단절이 있었다. 앞에서 언급되었듯이, 장식 모티프('상부가 더 굵은 기둥', 새들이 깃든 '성스러운 뿔', 황소의 머리, 양날도끼, 꽉 끼는 상의를 열어젖힌 여인네, 돌고래, 낙지)만이 아니라 무덤에서 발견된 보석과 더 작은 많은 유물에 대해 미노아의 강한 영향이 있었다.194)

다른 장식은 '제대로 소화되지 않은 이집트식'이거나, 제8장에서 묘사했듯이 '국제성을 띤 힉소스식'이었다. 전기 미케네의 상아에는 뛰어다니고 동물을 잡아먹는 사자, 그리핀, 중기미노아 III 시기에 크레타에서 나타났던 시리아 유형의 뚜렷한 '미케네식' 스핑크스가 가득 새겨져 있다.195) 에밀리 버뮬은 모티프 중 많은 것(등을 맞대고 있는 수사슴과 다른 동물들, 그리고 곱슬곱슬한 갈기를 지닌 신화적 맹수)이 기원전 1천년기 스키티아 예술과 스텝의 예술과 얼마나 비슷한가를 지적했다.196) 제임스 뮬리는 스키티아 예술과의 직접적인 연계를 주장하지 않았으나, 그것이 미케네 모티프의 일부와 나누고 있는 '공동의 유목민적 배경'을 확신하고 있었다.197) 이에 연관된 말과 전차의 도래에 관한 그의 논의가 뒤에서 다루어질 것이다.

흑금상감기법의 시리아 기원은 제8장에서 논의되었는데, 그것의 화려한 예가 미케네에 있다.198) 미케네의 흑금상감 모티프는 힉소스의 시리아-팔레스타인, 이집트, 중기미노아 III의 크레타에서 잘 알려진 사자 사냥, 공중으로 뛰어오르는 동물, 테라 벽화의 논의에서 언급된 새를 잡는 고양이의 '나일 강의 풍경' 등이었다.199) 독특한 검과 단도가 있었지만, 수갱묘에서

---

194) 이 영향에 관한 개요는 Evans(1929) 참조. Vermeule(1964, pp.96-97); Dickinson(1977, p.52)도 참조.

195) 제8장의 주139-141과 앞의 주67-75 참조.

196) Vermeule(1975, pp.232-6) 참조. 스텝 예술과 그 예술을 산출한 사회에 관한 개관으로 Phillips(1965) 참조.

197) Muhly(1979a, pp.317-319).

198) 제8장의 주139-140 참조.

199) 이것의 도해는 Vermeule(1964, plates xii and xiii); Hood(1967, plates 54-56) 참조. 더 이른 논의에 관해 앞의 주133-139 참조.

출토된 많은 무기의 야금술과 기본 유형은 앞에서 언급된 시리아-크레타 야금술에 속한다.[200] 그 당시 그리스 본토에 전차의 도래에 관한 의문은 뒤에서 논의할 것이다. 요약하면 다음과 같다. 미케네로부터 나온 부장품과 전기 미케네 예술은 에게해권, 동부 아나톨리아, 시리아-팔레스타인, 이집트 등의 다양한 기원을 가리킨다. 그러한 복합적인 형태는 동일하게 복합적인 답변을 요구한다.

침입에 관한 아리아주의자의 모델

그리스 용병

원주민의 헬라스 전통이 이어지고 그 지속성을 고립론자들이 강조함에도 불구하고, 대량의 외부 자극 없이는 설명될 수 없는 너무나도 많은 불연속점이 있다.[201] 미케네 사회의 특별한 군사적 성향을 고려하면, 이에 대한 가장 그럴듯한 설명은 외부로부터의 강력한 침입이다. 스피리돈 마리나토스는 다음과 같이 기술했다.

이 모든 급격한 혁신은 외재적 원인에 의해서만 설명될 수 있다. 기원전 1600년 직전에(나는 한 세기 더 이르게 잡는다), 소수이지만 잘 조직된 전문적인 전사집단이 그리스를 침입했다. 그들은 새로운 무기인 전차와 말(나는 검을 덧붙인다)을 소유했는데, 그것은 단순히 농사를 짓는 그리스인에게 무서운 효과를 발휘했다.[202]

침입이라는 전제를 받아들이면, 그것의 원장소를 가정해야만 한다. 한편으로는 미케네의 수갱묘 그리고 다른 한편으로는 중기미노아 III 및 테라 폭발 전의 크레타 문화 사이의 유사성과 지리적으로 가깝다는 사실을 고려하면, 가장 가능성 있는 기지는 크레타와 키클라데스 제도로 여겨진다. 그러

---

200) Vermeule(1964, p.98); Dickinson(1977, p.52) 참조. 앞의 주25-33도 참조.
201) 내 견해는 Cadogan(1971)과 Dickinson(1977, pp.108-109)의 견해와는 다르다.
202) Marinatos(1973a, p.108).

나 오늘날 어떤 학자도 미노아인의 침입만은 주장하지 않았는데, 간단하게 말해서 너무나도 많은 다른 영향이 연루되어 있기 때문이다.203)

아마도 가장 널리 알려진 가설은 마리나토스의 가설이다. 새로운 침입자는, 제18왕조의 파라오 아모세 1세가 힉소스를 축출할 때 파라오를 도운 후 이집트에서 돌아온 그리스인이었다는 것이다.204) 이를 위한 증거는 그 파라오의 기록(하우-네부Ḥ3(w)-nbw는 그의 추종자였고, 그의 어머니 아호텝 Aḥḥotpe은 '지중해 섬의 여주인'이었다)에서 찾을 수 있다.205) 하우-네부를 에게해로 보는 그럴듯한 동일시는 제10장에서 논의될 것이지만, 여기에서는 아모세 1세의 기록이 용병에 대한 언급이라기보다는 종주권의 선언일 가능성이 더 크다는 점에 비중을 두어야 할 것 같다.

이 '용병' 가설은 헬라스 문화의 지속성과 수갱묘의 '제대로 소화되지 않은 이집트적' 요소를 모두 만족하게 설명할 수 있고, 이데올로기적으로는 근동의 침입이라는 아픔을 최소화할 수 있다. 그러나 테라 폭발을 기원전 1628년으로 재설정했으므로 그 가설은 전혀 유지될 수 없다. 힉소스는 기원전 1575년과 1550년 사이에 축출되었고, 가장 이른 수갱묘는 기원전 1675년경에 끝나는 도기연대 중기헬라스 III에 만들어졌다. 즉, 그리스 용병이 도착하기 1세기 전쯤이다. 이러한 연대에 따르면, 고대모델의 지지자와는 달리 우리는 다나오스의 도래와 힉소스의 축출을 서로 연계할 수 없다(다음의 내용 참조).

인도유럽인

두 번째 가설을 논의하기 전에, 용병 가설과 마찬가지로 그 가설이 테라 폭발의 연대가 높게 재설정되기 전에 이루어졌다는 것을 지적해야겠다. 재구성하게 되면 두 가설 모두 1세기 가량 낮게 설정된다.

알라자 휘윅에 있는 왕의 무덤과 수갱묘 사이의 가능한 연계가 앞에서 논의되었다. 그러나 그 연계가 뮬리와 두루즈에 의해 제기되었을 때 그것은 변형된 아리안모델의 일부로서 여겨져야 한다. 인도유럽인이 전기헬라

---

203) 주188 참조.
204) Persson(1942, pp.178-198); Marinatos(1960, pp.81-82) 참조.
205) 제10장의 주67-68 참조.

스 II의 끝인 기원전 2200년경 또는 기원전 1900년경(전통적으로 중기헬라스의 시작으로 여겨졌다) 그리스에 도래한 것으로 받아들여졌다. 그런데 이 변형에 따르면, 그들이 기원전 17세기에 그리스로 내려왔던 것이 된다. 인도유럽인의 도래를 기원전 12세기 '도리스족의 침입'이나 '헤라클레스 후손의 복귀'로 보는 이설과는 달리, 오늘날 일부 학자에 따르면 그러한 '이설'은 그리스어 및 인도유럽어의 언어역사학 이론에 수용될 수도 있겠다.[206] 그런데 나는 그 틀을 유지될 수 없는 것으로 보는데, 기원전 1700년에 이르면 스텝의 언어는 원인도유럽어가 아니라 뚜렷하게 이란어였다고 주장하는 정통론을 더 그럴듯하다고 믿기 때문이다.[207] 더욱이 미탄니라는 후루인들의 왕국에서 전차와 관련된 언어는 인도이란어거나, 좀 더 구체적으로 말하면 인도아리아어였다.[208] 만약 그 지역이 수갱묘 문화의 근원으로 여겨지거나 수갱묘 문화의 도래가 전차에 연결된다면, 우리는 그리스어의 기원을 이란어도 아니고 인도아리아어도 아닌 언어로서 설명할 수 없게 된다.[209]

이와 같은 근본적인 어려움이 있지만 인도유럽인의 도래를 그리스에 전차('지배 인종'의 상징물)가 도래한 것과 연결시키려는 간절한 바람은 저항할 수 없는 것으로 나타났다. 인도유럽주의자인 윌리엄 와이어트는『그리스의 인도유럽화』에서 다음과 같이 기술했다.

> 나의 결론은 뗄레야 뗄 수 없게 전차와 얽혀 있다. 만약 전차 또는 전차에 대한 증거가 기원전 1600년 전에 그리스에서 발견된다면, 나는 그리스인이 더 이른 시기에 도착했을 것이라고 주장할 것이다.[210]

유독 와이어트만이 이런 간절한 소원에 휩싸인 학자는 아니다. 그것은 1926년 고전학자인 C. D. 버크에 의해 제기되었고, 1933년 종교사가인 마

---

206) Mallory(1989, p.51).
207) Mallory(1989, pp.35-41).
208) 제8장의 주102-104 참조.
209) 다음의 주219-220 참조.
210) Wyatt(1970, p.107).

틴 닐손이 강력히 지지했다.211) 좀 더 최근에는 와이어트, 제임스 뮬리, 레너드 파머, 네덜란드의 고대사가인 R. A. 반 로얀과 B. H. 이삭, 가장 최근에는 고전학자 로버트 드루즈에 의해 부활되었다.212) 닐손의 논거는 메가론(북쪽 유형의 경사진 지붕이 있는 방으로, 후기헬라스 초에 최초로 나타났다고 주장되었지만, 이제는 논박되고 있다)과, 수갱묘 속에 있는 발트 해의 호박 구슬이었다. 그런데 이것은 신왕국 이집트에도 널리 퍼져 있었는데, 어느 누구도 이것을 논거로 이집트가 북쪽으로부터 정복되었다는 주장을 펴지 않았다.213)

닐손과 그 이후 학자는 수갱묘에 묻힌 지배자의 문화에 대단히 크게 의지했다. 그들의 주장에 따르면, 후기 미케네 시대에 무덤에 대한 존경으로 보아 초기의 왕이 '그리스인'임에 틀림없다는 것이다.214) 이런 논리는 결코 성립되지 않는다. 내가 제1권의 제1장의 서두에서 인용했던 헤로도토스의 글에서, 그는 스파르타 왕들(이들에게는 정통성이 대단히 중요했다)의 조상이 이집트인이거나 시리아인이라고 고대 그리스인이 믿었다고 주장했다.215) 이것은 중요한 논리적 유추 이상의 의미를 지니는데, 스파르타 왕은 자신을 헤라클레스의 후손으로서, 즉 미케네에 있었던 펠롭스 왕가 이전 왕조의 후손으로 보았기 때문이다.

이들 학자의 주요한 주장(상당한 힘을 지니고 있다)은 수갱묘가 동아나톨리아와 코카서스 왕의 무덤과 닮았을 뿐만 아니라 미케네의 야만적 유형은 파악하기가 어렵긴 하지만 스텝 유목민을 현저하게 닮았다는 것이다. 더욱 중요한 점은, 제8장에서 논의되었던 인도유럽적 그리고 인도아리아적인 것과 연루되었다는 전차는 수갱묘와 같은 무렵에 틀림없이 최초로 본토 그리스에 나타났다는 점이다. 여러 왕의 무덤을 특징짓게 하는 전차가 각인된 석비는 서남아시아에서처럼 그리스에서 전차가 왕권은 아니라 해도 귀족과 연관되어 있다는 것을 분명히 보여준다.216) 이 연계는 아리안모델의

---

211) Buck(1926); Nilsson(1933, pp.71-82).
212) Wyatt(1970); Best and Yadin(1973); Muhly(1979); Van Royen and Isaac(1979); Drews(1988).
213) Nilsson(1933, pp.71-82).
214) Drews(1988, p.23).
215) Herodotos, VI.55. 제1권, p.122 참조.

또 다른 큰 문제인 후기 그리스어와 문화에서 선先헬레네스적 요소가 대규모로 존속하고 있다는 문제를 푸는 데 도움이 된다. 왜냐하면 그것은 더 이른 침입설을 지지하는 사람들에 의해 제안된 대량 이주에 의해서보다는 소규모의 엘리트에 의한 정복이라는 견지에서 좀 더 쉽게 설명되기 때문이다.

이 주제에 관한 논문에서 제임스 뮬리는 기원전 1700년경 북동에서 그리스로 최초의 침입이 있었다고 가정했다. 뮬리는 아나톨리아의 언어가 좁은 의미로 인도유럽어가 아니라는 핵심적 요점을 이해했다. 그래서 그는 아나톨리아로부터의 침입에 반대하고 코카서스, 스텝, 동발칸의 침입을 주장했다.217) 그는 기원전 1700년에 이르면 스텝은 이란어를 말하는 곳이었다는 것을 알고 있었다. 그러나 이러한 어려움은 그리스어와 인도이란어 사이의 관계는 특별하다는 그의 믿음으로 극복될 수 있는 것이었다.218)

뮬리는 그리스어와 인도유럽어족의 인도이란어 가지 사이에는 특별한 관계가 있다는, 수많은 인도유럽주의자의 가설에 근거했다. 다른 등어선等語線isogloss(역주: 언어적 특징을 달리하는 지역을 구분하는 언어 지도상의 선)의 중요성에 대한 상당한 불확실성에도 불구하고, 후에 그리스어, 아르메니아어, 프리기아어, 인도이란어가 되었던 언어들을 말하는 자들이 한때 인접해 살았다는 것이 일반적 견해이다.219) 그런데 인도이란어는 기원전 3천년기 후반에 인도아리아어와 이란어로 갈라졌다는 것 또한 일반적 견해이다. 만약 그러하다면 인도이란어와 원그리스어 사이의 구분은 더 일찍 있었음에 틀림없다.220) 그러니 원그리스어를 말하는 자들이 스텝 지대(기원전 1700년경 중기헬라스III 시기에 단절이 생기면서 이곳에서 그들은 인도이란인과 접촉했다)로부터 그리스에 도래했다는 주장은 언어학적 근거에서 지지될 수 없다. 고고학적 측면에서 뮬리는 미케네인이 북유럽의 발칸인, 더 북

---

216) 제8장의 주102-129.
217) Muhly(1979a, pp.319-320). 그리스의 고고학자 George Mylonas(1962)는, 비록 그리스가 기원전 2100년경 이래로 그리스적이었다 하더라도, 루비안족의 침입은 기원전 1600년경의 변화의 원인이 되었다는 좀 온건한 입장을 취했다.
218) Muhly(1979a, p.319).
219) 그리스어와 인도아리아어 사이의 특별한 연계는 Porzig(1954b, pp.61-83); Sakellariou(1986, p.128) 참조. 근래의 언어 도표에 관한 개요로는 Mallory(1989, pp.20-21) 참조.
220) 인도이란어가 기원전 2천년기 전반에는 이미 갈라져 나왔다는 주장으로 Szemerényi(1964, pp.90-96); Mallory(1989, pp.38-39) 참조.

쪽으로는 남코카서스에 있었던 트리알레티Trialeti 문화와 접촉했다고 주장했지만, 그의 가설적인 이주 경로의 물리적 흔적을 찾을 수 없었다.221) 물론 그러한 틀을 지지하는 전승도 없다.

드루즈는 전차를 탄 인도유럽인이 배로 아르메니아로부터 그리스로 이동했다고 가정함으로써 고고학적 증거의 부족을 설명했다. 그의 확신에 찬 주장에 따르면, 후기 청동기시대 말에 말과 전차를 배로 운송하는 것에는 어떤 어려움도 없었으나, 500년 전에는 기술적으로 그렇지 못했을 개연성이 크기는 하겠으나 경전차는 비교적 쉽게 분해될 수 있다는 것에 주목해야 한다는 것이다.222) 드루즈는 배에 실린 말을 보여주는 후기미노아 II의 인장에 새겨진 도상을 증거로 삼아 자신의 주장을 뒷받침하려 했다. 제2장에서 논의되었지만, 그는 포세이돈이 바다의 신이었을 뿐만 아니라 말과 전차의 신이었다는 사실을 지적함으로써 자신의 주장을 더 강화할 수 있었다. 사실, 포세이돈의 이집트 짝인 세트를 힉소스가 열정적으로 숭배하였던 것처럼 포세이돈은 미케네 그리스에서 가장 자주 숭배된 신이었던 것으로 보인다.223) 그런데 1920년대와 1930년대의 버크와 닐손의 주장처럼 뮐리와 드루즈의 이론은 실패했다. 왜냐하면 그들 이론이 어떤 전승의 지원도 받지 못했을 뿐만 아니라 그리스어가 인도아리아어도 아니고 인도이란어도 아니고 코카서스로부터 그리스로의 이주의 길을 보여주는 증거가 없었기 때문이다. 그럼에도 불구하고 그 가설은 애타게 진실을 담고 있다. 두 지역 간에는 예술적 유사점들이 있고, 전쟁과 사회구조에서 대단히 중요했던 것으로 보이는 전차가 코카서스 남쪽 어딘가에서 발전되었고 수갱묘가 조성된 시기에 그리스에 도달했다는 진실 말이다.

바로 이러한 이점을 보존하고 어려움을 극복하고자, 네덜란드의 고대사가인 얀 베스트는 절망적인 방편으로 힉소스가 원래 그리스인이었다고 주장했다. 베스트는 기원전 2100년부터 기원전 1600년까지 그리스의 인구는 트라키아인이었다고, 즉 인도유럽어를 말하는 사람이었지만 중기헬라스

---

221) Muhly(1979a, pp.320-333). 그때 침입했을 가능성을 부정하기 위해 Mylonas(1962, p.301)
　　는 그 당시 어떤 침입의 증거도 없다는 것을 이용했다.
222) Drews(1988, pp.181-183).
223) 제2장의 주112-129 참조.

III(그는 기원전 1600년경으로 잡고 있다)에 실제적인 문화적 단절이 있었다고 주장했다. 그는 단절의 원인을 힉소스의 침입으로 돌리고(후루인은 빠뜨린다), 힉소스가 '혼혈된' 셈족이자 인도유럽인이었다는 것을 주장하기 위해 헬크의 매우 조심스러운 견해를 사용하고 그들이 인도유럽인일 수 있다고 주장하는 마리자 짐뷰타스의 미출간 논문을 인용했다. 또한 베스트는 힉소스의 크레타 정복의 가능성에 관해 에두아르트 마이어를 인용하고, 그로부터 본토 그리스의 정복을 가정했다.[224]

이 틀에 나는 여러 점에서 동의하지만 동의하지 않는 부분이 더 많다. 첫째, 뮬리와 드루즈가 지니고 있는 것과 동일한 결점, 즉 힉소스 사이에 인도아리아어를 말하는 사람이 있다 하더라도 그리스어는 인도아리아어가 아니라는 결점이 있다. 둘째, 힉소스 가운데 인도아리아어를 말하는 자보다는 후루인이 확실히 더 많았다는 데는 의심의 여지가 없다. 셋째, 내가 제8장에서 길게 주장했듯이, 하이집트에서 힉소스의 대다수가 물질문화에서는 레반트적이었고 언어에서는 셈어를 사용했다는 데는 조금의 의심도 없다.[225] 이러한 반증 중 하나만으로도 베스트의 시나리오를 가라앉히기에 충분할 것이다. 세 가지 논박은 그것을 생각할 가치도 없는 것으로 만든다.

아리안모델과 고대모델 사이: 프랭크 스터빙스

『캠브리지 고대사』의 「미케네 문명의 대두」라는 장에서 제기된 스터빙스의 가설은 제1권에서 다루어졌다.[226] 앞에서 논의된 학자들과는 달리 스터빙스는 그리스가 기원전 17세기보다 오래전에 그리스어를 말하고 있었다고 믿었고, 따라서 그리스인을 그리스에 도착하도록 하기 위해 왜곡을 할 필요가 없었다. 또한 오늘날 대다수 고고학자와는 달리 스터빙스는 고대모델을 매우 진지하게 받아들였다. 그는 고고학과 고대 전승 모두를 동시에 보는 것이 필요하다고 주장했다.

이처럼 전설상의 다나오스 정복, 미케네에 새로운 왕조의 도래(이는 우리가

---

224) Best and Yadin(1973, pp.29-31).
225) 제8장의 주108-141 참조.
226) 제1권, p.570.

미케네 수갱묘에서 목격하는 물질문화의 개화를 설명하는 데 필요한 것이다) 는 아주 동일한 것으로서 간주될 수 있다. 즉, 우리는 기원전 16세기 전기에 이집트로부터 축출된 힉소스 지도자에 의한 아르골리스의 정복을 가정할 수 있다. 이렇게 함으로써 우리는 무덤 속에 있는 이집트로부터의 수입품이라든가 그 영향을, 그리고 전차의 도입을 설명할 수 있게 된다.[227]

이런 방식으로 스터빙스는 고대모델 내에서 연구하고 있었다. 그러나 그의 틀에서 주요한 결점은 힉소스가 제18왕조에 의해 이집트로부터 축출된 후 '탄원자'로서 아르골리스에 도착했다는 고대모델의 표준에 대한 충실함에 있다. 기원전 16세기는 고대 연대기인 「파로스 비문」이 말하는 다나오스 도래의 시기이고, 이 시기를 오늘날의 연표는 힉소스의 축출 시기로 보고 있다.[228] 그런데 이 완전한 결합은 테라 폭발의 연대 재설정 이전에도 가장 이른 수갱묘가 기원전 17세기의 것으로 일반적으로 받아들여지고 있었다는 사실에 의해 손상된다. 우리는 이제 수갱묘가 더 이르게 기원전 1600년보다는 기원전 1700년에 더 가까운 시기에 만들어졌음에 틀림없다는 것을 알고 있다. 이처럼 이 부분에 관한 그의 틀과 고대모델은 유지될 수 없다. 이것은 뒤에서 더 논의할 것이다. 그의 잘못된 연표는 또 다른 중요한 결과를 초래했다. 기원전 16세기 크레타 문화에서 중요한 단절이 없으므로, 에두아르트 마이어가 그랬듯이 스터빙스는 힉소스가 크레타를 정복했다고는 생각하지 못했다. 그의 틀에는 크레타에 관한 언급이 없고 힉소스가 본토 그리스로 가는 중에 그 섬을 지나쳤다는 그럴듯하지 않은 그림을 남겨놓았다.

이러한 실패가 고대모델에 대한 지나친 집착에서 연유한 것이라면, 스터빙스의 다른 결점은 아리안모델에 대한 충직함에서 온다. 그는 앞에서 인용한 구절을 이어 다음과 같이 기술했다.

힉소스의 도래와 더불어 더 이상의 전면적인 이집트화가 수반되지 않았다는

---

227) Stubbings(1973, pp.636-637).
228) 제1권, pp.140-152과 168-169 참조.

점은 이집트에 거주한 힉소스에 관해 우리가 알고 있는 내용과 완벽하게 양립한다. 이집트에 그들이 도입한 것이라곤 새로운 군사 기술과 조직 외에 거의 아무 것도 없었다. 그들은 대대적인 인구 이동을 하지 않았다. 오히려 그들은 전사 계급이었고, 고도로 발전된 이집트 문명을 별 관심없이 인수하였다. 그들은 새로운 언어를 도입하지 않았는데, 왜냐하면 이집트에서 그들의 몇 안 되는 공식비문들도 원주민의 이집트어로 새겼기 때문이다.[229]

내가 보기에, 힉소스가 이집트에 가한 충격에 대한 그의 분석에는 실제적인 문제가 있다. 새로운 발굴에도 불구하고 우리는 아직도 힉소스 시기의 이집트에 관해 아는 것이 매우 적다. 그런데 제18왕조에서 이집트의 민족주의와 문화의 부흥에도 불구하고 주요한 문화적 변형이 힉소스 시기에 장기적으로 발생했다는 데는 의문의 여지가 없다. 또한 텔 엘 다바에서의 발굴은 순전히 전사계급으로서 힉소스를 평가하는 스터빙스의 견해는 폐기되어야 함을 시사한다. 힉소스 침입은 후루·아리아적 요소를 적게 포함하고 있는 반면 적어도 북부 삼각주로 시리아-팔레스타인인의 대규모 이주를 포함하고 있다.[230] 물론 크레타와 그 너머로 항해하게 되었을 때 사람 수는 더 적었던 것 같다.

앞에서 서술했듯이 나는 힉소스와 몽골 사이의 공통된 유사점을 생산적인 것으로 생각한다. 스텝의 후기 사람들처럼 힉소스는 활기찬 그러나 '야만적' 예술 형태를 가지고 있었던 것으로 여겨진다. 그런데 그들의 주요한 장기적인 문화적 충격은 셈 문명을 이집트로, '미노아 문명'과 레반트 문명과 이집트 문명을 그리스로 전했듯이 다른 문명을 전하는 데에 있었다. 따라서 수갱묘는 야만적 유형과 문화적 섞임을 반영한다. 이러한 요소는 이집트와 크레타에서는 그 지역의 강한 문명 전통으로 사라지는 경향이 있지만, 그리스는 훨씬 더 변화에 민감했고 힉소스는 물질 문화와 비물질 문화 모두에서 더 큰 영향을 미쳤던 것 같다. 그런데도 아리안모델에 근거한 학자들처럼 스터빙스는 이집트 또는 셈의 문화나 언어로부터 그리스의 깊은 차용은 생각할 수 없었다.

---

229) Stubbings(1973, p.637). 이 구절은 제1권, p.570에 인용되어 있다.
230) 제8장의 주31-40 참조.

스터빙스의 연구사적 위치는 덜월과 흘름의 주장(비록 그리스에 이집트인과 셈족이 있었을 수 있다고 하더라도 그들이 장기적인 효과를 미치지 않았기 때문에 별 문제가 되지 않는다는 주장)으로의 회귀이다. 그는 1885- 1945년의 조야한 인종주의와는 단절되어 있었지만, 이집트어와 셈어를 말하는 사람들이 그리스의 형성에서 중심적 역할을 했다고 보는 고대모델의 핵심을 덜월이나 흘름과 마찬가지로 강하게 거부했다.

결론: 고대모델의 수정

이 절의 첫 부분부터 나는 '이제 고대모델에서 벗어나야 한다'고 강조하고자 한다. 고대모델에 따르면, 다나오스 및 그를 따른 항해자들이 기원전 16세기에 그리스에 정착했고 이 정착은 이집트의 힉소스 축출과 연관되었다.[231] 고대모델에서 벗어나고자 하는 이유는 고고학적 그리고 동시대의 증거가 그때에 그러한 침입을 허용하지 않기 때문이다. 나는 고전기 및 헬레니즘시대 그리스인의 역사 지식과 판단을 크게 존중하지만 오류가 없다고는 믿지 않는다. 그리스 저자들은 때로는 너무나도 쉽게 믿고 독자에게 강한 인상을 주려고 정복과 이주의 시대적·지리적 정도를 과장했다. 때로는 양쪽을 모두 최소화했던 것으로 보이는데, 이러한 최소화는 마르코 폴로가 자신이 보았던 것의 절반만 이야기한 이유이자 오늘날 학자를 조심스럽게 만드는 이유와 동일한 이유, 즉 허무맹랑에게 보이지 않고 냉철하고 합리적으로 보이고자 그리고 청중의 믿음을 얻고자 나타난 현상일 것이다.

만약 우리가 고대모델을 이런 점에서 수정하고 힉소스가 이집트 지배의 끝이 아니라 시초인 기원전 1730년경 에게해권에 도착했다는 것을 주장한다면 주목할 만하게 응집력 있는 가설이, 즉 크레타에서 수수께끼 같은 모습의 대부분은 아니라 하더라도 많은 것을, 특히 전기 미케네 시대의 수갱묘와 그리스의 묘에서 드러나는 특별한 물질문화를 설명할 수 있는 가설이 떠오른다. 또한 나는 고대모델의 연표에는 동의하지 않지만, 식민화라는 그 모델의 틀이 갖는 본질적인 개연성은 받아들여야 한다고 주장한다. 고

---

231) 제1권, pp.149-153, 168-169 참조.

고학적 증거는 일반적으로는 그리스에 특정하게는 아르골리스에 이집트에서 온 이집트인과 시리아인 또는 힉소스로 구성된 함대의 상륙이 있었고 그들 외래인이 장기간 영웅들의 왕조를 개창했다는 고대모델의 주장을 강화하는 경향이 있다.

나는 이제 베스트, 뮬리, 드루즈 등의 학자가 주장한 틀의 긍정적인 모습을 강조하고자 한다. 분명한 것은, 수갱묘 문화에 의한 단절은 너무 커서 그리스 외부로부터의 강한 자극을 가정하지 않고서는 설명될 수 없고, 그 사회의 호전적인 성격과 파괴의 흔적을 고려하면 그 자극이 군사적 침입의 형태를 취했을 가능성이 대단히 크다는 점이다. 또한 침입자가 두 가지 중요한 새로운 무기인 전차와 검으로 무장했고 이것은 각각 코카서스 남쪽과 시리아에서 기원했다는 점도 명백하다. 그 지역과의 연계는 기원전 18세기 후반과 17세기 그리스에 있는 수갱묘와 톨로스에서 발견된 많은 유물의 제작기술과 형태에 의해 그리고 수갱묘 자체의 유형에 의해 확인된다.

뮬리, 스터빙스, 베스트, 드루즈 등이 동의하는 것처럼, 주요 의문은 어떻게 어떤 수단으로 이것이 전래되었는가이다. 북쪽 경로는 세 가지 점에서 불리하다. 첫째, 그것을 뒷받침할 고고학적 증거가 없다. 둘째, 그것은 수갱묘 문화에서 보이는 시리아적, 이집트적, '제대로 소화되지 않은 이집트적' 요소를 설명할 수 없다. 셋째, 북쪽 경로에 관한 고대의 언급이 없다. 그것의 유일한 이점은 이집트인이나 셈족을 연루시키지 않고 '동방' 문화의 도입을 허용하는, 즉 이데올로기적 이점이다.

베스트는 만약 아亚코카서스 문화의 그리스로의 전래를 힉소스의 이주(이에 대한 역사적·고고학적 증거 모두가 있다)와 동일시한다면 모든 불리한 점이 극복될 수 있다고 보았다. 더욱이 그러한 동일시는 수갱묘 문화의 '남쪽 국면'을 설명할 수도 있을 것이다. 불행히도 이러한 그의 인식은 힉소스의 이동을 그리스인의 도래에 연결시킴으로써 손상되었다. 따라서 그것은 내재적인 모순뿐만 아니라 힉소스 내에 있는 아리아 인종의 역할을 지나치게 과장하는 우를 범했다.

물론 많은 차이가 있지만, 나는 힉소스의 그리스 정복과 가장 유사한 예는 노르만의 잉글랜드 정복이라고 생각한다. 데인족과 노르웨이인은 노르망디를 장악하고 독립 공국을 형성했으며, 그들의 군사적 기풍과 활기는 프랑스와 이탈리아의 민간 기술과 함께 조합되면서 강력한 힘을 만들어냈다. 이로 인해 그들은 유럽의 여러 지역, 특히 영국을 정복할 수 있었고, 그곳에서 비교적 오래 지속된 왕조를 확립했다. 주목할 만한 점은 노르만인이 노르만 문화와 언어를 도입하지 않았다는 것이다. 그들은 프랑스어와 라틴어를 그리고 프랑스의 봉건제도를 수정해 도입했다. 바로 이러한 장기간의 언어적·문화적 접촉에서 오늘날 영국의 언어와 문화가 나왔다. 이와 비슷하게 나는 에게해권에서 힉소스 정복의 단기적 결과는 근동의 왕궁 체제를, 아마도 크레타에 이미 존재했던 형태로 그리스 본토에 도입한 것이라고 주장한다. 또한 나는 에게해권에서 힉소스 정복의 장기적으로 중요한 역할은 이집트와 서부 셈족의 문화 및 언어의 도입이었고, 이는 뒤이은 세기에서 인도유럽어를 말하는 원주민 인구와 섞여 오늘날 우리가 알고 있는 그리스와 그리스어를 형성했다고 믿는다.

나는 적어도 수갱묘의 몇몇 주인과 그들을 이은 장기 지속의 왕조는 현재 쿠르디스탄이라고 부르는 지역에서 기원했다고 주장한다. 쿠르디스탄은 동부 아나톨리아, 북시리아, 메소포타미아, 남코카서스를 망라한다. 기원전 18세기 전반 인도아리아어와 후루어를 말하는 그곳 사람은 이집트인이 힉소스라고 불렀던 집단의 핵을 형성했다. 비록 고고학적 증거는 모호하지만, 기원전 18세기 중반에 이르면 힉소스는 시리아-팔레스타인의 큰 지역을 지배했고 매우 빨리 '셈화'되었던 것 같다. 비록 지도자 중 일부는 계속해서 후루어와 아마도 인도아리아어도 말했다 하더라도 공동의 언어는 서부 셈어(이집트어와 함께 고급문화의 언어)였을 가능성이 매우 높다. 서부 셈어는 이주자 대부분의 모국어였다. 기원전 1740년대 또는 기원전 1730년대에 힉소스는 하이집트로 이동했고 그곳에 파라오의 왕조를 창립했으며, 힉소스 군주들의 전부는 아니라 하더라도 대부분이 그 왕조에 충성을 바쳤다. 그 직후 원정대가 출발해 크레타, 키클라데스, 남부 그리스의 비옥한 평원을 정복했다.

이동의 속도는 대단히 빨라서 그 시대 짧은 평균수명을 지닌 남자 또는 여자가 전 과정을 볼 수 있을 정도였다. 이동속도의 신속함은 여러 가지를 설명할 수 있다. 왜 수갱묘에서 나온 몇 점의 황금 왕관이 시리아·이집트·크레타의 형태가 아니라 기원전 2000-1700년 시기 북메소포타미아의 아수르에서 발견된 것과 가장 닮았는지를 설명할 수 있다. 또 다른 황금 왕관이 왜 카시트 왕관과 닮았는지도 설명할 수 있다.[232] 힉소스가 이집트로 침입했을 때와 거의 동일한 때 카시트인이 바빌로니아를 휩쓸었다는 것을 기억할 것이다.[233]

노르만의 노르망디 이주 및 영국 정복보다 훨씬 더 빨랐던 그 급속한 이동은 미케네의 '야만적' 유형이 지닌 상대적인 순수성에 대한 설명을 제공할 수 있다. 힉소스는 이집트 지배의 끝 무렵 실제적으로 이집트화되었고, 따라서 그 당시 그리스로 간 힉소스의 피난민은 매우 다른 물질문화를 가졌다. 이것은 기원전 16세기 침입론에 반대하는 또 다른 주장을 제공한다. 반면에 힉소스 지배자는 분명히 자신의 수하에 상당한 수의 숙련공 특히 야금공을 거느리고 있었을 것이고, 야금공은 가장 진전된 시리아 기술을 사용해 지배자들에게 가장 뜻 깊은 물건, 즉 무기를 제공했을 것이다. 또한 그들은 그릇과 보석장신구를 만드는 이집트·시리아·크레타의 금세공사를 거느리고 있었다. 금세공사는 각기 출생지의 표현방식과 모티프로 그러나 새로운 지배자의 취향에 따라 또한 지배자가 전유專有했던 스핑크스와 그리핀의 모티프를 지닌 용기와 장신구를 제작했을 것이다.

'야만인' 정복자의 진영과 도시에서는 여러 가지 언어가 사용되었다는 데는 의문의 여지가 없다. 문헌 증거는 힉소스가 통치했던 모든 지역에서 원주민의 문자가 사용되고 있었음을 가리킨다.[234] 수갱묘에서 발견된 가마솥에 선형문자 A가 새겨 있었다. 이는 미노아 왕궁에서 사용된 셈어 또는 다른 언어가 적어도 기원전 1700년경 미케네에서 기록되어졌음을 시사한다. 유일하게 가능한 문자의 혁신은 에게해권으로 서부 셈어 알파벳이 도입된 것이다. 나는 다른 글에서 금석학을 근거로 그 도입이 기원전 1800-1400년 사이에 있었다고 주장했다.[235] 그런데 지배적인 문자가 선형문자 A와 B였다는 데는 거의 의문의 여지가 없다. 제8장에서 주장했듯이, 이집트의 증거는 힉소스 지도자의 대부분이 셈어식 이름을 지녔다는 것을

---

232) Hooker(1976, p.47) 참조.
233) 카시트인에 관해서는 제6장의 주78-85 참조.
234) Vermeule(1964, p.89) 참조.
235) Bernal(1987, pp.9-10; 1990).

시사하고 있고 서부 셈어와 이집트어가 지배적인 두 언어였다는 것을 가정할 수 있다. 아리아어와 후루어가 이집트와 에게해권에서 사용되었을 것 같지 않다. 비록 제2장에서 언급되었듯이 그리스 지명과 신화의 명명법에서 후루어의 흔적이 있다 하더라도 말이다.236)

선형문자 A가 셈어이든 아니든 기원전 1700년에 이르면 남에게해권 도시에 있는 지배계급의 언어는 서부 셈어와 이집트어, 또는 두 언어와 원주민 인도유럽인의 언어의 혼합(이것이 후에 그리스어가 되었다)일 가능성이 매우 크다. 흥미롭게도 그것은 고대 그리스 방언을 전공한 대부분의 언어 역사학자가 가능하면 떠올리고 싶지 않은 상황이지만, 그것은 그들의 견해(그리스어를 기원전 17세기경 북쪽 어딘가에서보다는 그리스 내부에서 발전되었던 것으로 보고 있다)에 잘 맞는다.237)

수갱묘의 주인인 '이방인' 힉소스 전사 이후에는 좀 더 세련된 지배자와 교역자가 뒤를 이었다. 기원전 1720년경과 1570년경 사이의 1세기 여에 걸쳐 테라 프레스코가 묘사하고 있는 국제적이고 상업적인 '힉소스의 세계'가 있었다. 그 세계에는 이집트, 레반트의 일부, 크레타, 키클라데스, 그리스 본토의 더 부유한 지역이 포함된다. 이처럼 여러 가지 점에서 '미케네의' 물질문화는 '힉소스'의 또는 적어도 '비크레타적인 에게해권 힉소스'의 물질문화라고 말할 수 있겠다. 비록 그 이후에 해외로부터 특히 제18왕조의 이집트로부터 큰 영향을 받아 많은 발전을 분명히 이루었지만, 바로 이 힉소스 사회로부터 후기의 미케네 왕궁의 세련됨뿐만 아니라 그리스 언어와 문화가 최초로 형성되었던 것이다. 그런 의미에서 힉소스 사회는 오늘날까지도 살아남아 있다.

---

236) 제2장의 주228-230 참조.

237) Risch(1949, pp.1928; 1955, pp.61-75); Porzig(1954a, pp.147-161); Wyatt(1972); Chadwick (1973b, pp.817-819) 참조. 이 문제는 제3권에서 더 논의될 것이다.

제10장
이집트, 메소포타미아, 레반트가
에게해와 접촉하다
-문헌 증거-

제5장에서 논의된 미트 라히네 비문과는 달리 이번 장에서는 문헌증거의 논의를 통해 청동기시대 이집트 및 레반트가 에게해권과 직접 접촉한 것이 다루어진다. 그 가운데 소수만이 기원전 18·17세기의 것인데, 수정 고대모델에 따르면, 식민화가 일어났다고 여겨지는 시기이다. 접촉의 증거는 대부분 기원전 15-13세기의 것이다. 이러한 불일치의 명백한 이유는 기원전 1750-1575년의 시기가 중동에서 상당한 소요의 시기였기 때문이다. 반면에 기원전 1500-1250년의 시기는 번영기였는데, 이 때에 레반트의 대부분이 정치적으로나 문화적으로 이집트의 지배를 받았다. 지난 20년 동안 압도적인 양의 문헌 증거 및 고고학적 증거로 인해 대부분 학자가 에게해권이 이 '세계'에 포함되었다는 것을 확신했다. 그런데 학자들은 그러한 친숙한 접촉이 지닌 문화적·언어적 함의를 생각하지는 않았다. 또한 여전히 극단적인 아리안모델의 전성기에 훈련받은 학자가 많이 남아 있다. 그들은 그 시기와 그밖의 거의 모든 시기들에서도 에게해권의 본질적인 독립성을 여전히 주장하며 새로운 발견을 물질적인 차원에서의 단지 피상적인 접촉을 나타내는 것으로 보고 있다.

이번 장과 제11장은 두 가지 주장을 검토하는 것과 관련되어 있다. 첫째, 이제는 점차 논쟁이 덜 벌어지는, 청동기시대에 근동과 에게해권 사이에 중요한 접촉이 있었다는 주장이다. 둘째, 아직도 상당한 저항이 있는, 그리스가 여러 번 남쪽과 동쪽에서 온 자들에 의해 식민화되었다는 고전기와 헬레니즘시대 그리스인의 기록을 믿어야만 한다는 주장이다. 확실히 후자 없이도 전자를 주장할 수 있다. 즉, 후기 청동기에 평화적 접촉의 결과로 이집트와 가나안에서 그리스가 문화적으로 차용한 깊이와 중요성에 관해 이곳에서 제기된 대부분의 증거를 받아들이는 것이 가능하다. 이를 위한 꼭 맞는 유사한 예가 있다. 일본은 중국에 의해 정복되지 않고서도 1,000여 년간 중국의 문화를 막대하게 차용했다.

나는 두 가지 주장의 진실을 확신하고, 기원전 1500-1250년 사이에 대량의 문화적 차용이 있었음에 틀림없다고 받아들이며 또한 초기 식민화의 전승이 사실의 핵을 담고 있다고 믿는다. 이러한 주장에 대한 나의 이유는 다음과 같다. 첫째, 고대 사료에 대한 나의 증가하는 확신과 이 주제에 관한 19·20세기 역사 서술에 대한 불신이다. 둘째, 테라 벽화가 기원전 2천년기 전반에 크레타만이 '레반트화'한 것이 아니라는 것을 보여준다는 나의 확신이다. 선형문자 B 서판으로 보건대, 미케네 사회가 기원전 13세기에 이르면 그리스어를 말하고 있었고 많은 셈어 단어와 이집트어 단어가 그리스어에서 그때에 이미 자리를 잡았다는 것이 명백하다. 마지막으로, 눈여겨볼 정도로 많은 수의 언어적·신화적 차용의 내용은 이집트와 레반트에서는 아주 오래된 것이기에 기원전 16세기 이후 에게해권으로 도입되었다고 보기가 힘들다는 믿음이다.

이런 주장의 진실성을 뒷받침해주는 많은 증거는 기원전 15세기, 14세기, 13세기와 관련될 것이다. 이 글을 쓰는 이유 중 하나는 청동기시대의 접촉 및 차용에 관한 의견일치가 늘어나고 있지만, 그 논거가 여전히 더 필요하다고 보기 때문이다. 이 시기에 관한 연구는 상고기, 고전기, 헬레니즘시대의 사료가 갖는 신빙성에 관한 정보를 줄 뿐만 아니라 더 이른 시기에 관한 직접적 증거를 제공한다.

에게해를 언급하는 이집트어 지명

나는 이집트의 문서와 그림을 사용해 지명을 확인할 것이다. 여러 문화에서도 그러하듯이 이집트어에서 먼 장소의 이름은 지리적으로 이동하는 경향이 있었고, 특히 일반적 중요성과 특정한 중요성 사이에서 교대로 사용되는 경향이 있었다. 여기에서 흥미를 느끼는 것은 그 이름의 원래 의미나 나중 의미가 아니라 우리가 관심을 갖고 있는 시기인 제2중간기(기원전 1730-1570년경)와 신왕국(기원전 1570-1090년경)에서 지명의 의미이다.

외국의 장소에 대한 이집트어 지명은 두 가지 다른 방식으로 기록되었고 읽혀질 수 있다. 지명은 이집트어의 다른 단어나 고유명사처럼 단순히 자음구조로 나타난다. 그런데 중왕국부터 어떤 신성문자는 외국 이름을 음역할 때 단순히 자음만이 아니라 자음에 덧붙인 모음도 사용되었다. 이로 인해 어려움이 생겨났는데, 왜냐하면 이집트 저자가 사용하는 모음 기호가 일정하지 않았을 뿐만 아니라 오늘날 전문가들도 그 해석에 의견이 일치하지 않기 때문이다. 1930년대에는 미국의 셈학 학자 윌리엄 올브라이트의 연구가 표준이었으나, 오늘날 가장 흔하게 사용되는 음역은 독일의 이집트학 학자 볼프강 헬크의 연구이다. 그러나 헬크의 음역 역시 여러 모로 만족스럽지 않으므로 여기서는 괄호를 쳐서 사용하고, 그리고 기본형은 신성문자의 정상적인 독음으로 표기될 것이다.[1]

멘웨스와 미노스

고려해야 할 그 첫 이름은 멘웨스Mnws(﹏◯◗ ─◑─)이다. 이것에 대한 입증된 가장 초기의 언급은 제5장에서 살펴본 제12왕조의 『시누헤 이야기』에 나온다. 멘웨스는 펜쿠Fnḫw(시리아의 부족으로 아마도 페니키아인)의 군주 이름으로 사용된다. 포제네의 주장에 따르면, 이는 문학적인 표현일 따름이고 그 맥락에 있는 다른 인명들이 사실 나라들의 이름이며, 그렇기 때문에 멘웨스는 역시 지명으로서 이해되어야 한다는 것이다.[2] 포제네의 해석은 후기에 그 이름이 한정사 ⋀⋀(외국 땅)와 함께 사용된 사례에도 잘 맞아떨어진다.

이것은 매우 가능성 있게 보이지만, 그 지역의 위치를 아는 데는 더 큰 어려움이 있다. 보통 나라의 목록에서 멘웨스의 위치는 현재 크레타로 받아들여지고 있는 케프티우Kftiw(다음의 내용 참조)와 시리아 사이에 있었다. 때때로 그것은 시리아와 메소포타미아 사이에서도 나타나는데, 그곳에 있는 지역을 시사한다. 그런데 그 이름은 동시대의 아카드 사료와 히타이트 사료에서 입증되지 않는다. 멘웨스로부터 온 공물사절단의 그림은, 비록 에게해의 영향을 보이는 징후가 있지만, 시리아-팔레스타인 사람을 나타내는 듯하다.[3] 또한 우리가 뒤에서 보겠지만, 케프티우로부터 온 사람은 시리아-팔레스타인 사람을 포함한다.

멘웨스라는 이름 그리고 그 이름과 크레타의 연계는 크레타의 미노스 왕에 관한 그리스 전승과 미노아Minoa라는 지명과 너무나도 잘 연결된다. 미노아라는 이름은 고전기에 크레타와 남에게해에서 흔했다. 1934년 올브라이트는 시험적으로 멘웨스와 크레타 사이의 연계를 주장했다.[4]

---

1) Albright(1934); Helck(1962, pp.567-568).
2) Posener(1940, pp.83, 93). Vercoutter(1956, p.161)도 참조.
3) Vercoutter(1956, pp.159-182).
4) Albright(1934, p.9).

미노스와 미노아라는 이름의 기원은, 아더 에반스가 크레타의 선先그리스인pre-Greek people을 나타내기 위해 신조어 '미노안Minoan'을 만들어낸 것 이외에도 대단히 풍부하고 복잡하다.5) 제4장에서 나는 '크레타의' 왕이자 입법자인 미노스와 이집트 제1왕조의 건국자이자 입법자인 Mn(y)(마네토는 메네스Mēnēs, 헤로도토스는 민Min이라고 부른다) 사이의 관계를 서술했다. 나는 또한 호색가 미노스 왕과, 뚜렷하게 풍요의 신 자격이 부여된 이집트 신 민 사이의 관계도 살펴보았다.6) 빅토르 베라르는 타당하게 그것을 서부 셈어인 마나하트Mânahat 또는 머누하Mənuḥâ(휴식처)에 연관시켰는데, 이는 지명으로 사용되었던 것으로 보인다.7)

멘웨스Mnws와 M3nw 사이에 관계가 존재할 가능성으로 인해 혼동은 가중된다. M3nw는 전설상 이집트 서쪽 산으로 태양이 지는 곳으로 여겨졌다. M3nw에 관한 언급은 후기의 것이다. 그렇다면 3은 순전히 삽입 모음으로서, 이 단어를 식별하는 데 사용되었을 것이다. 그런데 M3nw는 더 오래된 것일 수도 있고 원래는 메르누Mrnw(역주: 3은 신왕국에서는 '?', 한글 'ㅏ'로 발음되었지만, 이 책에서 주장하듯이 이 모음은 중왕국에서 r 또는 l로 발음되었다)로 발음되었을 수도 있다. 기원후 5세기에 비잔티움의 스테파노스는 필리스티아의 가자에서 숭배된 마르나Marna 신을 상술했는데, 가자는 크레타에 강하게 연계되어 있었고 따라서 그는 마르나를 제우스 크레토게네스Zeus Krētogenes, 즉 '크레타에서 태어난 제우스'로 보았다.8) M3nw의 더 오래된 음가(역주: 메르누)는 멘웨스Mnws와의 관련을 약화시키지만(M3nw가 일반적으로 리비아에 위치했었다고 여겨진다), 그 이름은 서쪽에 있는 다른 높은 산맥에도, 즉 크레타에 있는 산맥에도 적용될 수 있을 것이다.9)

---

5) 제1권, p.537, 주47 참조.
6) 제4장의 주60-61, 80-114 참조.
7) Bérard(1902-1903, I, pp.215-224).
8) 제1권, p.621 참조.
9) 리비아와의 동일시는 Gauthier(1925-1931, III, p.7) 참조. M3nw의 종교적 중요성은 Kurth (1980, cols.1185-1186) 참조. 크레타의 고도高度는 흔한 이집트어의 지명 요소 케레트(케리트)K3(y)t(높이)에 반영된 것 같은데, 그 요소는 크레타가 어원일 수도 있겠다. 그런데 그 섬의 이름으로서 K3(y)t는 입증되지 않고 있다. 이처럼 이 어원은, 다른 대안이 없기는 하더라도 시도적인 어원으로 남아야 한다(제4장의 주52 참조). 서쪽에 있는 산으로서 그리고 지하세계의 입구로서 M3nw(그리스어 어근 멜란melan[검은, 까만]의 기원일 수 있다)라는 이름에 관해서는 제2장의 주85-87 참조.

요약하면, 멘웨스는 아마도 이집트의 북쪽과 서쪽에 있었고, 그 군주는 세소스트리스의 종주권을 받아들였고 확실히 신왕국 파라오들에게 조공을 가져왔다. 이처럼 그것이 동시에 케프티우로 목록에 나타남에도 불구하고 멘웨스는 다른 시대에 그 섬의 부분 또는 전체를 가리키기 위해 사용되었을 가능성이 있다. 만약 그렇다면 멘웨스에 관한 이집트의 비문 증거는 수정 고대모델을 확인하는 경향이 있다. 첫째, 멘웨스로부터 온 공물을 나르는 자들의 그림은 제18왕조와 아마도 제12왕조 때에도 에게해의 일부에 대해 이집트의 종주권이 있었음을 보여주고 있기 때문이다. 둘째,『시누헤 이야기』에서 멘웨스와 펜쿠 사이의 연계는 그 이야기가 기록된 기원전 20세기 또는 19세기처럼 이른 시기에 크레타와 셈어를 말하는 레반트 사이에 관계가 있었음을 시사한다. 마지막으로 멘웨스에서 온 사람들이 지닌 '셈족의' 그리고 아시아적인 외모는 후기 청동기시대에 에게해권이 코스모폴리탄적인 모습을 지니고 있었음을 뒷받침해준다. 그런데 멘웨스와 크레타 사이에 유사점이 있기는 하지만, 두 이름이 동일하다는 올브라이트의 가설을 증명할 증거가 충분치 않다.

케프티우, 카프투, 크레타

케프티우Kftiw(카프투Kaftu)와 크레타의 동일시는 좀 더 직접적이다. 그것에 대한 가장 초기의 언급은 기원전 2450년과 2100년 사이의 제1중간기에 있었던 것 같고, 비록 그것의 연대를 안전하게 설정할 수 없다 하라도 확실히 매우 이른 시기였다. 그 최초의 언급은 다음과 같다.

어느 누구도 오늘날 비블로스로 내려가지 않는다. 우리의 미라들을 안치할 관들(이 속에 사제들이 안장된다)을 수입하고자, 그리고 (왕들을) 씻을 향유를 얻고자 우리는 카프투의 나라에까지 멀리 가야 한다.[10]

이것은 기원전 3천년기 레반트와 크레타 사이의 정기적인 교역을 시사하는데, 제1장에서 논의된 고고학적 증거와 잘 맞는다. 장 베르쿠테는 '선先

---

10) Vercoutter(1956, doc.3, pp.43-45); Strange(1980, text 21, pp.71-73).

헬레네스'와 이집트의 관계에 관한 표준서를 썼는데, 그는 다른 문서가 없었기 때문에 이 글에 크게 근거해 힉소스 시기의 말 이전에는 이집트와 에게해권 사이에 직접적인 접촉은 없었다고 주장했다. 즉, 두 지역 사이의 모든 의사교환과 교역은 레반트를 통했다는 것이다. 미술사가 윌리엄 스티븐슨 스미스는 방대한 저서 『고대 근동의 교류』에서 베르쿠테의 침묵의 논증을 의심하는 쪽으로 기울었고, 그가 저서를 낸 1965년 이래 고고학적 증거는 명백히 그의 의심을 정당화하고 있다.[11]

카프투를 언급하는 또 다른 문서는 힉소스 시기 또는 그 직후의 것이다. 그것의 제목은 「카프투 지명 작명법」이고, 아마도 젊은 서기가 맞부딪혔던 카프투의 대표적 이름들로 구성되어 있다.[12] 카프투는 제18왕조의 문서, 특히 투트모세 3세의 치세(기원전 1504-1450년경)에 자주 나타나는데, 아멘호테프 4세(또는 아케나톤, 기원전 1379-1362년경) 치세 이후에는 나타나지 않는다.[13]

기원전 3천년기로 거슬러 올라갈 수 있는 이름인 아카드어의 카프타라Kaptara, 그리고 크레타를 나타냈던 이름이라고 전통적으로 믿어졌던 히브리어의 카프토르Kaptôr(역주: 구약성서 공동번역에서는 '갑돌')와 닮은 것을 주목하면서, 이집트학 학자는 오랫동안 카프투를 크레타로 보는 경향이 있었다.[14] 크노소스에서 발견된 유물 및 벽화와 카프투로부터 온 조공단과 조공물을 표현하고 있는 이집트 무덤 벽화 사이에 현저한 유사점이 나타나자, 세 지명(역주: 카프투, 카프토르, 크레타)을 훨씬 자신 있게 동일시하게 되었다. 1960년대에 콤 엘-헤탄Kom el-Hetan에 있는 아멘호테프 3세의 조각상 기단에 기록된 크레타 및 그리스 지명 목록의 표제어로 카프투가 사용된 것을 알게 되면서 마침내 세 지명이 동일하다는 것이 확인되었다. 이는 뒤에서 논의될 것이다.

---

11) Stevenson Smith(1965, p.92). 고고학적 증거에 관해서는 제3장의 주115-127 참조.

12) British Museum 5647; Vercoutter(1956, doc.4, pp.45-51); Helck(1979, p.100); Strange(1980, text 39, pp.94-96).

13) Vercoutter(1956, p.136). 나는 Wente and Van Siclen(1976, p.218)과 *Cambridge Ancient History*, 3rd ed., II.2, p.1038의 연대에 따른다.

14) Vercoutter(1956, pp.33-124); Helck(1979, pp.27-28). Gardiner(1947, I, p.203)는 이집트어에서 단어 끝의 -r의 부재는 "심각한 장애가 되지는 않는데 … 왜냐하면 이 철자가 덧붙은 유사한 예가 많기 때문이다"고 명쾌하게 설명하고 있다.

　　그러나 에게해권 인구에 대해 어느 정도 유럽적인 '선先헬레네스적' 이미지를 지니고 아리안모델 내에서 연구하는 학자가 카프투가 크레타였다는 것을 받아들이는 것은 커다란 어려움이었다. 카프투가 레반트에 속한다는 것을 시사하는 몇 가지 증거가 있기는 하다. 카프투 출신 사람들의 인명록은 아마도 셈어 또는 후루어, 또는 분명히 이집트어로도 볼 수 있는 이름을 포함하고 있었다. 오늘날의 역사가인 스트레인지와 메릴리스는 에게해권 사람은 '인종적으로' 유럽인이라는 가설을 받아들이면서 인명록의 이질성을 카프투가 크레타라는 것을 부정하기 위해 사용했다(역주: 카프투 사람들의 이름에 셈어식, 이집트어식 이름이 있는 것으로 보아 카프투는 크레타가 아니라는 뜻). 사실 이것은 스트레인지의 주장(카프투라는 지명이 키프로스에 관련된 것이지 에게해의 남쪽에 있는 크레타에 관련된 것이 아니라는 주장)의 주요 항목 중 하나이다. 그런데 그는 기원전 15세기, 14세기, 13세기에 속하는 선형문자 A와 B의 인명들 또는 인명록을 언급하지 않는다(나중에 논의될 것이다). 또한 그는 테라 프레스코를 고려하지 않는다. 그 프레스코도 그 목록이 작성되었을 때인 기원전 17세기 남에게해권에서 상이한 인종 집단의 현존을 가리킨다.[15]

　　기원전 15세기 이집트 무덤 벽화로부터의 증거도 확고한 것이 아니었다. 궁전관리였던 레크미레Rḫ mỉ Rꜥ 무덤의 유명한 벽화에 그려진 에게해권 인물은 카프투로부터 온 자들이라고 분명히 가리키고 있지만, 다른 무덤에서 동일한 이름표를 지닌 자들은 비록 에게해권 사람의 특성이 섞인 자들로 보이기도 하지만 종종 시리아인으로 여겨진다. 이것은 무식한 화공의 부정확성으로 그리고 '혼종hybridism'의 현상으로 설명해버릴 수도 있겠다(이는 뒤에서 논의할 것이다). 투트모세 3세의 서기였던 멘케페레 세넵Mn ḫpr Rꜥ snb 무덤은 우리를 더욱 혼란에 빠뜨린다. 이 무덤의 그림에서 조공자와 조공물은 크레타적인데, 분명히 웨르 엔 케프티우Wr n Kftiw(카프투의 왕 또는 족장)라는 명패를 단 인물은 전형적으로 '시리아-팔레스타인 사람의' 모습을 지니고 있기 때문이다. 20세기 초 고고학자 프루마크는 카프투가 킬리키아

---

15)　Strange(1980); Merrillees(1982; 1987, p.51); Vercoutter(1956, pp.45-46); Helck(1979, pp.100-102); Astour(1964a, pp.240-254). 알라샤(키프로스를 나타내는 것으로 널리 받아들여지고 있는 고대의 지명)가 어디냐에 대한 논쟁에 관해서는 제5장의 주164 참조.

에 있다고 믿었는데, 그는 그러한 정밀한 그림의 세부가 무시될 수 없다고 주장했다.[16] 그러나 카프투가 크레타라고 주장하는 학자에게 이 명패는 아리안모델 및 유럽의 우월성이라는 패러다임을 깨뜨릴 수 있는 증거였다. 베르쿠테는 다음과 같이 기술했다.

만약 우리가 시리아-팔레스타인 사람이 에게해권 인구를 다스리는 왕이었을 가능성을 받아들이지 않는다면, 레크미레의 무덤이나 멘케페레 세넵의 무덤에서 에게해권의 조공 그림을 설명하는 한두 문서는 잘못되었음에 틀림없다는 것이 절대적으로 필요하다. 이것은 우리가 피할 수 없는 대안이다.[17]

이러한 어려움은, 이집트 인명록 중 하나에 나타나는 것처럼 남에게해권의 인구는 완전히 섞여 있었다는 것을 받아들이면 그리고 크레타 인구는 셈어를 말하는 자들이었다는 고대의 공동의 견해를 받아들인다면 사라진다.[18] 특히 이것은 힉소스 정복의 가설을 지지하는 경향이 있다.[19]

크레타를 카프투와 동일시하는 또 다른 변칙의 논의는 이 문제를 설명하는 데 도움이 될 수 있다. 프톨레마이오스 시대에 카프투는 크레타가 아니라 페니키아를 의미했다.[20] 더욱이 고전기 그리스인은 오늘날 '미노아인들'이라고 부르는 것을 포이니케스Phoinikes라고 언급했다. 이처럼 그 혼동은 헬레니즘화된 이집트인에게만 국한되지 않았다. 앞에서 언급했듯이, 카프투는 기원전 1350년 이후에는 신왕국 문헌에 언급되지 않았다. 언제 그리스어를 말하는 자들이 크레타를 지배하러 왔는가라는 논쟁은 뒤에서 논의될 것이다. 여기에서는 그것이 기원전 1450년경이었다고 말하는 것으로 충분하다. 카프투라는 이름을 이집트인이 빠뜨린 것은 변화에 대한 지체된 또는 다급한 인식이었을 것이다.[21] 어쨌든 카프투라는 이름을 그 섬의 그리스인 이전 거주자에 연계시키는 것이 합당하다.

---

16) Furumark(1950, p.240).
17) Vercoutter(1956, p.220).
18) 고대의 견해에 관해서는 제1권, p.537 참조.
19) Evans(1921-1935, I, p.316); Warren(1973, p.44).
20) Vercoutter(1956, pp.100-101).
21) 다음의 주91-105 참조.

선형문자 A 및 원크레타어(고전기 동부 크레타에서 사용한 비그리스어)는 서부 셈어라는 사이러스 고든의 해석은 셈어 단어에 의해서만이 아니라, 그 섬의 사람들이 눈에 띄게 그리스어를 말하게 된 이후에 카프투라는 지명이 크레타로부터 페니키아로 이전한 것에 의해서도 지지되는 것으로 보인다.[22] 그 전에 그 섬이 문화적·언어학적으로 이질적이었다는 것은 명백하다. 그렇다 하더라도 고든과 고고학자 솔 와인버그처럼 전기 미노안 문화가 기원전 4천년기 후기에 대두했으므로 현저하게 셈어를 말하는 문화였음을 가정하는 것이 여전히 그럴듯하다.[23]

와즈 웨르 그리고 하우 네부: 에게해와 미케네인

에게해권에 흔하게 연결된 다른 이집트어 지명은, 완전하게 확인된 것은 아니지만, '와즈 웨르$W3d \; wr$(거대한 초록)의 가운데 있는 섬들'이다. 오늘날의 저자인 알렉산드라 니비는 기원전 1200년경 바다의 민족들의 침입 기간에조차 와즈 웨르는 나일 삼각주의 늪지에 관련되었다고 주장했다.[24] 이러한 주장과 그것에 근거한 추론(그 침입이 삼각주로부터 왔다는 추론)은 명백히 어리석은데, 그 주장과 추론 모두 그 침입의 훨씬 먼 기원지에 관한 막대한 양의 그럴듯한 정보를 간과하고 있기 때문이다. 그 침입을 상술하고 있는 이집트 비문은 대단히 중요하지만, 그것 없이도 동지중해 전체에 영향을 미쳤던 그 시기의 부족 이동과 정복의 많은 예를 고고학적 증거, 가나안 문서, 성서, 그리스의 전승 등에서 찾는 것이 가능하다.[25]

그러나 니비의 주장은 그럴듯한 논거(와즈$W3d$[아래에서 논의될 것이다]가 '하늘빛'[역주: 에게해의 물빛깔이 하늘빛이다]이 아니라 '초록'을 의미했던 것으로 보이며, '식물 파피루스'[♄]와 ḏ 또는 '뱀'과 함께 사용되었다[동음이의법이 제4권에서 논의될 것이다])에 근거하고 있다. 또한 원래의 의미는 더 이른 왕조 시대로 거슬러 올라갈 수도 있다.[26]

----

22) 이것에 관한 Gordon의 연구는 제1권, pp.578-582 참조.
23) Warren(1973, p.42); Weinberg(1954, pp.94-96; 1965a, pp.302-307). Branigan(1970a, pp.198-200)은 이 문제를 얼버무리고 있지만, 그 역시 전기미노안 Ⅰ 초에 팔레스타인에서 중요한 영향이 있었다고 보고 있다. 제11장 참조.
24) Nibbi(1975).
25) Sandars(1978).

베르쿠테는 고왕국 시기부터 와즈 웨르는 '바다'를 의미했음을 증명했다. 중왕국 동안 그것은 홍해를 나타내는 데 사용되었으나, 신왕국에 이르러 지중해를 의미했고, 항상은 아니지만 종종 에게해를 뜻했다.[27] 베르쿠테에 따르면, 그 당시 와즈 웨르는 카프투에 연결해 사용되었으며 이는 카프투가 그 바다 부근의 나라라는 것을 시사했고, 신왕국 후기에 카프투가 몰락해 카프투라는 단어가 사용되지 않게 된 후에도 와즈 웨르는 계속 사용되고 있었다. 더욱이 바로 이 섬들로부터 바다의 민족이 침입을 계획했다고 여겨졌다.[28] 대체로 와즈 웨르의 가운데 있는 섬들을 비크레타적 에게해권 사람, 그리고 아마도 미케네인에 연계시키는 것이 그럴듯하게 여겨질 수 있다.

미케네인을 나타내는 또 다른 이름은 하우 네부 Ḥ3w nbw인데, 하우 네부트 Ḥ3w nbwt(하 Ḥ3[뒤에] 네부트 nbwt[섬들], 즉 '섬들 뒤로부터'라는 의미)에서 왔던 사람들이다. 하우 네부는 로제타 비문에서 '헬레네 Hellene의 번역어라는 것이 알려진 이래 '그리스인'을 의미하는 것으로 여겨졌다. 프톨레마이오스 왕조 시대에 신성문자, 민중문자, 그리스어로 쓴 그 유명한 비문은 신성문자와 민중문자의 해독을 위한 근거를 제공했다.[29]

제테는 『피라미드 문서』에서 세 번 나타나는 데벤 페헤르 하 네부트 dbn pḥr ḥ3 nbwt(섬들 주위를 돌고 있는 원)라는 관용적 표현이 에게해를 가리킨다고 주장했고, 가디너는 이를 받아들였다. 가디너는 그 표현을 '에게해에 대한 충분히 정확한 묘사'로 보았다.[30] 그 용어는 제4왕조의 또 다른 구역에 있는 케옵스 장제전의 가축 부조에서 입증되고, 제5왕조 파라오 사후레의 장제전에서 나온 비문에서 입증되는데, 거기에는 다음과 같은 관용적 표현이 있다. "나는 당신에게 예웬티우 메네티우 iwntyw Mntyw, 모든 외국 나라들, 하 네부트 ḥ3 nbwt를 가져왔습니다." 이 관용적 표현은 이후에 여러 차례 반복되었다. 사후레의 이름이 새겨진 황금판이 도락(역주: 트로이 동쪽 160Km

---

26) Nibbi(1975, pp.35-44).

27) Vercoutter(1956, pp.152-153).

28) Vercoutter(1956, pp.57-58, 144-147). 침입에 관해서는 제1권, pp.615-621 참조.

29) Gardiner(1947, I, 208).

30) Utterances 366, 454 and 593; Text 629, 847 and 1631. Sethe(1937, III, pp.168-169); Gardiner(1947, I, p.206).

마르마라해 근처)에서 발견된 것을 기억할 것이다.[31]

하우 네부와 에게해의 동일시는 이집트학 학자 베르쿠테에 의해 다음과 같은 근거로 논박되었다. 그 용어가 기원전 7세기에 그리스인만이 아니라 카리아인을 포함하는 용병을 묘사하기 위해 사용되었으며, 따라서 그 이전에는 단지 먼 곳에 있는 사람을 의미했다는 것이다.[32] 베르쿠테는 고왕국의 이집트인이 에게해를 알고 있었다는 어떤 주장도 불신하는 데 각별히 열심이었다. 그는 하[H3](뒤에서)를 가진 지명의 구성은 독특하고 '섬들 뒤의' 사람이라는 생각은 지나치게 복잡하다고 지적했다. 그리고는 다음과 같이 기술했다.

> (우리가 이를 받아들인다면) 기원전 4천년기 이래 나일 강의 주민은 동지중해의 섬들에 관해서만이 아니라 섬들을 둘러싼 대륙 해안에 관해서도 이미 자세하게 알고 있었다는 것을 받아들이는 것이 필요하게 된다.[33]

나는 그 가능성이 논의조차 될 수 없다고는 생각하지 않는다. 반면에 『피라미드 문서』가 새겨졌을 때는 분명히 고대라 하더라도, 실제로는 기원전 3천년기에야 기록되었을 것이다. 에게해 뒤에 있는 대륙을 일컫는 표시로 하 네부트[H3 nbwt]라는 용어를 사용한 일을 기원전 4천년기로 밀어붙일 이유가 없는 것 같다. 이런 이유로 고왕국의 절정기에 그 용어의 사용은 훨씬 더 있음직하게 여겨진다. 스티븐슨 스미스는 에게해 주변에서 발견된 고왕국의 유물을 논한 후 다음과 같이 기술했다.

> 베르쿠테는 에게해 또는 그 주민을 『피라미드 문서』 또는 케옵스와 사후레 시대의 비문에 있는 '하우네부트'라는 용어로 나타냈다는 것이 있음직하지 않다고 생각했다. 그는 또한 고왕국과 크레타 사이의 접촉을 의문시한다. 그러나 제5왕조에서 좀 더 명백히 드러나기 시작하는 육·해로를 통한 왕의 교역 확장으로 보건대, 스네페루(제4왕조의 시작, 기원전 2900년경)로부터 피옵스 2세

---

31) Gardiner(1947, I, p.206); Nibbi(1975, pp.53-54). 도락 보물에 관해서는 제3장의 주122 참조.
32) Vercoutter(1956, pp.16-17).
33) Vercoutter(1954, p.40).

(페피 2세, 제6왕조의 끝, 기원전 2450년경)에 이르는 시기를 베르쿠테는 제1
중간기의 정치적 불화로 인한 쇠락의 시기로서 제시하였지만, 그 시기는 이집
트가 에게해 세계를 알게 될 정도로 가장 순조로운 시기였을 것이다.[34]

그럴듯한 의문에도 불구하고 오늘날 하 네부트[Ḥ3 nbwt]에 관한 베르쿠테의
생각은 널리 퍼져 있다. 그의 주장은 큰 힘을 갖고 있어서, 가디너는 1947
년에『피라미드 문서』의 하 네부트[Ḥ3 nbwt]가 에게해 근처에 있다고 표현했
던 자신의 견해를 1950년의『이집트어 문법』2판에서는, 비록 그것이 그리
스-로마시대에 그리스인을 의미하는 것으로 해석되기는 하지만 (고왕국 시
기에는) 그것은 단지 '멀고 막연한 지역'과 그 주민을 의미했던 것으로 바
꾸었다.[35] 그 용어가 '먼 아시아 해안의 인구를 나타내기 위한 모호한 용
어'라고 주장했던 베르쿠테보다 가디너는 사실 한 걸음 더 나아갔다.[36] 그
런데 만약 '섬들 뒤에'라는 그 용어가 구체적인 내용을 지니고 있다면, 키
프로스라는 섬 뒤에 있는 해안보다는 그리스 본토 및 서부 아나톨리아의
해안이 더 적절해 보인다.

　　베르쿠테가 프랑스 이집트학 학자 몽테의 지나치게 멀리 간 견해(하우
네부트가 헬레네스[그리스인]를 나타내는 이름이었고 그리스인이 전前왕조 시대
에 나일 계곡에서 살았다는 견해)를 무너뜨렸다는 데는 의문의 여지가 없
다.[37] 그런데 하우 네부트[Ḥ3w nbwt]가 프톨레마이오스 왕조보다 오래전에,
아마도 이르게는 고왕국 때 그리고 거의 확실하게는 제18왕조에 이르면
에게해를 언급하는 용어로 사용되었다는 것을 이치에 닿게 가정할 수 있게
하는 강한 근거가 있다.

　　와즈 웨르[W3d wr]에 대한 연구와 관련해 하우 네부트[Ḥ3w nbwt]를 에게해와
동일시하는 것에 대한 알렉산드라 니비의 공격은 역사 감각이 부족하다.
그렇지만 네브[nb](　⏝　: 바구니)가 물에 뜨는 파피루스로 엮어놓은 것이기
때문에 '섬'의 개념에 연계되었다는, 베르쿠테로부터 끌어낸 그녀의 제안

---

34) Smith(1971, pp.180-181). 이것의 일부가 제3장에서 인용되고 있다(주129 참조).
35) Gardiner(1950, p.573); Vercoutter(1956, pp.20-32).
36) Vercoutter(1956, p.32).
37) Vercoutter(1956, pp.20-31).

은 제테와 가디너를 당혹케 했던 문제에 그럴듯한 답인 것 같다.[38] 그러나 전前왕조 때 이 어원이 고왕국의 네부트nbwt와 동일한 의미를 지녔다는 뜻은 아니다. 거의 2,000년 후 신왕국의 네부트의 의미는 더욱 그러하다.

다나안의 어원

후기 청동시대에 이집트어, 아카드어, 가나안어, 그리스어로 널리 사용된 일군의 인종 명칭, 즉 티나이Tinȝy, 타나야Tanaya, 다-인Dȝ-in, 데네Dene, 데니엔Denyen, 다누나Danuna, 다나안Danaan, 다나오스Danaos, 단Dan 등은 풀기가 극히 어렵다. 이를 시도하기 전에 그 명칭들의 공통성을 확립하는 것이 불가결하다. 그런데 카프투와 크레타 사이의 일치를 확인해주는 조각상 받침이 발견되었는데, 이 받침은 이집트어 이름 타나유Tinȝyw와 다나오이(Danaans, 호메로스가 그리스인을 지칭하면서 가장 자주 사용한 용어 Δαναοί의 영어식 표기)가 동일한 민족이라는 것을 확인해주었다. 외국 다-인(데네)의 정체는 완벽하지는 않다 하더라도 확인된다. 가디너는 와즈 웨르의 섬들에서 문명화된 세계에 대한 공격을 꾸몄던 민족 데네Dene는 그리스어 다나오이였다는 것을 받아들였다. 그는 또한 데네를 이집트인이 한정사 🐦를 통해 타나야Tanaya라고 부르는 땅에 연계시켰다. 그 한정사는 타나야를 통해 입증되고, '늙은, 노쇠한'을 뜻하는 테니tni<체니tni의 한정사이기도 하다(tni<tni를 다나오이의 그리스어 시조 다나오스의 '노쇠함'에 연계시키는 것에 관해서는 아래 참조).[39] 그런데 데네와 관련하여, 가디너는 티로스의 왕 아비밀키가 14세기에 수도 아마르나에 있던 파라오에게 쓴 편지(아마르나 편지)에서 언급했던 다누나에 연계시키는 것을 거부했다. 그 이유는 다누나Danuna에서 u가 데네Dene의 쓰기와 잘 맞지 않는 데다가, 다누나가 키-나-아크-나 Ki-na-aḫ-na(가나안Canaan)의 일부로 구체적으로 거명된 것으로 보았기 때문이다.[40] 1947년 가디너가 이러한 내용을 담은 책을 발간한 후, 다누나에 대

---

38) Vercoutter(1956, p.26); Nibbi(1975, p.52).

39) Gardiner(1947, I, p.126). 제1권, pp.150-151도 참조. 그리스어 트네thnē-(죽다)와 타나토스 thanatos(죽음)의 근원으로서 체니tni에 관해서는 제1권, p.151, 주110 참조. 서사시에서 부정형否定形 아타나토스athanatos는 자주 아게로스agēros(늙지 않는)에 유사한 것으로 나타난다는 점은 주목할 만하다. Faraone(1987, p.258, n.4) 참조. 아타나토스가 원래 동일한 의미를 지녔다면 유사성이 더욱 커질 것이다.

한 새로운 후보가 킬리키아의 카라테페에서 발견된 두 언어로 기록된 비문
에서 발견되었는데, 그것은 아나톨리아어어인 루비안어로 아다나와Adanawa라
고 그리고 페니키아어로 다누님Dnnym(역주: 사이러스 고든은 이를 Danunites로
표기하고 있기에, 즉 '다누나인들'이라는 뜻이므로 이를 한글로 다누님으로 표기
하였다)이라고 부르는 민족과 관련되었다. 다누님Dnnym은 또한 북시리아의
사말Sam'al의 인근 왕국에서 나온 9세기 비문에서 언급되었다.41) 또한 키프
로스를 야드나Yadna 또는 야-아드-나-나Ya-ad-na-na로 언급하는 아시리아의 기
록이 있는데, 이는 아마도 다나나Danana의 섬으로서 번역될 수 있다.42) 그
런데 티로스로부터 온 편지의 언급을 제외하면, 바다의 민족들의 침입 전
에 킬리키아에서 다누나라는 나라에 관한 언급이 없다. 이 지역으로 자주
원정했던 히타이트인의 수많은 지리적 언급과 알랄라크 및 우가릿(두 지역
은 모두 동부 킬리키아에서 약 160킬로미터 내에 있다)에서 발견된 후기청동
기시대의 상당한 문서를 고려하면, 이는 다소 놀라운 일이다. 더욱이 이 기
간에 이 지역은 히타이트인이 키주와트나Kizzuwatna로 그리고 이집트인이 코
데Qode라고 부른 왕국에 의해 점령되었던 것 같다. 반면에 그것의 중심 도
시의 이름은 기원전 17세기의 지명으로 입증된 아다나Adana였다.43)

　　루비안어 아다나와 그리고 페니키아어 다누님Dnnym의 연계 개연성을 받
아들이면서, 아나톨리아어 전문가 라로슈는 데니엔/다눈Denyen/Danun이 아나
톨리아인이었다고 주장했고, 이를 젊은 학자 요엘 아르바이트만이 받아들
였다.44) 그런데 올브라이트와 애스터는 그 연계를 거부했다. 카라테페 비
문에서 아다나를 나타내기 위해 지명 'dn이 사용되었던 것으로 보건대, 그
들은 다누님Dnnym이 첫 글자 알레프와 함께 쉽게 기록될 수 있었을 것이라
는 점을 지적했다(역주: 실제로는 그렇게 기록되지 않았던 것으로 보아, 'dn ≠
Dnnym).45) 아다나 시市와 아다나와 사람Adanawa 사이의 연계가 받아들여지지

---

40) Gardiner(1947, I, 124-125). The letter, Knudzon 151. Morgan(1987, p.386) 참조. Astour
　　(1967a, pp.405)에 아카드어와 영어로 인용되고 있다.

41) Astour(1967a, pp.22-3, 36, 387).

42) 이런 취지를 지닌 Albright(1950, pp.171-172)의 가설은 Astour(1967a, pp.48-49)의 가설보다
　　더 그럴듯한 것으로 보인다.

43) Astour(1967a, pp.22-23, 36, 387).

44) Laroche(1958, pp.252-283); Arbeitman and Rendsburg(1981, pp.152-153). Rendsburg는 특정
　　결론과의 관계를 부인한다.

않는다면, 기원전 1200년 이전에 킬리키아에서 다누나 왕국에 관한 유일한 가능한 증거는 '아마르나 편지'이다. 애스터와 헬크는 이것으로 충분했다.[46] 반면에 올브라이트는 아마르나 편지에 언급된 다누나라는 이름은 바다의 민족인 데네Dene/데니엔Denyen 그리고 다나오스와 동일하다고 믿었다. 그는 중간 u의 문제에 대해 가디너를 논박하면서, 다누나는 가나안어 형태인 다노나*Danôna의 아카드어 번역일 따름이라고 주장했다. 그러한 번역은 원래의 다나나Danana가 가나안어의 음성적 변이 â>ô에 의해 변형된 결과이고, 이 변이는 기원전 15세기에 일어났다고 보았다.[47] 그런데 올브라이트는 가디너에 의해 제기된 문제(아비밀키가 파라오에게 보내는 그의 편지를 다음과 같이 시작한 것)를 다루지 않았다.

> 나의 주 폐하께서는 저에게 '당신이 키나크나Kinaḫna로부터 들은 것을 짐에게 써 보내라'고 편지를 쓰셨습니다. 다누나의 왕은 죽었고, 그의 형제가 그 대신 왕이 되었고, 그의 땅은 조용합니다. 그리고 불이 우가릿을 태웠습니다.[48]

이것은 다누나가 키나크나(가나안)에 있었다는 것을 강하게 의미한다고 주장하면서, 가디너는 다음과 같이 기술했다.

> … 아비밀키가 팔레스타인 및 시리아 외부에 관한 정보를 제공할 수 있었다는 것을 시사하는 것은 맥락상 아무 것도 없으며, 그렇게 이른 연대에 다나오이가 이 나라들의 근처 어딘가에 있었다는 것은 대단히 있음직하지 않다.[49]

올브라이트 가설에 대한 이러한 반대의 심각성은 증거의 범위를 넓히면 완화된다. 특히 신왕국에서 이집트의 에게해권과의 접촉은 대부분 레반트와 레반트인을 통한 것이었음을 시사한다. 나는 이집트가 에게해권과 행한 교

---

45) Albright(1950, p.172); Astour(1967a, p.12).
46) Astour(1967a, p.12); Helck(1979, p.138).
47) Albright(1950, pp.171-172; 1975, p.508).
48) Knudzen 151. Moran(1987, p.386). Trans. Astour(1967a, p.5).
49) Gardiner(1947, I, 124).

역과 접촉이 모두 '시계반대방향순', 즉 이집트로에서 레반트로 그리고는 아나톨리아의 남부 해안을 따라 에게해권으로 이어졌다고는 믿지 않는다. 그래도 그것이 지배적인 방향이었다는 데는 의심의 여지가 없다(이것의 고고학적 측면은 제11장에서 논의될 것이다). 앞에서 논의된 멘웨스와 카프투에서 명백히 나타나듯이, 레반트 지역의 국명과 에게해권 국명의 잦은 병치는 (두 지역 국명들 사이의 혼동은 말할 것도 없고) 두 지역이 이집트인의 지리적 사고 속에서 자주 연계되었음을 보여준다. 아마르나 편지보다 100여 년 전 투트모세 3세의 치세에 시리아 주재 이집트 총독이 와즈 웨르의 중앙에 있는 섬들에 책임이 있었음을 주목하는 것도 흥미롭다.[50] 이처럼 에게해권 사건이 티로스로부터 파라오에게 보고되었다는 것이 당연할 수 있고, 미케네 그리스는 키나크나Kinaḫna에 적어도 느슨하게 연루되었을 수 있다.

가디너의 논박이 비교적 약하고 아다나와를 다누님Dnnym과 동일시하는 데 따르는 문제점을 고려한다면, 기원전 9세기 킬리키아의 다누님Dnnym이 바다의 민족들의 이주 기간에 그곳에 정착했던 그리스 혈통이라는 올브라이트의 가설은 대단히 매력적이다.[51] 그것은 기원전 1200년 이전에 킬리키아에서 다나나/다누나Dana/una에 대한 언급의 부재를 설명할 수 있다. 그것은 또한 카라테페 비문에서 언급된 다누님Dnnym과 Mps 가문 사이의 연계와도 잘 맞아떨어진다. Mps는 트로이 전쟁 시기의 즈음(즉, 기원전 1210년경)에 팜필리아와 킬리키아에 식민지를 설립했다고 여겨졌던 그리스 영웅 모프소스Mopsos에 주목할 만하게 가깝게 보인다. 리디아의 모프소스(그는 동일인일 수도 있고 아닐 수도 있다)는 팔레스타인에 있는 아슈켈론에 갔다고 전해진다.[52] 만약 두 전설이 동일한 역사적 인물을 언급하는 것이라면,

---

50) Vercoutter(1956, pp.129-130).

51) Astour(1967a, pp.53-67)와는 다른 견해를 나는 갖고 있다. Astour(1967a, pp.67-69)는 올브라이트의 주장에 대한 반론을 의식적으로 덧붙이며, 킬리키아에서 히파카이오이Hypachaioi라고 부르는 부족을 Herodotos(VII.91)가 언급했음을 지적했다. 이것은 킬라쿠Ḫilakku(킬리키아Cilicia)를 힐라카이오이Hylachaioi로 잘못 안 결과라는 가설을 애스터는 무시하고, 히파카이오이Hypachaioi가 기원전 8세기 킬리키아에 정착했던, 키프로스에서 온 아카이오이Achaioi 또는 그리스인으로 받아들인다. 그런데 확실히 그리스인이 기원전 13세기에 그곳에 도래했음을 받아들이는 것이 더 간단하다. 그때 그리스인은 킬리키아의 서쪽 팜필리아에, 그리고 키프로스에 정착했다.

52) 이것에 관해 좀 더 알려면 제1권, pp.615-620 참조.

그들은 에게해권, 킬리키아, 북시리아의 다누님Dnnym 사이의 연계만이 아니라 단Dan이라는 성서상의 부족과의 연계도 제공한다.

셈학자와 고대사가인 사이러스 고든, 이가엘 야딘, 알렌 존스는 모두 단을 다누나, 다누님Dnnym, 다나오이와 동일시했다.53) 언어학자이자 성서학자인 게리 렌즈버그는 그들의 주장을 뒷받침하는 성서적 근거를 뛰어나게 요약했다. 다니테스Danites(역주: 단Dan 부족)는 배에서 생활한 사람들로 묘사되었으며, 그들은 이스라엘 부족 연맹에 늦게 받아들여졌고 그들 자신의 영토를 확립한 마지막 부족이었고, 원래 바다의 민족으로 알려진 두 민족 필리스틴인과 체케르인Tjeker 사이에 있는 해안가에 정착했다.54) 단 부족이 이스라엘 부족 연맹의 원래 구성원이 아니었다는 가설을 뒷받침해주는 상세한 족보는 없지만, 단 부족의 영웅 삼손과 필리스틴인 사이에는 강한 연계가 있었다.

이 증거는 나에게는 아주 충분한 것으로 여겨지지만, 삼손 이야기와 그리스의 헤라클레스 신화 사이의 유사점을 조사함으로써 더 나아갈 수 있다. 가장 현저한 유사점은 삼손의 죽음과 헤로도토스 이야기 사이의 유사점인데, 그에 따르면 헤라클레스는 조용히 붙잡혀 이집트 신전에서 희생될 것이었지만 힘을 써서 모든 이집트인을 죽였다.55) 내가 제2장에서 논의했고 제3권에서 더 논의할 것이지만, 그리스의 헤라클레스 신화에는 매우 근본적인 이집트적 구성요소가 있다.56) 그렇다 하더라도 삼손 이야기는 헤라클레스 전승의 그리스 판版에서 유래한 것으로 보인다. 두 영웅은 모두 강하다. 그들이 연계된 태양(삼손의 이름은 셈어 셰메쉬Sms[태양]에서 온다)처럼 두 사람 모두 이상한 격분을 지녔고 힘을 일시적으로 상실하기도 하고, 사자를 죽였고 그 가죽을 썼다. 유사성이 크다는 것은 그 이야기가 바다의 민족에 의해 에게해권에서 팔레스타인으로 전해졌음을 시사한다. 성서와 관련하여 인종의 특성이 뒤바뀌는 깔끔하다 할 정도로 유사한 예가 있다. 원주민 그리스도교 저자가 무슬림 영웅의 이야기를 전유해 역전시키

---

53) Gordon(1963b, p.21); Yadin(1968, 1973); Jones(1975).

54) 「판관기」 5.17; 「창세기」 49.16; 「판관기」 18.1, 이를 Arbeitman and Rendsburg(1981, pp.151-152)가 인용했다. 필리스틴인과 체케르인에 관해서는 제1권, pp.615-620 참조.

55) Herodotos, II.45.

56) 제2장의 주172-215 참조.

는데, 그 영웅은 아우카신Aucassin이라는 분명한 이슬람 이름을 지녔으나, 그의 연인 니콜레트가 무슬림으로 개종할 때 그는 그리스도 교도가 된다.

도시명 아다나와Adanawa의 어간과 유사하다는 점을 제외하면, 모든 증거는 타나야와 그밖의 이름이 레반트보다 에게해권에 연계되었음을 시사한다. 고든에 따르면, 다나네Danane라는 이름은 선형문자 A 문서에 나타난다. 그는 마지막 음절 네-ne를 크레타어와 우가릿어 이름에 공통된 접미사로서, 형용사를 만들기도 하고 때로 특정한 '민족명의 접미사gentilic'로 쓰이는 -n (이는 인도유럽어에서 흔하다)으로 설명한다.[57] 렌즈버그가 지적하듯이, 이 접미사가 붙는 경우와 안 붙는 경우로 Dnn과 Dn의 두 형태를 모두 설명할 수 있다.[58]

이것은 어떻게 그 이름이 서양에서 사용되게 되었는지에 관한 의문을 열어놓는다. 셈족의 킬리키아 기원설을 믿는 애스터는 종족 이름 다나(나)Dana(na)가 힉소스 침입자와 함께 그리스에 도래했다고 주장했다. 그는 또한 다나오이의 이름 시조인 다나오스와 성서에서 현인이자 셈족의 영웅인 다넬Danel 또는 다니엘Daniel 사이의 유사점을 끌어냈다.[59] 그 이름은 셈어 어근 √dyn딘(히브)(재판하다, 다스리다, 배분하다)로부터 온다.[60] 그런데 제1권에서 언급되었듯이 관련 이집트어 어근 데니dni(나누어주다, 배분하다, 더 구체적으로는 댐을 쌓다, 관개하다)이 있다. 데니Dni는 그리스인 다나오스와 매우 밀접히 관련되어 있고, 동사 체니tni(늙게 되다, 노쇠해지다)와 함께 데니dni 또는 파생꼴인 덴이에우*dniw(식민하는 자, 관개하는 자)는 다나오스라는 '그리스적' 영웅의 모든 국면을 땅을 분배하면서 식민화하고 관개사업을 벌인 노쇠한 늙은이로 설명할 수 있다.

비록 제1권에서 논의된 대로 도래를 둘러싼 전설의 몇몇은 그 영웅이 비이집트적 기원을, 아마도 힉소스와 셈족의 기원을 지녔음을 시사한다고 하더라도, 전승에 따라 다나오스는 이집트로부터 왔으며 그와 그의 딸들이

---

57) Gordon(1966, p.38).

58) Arbeitman and Rendsburg(1981, pp.150-152).

59) 「에제키엘」 28:3; Astour(1967a, pp.69-80).

60) 앞의 주38 참조. 데니dni는 분명히 덴dn(베어내다)으로부터 죽거나 희생물로 바쳐진 동물의 베어냄 그리고 그 부분의 나눔에서 온 것이다. 이 주장은 만약 데니dni(분배하다)를 나타내는 불분명한 한정사가 ✎(사지四肢, 살코기)이라면 강화될 것이다.

들어온 숭배의식은 이집트의 숭배의식이었다는 데는 의문의 여지가 없다.[61] 이처럼 다나오스의 이름이 셈어라기보다는 이집트어임에 틀림없다는 것이 더 타당한 듯하다.

다나안Danaan의 기원에 관련되었을 수 있는 인도유럽어 후보자가 둘 있다. 첫 번째는 남쪽에서 아일랜드에 도착한 다난Danann이라는 아일랜드 전설상의 종족 이름이다. 다난이 북서 유럽에서 미케네인의 기억을 담고 있다는 것은 매우 있음직하지 않지만 가능은 하다. 그런데 어떻게 이것이 에게해권 용어의 기원이 될 수 있는지를 알기란 불가능하다.[62] 두 번째 인도유럽어의 가설은 다나안이 흔한 인도유럽어 강 이름인 '단Dan-'에서 유래한다는 것이다(단Dan-은 다뉴브, 드니예프르, 우크라이나와 요크셔에 있는 두 돈 강에서 발견된다). 이것은 관개자로서 다나오스 및 그 딸들의 전승에 연계되기는 한다.[63] 그런데 이집트어에서 그것은 물만이 아니라 관개와도 상관 있다. 다나오스를 북쪽에 연계시키는 전승은 없지만, 그를 이집트와 그리스 남동쪽에 연계시키는 많은 전승이 있다. 이같이 다나오스라는 이름의 우선적 기원을 인도유럽어보다는 아프리카아시아어로 보는 것이 더 타당하다.

다나오스의 성격에 미친 이집트어로부터의 동음이의법이나 인명학의 영향이 크다고 해서, 이집트적 근원이 유일한 것이어야 할 이유는 없다. 다나오스와 다나오이 사이의 관계는 직선적이지 않다. 다나오이가 단순히 다나오스(식민자)의 사람을 의미한다는 것은 개연성이 없는 것 같다. 사실 지리적 그리고 종족적 이름 다네Dane는 근원적일 수 있다는, 그리고 힉소스의 에게해권 정착 시기보다 더 이를 수 있음을 제시하는 하나의 증거가 있다. 이것은 기원전 3천년기 중반으로 추정되는 아부 살라비크Abu Salabikh라는 메소포타미아 유적지에서 발견된 지리 목록에서 나온다. 극서極西에 있다고 볼 수 있는 지역 이름 중에 다-네DA-ne^{ki}라는 지명이 있다.[64] 이 극서 지

---

61) 제1권, pp.150-154.
62) Cook(1914-1940, III, pp.362-370) 참조. 이것에 관한 근래의 참고문헌 개요는 Sakellariou(1986, pp.130-132) 참조.
63) Sakellariou(1986, pp.130-132); Arbetman and Rendsburg(1981, pp.149-150) 참조.
64) Pettinato(1978, p.69, n.188); 1986년 12월 코넬에서 개인적인 의견교환. 접미사 ^{ki}는 '땅'을 뜻한다.

명 목록을 출판했던 페티나토는 암-니am-ni^{ki}를 크레타에 있는 크노소스의 항구인 암니소스Amnissos와 시험적으로 동일시했는데, 그것이 기원전 2천년기 중반의 것으로 보이는 선형문자 A와 상형문자 문서에서 나타나는 것으로 보아 분명히 옛 이름이다.65) 이처럼 다-네는 '극서' 그리고 구체적으로는 크레타와 에게해권을 나타내는 고대 이름이었을 수 있다.

이 절을 요약해보자. 다나안Danaan이라는 이름 주위에는 비슷한 지명들이 풀어낼 수 없을 정도로 뒤얽혀 있다. 이 시점에서 가장 좋은 연구가설은 다네Dane가 기원전 3천년기 크레타에 있는 종족명 또는 지명이었다는 것이다. 기원전 2천년기에 서부 펠로폰네소스에 힉소스가 정착한 후 이집트 단어 데니dni와 체니tni 그리고 아마도 셈어 dyn딘/다얀(히브)에 대한 동음이의로 인해 이름 시조 다나오스라는 이름이 나온 것이었다. 기원전 15세기에 이르면 다나오이는 우리가 미케네인이라고 부르는 사람을 나타내는 흔한 이름이 되었고, 다누님Dnnym과 단Dan처럼 이들은 바다의 민족들의 침입 시기에 킬리키아와 팔레스타인에 퍼졌다. 그런데 이 가설의 불분명성에도 불구하고 이집트인이 종족명인 Tin3y, 타나야Tanaya, D3-in, 데네Dene, 데니엔Denyen을 사용했을 때 그 종족명이 그리스인과 관련되었다는 데는 의심의 여지가 없다.

후기 청동기시대 이집트와 에게해권의 관계를 보여주는 문헌 증거

이러한 동일시를 받아들인다면 이집트의 문헌은 이집트의 에게해권과의 관계에 관해 어떤 그림을 보여줄까? 하 네부H3 nbw에 대한 문헌의 언급은 에게해권에서 이집트의 목적과 구조에 연계되었을, 그리하여 기원전 3천년기의 접촉을 보여줄 가능성이 있다. 중왕국 시기 동안 이집트와 크레타 사이에 교역이 있었음을 보여주는 실제적인 징표가 훨씬 더 많다. 둘 사이의 관계는 힉소스 시대의 말과 제18왕조의 초에 각별히 가까웠던 것 같다.

우리는 '케프티우Kftiw 출신 인명' 목록에서 그리고 제18왕조의 초부터 이집트에서 발견된 파 케프티유P3 Kftiwy(크레타인들)라는 이름에서 크레타

---

65) 암니소스Amnissos라는 이름에 관한 논의와 그 이름이 이집트어 아멘imn(서쪽) 및 아몬Amon이라는 이름과의 연계에 관해서는 제3권 참조.

에 이집트인이 있었고 이집트에 크레타인이 있었음을 알고 있다.[66] 제18
왕조의 첫 번째 파라오인 아모세 1세는 하우 네부Ḥ3w nbw는 그의 추종자이
며, 그의 어머니 아호텝은 '하우 네부트Ḥ3w nbwt 지역들의 여주인'이라고 서
술했다.[67] 일부 학자는 '추종자'가 그리스 용병을 언급하는 것이라고 추측
하지만, 나는 종주권의 주장으로 보는 것이 좀 더 가능성이 있다고 생각한
다.[68] 크게 보아서, 헬크가 기술하고 있듯이 "제18왕조가 개창되었을 시기
가 이집트의 에게해권에 대한 영향력이 가장 강했을 때로 보아야 한다."[69]

이집트 비문과 묘실 벽화에 나타나는 정확성과 혼종

제18왕조 묘실 벽화의 내용을 보기 전에, 그것을 실재의 묘사로서 신뢰
할 수 있는지를 고려해야만 한다. 많은 동식물의 그림이 오늘날 식물학과
동물학의 견지에서 지극히 정확하다는 데는 의문의 여지가 없다. 고고학적
유물(가장 놀랍게는 최근 카쉬 난파선에서 찾아낸 유물)은 그 표현의 정확성
에 대해 명백한 증거를 제공했다.

그런데도 많은 전문가는 그림의 진실성에 의문을 던졌다. 우선 그들은
그림이 그려진 시기를 의심했는데, 예술가들이 자신의 그림을 실물이 아니
라 더 초기의 묘실 그림을 복사했거나 '유형에 관한 책'에 근거해 그렸다고
까지 주장했다. 비록 많은 무덤이 여전히 봉인되어 있고 유형에 관한 책이
나 관련서가 발견되지 않는다 하더라도, 그러한 책의 존재는 대단히 가능
성이 높기는 하다. 우리는 이집트에서의 예술적 표준과 예술품 규제에 관
해 알고 있고, 현존하는 이집트 미술작품에서도 주제와 이미지의 잦은 복
제가 있다는 사실을 고려한다면 말이다.[70]

이국적인 자연 및 인공물 그림의 원형 보존성 및 동시대성에 대한 의혹
은 크게는 이집트에 대한 오늘날의 고정관념에 근거하고 있다. 이집트인은
거의 여행도 하지 않고 이집트에는 이국적인 유물·동식물·사람이 거의 없

---

66) Vercoutter(1956, pp.96-97, docs.21-22); Helck(1979, p.103).
67) James(1973, p.303).
68) 제9장의 주204 참조.
69) Helck(1979, p.81).
70) Wachsmann(1987, pp.11-26).

다는 추론에 근거해서 이집트 문명을 고립적이고 보수적이고 내향적인 문명으로서 보는 고정관념 말이다. 이것은 나에겐 매우 논쟁거리가 되는 것으로 보인다. 중왕국 시기에 외국 도시에 이집트인이 있었음이 제5장에서 언급되었고, 신왕국의 전성기에 더 많은 이집트인이 해외에 있었다는 것을 주장할 충분한 근거들이 있다.[71] 같은 시기에 이집트에 수많은 외국인이 살고 있었다는 것은 더욱 명백하다.[72] 또한 더 이른 작품이나 유형을 복사하는 것이 이집트의 전통이라 하더라도 실재와 일치시키려고 실물을 복사하거나 표준유형을 변경하고자 하는 예술가들의 바람이나 능력을 배제시킬 필요는 없다. 이것의 놀라운 예가 기원전 1470년과 1450년 사이에 그려진 궁정관리 레크미레 무덤에 있는 프레스코의 그 유명한 수정修訂에서 발견되는데, 에게해권 사절들이 입은 '미노아' 의상인 킬트 위에 '미케네의' 허리띠를 덧칠했던 것으로 보인다.[73] 여기에서 그 시기에 미케네인이 크레타를 정복했다는 것을 받아들이면, 실재를 정확하게 묘사하기 위해 판에 박힌 표현법을 수정했음을 알 수 있다. 적어도 후대에는 이 원칙이 이집트 예술에 근본적이었던 것으로 보인다.[74]

이것은 오늘날의 역사가들이 이집트 묘실 벽화에 대해 지니고 있는 두 번째이자 중요한 어려움인 소위 '혼성(하이브리디즘)'에 연결되어 있다. 이스라엘 고고학자인 셸리 왁스만은 다음과 같이 이것에 관한 논의를 열었다.

혼종이란 원래는 두 개 이상의 분리된 실체에 속하는 요소를 결합함으로써 대상물(인체든 정물이든 전체적인 풍경이든)을 구성하는 이집트 예술의 현상을 말한다. … 웨인라이트와 여러 학자는 혼종을 고려할 능력이 없었기 때문에 외국인의 모습에 관해 잘못된 결론을 내렸다.[75]

---

71) 아마르나 편지는 레반트에 있었던 파라오의 병사(이집트와 누비아 출신)에 대한 언급으로 가득 차 있고, 그곳에 있었던 이집트 문관도 입증하고 있다.

72) Vercoutter(1956, p.97, doc.22[h]); Helck(1971, pp.342-369; 1979, p.103).

73) Vercoutter(1956, pp.256-357); Wachsmann(1987, pp.44-46).

74) Davis(1979, pp.126-127). 미케네인이 크레타를 지배하러 온 시점에 대한 논의는 주90-105 참조.

75) Wachsmann(1987, pp.4-5).

혼종은 이집트 예술의 한 양상임에는 틀림없다. 동물의 머리와 인간의 몸 등을 지닌 신이나 스핑크스, 그리핀의 표현이 흔하다. 더욱 놀라운 것은 전형적인 '혼종' 이집트인이라는 예술적 전통이다. 이는 우리가 인간의 유해로부터 이집트 인구 가운데에 항상 존재해왔던 것으로 알고 있는 커다란 생리적 다양성을 과소평가하고 있기 때문이다. 그런데 '혼종'이 존재했던 이유는 상이하고도 뚜렷한 육체적 유형이 존재했지만 그래도 상·하이집트의 통합을 유지하려면 가장 필요한 작업이었기 때문일 것이다. 그러한 바람은 전체로서 이집트 예술의 이미지와 잘 맞는 것으로 보이는데, 이에 관해 건축사가인 어얼 볼드윈 스미스는 다음과 같이 기술하고 있다. "이집트 예술은 지속적으로 표의적이었으며, 항상 스쳐지나가는 그리고 개인적 경험보다는 근본적이고 공동체적 생각을 다룬다."[76] 왁스만과 그의 선임자들이 주장했듯이, 비록 동물은 아니라 하더라도 혼종 정물 및 식물은 조작되었을 수 있다. 그러나 왁스만과 더 초기의 고대예술사가가 자신이 이해할 수 없거나 좋아하지 않는 사물의 이집트식 표현을 간단히 처리하면서 혼종이라는 개념을 사용했을 가능성이 크다는 데에 유념해야만 한다. 그들은 특히 그림에서 묘사되는 외국 문화나 인간의 유형의 어떤 혼융도 실재의 재현으로서 받아들이지 않는다. 흥미롭게도 이집트 예술가는 외부의 세계가 다양하다는 것을(그리고 다양할 것이라는 것을) 알고 있었기 때문에 이집트 사람을 그릴 때보다 외국 사람을 그릴 때 더욱 사실적으로 다양한 인간을 표현했을 가능성이 있다. 그런데 시리아인과 에게해권 사람(또는 거북할 정도로 검은 크레타인)의 신체적 특색 및 의상을 겸비한 사람들의 그림은 예술가의 상상력이 만들어낸 것으로 종종 간단하게 받아들여졌다. 오늘날의 학자들도 이집트인이 외국의 인공물을 묘사하면서 이집트적 모티프와 예술 요소를 담는 것을 특히 부정적으로 바라본다.

내가 보기에 이러한 부정은 두 가지 잘못된 생각에 근거한 것으로 여겨진다. 첫째는, 대단히 많은 초상화를 '불가능한' 것으로서 제외시킬 수 있을 정도로 우리가 기원전 15·14세기에 동지중해권 주민의 인종적 특성 및 문화적 습속을 충분히 알고 있다는 잘못된 생각이다. 둘째는, 지중해 분지

---

76) Smith(1968, p.241).

의 지역마다 획일적인 신체적 유형을 지닌 사람들의 뚜렷한 문화가 있었다는 잘못된 믿음이다. 이는 20세기 초의 민족성과 인종주의를 적절치 않은 시대와 장소에 투사한 것이다. 사실 우리가 신왕국 기간 동안 그 지역에 관해 배우면 배울수록 다양성과 국제적 성격을 더 많이 발견한다. 더욱이 앞서 논의된 고고학적 증거는 이집트 문화의 국면이 레반트를 넘어 아나톨리아와 에게해권 등지로 침투했다는 것을 보여준다. 나에게는 무덤 벽화에서 묘사된 섞이고 복잡한 문화적 패턴을 받아들이는 것이, 그것을 거부하는 것보다 더 이치에 닿는 것으로 여겨진다.

왜 크레타의 군주는 이집트로 공물을 가져갔을까

이제 묘실 벽화가 그려지게 된 정치적 맥락을 살펴보자. 강력한 여성 파라오 하트셰프수트(기원전 1503-1483)의 치세는 독특함으로 그리고 명백히 그녀의 명령으로 수행된 동아프리카에 있는 푼트로의 그 유명한 원정으로 잘 알려져 있다. 후대의 비방에도 불구하고 그녀의 치세에 이집트는 번영했고, 그녀의 의붓아들이자 공동 통치자이자 경쟁자인 투트모세 3세가 후기에 거둔 많은 승리의 기초를 만들었다. 투트모세 3세는 그녀가 사망한 후 22년을 더 통치했다.[77] 투트모세 3세는 이집트 역사에서 위대한 파라오 중 한 사람으로, 내 견해로는 그를 능가할 유일한 파라오는 500년 전 세소스트리스뿐이다. 하트셰프수트에 대한 미움을 별도로 한다면, 투트모세는 호의적인 인품과 뛰어난 재능을 지녔던 것으로 보인다. 그의 치세에 이집트가 좀 더 번영하고 잘 경영되었다는 데는 의심의 여지가 없다. 그는 모든 방향으로 특히 북쪽으로의 원정과 정복으로 뚜렷하게 기억되었다.[78]

재위 22년인 기원전 1482년경에, 그는 시리아를 통과하는 원정을 친히 이끌었고, 그 후 16년에 걸쳐 여러 번의 원정을 명령하고 직접 나서기도 했다.[79] 이러한 그의 정복 활동은 재위 32년(기원전 1472년 경) 상유프라테스에 있는 후루 또는 미탄니 왕국인 나하린Naharin에 대한 원정에서 절정에

---

77) Gardiner(1961a, pp.181-189).

78) Hays(1973, pp.319-322).

79) 연대에 관해서는 Casperson(1986, pp.147-148) 참조. 원정에 관해서는 Gardiner(1961a, pp.188-193); Drower(1973, pp.444-459) 참조.

이르렀다. 그는 포로를 데리고 그곳에서 철군했으나 그 원정은 이웃 나라인 바빌로니아, 아시리아, 하티(히타이트인의 나라)의 왕에게 커다란 인상을 남겼다.[80] 이것이 앞에서 기술된 묘실 벽화가 그려진 맥락이다. 이집트가 군사적 승리를 거두고 레반트의 두 항구를 장악했다는 사실을 고려하면, 다음과 같은 글이 새겨진 그림이 어떠한 맥락에서 그려졌는지 충분히 이해할 수 있을 것이다.

그들(카프투의 군주들)이 모든 나라에 대한 폐하(투트모세 3세)의 승리를 전해 듣고는, 생명의 숨결을 얻기 위해, 폐하께 바치기 위해, 폐하의 힘이 그들을 보호할 수 있게 하기 위해 선물을 등에 지고 왔다.[81]

타 엔 아네크$^{t3\ n\ \text{ʿnḫ}}$(생명의 숨결)을 받았다는 것은 카프투와 다른 나라들과 관련되어 사용된 용어인데, 이 경우 그것은 종주권을 의미할 수 있다. 그런데 카프투 군주에 대한 좀 더 직접적인 압력도 있었을 수 있다. 나파타^{Napata} 또는 수단의 상나일에 있는 제벨 바르칼$^{\text{Jebel Barkal}}$의 비문에서 투트모세는 "아홉 개의 활, 와즈 웨르$^{\text{W3d wr}}$의 가운데 있는 섬들, 하우 네부트$^{\text{H3w nbwt}}$, 반기를 든 외국 나라들을 묶었다"[82]고 주장하면서 혼란스러운 인칭대명사를 다음과 같이 사용하고 있다.

---

80) Gardiner(1947, I, pp.127, 191; II, p.209); Gardiner(1961a, p.193); Drower(1973, pp.456- 457).

81) Vercoutter(1956, p.57, doc.9b). Merrillees(1972, p.288)는 이 비문을 비문이 기록되어 있는 벽화로부터 분리하여 생각하려 한다. 물론 다시 손을 댄다든가 변경하는 것은 가능은 하겠지만, 왜 그렇게 해야만 하는가? 메릴리스가 이 비문과 그림의 관련성에 반대한 저의는 알아내기가 쉽다. 그는 에게해인이 이집트와 교역했다는 데는 반대할 의사가 없지만, 그들이 이집트인에게 어떤 방법으로든 예속되었다는 생각을 분명히 크게 꺼리고 있다. 그는 다음과 같이 주장했다. "주목해야 할 것은, 테베의 묘실 벽화에는 꼿꼿한 자세(정상적인 자세)가 아닌 자세로 묘사된 에게해권 외국인은 단 한 사람도 없다는 점이다"(1972, p.287). 이 기록은 놀랍지 않은데, 왜냐하면 그들은 거의 모두 이집트인이 공물로서 여기고 있었던 것을 운반하는 것으로 묘사되어 있기 때문이다.

82) 「제벨 바르칼 석비」, Vercoutter(1956, p.132, doc.33). '아홉 개의 활들'이라는 용어는 보통 '페제트^{pdt} 9'로서 음역되는 용어의 번역이다. 그런데 <상형문자>은 예우네트^{iwnt}로도 읽힐 수 있었다. 예웬(예웬티우)$^{\text{iwn(tyw)}}$의 이오니아와의 관계에 관해서는 제1권, pp.133-134 참조.

나는 왔노라. 나는 너희들로 하여금 섬들에 있는 자들과 와즈 웨르W3d wr의 가
운데 살고 있는 자들을 치도록 했노라. 너희들의 전쟁의 외침을 듣고서, 너희
들의 폐하인 내가 맷돌처럼 희생자들의 등을 누르고 있는 것을 보도록 했노
라.[83]

베르쿠테는 투트모세의 정복 및 지배의 보편성을 강조하고 비문이 대단히
상징적으로 보인다고 지적하면서, 그것이 문학적 의미로만 받아들여져서
는 안 된다고 강력히 주장했다.[84] 앞에서 언급되었듯이, 이집트 문헌에 케
프티우Kftiw라는 이름이 대단히 자주 나타나는 것은 투트모세 치세였다. 이
시기인 후기헬라스 IIIA1에 속하는 에게해권의 항아리가 이집트에서 많이
발굴되었다. 이것과 에게해권에서 발견된 기원전 15세기 전반의 이집트 유
물이 제11장에서 논의될 것이다.[85]

그러한 원정이 오늘날의 이집트학에서 다루어지지 않는다고 해서 그것
이 발생했을 가능성을 제쳐놓아서는 안 된다. 우리는 미트 라히네 비문에
서 400여 년 전에 제12왕조의 파라오가 지중해로 해군 원정을 시작했다는
것을 알고 있지만, 이집트학 학자들이 그 원정을 완전히 파악하고 있지 못
하고 있다는 것을 알고 있다. 우리는 또한 데이르 엘 바흐리의 부조로부터
하트셰프수트가 홍해 남쪽에 이르기까지 공식적으로 함대를 보냈다는 것
도 알고 있다.

더욱이 우리는 투트모세 3세 및 그 계승자들의 치세에 군사행동이 해군
의 상당한 지원을 받았다는 것을 알고 있다. 해군 조직은 중요시되어 파라
오의 맏아들이 운영하는 주 조선창(특별히 제작된 전함과 화물을 공급하는 상
인으로 구성되었다)을 멤피스에 두었다. 그리고 케브네웨트kbnwt 또는 케프
네웨트kpnwt(비블로스인), 케프티우kftiw(크레타인)이 승선한 배들이 있었다.
이 배들에 관해 윌리엄 헤이즈는 『캠브리지 고대사』에서 다음과 같이 기술
하고 있다.

---

83) Vercoutter(1956, pp.132-133, doc.34).

84) Vercoutter(1956, pp.132-133); Pendlebury(1930b, pp.75-92).

85) 제11장의 주18-28 참조.

(이 배들은) 이제 이집트인이 **비블로스와 크레타로 가는** 항해를 위해, 또는 이와 비슷한 유형 및 기간의 항해를 위해, 배를 설계하고 건조했다는 것을 대체로 보여주고 있다. 더욱이 배의 설계와 건조에서 그리고 일반적으로는 항해에 관한 지식에서 **신왕국의 이집트인은 이웃인 미노아인이나 페니키아인에게 기댄 것이 거의 또는 전혀 없다는 것이 명백하다.** 사실 이집트인은 적어도 배의 한 유형(이 배는 페니키아인에 의해 채용되고 사용되었다)을 새로이 만들어내기조차 했다(원저자의 강조표시).[86]

우리는 아리안모델의 절정기에 연구를 했던(이 점은 강조되어야만 한다) 베르쿠테의 주장처럼 기원전 15세기 전반 투트모세 치세에 에게해권에 대한 이집트의 어떤 원정도 없었다는 것을 더 이상 확신할 수 없다. 투트모세의 습관 및 경향과 그의 함대 능력 그리고 크레타의 군주들이 공물을 바치러 이집트에 왔다는 사실을 고려하면, 나는 이집트 함대가 기원전 1470년대에 에게해에 있었다는 강한 암시를 의문시할 이유가 없다고 본다.

어쨌든 '케프티우Kftiw와 와즈 웨르Wȝd wr의 가운데 있는 섬들의 군주들'이, 적어도 이집트인이 복종의 행위로서 해석한 맥락에서 파라오의 궁정을 방문했다는 데는 의문의 여지가 없다. 카프투의 지배자들은 북쪽에서 '미케네인'의 위협을 느꼈을 수도 있고, 아니면 이집트가 크레타 세력을 와해시키자 그 직후 미케네인의 정복이 가능해졌을 수도 있다.

종주권은 모호한 개념인데, 우리는 '생명의 숨결을 받았다'는 것의 분명한 정치적 의미를 모르고 있다. 그것의 경제적 의미는 제11장에서 고려될 것이다. 제18왕조의 개창자인 아모세 1세가 에게해권에 대한 종주권을 주장했을 가능성이 앞에서 언급되었다.[87] 여기서 말할 수 있는 것은 풍부한 선물을 가져오는 의식(이집트인에겐 복종의 행위로서 해석되었다)은 투트모세의 정복이 있은 지 거의 1세기 후에도 계속되었다는 점이다. 아멘호테프 4세 재위 12년(기원전 1369년경) '와즈 웨르Wȝd wr의 가운데'로부터 온 사람들이 파라오의 옥좌 앞에서 공물을 바쳤다. 베르쿠테는 사용된 어법으로

---

86) Hays(1973, p.368; pp.367-369도 참조); Säve-Soderbergh(1946, pp.33-50). 제3장의 주125-126 도 참조.

87) 주68 참조.

판단하건대 섬사람들이 시리아 및 누비아로부터 온 사절보다 덜 예속적인 지위를 보여준다고 지적했다. 그렇다 하더라도 북쪽 사람들 역시 '생명의 숨결을 받기' 위해 공물을 바쳤다.[88] 앞에서 언급되었듯이 카프투라는 이름은 기원전 14세기 초 이후에는 훨씬 덜 언급되었다. 카프투로부터 '와즈웨르W3d wr의 가운데'와 타나야로의 명명법의 변화는 크레타에 대한 미케네의 우위를 반영하는 것으로 보인다.

미케네가 크레타를 지배한 연대

여기서 잠시 언제 미케네인이 크레타를 지배했는지를 살펴보고자 한다. 이 문제는 제7장에서 테라 폭발로 크레타가 황폐화된 결과 미케네인의 정복이 있었다는 이론을 소개할 때 잠깐 언급했다.[89] 그런데 여기에서는 좀 더 널리 퍼진 그러나 두 배로 잘못된 믿음을, 즉 '그리스인'이 도기연대 후기미노아 II 초인 기원전 1450년경에 크레타를 정복했다는 믿음을 따져보고자 한다.

미노아 연구에 관해, 특히 상대 연표와 절대 연표에 관해 아더 에반스의 영향력이 크다고 앞에서 자주 언급했다. 그에 따르면, 거대한 변화는 도기연대 후기미노아 IB 말에 크레타에 닥쳤다. 그 시점에서 크레타의 왕궁을 제외한 모든 것이 파괴되었다. 크노소스의 왕궁만이 수십 년 더 존속하다가 마침내 후기미노아 II 말에 복속되었는데, 에반스는 그 시기를 기원전 1400년경으로 보았다. 그 후 쇠퇴의 새로운 시대가 시작되었고, 왕궁은 가난하고 문맹의 무단거주자에 의해 점령되었다. 에반스에 따르면, 크레타의 왕궁 문명은 그리고 그리스 본토의 문명도 '미노안Minoan'이었고 '미노안'으로서 지속되었다.[90] 즉, '미노안'은 청동기시대 말에 비非헬레네스적 또는 선先헬레네스적이었다. 1930년대 극단적인 아리안모델의 절정기에 에반스는 미케네학 학자 특히 A. J. B. 웨이스의 도전을 받았다. 미케네학 학자들은 미노아 문명의 무거운 영향을 받아들이면서 미케네 문명의 인종적 특성을 주장했고, 1939년에는 크노소스에 있는 에반스의 마지막 왕궁(후기미노

---

88) Vercoutter(1956, pp.134-135, doc.36) 참조.
89) 제7장의 주5 참조.
90) Evans(1929, p.49). 이에 대한 개요는 Niemeier(1982a, pp.220-221) 참조.

아 II)에 미친 미케네의 영향을 주장하기조차 했다.[91]

이런 생각은 13년 후 마이클 벤트리스가 선형문자 B 서판(에반스는 이것이 후기미노아 II 왕궁에서 발견되었다고 주장했다)을 그리스어로 읽었을 때 극적으로 확인되는 것 같았다. 이처럼 기원전 1450년경의 어느 땐가 미케네의 침입자가 크레타를 정복하고 크노소스의 왕궁을 제외한 모든 왕궁을 파괴하고 크노소스에 근거를 두고 70년간 그 섬 전체를 통치하다가 후기미노아 II 말에 알려지지 않는 침입자에 의해 그들의 왕궁이 파괴되었다는 설이 일반적으로 믿어졌다. 이 틀은 기원전 1470년에서 1450년 사이에 완성된 레크미레 무덤 벽화의 의상 변화와도 완벽에게 맞아떨어지는 것 같았다. 약간의 시간적 간격을 허용한다면 그것은 카프투라는 용어의 사라짐과도 잘 맞아떨어지는 것 같았다.

그런데 상황은 그렇게 단순하지 않다. 1950년대에 많은 선형문자 B 서판이 그리스 본토에서 특히 메세니아에 있는 필로스 왕궁에서 발굴되었다. 이것은 후기미노아 II 또는 대략 비슷한 시기인 후기헬라스 IIB에서 나온 것이 아니라 기원전 1275년경에 시작했다고 여겨지는 후기헬라스 IIIB에서 나왔는데, 이는 에반스가 크노소스 왕궁의 최종 파괴의 시기로 보았던 기원전 1380년보다 대략 1세기나 후이다. 필로스 문자체와 크노소스 문자체에 차이가 있다 하더라도 유사점이 더욱 현저해서 그것을 읽은 언어학자는 그 둘이 동시대임에 틀림없으며, 본토 서판의 연대측정이 논박할 여지가 없으므로 크레타 원문은 후기미노아 IIIB로부터 나온 것임에 틀림없다고 확신하게 되었다.

1955년 영국의 언어학자 레너드 파머가 이런 주장을 최초로 했는데, 그는 크노소스 왕궁이 본토에 있는 왕궁만큼 오래 지속되었으며 본토의 왕궁처럼 기원전 12세기 초 도리스인에 의해 파괴되었다고 논증했다.[92] 그에게는 이에 대한 고대 전거가 있었다. 호메로스에 따르면, 기원전 1220년경 트로이 전쟁 발발 직전 부유하고 강력한 크레타는 트로이 원정에 세 번째로 많은 80척의 배를 제공했으며, 한 명의 왕인 이도메네우스에 의해 통치되고 있었다.[93] 이러한 근본적인 결점을 찾아낸 파머는 에반스의 조수인

---

91) Wace and Blegen(1939, pp.138-139).

92) Palmer(1956; 1965; 1984b).

D. 멕켄지의 발굴 '일지'를 주요 근거로 사용했는데, 그것은 대가 에반스의 틀의 기초가 얼마나 불확실한지를 보여주고 있었다.

파머는 필로스 발굴자인 블레겐의 지지를 받았다.[94] 그렇다 하더라도 대부분의 에게해권을 연구하는 고고학자는 그의 생각을 불안정한 것으로 보았다. 한 가지 이유는 전문성과 관련된 것인데, 고고학에 언어학자가 '끼어드는 것'에 대한 혐오가 있었던 것이다. 또한 파머가 에반스의 도기연대 틀에 도전하자 어떤 불안이 있었다. 그것은 미노아 고고학의 창시자에 대한 애정보다는 근본적인 격변을 뒤따를 연표상의 혼란에 대한 두려움이었다. 또 다른 어려움은 파머의 선형문자 B 서판의 연대 재설정이 보통 루비안족의 침입에 대한 그의 믿음에 연계되었기 때문인데, 루비안족의 침입설에는 연대 재설정을 뒷받침해줄 만한 것이 거의 없었다.[95]

그런데 증거가 축적되면서 파머의 주장, 즉 크노소스에서 나온 선형문자 B 서판은 후기헬라스 IIIB 시기에 기록되었다는 주장을 뒷받침했다. 예를 들면, 선형문자 B가 기록된 수많은 후기헬라스 IIIB 등자형 항아리가 그리스 본토에서 발견되었는데, 진흙 분석을 통해 크레타에서 만들어진 것으로 밝혀졌다.[96] 더욱더 인상적이었던 것은 후기헬라스IIIA와 B 기간에 걸쳐 크레타의 번영을 보여주는 작품들이었는데, 이것은 크레타가 후기헬라스 II 말에 황폐화되었다는 견해를 유지할 수 없게 했다.[97] 왕궁 자체에 관한 후기의 연구는 후기헬라스 IIIB 도기의 분포가 에반스가 주장한 '무단 침입' 유형과 잘 맞지 않고 있음을 가리키고 있었고, 비록 더 초기의 건물 일부가 후기헬라스 IIIB에 사용되지 않았다 하더라도 고고학적 증거는 왕궁이 여전히 기능하고 있는 행정 중심이었음을 가리키고 있었다. 또 다른 증거는 크레타 교역이 대단히 중요성을 지니고 있었다는 점이었다.[98] 크노소스로부터 나온 선형문자 B 서판의 전부는 아니라 하더라도 대부분이

---

93) *Iliad*, II.645-654 등등.

94) Blegen(1958).

95) Palmer(1958, p.75); Huxley(1961). 비평으로는 Schachermeyr(1962b, p.27); Vermeule(1984, pp.62-63) 참조.

96) Catling, Cherry, Jones and Killen(1980); Niemeier(1982a, p.260).

97) Kanta(1980).

98) Niemmeier(1982a, pp.224-257); Palmer(1984b). 우가릿에서 나온 이에 관한 증거는 Heltzer(1988) 참조.

후기헬라스 IIIB의 끄트머리인 기원전 1200년경의 파괴 시기에 속하는 것이다. 이러한 틀은 앞에서 언급된 호메로스 증거와도 맞아떨어진다.

그런데 이것은 그리스어인 선형문자 B가 크레타 섬에 언제 최초로 도입되었는가라는 문제에는 답하지는 않는다. 후기미노아 II 도기는 제한된 분포와 명백히 짧은 지속기간을 지녔다. 후기미노아 II는 후기미노아 IA와 후기미노아 IIIA 모두에 연계되어 있음을 보인다. 그런데 후기미노아 II는 블레겐이 주장했던 명백하게 '미케네적인' 특징을 지니지 않는다.[99]

크레타에서 사회의 군사화 및 수갱묘의 도입의 시기(예전에는 후기미노아II 로 보았다)는 중기미노안 III으로 상향 조정해야만 한다는 것을 제9장에서 보여주었다.[100] 이제 비문 증거로 미루어 보아 선형문자 A가 후기미노아 II 시기에 크노소스에서 계속 사용되었음이 명백하다.[101] 딱 잘라 말할 수는 없지만, 이러한 사실은 후기미노아 II 초에 일어났던 '지방' 왕궁의 파괴가 미케네인의 도래에 연계될 수 있다는 것을 있음직하지 않게 만든다. 아마도 북쪽과 남쪽의 외적 압력에 직면해 진행되었겠지만, 권력의 중앙집중화가 내적인 발전으로 이루어졌다고 생각하는 것이 최상으로 여겨진다.

후기미노아 IIIA 초에 왕궁의 파괴를 보여주는 증거는 없다. 이 또한 평화적인 이주는 아니라 하더라도 크레타에 대한 군사적 침입설은 타당하지 않은 것 같다. 반면에 몇 십 년 후, 좀 복잡한 연대구분이긴 하지만 후기미노아 IIIA2 초에 전적이라고까지는 말할 수 없다 하더라도 실제적인 파괴가 있었다. 이는 크노소스와 크레타에 대한 미케네화를 나타내는 가장 그럴듯한 시점으로 여겨진다. 그 과정이 후기미노아 IIIA1에서 시작되고 그 파괴가 아카이아인의 침입에 연계되었을 수도 있겠다.[102]

그런데 이 모든 것에서 파머와 그의 지지자는 이집트로부터의 증거를 무시했다. 즉, 그 섬을 나타내는 카프투라는 이름이 사라지고 레크미레의 무덤 벽화에 크레타의 킬트를 미케네의 허리띠로 체계적으로 덧칠한 것은 기원전 1470-1450년 사이에 발생했다.[103] 이 증거를 못마땅하게 여겨 고

---

99) Betancourt(1985, pp.149-155).
100) 제9장의 주22-63 참조.
101) Niemeier(1982a, p.271).
102) 제11장의 63-65 참조.
103) 주73-74 참조.

려하지 못한 것이다. 첫째로, 제1권에서 논의되었던 이유 때문에 루비안족의 침입을 가정하는 학자는 결코 레반트와 이집트에 관심을 돌리려 하지 않았다.[104] 둘째로, 이러한 학자는 일반적으로 연대를 하향 조정하기를 선호했는데, 미노아 도기연대를 상향 조정하기보다는 표준절대연표를 받아들이려 했다. 따라서 그들은 후기미노아 II의 시작을 기원전 1450년으로 설정했다. 이 연대에 따르면, 레크미레의 무덤에서 나온 증거는 미케네인의 크레타 정복이 1450년경에 있었다는 정통론과 맞아떨어진다. 그런데 후기헬라스 IIIA(『캠브리지 고대사』의 연표를 받아들인다면 기원전 1380-1275년)에 있었다는 정복론과는 조화시키기가 힘들다.

만약 테라 폭발이 기원전 1628년에 일어났다는 연대 재설정에 따라 상향 조정된 새로운 연표가 사용된다면, 어긋남은 제거된다. 켐프와 메릴리스는 비록 후기미노아 IIIA의 시작 연도에 몰두하지는 않았지만, 후기미노아 II의 시작을 기원전 1500년과 1475년 사이에 둔다. 그들의 틀은 후기미노아 II 초에 미케네에 의한 정복을 허용하지 않는다. 베탄코트는 좀 더 상향 조정해 후기미노아 II가 기원전 1550년에 그리고 후기미노아 IIIA가 기원전 1490년에 시작한 것으로 본다. 그가 후기미노아 IIIA1과 IIIA2 사이의 단절기를 기원전 1430-1410년에 설정하였다 하더라도 IIIA1의 시기를 단축하는 것이 가능하며, 그렇게 된다면 후기미노아 IIIA1 말에 있었던 크노소스의 파괴를 레크미레의 시기(기원전 1470-1450년)에 발생했던 것으로 맞출 수 있다. 사실 후기미노아 IIIA의 시작 연도를 그렇게 높게 설정하지 않고, 내가 하듯이 기원전 1470년경에 둔다 하더라도 그것은 허용될 수 있다. 이처럼 미케네인의 크레타 정복이 적어도 후기미노아 III의 출발과 함께 시작되었다는 것은 있음직하게 보인다. 비록 후기미노아 IIIA1 말의 파괴가 제11장에서 논의될 아시아로부터의 정복이나 습격의 결과로 볼 수도 있기는 하지만 말이다.[105]

크레타와 미케네가 이집트로 사절을 파견하다

미케네의 크레타 정복 연대를 기원전 1470-1450년 사이의 시기로 설정

104) 제1권, pp.511-512 참조.
105) 제11장의 주56-68 참조.

하는 것은 이집트 왕궁 연대기로부터의 증거로도 강화된다. 연대기에는 투트모세 3세 42년인 기원전 1462년경에 '타-나-유Ta-na-yu/Tinзy(지도자들의 공물)106)의, 케프티우Kftiw산産 은 제품인 슈압트shuabt(역주: 큰 그릇의 일종)'라는 기록이 있다. 투트모세 치세 말엽(그는 기원전 1450년경에 사망했다)에 그려진 멘케페레 세넵의 무덤 벽화에서 카프투의 왕 또는 족장이 시리아-팔레스타인 사람으로 묘사되어 있다. 독일의 이집트학 학자 베그너는 스타일로 보아 멘케페레 세넵의 무덤이 레크미레의 무덤보다 이르다고 주장했고, 이 주제에 관한 표준서를 쓴 베르쿠테도 멘케페레 세넵의 무덤이 좀 더 이른 편이라고 주장했다.107) 덴마크의 고고학자 잉그리드 스트룀이 주장했듯이, 카프투의 '시리아-팔레스타인의' 왕이 옛 크레타 체제의 끝 무렵에 '생명의 숨결'을 요구하며 도착한 그림은 레반트의 정복자이자 에게해권에 대한 실제적인 또는 잠재적인 공격자인 이집트와 조약을 맺을 필요뿐만 아니라 북쪽의 적들에 대한 외교적 또는 군사적 보호를 위한 호소로도 해석될 수 있다.108) 또한 카프투의 기술로 만든 귀중한 물품을 타나야의 족장이 선사했다는 것은 크레타의 새로운 지배자의 존재를 나타낼 수도 있다. 아마도 그는 이집트와의 관계를 통해 정통성을 확보하려고 했을 것이다. 이러한 해석은 물론 증명되지는 않았지만, 그렇다고 크레타의 사절과 그리스의 사절(이집트인은 적어도 이를 복종의 표시로서 해석했다)이 기원전 15세기 중반에 이집트에 왔다는 데는 의심의 여지가 없다.

아멘호테프 3세 조각상의 기단

약 80년 후 아멘호테프 3세의 치세(기원전 1419-1381년경)에 이집트가 에게해권과 접촉한 또 다른 증거가 있다.109) 그 증거는 테베 근처 콤 엘-헤

---

106) Vercoutter(1956, p.55, doc.8). 괄호 안의 단어는 제테가 재구성한 것이다.

107) Wegner(1933, pp.46, 82, 100, 142); Vercoutter(1956, p.21).

108) Strom(1984, p.193).

109) 아멘호테프의 치세(기원전 1420-1385년부터 기원전 1386-1349년에 이르기까지 다양하다)에 관한 논의는 Cline(1987, p.13, n.60) 참조. Cline이 지적했듯이, 낮은 연대는 에게해권의 연표와 조화되기 매우 어렵다. 여기에서 다시 나는 Wente and Van Siclen(1976, p.218)과 *Cambridge Ancient History*, 3rd ed., II.2, p.1038를 따른다. 그 연대들은 동떨어진 것 같지는 않다.

탄에 있는 아멘호테프 3세의 장제전에 있는 파라오 조각상들이 놓였으리라 여겨지는 다섯 기단 중 하나에 있다. 각각의 기단에는 지명이 새겨져 있는데, 지명은 묶여진 포로의 인물상 윗부분에 위치한 카르투시 속에 기록되어 있었다. 기단 중 네 개는 시리아 및 메소포타미아에 있는 지역에 관련되어 있으나, 다섯 번째 기단은 케프티우Kftiw와 타나유Tin3yw라는 표제어 밑에 에게해권 지명들을 담고 있었다.

　이름 중 일부는 파손되어 열두 개(역주: 버낼이 다음에 언급한 지명은 실제로는 11개이다)가 남아 있다. 그것은 다음과 같다. 암니샤ʾamniša/imnš3, 비야쉬Biyaš- /B3yš(3)y, 쿠투나야Kútunaya/K3 tw n3y, 무카누Mukanu/Mwk inw, 디카에스Diqaês/Dy3ḳ3i3s, 미자네Miṣanê/Myd3ni3, 쿠티라Kútíra/K3tiyr, 누피라이Nupyrayy/Nupyryy, 쿠누샤Kúnúša/K3nywš3, 리카타Rikatá/Ryk3ti, 윌리야Wiliya/W3iwry이다. 아홉 명의 학자가 이 이름에 관해 책을 출간했는데, 그들은 모두 암니샤는 암니소스Amnissos, 쿠투나야는 키도니아Kydonia, 무카누는 미케네Mycenae, 누피라이는 나우플리아Nauplia, 쿠티라는 키테라Kythera, 쿠누샤는 크노소스Knossos, 미자네는 메세니아Messenia, 리카타는 리크토스Lyktos라는 동일시에 동의했다. 비야시에 대해서는 일부는 파이스토스Phaistos로, 일부는 피사이아Pisaia로 보고 있다. 디카에스에 대해 포레는 서부 크레타에 있는 테게아이Tegeai로 생각하고 있지만, 세르장은 아르카디아에 있는 테게아로 보고 있고, 애스터는 크레타에 있는 디크테Dikte 산이라고 주장했다. 이것은 고고학적으로 동부 크레타에 있는 카토 자크로Kato Zakro라고 알려진 왕궁과 도시의 이름일 수도 있다.110) 윌리야Wiliya(W3iwry)는 제5장에서 센워스레 1세와 아메넴하트 2세에 의해 파괴된 도시인 iw3i라는 지명과 관련해 논의했다.111) iw3i에 대해, 네 명은 각각 다른 후보지를 주장하였지만, 세 명은 다른 도시들에 비해 북쪽으로 너무 먼 곳에 있다는 사실에도 불구하고 (우)일리오스(W)ilios 또는 트로이를 나타낸다고 주장했다.112)

---

110) Kitchen(1965, p.5; 1966a, pp.23-24); Astour(1966, pp.313-316); Edel(1966, pp.37-40); Faure(1968, pp.139-148); Goedicke(1969, p.7); James(1971, pp.144-145); Sergent(1977, pp.128-167); Helck(1979, pp.26, 30-32); Strange(1980, p.21) 참조.
111) 제5장의 주163-164.
112) Faure(1968, p.143)는 북서 크레타에 있는 가설적인 엘라이Elaia, Goedicke(1969, p.10)는 보이오티아의 아울리스, Astour(1966, p.315)는 필로스 왕국에 있는 와에로Waero, Sergent(1977,

이 지명 목록은 우리에게 대단히 중요한 정보의 덩어리이다. 이 목록은 어떠한 다른 증언보다 400-500년 앞서 많은 지명의 증거를 제공하며, 그리스는 청동기시대부터 철기시대까지 강한 문화적 연속성을 보여준다는 주장을 뒷받침해준다. 그것은 또한 이집트인이 적어도 기원전 14세기 초에 남에게해권에 관해 구체적인 지식을 갖고 있었음을 보여준다. 묶인 포로가 떠받들고 있는 카르투시에 도시명을 새겼으므로 그 기단은 그 지역에 대한 이집트의 지배권 주장으로 해석될 수 있다.[113] 반면에 많은 학자들이 지적하듯이, 묶인 포로는 단지 외국인을 가리키는 신왕국의 전통일 수 있는데, 분명히 그 당시에 독립국이었던 히타이트, 아수르, 미탄니 같은 국가도 같은 방식으로 표현되었다.[114]

조각상의 기단에 새겨진 나라 이름들에 대해 이집트의 상징적 힘을 나타내는 데에 그치지 않는다는 생각이 고고학자 브론위 행키와 에릭 클라인의 연구로 강화되었는데, 그들은 그 비문을 에게해권에서 발굴된 아멘호테프 3세 치세의 이집트 유물과 이집트에서 발견된 에게해권의 유물에 연계시켰다. 그것의 함의는 제11장에서 더 논의될 것이다. 여기서는 '그 목록은 한 차례 이상 에게해권으로 항해했던 (이집트 사절의) 항해 일정을 나타낸다'는 행키와 클라인의 그럴듯한 주장을 언급하는 것으로 충분하다.[115] 반면에 호주의 고고학자 메릴리스는, 기원전 14세기에 이르면 케프티우Kftiw라는 이름은 시대착오이고 카르투시 위에 있는 인물은 '셈족 유형의' 사람이지 미케네인일 수는 없다고 강력하게 주장했다. 그에 따르면 미케네인은 아멘호테프 3세의 시대에 에게해를 장악하고 있었다. 늘 그렇듯이 메릴리스는 투트모세 3세의 치세에 크레타인과 그리스인이 정치적으로 이집트에 예속되었을 것이라는 생각을 도저히 받아들이지 못한다.[116]

---

pp.152-161)는 라코니아에 있는 헬로스Helos로 보았다. Edel(1966, p.52), Kitchen(1966a, p.24), Strange(1980, p.21) 등 세 명은 일리오스라고 믿었다.

113) Cline(1987, p.5)은 이 견해를 메릴리스의 견해로 보고 있지만, Merrillees(1972, p.290)는 그 목록은 전 세계에 대한 순전히 상징적인 힘을 보여주는 것이라고 주장했다.

114) Merrillees(1972, p.290). 이에 대한 비판으로는 Cline(1987, p.5) 참조. 케프티우Kftiw를 속국에 포함시킨, 같은 시기에 속하는 다른 두 비문에 대해서도 동일한 이의를 제기할 수 있다. Vercoutter(1956, pp.78-79) 참조.

115) Hankey(1981, pp.45-46); Cline(1987, p.23).

116) Merrillees(1972, pp.291-292).

나에게 행키와 메릴리스의 가설은 서로 양립할 수 있는 것으로 보인다. 에게해권의 지명은 음역의 발음으로 보건대 신왕국 이전의 것일 수 없다. 그런데 케프티우Kftiw가 아직도 크레타를 나타내는 적절한 이름이었을 때인 기원전 15세기 전반 하트셰프수트와 투트모세 3세의 치세로부터 사용되어왔던 그 지명들이 아멘호테프 3세 치세에는 사용되어서 안된다는 법은 없다. 행키와 클라인은 아멘호테프 3세의 치세 동안 에게해권에서 이집트의 정치적 활동이 있었다는 것을 가정할 수 있는 정황을 강력히 주장했다. 두 지역 사이의 경제적·군사적·문화적 불평등을 고려하면 그 당시 에게해권에 대한 이집트의 패권 주장은 일리가 있어 보인다.

제18왕조 후기부터 제19왕조까지 이집트의 에게해권 접촉

앞에서 언급했듯이, '와즈 웨르Wꜣd wr의 가운데 있는 섬들'로부터의 공물이 아멘호테프 3세의 계승자 아멘호테프 4세의 치세 기록에 언급되어 있다.[117] 케프티우Kftiw로부터의 보석 수입에 관한 보고서도 있다. 이것은 우리가 카쉬Kaş 난파선에서 얻은 지식, 즉 기원전 14세기 전반 두 지역 사이에 사치품의 교환이 있었다는 사실과 일치한다. 그런데 상당량의 레반트산 화물을 실은 배의 난파 그리고 아마르나 편지(이 편지에서 그 파라오는 티로스의 왕을 통해 다누나의 상황에 관해 알게 된다)는 기원전 14세기 중엽 이집트가 에게해권과 직접적으로 교류한 것이 아니라 레반트를 통해 아마도 키프로스의 중간상인을 통해 교류하고 있었던 것으로 보이게 한다. 제18왕조 후기 그리고 제19왕조의 문헌은 케프티우Kftiw에서 온 상품과 노예를 언급하고 있고, 파 케프티유pꜣ Kftiwy(크레타인)이라는 이름은 이 시기에도 발견된다.[118] 제19왕조 또는 제20왕조 초, 즉 기원전 1200년경의 문서 파편에는 다음과 같이 기술되어 있다. "나는 (돌아왔고) 크레타인 한 명을 데리고 왔다."[119] 이처럼 이집트와 크레타 사이에는 간접적인 교류만이 아니라 직접적인 교류도 있었던 것으로 보인다. 기원전 13세기 1/4분기 제19왕조 초 시리아-팔레스타인에서 이집트 세력의 부활은 그리스에 영향을 미쳤던

---

117) Vercoutter(1956, pp.134-135).

118) Vercoutter(1956, pp.86-97).

119) Vercoutter(1956, p.97, doc. 22ʰ). 이 파편의 복잡성에 대한 그의 논의도 참조.

것으로 보인다. 66년 동안 통치했던 람세스 2세(기원전 1304-1237년)는 "와즈 웨르Wꜣd wr의 가운데 있는 섬들이 이집트로 돌아왔다"고 선언했는데, 좀 더 구체적으로는 "람세스 폐하는 와즈 웨르Wꜣd wr를 건너셨고, 그 가운데에 있는 섬들은 두려움에 떨었고, 그 족장들의 사절이 두려워 그에게로 왔을 때 폐하는 그들의 마음을 위무하신다."[120] 이 시기에 관계가 얼마나 긴밀했는가는 말하기 쉽지 않고, 제11장에서 기원전 13세기 이집트와 에게해권의 접촉에 관한 고고학적 증거가 기원전 14세기보다 훨씬 적다는 것을 보게 될 것이다. 기원전 13세기 말에 이르면 상황은 급변한다. 앞에서 언급했듯이, 바다의 민족들의 음모와 침입에 관한 보고가 있다. 그들의 대다수(페레세트Prst, 체케르Tkr, 셰클레쉬Šklš, 데니엔Dnn 등)는 에게해권에서 왔다.[121] 기원전 12세기에 이르면 문화적 영향이 양 방향으로 흐르고 있었던 것 같다.

이집트 문헌과 그림의 증거 요약

우리가 이집트의 문헌과 그림에서 얻는 종합적인 모습은 이집트인이 기원전 3천년기 이래로 크레타를 알고 있었다는 것이다. 중왕국이 에게해권과 접촉했다는 문헌상 징표는 없지만, 최근의 미트 라히네 비문 발굴은 우리에게 '침묵의 논증'을 너무 믿어서는 안 된다고 경고하고 있다. 이집트가 힉소스 기간에 크레타를 알고 있었을 징표가 있다. 부상하고 있었던 제18왕조와 하우 네부Hꜣw nbw 사람들 사이에 일종의 동맹이 있었다는 암시도 있다. 기원전 1570년경 이후 한동안 관계가 끊긴 것 같다. 투트모세 3세의 치세(기원전 1504-1450년)에 이르러 에게해권으로 원정했다는 이집트의 주장이 있고, 케프티우Kftiw(크레타)와 타나Tinꜣ(미케네 그리스)가 이집트로 보낸 조공단에 관한 보고도 있다. 아멘호테프 3세(기원전 1419-1381년)의 장제전에 있던 조각상의 기단에는 그 당시 이집트인이 적어도 남에게해권에 관해 대단히 상세한 지식을 갖고 있었음을 보여주는 글이 새겨져 있다. 그의 계승자 아멘호테프 4세(기원전 1381-1364년)의 치세에 또 다른 조공사절단에 관한 보고와, 티로스 왕에서 이 파라오에게 전해진 다누나(그리스) 상황에 관한 보고가 있다. 그리스에 관한 언급은 가끔 있지만, 두 지역 사이의 접

---

120) Vercoutter(1956, p.139, doc.40; p.137, doc.38).

121) 제1권, pp.615-621 참조.

촉은 기원전 13세기 중반에 이르면 감소되었던 것으로 보인다. 그런데 직후 에게해의 바다의 민족들에 관한 이집트의 언급이 있는데, 그들은 기원전 13세기 말과 12세기에 이집트와 레반트를 습격했다.

이집트의 문헌과 그림의 증거는 아리안모델과 관련해 우리에게 아무 것도 말해주지 않지만, 이집트가 에게해권과 상당히 심도 있게 오랫동안 접촉했다는 사실을 보여주면서 고대모델을 약화시키기도 하고 강화시키기도 한다. 그런데 좁은 의미에서 그것은 고대모델을 약화시킨다고 할 수 있는데, 이러한 접촉은 『블랙 아테나』에서 제기된 이집트 문화로부터 그리스 문화로의 깊은 문화적 차용을, 고대모델에서 제기된 이집트인의 그리스 정착을 필요로 하지 않고서도 설명할 수 있기 때문이다. 그런데 제9장에서 언급했듯이, 더 이른 시기의 차용을 가정할 수 있는 이유들이 있다. 청동기시대 이집트와 에게해권 사이의 접촉이 별 어려움 없이 이루어졌음을 보여줌으로써 이러한 접촉은 고대모델을 구체적으로 강화한다. 기록이 드물다는 것은 접촉이 흔적을 남기지 않고도 쉽게 발생할 수 있음을 가리킨다. 또한 이러한 명백한 접촉들이 고대 그리스의 연구사에서 강조되지 않았다는 사실은 대단히 흥미롭게도 19세기와 20세기 역사가의 이데올로기를 설명하는 데 도움이 된다.

메소포타미아와 우가릿 문헌

앞에서 언급된 이집트 문헌은 대부분 1930년까지 알려졌는데, 그때는 극단적인 아리안모델이 객관적인 해석으로서 존중되고 있었다. 이후 근동에서 셈어로 된 새로운 문헌적 증거가 발굴되고 이를 자료로 활용할 수 있게 되었다. 새로운 사료 중 첫째는 레반트의 북쪽 끝 근처 시리아 해안에 위치한 우가릿에서 출토된 서판이다. 일부는 아카드어나 후루어이지만, 대부분은 오늘날 우가릿어라고 부르는 서부 셈어로 기록되어 있다. 여기서 우가릿 문서를 살펴보기 전에 시리아와 메소포타미아에서 나온 사료들을 살펴보자. 그 중의 상당수는 새로이 발굴된 것이다.

메소포타미아 유적지인 아부 살라비크에서 발견된 지리 목록에 있는 다-네는 앞에서 언급했다. 에블라에서 발굴된 이에 상당하는 목록은 대략 같은 시기(역주: 기원전 3천년기 중반)의 것인데, 동일 장소를 암-니로 부르는 것 같다.[122] 이 지명은 크노소스의 항구 암니소스에 연관되어 있는데, 아멘호테프 3세의 조각상 기단에 암니샤[imnš3]로 나타나 있으므로 명백히 청동기시대에 존재했다. 만약 암니소스[Amnissos]가 실제로 기원전 3천년기로 거슬러 간다면, 많은 이집트의 지명처럼 그 이름은 아몬 신과는 거의 관련이 없을 것이다. 아몬 숭배가 기원전 20세기 제12왕조에서 시작되었기 때문이다. 반면 그것을 이집트어 아멘[imn(西)]으로부터 끌어내는 것은, 비록 지명에서 이 단어가 접미사 -t와 함께 항상 나타나기는 하지만 아주 그럴듯하다.[123]

다른 메소포타미아 문서는 겉으로는 기원전 24세기 사르곤 대왕의 치세의 것으로 보이지만, 아마도 훨씬 과거로 거슬러 올라갈 수도 있다. 거기에는 '윗 바다 너머에 있는 카프타라[Kaptara]'가 언급되어 있는데, '윗 바다'는 지중해를 나타내는 전통적인 이름이었다. 기원전 18세기 초 유프라테스 상류의 도시 국가 마리에서 발굴된 목록은 카프타라를 교역 동업자로서 그리고 기술의 중심지로서 언급하고 있다. 우가릿에서 나온 문서에는 카프토르 사람[Kaphtorite]으로 알려진 상품 수탁인이 구체적으로 언급되어 있다.[124] 이러한 문서들은 메소포타미아 및 시리아와 크레타 사이에 교역이 빈번했다는 점, 이집트에서도 그렇듯이 기원전 2천년기에 크레타 상품의 명성이 근동에서 대단히 높았다는 점 등을 명백히 보여준다. 크레타의 상품 명성은, 신의 거주지로서 바람직한 먼 거리와 고립성과 더불어, 왜 우가릿의 대장장이 및 기술의 신 코싸루-와-하시수[Ktr w ḫss(Kôṭaru-wa-Ḥasīsu)]가 크레타에 거주한다고 여겨졌는지를 설명해준다.[125]

알랄라크 같은 레반트 항구처럼 우가릿은 이례적이라 할 정도로 상업적인 사회였다.[126] 마이클 애스터는 다음과 같이 말했다.

---

122) 주65 참조.

123) Gauthier(1925-1931, I, pp.73-76). 주64-65 참조.

124) Strange(1980, text 8, pp.32-35; texts 33-36, pp.90-92). Sasson(1971, p.172); Helm(1980, p.45, n.23)도 참조.

125) Astour(1967a, p.110, n.3); Smith(1965, p.91); Gordon(1966, pp.424-425).

126) Wiseman(1953, p.12); Yannai(1983, p.80).

우가릿에서 대상인은 상류층이었다. 그들은 대단히 큰 영지를 소유했고, 조언자로서 그리고 행정가로서 왕의 주위에 있었고, 엘리트 집단인 마리안누 mariannu 전차병으로서 군인으로 복무했고. … 만약 우리가 우가릿의 마리안누와 유사한 것을 찾는다면, 그것은 초기 로마의 귀족계급이 아니라 중세 베니스의 귀족계급이 될 것이다. 단, 우가릿에서 사회적 관계가 베니스의 상인 과두정의 엄격함 및 독점성과는 거리가 멀었다는 것을 제외한다면 말이다.[127]

우가릿 교역의 비상한 활동성과 지리적 범위를 고려한다면, 에게해권과의 접촉이 매우 적었던 것은 오히려 놀랄 만하다. 고고학자이자 사회사가인 아닛타 야나이가 기술하고 있듯이, 우가릿의 지배자는 자신들과 교역하고 있는 상인의 인종적 정체성에 관해 특히 관심을 기울였다.

비록 가나안 사람, 아시리아인, 후루인, 이집트인, 알라샤인(키프로스인), 시리아-팔레스타인 해안에 자리 잡은 거의 모든 도시의 주민이 여러 문서에 풍부하게 언급되어 있지만, 선형문자 B로 기록된 그 어떤 문서에도 그리스인과 관련을 맺은 인종적·지리적 이름 및 인명을 찾아볼 수 없다.[128]

물론 야나이는 기원전 2천년기 전반기(우리는 그때 우가릿에 카프토르 사람이 있었다는 것을 알고 있다)보다 후반기의 문서를 언급하고 있다. 그런데 후반기에도 카프토르라는 지명은 예외다. 또 다른 명백한 예외는 기록 속에 나오는 Bn Dnn빈 다니누라는 인명이다. 애스터는, 그 이름의 남자에게 서부 셈어의 이름을 지닌 친척이 있었다는 것으로 미루어 보건대 Bn Dnn이라는 이름이 우가릿에서 토착적 뿌리를 지녔음을 가리킨다고 주장했다.[129] 이것은 참으로 수수께끼이다. 히타이트어와 인도유럽어의 민족명 접미사 -n은 우가릿어에서도 사용되었음은 명백한데, 예를 들면 아르와드 사람 ʾarwdn(역주: 아르와드Arwad는 페니키아 도시로, 그리스어로는 아라도스Arados)이

---

127) Astour(1972b, p.26).
128) Yannai(1983, p.78). Riis(1969, p.435)에서 재인용.
129) Astour(1967a, p.48).

라는 이름에서 그러하다. 이처럼 셈어와의 연계에도 불구하고 다니누Dnn는
'그리스인'을 의미했을 가능성이 있다.

　우가릿과 크레타 사이의 대단히 명백한 연계는 시나레누Sinarenu라는 이
름의 시전市廛상인(탐카룸tamkarum, 공식적으로 허가받은 상인)에 관한 기원전
13세기의 조세 문헌에 나오는데, 시나레누는 정기적으로 크레타와 교역하
고 있었다.130) 그런데 그때에 이르면 우가릿은 히타이트 제국의 영향권 하
에 있었다. 기원전 1366년경 이후 우가릿과 그리스 본토 사이에는 정치적·
경제적 봉쇄가 있었다. 이것은 제11장에서 더 논의될 것이다.131) 봉쇄는
우가릿 문서(대부분이 기원전 1366년 이후의 것이다)에서 그리스인이 부재하
는 이유와 우가릿 상인이 에게해권과 직접 접촉하는 데 명백히 제한받고
있었던 이유를 설명하는 데 도움이 될 것이다. 제11장에서 살펴보겠지만,
히타이트 제국의 변경에 또는 그 너머에 위치한 키프로스가 두 지역들 사
이의 중계항으로 사용되었을 가능성은 매우 높다.132) 비록 키프로스에서
발굴된 상업에 관한 문헌은 없지만, 고고학적 증거는 에게해권과 레반트의
남쪽 부분 (또는 레반트의 이집트 부분) 사이에 상당한 교역이 있었음을 가
리킨다.133)

　고대모델에 그리고 그리스에 대한 레반트의 영향 정도에 좀 더 밀접한
관계가 있는 것은 우가릿에서 발견된 시적詩的·신화적 문서들이다. 이것은
기원전 2천년기의 서부 셈족의 신화를 담고 있는데, 여러 점에서 그 신화
는 한편으로는 그리스 신화와 다른 한편으로는 (우리가 성서를 합리적인 차
원에서 연구할 때 끄집어낼 수 있는) 이스라엘 및 가나안 신화 사이에 다리를
제공한다.134) 사이러스 고든과 마이클 애스터는 주로 이들 문서에 근거해
많은 그리스 신화가 서부 셈족의 신화로부터 파생되었다는 주장을 펴고 있다.

　고전학자이자 셈학 학자인 루스 에드워즈는 애스터의 주장이 어떤 경우

---

130) Astour(1967a, p.107), Heltzer(1978, p.134; 1988); Yannai(1983, p.79). 탐카룸tamkarum의 의
　　미에 대한 논의는 Yannai(1983, pp.15-18) 참조.

131) 기원전 1360년대 북시리아에서 정치적·군사적 세력의 급격한 변화에 관해서는 Astour
　　(1981, pp.19-23) 참조.

132) Yannai(1983, p.112); Cline(1991b).

133) 제11장의 주28, 93-97 참조.

134) Gray(1957), Gordon(1962b; 1963b); Astour(1967a); Caquot, Sznycer and Herdner(1974) 참조.

에는 매우 허약한 증거에 근거하고 있다는 것을 보여주었다. 그녀는 애스터의 주장이 갖는 불확실성에는 도전했지만 그것의 개연성을 해치지는 않았다. 필자가 제1권에서 주장했듯이, 확실성이 아니라 '어느 주장이 개연성을 더 띠고 있는가competitive plausibility'가 우리가 이 분야에서 요구할 수 있는 또한 요구해야만 하는 모든 것이다. 에드워즈는 애스터의 주장(우가릿의 신들 중에는 카드무Qdm이라는 아침 별 또는 새벽이라는 신과, 아라부ʿrb라는 저녁별 또는 황혼이라는 신이 있다는 주장)이 근거하고 있는 우가릿 문서의 독해를 믿을 수 없다고 지적했지만, 이런 주장을 위해 그가 축적해왔던 상황 증거를 파괴하지는 않는다. 더욱이 그녀는 그리스의 전설적 인물인 카드모스와 에우로파 사이에 관계가 존재할 것이라는 압도적인 개연성을 약화시키지도 않는다. qdm(동쪽)과 ʿrb(서쪽 또는 해가 지는 곳)이라는 셈어의 단어를 이름으로 지닌 두 인물은 동쪽에 있는 페니키아로부터 서쪽에 있는 그리스로 여행했다.[135]

애스터와 고든이 제기한, 서부 셈족의 신화와 그리스 신화 사이의 놀라운 유사점은 전반적인 그리고 근본적인 질문의 차원에서 취급되어야만 한다. 그리스 문화가 세련된 이웃의 문화를 대단히 많이 차용했다는 생각이 어찌 가능성이 없다 할 수 있겠는가? 그런데 나는 내 능력의 범위를 벗어나고 있다. 많은 학자들은 이미 우가릿 문서에 보존된 서부 셈족의 신화 및 전승과 (후기의 사료에서 나타나는) 그리스 신화 사이의 놀라운 유사점을 파악했다.

이처럼 경제와 문화에 관한 우가릿 문서는 청동기시대에 레반트와 에게해권 사이의 접촉을 뒷받침한다. 문화적 차용은 강력한 그리고 잦은 교역의 결과일 수는 있으나, 그러한 차용이 에게해권에 대한 레반트의 정복이나 정착을 주장할 수 있는 근거는 되지 않는다. 그럼에도 불구하고 그것은 고대모델과 매우 잘 맞아떨어진다.

에게해권 문서

에게해권의 음절문자인 선형문자 A와 B가 20세기에 들어 아더 에반스

---

135) Edwards(1979, pp.139-146). 이 신화를 제4권에서 좀 더 자세히 논의할 것이다.

에 의해 발굴되었지만, 1950년대에 이르러서야 해독되었다. 우가릿 문서의 내용처럼 에게해권 문서의 내용도 극단적인 아리안모델이 확고하게 자리 잡은 후에야 학자들에게 제공되었다. 그런데 우가릿 문서처럼 에게해권 문서도 장기적으로는 그 모델을 전복시키는 것으로 드러났다.

선형문자 A로 쓴 서판이 크레타, 키클라데스 제도, 미케네에서 기원전 2천년기의 초부터 중반에 이르는 층에서 발견되었다. 선형문자 B에서 알려진 음가를 사용해 선형문자 A를 읽을 수 있다는 것이 오늘날 일반적으로 받아들여지고 있다. 미케네 연구의 일인자인 존 채드윅은 다음과 같이 기술했다. "개별 기호의 확인에서 몇 가지 불확실한 점이 있다 하더라도 선형문자 B의 음가는 선형문자 A에도 잘 들어맞는다는 것은 명백해 보인다."[136] 사이러스 고든이 1950년대 선형문자 A를 이러한 방식으로 읽었을 때 이것에 대한 불신이 청동기시대 동지중해에서 긴밀한 문화적 접촉이 있었다는 그의 주장을 공격하기 위한 무기로 사용되었다. 그런데 이제 그의 가설에서 이 부분은 논쟁의 여지가 없게 되었다. 반면 선형문자 A로 표기된 언어의 해석은 아직도 격렬하게 논의되고 있다. 그렇다 하더라도 그 언어가 기본적으로 셈어이든 아니든 셈어 단어를 포함하고 있다는 것에는 의문의 여지가 없다. 고든은 밀을 나타내는 표의문자로 쓰는 쿠니수[kunisu]를 인용하고 있는데, 그는 그것을 셈어의 형태(아카드어 쿠이[니]슈[ku(n)išu][역주: 에머 밀, 밀의 한 종류]에서 발견된다)에 연계시킨다. 그는 또한 항아리의 일종인 카파[qapa]와 수푸[supu]를 히브리어 카프[kp], 히브리어와 우가릿어의 싸프[sp]와 시아푸[sp](그릇)에 연계시키고, 야네[yane](포도주)를 히브리어 야인[yayîn]에 연계시킨다.[137] 헬크는 다음의 몇 개의 단어를 첨가한다. 쿠미나

---

136) Ventris and Chadwick(1973, p.388); Astour(1967b, p.291); Duhoux(1978, pp.65-129); Gordon(1966, p.26); Peruzzi(1959-60, p.34). 루[rw]로부터 레온[leōn]이 나온 것에 관해서는 Billigmneier(1975, pp.1-6); Burkert(1984, p.41) 참조. 라이쉬[layiš]로부터 리스[lis]가 나온 것에 관해서는 Masson(1967, p.86) 참조.

137) 선형문자 A로 쓴 언어가 셈어라는 것에 관해서는 Gordon(1966, pp.26-32; 1981, pp.761-72); Astour(1967b, p.291) 참조. 이에 대한 무조건적인 반대는 Ruijgh(1968, pp.198-199) 참조. 명백히 독단적인 주장으로는 Duhoux(1978, pp.223-223) 참조. 그런데 고든의 매우 정밀한 셈어론은 에테오-크레타어의 상이한 기원에 관한 여섯 개의 훨씬 덜 중요한 주장 뒤에 위치하고 있다는 것을 주목하시오. 고든의 제안에 대한 논의와 그것의 수용 그리고 그 섬의 가장 이른 언어는 셈어였다는 고대의 믿음에 관해서는 제1권, pp.579-580 참조. 야네/야인[yane/yayîn] 그리고 어근 워이노/웨이노[*woino/*weino](포도주)에 관해 좀 더 알려면 제1장

kumina(cumin, 미나리과의 식물 또는 그 열매)를 아카드어의 캄무누kammūnu, 수메르어의 가문gamun, 히브리어의 캄몬kammōn에 연계시키고, 사사메sasame(sesame, 참깨)는 아카드어의 샤마샤마šamašama에, 우가릿어의 사사마누ssmn에 연계시킨다. 사무쿠samuku(건포도)는 히브리어의 침무크ṣimmuq에 연계시킨다. 사리누sarinu(사프란)를 아카드어의 슈르누šurnu에 연계시키고, 그리스어의 셀리논selinon(celery/celeriac, 셀러리)에 연계시킨다. 카로파karopa(꽃병의 한 유형)를 아카드어의 카르파투karpatu에, 우가릿어의 카르파니마krpnm(역주: 카르파누krpn의 복수형)에 연계시킨다. 아카누akanu를 아카드어의 악가누aggânu(껍질)에 연계시킨다.[138] 이처럼 '미노아인Minoans'은 원래 셈어를 말하는 사람들이었든지, 아니면 그들의 문화가 레반트로부터 상당한 문화적 영향을 받았다든지, 아니면 두 경우 모두이다.

그런데 여기에서는 논쟁의 여지가 없는 것만 다루면서 거의 확실하게 밝힐 수 있는 많은 인명과 몇몇 지명에 국한할 것이다. 인명 연구의 결과는 대략 동시대 이집트의 '케프티우Kftiw 출신 인명 목록'과 유사한 경향을 보이는데, 앞에서 논의한 다나네Danane라는 이름만이 아니라 이집트식, 셈어식, 후루식, 아나톨리아식 이름들이 뒤섞인 인구를 가리킨다. 이처럼 이집트 문서와 그림은 선형문자 A로 쓴 '미노아' 문헌과 더불어, 적어도 기원전 1700년경부터 1470년경까지 크레타의 인구는 완전히 뒤섞여 있었고 이집트식 이름과 셈어식 이름을 지닌 상당수의 사람들이 포함되었다는 것을 가리킨다.

선형문자 B

기원전 13세기 그리고 아마도 기원전 14세기에 선형문자 B로 쓴 서판이 크노소스와 그리스 본토에서 발견되었다. 아직까지 많은 서판이 모두 만족스럽게 번역된 것은 아니지만, 벤트리스와 채드윅은 선형문자 B를 그리스어로서 올바르게 풀어냈다.[139] 적어도 후기 미케네 사회가 그리스어를 말하는 사회였다는 증거는 그리스 종교사가인 마틴 닐손 같은 학자의 연구를

의 주45-49 참조.
138) Helck(1979, p.124).
139) 제11장의 주94-98 참조.

확인해주는 것이었다. 닐손은 후기 청동기시대와 초기 철기시대 사이에는 강한 연속성이 있다고 주장했다. 이에 대한 구체적인 증거가 선형문자 B로 쓴 문서에서 많은 인명, 지명, 신의 이름에서 발견되었는데, 상고기 및 고전기의 이름에 상응하는 것이었다. 반면 몇몇 학자는 인정된 셈어 기원의 단어를 발견하고는 당황했다. 쿠루소kuruso, 크리소스chrysos는 ḥ<ḫårûṣ카루츠/하루츠(금)로부터, 키토kito, 키톤chitōn 또는 키톤kitōn은 셈어 ktn카탄나(우가릿어)와 히브리어 커토네트kətonet(외투)로부터, 후기 그리스어의 리타rita/lita(의복 아마포)는 셈어 lṭ(덮개), 아시리아어 리투liṭu, 히브리어 로트lōṭ으로부터 온 것이라고 보았기 때문이다.

이전에 이 단어들은 기원전 8-7세기 페니키아 상인에 의해 도입된 것으로 여겨졌다.[140] 오늘날에도 그 단어들을 향료의 이름에 연계시키면서 그것의 중요성을 과소평가하는 경향이 있다. 향료 관련 단어들의 대부분은 선형문자 A에서 이미 입증되었다(앞을 보시오). 쿠미노kumino는 그리스어의 키미논kyminon, 사사마sasama는 그리스어의 세사몬sēsamon, 그리고 쿠파로kuparo, 키라이로스kypairos는 우가릿어의 쿠푸루kpr와 히브리어의 코페르kōper에 연계된다. 이 단어들은 단지 '접촉 차용'으로서 분류되었는데, 이는 우연한 교역을 통해 차용되었다는 뜻이다.[141]

그런데 사실 그것은 그렇게 쉽게 지나칠 수 없는 일이다. 옷은 유럽의 기후에서 불필요한 사치품이 아니고, 고고학적 증거는 귀금속인 금이 신석기시대에도 그리스에서 문화적 중요성을 지닌 금속이었음을 보여준다. 이처럼 널리 퍼진 인도유럽어에 속하는 '금'을 뜻하는 단어(인도유럽어의 어근 겔*ghel이 금을 나타낸다고 가정되어왔다)가 그리스어에서 없다는 점과 그것이 셈어 단어로 표현되었다는 사실은 매우 실질적인 접촉을 가리키는 것으로 보인다.[142]

---

140) Astour(1967a, pp.337-338). Masson처럼 Chantraine은 크리소스chrysos와 키톤chitôn의 셈어 어원을 받아들인다. 그런데 그는 리타lita에 대한 인도유럽주의적 해석(의미가 불확실한 인도유럽어 어근 li로부터 파생되었다는 해석)을 따른다. 셈어 lṭ로트(히브)로부터 파생된 많은 그리스어가 제3권에서 논의될 것이다. 선형문자 B로 기록된 이 단어들의 발견은 Astour(1987)에게 후기 청동기시대 에게해권에 대한 서부 셈의 영향을 확신시키는 중요한 요소가 되었다.

141) Ventris and Chadwick(1973, p.134).

142) 그 어족에 관해서는 Pokorny(1959-1969, I, pp.429-430) 참조.

632 블랙 아테나 II

또한 선형문자 B 서판은 에게해권의 왕궁 경제가 오리엔트식 모델을 따랐음을 보여준다.[143] 벤트리스와 채드윅은 에게해권과 레반트의 왕궁경제를 비교하며 다음과 같이 주장했다.

> (메소포타미아와 시리아에서) 나온 기록은 동시대의 미케네 서판과 가장 유용하고도 중요한 유사점을 보이는데, 종종 우리의 주석註釋에서 인용된 것을 볼 수 있을 것이다. 기후와 문화가 다르지만 왕궁의 크기 및 조직 그리고 서판을 만든 목적이 비슷한데, 이는 목록으로 표시된 상품과 물량만이 아니라 때로는 어법과 배치도에서 나타나는 유사점을 확인해주고 있다. 미케네 상인의 중개로 두 지역이 모두 상대방의 필기법을 직접 알고 있었을 가능성을 배제할 수 없다.[144]

마지막 문장의 이데올로기적 함의가 눈길을 끈다. 미케네인이 오랜 전통의 근동 왕궁 행정의 구조에 중요한 영향을 미쳤을 것이라는 생각은 '아리아주의'의 극단적인 힘을 보여주고 있다. 우가릿에 그리고 더 남쪽에 그리스인이 있었을 가능성이 있다 하더라도, 에게해권에 레반트인이 있었다는 더 강력한 증거가 있다. 미케네 상인의 중계에 대한 강조는 분명히 저자의 그리스 중심주의에서 기인한다. 그렇다 하더라도 그들이 주목하고 있는 놀라운 유사점은 명백히 있다. 예를 들어 채드윅과 벤트리스가 과소평가하려한다 하더라도 도량형법에는 구체적인 유사점이 있다.

> 액체의 계량에서 성서의 도량형법 비율과 부피는 미케네의 것들과 유사하다는 점에 주목해야 할 것이다. 성서의 도량형법을 일반적인 가나안 도량형법(그 흔적을 우가릿에서 볼 수 있다)의 잔존물로서 볼 수 있는 이유가 있지만, **미케네에 대한 직접적 영향은 의심스럽다.** 마른 것의 기본단위도 우연히 바빌로니아어의 이메루imêru 또는 '당나귀 짐'과 일치하는데, 이는 마찬가지로 10개로 나뉘어져 작은 단위가 된다.(버낼의 강조)[145]

---

143) 이것에 대한 마르크스주의적 견해에 관해, Suret-Canale(1974, pp.178-82) 참조. Bernal (1989a, pp.20-1)도 참조.

144) Ventris and Chadwick(2973, p.106). 직물수공업 조직의 유사점은 Killen(1964, pp.1-15) 참조.

셈학 학자이자 수학자인 로버트 스티글리츠의 지적에 따르면, 선형문자 A 문서는 그것이 주로 이집트의 10진법 관행에 영향 받았다는 것을 보이지만, 선형문자 B 문서는 메소포타미아의 60진법의 관행에 더 가깝다.[146] 이것은 다음과 같은 가설로, 즉 옛 왕궁에서 사용된 방법(이집트의 영향을 몹시 받았다)은 크레타의 새 왕궁에서 살아남았지만 더 북쪽(역주: 미케네 그리스)에서는 가나안의 '힉소스적' 관행이 확립되었다는 가설로 설명될 수 있다. 그런데 그러한 가설은 증거보다는 추론에 근거하고 있기는 하다.

그런데 전체적으로 미케네-에게해적인 것과 시리아-메소포타미아적인 것 사이의 놀라운 유사점에 대한 최선의 설명은, 왕궁체제와 글자체와 더불어 미케네의 지배자가 크레타의 관료적 전통을 인수받았다는 것을 가정하는 것이다. 크레타의 전통은 근동의 일반적인 제도적 유형에 속했다. 그런데 이 설명에서 후기에 차용이 이루어졌을 가능성이 배제되는 것은 아니다.

선형문자 B 서판에 묘사된 사회의 여러 측면 중에서 우가릿 문서에 나타난 사회(이 사회는 다른 레반트 도시 사회와 매우 유사했다)와 닮지 않은 면이 하나 있다. 미케네 왕궁에 상인이 있었다는 징표가 없다. 이것은 특히 당혹스러운데, 왜냐하면 고고학자 대부분이 매우 널리 퍼진 미케네 도기의 전부는 아니라 하더라도 대부분이 미케네인에 의해 운송되었다고 가정해왔기 때문이다.[147] 에밀리 버뮬은 미케네 상인에 관해 다음과 같이 기술했다. "그들은 익명이고, 모험적이며, 제국 사회에서 핵심적 요소이다. 그들의 삶은 어떤 미케네 항구의 설비가 발견되고 발굴되기까지는 완전히 설명되지 않을 것이다."[148] 이 인용문은 그 자체로는 옳다. 그러나 레반트 도시와 비교한다면 오해의 여지가 있다. 미케네 상인의 존재는 고고학적으로는 완전할 정도로 설명할 수 있다. 그런데 선형문자 B 서판은 이들 존재를 전혀 말하지 않고 있다. 우가릿에 있는 왕궁은 우가릿의 상인에 관한 정보를 제공하고 있지만, 미케네 왕궁은 그렇지 않다는 점에서 핵심적으로 차이가 나는 것 같다.

---

145) Ventris and Chadwick(1973, p.60).
146) Stieglitz(1978; 1982, p.260).
147) 이에 대한 연구사는 Yannai(1983, pp.51-57) 참조.
148) Vermeule(1964, p.257).

　문헌 증거로부터 우리는 해외 무역이 우가릿에서 극도로 중요했다는 것을 알고 있고, 그런 점에서 레반트의 다른 도시와 다르다고 가정할 이유가 없다. 에게해권의 문서는 미케네 무역에 관해 아무 것도 말하지 않는다. 그런데 우리는 앞에서 논의된 무덤 벽화로부터 크레타인과 미케네인이 귀중한 물품을 가지고 이집트에 도착했다는 것을 알고 있다. 또한 우리는 히타이트 문헌에서 아키야와의 배들이 기원전 13세기 중엽에 레반트에 흔하게 나타났다는 것을 알고 있다. 제11장에서 이를 시사하는 고고학적 증거를 보게 될 것이다.149) 또한 우리는 고고학적 증거로부터 중요한 상선이 그리스인에 의해 운항되었을 가능성을 보게 될 것이다. 그렇다 하더라도 무역은 미케네 사회에서 레반트의 도시에 비하면 중심적인 성격을 지니지 않았음이 명백하다. 에게해권은 이집트 곡물에 덜 의존적이었을 것이다. 그러나 에게해권과 레반트 모두 많은 인구와 경제적 특화를 유지하기 위해, 적어도 곡물 작황이 나쁜 시기를 극복하기 위해서라도 도움을 필요로 했을 것이다.150)

　호메로스가 묘사한 다나오이인과 아카이아인은 긴배(長船)를 타고 있는 것으로 보아 완전히 해양적인 성격을 지녔지만, 호메로스가 보기에 무역과 고가 제품의 대부분이 페니키아인 수중에 있었다.151) 그 시인이 자신의 시대인 기원전 10·9세기를 언급하고 있는지 아니면 13세기의 트로이 전쟁 시대를 언급하고 있는지, 아니면 두 시기를 섞어서 언급하고 있는지는 알 길이 없다. 사실 페니키아인이 호메로스의 생애에 이러한 역할을 했으리라는 데는 거의 의문의 여지가 없는데, 후기 청동기시대에도 그러지 않았으리라고 볼 이유가 없다고 나는 생각한다.152)

　이처럼 문헌 증거로부터 레반트와 미케네의 배들이 후기 청동기시대에 근동과 에게해 사이를 항해하고 있었다는 것은 명백한 것 같고, 이집트 배들도 그러했으리라 여겨진다. 주요한 그리고 지속적인 접촉을 보여주는 고고학적 증거는 다음 장에서 논의될 것이다. 그런데 근동과의 강렬한 접촉

---

149) Güterbock(1983, p.136); 제8장의 주73.

150) 제11장의 주198-207; 제12장의 주135-137; Bernal(1989a, pp.23-24) 참조.

151) *Iliad*, VI.290-291; XXIII.742-745; *Odyssey*, IV.618, XIII.272-285, XIV.288-301, XV.117- 19, 415-480.

152) 나의 견해는 Muhly(1970a)의 견해와는 다르다.

의 징표가 문헌과 상아 및 그밖의 이국적인 물품을 기록한 목록에서 나타
난다. 의심의 여지없이 이집트의 벽화와 케프티우Kftiw의 이름 목록이 시
사하고 있는, 더 이른 시기 에게해권의 국제적인 성격은 미케네 시대에도
지속되었다.

선형문자 B로 쓴 인명록은 그럴듯한 셈어, 후루어, 이집트어 어원을 지
닌 수십 개의 이름을 담고 있다. 예를 들면, 아이쿠피티요Aikupitijo(고전 그리
스어로는, 아이기프토스Aigyptos)를 들 수 있는데, 원래 이는 멤피스를 나타내
는 이집트식 이름인 헤트 카 프타Ht k3 Ptḥ(프타의 정령의 신전)에서 나왔다.
(이 어원과 아이기프토스라는 이름 및 그의 쌍둥이 형제이자 적敵인 다나오스의
입증은 앞에서 언급되었다).153) 셈어의 Mṣry미츠리(히브)(이집트인)로부터 나온
미사라요Misarajo 같은 이름도 있다. 아라다요Aradajo는 아마도 페니키아 도시
아르와드Arwad에 소속부족 접미사를 덧붙인 형태인데, 이는 그리스어로 아
라도스Arados로 기록된다. 그리고 투리야요Turijajo와 투리요Turijo는 티로스인
이다.154) 쿠피라요Kupirajo라는 이름도 있는데, 이는 키프로스에 소속부족
접미사를 덧붙인 꼴로 보인다.155)

인명록은 또한 에게해권에 아프리카 흑인의 현존을 시사한다. 채드윅이
호메로스가 묘사한 에티오페스Aithiopes에 타당성 있게 연결시키고 있는 티
요코tijoqo는 여러 번 나타나고, 채드윅과 샹트렌은 미케네 이름들인 시마
Sima와 시모Simo를 후기의 이름인 시모스Simos, 시몬Simōn, 심모스Simmos, 심미
아스Simmias에 그리고 시모스simos(사자코의)라는 단어에 연결시킨다. 기원
전 6세기 시인인 크세노파네스는 에티오페스인을 시모이simoi로서 언급했
다.156) 채드윅과 샹트렌은 시모이simoi가 시미아simia(원숭이)로서 라틴어로
차용되었던, 그러나 잃어버리고 있었던 원래의 형태일 것이라는 가설을 받
아들인다.157) 이 모든 것과 시므온Simᶜôn이라는 히브리 이름은 '상이집트인'
또는 '음악가'를 뜻하는 이집트어 셰마(우)šmᶜ(w)로부터 파생된 것으로 보

---

153) 주53-65; 제1권, p.149 참조.

154) Astour(1967a, pp.340-344); Ventris and Chadwick(1973, p.588).

155) 이것은 가능성이 있다. Yannai(1983, p.80) 참조. 그러나 Godart(1968)는 그것을 직업이라
고 믿는다.

156) Xenophanes 16.

157) Ventris and Chadwick(1973, pp.537, 582); Chantraine(1968-1975, p.1005).

인다.[158] 이 어원의 수용은 흥미로우면서도 즐거운 결과를 낳는다. 첫째, 상이집트인은 중세에도 고대에도 흑인으로서 보였음을 시사한다. 둘째, 희거나 갈색 피부의 유럽인이 아프리카 흑인을 원숭이의 모습을 지닌 새까만 흑인종에 연계시키는 전통이 오래된 것임을 알 수 있다. 북부 유럽인이 기원후 17세기에 인종적 노예제도가 시작된 이래 그랬듯이, 그리스인과 로마인이 인종주의에 그렇게 강박관념은 결코 갖지 않았다 하더라도 인종적 편견에서 자유롭지 않았다는 데는 의문의 여지가 없다.[159]

일반적으로 선형문자 B에서 나온 증거는 기원전 14·13세기 에게해권 사회는 레반트의 도시보다 덜 상업적이었음을 가리킨다. 그럼에도 불구하고 왕궁 사회의 구조는 근동 사회의 구조와 놀랍도록 유사하고, 그 당시 크레타와 펠로폰네소스에는 이집트인, 흑인, 레반트인, 그리고/또는 그들의 후손이 많았다.

결론

이집트, 메소포타미아, 레반트, 에게해권 문헌에서 나오는 증거는 모두 같은 방향을 가리키고 있다. 첫째, 이들 지역이 기원전 3천년기에 접촉하고 있었음을 시사하고 있다. 둘째, 선형문자 A와 B의 서판으로 본다면, 크레타의 왕궁 문화는 근동의 관료제에 완전히 물들었음이 분명하고, 이것은 기원전 21세기 왕궁의 첫 확립부터 그랬던 것 같다. 크레타와 테라에서 나온 증거에 따르면, 기원전 21세기 이후에도 적어도 남부 에게해권, 이집트,

158) 이집트어 š로부터 그리스어 첫 철자 s를 끌어내는 데는 문제가 없는데, 이는 슈^{šw} 신神을 소스^{Sōs}로서 음역하는 데에서 자주 입증되었다. 샹트렌은 그 그리스 단어에 대한 설명을 하지 않고 있다. 그는 Pokorny가 어근 수에^{*swĕ}(구부리다, 꼬다, 흔들다)로부터 시모스^{simos}를 끄집어낸 것에 설득된 것 같지 않다. 이는 샹트렌 같은 인도유럽주의자들이 때로는 음성학 및 의미론의 흥미로운 척도를 보여주고 있다. 이집트 단어와 히브리 이름 모두(셰마[우]$^{šmʿ[w]}$과 시므온^{Simʿôn})에서 철자 아인^{ʿayin}을 주목하라. 시므온^{Simʿôn}은 알려진 어원이 없다. 야곱이 '사자코' 또는 '검은'이라는 이름을 가진 아들을 두었을 수 있다는 생각은 그렇게 놀라운 것이 아니다. 우리는 아론의 증손자의 이름 피느하스^{Pînhås}가 이집트어 파네헤시$^{P3\ Nḥsy}$(누비아의 또는 검은)에서 왔다는 것이 일반적으로 받아들여지고 있다는 것을 알고 있다(제8장의 주47-48 참조).

159) 나의 견해는 Snowden(1970, 1983)과는 다르다. 그러나 Thompson(1989)의 흥미로운 저서 참조.

레반트 사이의 접촉은 긴밀히 지속되었다. 그러나 우리에게 더 북쪽의 상황에 관한 문헌 정보는 없다. 기원전 16세기 초 제18왕조가 시작되면서 이집트와 에게해의 세력들 사이에는 일종의 동맹이 있었던 것으로 보인다. 또한 크레타에는 이집트인과 셈어를 말하는 자들이, 그리고 이집트에는 크레타인이 있었던 것으로 보인다.

기원전 15세기에 이집트 세력이 확장하면서 두 지역 사이의 접촉도 증가하고 있었다. 이집트인들은 자신들이 에게해권에서 공물을 받고 있다고 믿었다는 데는 의심의 여지가 없고, 아마도 응징의 차원에서 에게해권으로 원정대를 보냈던 것 같다. 적어도 기원전 1400년에 이르면 이집트 관료들은 에게해의 지리에 대한 적절한 개념을 지녔던 것이 아주 명백하며, 크레타인과 북쪽 사람은 기원전 14세기 말에 이르기까지 이집트에 공물을 지속적으로 보냈던 것도 아주 명백하다. 그런데 그 시기에 이집트와 에게해권 사이에 접촉이 어느 정도로 직접적이었는지, 그리고 레반트와 레반트인을 통해 얼마나 많은 간접적인 접촉이 있었는지는 거의 알려져 있지 않다. 기원전 13세기에 흥미로운 휴지기가 있다. 즉, 문헌 사료에 따르면, 12세기 바다의 민족들의 시기만이 아니라 기원전 13세기 람세스 2세의 분명한 번영기에도 접촉이 줄어들었음을 시사하고 있기 때문이다.

접촉의 강도와 지속성은, 아리안모델로 연구하는 학자가 최근에 이르기까지 받아들였던 정도보다 훨씬 크다. 이로 미루어보건대, 『블랙 아테나』에서 제안된 그리스 문화에 대한 이집트 및 셈의 영향 정도 및 깊이는 개연성을 지닌다. 바로 이러한 사실로 인해 고대모델이 제기한 식민화론은 어느 정도 근거를 갖게 된다. 그런데 여기에서 나는 그리스 문화의 모든 또는 거의 모든 이집트적·셈적 요소가 이 가설적인 정착의 결과라고만 주장하는 것은 아니라는 점을 다시 강조한다. 그렇다 하더라도 긴밀한 접촉을 보여주는 문헌 증거(특히 상층계급 사이의 접촉 증거)는 더 이른 시기의 식민화의 가능성을 증가시킨다.

제11장
이집트와 레반트가 에게해권과 접촉하다,
기원전 1550-1250년
—고고학적 증거—

이제 우리는 훨씬 견실한 영역으로 들어선다. 제10장에서 수세기 동안 근동과 에게해권 사이의 접촉을 말해주는 상당량의 문헌 증거를 살펴보았다. 기원전 1500년 이후 근동과 동지중해는 '강대국'(이집트, 바빌로니아, 미탄니, 아시리아, 히타이트) 체제에 의해 지배되었다. 기원전 14·13세기 이후 이들 강대국 사이에서 오간 외교적 서신이 상당량 남아 있다. 이것은 주목할 만한 틀을 제공하는데, 그 틀 속에서 사용 가능한 고고학적 자료의 상당량을 정리하고 이해할 수 있다.

그런데 최근까지 두 유형의 증거가 그리스 도기연대와 잘 맞아떨어지지 않았다. 예를 들면, 크레타의 후기미노아 II(이 시기에 크레타와 이집트는 상대적으로 접촉이 적었다)를 아멘호테프 3세의 치세와 일치시키기 어려웠다. 이집트의 기록들은 그가 에게해권을 포함해 여러 지역에서 능동적이고 광범위하게 외교정책을 수행한 대단히 강력한 파라오였음을 보여주고 있다. 더욱이 그의 카르투시를 지닌 많은 유물이 미케네와 그리스의 여러 지역에서 발견되었다. 이번 장에서 이집트의 동시발생사건에 근거한 켐프와 메릴리스의 연구 결과에 의해 요구된, 그리고 테라 폭발의 탄소연대와 테라의 연대 재설정을 맞아떨어지게 하려는 베탄코트에 의해 요구된 도기연대의 상향 조정으로 전체의 틀을 훨씬 더 잘 이해할 수 있게 되었음을 보여주고자 한다.[1]

전승에 따르면, 영웅 펠롭스는 아나톨리아로부터 그리스에 정착했고 그의 후손은 '힉소스의' 헤라클레스 왕가를 전복하고 반도에 왕국을 확립하면서 그 반도는 그의 이름을 따서 펠로폰네소스라고 불렀다. 그러한 식민화가 발생할 수 있었던 연대와 그것을 고고학적으로 추적하는 어려움은 뒤에서 논의될 것이다. 여기에서는 단순히 그가 다나오스보다 상당히 늦게 도래했다고 일반적으로 보고되고 있고, 다나오스 및 카드모스 관련 전승과는 달리 펠롭스가 전차경주를 제외하고는 새로운 기술이나 제도를 도입했다는 전승이 없다는 점에 주목하면 된다.[2]

앞의 장들에서 제안된 연표상의 변화를 받아들인다면 이 몇 세기 동안 이집트 또는 레반트로부터의 식민화 또는 침입에 관한 기록이 없다. 그런

---

1) Hankey and Warren(1974); Betancourt(1987, p.47).

2) Thucydides, I.5. Stubbings(1973, pp.638-640); Taylour(1964, pp.170-172)도 참조.

데 제10장에서 논의된 문헌들이 시사하는 바에 따르면, 기원전 15세기에 에게해권에 대한 이집트 또는 이집트-가나안의 토벌 원정이 있었고, 뒤이은 150년 동안 에게해권의 지배자들이 파라오에게 공물을 바치고 종주권을 인정했을 가능성이 있다(적어도 파라오는 그것을 공물로 그리고 종주권으로 여겼다).3) 그러나 이 시기에 그 지역들 사이의 접촉은 대부분 국가무역 또는 사무역의 형태를 띠었다는 데는 거의 의심의 여지가 없고, 사치품은 확실히 교역되었고 아마도 주산물도 교역되었을 것이다. 교역은 비옥한 초생달 지역과 동지중해권을 넘어서 모든 방향으로 뻗어 있는 문명 세계 내에서 행해졌지만, 특히 직접적으로든 간접적으로든 이집트의 세력하에 있었던 것으로 보이는 지역 내에서 일어났다. 이 모든 것이 아마도 기원전 13세기 후반 기후 악화에 의해 야기된 이주와 부족의 이동과 함께 종말로 치달았고, 이러한 현상은 기원전 12세기 헤클라 화산의 세 번째 폭발로 더욱 심화되었다.4)

중심부인 이집트, 메소포타미아, 레반트는 비교적 빠르게 위기로부터 회복됐다. 이와는 대조적으로 암흑시대(그렇다고 '암흑시대'가 문명의 완전한 소멸을 의미하는 것으로 받아들여져서는 안 되겠다)를 경험한 이란, 아나톨리아, 에게해권 같은 주변부는 회복하는 데 더 오랜 시간이 걸렸고 회복되었을 때는 매우 다른 형태를 띠었다. 히타이트 제국은 프리기아 왕국과 여러 왕국으로 대체되었고, 에게해권에서 청동기 시대 왕궁은 폴리스 또는 도시국가로 대체되었다. 폴리스는 청동기시대 말과 철기시대 초에 페니키아에서 발전된 새로운 형태를 따른 것이었다.5) 그런데 이번 장은 붕괴 그리고 소위 바다의 민족들의 침입의 시기에 관심을 두는 것이 아니라 청동기시대 후기에 문명이 높은 수준에 달했을 때 세 지역 사이의 관계에 관심을 둔다.

후기 미케네 그리스

기원전 1470년 이후를 말해주는 고고학적 증거는 문헌 증거의 양만큼 그렇게 많지는 않지만 전기 미케네 그리스의 경우보다 실질적으로 더 많

3) 제10장의 주59-60 참조.
4) 제7장의 주148-153 참조.
5) 이 과정에 관해서는 Bernal(1989a, pp.21-28) 참조.

다. 마찬가지로 비록 수갱묘, 능, 전기 톨로스의 부장품만큼 장엄하고 화려하지는 않다 하더라도 후기 무덤의 부장품은 상층계층의 물질문화에 관한 상당한 정보를 제공한다. 그리스 본토와 섬들에 걸쳐서 왕궁들, 정착지와 요새 같은 많은 유적이 남아 있다. 이 외에도 기원전 1450년경 그리스어를 말하는 그리스 본토인이 크레타를 인수했다는 사실을 말해주는 크노소스 왕궁에서 나온 문헌적·고고학적 증거도 있다.

제9장에서 언급되었듯이, 미케네의 왕궁은 메가론 혹은 벽난로를 지닌 집회장 같은 '북쪽의' 모습을 지니기도 했지만, 일반적으로는 중동과 미노안 크레타의 좀 더 크고 사치스러운 왕궁의 축소판이다.[6] 중동의 왕궁처럼 그러나 크레타의 왕궁들과는 달리, 본토 그리스의 많은 왕궁이 요새화되었다. 기원전 14세기, 아마도 펠롭스 왕가의 침입 후에 이러한 요새와 같은 건축은 거대한 돌을 불규칙하게 쌓는 아나톨리아의 '키클롭스식' 스타일을 따랐다.[7] 동시에 톨로스라는 크레타 및 본토의 오랜 전통은 발전되어 장대하고 화려하게 장식된 '벌집' 무덤을 만들어냈는데, 그 중에서 미케네에 있는 소위 '아트레우스의 보물창고'가 가장 유명하다.[8]

서판에 따르면 왕궁에는 방대한 금속세공품이 있었는데 현존하는 것은 거의 없다. 나무와 상아로 만든 물건이나 보석류도 그러하다. 현존하는 것은 초기 미케네의 '힉소스적' 모티프(사자 사냥, 스핑크스, 그리핀)의 지속을, 미노아 문명의 영향 증가를, 더 이른 그리고 동시대 근동 예술의 흔적을 가리킨다.[9] 이 모티프들은 또한 미노아 및 초기 미케네의 전통을 밀접하게 따르고 있는 인장들에도 나타난다.[10] 크레타의 원형을 그리고 좀 더 명백하게는 테라의 원형을 닮은 벽화의 단편들도 있다.[11]

그런데 미케네 미술을 가장 잘 표현하고 있고 훨씬 더 독창성을 지닌 것은 항아리이다. 미케네 왕궁과 특히 무덤에서 많은 항아리가 출토되었는

6） Graham(1977, pp.114-115).

7） Higgins(1981, pp.82-86); Stubbings(1975, pp.172-173). 키클롭스식 요새의 아나톨리아 기원에 관해, Scoufopoulos(1971, pp.101-106) 그리고 Sandars(1978, pp.62-68) 참조.

8） Higgins(1981, pp.87-90).

9） Higgins(1981, pp.129-136); Taylour(1964, pp.126-134).

10） Higgins(1981, pp.179-188).

11） Higgins(1981, pp.98-101).

데, 키프로스에서도 대량 발굴되었으며 이보다 조금 적게 이집트와 레반트에서도 발굴되었다.[12] 많은 항아리가 매우 뚜렷하게 미케네적 방식으로 채색되었다. 더 이른 크레타의 스타일로부터 그리고 이보다 좀 덜하게는 중동의 스타일로부터 온 것임에 틀림없지만, 그 항아리들의 매혹적인 우직함과 중량감은 분명히 '미케네적'이다. 항아리에 동물이나 새가 그려져 있지만 상당수는 전차, 전차병, 무장 전사의 그림이다.[13] 남서 펠로폰네소스에 있는 필로스 왕궁에서 발굴된 항아리들의 그림도 그러하다.

미케네의 예술과 건축에는 놀랄 만한 것이 거의 없다. 모든 것이 전통에 따라 그린 그림과, 그리고 선형문자 B 서판에 나타난 소왕국들의 모습과 잘 맞아떨어진다. 그 소왕국들은 크레타의 왕궁 관료제를, 그리고 끊임없다고는 할 수 없어도 잦은 서로간의 전쟁이라는 '힉소스의' 그리고 지역 고유의 특성을 반영하고 있다. 내가 발견한 미케네 그리스에 가장 말끔하게 상응하는 예는 기원후 9세기와 14세기 사이에 후지와라 정권과 가마쿠라 막부 시대의 일본이다. 이 시기에 궁극적으로는 중국에 기원을 둔 일본의 관료적 시민 왕궁체제는 점차 소요를 일으키고 있는 무사계급과 불편하게 공존했다. 무사계급은 군웅할거를 향해 또는 좀 더 우아하게 표현하면 봉건제도로 치닫고 있었다.

기원전 1550-1470년, 에게해권의 상대적인 고립

제10장에서 제17왕조 세케넨레 타오 2세의 왕비이자 제18왕조의 개창자인 아모세 1세의 모후인 아호텝이 '하우 네부트H3w nbwt 지역의 여주인'으로 불렸다는 것을 언급했다. 그러므로 그녀와 함께 묻힌 몇몇 부장 보석들은 동시대의 미노아 왕국의 보석과 관련지을 수도 있다는 가능성은 각별히 관심을 끈다.[14]

보석들의 재료와 예술적 스타일의 기원을 고려하면, 제8장과 제9장에서 논의된 힉소스 문화권에 속하는 것으로 볼 수 있다. 그녀의 무덤에서 발견된 아모세 1세의 이름이 새겨진 단검 역시 마찬가지인 것 같다. 그것의 금

---

12) Vermeule and Karageorghis(1982, pp.1-9).
13) Vermeule and Karageorghis(1982).
14) Smith(1958, p.126).

속세공술과 장식 모두 비이집트적인 동지중해권의 전통에 속한다. '멘추 Mntw가 총애하는 자'(제4장과 제5장에서 살펴보았듯이, 이 칭호는 아시아에 기원을 둔 힉소스를 추방했던 자에게 적합하다)라는 명문이 새겨진 아모세 1세의 도끼에 역설적이게도 그리핀과 스핑크스가 새겨져 있었다.[15] 이것으로 보아 아호텝의 보석장신구와 마찬가지로 힉소스 세력에 반대하는 토착 이집트 세력의 정치적 회복과 예술적 회복 사이에는 간격이 있었던 것 같다. 제18왕조 기간 동안 힉소스적 모티프가 사라지지 않았고 미노아 문명의 예술에 대한 찬탄이 지속되었지만 매우 빠르게 중왕국의 전통적인 형태와 모티프가 우위를 점하면서 재확립되었다. 힉소스의 예술적 보편성은 원주민 왕조의 확립 후 단지 수년간 지속되었던 것으로 보인다. 비문 증거 때문이기도 하지만 바로 이러한 이유로, 헬크는 제18왕조 초를 '에게해권의 영향이 가장 강했던 시기'로 보았다.[16]

『블랙 아테나』 제2권에서 사용된 연표에 따르면, 기원전 16세기는 크레타의 후기미노아 IB와 그리스의 후기헬라스 IIA에 해당된다. 흥미롭게도 이 시기의 이전이나 이후에 이 지층들에서 발견된 이집트 및 레반트 유물의 수효는 적다. 반면에 후기미노아 IB에 속하는 많은 크레타의 용기가 이집트에서 발견되었는데, 일부는 이집트에서 힉소스 치세의 후기에 그리고 제18왕조의 치세에 속하는 것이었다. 키프로스에서 그리고 시리아-팔레스타인의 주요 도시에서 후기헬라스 IIA(기원전 1600-1520년)에 속하는 미케네 도기가 출토되었는데, 이는 에게해권에서 연고와 기름을 수입했음을 가리킨다고 헬크는 주장했다.[17] 그 당시 금속이 그리스로부터 수출되고 있었을 가능성을 뒤에서 논의할 것이다. 어쨌든 기원전 16세기 후반에는 교역이 적었던 것으로 보인다. 이는 기원전 1570년 경 힉소스의 공동 문화(이에는 힉소스의 적들도 포함된다)가 단절된 이후에 에게해권이 상대적으로 고립된 몇 십 년의 시기가 있었음을 가리키는 것으로 보인다.

---

15) 제4장의 주134-135; 제5장의 주9-40 참조. Schachermeyr(1967, p.33 and plate 77); Helck (1979, pp.57-58).
16) Helck(1979, p.81).
17) Helck(1979, p.111); Kemp and Merrillees(1980, pp.226-245).

이집트의 팽창, 기원전 1520년경부터 1420년경까지

투트모세 1세는 짧은 치세(기원전 1528-1518년경) 동안 남과 북으로 광범위하게 출정했다. 이것의 즉각적인 영향으로 이집트와 레반트 사이에는 외교적·무역적 접촉이 있었고, 크레타와 에게해권의 나머지 지역과도 그러했다. 미케네의 후기헬라스 IIB 도기와 미노아의 후기미노아 II(기원전 1520-1470년) 도기는, 비록 나중의 시기의 것들만큼 그렇게 많지는 않지만 키프로스와 레반트에서 발견되었으나 이집트에서는 전혀 발견되지 않았다. 에게해권에서 이집트의 유물이 수없이 발견되었는데, 이때 들어왔을 것이다.[18] 이때의 것으로 보이는 이집트 유물은 라코니아의 바피오Vaphio에 있는 왕의 톨로스에서 발견된 설화석고 암포라이다. 그것은 후기헬라스 II에 속한다. 또한 이 무덤에는 사람, 들소, 가축 황소가 새겨긴 유명한 황금 '바피오 컵들'이 부장되어 있었다.[19] 미케네에서 약 4.8킬로미터 떨어진 프로심나Prosymna에 있는 톨로스에서 후기헬라스 I부터 후기헬라스 III에 걸친(기원전 1675-1220년) 상당량의 이집트 유물이 발견되었다. 그 중에서 이집트의 구슬, 채색도기 대접의 조각, 설화석고 화병의 두 개의 꼭 맞는 파편이 후기헬라스 II 도기에 연관되는 것으로 보아 이것들은 기원전 1600년과 1520년 사이에 도착했을 것이다.[20]

그 설화석고 화병은 크노소스 궁전에서 북쪽으로 약 3.2킬로미터 떨어진 이소파타Isopata에 있는 크레타 왕의 무덤에서 작은 유물들과 함께 발견된 10개의 설화석고 화병들과 닮았다. 펜들베리는 이것을 후기미노아 I과 후기미노아 II 사이, 즉 기원전 1520년경에 놓았다.[21] 그런데 그 무덤은, 고고학자이자 이집트와 에게해권의 관계를 연구하는 전문가인 에릭 클라인이 주장하는 것처럼 후기미노아 II와 후기미노아 III 사이, 즉 기원전

---

18) Helck(1979, p.111); Kemp and Merrillees(1980, p.245).

19) Pendlebury(1930a, p.44), object 74.

20) Pendlebury(1930a, p.59), objects 103; 104. 펜들베리는 채색도기 사발에 가장 유사한 이집트 사발은 하트셰프수트 치세의 것임을 지적했다. 그러나 그는 조심스럽게 그것이 제18왕조 때의 것이라고만 주장했다. 그런데 그리스의 도기연대도 잘못된 것일 수도 있고, 그 사발은 기원전 1520년경보다는 1490년경의 것으로 연대를 설정할 수 있다. 프로심나에서 출토된 훨씬 많은 이집트 구슬들은 후기헬라스 III으로 연대를 설정할 수 있다. Brown(1974, pp.65-69) 참조.

21) Pendlebury(1930a, pp.23-25), objects 31-45.

1470년경에 속하는 것으로 볼 수도 있다.[22]

후기미노아 III 시기에 두 방향으로의 접촉 흔적이 극적으로 증가한다. 크노소스 주변의 무덤들에서 나온 수많은 고품질의 이집트 돌 용기도 이 시기에 속한다.[23] 그 가운데 가장 알려진 것은 투트모세 3세의 카르투시가 새겨진 최상품의 설화석고 암포라이다.[24] 이것이 후기미노아 IIIA1의 맥락에서 발견되었는데, 기원전 1470-1430년이라는 그 도기 유형의 절대연대는 그 암포라가 제작 및 수입 직후에 매장되었음을 알려준다. 그러나 『캠브리지 고대사』의 도기연표에 따르면 그것은 제작된 지 1세기 후에 매장된 셈인데, 이 경우만이 아니라 에게해권에서 발굴되는 많은 근동 유물들도 늦게 매장되었다는 주장이 나오곤 한다. 이처럼 이름이 새겨진 이 돌 화병과 다른 돌 화병들로부터의 증거는 기원전 1470년부터 1450년에 이르는 투트모세 3세의 완전한 또는 실제적인 통치(역주: 공동통치하던 계모 하트셰프수트 사후 투트모세의 단독통치를 말한다)에 따른 대규모 접촉의 시기와 잘 맞아떨어지는 것 같다.

투트모세 3세 치세와 그의 계모 하트셰프수트 치세의 이집트 역사는 제10장에서 개관하였고,[25] 하트셰프수트 치세와 투트모세 3세 치세 사이에는 상당한 차이가 있었다. 하트셰프수트 치세에 북쪽에 대한 이집트의 활동은 거의 없었던 것으로 보이지만, 투트모세 3세는 시리아·팔레스타인의 통치자들에 대해 반복된 공격을 시도했고 그의 함대는 에게해로 항해했던 것 같다.

제10장에서 보았듯이 기원전 1475년부터 1375년에 이르는 1세기 동안 에게해권에 대한 이집트의 종주권이 받아들여졌던 것 같다. 크노소스나 그 근처에서 발굴되는 이집트 유물은 같은 시기에 해당하는 후기미노아/후기헬라스 IIIA에 속하는 것인데, 이는 이집트 무덤 벽화(이에는 이집트 왕에게 봉헌된 크레타의 금속세공품의 자세한 그림이 포함된다)의 정확성을 확인해준다.[26] 비록 증거의 대부분이 평가하기 어렵기는 하지만, 이러한 정확성은

---

22) Cline(1989). Warren(1969, p.105); Kemp and Merrillees(1980, p.283)도 참조.
23) 그 가운데 일부는 헤라클레이온 박물관에 전시되어 있다. Case 72, no.611; Case 75, nos.600, 601, 3050 참조. Sakellerakis(1981, p.52).
24) Case 82, no.2409. 참고문헌으로는 Cline(1987, p.32, chart D.4) 참조.
25) 제10장의 주77-78.

여러 발굴물에서도 확인할 수 있다. 예를 들어, 투트모세 3세의 카르투시를 지닌 상당량의 스카랍이 그리스 본토에서 발견되었다. 그런데 전부는 아니라 하더라도 대부분은 기원전 664-525년에 이르는 사이스 왕조 기간에 만들어진 복제물이다.[27] 또한 미케네와 여러 장소에서 후기헬라스 IIIA 맥락에서 발견된 많은 이집트 유물이 있다. 마찬가지로 이 시기의 미케네 도기가 레반트에서 광범위하게 발굴되었다.

발굴물의 수효 증가는 좀 더 큰 맥락에서 보아야 한다. 우선 후기헬라스 IIIA 도기가 이탈리아와 말타로부터 키프로스, 시리아, 이집트에 이르는 광범위한 지리적 범위에 걸쳐 발굴되었다.[28] 그런데 불행히도 이 도기연대는 투트모세 3세의 후기 치세만이 아니라 그의 계승자들인 아멘호테프 2세(기원전 1450-1427년), 투트모세 4세(기원전 1427-1418), 더욱 중요하게는 아멘호테프 3세(기원전 1419-1381년), 아케나톤으로 더 잘 알려진 아멘호테프 4세의 전반부(기원전 1381-1364년)의 치세들도 포괄한다. 이 도기의 대부분은 마지막 두 파라오의 치세에, 즉 후기미노아 IIIA2에 속했을 것 같은데, 이것에 관해서는 기원전 1420년 이후 국제 상황을 고려한 후 뒤에서 논의할 것이다.

펠롭스와 아카이아인: 아나톨리아로부터의 증거

투트모세 3세의 사후 이집트의 세력은 약화되었다. 이는 북쪽에 있는 이집트의 숙적 미탄니의 부활에 의한 것이 아니라 투달리야스 2세 치세의 히타이트 제국이 부흥했기 때문이었다. 투달리야스에게는 후루인 조상이 있었던 것 같고, 그는 확실히 히타이트 문화에 후루인 문화를 상당 부분 도입했다. 기원전 1440년대와 1430년대에 투달리야스 2세는 이집트와 미탄니 모두에 대해 히타이트의 힘을 내세웠고 킬리키아에서만이 아니라 북시리아의 상당 부분에도 세력을 뻗고 있었다. 우리의 관점에서 더욱 흥미로운 점은 서쪽을 향한 히타이트의 팽창이다.[29]

---

26) 제10장의 주16-17, 81-85.

27) Cline(1987, p.32).

28) Stubbings(1975, pp.181-185). 서쪽과의 접촉에 관해서는 Pålsson-Halagger(1983) 참조.

29) Gurney(1973, p.677); Güterbock(1986, p.40).

제10장에서 이집트, 레반트, 에게해권 사이의 관계에서 직접적인 관련이 없는 청동기시대 문헌을, 즉 히타이트 문헌을 빠뜨렸다. 히타이트 기록은 기원전 15세기 후반의 어느 땐가 투달리야스 2세 왕이 아나톨리아 서쪽에 있는 히타이트의 숙적 아르자와Arzawa 지역에 위치한 국가들의 연맹을 패배시켰다고 보고한다. 그런데 이 연맹의 명칭은 아수와Assuwa였다.30) 제5장에서 이 이름의 기원과 그로부터 '아시아'의 파생, 그리고 이집트어 i3sy와 아시isy에 관련된 많은 지명을 살펴보았다.31) 투트모세 3세에게 조공을 바치는 자들 중에 아시isy로부터 온 사절들이 있었다. 볼프강 헬크는 이것이 아수와일 수 없다고 강경하게 말하지만, 히타이트학 학자인 거니는 그렇게 확신하지 않는다. 히타이트로부터 위협을 받고 있었던 아수와가 투트모세 3세에게 조공을 바치면서 동맹을 맺었다는 가정에는 개연성이 있다.32)

아수와라는 이름과 아시아의 연계를 고려하면, 펠롭스가 아시아로부터 왔다는 그리스 전승은 흥미롭다.33) 핀다로스는 펠롭스의 아버지 탄탈로스를 리디아에 연계시키고, 다른 저자들은 그가 프리기아로부터 왔다고 주장했는데, 펠롭스는 자신이 파플라고니아로부터 왔다고 생각했다.34) 펠롭스 고향의 정확한 위치는 꼬집어 말하기가 어렵지만, 대체적인 지역은 분명히 북서 아나톨리아이다.

전승에 따르면, 펠롭스는 아트레우스의 아버지였고, 아트레우스는 아가멤논과 메넬라오스의 아버지였다. 영웅적 왕들인 아가멤논과 메넬라오스는 트로이 전쟁기인 기원전 13세기 후반에 통치했던 것으로 여겨졌다. 전승을 정확한 것으로 수용할 경우, 한 세대를 30년으로 계산하면 펠롭스는 기원전 1330년경에 태어난 셈인데, 이는 기원전 1400년 이전에 펠롭스 왕가의 출현과는 조화될 수 없다. 더욱이 근거지인 엘리스로부터 펠롭스와 그의 후손이 퍼져 미케네, 스파르타, 펠로폰네소스의 여러 도시를 통치하게 되기까지 60년 이상이 걸렸던 것으로 보인다. 어느 정도의 축약이 전승

---

30) Güterbock(1986, pp.39-40).
31) 제5장의 주167-175 참조.
32) Helck(1971, pp.283-284); Gurney(1973, p.677, n.3).
33) Thucydides, I.9.
34) Strabo, XII.8.21. Pausanias, II.22.3; V.13.7.

에 포함되었을 것 같다. 스터빙스는 한 걸음 더 나아가 펠롭스는 수갱묘 시기(그는 수갱묘 시기를 기원전 16세기로 설정하고 있지만『블랙 아테나』에서 는 17세기 초로 보고 있다)에 속하는 자라고 주장한다.[35] 영웅 페르세우스 와 관련된 다나오스 왕조가 펠롭스 왕가에 의해 대체되기 오래전에 미케네 를 통치했다는 명백한 전승만 보더라도, 펠롭스를 수갱묘 시기의 인물로 보는 것은 지나치다.

나는 펠롭스는 아니라 하더라도 아키야와Ahhiyawa 또는 아카이오이Achaioi (아카이아인)의 침입 또는 침입의 시작을 기원전 15세기 말에 두는 것이 개 연성을 지닌다고 생각한다. 기원후 20세기 초 아카이아인은 그리스의 '키 가 크고 머릿결이 곱고 회색 눈을 가진' '지배 종족'으로서 여겨졌다.[36] 호 메로스의 서술에서 그들은 다소 덜 극적으로 구분되긴 하지만 펠롭스 가문 의 왕들인 아가멤논과 메넬라오스 그리고 그들이 이끈 트로이 원정과 분명 히 연관되어 있다.[37] 핀다로스는 호메로스에게서는 불분명했던 것을, 즉 펠롭스가 아카이아인의 선조임을 명백히 밝혔다.[38] 그러나『일리아스』에 서 아카이아인과 다나오이인을 명백히 구별하는 것은 어렵다. 후기에 아카 이아라는 이름은 특정 지역과 연관되는데, 주목할 만한 곳은 아킬레우스의 고향 테살리아에 있는 아카이아 프티오티스 그리고 북펠로폰네소스에 있 는 아카이아이다. 그밖의 좀 더 작은 정착지도 있었는데, 보통 도리스족의 펠로폰네소스 정복 시기에 피난처로서 묘사되었다.[39] 크레타에 아카이아 인이 있었다는 강한 초기 전승도 있다.[40]

펠롭스 가문과의 연계, 펠롭스가 아시아로부터 왔다는 전승, 크수토스의 자손들(역주: 크수토스의 두 아들이 아카이오스와 이온이다)로서 아카이아인 이 이오니아인(고전기에 아나톨리아 서부 해안의 중앙 부분에 거주했다)과 밀 접히 연계되었다는 헤시오도스의 믿음, 이 모든 것이 19세기의 학자들로

---

35) Stubbings(1973, p.639).

36) Ridgeway(1911).

37) *Iliad*, II.104-40.

38) Pindar, *Olympian Odes*, III.23.

39) 이것에 관한 짧고도 훌륭한 개요로서 Thomson(1949, pp.385-387) 참조.

40) Evelyn-White(1914, p.274)가 인용한, 헤시오도스 또는 밀레토스의 케르콥스Kerkops가 쓴 것 이라고 하는 단편은 Merkelbach and West(1983, pp.210-212)에는 포함되지 않았다. 그런데 그들의 단편 204는 동일한 것을 뜻한다. *Odyssey*, XIX.175도 참조.

하여금 아카이아인을 아나톨리아로부터 펠롭스와 함께 온 자들로 여기게 했다.41) 이 가설은 1924년 독일의 언어학자 에밀 포레가 히타이트 문서에서 아키야와Abbiyawa라고 부르는 아나톨리아 서쪽에 살고 있는 사람들에 대한 언급을 발견함으로써 강화되었다. 그는 아키야와를 아카이오이와 동일시했다.42) 이 내재적 개연성은 펠롭스에 관한 전설과 히타이트 문서(뒤에서 논의될 것이다) 사이에 현저한 유사점이 발견되면서 증가했다.

그런데도 '건전한' 그리고 회의적인 학자들은 포레의 주장에 대해 '증거'를 요구했다. 그들이 부분적으로는 '유럽적인' 호메로스의 영웅들과 설형문자를 사용하는 근동 사이의 연계를 확립하는 것을 못마땅하게 여겨 그렇게 요구했을 가능성이 있다. 비록 그 무례가 히타이트인이 인도유럽어에 가까운 언어로 말했다는 사실로 완화되기는 했지만 말이다. 그 주제는 격렬한 논제의 하나가 되었고 오늘날에도 때때로 반론들이 나온다. 그런데 선형문자 B의 해독, 미케네인이 그리스어를 말하는 자들이라는 의문의 여지가 없는 사실, 아카이아인이라는 용어가 청동기시대로 거슬러 올라간다는 선형문자 B 서판을 통한 확인, 이 모든 것이 아키야와를 아카이오이와 동일시하는 쪽으로 결정적으로 기울게 하였다.43)

이러한 연계가 확립되면서 펠롭스와 아카이아인의 역사를 재건할 수 있게 되었다. 아키야와 또는 아키야는 투달리야스 2세의 치세에 연관된 히타이트 문서에서 처음 나타난다. 앞에서 언급했듯이 투달리야스는 같은 지역에 있는 아수와 동맹을 패배시켰다.44) 결코 확실한 것은 아니지만, 둘 사이의 연계가 있고 아키야와는 히타이트에 대한 초기의 반대자들 중 생존자 또는 생존자 연합체이었을 가능성이 크다. 문서는 서부 아나톨리아에 있는 두 해적의 활동을 언급하고 있는데, 하나는 히타이트 제국 내에서 번영했던 마두와타스Madduwatas였고, 다른 하나는 아키야와 사람 또는 정확히 말하면 아키야Abbya 사람인 아타라시야스Attarassiyas였다.

---

41) Evelyn-White(1914, p.xxii); Ridgeway(1911). 크수토스에 관해서는 제1권, pp.133-134 참조.

42) Forrer(1924a; 1924b).

43) 이 유사점에 관해서 Helck(1979, p.300, n.19) 참조. 미케네의 입증에 관해서는 Knossos C914 참조. '아키야와Abbyawa 문제'에 관한 최신의 참고문헌에 관해, Bryce(1989, pp.3-4); Cline(1991a, p.4, n.7; 1991c, p.154, n.215) 참조.

44) 그 토론에 관한 개요에 관해 Güterbock(1983, p.133) 참조.

이 문서에 있는 한 이야기에 따르면, 아타라시야스는 마두와타스를 그의 나라 밖으로 쫓아냈으나, 투달리야스는 아타라시야스의 추격을 저지하고 마두와야스에게 지파슬라 산의 땅을 하사했다. 그 산 이름은 히타이트의 다른 기록에는 기술되어 있지 않다.[45] 이것을 펠롭스에 관한 그리스 전설과 비교하는 것은 흥미로운데, 그리스 전설에 따르면 파플라고니아의 지배자 펠롭스는 프리기아의 일로스에게 쫓겨나 리디아의 시필로스 산으로 도망했다.[46] 이는 전설이 과거를 보존하기도 하지만 얼마나 잘못 전해지기도 하는지 보여주는 놀라운 예이다. 그리스 전승은 거대하고 오래 지속된 히타이트 제국의 어떤 기억도 보존하지 않았던 것으로 보이는데, 히타이트 제국은 기원전 12세기 바다의 민족들에게 패배를 겪은 후 결코 회복되지 못했다. 그렇다 하더라도 아키야(와)/아카이아의 사람에 연계된 지파슬라/시필로스 산 주변의 피난처라는 특정한 생각은 그대로 전해져왔음에 틀림없다. 종종 그러하듯이 그 역할이 뒤바뀌어, 히타이트 사료에서는 아키야(와)의 적에게 주어졌던 그 피난처가 그리스 전설에서는 아카이아인의 선조인 펠롭스에게 주어졌다고 하더라도 말이다.

그리스 신화와 매우 유사한 또다른 히타이트 문서(기원전 1300년경 히타이트 왕이 쓴 편지)가 있다. 그 문서는 타와갈라와스Tawagalawas라는 아키야(와) 왕의 동생에 관련되었다. 타와갈라와스는 밀라완다Millawanda라는 도시에 살고 있었는데, 그 도시는 일반적으로 서부 아나톨리아에 있는 밀레토스로 여겨진다. 타와갈라와스는 히타이트 왕의 봉신이 되기로 되어 있었던 것으로 보이는데 결국에는 그렇게 하지 않았다. 그 편지에는 히타이트 왕이 아키야(와)의 왕에게 보내는 호기심을 일으키는 구절이 있다. "이 전차병은 나와 함께 그리고 당신의 형제 타와갈라와스와 함께 전차에 오르곤 했다."[47]

적의 전차를 함께 탄다는 표현은 펠롭스에 관한 전설에도 있는데, 거기에는 펠롭스가 그의 전차병 미르틸로스와 맺은 동맹, 그와의 다툼, 그의 살해에 관한 복합적인 이야기가 담겨 있다.[48] 볼프강 헬크가 지적했듯이, 전

---

45) Güterbock(1983, pp.134; 1986, pp.39-40).

46) Pindar, *Olympian Odes*, I.24; Apollonios, II.358 그리고 790; Pausanias, II.22.4.

47) Güterbock(1983, p.136) 참조.

차병들의 동맹 변경이라는 유사성은 미르틸로스와 무르실리스라는 히타이트 왕의 이름이 유사한 것에 의해 더 강화된다.[49] 아키야와 문서에 관해 가장 광범위하게 글을 쓴 히타이트학 학자 한스 귀터보크는 타와갈라와스에 대한 언급을 담고 있는 그 편지를 기원전 1286-1265년경에 통치했던 하투실리스 3세가 기록했을 것이라고 믿는다. 이러한 선호에 대한 증거는 결코 분명하지 않다. 늦은 연대를 받아들이려는 적극적인 자세는 낮은 연대 설정에 대한 일반적인 열의에서 파악되어야만 한다. 편지를 쓴 왕은 무르실리스 2세(기원전 1346-1320년)였을 가능성이 아주 크다. 그는 하투실리스 3세의 아버지이자 3대 선대왕으로서 서부 아나톨리아를 정복했고 그의 영향력으로 말미암아 트로이 VI층이 끝나게 된 것으로 보인다.[50] 이것이 사실이든 아니든 그리스 전설이 역사적 실재의 와전訛傳된 판을 또는 적어도 역사적 실재에 대한 동시대 선동문구의 판을 담고 있었다는 데는 의문의 여지가 거의 없다.

우리는 기원전 1450년과 1200년 사이에 아키야와/아카이아인에 관한 두 종류의 문헌 증거를 갖고 있는 셈이다. 히타이트 문헌과 그리스 전설인데, 우리는 이 둘을 고고학적 증거에 연결해 내놓을 수 있다. 기원전 1430년의 어느 땐가 히타이트 왕 투달리야스 2세가 아수와라는 북서 아나톨리아에 있었던 국가들의 동맹을 패배시켰다는 것은 앞에서 언급했다. 이 직후에 아키야와라는 이름의 첫 나타남과 펠롭스의 아시아와의 연계를 고려하면, 흩어진 아수와 동맹의 요소가 결집되어 아키야와로 통합되었다는 주장은 개연성을 지닌다.[51] 연구가설로서 아키야와를 히타이트 왕의 지배권 너머에 있는 서부 아나톨리아와 에게해권 주민의 범주로 보는 것이 가장 좋을 듯하다. 그런데 상당히 일찍부터 아키야와는 그리스어를 말하는 그 지역의 사람을 뜻했던 것으로 보인다. 펠롭스 가문의 힘이 그리스에 점차로 퍼졌으나 결코 전체 영토를 포함하지는 않았다는 그리스 전승은 아주 명백하다. 이처럼 아키야와는 히타이트인에게는 '그리스인'을 의미했지만, 그리

---

48) Strabo, X.1.7; Sophokles, *Elektra*, 508-515; Apollodoros, *Epitome*, II.7-9; Pausanias, VIII. 14.7.

49) Helck(1979, p.300, n.19).

50) Güterbock(1983, p.136).

51) Cline(1991c, p.176) 참조.

스에서 '아카이아인'은 히타이트의 변경 출신으로 헬레네스화된 서부 아나
톨리아 사람만을 의미했고 이들이 남부 그리스를 침입하였다. 이러한 혼동
으로 인해 히타이트 문서가 아키야와의 왕을 언급할 때에는 미케네에 있는
아르고스의 왕과 거의 확실하게 관련되지만, 그가 다나오스의 페르세우스
왕가에 속하는지 아니면 아카이아의 펠롭스 가문에 속하는지는 확신할 수
없다.

펠롭스, '왕세자'?

히타이트 문서에 상응하는 그리스 전승은 펠롭스라는 이름이 상당 기간
여러 역사적 인물들에게 사용되었음을 보여준다. 에게해권과 북서 아나톨
리아가 모두 장기간 이집트의 영향을 받았다는 것을 고려하면, 나는 그 이
름의 어원을 파 레파(트)*P₃ rpˤ(t)(세습적인 귀족 또는 상속자)라고 주장할 수
있다고 생각한다. 기원전 13세기 이집트에서 그것은 '왕세자'를 의미했
다.[52] 그러한 명칭은 확실히 탄탈로스로부터 내려온 '왕의' 후손에 잘 맞
는 것 같다. 그것은 탄탈로스와 관련된 전승과도 잘 맞아떨어지는데, 탄탈
로스는 신들을 기쁘게 하기 위해 아들 펠롭스를 희생했다. 제우스는 후에
그를 다시 짜맞추어 되살려냈다.[53]

맏아들이자 상속자를 제물로 바침으로써 왕과 같은 아버지가 그의 가장
소중한 소유물을 제공한다는 이 주제는 제1권에서 다루었다.[54] 내 생각으
로는, 파 레파(트)P₃ rpˤ(t)로부터 펠롭스를 끌어내는 것은 또 다른 희생 제물
로 바쳐진 또는 거의 희생 제물로 바쳐질 뻔했던 상속자의 이름인 이사악
Isaac(이츠하크Yiṣhâq 또는 이스하크Yiṣhâq)을, '그는 웃을 것이다'라는 뜻을 지
닌 민속적 어원인 이츠하크yiṣhâq보다는 '왕자'라는 의미의 아카드어 이샤
쿠iššaku(수메르어 엔시ensi에 해당한다)로부터 끌어내는 것에 더 잘 상응하는
것 같다. 비록 q와 k 사이에 구분이 있다는 점에서 음성적 어려움이 있긴
하지만, 동일시의 의미적 기반은 이삭의 어머니가 '여왕'을 뜻하는 사라

---

52) Gardiner(1947, I, pp.14-19) 참조. 확장된 형태 예리 파트Ɪry pˤt, 오르페우스의 또 다른 파생
어는 제1권, pp.118-119에서 언급했고 제4권에서 더 논의할 것이다.

53) Pindar, *Olympian Odes*, I.26; Hyginus, *Fabula*, 82-83; Servius on *Aeneid*, VI.603.

54) 제1권, p.502. 제1권의 개정판은 이 중요하고도 두려운 테마에 관해 좀 더 많은 것을 담게
될 것이다.

Sarah로 불렸다는 사실에 의해 강화된다. 이것은 그 아들이 '왕자'로 불렸을 가능성을 증가시킨다. 마틴 닐손도 헤라와 헤라클레스라는 이름의 논의에서 이를 지지한다. (신화와는 달리) 민담은 일반적으로 영웅들에게 개별적 이름을 주지 않고 단지 그의 계층이나 사회적 지위를 나타내는 이름, 예를 들면 '왕', '왕자' 등으로 부른다.[55] 제4권에서 나는 이것이 종종 고귀한 신화와 유쾌한 민담 사이의 구분이 아니라 전승들 사이의 구분임을 증명해볼 것이다. 전승은 자신의 언어로 계층이나 사회적 지위의 명칭을 그리고 옛 언어로 계속적으로 사용되어왔던 명칭을 보존해오고 있는데, 옛 언어로 된 명칭을 이야기꾼이나 신화작가는 알지 못한다. 펠롭스와 이삭 모두 후자의 경우에 맞아떨어지는 것으로 보인다.

아카이아아인과 다나오이인

어원이 정확하든 아니든 그리스 족보를 문자 그대로 받아들여서는 안 된다. 그리스 전승이 말하고 있는 기원전 13세가 아니라 기원전 15세기 말부터 아카이아아인이 서부 아나톨리아만이 아니라 에게해권 전역에 있었을 가능성이 매우 높다. 미케네에 근거를 두고 왕가를 장악한 강력한 아카이아 왕이라는 호메로스의 묘사는, 히타이트 왕 투달리야스 4세(기원전 1265-1240년경)와 시리아의 아무루 왕 사이에 기원전 13세기 중반에 체결된 조약으로 미루어 보아, 역사적 실체가 담겨 있다. 이 조약에서 히타이트 왕은 자신과 동등한 자들로서 이집트 왕, 바빌로니아 왕, 아시리아 왕을 열거했고, 아키야와 왕은 열거되었지만 동등자라는 칭호는 기록되었다가 삭제되었다. 아카이아 왕을 동등한 자에서 제외한 것은 분명히 적대관계 때문은 아닌데, 항상 히타이트 제국의 적이었던 아시리아의 왕이 동등한 자에 포함되어 있기 때문이다. 일부 학자들은 그리스에서의 파괴가 아카이아 왕의 힘을 감소 또는 절멸시켰기 때문에 그 이름이 제외된 것이라고 주장했다.[56] 이것은 테베와 아르고스 사이에 벌어진 첫 전쟁과 관련될 수 있는

---

55) Nilsson(1972, p.189).

56) Yannai(1983, p.113); Bryce(1989, p.5) 참조. Bryce는 그 당시 히타이트가 아키야와의 세력 권 아래 있었던 밀라완다를 정복(브라이스는 그 도시가 정복되었다고 믿는다)했기 때문에 그 이름이 삭제되었다고 주장했지만, 나는 이에 동의하지 않는다. Singer는, 이 시기에 속하

데, 그 전쟁이 이 시기쯤에 발생했던 것으로 보이기 때문이다. 그것은 테베의 최종적 파괴에 연관되었을 것 같지는 않은데, 뒤에서 서술하겠지만 테베의 최종 파괴는 기원전 1235년 이후에 발생했음에 틀림없다. 그 제외가 더 후에 일어난 트로이 전쟁에 관련되었을 가능성은 더욱 낮다. 우리는 제12장에서 테베와 아시리아 사이에 흥미로운 연계가 분명히 있었을 가능성을 살펴볼 것이다. 아키야와를 제외시킨 또 다른 가능한 이유는 비록 아키야와가 중요한 나라이기는 하지만 충분하게 강력하지 않았거나 '세계의 힘'으로서 자리매김하기에는 너무 분열되었다는 점이다. 그 시대에 아카이아 왕국은 강대국 중에서는 밑바닥에 있었고 중소국가들 중에서는 꼭대기에 있었다.

제10장에서 언급했듯이 이집트인은 적어도 기원전 12세기까지 타나야 Tanaya를 언급했지만, 다나오이인에 관한 히타이트의 기록은 없다. 이때 타나야는 바다의 민족들에 포함되어 있었다.[57] 아카이와샤ikwš는 일반적으로 아키야와와 아카이아인과 동일시되는데, 기원전 1231년경 메르네프타 5년에 이집트를 침입했던 자들 사이에 나타난다.[58] 호메로스의 이야기에서 연대에 따른 어려움이 있는데, 왜냐하면 이집트 기록이 말하고 있는 아카이와샤ikwš에 의한 급습의 시기가 호메로스에 따르면 20년이나 이른 것이기 때문이다. 호메로스가 묘사한 트로이 전쟁(『블랙 아테나』에 따르면 그것은 기원전 1210년경 끝났다) 직후의 아카이아인에 의한 폭력적이고 유혈의 이집트 급습은 주목할 만하다. 더욱이 메르네프타가 침입자들을 분쇄했다고 주장했듯이, 오디세우스는 이집트인들에게 패배해 그의 동료들은 "이집트의 도시로 산 채로 압송되어 강제노역을 해야만 했다"고 서술했다.[59] 이것은 외국 포로를 건축노동에 사용하는 풍부하게 입증된 이집트의 관행과도 잘 맞는다.

(나는) 왕의 말들을 향해 마주 다가가서 그의 무릎을 잡고는 입 맞추었소. 그

는 소위 '밀라완다 편지'가 기원전 13세기 중반 히타이트가 서부 아나톨리아에서의 장악력 상실을 보여준다고 주장했다. 나는 Singer의 주장을 따른다. 제12장의 주97-98 참조.
57) 제1권, p.617; 제10장의 주39, 64 참조.
58) Helck(1979, p.133).
59) 이 부분은 거의 동일한 단어들로 두 번 이야기된다(*Odyssey*, XIV.272; XVII.441).

러자 그도 나를 불쌍히 여겨 구해주었고, 눈물을 흘리는 나를 자기 전차에 태우더니 집으로 데리고 갔소. 정말이지 많은 사람들이 물푸레나무 창을 들고 내게 달려들며 나를 죽이려 했소. 그들은 몹시 화가 났던 것이오. 그러나 그는 그들을 막았으니 … 칠 년 동안 나는 그곳에 머물며 이집트인 사이에서 많은 재물을 모았소.[60]

H. L. 로라이머가 그녀의 백과사전『호메로스와 기념물들』에서 지적한 것에 따르면, 오디세우스의 경험은 수십 년 전 투르샤Turša/티르사노이Tyrsanoi족(아마도 에트루리아의 바르바로이)의 Ynn Trš라는 자의 경험과 유사하다. 그는 반복해서 이집트를 공격했으나 세토스 1세(기원전 1309-1291년) 치세에는 고관이 되었다.[61] 오디세우스가 이 이야기를 할 때 거짓말을 하고 있다는 사실은 그 거짓말을 훨씬 더 흥미롭게 만드는데, 호메로스가 적어도 그 거짓말이 그럴듯한 공동의 경험이었음을 믿었다는 것을 뜻하기 때문이다.

메르네프타가 아카이와샤ikwš(아카이아인)라는 용어를 사용함에도 불구하고, 우리는 제10장에서 데니엔Dnn(다나오이인)이 람세스 3세 8년인 기원전 1174년경의 침입에서 다시 나타남을 보았다.[62] 이처럼 호메로스가 적어도 어느 정도의 호환성을 가지고 다나오이인과 아카이아인이라는 이름을 사용했던 것으로 보이는 것처럼, 또한 비록 '타나야'가 일반적으로 조직된 왕국으로서 여겨지고 아카이와샤ikwš는 단지 침입자로서 주 의미를 갖는 것으로 보인다는 사실이 의미 있는 것처럼 보이지만 기원전 13세기 말에 이르면 이집트인은 이들 이름의 정확한 의미에 관해 매우 불확실했던 것으로 보인다. 그렇다고 하더라도 기원전 13세기에 이르면 아카이아인은 아르골리스를 지배했고 그리스 전체에서 특별한 위치를 얻었던 것으로 여겨진다.

---

60) *Odyssey*, XIV.275-286(천병희 역).
61) Lorimer(1950, p.93). 테레쉬Trš를 티르세노이Tyrsenoi 및 에트루스칸Etruscan과 동일시하는 것에 관해서는 Gardiner(1947, I, pp.197-198) 참조.
62) 제10장의 주51-53 참조.

아카이아아인에 관한 고고학적 흔적

기원전 15세기 중반(후기헬라스 IIIA)부터 남서 아나톨리아 특히 밀레토스와 로도스, 그리고 여러 섬들뿐만 아니라 코스와 주변 반도에 있는 크레타인의 정착지들은 때로는 파괴와 더불어 때로는 파괴 없이 미케네인의 정착지로 대체되었다.[63] 이 새로운 정착지들은 크레타와 계속 접촉했으며, 이 시기 내내 그리스 본토와도 상당히 활발하게 무역했다. 「타와갈라와스 편지」라는 히타이트 문서에서 밀라완다(밀레토스)가 명백히 언급되는 것을 고려하면, 이 지역의 사람들 중에 기원전 1470-1370년 아키야와 사람들의 일부 또는 전체가 포함되어 있었다는 데에는 거의 의문의 여지가 없다.

그리스 또는 크레타에서 아시아의 아카이아아인에 관련된 고고학적 흔적을 찾는 일은 어렵다. 크노소스 궁전의 부분적 파괴가 후기미노아 IIIA1의 끝부분인 기원전 1425년경 아카이아아인에 의한 정복의 결과였다고 가정하는 것은 가능하다. 비록 그 섬의 다나오이인에 관한 명백한 언급이 없지만, 호메로스와 헤시오도스에 따르면 주민의 일부가 아카이아아인이었다. 그런데 그들은 펠라스고이라는 이름으로 지칭되었을 수도 있는데, 헤시오도스에 따르면 펠라스고이인은 '헬레네스Hellenic'였고 호메로스에 따르면 '고귀한' 자들이었다.[64]

이처럼 많은 가능성이 열려 있다. 첫째, 다나오이인은 후기미노아 IIIA 초에 그 섬을 지배했을 수 있으며 또한 아카이아아인의 도래 이전 수십 년간만 지배했을 수 있다. 이는 이집트 무덤 벽화로부터의 증거와 확실히 잘 맞아떨어지는 것 같다. 둘째, 다나오이인이 후기미노아 IIIA1의 파괴로 크노소스를 정복했을 것이고 아카이아아인은 후기 단계에서 알아차릴 수 없게 흘러들어왔을 가능성이 있다. 그러나 아카이아아인의 팽창이 기원전 15세기에 발생했을 가능성을 고려하면 기원전 1450년 이전으로 파괴 연도를 조정해야 하는 셈인데, 이는 어려운 것 같다. 셋째, 이집트인이 두 부족을 구분할 수 없었고 아카이아아인을 타나야라고 불렀을 가능성이 있다. 이것은

---

63) 밀레토스의 크레타인 정착지의 존재를 Mee(1982, pp.83-87)는 의심하지만 Mellink(1983, p.139)는 믿는다.

64) 주40 참조. 펠라스고이의 의미에 관한 논의와 다나오이를 뜻하는 것으로 사용될 수 있었는지에 관해서는 제1권, pp.122-132 참조.

크레타에 대한 다나오이인의 정복이 없었고 단 한 차례 그리스인의 침입인 아카이오이인의 침입만이 있었다는 것을 뜻할 것이다. 확실한 것은 그리스어를 말하는 자들이 후기미노아 IIIA 시기인 기원전 1475-1375년에 크노소스를 지배하러 왔다는 사실이다. 아카이아인이 후기에 대두했다는 사실을 고려하면, 아카이아인이 기원전 12세기 도리스인의 침입에 이르기까지 그 시기의 대부분 동안 그 섬을 지배했다는 것이 개연성을 지닌다. 전승은 펠롭스 가문이 그리스 본토를 지배했던 첫 지역이 펠로폰네소스 북동부인 엘리스였으며 미케네와 서부 펠로폰네소스에 대한 지배는 후기라는 것을 명백히 하고 있다. 아마도 아나톨리아로부터 들여왔을 키클롭스 석공술의 사용은 후기헬라스 IIIA 시기에 그리스에서 시작되었던 것으로 보인다. 그런데 그 기술은 펠롭스 왕가에 의해 장악된 지역들 훨씬 너머로 분명히 퍼졌으니, 그 기술이 펠롭스 왕가의 현존을 가리키는 지침으로는 사용될 수 없다.[65]

프랭크 스터빙스는 후기헬라스 IIIB의 끄트머리에 테베 왕궁(들)의 파괴가 미케네의 새로운 주인에 의한 것이라고 주장했다.[66] 여기에서 사용된 연표에 따르면 후기헬라스 IIIB1은 기원전 1300년경에 끝났다. 그러나 스터빙스는 이것이 기원전 1250년경이라고 믿고 있는데, 그는 적어도 부분적으로는 전승에 기초하고 있다. 호메로스에서 언급되고 아테네 비극에서 널리 퍼진 전승에 따르면, '테베로 향하는 일곱 장수'의 전쟁(이 전쟁은 그 도시의 최종적 파괴보다 1세대 전에 일어났다)은 아르고스의 왕 아드라스토스를 포함하는데, 그는 아나톨리아와 많은 연계를 맺고 있었으므로 아르고스를 다스린 펠롭스 가문의 최초 인물이었을 수 있다. 아드라스토스와 테베로 향하는 일곱 장수 이야기는 실재적인 역사적 구성에 근거하지 않은 신화적 특성을 지니고 있어 그 역사성을 믿기가 어렵다.[67] 그렇다 하더라도 나는 기원전 13세기에 테베에는 두 번의 포위가 있었고 그것에 연루된 영웅의 일부는 역사적 인물이었으며 두 번째 포위는 그 도시의 파괴로 끝났다는 것을 의심할 이유가 없다고 생각한다.

---

65) Stubbings(1975, p.173).

66) 그 파괴에 관해서는 Symeonoglou(1985, pp.47-50) 참조. Stubbings(1975, p.171)도 참조.

67) Burkert(1984, pp.97-104); 제12장의 주87 참조.

이 분야의 일반 주제로 돌아가자. 펠롭스 가문의 도래와 새로운 왕조의 확립을 가리키는 고고학적 증거는 없는 것 같다. 다나오이인과 아카이아인의 물질문화는 차이가 없는 것 같다. 마찬가지로 언어학자들은 아카이아 방언을 발견하지 못했다. 그런데 이것은 후에 이오니아 방언으로 알려진 언어라는 것을 제3권에서 주장할 것이다. 흥미롭게도 고대 세계에서 아카이아인과 이오니아인은 복잡하지만 밀접한 관계를 맺고 있다고 믿어졌다.[68]

미케네인과 히타이트인

아카이아아인이 기원전 15세기 중반부터 그리스에서 영향을 미쳤다는 하나의 징표는 후기미노아 IIIA와 후기미노아 IIIB 기간 동안(기원전 1470-1230년경) 에게해권과 히타이트의 지배하에 있는 지역 사이의 교역에 관한 증거가 놀랄 정도로 부족하다는 사실이다. 뒤에서 살펴보겠지만, 이 시기의 미케네 도기는 사르디니아로부터 시리아 및 누비아에 이르는 광범위한 지역에서 발견되었다. 특히 앞에서 언급되었듯이 그것은 아나톨리아의 서부 해안을 따라 일반적으로 히타이트 제국에 적대적인 나라들에서 상당량 발견되었다. 아나톨리아 고지대에서 미케네 도기가 발견된 유일한 유적지는 북동쪽에 위치한 마사트Masat인데, 에릭 클라인은 그곳이 그 당시 히타이트 지배권 너머에 있었다고 주장했다.[69] 사실 그곳을 오늘날 그루지아의 트리알레티Trialeti 문화를 지닌 미케네 관련 지역에 연계시키는 것은 개연성이 있다.[70] 어쨌든 일반적 관점은 논박의 여지가 없다. 미케네 도기의 파편조차 보가즈쾨이Boğazköy에 있는 히타이트 수도에서는 발견되지 않았고, 이 시기의 것으로 보이는 아나톨리아 유물이 미케네에서 발견되었을 뿐이다. 그것은 상형문자 루비안어가 새겨진 동석凍石으로 된 반원형의 인장이다. 그것은 아나톨리아의 것이고, 루비안 문자를 사용한 영토의 대부분은 보통 히타이트의 지배하에 있었다는 것은 의심의 여지가 없다. 그렇

---

68) Pausanias, VII.1 참조.

69) Cline(1991a, p.3) 참조. 클라인은 6개의 조각난 용기들을 후기미노아 IIIA2부터 후기미노아 IIIB가 아니라 후기미노아 IIIB로 해석하고 있다.

70) Lang(1966, pp.46-48).

다 하더라도 클라인이 그것이 히타이트의 중심지역에서 오지 않았다는 것을 지적한 것은 아주 올바르다.[71]

미케네에서 만든 항아리는 멀리 운송되었고, 문헌 전거는 히타이트인이 활동적인 교역인이었음을 명백히 하고 있다.[72] 그런데도 물질적 상품의 교환에 대한 고고학적 증거의 부족은, 비록 아키야와의 왕이 기원전 1280년경 하투실리스 3세에게 선물을 보냈다는 것을 알고 있음에도 불구하고, 중요한 의미를 지닌다.[73] 이러한 고고학적 증거의 부재를 설명하려는 많은 시도가 있었다. 일부 학자들은 미케네인과 히타이트인이 서로 알지 못했기 때문이라고 주장했다. 그런데 이것은 터무니없는 말이다. 비록 아키야와 문서들이 그리스인을 언급하고 있다는 것을 받아들이지 않는다 하더라도(실제로 문서들은 히타이트인들이 그리스인들과 [때로는] 친밀하고 잦게 대면하고 있었음을 가리킨다), 크게는 서부 아나톨리아에서 작게는 밀레토스에서 둘 사이의 접촉이 있었음을 의심할 여지가 없다. 예를 들어, 히타이트 모자帽子가 지역에서 만든 미케네 도기의 사금파리에 그려진 것이 발견되었다.[74] 또한 두 지역의 사람들이 키프로스에서 접촉하지 않았다는 것은 생각할 수 없는데, 키프로스는 이 시기에 히타이트의 종주권 하에 있었으며 펠로폰네소스에서 만들어진 다량의 미케네 도기를 보유하고 있었다.

좀 더 그럴듯한 설명은 둘 사이에 교역이 있었으나 그것은 항아리로 나를 수 없는 직물과 금속 같은 사라지지 않는 상품이라는 것이다.[75] 그러나 어느 쪽도 상대방과 광범위하게 무역할 필요를 느끼지 않았다는 것이 좀 더 개연성을 가진다. 비록 올리브와 포도 같은 에게해권의 지중해 농산물이 아나톨리아의 고원지대에서 자랄 수 없다 하더라도, 히타이트는 더 가깝고 자신의 정치적 통제를 더 받고 있는 키프로스와 시리아에서 좀 더 쉽게 그것을 획득할 수 있었을 것이다. 또한 어느 지역이든 상당량의 금과 주석을 갖고 있었고, 두 지역 모두 자체적으로 구리·은·납의 공급지를 갖고 있었다. 히타이트는 철을 사용하고 있었다. 미케네인이 철로 만든 부적

---

71) Cline(1991b, p.136).
72) Coine(1991a, pp.4-5).
73) Zaccagnini(1987, pp.58, 64)가 이에 관한 참고문헌을 제시하고 있다.
74) Cline(1991c, pp.78-80).
75) Cline(1991c, pp.78-80).

과 장신구를 만들었다 해도 여전히 청동기시대에 있었다(역주: 미케네에서는 철이 다량으로 사용되지 않았기 때문에 히타이트로부터 철의 수입이 필요하지는 않았을 것이라는 뜻).[76]

이러한 경제적 독립성은 정치적 의지에 의해 강화되었을 가능성이 크다. 히타이트 대對 아르자와 그리고 히타이트 대 아키야와의 치열한 경쟁은 앞에서 언급되었다. 이처럼 그곳에서 정치적 봉쇄나 보이코트가 있었을 만한 이유가 충분한 것 같다. 우리는 히타이트 왕이 우가릿에 있는 관료들에게 보낸 편지로부터 정치 세력에게 상인의 활동이 큰 관심사였으며, 정치세력이 상인의 활동을 대단히 면밀하게 규제하려고 했다는 것을 알고 있다.[77]

더욱 흥미로운 것은 투달리야스 4세(기원전 1265-1240년경)와 북시리아 아무루 왕 사이에 체결된 조약이다. 아시리아에 대항한 이 조약의 한 대목은 다음과 같다. "아키야와의 어떤 배도 그에게 가게 해서는 안 된다."[78] 이 조약이 주로 아시리아의 투쿨티 닌우르타Tukulti Ninurta 1세(재위 기원전 1244-1208년경)에 대항하기 위한 것이라는 데는 거의 의문의 여지가 없다. 그는 메소포타미아의 북쪽에 있는 히타이트의 보호국 콤마게네Commagene(역주: 오늘날의 아르메니아 지역)를 장악했던 바빌로니아를 정복한 자였다. 그 조약은 아키야와 배들을 봉쇄하고 상품의 육로 수송을 막으라는 명령이었다.[79] 봉쇄령이 상징성만을 띤 것은 아니었다. 그런데 아시리아의 수도 앗슈르에서 발견된 투쿨티-닌우르타의 이름이 새겨져 있는 30킬로그램가량의 거대한 납덩어리는 아티카의 라우리온에서 산출된 것이었다.[80] 이처

---

76) 1950년 이전 미케네 유적지에서 발견된 철물에 대한 상세한 개관으로 Lorimer(1950, pp.111-117) 참조. 최신의 개관으로는 Varoufakis(1982) 참조. 이것은 히타이트가 후기 청동기시대에 철의 제조를 독점했다는 전통론을 받아들이는 것이 아니다. 운철隕鐵(철을 주성분으로 하는 운석)이 아닌 철이 그 당시 이집트에서 사용되었다는 고려할 만한 증거가 있다. 예를 들면, 투탕카멘의 무덤에서 발견된 장엄한 철 단도를 보라. 그 시대를 '청동기'시대라고 명명한다고 해서 그때 철이 사용되었다는 것을 배제하지는 않는다. 만약 멜라트의 증언을 믿는다면, 도락 보물에는 기원전 28세기의 철 단도가 있었고 이집트에서 철의 사용은 고왕국으로까지 거슬러 올라간다는 데는 의심의 여지가 없다. Dows and Dunham(1942); Diop(1973) 참조.

77) Cline(1991a, p.6).

78) Güterbock(1983, p.136).

79) Yannai(1983, pp.112-113); Cline(forthcoming, n.63).

80) Dayton(1982a, p.164).

럼 금속의 상당량은 봉쇄 이전에 또는 봉쇄가 있었음에도 수송되었다. 아시리아 왕과 그리스의 테베 사이에 귀중한 선물을 보내는 것을 포함해서 외교적 관계가 있었을 가능성은 뒤에서 논의할 것이다.

마흐텔트 멜링크와 프랭크 스터빙스는 아키야와에 대한 히타이트의 봉쇄를 남동 아나톨리아에 있는 킬리키아(이곳은 보통 히타이트의 세력권이었다)에서 미케네 후기헬라스 IIIA 및 후기헬라스 IIIB 도기의 상대적 부족에 연결시키려 했다.[81] 좀 더 최근에 셰라트와 크라우얼은 기원전 14·13세기경에 카잔리Kazanli와 타르수스(그때 히타이트는 이 지역을 지배했다)에서 미케네의 도기가 거의 발견되지 않았지만 히타이트 이후 지층에서는 상당량의 미케네 도기가 발견되었음을 보임으로써 좀 더 치밀한 주장을 펼쳤다.[82] 이는 후기헬라스 III 시기에 교역이 있었던 것이 아니라 바다의 민족들의 이주시기에 킬리키아에 그리스인 공격자나 정착자가 실제로 있었음을 가리키는 것이다.[83] 따라서 "아나톨리아에서 후기헬라스 IIIA~후기헬라스 IIIB 도기의 양과 히타이트 지배의 정도 사이에는 뚜렷한 반비례 관계가 보인다"[84]는 그들의 결론은 매우 설득력이 있다.

에릭 클라인은 이로부터 이미 1951년 스터빙스에 의해 제기되었던 또 다른 대단히 중요한 주장을 펼쳤다.

더욱이 북시리아는 해안과 깊은 내륙 지역 사이의 중계 지역에 위치하고 있는데, 그곳에서는 후기헬라스 IIIA 미케네 도기는 발견되지만 후기헬라스 IIIB는 약간 발견되거나 전혀 발견되지 않았다. 최소한 칸 셰이쿤Khan Sheikhoun, 하마Hama, 카트나Qatna, 에블라, 카르케미시, 카데시 등 여섯 지역에서 그러하다. 이들 지역 모두가 후기헬라스 IIIA 도기를 갖고 있지만, 단지 카데시와 카르케미시에서만 후기헬라스 IIIB 도기에 관한 보고가 있다. 두 도시에는 각각 하나 또는 두 개의 식별할 수 있는 후기헬라스 IIIB 사금파리가 있을 뿐이다. 전체 시리아-팔레스타인에서 이 지역만 뚜렷한 차이를 보인다. 이곳은 또한 시리아

---

81) Stubbings(1951, p.110); Mellink(1983, pp.140-141).

82) Sherratt and Crouwel(1987, p.341).

83) 제1권, pp.616-617 참조.

84) Sherratt and Crouwel(1987, p.345).

-팔레스타인에서 히타이트의 직접적인 지배하에 있었던 유일한 주요 지역이다. 이 지역을 히타이트는 기원전 1370년경부터 지배하였다.[85]

클라인은 후기헬라스 IIIA와 후기헬라스 IIIB 사이의 경계가 기원전 1300년경이라고 여기는 것 같다. 나는 조정된 연표를 사용해 그 단절이 기원전 1365년경에 있었다고 보는데, 그 단절은 도기 형태의 변화와 지역의 정치적 지배 변화를 반영하는 이중의 경계로서 사용될 수 있다.

우가릿과 키프로스

내륙의 북시리아가 직접적인 히타이트의 지배하에 들어갔을 때 우가릿은 히타이트의 종주권하에 놓이게 되었다. 기원전 1470년경 투트모세 3세의 정복부터 기원전 1360년경 아케나텐 이후 이집트 세력의 약화에 이르기까지 그 도시는 이집트의 영향권에 있었다. 이 시기의 끝에 왕궁이 파괴되고 장엄하고 새로운 왕궁이 부유하고 강력한 왕들을 위해 건축되었는데, 그 왕들은 히타이트의 종주권을 받아들였다.

우가릿의 정치 세력 변화 이후에도 이집트의 문화적 영향은 한동안 살아남았고 기원전 1285년 히타이트와 이집트 사이의 평화 조약 후에 부활되었지만, 이 시기(역주: 기원전 1360-1285년)의 대부분 동안 히타이트와 이집트는 적대적인 관계에 있었다.[86]

방대한 우가릿 문서에서 그리스인 이름이 보이지 않는다는 사실은 제10장에서 언급했다. 그런데 우가릿 유적지의 초기 발굴자들은 그 도시에서 발견된 상당량의 후기헬라스 III 도기를 그곳에 그리스인의 식민지가 있었음을 가정하는 데 사용했다. 이것은 현재 일반적으로 불신되고 있는데, 후기헬라스 III 도기가 출토된 무덤들이 기원전 3천년기로 거슬러 올라가는 레반트 전통에 속하기 때문이다.[87]

---

85) Cline(1991c, p.89); Stubbings(1959, p.104). Cline(1991c, pp.91-92)은 이 주장에 대한 Liverani(1987, p.407)의 반대에 답한다. 기원전 1370년 이후 히타이트의 북시리아 지배에 관해서는 제10장의 주131도 참조.

86) Drower(1975, pp.133-139).

87) 이에 대한 개관은 Yannai(1983, pp.52-56) 참조. 우가릿에서 그리스인의 현존을 시사하는

아닛타 야나이는 그리스 이름의 부재 원인 중 하나를 히타이트의 봉쇄라고 주장했다.[88] 이것은 기원전 1365년 이후 후기헬라스 IIIB의 시기에는 사실일 것이다. 앞에서 언급한 투달리야스 4세와 아무루 사이의 조약으로 미루어 보건대, 아키야와 선박에 대한 입항 금지령은 기원전 1284년 히타이트와 이집트 사이의 적대가 끝난 후에도 반아시리아 정책으로서 지속되었을 가능성이 높다. 그런데 그것은 우가릿이 기원전 1470년부터 1370년까지 이집트의 영향하에 있었을 때의 상황을 설명하지는 못한다. 제10장에서 언급되었지만, 그리스인이 그 당시 그곳에 있었을 가능성이 있지만 이에 대한 어떠한 직접적인 기록이 없다.[89]

시리아의 지역적 상황을 제외하면, 일반적인 경제적 관계가 동지중해 전체에 걸쳐 후기헬라스 IIIA의 시초부터 확립되어 기원전 1220년경 후기헬라스 IIIB의 끝까지 지속되었던 것으로 보인다. 예를 들어, 키프로스에서 발굴된 어마어마한 양의 미케네 도기는 특히 후기헬라스 IIIA2의 시작(기원전 1420년경) 이후에 속한다. 키프로스의 고고학자 H. W. 캐틀링은 다음과 같이 기술했다.

> 그 섬(키프로스) 전체를 고려한다면, 후기헬라스 IIIA2 및 후기헬라스 IIIB 미케네 도기의 양은 어마어마하다. … 이집트의 유적지와 시리아-팔레스타인 연안 유적지에서 동일한 형태의 미케네 도기가 풍부하게 발굴되었지만, 나는 그 발굴물을 모두 합해도 키프로스의 그것에 육박할 것이라고는 생각하지 않는다.[90]

아스트룀은 그곳에서 발굴된 그리스 항아리의 수를 정확하게 3,445개라고

유일한 고고학적 증거는 미케네의 동물상 도기들이다. 이것은 봉헌물로서 사용되었던 것 같다. 나는 그것들이 후기헬라스 IIIA인지 후기헬라스 IIIB인지 알아낼 수 없었다. Yannai(1983, pp.81-83) 참조. Schaeffer는 그 도기들의 연대를 말하지는 않고, 그 절대연대를 '기원전 14세기 말 또는 13세기 초'로서 잡고 있다. 이 연대는 1930년대 당시에는 낮은 연표에 따라 후기헬라스 IIIA로 여겨졌다. Schaeffer(1933, pp.103-19)는 '미케네식' 분묘는 그리스인의 유입을 가리킨다고 주장했다.

88) Yannai(1983, p.111).
89) 제10장의 주131-132.
90) Catling(1964, p.38).

제시했다.[91] 그 양이 하도 많아서 학자들은 그 가운데 많은 것이 키프로스 자체에서 제작되었으리라고 추측했다. 그런데 분광분석과 중성자방사화中 性子放射化분석은 일관되게 대다수가 펠로폰네소스에서 만들어졌다는 것을 보여주었다(이스라엘에서 채취한 샘플도 마찬가지였다).[92] 이처럼 이집트와 레반트에서 발굴되는 미케네 항아리는 그리스에서 제조되었다고 가정할 만한 충분한 이유가 있다.

미케네의 팽창과 투트모세 3세의 정복

고고학자이자 고대 지중해 관계사 전문가인 브론위 행키와 아닛타 야나이가 주목했듯이, 근동에서 발견된 많은 양의 미케네 항아리가 있는 곳에는 항상 더 많은 키프로스 항아리가 있었고, 키프로스 항아리는 때로는 미케네인 지역에서도 발굴되었다.[93] 이는 기원전 1470년경 키프로스 및 그리스로부터 레반트 및 이집트로의 무역량이 크게 증가했음을 보여준다. 후기헬라스 III이 기원전 1400년경 시작된 것으로 가정하고 있는 행키는 키프로스 항아리가 투트모세 3세 치세에 처음 나타났다고 주장했다.[94] 그런데 그 미케네 도기시대가 기원전 1470경에 시작된 것으로 여겨지므로 두 항아리의 도착은 동시대인 것으로 보인다.

비록 키프로스와 우가릿에서 발굴된 크고 거친 미노아의 술 섞는 항아리들은 단지 용기로 사용되었을 것이지만, 미케네 도기의 대부분은 작고 정교하며 아마도 그 자체로 가치를 지녔을 것이다. 어떻게 그것들의 현존과 기능을 설명할 수 있을까? 전통적인 견해는 미케네 그리스가 벌인 사업의 견지에서 모든 것을 설명할 수 있다는 입장이다. H. W. 캐틀링은『캠브리지 고대사』에서 다음과 같이 기술했다.

기원전 1400년 경 크노소스의 공략으로 표현되는 역사적 사실이 무엇이든, 그

---

91) Åström(1973, p.122).

92) Åström(1964, p.38); Catling, Richards and Blin-Stoyle(1963, p.111); Catling and Millet(1965, p.219); Asaro and Perlman(1973) 참조. 전체적인 논쟁에 관해서는 Yannai(1983, pp.73-74) 참조.

93) Yannai(1983, p.75).

94) Hankey(1970-1, p.146).

대변동으로 인해 미케네가 동지중해권으로 무역을 크게 확장하는 길을 닦아 놓은 것으로 보이는데, 키프로스가 초점이 되었다. 기원전 15세기 말에 실개울이었던 것이 기원전 14세기에는 홍수를 이루었다. … 미케네 그리스는 이집트 및 레반트 상품의 막대한 양을 지속적으로 수입했고, 두 지역 사이에 정기적인 무역 제휴가 증가했다. 그 과정에서 에게해권 상인은 키프로스 남부와 동부에 있는 항구들이 시장으로서 그리고 더 먼 지역과의 통상을 위한 중계지로서 가치가 있음을 알게 되었다. 에게해권 상인들의 활동 영역은 북시리아의 아무크 평원에서 이집트의 제2폭포까지 이른다.[95]

캐틀링이 도기를 교역권(키프로스가 그 중요한 중심지이다)의 징표로 본 것은 의심할 바 없이 옳지만, 그의 다른 재구성은 매우 취약하다. 우선 도기는 제작자에 의해 수송될 필요가 없다. 내수용 도기처럼 거칠거나 다양한 것이 아니라 정교하고 유형이 제한된 경우에는 특히 그러하다. 따라서 동부 및 중부 지중해권으로 미케네 도기가 확산되었다고 해서 미케네인이 그곳에 있었다거나 식민화가 진행되었다고 확신할 수 없다. 마치 17·18세기 중국 자기의 세계적 확산이 그 군사력이나 정치력의 확장을 가리키지 않는 것처럼 말이다. 이것은 단지 중국의 생산물이 중요한 역할을 했던 무역체제를 가리킨다.

캐틀링의 두 번째 주요 문제점은 연대 책정인데, 다른 학자들도 이 문제를 안고 있다. 그것은 후기헬라스 IIIA가 기원전 1400년경에 시작되었고 크노소스의 '마지막' 왕궁이 기원전 1380년경에 몰락했다는 전통론에 근거하고 있다. 그러나 제10장에서 후기헬라스 IIIA가 기원전 1470년경에 시작되었고 크노소스 궁전이 기원전 13세기 후반까지 살아남았음을 살펴보았다.[96] 만약 미케네인이 기원전 1470-1370년 시기에 크레타를 정복했다면, 그 정복이 기원전 15세기 중반경에 발생했던 무역망의 비상한 확장의 원인이었다는 가정은 그럴듯하지 않다. 훨씬 더 그럴듯한 이유는 투트모세 3세의 정복과 타나야·아시Asy(키프로스)·우가릿을 포함하는 주변국이 이집트의 종주권을 받아들임으로써 레반트에 확립된 이집트 제국일 것이다.

---

95) Catling(1975, pp.199-201).
96) 제10장의 주92-98 참조.

기원전 14세기의 아마르나 편지는 서부 아나톨리아의 아르자와가 레반트처럼 이집트와 비슷한 관계를 맺고 있었음을 언급하고 있다.[97]

중부 지중해권에서 발굴된 미케네 항아리는 분명히 이집트 영향권 너머의 것이지만, 동지중해권은 이집트 영향권 내에 있었다. 후기미노아 IIIA 도기는 레반트와 누비아에서 발견되지만, 아나톨리아의 고원 지대에서는 발견되지 않았다. 프랑스의 학자 장 클로드 쿠르트와의 주장에 따르면, 그 도기의 확산은 '미케네의 평화Pax Mycenaica' 속에서 발생했다.[98] 그러한 개념을 뒷받침할 수 있는 증거가 매우 부족하다는 사실을 고려하면, 그 주장은 아리아주의자의 상상의 힘에 대한 증언일 뿐일 수 있다. 그렇다고 하더라도 실제로 무역망이 번영하려면 무엇보다도 평온한 시기가 전제되어야만 할 것이다. 이에 대한 명백한 후보(우리는 상당량의 문헌 증거를 갖고 있다)는 투트모세 3세에 의해 확립되고 1세기에 걸쳐 그 계승자들에 의해 유지된 '이집트의 평화Pax Aegyptiaca(파스 에기프티아카)'이다.

후기 청동기시대 지중해의 상인들?

배스의 도전

이제 누가 도기와 여러 상품을 수송했는가를 고려해보자. 앞에서 명백히 밝혔듯이, 정통론에 따르면 '미케네' 도기가 운송되었으므로 그 운송인은 틀림없이 '미케네인'이다. 그러나 그 운송인이 레반트 무역인과 이집트인이라는 주장을 펼 강력한 근거가 있다. 제10장에서 이집트가 기원전 15세기 중반에 막강한 함대를 보유했음을 언급했다.[99] 그 당시의 이집트 무덤 벽화로 보건대, 시리아-팔레스타인 사람들이 레반트의 상품만이 아니라 에게해권에서 생산한 것으로 보이는 상품을 이집트로 가져왔다는 데는

---

97) 타나야에 관해서는 제10장의 주39-65 참조. 우가릿에 관해서는 Drower(1975, pp.133-4) 참조. 아시isy에 관해서는 Catling(1975, pp.203-204) 참조. 이 이름의 복잡함에 대한 논의에 관해, 제5장의 주165-171 참조. 아르자와에 관해서는 아멘호테프 3세에게 보내는 아마르나 편지(E.A. 31, 32) 참조. Yannai(1983, p.127, n.137)도 참조.

98) Courtois(1973, p.137).

99) 미케네를 중심으로 한 설명은 Taylour(1958, pp.81-137; 1964, pp.148-165) 참조. 좀 더 레반트적인 견해는 Culican(1966, pp.42-50) 참조. 이집트 함대에 관해서는 제10장의 주86 참조.

의심의 여지가 없다.[100]

그 당시에 서부 셈족이 동지중해 무역을 지배했다는 생각은 가나안 항아리의 분포를 근거로 1956년 버지니아 그레이스에 의해 그리고 좀 더 강력하게는 10년 뒤인 1966년 잭 새선에 의해 주장되었다. 새선의 주장에 따르면, 이 장식 없는 유물은 분명히 다른 상품을 담는 용기로 사용되었고, 에게해에 걸쳐 그 수효가 점증하는 것으로 보건대 우가릿 문서에서 발견되는 레반트 교역에 관한 기록을 뒷받침할 뿐만 아니라 우가릿 문서에 그리스인에 대한 언급이 빠져 있는 것을 고고학적으로 충분히 뒷받침하고 있다는 것이다.[101] 그 주장은 분명히 매우 그럴듯했다. 그런데 유대인 셈학자이자 사이러스 고든의 제자인 새선의 주장은 그리 심각하게 고려되지 않았다.

이듬해 새선의 주장을 뒷받침하는 새로운 증거를 비난의 대상이 아닌 비유대인 학자가 내놓았다. 텍사스 A & M 대학의 조지 배스는 현재 미국의 지도적인 해양 고고학자이다. 그러나 그때에는 자신의 말마따나 '사리사욕은 조금도 생각하지 않는' 천진난만한 대학원생이었다.[102] 1967년 배스는 동료들과 함께 남터키에 있는 겔리도냐 곶 앞바다에서 발굴했던 후기 청동기시대의 배에 레반트인이 승선했다는 신중한 견해를 담은 책을 발간했다. 그의 결론은 난파선에서 발견된 대부분의 항아리, 추, 원통형 도장, 기타 개인적 유물이 레반트에 기원을 두고 있다는 연구 결과에 근거한 것이었다.[103] 겔리도냐의 배는 5-10미터쯤으로 아주 작고, 우리가 고려하고 있는 시기의 바로 끝부분인 기원전 1220년경에 사용되었던 해양 청동세공 공법maritime bronzesmith으로 만들어진 배로 보인다. 배스는 그 배에서 나온 증거를 후기 청동기시대에 페니키아인이 담당한 주요한 역할을 지지해주는 증거에 덧붙였다.

그러므로 시리아의 원통형 인장의 분포는, 미케네 해운의 독점의 증거로 사용

---

100) 투트모세 4세 치세에 속하는 세베크호테프Sbkhtp의 무덤(162호분)에 그려진 시리아인들 참조. 이것에 관한 참고문헌으로 Bass(1967, p.135, n.1) 참조. Culican(1966, plate 42)도 참조.

101) Grace(1956); Sasson(1966a).

102) Bass(1967, pp.163-167).

103) Bass(forthcoming).

되는 미케네 항아리의 분포보다, 근동의 무역벤처사업의 존재를 보여주는 더 강한 증거일 수 있다.

겔리도냐의 배를 포함해 페니키아 상선들은 빈 배로 키프로스와 근동으로 돌아오지 않았을 것이고, 화물은 주로 미케네 도기로 구성되었을 것이지만 세월이 흐르면서 형체가 남지 않는 상품을 종종 포함했다고 가정하는 것이 합당하다. 그러나 그 배들은 서쪽에 있는 외국으로 가는 항해에서 원래 무엇을 싣고 갔을까? 우리는 더 이상 미케네 상품과 교환되는 시리아 상품의 성격을 추측에 근거해서는 안 된다.104) 우리는 '실제적인 오리엔트의 유물이 미케네 그리스에서 거의 발견되지 않았다'고 더 이상 말할 수 없다.105) 에게해권으로 화물을 나르는 동안 겔리도냐에서 침몰한 배와 같은 그러한 배들에 실려 그리스에 도착한 것은 특히 금속이었다.

나는 구리 판형주괴板形鑄塊가 셈인에 의해 다루어졌지 일반적으로 여겨지듯이 에게해권 상인에 의해 다루어진 것이 아님을 주장했다. 부크홀츠는 긴 원통형 주괴가 시리아인과 관련되었으나 청동의 원초적인 형태가 너무 널리 퍼져 있어 특정 민족을 지칭하기는 어렵다고 말했다.

그리스 본토에서 출토된 청동 유물은 종종 판형주괴의 조각을 포함하고 있는데, 이제 그것은 페니키아의 상품으로 받아들여질 수 있다. 주괴와 깨어진 연장은 보통 키프로스에서 가져온 것이 확실하지만, 청동은 아주 빈번하게 근동에서 기원한 비에게해권 유형인데 우리는 판형 주괴가 페니키아의 규정에 따라 만들어졌다고 주장할 만한 근거를 더 제시했다.106)

선형문자 B 서판에서 발견되는 이 품목들에 해당하는 셈어 단어들로 보건대, 상아·금·향료는 동지중해권에서 왔고, 적어도 향료는 기원전 14·13세기에 그리스에 도착했던 가나안 항아리들에 담긴 내용물의 일부였을 것이다.107)

그리스에서 더 많은 수효의 근동 도기가 발견되지 않는 것은 상품의 특성으

---

104) Albright(1950, p.327).

105) Barnett(1956, p.214).

106) 나는 그 금속 교역이 일방 교역이었다는 배스의 주장을 받아들이지 않는다. 뒤에서 그리스의 금속 수출에 관해 좀 더 살펴볼 것이다.

107) 가나안 항아리에 관해서는 뒤에서 좀 더 서술할 것이다. 선형문자 A로 기록된 향료의 셈어 이름(제10장의 주137 참조)으로 보건대, 그 명명법과 교역은 기원전 14세기 이전에 존재했다.

로 설명될 수 있는데, 왜냐하면 금속·천·상아는 도기 용기를 필요로 하지 않기 때문이다. 참으로 우리는 에게해권에서 이러한 상품의 어떤 흔적도 발견할 수 있으리라고는 기대하지 않아야 하는데, 직물과 향료는 오래 전에 사라졌고 금속과 상아는 보존되었다면 다른 형태로 발견되기 때문이다. 이것은 발굴에 의해 입증된다. 이런저런 이유로 에게해권의 형태로 두들겨지거나 재주조되기 전에 사라진 근동의 주괴와 도구는 대부분 주물공의 비장秘藏에서 나타난다. 우리는 미케네의 해운 수준이 과대평가되었다고 결론지을 수 있는데, 왜냐하면 미케네 그리스의 주요 수출 상품(도기, 그리고 도기에 담겨 운송되는 상품들)은 내구적인 잔존물을 남기기 때문이다. 그러나 미케네인이 수입한 상품은 곧바로 눈에 띄지는 않는다 하더라도, 그 상품은 수입자들에겐 수출품과 동일한 가치를 지녔음에 틀림없다.

나는 페니키아인이 후기 청동기시대에 해운 교역을 독점했다고는 주장하지 않지만, 그들이 주된 역할을 했다고 주장한다.[108]

후기의 연구결과에 따르면 이 인용문의 몇몇 세부 사항이 의문시될 수 있지만, 전반적으로 결론이 옳다는 것에 대해서 오늘날에는 거의 의문이 없다. 그런데 그 당시 배스의 연구는 너무나도 놀라운 것이어서 일반적으로 환영받지 못했다.[109] 그러나 그의 연구는 특별히 좀 더 추상적인 기본틀에 관한 다른 두 저서를 뒷받침할 수 있는 구체적인 고고학적 증거를 제공할 수 있는 것으로 여겨졌다. 하나는 애스터의 『헬레노세미티카』이고, 다른 하나는 오스트리아의 고고학자이자 고대사가인 프리츠 샤허마이어의 『아가이스Agais와 오리엔트』이다. 후자는 좀 더 신중하지만 뚜렷하게 '오리엔탈리즘적' 저서이다. 두 저서는 거의 동시에 나왔다.

배스의 마지막 기술은 다음과 같았다.

앞으로 연구가 더 필요하겠지만, 우리의 발굴물에 대한 분석에 따르면 "호메로스가 페니키아인을 시대착오적으로 언급하는 것이 아니며, 그가 묘사한 영

---

108) Bass(1967, pp.165-166).
109) Cadogan(1969b); McCann(1970) 참조.

응시대는 참으로 페니키아인 없이는 진실되지 못할 것이다"라는 스터빙스의 최근 기술을 뒷받침하고 있다.110)

뮬리의 응답

바로 이것에 반대해 그리고 애스터에 의해 대표되는 오리엔트의 영향에 호의적인 일반적인 경향에 반대해, 아카드를 연구하기도 했던 지중해 고고학자인 제임스 뮬리는 열정적이고 박학한 논문 「호메로스와 페니키아인들」을 썼다. 이 논문은 후기 청동기시대와 초기 철기시대 그리스와 근동 사이의 관계를 다루고 있다. 이 논문은 제1권에서 이미 다룬 적이 있다.111) 그 논문에서 뮬리는 배스의 자세한 주장에 맞서기보다 미케네 항아리가 미케네인에 의해 운송되었다는 것을 자명한 사실로 받아들였다. 뮬리에 따르면, 도기는 그리스인이 레반트에 관한 풍부한 지식을 지녔음을 가리키는 것이고 이로써 문화 차용이 설명될 수도 있다는 것이었다. 더욱이 레반트에서 발굴된 레반트 및 이집트의 유물은 골동품뿐이었다. 무역에 중점을 둔 우가릿을 다루면서 그리고 그곳에 그리스인에 대한 언급이 없다는 문제를 넌지시 다루면서, 그는 잭 새선을 격렬하게 논박했다.

사실들에 관련된 수많은 실수로 손상된 그의 연구의 몇몇 의문스러운 결론에 대한 언급이 이미 있었다. … 저자인 잭 새선은 라스 샴라(우가릿)에서 나온 우가릿 및 아카드 문서가 교역과 상업의 문제를 다룬다는 것을 확실히 보이고 있다. 그렇다고 이것이 동지중해에서 가나안의 해운의 중요성을 입증하지는 않는다. 새선은 우가릿과 알랄라크의 문서가 에게해권의 어떤 고유하거나, 인종적이거나, 지리적인 이름을 언급하지 않는다고 생각한다. 또한 그의 언급에 따르면 "선형문자 A 및 B로 쓴 문서에 담긴 이름들이 동시대에 북시리에서 흔했던 이름들을 대단히 닮았다"고 한다. 그의 결론에 따르면 "적어도 미케네의 시리아 교역은 가나안인에 의해 유지되거나 또는 더욱 그럴듯하게는 로도스와 키프로스 같은 장소에서 행하여졌다"고 한다. 그러나 이러한 언급이 유효

---

110) Wace and Stubbings(1962, p.543). Bass(1967, p.167, n. 41)는 이 문제에 관한 상반된 견해들을 담고 있는 참고문헌(중요하지만 완전하지는 않다)을 제공하고 있다.
111) Muhly(1970b); 제1권, pp.585-586.

하다고 가정하더라도, 그것은 무역이 미케네인에 의해 장악되었다는 것을 논리적으로 따르는 것이 아닌가? 근동의 문서는 에게해권에 관한 어떤 지식도 드러내지 않는다. 그러나 미케네 문서는 근동 언어의 지식과, 아마도 근동 지명에 관한 지식도 보여주고 있다. 이에 따르면 후기 청동기시대의 무역 관계에서 그리스는 능동적인 참여자이고 근동은 수동적인 조력자일 따름이다.[112]

뮬리의 논리는 나의 주의를 끌지 못한다. 비록 그들이 모두 노예일 가능성이 있다 하더라도 크레타 및 그리스에 셈어와 이집트어의 인종적 이름들이 있었다는 것은, 애스터와 새선에게 그러했듯이 나에게도 다른 어떤 곳에서보다도 에게해권에 근동인이 있었다는 것을 보여준다. 앞에서 언급했듯이, 나는 기원전 14세기 후반과 13세기 레반트의 어떤 곳보다 우가릿에 그리스인이 적었다고 생각한다. 그렇다 하더라도 애스터와 새선이 문헌 증거를 그대로 받아들여 그 지역에서 그리스인의 현존에 관한 어떤 징후도 보이지 않는다고 지적한 것은 아주 옳다.

'근동의 문서는 에게해권에 관한 어떤 지식도 드러내지 않는다'는 뮬리의 주장은 옳지 않다. 제10장에서 크레타(카프토르Kptr)와의 교역권을 갖고 있었던 우가릿의 시전상인 시나레누를 언급했고, 사실 성서가 말하는 카프토르Kptr는 장인匠人의 신 코싸루-와-하시수Ktr w Hss의 거주지로서 우가릿의 신학 문서에 대단히 자주 나온다.[113] 뮬리는 그 당시 에게해권 지리에 관한 상당한 지식을 내비치고 있었던 이집트 문서는 언급하지 않는다. 그 시기에 레반트 해안과 이집트 사이의 긴밀한 관계 그리고 이집트의 에게해권과의 많은(대부분이라고는 할 수 없다 하더라도) 접촉이 레반트를 거쳤다는 사실을 고려하면, 가나안 사람이 에게해권에 관해 알지 못했다는 것은 생각할 수 없는 일이다.

뮬리의 언어학적 주장 역시 그럴듯하지 않다. 에게해권에서 발견된 사치품을 나타내는 셈어 이름은 근동에서 그리스로의 영향을 가리킨다. 그 반대가 아니다. 이것은 누가 이런 영향을 전했는지는 말하지 않지만 어원 자체가 '그리스를 능동적인 참여자'로 만들기 위해 사용될 수는 없다.

112) Muhly(1970b, pp.43-44).
113) 제10장의 주129 참조.

뮬리는 애스터·배스·새선에 비해 학계에서 큰 힘을 지니고 있었고, 내재적인 개연성을 지니지 못했음에도 그의 주장은 여러 해 동안 심각하게 검토되지도 도전받지도 않았다. 세 학자 모두는 거친 대접을 받은 후 좀 더 안전한 학문의 장으로 이동했다. 배스는 훨씬 후에 청동기시대에 관한 연구로 되돌아왔다.

야나이의 부정적인 종합

1970년대 후반 광의의 아리안모델이 복귀하고 고대 지중해에서 '셈족의' 중요한 역할을 수용하면서 뮬리의 결론은 의문시되었다. 제1권에서 나는 뮬리의 제자인 랜돌프 피턴 헬름의 논문(1980년에 논문 통과)을 언급한 적이 있는데, 거기에서 그는 초기 철기시대에 "오리엔트 무역은 독점적이지는 않다 하더라도 크게 키프로스(그리고 아마도 레반트 해안)에서 온 **페니키아** 상인의 수중에 있었다"고 주장했다.[114] 이 가설은 이스라엘 학자 아닛타 야나이에 의해 1983년 옥스퍼드에서 완결된 논문으로 제시되었다. 고고학적 실증주의자인 야나이는 만약 유물이 발견되지 않는다면 그것은 중요한 양으로 존재하지 않았을 것이라는 것을 믿는 학자이다. 이를 근거로 그녀는 우가릿이나 레반트의 다른 곳에 미케네의 식민지가 있었을 것이라는 학자들의 더 초기의 생각을 분쇄했다. 지역적 특징을 갖는 레반트 무덤에서 에게해권 도기가 출토된다고 하더라도 그리스인의 현존을 시사하는 우가릿의 문서 증거가 부족하므로 그녀는 그곳에 미케네인이 있었다는 것을 의심했다.[115] 그녀는 또한 제10장에서 논의되었듯이, 선형문자 B 문서에서 미케네인들의 상업활동에 관한 기록이 별로 없음을 지적했다.[116] 키프로스에 미케네인의 식민지가 존재했다는 것에 반대하는 영국의 고고학자 캐틀링이 제기한 상세한 주장을 받아들이면서, 그녀는 레반트에서 그런 식민지의 개연성은 더욱더 없다고 주장했다.[117]

아닛타 야나이는 에게해권에 근동의 식민지가 있었다는 생각도 마찬가

---

114) 제1권, pp.592-593 참조.
115) Yannai(1983, pp.51-54).
116) 제10장의 주147 참조.
117) Catling(1964, pp.53-54); Yannai(1983, p.55).

지로 받아들이지 않았다. 전체적으로 그녀는 에게해권에서 그 시기에 속하는 레반트 및 이집트 유물의 수가 중요할 정도로 많은 것은 아니라고 보았다. 이집트 유물에 관해서는 "그 유물을 해외 접촉(반드시 이집트와의 접촉일 필요는 없다)의 과정에서 우연히 손에 넣게 된 '골동품' 이상으로 보기는 힘들다"[118]고 설명했다. 야나이는 기원전 15세기 중반 에게해권의 선물에 관한 이집트 무덤 벽화(그녀는 공물이라는 용어를 좋아하지 않는다)가 그녀의 연표에서는 후기미노아 IB/후기헬라스 IIA에 일치한다는 견해를 밝히면서 결국 공식적인 선물 증정과 에게해권 도기 사이의 연계 가능성을 제쳐놓았다. 이전에 메릴리스가 이 연계를 제안했지만 야나이는 근동에서 발굴된 도기 중 그 시기에 속한 것이 거의 없다고 지적했다.[119] 앞에서 언급했듯이, 이 불일치는 베탄쿠르의 높은 연표(이에 따르면 이집트 무덤의 벽화는 후기헬라스 IIIA 초에 해당된다)를 받아들이기만 하면 제거된다. 이 시기의 도기는 이집트 및 레반트에서 풍부하게 나타난다. 그런데 아닛타 야나이는 벽화와 도기 모두의 중요성을 과소평가하고 후기 청동기시대에 이집트와 에게해권 사이에 의미를 부여할 정도의 무역이 있었다는 것을 부정하기 위해서 이 불일치를 이용했다.

그녀는 후기 청동기시대 에게해권에서 발견되는 다양한 유형의 레반트 및 메소포타미아 유물(원통형 인장, 상아, 가나안 항아리들, 두들겨 만든 금 조각상)을 계속 조사했다. 각각의 경우(그것 모두는 뒤에서 논의할 것이다)에서 그녀는 발견물 수가 적다는 것을 강조했고, 그것이 더 먼 동쪽이나 남쪽만이 아니라 키프로스에서 온 것일 수도 있다고 주장했다. 그녀는 선형문자 B에서 발견된 셈어 단어에 근거한 어떤 주장도 제쳐버렸는데, 그러한 차용 단어는 극소수일 뿐이라는 아마도 4개의 단어뿐이라는 것을 이유로 삼았다. 그녀는 그 가운데 '쿠민cumin'(역주: 미나리과 식물로 향료로 사용)과 '참깨sesame'는 너무 널리 퍼져서 어떤 중요성이 주어질 수 없으며, 나머지 단어인 금kurusu과 직물kito도 직접적으로만큼이나 간접적으로 전해졌을 것이라고 주장했다.[120]

---

118) Yannai(1983, p.61).
119) Yannai(1983, p.61).
120) Yannai(1983, pp.60-70).

야나이는 레반트에서 발견된 미케네 도기에 관심을 돌리며 그것을 중요하게 받아들였다. 그런데 앞에서 언급했듯이, 그녀는 키프로스에 관련된 것이 좀 더 중요하다고 주장했고 레반트의 미케네 도기는 항상 키프로스 도기에 동반되었음을 강조했다.[121] 이처럼 야나이는 미케네에 의한 식민화는 고사하고 어떤 종류이든 의미를 지닐 정도의 미케네 교역은 없었다고 확신했다. 그녀는 또한 셈족의 레반트로부터 에게해권에 대해 직접적으로 영향을 미친 것을 보여주는 증거는 거의 없다고 믿었다. 그녀는 레반트에서 발굴된 미케네 도기의 상당량을 설명할 필요를 여전히 느꼈는데, 그 도기들은 무역을 통해 그곳에 도착했음에 틀림없다. 그녀는, 에게해권 상품이 키프로스로 배로 운송되었고 그 후 레반트와 그 너머로 다시 배로 운송되었으니 모든 것은 키프로스에 달려 있었다고 주장했다.

이 점에서 그녀는 선배 학자들을 따랐다. 영국의 고고학자이자 고대 지중해 관계에 관한 오리엔트 사상가인 브론위 행키의 주장에 따르면, 미케네 배들이 키프로스로 항해했고 그곳에서 미케네인은 자신들의 항아리에 담아서 가져온 상품을 대부분 하역하고는 그 섬의 구리와 키프로스 용기에 담긴 다른 상품과 맞바꾸었다는 것이다. 그리고 나서 그들은 (동쪽으로) 항해를 계속하여 키프로스 상품과 나머지 미케네 상품을 처분해 오리엔트 상품을, 아마도 앞에서 언급된 골동품을 얻었다는 것이다.[122] 성가시기는 하지만 이 틀은 미케네 무역 지배설이라는 견지에서 물질적 증거를 설명하고 있다. 그러나 아닛타 야나이가 지적했듯이, 행키의 설명은 그리스인이 키프로스 너머로 항해했던 이유를 제대로 대고 있지는 않다.

야나이는 다른 틀을 주장했다. 그녀는 키프로스를 에게해 무역의 '종점'으로 보았다. 에게해권 사람들은 키프로스의 구리가 필요했고 레반트는 미케네 및 키프로스 도기에 대한 취향을 지니고 있었으며, 교환은 '중개인'을 통해 키프로스에서 일어났다는 것이다. 야나이는 에게해에 레반트 및 셈의 영향이 있었다는 것을 완강하게 부정했다. "궁극적으로 상품교환에 관심을 갖고 있는 두 문화 영역은 요컨대 서로서로 최소의 접촉을 가졌다."[123]

---

121) 주89-92 참조.

122) Hankey(1967, pp.20-22; 1970-1, p.146).

123) Yannai(1983, p.103).

동시에 그녀는 키프로스 '중계인'을 레반트인으로 보는 쪽으로 기울어졌다. 그녀는 오늘날의 파마구스타Famagusta 근처 엔코미Enkomi에 시리아-팔레스타인의 '거류지' 또는 본부의 존재를 보여주는 고고학적 증거가 있다고 지적했는데, 그녀는 거류지가 상업적 기능을 가졌던 곳으로 보았다.[124] 그녀는 에게해권을 연구하는 고고학자들의 헬레노센트리즘을 거부하고 동지중해에 셈어를 말하는 바닷사람들의 현존을 기꺼이 받아들였다. 동시에 그녀의 목표는 핵심적으로는 다른 고고학자들과 동일했는데, 고고학에 의해 제시된 의심할 바 없는 교역 접촉을 에게해권에 대한 오리엔트의 실질적인 문화적 영향은 없었다는 그 당시의 일반적인 확신과 조화시키는 것이었다. 그러나 불가능한 일을 꾀할 수는 없었던 야나이는 셈어를 말하는 레반트인이 그녀가 나누어놓은 무역망의 두 분야에서 분명히 중심적이었음을 어쩔 수 없이 받아들여야만 했다.

카쉬 난파선: 선원들

아닛타 야나이는 특히 운이 없었다. 1984년 남서 터키 카쉬Kaş 근처의 울루 부룬Ulu Burun 앞바다에서 세상을 놀라게 한 후기 청동기시대의 배 한 척이 발견·발굴되면서, 선배 학자의 가설들처럼 그녀의 가설 중 많은 부분이 잘못되었음이 곧 밝혀졌기 때문이다. 이 발굴의 주요 국면은 나중에 논의할 것이다. 여기서는 장대한 배의 크기와 대규모의 화물은 후기 청동기시대 동지중해 교역의 정도 및 의미에 대한 이전의 모든 평가가 절망적이라 할 정도로 과소평가되었음을 웅변해주었다는 것만 말하겠다.

배의 연대는 후기헬라스 IIIA2 말 또는 아케나톤 치세인 기원전 1381-1364년이고, 유물 대부분의 연대는 대략 기원전 15세기와 13세기 사이라고 할 수 있다(역주: LH IIIA2의 기간을 어떻게 설정하느냐에 따라서 기원전 13세기 유물이 선적되었을 수 있겠다). 터키의 해저 고고학자인 케말 풀락은 도기의 가장 최근 연대를 후기헬라스 IIIA2 말인 기원전 1350년경으로 잡고 있다. 그러나 베탄쿠르의 견해를 따라서 나는 그 연대를 10-20년 더 이르게 잡으려 한다. "아텐의 최상의 아름다움, 네페르티티"라는 글씨가 새겨진

---

124) Schaeffer(1971, p.521); Courtois(1973, p.137); Yannai(1983, p.102).

황금 스카랍의 발견 또한 이 연대를 지지해주는 것으로 볼 수 있다. 미국의 이집트학 학자 제임스 와인슈타인의 개연성을 지닌 주장에 따르면, 그 스카랍의 발견은 아케나톤의 유명한 부인 네페르티티는 남편의 사망으로 파라오가 되었는데, 그녀는 스멘크카레Smenkhkare라는 이름으로 알려진 지배자와 동일시해야 한다는 주장을 뒷받침해준다는 것이었다. 와인슈타인은 아케나톤의 치세를 낮게 잡는 경향이 있지만, 나는 앞에서 주어진 이유로 낮은 연대 설정을 좋아하지 않는다. 나는 그의 치세를 기원전 1381-1364년으로 잡는데, 그 스카랍은 기원전 1364-1361년 사이에 제작되었을 것이다.[125] 자주 사용된 또 다른 황금 유물은 많이 닳았고 잡다한 황금붙이 근처에서 발견되었다는 사실로 미루어 보건대, 스카랍이 제작된 후 몇 십 년간 분실상태에 있었다는 것을 시사할 수도 있다. 그러나 그러한 시사가 후기헬라스 IIIA2의 도기연대보다는 덜 중요하게 여겨지는데, 그 도기연대는 그 스카랍이 (제작된 후 몇 십 년간 분실상태에 있었던 것이 아니라 난파) 당시에 사용 중이었을 가능성과 잘 맞아떨어진다.[126] 이처럼 카쉬 난파선의 연대를 더 이르게 설정하면 그 스카랍이 단순한 황금붙이가 아니라 이 항해에 일종의 공식적 지위를 부여하는 표식이라는 주장을 강화하는데, 그 주장은 선박의 크기와 화물의 가치를 고려하면 예상할 수 있는 것이다.[127]

이 연대와 파라오 아케나톤을 결부시키면, 난파선과 아마르나 편지를 연계시키는 조지 배스의 시도는 아주 그럴듯한데, 아마르나 편지에서 알라샤(그는 알라샤를 키프로스와 동일시하는 통례를 거부했는데, 나는 그러한 동일시가 여기에서는 매우 잘 맞아떨어진다고 생각한다)의 왕은 파라오에게 "제가 당신께 선물로 200탈란트(역주: 1탈란트는 지역에 따라 다르지만, 대략 30kg 내외이다)의 구리를 보낼 것입니다"라고 약속했다. 배스는 그 정도의 양이라면 청동기시대 문헌에 기록된 어떤 것보다 많은데, 카쉬 난파선에 있었던 200개의 주괴와 잘 맞아떨어진다고 주장했다. 그는 또한 또 다른 편지들은 알라샤로부터 이집트로 보내는 사치품으로 구성된 조공물을, 곧 카쉬 난파선에서 발견된 유형의 조공물을 언급하고 있음을 지적했다.[128]

---

125) Weinstein(1989a, p.27).

126) Bass(1987, p.732); Weinstein(1989a, p.24).

127) Pulak(1988, pp.33-34).

이 시점에서 그 배와 승무원의 기원을 고려해야 한다. 케말 풀락은 그 배에서 발견된 미케네 항아리들을 근거로 그들이 미케네 그리스인이었다고 주장했다.

(그것들은) 개인용 술잔임에 틀림없다. 왜냐하면 그 형태가 용기로서 사용하기에는 거의 맞지 않기 때문이다. 아직 연구되지 않은 몇 개의 다른 거친 접시들과 더불어, 이 미케네 도기들이 선적 품목 중의 일부라는 것은 거의 확실하다. 그것이 근동의 선원에 의해 다시 사용되었을까 아니면 그 배에 승선한 미케네 선원들의 것이었을까? 이 도기들의 목적은 불분명하지만 미케네 상인의 인장은 배스에게 그 배에 미케네인의 현존을 시사했다. 최근에 발굴된 구형 핀globe pin은 근동에서는 지금껏 전례가 없었는데, 미케네인이 의복의 일부로 착용했던 유형에 속한다. 별로 무게가 나가지 않는 청동으로 주조된 그 핀은 아마도 한 미케네인에게, 아마도 그 인장을 소유했던 사람에게 속했을 것이다. 이 사람은 왕명을 받은 관리였을까, 성공적인 교역 모험을 마치고 돌아가는 부유한 상인이었을까, 아니면 화물의 적은 몫을 가지고 있는 평범한 승객 상인이었을까? … 울루 부룬의 난파선에 승선한 미케네인의 현존이 그 선박의 기원도 시사하는지 아닌지는 알려지지 않은 채로 남아 있으나, 당분간 입수 가능한 증거는 울루 부룬 선박의 기원지를 미케네의 항구로 보는 것을 조금이라도 더 타당하게 할 것이다.[129]

이러한 주장도 받아들이기는 했으나, 배스는 울루 부룬에서 레반트 유형이든 키프로스 유형이든 23개의 돌 닻과 '오리엔트식' 나무 피낙스pinax 또는 접는 기록판(뒤의 내용 참조)의 발견은 근동 기원의 더 강한 근거가 된다고 믿었다.[130] 기원의 양면성은 인접해 있었던 두 개의 검(하나는 가나안 검이고 다른 하나는 미케네 검이다)의 발견에서도 반영된다. 국적이 다른 선원이

---

128) E.A. 33-35. E.A. 35에서 언급된 500 '탈란트'는 주괴로 볼 수 없다. Bass(1986a, pp.293-294; 1987, p.709); Pulak(1988, p.34) 참조. 알라샤가 키프로스라는 것을 배스가 부정하는 것에 관해서는 Bass(1990b, pp.19-20) 참조.
129) Pulak(1988, p.37).
130) Bass(1990b, pp.17-18).

섞여 있었던 것으로 보인다.

선원들 중 그리스인이 있다는 것은 미케네의 해양 활동에 관한 문헌 증거(만약 에게해권에서 문헌 증거가 모자라다면 근동에서 가능하다)를 지지할 고고학적 증거가 된다. 해외로부터 왔음에 틀림없는 조공을 나르는 케프티우Kftiw 사람들과 미케네인을 보여주고 있는 무덤 벽화들이 있다. 기원전 13세기에 히타이트 왕 투달리야스 4세는 시리아 해안으로 오는 아키야와의 배를 발견하는 것이 일상적인 일이라고 여겼다. 게다가 바다를 통한 아카이와샤Ikwš의 침입에 관한 이집트 기록은 오디세우스의 해상 공략에 관한 호메로스의 묘사에 반영되고 있다.[131]

반면에 카쉬 배 선원 중 레반트 요소는 겔리도냐 난파선과 엔코미에 있는 시리아의 교역소에서 나온 고고학적 증거에 연결되어야만 한다. 그리스에서는 가나안 항아리와 여러 가지 도기가 발견되었다. 최근의 발굴에 따르면, 기원전 1470-1200년 시기에 속하는 키프로스 및 레반트의 도기가 리비아의 마르사 마트루Marsa Matruh와 사르디니아에서, 시실리의 바로 북쪽에 있는 아이올리스의 섬들 근처의 해저에서 발견되었다.[132] 미케네 도기가 근동에 그리스인의 현존을 가리키는 것 못지않게, 이 발견은 중부 지중해에 레반트인의 현존을 증명할 수도 있다. 그런데 기원전 14세기에 제작된 가나안 신神의 청동제 작은 조각상은 좀 더 시사적이다.[133]

시리아-팔레스타인 상인들이 배의 화물을 하역하는 무덤 벽화로부터의 문헌 증거가 있고, 우가릿 문서에서 보고된 능동적이고 광범위한 해상 교역도 있고, 크레타와 교역하는 오리엔트의 탐카룸tamkarum(역주: 시전 상인)에 관한 구체적인 언급도 있다. 더욱이 비블로스, 시돈, 티로스의 상업적 전통도 있고, 에게해권과 레반트 사이의 교역이 페니키아인의 수중에 있었다는 호메로스의 기록도 있다.[134]

이러한 것들을 근거로 두 민족이 상당한 교역 활동에 종사했다는 가설을 세울 수 있다. 또한 기원전 1370년 후 우가릿의 특별한 상황을 고려하면

---

131) 주78, 58-60 참조.
132) 마르사 마트루에 관해서는 White(1986, pp.78-78) 참조. 아이올리스의 섬들과 시실리에 관해서는 Bass(1990b, p.17) 참조.
133) Purpura,(1981, pp.15-35).
134) 제10장의 주151; 앞의 주101-110 참조.

그곳의 기록에서 그리스인들에 관해 왜 전혀 언급이 없는지가 설명된다. 그렇다고는 하지만 에게해권에서의 상업 활동과 비교할 때 우가릿과 시리아-팔레스타인 도시들에서 상업이 더 강조되고 있었다는 사실은, 호메로스의 기록과 더불어, 후기 청동기시대 동지중해에서의 교역은 대부분 레반트인에 의해 수행되었음을 강하게 시사하고 있다.

카쉬 배는 문헌 사료로부터 이미 명백히 알 수 있었던 것(적어도 기원전 14세기에 동지중해 주변에는 사치품과 금속이 다량 교역되고 있었다는 것)에 대한 고고학적 증거를 제공할 따름이었다. 그 지역은 그 당시 이집트에 의해 지배되었고, 또 다른 세력인 히타이트는 분명히 무역 체제의 밖에 있었다. 그 체제 안에서는 외국 상품에 대한 상층계층의 기호와 아마도 다른 지역에 대한 어느 정도의 지식을 지닌 완전히 국제적인 사회가 있었다. 그러나 울루 부룬 난파선과 같은 교역이 존재하였다는 특정 지표를 살펴보기 전에 두 곳의 수도인 이집트 테베와 미케네 사이의 관계를 고려하는 것도 유용하리라 생각한다.

이집트의 테베와 미케네, 기원전 1420-1370년

이집트어로 네이웨트 아멘Niwt imn(아몬의 도시)으로 알려진 이집트 남부 수도의 그리스어 이름은 테베이다. 기원에 대한 전통적 견해에 따르면, 테베 근처 룩소르는 지역 이름으로 타 예프트아트t3 ip3t(룩소르를 나타내는 이름 예프아트 레세트ip3t rst[남쪽의 후궁]로부터 나왔다는 가설에 근거하고 있다)로 부르지만 이것이 그리스어로 테베Thēbai라고 표기되면서 혼란스럽게 되었고, 타 예파트는 후에 예페트ipt로 축약되었다는 것이다. 그러나 이럴 때 정관사 타t3를 쓰는 경우는 발견되지 않았다.135) 이러한 설명한 그 자체로 취약하고, 보이오티아의 테베 이름을 설명하지 못하며, 북서 아나톨리아의 미시아에 있는 또 다른 테베를 설명하지 못한다. 제1권의 서론에서 나는 제3권에서 더 자세하게 제시할 반론을 개략적으로 소개했다.

한편 극단적 아리안모델이 출현하기 전에는, 그리스의 도시 이름인 테베Thēbai

---

135) Gardiner(1947, II, p.25).

가 가나안어 테바tēbåh(방주, 궤)에서 유래했으며, 이는 다시 이집트어 테비tbi 혹은 '상자' 데베트dbt에서 유래했다는 것이 일반론이었다. 이는 또 다른 관련 단어인 '버들가지 뗏목, 갈대 방주' 제바db3 및 '궁전'이라는 뜻으로까지 파생된 '관, 사당' 제바트db3t와 종종 혼동되었다. 콥트어로 트보Tbo(혹은 Thbo)라고 표기되는 제바Db3는 이집트의 도시 이름이었다. 그러나 흥미롭게도, 제바Db3가 그리스인이 테베Thēbai라고 불렀던 이집트 남부 수도의 명칭으로 사용되었다는 기록은 전혀 없다. 그럼에도 불구하고 그것은 아바리스에 있는 힉소스의 수도를 가리키는 명칭으로 사용되었던 것 같다. 만약 그렇다면 제바Db3/테베가 '이집트 수도'를 가리키는 그리스어 용어나 이름이 되어, 제18왕조가 이집트의 테베에 수도를 건설했을 때 그 곳에 붙여졌을지도 모른다. 어쨌든 그리스의 도시 이름이 서부 셈어 테바tēbåh와 위에서 언급된 이집트어 자음군子音群에서 유래했다는 점은 의심의 여지가 없다.136)

호메로스의 시대인 기원전 10·9세기에 테베는 거의 200년간 이집트의 수도가 아니었다. 그런데 이집트인에게 알려진 세계 도처로부터 흑인 파라오가 조공을 받았을 때인 전성기에 이른 그 도시의 기억이 아가멤논의 아첨성 선물을 아킬레스가 거부하는 장면에서 나타난다.

오르코메노스로 들어가는 모든 것이나, 또는 집집마다 보물이
가득 차 있고 일백 개의 성문이 있어 그 문마다
이백 명의 전사들이 말과 전차와 함께 달려 나온다는
이집트의 테베로 들어가는 모든 것을 준다 해도.137)

이처럼 그리스 전승은 제18왕조의 전성기인 기원전 1470-1370년에 또는

---

136) 제1권, p.93. Thēbē가 흔한 호메로스적 형태이므로 나는 Thēbai를 Thēbā로 변경했다. Thēba와 서부 셈어 Tēbåh 사이의 관계는 오랫동안 알려져 왔다. 기원후 5, 6세기 사전편찬자인 헤시키오스Hesychios는 Thēba가 '보이오티아의 도시'이자 '큰 상자'kibotos였다고 기술했다. Kibotos는 「70인역」 노아 이야기에서 tēbåh(방주)로 번역되곤 한다. Astour(1967a, p.158, n. 2) 참조.

137) *Iliad,* 9권, 380-384(천병희 역). 아리안모델에게는 혼란을 일으키는 이 행들에 대한 괴팅겐의 Heyne의 공격에 관하여, 제1권, 4장, 주119 참조.

적어도 아멘호테프 3세와 아케나톤의 치세인 기원전 1419-1364년에 그리스의 가장 큰 도시인 미케네에 대한(헤게모니는 아니라 하더라도)이집트의 영향의 가능성을 제기한다.

이제 고고학적 증거로 관심을 돌려보자. 앞에서 강조했듯이, 미케네와 근동의 교역은 후기헬라스 IIIA 초에 크게 증가했는데, 나는 이 도기연대가 투트모세 3세의 레반트에서의 세력 결집과 동일한 때에 그리고 기원전 1470년경 에게해권에 대한 헤게모니의 확립과 동일한 때에 시작했던 것으로 본다.[138] 레반트와 이집트에서 미케네 도기가 가장 많이 분포된 도기연대는 후기헬라스 IIIA2인데, 나는 그 시기가 아멘호테프 3세와 아케나톤의 치세와 대략 일치한다고 믿는다.

제10장에서 논의했듯이, 테베 근처 아멘호테프 장제전의 조각상 기단의 문헌 증거로부터 당시의 이집트 관료가 그리스의 여러 도시들과 행정구역을 알고 있었다는 것은 확실하며, 이집트가 그 지역에 대해 일종의 지배권을 행사했을 가능성이 높다.[139] 또한 에게해권에 대해 일종의 패권을 지닌 투트모세 3세에게 '조공'을 바쳤고, 그 시기의 끝인 아케나톤 12년(기원전 1369년)에 에게해권의 대표들이 '생명의 숨결'을 얻고자 답례로 귀중한 선물을 제공하기 위해 왔다는 것을 살펴보았다.[140]

1981년 브론위 행키는 논문 한 편을 게재했는데, 그녀는 조각상 기단에서 발견된 에게해권 지명들을 미케네에서 발견된 아멘호테프 3세의 카르투시가 새겨진 채색도기 명판銘板과 연결시키려 했다. 그녀는 그 지명 목록이 공식적인 이집트 사절의 여정을 나타낸다고 가정했고, 그 채색도기 명판은 이 사절이 선물한 것일 수 있다고 주장했다.[141] 2년 전인 1979년에 볼프강 헬크는 그 유물을 목록에 연계시키지 않으면서 동일한 주장을 했다.[142]

1980년 J. 스트레인지가 그 목록은 이집트에 파견된 미케네 사절의 여정이라고 주장한 적이 있다. 에릭 클라인이 지적하듯이 이것은 있음직하지

---

138) 앞의 주25; 제10장의 주77-78 참조.
139) 제10장의 주110-116 참조.
140) 제10장의 주87-88; 다음의 주207 참조.
141) Hankey(1981).
142) Helck(1979, p.97).

않은데, 왜냐하면 이름들의 순서가 동에서 서로 다시 동으로 되어 있는데 이는 이집트로부터 에게해권으로 그리고 다시 이집트로의 여행을 가리키기 때문이다.143) 제10장에서 주장했듯이 나는 이집트인이 이 사절을 통해서만 이 장소들을 알고 있었다는 것을 받아들이지 않고, 대부분은 아니라고 할지라도 많은 지명이 투트모세 3세부터 또는 훨씬 이전부터 이집트에 알려졌을 것이라고 믿는다.144) 클라인은 행키의 틀을 확대한 한 논문에서 스트레인지를 논박했다. 그가 이집트의 패권은 받아들이려 하지 않았지만, 그 관계는 대등한 것이 아니고 이 불균형은 선물 주기에 의해 공식화되었다고 분명히 믿고 있었다.

다른 어떤 파라오의 유물보다 아멘호테프 3세와 그의 왕비 티이Tiyi의 카르투시를 담은 유물이 더 많이 에게해 주위에서 발견되었다는 데는 의심의 여지가 없다. 클라인은 이 두 사람의 유물이 11개, 반면에 다른 파라오의 유물은 합쳐서 10개라고 계산했다.145) 대다수의 학자들이 그러하듯이 지명 Bjs(역주: 비야쉬Biyaš-/Bᴣyš(ᴣ)y, 앞의 아멘호테프 3세의 기단 참조)를 크레타의 파이스토스로 읽고 그것을 2킬로미터 떨어진 아기아 트리아다와 동일시한다면, 카르투시가 새겨진 유물의 발굴 장소 여섯 곳 중에서 네 곳은 조각상 기단에 나타난다.146) 이것은 대단히 시사적이다. 특정 사절의 여정 목록이 하나로 묶이든 아니든 그 상호관계는 기원전 1400년경 특정 도시들(키도니아, 크노소스, 파이스토스, 미케네)과 이집트 왕궁 사이에 접촉이 있었다는 문헌적·고고학적 증거가 모두 있음을 보여준다.

클라인의 지적에 따르면, 11개의 각인된 유물 중 두 개는 후기미노아/후기헬라스 IIIA1에, 두 개는 후기미노아/후기헬라스 IIIA1-2에, 하나는 후기미노아/후기헬라스 IIIA-B에, 다섯 개는 후기헬라스 IIIB에 묻혀 있었다. 이는 그것들이 후기헬라스 IIIA1에 도착했음을 시사한다고 그는 주장했다.147) 나는 후기헬라스 IIIA1이 기원전 1410년경에 끝나고 아멘호테프 3세의 치세가 기원전 1419년에 시작하는 것으로 보고 있으므로 연대적으로

---

143) Strange(1980, p.25); Cline(1987, p.6).
144) 제10장의 주109-116 참조.
145) Cline(1987, pp.24-26, 30-32).
146) Cline(1987, p.7).
147) Cline(1987, p.1; 1990, p.209, nn.39-40).

어려움을 발견하지만 견딜 수 없는 것은 아니다. 어쨌든 나에게는 그것들이 모두 동시에 도착해야만 하는 이유는 없다. 그런데 클라인이 충분치 못한 유물이 아멘호테프 3세의 치세에 또는 직후에 매장되었다고 주장하고 있는 것으로 보아, 그는 그것들이 중개인을 통해 또는 여행객의 골동품으로서 우연히 도착했다고 확신하고 있다.

클라인은 후기헬라스 IIIA1(그는 이 시기가 아멘호테프 3세의 치세와 일치하는 것으로 보고 있다)에 속하는 도기가 이집트에서 상대적으로 적게 발견되었다는 사실로 어려움에 봉착했다. 그는 알려진 분포는 우연하게 발견된 도기들에만 근거하고 있다는 말로 그 어려움을 간단하게 설명했다. 만약 후기헬라스 IIIA2가 아멘호테프 3세와 아케나톤의 치세와 일치하는 것으로 본다면, 이 도기연대에 속하는 많은 양의 도기가 아케나톤의 수도 엘 아마르나에서, 테베 근처의 데이르 엘 메디나Deir el Medina 근처의 장인 마을에서, 그리고 아스완 남쪽 멀리 누비아의 세세비Sesebi에서 발견되었다.148)

터 매장물: 미케네의 이집트 신전 숭배?

클라인이 교역을 통해 교환된 유물과 그가 관심을 가졌던 몇몇 명문 조각(그는 외교적 교환의 상징물로서 보았다)을 구분한 것은 옳게 보인다. 그와 브론위 행키는 미케네에서 지난 세기에 걸쳐 발굴된 아멘호테프 3세의 출생이름과 대관식이름이 각인된 6개 내지 8개의 장방형 채색도기 명판에 각별히 관심을 두었다. 그것들은 이집트에 있는 소위 터 매장물foundation deposits에서 발견된 명판과 비슷하거나 동일한데, 그 명판은 이집트에서는 '왕의 명령에 따라 또는 적어도 왕의 승인을 받아' 건축된 신전과 세속 건물의 구석 아래에 묻혔다.149) 이집트에서 그것과 비슷한 유물이 발굴되면 학자들은 신전이나 사당을 찾아볼 것이라는 이집트학 학자 G. T. 마틴의 언급을 근거로, 브론위 행키는 그것이 미케네에서도 같은 기능을 가졌을 것이라고 주장했다.150) 클라인은 그 명판들이 파라오의 조각상을 위해 제작되었을 것이라는 또 다른 '호기심을 자아내는 가능성'을 언급했다.151)

---

148) Cline(1987, pp.13-16).
149) Weinstein(1973, pp.430-432).
150) Hankey(1981, p.46).

그러나 이보다는 그것이 신전의 터를 닦을 때 사용되었을 가능성이 더 높다. 이런 유형의 명판은 이집트 밖 다른 곳, 즉 누비아 그리고 팔레스타인의 베트 샨Beth Shan과 아페크Aphek에서 발견되었다. 후자의 경우 이스라엘 고고학자들은 그곳에 이집트 신전이 건축되었을 것이라고 가정했다.[152] 이처럼 이집트 신전이 이집트를 벗어나 이집트의 영향과 통제를 받는 지역에서 건립되었다는 것은 있음직한 일로 보인다. 기원전 1400년경의 그리스도 같은 범주에서 생각해볼 수 있을까?

단편들 중 어느 것도 터 매장물로 여겨질 수 있는 맥락에서 발굴되지 않았다. 그것들은 일반적으로 후기미노아 IIIB 층에서 발견되는데, 그 층은 그것들이 그리스에 도착한 지 1세기 이상 지난 후에 형성되었다. 왕의 이름이 새겨진 다른 유물들처럼 그것들은 본래의 목적과는 분리되어 정중히 다루어졌던 것으로 보인다.[153] 이는 그것들이 건물의 기초로 쓰였다면 그 건물은 오래 지속되지 못했으리라는 것을 암시한다. 또한 매장물에 어울리는 건물은 결코 세워지지 않았을 가능성이 있다.

이집트 신전은 건물만이 아니다. 그것은 복잡한 위계질서에 속한 많은 사제를 수용하는 실질적인 제도이다. 그러한 단체가 미케네 그리스에 존재했다고 가정할 수 있을까? 이것에 대한 가능한 대답을 아티카의 엘레우시스에서 데메테르 및 코레의 숭배로부터 얻을 수 있다. 이 숭배는 제4권에서 자세히 논의될 것이다. 그것은 분명히 청동기시대에 뿌리를 내리고 있고 엘레우시스의 숭배와 비의는 이집트의 이시스, 네프티스, 오시리스의 숭배와 놀랍도록 유사할 뿐만 아니라, 두 사제 가문인 에우몰포스 가문과 케릭스Keryx 가문은 이집트 사제의 두 계층을 닮았음을 제4권에서 보이고자 한다.

이러한 동일시는 고대에 보편적으로 받아들여졌다. 흥미롭게도 시실리 출신 디오도로스의 이집트인 정보제공자는 그 비의가 아테네의 에렉테우스(이집트인 혈통을 지닌 왕으로 기원전 1409/8년을 전후한 시기에 통치했다)에 의해 엘레우시스에 도입되었다고 말했다.[154] 「파로스 연대기」의 연대도

---

151) Cline(1987, pp.10-11).

152) Giveon(1978a, nos.3-4, plates 54, and 2-4).

153) Cline(1990, pp.208-209, nn.35-40).

그러하다. 그런데 아폴로도로스는 데메테르와 디오니소스가 그리스에 도착한 것을 조금 이르게, 판디온Pandion 왕의 치세인 기원전 1462-1423년경으로 잡고 있다.155) 제2장에서 언급했듯이, 디오니소스 숭배는 기원전 21세기 아티카의 해안에서 조금 떨어진 케오스 섬에 존재했을 가능성이 높다.156)

우리가 여기에서 고려하고 있는 것은 단순히 그 신의 숭배가 아니라 종교제도의 도입이다. 아멘호테프 3세의 치세(기원전 1419-1381년)와의 시간적 일치는 주목할 만하다. 사실 미케네가 페르세우스의 다나오스 왕가로부터 펠롭스의 아카이아 왕가로, 후에는 헤라클레스 후손의 복귀 또는 '도리스족의 침입'으로 변화를 겪었지만, 아티카는 별다른 격변을 겪지 않았고 아테네인은 제도 및 종교의 지속성과 고대성을 자주 자랑했다. 이처럼 엘레우시스에서 이집트 숭배의식의 잔존과 미케네에서 그것의 몰락은 일반적으로 역사가 보여주는 유형과 잘 맞아떨어진다.

어쨌든 미케네에 하나 또는 그 이상의 이집트식 신전의 터가 있었을 가능성이 있다. 만약 명판들이 신전 터 매장물로서 의도되지 않았다면, 무슨 목적을 갖고 있었는지를 알아내기 힘들다. 명판들은 장식으로 착용할 수도 없고 그 자체의 가치도 거의 없기 때문이다. 그것이 신왕국 시기에 기념품 가게에 있었을 것 같지도 않다. 가장 단순한 해법은 유사한 유물이 이집트, 팔레스타인, 누비아에서 지니고 있었던 기능을 받아들여, 이집트식 신전 아래에 놓을 의도로 만든 신전터 매장물로서 해석하는 것이다.

이 시기의 명판들, 왕의 다른 명문 유물들, 그리고 이집트의 물질적·문헌적 증거로 보건대, 테베와 미케네 사이에는 긴밀한 외교적 관계가 있었고 그 관계는 불평등했을 가능성이 대단히 크다.

---

154) Diodoros, I.29, 1-4. Aristeides, XIII.95. 에렉테우스를 이집트인이라고 부르지만, 그를 케크롭스와 혼동하는 것 같다. Tzetzes, *Lykophron* 111 참조. 그리스 학자 Alexandra Lambropoulou (1988, pp.77-8)는 그 이름을 이집트어 헤르-아케티Hr-3bty 또는 헤르-아크테이Hr-3bti(지평선의 호루스)로부터 끌어낸다. 이 문제들은 제3권과 제4권에서 더 논의될 것이다.

155) Apollodoros, III.14.7. 이 전거에 대한 완전한 그러나 완전히 아리아주의적 논의는 Burton(1972, pp.124-125) 참조. Astour(1967a, p.343)는 판디온이라는 이름을 선형문자 B의 파디요Padijo와, 그리고 흔한 셈어 어근 padâ파다(히브)(몸값, 속량하다)로부터 파생된 우가릿 이름인 파디유Pdy, 파디야Padiya, 파디유나Pdyn와 동일시한다.

156) 제3장의 주128 참조.

　　1970년 테일러의 명판(역주: 아멘호테프 3세의 카르투시가 새겨진 명판)으로 알려진 미케네로부터 발굴된 조각들 중 하나에 칠해진 유약이 납 동위 원소 분석을 받았는데, 코닝 유리박물관Corning Museum of Glass의 R. H. 브릴은 놀라운 결론을 내렸다.

> 유약의 납은 분명히 L형型이다. 고대 세계에서 L형의 대부분은 라우리온 지역의 광산에서 나온 것이다. 유약의 납은 제18왕조의 노란 유리, 유약, 눈 화장먹 같은 수많은 예에서 발견되는 납과는 뚜렷이 다르다. 개연성이 없는 것으로 여겨질 수도 있겠지만, 가장 직선적인 해석에 따르면 이집트가 아니라 미케네 근처 어딘가에서 (그 유물이 아마도 제작되고) 그 유물에 유약이 입혀졌을 것이다.[157]

　　이 분석이 올바르다면 그리고 우리가 다른 이유들을 찾을 수 있다면, 두 가지 가능성이 있다. 첫째는 인용문의 주장처럼 그 명판이 그리스에서 제작되었다는 것이다. 그런데 그 제작과 상형문자가 이집트의 공방에서 요구되어지는 높은 수준이고, 어느 누구도 그것이 이집트 이외의 지역에서 생산될 수 있었을 것이라는 가능성을 생각한 적이 없었다. 그러한 공방이 미케네나 그 근처에 있었다는 생각은 극도로 그럴듯하지 않다. 그것은 이집트 왕의 허가를 필요로 했을 것이고, 더욱이 미케네에 거주하는 이집트 장인이나 이집트에서 오랜 도제수업을 받은 미케네인의 존재를 가정해야 한다.

　　에릭 클라인이 주장한 두 번째 가능성은 그 명판이 그리스에서 수입된 납을 사용해 이집트에서 제작되었다는 것인데, 이것이 훨씬 있을 법하다.[158] 그는 금속학자 N. H. 게일의 분석을 끌어들였는데, 그에 따르면 제18왕조 이집트의 다른 세 가지 납 공예물을 구성하는 물질도 아티카의 남쪽 곶 근처에 있는 라우리온에서 생산된 것이었다. 그는 "라우리온 구성 성분을 지닌 이집트의 공예물은 … 그 당시 미케네 문화와 이집트 문화 사

---

157) Cline(1990, p.209, n.42)이 인용한 편지 참조.

158) Gale(1980, pp.178, 180-181). 그는 Buchholz(1972); Stos-Gale and Gale(1982)을 인용한다.

이의 접촉을 시사한다"[159]는 게일의 코멘트를 인용한다. 기원전 1400년경 아티카로부터 이집트로 정기적인 금속 수출이 있었다는 가설도 확인해볼 수 있는데, 팔레스타인에 있는 베트 샨에서 발견된 아멘호테프 3세의 각문을 지닌 청동 단도의 구리 성분 분석에 따르면, 그 구리가 라우리온에서 생산된 것일 가능성이 크다.[160] 그 시대의 경제적 국제주의는 베트 샨에서 나온 당대의 창槍(이것에도 아멘호테프 3세의 카르투시가 새겨져 있었다)의 구리가 사르디니아에서 생산된 것이라는 사실에도 나타난다.[161] 그리스로부터 금속이 왔다는 생각을 지지하는 문헌 증거도 있는데 '(와즈 웨르^{W3d} ^{Wr})의 … 가운데에 있는 섬들'이 제19왕조 때 룩소르 신전에 있는 광산의 나라들 목록에 포함되어 있다.[162]

기원전 2천년기에 아티카로부터 이집트로 상당량의 금속이 수출되었다는 생각은 그리스 발전에 관한 고립 모델을 완전히 파괴한다. 게일이 납 분석에 관한 글을 쓴 이후 그의 아내 Z. A. 스토스-게일은 제11왕조의 은 조각상이 라우리온 은으로 제작되었다는 사실을 발표했다![163] 이것은 금속 교역이 제18왕조의 절정기에 만개했지만, 그 시기에만 국한된 것이 아니라 경제적·정치적 상황이 허용되는 다른 시기에도 존재했다는 점을 알려준다. 게일 부부가 지적하듯이, 물질 고고학의 유물 조사로 미루어 보건대 우리는 지역 간 접촉 중에서 겨우 빙산의 일각을 알고 있을 따름이다.

여기에서는 실질적인 물질 유물이 있었던 후기에 초점을 맞출 것이다. 납 수출에 관한 정보를 담고 있는 증거가 더 나왔다. 막대한 금속 화물의 양(6톤의 구리[역주: 카쉬 난파선에 적재된 구리괴], 상당량의 주석, 그리고 금)으로 보건대, 제18왕조 때 지중해 주위에서 다량의 금속이 배로 운송되고 있었음에 틀림없다. 더욱이 카쉬와 그밖의 장소에서 나온 증거는 '이 중요한 상품(구리)의 생산과 교역을 총괄하는 중심지'가 있었다는 것을 명백히 보여준다.[164] 놀라운 일은 아니지만, 학자들은 그 중심지의 소재에 대해

---

159) Gale(1980, p.178).

160) Dayton(1982a, pp.159, 164).

161) Dayton(1982a, p.166).

162) Vercoutter(1956, p.139, doc.41, pp.89-90, doc.19).

163) 제4장의 주23 참조.

164) Pulak(1988, p.8).

의견이 분분하다. 캐틀링은 에게해권을, 배스는 시리아를, 뮬리와 그의 동료들은 키프로스를 주장했다.[165] 키프로스가 그 당시 구리 생산의 주요 중심지였으므로, 이것이 가장 그럴듯하게는 보인다.

많은 소형 주괴가 '나na'로서 읽혀지는 표식을 지니고 있었고 그 표식이 키프로스 철자(키프로스어가 아니라)로 표시되었다는 점은 키프로스 중심지론에 호의적인 증거가 된다. 그런데 이 표식으로 표시된 것은 구리 주괴만이 아니다. 주석 주괴 하나에도 동일한 표식이 있다.[166] 이 주석 주괴는 키프로스에서 생산된 것일 리가 없는데, 고대 지중해 세계에서 주석은 아프가니스탄, 말레이 반도, 보헤미아, 영국의 콘월로부터 왔다(오늘날 청동기시대 주석 광산이 터키에서도 발견되기는 하였다). 뮬리는 에게해권은 유럽산 금속을 사용하고 있었다고 주장했다.[167] 그러나 배스와 풀락은 주석을 실은 카쉬 배가 서쪽을 향했다는 사실은 이 주석이 적어도 아시아산이었다는 것을 가리킨다고 믿었다.[168] 표식 나na가 특별히 구리에 국한되지 않았다면, 그것은 무엇을 뜻하는가? 하나의 가능성 있는 대답은 그것이 복합단어 네브 나아nb ns(최상품 금)에서 사용된 이집트어 나아ns(부드러운 또는 좋은)의 키프로스어 또는 레반트어의 음역이라는 것이다. 제18왕조에서 나아ns는 '최상품'이라는 의미로도 사용되었다.

경우야 어떻든 기원전 15세기와 14세기 초 동지중해의 금속 무역과 그 밖의 무역은 이집트의 정치적 영향력이 미치는 범위에서 일어났다는 데는 거의 의심의 여지가 없다. 이탈리아 그리고 사르디니아 및 스페인의 금속 생산 지역들(이 지역들은 분명히 경제적으로 통합되었다)이 정치적으로 관련되었을 정도는 훨씬 더 불확실하다. 그렇다 하더라도 앞에서 언급된 아멘호테프 3세의 카르투시가 새겨진 사르디니아의 구리로 만든 창을 포함해 상업적 관계를 보여주는 풍부한 증거가 있다.[169]

우리는 동지중해 무역의 범위가 더 멀리 확장되어 유럽 전체를 가로질러 브리튼에서 우크라이나까지 이르고 있다는 것을 알고 있다. 북쪽의 이

---

165) Catling(1964, p.271); Bass(1986a, pp.294-295); Maddin, Wheeler and Muhly(1977, p.46).
166) Pulak(1988, p.9).
167) Muhly(1979b, p.95).
168) Pulak(1988, p.36).
169) 주161 참조.

넓은 지역에 걸쳐 남쪽에서 온 적은 수의 무기와 구슬이 이 시기의 유적지에서 발굴되었다. 이 유물의 일부는 특별히 미케네의 것이고, 일부는 분명히 이집트의 것이고, 일부는 아직 추적하기 힘든 특정 기원지의 것이다.[170] 이 모든 것은 후기헬라스 III의 초 또는 투트모세 3세의 '이집트의 평화' 시기 확립 이후 동지중해의 부를 가리킨다. 이러한 무역망의 증거는 서지중해 및 북유럽으로 알파벳이 파급된 것과도 잘 맞아떨어진다. 내가 고서체학palaeography을 근거로 다른 곳에서 주장했듯이, 그것은 기원전 2천년기 중반에 일어났다.[171]

그런데 여기서는 동지중해에 집중할 것이다. 카쉬 난파선과 우가릿의 문헌 증거로부터 주요 해류를 타고 '시계 반대방향으로' 흐르는 거대한 원의 증거를 얻을 수 있다. 이집트로부터 상아, 하마 이빨, 흑목黑木, 향료, 여러 열대 산물, 세공품, 파피루스, 아마도 밀을 싣고 레반트로 가서 그곳에서 주석, 유리, 건포도, 수지樹脂, 향료를 선적하고 키프로스로 갔다. 키프로스는 구리와 그 지역 도기를 수출했다. 에게해권에서 배들은 은, 납, 미케네 그리스의 항아리 및 그 안에 든 내용물을 싣고 크레타를 거쳐 서이집트에 있는 오늘날의 메르사 마트루의 아프리카 해안에 닿은 후 나일 강으로 돌아와 순항을 마무리 지었다.[172]

무역의 어휘

비록 앞서 살펴본 무역 순항 항로가 그 시기(역주: 기원전 15, 14세기)의 경우에는 완전히 입증되었지만, 순항 항로의 중요 요소들은 훨씬 이른 시기에 존재했을 가능성이 대단히 크다. 그리스 어휘가 그러한 교역 행태를 반영하는 것으로 보이기 때문이다. 향료를 나타내는 셈어 이름은 제10장에서 언급되었다. 이집트어에 기원을 둔 그러한 그리스 단어들은 다음과 같다. 파피로스papyros(파피루스), 헤브니hbni에서 나온 에베노스ebenos(역주: ebony, 흑목黑木), 암네스annēs-(anis, 아니스 열매), 카카k3k3에서 나온 키키kiki

---

170) Harding(1984, pp.261-266) 참조.
171) Bernal(1990, pp.35-40) 참조.
172) 이에 관한 지도로 Bass(1987, pp.697-698) 참조. Bass(1986a; 1986b); Pualk(1988); Knapp and Stech(1985)도 참조. 배스는 이집트로부터의 밀이나 그리스로부터의 납과 은을 언급하지 않는다.

(등잔용으로 사용된 비버 기름), 켐예트kmit에서 나온 콤미kommi(고무), 셴주트 šndwt(좋은 천으로 짠 킬트)에서 나온 신돈sindōn(좋은 직물), 네체르ntr에서 나온 니트론nitron(탄산소다) 등이다. 이들 단어는 일부 아리아주의 학자들에게도 받아들여졌다. 이 학자들은 "그리스 문화에 대한 이집트 문화의 관계는 유럽문화에 대한 중국문화의 관계와 같고, 이집트 문화는 여러 면에서 대단히 이질적이어서 그리스인이 언어적으로 차용할 다른 언어를 거의 찾아낼 수 없을 정도였다"고 믿기조차 했다.[173] 나는 교역의 어휘에 '상아elephas'를 더하려 한다. 그것은 선형문자 B로는 에레파erepa인데, 이집트어의 코끼리 한정사(🐘)를 지닌 레부3bw(코끼리. 역주: 여기서 3은 유음 l 또는 r이다)와 '뼈' 한정사(🦴)를 지닌 '상아'로부터 파생한 것이다. 그리스어 엘레파스elephas는 이집트어와 동일하게 이중의 목적으로 사용된다(역주: 코끼리를 나타내기도 상아를 나타내기도 한다). 라틴어 에부르ebur(상아)처럼 엘레파스가 차용어라는 것은 일반적으로 인정되고 있다.[174] 아나톨리아어 전문가인 엠마누엘 라로슈는 엘레파스는 '코끼리의 이빨'이라는 뜻을 지닌 히타이트어 형태인 라-알-파-아쉬la-al-pa-aš로부터 그리고 '활기活氣'를 뜻하는 히타이트어의 접미사 -n(t)와 결부된 가설적인 형태인 라흐판트*lahpant로부터 온 것이라고 주장했다. 그런 다음에 그는 라흐판트를 셈어 알푸(알품)alpu(m)(황소)로부터 끌어내고 알푸alpu(m)을 기원전 2천년기까지 생존했던 시리아 코끼리와 상아에 연결시킨다.[175] 엘레파스는 이들 어원에서 혼합되었을 수도 있지만, 각별히 '코끼리'를 뜻하는 이집트 단어 레부3bw는

---

173) McGready(1968, pp.252-253). Hemmerdinger(1968)도 참조. 헤브니Hbni는 아프리카어로부터 이집트어로 들어온 차용어일 것이다. 선형문자 B의 쿠테소kuteso에서 발견되는 가짜 흑단 키티소스Kytisos도 아프리카어로부터 그리스어로 들어온 차용어라고 일반적으로 받아들여지고 있다. Lucas and Harris(1962, p.434); Brown(1975, p.143) 참조. 그런데 어떤 이집트 원어도 발견되지 않았다.

174) Chantraine(1968-1975, p.338). 이 문제에 대해 19세기 학자들은 여러 의견으로 나뉘었다. Muss-Arnolt(1892, p.93) 참조.

175) Laroche(1965) 참조. Chantraine(1968-1975, p.338)는 히타이트어 형태 라크파스labpas도 차용어라고 지적했다. Masson(1967, pp.80-83)의 논의도 참조. 셈어 알푸alpu로부터 엘레파스elephas를 끄집어내면서 Laroche는 Bochart까지 거슬러 올라가는 긴 전통을 따르고 있다. Hemmerdinger(1970, p.52) 참조. 히타이트어의 활기 접미사animating suffix -nt와 그리스어의 목적을 나타내는 접미사 -nthos가 이집트어 네체르ntr(신성한 또는 살아 있는)로부터 왔을 가능성은 제3권에서 논의될 것이다.

그리스 단어와 히타이트 단어 모두의 좀 더 그럴듯한 근원일 수 있다. 시리아 상아가 있지만 이집트와 아프리카의 지역이 가장 그럴듯한 기원지인 것으로 보인다. 샹트렌은 명백히 첫 글자 ₃이 원래는 유음이었다는 것을 알지 못한 채 레부₃bw라는 어원을 제쳐버렸다.[176] b>ph의 상응관계(네베트 헤트 Nbt ḥt를 네프티Nephthy로서 그리고 와흐 예브 레W₃ḥ ib Rˤ를 우아프리스Ouaphris로 음역하는 데서 그러한 상응이 보인다)를 그리고 전치 모음을 지니려는 이집트어의 경향을 고려한다면, 이 어원에 심각한 음성학적 어려움이 없으며 완벽한 의미론적 적합성을 지닌다. 라틴어의 에부르ebur는 콥트어 에부ebu에서 보이는 후기의 발음에서 온 것으로 여겨지는데, 끝 자음 -r은 '페무르 femur, 로부르robur 등의 경우처럼' 첨가된 것이다.[177]

이국적인 상품들을 나타내기 위해 이집트어에서 그리스어로 단어가 차용되었다고 일반적으로 받아들여지고 있는 경우에도 그 단어의 차용 시기에 관해서는 거의 증거가 제공되지 않고 있다. 그러나 레부₃bw로부터 엘레파스elephas의 파생은 기원전 2천년기 초 또는 더 이르게 발생했음에 틀림없다. 이는 선형문자 B에서 그 단어의 입증에 의해서만이 아니라 ₃의 자음 음가가 보존(역주: '₃'의 발음은 중왕국 때에는 유음으로, 신왕국에서는 'ʾ'[알레프]로 발음되었다)되었다는 데에서도 뒷받침된다.

그리스어에서 또 다른 가능성 있는 이집트 어원은 훨씬 근본적인데, 그것은 식물이 아니라 식량으로 사용되는 곡물로서 정의된 시토스sitos(밀)의 어원이다. 이 단어와 관계되는 인도유럽어는 없다. 더욱이 첫 철자 s-는 인도유럽어로부터 그리스어로 전해져 살아남은 경우가 없는데, 이는 시토스 sitos가 차용어일 가능성을 더욱 높인다. 아시리아학 학자이자 언어학자인 W. 머스-아놀트는 시토스sitos가 아시리아어의 셰아우šeˀu의 여성형 셰아투šeˀatu (낟알, 곡물)에 '연계'된다고 제안했다.[178] 독일의 셈학 학자인 하인리히 레비는 시토스를 같은 의미를 지닌 수메르어 지드zid에 연결시켰다.[179] 이탈리아 언어학자인 눈치오 마카로네Nunzio Maccarrone는 셰아투šeˀatu와 지드zid

---

176) Chantrine(1968-75, p.338).

177) Muss-Arnolt(1892, p.93).

178) Muss-Arnolt(1892, p.92, n.3).

179) Lewy(1895, p.81).

가 음성학적으로나 의미론적으로 시토스sitos의 그럴듯한 어원일 수도 있지만, 그리스와 메소포타미아 사이보다는 그리스와 이집트 사이에 훨씬 더 직접적인 접촉이 있었으므로 그것이 이집트어 세트/세웨트s(w)t(밀)로부터 왔다는 것이 더 개연성이 있다고 주장했다.[180] 마카로네는 모음상의 어려움을 받아들였는데, 민중언어에서는 수sw로, 콥트어에서는 수오suo로 남아 있다. 그는 시트sit-가 파생되어 나올 수 있는 세워트*sewot의 형태를 제안하였다. 그는 차용이 신왕국 때 이집트어에서 마지막 음절 t 또는 s가 떨어지기 전에 일어났음에 틀림없다고 지적했다.[181] 이른 시기에 차용되었을 가능성이 선형문자 B에서 시토sito의 현존으로 확인된 것으로 보인다. 셈어와 이집트어 형태 세아우še²u와 세트/세웨트s(w)t는 분명히 연계되어 있고, 지드zid은 차용어이고, 서부 셈어 형태가 발견될 가능성이 있다. 나는 마카로네이 주장이 그럴듯하므로 받아들여져야 한다고 믿는다.

흥미롭게도 이 주제와 관련해 이집트어로부터 차용되었을 가능성이 있는 두 단어가 있다. 첫째는 그리스어 아르트art-(구운 밀빵)이다. 프렐비츠와 브와사크는 그들의 어원사전에서 아르투오artuō(음식을 준비하다)를 어군의 근본적 의미로 보려고 했는데, 그것은 이집트어 레테흐rth([빵을] 굽다)와 아주 잘 맞아떨어진다.[182] 구운 빵이 이집트어로 에트 레테흐t rth이므로 아르토스artos(밀빵)와 의미적 겹침이 완전하지는 않다. 그러나 아르투오artuō와 의미적·음성학적 일치는 이치로 따져보아 꽤 그럴듯한 편이다. 이탈리아의 언어학자 피사니는 아르토스artos를 재구성된 이란어 어근 아르타*arta(밀가루)로부터 끄집어냈는데, 조거카스의 지지를 받았으나 샹트렌은 회의적이다.[183] 그는 아르토스artos가 바스크에서 발견된 기층언어인 아르토arto(옥수수 빵)로부터 왔다는 가설에 대해서도 의문을 품고 있다.[184] 그러한 연계는 공간적으로나 시간적으로 매우 멀리 떨어져 있다. 그것은 직접적으로든 그리스어로부터, 간접적으로든 스페인어를 거쳐, 바스크어로 차용되었을 것이다. 아르토스artos는 매우 오래된 단어이다. 그것은 헤시오

---

180) Maccarrone(1939, p.102).

181) Maccarrone(1939, p.102).

182) 샹트렌은 아르토스artos와 아르투오artuō를 동일 어족으로 보지 않는다.

183) Pisani, p.141. Georgacas(1957, p.115).

184) Hubschmid *Sardische Studien*; Georgacas(1957, p.115) 참조.

도스에게서 나타날 뿐만 아니라 선형문자 B에서 복합 형태인 아토포쿠오atopoquo로도 나타나는데, 채드윅은 아르토포쿠오이artopoquoi(빵굽는 사람들)로 해석했다.[185] 이 단어도 초기의 차용어일 수 있다.

이집트에서 곡물의 부피를 재는 표준단위인 헤크아트ḥḳ3t는 한정사(ͺ□)와 함께 기록되었다. 이 도량단위는 숫자와 함께 100헤크아트ḥḳ3t, 50헤크아트ḥḳ3t 등으로 나타났다는 점에서 흥미로운 특징을 가졌다.[186] 헤크아트ḥḳ3t와 100이라는 숫자 사이에는 매우 밀접한 관계가 있었다. '100'을 나타내는 그리스어는 헤카톤hekaton이다. 이것은 원인도유럽어 *dkmt-om에서 온 것으로서 설명되는데, 그것에서 라틴어 켄툼centum과 독일어 훈트hund가 파생되었다고 여겨진다. 그런데 그리스어 형태에서 첫 글자인 he-는 언어학자들에게 상당한 문제를 일으켰다.[187] 헤카톤hekaton은 헤크아트ḥḳ3t로부터 영향을 받은 결과라는 주장이 개연성이 있다. 또한 그리스어 단어가 이집트 단어로부터 직접적으로 차용되었다는 주장이 좀 더 개연성이 있다.

이 가설을 강화하는 음성학적·의미론적으로 상응하는 예들이 있다. 추하고 나이든 이집트의 풍요의 개구리 여신은 헤케트ḥḳt라고 부르고, 이 이름과 헤카ḥḳ3(마술) 사이에는 분명한 관계가 있다. 그리스 신화에 마술 할멈인 헤카테 여신이 있는데, 그 이름은 인도유럽어 어원을 가지고 있지 않다. 헤카톤hekaton이 헤크아트ḥḳ3t에서 차용된 단어임을 보여줄 수 있는 의미상으로 유사한 어간은 그리스어 킬리khili(1000)이다. 이것은 전통적으로 가설적인 원인도유럽어 어근 케슬리오이*Kheslioi(산스크리트어의 사하스람sahásram[1000]에서 나타난다)로부터 왔다고 여겨진다. 샹트렌이 받아들이고 있듯이 이 파생에는 형식상의 어려움들이 많다. 그는 차용되었음을 보여줄 수 있는 논거가 없다고 강경하게 주장했다. 내가 알고 있는 한, 어느 누구도 그것을 이집트어 켈b3(1000)로부터 끄집어내려고 하지 않았다. 상이한 콥트어 방언에서 o, a, e로 모음 삽입되었듯이, 모음을 결정하는 것이 어렵다. 그런데 자음구조와 의미론은 완벽하게 맞아떨어진다.

그리스 단어 킬로스khilos 또는 케일로스kheilos(풀, 꼴)는 기원이 알려져 있

---

185) Ventris and Chadwick(1973, p.535).
186) Gardiner(1957, p.198, ƒ 266.1).
187) Szemerényi(1960)는 인도유럽어의 숫자에 관한 그의 연구에서 그것을 언급하지 않는다.

지 않다. 그것은 이집트어 ḫ3w켈루(야채, 식물)로부터 온 것 같다. 이로 미루어 보건대, 시토스sitos, 아르트art, 그리고 헤카톤hekaton 같은 중요한 그리스어의 그럴듯한 이집트어 어원을 눈여겨보아야 한다. 이 어원들은 더욱더 첨예한 의문에 가능한 답을 제공하는데, 왜냐하면 그리스가 이집트 및 레반트에 금속을 수출하고 있었다는 것이 분명하기 때문이다. 금속 그리고 미케네의 도기에 담긴 상품들(또는 상품들이 담긴 도기 채로)의 대가로 이집트는 어떤 물건을 그리스에게 제공했을까?

이집트는 품질 좋은 금, 파피루스, 린넨, 어쩌면 면화도 생산하고 수출했을 것이다.[188] 카쉬 난파선을 통해 아프리카산 흑목黑木이 대량으로 해운되었음을 알았고, 상아와 하마 이빨이 또 다른 주요한 이집트의 수출품이라는 것이 확실해졌다.[189] 다른 적도 상품(타조 깃털, 타조 알, 껌, 향유, 향료)이 이집트로부터 북쪽으로 보내졌을 법한데, 노예는 그리스에서 근동으로 배로 운송되었던 것 같다.[190]

크리소스chrysos(금을 나타내는 이 단어는 셈어 어원을 갖고 있다)를 제외하면, 다른 이집트 수출 상품의 그리스어 이름은 그럴듯한 이집트어 어원을 갖는다. 밀이라는 그리스어의 그럴듯한 이집트어 어원으로 미루어 보건대, 밀 역시 이집트로부터 수출되었다는 것을 가리키는 것 같다. 내가 알기로는, 이것에 대한 당대의 문헌적 언급이 없고, 그러한 교역의 고고학적 흔적을 발견하기가 힘들다. 그렇다고 하더라도 상황으로 보아 청동기시대 이집트의 밀 수출을 주장해본다는 것은 이치에 닿는다.

우선 격언이 될 정도로 농업에서 풍요를 누렸던 이집트가 실질적인 밀 생산국이었고, 그 곡물이 물길로 쉽게 접근 가능했다. 성서는 이집트로부터 식량을 사려는 남시리아의 유목민을 그럴듯하게 묘사하고 있다. "세상 사람들 모두가 요셉에게서 곡물을 사기 위해 이집트에 왔는데, 도처에 기근이 극심했기 때문이다."[191] 곡물이 후기 청동기시대에 적어도 기근 해

---

188) Brown(1975, p.143) 참조. 이렇게 이른 시기 이집트에서 면이 생산되었을 가능성에 관해서는 제3권 참조.

189) Bass(1987, p.728). 이것은 오늘날 우리가 흑단이라고 부르는 나무가 아니라 아프리카 흑목Dalbergia melanoxylon인데, 이집트인은 그것을 헤브니hbni라고 불렀다. 앞의 주173도 참조.

190) 고대의 노예 무역(페니키아인의 역할에 관한 각별한 언급을 곁들인)에 관한 짧은 논의와 참고문헌으로 Bernal(1989a, pp.18-26) 참조.

결을 위해 다량으로 해운되었다는 데는 의심의 여지가 없다. 우가릿에서 발굴된 기원전 13세기 후반의 편지에서 히타이트 왕은 우가릿 왕에게 킬리키아에 있는 우라Ura 시의 기근을 구제할 2,000부피단위의 곡물을 요청하면서 한두 척의 배로 선적할 수 있겠다고 계산했다. 프랑스의 아시리아학 학자 장 누게이롤은 그러한 배의 용적에 대해 연구한 결과, 우가릿 왕은 500톤을 선적할 수 있는 배들을 소유했음에 틀림없다고 결론지었다.[192] 이 문제를 논의하면서 애스터는 콜럼버스의 기함 산타 마리아 호가 233톤이었으므로 그러한 항해는 연안 항해에 그치지 않았음을 지적한다.[193]

카쉬 배는 후기 청동기시대 배들의 용적에 대한 누게이롤의 계산을 확인해주었다. 이 특정한 곡물선은 아마도 무키스Mukis(역주: 오론테스 강 북부에 위치)로부터 우가릿 북쪽으로 왔을 것이다. 기원전 13세기 우가릿 농업은 매우 상업화되었던 것으로 보인다. 셈학 학자이자 경제사가인 마이클 헬처는 우가릿의 토지가격이 메소포타미아보다 훨씬 높았다는 사실을 강조하면서 다음과 같은 가능성이 있다고 보았다. "우가릿의 농경지 대부분이 올리브 숲, 고염나무, 포도원 등등으로 덮여 있었다."[194] '영지' 또는 '농장'을 나타내는 일반적인 우가릿 단어가 깃투gt(포도나 올리브 압착기)라는 것은 흥미롭다. 이러한 상황으로 말미암아 잦은 그리고 일정한 곡물 부족이 생겨났을 것 같은데 곡가는 이집트보다 우가릿에서 훨씬 더 비쌌을 것이다.[195] 우리는 우가릿이 이집트 곡물창고로부터 곡물을 받고 있었음을 알고 있다. 같은 기간에 속하는 서판은 텔 아비브 바로 외곽의 텔 아페크Tel Aphek에서 발견되었는데, 남가나안에 있는 주요한 이집트의 곡물창고 유적지 욥파Joppa로부터 대략 15톤의 곡물을 분명히 선박으로 우가릿으로 보내려고 했으나 실패한 것을 언급하고 있다.[196]

히타이트 왕이 우가릿 왕에 보내는 편지에서 언급된 지역의 식량 부족은 중앙아나톨리아의 많은 부분에 영향을 미친 광범위한 기근의 일부였던

---

191) 「창세기」 41:57.
192) Nougayrol(1957, p.165).
193) Astour(1967a, p.348).
194) Heltzer(1978, p.119).
195) Heltzer(1978, p.100).
196) Singer(1983b) 참조.

것으로 보인다. 메르네프타(재위 기원전 1236-1223년)는 하티에 곡물을 제공했던 것을 자랑했다.[197] 시실리 출신 디오도로스의 보고에 따르면, 청동기시대 아테네 왕 에렉테우스는 기근을 덜기 위해 이집트로부터 많은 양의 곡물을 들여와 아테네 왕위를 확보했다. 또한 이를 계기로 데메테르 숭배가 도입된 것으로 여겨진다.[198]

어느 정도로 기근 구제가 정기적인 교역과 구분될 수 있을까? 대부분의 경제사가들은 둘 사이의 경계선은 쉽게 겹치고, 특히 고대 동지중해에서는 그러했다고 말한다. "위험스럽게 강수량이 적은 해들이 무서울 정도로 정기적으로 나타났고, 통계적으로 그러한 해들이 연이어 일어났을 가능성이 높다."[199] 우리는 적어도 기원전 10세기 페니키아의 도시들은 정기적으로 식량 부족을 경험했다는 것을 알고 있다.[200] 도시화와 제조업의 정도 그리고 연해 도시들 주변의 제한된 경작지를 고려하면 후기 청동기시대에도 그러했다는 것을 의심할 이유가 거의 없다. 그 당시 가나안은 삼나무, '티로스제製' 자주색 염료, 금속 완제품 등을 수출하고 있었던 것이 명백하고 유리로 만든 장식된 용기만이 아니라 많은 양의 생유리를 제조·수출하고 있었을 가능성이 매우 높다.[201]

---

197) Singer(1983b, pp.4-5).

198) Diodoros I.29. 이 이야기가 기원전 6세기 것인지 또는 4세기 것인지에 관한 논쟁들의 참고 문헌으로 Brown(1975, p.149, n.23) 참조. 나에게는, 그 전승이 전반적으로 청동기시대로 거슬러 올라간다는 것을 의심할 이유가 없다. 중요한 전승에 따르면 이집트 사람 에렉테우스는 기원전 1400년경(「파로스 연대기」에 따르면)에 아테네를 지배했다고 여겨진다. 이때는 사실 이집트가 에게해권과 접촉이 최고점에 이르렀을 때이다. Aristides, XIII.95; Burton(1972, pp.124-125) 참조.

199) Bintliff(1977, pt.1, p.51).

200) Bernal(1989a, p.23) 참조.

201) 울루 부룬의 배에서 발견된 유리 주괴들과 그것들의 개연성 있는 레반트 기원에 관해서는 Bass(1987, pp.716-717); Pulak(1988, p.14) 참조. Dayton(1982b)에 따르면 유리의 코발트색 염료는 보헤미아의 슈네베르크Schneeberg로부터 왔는데, 코발트색 유리는 미케네 그리스에서 최초로 제조되었다고 한다. 선형문자 B 서판은 미케네에 유리 제조 노동자kuwanokoi의 존재를 기록하고 있다(Pollinger-Foster, 1979, pp.10-11 참조). 그러나 그리스 전승은 청금석과 그것의 모조품인 파이앙스는 이집트에서 또는 아마도 페니키아에서 온다고 말하고 있다. Theophrastos, *De Lapidibus*, 55. 청색 유리에 해당하는 그리스어인 키아노kyano(선형문자 B로는 쿠와노kuwano)는 히타이트어 쿠(와)난ku(wa)nan, 아카드어 우크누uqnu, 우가릿어 이크누iqnu와 분명히 어원이 같다. 이처럼 청색 유리가 이집트에서 널리 사용되었고 이러한 사실로 말미암아 그리스가 이집트와 관련을 맺었을 것이라는 데는 의심의 여지가 없다. 그런데 청색 유리가 페니키아나 아마도 그리스에서 최초로 제조되었을 가능성이 훨

　페르시아의 이집트 정복과 그리스에 대한 적대 행위의 기간을 제외하고, 고전기(기원전 500-320년)에 이집트의 곡물과 그리스의 은 교환에 근거한 그리스와 이집트의 교역이 있었다는 데는 의심의 여지가 없다. 물론 그밖의 상품들도 관련되었다는 주장이 있다. 고전학자 M. M. 오스틴은 교역이 이미 상고기 시대에 작동하고 있었다고 강력히 주장했다.[202] 그리스에서 발견된 이집트 유물에 관해 학위논문을 썼던 리처드 브라운은 청동기시대에 이집트로부터 에게해권으로 곡물 수출 같은 것은 없었다고 주장했다. 그는 그러한 수입은 '고전기 그리스의 인구보다 훨씬 더 적은 인구에게는' 불필요할 수도 있다고 주장했다.[203] 미케네 그리스와 고전기 그리스의 상대적인 인구에 관한 증거는 불확실하지만, 적어도 주요 지역들에서의 인구밀도는 아주 비슷했을 가능성이 높다.[204] 후기 청동기시대에 양모, 금속, 도기생산은 특화산업이었고 농업에서는 올리브와 포도에 비중이 두어졌는데, 이런 상황에서 곡물이 부족했을 가능성은 매우 높다. 비록 곡물수입은 선형문자 B 문서에 언급되지 않았지만, 필로스와 미케네 왕국(두 지역에 관해서는 대부분이 알려져 있다)을 연구하는 학자들은 밀에 할애된 경작지의 비율이 상대적으로 낮은 것에 놀란다.[205]

　기원전 1천년기의 상황에서 유추한 주장에 따르면, 이 시기는 청동기시대 이래 해운이 그리 발전되지 않았지만 바다를 통해 운송된 이집트 밀은 그리스 및 지중해 분지의 여러 곳에서 비축되었다.[206] 브라운이 청동기시대 교역의 가능성에 반대하는 주장을 편 이래로 가장 중요한 발견은, 교환의 절반에 해당하는 이집트로 수출된 은 및 납에 대한 고고학적 증거이다. 앞에서 인용된 상황 증거를 고려하면, 청동기시대 이집트로부터 그리스로 곡물의 수출은 가능성이 매우 높은 것으로 여겨진다. 그렇다면 도기연대인

씬 더 크다.

202) Austin(1970, pp.35-37). 데모스테네스(기원전 384-322년)의 연설문은 곡물이 이집트로부터가 아니라 흑해에서 아테네로 온다고 언급했다. 이집트가 언급되지 않은 이유는 페르시아의 제2차 이집트 정복(기원전 343-332년)으로 설명될 수 있다.

203) Brown(1975, p.143).

204) Renfrew(1972, pp.232-233).

205) 이것에 관한 개요는 Ventris and Chadwick(1973, pp.236-238) 참조.

206) 고전기에 밀이 이집트로부터 그리스로 수출된 것에 관해서는 Austin(1970, pp.35-37); Brown(1975, p.149-150) 참조.

후기헬라스 ⅢA·B(기원전 1470-1220년) 동안 미케네 그리스의 밀집된 인구와 번영은 동지중해를 아우르는 정교하고 깨지기 쉬운 무역망에 근거하고 있었을 개연성이 높다. 지역 농업은 흉작의 불가피한 주기 때문에 인구를 제대로 부양할 수 없었고, 기근 해소를 위해 이집트 곡물에 의지했다.

밀 또는 빵을 히브리어의 맛테 레헴matēh leḥem(생명의 양식)처럼 생명과 동일시하는 일반적인 경향이 있다. 중기 이집트어에서 예레이iri(만들다) 아네크ʿnḫ는 '식량을 공급하다' 이고 '한정사(ﾉ口)를 지닌 안케트ʿnḫt는 '곡물'을 의미한다. 후기 이집트어(우리가 관심을 갖고 있는 기간의 구어)에서 아네크(안쿠)ʿnḫ(w)는 '생명, 생명의 양식, 양식'을 뜻하기 위해 함께 사용되었다. 이집트 공식어인 타 엔 아네크t3 n ʿnḫ(생명의 숨결)는 외국의 조공사절에게 파라오가 하사하는 정치적·정신적 의미만이 아니라 약속된 곡물 공급이라는 구체적인 의미를 지녔을 개연성이 있다.[207] 이것은 이집트에게 미케네 그리스에 대한 정치적, 군사적 그리고 문화적 장악력만이 아니라 경제적 장악력을 주었다.

이집트 밀이 상품 교환에 포함되지 않았다 하더라도 기원전 1470년부터 1220년에 이르는 시기 동안 동지중해 주위에는 긴밀한 교역망이 있었고 그것이 서지중해와 흑해에까지 뻗혀 있었다는 데는 의문의 여지가 없다. 기원전 15·14세기의 교역은 명백히 더 초기의 것들을 닮았고 아마도 그것 위에 세워졌지만, 두 세기의 정치적 상황을 반영하는 특징적 모습도 지녔다. 어망의 추로 사용된 상당한 무게의 납은 서아나톨리아에 있는 타우루스 산맥의 볼카르다그Bolkardag에서 생산된 것인데, 히타이트가 장악한 지역에서 온 것은 그것을 제외하면 아무 것도 없다.[208] 또한 배스가 동부의 주석으로서 여긴 것을 제외하면, 메소포타미아에서 온 것도 없다.

이처럼 수출상품을 내놓은 지역들은 이집트가 장악하고 있었다고 알려진 지역들(누비아, 레반트, 이집트 자체)이나 크레타, 그리스 본토, 서아나톨리아의 아르자와였다. 이것은 분명히 우연의 결과가 아니다. 후기헬라스 Ⅲ 시기로부터 미케네에서 발견된 외국 유물을 전체적으로 조사한 결과 에

---

207) 아네크ʿnḫ와 안케트ʿnḫt 사이의 그리고 다른 문화들에서 생명과 양식 사이의 관계에 관해서는 Ember(1917, p.89) 참조.
208) Bass(1990b, p.16).

릭 클라인은 그리스가 히타이트의 아나톨리아 세계보다는 이집트-레반트 세계에 속했음을 가리키는 모습을 발견했다. 그에 따르면 이집트산 유물 22개, 시리아-팔레스타인산 유물 19개, 메소포타미아산 유물 2개, 키프로스산과 아나톨리아산 유물이 각각 1개이다. 앞에서 지적했듯이, 그 아나톨리아산 유물이 히타이트산이 아닐 가능성이 높다는 것을 고려하면 그 균형은 더욱 인상적이다.[209]

외국 유물은 주로 후기헬라스 IIIB 맥락에서 발견되는데, 45개 중에서 26개가 여기에 속하고 5개는 후기헬라스 IIIA부터 후기헬라스IIIB에 속하는 것이다. 이러한 차이는 후기헬라스 IIIB의 기간이 더 길다는 것(후기헬라스 IIIA는 100년간, 후기헬라스 IIIB는 150년간 지속되었다)으로 부분적으로는 설명할 수 있겠다. 더욱이 앞에서 언급했듯이 후기헬라스 IIIB 맥락에서 아멘호테프 3세의 이름이 각인된 유물이 발굴되었던 이유는 일부 외국 유물이 그리스에 도착한 후 수십 년이 지나 묻혔다는 것을 뜻한다.[210]

여기서 나는 상품을 나타내는 그리스어의 셈어·이집트어 어원과 청동기시대 그리스로 수입된 상품이 대체적으로 일치한다는 점을 주장했다. 그 중에서도 놀라운 것은, 어원으로 보건대 청동기시대 말에 밀이 이집트로부터 레반트만이 아니라 에게해권으로 수출되었다는 점이다. 이집트 밀이 이 시기에 기근을 해소하기 위해 바다를 통해 북쪽으로 보내졌다는 문헌 증거도 살펴보았다. 그리고 나는 특정 지역의 경제 및 인구가 흉작으로 인한 최저생활 수준을 넘어서 발전할 수 있도록 기근구조용 양식이 제공되었다는 것을 시사하는 상황 증거가 있다고 주장했다. 물론 밀은 발굴을 통해 찾아내는 것이 매우 힘들지만, 이제 육지 및 수중 고고학 덕분에 우리는 기원전 1470-1220년 사이에 지중해 주위에서 교역된 많은 품목에 대한 훨씬 명확한 생각을 가지고 있다.

이러한 유물이 제공하는 윤곽은 미케네 도기의 분포와 문헌 기록이 말하고 있는 이집트 및 에게해권의 역사와도 상대적으로 잘 맞아떨어진다. 문헌 기록에 따르면, 투트모세 3세의 레반트 지배 이후 그리고 기원전 1470년경(후기헬라스 IIIA가 시작하는 대략적인 시점이다)부터 에게해권에서

---

209) Cline(1991a, pp.4-5).
210) 주146 참조.

의 접촉이 늘어나고 있었다. 기원전 1420년경 아멘호테프 3세가 등극하고 후기헬라스 IIIA2가 시작되면서 관계는 대단히 강화되었다. 이러한 관계는 몇 십년간 유지되었지만, 기원전 1370년 이후 레반트에서 이집트 세력이 기울면서 다소 침체되기 시작했다. 그리고 히타이트가 기원전 1370년경 북시리아를 장악했을 무렵 그곳에서 그리스 교역의 흔적은 보이지 않는다.

에게해권에 대한 이집트의 영향력 쇠퇴, 기원전 1370-1220년

아닛타 야나이는 "아마르나 시기(기원전 1370년경) 이후 미케네의 수입은 실제적으로 중단되었다"[211]고 주장했다. 그런데 만약 후기헬라스 IIIB의 시작을 아마르나 시기의 초로 잡는다면, 키프로스에서 그 도기가 풍부하게 존재할 뿐만 아니라 이집트와 레반트에 걸쳐 그 도기의 사금파리들이 많이 남아 있다.[212]

앞에서 지적했듯이, 그리스에서 상대적으로 많은 양의 이집트 및 시리아-팔레스타인 유물이 후기헬라스 IIIB의 맥락에서 발견되었으나, 적어도 그 일부는 더 이르게 도착했음에 틀림없다. 그 도기연대의 기간이 매우 길기 때문에 접촉이 그 시기 내내 한결 같았는지 또는 접촉이 이집트 세력의 변화(제19왕조[역주: 버낼에 따르면 기원전 1308-1194년]의 첫 25년간 특히 레반트 그리고 아마도 에게해권에 대한 이집트의 영향력의 부활)를 반영하는지는 말하기 힘들다.

제10장에서 와즈 웨르$^{W3d\ wr}$로부터 온 족장들이 자신을 알현했다는 람세스 2세의 주장과 이집트 종주권의 암시를 언급했다.[213] 그런데 그 당시 이집트에 공식적인 그리스 사절의 현존을 확인해주는 고고학적 증거가 없다. 더욱이 그리스에 람세스 2세의 긴 치세에 속하는 왕의 명문銘文 유물이 부족하다는 것은 다소 놀랍다(그 치세의 끝에 속하는 유물은 뒤에서 묘사될 것이다). 제18왕조의 파라오 투트모세 3세의 경우에도 그러한 유물이 부족하기는 하지만, 매우 그럴듯한 무덤 벽화는 종주권에 대한 그의 주장을 뒷받침해주고 있다.

---

211) Yannai(1983, p.59).

212) Hankey(1967)와 Cline(forthcoming b.) 끝 부분의 도표 참조.

213) 제10장의 주120.

$\varPhi$형 및 $\varPsi$형 도기 조각상과 청동퇴로 내려치는 신들

여기에서 후기헬라스 III 시기 두 유형의 도기 조각상을 조사하는 것이 유용할 듯한데, 레반트에서 발견된 그리스산 $\varPhi$형 조각상과 $\varPsi$형 조각상, 에게해권에서 발견된 레반트산의 청동퇴로 내려치는 신을 묘사한 도기 조각상이다. $\varPhi$ 및 $\varPsi$형의 작은 테라코타 조각상은 철자 $\varPhi$와 $\varPsi$의 모양을 닮았기 때문에 그렇게 명명되었다.

도기 조각상의 기능은 거의 명확하지 않다. 그것은 봉납물로서, 신성한 유모로서, 또는 장난감으로서 보인다. 후자의 두 개가 더욱 그럴듯한데, 그것이 어린아이 매장과 연관되어 있기 때문이다. 반면에 델피와 스파르타의 아미클레Amyklai 사당에 있는 도기 조각상들로 구성된 매장물은 그것이 봉납물임을 시사한다.[214] 나는 이 범주들이 서로 배타적이 아니라고 생각하는데, 그것은 세 기능 모두를 위해 사용되었을 것이다. 그런데 키클라데스와 키프로스의 더 이른 도기 조각상의 기원처럼, 나는 그것의 기원이 이집트의 슈압티스Shuabtis(사후의 삶에서 하인으로서 그리고 보호자로서 활동하기 위해 죽은 자와 함께 묻히는 도기 상)와 관련 있다고 믿는다.

수많은 $\varPhi$ 및 $\varPsi$형 도기 조각상이 키프로스, 레반트, 특히 우가릿에서 발견되었다. 그것의 분포를 연구했던 엘리자베드 프렌치는 다음과 같이 기술했다.

미케네 도기 조각상의 존재는 미케네인의 또는 미케네인의 방식을 의식적으로 채용했던 자들의 존재를 전제하는 것으로 여겨지므로, 그것의 해외 분포는 각별히 흥미롭다. 로도스와 키프로스에서 나온 다른 미케네 유물에 비해 그 유물의 수효가 적다는 것은 놀라운 일이다.[215]

아닛타 야나이는 레반트에 미케네인이 있었다는 이러한 징표를 거부했다.

---

214) Blegen(1937, pp.255-259); Mylonas(1956, pp.119-125); French(1971, p.142); Yannai(1983, p.82) 참조. 다리가 달린 레반트 병瓶의 파편들과 가나안 항아리 하나가 후기미노아 IB 시기에 북동 크레타의 해안에서 조금 떨어진 프세이라에서 발견되었다. 그러나 가나안 도기는 후기미노아 II와 후기미노아 III 맥락에서 더 자주 발견된다. Lambrou-Phillipson (1990, p.6) 참조.

215) French(1971, p.131). Yannai(1983, p.83)에서 인용.

엘리자베스 프렌치에 의해 지적된 그 불일치, 조각상에 동물 도기상이 자주 동반된다는 사실, 레반트에서 그리스인의 개인적 인장의 실제적인 부재, 우가릿에서 그리스 사람 이름을 입증하지 못했다는 사실 등을 야나이는 가장 많이 이용했다.[216] 어쨌든 야나이가 증거로 제시한 동물 도기상은 나에게 이해되지 않는다. 더욱이 후기헬라스 III에 속하는 단 하나의 그리스 인장이 레반트에서, 자세히 말하면 팔레스타인에 있는 텔 아부 하왐Tell Abu Hawam에서 발견되었다. 에게해권에는 시리아-팔레스타인 인장이 거의 없기는 하지만, 우리는 인명록을 통해 시리아-팔레스타인 사람들이 에게해권에 있었다는 것을 알고 있다. 마지막으로 우가릿에서 그리스 사람들의 이름이 없다는 것은 기원전 1370년 이후 그곳의 상황을 반영하는데, 나는 그 도시가 히타이트의 영향권에 들어가기 전에도 상황이 동일했다고 믿을 이유가 없으며 이집트가 종주권을 행사하는 남레반트에도 그리스인이 없었다고 믿을 이유가 없다고 생각한다. 다소 어려움이 있지만, 나는 전체적으로 프렌치의 주장이 설득력 있다고 생각하며, 작은 도기 조각상들이 기원전 1470-1220년 사이에 레반트에 미케네 그리스인이 있었음을 가리키는 것으로 받아들인다.

청동퇴를 쥔 신의 모습을 한 도기 조각상은 더욱 강력하다. 그 조각상은 '오른손에 무기를 들고 높은 투구를 쓴 활보하는 모습'이다.[217] 이것들은 천둥의 신 타르쿤Tarkhun, 테슈브Teššub, 바알Baʿal, 레셰프Reshef 등의 모습을 하고 있다. 그런데 내가 제6장에서 주장했듯이, 이것은 상이집트의 왕관을 쓴 청동퇴로 내려치는 파라오의 이미지로부터 파생되었다.[218] 도상이 서로 닮았다는 것은 텔 엘 다바에서 발견된 바알의 인장에 관한 논의에서도 언급되었는데, 그 인장은 헤브 세드 축제(희년제)에서 춤추는 세소스트리스의 이미지와 유사하다.[219] 늦게는 기원전 13세기 라메세스 2세 때 파라오는 자신을 몬트와, 그리고 북쪽 정복에서 셈족의 닮은 짝인 레셰프와 동일시했다는 것도 명백하다.[220]

---

216) Yannai(1983, pp.82-83).
217) Yannai(1983, p.68).
218) 제2장의 주185-193; 제6장의 주17-21.
219) 제6장의 주21.
220) 제2장의 주185-193; 제6장의 주19-21.

후기 청동기시대의 청동퇴로 내려치는 신의 도기 조각상은 미케네, 티린스, 델로스, 멜로스의 필라코피Phylakopi 등지에서 발굴되었다. 그밖의 것들은 철기시대 지층에서 발견되었고, 시기를 정확히 알 수 없는 것들이 도도나, 린도스, 니시로스Nysiros, 파트모스, 사모스, 테르몬Thermon, 수니온 등지에서 발견되었다.221) 그 조각상은 모두 골동품으로 볼 수는 없다. 왜냐하면 발굴 규칙에 따라 발굴된 유일한 유물인 필라코피의 조각상들은 후기 헬라스 IIIB 초에 속하는 사당에서 분명히 숭배의식과 관련된 것이었기 때문이다.222) 그 숭배는 특이하게 널리 퍼졌을 뿐만 아니라 그 조각상들의 분포 중심지였던 레반트에서 기원을 찾을 수 있다는 데는 의심의 여지가 없다.223)

그것들의 존재는 각별히 흥미로운데, 그것은 에게해권에서 고고학적 흔적이 있었던 유일한 레반트의 숭배의식과 관련되었기 때문이다. 이것은 다음과 같이 설명할 수도 있다. 즉, 전사로서의 파라오와 전쟁·폭풍우·역병의 신으로서의 파라오 사이의 모호함은 의심할 바 없이 이집트에 있었고 레반트에서도 나타나는 현상인데, 그러한 모호함이 에게해권에도 존재했다고 설명할 수 있다. 그러한 경우 조각상들은 레셰프의 그리스 짝인 헤라클레스와 역병의 신 아폴론뿐만 아니라 파라오 자신을 나타냈다. 이처럼 '신처럼 사람들에게 존경받는' 왕이라는 호메로스적 생각(미케네 왕들 또는 호메로스의 글에 나오는 왕들에 관해서 우리가 알고 있는 것과는 잘 맞지 않는 것 같기는 하지만)은 신격화된 파라오의 이미지와 잘 맞아떨어진다. 파라오와 시리아의 날씨 신 사이의 모호함은 에게해권에서 발견된 후기 청동기시대 말엽의 원통형 인장들에서도 나타난다.224) 겔리도냐 난파선에서 발견된 인장과 아티카의 페트라티Petrati에서 발견된 또 다른 인장은 이집트식 왕관과 의복을 착용한 신들의 모습을 담고 있다.225) 파라오 숭배에 관한 그러한 생각에 근거가 있든 없든 청동퇴로 내려치는 신의 조각상은 기원전

---

221) 이것에 관한 참고문헌은 Yannai(1983, p.123, n.83a) 참조.

222) Renfrew(1978, plates 4a and b).

223) Negbi(1976); Seeden(1980) 참조. 이와 반대의 견해는 Canby(1969) 참조.

224) Webster(1958, p.11)는 이 구절이 문자 그대로 취해진 것이라고 주장한다. Astour(1967a, p.359, n.2)는 이를 부정한다.

225) Buchholz(1967, pp.148-150, 147, n.55).

14세기경에 이르면 에게해권으로 레반트의 문화가 상당히 침투했음을 매우 명백하게 보여주고 있다.

가나안 항아리

에게해로 레반트가 경제적으로 침투한 가장 분명한 고고학적 지표는 가나안 항아리이다. 청동퇴로 내려치는 신들의 도기 조각상처럼 그것이 시리아-팔레스타인 지역에서 발전되었다는 데는 의심의 여지가 없는데, 그 지역에서 가장 널리 확산되었다. 가나안 항아리는 후기 청동기시대부터 기원전 6세기까지 운송을 위해 사용된 표준 항아리였다. 아닛타 야나이는 에게해권에서 나온 그 항아리 중에서 14개(메니디Menidi, 미케네, 아르고스, 아테네, 필로스, 아시네Asine, 테베, 테라에서 발견된 것들)를 보고했다. 가장 이른 것은 테라에서 나온 것인데, 그녀는 그것을 기원전 15세기 초의 것으로 잡고 있지만, 제6장에서 언급했듯이 우리는 이제 그것을 기원전 17세기의 것으로 보아야 한다. 따라서 그 형태의 발전을 두 세기 더 과거로 밀어 올려야 한다. 가나안 항아리의 파편이 기원전 16세기에 속하는 후기미노아 IB 맥락에서 동부 크레타의 북부 해안에 있는 프세이라Pseira 앞바다에서 발견되었다.226) 야나이가 보기에 만약 레반트와 에게해권 사이에 강렬한 상업적 접촉이 있었다면 발굴된 항아리의 수는 예상보다 훨씬 적은 것이었다. 그녀는 다음과 같은 말로 논의를 끝맺었다.

요약하면, 이 저장 항아리로부터 많은 것을 알 수 없다. 12개의 항아리가 연대로는 거의 3세기에 걸쳐 퍼져 있는데다가, 그리스의 두 유적지에서 지금껏 알려진 증거의 75퍼센트가 발굴되었기 때문이다. 비록 외국의 그리고 레반트의 것이라고는 하지만, 항아리에 담긴 중요한 무역 품목, 예를 들면 버뮬이 제안한 포도주, 기름, 향료를 보기가 힘들다.227) 항아리 자체에 대한 수요는 많았겠지만, 그것의 내용물에 대한 수요는 많지 않았을 것이다. 가나안 항아리가 겔리도냐 곶 앞바다에서 연대가 밝혀진 유일한 난파선에서 발견되었으므로,

226) 항아리에 관해서는 Grace(1956); Sasson(1966a); Åkerström(1975); Yannai(1983, pp.66-67) 참조. 테라에서 발굴된 가나안 항아리에 관해서는 제9장의 주115 참조.
227) Vermeule(1964, p.225).

서쪽으로 항해하는 배들이 서쪽에 기항할 때 그곳에서 선적할 상품을 담는 용기로서 사용되었을 가능성이 더 크다.[228]

이것은 '침묵의 논증'이었음이 밝혀지고 있다. 가나안 항아리는 오리엔트산 화물의 용기였다는 에밀리 버뮬 등의 상식적인 견해가 최근 크레타의 프세이라, 크노소스, 카토 자크로Kato Zakro, 콤모스Kommos에서 후기 청동기시대에 속하는 가나안 항아리들의 발견으로 강화되었을 뿐만 아니라 카쉬 난파선의 발굴로 눈부시게 입증되었다. 이 배는 120여 개의 '가나안 암포라'를 싣고 있었다. 그 내용물은 분석하기 어렵다. 그러나 일부는 과일, 일부는 수지樹脂를 담고 있었고 그 외에도 테레빈 기름, 피스타치오, 유향이 있었다는 것은 분명하다. 그밖의 가나안 항아리들은 아직도 유기물 파편을 함유하고 있었는데, 그것은 항아리 입구를 막는 마개로부터 온 것일 수 있다. 아니면 올리브, 무화과, 그밖의 과일, 또는 위에서 제안되었던 이집트로부터 수출된 밀 사이에 있었던 불순물로부터 온 것일 수도 있다. 가장 놀라운 것은 한 항아리가 키프로스 도기들로 가득 채워진 채 발견된 점이다. 이처럼 그것은 일반적인 용기로 사용되었지 액체를 담기 위한 것으로 사용되지 않았다는 데는 의심의 여지가 없다.[229]

이 항아리들의 발견은 다시 한 번 침묵논증의 위험성을 강조한다. 예전에 발굴되었던 14개의 항아리는 그리스로 해운된 물품의 중요 부분을 대표하는 것으로 받아들여진 적이 없었다. 우리는 우연히 건져올린 14개의 항아리가 수십만은 아니라 하더라도 수천의 항아리들(수백 또는 수천 번의 항해 중에 해저에 가라앉지 않거나 가라앉았더라도 해체되거나 발견되지 않은 항아리들)을 대표할 가능성이 좀 더 큰 것으로 보아야 한다.

상아

카쉬 난파선은 상아의 부분과 두 개의 하마 이빨을 싣고 있었다.[230] 그

---

228) Yannai(1983, pp.66-67).

229) 근래의 크레타 유물에 관한 참고문헌은 Lambrou-Phillipson(1990, p.6) 참조. 에게해권에서 가나안 항아리들의 발견은 Shaw(1981, p.246) 참조. 카쉬에 관해서는 Bass(1987, pp.708-709); Pulak(1988, pp.10-11) 참조.

당시 시리아에는 몇 마리의 코끼리가 남아 있었다. 그러나 그리스어 엘레파스elephas의 이집트어 어원이 시사하듯이, 하마 이빨처럼 상아는 일반적으로는 아프리카로부터 그리고 특정하게는 이집트로부터 또는 이집트를 거쳐 왔다는 것이 사실상 확실하다. 동크레타에 있는 카토 자크로Kato Zakro에서 가공되지 않은 상아가 발굴된 것을 고려하면, 상아가 가공되지 않았다는 사실은 미케네 지배자들이 자신의 지역 스타일에 대한 취향을 지녔음을 시사한다.231)

에게해권 스타일과 레반트 스타일의 관계에 관한 논쟁이 있다. 에밀리 버뮬은 "원자재가 동방에서 온 이래로 (상아들의) 스타일에서 오리엔탈리즘이 좀 더 강조되었다"고 기술했다.232) 아닛타 야나이는 이에 동의하지 않고 기술과 모티프 모두에서 근본적인 차이가 있다고 주장했다. 그녀는 미케네인은 입체형 부조를 선호했지만 시리아-팔레스타인인은 일반적으로 새김 또는 상감을 사용했다고 주장했다. 그런데 그녀는 두 원칙의 예외를 받아들였다. 예를 들면, 델로스 섬에서 나온 동물 장면은 새겨진 것이지만, 레반트에서 발굴된 작품에는 부조가 더 많았다.233) 야나이는 모티프 문제에서 유사점을 받아들이면서도 과소평가하지만, 올바르게 다음을 지적했다.

이 경우에 문제는 영향이 직접적인 것이었는지 아니면 중개자를 통해서인지를 결정하는 데 있는데, 중개자를 통할 경우 그 중개자는 장소가 될 수도 있고 다른 매개물일 수도 있다. 첫 번째 경우는 미케네 상아에서 발견되는 오리엔트적 모티프가 그 기원을 미케네 시대 이전의 크레타에 두고 있는지에 대한 질문이고, 두 번째 경우는 상아 칼 제조기술 사이의 접촉보다는 금속세공술이나 보석조각술 같은 또 다른 분야를 통한 영향의 여부에 관한 문제이다.234)

---

230) Bass(1987, pp.726-727).
231) 자크로 상아에 관해서는 헤라클레이온 박물관 Case 113 참조.
232) Vermeule(1964, p.218).
233) Yannai(1983, pp.63-64).
234) Yannai(1983, p.64).

이것은 절대적으로 옳다. 왜냐하면 기원전 15·14세기에 이르면 미케네 그리스는 근동 세계의 자립적인 구성원으로서 공동의 유산을 나누면서도 자신의 특징을 지니고 있었기 때문이다. 아닛타 야나이가 지적하듯이, 우선 크레타 전통이 있는데, 그것은 이집트 및 레반트 문화로부터 많은 것을 끌어왔다. 더욱 중요한 것은 상아에는 사냥, 싸우는 사자들, '국제화된 힉소스적' 전통을 담고 있는 그리핀이 묘사되어 있다는 점인데, 이것은 이제 미케네 그리스의 '민족적'인 전통이 되었다. 그러나 상아를 연구한 프랑스 예술사가 장 클로드 푸르사가 받아들였듯이, 후기헬라스 IIIB 시기에 예술적인 혼합이 있었다. 그는 그것을 키프로스에서 스타일이 교환되면서 생겨난 것으로 보고 있는데, 분명히 키프로스를 통해 오리엔트의 모티프는 미케네 상아에 도입되었다. 작은 규모이기는 하지만 미케네로부터 레반트에 미친 영향도 있었다.[235]

앞에서 인용된 고고학적 증거로 보건대, 구리가 기원전 15세기에 대량으로 생산된 후 키프로스가 동지중해 교역에서 중심 역할을 했다는 데는 의심의 여지가 없다. 반면 키프로스가 동과 서 사이에 막 또는 필터를 제공하여 동과 서가 직접 닿지 않고서도 교류할 수 있게 함으로써 아리아주의자 및 고립론적 고고학자들의 이데올로기에서 주요한 역할을 하고 있다는 것도 마찬가지로 확실하다. 그런데 문헌 증거와 고고학적 증거로 보건대, 이집트 및 레반트의 사람들이 에게해권과 여타 지역에 도달해 영향을 미쳤을 길이 많았던 것으로 보인다.

결론

투트모세 3세가 거둔 승리로 '이집트의 평화' 시대가 확립되면서 적어도 기원전 1470년 이후 촘촘하고 광범위한 교역망이 동지중해에 작동했다는 것은 설득력 있는 가정이다. 밀접한 접촉을 보여주는 문헌적·고고학적 증거를 고려하면, 수세기 동안 광범한 언어적·종교적·문화적 교환이 없었다

---

235) Poursat(1977, pp.244-246). 푸르사는 후기헬라스 IIIB가 기원전 1300년에 시작되는 것으로 설정했다는 점에서 Furumark를 따른다. 그가 기원전 13세기 발전으로 본 것을 나는 기원전 14·13세기의 발전으로 간주한다.

면 그것이야말로 대단히 놀라운 일이다. 또한 이집트 및 레반트 문화의 장구한 전통과 세련됨으로 보건대, 문화의 주도적 흐름은 동지중해로부터 에게해권으로 흘렀지 그 반대는 아닐 가능성이 매우 높다.

반면에 여러 증거로 보건대, 기원전 15세기에 이미 이집트는 이집트이고 레반트는 레반트였을 뿐만 아니라 그리스 또한 그리스였다. 미케네인은 그리스어를 말하고 그리스 이름을 지닌 신들을 숭배하고 있었으며, 후기에 발견된 많은 그리스의 숭배의식과 신화가 후기 청동기시대에 이미 널리 퍼져있었을 가능성이 매우 높다. 그리스 문화의 형성 시기는 기원전 15세기 너머 기원전 18·17세기인 힉소스 시대(테라 벽화들에 묘사된 시대)로 올라가야만 한다. 바로 이 시기에 우리가 그리스 문명이라고 부르는, 지역적인 인도유럽적인 영향과 이집트 및 레반트적인 영향의 아말감이 최초로 형성되고 지속되었던 같다.

제12장
영웅시대의 영웅적 종말
—기원전 1250-1150년 테베, 트로이, 미케네의 종말—

  기원전 13세기 중반에 이르러 기원전 1500년 이래 중동을 지배했던 세력의 조화가 깨지기 시작했다. 기원전 1300년경 라메세스 2세의 '승리'는 몇 십 년간 레반트에서 이집트의 영향을 연장할 수 있었지만 투트모세 3세의 승리처럼 지속적인 효과를 가질 수 없었다. 미탄니 왕국이 사라졌고 그곳에 부활한 아시리아가 자리를 잡았다. 아시리아는 메소포타미아를 지배했다. 기원전 1280년경 이집트와 히타이트 사이에 평화가 있었고, 기원전 13세기 후반 히타이트는 아시리아와 분쟁에 휘말렸다. 기원전 1230년대에 이르면 히타이트 세력이 해체되기 시작했다. 중앙아나톨리아에서는 기근이 있었는데, 일반적인 기후악화의 일부였던 것으로 보인다(제5장 참조).[1] 히타이트 제국은 아나톨리아의 서부와 남서부(이곳에서 지역 세력이 독립을 위해 다시 일어나고 있었다)에서 장악력을 잃었던 것으로 보인다. 이런 상황에서 트로이 전쟁이 터졌던 것 같다.

  그리스에서 원래 힉소스 왕조 중 마지막 왕조인 카드모스 왕조의 터인 테베는 기원전 1250년대에 포위당했고, 기원전 1230년경 파괴되었던 것으로 보인다. 펠롭스 왕가의 통치는 안전하지 않았는데, 왜냐하면 북쪽의 그리스인 부족인 도리스족, 보이오티아족, 테살리아족의 위협이 미케네 왕궁문명의 변경에서 또는 그 너머에 있었던 것으로 보이기 때문이다. 그러나 펠롭스 왕조의 왕들은 트로이로 향하는 원정을 상당히 준비할 수 있었고, 트로이는 트라키아 동맹국들만이 아니라 서부 및 남부 아나톨리아의 수많은 나라를 규합했던 것으로 보인다. 이 싸움은 기원전 1205년경에 끝났던 것으로 보인다.

  그리스는 트로이 전쟁의 혼란에서 결코 회복되지 못했다고 보는 것이 적어도 투키디데스 이래의 전통적인 견해이다. 그런데 사실 미케네를 포함한 많은 왕궁과 도시가 50년가량 더 생존했고, 아테네 같은 도시는 그보다 더 길게 생존했다. 기원전 12세기의 붕괴는 어떤 점에서 이집트의 기록에 보고된 바다의 민족들의 이주 및 파괴에 연결되어 있다. 제1권에서 주장했듯이, 바다의 민족들 중 다수가 에게해권 출신이었고 그리스어를 말했다.[2] 호메로스는 오디세우스로 하여금 이집트 습격에 가담했다고 말하게 한다.

---

1) 제7장의 주151-152 참조.
2) 제1권, pp.615-621 참조.

이에는 미케네 그리스의 국가들의 '그리스인들'과 변경 부족들(트로이인과 동맹을 맺었던 부족을 포함해)이 연루되었던 것 같다.[3] 그런데 도리스족의 주요 정복(대개는 펠로폰네소스에 대한 정복)이 기원전 1150년대에 일어났다는 것은 흥미롭다. 제7장에서 말했듯이 그때는 헤클라 화산이 세 번째로 폭발한 지 10년 후였는데, 그 폭발은 북유럽에 파괴적인 효과를 미쳤던 것으로 보이며 중국에서는 상 왕조를 패퇴시키고 주나라를 대두시킨 요인이었던 것 같다.[4] 따라서 헤클라 화산 폭발과 근동의 청동기시대 및 미케네 문명의 최종 몰락을 연계시켜보는 것이 가능할 것 같다.

원통형 인장

청동기시대 에게해권에서 발견된 중요한 근동 유물(제11장에서 고려되지 않았다)은 원통형 인장이었다. 기원전 4천년기 메소포타미아와 시리아에서 사용된 원통형 인장은 사유재산 및 공유재산의 표식으로서 다음 3000년 동안 그곳에서 계속 사용되었다. 단단한 돌이나 준準보석으로 만들어진 그 것은 부적의 특성도 지녔으며, 종종 수세기동안 보존되었다는 것은 얼마나 높은 가치를 지니고 있었는가를 가리킨다. 예를 들어 소유자가 당국에 인장의 분실을 보고할 의무가 있었다고 한다.[5] 미케네인은 진흙을 서판으로 사용했고 동방의 형태를 모방한 원통형 인장을 제작해 사용했다. 지역의 돌로 만든 미완성 인장이 미케네에서 발견되었다.[6] 그렇다 하더라도 인장이 메소포타미아에서만큼 광범위하게 그리스에서 사용되지 않았다는 것을 아닛타 야나이는 옳게 지적하였다.[7]

이번 절에서는 메소포타미아, 시리아, 키프로스에서 만든 원통형 인장을 집중적으로 살펴보고자 한다. 그런데 시리아와 키프로스의 인장은 때로는 서로 구별하기 어렵다. 발굴된 외국산 인장들은 그것이 지닌 개인적 그리고 제도적 가치 때문에 각별히 흥미롭다. 특정 유적지에 인장이 있다는 것

---

3) 제11장의 주59-62 참조.
4) 제7장의 주42, 148-156.
5) Hallo(1977, p.58).
6) Buchholz(1967, pp.151, 159).
7) Yannai(1983, p.63).

은 극도로 중요하다.

1967년 한스 귄터 부크홀츠는 그리스에서 발견된 근동의 원통형 인장 100여 개의 목록을 발간했다(야나이는 다음 10년간 더 발견된 네 개를 보고했다).8) 부크홀츠가 연대를 설정할 수 있었던 것 중 14개는 기원전 1600년 이전(또는 나의 연표에 따르면 1670년 이전), 36개는 기원전 1600(1700)년과 1200년 사이, 13개는 그 이후의 것이었다. 몇 가지 점에서 그것의 출처는 미케네에서 발견된 다른 유물의 출처를 닮았다. 히타이트산 인장은 없었지만, 시리아 및 키프로스산 인장이 많았던 것이다. 다른 점은 이집트산 인장은 전혀 없었다는 점이다. 이것은 놀라운 일이 아닌데, 이집트는 기원전 4천년기 후반 왕조 시기의 초에만 원통형 인장을 사용했기 때문이다. 또한 수많은 인장이 메소포타미아, 즉 미탄니 왕국과 카시트 왕국에서 온 것인데, 두 왕국은 기원전 13세기 중반 아시리아아인에 의해 몰락할 때까지 그곳을 지배했다. 지금까지 가장 많은 인장이 발굴된 곳은 카드메이온, 즉 테베 왕궁인데, 비상하게 풍부하고 중요한 발견을 논하기 전에 그 도시의 역사를 살펴보자.

보이오티아의 테베와 페니키아인의 도래

제2장에서 보이오티아의 초기 역사를 언급하면서, 호메로스와 기원전 6세기 신화작가 페레키데스가 보전한 전승(두 번의 테베 건국이 있었다는 전승)은 받아들여야만 한다고 주장했다. 이것은 융의 이원적 또는 레비스트로스적(구조주의적) 근거를 신화적으로 필요로 하기 때문만이 아니라 그 전승이 두 개의 실제적인 건국(기원전 3천년기 중반 이집트인 또는 이집트인화된 암피온과 제토스의 건국, 그리고 기원전 2천년기 페니키아 사람 카드모스의 건국)을 정확하게 보고하고 있다는 것을 나는 믿고 있기 때문이다.9) 그렇다고 내가 그러한 개인들이 존재했다고 주장하는 것은 아니라는 점을 강조해둔다. 실제로 존재했다 하더라도 그들은 신화라는 껍데기로 둘러싸여 있기에 그들로부터 역사적인 사실을 끄집어내는 것이 불가능할 수 있다. 그럼에도 불구하고 나는 그 이야기들이 역사적 과정을 그리고 실제로 벌어졌

---

8) Buchholz(1967, pp.152-8); Yannai(1983, p.120).

9) 제3장의 주13-21 참조.

던 이주와 정복을 상징화하거나 나타내는 것으로 여겨지므로 역사적 기능
을 하고 있다고 믿는다.

제2장에서 언급되었듯이 카드모스라는 이름은 분명히 서부 셈어 qdm케
템(히브)/카드무(우가릿어)(동방 사람, 고대인)에서 연유했다.10) 카드모스의 누이
이름 에우로파가 셈어 ʿrb에레브(히브)/아라바(우가릿어)(서쪽 또는 저녁)로부터 파
생되었다는 것도 이를 뒷받침해주고 있다.11) 그 신화의 표준판 개요에 따
르면 그 이야기는 다음과 같이 전개된다. 에우로파는 그녀의 아버지 아게
노르의 왕국인 티로스의 해변에서 놀고 있었다. 그녀를 본 제우스는 황소
로 변신한 후 그녀를 설득해 등에 타게 했다. 그리고 그는 그녀를 유괴해
서쪽 크레타로 데리고 갔다. 에우로파의 오빠들인 카드모스와 포이닉스 등
이 그녀를 찾아 나섰으나 성공하지 못했다. 그런데 그들은 다양한 곳에 정
착하고 도시를 세웠는데, 그 도시들 모두가 후에 페니키아인과 각별한 연
계를 맺었다. 그 중에서 가장 주목할 만한 도시는 카드모스가 건립한 테베
였다.12) 기원전 10·9세기 헤시오도스와 호메로스의 시대 이래로 그러한
이야기가 있었다는 점과 테베의 건국자로서 페니키아 사람 카드모스의 전
설이 있었다는 점은 제1권에서 논했다.13)

이 전설이 청동기시대에 기원했다는 확신은 초기 테베에 관한 수많은
고전기의 기록과 고고학적 확인에 의해 뒷받침되고 있다. 정확하게 고전기
비극이 묘사하는 것같이 후기 청동기시대의 테베에는 일곱 성문이 있었다.
후기헬라스 IIIB에 속하는 보이오티아 도상은 왕으로 보이는 한 인물과 스

---

10) Vian(1963, pp.154-157)이 케카스마이kekasmai(능가하다)로부터 어원을 제공했는데, 그것이
qdm케템(히브)이라는 어원보다는 좋지 않지만 의미론적으로는 가능하다. 그러나 그것은 음성
학적으로는 훨씬 큰 약점을 지니고 있다. Astour(1967a, pp.147-152)는 카드모스라는 이름
이 셈어와 관련되었다는 명백한, 그러나 환영받지 못하는 증거를 피하려는 아리아주의자
학자들의 왜곡이라는 흥미로운 모습을 보여주고 있다. 카드모스라는 이름의 셈어와의 관련
은 제2장의 주6, 143 참조.

11) 이름 시조 에우로파만이 아니라 서쪽 대륙인 유럽도 ʿrb에레브(히브)로부터 파생했다. 그러나
제2장의 주87에서 논의된 에레보스erebos라는 어원과는 대조적으로 유럽이라는 단어가 아
롭ʿārôb으로부터 구성된 가나안어 부정사로부터 온 것이라는 주장이 있다. Astour(1967a,
p.130) 참조. 제4권에서 보이오티아의 에우로파 숭배에 관해 좀 더 상세하게 논의할 것이다.

12) Ovid, *Metamorphoses*, II. 836-852. 이 전승의 다양한 변이와 19·20세기 학자들의 견해에 관
해서는 Edwards(1979, pp.17-88) 참조.

13) 제1권, pp.135-136.

핑크스를 강조하는데, 이는 오이디푸스와 스핑크스의 이야기(이에 따르면 그 영웅은 괴물이 낸 수수께끼를 풀고 도시를 구한다)가 오이디푸스가 테베를 통치했던 시기인 기원전 14·13세기에 널리 퍼졌다는 것을 시사하고 있다.[14] 그러한 유물 때문에 그리고 그 전설이 널리 퍼졌으면서도 비교적 일관성을 지녔기 때문에 나는 특히 테베에서 청동기시대부터 상고기·고전기에 이르기까지 강하게 살아남은 전승이 있었다는 것을 의심할 이유가 없다고 본다. 이와 같은 과거에 관한 정보를 잘 알고 있었던 헤시오도스와 호메로스가 기원전 13세기 테베의 마지막 지배자들 스스로가 자신을 페니키아에서 도래했던 카드모스의 후예로 본 것으로 기록한 것은 거의 확실하게 옳았다. 이 지배자들이 올바르게 생각했는지의 여부에 관한 문제는 그렇게 명백하지 않다. 그러나 그들 스스로 자신에 대해 그러한 이미지를 지니고 있었던 데다가 아마도 아프리카아시아적 이름인 테베가 선형문자 B 문서에 나타난다는 사실로 미루어 보건대, 청동기시대 말 이후에야 페니키아 사람 카드모스의 정복이 있었다든가 그 도시가 설립되었을 것이라는 가능성은 배제된다.

청동기시대 전승의 신빙성은 많은 요소들에 의해 좌우된다. 그 가운데 첫 번째는 페니키아인의 또는 서부 셈족의 이주 또는 정복이 기원전 2천년기의 어느 시점에 있었느냐이다. 루스 에드워즈는 후기헬라스 IIIB(역주: 『캠브리지 고대사』에 따르면 기원전 1275-1180년, 버낼에 따르면 기원전 1370-1210년) 시기에 정착했다는 설은 도시의 몰락 전에 테베의 역사적 전승 속에서 이야기되는 많은 사건을 담아내기에는 시간상으로 충분하지 않다고 지적했다.[15] 더욱이 우리는 기원전 13세기 그 도시의 공식 언어가 그리스어라는 것을 알고 있다. 따라서 페니키아의 지배는 더 이른 시기였음에 틀림없을 뿐만 아니라 마지막 왕궁에서 발견된 오리엔트 유물과 직접적으로 연결될 수 없다는 것이 분명하다. 비록 그때 그 도시에 레반트 장인의 '거류지'가 있었다는 것이 대단히 가능성이 높기는 하지만 말이다(아래에서 논의될 것이다).

---

14) 성문에 관해서는 Symeonoglou(1985, pp.32-38) 참조. 스핑크스에 관해서는 테베 박물관 no.14에 있는 라르낙스larnax(테라코타로 만든 관) 참조.

15) Edwards(1979, p.173, n.185). 나는 후기헬라스 IIIB가 기원전 1265년보다 1370년에 시작한다 하더라도 이것은 사실이라고 믿는다.

후기헬라스 III(기원전 1470년 이후로 적어도 두 번의 파괴가 있었다)에 페니키아의 침입 또는 정착이 있었다는 것은 이론적으로는 가능하다.[16] 그런데 재구성하게 되면 어떠한 '오리엔트화'의 증거도 없다. 그러나 정착 또는 정복의 고고학적 징표가 없다고 해서 반론을 할 수 없는 것은 아니다. 우리가 보았듯이, 그리스의 다른 곳에서 아카이아인의 점령은 구체적인 흔적을 남겨놓지 않았다. 반면에 카드모스 왕가가 펠롭스 왕가보다 더 많은 증거를 남겼을 것이라고 예상할 수 있는데, 그들이 도입했다고 여겨지는 혁신 때문에 그리고 전승에 따르면 그들의 이주가 훨씬 더 규모가 컸다고 여겨지기 때문이다.

펠로폰네소스에 아나톨리아어를 말하는 자들(펠롭스 왕가)이 있었다는 징표보다 보이오티아에 셈어를 말하는 자들이 있었다는 징표가 훨씬 많다는 데는 의문의 여지가 없다. 테베라는 이름, 건국자들인 카드모스와 에우로파라는 이름 외에도 테베에는 게피라이오이 부족과 라돈 강이 있는데, 제3장에서 언급했듯이 이 모두는 그럴듯한 셈어 어원을 가지고 있다. 마찬가지로 티스베^{Thisbe}와 테스피아이^{Thespiae}라는 도시명은 후루의 신 테슈브^{Teššub}에서 파생되었을 수 있다.[17] 17세기 보샤르 이래로 학자들은 테베에서 제우스의 별명 엘리에우스^{Elieus}를 페니키아어 엘리운^{Eliun}에서 파생된 것으로 보았다. 그런데 비블로스의 필론은 엘리운을 그리스어로 힙시스토스^{Hypsistos}(가장 높은)로 보았다. 그 이름은 성서에 엘 엘리온^{ʾEl ʿElyōn}으로 나타난다.[18] 이것은 테베에서 힙시스토이 성문^{Hypsistoi Gate}에 연관되어 있는 '제우스 힙시스토스'의 숭배와 잘 맞아떨어진다.[19]

또한 라돈 강의 다른 이름인 이스메노스^{Ismenos}는 아폴론 이스메니오스의 숭배에 의해 아폴론 신에 연계되어 있다. 치유자로서 아폴론의 역할은 가나안의 치유의 신 에쉬문^{Ešmun}과 잘 부합된다. 셈어 어근 šmn^{셰모네(히브)}은 '여덟' 그리고 '뚱뚱한'(또는 '비옥한')이라는 두 가지 의미를 지니고 있는

---

16) Edwards(1979, p.105, n.105).

17) 제2장의 주228 참조.

18) Bochart(1646, II.17). Philo, *History*, 800:14(Baumgarten, 1981, pp.184-186). Astour(1967a, p.216)도 참조. 애스터는 그 이름은 단순히 바알의 별칭인 엘리^{ʿely}로부터 온 것이라는 대안을 제시했다. 「창세기」 14:18도 참조.

19) Pausanias, IX.8.5 참조. 좀 더 자세히 알려면 Symeonoglou(1985, p.125) 참조.

데, 이스메노스 강이 흘러드는 땅에 적절한 이름이었다. '8'이라는 숫자는 중요한데, 비블로스의 필론에 따르면 에시문은 지하의 신비한 난쟁이 대장 장이들인 일곱 카비로이Kabiroi 또는 카베이로이Kabeiroi의 여덟 번째 형제였다. 셈어 카비르kabîr(위대한)로부터 카비로이라는 이름이 파생되었다는 것은 그 이름의 그리스어와 라틴어 이름인 메갈로이 테오이Megaloi Theoi와 마그니 데이Magni Dei에 의해 확인된다. 카비로이는 페니키아의 베이루트, 보이오티아, 사모트라케에서 숭배되었다. 전승에 따르면, 카드모스는 보이오티아와 사모트라케의 숭배에 관련되었다.[20] 빅토르 베라르는 키타이론 Kithairon 산(이 산 위에서 시리아의 제식과 대단히 비슷한 홀로코스트[全燔祭]가 수행되었다)의 또 다른 그럴듯한 셈어 어원으로 셈어 어근 qtr를 제안했다. qtr에서 히브리어 강조형(피엘Piel형) 동사 킷테르quitter(태운 제물을 바치다)가 나온 것이다.[21]

이러한 셈어 어원을 받아들인다고 하더라도, 나는 그것이 보이오티아를 각별하게 만든다고는 생각하지 않는다. 첫째, 그럴듯한 이집트어 기원을 가진 이름들(아마도 테베 자체, 코파이스, 케피소스, 알랄코메네, 아테네, 스핑크스 산山)도 있기 때문이다.[22] 둘째, 보이오티아의 셈어 지명 및 이집트어 지명 중 많은 지명이 그리스의 여러 장소에서도 나타나기 때문이다. 제2장에서 나는 관개灌漑와 관련된 지명을 언급했고 보이오티아에서만이 아니라 아르카디아와 테살리아에서 발견되는 '오르코메노스'나 '라돈' 같은 셈어 이름과 '페네우스' 같은 이집트어 이름을 언급했다. 에게해권의 다른 곳

---

20) Philo, *History*, 809:14(Baumgarten, 1981, pp.184-186); Astour(1967a, p.155). 이 숭배와 그것의 이집트적·페니키아적 뿌리는 제4권에서 상세히 논의될 것이다. 카비로이의 셈어적 어원은 적어도 Scaliger(1565, p.146) 이래로 알려졌다. 여류 소설가 조지 엘리엇의 카조봉 Casaubon 씨氏는 'Cabiri'에 관해 알았다(Eliot, *Middleamrch*, ch.20). 그녀는 마크 패티슨Mark Pattison을 통해 그 셈어 어원에 관해 알게 되었다(그 친구로부터 그녀는 카조봉이라는 이름도 취했다). 패티슨은 스칼리제와 이자크 카조봉 양인의 전기를 썼다. Hertz(1985, pp.75-96); La Capra(1987, pp.56-82) 참조. 이것도 제1권, 5장, 주113에서 논의되었다. 카비로이를 페니키아로부터 분리시키려는 아리아주의자의 시도에 관해서는 Edwards(1979, p.81, n.75) 참조.

21) Bérard(1902-3, II, pp.411-416). Astour(1967a, p.214)도 참조. 내가 보기엔 Zētos, Dirkē, Asōpos, Tanagra, Gephyroi에 대해 애스터가 제시한 어원은 확신을 줄 정도로 의미론적으로 빈틈이 없다고는 여겨지지 않는다.

22) 제3장의 주77-94 참조.

718 블랙 아테나 II

에서 나타나는 케피소스, 아테네, 하르마, 테베 같은 지명도 있다. 간단히 말해, 보이오티아에서 이집트어와 셈어의 그럴듯한 어원을 지닌 이름과 숭배의식이 대단할 정도로 일치한다고 해서 이 사실을 너무 강조해서는 안 된다. 왜냐하면 그것은 다른 곳에서도 너무나도 자주 나타나기 때문이다.

부와 상당한 교역의 기초 위에 세워진 보이오티아의 무덤·왕궁·요새는 아르골리스와 남부 펠로폰네소스 같은 본토 그리스의 풍요한 지역에서 발견되는 것들과 매우 닮았다. 앞에서 언급했듯이 특히 후기헬라스 IIIB 시기에 보이오티아가 크레타와 긴밀한 접촉을 맺고 있었다는 강한 증거가 있지만, 크레타의 영향은 미케네 시대에 그리스 전역에 걸쳐 널리 퍼져 있었다.23) 오리엔트적 유물을 지닌 왕궁이 있지만 테베의 물질문화가 다른 그리스 지역의 물질문화보다 더 '오리엔트적'이라고 평가할 수는 없는 것 같다.

후기 청동기시대 테베에서 선형문자 B가 사용되었고 헤로도토스에 따르면 알파벳 문자인 카드모스 문자도 사용되었다고 하는데, 두 종류의 문자가 그리스의 다른 곳에서도 사용되었다는 것을 가정해야 한다.24) 보이오티아에서 두 종류의 문자가 사용되었다는 것은 적어도 기원전 13세기에는 공식 언어가 그리스어였다는 것을 명백히 보여주는데, 이러한 상황이 다른 곳보다 보이오티아에서 늦게 발전되었던 것은 아닌가 하고 의심할 이유가 거의 없다. 요약하면, 만약 카드모스가 동방에서 도래했다는 것이 진실이라면, 그 도래는 우리가 알고 있는 미케네 왕궁 시대의 시작 이전으로 거슬러 올라가야 할 것이다.

고대의 연표들

카드모스의 정착이 다나오스의 정착만큼 오래되었다는 생각은 새로운 것이 아니다. 「파로스 연대기」는 카드모스의 테베 도래를 기원전 1518/17년으로, 다나오스의 도래를 기원전 1511년으로 잡고 있다.25) 그런데 루스 에드워즈는 이것이 유일한 고대 연표가 아니라고 주장하면서 기원전 1세

---

23) 제10장의 주96 참조.

24) 테베의 선형문자 B에 관해서는 Chadwick(1969); Olivier(1971); Godart and Sacconi(1978) 참조. 알파벳 비문에 관해서는 Herodotos, V.59-61 참조. 후기 청동기시대 그리스에서 알파벳이 널리 사용되었음을 옹호하는 주장은 Bernal(1990, pp.53-70) 참조.

25) Parian Marble L1.12-15.

기 사람인 로도스의 카스토르Kastor를 거명하는데, 그는 카드모스의 도래를 기원전 1307년에 해당하는 연도로 잡고 있다.[26] 교부인 유세비오스는 카드모스의 도래 연대를 기원전 1455-1285년으로, 다나오스의 도래를 기원전 1492-1467년에 이르는 시기로 잡고 있다.[27]

그리스에 알파벳이 전달된 때를 기원전 2천년기라고 주장하고 그 도입을 카드모스에 연계시키는 전승을 받아들이는 학자들은 후기의 연대를 또는 헬레니즘시대의 과학자 에라토스테네스가 주장했다고 하는 기원전 1313년 설을 선호하는 경향이 있다.[28] 그런데 오늘날의 역사가 대부분은 기원전 2천년기의 알파벳 도래 가능성을 부정한다. 정착 전승의 역사적 골격을 받아들였던 소수의 학자들은 「파로스 연대기」가 말하고 있는 기원전 16세기 도래설을 선호했다. 그 이유는 간단했다. 그 연대가 고대모델(이 모델은 그 연대와 힉소스의 축출을 연계시키고 있다)과도, 그리고 그 연대를 후기 청동기시대의 시작과 결부시킨 그들 자신의 시대구분과도 맞아떨어졌기 때문이다.[29] 그러나 제9장에서 보았듯이, 이 학자들은 중기미노아 III이 기원전 1730-1675년으로 이동하기 전에 그리고 힉소스에 의한 최초의 그리스 식민화가 기원전 16세기가 아니라 기원전 18세기라는 이 책에서 제기된 주장이 있기 전에 연구를 하고 있었다.[30]

카드모스와 알파벳

크게는 고대모델에 끌려 비정통적이 되는 학자들도 있지만, 카드모스의 도래를 기원전 15·14세기로 주장하는 학자들은 알파벳이 기원전 1천년기, 아마도 기원전 8세기에 그리스에 도래되었다는 1930년대에 확립된 정통론을 받아들였다.[31]

나는 이 전통을 거부하고 알파벳이 기원전 2천년기에 그리스에 소개되

---

26) Jacoby(1923-1929, IIB, p.250, frg.4.8).

27) Bérard(1952, pp.7-8). Edwards(1979, p.167)도 참조.

28) Ullman(1927, p.326); Diringer(1968, p.358) 참조. Edwards and Edwards(1974)는 이 연대가 에라토스테네스로부터가 아니라 19세기 (학자들)로부터 연유한 것이라고 주장했다.

29) 다음의 주45 참조.

30) 제9장의 주148-184 참조.

31) 이렇게 극단적으로 낮은 연대의 확립과 유지에 관해서는 Bernal(1990, pp.7-15) 참조.

었을 뿐만 아니라 그 전래가 (기원전 1800년 이후일 가능성이 크지만) 기원전 1400년보다 더 늦을 수는 없다는 것을 금석학의 차원에서 주장해왔다. 이처럼 카드모스가 대표하는 이주와 알파벳 도래 사이의 전면적인 연계를 받아들이지만, 나는 B. L. 울만과 데이비드 디리너 같은 알파벳 역사가들처럼 그의 도래 연대를 낮추어야 한다는 압박감은 느끼지 않는다.

이와 마찬가지로 나는 대체로 고대모델에 대한 그들의 애착을 받아들이지만, 그것에 대한 나의 수정론 중 하나는 힉소스의 그리스 도래를 이집트에서 그들이 축출된 기원전 16세기로부터 그들의 세력이 대체적으로 팽창했던 18세기로 옮기는 것이다. 알파벳의 그리스 전래와 힉소스 사이의 연계는 알파벳의 그리스 도래에 관한 가장 초기 기록인 기원전 6세기 밀레토스의 헤카타이오스가 쓴 기록에 의해 지지를 받는다. 그것에 따르면, 최초로 알파벳을 도입한 자는 카드모스가 아니라 다나오스였다.[32] 이 두 사람의 힉소스 연고는 뒤에서 논의할 것이다. 알파벳의 전파에 관한 금석학적 주장은 그리스 전승만이 아니라 동지중해에서 힉소스의 확산에 관한 역사적 주장과도 일치한다.

'이집트의 평화'(나에겐 그 시기가 그렇게 보인다)가 확립된 후인 기원전 15세기 동안 서부 지중해, 흑해, 북유럽으로 미케네의 영향력이 확산되었는데, 이는 북유럽과 중앙아시아에 있는 룬문자runes의 존재뿐만 아니라 그리스 너머 누미디아와 스페인까지 초기 알파벳이 확산된 것을 설명할 수 있다.[33] 비록 알파벳이 이집트의 패권 시기(기원전 1470-1370년)에 동지중해에서 확산되었다는 생각이 역사적으로 매우 매혹적이지만(잦은 접촉, 특히 대부분이 교역을 통한 접촉의 풍부한 증거 때문인데 교역에서는 알파벳 같은 간편한 문자가 대단히 유용했을 것이다), 에게해권으로의 알파벳 확산은 이보다 더 일렀음에 틀림없다. 이보다 더 늦은 시기는 아나톨리아와 그리스에 나타났던 글꼴이 지닌 고풍적 특성과 조정되기가 불가능하지는 않지만 어렵다. 이처럼 카드모스와 알파벳 사이의 연계를 보존하고 그를 힉소스 시대에 두는 것은 가능하다. 비록 그 시기가 기원전 18·17세기로 상향 조정

---

32) Jacoby(1923-1929, IA, p.1, frg.20). Edwards(1979, p.66)도 참조. 다른 전승들 사이의 관계는 Edwards(1979, p.268); Dörpheld(1935, II, pp.401-404) 참조.

33) Bernal(1990, pp.38-52) 참조.

되어야 하겠지만 말이다.

카드모스와 다나오스: 힉소스의 지배자들

이것은 알파벳 전달자로서의 다나오스에 관한 기록, 그리고 카드모스가 다나오스와 관련 있음을 강력히 말하고 있는 전승과도 잘 맞아떨어진다. 헬레니즘시대의 신화작가 아폴로도로스는 적어도 호메로스까지 거슬러 올라가는 전승에 기초해 카드모스를 다나오스의 사촌 또는 형제로서 기록했다.[34] 다나오스는 분명히 이집트와 관련 있지만 카드모스가 가장 유명한 페니키아인임을 가정한다면, 언뜻 보기에도 이것은 이상하다. 고전기에 그리고 아마도 상고기에도 카드모스는 특정하게는 티로스에 연계되었다.[35] 그런데 카드모스와 티로스의 연계가 청동기시대로 거슬러 올라간다는 것은 개연성이 없다.

고고학과 이집트 문서로부터의 증거에 따르면, 티로스가 적어도 기원전 2천년기 초로 거슬러 올라가는 고대 도시였다는 것은 거의 의심의 여지가 없다.[36] 헤로도토스에게 정보를 제공한 자에 의하면, 티로스는 기원전 2750년경에 건국되었다.[37] 더욱이 우리는 티로스가 기원전 2천년기에 에게해권과 접촉했음을 알고 있다. 티로스 사람이라는 뜻의 투리요Turijo가 선형문자 B에 나타나며 그리스어 형태 티로스가 그 도시 이름이 기원전 1400년 이전에 에게해권으로 도입되었음을 보여주는데, 그때 그것의 이름은 토르Tor였고 음운변환 t>ṣ이 일어나기 전이었다. 음 전환으로 그 페니키아 이름은 초르Ṣor가 되었다. 프리드리히는 차용의 하한 연대를 기원전 2천년기 중반에 두었는데 그것은 기원전 1500년경이라는 연대에 의해 확인될 수 있었다. 기원전 14세기 음전환론은 미국의 셈학 학자인 젤릭 해리스와 W. L. 모건에 의해 제기되었다.[38]

---

34) Apollodoros, II.14-4.8, III.4.1-5.5-8. 혼란된 상황에 대한 분명한 개관으로 Edwards(1979, p.166) 참조.

35) Herodotos, I.2, II.49, IV.45; Euripides, *The Phoenician Women*, 639, etc. 다른 언급은 Edwards(1979, p.47, n.50) 참조.

36) Katzenstein(1973, pp.18-20) 참조.

37) Herodotos, II.44. 로이드가 헤로도토스의 기술을 받아들이는 이유는 Lloyd(1976, pp.206-207) 참조.

그러나 호메로스와『모세 5경』에서 페니키아는 티로스가 아니라 시돈으로 대표된다.[39] 더욱이 카드모스가 시돈에서 왔다는 전승도 있고, 청동기 시대 대부분의 기간에 레반트의 특별한 도시는 비블로스였다는 데는 의문의 여지가 없다.[40] 페니키아 사람 카드모스 및 그의 가족을 티로스에 연계시키는 것은 기원전 11·10세기 티로스가 대두한 이후의 시기에서 연유했던 것으로 여겨지며, 시돈과의 연계는 모두 카드모스를 페니키아인으로서 보기 위해 단순히 인용되었던 것 같다.

상고기에 이르러 카드모스와 그의 형제 포이닉스(페니키아라는 국명의 시조) 사이에 밀접한 동일시가 있었다. 카드모스의 다른 형제들은 킬릭스와 타소스인데, 그들은 오늘날 남동 터키에 있는 킬리키아와 에게해의 북쪽에 있는 섬 타소스의 시조이다. 그들은 또 다른 혈족 멤블리아로스처럼 킬리키아, 타소스, 테라(이곳에 멤블리아로스가 정착했던 것으로 여겨진다)에 대한 페니키아의 영향을 설명하는 원인론적 기능을 분명히 하고 있다.[41] 카드모스는 페니키아의 영향이 강했던 트라키아, 사모트라키아, 로도스 등과도 연계되어 있는데, 이 지역들은 그가 에우로파를 찾아나서는 이야기에 엮여져 있다.[42]

페니키아는 카드모스의 기원에 연계된 유일한 나라가 아니었다. 많은 전거는 그를 이집트에 연계시켰다.[43] 몇몇은 의심의 여지없이 테베라는 이름을 지닌 두 도시를 연계하려고 했고, 전거의 대부분은 그를 이집트에

---

38) Friedrich(1923, p.4); Albright(1950, p.165); Harris(1939, p.40); Moran(1961, p.59).

39) *Iliad*, VI.290, XXIII.743; *Odyssey*, IV.84, 618, XIII.326, XV.118, 425;「여호수아」13:4, 6;「판관기」3:3;「열왕기 상」5:6.

40) Euripides, *Bacchae*, 171, 1025; *Phrixos*, frg.819; Isokrates, X.68 참조. 다른 언급은 Edwards(1979, p.47, n.50) 참조. Garbini(1979, p.54)도 참조.

41) 타소스에 관해서는 Herodotos, II.44 참조. 페니키아 영향에 대한 회의적 견해는 Lloyd(1976, pp.207-211) 참조. 그도 Birgitta Bergquist(타소스에 관한 비르기타의 모노그래프가 1973년에 출간되었다)도 Denis Van Berchem의 논문을 언급하고 있는데, 그는 타소스의 헤라클레스 숭배를 확고하게 페니키아적 맥락에 위치시키고 있다. Van Berchem(1967, pp.88-109) 참조. 멤블리아로스에 관해서는 제7장의 주85-93 참조.

42) 신화적 얽힘에 대한 전반적 연구는 Edwards(1979, pp.23-32) 참조.

43) Diodoros, I.23; Konon, in Jacoby(1923-1929, IA, p.26, frg.1); Kharax of Pergamon, in Jacoby(1923-1929, IIA, p.103, frg.14); Nonnos, *Dionysiaka*, IV. 265-270; Tzetzes *Scholia to Lykophron*, 1206; *Scholia to Euripides Phoenissae*, 638; Hyginus, *Fabulae*, 277 참조. Edwards(1979, p.48, n.51)도 참조.

있는 외국인으로서 보았다는 점에서 일관성을 지녔다. 이집트에 있는 외국인이었다는 점에서 신화적 혈연과 알파벳의 발명을 통해 카드모스와 다나오스는 유사점을 지니고 있다. 그 중에는 두 영웅을 로도스와 밀접히 연결시키는 또 다른 연결고리가 있는데, 특히 린도스 시가 그러하다. 그곳에서 두 사람은 아테나 신전에 봉헌물을 바쳤다고 기록되어 있다.[44] 다나오스가 힉소스 셈어를 말하는 지역인 하이집트 출신이라는 것은 제1권과 제2권의 9장에서 논의되었다.[45]

이 모든 것은 기원전 18·17세기 힉소스의 이동 속에 있는 두 영웅의 공동 기원을 가리킨다. 압데라의 헤카타이오스(기원전 4세기 말에 쓴 그의 저술이 제1권에서 논의되었다)는 다나오스와 카드모스 모두 힉소스의 지도자로서 이집트로부터 축출되었다고 상술하고 있다.[46] 만약 카드모스가 이집트 출신으로 셈어와 후루어를 말하는 힉소스 지배자였다면, 보이오티아에서 나타나는 이들 언어의 지명학적 증거(제2장에서 보았듯이, 일부 지명은 더 오래된 것이지만)의 많은 부분을 설명할 수 있을 것이다.[47] 카드모스를 힉소스의 지도자로서 그리고 다나오스와 동시대인이거나 거의 같은 시기 사람으로서 보는 견해는 새롭거나 독창적인 것이 아니다. 에밀리 버튤, 프랭크 스터빙스, 조지 헉슬리, 마이클 애스터 등이 이런 주장을 했다.[48]

그런데 테라 폭발의 연대가 다시 설정되었기 때문에 연표를 조정해 카드모스 왕가의 확립을 다나오스 왕가의 확립과 거의 같은 시기인 기원전 18세기 후반과 기원전 17세기 전반으로 잡아야 한다. 이 두 가지 움직임은 미케네 그리스의 형성에 기여했고, 그것은 후기 청동기시대 펠로폰네소스와 보이오티아의 물질문화에서 드러나는 유사성을 설명할 수 있을 것이다. 테베가 달랐던 점은 펠롭스 왕가에 의해 중단되지 않았다는 점인데, 원래의 왕조가 기원전 13세기 중반에 이르기까지 그곳에서 권력을 유지했던 것으로 보인다.

---

44) Jacoby(1923-1929, IIIB, p.532, frg.1B-C). Diodoros, V.58도 참조.

45) 제1권, pp.140-152; 제2권, 제9장의 주227, 228.

46) 제1권, p.168.

47) 제3장의 주73-100, 138.

48) Vermeule(1964, p.239); Stubbings(1973, pp.637-638); Huxley(1961, p.37); Astour(1967a, pp.220-224). 이것에 관한 완전한 참고문헌은 Edwards(1979, pp.167-169) 참조.

선형문자 B 쓰기의 문제점

보이오티아에 대한 셈의 영향이 기원전 18·17세기에 힉소스와 함께 시작되었다는 역사적 틀에 대한 유일한 주요 난점은 테베 또는 테바이라는 이름 자체에서 연유한다. 앞에서 기술했듯이, 이 이름은 가나안어 테바 tēbåh(방주 또는 궤)로부터 온 것으로 보이는데, 그것은 이집트어 테비tbi 또는 데베트dbt(상자)로부터 왔다. 이 둘은 종종 혼동되었고, 관련 단어인 제바db3(버들 펫목, 파피루스 방주)나 제바트db3t(관, 사원, 왕궁)와도 종종 혼동되었다.[49]

문제는 테베Thebes/Thēbai가 선형문자 B로는 테파*Tepa로서가 아니라 테카Teqa로 기록되었다는 점이다. 이는 그리스어 도시명을 이집트어 제바트db3t 또는 가나안어 테바tēbåh로부터 이끌어내는 것이 어렵다는 것을 보여준다. 이와 비교되는 흥미로운 사례가 있다. 첫 경우가 바실레우스basileus이다. 그것의 그럴듯한 어원은 이집트어 파세르p3sr('왕'보다는 원래 '고급 장교'를 의미했다)인데, 기원전 2천년기 후반에는 아카드어로 파쉬아(라)pašia(ra)로 음역되었다. 그런데 그것은 선형문자 B로는 푸시레우*pusireu가 아니라 쿠시레우qusireu로 기록되었다. 또한 그리스의 강 이름 파미소스Pamissos는 이집트어 파 무P3 mw(물)로부터 온 것으로 보이는데, 파 무는 이집트어에서 흔한 지명적 요소였다. 그런데 파미소스는 선형문자 B에서 카미시요Qamisijo로 기록되었다.

나는 이 모든 용어들에 대한 가장 단순한 설명은, 그리스어 순연구개음이 붕괴되어 원시인도유럽어의 음 k^w가 뒤이은 모음의 종류에 따라서 p 또는 t 또는 k가 된 후, 그 용어들이 그리스어로 도입되었다는 것을 가정하는 것이라고 믿는다.[50] 선형문자 B가 발명되었을 때 순연구개음은 여전히 원그리스어에서 발음되고 있었고, 첫머리가 q로 음역되는 단어는 순연구개음의 음가를 지니고 있었던 언어로부터 차용했다(역주: 예를 들면, Qerajo는 'Qera의 사람'이라는 뜻이고, Qera←*Q^wera[퀘라], 제7장, '테라와 칼리스테' 절을 보시오)는 데에는 의문의 여지가 없다. 그런데 선형문자 B 음절표가 늦어

---

49) 제11장의 주136 참조.

50) 순연구개음과 그 붕괴에 관해서는 제1권, pp.99-101; Bernal(1989b, pp.35-36) 참조. 이 문제는 제3권에서 상세히 논의할 것이다.

도 기원전 17세기까지는 오늘날 그리스어라고 부르는 언어를 나타내기 위해 사용되기 시작하였다는 것 또한 명백하다. 인도유럽학 학자로서 넓은 마음의 소유자인 오스월드 스제메레니가 q로 시작하는 일련의 기호에 관해 다음과 같이 서술했다. "훨씬 더 어려운 의문은 그렇게 표시된 소리가 (그렇게 썼을 때) 여전히 순연구개음인지의 여부이다."[51](역주: 선형문자 Qerajo로 표기되었다 해도 발음은 '퀘라요'가 아니라 '테라요*T(h)eraio'로 발음되었을 것이라는 뜻.) 현존하는 선형문자 B 서판의 연대는 아직도 매우 불확실하다. 일부는 일러야 기원전 14세기일 것이다. 제10장에서 주장했듯이, 나는 서판의 연대가 대부분 기원전 13세기 말이라는 파머와 니마이어의 주장을 받아들인다.[52]

기원전 13세기 말 이전에 순연구개음이 u와 y 앞에서 순음 요소(역주: w)가 없어지면서 ku 와 ky가 되었다는 것을 이제는 어느 누구도 의심하지 않는다.[53] 순연구개음이 e와 i 앞에서 구개음화되어 te와 ti가 되고, a와 o 앞에서 순음화되어 pa와 po가 된 연대의 문제는 훨씬 복잡하다. 같은 단어에 또 다른 순연구개음이 있는 경우 k^{w}o가 po로 분명히 기록될 수 있었을 터인데, 이는 표기상의 어떤 불안정성을 가리킨다.[54] 그렇다고 하더라도 이러한 경우에 원래의 k^{w}가 기원전 13·12세기에도 여전히 현존했다는 것이 미케네학 학자들의 일치된 견해이다.

그런데 그러한 견해의 근거가 매우 약한 것 같다. 후기 그리스어 방언에서 순연구개음이나 그것의 '비정통적인' 흔적의 생존은 선형문자 B에서 나타나는 표준 언어에서 순연구개음의 붕괴 연대에 관해 우리에게 아무 것도 말하지 않는다. 레전은 o 앞에서 순연구개음을 나타내는 선형문자 B 기호는 에쿠오스*equos(馬) 속에 있는 qu(여기에서 kw는 순연구개음이 아니다)와 동일하다고 주장했다. 레전은 o 앞에서 순연구개음을 나타내는 선형문자 B 기호는 에쿠오스*equos 속에 있는 qu(여기에서 kw는 순연구개음이 아니다 [역주: k^{w}는 순연구개음이다])와 동일함을 제시하였다. 그런데 그것은 더 초

---

51) Szemerényi(1966b, p.29).
52) 제10장의 주92-98 참조.
53) Lejeune(1972, pp.46-47).
54) Ventris and Chadwick(1973, p.389).

기의 상황을, 즉 철자법 전통이 확립되었을 때의 상황을 반영할 수 있을 뿐이다. 선형문자 B 문서에서 초기 순음화의 두 가지 가능한 경우가 있다.[55] 특히 qa에 관한 증거는 전혀 없다. 벤트리스와 채드윅은 처음에 qa를 순음 pa₂로서 읽었으나, 후에 채드윅은 이 독음을 취소했다.[56] 그런데 채드윅이 자신 및 벤트리스의 더 초기의 어원(이를 가리킨다고 여겨졌던 어원)을 불신했다는 사실을 받아들인다 하더라도, 그것은 qa가 kʷa(콰)로 들렸다는 것을 여전히 확증하지는 않는다.[57]

언어학자 미셸 레전은 순연구개음을 나타내는 알파벳 철자가 없다는 것은 순연구개음이 알파벳의 확립 이전에 사라졌음을 보여주는 것이라고 주장했는데, 그는 알파벳의 확립을 정통론에 따라 기원전 8세기로 잡고 있다.[58] 그런데 오늘날 레반트로부터 그리스로의 알파벳 전래 연대는 기원전 11세기 또는 내가 주장하듯이 기원전 1800-1400년 사이로 상향 조정되고 있다.[59] 이 연대를 받아들인다는 것은 순연구개음이 기원전 11세기 또는 기원전 2천년기 중반에야 사라졌다는 것을 가리킨다. 그런데 나에게 불리하게도 상황은 훨씬 더 복잡하게 되었다. 왜냐하면 나는 철자 피(Φ)가 순연구개음의 붕괴 전에 순연구개음을 나타내고자 셈어 철자 코프(ꝗ)로부터 기원한 것으로 보고 있기 때문이다.[60] 그렇다고 하더라도 헤시오도스 또는 호메로스에게는 순연구개음의 흔적이 없는데, 그들은 기원전 10·9세기에 살았을 뿐만 아니라(만약 내가 알파벳 도입에 관해 옳다면) 암흑시대까지 거슬러 올라가는 철자법 전통을 따르고 있다. 이는 상당 기간 동안 그들의 방언에 순연구개음이 없었다는 것을 가리킨다.

카미소Qamiso와 쿠시레우qusireu의 어원은 이집트어 파 무P3 mw와 파세르 p3sr라는 것이 널리 알려진 공인된 주장이다. 이 두 단어가 pa보다는 qa로 음역된 것은 외래어는 희귀한 기호나 여분의 기호로 음역된다는 여러 언어에서 공통으로 나타나는 외래어 표기방식과 맞아떨어진다. 이 현상은 일본

---

55) Lejeune(1958, p.302). 이와는 다른 견해는 Szemerényi(1966b, p.35) 참조.

56) Ventris and Chadwick(1973, p.386).

57) Szemerényi(1966b, p.29)의 견해와는 다르다.

58) Lejeune(1972, p.51).

59) Bernal(1987; 1990) 참조.

60) Bernal(1987, p.14; 1990, pp.115-116).

어의 경우 외래어를 표기하기 위해 가타카나 음절표를 사용하는 것에서, 그리고 히브리어에서 외래어 ts와 ks를 나타내기 위해 타우와 카프보다 테트와 코프를 사용하는 것에서 나타난다.[61]

이러한 주장은 그리스어에서 k^wa(콰)의 붕괴 후인 기원전 15·14세기에 파 무p3 mw와 파세르p3sr가 에게해권으로 도입된 방식을 잘 보여주고 있으며, 파세르p3sr이라는 용어가 제18왕조에만 공식적으로 사용되었을 것이라는 사실에 잘 들어맞는다. 그런데 테베라는 이름은 훨씬 오래된 것으로 보인다. 만약 카드모스의 이주와 알파벳의 도래를 연계시키고 있는 전승에 따른다면, 카드모스는 분명히 순연구개음의 붕괴 전에 도래했다.

테바Thēbā라는 이름은 가장 초기의 카드모스 이야기 또는 더 초기의 암피온과 제토스 이야기에 연계되었다.[62] 반면에 그 도시가 원래는 카드메이아라고 불렸고 테바는 나중의 이름이었다는 또 다른 전승이 있었다.[63] 그 문제를 설명해내는 가장 단순한 방법은 테카Teqa는 테바tēbāh 또는 제바db3와 관련이 없다고 말하는 것이다. 또 다른 방법으로는 이름에서 qa를 사용해도 되고 pa를 사용해도 되었다고 주장하거나, 테바Thēba가 기원전 15세기 또는 14세기에 여전히 낯설게 들려 그러한 방식으로 음역되었다고 가정하는 것이다. 또한 테바가 후기의 이름이라는 전승을 따를 수도 있다. 이들 중 어느 것도 만족스럽지 않다. 그렇다고 하더라도 그럴듯한 셈과 이집트의 숭배의식적·언어학적 영향의 깊이와 페니키아 사람 카드모스의 정착에 관한 전승의 힘이 압도적이다. 더욱이 후기의 식민화를 주장하는 데도 그리고 카드모스·다나오스와 힉소스 사이의 복잡한 전설상의 연계를 제안하는 데도 어려움이 있는 것으로 보아 중기 청동시대 말(역주: 버낼에 따르면, 기원전 1675년까지)이 카드모스가 도래했을 유일하게 가능한 시기로 부각된다.

초기 전승 그리고 전승이 부여했던 정통성으로 미루어 보면, 그 도시의 쇠퇴와 몰락을 읊은 많은 비극 작품에서 선조 페니키아 사람 카드모스가

---

61) 타우와 카프보다 테트와 코프를 선호하는 것은, 베갇케팥의 규칙에 따라 타우와 카프가 여러 경우에 마찰음화되므로 폐쇄음을 정확하게 표현하지 못하기 때문이다.

62) *Odyssey*, XI.262-264. 제3장의 주12-34 참조.

63) Pausanias, IX.5.1.

강조되는 이유를 설명할 수 있을 것이다. 에우리피데스의 「페니키아의
여인들」에서 합창대의 외침으로 특히 강조되고 있다.

> 티로스의 해안에서,
> 페니키아의 한 섬에서,
> 나는 왔노라. …
> 그러나 이제 미친 듯이 날뛰는 전쟁이
> 핏빛 광휘 속에
> 이 도시의 성벽에 서 있다.
> 테베를 죽음으로 위협하는 것은, 신께서 금하셨노라!
> 친구는 친구와 함께 고통을 겪으며,
> 만약 이 일곱 개의 망루가 허물어진다면,
> 우리의 나라도 슬픔을 겪을진저,
> 이오로부터 똑같이 내려온
> 우리 그리고 그들은 하나의 가족이니.
> 그들의 운명은 우리의 운명이기도 하다.[64]

혹은 이어서 다음과 같이 표현하고 있다.

> 길들여지지 않은 어린 암소가 그 앞에서 깡충깡충 뛰었나니. …
> 제우스의 아들 당신 에파포스도,
> 우리의 여자 조상 이오에게서 오래전에 태어났나니,
> 나는 동방의 노래로 초혼招魂하나니,
> 페니키아어 기도로,
> '당신을 위해 테베를 당신의 후손들이 세웠나니. …'[65]

그러한 구절은 카드모스인의 페니키아 조상을 강조할 뿐만 아니라 이오의

---

64) Euripides, *The Phoenician Women*, 231-246.
65) Euripides, *The Phoenician Women*, 638-682.

후손 다나오스와의 연계를 강조한다.

카드메이온의 보물

만약 기원전 13세기의 테베 지배자들이 자신의 페니키아 기원과 정통성을 믿었다면, 실제로 근동과 접촉했을까? 앞에서 언급했듯이 테베는 핵심적으로 미케네적 성격을 지녔지만, 상당수의 레반트 유물이 그 도시 안과 주변에서 발견되었다는 것은 흥미롭다. 예를 들면 가나안 항아리가 도시 밖의 후기헬라스에 속하는 잘 만들어진 무덤에서 발견되었다.[66] 더욱더 놀라운 것은 카드메이온이라고 부르는 테베 왕궁에서 나온 유물이다. 그것에는 에게해권에서는 유사한 것을 찾아볼 수 없는 상아로 된 왕좌 다리 두 개, 원통형 인장들의 예사롭지 않은 모음 등이 포함된다. 원통형 인장은 후기헬라스 IIIB 맥락에서 발굴되었는데, 이것과 함께 에게해권의 인장, 마노, 얼룩마노, 청금석 장신구도 발굴되었다. 비록 그 유물이 후기헬라스 IIIB1에 속하는 것인지 후기헬라스 IIIB2에 속하는 것인지는 불확실하지만, 후기헬라스 IIIB2가 좀 더 가능성이 높다. 왜냐하면 기원전 1230년경 왕궁이 최종적으로 파괴되었을 때 묻혔던 것으로 보이기 때문이다. 카쉬 난파선에서 120개의 가나안 항아리가 발견된 경우처럼, 이전에 에게해권 전체에서 60개의 원통형 인장이 발견된 것에 견주어 한 장소에서 38개가 발견되었다는 사실은 고대에 실제 있었던 유물의 양은 오늘날 발굴된 유물의 수량으로 결정할 수 있다는 믿음을 지닌 자들을 당황하게 했을 것이다.

페니키아 사람들인 카드메이오이인의 왕궁인 카드메이온에서 발굴된 오리엔트 인장들은 놀라운 것이었으나, 이에 대한 학자들의 견해는 치밀하지 못한 것이었다. 그것이 카드모스 자신의 침입을 나타낸다든가 그리스에 가나안의 또는 바빌로니아의 거대 도시가 있었다는 증거라는 주장이 있었다.[67] 그러한 과장된 주장에도 불구하고, 그 인장들은 그리스와 레반트의 관계가 일반적으로 생각해왔던 것보다 훨씬 밀접했음을 가리킨다.

고고학자인 코니 람브라우-필립슨은 카드메이온에서 발견된 그 보물이

---

66) 이에 관한 참고문헌은 Symeonoglou(1985, p.289, site 191) 참조.

67) Fontenrose(1966b, p.189); Sasson(1966a, p.135, n.53); Hammond(1967, p.654); Hammerdinger(1966, p.698; 1967) 참조.

레반트 장인의 작업장에서 나왔다고 설득력 있게 주장했다. 그녀는 원통형 인장 중 11개는 '연마'되거나 의도적으로 갈아낸 것들이고, 그 가운데 하나의 표면에는 초기 미케네의 디자인이 보인다고 지적했다.[68] 그녀는 보석과 금세공의 특별한 기술을 언급했는데, 에게해권 장인의 기술에서는 보기 드문 장신구의 청금석 상감기법, 금사金絲 제작, 금속제품의 금 상감기법 등이 사용되었다고 지적했다. 그녀는 에게해권에서 이러한 기술을 사용한 수많은 다른 예들을 받아들인다. 그러나 그러한 기술이 레반트, 특히 비블로스에서 더 뛰어나게 사용되었고 더 일찍 확립되었다는 데는 의문의 여지가 없다. 나는 레반트가 에게해권에서 사용된 그 기술의 기원지였다고 생각한다.[69]

람브라우-필립슨은 또한 왕좌의 다리에 있는 상아 새김에 관심을 가졌다. 그것은 에게해권에서는 유례가 없는데, 레반트에 있는 상아 새김 공방(기원전 17세기부터 기원전 7세기까지 번영했다)에서 온 장인들이 가구를 장식했음을 시사한다고 주장했다.[70] 근동의 최신 기술 중에서 그녀에게 강한 인상을 준 것은, 상아 모음들과 함께 카드메이온에서 발견된 철제 송곳이었다. 그 당시 에게해권에서 철이 드물었지만, 그녀가 강조하듯이 레반트에서는 사용되고 있었다.[71] 비록 코니 람브라우-필립슨은 테베에 레반트 장인의 거류지가 있었다고 결정적으로 주장하지는 않았지만, 그녀는 수많은 레반트 장인의 존재를 설득력 있게 주장했다. 이런 가설 중 어느 것이든 선형문자 B로 기록된 인명록에 근동 사람들이 있다는 증거와 잘 맞는다. 더욱이 람브라우-필립슨은 사치품 제작자들이 후기 청동기시대에 얼마나 긴밀하게 서로 접촉하고 있었는가를 의심의 여지없이 보여주었는데, 그것은 다른 고고학 증거로부터, 가장 주목할 만하게는 카쉬 난파선의 증거를 근거로 유추한 생각과 정확하게 맞아떨어졌다.

---

68) Lambrou-Phillipson(1987, p.6). Porada(1981, p.4)도 참조.

69) Lambrou-Phillipson(1987, pp.7-8).

70) Lambrou-Phillipson(1987, p.8). 레반트 기술에 관해서는 Winter(1976) 참조.

71) Lambrou-Phillipson(1987, p.8). Symeonoglou(1985, pp.231-232, site 4)도 참조. 철에 관해서는 제11장의 주76 참조.

카시트와의 연계

카드메이온에서 발견된 인장의 일부는 연마되었고 일부는 연마되지 않았는데, 연마되지 않은 것에서 많은 정보를 알 수 있다. 인장 중에서 7개는 기원전 15-13세기 사이에 키프로스나 시리아에서 제작되었다. 그러나 그 스타일을 구분하는 것은 매우 어렵다. 4개의 인장은 원래는 다른 곳에서 새겨졌으나 그 시기에 키프로스와 시리아에서 다시 새겨졌다.[72] 또한 1개의 히타이트 원통형 인장은 비록 '히타이트 세계'로부터 오긴 했으나 순수하게 히타이트적이 아닌 양상을 지니고 있었다. 그 인장의 압인壓印은 우가릿에서 발견된 북시리아의 카르케미시 출신 관리의 인장 압인을 닮았던 것이다. 그것은 기원전 13세기 아시리아가 장악한 콤마게네 지역에서 온 것일 수 있다.[73] 기원전 2천년기 초기 또는 더 이르게 고古바빌로니아 시대에 속하는 8개의 메소포타미아 인장이 있는데, 그 중에서 2개는 키프로스에서 다시 잘려졌다. 또한 3개의 인장은 기원전 15세기 후반과 기원전 14세기에 북이라크에서 나온 미탄니 인장인데, 지역적인 영향과 이집트화의 영향을 보여주고 있다. 또 다른 2개는 혼합된 스타일을 띠고 있으나 아시리아 인장으로 보인다.[74]

가장 화려한 인장 묶음은 기원전 14·13세기 것으로 보이는 바빌론의 카시트 왕들의 시기에 만들어진 원통형 인장이었는데, 어떤 것은 순수한 청금석으로 만들어졌다.[75] 힉소스가 기원전 18세기 이집트를 정복할 무렵 카시트인은 북동에서 바빌로니아를 정복했던 사람들이라는 것이 기억날 것이다.[76]

고대 인장 전문가 이디스 포라다는 이 원통형 인장들과 비장秘藏의 중요성에 관해 오랫동안 생각해왔다. 키프로스 인장들이 제작소의 세련됨을 보여준다는 점을 제외하면 그녀는 특별한 의미를 부여할 수 없었다. 그런데 카시트 인장과 그것이 어떻게 테베에 오게 되었는가에 대한 그녀의 견해는

72) Porada(1981, pp.9-29).

73) Porada(1981, pp.46-49).

74) Porada(1981, pp.36-46).

75) Porada(1981, pp.49-66).

76) 카시트의 바빌로니아 정복은 제8장의 주64, 93 참조. 카시트인의 민족명과 기원에 관한 만족스럽지 못한 추측에 관해서는 제6장의 주69, 78-79 참조.

정교하다.

이집트의 외교 통신문인 아마르나 편지 가운데 카시트 왕 부르나 부리 아쉬Burna Burias 2세(기원전 1375-1347년)가 아케나텐(기원전 1381-1364년)에게 보내는 편지 한 통이 있는데, 거기에서 카시트 왕은 파라오에게 청금석 1미나mina를 보낸다고 말했다.[77] 미나는 메소포타미아의 단위무게로 510그램가량이다. 1미나의 청금석 선물은 카시트 시기 동안 니푸르에 있는 신전 문서고의 목록에 적힌 수많은 화병들의 무게로 확인된다고 이디스 포라다는 주장했다.[78] 그녀와 에비 툴루파Evi Touloupa(그것을 발견한 고고학자 중 한 사람이다)는 테베에 있는 카시트 인장들의 무게를 쟀고 그것이 496그램이 된다는 것을 알았다. 포라다는 이것이 1미나에 거의 가깝다고 여겼다. 고대 근동의 군주들이 그러한 물건을 가볍게 대했을 것이라는 생각은 그럴듯하지 않다. 그러나 하나를 잃어버렸을 수도 있고 약간의 무게가 연마로 상실되었을 수도 있다.

이디스 포라다는 카시트 인장들이 개인이 사용하기에는 너무 화려해 신들에게 바치는 봉헌물로 사용되었다고 주장했다. 그녀는 직접적인 증거 없이 이것이 바빌론에 있는 마르둑 신전에 봉헌되었던 것들이라고 가정했다. 마르둑 숭배는 그 당시의 중심적 의식이었다. 그녀의 정황 증거는 기원전 7세기 아시리아 왕들인 센나케립Sennacharib과 에사르하돈Esarhaddon이 원통형 인장을 사용했다는 사실로부터 오는데, 그 인장은 원래 봉헌물이었지만 5세기 전에 투쿨티 닌우르타 1세가 부분적으로 다시 새긴 것이었다. 그녀는 또한 부르나 부리아쉬의 한 아들이 엔릴 신전에 청금석 벽돌을 봉헌했다는 것을 제시했다.[79]

아시리아 왕 투쿨티 닌우르타 1세가 바빌론을 함락하고 카시트 지배자들을 무너뜨린 후 바빌론에 있는 마르둑 신전을 약탈했다는 데는 의문의 여지가 없다. 포라다는 약탈물이 어떻게 처분되었는지를 보여준다.[80] 이

---

77) E.A. 2. Knudtzon(1915, pp.88-89, I.43). 포라다는 두 지배자에 대한 낮은 연대 설정을 실제적으로 받아들였다. 탄소14와 수령연대학의 증거에 직면한, 기원전 2천년기 낮은 연대 설정의 일반적인 운명과 어려움들을 고려하면 『캠브리지 고대사』의 연대 설정을 따를 필요가 있다.

78) Porada(1981, p.68, n.175).

79) Porada(1981, p.70).

모든 것에서 그녀가 이끌어낸 결론에 따르면, 테베에서 발견된 카시트 인장들은 투쿨티 닌우르타 1세가 기원전 1235년경 바빌론의 마르둑 신전에서 탈취해 그리스 테베의 지배자에게 팔거나 준 것이었다.

어떻게 테베로 그 인장들이 오게 된 것일까? 포라다는 앞에서 언급된 기원전 1240년대의 히타이트 조약(아키야와[아카이아인]와 아시리아 사이의 교역을 막으려는 취지를 담고 있다)을 잘 알고 있었다.[81] 그런데 그녀는 투쿨티 닌우르타 1세의 인장이 찍힌 라우리온에서 생산된 납덩어리가 있다는 것을 알지 못했다. 이는 봉쇄 전에, 그리고/또는 봉쇄 중에, 또는 봉쇄 후에 그러한 교역의 중요성을 가리킨다.[82] 또한 앞에서 보았듯이 아키야와의 기본 전략은 반反히타이트적이었다는 정치적 시각도 있다. 이 시각은 아카이아가 기원전 15세기 후반기와 기원전 14세기에 히타이트의 주적인 이집트와 좋은 관계를 맺은 이유를 설명해주는데, 이 원칙을 기원전 13세기 중반 히타이트의 새로운 적인 아시리아에게도 확장할 수 있다.

테베의 파괴

그런데 아키야와-아시리아 동맹의 견지에서 테베의 카시트 인장을 설명하는 틀에 문제가 있다. 기원전 13세기에 카드모스 왕조의 테베는 아르골리스의 펠롭스 왕조 지배자들과 불구대천의 적이었던 것으로 보이는데, 아르골리스 지배자들은 일반적으로 히타이트에 의해 언급된 아키야와 왕들이었던 것으로 여겨진다. 히타이트 문헌에는 아키야와 영역 내에 상이한 세력들에 관한 기록이 없다. 비록 앞에서 언급했듯이, 투달리야스 4세(기원전 1265-1240년경)의 문서에서 아키야와 왕의 이름을 삭제한 이유가 내부 분란일 수도 있기는 하지만 말이다.[83]

카시트 원통형 인장이 아키야와의 가정된 수도인 미케네에서 발견되었더라면, 미케네의 경쟁국인 테베에서 발견되었을 경우보다 외교적 근거에서 설명하기가 훨씬 쉬웠을 것이다. 인장은 교역의 결과로서 가장 잘 설명

---

80) Porada(1981, p.69, n.180).

81) 제11장의 주78 참조.

82) 제11장의 주80 참조.

83) 제11장의 주56 참조.

될 수 있는데, 아시리아 시장으로 보낼 아티카의 금속을 시리아로 해운하는 데 테베 또는 보이오티아의 선박들이 역할을 맡고 있었을 것이다. 만약 이디스 포라다의 주장을 연구가설로서 받아들인다면(그것이 기초로 삼고 있는 가정이 많음에도 불구하고 그렇게 하는 것이 이치에 닿는 것으로 여겨진다), 그것은 아르고스 군대에 의한 테베의 파괴 또는 적어도 그 왕궁의 파괴의 연도를 정하는 데 시사점을 제공한다.

테베에 관한 일반적 연구에서 사란티스 시메오노글루는 테베의 파괴를 도기연대로 후기헬라스 IIIB1의 끝에 두고 있는데, 『블랙 아테나』의 연표에 따른다면 기원전 1300년경이 될 것이다.[84] 왕궁에 대한 더 이른 시기의 연구에서 그는 후기헬라스 IIIB2의 요소가 있고 "이보다 더 늦은 연도도 가능하다"[85]고 기술했다. 캐나다의 고전학자 로버트 버크는 『보이오티아의 역사』에서 두 번째 견해에 동의하고 왕궁의 최종적 파괴를 '후기헬라스 IIIB의 말경'에 둔다.[86] 이 책에서 그것은 기원전 1220년경이 된다.

『캠브리지 고대사』에 따르면 카시트 바빌론의 몰락은 기원전 1235년이다. 포라다는 카드메이온에서 발견된 원통형 인장의 연마작업이 멀리 진척되지 않았다는 사실은 그것이 테베에 오래 있지 않았음을 가리키는 것 같다고 지적했다. 얼마나 빨리 투쿨티 닌우르타 1세가 그의 약탈품을 처리했는지 또는 얼마나 빨리 또는 직접적으로 그것이 바빌론에서 테베로, 아마도 히타이트의 봉쇄를 뚫고 운송되었는지는 말할 길이 없다. 그런데 전체 기간이 5년보다 짧았다는 것은 있음직하지 않다. 이처럼 테베의 파괴는 기원전 1230-1225년 사이의 어느 땐가 일어났던 것 같다. 만약 전승이 강조하고 있듯이 그리스 비극에서 널리 묘사되어 있는 테베로 향하는 일곱 영웅의 전쟁이 테베가 몰락하기 한 세대 전에 일어났다면, 그 전쟁은 기원전 1250년경에 벌어졌을 것이다.[87] 이 두 시점에서 트로이 전쟁의 연도를 가

---

84) Symeonoglou(1985, pp.67, 227).

85) Symeonoglou(1973, p.21).

86) Buck(1979, p.40).

87) Aischylos, *Seven Against Thebes*; Sophokles, *Elektra*; *Antigone*; *Oedipus at Colonus*; Euripides, *The Phoenician Women* 참조. Burkert(1984, pp.100-102)는 독일 회의론자들을 따라서 후기 청동기시대 테베에 7개의 성문이 있었다는 것을 의심했다. 그런데 호메로스(Homeros, *Iliad*, 4.406; *Odyssey*, 11.263)가 테베에 붙인 별칭 헤프타필리오heptapylio(7개의 성문이 있는 테베)의 존재는 후기 청동기시대 테베의 유적지에서 7개의 성문을 보았다는 그리스 고

늠할 수 있다. 그런데 먼저 트로이 역사에 관해 알려진 것을 다시 살펴보자.

트로이 역사의 개요

다르다넬스 해협의 남단이라는 트로이의 위치(이곳에서 배들은 조류를 거슬러 마르마라 해와 흑해 북쪽으로 나아가도록 밀어줄 수 있는 남풍을 기다려야만 한다)는 그 도시에 경제적·전략적 중요성을 부여했다. 잘 알려졌듯이, 트로이는 기원전 4천년기 후기의 전기 청동기시대의 시작으로 거슬러 올라갈 수 있는데, 일곱 도시가 있었다. 제5장에서 나는 미트 라히네 비문에 언급된 ʾIw3i가 (우)일리오스 또는 트로이였고 트로이 V로 고고학적으로 알려진 유적지(기원전 1900년경 문화의 변화와 함께 대체되었다)가 세소스트리스와 아메넴하트 2세(멤논)의 군대에 의해 함락되었을 가능성을 언급했다.[88] 또한 제10장에서 보았듯이, 대다수 학자들은 아멘호테프 3세의 조각상 기단에서 파라오에게 복종하는 것으로 묘사되고 있는 윌리야W3iwry가 (우)일리오스였다고 믿고 있다. 그런데 윌리야W3iwry라는 이름과 그밖의 이름들이 단 한 차례의 이집트 원정에 관련되었는지 아니면 이 이름들이 신왕국에서 아멘호테프 3세 이전에도 사용되었는지에 대해서는 의견이 나뉜다.[89]

고고학적으로 수입된 미케네 도기에 의해 후기헬라스 IIIA1(기원전 1470-1415년)으로 연대가 정해진 시기는 트로이의 번영기 중 하나였고 그리스와 밀접하게 접촉하고 있었던 시기였다.[90] 기원전 14세기 중반 어느 때인가 그 도시는 아마도 지진에 의해 파괴되었으나, 곧 새로운 트로이(VII)가 건설되었고 그리스와 덜 접촉했던 것으로 보인다.[91] 이렇게 접촉

고학자들의 위치를 강화한다, Burkert(1984, p.100, n.6); Symeonoglou(1985, pp.34-38) 참조. 그런데 부르크트의 의심은, 그가 7명의 영웅(한 사람이 한 개의 성문을 맡고 그 도시를 공격했다고 여겨졌다)의 역사성을 의심할 때 그리고 에라Erra(전염병과 전쟁의 신)에 의해 유행하는 일곱 가지 '흉포한 전염병'에 관한 메소포타미아 전설과 이 이야기의 유사성을 비교할 때 합당하게 보인다. 나는 이야기를 더 진척시켜 일곱 가지 전염병을 일곱 지하 카비로이에 연결하기를 원한다(앞의 주20 참조). 그러나 나는 기원전 13세기 테베에 대한 두 번의 포위가 있었고 7명의 영웅 중 몇몇은 역사적 인물이었다는 것을 의심할 이유가 없다고 생각한다.

88) 제5장의 주164-166; 제6장의 주102, 138-140 참조.

89) 제10장의 주111-12 참조.

90) Korfmann(1986, pp.27-28); Vermeule(1986, pp.87-88).

이 줄어든 것은 점증된 히타이트의 영향의 결과로 생각되어왔다.

이것을 조사하기 전에 윌루사Wilusa(윌루사와 타루이사Taru(ú)isa라는 나라 이름은 일리오스와 트로이로 널리 받아들여지고 있다)와의 더 이른 시기의 접촉에 관한 히타이트 문서를 고려해야 한다.[92] 가장 중요한 정보를 담고 있는 문서는 히타이트 왕 무타왈리쉬Mutawališ와 윌루사의 왕 알락샨두쉬 Alakšanduš 사이에 기원전 1300년 직전에 체결된 조약이다.[93] 뛰어난 히타이트학 학자인 한스 귀터보크는 그 첫 몇 행을 다음과 같이 번역했다.

> 나의 선조 라바르나스가 오래전에 아르자와 땅 모두 그리고 윌루사의 땅을 복속시킨 후 아르자와는 적대행위를 시작했고 윌루사는 하티에 대해 변절했다. 이 문제가 너무 오래전의 일이어서 나는 어느 왕 때부터인지 알지 못한다. (그러나) 그들은 하티에 대해 변절은 했지만 하티와 평화롭게 지냈고 계속 (사신들을) 보냈다. 투달리야스가 아르자와에 왔을 때 그는 윌루사에는 들어가지 않았다. (그때는) 평화시기였고 계속 사신들을 보냈다.[94]

라바르나스는 기원전 18·17세기에 통치했고, 무타왈리쉬가 모르고 있는 지배권의 상실은 아마도 그 세기의 후반에 하티(히타이트인의 나라)의 동쪽에 대한 후루인의 압력과 함께 히타이트 고왕국의 몰락 후에 일어났을 것이다. 언급된 투달리야스는 아마도 투달리야스 2세일 텐데, 그가 기원전 1430년경 아르자에 연맹을 패배시켰다는 것은 앞에서 언급되었다. 기원전 14세기에 관련해 더 이상의 관계를 다루는 문서 부분이 몹시 파손된 상태지만, 하티가 아르자와와 싸움을 계속해 기원전 1340년경 아르자와를 파괴했지만 윌루사와는 좋은 관계를 유지했던 것 같은데, 아마도 하티의 바로 이웃들로부터 하티를 보호하기 위해서였을 것이다.[95]

윌루사에 대한 히타이트의 종주권은 기원전 14세기 바로 끝 무렵에 무

---

91) Güterbock(1986, p.36); Mellink(1986a, p.96).

92) 이 이름의 정체에 관한 근래의 논의는 Güterbock(1986, pp.35, 41-43) 참조.

93) Güterbock(1986, p.35)은 그것을 기원전 1280년으로 잡고 있다. 나는 낮은 연대 설정의 찬성자에 대항해 『캠브리지 고대사』의 연표를 따른다. Mellink(1986a, p.93)도 나와 같다.

94) Gueterbock(1986, p.36).

95) 제11장의 주30, 44, 51 참조.

타왈리시와 알락샨두쉬 사이에 체결된 조약으로 확인된다. 데르데니[Drdny]
의 부대(이 부대는 고전기의 다르다니오네스[Dardaniōnes]인으로서 트로이인의 가
까운 동료들이며, 라메세스 2세 5년인 기원전 1300년경 카데시 전투에서 무타왈
리쉬의 편을 들어 라메세스 2세에게 대항해 싸웠다)가 윌루사 출신이라는 것
이 일반론이다.[96] 그 후 이집트는 히타이트와 관계가 없었던 것으로 보인다.

기원전 13세기 중엽 히타이트 왕, 아마도 투달리야스 4세(기원전 1265-
1240년경)에 의해 밀라완다[Millawanda](밀레토스) 속에 또는 근처에 있는 분봉
왕에게 보내는 소위 「밀라완다 편지」가 있다. 이에 따르면, 그 분봉왕이 쫓
겨난 윌루사의 지배자 왈무스[Walmus]를 보호해주고 있었다. 히타이트 왕은
그에게 왈무스를 보내라고 요청했는데, 그리하면 그를 지배자로서 그리고
그의 분봉왕으로서 복위시킬 것이라는 내용이었다.[97] 이타마르 싱어가 그
럴듯하게 주장하듯이, 이것이 서부 아나톨리아에 대한 히타이트의 직접적
인 영향력의 종언을 의미한다.[98]

후기 청동기시대에 트로이는 아나톨리아의 육상 세력(보통 히타이트인)
과 에게해의 해상 세력(그 가운데 주목할 만한 세력은 그리스인으로, 그들은
15세기 이후 히타이트에게 아키야와로 알려졌다) 사이에서 형성된 갈등의 장
속에 있었다. 우리는 후기헬라스 II 후반과 후기헬라스 IIIA에서 후기헬라
스 IIIB에 이르는 기간 동안, 즉 기원전 1500년경부터 1350년경까지 트로
이가 미케네 도기를 상당량 수입하고 있었다는 것을 알고 있는데, 이는 긴
밀한 관계를 시사하는 것이다. 이 시기는 이집트 문헌에 따르면 이집트가
윌리야[W3iwry] 및 아르자와와 접촉했던 것으로 보이는 시기이기도 하다.[99]
이러한 상황은 다소 당혹스러운데, 이 시기는 투달리야스 2세가 아수와 동
맹을 패퇴시킨 기원전 1430년경의 시기를 포함하기 때문이다. 그리고 일부
학자들이 주장하는 후기헬라스 IIIA2 미케네 도기의 수입 감소가 이를 반
영하는 것일 수 있다.[100]

---

96) Helck(1971, pp.195-198); Mellink(1986a, pp.96-97).

97) Güterbock(1986, p.38).

98) Singer(1983a, p.215).

99) 아르자와에 관해서는 제11장의 주97 참조. 윌리야[W3iwry]에 관해서는 제10장의 주111-112 참조.

100) Vermeule(1986, p.88). 이 틀이 지니고 있는 난점은 바로 이 시기에 우리가 이집트 문헌
　　　증거를 갖고 있다는 것이다.

어쨌든 트로이 VIIa에서 발견되는 그리스 도기의 양이 현저히 감소했다는 데는 의문의 여지가 없다. 이는 트로이 VI층의 붕괴가 불에 의한 것은 아니라 하더라도 트로이의 붕괴와 재건은 히타이트에게 유리한 세력변화의 결과일 수 있다. 힘의 균형의 붕괴는 아마도 히타이트 왕 무르실리스 2세(그의 치세 세 번째 해인 기원전 1340년경)의 서부 아나톨리아 왕국들의 정복과 아르자와 파괴와 함께 발생했을 것이다. 이러한 정복과 파괴는 히타이트가 윌루사와 동맹을 맺음으로써 발생했다는 징표들이 있다.[101]

「타와갈라와스 편지」는 오늘날 일반적으로 기원전 13세기에 하투실리스 3세가 쓴 것으로 생각된다. 그런데 예전의 학자들은 그것을 무르실리스 2세의 편지라고 보았고, 이를 선호하는 신화적 근거는 앞에서 다루었다.[102] 만약 그것이 무르실리스 2세의 편지라고 한다면, 윌루사를 놓고 하티와 아키야와 사이의 전쟁과 그 뒤를 따르는 평화 정착(편지에서 언급된다)은 트로이 VI이 끝나고 트로이 VII이 시작될 무렵인 기원전 14세기 후반에 일어났던 것으로 보아야 한다.[103] 만약 이 상관관계가 받아들여진다면 그 평화 정착은 히타이트인에게는 우호적인 것이었거나 적어도 아키야와의 이해에는 반했던 것으로 여겨진다. 이 '범아나톨리아' 연합은 기원전 14세기 말에 카데시 전투에서 히타이트를 도왔다.

트로이 VIIa에서 그리스 도기가 현저하게 감소했음에도 불구하고 이 시대에 이르면 트로이에 대한 그리스의 강한 영향이 있었다는 것은 의심의 여지가 없다. 그것은 아마도 예전에도 한동안 존재했던 영향이었다. 많은 학자들은 무타왈리쉬와 협정을 체결한 통치자인 알락샨두쉬라는 이름을 그리스어 알렉산드로스에 해당하는 히타이트 철자법으로 이해했다.[104] 인도유럽어 학자인 캘버트 와트킨스는 호메로스의 트로이 왕자 파리스에게 알렉산드로스라는 또 다른 이름이 있었음을 지적했다. 히타이트학 학자인 라로슈는 파리스를 루비안 이름 파리-루Pari-LU 또는 파리-지티스 파리 Pari-zitis Pari(남자)로부터 이끌어낸다.[105] 와트킨스는 이것과 그리스어 알렉

---

101) Güterbock(1986, p.36) 참조.
102) 제11장의 주50 참조. 더 이른 연대를 선호하는 학자들의 참고문헌으로 Singer(1983a, p.210, n.3) 참조.
103) 전쟁과 평화에 관한 언급은 Güterbock(1986, p.37) 참조.
104) Laroche(1966, p.26); Watkins(1986, p.57)

-안드로스Alex-andros 또는 알렉스Alex-(남자) 사이의 대비를 이끌어냈다.106)
파리(야)Pari(ya)는 가족 이름이었던 것으로 보이고, 라로슈와 조르지예프는
각자 독립적으로 파리스의 아버지 프리아모스Priamos의 이름을 파리야무와
스Pariyamuwas(킬리키아로부터 입증된 이름이다)로부터 이끌어냈다.107) 이러
한 복잡한 언어학적 상호작용은 호메로스가 많은 트로이인에게 그리스 이
름을 임의로 부여한 것이 아니라 그들이 실제로 그러한 이름을 가졌을 가
능성을 시사한다. 비록 남쪽에 있는 밀라완다/밀레토스처럼 헬레니즘화되
지는 않았다 하더라도, 교역 도시로서 트로이가 중앙아나톨리아와 에게해
권 모두로부터 심대한 문화적 영향을 받았다고 가정하는 것이 합당하다.

　　기원전 1230년대 하티는 중앙아나톨리아에서의 기근으로 심각하게 위
협받았던 것으로 보이며 서쪽과 남쪽 지역에 대한 지배력을 상실했을 가능
성이 있다.108) 그러므로 히타이트에 대한 호메로스의 언급 부재 그리고 『일
리아스』에 언급된 트로이 연맹의 지리적 범위는 기원전 1200년 후 히타이
트 제국의 붕괴 이후가 아니라, 기원전 1235년경 제국이 서부와 남부 아나
톨리아를 상실한 이후의 실제 상황을 반영하는 것일 수 있다. 바로 이 지역
들과 트라키아로부터 트로이 동맹국들이 모여들었다고 『일리아스』는 보
고하고 있다.109) 이처럼 트로이 전쟁은 히타이트 세력의 후퇴로 남겨진 힘
의 공백 상황에 그리스인이 진입을 시도한 것이라고 볼 수 있다.

트로이 전쟁의 연대

　　지난 50년 동안 트로이 전쟁의 연대를 정하려는 시도가 큰 권위로 영향
력을 행사해온 스웨덴의 학자 A. 푸루마크 때문에 좌절되었다. 그의 『미케
네 도기의 연표』는 1930년대 고고학적 실증주의와 독일의 영향이 한창일
때 집필되었는데, 후기헬라스 IIIB의 시작을 기원전 1300년에 그리고 그 끝
을 기원전 1200년에 두었다.110) 학자들은 트로이 지층 VI와 VII에 있었던

---

105) Laroche(1966, pp.325, 364); Watkins(1986, p.57).

106) Watkins(1986, p.57).

107) Laroche(1966, p.325); Georgiev(1972, p.7).

108) 제11장의 주192 참조.

109) *Iliad*, II.820-878.

도시의 연대 설정을 위해 이 틀을 사용했다. 트로이 VI에서 나온 미케네 도기는 거의 후기헬라스 IIIA에 속한 것이었으나, 후기헬라스 IIIB의 '요소'도 있다.[111] 푸루마크를 따르면, 트로이 VI의 끝이 기원전 1280-1275년이 될 것이다. 이것은 호메로스가 말하는 트로이 몰락에 주어진 전통적인 연대 범위인 기원전 1250-1170년에 비해 너무 이르다. 따라서 학자들은 트로이 VI에 바로 이어지는 VIIa를 주목했는데, 그 층은 호메로스가 말하고 있는 방식인 불로 파괴되었다. 트로이 VII에서 미케네 물질은 다소 드문 편이지만, 후기헬라스 IIIC에 속하는 몇몇 사금파리와 함께 후기헬라스 IIIB에 속하는 도기들이 나왔다.[112] 후루마크의 연표에 따르면, VIIa 도시의 파괴는 기원전 1180년 이후이다. 그러한 연대는 전통적인 연대의 낮은 끝에 적합하지만, 기원전 1200년경에 시작된 에게해 문명의 몰락을 고려하면, 어떻게 그러한 막강한 원정이 그렇게 늦게 시작될 수 있는지를 납득하기 어렵다.

호메로스의 이야기에 근거해 도출된 두 파괴 층의 만족스럽지 못한 특성은 고대 전거를 진지하게 생각하는 학자들 사이에서 커다란 동요를 일으켰다. 이러한 고통에 찬 혼동은 가장 최근에는 대중적이면서도 폭넓은 지식을 갖추고 사려 깊게 진행되는 BBC 텔레비전 시리즈(저널리스트인 마이클 우드가 제작했다)에서 나타났다.[113] 반면에 이러한 어려움은 모지즈 핀리 같은 회의적인 학자에게는 은총이었는데, 그는 고고학적 혼동을 트로이 전쟁의 역사성에 대한, 즉 모든 그리스의 전설에 대한 의문으로 확대했다.[114]

트로이 전쟁과는 아무 관련이 없는 이유들로 인해 도기연대가 상향 조정되면서 상황은 이제 좀 더 간단해졌다. 앞에서 언급했듯이, 이 책에서 받아들여진 도기연표는 트로이 VI의 몰락을 기원전 1340년경으로 잡은 것인데, 이는 서부 아나톨리아에서 무르실리스 2세의 히타이트 세력이 재확립

---

110) Furumark(1941).

111) Blegen et al.(1950-1958, III, pp.386-388).

112) Korfmann(1986, p.27) 참조. 코프만은 Podzuweit(1982)의 극단적으로 낮은 연대를 다루고 있다.

113) Wood(1987, pp.224-231).

114) Finley et al.(1964).

되는 것과 잘 맞아떨어진다. 트로이 VIIa은 후기헬라스 IIIC의 시작(이 책에서는 기원전 1220년경으로 설정했다) 직후에 몰락했다. 이처럼 고고학적 근거에서 트로이 포위는 기원전 1220-1200년경 사이에 있었던 것으로 보인다.

이것은 파라오 메레네프타 5년, 즉 기원전 1231년경에 발생했다는 '바다의 민족들'의 주요 침입에 관한 이집트의 기록과도 잘 맞는다. 이때 침입한 바다의 민족에는 아카이와샤[ikwš](거의 확실하게 아카이아인)와 그리스 문헌에서 언급되는 티르세노이[Tyrsenoi]인 테레쉬[Trš](아마도 에트루리아인의 조상)가 포함되어 있다.[115] 테레쉬[Trš]는 거의 확실히 북서 아나톨리아에서 왔고, 따라서 그리스인에게 대항하는 트로이 동맹에 속했을 것이다. 그러므로 그러한 동맹이 트로이 전쟁이 시작된 후에 결성되었다는 것은 불가능하게 여겨진다. 기원전 1220-1210년경 사이의 연대는 기원전 1250-1170년이라는 전통적인 범위와도 매우 잘 맞는다. 그 연대라면 호메로스가 묘사한 것처럼 대규모의 원정 조직이 가능하다. 그러한 시간 간격(역주: 트로이 VI층이 끝나는 기원전 1340년경부터 VIIa가 끝나는 기원전 1210년경까지)은 트로이 VIIa의 기간을 늘려 120여 년에 이르게 하며, 트로이가 소수의 무단 침입자들에 의해 점령되었을 것이라고 때때로 제기되었던 가설은 받아들이기가 힘들다. 그리고 앞에서 언급했듯이, 트로이 VIIa 위에서 발견된 재와 탄 물건들의 층은 전승에서 묘사된 트로이의 파괴와 잘 맞는다.

호메로스의 이야기 중 일부는 틀림없이 민간전승이다. 예를 들면, 사이러스 고든은 『일리아스』의 많은 국면에 우가릿의 그럴듯한 선례를 제시했는데, 이에는 탈취된 신부를 되찾기 위해 도시를 포위해야만 하는 이야기가 포함되어 있다.[116] 마찬가지로 에밀리 버뮬이 제시한 바에 따르면, 많은 묘사가 기원전 13세기에는 더 이상 사용되지 않았던 전쟁 기술에 관련되었고, 일부 시 구절은 '전前미케네 시대'의 방언으로만 적절하게 운율을 맞출 수 있다. 이를 근거로 그녀는 포위가 후기헬라스 IIIB의 끝 오래전에, 즉 후기헬라스 IIIA 또는 후기헬라스 II 시기(그녀는 기원전 14세기 초로 잡고 있다)에 발생했다고 주장했다. 후기헬라스 IIIA 시기에 미케네와 트로이의 접촉이 분명히 최고점에 이르렀지만, 그리스인이 그 도시를 파괴했음을

---

115) 제11장의 주61 참조.
116) Gordon(1955; 1962b, pp.132-155).

보여주는 그녀의 고고학적 증거는 너무나 적다.[117] 호메로스가 또는, 마크 트웨인의 말마따나, 동일 이름의 누군가가 기원전 900년경 『일리아스』와 『오디세이아』를 지었을 때 그는 트로이 전쟁에 관한 서사시 전통만이 아니라 전체적으로는 미케네의 서사시 전통에서 시재詩材를 끌어들였다고 가정하는 것이 훨씬 더 그럴듯하게 보인다. 이러한 가정은 기원전 13세기 이전의 요소를 설명할 수 있다.

캘버트 와트킨스는 루비안 서사시에서 참조할 만한 것을, 구체적으로는 그 도시에 연관된 것을 찾아냈는데, 그 서사시는 명백히 '그들이 가파른 윌루사로부터 왔을 때'라는 행으로 시작한다. 이것은 현저하게 호메로스의 '가파른 일리오스'를 닮았다.[118] 놀라운 유사점과 그 도시의 많은 별명과 묘사가 트로이 VIIa가 아니라 트로이 VI에 관련되었을 가능성이 있다 하더라도, 그 전쟁 자체의 진실성을 해치지는 않는다. 왜냐하면 다른 서사시들처럼 『일리아스』와 『오디세이아』는 무관한 요소(그 일부는 트로이 VIIa의 파괴보다 수세기 전의 것이다)를 많이 담고 있지만, 이야기의 핵심을 의심할 이유는 없다. 그와 같은 그리스군(이 군대가 트로이를 포위하고 기원전 1205년경 언젠가 마침내 함락했다)의 대규모 동원은 고고학적 근거로 보아 역사적 기초를 지닌 것으로 보인다.

호메로스가 묘사한 트로이 전쟁의 역사성을 부정한다는 것은 잘 입증되지 못한 전승들의 신빙성을 파괴하는 효과를 갖지만, 트로이 전쟁의 역사성을 재확립하는 것은 그러한 극적인 반향을 가져오지 않는다. 트로이 전쟁은 카드모스와 다나오스의 식민화보다 고대 역사 서술에서 훨씬 더 구심적인 역할을 했다. 그러니 트로이 전쟁의 역사성을 확인하는 것은 카드모스 및 다나오스의 전승과 그리스 전승에 신빙성을 부여한다.

테베와 트로이

앞에서 고고학적 증거를 근거로 테베의 파괴는 기원전 1230-1225년 사이의 어느 때에 발생했고 트로이의 파괴는 기원전 1210년경이라고 주장했다. 이 견해를 지지하는 문헌 증거도 있다. 『일리아스』 제2권에 담긴 '군선軍船 목록'은 아가멤논의 원정에 합류하기 위해 각 나라가 보낸 파견함대

---

117) Vermeule(1986, pp.85-91).
118) Watkins(1986, p.58).

의 목록인데, 그 서사시가 틀림없이 구전 작품이라고 믿는 자들조차 그 목록만은(미케네의 정보는 아니라 하더라도) 매우 오래된 정보에 근거한 것이라고 믿는다.[119] 목록은 보이오티아부터 시작하고 그곳에 관해 아주 상세하게 기술하는데, 일부 학자들은 그 목록이 또는 목록의 원본이 그곳에서 작성되었다고 믿을 정도이다. 목록에는 카드메이오이인에 관한 언급은 없고, 히포테바Hypothēba(낮은 테베)가 '잘 지어진'으로서 묘사되기는 하지만 우월성은 고사하고 어떤 특별한 중요성을 지니지 않는다.[120] 이처럼 '군선 목록'이 카드모스 왕조의 테베가 파괴된 이후에 기록되었다는 데는 (또는 그렇게 보인다는 데는) 의문의 여지가 없다.

호메로스의 기록에서 혼동을 일으키는 또 다른 어려움은 '보이오티아인'이라는 이름이다. 제2장에서 언급되었듯이, 보이오티아인은 그들의 고향에서 밀려나 '보이오티아'를 침입했던 테살리아에 사는 부족으로 여겨졌다.[121] 투키디데스는 그들의 이동 연대를 트로이 전쟁이 있은 지 60년쯤 후로 잡고 있다.[122] 이것은 보이오티아인의 이동이 기원전 1150년경에 있었다는 말인데, (그 이동이 트로이 전쟁 이후에 있었다는 투키디데스의 명백한 서술을 제외한다 하더라도) 그 연대는 트로이로 원정대가 출발하기에는 너무 늦은 연대이다. 일부 학자들은 두 번에 걸친 보이오티아인의 이동을 가정함으로써 이를 우회하려 했다.[123] 더욱이 테베 몰락과 트로이 몰락 사이의 시간적 간격이 짧다고 전승은 말하고 있는데, 트로이 전쟁이 기원전 1150년 경이라면 두 몰락 사이의 시간적 간격이 짧지 않게 된다. 이러한 설명보다는 '보이오티아인'이라는 단어가 '군선 목록'에서 시대착오적으로 사용되었다고 가정하는 것이 더 그럴듯하게 여겨진다. 최근의 논문에서 고고학자이자 고대사가인 존 포시는 '보이오티아 목록'에 미케네의 자료와 상고기의 자료가 뒤섞여 있고 호메로스의 숫자들이 후기의 부족 조직을 가리킨다고 지적함으로써 그의 주장을 뒷받침했다.[124] 나는 『일리아스』가

---

119) Kirk(1985, pp.168-170).

120) *Iliad*, II.504.

121) 제2장의 주22 참조.

122) Thucydides, I.12.

123) Snodgrass(1971, p.300) 참조.

124) Fossey(1989b).

상고기에, 즉 기원전 8세기 후에 지어졌다는 것을 받아들이지 않지만, 호메로스가 기원전 900년경 당대 사회의 영향을 받았다고 보는 것이 개연성이 높다고 생각한다.

또 다른 가능성은 청동기시대에 보이오티아에 이미 보이오티아인이 있었다는 것이다. 보이오티안Boiotian이 지닌 '가축(부스bous)'이라는 강한 함의는 보이오티아의 또 다른 거주민들인 미니안Minyan이라는 이름에 대한 나의 해석과 매우 비슷하다. 미니안은 이집트어 멘유mniw(가축지기)로부터 왔다. 두 이름은 보이오티아의 풍부한 평원과 습지에 매우 잘 어울리며, 보이오티아는 멘유mniw의 번역 차용어일 수 있다.125) 이것은 부족 이동에 관한 투키디데스의 기술을 부정하는 것이 아니라 단지 그의 명명법에 의문을 제기할 따름이다.

여러 모로 보건대 두 포위(즉, 테베의 최종 포위와 트로이의 포위)의 밀접한 연계에 대한 반대는 강력한 것 같지 않다. 사실 다른 전승들은 그것이 동일한 세대에 발생했음을 암시한다. 호메로스는 트로이 원정에 참전했던 디오메데스Diomedes와 스테넬로스Sthenelos가 테베의 최종 파괴에 연루되어 있는데, 그들은 제1차 테베 전쟁에서 테베의 폴리네이케스와 싸웠던 티데우스Tydeus와 카파네우스Kapaneus의 아들들이라고 기술했다.126) 호메로스의 족보에서 많은 것이 명백히 신화적이다. 그런데 그것은 상당히 역사적인 세부를 담고 있는 것 같다. 기원전 10세기 헤시오도스는 『노동과 나날』에서 미케네 문명의 종말을 묘사하면서 두 파괴가 시기적으로 가깝다는 것을 암시하고 있다.

이 종족도 대지가 아래에 감춰버리자
크로노스의 아드님이신 제우스께서 많은 것을 부양하는 땅 위에
또다시 네 번째 종족을 만드시니, 이들은 더 의롭고 더 선량했소.
반신들이라고 불리는 영웅들의 이 신 같은 종족이
끝없는 대지에서 우리의 바로 앞 세대지요.
그리고 그들은 사악한 전쟁과 무시무시한 전투가 멸했소.

---

125) 제3권에서 좀 더 상세히 논의될 것이다.
126) *Iliad*, IV.370-410.

더러는 오이디푸스의 양떼 때문에 싸울 때
카드모스의 나라에서, 일곱 성문의 테바이에서 멸했고,
더러는 머릿결이 고운 헬레네 때문에 배에 태워서
바다의 큰 심연을 지나 트로이아로 데려가 멸했고.
그곳에서 그들 중 일부는 죽음의 종말이 에워쌌소.[127]

이 두 전쟁 사이에 어떤 연계가 있는지를 결정하기 무척 어렵다. 그런데 더 이른 '힉소스' 왕조들(역주: 테베와 미케네. 미케네는 아트레우스의 차지가 된다)에 대한 아르고스 및 아카이아의 최종 승리는 해외에 대한 야심을 품게 했을 것 같다. 비록 앞에서 언급되었듯이 히타이트 세력의 퇴조가 아마도 더 중요하게 여겨지지만 말이다.

미케네 문명의 붕괴

만약 트로이 전쟁이 기원전 1215년과 1205년 사이에 발생했다면, 그것은 청동기시대 문명의 종말을 보여주는 것이기도 하다. 그 이전에도 전승은 도리스족이 남부 그리스에 대해 최초의 공격을 감행했다고 보고한다. 이집트 비문은 라메세스 3세 8년인 기원전 1190년경 페레세트[Prst], 체케르[Tkr], 셰클레쉬[Šklš], 데니엔[Dnn], 웨셰쉬[Wšš] 등으로 구성된 바다의 민족이 육지와 바다를 휩쓸었다고 묘사하고 있는데, 이것은 제1권에서 논의되었다.[128] 이 비문에서 이집트인은 하티, 코데[Qode](킬리키아), 카르케미시(상유프라테스), 아르자와, 알라샤가 파괴되었다고 믿을 만하게 주장했다.[129] 제1권에서 언급된 바다의 민족들에 그리스인이 포함되기는 하였지만, 미케네 그리스의 국가들도 그 위기를 오랫동안 견디어낼 수는 없었다.

근래 이루어진 카쉬를 비롯한 여러 지역에서의 발굴은, 미케네 왕궁과 그 경제가 근동의 경제에 통합적으로 연결되어 있다는 것을 더 명백하게 보여주었다. 우리는 그러한 교역이 테베의 몰락과 트로이 전쟁 이후에도 살아남았다는 것을 알고 있다. 시리아 선원과 금속 및 금속가공품을 선적

---

127) Hesiod, *Works and Days*, 156-166.(천병희 역)
128) 제1권, pp.616-617.
129) 그 히타이트 왕정이 20년 이상 지속되었을 수 있으나 그 세력은 분명히 와해되었다.

한 겔리도냐 곶 난파선은 카쉬 난파선만큼의 규모나 화려함을 지니지는 않았지만 기원전 1200년 직전 가라앉았을 때 동지중해권에서 교역이 아직도 존재하고 있었다는 것을 보여주고 있다.[130]

　교역의 지속에 관한 또 다른 증거는 동아티카에 있는 공동묘지에서 출토된 부장품이다. 그 연대는 후기헬라스 IIIB/C로부터 후기헬라스 IIIC까지이다. 이것보다 더 이른 지층에서 제18왕조의 마지막 파라오 호렘헵(기원전 1348-1320년)과 라메세스 2세(기원전 1304-1237년)의 스카랍이 나왔다.[131] 후기헬라스 IIIC의 시작을 기원전 1210년경으로 설정하면, 라메세스 2세의 스카랍은 거의 동시대의 것이 되고, 따라서 그것은 수입되자마자 묻힌 셈이다. 거기에는 두 개의 미탄니 원통형 인장 그리고 이집트 신神 베스의 작은 조각상과 채색도기 악어들이 있었다.[132] 이들을 교역으로 들여왔는지 아니면 도둑질로 얻었는지를 구분할 수 없다. 그 무덤들이 라우리온의 납 및 은 광산에 가까이 있다는 것을 고려하면 교역이 좀 더 가능성이 있기는 하지만 말이다. 어쨌든 그것은 그리스와 근동 사이의 접촉이 기원전 12세기까지도 살아남았다는 것을 보여주고 있다.

　헤시오도스와 투키디데스가 명기했듯이, 테베와 트로이의 포위는 상징적으로 영웅시대의 종말을 의미했으며, 그 직후 그리스에는 소요가 있었다.[133] 도기연대 후기헬라스 IIIC의 시작 후에 주요한 사회적·경제적 격변이 있었음을 보여주는 강력한 증거가 있다. 제7장과 제11장에서 다루었던 이 변화에는 그리스 대부분의 지역에 걸친 상당한 인구 감소가 포함되었던 것으로 보인다. 서부 그리스에서 이러한 쇠퇴는 상대적으로 완만했던 것으로 보이는데, 많은 학자들은 그곳에 강수량이 많아 가뭄에 덜 노출되었기 때문이라고 그럴듯하게 설명하고 있다.[134] 산재된 가옥 또는 가옥의 군락에서 '응집된' 그리고 중앙집중화된 마을로 정착 유형이 변화했는데, 이것은 사회적 불확실성과 침체된 경제적 상황에 연결되어 있다. 일반적으로 고고학적 증거는 번영하고 특화된 농업적·수공업적 사회로부터 대단히 축

---

130) Bass(1967, pp.163-167).

131) Charles(1965); Yannai(1983, p.58).

132) Vermeule(1964, pp.302-303).

133) Hesiod, *Works and Days*, 156-166; Thucydides, I.12.

134) Shrimpton(1987, pp.149-150) 참조.

소된 자급자족 경제로의 전이를 가리키고 있다.[135]

많은 학자들은 이를 이 시기의 동지중해 교역 붕괴에 연결시켜왔다.[136] 적어도 기근을 해결하고자 이집트로부터 에게해권으로 곡물이 수출되었다는 주장은 이 가설에 어떤 정확성을 제공한다.[137] 바다의 민족들의 반복된 습격 후에 수출이 막히면서 이집트는 약해지고 해운은 점차 위험에 노출되었다. 그러자 적어도 동부 그리스는 피할 길 없는 가뭄에 뒤이은 기근에 노출되었다. 따라서 미케네 그리스의 국가들은 자급자족적인 농업으로 돌아갈 수밖에 없었다.

미케네 왕궁들은 3세대를 더 생존했던 것으로 보인다. 트로이 함락 후 60-80년이 지나서야 그들은 북쪽에서 온 그리스 부족, 특히 도리스인, 테살리아인, 보이오티아인에 의해 유린되었다. 이들 부족의 이동은 특히 기원전 1190년경 바다의 민족들의 침입에 어떤 방식으로든 분명히 연결되어 있다. 그 이동은 또한 미케네 그리스 국가들의 약화에도 관련되어 있다. 그런데 기원전 1150-1120년경의 침입은 기원전 1159년 헤클라 화산의 세 번째 폭발 후에 발생했다는 것은 흥미롭다. 그 폭발이 북서 유럽에서 파괴적인 효과를 미쳤고, 이란 고원에 있는 엘람에도 해로운 충격을 가했다는 것을 고려한다면 말이다. 이처럼 화산 폭발에 의해 야기된 단기간의 기후이상이 부족의 이동을 가장 강력하게 자극했고 마침내는 미케네 그리스의 국가 체제와 그 왕궁을 파괴했던 것이다.[138]

미케네 문명의 붕괴는 여러 가지 요소가 겹쳐 결정된 것으로 보인다. 첫째, 미케네는 테베 및 트로이와의 지역 전쟁에 의해, 그리고 서사시와 비극 작품에서 묘사된 뒤이은 왕조들 내부의 불화에 의해 피해를 입었다. 둘째, 기원전 1190년경 바다의 민족들의 침입 후 동지중해권 교역의 단절과 문명의 단절로 인해 전문화되기는 했지만 식량이 모자라는 경제를 유지하는 데 필요한 곡물이 부족하게 되었다. 셋째, 기원전 1150년경 북부 그리스 부족의 이동은 헤클라 화산 폭발의 재앙으로 인해 아마도 촉진되었을 것이

---

135) Bintliff(1977, I, p.115); Cherry(1985, pp.20-38).
136) Desborough(1964, p.226; 1975, pp.658-671); Kilian(1985). Shrimpton(1987, pp.154-155, n.1) 의 참고문헌도 참조.
137) 제11장의 주191-199 참조.
138) 제7장의 주151-154 참조.

다. 어쨌든 기원전 1150년, 이 책이 관심을 갖고 있는 그리스 청동기시대는
막이 내렸다.

<h2 style="text-align:center">결론</h2>

이번 장에서 논의된 기원전 13세기 후반의 사건들은 테베를 아수르 및
바빌론과 연결시켰고 미케네에 근거를 둔 아키야와를 중앙아나톨리아·시
리아·이집트에 연결시켰는데, 이것은 그 당시 중동과 동지중해권 전체에
걸쳐 존재했던 교역 및 외교의 치밀한 망을 나타내 보이고 있다. 우리는
그 시기에 관해 잘 알고 있다. 왜냐하면 그 시기의 종말을 가져왔던 파괴가
역설적으로 당대의 문헌과 유물(더 이른 세기의 것들은 적다)을 보존했기 때
문이다. 투트모세 3세의 승리로 '이집트의 평화'가 확립된 적어도 기원전
1470년 이후의 세기에 그러한 광범위한 망이 작동하지 않았다고 가정할
이유는 없다. 후기 미케네 그리스의 (번영하는) 사회는 이러한 이집트의 패
권의 결과로서 일어났던 것으로 보이고, 미케네 그리스와 이집트가 동시에
몰락했다는 데는 의심의 여지가 없다.

총결론

제2권의 목적은 청동기시대의 문헌적·고고학적 증거가 어떻게 두 가지 가설(이집트와 레반트가 청동기시대에 에게해권에 근본적인 영향을 미쳤다는 가설, 그리고 고전기와 헬레니즘시대 저자들은 이집트와 페니키아에 의해 그리스가 식민화되었음을 언급하면서 자신이 무엇을 말하고 있는가를 알고 있었을 것이라는 가설)을 밑받침해주고 있는가를 보여주는 것이었다. 나는 이 목적이 달성되었다고 믿는다. 그런데 이것은 오늘날 많은 학자들에게 나의 '분노'를 터뜨림으로써만 달성될 수 있었다 하겠다.

여러 가지 점에서 제2권은 제1권보다 더 많은 분노를 담고 있다. 소수 독자만이 내가 가진 '분노'의 정도를 인식할 수 있으므로 여기에서 그 분노의 일부를 간단히 표현하는 것이 유용할 것 같다. 이러한 '분노'는 옛 학자들의 믿음으로, 좀 더 구체적으로 말하면 20세기 초의 믿음으로의 회귀로 상당히 사라질 수 있다.

여기에는 극단적인 역설이 있는 것 같다. 내 전체 연구의 주공격은 인종주의의 영향과 학문상의 반유대주의에 향해 있다. 그런데 제2권에서 나는 내 자신이 1880-1940년 인종주의의 절정기에 연구했던 학자들의 견해를 옹호하고 있는 것을 자주 발견했다. 비록 나의 견해가 일반적으로는 인종주의가 직접적으로는 연루되지 않은 문제에 대한 것이라고 말해야 하겠지만 말이다.

1880-1940년에 개진되었던 견해들은 주목받을 만한데, 현대 학자들의 견해보다 구세대 학자들의 결론이 오늘날의 과학기술의 결과와 더 잘 맞아떨어지고 있기 때문이다. 제2권에서 논의된 두 가지 예를 든다면, 납 동위원소 분석은 중부 유럽의 납이 기원전 3000년경 메소포타미아에서 사용되고 있었음을 보여준다. 이것은 고든 차일드가 예상했었을 바로 그것인데, 그는 수메르의 광산 탐사자들이 그 시기에 다뉴브 강을 거슬러 올라갔다고 믿었다. 비슷하게 최근의 방사성탄소 동위원소 연대측정에 따르면, 이집트 고왕국의 시작은 기원전 3000년경이다. 이는 제임스 브레스티드의 연대와 잘 맞아떨어지지만, 오늘날 정통론이 말하는 그 어떤 연대보다도 훨씬 이른 것이다.

이것은 우연의 일치가 아니다. 오늘날의 고고학자들이 지식사회학의 견지에서 쉽게 설명될 수 있는 이유로 길을 잃었기 때문이다. 첫째, 전파론을 회피하려는 분위기가 있었다. 제1권에서 주장했듯이, 나는 그러한 회피를 일정 부분 제국주의와 식민주의를 정당화하기 위해 이용되었던 전파론에 대한 찬탄할 정도의 거부라고 믿는다. 그러나 또한 그것은 진지하고 책임 감 있게 보이려는, 그리고 비전문가가 끌려드는 거대담론에 빠지지 않으려 는 새로운 전문가들의 욕망을 가리킨다고 생각한다.

이것은 오늘날의 학풍을 오도한 두 번째 경향과 연결되어 있다. 놀랍도 록 방대한 서양 고대사 분야에서 1920-1960년 동안 정보의 커다란 증가가 없었다. 그 기간은 고고학자들이 '과학적' 지위에 대해 충동을 강하게 갖고 있던 시기였다. 이것은 이중의 효과를 낳았다. 우선 고고학자들은 무엇보 다도 추측에 의지한다든가 무책임한 학자라고 여겨지지 않기를 바랐다. 그 들은 또한 그 분야가 진보하고 있으며 혁신적임을 보여줄 필요가 있었다. 그런데 그들이 할 수 있는 유일한 대안은 그들의 더 커진 의구심과 조심성 을 보여주는 것이었다. 이러한 이유로 1920년 이래 이 분야의 모든 '진보' 에는 고대인의 지리적 활동 범위를 제한하고 역사적 연대를 낮추는 경향이 있었다. 그런데 과학기술로부터 얻은 최근의 증거는 정반대 방향을 가리키 고 있다. 고고학의 과학적 위상을 소리 높여 강조해왔던 고고학자들이 새 로운 과학적 기술로 도출한 결과를 정작 고고학에 적용했을 때 그들 자신 의 주장과는 크게 상충한다는 역설적인 상황이 연출되었던 것이다. 새로운 기술의 결과는 초기의 또는 좀 더 보수적인 학자들의 생각과 종종 더 잘 맞아떨어진다.

이처럼 제2권에 담고 있는 논란성이 있는 많은 생각은 오늘날의 정통론 에서 보면 '분노를 일으키는' 것뿐이다. 이것의 한 가지 예는, 제1장에서 수정 전파론으로의 복귀를 통해 그리고 특히 초기 유럽의 청동기문명은 어 떤 방법으로든 서남아시아와 동북아프리카의 훨씬 더 이른 금속문화로부 터 나왔다는 믿음으로의 복귀를 통해 현재 고고학자들 사이에 퍼져 있는 고립론의 경향을 돌려놓으려는 시도이다. 만약 내가 옳다면 이는 20세기 초의 고고학자들인 오스카 몬텔리우스와 고든 차일드의 견해에 대한 콜린 랜프루 등이 시작한 지속적 공격이 시간 낭비일 뿐만 아니라 그리스 문명 의 기원을 이해하는 데도 대단히 해롭다는 것을 의미한다. 나는 또한 크레 타 그리고 아마도 키클라데스 제도의 주민이 그 당시 셈어를 말하고 있었다는 것을 주장하는 면에서는 몬텔리우스와 차일드를 넘어선다.

　내가 주장하는 수정주의의 또 다른 예는 제3장에 있다. 나는 두 명의 매우 인기 없는 그리스 고고학자 스피리돈 마리나토스와 테오도레 스피로풀로스의 견해를 옹호한다. 두 학자는 일반적으로 그리스에 그리고 특정하게는 보이오티아에 기원전 3천년기 이집트의 강한 흔적이 있었다고 주장했다. 만약 그들이 옳다면(나는 그들이 옳다고 믿는다), 그때 그리스에는 대규모의 관개사업과 상당량의 곡물 수집 및 보관을 감당할 수 있는 국가다운 국가들이 있었음에 틀림없다. 또한 이러한 치수 시설물과 건축물이 대단히 '이집트적'으로 보여서 이집트인이 감독자 아니면 기술자로서, 아니면 두 가지를 겸하는 위치에서 그것에 관계하고 있었다고 말할 수 있다.

　제4장에서 나는 크레타 왕궁 및 왕궁의 황소 숭배는 당대의 이집트 제11왕조로부터 적어도 간접적으로라도 유래한 것이며, 이집트 중왕국 기간 동안 크레타와 키클라데스 섬들에 대한 이집트의 지배가 있을 수 있는 일이라고 주장했다. 여기에서 나는 20세기 초 학자들의 견해를 넘어서고 있으나, 오늘날 크레타 고고학의 전문가들보다 아더 에반스 경에게 나의 견해는 덜 물의를 일으키는 것으로 보였을 것이다.

　아마도 『블랙 아테나』 제2권의 가장 큰 분노는 제12왕조의 파라오 세소스트리스의 북쪽 원정을 복귀시키려는 나의 정교한 노력에서 나타났을 게다. 18세기 후반까지 그의 위대함과 먼 곳에 이른 원정의 이야기는 일반적으로 인정되고 있었으나, 이후 두 명의 흑인 파라오인 세소스트리스와 그의 아들 아메넴하트 2세가 이집트 군대를 이끌고 발칸과 코카서스까지 원정했다는 생각은 완전히 터무니없는 것으로 여겨졌다. 그러다가 매우 널리 입증된 이 전설의 사실성이 새로 발굴된 제12왕조 시기의 미트 라히네 비문으로 놀라울 정도로 강화된 것으로 나에게는 받아들여진다. 나는 제12왕조의 파라오들이 이러한 규모로 북쪽 원정을 이끌었다고 주장할 수 있는 충분한 증거가 더 있다고 생각한다. 이 주장은 이집트학에서의 지배적인 경향에 정면으로 배치되는데, 그 경향이란 이집트의 군사행동과 외부 세계와의 접촉 정도를 제한하면서 외국의 지역 특히 북쪽을 지배했다는 주장을 뽐내는 것으로 또는 순전히 상징적인 것으로 간주하는 것이다.

　제7장에서 나는 테라 폭발을 가장 비전통적으로 다루었다. 육감에 근거

해 기원전 1450-1500년으로 설정된 전통적인 폭발 연대를 맹렬히 방어하려는 이유를 나는 우선 꼼꼼히 조사해 드러냈다. 도기의 유형비교, 방사성 동위원소, 수령연대학, 그린란드 만년빙의 분석에 근거한 실제적인 증거에 전통적 연대는 거스르는데, 이 모든 증거는 테라 폭발이 전통연대보다 1세기 더 이르게 발생했음을 가리키고 있다. 많은 사람들에게 이제는 말끔하게 묻혀진 것으로 생각되고 있는 문제를 파내는 것은 천박한 일이다. 그러나 나는 그런 조사가 유용하다고 믿는다. 왜냐하면 지식사회학을 그리고 역사가들의 주장이 결정되는 과정을 이해하는 것이 중요하기 때문이다.

제8장의 요점은 내가 놀라움과 심적 고통을 지니고 도달한 결론이다. 즉, 이집트를 침입한 힉소스 가운데 후루어를 말하는 자만이 아니라 인도아리아어 또는 적어도 인도이란어를 말하는 자들이 포함되었다는 것이다. 이것은 아리안모델이 때로는 유용하거나 '사실'일 수도 있다는 것을 보여준다. 그뿐만 아니라 시리아-팔레스타인의 셈어를 말하는 자들이 그러한 침입의 동력이 되었을 것이라는 점을 원칙적으로 부정한 반유대주의의 학자들이 이번에 셈족을 도덕적으로 비난할 만한 이유들을 역사적으로 더 잘 설명할 수 있는 실례를 얻게 되었음을 보여준다. 물론 나는 이 경우도 황량한 북쪽 땅에서 야만인이 침입하여 더 번영하고 세련된 지역을 정복했다는 사실로 모든 역사적 변화가 설명될 수 있다고는 생각하지 않는다. 특히 그리스의 경우에 그런 모델은 분명히 도움이 되지 않는다고 나는 여전히 확신한다.

제9장에서 나의 '분노'는 후학에게 논박의 대상이 된 20세기 초의 학자들을 지지하면서 다시 나타난다. 고대사가인 에두아르트 마이어는 힉소스의 크레타 정복을 받아들이는 주장을 했는데, 나는 그 주장이 고립론자의 주장보다 더 지지할 만하다고 믿는다. 또한 구세대 고고학자들인 스피리돈 마리나토스와 프랭크 스터빙스는 그리스 전설은 고고학의 모호한 자료를 평가할 때 진지하게 고려되어야만 한다고 주장했다. 그들은 수갱묘에서 발견된 물건과 매장방식을 이집트의 것이라고 직설적으로 말하지는 않았지만, 이집트와 레반트의 영향을 보여주는 강력한 징표라고 결론지었다. 이를 기초로 그들은 그 당시 이집트에 의한 식민화는 아니라 하더라도 이집트로부터 온 자들에 의한 식민화를 전하고 있는 전설은 근본적으로 정확하

다고 결론지었다.

그런데 철저히 아리안모델에 속해 있었던 마리나토스와 스터빙스는, 이 러한 침입으로 그리스가 장기간 이집트적 또는 셈적 영향을 받았다는 것을 부정했다. 이와는 반대로 나는 이러한 정착이 이루어진 이후의 시기인 기 원전 1700-1500년은 그리스어와 '그리스' 문화 또는 민족적 정체성이 형성 된 시기인데, 그 시기의 일정 기간 동안 그리스의 상당 지역이 셈어와 이집 트어를 말하는 군주들에 의해 지배되었으며, 그들이 보유한 높은 수준의 문화와 언어가 그리스어와 그리스의 형성에 중요한 충격을 주었다고 생각 한다.

제10장에는 각별히 분노를 일으킬 만한 것이 없다. 그것은 이집트, 레반 트, 에게해권 사이의 접촉에 관한 문헌 증거와 그림 증거의 개요이다. 여기 에서 논쟁거리가 될 만한 국면은 이집트인이 에게해권에 관한 정보를 갖고 에게해권에서 활동하고 있었으며 에게해권에 대한 종주권을 주장하고 있 었다는 것을 더 문자적으로 그리고 더 진지하게 받아들이자는 것이다.

제11장은 여러 면에서 훨씬 덜 논쟁적이다. 많은 비전문가 독자들은 기 원전 1550-1200년 사이에 근동과 에게해권 사이의 접촉을 보여주는 고고 학적 증거의 정도에 놀랄지도 모르겠지만, 그 시기에 관심을 갖고 있는 학 자들은 이미 잘 알고 있다. 여기에는 세 가지 새로운 측면이 있다. 첫 번째 는 이러한 정도의 접촉이라면 생겨날 수 있는 가까운 관계가 그리스 언어 와 문화에 중요하고도 장기적인 영향을 미쳤음에 틀림없다는 주장이다. 두 번째는 최근 도기연대의 상향 조정(이집트와의 동시발생사건에 관한 새로운 연구 및 테라 폭발의 연대 재설정으로 인한 상향 조정)을 이집트 문헌 증거에 연결시키는 것이다. 이로써 에게해권과 근동 사이에 대규모 교역이 있었던 도기연대가 동지중해에 대한 이집트의 세력과 영향력이 최대였던 시기들 과 잘 맞아떨어지게 된다. 미케네 교역의 확장은 '이집트의 평화'로 인해 일어났던 것 같다. 세 번째 새로운 점은 나의 주장이 되겠다. 신왕국 기간 에 에게해권의 납과 은이 이집트로 수출되었다는 새로운 증거는 다음과 같 은 가능성을 제기한다. 곧 이집트 곡물을 얻기 위한 금속 교역(상고기와 고 전기에 존재했다고 알려졌다)이 이미 후기 청동기시대에 일어나고 있었을 가능성을 제기한다. 적어도 기근을 해소하기 위해 그러한 곡물을 공급받음

으로써 미케네 그리스는 큰 인구를 부양할 수 있게 되어 자체적으로 생산된 식량은 모자라지만 전문적이고도 세련된 경제를 발전시킬 수 있었다.

체제의 취약성으로 인해 기원전 1200년 후 미케네 문명은 몰락을 맞게되는데, 바다의 민족들의 침입으로 이집트의 힘이 약화되고 해상수송의 어려움이 증가했다. 이 모든 것이 제12장에 기술되어 있다. 여기에서 새로운 도기연대 설정으로 그리스의 테베와 트로이의 포위 및 몰락에 관련된 그럴듯한 연대를 제공한다. 이것은 호메로스와 고전기 그리스 저자들의 진실성을 확인해주고, 그들이 주장했던 고대모델이 신빙성을 지니고 있음을 확인해준다.

비록 세소스트리스의 북쪽 원정에 대한 나의 믿음과 같은 예외가 있기는 하지만, 오늘날의 정통론에 대한 나의 수정은 대부분 20세기 초에 학자들이 가졌던 견해와 조화를 이룬다. 물론 내가 그들과 다른 점은 인종적 역사의 원리와 영속적인 인종적 계서제를 받아들이지 않는 데 있다. 그런데 만약 그들의 사상에서 그 결정적인 요소를 빼내기만 한다면 수정 고대모델에 놀랍도록 가까운 것이 나타날 것이다.

오스카 몬텔리우스와 고든 차일드가 '오리엔트 문명에 의한 미개한 유럽의 계몽'에 관해 이야기할 때 그들은 내가 제안하고 있는 전체의 틀을 알고 있었다. 에두아르트 마이어가 힉소스의 크레타 지배를 제안했을 때 그는 별 의도 없이 이집트와 셈의 문명 및 언어가 에게해권에 들어올 수 있었던 중요한 길을 닦고 있었다. 마찬가지로 프랭크 스터빙스와 스피리돈 마리나토스가 수갱묘의 부장품이 이집트로부터의 이주를 가리킨다는 것을 주장했을 때 서부 셈문화와 이집트 문화가 에게해권으로 전달되는 또 다른 길을 제시하고 있었다. 그런데 이 학자들 중 어느 누구도 그들 가설의 논리적 결과를, 곧 그리스 문화와 언어에는 이집트 및 레반트(셈어를 사용하는)의 문화와 언어가 스며들었다는 것을 알지 못하고 있었다. 나는 바로 이런한 결과를 강조하는 것이다.

이제 끝맺어야겠다. 만약 제2권에서 펼친 내 주장의 상당 부분이 옳다면, 동지중해의 고고학과 고대사에 관한 오늘날 연구는 많은 부분 다시 생각되어야 할 것이다. 그런데 이렇게 분노를 일으킬 만한 주장을 폈지만, 제2권에 담긴 '분노'는 다음 권인 제3권에서 내가 제안하고 있는 분노에 비하면 아무 것도 아니다. 왜냐하면 거기에서 나는 언어학자에게 도전할 터인데, 낭만주의적인 실증주의 학자에게 언어란 ‘신성한 것 중에서도 신성한 것sanctum sanctorum’이거나, 이 구절에 해당하는 아프리카·아시아어로 된 원래 구절을 사용하면, 코데쉬 하코다쉼(역주: קֹדֶשׁ הַקֳּדָשִׁים)이기 때문이다.

부록

고대 문자의 알파벳 표기와 소리값

이집트어

이집트어 단어에 사용된 철자법은 현대 이집트학 학자들이 받아들이는 표준 철자법이다. 유일한 예외는 '대머리수리' 또는 '이중 알레프'를 나타내는 데 사용되는 'ꜣ'인데, 이는 종종 두 개의 쉼표가 세로로 연이어 붙어 있는 형태로 인쇄되곤 한다.

초기 이집트어에서 정확한 음이 무엇이었든 간에, ꜣ는 셈어 문자로 r, l, 또는 심지어 n으로 표기되기도 한다. 이 자음 음가는 적어도 기원전 17세기의 제2중간기까지 유지되었다. 또 후기 이집트어에서는 알레프가 되었던 것으로 보이며, 나중에는 남부 영어의 r처럼 단지 인접한 모음들을 살짝 변형시키는 데 그쳤다. ꜣ는 이집트학 학자들이 사용하는 알파벳의 첫 번째 철자다. 이제 모호한 또는 어려운 음가를 지닌 다른 철자들을 살펴보자.

이집트어의 i는 셈어의 알레프(ʾ)와 요드(y)에 상응한다. 많은 언어에서, 그리고 거의 모든 아프리카-아시아 언어에서 발견되는 알레프는 모음 앞에 오는 성문聲門 폐쇄음 예로 런던 사투리 'boʾle(bottle)'이나 'buʾe(butter)'의 경우에서 찾아볼 수 있다.

역시 대부분의 셈어에서 나타나는 이집트어의 아인(ʿ)은 유성음화된 혹은 구어화된 알레프로, 그 형태는 후설後舌 모음인 o 및 u와 관련된 것으로 보인다.

새끼 메추리로 표기되는 w는 초기 이집트어에서 순수한 자음 음가를 가졌을지도 모르지만, 그리스어에 가장 많은 영향을 미친 후기 이집트어에서는 모음인 o나 u로 발음되는 경우가 빈번했던 것으로 보인다.

r로 표기되는 이집트어 철자는, 셈어와 그리스어의 경우 l로 음역되는 경우가 더 많았다. 후기 이집트어에서는 ꜣ의 경우처럼 단지 모음을 살짝

변형시키는 정도로 약화되었던 듯하다.

로마자 ḥ로 표기되는 이집트어와 셈어 철자는 h의 강세형[1]으로 발음되었던 것 같다.

이집트어와 셈어의 ḫ는 'loch'[2]의 ch와 유사한 소리를 나타내는데, 나중에는 철자 š와 완전히 혼동되었다.

이집트어 철자 ẖ는 ḫy의 소리를 나타냈던 것으로 보이는데, 이 역시 š와 혼동되었다.

여기서 s로 쓰인 철자는 s나 z로도 표기되었다.

š는 sh나 skh로 발음되었으며, 나중에는 ḫ 및 ẖ와 많이 혼동되었다.

ḳ는 k의 강세형을 나타내는데, 이와 달리 나는 셈어학 학자들의 일반적인 용례를 따라, 셈어에서 나오는 동일한 소리를 나타내는 데 q를 사용했다.

철자 ṱ는 본래 tʸ로 발음되었을 가능성이 높다. 그러나 이 철자는 심지어 중기 이집트어에서도 t와 혼동되었다.

마찬가지로, ḏ는 빈번하게 d로 대체되었다.

이집트어 이름

이집트 신의 이름은 가장 일반적인 그리스어식 표기에 따라 모음 삽입되었다. 예를 들어, ʾImn을 Amon으로.

왕의 이름은 대체로 가디너 식 그리스어 표기(1961)를 따른다. 예를 들어, Ramessēs.

콥트어

대부분의 콥트어 알파벳 철자들은 그리스어에서 유래하므로, 동일한 방식으로 표기한다. 그 외에 민용 문자에서 파생한 여섯 개의 철자는 다음과 같이 표기한다.

ɯ š   ϩ ḥ   x ḏ
ϥ f   ϭ h   ϭ ǧ

1) 역주. 우리말로는 ㅋ에 가깝다.
2) 역주. 게일어로 '호수' 또는 '가느다란 협만峽灣'을 뜻한다. 발음기호는 [lɔx]이다.

셈어의 자음들은 비교적 전통적인 방식으로 표기한다. 복잡한 몇몇 경우는 앞서 이집트어와 관련하여 언급했다. 그 외의 표기 규칙은 다음과 같다.

가나안어에서 소리 ḫ는 ḥ와 합쳐지는데, 여기서는 때때로 후기의 ḥ보다 본래의 ḫ를 반영한다. ṭ는 t의 강세형이다.

보통 th로 표기되는 아랍어 소리는 여기서 tʸ로 표기한다. 마찬가지로 dh도 dʸ로 표기한다.

아랍어의 가인(ʿ)에 상응하는 우가릿어 철자는 ġ로 표기한다.

셈어의 강세형 k는 이집트어의 경우처럼 ḳ가 아니라 q로 표기한다.

거의 확실하게 ts로 발음되었던 셈어 철자 차데(צ)는 ṣ로 표기한다.

기원전 1000년 이후의 히브리어에 등장하는 철자 쉰(שׁ)은 š로 표기한다. 그러나 다른 곳에서는 š가 아니라 단순히 s로 표기되는데, 왜냐하면 š 발음이 얼마나 오래된 것인지 또 그 범위가 어디까지였는지 의심스럽기 때문이다(Bernal, 1990, pp.102-105). 그러나 그럴 경우 싸메크(ס)와 혼동되는데, 싸메크도 s(역주: 한글 'ㅆ')로 표기되기 때문이다. 또 신(שׂ)은 ś(역주: 한글 'ㅅ')로 표기한다.

베가드케파트[3]와 다게쉬[4]는 별도로 표기하지 않는다. 왜냐하면 이들이 고대에 나타나는 빈도와 그 범위가 의심스러울뿐더러 별반 대단치 않기 때문이다.

모음 삽입

성서의 마소라 모음 삽입법은 기원후 9세기와 10세기에 완성되었지만 훨씬 더 오래된 발음을 반영하는데, 그 표기는 다음과 같다.

---

3) 역주. בגדכפת. 이 여섯 문자는 경우에 따라 파열음이나 치찰음으로 발음된다. 그 명칭은 우측에서부터 각각 베트, 김멜, 달레트, 카프, 페, 타우이며, 이들의 음가를 따서 베가드케파트 문자라고 일컫는다.

4) 역주. 베가드케파트 문자가 파열음으로 발음될 경우에는 각 문자의 중간에 점을 찍는데, 이를 다게쉬라 한다(בגדכפת).

철자이름		'y와 함께	1w와 함께	ㄇh와 함께
파타흐	בַּ ba	-	-	-
카메츠	בָּ b å	בָּי bâ	-	בָּה båh
히렉	בִּ bi	בִּי bî	-	-
세레	בֵּ bē	בֵּי bê	-	בֵּה bēh
세골	בֶּ be	בֶּי bệ	-	בֶּה beh
홀렘	בֹ bō	-	בּוֹ bô	בֹּה bōh
키부츠	בֻּ bu	-	בּוּ bû	-

약화된 모음들의 표기는 다음과 같다.

בְּ be   חֲ ḥă   חֱ ḥĕ   חֳ ḥŏ

액센트와 영창詠唱(cantillation) 부호는 보통 표시되지 않는다.

그리스어

자음 표기는 정통 방식을 따른다.

υ는 y로 표기한다.

장모음 η와 ω는 ē와 ō로서 표기하고, 장음 α는 의미의 차이를 가져올 경우 ā로 표기한다.

악센트는 대체로 표시하지 않는다.

그리스어 이름

그리스어 이름을 일관성 있게 알파벳으로 표기하기란 불가능하다. 왜냐하면 너무나 잘 알려진 이름들은 그리스어식이 아니라 라틴어식으로 표기해야 하기 때문이다. 예를 들어, Thoukydidēs나 Platōn이 아니라 Thucydides나 Plato로 표기해야 하는 것이다. 반면 잘 알려지지 않은 민족이나 지역을 라틴어식으로 표기한다는 것은 터무니없는 소리다. 따라서 보다 일반적인 이름들은 라틴어식으로 표기하고, 그 이외에는 그리스어식으로 표기한다. 나는 가능한 한 피터 레비Peter Levi의 파우사니아스 번역 방식을 따르려고 노력했다. 내가 보기에 레비의 방식은 적절한 균형을 이루고 있다. 그런데 그의 방식을 따를 경우, 이름을 표기할 때 상당수의 장모음이 표기되지 않는다.

이집트 상형문자의 한글 음역(옮긴이)

워싱턴대학University of Washington의 근동언어와 근동문명 학과Dept. of Near Eastern Languages and Civilization의 학과장 스콧 너걸Scott B. Noegel 교수의 「상형문자단어의 음성발음」*Egyptian Hieroglyphs Made Easy*(CD-ROM, Smiles Productions, 2003)에 근거하여, 이집트 상형문자를 한글로 음역하는 방법을 제시해본다.

I. 낱 상형문자와 낱 상형문자 사이에는 모음이 알려지지 않은 경우, 보통 모음 ㅔ(e)를 끼워 음역한다.
　　예: ḥm(남자 노예), 헴
　　　　ḥmt(여자 노예), 헤메트

II. 다음과 같은 상형문자는 한글로 음역할 때 모음으로 음역된다.

상형문자	전문가표기	한글음가	설명
	ꜣ	ㅏ	중왕국 때는 ㄹ(l, r)의 음가를 지녔음.
	y	ㅣ	
	i	ㅏ 또는 ㅣ	대부분 ㅣ로 발음.
	ꜥ	ㅏ	
	w	ㅜ	

　1. ꜣ의 한글음역
　　① ꜣ가 단어에서 맨앞에 있을 경우: ꜣḫt(지평선), 아케트
　　② 가운데 있을 경우: sꜣt(딸), 싸아트(사아트)

③ 끝에 있을 경우: s3(아들), 싸(사)

2. y의 한글음역
   ① 단어의 맨 앞에 있을 경우: CD-ROM에서 예를 찾지 못했음.
   ② 중간에 있을 경우: CD-ROM에서 예를 찾지 못했음.
   ③ 끝에 있을 경우: ky(다른), 키(≠케이)
                    : ity(지배자), 이에티

3. i의 한글음역
   1) ㅏ의 음가를 갖는 경우: imn ḥtp, 아멘호테프
   2) ㅣ의 음가(영어의 y 또는 히브리어의 ')를 갖는 경우
      ① 맨 앞에 있을 경우: ib(심장), 이에브→예브
                         : iwn(기둥), 이에우엔→예웬.
      ② 중간에 있을 경우: wi3(태양원반), 우에이아→웨이아
                         : si3(알아보다), 세이아
      ③ 끝에 있을 경우: smi(보고하다), 세미
                       : rdi(하게 하다), 레디

4. ꜥ의 한글음역
   ① 앞에 있을 경우: ꜥnḫ(생명), 아네크
                    : ꜥḥꜥ(서 있다), 아하
   ② 가운데 있을 경우: iꜥḥ(달月), 이아흐
   ③ 끝에 있는 경우: ḥnꜥ(~와 함께), 헤나
                    : ḏꜥ(폭풍우), 자

5. w의 한글표기
   ① 맨 앞에 있을 경우: W3ḏ wr(거대한 초록, 지중해), 우아즈 우에
                       르→와즈 웨르
   ② 중간에 있을 경우: mwt(어머니), 메우에트→메웨트
   ③ 음절의 끝에 올 경우: mw(물), 무(≠메우)
                        : iw(~이다), 이우→유

: hrw(낮), 헤루

III. 낱 상형문자 4개 이상으로 구성된 단어의 경우
　nfrt(nf/rt, 아름다운), 네프레트
　niwt(ni/wt, 도시), 네이웨트
　ršwt(rš/wt, 기쁨), 레쉬웨트
　itrw(it/rw, 강, 나일), 이에트루→예트루
　ḥk3t(홀笏), 헤카아트[참조: s3t(딸), 사아트(싸아트)]
　kftiw(kf/tiw, 크레타), 케프티우

IV. 기타
인칭대명사 소유격
　pr-f(그의 집), 페르-에프
　K3 Mwt.f(그의 어머니의 황소), 카 메웨트-에프
　pr-s(그녀의 집), 페르-에스
　niwt-sn(그들의 도시), 네이웨트-센

~의(n)
　t3 n kmt(이집트의 땅), 타 엔 케메트
　Wr n Kftiw(케프티우의 왕), 웨르 엔 케프티우

전치사
　r itrw(나일강으로), 에르 예트루
　m wi3(돛배 속에서), 엠 웨이아

연표

이집트 연표

왕조	브레스티드	마이어	CAH	헬크	멜라트	버낼
제1왕조	3400	3315±100	3100	2955	3400	3400
제2왕조			2900	2780	3200	3200
제3왕조	2980	2895±100	2730	2635	2950	3000
제4왕조	2900	2840±100	2613	2570	2850	2920
제5왕조	2750	2680±100	2494	2450	2725	2800
제6왕조	2625	2540±100	2345	2290	2570	2630
제7왕조	2475	-	2181	2155	2388	2470
제8왕조	2475	-	-	-	2388	2470
제9왕조	2445	2360±100	2160	-	-	2440
제10왕조	-	-	2130	-	-	-
제11왕조	2160	2160	2133	2134	2287	2140
제12왕조	2000	2000/1997	1991	1991	2155	1979
제13왕조	1778	1778	1786	?	1946	1801
제14왕조	-	-	-	-	-	-
제15왕조	-	-	1674	1655	1791	1750
제16왕조	-	-	1684	-	-	-
제17왕조	-	-	-	-	-	-
제18왕조	1580	1580/75	1567	1552	1567	1567
제19왕조	1315	1320	1320	1306	1320	1320
제20왕조	1200	1200	1200	1196/86	1200	1200

주: 연대를 나타내는 숫자는 모두 기원전.

출처: Breasted(1906, I, pp.40-45); Meyer(1907b, pp.68, 178); *Cambridge Ancient History*(charts at the end of vols. I.2b, II.1 and II.2); Helck(1971, chart; 1979, pp.146-148); Mellaart(1979, pp.9, 19).

메소포타미아와 시리아 연표

	라가시·움마·키쉬	아카드	아수르	마리	엘바
2600					
2550			투디아 Tudia	에브룰-리 Eblul-li	이그리스-칼람 Igris-Kalam 이르캅-다무 Irkab-Damu
2500				이쿠-샤르 Iku-Šar	아르-엔눔 Ar-Ennum 엡리움 Ebrium
2450	엔나툼 Ennantum			슈루-다무 Šuru-Damu	입비쉬-시피쉬 Ibbiš-Šipiš-
2400	루갈작기지 Lugalzaggizi	사르곤 Sargon (2380-2325)			
2350					
2300		나람-신 Naram-Sin (2300-2238)			
2250					
2200		슈-두룰 Šu-Durul (2214-2199)			

긴 연표	바빌론	아시리아	마리
2000		에리슘 I/Erišum I (1997-71)	
1950		이쿠눔/Ikunum 샤룸-킨/Šarum-kin 풋주르-앗슈르 Puzzur-Aššur II	
1900		나람-신 에리슘 II	
1850	함무라비 (1848-1806)	샴시-아다드 Šamši-Adad (1869-36)	짐리-림 Zimri-Lim (1831-18)
1800	샴슈일루나 Šamšuiluna (1805-1767)		
	카시트인들 Kassites		
1750			
1700	암미사두카 Ammisaduqa (1701-1683) 샴슈이디타나 Šamšuiditana (1681-51)		
	히타이트의 정복과 카시트의 지배		
1600			
1250		투쿨티-닌우르타 I Tukulti-Ninurta I (1244-1208)	
	바빌론이 정복되다(1235)		

중간 연표 『캠브리지 고대사』	바빌론	아시리아	마리
1900		에리슘 I (1906-1867)	
1850		이쿠눔 샤룸-킨 풋주르-앗슈르 II 나람-신 에리슘 II	야크툰-림 Iakhtun-Lim
1800	함무라비 (1792-50)	샴시-아다드 (1813-1781)	짐리-림 (1775-62)
1750	샴슈일루나 (1749-12)		
	카시트인들		
1700			
1650	암미사두카 Ammisaduqa (1646-26) 샴슈이디타나 Šamšuiditana (1625-1595)		
1600	히타이트의 정복과 카시트의 지배		
1250		투쿨티-닌우르타 I (1244-1208)	
	바빌론이 정복되다(1235)		

짧은 또는 낮은 연표	바빌론	아시리아	마리
1900		에리슘 I (1885-4?)	
1850		이쿠눔 샤룸-킨 풋주르-앗슈르 II 나람-신	
1800		에리슘 II 샴시-아다드 (1749-16)	야크툰-림 Iakhtun-Lim
1750	함무라비 (1728-1684)		짐리-림 (1711-1698)
1700	샴슈일루나 (1675-47) 카시트인들		
1650			
1600	암미사두카 (1581-63) 샴슈이디타나 (1561-31) 히타이트의 정복과 카시트인들의 지배		
1600			
1250		투쿨티-닌우르타 I (1244-1208)	
	바빌론이 정복되다(1235)		

에게해권 도기연표

도기 연대	CAH	K & M	Bet.	버낼 1	버낼 2
전기미노아 I	3000?				3300
전기미노아 II	2500?				3000
전기미노아 III	2200				2400
중기미노아 IA	1900				2050
중기미노아 IB		2000			1950
중기미노아 II	1800				1820
중기미노아 III	1700	1775-50		1730	1730
후기미노아 IA	1600	1675-50		1650	1675
후기헬라스 I	1550				
후기미노아 IB/ 후기헬라스 IIA	1500	1600-1575	1610	1550	1600
후기미노아 II	1450	1500-1475	1550	1450	1520
후기헬라스 IIB	1430	1550			1520
후기헬라스 IIIA1	1400		1490		1470
후기미노아 IIIA	1380		1490		1470
후기미노아 IIIA2/ 후기헬라스 IIIA2			1430-10		1410
후기미노아 IIIB/ 후기헬라스 IIIB	1275	1375-50	1365		1370
후기미노아 IIIC/ 후기헬라스 IIIC	1180		1200		1210

전기미노아 I=Early Minoan I=EMI
중기미노아 IA=Middle Minoan IA=MMIA
후기미노아 IA=Late Minoan IA=LMIA
후기헬라스 I=Late Helladic I=LHI

CAH=*Cambridge Ancient History*, 3rd edition.
K & M=Kemp and Merrillees(1980), *Minoan Pottery in Second Millennium Egypt.*
Bet.=Betancourt(1989). "High chronology and low chronology: Thera archaeological evidence."
Bernal 1=*Black Athena*, Volume 1.
Bernal 2=*Black Athena*, Volume 2.

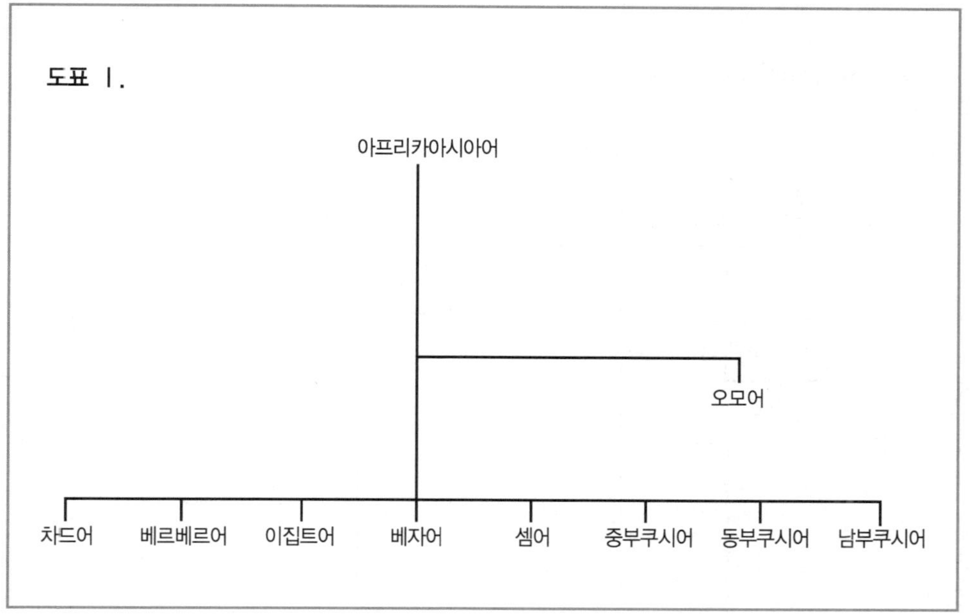

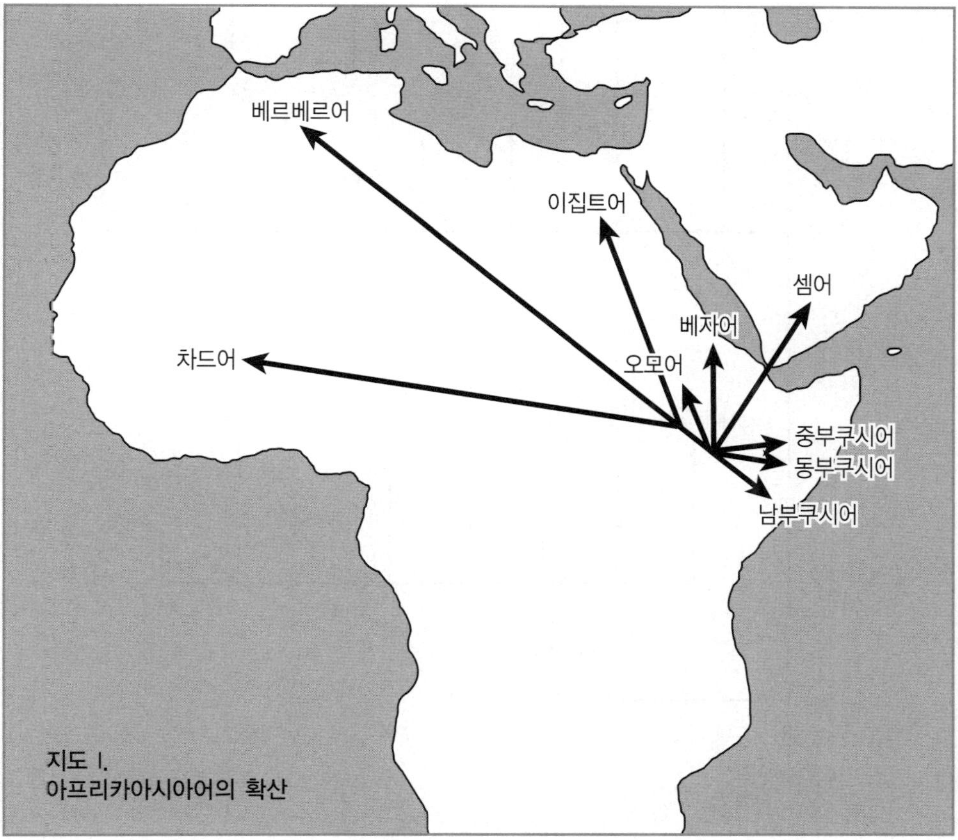

지도 1.
아프리카아시아어의 확산

도표 II. 인도히타이트 어족

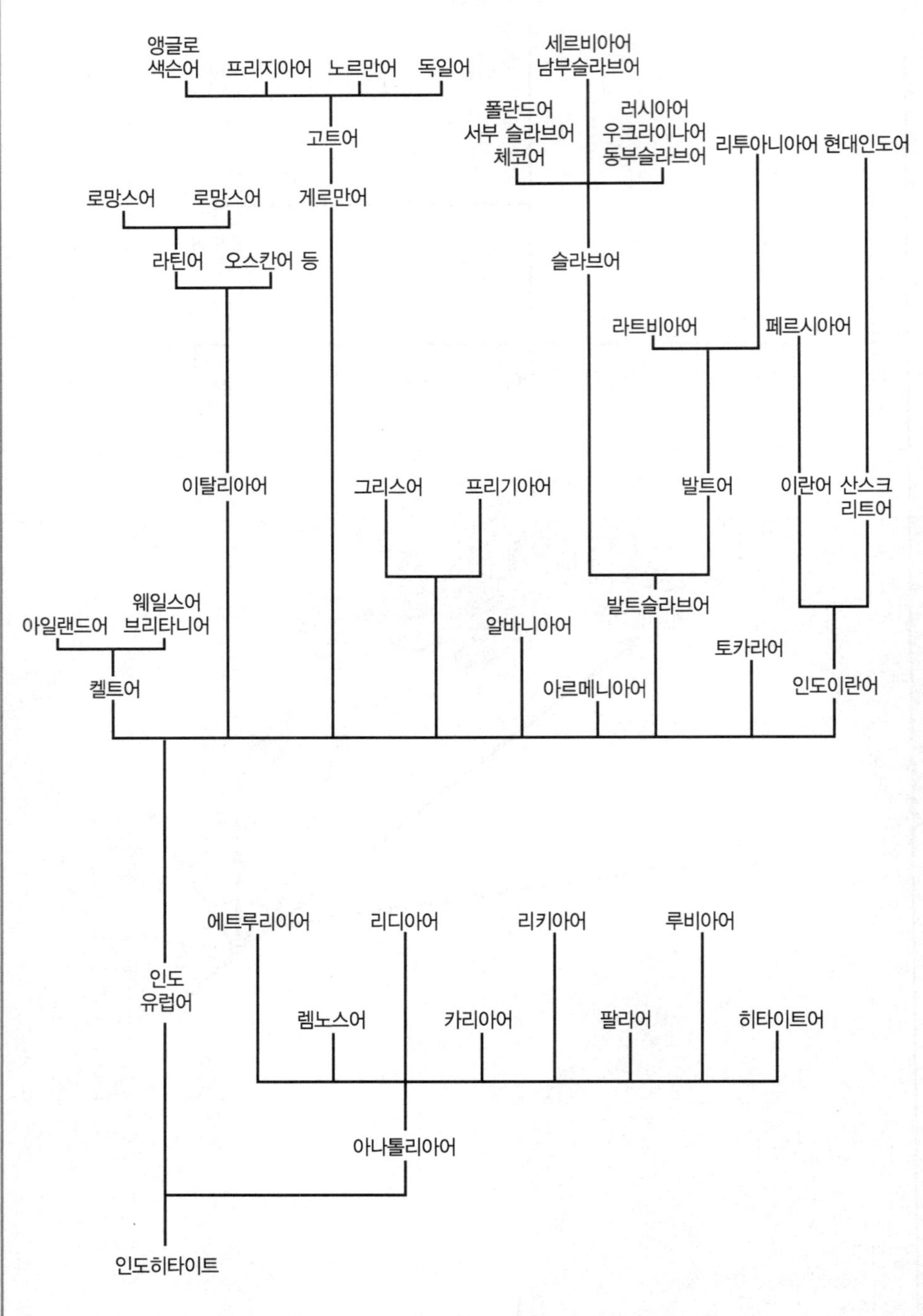
앵글로색슨어
프리지아어
노르만어
독일어
고트어
게르만어
로망스어
로망스어
라틴어
오스칸어 등
이탈리아어
그리스어
프리기아어
세르비아어 남부슬라브어
폴란드어 서부 슬라브어 체코어
러시아어 우크라이나어 동부슬라브어
리투아니아어
현대인도어
슬라브어
라트비아어
페르시아어
발트어
이란어
산스크리트어
웨일스어
아일랜드어 브리타니어
켈트어
알바니아어
발트슬라브어
아르메니아어
토카라어
인도이란어
인도유럽어
에트루리아어
리디아어
리키아어
루비아어
렘노스어
카리아어
팔라어
히타이트어
아나톨리아어
인도히타이트

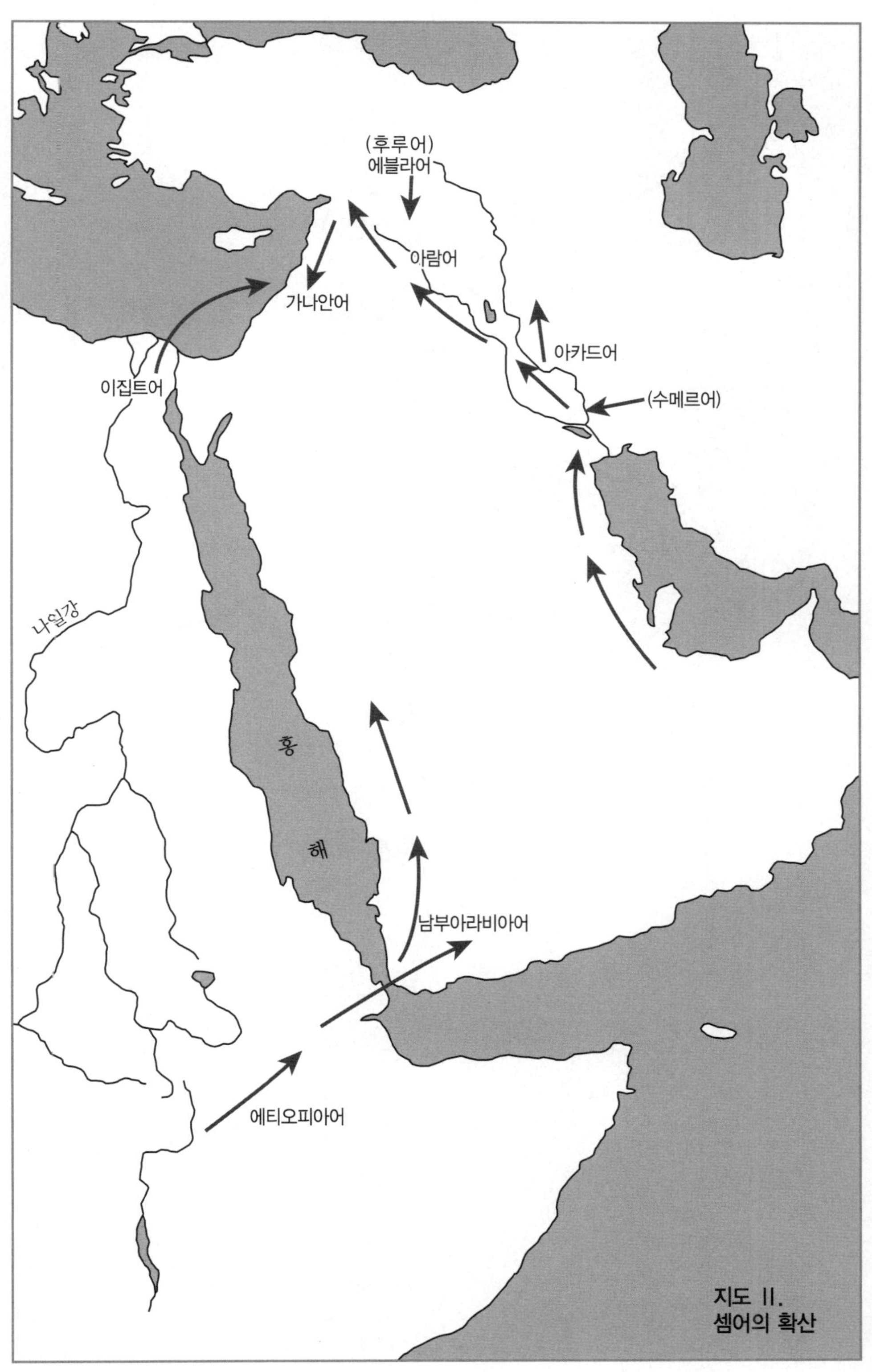

(후루어)
에블라어
아람어
가나안어
이집트어
아카드어
(수메르어)
나일강
홍
해
남부아라비아어
에티오피아어
지도 II.
셈어의 확산

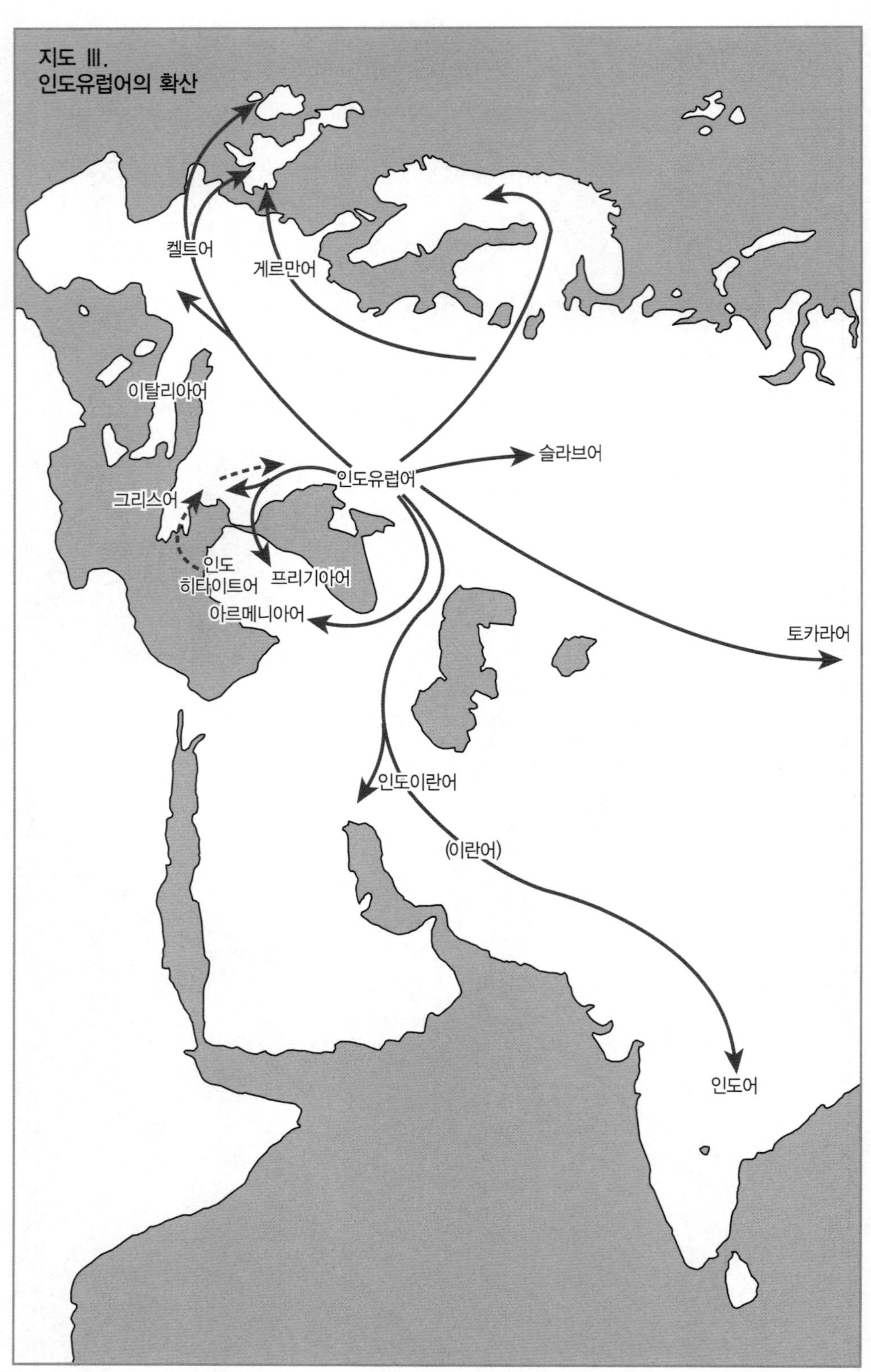

지도 Ⅲ.
인도유럽어의 확산
켈트어
게르만어
이탈리아어
슬라브어
그리스어
인도유럽어
인도
히타이트어
프리기아어
아르메니아어
토카라어
인도이란어
(이란어)
인도어

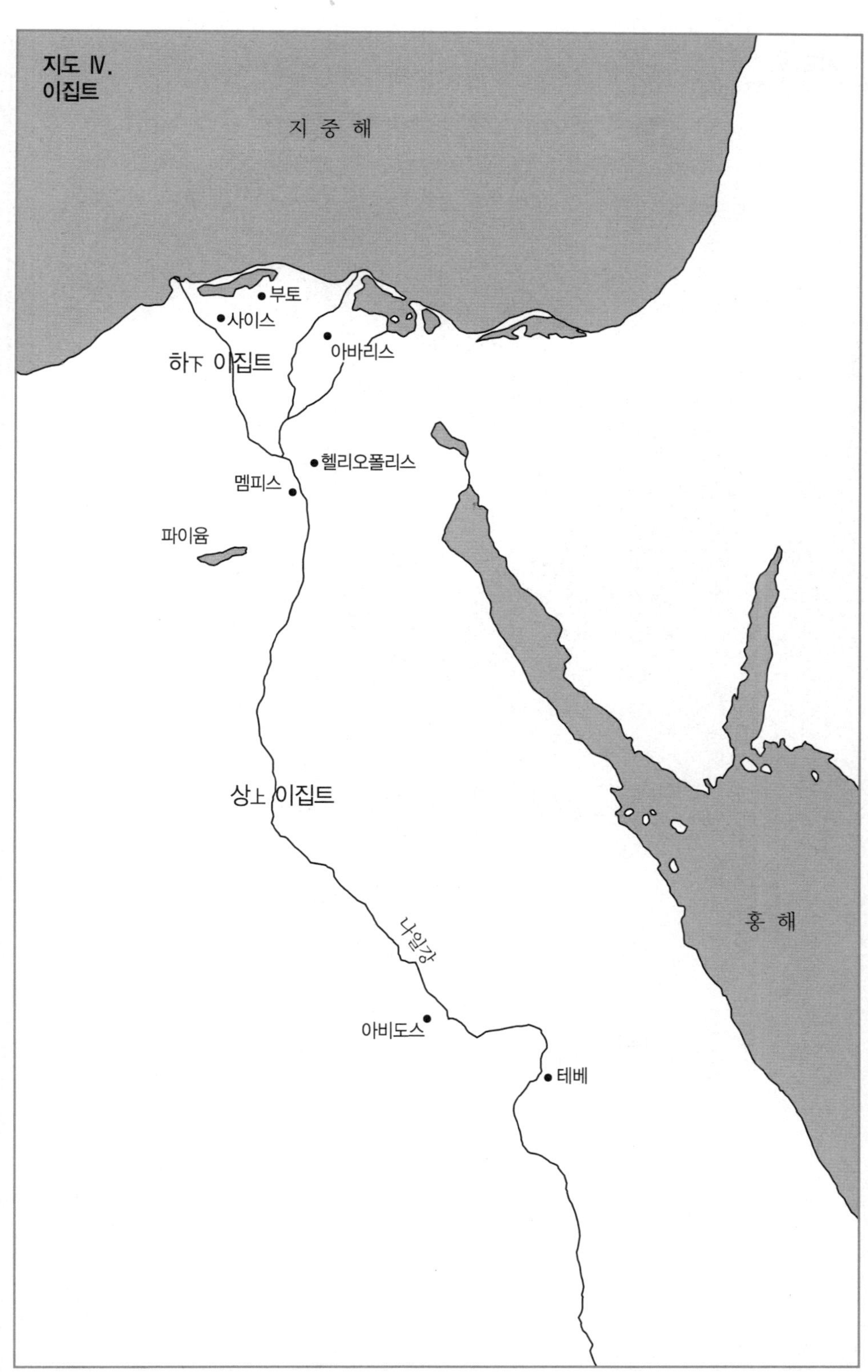

지도 Ⅳ.
이집트
지 중 해
부토
사이스
하下 이집트
아바리스
헬리오폴리스
멤피스
파이윰
상上 이집트
나일강
아비도스
테베
홍 해

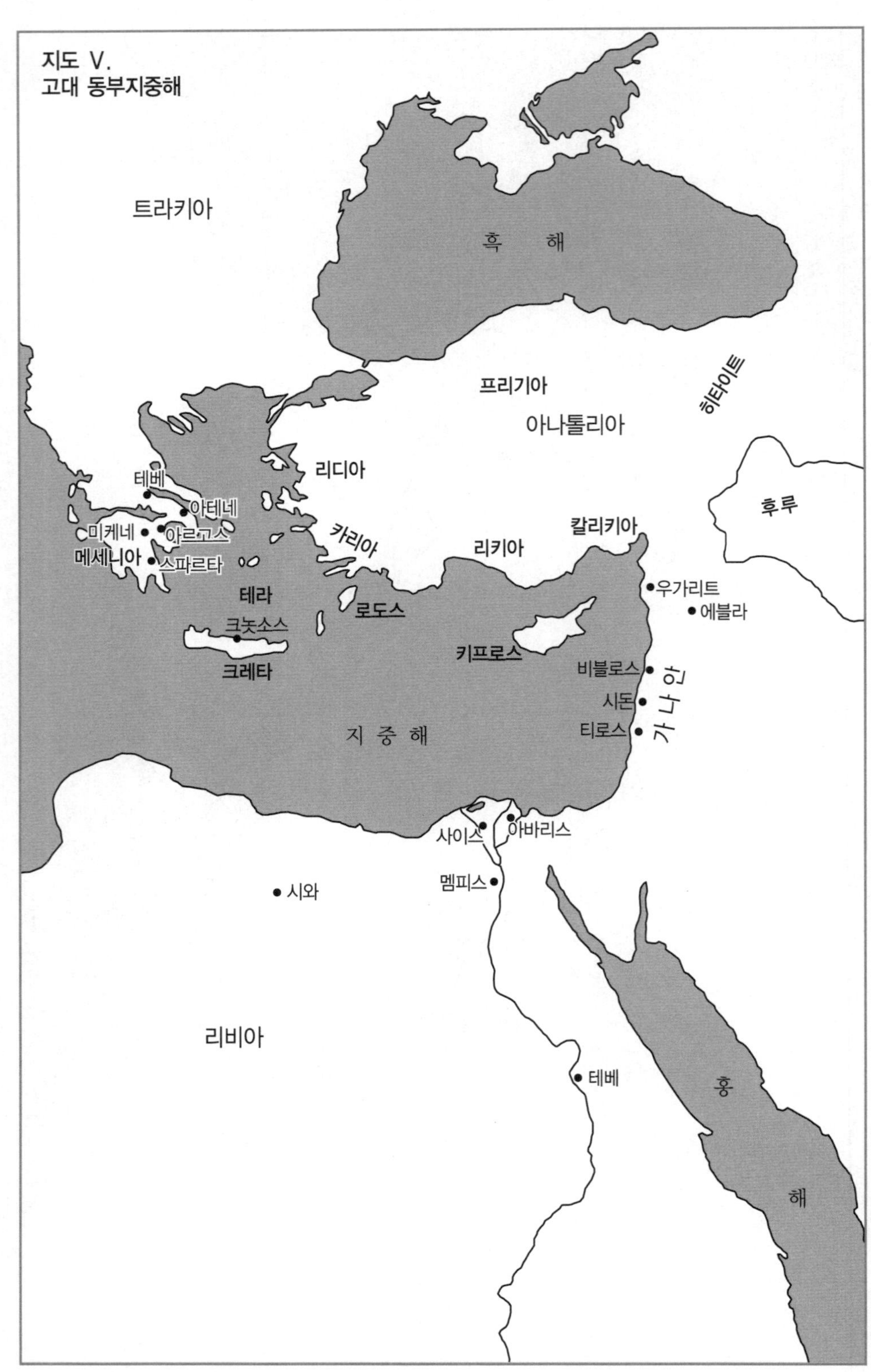

지도 V.
고대 동부지중해
트라키아
흑 해
프리기아
히타이트
아나톨리아
리디아
후루
칼리키아
테베
아테네
미케네
아르고스
카리아
리키아
메세니아
스파르타
우가리트
에블라
테라
로도스
크놋소스
키프로스
비블로스
크레타
시돈
가나안
티로스
지 중 해
사이스
아바리스
멤피스
시와
리비아
테베
홍
해

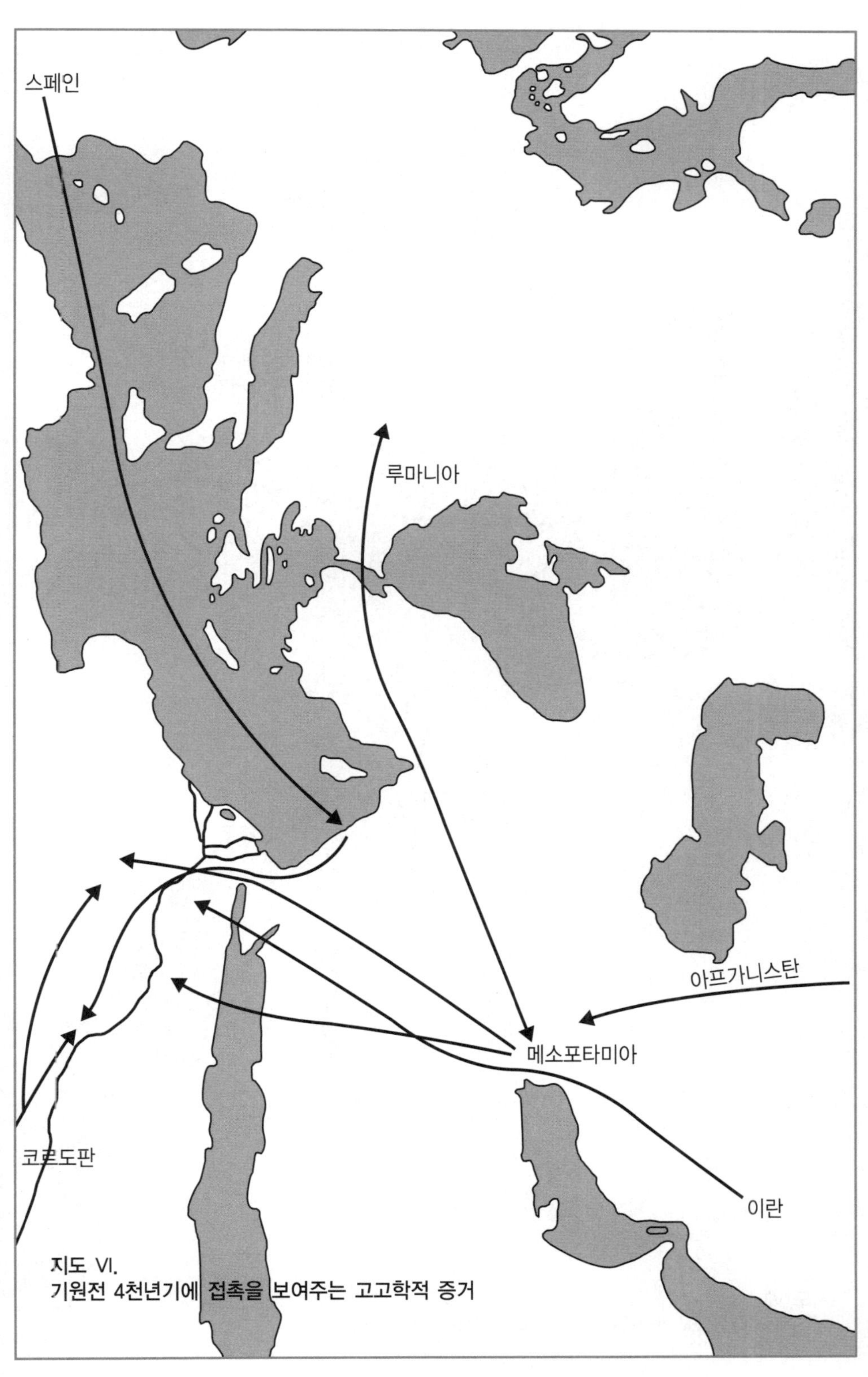

지도 VI.
기원전 4천년기에 접촉을 보여주는 고고학적 증거

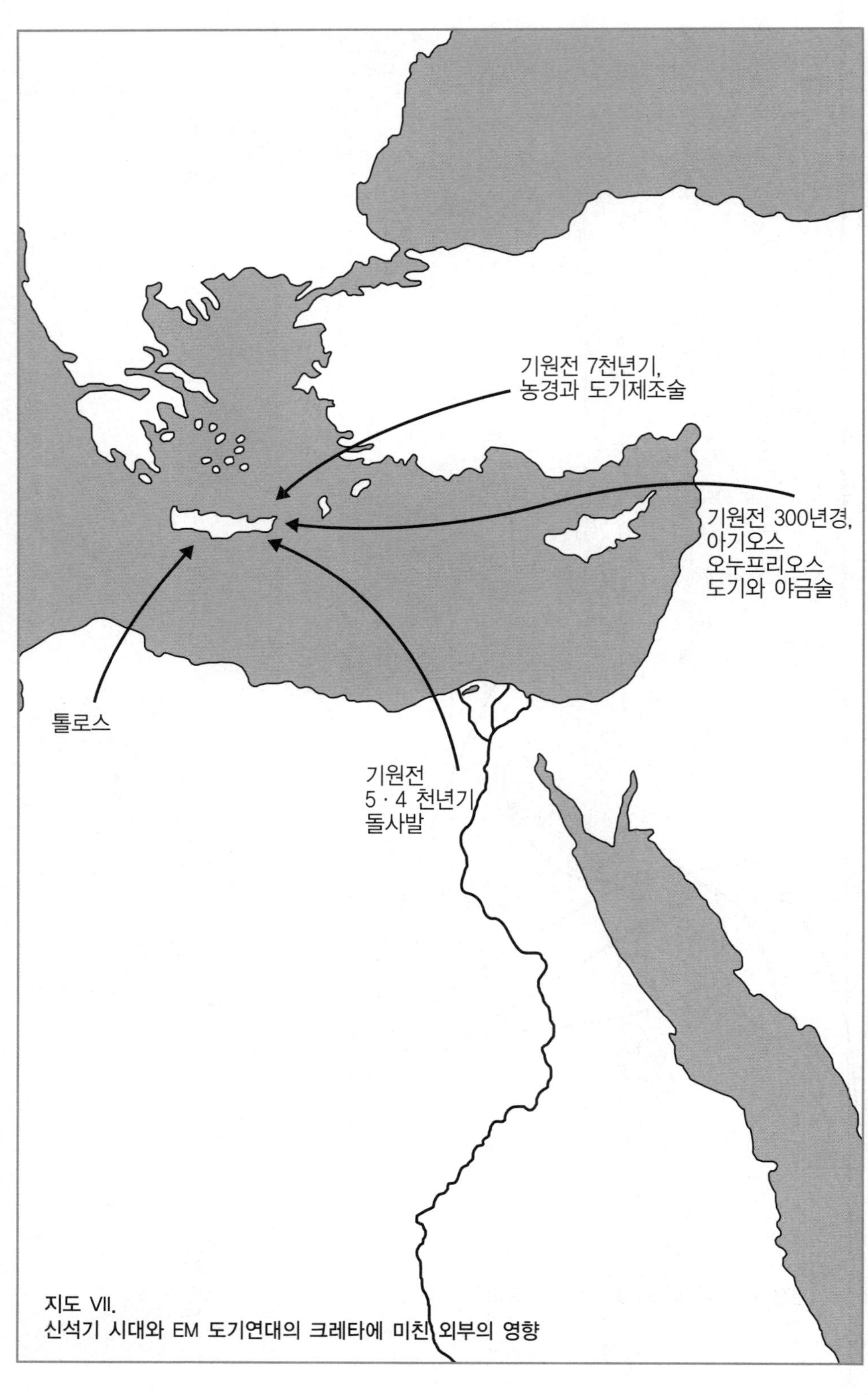

지도 VII.
신석기 시대와 EM 도기연대의 크레타에 미친 외부의 영향

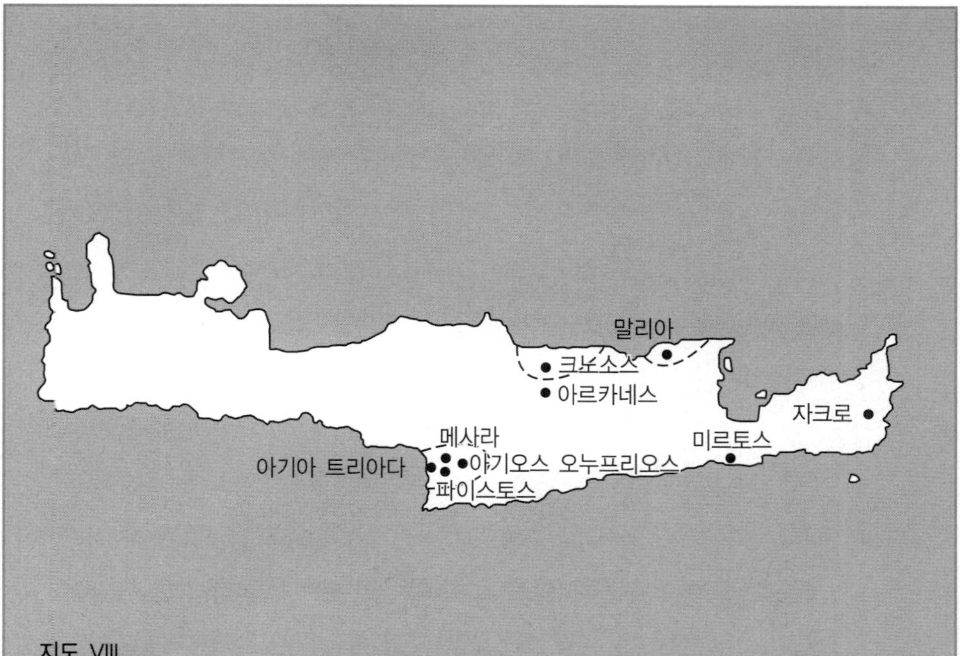

지도 VIII.
크레타

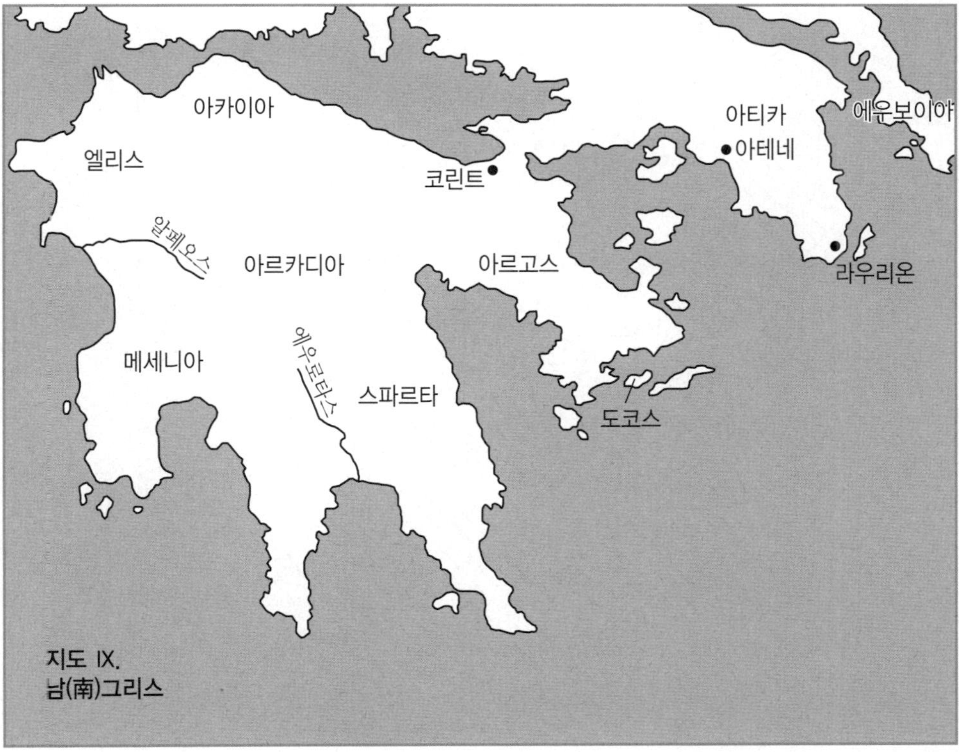

지도 IX.
남(南)그리스

에우보이아
클로몬 산
오르코메노스
투리온 산
코파이스
코로네이아
이토네이온
텔푸사
알랄코메네
엘레우시스?
아테네?
할리아르토스
헬리콘 산
뮤즈의 성소(聖所)
스티게이온 산
피톤 산
포롤람네 호수
힐리케 호수
멧사피온 산
리타레스
코펜산
아소포스강
테베
티스베
테스피에
에우트레시스
키타이론 산
20km

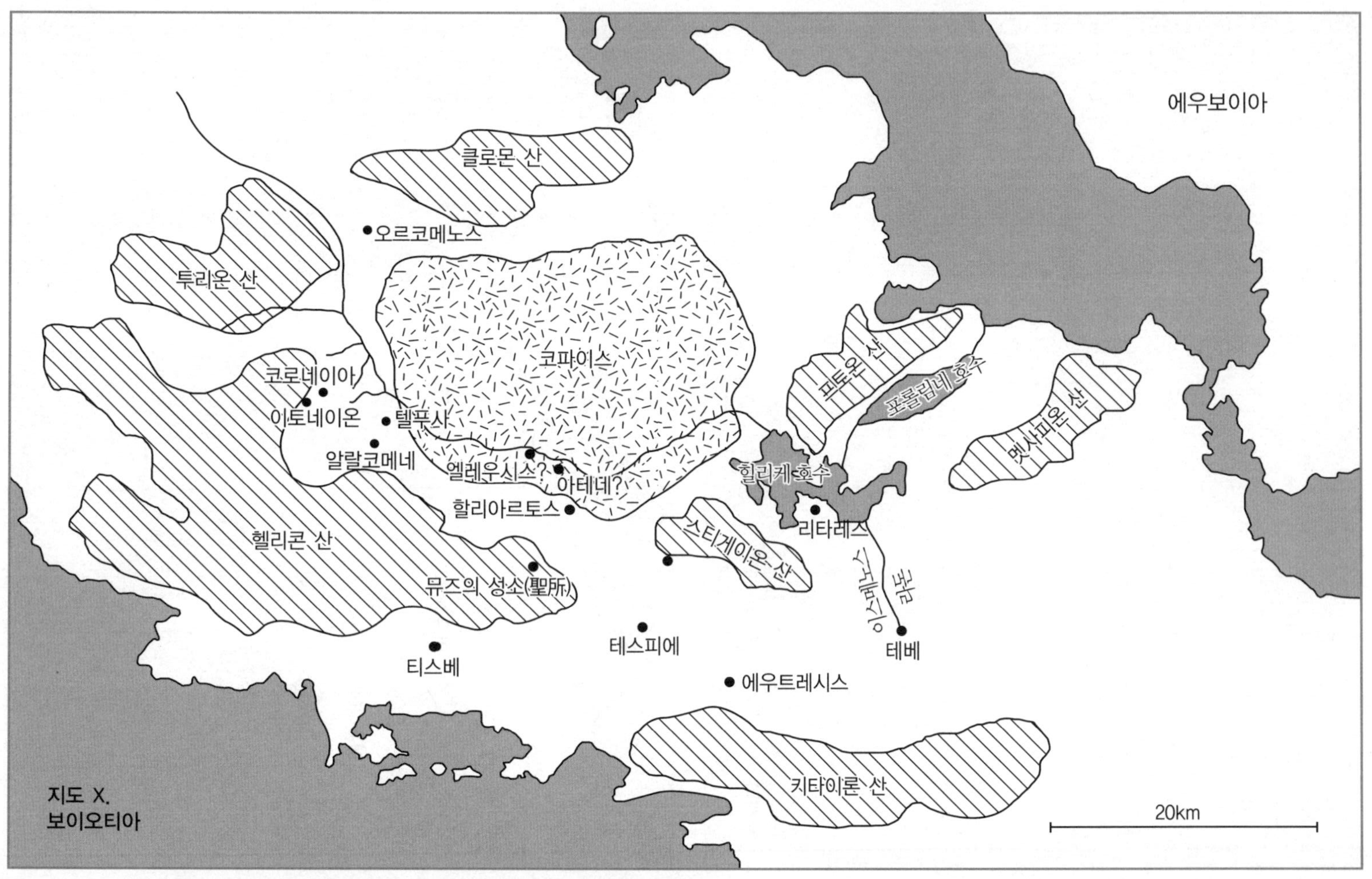

지도 X.
보이오티아

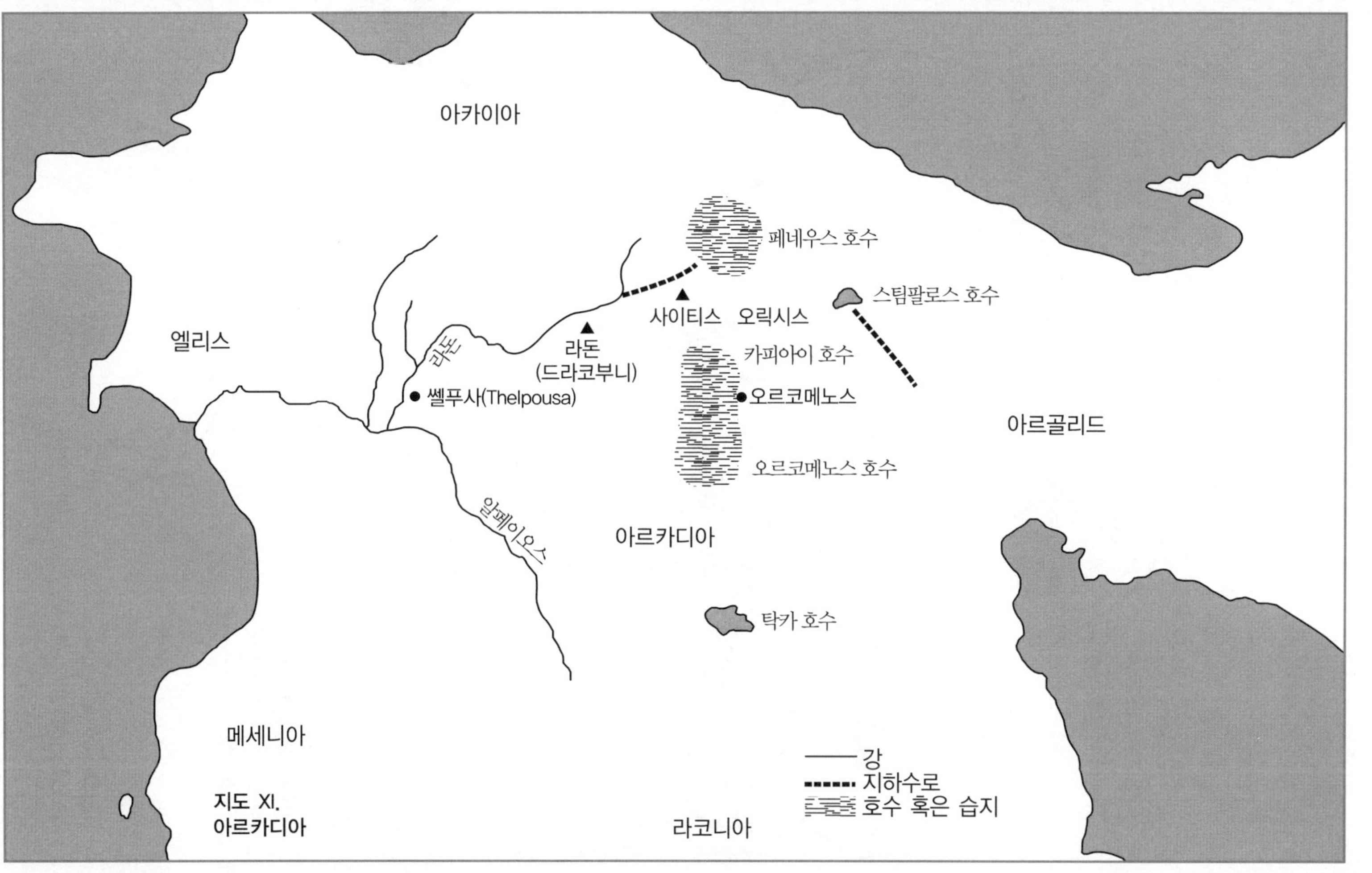

아카이아
페네우스 호수
스팀팔로스 호수
사이티스 오릭시스
라돈
(드라코부니)
카피아이 호수
엘리스
쎌푸사(Thelpousa)
오르코메노스
아르골리드
오르코메노스 호수
일페이오스
아르카디아
탁카 호수
메세니아
강
지하수로
호수 혹은 습지
지도 XI.
아르카디아
라코니아

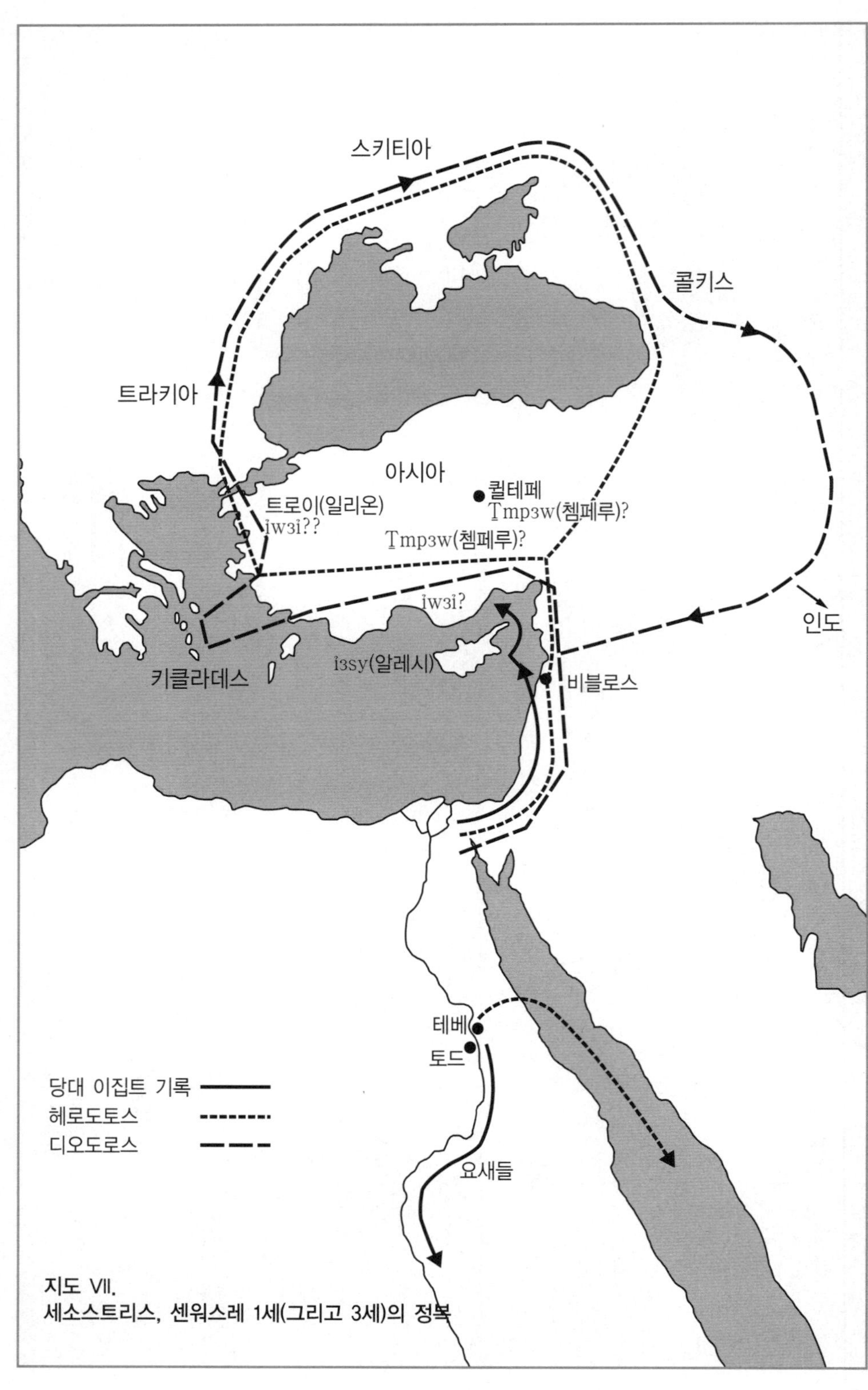

스키티아
콜키스
트라키아
아시아
퀼테페
Ṯmp3w(쳄페루)?
트로이(일리온)
ỉw3ỉ??
Ṯmp3w(쳄페루)?
ỉw3ỉ?
인도
ỉ3sy(알레시)
키클라데스
비블로스
테베
토드
당대 이집트 기록
헤로도토스
디오도로스
요새들
지도 VII.
세소스트리스, 센워스레 1세(그리고 3세)의 정복

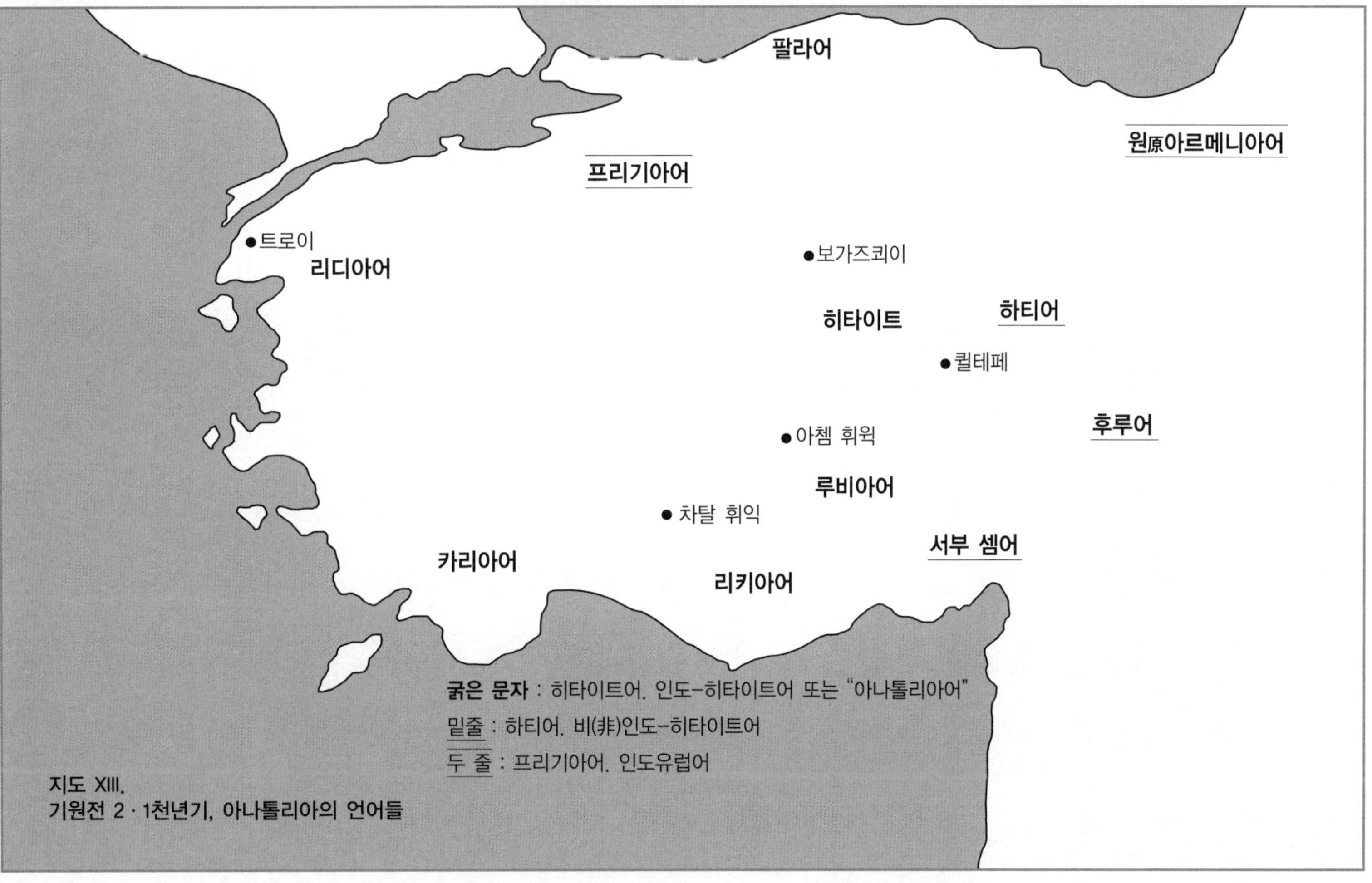

지도 XIII.
기원전 2 · 1천년기, 아나톨리아의 언어들

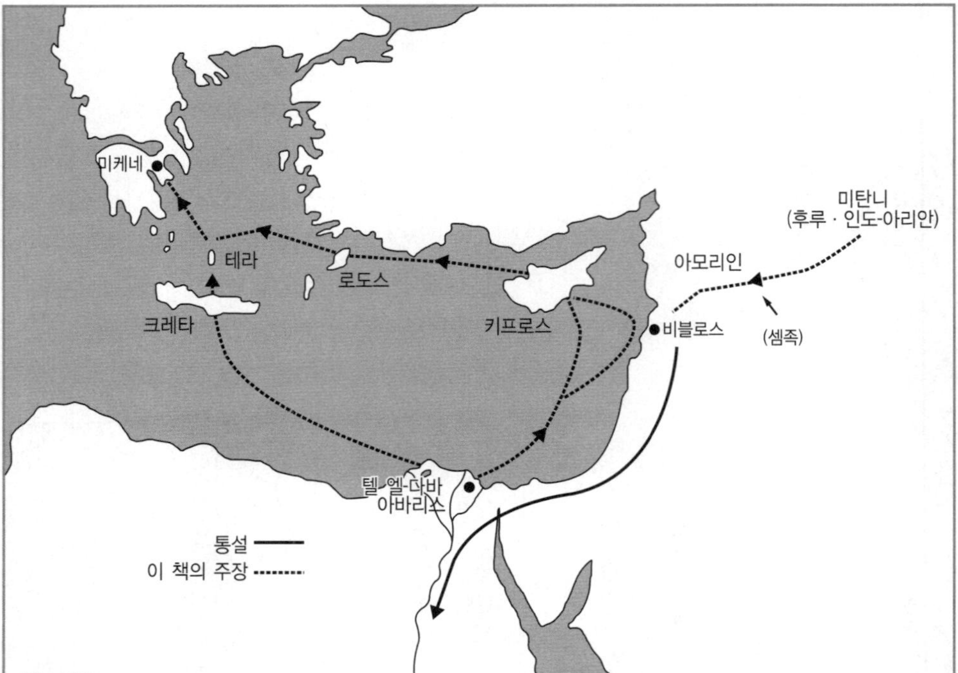

지도 XIV.
기원전 18세기 힉소스의 이주와 정복

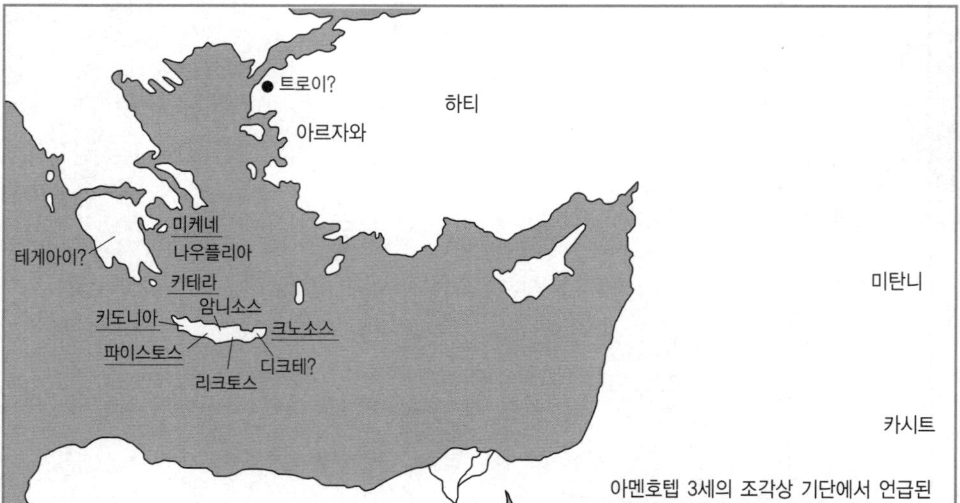

아멘호텝 3세의 조각상 기단에서 언급된
에게해 지명들. 그의 이름이 새겨진
유물이 발견된 지명에는 밑줄을 그었다.

지도 XV.
'이집트의 평화(Pax Aegyptiaca)' 기원전 1470–1360년

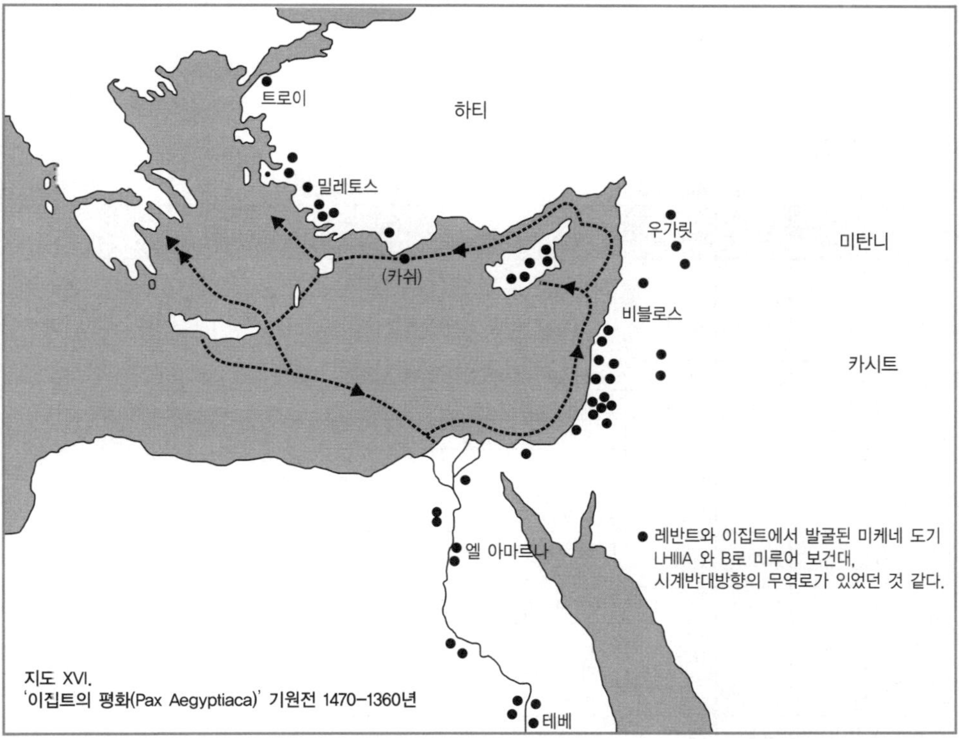

지도 XVI.
'이집트의 평화(Pax Aegyptiaca)' 기원전 1470–1360년

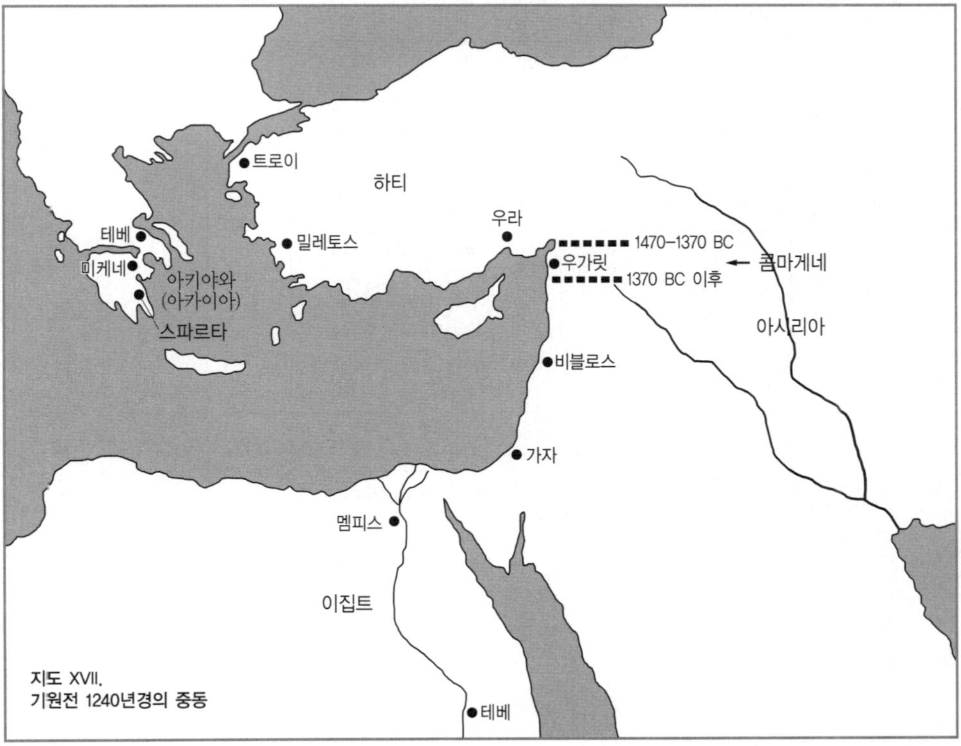

지도 XVII.
기원전 1240년경의 중동

역자 도표

도표 1: 청동기 시대 에게해권 도기연표

(『블랙 아테나 II』에 나오는 중요 사건들을 에게해권 도기연표에 연결해보았다)

도기 연대	CAH	Bernal 2		
EM I	3000?-	3300-	EM=Early Minoan=전기미노아	전기 청동기 시대 (EB) 3300-2000
EM II	2500?	3000	EH II 암피온과 제토스의 무덤 EH II 끝에, 인도유럽어가 발칸으로 도래.	
EM III	2200	2400	크레타의 전-왕궁기와 제11왕조	
MM IA	1900	2050	크레타의 전기 왕궁기, 2000-1730	중기 청동기 시대 (MB) 2000-1700
MM IB		1950		
MM II	1800	1820		
MM III	1700	1730	1730, 힉소스의 크레타 도래. 새왕궁기(후기 왕궁기)의 시작. 키얀	전기 미케네 그리스
LM IA	1600	1675	LM=Late Minoan=후기미노아 테라폭발 1628년	
LH I	1550		LH=Late Helladic=후기헬라스	
LM IB/ LH IIA	1500	1600	LM IB 말, 크노소스 왕궁을 제외한 크레타의 파괴	후기 청동기 시대 (LB) 1700-1200 =미케네 그리스시대
LM II	1450	1520		
LH IIB	1430	1520		
LH IIIA1	1400	1470	-1410/ 버낼은 LM IIIA1의 후기를 미케네인의 크레타 침입시기로 본다.	
LM IIIA	1380	1470	투트모시스3세(1504-1470-1450, 버낼), CAH는 1479-1425.	후기 미케네 그리스
LM IIIA2/		(1430-)		
LH IIIA2		1410	1420년 아메노피스 3세의 등극. 아케나텐의 치세(1381-1364)/카시 난파선	
LM IIIB/				
LH IIIB	1275	1370	히타이트가 북시리아를 장악하다(IIIA와 B의 경계가 되는 사건) 1231년 메르네프타 5년, ikwš(아카이와샤)의 침입	
LM IIIC/				
LH IIIC	1180	1210	트로이 전쟁(파로스 연대기, 1218-1209)	
			람세스 3세 8년(버낼에 따르면, 1190년) Dnn의 침입	
헤클라 III		1159	이집트의 제3중간기, 1069-664 BC(제21왕조-제25왕조)	

도표 2: 퀼테페 층위

			← 159년간 →	
아시리아 왕	에리슘 I		샴시-아다드의 첫 10년 에리슘 2세 나람-신(적어도 15년간 재위) 풋주르-앗슈르	샴시-아다드 10년에 카룸의 재건축
층위	카룸의 시기	퀼테페 II	II~Ib	퀼테페 Ib
발칸	26년간	80년간 1890→	30년간	23년간
버넬 (발칸의 주장에 대하여)		너무 길다. 4세대가 아니라 2세대 기간이다	너무 짧다. 20-40년 더 길어져야 한다.	
	30년간	40~50년간	50~70년간	23년간
			←1929~1909 ←1873-1853 ←1799-1779	←1859 긴 연표 ←1803 중간 연표 ←1729 짧은 연표

* I층보다 II층이 더 오래된 지층이다.

* 버넬은 센워스레 1세의 원정을 1930-1916년으로 잡고 있다.

도표 3: 네페르호테프의 재위연대

마리	짐리 림 (긴 연표, 1831-18)		짐리 림 (중간 연표, 1775-62)		짐리 림 (짧은 연표, 1711-1698)
비블로스	얀틴 함무				얀틴(25-30년간)
이집트	12왕조 아메넴하트3 (1859-1814) 아메넴하트4 (1814-1805)		13왕조 세베크호테프 1780-		네페르호테프 -1760 얀틴의 주군

버넬의 가정:
(1) 얀틴 함무는 짐리 림과 동시대 사람.
(2) 얀틴과 네페르호테프는 동시대 사람.
(3) 얀틴과 얀틴 함무는 동시대인이 아닐 수도 있다.

도표 4: 텔 엘-다바/아바리스의 층위層位(비탁)

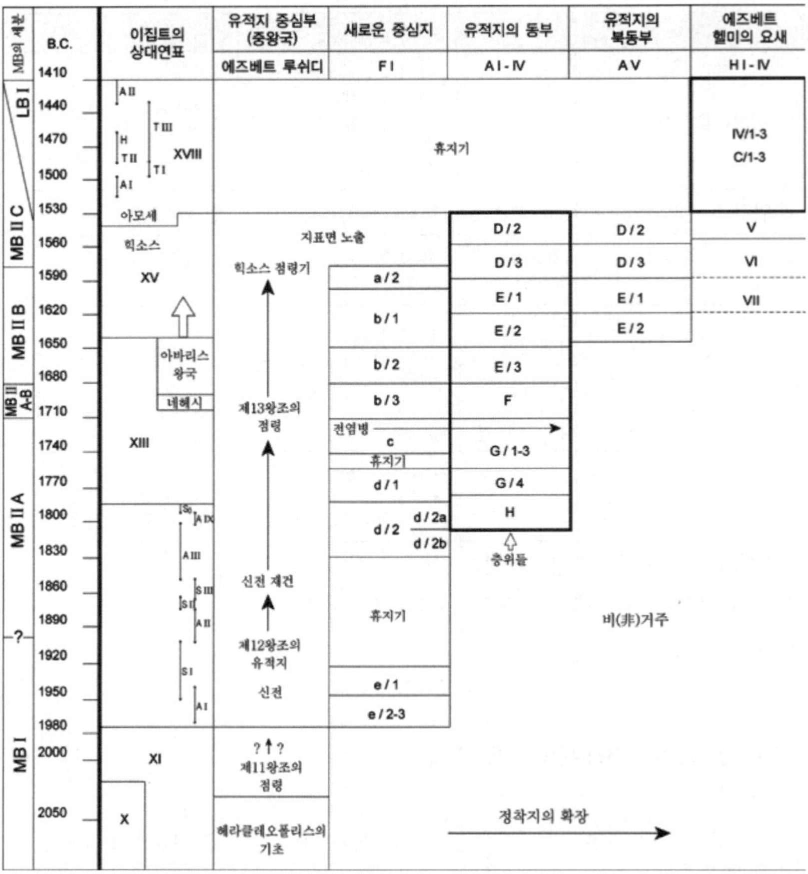

출처: Manfred Bietak, “The Center of Hyksos Rule: Avaris(Tell el-Dabʿa),” Elizer D. Oren, ed., *The Hyksos: New Historical and Archaeological Perspectives*(THE UNIVERSITY MUSEUM, University of Pennsylvania, Philadelphia, 1997), p.90.

도표 5: 멤피스 프타 제사장 족보

16	15	14	13	12	11	10	9	8	7	6	5	4	3	2	1
I	아메넴나수	프수센네스 2세	프수센네스	프수센네스			쇼센크								
II		투트모세 3세		아멘호테프 3세	아멘호테프 3세			하렘헤브	세티 1세	세티 1세	람세스 2세	람세스 2세	람세스 2세	람세스 2세	
III			Ibi Iby	ꜥkn Aken						샤레크	아포피스	아모세		아멘호테프 1세	
IV										아메넴하트 1세	센워스레 1세	아메넴하트 2세	센워스레 3세	센워스레 3세	

4열 15칸으로 되어 있는 멤피스 제사장 족보의 전체 모양. 칸마다 제사장의 초상과 이름 및 칭호가 새겨져 있다. 전체 칸의 1/3 정도에는 왕의 이름도 기록되어 있어서, 제사장이 누구의 치세에 취임했는가를 알려준다. 여기에서는 제사장의 이름은 기록하지 않았다. 출처: 데이비드 M. 롤 지음/김석희 옮김, 『시간의 풍상』(해냄, 2003), p.497에서 인용. 원제는 David M. Rohl, *A Test of Time: The Bible—From Myth to History*(London, 1995).

도표 6: 순연구개음의 붕괴

순연구개음의 붕괴	kw	gw
u 와 y 앞에서	ku, ky	
e 와 i 앞에서	te, ti	bi, de
a와 o 앞에서	pa, po	

(「블랙 아테나 II」, p.726에 근거한 도표)

버낼은 순연구개음의 붕괴 연대는 기원전 1400년 이전으로 보고 있다(p.536). 연구개음은 혀를 입 뒤쪽에 위치시켜 소리 내는 폐쇄음으로. 예를 들어, k와 g가 이에 해당한다. 순연구개음은 입술 모양을 둥글게 하면서 발음하는 연구개음, kʷ와 gʷ. 쿠에스천의 'ㅋ'는 연구개음이고, 퀘스쳔의 '쿠'는 순연구개음이다.

마틴 버낼의 『블랙 아테나 II: 고고학 및 문헌 증거』[1]

---

[1] 오홍식, 「고대 그리스와 동지중해권」, 『서양사론』 109호(2011.6)을 확장한 것임.

I. 고대 그리스와 동지중해권

국내의 고대 그리스 전공자들에게도 널리 알려진 대학자 발터 부르커트의 저서, *Babylon, Memphis, Persepolis: Eastern Contexts of Greek Culture*(2004)는 기원전 6, 5세기를 중심으로 그리스와 오리엔트 사이의 교류, 좀 더 구체적으로 말하면 그리스에 미친 오리엔트의 영향을 다룬, 저자(1931년 생)의 평생 연구의 핵심을 담아 놓은 문고본 분량의 저서이다. 저자는 호메로스에 미친 『길가메시 서사시』와 같은 오리엔트 문학의 영향을, 소크라테스 이전의 철학자들인 소위 탈레스와 같은 자연철학자들에 미친 오리엔트의 영향을, 그리스의 프네우마pneuma(영혼) 또는 프시케psyche 개념의 형성에 미친 페르시아 조로아스터교의 영향을 주장하고, 디오니소스 비의나 오르페우스교와 같은 그리스 신비종교의 기원이 오리엔트에 있다고 역설한다.

> 우리는 헬레니즘 이전 그리고 헬레니즘의 주변에 무엇이 있었는가를 보아야 하며, 헬레니즘을 독자적인 성과로서만 축하할 것이 아니라 면면히 존재해온 동지중해권이라는 코이네koine(공동체) 속에서 일어난 상호작용과 대화의 결과로서도 명확히 설명해야 한다.[2]

'동지중해권이라는 코이네'라는 말에는 동지중해권에 위치한 그리스, 이집트, 페니키아 등지가 서로 고립되어 있는 지역들이 아니라 문화적 교류를 활발히 하였기 때문에 동지중해권을 공동체로서 보아야 한다는 의미가 담겨 있다.

그의 소개에 따르면, 사이러스 고든은 그리스 문명을 고립된 문명이 아니라 오리엔트와 그리스가 포함되는 '청동기 시대의 코이네Bronze age koine' 속에서 파악해야 한다는 주장을 폈던 학자였다. 고든은 기원전 14세기와 13세기에 우가리트에서 가나안어로 기록된 신화들에서 성서 및 호메로스와의 연결점을 발견하였고, 그 연구결과를 1955년에 『호메로스와 성서』라

---

2) Walter Burkert, *Babylon, Memphis, Persepolis: Eastern Contexts of Greek Culture*(Harvard University Press, 2004). 남경태 옮김, 『그리스 문명의 오리엔트 전통』(사계절, 2008), p.161 (필자가 한글 번역을 약간 바꾸었다).

는 저서로 출간하였다.[3] 그는 이 책 말미에서 "그리스 문명과 히브리 문명은 모두 동지중해의 토대 위에 세워졌으며 유사한 구조를 지녔다"고 결론 지었다. 부르커트는 마틴 버낼도 고든과 같은 계열에 속하는 학자로 언급하고 있다. 부르커트가 주로 기원전 6, 5세기경 동지중해권이라는 코이네를 주장한다면, 고든과 버낼 같은 학자들은 청동기 시대(3300-1100 BC) 동지중해권의 코이네를 주장한다.[4]

1. 선구자들

고든 이외에도 버낼에게 영향을 미친 소수의 학자들이 있다. 마이클 애스터는 1967년에 다나오스와 카드모스, 그리고 그가 '치료자 영웅들[healer heroes]'이라고 부른 인물들(이아손과 벨레로폰 등)의 신화에 관한 주요 연구를 담은 『헬레노세미티카』를 출판했다. 여기서 그는 구조와 명명법에서 나타나는 그리스 신화와 우가리트 신화, 그리고 성서 사이의 세세한 유사점을 보여주려 했으며, 더욱이 오리엔트인들에 의한 그리스의 식민화를 다룬 카드모스 신화와 다나오스 신화는 역사적인 사실을 품고 있다고 주장하였다. 그는 "미케네 그리스의 몇몇 지역에서 페니키아어가 사용되었을 뿐만 아니라, 미케네 문명 전체가 본래 고대 동방의 최서단 주변부 문화였다"고 주장했다.[5]

버낼은 애스터에게도 영향을 미친 스위스 학자 빅토르 베라르에게 영향을 받았다. 1894년에 빅토르 베라르는 『아르카디아 제식의 기원』에서 청동기 시대 펠라스고이인들에 관련된 아르카디아 제식이 헬레네스의 제식이 아니라 셈족의 제식이라고 결론지었다.[6]

고든, 애스터, 베라르가 청동기 시대 그리스에 미친 셈족의 영향을 주로

3) Cyrus H. Gordon, "Homer and the Bible," *Hebrew Union College Annual 26*(1955), pp.43-108.

4) Martin Bernal, *Black Athena: The Afroasiatic Roots of Classical Civilization: The Fabrication of Ancient Greece 1785-1985*, 오흥식 옮김, 『블랙 아테나: 서양고전문명의 아프리카·아시아적 뿌리』 제1권(소나무, 2006), pp.578-582에 있는 '사이러스 고든' 항목을 보시오. 앞으로는 『블랙 아테나 I』로 약기.

5) Michael C. Astour, *Hellenosemitica: An Ethnic and Cultural Study in West Semitic Impact on Mycenaean Greece*(Leiden: Brill, 1967), pp.357-358.

6) Victor Bérard, *De l'origine des cultes arcadiens: Essai de methode en mythologie grecque*(Paris: Bibliothèque des Écoles Françaises d'Athènes et de Rome, 1894).

논하였다면, 베라르와 동시대 사람인 프랑스 고전학자 폴 푸카르는 이집트의 영향을 진지하게 주장하였다. 엘레우시스 비의에 관한 상세한 연구와 이집트학에 관한 상당한 지식을 바탕으로 그는 기념비적인 연구서인『엘레우시스 비의』(1914)에서 그 신비의식이 이집트에서 유래했다는 고대 전승을 논박할 수 없다고 확신했다.[7] 엘레우시스 신비의식의 핵심이 불멸성의 추구였으며, 그것이 죽음을 통해서만 성취될 수 있다는 역설적인 믿음이었다는 점에는 의심의 여지가 없다. 신비의식에 입문함으로써 사람은 상징적인 죽음을 통해 불멸의 존재로 '다시 태어날' 수 있다고 믿었다. 이러한 관념은 고대 근동 전역에 널리 퍼져 있었지만 이집트에서 압도적으로 강하게 나타났다. 고대의 저자들은 영혼의 불멸성에 관심을 가졌던 피타고라스, 오르페우스, 소크라테스, 플라톤 등의 인물들이 그것에 관해 이집트로부터 배웠다고 한결같이 이야기한다.[8] 이처럼 버낼의 주장은 엄격히 말하면 새로운 것은 아니다. 19세기 말부터 20세기 중반에 이르는 이러한 선배학자들의 선구적인 아이디어가 그 바탕이 되고 있다.

2. 역사로서의 그리스 신화

선구자적인 그의 선배학자들의 아이디어는 궁극적으로 그리스 신화에 근거하였다. 미케네 그리스가 레반트와 이집트로부터 막대한 영향을 받았다고 고대 그리스인들의 기록인 그리스 신화는 말하고 있기 때문이다. 그리스 신화는 유럽에서는 1800년경까지 고대 그리스의 가장 오래된 역사로 유럽에서 일반적으로 받아들여지고 있었던 것이다. 영어로 씌어진 가장 영향력 있는 그리스 역사서는 윌리엄 미트퍼드가 저술한 방대한 분량의『그리스사』였는데, 1784년에 출간된 이래 1830년대까지 그리스 역사에 관한 표준서가 되었다. 그 책에는 다음과 같은 내용이 있다.

아득히 먼 시기에 이집트에서 일어난 몇몇 변혁으로 말미암아 주민의 상당수가 외국에서 정착지를 찾을 수밖에 없었던 것으로 보인다. 그렇지 않았다면 그 변혁의 초기 과정은 우리에게 거의 알려지지 않았을 것이다. 크레타의 문명과

---

7) Paul Foucart, *Les Mystères d'Eleusis*(Paris: A. Picard, 1914).

8)『블랙 아테나 I』, pp.117-118을 보시오

정체는 필시 이 사건에서 기인했을 것이다. **가장 근거 있는 몇몇 고대 그리스 전승은 그리스에 설립된 이집트 식민지들을 언급하고 있다. 그리스인의 민족적 자긍심을 거의 배려하지 않은 그 전승은 모든 알려진 역사와도 완벽하게 일치하고 있다. 관련 상황의 본질로 보아 그 전승은 의심할 바 없는 듯하다.**[9]

미트퍼드의 주장은 그리스 신화에 근거하고 있다. 신화에 따르면, 기원전 1511년 이집트로부터 다나오스가 그리스 땅에 도래하여 아르고스에 자신의 왕조를 개창하고, 그의 후손들은 티린스, 미케네 등지로 왕국을 넓힌다. 그의 후손 중에는 5대손 페르세우스와 8대손 헤라클레스[10]가 포함되어 있다. 다나오스와 그 후손에 관한 이야기는 고대 그리스 저자들이 민족적 자긍심의 견지로 보아 기록하고 싶지 않은 역사임에도 불구하고 수 많은 저자들이 일관되게 말하고 있다.

그리스 신화mythologia를 고대 그리스인들 스스로는 어떻게 생각했던 것일까? 결론부터 말한다면 그들에게 그리스 신화는 '도리스인의 침입 이전의 역사', 즉 기원전 1120년 이전의 역사였다.[11] 그리스 신화는 미케네 문명기의 역사였다. 기원전 1세기 그리스 역사가 디오도로스의 글을 인용해 보자.

나는 옛 신화μυθολογία를 편찬하는 자들이 불리한 점이 많은 상황에서 글을 썼다는 것을 모르지는 않는다. 첫째로 기록해야 할 사건들이 접근하기에는 너무나도 오래되어서 서술자들을 크게 당혹케 한다는 점이다. 둘째로, 엄격성을 결여한 연대책정으로 말미암아 그들의 역사탐구를 독자들이 경멸한다는 점이다. 더욱이 영웅들, 반신적半神的 존재들, 평범한 인간들—이들은 계보로 정리되어야 할 정도로 다양하고 그 수가 많기 때문에 낭송하기가 힘들다는 점이다.[12]

---

9) W. Mitford, *The History of Greece*, vol. 1 in 8 vols.(London, 1784-1804), p.19. 그리고 마틴 버낼 지음, 『블랙 아테나 I』, pp.274-275를 보시오.
10) 역사적 인물로서의 헤라클레스에 관해서 자세히 알려면, 오흥식, 「고대 그리스의 헤라클레스 영웅숭배」, 『서양고대사연구』 24집(2009.6), pp.131-148을 보시오.
11) 오흥식, 「유럽중심주의의 극복과 사료로서의 그리스 신화」, 『서양사론』 95호(2007.12)을 보시오.
12) 고대 그리스인들이 역사를 책을 통해서 접하는 것이 아니라 역사가들의 낭송을 통해서 접했다.

그러나 가장 크고 가장 혼란스러운 장애물은 매우 오래된 업적과 신화를 기록했던 자들이 그들 사이에서도 일치점을 보지 못하고 있다는 점이다.

이러한 이유로 후기 역사가들 중에서 명성이 높은 자들이 그 어려움 때문에 고대신화를 멀리하고 좀 더 최근의 사건들만 기록했다. 예를 들자면, 이소크라테스의 제자 키메의 에포로스는 통사通史를 쓸 적에 옛 신화μυθολογία의 이야기들은 지나쳐버렸고 헤라클레스 왕가의 복위 후에ἀπὸ τῆς Ἡρακλειδῶν καθόδου 발생한 사건들의 기사로 역사ἱστορία를 시작하였다. 마찬가지로 에포로스와 동시대인들인 칼리스테네스와 테오폼포스도 옛 신화를 멀리하였다.[13]

상기 인용문의 끝부분에서 '헤라클레스 왕가의 복귀'는 기원전 1120년경 미케네 문명을 몰락시키는 도리스족의 침입을 말한다. 디오도로스는 그 사건 이전의 역사를 신화mythologia로, 이후의 역사를 역사historia로 구분짓고 있는 것이다. 고대 그리스인들에게 우선 신화란 '헤라클레스 왕가의 복위' 또는 도리스족의 침입 이전의 역사이다. 신화는 교훈적이지만 허구의 이야기가 아니라, '미케네 그리스의 역사'인 것이다. 그런데 디오도로스가 언급하고 있는 에포로스(c. 400-330 BC), 칼리스테네스(c. 360-328 BC), 테오폼포스(기원전 380년경에 출생)는 왜 통사를 서술할 때에 신화를 제외시킨 것일까? 너무 오래된 이야기여서, 그 연대를 받아들일 수 없는 것이어서, 등장인물이 너무 많아서―이런 이유들로만 제외했던 것일까?

그리스 역사가 스트라본은 미케네 그리스에 관해 다음과 같이 기술하고 있다.

밀레토스의 헤카타이오스에 따르면, 헬레네스인 시대 이전에πρὸ τῶν Ἑλλήνων 펠로폰네소스에는 이민족(바르바로이)이 살았다. 만약 전승들로부터 추론해본다면, 옛날에는 그리스 전체가 이민족들의 정착지였다고 말할 수 있겠다. 펠롭스는 프리기아로부터 사람들을 이끌고 펠로폰네소스로 왔고, 다나오스는 이집트로부터 왔다.[14]

---

13) 디오도로스, iv.1.1-3.
14) 스트라본, vii.7.1.

스트라본이 말하는 "헬레네스인들의 시대 이전"은 미케네 그리스 시대를 말하는 것이다. 그는 그 시대가 헬레네스(그리스인들)에 의해서가 아니라 펠롭스, 다나오스 같은 바르바로이들이 주도한 시대였다고 말하고 있다. "헬레네스인들의 시대 이전에"라는 그의 말에 비추어 보면, 그는 미케네 그리스사史를 헬레네스의 역사로 보고 있지 않는데, 그럴 정도로 미케네 그리스사를 이끈 인물들이 헬레네스가 아니라 고대 오리엔트나 이집트 출신의 바르바로이였음을 말하고 있는 것이다. 그리고 디오도로스가 언급한 에포로스, 칼리스테네스, 테오폼포스 같은 역사가들은 알렉산더 대왕에 의한 헬레니즘 시대의 개막 직전에 저술활동을 하였는데, 이들은 헬레네스에 대한 일종의 민족의식을 강렬하게 지니고 있었다.[15] 미케네 그리스의 역사가 헬레네스에 의해 주도되었다면 이 역사가들에 의해 헬레네스 최초의 역사로서 당연히 부각되어야 했을 터인데, 그렇지 못하였기 때문에 오히려 그리스 통사通史에서 제외되었던 것이다.

그리스 신화를 역사로서 고대 그리스인들은 물론 유럽인들도 1800년경까지는 받아들였다. 그러나 유럽이 내부적으로는 1789년 프랑스 혁명을 겪고 외부적으로는 1800년 무렵 아시아와 아프리카 등지에 제국주의 정책을 펼친다. 프랑스 혁명의 영향을 막아내고자 독일과 영국은 대안으로 헬레니즘을 택한다. 헬레니즘이 새로운 정치적·사회적 이데올로기가 되자 'Altertumswissenschaft'(고대학)와 'Classics'(고전학)가 독립된 학문분과로 부상한다. 그리고 유럽은 제국주의 침략을 정당화하기 위해 인종주의를 내세운다. 그런데 이제 유럽 여러 나라들의 이데올로기가 된 헬레니즘이 19세기와 20세의 유럽인들이 관점에서는 인종적으로 열등한 다나오스, 카드모스 같은 자들이 그리스 땅에 도래하여 미케네 문명을 일구었다고 말하는

---

15) 헬레니즘 시대(323-331 BC)가 개막되기 직전 아테네의 연설가인 이소크라테스(기원전 436-338년)는 헬레니즘 세계의 역사서술에 지대한 영향을 미친 인물이다. 마케도니아가 융성하자 이소크라테스는 페르시아에 대항하기 위해서는 마케도니아 지도하에 그리스인들이 단결해야 한다고 주장하였다. 그리스인들의 통일체라는 개념은 이후의 역사서술에 영향을 미쳤다. 이제 역사는 역사 자체로서 가치를 지닌 것이 아니라 그리스 민족을 위하여 일종의 수사학적 기능을 하는 것으로 여겨지게 되었다. 예를 들면, 이소크라테스의 제자인 키메의 에포로스(기원전 405년경-330년)는 그리스 반도의 역사를 하나의 통일체로 생각하였으며 신화시대로부터 마케도니아의 필립에 이르기까지의 그리스 역사를 30권으로 된『역사』에 기록하였다. 에포로스는 그리스 민족의 문화적 동질성을 인식하고 그리스어로 말하는 공동체를 위한 소위 유사 민족사를 만들고자 하였다.

그리스 신화를 실증주의를 앞세워 더 이상 역사로 받아들이지 않았다.[16] 아테나 여신과 제우스 같은 신들이 나오고 제우스과 황소로 변신하는 이야기가 나오는 그리스 신화를 어떻게 역사로 받아들일 수 있느냐며 실증주의를 내세워 거부하였다.

3. 신화작가 아폴로도로스[17]

그런데 오늘날 독자들이 그리스 신화를 역사로서 또는 적어도 사료로서 생각하지 못하는 데에는 독자들이 주로 기원전 2세기 신화작가 아폴로도로스의 글을 통해서 신화를 접하는 것도 큰 원인이다. 예를 들어보자. 다나오스와 거의 같은 때에 그리스 땅에 도래하여 보이오티아의 테베에 왕조를 개창한 카드모스에 관해 아폴로도로스는 다음과 같이 기술한다.

> 제우스는 에우로파Europa에 반해 입에서 장미향을 내뿜는 온순한 황소로 변한 뒤 그녀를 등에 태우고 바다를 건너 크레타로 갔다. … 그녀가 사라지자 그녀의 아버지 아게노르Agenor는 그녀를 찾으라고 아들들을 보냈는데, 찾지 못한다면 돌아오지 말라고 말하였다. … 카드모스와 텔레파사[18]는 트라키아에 정착하였다(iii.1.1). … 텔레파사가 죽자 카드모스는 그녀를 묻어주고 나서 트라키아인들의 환대를 받은 뒤 에우로페에 관해 묻고자 델포이로 갔다. 신이 그에게 말하기를, 에우로페 때문에 애쓰지 말고 암소 한 마리를 길라잡이로 삼되 그 암소가 지쳐 쓰러지는 곳에 도시를 세우라고 했다. … 암소는 보이오티아를 통과한 뒤 오늘날 테베 시가 있는 곳에 쓰러졌다(iii.4.1).

독자는 제우스가 나오고 그 신이 황소로 변신하는 이야기가 담긴 상기 인용문을 당연히 역사로 받아들이기를 주저할 것이다. 카드모스와 같은 무렵에 도래한 다나오스에 관한 아폴로도로스의 이야기도 마찬가지다. 쌍둥이 왕자 다나오스와 에기프토스는 이집트를 놓고 왕권을 다툰다.

---

16) 버낼의 『블랙 아테나 I』은 바로 이것을 주장하는 책이다.
17) 아폴로도로스의 유일한 원전 완역본으로는, 아폴로도로스 지음, 천병희 옮김, 『원전으로 읽는 그리스신화』(도서출판 숲, 2004).
18) 카드모스의 어머니.

쌍둥이는 많은 아내들을 통해 자녀들을 두었는데, 에기프토스는 50명의 아들을, 다나오스는 50명의 딸들을 두었다. 후에 쌍둥이가 왕국에 관한 문제로 다투었고, 다나오스는 에기프토스의 아들들을 두려워하여, 아테나 여신의 충고로 배 한 척을 짓고는 딸들을 태우고 도망하였다. 로도스 섬에 닿자 그는 린도스의 아테나 여신 상을 세웠다. 그곳으로부터 그는 아르고스로 가자, 그 지역의 왕 겔라노르는 왕국을 그에게 내주었다. 그 지역의 지배자가 되자 그는 주민을 자신의 이름을 따 '다나오이'라고[19] 불렀다.[20]

다나오스의 그리스 도래에 관한 아폴로도로스의 기록도 독자에게 역사로 여겨지지 않을 것이다. 50명씩의 자식들, 아테네 여신의 출현 같은 것이 역사적 신빙성을 저해하기 때문이다.

그러나 고대 그리스 역사가들은 다나오스와 카드모스의 도래를 '옛날 이야기꾼'인 아폴로도로스처럼 기록하지 않았다. 카드오스의 도래에 관해 다음과 같이 기록한다.

내 생각에는, 멜람푸스가 티로스 출신인 카드모스와, 그를 따라 오늘날 보이오티아라 불리는 지방으로 이주해온 페니키아인들에게 디오니소스 의식을 배웠을 개연성이 가장 크다.[21]

카드모스의 지휘 하에 페니키아 군대가 그 땅(필자 주: 보이오티아의 테베)을 침입하였을 때. 이 부족들(필자 주: 히안테스인들과 아오네스인들)은 패하였다.[22]

다나오스의 도래에 대해서는 다음과 같은 기록을 남겼다.

---

19) '다나오이'는 다나오스의 복수형으로 다나오스들, 즉 다나오스의 백성이라는 뜻이다. 그리스인들의 시조 헬렌Hellen(트로이 전쟁에 관련된 미녀 헬렌Helen과 혼동하지 마시오)의 복수형 헬레네스Hellenes는 헬렌들, 즉 헬렌의 백성이라는 뜻이다.
20) 아폴로도로스, ii.1.4.
21) 헤로도토스, ii.49.3.
22) 파우사니아스, ix.5.2.

이 이오니아인들이 펠로폰네소스 반도에 있었을 때는 오늘날 아카이아라고 불리는 곳에 거주하였고, 다나오스와 크수토스가 펠로폰네소스에 오기 전에 는…[23]

펠롭스는 프리기아로부터 사람을 이끌고 펠로폰네소스로 왔고, 다나오스는 이집트로부터 왔다.[24]

그러나 다나오스가 스테넬라스의 아들 겔라노르와 싸우고자 이집트로부터 항해해와서는 아게노르(필자 주: 그리스 아르고스의 왕)의 후손들의 왕위계승을 정지시켰다. 이후의 일은 모두에게 알려져 있다.[25]

역사가는 아니라 하더라도 철학자 플라톤과 아테네의 연설가 이소크라테스도 카드모스와 다나오스의 도래에 관해 다음과 같은 기록을 남기고 있다.

명목상으로는 그리스인이지만 본질적으로는 이민족인 펠롭스, 카드모스, 에기프토스, 다나오스와 같은 유형의 사람들과 우리(즉, 아테네인들)는 함께 살지 않는다.[26]

불운을 겪은 이민족들이 예전에는 그리스 도시들의 지배자인 것으로 여겨졌다. (예를 들자면) 이집트에서 추방된 다나오스는 아르고스를 점령하였고, 시돈에서 추방된 카드모스는 테베의 왕이 되었다.[27]

대리석에 기록된 「파로스 연대기」는 카드모스와 다나오스의 도래 연도를 정확히 말하고 있다.

지금부터 1255년 전, 암픽티온이 아테네의 왕이었을 때, 아게노르의 아들 카드

---

23) 헤로도토스, vii.94.1.
24) 스트라본, vii.7.1.
25) 파우사니아스, ii.16.1.
26) 플라톤, *Menexenus*, 245d.
27) 이소크라테스, 『헬렌』, x.68.

모스가 테베에 와서 (** 그리고) 카드메이아(필자 주: 테베의 아크로폴리스)를 건립하였다.[28]

지금으로부터 1247년 전, 에릭토니오스가 아테네 왕이었을 때, (다나오스가 마련한) (최초의 50노)선船(이 배는 펜테콘토로스 $\pi\varepsilon\nu\tau\eta\kappa\acute{o}\nu\tau\sigma\rho\sigma\varsigma$ 로 명명되었다)이 이집트로부터 그리스로 항해하였고, 제비로 뽑혀진 다나오스의 딸들, ( ), ( ), 헬리케, 아르케디케는 (린도스의 아테나 신전을 창건하였고) 로도스 섬 린도스에 있는 ( ) 곶串에서 제물을 바쳤다.[29]

「파로스 연대기」의 저자가 기원전 264/3년을 원년으로 삼고 있으니, 카드모스와 다나오스가 그리스 땅에 도래한 연도는 각각 기원전 1519/18년과 1511/10년이다.[30]

아폴로도로스가 기록한 것만이 그리스 신화가 아니라 상기의 역사가들을 포함한 그리스 저자들이 기록도 그리스 신화이다. 아폴로도로스는 그리스 신화를 '옛날 이야기식'으로 기록하였다면, 그리스 역사가들은, 기원전 1세기 디오도로스가 그리스 신화를 미케네 문명 시기의 역사라고 기록하였듯이, 신화를 역사로서 진지하게 기록하고 있다. 그리스 신화가 대부분의 사람들에게는 주로 아폴로도로스의 기록을 통해 알려졌기 때문에, 은연중에 그리스 신화는 재미있고 유익하고 교훈적이지만 역사와는 관련이 없는 허구의 이야기로 받아들여진 것이다. 그렇지만 아폴로도로스가 말하는 옛날 이야기식 그리스 신화에도 역사의 핵심이 담겨 있다. 다나오스의 도래에 관련하여, 역사가 디오도로스의 기록과 앞서 인용했던 신화작가 아폴로도로스의 기록을 비교해보자.

---

28) 「파로스 연대기」의 7번째 사건.
29) 「파로스 연대기」의 9번째 사건.
30) 1519/18는 1519-1518이라는 뜻인데, 고대 그리스의 새해가 오늘날처럼 1월1일에 시작되는 것이 아니어서 '/'가 들어가게 된 것이다.

아폴로도로스(ii.1.4)	디오도로스(xl.3.2)
쌍둥이는 많은 아내들을 통해 자녀들을 두었는데, 에기프토스는 50명의 아들을, 다나오스는 50명의 딸들을 두었다. 후에 쌍둥이가 왕국에 관한 문제로 다투었고, 다나오스는 에기프토스의 아들들을 두려워하여, 아테나 여신의 충고로 배 한 척을 짓고는 딸들을 태우고 도망하였다. 로도스 섬에 닿자 그는 린도스의 아테나 여신 상을 세웠다. 그곳으로부터 그는 아르고스로 가자, 그 지역의 왕 겔라노르는 왕국을 그에게 내주었다.	그 땅의 원주민들(필자 주: 이집트인들)은, 만약 그들이 외국인들을 제거하지 않는다면, 그들의 어려움은 결코 해결되지 않는다고 생각하였다. 그리하여 곧 외국인들은 나라 밖으로 쫓겨났고, 그들 중 가장 두드러지고 활동적인 자들은 힘을 합해, 몇몇 사람들이 이야기하듯이, 그리스와 그 밖의 지역의 해안에 이르렀다 한다. 그들의 선생들은 고귀한 자들이었고, 그들 중에는 다나오스와 카드모스가[31] 있었다.

아폴로도로스에 따르면, 이집트를 놓고 왕자들인 다나오스와 에기프토스가 왕권쟁탈전을 벌이다가 50명의 아들을 둔 에기프토스에게 밀린 다나오스는 아테나 여신의 충고로 아르고스로 도망하였다고 기록하고 있다. 그런데 디오도로스는 이집트에서 다나오스가 원주민인 이집트인들에 밀려 그리스 땅으로 도래하였다고 역사가답게 기록하고 있다. 디오도로스의 기록에 비추어 보면, 아폴로도로스가 말하는 다나오스의 쌍둥이 형제 에기프토스Aegyptus는 이집트 원주민을 뜻한다는 것을 알 수 있다. 카드모스와 다나오스가 이집트에서 축출된 이야기는 이집트를 지배하던 힉소스 (1700-1530 BC)가 1530년경 축출된 사건에 관련된 이야기다. 힉소스는 여러 민족들로 구성되었지만, 주류는 페니키아인과 유다인이다. 「파로스 연대기」에 따르면, 두 인물은 같은 무렵에 그리스 땅에 도래하였다.

4. 버낼의 창조성

버낼의 주장은 1900년경과 20세기 중반에 유럽중심주의가 성할 때 집필 활동을 하였지만 고대그리스인들의 기록을 진지하게 받아들였던 베라르,

---

31) 앞서 인용했던 아폴로도로스(iii.4.1)에 따르면, 카드모스는 페니키아로부터 그리스에 도래 하였는데, 디오도로스의 이 글에 따르면, 이집트로부터 그리스로 도래한 것으로 되어 있어, 독자들은 혼란을 느낄 수도 있겠다. 그런데 디오도로스의 다른 구절들(i.23.4; v.57.5)에 따르면, 카드모스가 이집트로부터 페니키아로 왔다가 그리스 땅으로 도래하였음을 알 수 있다.

푸카르, 고든, 애스터 같은 선배 역사가들의 아이디어만이 아니라, 더 근본적으로는 역사 또는 사료로서 그리스 신화에 대한 신뢰에 바탕을 두고 있다.

자신의 주장을 펼치기 위해, 그는 자신의 연구에 관련된 논문이나 책들을 거의 빠뜨리지 않고 연구사적 차원에서 다루고 있기 때문에 고대 그리스사가 전공인 필자는 오리엔트에 관한 다른 책을 참고하지 않고서도 이 책만으로도 그의 논지를 개략적으로는 이해할 수 있었다. 그는 한 문제에 대하여 학자들의 견해가 어떻게 바뀌었는지 그리고 여러 학자들의 견해를 비교해주고 차이를 보여준다. 그러는 가운데 자신의 주장을 부각시킨다. 사실 버낼이 그 방대한 책의 내용을 자신의 직접적인 연구를 통해 채운 것은 그리 많지 않다. 때로는 자신의 주제와 관련이 없어 보이는 학자의 연구를 재해석하여 사용한다. 예를 들면, 멜라트는 1958년에 발표된 자신의 논문 「아나톨리아 및 에게해권에서 전기 청동기시대의 끝」에서 기원전 1900년경 중앙 아나톨리아의 수많은 중요 지역들이 불타거나 파괴되었다고 기술하면서 이는 히타이트가 침입한 결과라고 주장하였으나, 버낼은 멜라트가 말하는 그 파괴를 「블랙 아테나 II」 제5장에서 세소스트리스의 아나톨리아 정복의 결과로서 재해석하여 자신의 주장을 강화하는 데 이용한다.[32]

『블랙 아테나 II』는 12장으로 구성된 아주 두툼한 책이다. 너무 오래 전의 역사인데도, 1장부터 12장까지 마치 하나의 이야기인 양 유기적으로 잘 엮여져 있다는 것이 놀랍다. 이는 지리적으로는 동지중해권 전체, 시기적으로는 청동기 시대(3300-1100 BC) 전체를 꿰는 큰 흐름이 무엇인가를 버낼이 나름대로 인식하고 있기 때문에 가능한 것이다. 농업상의 풍요와 그 풍요를 기반으로 삼은 세련된 이집트 문명이 크레타, 키클라데스 제도, 그리스 본토를 포함하는 에게해 문명의 발생·유지·발전에 큰 부분을 차지했다는 인식이다. 이집트의 밀小麥과 이집트의 문화가 동지중해권의 왕궁을 중심으로 한 문명들의 밑받침이 되었다고 본 것이다. 버낼의 진정한 천재

---

32) M. Bernal, *Black Athena II: The Archaeological and Documentary Evidence*(Rutgers University Press, New Brunswick, New Jersey, 1991), 한글 번역본 pp.317-323, 제5장에 있는 항목 '아나톨리아의 파괴: 퀼테페 II 시기와 카룸 카네시'를 보시오. 앞으로는 『블랙 아테나 II』로 약기하고 한글 번역본 쪽수 사용.

적 창조성은 수많은 학자들의 개별적이고 흩어져 있는 연구결과들을 그러한 인식을 바탕으로 하나의 긴 이야기로 엮어낸 데에 있다.

필자는 II장에서는 약간의 설명을 덧붙이며『블랙 아테나 II』의 각 장의 내용을 요약하여 소개하고, III장에서는 버낼의 수정고대모델을[33] 떠받치는 두 가설 중의 하나인 그가 주장하는 다나오스의 그리스 도래 연도를 비판해볼 것이며, IV장에서는 그가 청동기 시대 미케네 그리스의 역사 연구에 공헌한 점을 언급하고자 한다.

II. 『블랙 아테나 II』[34]

『블랙 아테나 II』는 전부 12장으로 구성되어 있는데, 1-3장은 이집트 고왕국과 그리스의 관계, 4-6장은 중왕국과 크레타의 관계 그리고 중왕국 제12왕조의 파라오 세소스트리스의 정복의 역사성 여부에 관하여, 7-9장은 힉소스에 관하여, 10-12장은 신왕국 시기 '이집트의 평화Pax Aegyptiaca'와 그리스의 관계를 다루고 있다.

1. 이집트 고왕국과 그리스

1장 '왕궁 이전의 크레타, 기원전 7000-2100년'은 크레타 문명의 기원을 다루고 있다. 렌프루 같은 고립론자는 크레타 문명은 자생적으로 형성되었다고 주장한다. 반면, 몬텔리우스와 차일드가 주창하고 와인버그나 브래니건을 비롯한 여러 학자들이 유지해나간 견해, 즉 크레타는 신석기시대보다 전기 청동기시대에 다량의 문화적 영향을 전체적으로는 근동으로부터, 특정하게는 이집트로부터 받았다는 견해를 주장하고 있다. 버낼은 후자의 견

---

33) 마틴 버낼이 말하는 '고대모델'은 고전기와 헬레니즘 시대의 그리스인들이 미케네 문명의 형성에 대한 전통적 견해였다. 이에 따르면, 미케네 문명은 기원전 2천년기에 이집트인과 페니키아인이 그리스를 식민화한 결과로서 발생했다. 버낼은 고대모델을 기본적으로 받아들이지만 고대인들이 잘못 알고 있었던 또는 모르고 있었던 두 가지 역사적 사실이 있었다고 보고, 이러한 견해를 반영한 자신의 모델을 '수정고대모델'이라고 칭한다. 그의 수정고대모델의 내용을 구체적으로 알려면, III장을 보시오.

34) II장의 각주의 대부분은 버낼이『블랙 아테나 II』의 각 장에 단 각주이다. 필자가 그가 달아놓은 각주를 그대로 단 이유는 그가 기존의 어떤 연구결과를 이용하였는가를 보여주기 위해서이다.

해에 동의한다.([지도 7]을 보시오.)

　2, 3장은 '기원전 3천년기千年期 보이오티아 및 펠로폰네소스에 대한 이집트의 영향'을 문헌증거와 고고학적 증거를 통해 이집트가 그리스에 관개, 간척 따위에 영향을 미쳤음을 살피고 있다. 그리스 신화에서 아테나 여신과 포세이돈은 자주 다툰다. 이를 파넬은 "원주민의 더 이른 토착 숭배의식과 새로운 정착자에 의해 도입된 후기의 숭배의식 사이의 갈등"으로 보고 있고, 부르커트는 아테나와 포세이돈의 다툼은 젊은이와 늙은이 사이의 세대적 갈등을 상징화하는 것이라고 주장하지만, 버낼은 "아테나와 포세이돈 관련 신화(나는 이 신화가 습지를 길들이려는 투쟁과 관련된 것이라고 믿는다)는 전기 청동기시대부터 그리스의 배수 및 관개에 이집트가 연루되면서 생겨난 것일 수 있다"고 보았다. 그는 아테나 대 포세이돈의 다툼은 이집트 신화의 치수의 신 네이트 대對 무질서의 신 세트의 갈등이 원형이라고 주장한다. 신화, 전설, 지명의 어원과 고고학적 증거를 종합하면서, 그는 기원전 2300년경 인도유럽어의 유입 이전에, 보이오티아, 아르골리스, 아르카디아에 이집트어와 셈어를 말하는 자들에 의한 대규모의 지속된 영향이 있었을 것으로 결론짓는다.([지도 10]과 [지도 11]을 보시오.)

2. 이집트 중왕국과 크레타, 그리고 파라오 세소스트리스

　제4장 '크레타의 옛 왕궁기와 이집트 중왕국, 기원전 2100-1730년'은 1730년경 힉소스 시대의 개막 이전에 크레타에 대한 이집트 중왕국 제11왕조의 영향을 다루고 있다. 기원전 2천년기 크레타 황소 숭배의 기원을 놓고 가장 자주 제안되는 가설, 즉 기원전 7천년기 샤탈 휘위크Çatal Hüyük (아나톨리아의 남부) 신석기 문화의 강력한 황소 숭배에서 유래되었다는 부르커트의 기원론을 받아들이는 데에는 어려움이 있다.[35] 아나톨리아에서든 에게해권에서든 황소 숭배를 입증할 수 없는 4천년이라는 시간적 간격을 설명하기가 어렵기 때문이다. 그러나 황소 숭배의 이집트 기원론은 지리적으로 대단히 가깝고 시기적으로 정확히 일치하기 때문에 별 무리가 없다고 버낼은 주장한다.

---

35) 『블랙 아테나 II』, pp.241-242; W. Burkert, *Greek Religion*, J. Raffan, trans., (Cambridge, Mass.: Harvard University Press; Oxford: Blackwell, 1985), p.37.

크레타의 황소 숭배는 기원전 21세기에 대두했던 것으로 보이는데, 바로 이때 제11왕조가 이집트를 재통합하고 몬트Mntw 황소숭배를 진작하면서 해외로 영향력을 펼쳤다. 그 신은 멘투호테프Mentuhotep(Mntw가 만족하시다)라는 왕명을 지닌 제11왕조 파라오들의 수호신이 되면서 국가적 중요성을 띠게 되었다. 버낼은 미노스의 형제의 이름 라다만티스Rhadamanthys를 *Rdi Mntw('몬트가 주다' 또는 '몬트가 주었던 자')로부터 파생된 것으로 본다. 그리고 이집트에서 황소숭배는 중왕국 이전에도 존재하였다. 고왕국에는 Mn이라는 이름과 연계된 황소 숭배가 있었고(민 황소-미노스의 황소 Mino-tauros), 또한 Mn은 개국자 파라오 또는 입법자의 칭호이기도 하였다(메네스-미노스). 그리고 오늘날의 카이로 북동쪽에 위치한 헬리오폴리스에는 므네비스Mnevis 황소 숭배가 있었는데, 그것의 이집트 이름에는 상형문자 ⋒(꼬불꼬불한 성벽, 라비린토스/미궁)가 포함되어 있다. 이 모든 것으로 미루어 보아 버낼은 크레타 황소숭배가 이집트로부터 가장 커다란 영향을 받았다고 주장한다.

제5장과 6장의 제목 '세소스트리스'에서는 기원전 20세기 후반 중왕국 제12왕조의 파라오로서, 고대그리스 저자들의 기록에 따르면,[36] 아라비아, 리비아, 에티오피아, 인도 접경, 스키티아, 콜키스를 정복한 세소스트리스 정복의 역사성 여부를 다루고 있는데, 버낼에 따르면 미케네 그리스에 직접적으로는 관련이 있는 장들은 아니다.[37] 버낼은 고대 그리스 저자들의 기록이 거짓이 아니라는 것을 보이기 위한 예로서 세소스트리스 정복의 이야기를 다루고 있다. 관계사가 제대로 연구되려면, 에게해권의 도기연표, 이집트의 연표, 메소포타미아의 연표가 제대로 연결되어야 가능하다. 여기서는 이집트 파라오 세소스트리스가 아나톨리아를 정복했다는 것을 주장하기 위해 두 지역의 연표를 버낼이 어떻게 연결시키는지를 보이고자 한다.([지도 12]를 보시오.)

세소스트리스(센워스레 1세)가 아나톨리아에 가한 파괴의 흔적을 찾으

---

36) 헤로도토스(ii.100-110), 디오도로스(i.53.5-58.2), 아폴로니오스(iv.260-80). 그리고 이집트 사제 마네토(frs. 32, 34-36)도 비슷한 이야기를 기록하고 있다.

37) 그런데 세소스트리스 파라오는 간접적으로 그리스의 디오니소스 숭배에 관련되어 있다. 오홍식, 「테베의 디오니소스 숭배의 기원: 디오니소스, 오시리스, 파라오 세소스트리스」, 『서양고대사연구』 19집(2006.12)을 참조하시오.

려면, 먼저 그 파라오의 치세가 언제인가를 결정해야 하는데, 이집트 연표도 학자들의 견해에 따라 크게는 1950년대에 이집트학 학자이자 이집트 천문학 전문가인 R. R. 파커가 만든 '높은' 연표, 그리고 요즈음 독일학자들이 사용하는 '낮은' 연표로 나뉜다. 버낼은 왕세자 아메넴하트 2세가 원정에 참여했던 것으로 보아 원정이 센워스레 1세의 치세 마지막 부분에서 발생했다고 보았고, 높은 연표로는 기원전 1930-1916년에 그리고 낮은 연표로는 기원전 1898-1884년에 아나톨리아에서 강력한 군대에 의한 파괴의 고고학적 증거를 찾는다.('메소포타미아와 시리아 연표' 참조.)

버낼은 중부 아나톨리아의 유적지 카룸 카네시Karum Kanesh(오늘날 지명으로는 퀼테페, 아나톨리아 중앙에 위치)에 관심을 갖는다. 카룸이란 '교역지'라는 뜻으로 아시리아 상인들이 아나톨리아에 교역지를 확립하고 약 800Km 떨어진 아시리아의 수도 아슈르 시를 오가며 교역을 하였던 것이다. 이 유적지에서 수천 개의 서판이 발굴되었다. 그런데 퀼테페 II 층위層位의 끝에 도시와 아시리아인이 살던 교외지역은 거의 어떤 경고도 없이 완전히 파괴되었고, 몇 십 년이 지나서 아시리아 왕 샴시-아다드 10년에 재건축되며 퀼테페 Ib 시기가 시작되었다. 버낼은 퀼테페 II의 파괴가 세소스트리스에 의한 것으로 보았다. 그런데 메소포타미아 연표에는 '긴', '중간', '짧은' 연표라는 세 종류의 연표가 있다. 버낼의 계산에 따르면, 각 연표에 따른 파괴의 연대는 기원전 1929-1909년, 1873-1853년, 1799-1779년의 범위에서 일어났다. 메소포타미아의 긴 연표는 이집트의 높은 연표에 근거한 세소스트리스의 아나톨리아 원정 연대와 잘 맞는다. 이러한 방식은 에게해권(그리스본토와 크레타가 포함되는)과 레반트 및 이집트를 관계지우는 데에도 사용된다.

3. 힉소스와 크레타·테라·미케네 그리스

제7장 '테라 폭발'은 힉소스 시대인 기원전 18-16세기를 다룰 때, 연표적 기준이 되는 테라 폭발의 연대를 설정하는 데에 할애되었다. 1939년 이래 50년 동안 스피리돈 마리나토스의 주장에 따라 테라 폭발은 도기 유형에 따른 시대 구분인 후기미노아 IB(LMIB)기期인 기원전 1450년경에 일어난 것으로 믿어져왔다.[38] 그러나 이 섬을 철저히 파보았지만 화산 잔해 밑에

서는 후기미노아 IB 도기가 전혀 발견되지 않아 오늘날에는 폭발이 후기미노아 IA에 일어난 것으로 보고 있다. 그리고 버낼은 과학자들이 1980년대 이래 방사성 탄소, 수령연대학 같은 방법을 통해 얻어낸 연구결과인 1628년 설을 받아들이고 있다.[39]

제8장 '힉소스'에서는 힉소스의 시대가 언제부터 시작되었는지, 그리고 어떤 인종으로 구성되었는지, 달리 말하면 힉소스는 셈족으로만 구성된 것인지 아니면 인도유럽인들과 관계가 있는 후루인들도 포함되는지의 여부를 다루고 있다. 버낼은 힉소스 시대가 기원전 1730년대에 시작되었다고 보고 있는데, 아나톨리아의 남동쪽에 있었던 후루인들이 언제 시리아 북부로 진출했느냐에 이 문제가 밀접한 관계를 맺고 있다. 메소포타미아 연표들 중에서 '긴' 또는 '중간' 연표를 받아들인다면 힉소스에 후루인이 포함될 수 있다고 그는 주장한다. 그가 이를 강력히 주장하는 이유는, 다른 학자들도 그러하지만, 미케네 그리스의 수갱묘竪坑墓는 셈족의 분묘 양식이 아니라 아나톨리아의 분묘 양식이기 때문이다.('메소포타미아와 시리아 연표' 참조.)

1925년 에두아르트 마이어는 초기 인도유럽인의 팽창에 관한 논문에서 인도유럽인이 후루인(이들이 미탄니 왕국을 세웠다)에게 미친 중요한 영향을 강조했다. 그는 힉소스의 주류는 셈족이지만 인도유럽인과 후루인도 일부를 구성하고 힉소스가 시리아, 이집트, 에게해권으로 이동하는 데에 지배적인 영향을 끼쳤다고 보았다.[40] 버낼은 마이어의 견해를 받아들인다. 이집트 사제 마네토는 힉소스를 먼 '동쪽 지역'으로부터 온 '모호한 종족의 침입자'로 기술하였는데, 이집트인들은 셈족에 대해서는 잘 알고 있었다고 생각한 그는 '모호한 종족의 침입자'를 후루인으로 보고 있다.

제9장 '크레타, 테라, 미케네 문명의 탄생, 18·17세기'에서는 힉소스의 역동성이 에게해권으로 퍼져나가 지속되는 것에 관심을 두었다. 이르게는

---

38) S. Marinatos, "The volcanic destruction of Minoan Crete," *Antiquity 13*(1939), pp.425-439.

39) *Oxford Classical Dictionary*(3rd edition, Revised, 2003) 중에서 항목 'Minoan Civilization' 항목을 집필한 John Bennet도 이 폭발연대를 받아들이고 있다.

40) E. Meyer, "Die Volkstämme Kleinasiens, das erste Auftreten der Indogermanen in der Geschichte und die Probleme ihrer Ausbreitung," *Sitzungsberichte der Preußischen Akademie der Wissenschaften 34*(1925), p.253.

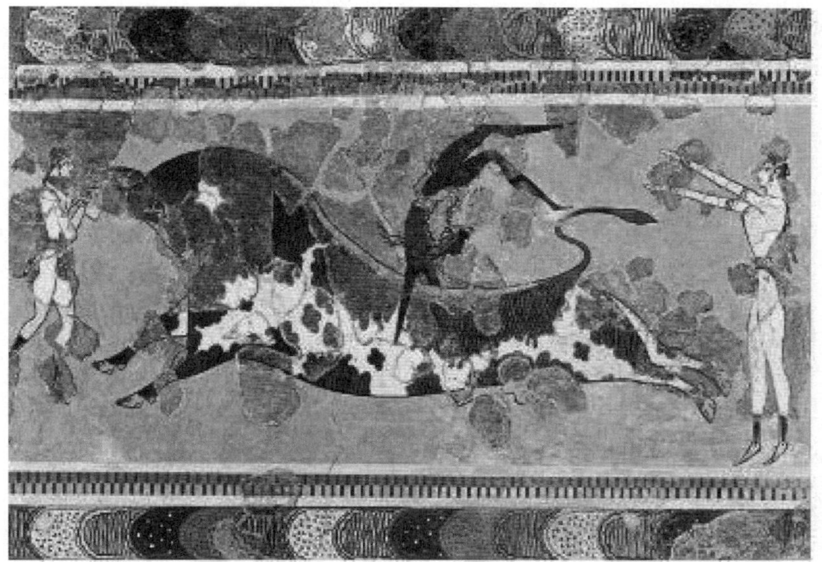

그림 1 널리 알려진, 크레타 왕궁의 타우레아도르Taureador(황소 등 위로 공중제비를 하는 곡예사) 벽화로, LM II-IIIA(이 도기 연대는 『캠브리지 고대사』에 따르면 c.1450-1375 BC, 버낼에 따르면 1520-1470)에 속하는 것으로 판단되고 있다.

그림 2 힉소스의 수도 아바리스(오늘날 지명으로는 텔-엘-다바)에서 발굴된 타우레아도르(황소 곡예사) 벽화를 복원한 것. 미로를 나타내는 무늬를 배경으로 황소 어깨 부분을 짚고 타우레아도르가 공중제비를 하고 있다. 제작연대를 아바리스 발굴대 대장 비탁은 기원전 15세기 전반으로, *Oxford History of Art*(위의 그림 설명을 보시오)에서는 기원전 17세기로 잡고 있다. 크레타 왕궁의 타우레아도르 벽화와 비교해보시오. 이 벽화가 복원되어 그 결과가 2007년에 책으로 출간되었기 때문에, 『블랙 아테나 II』(1991)의 저자 버낼은 이 벽화에 관해 알지 못했다.

20세기 초 에두아르트 마이어 같은 학자들이 이를 주장했고, 최근에는 캠브리지의 고고학자인 프랭크 스터빙스가 미케네의 수갱묘들이 힉소스 군주의 묘라고 주장했다.41)([지도 14]를 보시오.)

도기연대로 중기미노아 III(*CAH*에 따르면 1700-1600, 버낼에 따르면 1730-1675 BC)에 새롭고 놀라운 무기인 검과 전차가 크레타에 도입되었다. '검'을 뜻하는 두 가지 주요 그리스 단어인 크시포스xiphos와 파스가논phasganon에 대한 개연성 있는 이집트 어원과 셈 어원이 논의되었지만, 인도유럽어에 속하는 단어에서는 그 어원을 찾을 수 없다. 이 시기에 도입된 두 가지 중요한 예술적 주제는 날개 달린 스핑크스와 그리핀이었다. 스핑크스는 훨씬 오래 전에 이집트에서 기원했지만, 기원전 18세기 말 크레타에 나타난 날개 달린 스핑크스는 시리아적 형태였고 특히 힉소스에 관련되었다. 매 혹은 독수리의 머리를 지닌 사자獅子인 그리핀(버낼은 그리핀 grps/grypos이 가나안의 케룹kerûb/cherub[공동번역 구약성서에서는 '거룹']과 동일한 것으로 보고 있다)도 특별히 시리아적 형태로 도기연대 중기미노아 III에 크레타에 도입되었다. 그리핀이 크노소스의 가장 큰 크레타 왕궁과 그리스 본토의 필로스 왕궁에서 옥좌를 둘러싸고 있었던 것으로 보아, 날개달린 스핑크스처럼 그리핀은 힉소스 왕권의 상징이었던 것으로 보인다. 크레타가 하이집트로부터 온 힉소스 전사들에 의해 기원전 18세기 후반에 정복되었다는 직접적인 증거는 없지만, 상기의 증거로 보건대 개연성이 높다는 버낼의 주장은 타당성이 있다.

미케네 그리스의 수갱묘는 전반적으로 중기헬라스 III 시기에 속하는 것으로 여겨진다. 아나톨리아 고고학자인 마흐텔트 멜링크와 제임스 뮬리는 알라자 휘위크의 매우 비슷한 무덤과의 연계를 생각하며 아나톨리아를 거쳐 에게해권에 미친 영향을 가정하고 있는데, 그들은 이 영향이 물질문화와 언어 같은 여러 국면에도 반영되었다고 주장했다.42) 그러나 알라자 휘

---

41) F. H. Stubbings, "The rise of Mycenaean civilization," *Cambridge Ancient History*, vol. 2 part 1(Cambridge: Cambridge University Press, 3rd ed., first published 1973), pp.627-658.

42) M. J. Mellink, "The royal tombs at Alaca Huyuk and the Aegean world," in S. S. Weinberg, ed., *The Aegean and the Near East: Studies Presented to Hetty Goldman*(Locust Valley, NY: Augustin, 1956), pp.55-56; J. D. Muhly, 'On the Shaft Graves at Mycenae,' in M. A. Powell and R. M. Sack, eds., *Studies in Honor of Tom B. Jones*(Kevelaer: Butzon and Bercker/ Neukirchen-Vluyn, 1979), p.317.

그림 3 미케네의 '고분군 A'(수갱묘).

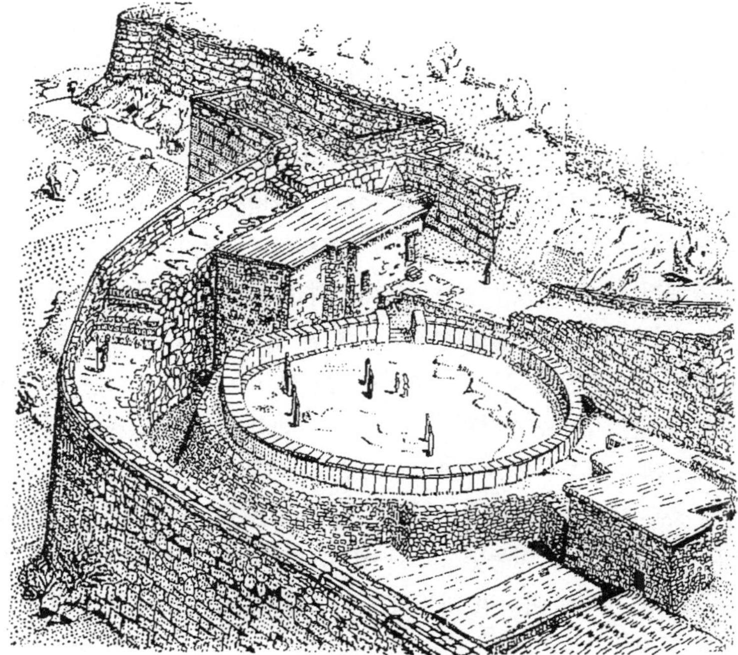

그림 4 원형고분군 A(Grave Circle A)는 미케네 성내에 위치한다. 그 유명한 사자의 문 (Lion Gate)의 윗부분이 삼각형으로 보인다. 실리만이 발굴했을 당시, 이 고분군에는 여 섯 개의 수갱묘가 있었는데, 시신의 머리 위쪽에 석비들이 놓여 있었다. 소위 '아가멤논 의 황금 데드 마스크'가 이곳에서 발굴되었다. 그러나 이 고분군이 기원전 17세기의 것 이므로 아가멤논(기원전 13세기 후반)과는 관련이 없다.

위크를 그리스에 직접적으로 연관시키는 데는 시간적·공간적 난점이 있다. 아나톨리아 수갱묘는 그리스의 것보다 적어도 500년 전 것이고, 지리적으로 두 무덤 사이에 어떤 비슷한 무덤도 없기 때문이다. 버낼은 힉소스에 의해 동아나톨리아, 시리아, 이집트, 크레타를 통해 그리스 본토에 이르렀을 것으로 보고 있다.

주요 의문은 수갱묘가 어떻게 어떤 수단으로 전래되었는가이다. 제임스 뮬리는 기원전 1700년경 북동으로부터 그리스로 인도유럽어를 말하는 자들의 최초 침입이 있었다고 가정했다. 로버트 드루즈는 전차를 탄 인도유럽인이 배로 아르메니아로부터 그리스로 이동했을 것이라고 가정하였다.[43] 그런데 뮬리와 드루즈의 이론은 실패했다. 왜냐하면 그들 이론이 어떤 전승의 지원도 받지 못했을 뿐만 아니라 코카서스로부터 그리스로의 이주의 길을 보여주는 고고학적 증거가 없었기 때문이다. 또한 북쪽 경로는 수갱묘 물질문화에서 보이는 시리아적, 이집트적, '제대로 소화되지 않은 이집트적' 요소(이집트 요소를 조야하게 소화한 것)를 설명할 수 없다.

버낼은 적어도 수갱묘의 몇몇 주인과 그들을 이은 장기 지속의 왕조는 현재 쿠르디스탄이라고 부르는 지역에서 기원했다고 주장한다. 쿠르디스탄은 동부 아나톨리아, 북시리아, 메소포타미아, 남코카서스를 망라한다. 그는 기원전 18세기 전반 인도아리아어와 후루어를 말하는 그곳 사람이 이집트인이 힉소스라고 불렀던 집단의 핵을 형성했다고 본다. 비록 고고학적 증거는 모호하지만, 기원전 18세기 중반에 이르면 힉소스는 시리아-팔레스타인의 큰 지역을 지배했고 매우 빨리 '셈화'되었으며, 지도자들 중 일부가 계속해서 후루어와 아마도 인도아리아어도 말했다 하더라도 공동의 언어는 서부 셈어였을 가능성이 매우 높다고 본다. 기원전 1730년대에 힉소스는 하下이집트로 이동했고 그곳에 파라오의 왕조를 창립했으며, 힉소스 군주들의 전부는 아니라 하더라도 대부분이 그 왕조에 충성을 바쳤고, 그 직후 원정대가 출발해 크레타, 키클라데스, 남부 그리스의 비옥한 평원을 정복했다고 주장한다.

---

43) R. Drews, *The Coming of the Greeks: Indo-European Conquests in the Aegean and the Near East*(Princeton, NJ: Princeton University Press, 1988), pp.181-183.

4. 신왕국 시기 '이집트의 평화'와 에게해권

제10, 11, 12장은 기원전 16세기부터 시작되는 이집트 신왕국과 미케네 그리스 사이의 관계를 다룬다. 먼저 버낼은 제10장에서 이집트와의 새로운 동시대사건들에 근거해 그리고 테라 폭발의 연대 재설정에 따라, 모든 후기 청동기시대 에게해권 도기연대를 상향 재설정한다.

[표 1] 상향 조정된 버낼의 에게해권 도기연대
CAH^3(1973)은 1980년대 과학자들의 연구결과를 반영하지 못했다
(에게해권 도기연표 참조)

도기연대	CAH^3	버낼	테라 폭발 연대
후기미노아 IA	1600-1500	1675-1600	1628, 테라 폭발
후기미노아 IB	1500-1450	1600-1520	마리나토스가 생각했던 폭발 연대는 1450년
후기헬라스 IIIA	1400-1275	1470-1370	
후기헬라스 IIIB	1275-1180	1370-1220	
후기헬라스 IIIC	1180-	1220-	

그리스의 도기 후기헬라스 IIIA와 B는 동지중해권 거의 전역에 걸쳐 다량으로 발굴되었다([지도 16]을 보시오). 일부 학자는 이러한 평화와 번영이 '미케네의 평화Pax Mycenaeaca'의 결과였다고 주장했다. 버낼은 이집트 문헌자료에 근거하여 기원전 1470년부터 1370년까지 이집트가 그 지역에서 지배적인 세력이었고 기원전 13세기 말까지도 군사적·정치적·문화적으로 중요한 세력으로 남았다는 데는 의문의 여지가 없다고 보았다. 미케네 그리스의 교역과 번영이 '이집트의 평화Pax Aegyptiaca' 하에 일어났다고 가정하는 것이 더 타당하다고 주장한다.

1) Pax Aegyptiaca

10장과 11장 "이집트와 레반트가 에게해권과 접촉하다"는 이집트와 레반트가 그리스 본토를 포함한 에게해권과 접촉하고 있었음을 문헌증거와 고고학적 증거를 통해 보여주고 있다.

① 투트모세 3세

Kftiw^{카프투}(크레타)는 제18왕조에서 특별히 기원전 1470년대 이후 가장 자주 언급되고 있다. 기원전 1470년대 투트모세 3세(기원전 1504-1450년)가 시리아·팔레스타인의 많은 부분을 정복했고, 카프투의 군주들이 파라오에게 공물을 바치고 있는 것으로 보이는 부조에는 다음과 같은 금석문이 있다.

> 그들(카프투의 군주들)이 모든 나라에 대한 폐하(투트모세 3세)의 승리를 전해 듣고는, '생명의 숨결(t3 n ꜥnḫ*타 엔 아네크)'을 얻기 위해, 폐하께 바치기 위해, 폐하의 힘이 그들을 보호할 수 있게 하기 위해 선물을 등에 지고 왔다.[44]

t3 n ꜥnḫ(생명의 숨결)을 받았다는 것은 카프투와 그 밖의 나라들과 관련되어 사용된 용어인데, 버낼은 이집트의 종주권을 의미하는 것으로 본다. 투트모세는 에게해권에도 원정하였다.

> 화살 아홉 개를 함께 묶었다. W3ḏ wr*와즈 웨르의 가운데 있는 섬들, Ḥ3w nbwt* 하우 네부트 그리고 반역하는 외국들.[45]

W3ḏ wr*와즈 웨르(거대한 초록)라는 이름은 이른 시기부터 '바다'를 뜻했으나, 신왕국에 이르면 그것은 지중해에 그리고 구체적으로는 종종 에게해에 국한되었다. 버낼은 Ḥ3w nbwt(ḫ3[뒤에] nbwt[섬들], 즉 '섬들 뒤로부터'라는 의미)를 미케네 그리스인들을 나타내는 여러 이름들 중의 하나로 보고 있다. Ḥ3w nbwt는 「로제타 비문」에서 'Hellene'에 상응하기에 '그리스인'을 의미하는 것으로 여겨졌다.

---

44) J. Vercoutter, *L'Egypte et le monde égéen préhellénique: Etude critique des sources egyptiennes, du debut de la XVIIIe à la fin de la XIXe Dynastie*(Cairo: L'Institut français d'archéologie orientale, 1956), p.57, doc. 9b.
45) 나파타^{Napata} 또는 수단의 상 나일에 있는 제벨 바르칼^{Jebel Barkal}의 비문에서.

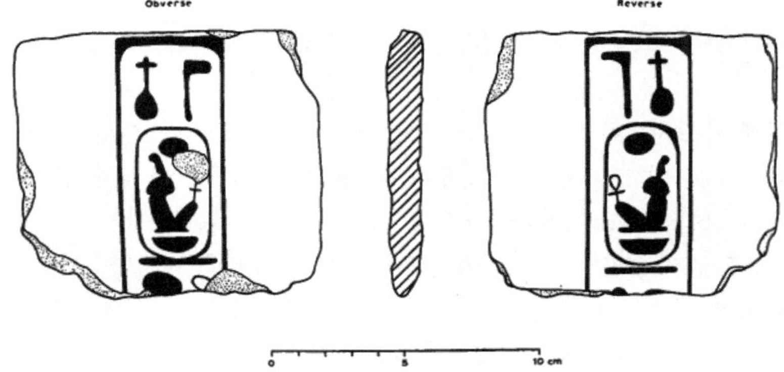

그림 5 1968년 그리스의 미케네에서 발굴된 이집트 제18왕조의 파라오 아멘호테프 3세 (1391-1353 B.C.)의 채색도자기 명판銘板. 발음은, nṯr nfr Nb m3ʿt Rʿ(S3 Rʿ), 네테르 네페르 네브 마아트 레(사 레). 뜻은, '좋은 신, 네브-마아트 레(레의 아들)'.

② 아멘호테프 3세의 채색도기명판

콤 엘-헤탄에 있는 아멘호테프 3세(기원전 1419-1381년)의 장제전葬祭殿에 있던 조각상의 다섯 번째 기단에는 Kftiw카프투(크레타)와 Tin3y타나야(미케네 그리스)라는 두 표제어 하에 에게해권 도시 이름의 목록을 작성한 것으로 보아 그 당시 이집트인이 적어도 기원전 14세기 초에 에게해권에 관해 구체적인 지식을 갖고 있었음을 보여준다. 그리고 그 파라오의 카르투시가 새겨진 유물이 발굴된 장소들 중에서 다섯 곳은 조각상 기단에 나타난다. 이는 기원전 1400년경 특정 도시들(키도니아, 크노소스, 파이스토스, 미케네, 키테라 섬)과 이집트 왕궁 사이에 접촉이 있었다는 문헌적·고고학적 증거가 모두 있음을 보여준다.[46] ([지도 15]를 보시오.)

1968년 테일러에 의해 미케네에서 발굴된 아멘호테프 3세의 채색도기명판[47]에 칠해진 유약에 포함된 납을 1970년 코닝 유리박물관Corning Museum of Glass의 브릴R. H. Brill은 분석하여 놀라운 결과를 발표하였다.

유약의 납은 분명히 L 타이프이다. 고대세계에서 L 타이프의 대부분은 라우리

---

46) E. Cline, E., "Amenhotep III and the Aegean: a reassessment of Egypto-Aegean relations in the 14th century BC," *Orientalia* N.S. 56(1987), p.7.

47) Eric Cline, "An Unpublished Amenhotep III Faience Plaque from Mycenae," *Journal of the American Oriental Society* 110-2(Apr.-Jun., 1990), p.211, 각주 57.

온 지역의 광산으로부터 왔다. 유약의 납은 18왕조의 노란 유리, 유약, 아이라이너eyeliner 같은 데에서 발견되는 납과는 뚜렷이 다르다.[48]

유약에 사용된 납은 아티카의 라우리온 광산에서 나왔다고 말하고 있는 것이다. 그렇다면 그 명판은 어디에서 제작된 것인가? 명판을 만든 높은 기법으로 보아 그리스에서 제작되었을 가능성은 크지 않다. 에릭 클라인은 그리스로부터 수입된 납으로 이집트에서 제작하였다고 주장하였는데, 그 주장이 더 타당성이 있다.[49] 그는 금속학자 N. H. 게일의 분석을 끌어들였는데, 그 분석에 따르면 제18왕조 이집트의 다른 세 가지 납 공예물을 구성하는 물질도 아티카의 라우리온에서 생산된 것이었다. 그는 "라우리온 구성 성분을 지닌 이집트의 공예물은 … 그 당시 미케네 문화와 이집트 문화 사이의 접촉을 시사한다"[50]는 게일의 코멘트를 인용한다. 그리스로부터 금속이 왔다는 생각을 지지하는 문헌 증거도 있는데 "(W3ḏ Wr)의 … 가운데에 있는 섬들'이 제19왕조 때 룩소르 신전에 있는 광산의 나라들 목록에 포함되어 있다.[51] 기원전 2천년기에 아티카로부터 이집트로 상당량의 금속이 수출되었다는 생각은 그리스 발전에 관한 고립모델을 완전히 뒤엎는다. 게일이 납 분석에 관한 글을 쓴 이후 그의 아내 Z. A. 스토스-게일은 제11왕조의 은 조각상이 라우리온 은으로 제작되었다는 사실을 발표했다![52] 이것은 금속 교역이 제18왕조의 절정기에 만개했지만, 그 시기에만 국한된 것이 아니라 경제적·정치적 상황이 허용되는 다른 시기에도 존재했다는 점을 알려준다.

---

48) 『블랙 아테나 II』, p.687에서 재인용.
49) 『블랙 아테나 II』, pp.687-688을 보시오.
50) N. H. Gale, N. H., "Some aspects of lead and silver mining in the Aegean world," in C. Doumas, ed., *Thera and the Aegean World: Papers Presented at the Second International Scientific Congress, Santorini, Greece, August /1978*, vol. 2(London, 1980), p.178.
51) J. Vercoutter, *L'Egypte et le monde égéen préhellénique*, p.139, doc. 41, pp.89-90, doc.19.
52) 제4장의 주23 참조.

③ 아멘호테프 4세

아멘호테프 4세 재위 12년(기원전 1369년경)에 'W3ḏ wr의 가운데'로부터 온
사람들이 파라오의 옥좌 앞에서 '생명의 숨결을 받기' 위해 공물을 바쳤다.[53]

후기헬라스 IIIA와 B의 도기가 이집트를 비롯해 동지중해권 전역에서 발굴
되자 동지중해의 교역이 미케네 그리스인의 수중에 있었다고 학자들은 주
장하였다. 버낼은 중국 자기가 유럽 도처에서 발굴된다고 해서 그러한 자
기들을 수송한 배들이 중국인의 수중에 있었다는 것은 아니라고 반론을 가
한다. 터키 남쪽 해안에서 발굴된 겔리도냐 난파선(기원전 1220년경)과 카
시 난파 상선(울루 부룬, 아멘호테프 4세 치세)에서 발굴된 난파선들에 대한
조사에 따르면 이 배들에는 이집트 선원만이 아니라 에게해권 선원과 레반
트 선원을 포함하는 여러 국적의 선원이 다양한 지역의 화물을 싣고 항해
하고 있었음을 보여준다. 기원전 1470-1220년 동지중해권은 완전히 코스
모폴리탄적인 세계였다.

2) 미케네 그리스의 수입품, 이집트의 밀

밀小麥에 해당하는 그리스 단어의 발음은 sitos다(선형문자 B 서판에서
sito로 나타난다). sitos의 메소포타미아 어원설을 주장하는 학자들도 있지
만, 버낼은 그리스와 메소포타미아 사이보다는 그리스와 이집트 사이에 훨
씬 더 직접적인 접촉이 있었으므로 그것이 이집트어 $s(w)t^*$세트/세웨트(밀)로
부터 왔다는 것이 더 개연성이 있다고 주장한다.[54] 금속 그리고 미케네의
도기에 담긴 상품들(또는 상품들이 담긴 도기 채로)의 대가로 이집트는 어떤
물건을 그리스에게 제공했을까? 밀이라는 그리스어의 그럴듯한 이집트어
어원으로 미루어 보건대, 그는 이집트로부터 수출되었다는 것을 가리키는
것 같다고 보고 있다. 시실리 출신 디오도로스(i.29)의 보고에 따르면, 청동
기시대 아테네 왕 에렉테우스는 기근을 덜기 위해 이집트로부터 많은 양의

---

53) J. Vercoutter, *L'Egypte et le monde égéen préhellénique*, pp.134-135, doc. 36 참조.
54) 『블랙 아테나 II』, p.692-693 참조.

곡물을 들여와 아테네 왕위를 확보했다.

후기 이집트어에서 ʿnḫ(w)아네크(아네쿠)는 '생명, 생명의 양식, 양식'을 뜻하였다. 이집트 공식어인 t3 n ʿnḫ타 엔 아네크(생명의 숨결)는 외국의 조공사절에게 파라오가 하사하는 정치적·정신적 의미만이 아니라 곡물 공급이라는 구체적인 의미를 지녔을 개연성이 있다. 신왕국 기간에 에게해권의 납과 은이 이집트로 수출되었다는 새로운 증거는 다음과 같은 가능성을 제기한다. 곧 이집트 곡물을 얻기 위한 금속 교역(상고기와 고전기에 존재했다고 알려졌다)이 이미 후기 청동기시대에 일어나고 있었을 가능성을 제기한다. 적어도 기근을 해소하기 위해 곡물을 공급받음으로써 미케네 그리스는 큰 인구를 부양할 수 있게 되어 자체적으로 생산된 식량은 모자라지만 전문적이고도 세련된 경제를 발전시킬 수 있었다.

투트모세 3세가 거둔 승리로 '이집트의 평화' 시대가 확립되면서 적어도 기원전 1470년 이래 촘촘하고 광범위한 교역망이 동지중해에 작동했다는 것은 설득력 있는 가정이다. 밀접한 접촉을 보여주는 문헌적·고고학적 증거를 고려하면, 수세기 동안 광범한 언어적·종교적·문화적 교환이 없었다면 그것이야말로 대단히 놀라운 일이다. 또한 이집트 및 레반트 문화의 장구한 전통과 세련됨으로 보건대, 문화의 주도적 흐름은 이집트·레반트로부터 에게해권으로 흘렀지 그 반대는 아닐 가능성이 매우 높다.

3) Pax Aegyptiaca의 와해와 청동기 시대의 종말

제12장 '영웅시대의 영웅적 종말'에서는 미케네 그리스사에서 실제적인 한 시대의 종언을 고하는 트로이 전쟁과 그 연대가 논의된다. 트로이 VIIa은 후기헬라스 IIIC의 시작(버낼에 따르면, 기원전 1220년경) 직후에 몰락했다. 고고학적 근거에서 트로이 포위는 기원전 1220-1200년경 사이에 있었던 것으로 보인다(「파로스 연대기」가 말하는 트로이 전쟁의 연대는 기원전 1218/17-1209/08년이다). 그리스에서의 소요는 기원전 1150년대에 극에 달했고 바로 그때 미케네가 몰락했던 것으로 보인다. 그 당시 청동기 문명이 몰락한 여러 이유가 있다. 한 가설에 따르면, 근본 원인은 기원전 13세기 4/4분기부터 영향을 미친 기후 이상이었다. 그런데 이 가설에 따라 연구한 학자들은 미케네 그리스에서 어떠한 장기간의 악화를 발견하지 못했다. 버

낼은 이 수수께끼가 기원전 1470-1220년 이집트의 곡물을 수입해 그리스인이 기근의 시기를 이겨낼 수 있었음을 받아들임으로써 풀릴 수 있다고 생각한다.

비록 기원전 13세기 후반과 12세기의 장기간 쇠퇴가 기후적 요인과 정치적 요인 모두로부터 기인했더라도, 우선적인 그리고 제1의 원인은 기원전 1200년경부터 시작된 그리스인들이 포함된 '바다의 민족들'의 준동으로 인해 '이집트의 평화'가 정치적으로 붕괴된 데에서 찾을 수 있다. 그런데 수많은 지역에서 청동기 문명을 최종적으로 무너뜨린 최후의 일격은 기원전 1159년 헤클라 III의 폭발 후 발생했던 기후악화였던 것으로 보인다.

III. 버낼의 제2가설에 대한 비판[55]

III장에서는 마틴 버낼의 수정고대모델을 떠받치고 있는 두 가설 중에서 두 번째 가설에 대한 비판을 할 것이다. 그렇다고 그의 수정고대모델이 흔들리는 것이 아니며, IV장에서 그 이유를 말할 것이다.

다나오스 신화에 역사적 핵이 담겨 있다는 생각을 받아들일 만하다고 여긴 학자들은 소위 학계의 이단자들만이 아니다. 『케임브리지 고대사』 제3판(1973, 아직까지는 최신판이다)에 프랭크 스터빙스는 '미케네 문명의 대두'라는 제목의 글에서 다음과 같이 기술하고 있다.

이처럼 전설이 말하는 다나오스의 정복과 새로운 미케네 왕조의 도래는 동일

---

55) 『블랙 아테나』에 대한 국내 학자들의 비평으로(연도순), 김봉철, 「서양 고대사학의 새로운 역사해석? ―마틴 버날(M. Bernal)의 그리스식민지론에 대한 비판적 고찰―」, 『서양고전학연구』, 13(1999); 김경현, 「검은 아테나 여신: 오늘의 미국과 고대 그리스」, 『창작과 비평』, 120(2003/여름); 김덕수, 「서양고대사학계의 '이단자' 마틴 버낼의 『블랙 아테나』」, 『서양사연구』, 34(May 2006); 유윤종, 「서평: 마틴 버낼/오흥식 역, 『블랙 아테나』(소나무, 2006)」, 『서양사론』, 90호(2006. 9); 오흥식, 「유럽중심주의의 극복과 사료로서의 그리스 신화」, 『서양사론』 95호(2007.12).
III장에서 필자는 버낼의 수정고대모델에 대한 좀 더 구체적인 비평을 하고자 한다. III장의 글은 필자의 이전의 논문―오흥식, 「다나오스 이전의 아르고스 왕조와 힉소스」, 『서양고대사연구』 27집(2010.12)―에 근거하고 있다.

한 사건으로 간주될 수 있고, 이 사건이 미케네 수갱묘들에서 나타나는 물질문
화의 개화를 설명하는 데에 필요한 것으로 보인다. 즉, 전승에 맞추어, 우리는
기원전 16세기 초에 이집트로부터 쫓겨난 힉소스 지도자들 중의 누군가에 의
한 아르골리스 정복을 가정할 수 있다.[56]

그런데 마틴 버낼은 『블랙 아테나 II』에서 스터빙스를 다음과 같이 비판한다.

> 이런 방식으로 스터빙스는 고대 모델 내에서 연구하고 있었다. 그러나 그의 틀
> 에서 주요한 결점은 힉소스가 제18왕조에 의해 이집트로부터 축출된 후 '탄원
> 자'로서 아르골리스에 도착했다는 고대 모델의 표준에 대한 충실함에 있다. 기
> 원전 16세기는 고대 연대기인 『파로스 연대기』가 말하는 다나오스 도래의 시
> 기이고, 이 시기를 오늘날의 연표는 힉소스의 축출 시기로 보고 있다. 그런데
> 이 완전한 결합은 테라 폭발의 연대 재설정 이전에도 가장 이른 수갱묘가 기
> 원전 17세기의 것으로 일반적으로 받아들여지고 있었다는 사실에 의해 손상
> 된다. 우리는 이제 수갱묘가 더 이르게 기원전 1600년보다는 기원전 1700년에
> 더 가깝게 만들어졌음에 틀림없다는 것을 알고 있다. 이처럼 이 부분에 관한
> 그의 틀과 고대 모델은 유지될 수 없다.[57]

그는 미케네의 가장 이른 수갱묘가 기원전 17세기의 것으로 일반적으로
받아들여지고 있는 것으로 보아 힉소스의 그리스 도래는 힉소스가 이집트
로부터 쫓겨날 때가 아니라, 하下이집트에 왕조를 창립한 직후인 18세기
후반이며 다나오스는 그 때의 인물이라고 말하고 있는 것이다. 이는 그의
수정 고대모델(고대 그리스인들의 주장에 약간의 수정을 가한 모델)을 떠받치
는 두 기둥 중의 하나다.

필자가 제안하는 고대모델에 대한 첫 번째 수정은 기원전 4, 3천년기에 북쪽으
로부터 인도유럽어를 말하는 자들의 그리스 침입 또는 침투가 있었다는 생각

---

56) Frank H. Stubbings, "The Rise of Mycenaean Civilization," *Cambridge Ancient History*(1975),
    vol. 2, part 1, p.636.
57) 『블랙 아테나 II』, p.579.

을 받아들이자는 것이다.[58] 필자가 원하는 두 번째 수정은 다나오스의 그리스 상륙을, 고대의 연대기가 말하는 대로, 힉소스 시기의 말인 1575년이나 그 이후로 잡지 말고, 그 시초인 기원전 1720년경으로 잡자는 것이다.[59]

스터빙스와 버낼 모두 힉소스의 축출 시기 이전에도 미케네 그리스의 물질문화가 힉소스의 물질문화라고 주장하는 데에는 동일하다. 두 사람 모두 중기미노아 III(MMIII) 시기(이 시기가 스터빙스는 1700년부터, 버낼은 1730년부터 시작되는 것으로 보고 있다)부터 힉소스의 물질문화가 그리스 본토에서 나타난다고 보았다. 두 학자의 차이점은, 버낼이 다나오스를 기원전 18세기 인물로 잡고 힉소스가 직접 그리스 땅을 정복한 결과 그러한 물질문화가 남게 된 것이라고 주장하는 반면에, 스터빙스는 크레타를 통한 간접적인 확산을 시사한다. 그런데 고대 그리스 저자들이, 두 학자들의 생각처럼, 다나오스 이전에 그리스 땅에 도래한 힉소스들은 언급하고 있지 않은 것일까? 우선 다나오스 이전 아르고스 왕조의 족보를 사료에 근거하여 작성해 보자.

1. 다나오스 이전의 아르고스 왕조

아폴로도로스(ii.1.1)와 파우사니아스(ii.16.1)의 기록을 근거로 이나코스로부터 다나오스 도래에 이르는 시기의 족보를 구성하면 위 도표의 오른쪽과 같다. 그런데 문제가 있다. 보통 이오는 이나코스의 딸로 알려져 있는데(헤로도토스, i.1.1), 아폴로도로스와 파우사니아스는 이아소스의 딸로 기술하고 있기 때문이다. 이오는 방랑하다가 이집트에 이르게 되고 그곳에서 후손들을 두게 된다. 이나코스 후손 족보와 아폴로도로스(ii.1.4)에 근거한 이오의 후손 족보를 병립시켜보자. 이오와 그 후손들의 족보는 [표 2]의 왼쪽 부분에서 ①이 아니라 ②에 위치하여야 한다. 이오는 이나코스의 딸이 아니라, 이아소스의 딸이다.

---

58) 버낼은 아리안주의자들(정통론자들)이 주장하는 기원전 23세기 경 인도유럽어를 말하는 자들의 그리스 남침(이 남침은 고대 그리스 기록에는 언급되지 않았다)을 받아들이고 있는데, 그 연대를 상향조정하여 기원전 25세기로 보고 있다. 『블랙 아테나 II』, p.220을 보시오.

59) 『블랙 아테나 I』, pp.55-56. 그리고 두 번째 수정의 근거에 관해서는, 『블랙 아테나 II』, p.41을 참조하시오.

[**표 2**] 다나오스 이전 아르고스 왕조의 족보와 중요 연대들

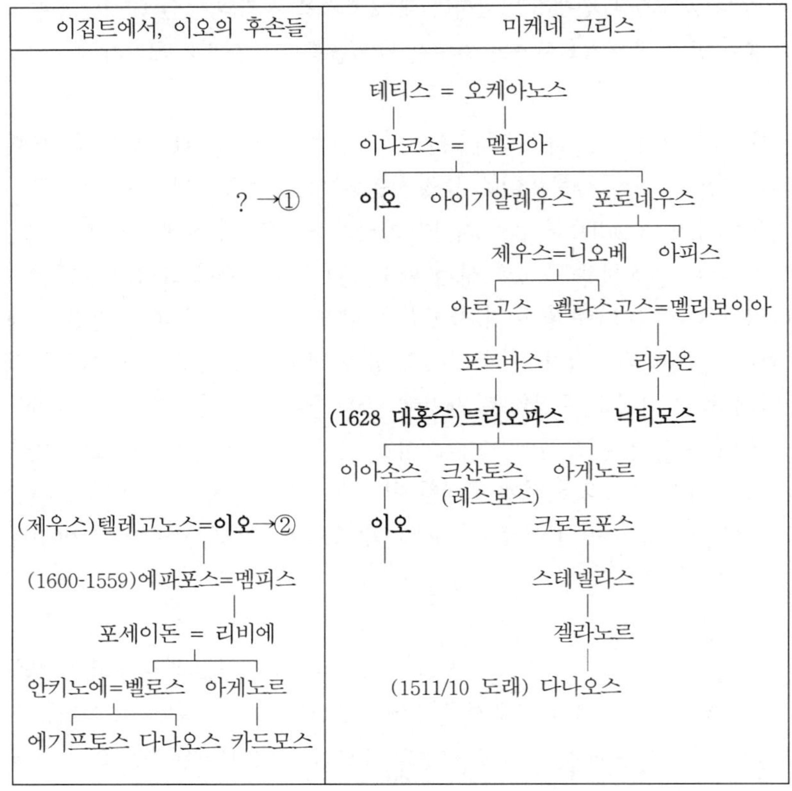

상기의 족보에서 절대연대를 제공할 수 있는 중요한 사건이 데우칼리온
의 홍수이다. 버낼은 데우칼리온의 홍수가 테라폭발에 뒤이은 쓰나미 효과
로 발생한 것으로 보고, 과학자들이 주장하고 있는 폭발 연대들 중에서 기
원전 1628년 설을 받아들인다. 팔자도 동의한다. 아폴로도로스(iii.8.1-2)는
데우칼리온의 홍수가 아르카디아에서는 리카온의 아들 닉티모스의 치세에
일어났다고 기록하고 있다. 이 홍수가 아르고스에서는 어느 왕의 치세에
발생하였을까? 니오베의 후손들로서 닉티모스와 트리오파스가 같은 세대
이니([표 2]를 보시오) 아르고스에서는 트리오파스 치세에 그 홍수가 발생
하였다.60)

2. 다나오스, 재판을 통해 아르고스 왕이 되다

이집트인들에게 축출된 다나오스가 그리스 땅 아르고스에 당도하자, 아르고스 왕위를 놓고 기존의 왕 스테넬라스와 다툰다.

> 아르고스에 도착하자 그는 스테넬라스의 아들 겔라노르에게 왕국을 양도할 것을 주장하였다. 많은 그럴듯한 주장들이 양쪽에서 제기되었고, 스테넬라스의 주장들이 반대파의 주장들만큼 정당한 것으로 여겨졌다. 그리하여 재판하기 위해 앉아 있었던 사람들은 이튿날까지 결정을 연기하기로 했다고 그들은 말한다(ὁ μὲν δῆμος ὑπερέθετο—φασὶν—ἐς τὴν ἐπιοῦσαν κρίνειν).[61]

다나오스가 아르고스를 전투를 통해 접수한 것이 아니라 재판을 통해 아르고스의 왕이 되었다는 내용이다. 다나오스는 아르고스의 왕 스테넬라스보다 자신이 아르고스 왕이 될 자격이 있다고 주장했다는 내용이다. 이는 스테넬라스와 다나오스가 혈연적으로 연결되었을 경우에야 이해될 수 있는 상황이다.

트리오파스의 아들 중에는 이아소스와 아게노르가 있었는데([표 2] 참조), 왕위는 이아소스에게로 이어졌다. '이아소스의 백성들(Ἰασίδαι)'과 '이아소스의 아르고스(Ἴασον Ἄργος)'라는 말이 있을 정도로 이아소스 치세에 아르고스는 번영을 맞았는데(스트라본, viii.6.9), 그 다음 왕위는 이아소스의 혈통이 아닌 자에게로 넘어간다. 왜 그랬던 것일까?

> 트리오파스는 이아소스와 아게노르를 낳았다. 헤로도토스가 기록한 상황 하에서이든 그리스인들이 이야기하는 상황 하에서이든, 이아소스의 딸 이오는 이집트로 갔다. 이아소스 이후 아게노르의 아들 크로토포스가 왕좌에 올라 …[62]

이아소스의 딸 이오가 이집트로 건너갔고, 아르고스의 왕위가 이아소스의 형제 아게노르의 아들인 크로토포스에게로 이어졌던 것이다.

파우사니아스(ii.16.1)는 다나오스가 "아게노르의 후손의 왕국 계승권을

---

60) 디오도로스, v.81.1–3도 참조하시오.
61) 파우사니아스, ii.19.3.
62) 파우사니아스, ii.16.1.

정지시켰다(τοὺς ἀπογόνους τοὺς 'Αγήνορος βασιλείας ἔπαυσεν)"고 기술하고 있다. 이아소스의 후손 다나오스는 아르고스에 도래하여 아게노르의 후손 겔라노르에게 혈통을 앞세워 아르고스 왕위를 요구하였고 그 요구를 아르고스인들이 재판을 통해 인정했던 것으로 보아야 한다. 다나오스를 축출된 힉소스와 관련된 인물로 보고, 이러한 다나오스의 왕위 요구가 정당하려면, 다나오스 이전의 아르고스 왕조가 힉소스 왕조라는 것이 전제되어야 할 것이다.[63] 그렇다면 버낼의 주장과는 달리, 다나오스는 그리스에 도래한 최초의 힉소스가 아니다.

IV. 버낼의 공헌

1991년 『블랙 아테나 II』가 출간된 이후 버낼에 대한 학계의 비판은 격렬해졌다. 이제 그가 미케네 그리스와 이집트 및 레반트 사이의 관계사에 관한 고고학적 증거와 문헌증거라는 구체적인 증거들을 내놓자 그 증거들을 중심으로 논쟁의 장이 형성될 수 있었기 때문이다. 특히 1996년에 출간된 메어리 레프코위츠와 G. M. 로저스가 16명의 전문학자들의 반론들을 편집한 *Black Athena Revisited*가 출간되어 『블랙아테나 II』에 대한 본격적인 반론들이 결집되었다.[64] 버낼은 제3권을 집필 중이었으나[65] 이를 미루고 이에 대한 반론의 책인, *Black Athena Writes Back*(2001)을 출간하였다.[66] 『블랙 아테나』에 대한 반론과 그의 재반론이 담겨 있으니, 이 책은 그의 주장을 독자들이 좀 더 객관적으로 평가하는 데에 기여할 것이다.

『블랙 아테나 II』를 비평한다면, 그의 방대한 저서 속에 담겨있는 적지 않은 부분들은 논박의 대상이 될 수 있겠지만 청동기 시대 그리스는 동지

---

63) 도리스족의 침입했을 무렵 힉소스 왕조인 테베 카드모스 왕조의 마지막 왕 아우테시온의 아들 테라스가 테라 섬의 왕이 된 경우를 참조하시오(헤로도토스, iv.147.4-5).

64) Mary R. Lefkowitz & G. M. Rogers ed, *Black Athena Revisited*(The University of North Carolina Press, 1996).

65) M. Bernal, *Black Athena: The Linguistic Evidence*(Rutgers University Press: New Brunswick, New Jersey, 2006).

66) M. Bernal, *Black Athena Writes Back: Martin Bernal Responds to His Critics*(Duke University Press Durham & London, 2001).

중해권으로부터 막대한 영향을 받았다는 그의 주장의 큰 틀에는 이렇다 할 논박을 하지 못할 것이라는 점이다. 예를 들어보자. 앞 장에서 필자는 버낼의 수정고대모델을 지지하는 두 기둥 중의 하나를 비판하였다. 필자는 다나오스의 도래 연도는 고대 그리스 저자들이 한결 같이 기록하고 있듯이 힉소스가 축출될 때인, 「파로스 연대기」에 따르면 기원전 1511년에 도래한 것이지, 버낼이 주장하듯이 힉소스가 하下이집트를 정복한 초기인 기원전 1700년경이 아니라고 주장하였다. 그러나 필자의 주장이 옳다 하더라도 그의 기본적인 틀에는 크게 영향을 미치지 않는다. 그는 고고학적으로 기원전 17세기에 속하는 미케네의 수갱묘가 크레타 같은 곳을 통해 간접적으로 힉소스의 영향의 받아 조성된 것이 아니라 힉소스의 직접적인 정복과 지배를 통해 남게 된 것이라고 주장하고 있기 때문이다. 에밀리 버뮬이 "정직하게 말하면, 중기헬라스 그리스는 수갱묘의 격렬한 화려함을 꾸밀 만한 것을 전혀 갖고 있지 않았다"[67]고 기술하고 있듯이, 수갱묘는 힉소스의 영향을 간접적으로 받아 그 당시 그리스의 경제력으로 조성할 수 있는 묘가 아니다. 그리스 문헌에 다나오스 이전에 그리스 땅에 도래한 힉소스는 언급되어 있지 않다고 생각한 버낼은 이를 설명하기 위해 다나오스의 도래를 1700년경으로 설정했다고 볼 수 있기 때문이다.

『블랙 아테나』는 고대 그리스사의 근본적인 문제를 여러 국면에서 그리고 새로운 각도에서 다루고 있기 때문에 적지 않은 결점들이 있을 것임에 틀림없다. 그러나 캘리포니아 주립대 교수인 스탠리 버스틴(1941년 출생)은 『블랙 아테나』가 공헌한 점을 다음과 같이 기술하고 있다.

『블랙 아테나』가 결점을 지녔다고 해서, 당대 그리스인들의 역사서술의 신빙성을 보이려는 버낼의 프로젝트의 중요성이 줄어드는 게 아니다. … 그리스인의 역사서술을 진지하게 읽어내지 않는다면, 그러한 건성 읽기는 『블랙 아테나』 식의 사료 읽기를 견디어낼 수 없을 것이다. 『블랙 아테나』 식의 사료 읽기 하나만으로도 버낼은 모든 사람들의 감사를 받을 만하다. 또한 그는 그리스 문명의 기원에 관한 의문을 몇 십년 만에 처음으로 역사학의 화두로 제시했다

---

67) E. Vermeule, *Greece in the Bronze Age*(Chicago: University of Chicago Press, 1964), p.81.

는 점에서 감사를 받을 만하다.[68]

버스틴은 미케네 문명의 기원이 이집트와 레반트에 있었다는 고대 그리스 저자들의 기록을 진지하게 다시 생각해야 한다는 점을 제시한 것은 버널의 큰 업적이라고 말하고 있는 것이다.

그는 『블랙 아테나』를 4권으로 기획하였고, 현재 제3권까지 출간되었다. 독자들은 물론 학자들조차도 『블랙 아테나 II』을 읽고 의문이 생겨날 것이고 그러면 다음 책이 출간되어 의문을 해소해주기를 바란다. 제2권의 서론 초두에서 그는 "내가 이 책에 대해 자부할 수 있는 것은 답변되어야 할 문제를 제기했다는 점뿐이다"고[69] 말하고 있다. 그가 제기한 문제를 그 혼자서 해결해주기를 바라서는 안 된다. 마르크스가 던진 화두를 지난 2세기에 걸쳐 수많은 마르크스주의자들이 풀려고 했듯이, 버널의 화두도 그러해야 한다.

*　　　*　　　*

이 번역본이 나오기까지 많은 분들이 애써 주셨다. 편집교정을 담당한 온현정 선생님, 이 책에 나오는 우가릿어를 한글로 음역해준 『우가릿어 사전』(요제프 트롭퍼 지음, 한님성서연구소, 2010)의 개역자 주원준 선생님께 감사한다. 특히 『블랙 아테나 II』에는 이집트 상형문자와 셈어의 전문표기가 많은데, 이를 한글로 음역하여(예를 들면, 네체르^{ntr}) 독자의 생소함을 덜어줄 것을 조언해준 소나무출판사의 유재현 사장께 감사를 표한다. 그리고 마음을 써주신 다른 분들께도 진심으로 감사한다.

오리엔트 문명에 관한 관심을 일깨워주셨던 스승이신 고故 진모덕陳慕德 신부님Fr. James R. Murduck에게 감사를 드린다. 서양고대사를 가르치셨던 신부님이 대학을 떠나시기 조금 전에 '고대동방(오리엔트)'이라는 과목을 개설해 놓으셨는데, 그 과목을 몇 년 동안 강의해온 경험이 나에겐 『블랙 아테나』를 번역할 수 있는 밑거름이 되었다. Gratias tibi ago et te amo.

---

68) Stanley M. Burstein, Untitled(Reviewed work: *Black Athena. Volume 2: The Archaeological and Documentary Evidence* by Martin Bernal), *Classical Philology*, Vol. 88, No. 2(Apr., 1993), p.162.

69) 『블랙 아테나 II』, p.22. 그리고 『블랙 아테나 I』, p.614도 보시오.

BIBLIOGRAPHY

Abel, L. S. (1966) *Fifth Century B.C. Concepts of the Pelasgians*. MA thesis, Stanford University.

Abou-Assaf, A., Bordreuil, P. and Millard, A. R. D. (1982) *La Statue de Tell Fekheriyé: et son inscription bilingue assyro-araméenne*. Paris: Études Assyriologiques, Éditions recherche sur les civilisations no.7.

Adams, W. Y. (1968) 'Invasion, diffusion and evolution', *Antiquity* 42: 194–215.

—— (1984) *Nubia: Corridor to Africa*. London: Allen Lane & Unwin; Princeton, NJ: Princeton University Press.

Aḥituv, S. (1984) *Canaanite Toponyms in Ancient Egyptian Documents*. Jerusalem: Magnes; Leiden: Brill.

Ahl, F. (1982) 'Amber, Avallon and Apollo's singing swan', *American Journal of Philology* 103: 373–411.

—— (1985) *Metaformations: Soundplay and Wordplay in Ovid and Other Classical Poets*. Ithaca, NY: Cornell University Press.

Aitken, M. J. (1987) 'The Minoan eruption of Thera, Santorini: a reassessment of the radiocarbon dates', in R. E. Jones and H. W. Catling, eds. *Science in Archaeology: Proceedings of a Meeting Held at the British School at Athens*.

—— (1988) 'The Thera eruption: continuing discussion of the dating, 1, resumé of dating', *Archaeometry* 30: 165–9.

Åkerström, A. (1975) 'More Canaanite jars from Greece', *Opuscula Athensiensa* 11: 185–92.

Akurgal, E. (1968) *The Art of Greece: Its Origins in the Mediterranean and the Near East*. New York: Crown Publishers.

Albright, W. F. (1923) 'The principles of Egyptian phonological development', *Recueils de Travaux* 40: 64–70.

—— (1934) *The Vocalization of the Egyptian Syllabic Orthography*. New Haven, Conn.: American Oriental Society series, vol. 5.

—— (1939) 'Review of Wolfram Freiherr von Soden, *Der Aufstieg des Assyrerreichs als geschichtliches Problem*', Orientalia N.S. 8: 120–3.

—— (1942) *Archaeology and the Religion of Israel*. Baltimore, Md.: Johns Hopkins University Press.

—— (1945) 'An indirect synchronism between Egypt and Mesopotamia *circa* 1730 BC', *Bulletin of the American Schools of Oriental Research* 99: 9–18.

—— (1950) 'Some Oriental glosses on the Homeric problem', *American Journal of Archaeology* 54: 160–76.

—— (1957) *From the Stone Age to Christianity: Monotheism and the Historical Process*, 2nd. edn. Garden City, NY: Doubleday.

—— (1960) *The Archaeology of Palestine*, rev. edn. London: Penguin.

—— (1961) 'The role of the Canaanites in the history of civilization', appendix to *The Bible and the Ancient Near East (Essays in Honor of William Foxwell Albright)*, ed. E. G. Wright. Garden City, NY: Doubleday, pp. 328–62.

—— (1965) 'Some remarks about the archaeological chronology of Palestine before about 1500 BC', in R. W. Ehrich, ed., *Chronologies in Old World Archaeology*. Chicago: University of Chicago Press, pp. 54–7.

—— (1968) *Yahweh and the Gods of Canaan: A Historical Analysis of Two Contrasting Faiths*. London: Athlone Press.

—— (1970) 'The biblical period', in L. Finkelstein, ed., *The Jews Their History*. New York: Schocken, pp. 1–71.

—— (1975) 'Syria, the Philistines and Phoenicia', *Cambridge Ancient History*, 3rd edn, Vol II, pt. 2, pp. 507–13.

Aldred, C. (1971) *Jewels of the Pharaohs: Egyptian Jewellery of the Dynastic Period*. London: Thames & Hudson.

Alexiou, S. (1967a) 'Arkhaiotetes kai Mneimeia Kentrikes kai Anatol. Kretes', *Archaiologikon Deltion* 22: 2.2.

—— (1967b) *Hysterominōikoi taphoi limenos Knōsou Katsamba*. Athens: Bibliothēkē tēs en Athēnais Archaiologikēs Etairias 56.

Allen, T. G. (1974) (trans.) *The Book of the Dead or Going Forth by Day*. Chicago: Oriental Institute.

Alt, A. (1954) 'Die Herkunft der Hyksos in neuer Sicht', *Berichte über die Verhandlungen der sächsischen Akademie der Wissenschaften zu Leipzig. Phil.-Hist. Klasse* 101: 6.

Altenmüller, B. (1975) 'Anubis', in W. Helck and E. Otto, *Lexikon der Ägyptologie*, vol. I, cols 327–33.

—— (1977) 'Harsaphes', in W. Helck and E. Otto, *Lexikon der Ägyptologie*, vol. II, cols 1015–18.

Amiet, P. (1977) *The Art of the Ancient Near East*, trans. J. Shepley and C. Choquet. New York: Harry N. Abrams Inc.

Andel, T. van and Lianos, N. (1983) 'Prehistoric and historic shorelines of the southern Argolid peninsula', *Journal of Nautical Archaeology and Underwater Exploration* 12: 303–24.

Andel, T. van and Runnels, C. N. (1988) 'An essay on the "emergence of civilization" in the Aegean world', *Antiquity* 62. 235: 234–47.

André, J. (1948) *Étude sur les termes de couleur dans la langue latine.* Paris: Klincksieck.

Angel, J. L. (1957) 'Kings and commoners', *American Journal of Archaeology* 61: 181.

Apollodoros (1921) *The Library,* J. G. Frazer, trans., 2 vols. Cambridge, Mass.: Harvard University Press (Loeb).

Apollonios of Rhodes (1959) *The Voyage of Argo: The Argonautica,* trans. with intro. E. V. Rieu. Harmondsworth: Penguin.

Arbeitman, Y. and Bomhard, A. R., eds. (1981) *Bono Homini Donum: Essays in Historical Linguistics, in Memory of J. Alexander Kerns,* 2 vols. Amsterdam: John Benjamins.

Arbeitman, Y. and Rendsburg, G. (1981) 'Adana revisited: 30 years later', *Archív Orientální* 49: 145–57.

Aristotle, *De Caelo.*
Metaphysica.
Meteriologica.
Politics, T. A. Sinclair, trans. Harmondsworth: Penguin, 1962.

Arkell, A. J. (1961) *History of the Sudan to 1821.* London: University of London, Athlone Press.

Arktinos, *Aithiopis,* see Kinkel (1887, pp. 33–6).

Armayor, O. K. (1978) 'Did Herodotos ever go to Egypt?', *Journal of the American Research Center in Egypt* 15: 59–73.

—— (1985) *Herodotus' Autopsy of the Fayoum: Lake Moeris and the Labyrinth of Egypt.* Amsterdam: Gieben.

Arnold, D. (1977) 'Fajjum', in W. Helck and E. Otto, *Lexikon der Ägyptologie,* vol. II, cols 87–93.

Arrian (1929) *Anabasis of Alexander,* E. I. Robson, trans. New York: Putnam.

Artzy, M. (1985) 'Supply and demand: a study of second millennium Cypriot pottery in the Levant', in A. B. Knapp and T. Stech, eds., *Prehistoric Production and Exchange: The Aegean and East Mediterranean.* Los Angeles: Institute of Archaeology, Monograph 25, University of California, pp. 93–9.

Asaro, F. and Perlman, I. (1973) 'Provenance studies of Mycenaean pottery using neutron activation analysis', in V. Karageorghis, ed., *The Mycenaeans in the Eastern Mediterranean,* Acts of the International Symposium, Nicosia, 1972, pp. 213–24.

Ashton, L. and Gray, B. (1935) *Chinese Art.* London: Faber.

Assmann, J. (1984) 'Politik zwischen Ritual und Dogma: Spielräume politischen Handelns im pharaonischen Ägypten', *Saeculum* 35: 97–114.

Astour, M. C. (1964a) 'The second millennium B.C. Cypriot and Cretan onomastica reconsidered', *Journal of the American Oriental Society* 84: 240–54.

—— (1964b) 'Greek names in the Semitic world and Semitic names in the Greek world', *Journal of Near Eastern Studies* 23: 193–204.

—— (1966) 'Aegean place-names in an Egyptian inscription', *American Journal of Archaeology* 70: 314–17.

—— (1967a) *Hellenosemitica: An Ethnic and Cultural Study in West Semitic Impact on Mycenaean Greece.* Leiden: Brill.

—— (1967b) 'The problem of Semitic in Ancient Crete', *Journal of the American Oriental Society* 87: 290–5.

—— (1972a) 'Some recent works on Ancient Syria and the Sea Peoples', *Journal of the American Oriental Society* 92.3: 447–9.

—— (1972b) 'The merchant class of Ugarit', *Bayerische Akademie der Wissenschaften Abhandlungen* 75: 11–26.

—— (1981) 'Ugarit and the great powers', in G. D. Young, ed., *Ugarit in Retrospect: Fifty Years of Ugarit and Ugaritic.* Winona Lake, Ind.: Eisenbrauns, pp. 3–29.

—— (1987) Personal letter, 5 March.

Åström, P. (1971) 'Three Tel el Jahudieh juglets in the Thera Museum', *Acta of the 1st International Congress on the Volcano of Thera, 15–23 September 1969.* Göteborg: Paul Åströms Förlag, pp. 415–21.

—— (1973) 'Comments on the corpus of Mycenaean pottery in Cyprus', in V. Karagheorghis, ed., *The Mycenaeans in the Eastern Mediterranean,* Acts of the International Symposium, Nicosia, 1972, pp. 122–7.

—— (1978) 'Methodological viewpoints on Middle Minoan chronology', *Opuscula Atheniensia* 12.4: 87–90.

—— (1987–9) *High, Middle or Low? Acts of an International Colloquium on Absolute Chronology Held at the University of Gothenburg 20–22 August 1987,* 3 pts. Göteborg: Paul Åströms Förlag.

Attridge, H. W. and Oden, R. A. (1981) *Philo of Byblos, The Phoenician History: Introduction, Critical Text, Translation, Notes.* Washington, DC: Catholic Biblical Quarterly Monograph Series, 9.

Austin, M. M. (1970) *Greece and Egypt in the Archaic Age.* Cambridge: Proceedings of the Cambridge Philological Society, Supplement 2.

Bacon, J. R. (1925) *The Voyage of the Argonauts.* London: Small, Maynard & Co.

Baillie, M. G. L. (1988a) 'Irish oaks record volcanic dust veils drama!', *Archaeology Ireland* II. 2: 71–4.

—— (1988b) 'Marker dates', *Archaeology Ireland* II. 4: 154–5.

—— (1989a) 'Hekla 3 – just how big was it?', *Endeavour* 13.2: 78–81.

—— (1989b) 'Irish tree rings and an event in 1628 BC', in *Thera and the Aegean World III: Papers to Be Presented at the Third International Congress at Santorini Greece. 3–9 September 1989.* Thera Foundation, pp. 1–9.

Baillie, M. G. L. and Munro, M. A. R. (1988) 'Irish tree rings, Santorini and volcanic dust veils', *Nature* 332. 24/3: 344–6.

Baillie, M. G. L. and Pincher, J. (1984) 'Make a date with a tree', *New Scientist* 17.3: 48–51.

Baker, J. R. (1974) *Race.* London: Oxford University Press.

Balcer, J. M. (1974) 'The Mycenaean dam at Tiryns', *American Journal of Archaeology* 78: 141–50.

Balkan, K. (1954) *Kassiten Studien 1. Die Sprache der Kassiten,* trans. from Turkish by R. Krauss. New Haven, Conn.: American Oriental Series, vol. 37.

—— (1955) *Kaniš Kārum'unun Kronoloji Problemeri Hakkinda Müşahedeler: Observations on the Chronological Problems of the Kārum Kaniš. Türk Tarih Kurumu Yayinlarindan, VII*, seri no. 28. Ankara: Türk Tarih Kurumu Basimevi.

Ban Gu (1959) *Hanshu*, ed. Wang Xianqian, 8 vols. Shanghai: Shangwu Yinshuguan.

Banti, L. (1931) 'La grande tomba a Tholos di Hagia Triadha', *Annuario de la Scuola Archeologica di Atene* 13: 155–251.

Baramki, D. (1961) *Phoenicia and the Phoenicians*. Beirut: Khayats.

Barber, R. L. N. (1984) 'The status of Phylakopi in Creto-Cycladic relations', in R. Hägg and N. Marinatos, eds., *The Minoan Thalassocracy: Myth and Reality: Proceedings of the 3rd International Symposium at the Swedish Institute in Athens 31 May–5 June 1982. Skrifter utgivna av Svenska Institutet i Athen, 4*, pp. 167–78.

—— (1987) *The Cyclades in the Bronze Age*. London: Duckworth.

Barnard, K. (1981) *The Paradigm of Race and Early Greek History*, paper for an undergraduate course, Government 352, Cornell University.

Barnard, N. (1975) *First Radio Carbon Dates from China*. Canberra: Australian National University, Institute of Advanced Studies, Department of Far Eastern History, Research School of Pacific Studies, Monographs on Far Eastern History 8.

Barnes, B. (1982) *T. S. Kuhn and Social Science*. New York: Columbia University Press.

Barnett, R. D. (1956) 'Ancient Oriental Influence on Archaic Greece', in S. S. Weinberg, ed., *The Aegean and the Near-East, Studies Presented to Hetty Goldman*. Locust Valley, NY: Augustin, pp. 212–38.

—— (1960) 'Some contacts between Greek and Oriental religions', in O. Eissfeld, ed., *Éléments orientaux dans la religion grecque ancienne*. Paris: Presses Universitaires de France, pp. 143–53.

—— (1975) 'The Sea Peoples', *Cambridge Ancient History*, 3rd edn., vol. I, pt. 2, pp. 359–78.

Baron, S. W. (1952) *A Social and Religious History of the Jews*, vols. 1–2. New York: Columbia University Press.

—— (1976) *The Russian Jew under Tsars and Soviets*, 2nd enl. edn. New York: Macmillan.

Barthélemy, J.-J. (1763) 'Réflexions générales sur les rapports des langues égyptienne, phénicienne et grecque', *Recueils des Mémoires de l'Académie des Inscriptions* 32: 212–33.

Bartolini, P. (1988) 'Ships and navigation', in Sabatino Moscati, ed., *The Phoenicians*. Milan: Bompiani, pp. 72–7.

Bass, G. F. (1961) 'The Cape Gelidonya wreck: preliminary report', *American Journal of Archaeology* 65: 267–86.

—— (1967) 'Cape Gelidonya: a Bronze Age shipwreck', *Transactions of the American Philosophical Society* 57.8.

—— (1970) 'A hoard of Trojan and Sumerian jewellery'. *American Journal of Archaeology* 74: 335–41.

—— (1986a) 'A Bronze Age shipwreck at Ulu Burun (Kaş): 1984 Campaign', *American Journal of Archaeology* 90: 269–96.

—— (1986b) 'Underwater excavation of the Ulu Burun shipwreck', *Kazu Sonuçlari Toplantisi*, Ankara; T.C. Kültür ve Turizm Bakanliği Eski ve Müzeler Genel Müdülüğü. VII. II.

—— (1987) 'Oldest known shipwreck reveals splendors of the Bronze Age', *National Geographic* 172.6: 693–733.

—— (1990) Personal communication, 6 January.

—— (forthcoming) 'Evidence of trade from Bronze Age shipwrecks', *Proceedings of the Oxford Conference on Bronze Age Trade*.

Bass, G. F., Pulak, C., Collon, D. and Weinstein, J. (1989) 'The Bronze Age shipwreck at Ulu Burun: 1986 campaign', *American Journal of Archaeology* 93: 1–29.

Bates, O. (1914) *The Eastern Libyans: An Essay*. London: Frank Cass.

Baumgarten, A. J. (1981) *The Phoenician History of Philo of Byblos: A Commentary*. Leiden: Brill.

Beattie, A. J. (1962) 'The Aegean languages of the Heroic Age', in A. J. B. Wace and F. H. Stubbings, eds., *A Companion to Homer*. London: Macmillan, pp. 311–24.

Beckerath, J. von (1965) *Untersuchungen zur politischen Geschichte der Zweiten Zwischenzeit in Ägypten*. Ägyptische Forschungen Heft 23. Glückstadt, New York: Augustin.

—— (1975) 'Amenemhet I-VI', in W. Helck and E. Otto, *Lexikon der Ägyptologie*, vol. I, cols 188–93.

—— (1980) '*Kalender*', in W. Helck and E. Otto, *Lexikon der Ägyptologie*, vol. II, cols 297–9.

—— (1982a) 'Mentuhotep I', in W. Helck and E. Otto, *Lexikon der Ägyptologie*, vol. IV, col. 66.

—— (1982b) 'Mentuhotep II', in W. Helck and E. Otto, *Lexikon der Ägyptologie*, vol. IV, cols 66–8.

Bell, L. (1985a) 'Luxor Temple and the cult of the royal Ka', *Journal of Near Eastern Studies* 44: 251–94.

—— (1985b) 'Aspects of the cult of the deified Tutankhamen', in *Mélanges Gamal Eddin Mokhtar*. Cairo: Institut français d'archéologie orientale, pp. 31–61.

Beloch, J. (1893) *Griechische Geschichte*. Strasburg: Trübner.

—— (1894) 'Die Phoeniker am aegischen Meer', *Rheinisches Museum* 49: 111–32.

Bennet, J. (1990) 'Knossos in context: comparative perspectives on the Linear B administration of LMII–III Crete', *American Journal of Archaeology* 94: 193–211.

Benz, F. L. (1972) *Personal Names in the Phoenician and Punic Inscriptions*. Rome: Biblical Institute.

Bérard, A. (1971) Préface, in V. Bérard, *Les Navigations d'Ulysse*, 3 vols. Paris: Librairie Armand Colin.

Bérard, J. (1951) 'Philistines et préhellènes', *Revue archéologique*, série 6. 37: 129–42.

——— (1952) 'Les Hyksos et la légende d'Io: recherches sur la période pré-mycenienne', *Syria* 29: 1–43.

Bérard, V. (1894) *De l'origine des cultes arcadiens: Essai de méthode en mythologie grecque*. Paris: Bibliothèque des Écoles Françaises d'Athènes et de Rome.

——— (1902–3) *Les Phéniciens et l'Odyssée*, 2 vols. Paris: Librairie Armand Colin.

——— (1927–9) *Les Navigations d'Ulysse*. Paris: Librairie Armand Colin.

Bernal, M. (1986) 'Black Athena denied: the tyranny of Germany over Greece', *Comparative Criticism* 8: 3–69.

——— (1987) 'On the transmission of the alphabet to the Aegean before 1400 B.C.', *Bulletin of the American Schools of Oriental Research* 267: 1–19.

——— (1988) 'The British Utilitarians, imperialism and the fall of the Ancient Model', *Culture and History* 3: 98–117.

——— (1989a) 'First by land then by sea: thoughts about the social formation of the Mediterranean and Greece', in E. Genovese and L. Hochberg, eds., *Geographic Perspectives in History*. Oxford: Blackwell.

——— (1989b) '*Black Athena* and the APA' in J. Peradotto and M. Myerowitz Levine, eds., 'The Challenge of "Black Athena"', *Arethusa* special issue: 17–37.

——— (1990) *Cadmean Letters: The Transmission of the Alphabet to the Aegean and Further West before 1400 BC*. Winona Lake, Ind.: Eisenbrauns.

——— (forthcoming) 'Nig(g)er is beautiful'.

Bernand, A. (1977) *Pan du désert*. Leiden: Brill.

Berquist, B. (1973) 'Herakles on Thasos: the archaeological, literary and epigraphic evidence for his sanctuary, status and cult reconsidered', *Acta Universitatis Upsaliensis, Boreas: Uppsala Studies in Ancient Mediterranean and Near Eastern Civilisation* 5.

Best, J. G. P. and Yadin, Y. (1973) *The Arrival of the Greeks*. Amsterdam: Publications of the Henri Frankfort Foundation, Hakkert.

Betancourt, P. P. (1984) 'The Middle Minoan pottery of Southern Crete and the question of a Middle Minoan thalassocracy', in R. Hägg and N. Marinatos, eds., *The Minoan Thalassocracy: Myth and Reality: Proceedings of the 3rd International Symposium at the Swedish Institute in Athens 31 May–5 June 1982. Skrifter utgivna av Svenska Institutet i Athen*, 4, pp. 89–92.

——— (1985) *The History of Minoan Pottery*. Princeton, NJ: Princeton University Press.

——— (1987) 'Dating the Aegean Late Bronze Age with radiocarbon', *Archaeometry* 29.1: 45–9.

——— (1989) 'High chronology and low chronology: Thera archaeological evidence', in *Thera and the Aegean World III: Papers to Be Presented at the Third International Congress at Santorini, Greece, 3–9 September 1989*. Thera Foundation, pp. 9–17.

Betancourt, P. P., Michael, H. N. and Weinstein, G. A. (1978) 'Calibration and the radiocarbon chronology of late Minoan 1B', *Archaeometry* 20: 200–3.

Betancourt, P. P. and Weinstein, G. A. (1976) 'Carbon-14 and the beginning of the late Bronze Age in the Aegean', *American Journal of Archaeology* 80: 329–48.

Beth, K. (1916) 'El und Neter', *Zeitschrift für die alttestamentliche Wissenschaft* 36: 129–86.

Bickerman, E. J. (1980) *Chronology of the Ancient World*, rev. edn. London: Thames & Hudson.

Biesautl, M. (1954) *Kretisch-mykenische Siegelbilder*. Marburg: Hinrich.

Bietak, M. (1968) 'Vorläufiger Bericht über die erste und zweite Kampagne der österreichischen Ausgrabungen auf Tel el-Daba'a im Ostdelta Ägyptens (1966, 1967)', *Mitteilungen des Deutschen Archaeologischen Instituts, Abteilung Kairo* 23: 79–114.

—— (1970) 'Vorläufiger Bericht über die dritte Kampagne der österreichischen Ausgrabungen auf Tell el Daba'a im Ostdelta Ägyptens', *Mitteilungen des Deutschen Archäologischen Instituts Abteilungen Kairo* 26: 15–42.

—— (1975) *Tel el-Dab'a II: Die Fundort im Rahmen einer archaeologischgeographischen Untersuchungen über das ägyptische Ostdelta*. Vienna: Österreichischen Akademie der Wissenschaft Verlag.

—— (1979) *Avaris and Piramesse: Archaeological Exploration in the Eastern Nile Delta*. Proceedings of the British Academy 65. London.

—— (1980) 'Hyksos', in W. Helck and E. Otto, *Lexikon der Ägyptologie*, vol. III, cols 93–103.

—— (1983) 'Some news about trade and trade warfare in the Ancient Near East', *Marhaba* 3.83: 41–3.

—— (1984) 'Problems of Middle Bronze Age chronology: new evidence from Egypt', *American Journal of Archaeology* 88: 471–85.

Biggs, R. D. (1966) 'Le Lapis lazuli dans les textes sumériens archaïques', Revue d'Assyriologie et d'Archéologie Orientale 60: 175–6.

Bikai, P. M. (1978) *The Pottery of Tyre*. Warminster: Aris & Phillips.

—— (1983) 'Imports from the East', in V. Karageorghis, ed., *Paleopaphos-Skales: An Iron Age Cemetery in Cyprus*. Konstanz: Kevalaer, pp. 395–405.

—— (1987) *The Phoenician Pottery of Cyprus*. Nicosia: Leventis Foundation.

Billigmeier, J. C. (1975) 'The origin of the Greek word ΛΕΩΝ', *Talanta* 6: 1–6.

—— (1976) *Kadmos and the Possibility of a Semitic Presence in Helladic Greece*. Ph.D. dissertation, University of California, Santa Barbara.

Bimson, J. G. and Livingston, D. (1987) 'Redating the Exodus', *Biblical Archaeology Review* 13.5: 40–53 and 66–7.

Bintliff, J. L. (1977) 'Natural environment and human settlement in prehistoric Greece', *British Archaeological Reports* 28, 2 pts. Oxford.

—— (1984) 'Structuralism and myth in Minoan studies', *Antiquity* 58: 33–8.

Birch, S. (1853) 'The Annals of Thothmes III, as derived from the hieroglyphic inscriptions', *Archaeologia* 35: 116–66.

Bisi, A. M. (1965) *Il Grifone: Storia di un motivo iconografico nell' antico oriente mediterraneo*. Rome: Centro di studi semitici, Istituto di studi del vicino oriente-Università.

Bisson de la Roque, F., Contenau, G. and Charpoutier, F. (1953) *Le Trésor de Tôd*. Cairo: L'Institut Français d'Archéologie Orientale.

Bittel, K. (1970) *Hattusha: Capital of the Hittites*. New York: Oxford University Press.

Blakely, A. (1986) *Russia and the Negro: Blacks in Russian History and Thought*. Washington, DC: Howard University Press.

Blegen, C. W. (1937) *Prosymna*. Cambridge: Cambridge University Press.

—— (1958) 'A chronological problem', in *Minoica, Festschrift zum 80. Geburstag von Johannes Sundwall*. Berlin: Deutsche Akademie der Wissenschaften zu Berlin; Schrifter der Sektion für Altertumswissenschaft 12.

Blegen, C. W., Boulter, C. G., Caskey, L. and Rawson, M. (1950–8) *Troy*, 4 vols. Princeton: Princeton University Press.

Blegen, C. W. and Haley, J. (1927) 'The coming of the Greeks: the geographical distribution of prehistoric remains in Greece', *American Journal of Archaeology* 32: 141–52.

Blegen, C. W. and Wace, A. (1939) 'Pottery as evidence for trade and colonization in the Aegean Bronze Age', *Klio* 32: 131–47.

Bloch, M. (1924) *Les Rois Thaumaturges: Étude sur le caractère surnaturel attribué à la puissance royale particulièrement en France et en Angleterre*. Strasburg and Paris: Publications de la Faculté des Lettres de l'Université de Strasbourg.

Blumenbach, J. F. (1795) *De Generis Humani Varietate Nativa*, 3rd. edn. Göttingen.

Blumenthal, E. (1982) 'Die Prophezierums des Neferti', *Zeitschrift für ägyptische Sprache und Altertumskunde* 109: 1–27.

—— (1983) 'Die erste Koregenz der 12 Dynastie', *Zeitschrift für ägyptische Sprache und Altertumskunde* 109: 104–121.

—— (1984) 'Die Lehre des Königs Amenemhet (teil 1)', *Zeitschrift für ägyptische Sprache und Altertumskunde* 110: 85–107.

—— (1985) 'Die Lehre des Königs Amenemhet (teil 2)', *Zeitschrift für ägyptische Sprache und Altertumskunde* 111: 104–15.

Boardman, J. (1964) *The Greeks Overseas: The Archaeology of Their Early Colonies and Trade*. London: Penguin.

Boas, G., trans. (1950) *The Hieroglyphics of Horapollo*. New York: Pantheon.

Bochart, S. (1646) *Geographia Sacræ Pars Prior: Phaleg seu de Dispersione Gentium et Terrarum Divisione Facta in Ædificatione Turis Babel etc. Pars Altera: Chanaan, seu de Coloniis et Sermone Phœnicum*. Munich.

Boessneck, J. (1976) *Tell el-Dabʻa III, die Tierknochfunde*. Vienna: Verlag der Österreichischen Akademie der Wissenschaft.

Boisacq, E. (1950) *Dictionnaire étymologique de la langue grecque*, 4th edn. Heidelberg: Winter; Paris: Klincksieck.

Bomhard, A. (1976) 'The placing of the Anatolian languages', *Orbis* 25.2: 199–239.

—— (1984) *Toward Proto-Nostratic: A New Approach to the Comparison of Proto-Indo-European and Proto-Afroasiatic*. Amsterdam and Philadelphia: John Benjamins.

Bonnet, H. (1952) *Reallexikon der ägyptischen Religionsgeschichte*. Berlin: de Gruyter.

Bordreuil, P. (1982), see Abou-Assaf.

Borgeaud, P. (1979) *Recherches sur le dieu Pan*. Rome: Institut Suisse de Rome.

Borghouts, J. F. (1980) 'The ram as a protector and prophesier', *Revue d'Égyptologie* 32: 33–46.

—— (1982) 'Month', in W. Helck and E. Otto, *Lexikon der Ägyptologie*, vol. IV, cols 200–204.

Bork, F. (1909) 'Die Mitanni Sprache'. *Mitteilungen den vorderasiatischen Gesellschaft* 14: 1–126.

Borsi, F. *et al.* (1985) Fortuna degli etruschi. Florence: Elekta.

Bosch-Gimpera, P. (1980) *Les Indo-Européens: Problèmes archéologiques*. Paris: Payot.

Bossert, H. T. (1946) *Asia*. Istanbul: Literarische Fakultät der Universität Istanbul no. 323, Forschungsinstitut für altvorderasiatische Kulturen no. 2.

Boufides, N. (1970) 'A scarab from Grave Circle B of Mycenae', *Archaiologika Analekta Athēnōn* 3: 273–4.

Bouzek, J. (1973) 'Bronze Age Greece and the Balkans: problems of migrations', in R. A. Crossland and A. Birchall, eds., *Bronze Age Migrations in the Aegean: Archaeological and Linguistic Problems of Greek Prehistory*. London: Duckworth.

—— (1985) *The Aegean, Anatolia and Europe: Cultural Interrelations in the Second Millennium BC*. Göteborg: Paul Åströms Förlag, Studies in Mediterranean Archaeology 29.

Boyce, N. M. (1979) *Zoroastrians: Their Religious Beliefs and Practices*. London: Routledge & Kegan Paul.

Boylan, P. (1922) *Thoth the Hermes of Egypt: A Study of Some Aspects of Theological Thought in Ancient Egypt*. London: Oxford University Press.

Brady, T. H. (1935) 'The Reception of Egyptian Cults by the Greeks (330–300 BC)', *The University of Missouri Studies* 10.1.

Branigan, K. (1968a) *Copper and Bronze Work in Early Bronze Age Crete*. Lund: P. Åströms Fölag.

—— (1968b) 'A transitional phase in Minoan metallurgy', *Bulletin of the British School in Athens* 63: 185–203.

—— (1970a) *The Foundations of Palatial Crete*. London: Duckworth; New York: Praeger.

—— (1970b) *The Tombs of the Mesara: A Study of Funerary Architecture and Ritual in Southern Crete, 2800–1700 BC*. London: Duckworth.

—— (1973a) 'Radio-carbon and the absolute chronology of the Aegean Bronze Age', *Kretika Chronika* 15: 352–74.

—— (1973b) 'Crete, the Levant and Egypt in the early second millennium BC', *Pepragmena tou 3 Diethnous Kretologikou Synedriou* [Athens] 11: 22–7.

—— (1984) 'Early Minoan society: the evidence of the Mesara Tholoi', in C. Nicolet, ed., *Aux Origines de l'Hellénisme: La Crète et la Grèce; Hommage à Henri Van Effenterre*. Publications de la Sorbonne, Histoire et Médiévale Paris 15, pp. 29–37.

—— (1987). 'Ritual interference with human bones in the Mesara Tholoi', in R. Laffineur, ed., *Thanatos: Les coutumes funéraires en Égée à l'âge du bronze: Actes du Colloque de Liège (21–23 avril 1986)*. Université de l'État à Liège: Histoire de l'art et archéologie de la Grèce antique, pp. 43–51.

Braun, M. (1938) *History and Romance in Graeco-Oriental Literature*. Oxford: Blackwell.

Braun, T. F. R. G. (1982) 'The Greeks in the Near East', in *Cambridge Ancient History*, 2nd edn., vol. III, pt. 3, pp. 1–31.

Breasted, J. H. (1901) 'The philosophy of a Memphite priest', *Zeitschrift für ägyptische Sprache und Altertumskunde* 39: 39–54.

—— (1904) 'The Eleventh Dynasty', in E. Meyer, ed., *Aegyptische Chronologie*, in *Abhandlungen der Königlich Preussischen Akademie der Wissenschaft, Philosophische-historische Classe* I, pp. 1–212.

——, coll., ed., trans. (1906) *Ancient Records of Egypt: Historical Documents from the Earliest Times*, 5 vols. Chicago: University of Chicago Press.

—— (1912a) *The Development of Religion and Thought in Ancient Egypt*. New York: Scribner's.

—— (1912b) *A History of Egypt from Earliest Times to the Persian Conquest*, 2nd. edn. London: Hodder & Stoughton.

Brice, W. C. (1959) 'Compte rendu de *Minoica*', *Gnomon* 31: 330–2.

Broshi, M. and Gaphna, R. (1986) 'Middle Bronze Age Palestine: its settlements and population', *Bulletin of the American Schools of Oriental Research* 26: 173–90.

Brown, J. P. (1965) 'Kothar, Kinyras and Kytheria', *Journal of Semitic Studies* 10: 197–219.

—— (1968a) 'Literary contexts of the common Hebrew Greek vocabulary', *Journal of Semitic Studies* 13: 163–91.

—— (1968b) 'Cosmological myth and the tuna of Gibraltar', *Transactions of the American Philological Association* 99: 37–62.

—— (1969) 'The Mediterranean vocabulary of the vine', *Vetus Testamentum* 19: 146–70.

—— (1971) 'Peace symbolism in ancient military vocabulary', *Vetus Testamentum* 21: 1–23.

—— (1979/80) 'The sacrificial cult and its critique in Greek and Hebrew, pt. 1', *Journal of Semitic Studies* 24: 159–74; 'pt. 2', *Journal of Semitic Studies* 25: 1–21.

Brown, R. (1898) *Semitic Influences in Hellenic Mythology*. London: Williams & Norgate.

Brown, R. (1978) 'The Eteocretan inscription from Psychro', *Kadmos* 17: 43–6.

Brown, R. B. (1975) *A provisional catalogue of and commentary on Egyptian and Egyptianizing artifacts found on Greek sites*. PhD. dissertation, University of Minnesota.

Brugsch, H. (1855) *Grammaire Démotique, contenant les principes généraux de la langue et de l'écriture populaires des anciens Égyptiens*. Berlin: Dümmler.

—— (1879–1880) *Dictionnaire géographique de l'ancienne Égypte*, 2 vols. Leipzig: Hinrichs.

Brundage, W. (1958) 'Herakles the Levantine: A comprehensive view', *Journal of Near Eastern Studies* 17: 225–36.

Brunner, H. (1957) 'New aspects of Ancient Egypt', *Universitas* 1.3: 267–79.

Brunner-Traut, E. (1971) 'The origin of the concept of the immortality of the soul in Ancient Egypt', *Universitas* 14.1: 47–56.

Bryce, T. R. (1989) 'The nature of the Mycenaean involvement in Western Anatolia', *Historia* 38: 1–21.

Bryson, R. A., Lamb, H. H. and Donley, D. (1974) 'Drought and the decline of Mycenae', *Antiquity* 48: 46–50.

Buchholz, H.-G. (1959) 'Keftiubarren und Erzhandel im zweiten vorchristlichen Jahrtausend', *Praehistorische Zeitschrift* 37: 1–40.

—— (1965) 'Review of H. Schleimann, *Ithaka, der Peloponnes und Troja; Mykenae* (1869, 1878; reprints Darmstadt, 1963, 1964), ed. E. Meyer', in *Gymnasium* 72: 569–73.

—— (1967) 'The cylinder seal', in *Cape Gelidonya: A Bronze Age Shipwreck. Transactions of the American Philosophical Society* 57. 8: 148–57.

—— (1972) 'Das Blei in der mykenischen und bronzezeitlichkyprischen Metallurgie', *Jahrbuch des Deutschen archaeologischen Instituts* 87: 1–59.

—— (1973) 'Grey Trojan ware in Cyprus and Northern Syria', in R. A. Crossland and A. Birchall, eds., *Bronze Age Migrations in the Aegean: Archaeological and Linguistic Problems in Greek Prehistory*. London: Duckworth; Park Ridge, NJ: Noyes Press, pp. 179–87.

—— (1980) 'Some observations concerning Thera's contacts overseas during the Bronze Age', in C. Doumas, ed., *Thera and the Aegean World*, vol. II, pp. 227–40.

Buck, C. D. (1926) 'The language situation in and about Greece in the second millennium BC', *Classical Philology* 21: 1–26.

Buck, R. J. (1979) *A History of Boeotia*. Edmonton: University of Alberta Press.

Budge, E. A. W. (1904) *The Gods of the Egyptians; or Studies in Ancient Egyptian Mythology*, 2 vols. London: Methuen.

—— (1934) *From Fetish to God in Ancient Egypt*. London: Oxford University Press.

Bunnens, G. (1979) *L'expansion phénicienne en méditerranée: essai d'interpretation fondé sur une analyse des traditions littéraires*. Brussels and Rome: Institut historique belge de Rome.

Bunsen, C. (1848–60) *Egypt's Place in Universal History*, C. H. Cotrell, trans., 5 vols. London: Longman.

Burchardt, M. (1912a) 'Hyksos Rassenangehörigkeit', *Zeitschrift für ägyptische Sprache* 50: 6–8.

—— (1912b) 'Zwei Bronzeschwerter aus Ägypten', *Zeitschrift für ägyptische Sprache* 50: 61–3.

Burkert, W. (1983) *Homo Necans: The Anthropology of Ancient Greek Sacrificial Ritual and Myth*, P. Bing, trans. Berkeley, Los Angeles and London: University of California Press.

—— (1984) 'Die orientalisierende Epoche in der griechischen Religion und Literatur', *Sitzungberichte der Heidelberger Akademie der Wissenschaften, Philosophische-historische Klasse* I.

—— (1985) *Greek Religion*, J. Raffan, trans. Cambridge, Mass.: Harvard University Press; Oxford: Blackwell.

—— (1987) *Ancient Mystery Cults*. Cambridge, Mass., and London: Harvard University Press.

Burl, A. (1979) *Prehistoric Avebury*. New Haven, Conn., and London: Yale University Press.

Burleigh, R. and Hewson, A. (1979) 'Radiocarbon measurements 12', *Radiocarbon* 34.

Burney, C. A. (1958) 'Eastern Anatolia in the Chalcolithic and Early Bronze Age', *Anatolian Studies* 8: 157–209.

Burney, C. A. and Lang, D. M. (1971) *The Peoples of the Hills: Ancient Ararat and Caucasus*. London: Weidenfeld & Nicolson.

Burns, A. R. (1949) 'Phoenicians', in *Oxford Classical Dictionary*, pp. 687–8.

Burton, A. (1972) *Diodorus Siculus, Book 1: A Commentary*. Leiden: Brill.

Bury, J. B. (1900) *A History of Greece to the Death of Alexander the Great*. London: Macmillan.

—— (1950) *A History of Greece to the Death of Alexander the Great*. 3rd edn., rev. R. Meiggs. London: Macmillan.

Burzachechi, C. (1976) 'L'adozione dell' alfabeto nel mondo greco', *Parola del Passato* 31: 82–102.

Butler, J. J. (1963) *Bronze Age Connections across the North Sea: A Study of the Prehistoric Trade and Industrial Relations between the British Isles, the Netherlands, North Germany and Scandinavia, c. 1700–700 B.C.* Groningen: Palaeohistoria IX.

Cadogan, G. (1969a) 'Mycenaean trade', *Bulletin of the Institute of Classical Studies* 16: 152–4.

—— (1969b) 'Review of G. F. Bass, *Cape Gelidonya: A Bronze Age Shipwreck*', Journal of Hellenic Studies 89: 187–9.

—— (1971) 'Was there a Minoan landed gentry?', *University of London Institute of Classics, Mycenaean Seminar* 19 May, pp. 367–71.

—— (1973) 'Patterns of distribution of Mycenaean pottery in the East Mediterranean', in V. Karageorghis, ed., *The Mycenaeans in the Eastern Mediterranean*, Acts of the International Symposium, Nicosia, 1972, pp. 166–74.

—— (1978) 'Dating the Aegean Bronze Age without radiocarbon', *Archaeometry* 20: 209–14.

—— (1986) 'Why was Crete different?', in G. Cadogan, ed., *The End of the Early Bronze Age in the Aegean*. Leiden: Brill, pp. 153–71.

—— (1987) 'Unsteady date of a big bang', *Nature* 328. 6/8: 473.

—— (1988) 'Reply', *Nature* 332. 31/3: 401–2.

Cagni, L. ed. (1981) *La Lingua di Ebla: Atti del convegno internazionale (Napoli, 21–23 aprile 1980)*. Naples: Istituto Universitario Orientale, Seminario di Studi Asiatici 14.

Calder, W. M. (1984) 'Schliemann's discovery of Priam's Treasure: A re-examination of the evidence', *Journal of Hellenic Studies* 104: 95–115.

—— (1986) 'A new picture of Heinrich Schliemann', in W. M. Calder and D. A. Traill, *Myth, Scandal and History: The Heinrich Schliemann Controversy and the First Edition of the Mycenaean Diary*. Detroit: Wayne State University Press, pp. 17–47.

Calder, W. M. and D. A. Traill (1986) *Myth, Scandal and History: The Heinrich Schliemann Controversy and the First Edition of the Mycenaean Diary*. Detroit: Wayne State University Press.

Callaway, J. A. and Weinstein, J. M. (1977) 'Radiocarbon dating of Palestine in the Early Bronze Age', *Bulletin of the American Schools of Oriental Research* 225: 1–16.

Callender, J. B. (1975) *Middle Egyptian*. Malibu: Undena.

Canby, J. V. (1969). 'Some Hittite figurines in the Aegean', *Hesperia* 38: 141–9.

Capart, J. (1942) 'Egyptian art', in S. Glanville, ed., *The Legacy of Egypt*. Oxford: Clarendon Press, pp. 80–119.

Caquot, A., Sznycer, M. and Herdner, M. (1974) *Textes Ougaritiques*', Tome I; *Mythes et légendes*. Paris: Éditions du Cerf.

Carpenter, R. (1933) 'The antiquity of the Greek alphabet', *American Journal of Archaeology* 37: 8–28.

—— (1938) 'The Greek alphabet again', *American Journal of Archaeology* 42: 58–69.

—— (1958) 'Phoenicians in the West', *American Journal of Archaeology* 62: 25–53.

—— (1966) *Discontinuity in Greek Civilization*. Cambridge: Cambridge University Press.

Carter, E. and Stolper, M. W. (1984) *Elam: Surveys of History and Archaeology*. Berkeley: University of California Press.

Cartledge, P. (1979) *Sparta and Laconia: A Regional History 1300-362 BC*. London: Routledge & Kegan Paul.

—— (1987) *Agesilaos and the Crisis of Sparta*. London: Duckworth.

Caskey, J. E. (1956) 'Excavations at Lerna', *Hesperia* 25: 147–73.

—— (1957) 'Excavations at Lerna', *Hesperia* 26: 142–62.

—— (1958) 'Excavations at Lerna', *Hesperia* 27: 125–44.

—— (1960) 'The Early Helladic Period in the Argolid', *Hesperia* 29: 285–303.

—— (1971) 'Greece, Crete and the islands in the Early Bronze Age', in *The Cambridge Ancient History*, 3rd edn., vol. I, pt. 2, pp. 771–807.

—— (1986) 'Did the Early Bronze Age end?', in G. Cadogan, ed., *The End of the Early Bronze Age in the Aegean*. Leiden: Brill, pp. 9–30.

Caskey, M. E. (1980) 'Dionysos in the temple of Agia Irini, Keos', *American Journal of Archaeology* 84: 200.

Casperson, L. W. (1986) 'The lunar dates of Thutmosis III', *Journal of Near Eastern Studies* 45: 139–50.

Casson, L. (1971) *Ships and Seamanship in the Ancient World*. Princeton, NJ: Princeton University Press.

—— (1975) 'Bronze Age ships: the evidence of the Thera wall paintings', *International Journal of Nautical Archaeology* 4: 1–10.

Cassuto, U. (1971) *The Goddess Anath: Canaanite Epics of the Patriarchal Age.* I. Abraham, trans. Jerusalem: Magnes.

Catling, H. W. (1964) *Cypriot Bronze Work in the Mycenaean World.* Oxford: Oxford University Press.

—— (1971) 'Cyprus in the Early Bronze Age', in *Cambridge Ancient History,* 3rd edn., vol. I, pt. 2, pp. 808–23.

—— (1975) 'Cyprus in the Late Bronze Age', in *Cambridge Ancient History,* 3rd edn., vol.II, pt. 2, pp. 188–216.

Catling, H. W., Cherry, J. F., Jones, R. E. and Killen, J. T. (1980) 'The Linear B inscribed jars and West Crete', *Bulletin of the British School in Athens* 75: 49–113.

Catling, H. W. and Millet, A. (1965) 'A study of the composition patterns of Mycenaean pictorial pottery from Cyprus', *Annual of the British School in Athens* 60: 212–24.

Catling, H. W., Richards, E. E. and Blin-Stoyle, A. (1963) 'Correlations between composition and provenance of Mycenaean and Minoan pottery', *Annual of the British School in Athens* 58: 109–27.

Ceccherelli, I. M. (1986) *Alle fonte della civiltà: Viaggio storico linguistico attraverso i secoli.* Florence: Il Fauno.

Ceram, C. W. (1952) *Gods, Graves and Scholars: The Story of Archaeology,* trans. E. B. Garside. London: Gollancz and Sidgwick & Jackson.

Černy, J. (1952) *Egyptian Religion.* London: Hutchinson.

—— (1976) *Coptic Etymological Dictionary.* Cambridge: Cambridge University Press.

Chadwick, J. (1969) 'Linear B Tablets from Thebes', *Minos* 10: 115–37.

—— (1973a) 'The Linear B tablets as historical documents', in *Cambridge Ancient History,* 3rd edn., vol. II, pt 1, pp. 609–26.

—— (1973b) 'The prehistory of the Greek language', in *Cambridge Ancient History,* 3rd edn., vol. II, pt 2, pp. 805–19.

—— (1976) *The Mycenaean World.* London: Cambridge University Press.

Champollion, J. F. (1811) *L'Égypte sous les Pharaons: ou Recherches sur la géographie, la religion, la langue, les écritures et l'histoire de l'Égypte avant l'Invasion de Cambyse.* Grenoble.

—— (1909) see H. Hartleben.

Chandler, R. (1769) *Ionian Antiquities, Published with Permission with the Society of Dilettanti.* London.

Chang, K. C. (1980) *Shang Civilization.* New Haven, Conn.: Yale University Press.

Chantraine, P. (1928) 'Sur le vocabulaire maritime des grecs', in *Étrennes de Linguistique: offertes par quelques amis à Émile Benveniste.* Paris: Guethner, pp. 1–25.

—— (1968–75) *Dictionnnaire étymologique de la langue grecque.* 4 vols. Paris: Klincksieck.

Charles, R. P. (1965) 'Note sur un scarabée égyptien de Perati (Attique)', *Bulletin de correspondance hellénique* 89: 10–14.

Chassinat, E. (1966–68) *Le Mystère d'Osiris au mois de Khoïak.* 2 vols. Cairo: Institut français d'archéologie orientale.

Chaudhuri, N. C. (1974) *Scholar Extraordinary: The Life of the Professor the Right Honourable Max Müller PC.* London: Chatto & Windus.

Chen Mengjia (1977) *Xi Zhou Niandaikao* [*Western Zhou Chronology*]. Hong Kong: Huaxia.

Chen Zongguei (1980–) *Zhongguo Tianwenxue shi* [*History of Chinese Astronomy*]. 3 vols. to date. Shanghai: Shanghai Renmin Chubanshe.

Cherry, J. F. (1983) 'Evolution, revolution, and the origins of complex society in Minoan Crete', in O. Krzyszkowska and L. Nixon, eds., *Minoan Society: Proceedings of the Cambridge Colloquium 1981.* Bristol: Bristol Classical Press, pp. 33–46.

—— (1985) 'Islands out of the stream: isolation and interaction in early East Mediterranean insular prehistory', in A. B. Knapp and T. Stech, eds., *Prehistoric Production and Exchange: The Aegean and East Mediterranean.* Los Angeles: University of California, Institute of Archaeology, Monograph 25, pp. 12–29.

Childe, V. G. (1926) *The Aryans.* London: Kegan Paul.

—— (1949) *The Danube in Prehistory,* 2nd edn. London: Oxford University Press.

—— (1958) *A New Light on the Ancient Middle East.* London: Routledge & Kegan Paul.

Cicero. *The Nature of the Gods.*

—— *Tusculanae Disputationes.*

Clapham, L. R. (1969) *Sanchuniaton: The First Two Cycles.* Ph.D. dissertation, Harvard University.

Clark, M. E. and Coulson, W. D. E. (1978) 'Memnon and Sarpedon', *Museum Helveticum* 35: 65–73.

Cline, E. (1987) 'Amenhotep III and the Aegean: a reassessment of Egypto-Aegean relations in the 14th century BC', *Orientalia* N.S. 56: 1–36.

—— (1989) Personal letter, 22 February.

—— (1990) 'An unpublished Amenhotep III Egyptian faience plaque from Mycenae: a key to a new reconstruction', *Journal of the American Oriental Society* 110: 200–12.

—— (1991a) 'A possible Hittite Embargo against Mycenae', *Historia* 40.1: 1–9.

—— (1991b) 'Hittite Objects in the Bronze Age Aegean', *Anatolian Studies,* 41: 133–44.

—— (1991c) 'Orientalia in the Late Bronze Age Aegean: A Catalogue and Analysis of Trade and Contact between the Aegean, Egypt, Anatolia and the Near East', Ph.D. diss., University of Pennsylvania, Philadelphia.

—— (forthcoming) 'International trade in the Amarna period: Egyptian and Near Eastern imports at LHIII Mycenae', in B. J. Beitzel and G. D. Young, eds., *Tell el-Amarna 1887–1987.* Winona Lake, Ind.: Eisenbrauns.

Close, A. (1980) 'Current research and recent radiocarbon dates from Northern Africa', *Journal of African History* 21.2: 145–67.

—— (1984) 'Current research and recent radiocarbon dates from Northern Africa II', *Journal of African History* 25.1: 1–24.

Clutton-Brock, J. (1974) 'The Buhen horse', *Journal of Archaeological Science* 1: 89–100.

Cohen, D. (1970–6) *Dictionaire des racines sémitiques: ou attestées dans les langues sémitiques.* Fasc. 1–2. Paris, The Hague: Mouton.

Coldstream, J. N. (1973) 'Kythera, the change from the Early Helladic to the Early Minoan', in R. A. Crossland and A. Birchall, eds., *Bronze Age Migrations in the Aegean: Archaeological and Linguistic Problems of Greek Prehistory.* London: Duckworth, pp. 33–6.

Coldstream, J. N. and Huxley, G. L. (1984) 'The Minoans of Kythera', in R. Hägg and N. Marinatos, eds., *The Minoan Thalassocracy: Myth and Reality: Proceedings of the 3rd International Symposium at the Swedish Institute in Athens 31 May–5 June 1982. Skrifter utgivna av Svenska Institutet i Athen 4,* pp. 89–92.

Cole, D. P. (1984) *Shechem I: The Middle Bronze Age II B Pottery.* Winona Lake, Ind.: Eisenbrauns.

Coleman, J. E. (1974) 'The chronology and interconnections of the Cycladic Islands in the Neolithic Period and the Early Bronze Age', *American Journal of Archaeology* 78: 333–43.

—— (1985) 'Frying pans' of the Early Bronze Age Aegean', *American Journal of Archaeology* 89: 191–219.

Collon, D. (1972) 'The Smiting God', *Levant* 4: 111–33.

—— (1989) 'Cylinder seals from Ulu Burun', in G. F. Bass, C. Pulak, D. Collon and J. Weinstein, 'The Bronze Age shipwreck at Ulu Burun: 1986 campaign', *American Journal of Archaeology* 93: 12–16.

Contenau, G. (1953) 'Cylindres-Sceaux', in F. Bisson de la Roque, G. Contenau and F. Charpoutier, *Le Trésor de Tôd.* Cairo: L'Institut d'Archéologie Orientale, pp. 15–20.

Cook, A. B. (1914–40) *Zeus: A Study in Ancient Religion,* 3 vols., 5 pts. Cambridge: Cambridge University Press.

Cook, R. M. (1937) 'Amasis and the Greeks in Egypt', *Journal of Hellenic Studies* 57: 227–37.

Cook, S. A. (1924) 'The Semites', in *Cambridge Ancient History,* 1st edn. vol. I, pp. 181–237.

Corpus Hermeticum (1945–54), text established by A. D. Nock, trans. (into French) by A.-J. Festugière, 4 vols. Paris: Le Coffre, Gabalda *et al.*

Cory, I. P. (1832) *Sanchuniaton, Ancient Fragments of the Phoenician, Chaldaean, Egyptian, Tyrian, Carthaginian, Indian, Persian and other writers, with an introductory dissertation and an inquiry into the Philosophy and Trinity of the Ancients.* London: Pickering.

Courtois, C. (1955) *Les Vandals et l'Afrique.* Paris: Arts et Métiers Graphiques.

Courtois, J.-C. (1971) 'Le sanctuaire du dieu au l'ingot d'Enkomi-Alasia', in *Mission archéologique d'Alasia dirigée par Claude F. A. Schaeffer,* vol. I. Paris: Mission archéologique d'Alasia, pp. 151–356.

—— (1973) 'Sur divers groupes de vases mycéniens en Mediterranée orientale (1250–1150 av. J. C.)', in V. Karageorghis, ed., *The Mycenaeans in the Eastern Mediterranean*, Acts of the International Symposium, Nicosia, 1972, pp. 137–65.

Cramer, M. (1955) *Das altägyptische Lebenszeichen (Ankh) im christlichen (koptischen) Ägypten*. Wiesbaden: Harrassowitz.

Creel, H. G. (1937) *Studies in Early Chinese Culture*. London: Routledge & Kegan Paul.

—— (1951) *Confucius, the Man and the Myth*. London: Routledge & Kegan Paul.

Cross, F. M. (1968) 'The Phoenician inscription from Brazil: a nineteenth-century forgery', *Orientalia* 37: 437–60.

—— (1974) 'Leaves from an epigraphist's notebook', *The Catholic Biblical Quarterly* 36: 490–3.

—— (1979) 'The early alphabetic scripts', in F. M. Cross, ed., *Symposia, Celebrating the Seventy-fifth Anniversary of the American Schools of Oriental Research (1900–1975)*. Cambridge, Mass.: Harvard University Press, pp. 97–123.

—— (1980) 'Newly found inscriptions in Old Canaanite and early Phoenician scripts', *Bulletin of the American Schools of Oriental Research* 238: 1–21.

Crossland, R. A. (1971) 'Immigrants from the North', in *The Cambridge Ancient History*, 3rd edn., Vol. I, pp. 824–76.

Crossland, R. A. and Birchall, A. (1973) *Bronze Age Migrations in the Aegean: Archaeological and Linguistic Problems of Greek Prehistory*. London: Duckworth.

Crouwel, J. H. (1981) *Chariots and Other Means of Land Transport in Bronze Age Greece*. Amsterdam: Allard Pierson.

Crum, W. (1939) *A Coptic Dictionary*. Oxford: Clarendon Press.

Culican, W. (1966) *The First Merchant Venturers: The Ancient Levant in History and Commerce*. London: Thames & Hudson.

Dahood, M. (1981a) 'The linguistic classification of Eblaite', in L. Cagni, ed., *La Lingua di Ebla: Atti del convegno internazionale (Napoli, 21–23 aprile 1980)*. Naples: Istituto Universitario Orientale, Seminario di Studi Asiatici, 14, pp. 177–89.

—— (1981b) 'Afterward: Ebla, Ugarit and the Bible', in G. Pettinato, ed., *The Archives of Ebla*. Garden City, NY: Doubleday, pp. 271–321.

Daniel, C. (1962) 'Des emprunts égyptiens dans le grec ancien', *Studia et Acta Orientalia Bucarest* 4: 13–23.

Davies, N. M. and Gardiner, A. H. (1936) *Ancient Egyptian Paintings Selected, Copied and Described by Nina M. Davies with the Editorial Asistance of Alan H. Gardiner*, 3 vols. Chicago: Oriental Institute.

Davis, E. N. (1977) *The Vapheio Cups and Aegean Gold and Silver Ware*. New York and London: Garland.

Davis, J. L. (1984) 'Cultural innovation and the Minoan thalassocracy at Agia Irini Keos', in R. Hägg and N. Marinatos, eds., *The Minoan Thalassocracy: Myth and Reality: Proceedings of the 3rd International Symposium at the Swedish Institute in Athens 31 May–5 June 1982, Skrifter utgivna av Svenska Institutet i Athen 4*, pp. 159–66.

Davis, S. (1967) *The Decipherment of Minoan Linear A and Pictographic Scripts*. Johannesburg: Witwatersrand University Press.

Davis, W. M. (1979) 'Plato on Egyptian Art', *Journal of Egyptian Archaeology* 66: 121–7.

—— (1981) 'Egypt, Samos and the Archaic style in Greek sculpture', *Journal of Egyptian Archaeology* 67: 61–81.

Davison, J. M. (1987) 'Egyptian influence on the Greek Legend of Io', paper given to the Society for Biblical Literature.

Dayton, J. E. (1982a) 'Geology, archaeology and trade', in J. G. P. Best and N. M. W. de Vries, eds., *Interaction and Acculturation in the Mediterranean: Proceedings of the Second Congress of Mediterranean Pre- and Protohistory, Amsterdam, 19–23 November 1980*, vol. 2. Amsterdam: Grüner, pp. 153–68.

—— (1982b) 'The Mycenaeans and the discovery of glass' in J. G. P. Best and N. M. W. de Vries, eds., *Interaction and Acculturation in the Mediterranean: Proceedings of the Second Congress of Mediterranean Pre- and Protohistory, Amsterdam, 19–23 November 1980.* vol. 2. Amsterdam: Grüner, pp. 169–78.

Deïlaki-Protonotariou (1980) *Oi tumboi tou Argous.* Ph.D. dissertation, Athens University.

Delatte, A. (1922) *La vie de Pythagore de Diogène Laerce.* Brussels: Académie Royale de Belgique, Classe de Lettres, etc.

Delia, R. (1980) *A Study in the Reign of Senwosret III,* Ph.D. dissertation, Columbia University.

Delitzsch, F. (1881) *Wo lag das Paradies?* Leipzig: Hinrich.

—— (1884) *Die Sprache der Kossäer: linguistisch-historische Funde und Fragen.* Leipzig: Hinrich.

Dennis, G. (1848) *The Cities and Cemeteries of Etruria,* 2 vols. London: John Murray.

Desborough, V. R. d'A. (1964) *The Last Mycenaeans and Their Successors.* Oxford: Oxford University Press.

—— (1975) 'The end of the Mycenaean civilization and the Dark Age: the archaeological background', in *Cambridge Ancient History,* 3rd edn., vol. II, pt. 2, pp. 658–76.

Dessenne, A. (1957) *Le Sphinx: Étude iconogaphique.* Paris: Bibliothèque des Écoles françaises d'Athènes et de Rome, 186.

Diakonoff, I. M. (1972) 'Die Arier im Vorderen Orient-Ende eines Mythos-Zur Methodik der Erforschung verschollener Sprachen', *Orientalia* N.S. 41: 19–120.

—— (1985) 'On the original home of the speakers of Indo-European', *Journal of Indo-European Studies* 13: 92–174.

Diakonoff, I. M. and Jankowska, N. B. (1990) 'An Elamite Gilgameš text from Argištihelene, Urartu (Armarvir-blur, 8th century BC)', *Assyriologie* 79.2: 107–120.

Diakonoff, I. M. and Starostin, S. A. (1986) *Hurro-Urartian as an East Caucasian Language.* Munich: Kitzinger.

Dickinson, O. T. P. K. (1977) *The Origins of Mycenaean Civilisation.* Göteborg: Studies in Mediterranean Archaeology, 49.

Dietrich, B. C. (1964) 'The judgement of Zeus', *Rheinisches Museum für Philologie* 107: 97–125.

Dietrich, M. and Loretz, O. (1976) 'Die Keilalphabetischen Texte aus Ugarit, einschliesslich der keilalphabetischer Texte ausserhalb Ugarits', *Alter Orient und AltesTestament*, Suppl. 24.

Diodoros Sikelos (1933–67) *The Library of History*, 12 vols. C. H. Oldfather, trans. (vols 11 and 12, F. R. Walton and R. M. Geer, trans.). Cambridge, Mass.: Harvard University Press (Loeb).

Diogenes Laertios (1925) *Lives of Eminent Philosophers*, R. D. Hicks, trans., 2 vols. Cambridge, Mass.: Harvard University Press (Loeb).

Diop, C. A. (1973) 'La métallurgie de fer sous l'empire ancien égyptien', *Bulletin de l'Institut Fondamental d'Afrique Noir* 35, Série B, 3: 532–48.

—— (1974) *The African Origin of Civilization: Myth or Reality?* M. Cook, trans. Westport, Conn.: L. Hill.

Diringer, D. (1968) *The Alphabet: A Key to the History of Mankind*, 2 vols., 3rd. edn., rev. with the help of R. Regensberger. London: Hutchinson.

Dolgopolskii, A. B. (1973) *Svratinel'no-istoričeskaya fonetika Kuššitikix Jazykov.* Moscow: Nauka.

—— (1987) 'Cultural contacts of Proto-Indo-European and Proto-Indo-Iranian with neighbouring languages', *Folia Linguistica Historica* 8. 2. 3–36.

Dor, L., Jannoray, J., van Effenterre, H. and van Effenterre, M. (1960) *Kirrha, Étude de préhistoire phocidienne.* Paris: Boccard.

Doresse, J. (1960) *The Secret Books of the Egyptian Gnostics.* London: Hollis & Carter.

Dörpfeld, W. (1935) *Alt Olympia: Untersuchungen und Ausgrabungen zur Geschichte des ältesten Heiligtums von Olympia und der älteren griechischen Kunst.* Reprint. Osnabruck: Zeller, 1966.

Dörrie, H. (1979) 'Euhemeros', in K. Ziegler and W. Sontheimer, eds., *Der kleine Pauly: Lexikon der Antike.* Munich: Deutscher Taschenbuch Verlag, cols. 414–15.

Dothan, M. (1973) 'Philistine material culture and its Mycenaean affinities', in V. Karageorghis, ed., *The Mycenaeans in the Eastern Mediterranean*, Acts of the International Symposium, Nicosia, 1972, pp. 187–8.

Dothan, T. (1982) *The Philistines and Their Material Culture.* Jerusalem and New Haven, Conn.: Yale University Press.

Doumas, C. (1978 and 1980) *Thera and the Aegean World: Papers Presented at the Second International Scientific Congress, Santorini, Greece, August 1978*, 2 vols. London.

—— (1983) *Thera: Pompeii of the Ancient Aegean: Excavations at Akrotiri 1967–79.* London: Thames & Hudson.

Doumas, C. and Papazoglou, L. (1980) 'Santorini tephra from Rhodes', *Nature* 287. 25/9: 322–4.

Dow, S. (1937) 'The Egyptian cults in Athens', *Harvard Theological Review* 30.4: 183–232.

—— (1973) 'Literacy in Minoan and Mycenaean lands', in *Cambridge Ancient History*, 3rd edn., vol. II, pt. 1, pp. 582–608.

Dows, D. and Dunham, W. J. (1942) 'An occurrence of iron in the Fourth Dynasty', *Journal of Egyptian Archaeology* 28: 57–9.

Drake, S. C. (1987) *Black Folk Here and There*. Vol. 1. Los Angeles: Center for Afro-American Studies, University of California.

Drawer, M. S. (1940) 'The Inscriptions' in R. Mond and O. Myers, eds., *The Temples at Armant: A Preliminary Survey*. London: The Egypt Exploration Society, pp. 157–96.

Dreihaus, J. (1957) 'Praehistorische Siedlungsfunde in der unteren Kaikoseben und an dem Golf von Çandarhlì', *Istanbuler Mitteilungen*. 7: 76–101.

Drews, R. (1983) *Basileus: The Evidence for Kingship in Geometric Greece*. New Haven, Conn., and London: Yale University Press.

—— (1988) *The Coming of the Greeks: Indo-European Conquests in the Aegean and the Near East*. Princeton, NJ: Princeton University Press.

Drioton, E. (1931) 'Les Quatre Montou de Medamoud', *Chronique d'Égypte* 9: 259–70.

—— (1948a) 'Le Monothéisme de l'ancienne Egypte', *Cahiers d'histoire égyptienne* 1: 49–68.

—— (1948b) 'Preface', in J. F. Lauer, *Le Problème des pyramides d'Égypte*. Paris: Payot.

Drioton, E. and Vandier, J. (1949) *L'Égypte*. Paris: Clio, Introduction aux études historiques.

Drower, M. (1973) 'Syria *c.* 1550–1400 BC,' in *Cambridge Ancient History*, 3rd edn., vol II, pt. 1, pp. 417–525.

—— (1975) 'Ugarit IV. Ugarit in the fourteenth and thirteenth centuries BC', in *Cambridge Ancient History*, 3rd edn., vol II, pt. 2, pp. 130–48.

DuBois, W. E. B. (1975) *The Negro*. New York: Kraus-Thompson Organisation.

Duhoux, Y. (1978) 'Une analyse linguistique du linéaire A', *Études minoennes* 1: 65–129.

—— (1982) *L'Eteocretois: Les textes la langue*. Amsterdam: J. C. Gieben.

Duke, T. T. (1965) Review, *The Classical Journal* 61.3: 131–6.

Dumitrescu, V. (1982) 'The prehistory of Romania: from the earliest times to 1000 BC,' in *Cambridge Ancient History*, 2nd edn., vol. III, pt. I, pp. 1–74.

Dunand, F. (1973) *Le culte d'Isis dans le bassin de la méditerranée*, 3 vols. Vol. II, *Le culte d'Isis en Grèce*. Leiden: Brill.

Dunbabin, T. J. (1957) *The Greeks and Their Eastern Neighbours*. London: Penguin.

Dussaud, R. (1907) *Les Arabes en Syrie avant Islam*. Paris: Leroux.

—— (1931) 'Victor Bérard (nécrologue)', *Syria* 12: 392–3.

—— (1946–8) 'L'origine de l'alphabet et son évolution première d'après les découvertes de Byblos', *Syria* 25: 36–52.

—— (1947) 'Melqart', *Syria* 25: 205–30.

Earp, F. R. (1953) 'The date of the Supplices of Aeschylus', *Greece & Rome* 22. 66: 118–23.

Eco, U. (1989) *Foucault's Pendulum*. London: Secker & Warburg.

Edel, E. (1966) *Die Ortsnamenlisten aus dem Totentempel Amenophis III*. Bonn: Peter Hanstein.

Edwards, G. P. (1971) *The Language of Hesiod in Its Traditional Context*. Oxford: Blackwell.

Edwards, G. P. and Edwards, R. B. (1974) 'Eratosthenes and the date of Kadmos', *Classical Review* 24: 181–7.

Edwards, I. E. S. (1947) *The Pyramids of Egypt*. London: Penguin.

—— (1971) 'The Early Dynastic Period in Egypt', in *Cambridge Ancient History*, 3rd edn., vol. I, pt. 2, pp. 1–70.

Edwards, R. B. (1979) *Kadmos the Phoenician: A Study in Greek Legends and the Mycenaean Age*. Amsterdam: Hakkert.

Eggebrecht, A. and Eggebrecht, E. *et al.* (1988) *Albanien: Schätze aus dem Land der Skiptaren*. Mainz: Philipp von Zabern.

Eisenstadt, S. N. (1986) 'The Axial Age breakthroughs – their characteristics and origins', in S. N. Eisenstedt, ed., *The Origins and Diversity of Axial Age Civilizations*. Albany, NY: State University of New York Press, pp. 1–39.

Eissfeldt, O. (1935) 'Molk als Opferbegriff im Punischen und Hebräischen und das Ende des Gottes Moloch', *Beiträge zur Religiongeschichte des Altertums*, vol. III.

—— (1939) 'Ras Shamra und Sanchuniaton', *Beiträge zur Religionsgeschichte des Altertum*, vol. IV.

—— (1960) 'Phönikische und Griechische Kosmogonie', in O. Eissfeldt *et al.*, eds., *Éléments Orientaux dans la Religion Grecque Ancienne*. Strasburg and Paris: *Colloque de Strasbourg 22–4 mai 1958*, pp. 1–15.

Ellenbogen, M. (1962) *Foreign Words in the Old Testament: Their Origin and Etymology*. London: Luzac.

El Sayeed, see Sayeed.

Ember, A. (1917) 'Kindred Semito-Egyptian Words', *Zeitschrift für ägyptische Sprache und Altertumskunde* 53: 83–90.

Emery, W. B. (1960) 'A preliminary report on the excavations of the Egypt Exploration Society at Buhen', *Kush* 8: 7–16.

Engberg, R. M. (1939) *The Hyksos Reconsidered*. Chicago: The Oriental Institute, Studies of the Ancient Oriental Civilizations 18.

English, P. T. (1959) 'Cushites, Colchians and Khazars', *Journal of Near Eastern Studies* 18: 49–53.

Eph'al, I. (1982) *The Ancient Arabs: Nomads on the Borders of the Fertile Crescent 9th–5th Centuries BC*. Jerusalem: Magnes.

Erman, A. (1934) *Die Religion der Ägypter*. Berlin/Leipzig: Teubner.

Erman, A., and Grapow, H. (1925–31) *Wörterbuch der ägyptischen Sprache*, 7 vols. Reprint. Berlin: Akademie Verlag, 1982.

Ernshtedt, P. V. (1953) *Egiptskie Zaimstvovaniia vgrechskom iazyke*. Moscow and Leningrad: Akademij Nauk.

—— (1954) 'Iz oblasti drevnejshikh egiptizmov grechskogo Yazyka', *Palestinskij Sbornik* 83: 29–40.

Evans, A. (1909) *Scripta Minoa*. Oxford: Clarendon Press.

—— (1921–35) *The Palace of Minos*, 4 vols. in 6. London: Macmillan.

—— (1925) *The Early Nilotic, Libyan and Egyptian Relations with Minoan Crete* (The Huxley Memorial Lecture for 1925). London: Royal Anthropological Institute.

—— (1929) *The Shaft Graves and Bee-Hive Tombs of Mycenae*. London: Macmillan.

Evans, J. D. (1964) 'Excavations in the Neolithic settlement at Knossos 1957–60, Pt. I', *Annual of the British School in Athens* 59: 132–240.

Evelyn-White, H. G., trans. (1914) *Hesiod: The Homeric Hymns and Homerica.* Cambridge, Mass.: Harvard University Press (Loeb); London: Heinemann.

Fan Xiangyong (1962) *Guben Zhushu Jinian Jixiao Dipu.* Shanghai: Shangwu chubanshe.

Farag, S. (1980) 'Une inscription memphite de la XIIe dynastie', *Revue d'Égyptologie* 32: 75–81.

Faraone, C. A. (1987) 'Hephaestus the magician and Near Eastern parallels for Alcinous' watchdogs', *Greek, Roman and Byzantine Studies* 28. 3: 257–80.

Farina, G. (1938) *Il Papiro dei Re restaurato.* Roma: Pubblicazioni Egittologiche del R. Museo di Torino.

Farnell, L. R. (1895–1909) *The Cults of the Greek States,* 5 vols. Oxford: Clarendon Press.

—— (1921) *Greek Hero Cults and Ideas of Immortality.* Oxford: Clarendon Press.

Faulkner, R. (1969) *The Ancient Egyptian Pyramid Texts.* Oxford: Oxford University Press.

—— (1976) *A Concise Dictionary of Middle Egyptian.* Oxford: Oxford University Press.

Faure, P. (1968) 'Toponymes créto-mycéniens dans une liste d'Amenophis III', *Kadmos* 7: 138–49.

Fazzini, R. (1982) 'Mut-Tempel Karnak', in W. Helck and E. Otto, eds., *Lexikon der Ägyptologie,* vol. IV, cols. 248–51.

Fears, J. R. (1978) 'The historical perspective: Atlantis and the Minoan thalassocracy: a study in modern mythopeism', in E. S. Ramage, ed., *Atlantis: Fact or Fiction.* Bloomington: University of Indiana Press, pp. 103–36.

Ferron, J. (1972) 'Un traité d'alliance entre Caere et Carthage', in H. Temporini and W. Haase, eds., *Aufstieg und Niedergang der römischen Welt: Geschichte und Kultur Roms im Spiegel der neueren Forschung,* 21 vols. Berlin and New York: de Gruyter, vol. I, pt. 1, pp. 189–216.

Fick, A. (1905) *Vorgriechische Ortsnamen als Quelle für die Vorgeschichte Griechenlands.* Göttingen: Vandenhoeck & Ruprecht.

Fimmen, D. (1921) *Die kretisch-mykenische Kultur.* Leipzig and Berlin: Teubner.

Finley, M. I. (1959) 'The Mycenaean tablets and economic history', *Economic History Review* 10: 128–41.

—— (1978) *The World of Odysseus,* rev. edn. New York: Viking.

—— (1980) *Ancient Slavery and Modern Ideology.* New York: Viking.

——, ed. (1981) *The Legacy of Greece: A New Appraisal.* Oxford: Clarendon Press.

Finley, M. I., Caskey, J. L., Kirk, G. S. and Page, D. L. (1964) 'The Trojan War', *Journal of Hellenic Studies* 84: 1–20.

Fishman, B. and Lawn, B. (1978) 'University of Pennsylvania radiocarbon dates', *Radiocarbon* 20: 205–31.

Fontenrose, J. (1959) *Python: A Study in Delphic Myth and Its Origins.* Berkeley: University of California Press.

—— (1966a) 'Typhon among the Arimi', in L. Wallach, ed., *The Classical Tra-*

dition: Literary and Historical Essays in Honor of Harry Caplan. Ithaca: Cornell University Press, pp. 64–82.

—— (1966b) 'Review of Vian, *Les Origines de Thèbes*', *Classical Philology* 61: 189–92.

Forrer, E. (1924a) 'Vorhomerische Griechen in den Keilschrifttexten von Boghazköi', *Mitteilungen der deutschen Orientgesellschaft* 63: 1–22.

—— (1924b) 'Die Griechen in den Boghazköi-Texten', *Orientalische Literaturzeitung* 27: 113–18.

Forrest, W. G. G. (1982) 'Central Greece and Thessaly', in *Cambridge Ancient History*, 2nd edn., vol. III, pt. 3, pp. 286–99.

Fossey, J. M. (1972) 'Tilphossaion?' *Teiriseias* suppl. 1: 1–16.

—— (1974) 'The end of the Bronze Age in the South West Copaïc', *Euphrosyne* 6: 7–21.

—— (1988) *The Topography and Population of Ancient Boiotia*, 2 vols in 1. Chicago: Ares.

—— (1989a) 'Later prehistory of Boeotia: an overview', paper given at the 6th International Conference of Boeotian Studies, Bradford, 26–30 June.

—— (1989b) 'The Boeotian Catalogue of Ships, Mycenaean or Archaic?' paper given at the 6th International Boeotian Conference, Bradford, 26–30 June.

Fossey, J. M. and Schachter, A., eds. (1979) *The Proceedings of the Second International Conference on Boiotian Antiquities* (held in Montreal).

Foucart, G. (1914) *Les Mystères d'Eleusis*. Paris: A. Picard.

Fraenkel, E. (1910–12) *Geschichte der griechischen Nomina agentis auf* τήρ, -τωρ, -της. Strasburg: Trübner.

Frankfort, H. (1936–7) 'Notes on the Cretan griffin', *Annual of the British School of Archaeology in Athens* 37: 106–22.

—— (1970) *Art and Architecture in the Ancient Orient*. London: Penguin.

Frankfort, H., de Buck, A. and Gunn, B. (1933) *The Cenotaph of Seti I at Abydos*, 2 vols. London: Egypt Exploration Society.

Frankfort, H. and Frankfort, H. A. (1946) 'Myth and Reality', in H. Frankfort and H. A. Frankfort, eds., *The Intellectual Adventure of Ancient Man*. Chicago: University of Chicago Press.

Frazer, J. (1890–1915) *The Golden Bough: A Study in Magic and Religion*, 9 vols. London: Macmillan.

—— (1898) *Pausanias's Description of Greece*, 6 vols. London: Macmillan.

—— (1914) *Adonis Attis Osiris: Studies in the History of Oriental Religion (Golden Bough IV)*, 3rd edn., 2 vols. London: Macmillan.

—— (1921) *Apollodorus; The Library*, 2 vols. Cambridge, Mass.: Harvard University Press (Loeb).

Fredericks, S. C. (1978) 'Plato's Atlantis: a mythologist looks at myth', in E. S. Ramage, ed., *Atlantis: Fact or Fiction*. Bloomington: Indiana University Press, pp. 82–99.

French, D. H. (1971) 'The Development of Mycenaean terracotta figurines', *Annual of the British School of Archaeology at Athens* 66: 101–84.

—— (1973) 'Migrations and 'Minyan pottery in Western Anatolia and the

Aegean,' in R. A. Crossland and A. Birchall, eds., *Bronze Age Migrations in the Aegean*. London: Duckworth, pp. 51–4.

Fréret, N. (1784) 'Observations générales sur l'origine et sur l'anciennes histoires des premiers habitans de la Grèce', *Académie des Inscriptions, 1784–1793* 47 (published 1809), Mémoire de littérature, pp. 1–149.

Friedrich, J. (1923) 'Zum Phönizisch-Punischen', *Zeitschrift für Semitistik* 2: 1–10.

—— (1933) 'Einführung ins Urartäische', *Mitteilungen der vorderasiatisch-ägyptischen Gesellschaft* 37, Heft 3.

—— (1951) *Phönizisch-punische Grammatik*. Rome: Analecta Orientalia.

—— (1957) *Extinct Languages*, F. Gaynor, trans. New York: Philosophical Library.

—— (1968) 'Die Unechtheit der phönizischen Inschrift aus Parahyba', *Orientalia* 37: 421–4.

Frödin, O. and Persson, A. (1938) *Asine, Results of the Swedish Excavations 1922–1930*. Stockholm: General Straben Litografiska Förlag.

Froidefond, C. (1971) *Le Mirage égyptien dans la littérature grecque d' Homère à Aristote*. Paris: Ophrys.

Fronzaroli, P. (1959) 'I rapporti fra la grecia e l'oriente in alcuni studi recenti', *Athene e Roma*, ser. IV. 2: 65–79.

Frothingham, A. (1891) 'Archaeological news', *American Journal of Archaeology* 6: 476–566.

Fulco, W. J. (1976) *The Canaanite God Rešef*. New Haven: Yale University Press.

Fung Yu-lan (1952) *A History of Chinese Philosophy*, D. Bodde, trans., 2 vols. Princeton, NJ: Princeton University Press.

Furumark, A. (1941) *The Chronology of Mycenaean Pottery*. Stockholm: Kungl. Vitterhets Historie och Antikvitets Akademien.

—— (1950) 'The settlement at Ialysos and Aegean history, *c*. 1550–1400 BC', *Opuscula Archaeologica* 6, Lund.

Gadd, C. J. (1973) 'Hammurabi and the end of his dynasty', in *Cambridge Ancient History*, 3rd edn., vol. II, pt. 1, pp. 176–228.

Gaerte, W. (1922) 'Die 'Horns of Consecration', *Archiv für Religionswissenschaft* 21: 72–5.

Galanopulos, A. (1963) 'Die Deukalionische Flut aus geologischen Sicht', *Das Altertum* 9: 3–7.

—— (1964) 'Die ägyptischen Plagen und der Auszug Israels aus geologischen Sicht', *Das Altertum* 10: 131–7.

Gale, N. H. (1980) 'Some aspects of lead and silver mining in the Aegean world', in C. Doumas, ed., *Thera and the Aegean World: Papers Presented at the Second International Scientific Congress, Santorini, Greece, August 1978*, vol. 2. London, pp. 161–95.

Gale, N. H. and Stos-Gale, Z. A. (1981) 'Lead and silver in the ancient Aegean', *Scientific American* 244: 176–92.

Gamer-Wallert, I. (1977) 'Fische, religiös', in W. Helck and E. Otto, *Lexikon der Ägyptologie*, vol. II, cols. 228–34.

Garašanin, M. (1973) 'Ethnographic problems of the Bronze Age in the Central Balkan peninsula and neighbouring regions', in R. A. Crossland and A. Birchall, eds., *Bronze Age Migrations in the Aegean*. London: Duckworth, pp. 115–28.

—— (1982a) 'The Eneolithic Period in the Central Balkan area', in *Cambridge Ancient History*, 2nd edn., vol. III, pt. 1, pp. 136–62.

—— (1982b) 'The Bronze Age in the Central Balkan area', in *Cambridge Ancient History*, 2nd edn., vol. III, pt. 1, pp. 163–86.

Garbini, G. (1977) 'Sulla datazione dell' iscrizione di Ahiram', *Annali dell' Instituto Orientale di Napoli* 627: 81–9.

—— (1978) 'La lingua di Ebla', *La Parola del Passato* 181: 241–51.

—— (1979) *Storia e problemi dell' epigrafia semitica*, Supplemento (19) agli *Annali dell'Istituto Universitario Orientale di Napoli* 39.

—— (1981) 'Considerations on the language of Ebla', in L. Cagni, ed., *La Lingua di Ebla*. Naples: Istituto Universitario Orientale, Seminario di Studi Asiatici, 14, pp. 75–82.

Gardiner, A. H. (1916) 'The defeat of the Hyksos by Kamōse: the Carnarvon Tablet No. 1'. *Journal of Egyptian Archaeology* 3: 95–111.

—— (1927) *Egyptian Grammar*. Oxford: Clarendon Press.

—— (1942) 'Writing and Literature', in S. R. A. Glanville, ed., *The Legacy of Egypt*. Oxford: Clarendon Press, pp. 53–78.

—— (1946) 'Davies's Copy of the Great Speos Artemidoros Inscription', *Journal of Egyptian Archaeology* 32: 43–56.

—— (1947) *Ancient Egyptian Onomastica*, 3 vols. Oxford: Oxford University Press.

—— (1950) *Egyptian Grammar*, 2nd edn. Oxford: Clarendon Press.

—— (1957) *Egyptian Grammar*, 3rd edn. Oxford: Clarendon Press.

—— (1959) *The Royal Canon of Turin*. Oxford: Griffith Institute.

—— (1961a) *Egypt of the Pharaohs*. Oxford: Clarendon Press.

—— (1961b) 'The Egyptian Memnon', *Journal of Egyptian Archaeology* 47: 91–99.

—— (1945–55) *My Early Years*, ed. J. Gardiner. Reprint. Isle of Man: Andreas, 1986.

—— (n.d.) *My Working Years*. London: Coronet Press.

Gardiner, A. H. and Gunn, B. (1918) 'New renderings of Egyptian Texts. II. The Expulsion of the Hyksos', *Journal of Egyptian Archaeology* 5: 36–56.

Gardner, P. (1880) 'Stephani on the tombs at Mycenae', *Journal of Hellenic Studies* 1: 94–106.

Garnsey, P. and Whittaker C. R., eds. (1983) 'Trade and famine in Classical Antiquity', *Cambridge Philological Society Supplement* 8: 1–44.

Garvie, A. F. (1969) *Aeschylus' Supplices: Play and Trilogy*. Cambridge: Cambridge University Press.

Gaster, T. H. (1964) *The Dead Sea Scriptures: In English Translation*. Garden City, NY: Anchor Books.

Gauthier, H. (1925–31) *Dictionnaire des noms géographiques contenus dans les textes hiéroglyphiques*, 7 vols. Cairo: L'Institut français d'archéologie orientale.

—— (1931) *Les Fêtes du dieu Min*. Cairo: L'institut français d'archéologie orientale.

Gelb, I. J. (1944) *Hurrians and Subarians*. Chicago: Oriental Institute Studies in Ancient Oriental Civilization, No. 22.

—— (1977) 'Thoughts about Ibla: a preliminary evaluation, March 1977', *Syro-Mesopotamian Studies* 1.1: 1–26.

—— (1981) 'Ebla and the Kish Civilization', in L. Cagni, ed., *La Lingua di Ebla*. Naples: Istituto Universitario Orientale, Seminario di Studi Asiatici, 14, pp. 9–73.

Georgacas, D. J. (1957) 'A contribution to Greek word history, derivation and etymology', *Glotta* 36: 100–22; 161–93.

—— (1969) 'The name *Asia* for the continent; its history and origin', *Names* 17.1: 1–90.

Georgiev, V. I. (1952) 'L'origine minoenne de l'alphabet phénicienne', *Archiv Orientalni* 20: 487–95.

—— (1966) *Introduzione alla storia delle lingue indeuropee*. Rome: Edizione dell' Ateneo.

—— (1972) 'Die ethnischen Verhältnisse im alten Nordwestkleinasien', *Balkansko Ezikoznanie/Linguistique Balkanique* 16. 2: 5–34.

—— (1973) 'The arrival of the Greeks in Greece: the linguistic evidence', in R. A. Crossland and A. Birchall, eds., *Bronze Age Migrations in the Aegean*. London: Duckworth, pp. 243–54.

Georgius Syncellus (1719) *Chronographia*. Venice.

Gesenius, F. H. W. (1953) *A Hebrew and English Lexicon of the Old Testament*, E. Robinson, trans., ed. F. Brown, S. R. Driver and C. A. Briggs. Oxford: Clarendon Press.

Ghirschman, R. (1977) *L'Iran et la Migration des Indo-Aryens et des Iraniens*. Leiden: Brill.

Gibbon, E. (1776–88) *The Decline and Fall of the Roman Empire*, 6 vols. London.

—— (1794) 'Memoirs of my life and writings', in *Miscellaneous Works of Edward Gibbon Esquire with Memoirs of his life and writings, composed by himself: Illustrated from his Letters with Occasional Notes and Narrative by John Lord Sheffield*, 2 vols. London, vol. I, pp. 1–185.

Gilbert, A. (1964) *Machiavelli: Chief Works and Others*. Durham, NC: Durham Press.

Giles, P. (1924) 'The peoples of Europe', in *Cambridge Ancient History*, 1st edn., vol. II, pp. 20–40.

Gillings, R. J. (1973) *Mathematics in the Times of the Pharaohs*. Cambridge, Mass.: M.I.T. Press.

Gimbutas, M. (1970) 'Proto-Indo-European culture: the Kurgan culture during the fifth, fourth and third millennia', in G. Cardona, H. M. Hoenigswald and A. Senn, eds., *Indo-European and Indo-Europeans: Papers Presented at the Third Indo-European Conference at the University of Pennsylvania*. Philadelphia: University of Pennsylvania Press, pp.155–97.

Ginzberg, L. (1968) *The Legends of the Jews*, Paul Radin, trans., 7 vols. Reprint. Philadelphia: Jewish Publication Society of America.

Giveon, R. (1975) 'Asiaten', in W. Helck and E. Otto, eds., *Lexikon der Ägyptologie*, vol. I, cols. 462–71.

—— (1978a) *The Impact of Egypt on Canaan: Iconographical and Related Studies.* Freiburg: Universitätsverlag; Göttingen: Vandenhoek & Ruprecht.

—— (1978b) 'Two unique Egyptian inscriptions from Tel Aphek', *Tel Aviv* 5: 188–92.

—— (1981) 'Some Egyptological considerations concerning Ugarit', in G. D. Young, ed., *Ugarit in Retrospect: 50 Years of Ugarit and Ugaritic.* Winona Lake, Ind.: Eisenbrauns, pp. 55–8.

—— (1985) *Egyptian Scarabs from Western Asia, from the Collections of the British Museum.* Freiburg (Switzerland): Universitätsverlag.

Glanville, S. (1942) *The Legacy of Egypt.* Oxford: Clarendon Press.

Godart, L. (1968) '*Kupirijo* dans les textes mycéniens', *Studi Miceni ed Egeo-Anatolici* 5: 64–70.

—— (1983) 'Le Linéaire A et son environnement', *Studi Miceni ed Egeo-Anatolici* 20: 30–3.

—— (1984) 'Le Linéaire A au Linéaire B', in *Aux origines de l'Hellénisme: La Crète et la Grèce: Hommages à Henri van Effenterre.* Paris: Publications de la Sorbonne, pp. 121–8.

Godart, L. and Sacconi, A. (1978) 'Les tablettes en Linéaire B de Thèbes', *Incunabula Graeca* 71. Rome: dell'Ateneo & Bizzarri.

Goedicke, H. (1969) 'Ägäische Namen in ägyptischen Inschriften', *Wiener Zeitschrift für die Kunde des Morgenlandes* 62: 7–10.

—— (1986) 'The end of the Hyksos in Egypt', in L. H. Lesko, ed., *Egyptological Studies in Honor of Richard A. Parker.* Hanover and London: Brown University Press and the University Press of New England, pp. 37–47.

Gomme, A. W. (1913) 'The legend of Cadmus and the Logographi', *Journal of Hellenic Studies* 13: 53–72; 223–45.

Goodenough, W. H. (1970) 'The evolution of pastoralism and Indo-European origins', in G. Cardona *et al.*, eds., *Indo-European and Indo-Europeans: Papers Presented at the Third Indo-European Conference at the University of Pennsylvania.* Philadelphia: University of Pennsylvania Press, pp. 253–65.

Goodison, L. (1985) *Some Aspects of Religious Symbolism in the Aegean Area during the Bronze and Early Iron Ages.* Ph.D. dissertation, University College, London.

—— (1988) 'A female sun deity in the Bronze Age Aegean?', *Bulletin of the Institute of Classical Studies of the University of London* 35: 168–73.

—— (1989) *Death, Women and the Sun: Symbolism and Regeneration in Early Aegean Religion.* London: Institute of Classical Studies.

—— (1990) *Moving Heaven and Earth.* London: Women's Press.

Goossens, G. (1939) 'Memnon était-il éthiopien ou susien?', *Chronique d'Égypte* 14: 337–8.

—— (1962) 'La Légende de Sésostris', *La Nouvelle Clio* 10–12: 293–5.

Gordon, C. (1955) 'Homer and the Bible', *Hebrew Union College Annual* 26: 43–108.

—— (1962a) 'Eteocretan', *Journal of Near Eastern Studies* 21: 211–14.

—— (1962b) *Before the Bible: The Common Background of Greek and Hebrew Civilizations.* New York: Harper & Row.

—— (1963a) 'The Dreros Bilingual', *Journal of Semitic Studies* 8: 76–9.

—— (1963b) 'The Mediterranean factor in the Old Testament', *Supplements to Vetus Testamentum* 9: 19–31.

—— (1965) *Ugaritic Textbook, Analecta Orientalia* 18. Rome: Pontificum Institutum Biblicum.

—— (1966) *Evidence for the Minoan Language.* Ventnor, NJ: Ventnor Publishers.

—— (1968a) 'The present status of Minoan studies', *Atti e memorie del congresso internazionale di micenilogica, Roma, 27 settembre–3 ottobre 1967,* pp. 383–8.

—— (1968b) 'Northwest Semitic texts in Latin and Greek letters', *Journal of the American Oriental Society* 88: 285–9.

—— (1968c) 'The Canaanite text from Brazil', *Orientalia* 37: 425–36.

—— (1968d) 'Reply to Professor Cross', *Orientalia* 37: 461–3.

—— (1969) 'Minoan', *Athenaeum* 47: 125–35.

—— (1970a) 'Greek and Eteocretan unilinguals from Praisos and Dreros', *Berytus* 19: 95–8.

—— (1970b) 'In the wake of Minoan and Eteocretan', *Praktika tou 1 Diethnous Anthropistikou Symposiou en Delfois* 1: 163–71.

—— (1971) *Forgotten Scripts: The Story of Their Decipherment.* London: Penguin.

—— (1973) 'The Greek unilinguals from Praisos and Dreros and their bearing on Eteocretan and Minoan', *Pepragmena tou 3 Diethnous Kretologikou Synedriou,* 3: 97–103.

—— (1981) 'The Semitic language of Minoan Crete', in Y. Arbeitman and A. R. Bomhard, eds., *Bonum Homini Donum.* Amsterdam: John Benjamins, pp. 761–82.

Gossman, L. (1983) 'Orpheus Philologus: Bachofen versus Mommsen on the study of Antiquity', *Transactions of the American Philosophical Society* 73. 5.

Götze, F. (1936) *Hethiter, Churriter und Assyrer: Hauptlinien der vorderasiatischen Kulturentwicklung im II. Jahrtausend v. Chr. Geb.* Oslo: Aschehoug.

—— (1973) 'Anatolia from Shupililuliumash to the Egyptian War of Mutawalish', in *Cambridge Ancient History,* 3rd ed., vol. II, pt. 2, pp. 117–29.

Grace, V. (1956) 'The Canaanite jar', in S. S. Weinberg, ed., *The Aegean and the Near East (Studies Presented to Hetty Goldman).* Locust Valley, NY: Augustin, pp. 80–109.

Graefe, E. (1982) 'Nephthys', in W. Helck and E. Otto, *Lexikon der Ägyptologie,* vol. IV, cols. 457–60.

Graham, A. J. (1986) 'The historical interpretation of Al Mina', *Dialogues d'histoire ancienne* 12: 51–65.

Graham, J. W. (1962) *The Palaces of Crete.* Princeton, NJ: Princeton University Press.

—— (1964) 'The relation of the Minoan palaces to the Near Eastern palaces of the second millennium', in E. L. Bennett, ed., *Mycenaean Studies* pp. 195–215.

—— (1970) 'Egyptian features at Phaistos', *American Journal of Archaeology* 74: 231–40.

—— (1975) 'The banquet hall of the Little Palace', *American Journal of Archaeology* 79: 141–4.

—— (1977) 'Bathrooms and lustral chambers', in K. H. Kinzl, ed., *Greece and the Eastern Mediterranean in Ancient History and Prehistory*. Berlin: de Gruyter, pp. 110–25.

Grapow, H. (1944) 'Ägyptisch. Vom Lebensverlauf einer afrikanischen Sprache', in H. H. Schaeder, ed., *Der Orient in deutscher Forschung*. Leipzig: Harrassowitz, pp. 205–16.

Graves, R. (1948) *The White Goddess*. London: Faber.

—— (1955) *Greek Myths*, 2 vols. London: Penguin.

Gray, J. (1956) *The Canaanites*, 2nd ed. London: Thames & Hudson.

—— (1957) *The Legacy of Canaan: The Ras Shamra Texts and Their Relevance to the Old Testament*, suppl. to *Vetus Testamentum* V.

Grdseloff, B. (1942) *Les Débuts du culte de Rechef en Égypte*. Cairo: Institut français d'archéologie orientale.

Green, A. R. W. (1975) *The Role of Human Sacrifice in the Ancient Near East*. Missoula, Mont.: Scholars Press for the American Schools of Oriental Research.

Greenberg, J. H. (1986) 'Were there Egyptian Koines?', in J. H. Fishman *et al.*, eds., *The Fergusonian Impact: In Honor of Charles A Ferguson on the Occasion of His 65th Birthday*, vol. I, *From Phonology to Society*. Berlin, New York and Amsterdam: Mouton & de Gruyter, pp. 271–90.

Greenberg, M. (1955) *The Hab/piru*. New Haven, Conn.: American Oriental Series, vol. 39.

Griffith, F. Ll. (1896) 'The Millingen Papyrus', *Zeitschrift für ägyptische Sprache* 34: 35–51.

—— (1911) 'Hyksos', in *Encyclopedia Britanica*, 11th edn., vol. 14, pp. 174–5.

Griffiths, J. G. (1955) 'The orders of gods in Greece and Egypt', *Journal of Hellenic Studies* 75: 21–3.

—— (1970) *Plutarch's De Iside et Osiride*. Cambridge: Cambridge University Press.

—— (1975) *Apuleius of Madauros, The Isis Book (Metamorphosis, Book XI)*. Leiden: Brill.

—— (1980a) 'Interpretatio Graeca', in W. Helck and E. Otto, *Lexikon der Ägyptologie*, vol. III, cols. 167–72.

—— (1980b) *The Origins of Osiris and His Cult*. Leiden: Brill.

—— (1982a) 'Osiris', in W. Helck and E. Otto, *Lexikon der Ägyptologie*, vol. IV, cols. 623–33.

—— (1982b) 'Plutarch', in W. Helck and E. Otto, *Lexikon der Ägyptologie*, vol. IV, cols. 1065–7.

Grimm, G. (1969) *Die Zeugnisse Ägyptischer Religion und Kunstelemente im römischen Deutschland*. Leiden: Brill.

Grimme, H. (1925) 'Hethitisches im griechischen Wortschatze', *Glotta* 14: 13–25.

Grondahl, F. (1967) *Die Personennamen der Texte aus Ugarit.* Rome: Pontifical Institute.

Grousset, R. (1959) *Chinese Art and Culture,* Haakon Chevalier, trans. London: Andre Deutsch.

Grumach, E. (1968/9) 'The coming of the Greeks', *Bulletin of the John Rylands Library* 51: 73–103; 400–30.

Gruppe, O. (1906) *Griechische Mythologie und Religionsgeschichte,* 2 vols. Munich: Beck.

Guignant, J. (1828) 'Mémoire insérée au tome V du *Tacite de Burnouf*', Paris, pp. 531–5.

Gundlach, R. (1982) 'Min', in W. Helck and E. Otto, *Lexikon der Ägyptologie,* vol. IV, cols. 135–9.

Guralnick, E. (1985) 'Profiles of Kouroi', *American Journal of Archaeology* 89: 399–409.

Gurney, O. R. (1973) 'Anatolia *c.* 1750–1600 BC'; 'Anatolia 1600–1380 BC', in *Cambridge Ancient History,* 3rd edn., vol. II, pt. 1, pp. 228–55; 659–82.

Güterbock, H. G. (1983) 'The Hittites and the Aegean world, part 1, the Ahhiyawa problem reconsidered', *American Journal of Archaeology* 87: 133–8.

—— (1986) 'Troy in Hittite texts? Wilusa, Ahhiyawa, and Hittite history', in M. Mellink, ed., *Troy and the Trojan War: A Symposium Held at Bryn Mawr College October 1984.* Bryn Mawr, Pa.: Department of Classical and Near Eastern Archaeology, pp. 33–44.

Guthrie, W. K. C. (1966) *Orpheus and Greek Religion: A Study of the Orphic Movement,* rev. edn. New York: Norton.

Gützlaff, K. F. A. (1838) *A Sketch of Chinese History Ancient and Modern.* 2 vols. London: T. Ward.

Haas, H., Devine, J., Wenke, R., Lehner, M., Wolfi, W. and Bonani, G. (1987) 'Radiocarbon chronology and the historical calendar in Egypt', in O. Aurenche, Jacques Evin and Francis Hours, eds., *Chronologies du Proche Orient/ Chronologies in the Near East: Relative Chronologies and Absolute Chronology 16,000–4000 BP: CNRS symposium, Lyon (France), 24–28 November 1986,* 2 vols. Oxford British Archaeological Reports, International Series 379, pp. 585–606.

Hall, H. R. (1905) 'The two labyrinths', *Journal of Hellenic Studies* 25: 320–4.

—— (1920) *The Ancient History of the Near East,* 6th edn. London: Routledge.

—— (1924) 'The Middle Kingdom and the Hyksos conquests', in *Cambridge Ancient History,* 1st edn., vol. I, pp. 299–325.

—— (1929) 'A Pre-Dynastic Egyptian double-axe', in S. Casson, ed., *Essays in Aegean Archaeology: Presented to Sir Arthur Evans in Honour of His 75th Birthday.* Oxford: Clarendon Press, p. 42.

Hall, H. R. and King, L. W. (1906) *History of Egypt, Chaldea, Syria, Babylonia and Assyria.* London: Grolier Society.

Hallo, W. W. (1977) 'Seals lost and found', in M. Gibson, and R. D. Biggs, eds., *Seals and Sealings in the Ancient Near East.* Malibu: Undena, pp. 55–60.

Halpern, B. (1987) 'Radical Exodus dating fatally flawed', *Biblical Archaeology Review* 13.6.56–61.

Hammer, C. U., Clausen, H. B., and Dansgaard, W. (1980) 'Dating from the Greenland Icecap', *Nature* 288: 230–35.

Hammer, C. U., Clausen, H. B., Friedrich, W. L., and Tauber, H. (1987) 'The Minoan eruption of Santorini in Greece dated to 1645 BC', *Nature* 328. 6/8: 517–9.

—— (1988) 'Dating of the Santorini eruption', *Nature* 332.31/3: 401.

Hammond, N. G. L. (1967) *A History of Greece to 322 BC*, 2nd. edn. Oxford: Clarendon Press.

—— (1973) 'Grave circles in Albania and Epirus', in R. A. Crossland and A. Birchall, eds., *Bronze Age Migrations in the Aegean*. London: Duckworth, pp. 189–95.

—— (1975) 'The literary tradition for the migrations', in *Cambridge Ancient History*, 3rd edn., vol. II, pt 2, pp. 678–712.

—— (1976) *Migrations and Invasions in Greece and Adjacent Areas*. Park Ridge, NJ: Noyes Press.

Hani, J. (1976) *La Religion égyptienne dans la pensée de Plutarque*, collection d'études mythologiques. Centre de Recherche Mythologique de l'Université de Paris. Paris: 'Les Belles Lettres'.

Hankey, V. (1967) 'Mycenaean pottery in the Middle East: notes on finds since 1951', *Annual of the British School at Athens* 62: 107–46.

—— (1970–71) 'Mycenaean trade with the south-eastern Mediterranean', *Mélanges de l'Université St-Joseph, Beyrouth* 46: 11–30.

—— (1973) 'The Aegean deposit at El Amarna', in *The Mycenaean in the Eastern Mediterranean*, Acts of the International Archaeological Symposium, Nicosia, 1972, pp. 128–32.

—— (1981) 'The Aegean interest in El Amarna', *Journal of Mediterranean Anthropology and Archaeology* 1: 45–6.

—— (1982) 'Pottery and people of the Mycenaean IIIC period in the Levant', in *Archéologie au Levant. Recueil à la mémoire de R. Saidah*. Lyons: Maison de l'Orient, pp. 167–72.

Hankey, V. and Warren, P. (1974) 'The absolute chronology of the Aegean Late Bronze Age', *Bulletin of the Institute of Classical Studies of the University of London* 18: 142–52.

Hansberry, L. W. (1977) *Africa and the Africans as Seen by Classical Writers: The Leo William Hansberry African History Notebook*, J. E. Harris, ed., 2 vols. Washington, DC: Howard University Press.

Harden, D. (1971) *The Phoenicians*. London: Penguin.

Harding, A. F. (1984) *The Mycenaeans and Europe*. London: Academic Press.

Harding, A. F. and Tait, W. J. (1989) 'The beginning of the end': progress and prospects in Old World chronology', *Antiquity* 63: 147–52.

Harris, Z. S. (1939) *The Development of the Canaanite Dialects: An Investigation in Linguistic History*. New Haven, Conn.: American Oriental Society.

Harrison, J. (1903) *Prolegomena to the Study of Greek Religion*. Cambridge: Cambridge University Press.

—— (1927) *Themis: A Study of the Social Origins of Greek Religion*, 2nd rev. edn. Cambridge: Cambridge University Press.

Hartleben, H. (1906) *Champollion sein Leben und sein Werk*, 2 vols. Berlin: Weidmann.

—— (1909) *Lettres de Champollion le Jeune recuelliès et annotées*, 2 vols. Paris: Bibliothèque Égyptologique.

Havelock, A. E. (1982) *The Literate Revolution in Greece and Its Cultural Consequences*. Princeton, NJ: Princeton University Press.

Hayes, W. (1971) 'The Middle Kingdom in Egypt', in *The Cambridge Ancient History*, 3rd edn., vol..I, pt. 2, pp. 464–531.

—— (1973a) 'Egypt from the death of Ammenemes III to Seqenere II', in *Cambridge Ancient History*, 3rd edn., vol. II, pt. 1, pp. 42–76.

—— (1973b) 'Egypt: Internal Affairs from Tuthmosis I to the Death of Amenophis III', in *Cambridge Ancient History*, 3rd edn., vol. II, pt. 1, pp. 313–416.

Heath Wienke, M. (1986) 'Art and the world of the Early Bronze Age', in G. Cadogan, ed., *The End of the Early Bronze Age in the Aegean*. Leiden: Brill, pp. 69–92.

Helck, W. (1962) 'Osiris', in *Pauly Wissowa*, suppl. 9: 469–513.

—— (1968) *Geschichte des Alten Ägypten*. Handbuch Orientalia pt. 1, vol. 1, issue 3. Leiden and Cologne: Brill.

—— (1971) *Die Beziehungen Ägyptens zu Vorderasien im 3. und 2. Jahrtausend v. Chr.*, 2nd improved edn. Wiesbaden: Harrassowitz.

—— (1975a) 'Byblos', in W. Helck and E. Otto, *Lexikon der Ägyptologie*, vol. I, cols. 889–91.

—— (1975b) *Propyläen Kunstgeschicht 15*.

—— (1975c) *Wirtschaftgeschichte des alten Ägypten im. 3. und 2. Jahrtausend vor. Chr.: Handbuch der Orientalistik I.IV.* Leiden, Köln.

—— (1979) *Die Beziehungen Ägyptens und Vorderasiens zur Ägäis bis ins 7. Jahrhundert v. Chr.* Darmstadt: Wissenschaftliche Buchgesellschaft.

—— (1989) 'Ein Ausgreifen des Mittleren Reiches in den zypriotischen Raum?', *Göttinger Miszellen: Beiträge zur ägyptische Diskussion* 109: 27–30.

Helck, W. and Otto, E. (1975) *Lexikon der Ägyptologie*, vol. I, Wiesbaden: Harrassowitz.

—— (1977) ——, vol. II.

—— (1980) ——, vol. III.

—— (1982) ——, vol. IV.

—— (1984) ——, vol. V.

Helm, P. R. (1980) *'Greeks' in the Neo-Syrian Levant and 'Assyria' in Early Greek Writers*. Ph.D. dissertation, University of Pennsylvania.

Heltzer, M. (1978) *Goods and Prices and the Organization of Trade in Ugarit*. Wiesbaden: Harrassowitz.

—— (1988) 'Sinarenu, Son of Siginu, and the trade between Ugarit and Crete', *Minos* 23: 8–13.

Hemmerdinger, B. (1966) 'Trois notes: I. Kadmos, II. Emprunts du grec mycénien à l'Akkadien, III. L'infiltration phénicienne en Béotie', *Revue des Études Grecques* 79: 698–703.

—— (1967) 'La Colonie Babylonienne de la Kadmée', *Helikon* 7: 232–40.

—— (1968) 'Noms communs grecs d'origine égyptienne', *Glotta* 46: 238–47.

—— (1970) 'De la méconnaissance de quelques etymologies grecques', *Glotta* 48: 40–66.

Herm, G. (1975) *The Phoenicians: The Purple Empire of the Ancient World*, C. Hillier, trans. New York: Morrow.

Hermes, G. (1936) 'Das gezähmte Pferd im alten Orient', *Anthropos* 30: 364–94.

Herodotos, (1954) *Herodotus: The Histories*, A. de Selincourt, trans. London: Penguin.

Herrin, J. (1987) *The Formation of Christendom*. Oxford: Blackwell.

Herrmann, G. (1968) 'Lapis lazuli: the early phases of its trade', *Iraq* 30: 24–35.

Hertz, N. (1985) *The End of the Line*. New York: Columbia University Press.

Hesiod (1914) *Hesiod: The Homeric Hymns and Homerica*, H. G. Evelyn-White, trans. Cambridge, Mass.: Harvard University Press (Loeb).

Hester, D. A. (1965) 'Pelasgian a new Indo-European language?', *Lingua* 13: 335–84.

Heubeck, A. (1958) 'Mykinisch $qi\text{-}si\text{-}po = \xi i\phi o\varsigma$', *Minos* 6: 55–60.

Higgins, R. (1979) *The Aegina Treasure: An Archaeological Mystery*. London: British Museum Publications.

—— (1981) *Minoan and Mycenaean Art*, rev. edn. London: Thames & Hudson.

Hiller, S. (1984) 'Pax Minoica versus Minoan thalassocracy: military aspects of Minoan culture', in R. Hägg and N. Marinatos, eds., *The Minoan Thalassocracy: Myth and Reality: Proceedings of the 3rd International Symposium at the Swedish Institute in Athens 31 May–5 June 1982, Skrifter utgivna av Svenska Institutet i Athen*, 4, pp. 17–31.

—— (1987) 'Palast und Tempel im Alten Orient und im minoischen Kreta', in R. Hägg and N. Marinatos, eds., *The Function of the Minoan Palaces: Proceedings of the Fourth International Symposium at the Swedish Institute in Athens, 10–16 June 1984*, pp. 57–63.

Hintze, F. (1975) 'Anuket', in W. Helck and E. Otto, *Lexikon der Ägyptologie*, vol. I, cols. 333–4.

Hinz, W. (1973) *The Lost World of Elam: Recreation of a Vanished Civilization*, J. Barnes, trans. New York: New York University Press.

Hodge, C. (1976) 'Lisramic (Afroasiatic): an overview', in M. L. Bender, ed., *The Non-Semitic Languages of Ethiopia*. East Lansing, Mich.: African Studies Center, Michigan State University, pp. 43–65.

Hoffman, M. A. (1979) *Egypt Before the Pharaohs*. New York: Knopf.

Hofmann, A. and Vorbichler, U. A. (1979) *Der Äthiopenlogos bei Herodot*. Vienna: Beiträge zur Afrikanistik.

Hollis, S. T. (1987a) 'Nut in the Pyramid Texts', paper given to the American Research Centre in Egypt Annual Meeting. Memphis, Tenn., April.

—— (1987b) 'The Goddess Neith in Ancient Egypt through the end of the third millennium BC', paper given to the American Academy of Religion Annual Meeting.

—— (1987c) 'Women of Ancient Egypt and the Sky Goddess Nut', *Journal of American Folklore* 100: 496–503.

—— (1988) 'Neith: bees, beetles and the red crown in the third millennium BC', paper given to the American Research Centre in Egypt Annual Meeting, Chicago.

Homer. (1925) *The Iliad*, A. T. Murray, trans., 2 vols. London: Heinemann.

Hood, S. (1960) 'Tholos tombs of the Aegean', *Antiquity* 34: 66–76.

—— (1967) *Home of the Heroes: The Aegean Before the Greeks*. London: Thames & Hudson.

—— (1971) *The Minoans: Crete in the Bronze Age*. London: Thames & Hudson.

—— (1978) 'Discrepancies in ^{14}C dating as illustrated from the Egyptian New and Middle Kingdoms and from the Aegean Bronze Age and Neolithic', *Archaeometry* 20: 197–9.

—— (1986) 'Evidence for invasions in the Aegean area at the end of the Early Bronze Age', in G. Cadogan, ed., *The End of the Early Bronze Age in the Aegean*. Leiden: Brill, pp. 31–68.

Hooker, J. T. (1976) *Mycenaean Greece*. London: Routledge & Kegan Paul.

—— (1979) 'γέφυρα: a Semitic loan-word?', in B. Brogyanyi, ed., *Studies in Diachronic, Synchronic, and Typological Linguistics: Festschrift for Oswald Szemerényi on the Occasion of his 65th Birthday*, pt I. Amsterdam: John Benjamins, pp. 387–98.

—— (1983) 'Minoan religion in the Late Palace Period', in O. Krzyszkowska and L. Nixon, eds., *Minoan Society: Proceedings of the Cambridge Colloquium 1981*. Bristol: Bristol Classical Press, pp. 137–42.

Hope Simpson, R. (1965) *Gazetteer and Atlas of Mycenaean Sites*. University of London, Institute of Classical Studies Bulletin Supplement 16.

Hopfner, T. (1922/3) *Fontes Historiae Religionis Aegyptiacae*, 2 vols. Bonn: Mark & Weber.

—— (1940–1) *Plutarch über Isis und Osiris*, 2 vols. Prague: Orientalisches Institut.

Hornung, E. (1971) *Der Eine und die Vielen: Ägyptische Gottesvorstellungen*. Darmstadt: Wissenschaftliche Buchgesellschaft, trans. J. Baines (1983) as *Conceptions of God in Ancient Egypt: The One and the Many*. London: Routledge & Kegan Paul.

Horton, R. (1967) 'African traditional thought and western science', *Africa* 37: 50–71; 155–87.

—— (1973) 'Lévy-Brühl, Durkheim and the scientific revolution', in R. Horton and R. Finnegan, eds., *Modes of Thought: Essays on Thinking in Western and Non-Western Societies*. London: Faber.

Howell, R. J. (1973) 'The origins of Middle Helladic culture', in R. A. Crossland and A. Birchall, eds., *Bronze Age Migrations in the Aegean*. London: Duckworth, pp. 75–99.

Hrozný, B. (1947) *Historie de l'Asie antérieure de l'Inde et de la Crète*. Paris: Payot.

Hsu, C.-y. and Linduff, K. M. (1988) *Western Chou Civilization*. New Haven, Conn., and London: Yale University Press.

Huber, P. J. (1982) 'Astronomical dating of Babylon I and Ur III', *Monographic Journals of the Near East*. Occasional Papers 1/4 (June).

—— (1987a) 'Astronomical evidence for the long and against the short chronologies', in P. Åström, *High, Middle or Low*, pp. 5–17.

—— (1987b) 'Dating by lunar eclipse omina: with speculations on the birth of omen astrology', in J. L Berggren and B. R. Goldstein, eds., *From Ancient Omens to Statistical Mechanics: Essays on the Exact Sciences Presented to Asger Aaboe*. Copenhagen: University Library. *Acta Historica Scientiarum Naturalium et Medicinalium* 39: 3–13.

Hubschmid, J. (1953) *Sardische Studien das mediterrane Substrat des Sardischen: Seine Beziehungen zum Berberischen und Baskischen sowie zum euroafrischen und hispanokaukasischen Substrat der romanischen 1 Sprachen.* Bern: A. Francke.

Hutchinson, R. W. (1962) *Prehistoric Crete*. London: Penguin.

Huxley, G. (1961) *Crete and the Luvians*. Oxford: Author.

Iakovides, S. (1979) 'Thera and Mycenaean Greece', *American Journal of Archaeology* 83: 101–2.

Illič Svitič, V. (1964) 'Drevneyschie indoevropeysko Semitiskie Yazygkovye Kontakty [The most ancient contacts between Indo-European and Semitic]', *Problemy Indoevropeyskogo yazykoznaniya* 6.

Immerwahr, S. A. (1977) 'Mycenaeans at Thera: some reflections on the paintings from the West House', in K. H. Kinzl, ed., *Greece and the Eastern Mediterranean in Ancient History and Prehistory: Studies presented to Fritz Schachermeyr on the Occasion of His Eightieth Birthday*. Berlin and New York: de Gruyter, pp. 173–91.

—— (1983) 'The people in the frescoes', in O. Krzyszkowska and L. Nixon, eds., *Minoan Society: Proceedings of the Cambridge Colloquium 1981*. Bristol: Bristol Classical Press, pp. 143–54.

Isokrates. (1928–44) *Works*. 3 vols. 1 & 2 trans. G. Norlin; 3, trans. L. Van Hook. Cambridge, Mass.: Harvard University Press (Loeb) and London: Heinemann.

Iversen, E. (1957) 'The Egyptian origin of the Archaic Greek canon', *Mitteilungen des deutschen archaeologischen Instituts Abt. Kairo* 15: 134–47.

—— (1961) *The Myth of Egypt and Its Hieroglyphs in European Tradition*. Copenhagen: Gad.

Ivimy, J. (1974) *The Sphinx and the Megaliths*. London: Abacus.

Jacobsen, T. (1976) *The Treasures of Darkness: A History of Mesopotamian Religion*. New Haven and London: Yale University Press.

Jacobsen, T. W. (1976) '17,000 years of Greek prehistory', *Scientific American* 234. 6: 76–87.

Jacoby, F. (ed. and ann.) (1904) *Das Marmor Parium*. Berlin: Weidmann.

—— (1923–9) *Fragmente der griechischen Historiker*. Berlin: Weidmann.

Jahnkuhn, D. (1980) 'Iunit', in W. Helck and E. Otto, *Lexikon der Ägyptologie*, Wiesbaden: Harrassowitz. vol. III, col. 212.

Jairazbhoy, R. A. (1985) 'Egyptian civilization in Colchis on the Black Sea', in R. Rashidi and I. van Sertima, eds., *African Presence in Early Asia*, special issue of *Journal of African Civilizations*, pp. 58–63.

James, G. G. M. (1954) *Stolen Legacy, the Greeks Were Not The Authors of Greek Philosophy, But the People of North Africa, Commonly Called the Egyptians*. New York: Philosophical Library.

James, T. G. H. (1971) 'Aegean place-names in the mortuary temple of Amenophis III at Thebes', *Bulletin of the Institute of Classical Studies of the University of London* 18: 144–5.

—— (1973) 'Egypt: from the expulsion of the Hyksos to Amenophis I', in *Cambridge Ancient History*, 3rd edn., vol. II, pt. 1, pp. 289–309.

Jaspers, K. (1949) *Vom Ursprung und Ziel der Geschichte*. Munich: Piper Verlag.

Jeanmaire, H. (1951) *Dionysos*. Paris: Payot.

Jeffery, L. H. (1961) *The Local Scripts of Archaic Greece: A Study in the Origin of the Greek Alphabet and Its Development from the Eighth to the Fifth Centuries B.C.* Oxford: Clarendon Press.

—— (1976) *Archaic Greece: The City-States c. 700–500 BC*. London and New York: St. Martins.

—— (1982) 'Greek alphabetic writing', in *Cambridge Ancient History*, 2nd edn., vol. III, pt. 1, pp. 819–33.

Jensen, H. (1969) *Sign, Symbol and Script: An Account of Man's Efforts to Write*, 3rd rev. edn., G. Unwin, trans. New York: Putnam.

Jespersen, O. (1922) *Language: Its Nature, Development and Origin*. London: Allen & Unwin.

Jidejian, N. (1968) *Byblos Through the Ages*. Beirut: Dar el-Machreq.

—— (1969) *Tyre Through the Ages*. Beirut: Dar el-Machreq.

Joffe, A. H. (1980) *Sea Peoples in the Levant*. Undergraduate thesis, Cornell, Department of Near Eastern Studies.

Jones, A. H. (1975) *Bronze Age Civilization: The Philistines and the Danites*. Washington, DC: Public Affairs Press.

Jones, T. (1969) *The Sumerian Problem*. London, New York, Toronto and Sidney: Wiley.

Josephus. (1926) *Against Apion*, H. St. J. Thackeray, trans., in *The Life*, vol. 1 of *Josephus in Nine Volumes*. Cambridge, Mass.: Harvard University Press (Loeb); London: Heinemann.

—— (1930) *Antiquities of the Jews*, vols. 4–9 of *Josephus in Nine Volumes*. Cambridge, Mass: Harvard University Press (Loeb); London: Heinemann.

Junker, H. (1933) *Die Völker des antiken Orients: Die Ägypter*. Freiburg in Breisgau: Herder.

Kadish, B. (1971) 'Excavations of prehistoric remains at Aphrodisias, 1968 and 1969', *American Journal of Archaeology* 75: 121–40.

Kakosy, L. (1982) 'Mnevis', in W. Helck and E. Otto, *Lexikon der Ägyptologie*, vol. IV, cols. 165–7.

Kalcyk, H. and Heinrich, B. (1986) 'Hochwasserschutzbauten in Arkadien', *Antike Welt* 2 Sondernummer 'Antiker Wasserbau', pp. 3–14.

Kammenhuber, A. (1968) *Die Arier im Vorderen Orient*. Heidelberg: Indogermanische Bibliothek, 3rd series.

—— (1977) 'Die Arier im Vorderen Orient und die historischen Wohnsitze der Hurriter', *Orientalia* NS 46: 129–43.

Kanta, A. (1980) 'The Late Minoan III Period in Crete: a survey of sites, pottery and their distribution', *Studies in Mediterranean Archaeology* 58.

Kantor, H. J. (1947) 'The Aegean and the Orient in the second millennium BC', *American Journal of Archaeology* 51: 1–106.

—— (1956) 'Syro-Palestinian ivories', *Journal of Near Eastern Studies* 15: 153–74.

Kaplony, P. (1980) 'Ka', in W. Helck and E. Otto, *Lexikon der Ägyptologie,* vol. III, cols. 275–82.

Karageorghis, V. (1988) *Blacks in Ancient Cypriot Art.* Houston, Tex: Menil Foundation.

Karlgren, B. (1950) *The Book of Odes: Chinese Text Transcription and Translation.* Stockholm: Museum of Far Eastern Antiquities.

—— (1957) 'Grammata Serica Recensa', *The Museum of Far Eastern Antiquities Bulletin* (Stockholm) 29.

Katz, S. T. (1986) 'Hitler's "Jew": on microbes and Manicheanism', *Ninth World Congress of Jewish Studies,* Division B, vol. III, *History of the Jewish People (The Modern Times),* Jerusalem: Magnes, pp. 165–81.

Katzenstein, H. J. (1973) *The History of Tyre: From the Beginning of the Second Millennium* B.C.E. *until the Fall of the Neo-Babylonian Empire in 538* B.C.E. Jerusalem: The Schocken Institute for Jewish Research.

Kaufman, S. A. (1982) 'Reflections on the Assyrian-Aramaic Bilingual from Tell Fakhariyeh', *MAARAV* 3/2: 137–75.

Keightley, D. N. (1978) *Sources of Shang History: The Oracle Bone Inscriptions of Bronze Age China.* Berkeley: University of California Press.

—— (1983) 'The Late Shang state: when, where, what?' in D. N. Keightley, ed., *The Origins of Chinese Civilisation.* Berkeley: University of California Press, pp. 523–64.

Keimer, L. (1931) 'Pendeloques en formes d'insectes', *Annales de Service* 31: 145–82.

Keinast, B. (1981) 'Die Sprache von Ebla und das Altsemitische', in L. Cagni, ed., *La Lingua di Ebla.* Naples: Istituto Universitario Orientale, Seminario di Studi Asiatici, 14, pp. 83–98.

Kelly, P. M. and Sear, C. B. (1985) 'The climatic impact of explosive volcanic eruptions', in *Proceedings of the 3rd Conference on Climatic Variations Symposium on Contemporary Climate: 1850–2100* (American Meteorological Society), pp. 178–9.

Kemp, B. J. (1980) 'Egyptian radiocarbon dating: a reply to James Mellaart', *Antiquity* 54: 25–8.

Kemp, B. J. and Merrillees, R. S. (1980) *Minoan Pottery in Second Millennium Egypt.* Deutsches archäologisches Institut, Abteilung Kairo. Mainz am Rhein: Philipp von Zabern.

Kempinski, A. (1985) 'Some observations on the Hyksos (XVth) dynasty and its Canaanite origins', in Sarah Israelit-Groll, ed., *Pharaonic Egypt: The Bible and Christianity.* Jerusalem: Magnes, pp. 129–37.

Kenyon, K. M. (1973) 'Palestine in the Middle Bronze Age', in *Cambridge Ancient History,* 3rd edn., vol. II, pt. 1, pp. 17–116.

Keramopoullos, A. (1917) 'Θηβαικά', *Archaiologikon Deltion* 3: 1–503.

Kern, O. (1896) 'Bakis', *Pauly-Wissowa* II, cols. 2801–2.

—— (1926) *Die Religion der Griechen.* Berlin: Weidmann.

Keys, D. (1988) 'Cloud of volcanic dust blighted North Britain 3,000 years ago', *Independent*, 16 August.

Khattab, A. (1982) *Das Ägyptenbild in den deutschsprachigen Reisebeschreibungen der Zeit von 1285–1500*. Frankfort a. M.: Europäische Hochschulschriften, 1. Deutsche Sprache und Literatur.

Khramalkov, P. (1981) 'A critique of Professor Goedicke's Exodus theories', *Biblical Archaeology Review* 7. 5: 51–4.

Kilian, K. (1985) 'La caduta dei palazzi Micenei continentali: aspetti archeologici', in D. Musti, ed., *Le Origini dei Greci: Dori e Mondo Egeo*. Rome, pp. 73–95.

Killen, J. T. (1964) 'The wool industry of Crete in the Late Bronze Age', *Annual of the British School in Athens* 59: 1–15.

King, L. W. and Hall, H. R. (1907) *Egypt and Western Asia in the Light of Recent Discoveries*. London: Grolier Society.

Kingsley, P. (1990) 'The Greek origin of the sixth-century dating of Zoroaster', *Bulletin of the School of Oriental and African Studies* 53: 245–65.

Kinkel, G. (1877) *Epicorum Graecorum Fragmenta*. Leipzig: Teubner.

Kircher, A. (1652) *Oedipus Aegyptiacus*. Rome.

Kirk, G. S. (1970) *Myth, Its Meanings and Functions in Ancient and Other Cultures*. Berkeley and Cambridge: University of California Press.

—— (1974) *The Nature of Greek Myth*. London: Penguin.

—— (1985) *The Iliad: A Commentary, Volume 1, Books 1–4*. Cambridge: Cambridge University Press.

Kirk, G. S., Raven, J. E. and Schofield, M. (1983) *The Presocratic Philosophers: A Critical History with a Selection of Texts*, 2nd edn. Cambridge: Cambridge University Press.

Kitchen, K. A. (1965) 'Theban topographical lists old and new', *Orientalia* 34: 1–9.

—— (1966a) 'Aegean place names in a list of Amenophis III', *Bulletin of the American Schools of Oriental Research* 181: 23–4.

—— (1966b) *Ancient Orient and the Old Testament*. London: Tyndale Press.

—— (1967) 'Byblos, Egypt, and Mari in the early second millennium BC'. *Orientalia* 36: 39–54.

—— (1987) 'The basics of Egyptian chronology in relation to the Bronze Age', in P. Åström, *High, Middle or Low? Acts of an International Colloquium on Absolute Chronology Held at the University of Gothenburg 20–22 August 1987*, pt. 1, pp. 37–55.

—— (1989) 'Supplementary notes on the basics of Egyptian chronology', in P. Åström, *High, Middle or Low? Acts of an International Colloquium on Absolute Chronology Held at the University of Gothenburg 20–22 August 1987*, pt. 3, pp. 152–9.

Klausner, J. (1976) 'The first Hasmonean rulers: Jonathan and Simeon', in A. Schalit, ed., *World History of the Jewish People*, vol. VI, *The Hellenistic Age*. London: W. H. Allen, pp. 183–210.

Knapp, A. B. (1985) 'Production and exchange in the Aegean and East Mediterranean', in A. B. Knapp and T. Stech, *Prehistoric Production and Exchange: The Aegean and the East Mediterranean*, pp. 1–11.

—— (1986) 'Production, exchange and socio-political complexity on Bronze Age Cyprus', *Oxford Journal of Archaeology* 5: 43.

Knapp, A. B. and Stech, T. (1985) *Prehistoric Production and Exchange: The Aegean and the East Mediterranean*. Los Angeles: University of California Institute of Archaeology, Monograph 25.

Knauss, J. (1985) 'Antike Landgewinnung und Binnenschiffahrt im Kopais-Becken, Boötien, Mittelgriechenland', *Münstersche Beiträge zur antiken Handelsgeschichte* 7: 42–64.

—— (1986) 'Munich Copais Expedition, progress report on October 1985 and May 1986 surveys', *Teiresias* 17. *Appendix: Boetica*, pp. 3–7.

—— (1987a) *Die Melioration des Kopaisbeckens durch die Minyer im 2. jt. v. Chr. Kopais 2- Wasserbau und Siedlungsbedingungen im Altertum*. Institut für Wasserbau und Wassermengenwirtschaft und Versuchsanstalt für Wasserbau Oskar v. Miller-Institut in Obernach, Technische Universität München, No. 57.

—— (1987b) 'Munich Copais Expedition, progress report on October 1986 and May 1987 surveys', *Teiresias* 17. *Appendix: Boetica*, pp. 1–4.

—— (1987c) 'Der Damm im Takka See beim alten Tegea (Arkadien, Peloponnes)', *Athenische Mitteilungen* 102: 47–62.

—— (1987d) 'Deukalion, Lykorea, die große Flut am Parnaß und der Vulkanausbruch von Thera (im Jahr 1529 v. Chr.?)', *Antike Welt* 23–40.

Knauss, J., Heinrich, B. and Kalcyk, H. (1984) *Die Wasserbauten der Minyer in der Kopais – die älteste Flußregulierung Europas*. Institut für Wasserbau und Wassermengenwirtschaft und Versuchsanstalt für Wasserbau Oskar v. Miller-Institut in Obernach Technische Universität München, No. 50.

—— (1986) 'Der Damm bei Kaphyai und Orchomenos in Arkadian', *Archaeologischer Anzeiger* 583–611.

Knudtzon, J. A. (1915) *Die Amarna Tafeln*. Leipzig: Vorderasiatische Bibliothek.

Konsola, D. (1981) 'Προμυκηναϊκή Θήβα', Ph.D. dissertation, Athens University.

Korfmann, M. (1986) 'Beşik Tepe: new evidence for the Trojan sixth and seventh settlements', in Machteld Mellink, ed., *Troy and the Trojan War: A Symposium Held at Bryn Mawr College October 1984*. Bryn Mawr, Pa.: Bryn Mawr College, pp. 17–31.

Korres, G. S. (1984) 'The relations between Crete and Messenia in the Late Middle Helladic Period' in R. Hägg and N. Marinatos, eds., *The Minoan Thalassocracy: Myth and Reality: Proceedings of the 3rd International Symposium at the Swedish Institute in Athens 31 May–5 June 1982, Skrifter utgivna av Svenska Institutet i Athen*, 4, pp. 141–3.

Krauss, R. (1985) 'Sothis-und Monddaten, Studien zur astronomischen und technischen Chronologie Altägyptens', *Hildersheimer Ägyptologische Beiträge* 20.

Kretschmer, P. (1896) *Einleitung in die Geschichte der griechischen Sprache*. Göttingen: Vandenhoeck & Ruprecht.

—— (1924) 'Das nt-suffix', *Glotta* 13: 84–106.

—— (1927) 'Mythische Namen', *Glotta* 16: 74–78.

—— (1936) 'Nochmals die Hypachäer und Aleksandus', *Glotta* 25: 203–51.

Kroll, J. (1923) 'Kulturhistorisches aus astrologischen Texten', *Klio* 18: 213–25.

Krzyszkowska, O. H. (1983) 'Wealth and prosperity in Pre-Palatial Crete: The case of ivory', in O. Krzyszkowska and L. Nixon, eds., *Minoan Society: Proceedings of the Cambridge Colloquium 1981*. Bristol: Bristol Classical Press, pp. 163–70.

Kuhn, T. S. (1970) *The Structure of Scientific Revolutions*, 2nd edn. Chicago: University of Chicago Press.

—— (1977) 'Second thoughts on paradigms', in F. Suppe, ed., *The Structure of Scientific Theories*. Champaign: University of Illinois Press, pp. 459–82.

Kulke, H. (1976) 'Die Lapis-Lazuli-Lagerstätte Sare Sang (Badakhshan) Geologie Entstehung, Kulturgeschichte und Bergbau', *Afghanistan Journal* 3.1: 43–56.

Kuniholm, P. I. and Newton, M. W. (1989) 'A 677-year tree-ring chronology for the Middle Bronze Age', in K. Emre, M. Mellink, B. Hrouda and N. Özgüç, eds., *Anatolia and the Ancient Near East: Studies in Honor of Tahsin Özgüç*. Ankara: Türk Tarih Kurumu Basimevi.

Kupper, J.-R. (1973) 'Northern Mesopotamia and Syria', in *Cambridge Ancient History*, 3rd edn., vol. II, pt. 1, pp. 1–41.

Kurth, D. (1980) 'Manu', in W. Helck and E. Otto, *Lexikon der Ägyptologie*, vol. III, cols. 1185–6.

Labat, R. (1975) 'Elam and Western Persia, *c.* 1200–1000 BC', in *Cambridge Ancient History*, 3rd edn., vol. II, pt. 2, pp. 482–506.

Labib, P. (1936) *Die Herrschaft der Hyksos in Ägypten und ihr Sturz*. Glückstadt, Hamburg and New York: Augustin.

La Capra, D. (1987) *History, Politics and the Novel*. Ithaca, NY: Cornell University Press.

Lacau, P. (1904–06) *Sarcophages antérieurs au Nouvel Empire*. 2 vols., in *Catalogue Générales Antiquités Égyptiennes du Musée du Caire*. Cairo: Imprimerie de l'Institut français d'archéologie.

Lacy, P. D. and Einarson, B. (1954) *Plutarch's Moralia* VII. Cambridge, Mass.: Harvard University Press (Loeb); London: Heinemann.

Laffineur, R. (1984) 'Mycenaeans at Thera', in R. Hägg and N. Marinatos, eds., *The Minoan Thalassocracy: Myth and Reality: Proceedings of the 3rd International Symposium at the Swedish Institute in Athens 31 May–5 June 1982, Skrifter Utgivna av Svenska Institutet i Athen*, 4, pp. 133–9.

—— (1987) 'Le cercle des tombes de Schliemann: cent ans après', in R. Laffineur, ed., *Thanatos: Les coutumes funéraires en Égée à l'âge du Bronze: Actes du Colloque de Liège (21–23 avril 1986)*. Université de l'État à Liège: Histoire de l'art et archéologie de la Grèce antique, pp. 117–25.

Lakatoš, I. (1970) 'Falsification and the methodology of scientific research programmes', in I. Lakatoš and A. Musgrave, eds., *Criticism and the Growth of Knowledge*. Cambridge: Cambridge University Press, pp. 106–17.

La Marche, V. C. and Hirschbeck, K. K. (1984) 'Frost rings in trees as records of major volcanic eruptions', *Nature* 307: 121–6.

Lambropoulou, A. (1988) 'Erechtheus, Boutes, Itys and Xouthos: notes on Egyptian presence in early Athens', *The Ancient World* 18: 77–86.

Lambrou-Phillipson, C. (1987) 'A model for the identification of enclave colonies', paper delivered at the 6th International Colloquium on Aegean Prehistory, Athens, 30 August–5 September 1987.

—— (1990) 'Cypriot and Levantine pottery from house AD center at Pseira, Crete', *Journal of Oriental and African Studies* [Athens] 2: 1–10.

Lane-Fox, R. (1980) *The Search for Alexander.* Boston and Toronto: Little Brown.

Lang, D. M. (1966) *The Georgians.* London: Thames & Hudson.

—— (1978) *Armenia: Cradle of Civilization,* 2nd edn. London: Allen & Unwin.

Lang, M. L. (1969) *The Palace of Nestor at Pylos in Western Messenia;* Vol. II, *The Frescoes.* Princeton: Princeton University Press for the University of Cincinnati.

Langdon, S. (1990) 'From monkey to man: the evolution of a geometric sculptural type', *American Journal of Archaeology* 94: 407–20.

Lange, K. (1954) *Sesostris: Ein ägyptischer König in Mythos, Geschichte und Kunst.* Munich: Hirmer.

Langham, I. (1981) *The Building of British Social Anthropology: W. H. R. Rivers and His Cambridge Disciples in the Development of Kinship Studies, 1898–1931.* Dordrecht, Boston and London: Reidel.

Lanzone, R. V. (1881–6) *Dizionario di mitologia egizia,* 4 vols. Turin: Fratelli Doyen. Reprint. Amsterdam: John Benjamins, 1974.

Laroche, E. (1958) 'Adana et les Danauiens', *Syria* 35: 252–83.

—— (1965) 'Sur le nom grec de l'ivoire', *Revue de philologie* 39: 56–60.

—— (1966) *Les noms des Hittites.* Paris: Études Linguistiques 4.

—— (1976–7) *Glossaire de la Langue Hourrite,* 2 pts. *Revue Hittite et Asianique* 34 and 35.

—— (1977?) 'Toponymes et frontières linguistiques en Asie Mineure', in T. Fahd *et al.*, eds., *La Toponymie Antique: Actes du Colloque de Strassbourg 12–14 juin 1975.* Leiden: Brill, pp. 205–13.

Larsen, M. T. (1976) *The Old Assyrian City State and Its Colonies, Mesopotamia,* vol. 4 of *Copenhagen Studies in Assyriology.* Copenhagen: Akademisk Forlag.

Lattimore, R. (1939) 'Herodotus and the names of the Egyptian gods', *Classical Philology* 34: 357–65.

Lauer, J. F. (1948) *Le Problème des Pyramides d'Égypte.* Paris: Payot.

—— (1960) *Observations sur les pyramides.* Cairo: Institut français d'archéologie orientale.

Lauffer, S. (1981) 'Wasserbauliche Anlagen des Altertums am Kopaissee', *Leichtweiss-Institut f. Wasserbau d. techn. Univ. Braunschweig Mitteilungen* 71: 237–64.

—— (1986) *Kopais: Untersuchungen zur historischen Landeskunde Mittelgriechenlands,* vol. I. Frankfurt a. M., Bern and New York: Peter Lang.

Leach, E. (1986) 'Aryan invasions over four millennia', *Wenner-Gren Symposium no. 100, 'Symbolism Through Time' 12–21 Jan, Fez*.

Leclant, J. (1960) 'Astarté à cheval', *Syria* 37: 1–67.

Lee, H. D. P. (1955) *Plato: The Republic*. London: Penguin.

Legge, J. (1972) *The Chinese Classics: With a Translation, Critical and Exegetical Notes, Prolegomena, and Copious Indexes*, 5 vols. Taibei: Shizhe Chubanshe Reprint.

Lehmann, W. P. (1973) *Historical Linguistics: An Introduction*. New York: Holt, Rinehart & Winston.

Lejeune, M. (1958) *Mémoires de philologie mycénienne*. Paris: Centre National de Recherche Scientifique.

—— (1972) *Phonétique historique du mycénien et du grec ancien*. Paris: Klincksieck.

Lepsius, R. (1871) 'Des Sesostris-Herakles Körperlänge', *Zeitschrift für ägyptische Sprache und Altertumskunde* 9: 52–6.

Lesko, L. H. and Switalski-Lesko, B. (1982–90) *A Dictionary of Late Egyptian*. 5 vols. Berkeley: Scribe Publications.

Leslau, W. (1950) *Ethiopia Documents: Gurage*. New York: Viking Fund.

Levenson, J. D. (1985) *Sinai and Zion: An Entry into the Jewish Bible*. Minneapolis, Chicago and New York: Winston Press.

Levi, P. (1971) *Pausanias' Guide to Greece*, 2 vols. London: Penguin.

Levin, S. (1968) 'Indo-European penetration of the civilized Aegean world as seen in the 'horse' tablet of Knosos (Ca895)', *Atti e memorie del 1° congresso internazionale di micenilogica. Roma, 27 Settembre–3 Ottobre 1967*, pp. 1179–85.

—— (1971a) *The Indo-European and Semitic Languages*. Albany, NY: State University of New York Press.

—— (1971b) The etymology of *νέκταρ* exotic scents in early Greece', *Studi Micenei ed Egeo-Anatolici* 13: 31–50.

—— (1973) 'The accentual system of Hebrew, in comparison with the ancient Indo-European languages', *Fifth World Congress of Jewish Studies* 4: 71–7.

—— (1977) 'Something stolen': a Semitic participle and an Indo-European neuter substantive', in P. Hopper, ed., *Studies in Descriptive and Historical Linguistics: Festschrift for Winfred P. Lehmann*. Amsterdam: John Benjamins, pp. 317–39.

—— (1978) 'The perfumed goddess', *Bucknell Review* 24: 49–59.

—— (1979) 'Jocasta and Moses' Mother Jochabed', *TEIRESIAS-TEIPEΣIAΣ* suppl. 2: 49–61.

—— (1984) 'Indo-European descriptive adjectives with 'oxytone' accent and Semitic stative verbs', *General Linguistics* 24. 2: 83–110.

—— (1989) 'The etymology of the place-name Thisbe', paper given at the 6th International Boeotian Conference, Bradford, 26–30 June.

Levy, R. G. (1934) 'The Oriental origin of Herakles', *Journal of Hellenic Studies* 54: 40–53.

Lewthwaite, J. (1983) 'Why did civilization not emerge more often? a comparative development of Minoan Crete', in O. Krzyszkowska and L. Nixon, eds., *Minoan Society: Proceedings of the Cambridge Colloquium 1981*. Bristol: Bristol Classical Press, pp. 171–83.

Lewy, H. (1895) *Die semitischen Fremdwörter im Griechischen*. Berlin: Gaertner.

Lhote, H. (1959) *The Search for the Tassili Frescoes: The Story of the Prehistoric Rock-Paintings of the Sahara*, A. H. Brodrick, trans. London: Hutchinson.

Lichtheim, M. (1975) *Ancient Egyptian Literature*, 3 vols. Berkeley, Los Angeles and London: University of California Press.

Linforth, M. (1911–16) 'Epaphos and the Egyptian Apis', *University of California Publications in Classical Philology* 2: 81–92.

—— (1926) 'Greek gods and foreign gods in Herodotos', *University of California Publications in Classical Philology* 9: 1–25.

—— (1940) 'Greek and Egyptian gods (Herodotus II, 50, 52)', *Classical Philology* 35: 300–1.

Lipinski, E. (1978) 'Ditanu', *Studies in the Bible and the Ancient Near East, Separatum*, pp. 91–110.

—— (1981) 'Formes verbales dans les noms propres d'Ebla et système verbale Sémitique', in L. Cagni, ed., *La Lingua di Ebla: Atti del convegno internazionale (Napoli, 21–23 aprile 1980)*. Naples: Istituto Universitario Orientale, Seminario di Studi Asiatici, 14, pp. 191–210.

Littauer, M. A. and Crouwel, J. H. (1979) *Wheeled Vehicles and Ridden Animals in the Ancient Near East*. Leiden: Brill.

Liverani, M. (1987) 'The collapse of the Near Eastern regional system at the end of the Bronze Age: the case of Syria', in M. Rowlands, M. T. Larsen and K. Kristiansen, eds., *Centre and Periphery in the Ancient World*. Cambridge: Cambridge University Press, pp. 67–73.

Lloyd, A. B. (1970) 'The Egyptian labyrinth', *Journal of Egyptian Archaeology* 56: 81–100.

—— (1976) *Herodotos Book II*, vol. II, *Commentary 1–98*. Leiden: Brill.

—— (1978) 'Strabo and the Memphite tauromachy', in M. de Boer and I. A. Edridge, eds., *Hommages à Maarten J. Vermaseren: Recueil d'études offerts par les auteurs de la série 'Études préliminaires aux religions orientales dans l'empire romain à Maarten J. Vermaseren: à l'occasion de son soixantième anniversaire le 7 avril 1978*, 3 vols. Leiden: Brill, pp. 609–26.

—— (1982) 'Nationalist propaganda in Ptolemaic Egypt', *Historia* 31: 33–55.

—— (1983) 'The Late Period', in B. Trigger, B. J. Kemp, D. O'Connor and A. B. Lloyd, eds., *Ancient Egypt: A Social History*. Cambridge: Cambridge University Press, pp. 279–364.

—— (1988) *Herodotus Book II*, vol. III, *Commentary 99–182*. Leiden and New York: Brill.

Lochner-Hüttenbach, F. (1960) *Die Pelasger*. Vienna: Gerold.

Lorimer, H. L. (1950) *Homer and the Monuments*. London: Macmillan.

Loucas, I. and Loucas, E. (1987) 'La tombe des jumeaux divins Amphion et Zethos', in R. Laffineur, ed., *Thanatos: Les coutumes funéraires en Égée à l'âge du Bronze: Actes du Colloque de Liège (21–23 avril 1986)*. Université de l'État à Liège: Histoire de l'art et archéologie de la Grèce antique, pp. 95–106.

Lucas, A. and Harris, J. R. (1962) *Ancient Egyptian Materials and Industries*, 4th edn. London: Edward Arnold.

Luce, J. V. (1969) *Lost Atlantis: New Light on an Old Legend*. New York, St. Louis and San Francisco: McGraw-Hill.

—— (1978) 'The literary perspective: the sources and literary form of Plato's Atlantis', in E. S. Ramage, ed., *Atlantis: Fact or Fiction*. Bloomington: Indiana University Press, pp. 49–80.

Lucretius, *De Rerum Natura*.

Lung, G. E. (1912) *Memnon: Archäologische Studien zur Aithiopis*. Bonn: Ludwig.

Luria, S. (1926) 'Die ägyptische Bibel (Joseph und Moses Sagen)', *Zeitschrift für die alttestamentliche Gesellschaft* NF 3: 94–135.

Macalister, R. A. S. (1914) *The Philistines, Their History and Civilization*. London: British Academy.

McAlpin, D. W. (1974) 'Toward Proto-Elamite-Dravidian', *Language* 50.1: 89–101.

—— (1975) 'Elamite and Dravidian: the morphological evidence', *International Journal of Dravidian Linguistics* 3: 343–5.

McCann, A. M. (1970) 'Review of G. F. Bass, *Cape Gelidonya: A Bronze Age Shipwreck*', *American Journal of Archaeology* 74: 105–6.

Maccarrone, N. (1938) 'Contatti lessicali mediterranei, pt 1', *Archivio glottologico italiano* 30: 120–31.

—— (1939) 'Contatti lessicali mediterranei, pt 2', *Archivio glottologico italiano* 31: 102–13.

McCarter, K. (1975) *The Antiquity of the Greek Alphabet and the Early Phoenician Scripts*. Missoula, Mont.: Scholars Press for Harvard Semitic Museum.

McClain, E. G. (1976) *The Myth of Invariance: the Origin of the Gods, Mathematics and Music from the Rg Veda to Plato*. New York: Nicholas Hays.

—— (1978) *The Pythagorean Plato*. New York: Nicholas Hays.

McCoy, F. W. (1980) 'The Upper Thera (Minoan) ash in deep-sea sediments: distribution and comparison with other ash layers', in C. Doumas, ed., *Thera and the Aegean World: Papers Presented at the Second International Scientific Congress, Santorini, Greece, August 1978*, vol. II. London, pp. 57–78.

MacGillivray, J. A. (1984) 'Cycladic jars from Middle Minoan III Knossos', in R. Hägg and N. Marinatos, eds., *The Minoan Thalassocracy: Myth and Reality: Proceedings of the 3rd International Symposium at the Swedish Institute in Athens 31 May–5 June 1982, Skrifter utgivna av Svenska Institutet i Athen*, 4, pp. 153–7.

McGready, A. G. (1968) 'Egyptian words in the Greek vocabulary', *Glotta* 46: 247–54.

Machiavelli, N. (1964) *Discourses*, in A. Gilbert, *Macchiavelli; Chief Works and Others*. Durham, NC: Durham Press.

McKerrell, H. (1972) 'On the origins of British faience beads and some aspects of the Wessex-Mycenae relationship', *Proceedings of the Prehistoric Society* 38: 286–301.

McNeal, R.A. (1972) 'The Greeks in history and prehistory', *Antiquity* 46: 19–28.

Macqueen, J .G. (1975) *The Hittites and Their Contemporaries in Asia Minor*. London: Thames & Hudson.

Maddin, R.; Wheeler, T. S, and Muhly, J. D. (1977) 'Tin and the Ancient Near East: Old Questions and New Finds', *Expedition* 19: 2: 35–47.

Malaise, M. (1966) 'Sésostris', pharaon de légende et d'histoire', *Chronique d'Égypte* 41: 244–72.

Malek, J. (1982) 'The Original Version of the Royal Canon of Turin', *The Journal of Egyptian Archaeology* 68: 93–108.

Mallet, D. (1888) *Le Culte de Neïth à Saïs*. Paris: Leroux.

Mallory, J. P. (1989) *In Search of the Indo-Europeans: Language, Archaeology and Myth*. London: Thames & Hudson.

Malten, L. (1924) 'Khvr' Pauly Wissowa supplement. IV. Stuttgart, cols. 884–97.

Manetho. (1940) *Manetho: With an English Translation*, by W. G. Waddell. Cambridge, Mass.: Harvard University Press (Loeb); London: Heinemann.

Manning, S. W. (1988) 'Dating of the Santorini eruption', *Nature* 332. 31/3: 401.

—— (1989) 'The Eruption of Thera: Date and Implications', in C. Doumas, ed. *Thera and the Aegean World III: Papers to be presented at the Third International Congress at Santorini Greece. 3–9th September 1989*. Thera Foundation, pp. 91–101

—— (1990) 'The Thera eruption: the Third Congress and the problem of the Date', *Archaeometry* 32: 91–100.

Marinatos, N. (1983) 'The West House at Akrotiri as a Cult Centre', *Athenische Mitteilungen* 98: 1–19.

—— (1984) *Art and religion in Thera: Reconstructing a Bronze Age Society*. Athens: Mathioulakis.

Marinatos, S. (1939) 'The volcanic destruction of Minoan Crete', *Antiquity* 13: 425–39.

—— (1946) 'Greniers de l'Helladique Ancien', *Bulletin de Correspondance Hellénique* 70: 337–50.

—— (1949) 'Les Légendes Royales de la Crète Minoenne', *Revue Archéologique* 1: 5–18.

—— (1958) 'Grammatōn didaskalia', *Minoica* 32: 226–31.

—— (1960) *Crete and Mycenae*. London: Thames & Hudson.

—— (1969) 'An African in Thera', *Analekta Archaiologika Athenon* 2. pp. 374–5.

—— (1973a) 'The First Mycenaeans in Greece', in R. A. Crossland and A. Birchall, eds., *Bronze Age Migrations in the Aegean*, pp. 107–13.

—— (1973b) 'Ethnic problems raised by recent discoveries on Thera', in R. A. Crossland and A. Birchall eds. *Bronze Age Migrations in the Aegean*, pp. 199–201.

—— (1976) *Excavations at Thera VII (1973 Season)*. Athens: E en Athenais Archaiologike Hetaireia.

Marketou, T. (1989) 'Santorini Tephra from Rhodes and Kos: Some Chronological Remarks Based on Stratigraphy', pp. 101–23 in *Thera and the*

Aegean World III: Papers to be Presented at the Third International Congress at Santorini, Greece, 3–9th September 1989. Thera Foundation.

Marthari, M. (1980) 'Akrotiri Kerameiki MH paradosis sto strōma tis iphaisteikis katastrophis', *Archaiologike Ephemeris* 119: 182–211.

Masica, C. P. (1978) *Defining a Linguistic Area: South Asia*. Chicago: Chicago University Press.

Mason, M. (1986) 'Sphaira, Sphairoter: Problème d'étymologie Grecque', *Bulletin de la Societé de linguistique*. 81: 231–52.

Maspero, G. (1884) Histoire ancien des peuples d'l'orient, vol. I. Paris: Hachette.

—— (1886) 'Communication sur le nom donné en Égypte à l'île de Chypre vers le XVIe ou le XVIIe siècle avant notre ére', *Comptes Rendus des Séances de l'Academie des Inscriptions et Belles Lettres* 14: 361–2.

—— (1893) *Études de mythologie et d'archéologie égyptiennes*, Paris: Leroux.

—— (1901) 'La Geste de Sésostris', *Journal des Savants Octobre:* 593–609.

Masson, E. (1967) *Recherches sur les plus anciens emprunts sémitiques en grec*. Paris: Klinsieck.

Matthäus, H. (1983) 'Minoische Kriegergräber', in O. Krzyszkowska and L. Nixon, eds., *Minoan Society: Proceedings of the Cambridge Colloquium 1981*. Bristol: Bristol Classical Press, pp. 203–16.

Matthews, S. H. (1976) 'What's happening to our climate?', *National Geographic* 150: 676–87.

Matthiae, P. (1981) *Ebla: An Empire Rediscovered*. C. Holme, trans. Garden City, NY: Doubleday.

—— (1988) 'On the Economic Foundations of the Early Syrian Culture at Ebla', in H. Waetzold and H. Hauptmann, eds., *Wirtschaft und Gesellschaft von Ebla: Akten der Internationale Tagung, Heidelberg, 4.-7. November 1986, Heidelberger Studien zum alten Orient II*. Heidelberg: Heidelberger Orientverlag, pp. 75–80.

—— (1989) 'The Destruction of Ebla Royal Palace: Interconnections between Syria, Mesopotamia and Egypt in the Late EB IVA', in P. Äström, ed., *High, Middle or Low? Acts of an International Colloquium on Absolute Chronology Held at the University of Gothenburg 20th–22nd August 1987. pt III*, pp. 163–9.

Matz, F. (1928) *Die fruhkretischen Siegel*. Berlin and Leipzig: de Gruyter.

—— (1973a) 'The maturity of Minoan civilization', in *Cambridge Ancient History*, 3rd edn., vol. II, pt. 1, pp. 141–64.

—— (1973b) 'The zenith of Minoan civilisation', in *Cambridge Ancient History*, 3rd edn., vol. II, pt. 1, pp. 557–81.

Matzker, I. (1986) *Die letzten Könige der 12. Dynastie. Europäische Hochschulschriften 297*. Frankfurt a. M.: Peter Lang.

Maxwell-Hyslop, R. (1946) 'Daggers and swords in Western Asia: a study from prehistoric times to 600 BC', *Iraq* 8: 1–65.

Mayer, M. L. (1964) 'Note etimologiché III', *Acme* 17: 223–9.

—— (1967) 'Note etimologiché IV', *Acme*. 20: 287–91.

Mayrhofer, M. (1953) *Kurzegefaßtes etymologisches Wörterbuch des Altindischen*. Heidelberg: Winter.

—— (1974) *Die Arier im Vorderen Orient-ein Mythos? – Mit einem biographischen Supplement.* Vienna: Österreichische Akademie der Wissenschaften-philoso-phisch-historische Klasse-Sitzungberichte 294 Abhandlung 3.

Mee, C. (1982) *Rhodes in the Bronze Age: An Archaeological Survey.* Warminster: Aris & Phillips.

—— (1984) 'The Mycenaeans and Troy', in Lin Foxhall and John K. Davies, eds., *The Trojan War: Its Historicity and Context: Papers of the First Greenbank Colloquium, Liverpool 1981.* Bristol: Bristol Classical Press, pp. 45–56.

Mellaart, J. (1955) 'Some prehistoric sites in Northwestern Anatolia', *Istanbuler Mitteilungen* 6: 53–88.

—— (1957) 'Anatolian chronology in the Early and Middle Bronze Age', *Anatolian Studies* 7: 55–88.

—— (1958) 'The end of the Early Bronze Age in Anatolia and the Aegean', *American Journal of Archaeology* 62: 9–33.

—— (1959) 'The Dorak Treasure', *Illustrated London News*, 28 November, p. 754.

—— (1967) 'Anatolia *c.* 2300–1750 BC', in *Anatolia Before c. 4000 B.C. and c. 2300–1750 BC.* (fascicule) for *Cambridge Ancient History*, 3rd edn., vol. I, pp. 363–416.

—— (1978) *The Archaeology of Ancient Turkey.* Totowa, NJ: Rowman and Littlefield.

—— (1979) 'Egyptian and Near Eastern chronology: a dilemma?', *Antiquity* 53: 6–19.

—— (1982) 'Archaeological evidence for trade and trade routes between Syria and Mesopotamia and Anatolia during the Early Bronze Age and the Beginning of the Middle Bronze Age', *Studi Eblaiti* 5: 15–32.

—— (1984) 'Troy VIIA in Anatolian perspective', in Lin Foxhall and John K. Davies, eds., *The Trojan War: Its Historicity and Context: Papers of the First Greenbank Colloquium, Liverpool 1981.* Bristol: Bristol Classical Press, pp. 63–82.

Mellink, M. J. (1956) 'The royal tombs at Alaca Huyuk and the Aegean world', in S. S. Weinberg, ed., *The Aegean and the Near East: Studies Presented to Hetty Goldman.* Locust Valley, NY: Augustin, pp. 39–58.

—— (1967) 'Review of *Interconnections in the Bronze Age* by W. S. Smith', *American Journal of Archaeology* 71: 92–4.

—— (1976) 'Archaeology in Asia Minor', *American Journal of Archaeology* 80: 261–89.

—— (1977) 'Archaeology in Asia Minor', *American Journal of Archaeology* 81: 289–321.

—— (1979) 'Archaeology in Asia Minor', *American Journal of Archaeology* 83: 331–44.

—— (1983) 'The Hittites and the Aegean world: part 2, archaeological comments on Ahhiyawa-Achaians in Western Anatolia', *American Journal of Archaeology* 87: 138–41.

—— (1986a) 'Postscript', in M. Mellink, ed., *Troy and the Trojan War: A Sym-*

posium Held at Bryn Mawr College, October 1984. Bryn Mawr, Pa.: Bryn Mawr College, pp. 93–101.

—— (1986b) 'The Early Bronze Age in West Anatolia', in G. Cadogan, ed., *The End of the Early Bronze Age in the Aegean*. Leiden: Brill, pp. 141–52.

Mendenhall, G. E. (1962) 'The Hebrew conquest of Palestine', *Biblical Archaeology* 25: 66–87.

Mercer, S. (1949) *The Religion of Egypt*. London: Luzac.

Merkelbach, R. and West, M. L. (1983) 'Fragmenta Selecta', new improved edition in F. Solmsen, ed., *Hesiodi: Theogonia Opera et Dies, Scutum*. Oxford: Clarendon Press.

Merrillees, R. S. (1972) 'Aegean Bronze Age relations with Egypt', *American Journal of Archaeology* 76: 281–94.

—— (1974) *Trade and Transcendence in the Bronze Age Levant. Studies in Mediterranean Archaeology* 39. Göteborg: Paul Åströms Förlag.

—— (1977) 'The absolute chronology of the Bronze Age in Cyprus', *Report of the Department of Antiquities, Cyprus*. Nicosia, pp. 33–50.

—— (1982) 'Review of *Caphtor/Keftiu: A New Investigation* by John Strange', *Report of the Department of Antiquities, Cyprus*. Nicosia, pp. 244–53.

—— (1987) *Alashia Revisited*. Paris: J. Gabalda.

See also Kemp and Merrillees.

Meyer, E. (1884) *Geschichte des Altertums*. Stuttgart and Berlin: Cotta.

—— (1892) *Forschungen zur alten Geschichte*, 2 vols. Halle: Niemeyer.

—— (1904) 'Aegyptische Chronologie', in *Abhandlungen der Königlich Preuß-ischen Akademie der Wissenschaft, Philosophisch-historische Classe I:* pp. 1–212.

—— (1907a) 'Das erste Auftreten der Arier in der Geschichte', *Sitzungberichte der Preußischen Akademie der Wissenschaften*, pp. 14–19.

—— (1907b) 'Nachträge zur ägyptischen Chronologie', in *Abhandlungen der Königlich Preußischen Akademie der Wissenschaft, Philosophisch-historische Classe III: 1–67*.

—— (1909) *Geschichte des Altertums*, 2nd edn. Stuttgart and Berlin: Cotta.

—— (1921) *Ursprung und Anfange des Christentums, II, Die Entwicklung des Judentums und Jesus von Nazareth*. Stuttgart and Berlin: Cotta.

—— (1925) 'Die Volkstämme Kleinasiens, das erste Auftreten der Indogermanen in der Geschichte und die Probleme ihrer Ausbreitung', *Sitzungberichte der Preußischen Akademie der Wissenschaften* 34: 244–60.

—— (1928–36) *Geschichte des Altertums*, 3rd edn., 4 vols. Stuttgart and Berlin: Cotta.

Michael, H. N. (1976) 'Radiocarbon dates from Akrotiri on Thera', *Temple University Aegean Symposium* 1: 7–9.

—— (1977) 'Radiocarbon dates from the site of Akrotiri, Thera', in C. Doumas, ed., *Thera and the Aegean World*, vol. 1, pp. 791–5.

Michael, H. N. and Betancourt, P. P. (1988a) 'The Thera eruption: continuing discussion of the dating, II, further arguments for an early date', *Archaeometry* 30: 169–75.

—— (1988b) 'The Thera eruption: continuing discussion of the dating, IV, addendum', *Archaeometry* 30: 180–1.

Michael, H. N. and Weinstein, G. A. (1977) 'New radiocarbon dates from Akrotiri, Thera', *Temple University Aegean Symposium* 2: 27–30.

Michailidou, A. (1987) *Knossos: A Complete Guide to the Palace of Minos*. Athens: Ekdotike Athenon.

Michalowski, K. (1968) 'The labyrinth enigma: archaeological suggestions', *Journal of Egyptian Archaeology* 54: 219–22.

Millard, A. R. (1973) 'Cypriot copper in Babylonia c. 1745 BC', *Journal of Cuneiform Studies* 25: 211–13.

—— (1976) 'The Canaanite linear alphabet and its passage to the Greeks', *Kadmos* 15: 130–44.

Millard, A. R. and Bordrueil, P. (1982) 'A statue with Assyrian and Aramaic inscriptions', *Biblical Archaeologist* 45. 3: 135–41.
See also under Abou-Assaf.

Mironov, N. D. (1933) 'Aryan vestiges in the Near East of the second millenary BC', *Acta Orientalia* 11: 140–217.

Mitford, W. (1784–1804) *The History of Greece*, 8 vols. London.

Monteagudo, L. (1985) 'Orientales e indoeuropeos en la Iberia prehistórica', in J. de Hoz, ed., *Actas del III coloquio sobre lenguas y culturas paleohispanicas (Lisboa, 5–8 Noviembre 1980)*. Salamanca: Ediciones Universitad de Salamanca, pp. 15–135.

Montet, P. (1928–9) *Byblos et l'Égypte, quatres campagnes de fouilles à Gebeil, 1921–1922–1923–1924*. Bibliothèque archéologique et historique, 11. Haut-Commisariat de la République Française en Syrie et au Liban. Paris: Geuthner.

Moran, W. L. (1961) 'The Hebrew language in its Northwest Semitic background', in G. E. Wright, ed., *The Bible and the Ancient Near East: Essays in Honour of William Foxwell Albright*. Garden City, NY: Doubleday, pp. 54–72.

—— (1987) *Les Lettres d' el Amarna: correspondance diplomatique du pharaon. Littératures anciennes du Proche-Orient*. Paris: Éditions du Cerf.

Morenz, S. (1973) *Egyptian Religion*, A. E. Keep, trans. London: Methuen.

Morgan (Brown), L. (1978) 'The ship procession in the miniature fresco', in C. Doumas, ed., *Thera and the Aegean World: Papers Presented at the Second International Scientific Congress, Santorini, Greece, August 1978*, vol. I. London, pp. 629–44.

—— (1981) 'The West House paintings at Thera', *Bulletin of the Institute of Classical Studies* 28: 166.

—— (1983) 'Theme in the West House paintings at Thera', *Archaiologike Ephemeris* 122: 85–105.

—— (1988) *The Miniature Wall Paintings of Thera: A Study in Aegean Culture and Iconography*. Cambridge: Cambridge University Press.

Morpurgo-Davies, A. (1986) 'The linguistic evidence', in G. Cadogan, ed., *The End of the Early Bronze Age in the Aegean*. Leiden: Brill, pp. 93–123.

Moscati, S. (1968) *Fenici e Cartaginesi in Sardegna*. Milan: A. Mondadori.

—— (1985) 'I Fenici e il mondo Mediterraneo al tempo di Omero', *Rivista di Studi Fenici* 13: 179–87.

Moscati, S., Spitaler, A., Ullendorf, E. and v. Soden, W. (1969) *An Introduction to the Comparative Grammar of the Semitic Languages: Phonology and Morphology.* Wiesbaden: Harrassowitz.

Moule, A. C. and Yetts, P. (1957) *The Rulers of China: 221 B.C.–A.D. 1949: Chronological Tables by A. C. Moule: With an Introductory Section on the Earlier Rulers by Perceval Yetts.* London: Routledge & Kegan Paul.

Movers, F. C. (1841–50) *Die Phönizier,* 2 vols., 4 books. Bonn and Berlin: Weber.

Muhly, J. D. (1965) 'Review of *Hellenosemitica* by M. C. Astour', *Journal of the American Oriental Society* 85: 585–8.

—— (1970a) 'Homer and the Phoenicians: the relations between Greece and the Near East in the Late Bronze Age and Early Iron Ages', *Berytus* 19: 19–64.

—— (1970b) 'Review of *Interconnections in the Ancient Near East* by W. S. Smith', *Journal of the American Oriental Society* 90: 305–9.

—— (1973a) 'The Philistines and their pottery', paper presented to the Third International Colloquium on Aegean Prehistory, Sheffield, August.

—— (1973b) 'Copper and tin: the distribution of mineral resources and the nature of the metals trade in the Bronze Age', *Transactions of the Connecticut Academy of Arts and Sciences* 43: 155–535.

—— (1976) 'Supplement to "Copper and tin: the distribution of mineral resources and the nature of the metals trade in the Bronze Age"', *Transactions of the Connecticut Academy of Arts and Sciences* 46: 77–136.

—— (1979a) 'On the Shaft Graves at Mycenae', in M. A. Powell and R. M. Sack, eds., *Studies in Honor of Tom B. Jones.* Kevelaer: Butzon and Bercker/ Neukirchen-Vluyn, pp. 311–23.

—— (1979b) 'Cypriote copper: some geological and metallurgical problems', *Acts of the International Archaeological Symposium, The Relations between Cyprus and Crete, ca. 2000–500 BC.* Nicosia: Department of Antiquities, pp. 87–100.

—— (1984) 'The role of the Sea Peoples in Cyprus during the L.C. III period', in V. Karageorghis, ed., *Cyprus at the Close of the Late Bronze Age.* Nicosia: A. G. Leventis Foundation, pp. 39–56.

—— (1985) 'Phoenicia and the Phoenicians', in A. Biran *et al.,* eds., *Biblical Archaeology Today: Proceedings of the International Congress on Biblical Archaeology, Jerusalem, April 1984.* Jerusalem: Israel Exploration Society, Israel Academy of Sciences and Humanities and the American Schools of Oriental Research, pp. 177–91.

Mulder, M. J. (1986) 'Die Bedeutung von Jachin und Boaz in 1 *Kön.* 7:21 (2 *Chr.* 3:17)', in *Tradition and Reinterpretation in Jewish and Early Christian Literature: Essays in Honour of Jürgen C. H. Lebram, Studia Post Biblica* 36. Leiden: Brill, pp. 19–25.

Müller, C. (1841–70) *Fragmenta Historicorum Graecorum.* Paris.

Müller, K. O. (1820–4) *Geschichten hellenischer Stämme und Städte,* vol. I, *Orchomenos und die Minyer,* vols. II and III, *Die Dorier.* Breslau: Max. Vols. II and III trans. H. Tufnell and G. C. Lewis as *The History and Antiquities of the Doric Race,* 2 vols. London, 1830.

—— (1825) *Prolegomena zu einer wissenschaftlichen Mythologie*, Göttingen. Trans. J. Leitch as *Introduction to a Scientific System of Mythology*, London, 1844.

Müller, W. M. (1898) 'Studien zur vorderasiatischen Geschichte', *Mitteilungen der vorderasiatischen Gesellschaft* 3: 1–108.

Muss-Arnolt, W. (1892) 'On Semitic words in Greek and Latin', *Transactions of the American Philological Association* 23: 35–157.

Mylonas, G. E. (1956) 'Seated and multiple Mycenaean figurines in the National Museum of Athens Greece', in S. S. Weinberg, ed., *The Aegean and the Near East: Studies Presented to Hetty Goldman on the Occasion of her Seventy-fifth Birthday*. Locust Valley, NY: Augustin, pp. 110–25.

—— (1962) 'The Luvian invasions of Greece', *Hesperia* 23: 188–301.

—— (1972–3) *Ὁ Ταφικός Κύκλος Β' των Μυκηνῶν*. 2 vols. Athens: E en Athenais Archaiologike Etaireia.

Myres, J. L. (1923) 'Primitive man in geological time', in *Cambridge Ancient History*, 1st edn., vol. I, pp. 1–97.

Nagel, W. (1987) 'Indogermanen und Alter Orient Rückblick und Ausblick auf den Stand des Indogermanenproblems', *Mitteilungen der deutschen Orient-Gesellschaft zu Berlin* 119: 157–213.

Nagy, G. (1979) *The Best of the Achaeans: Concepts of the Hero in Archaic Greek Poetry*. Baltimore, Md. and London: The Johns Hopkins University Press.

Naveh, J. (1973) 'Some Semitic epigraphical considerations on the antiquity of the Greek alphabet', *American Journal of Archaeology* 77: 1–8.

—— (1982) *Early History of the Alphabet: An Introduction to West Semitic Epigraphy and Paleography*. Jerusalem: Magnes; Leiden: Brill.

Naville, E. (1894–1908) *The Temple of Deir el Bahari*, 6 vols. London: Offices of the Egypt Exploration Fund.

Needham, J. (1954–) *Science and Civilisation in China*, vol. III, *Mathematics and the Sciences of the Heavens and the Earth*. Cambridge: Cambridge University Press.

Needham, J. and Lu, G. D. (1985) *Transpacific Echoes and Resonances: Listening Once Again*. Singapore: World Scientific.

Negbi, O. (1976) *Canaanite Gods in Metal*. Tel Aviv: Tel Aviv University, Institute of Archaeology.

—— (1978) 'Cypriot imitations of Tel el-Yahudieh ware from Tomba tou Skourou', *American Journal of Archaeology* 82: 137–49.

—— (1982) 'Evidence for Early Phoenician communities on the Eastern Mediterranean islands', *Levant* 14: 179–82.

Neiman, D. (1965) 'Phoenician place names', *Journal of Near Eastern Studies* 24: 113–5.

Neugebauer, O. (1945) *Mathematical Cuneiform Texts*. New Haven, Conn.: American Oriental Society and the American Schools of Oriental Research.

—— (1950) 'The alleged Babylonian discovery of the precession of the equinoxes', *Journal of the American Oriental Society* 70.1: 1–8.

—— (1957) *The Exact Sciences in Antiquity*. Providence, RI: Brown University Press.

Neugebauer, O. and Parker, R. A. (1960–9) *Egyptian Astronomical Texts*, 4 vols. Providence, RI and London: Brown University Press.

Newberry, P. E. (1893) *Beni Hasan*, pts 1 and 2, *Archæological Survey of Egypt*, nos. 1 and 2. London: Kegan Paul.

—— (1906) 'To what race did the founders of Sais belong?', *Proceedings of the Society of Biblical Archaeology* 28: 71–3.

—— (1909) 'Two cults of the Old Kingdom', *Liverpool Annals of Archaeology and Anthropology* 1: 24–31.

Nibbi, A. (1975) *The Sea Peoples and Egypt*. Park Ridge, NJ: Noyes Press.

Niebuhr, B. (1847) *Vorträge über alte Geschichte an der Universität zu Bonn gehalten*, 3 vols. Berlin. Trans. L. Schmitz as *Lectures on Ancient History from the Earliest Times to the Taking of Alexandria by Octavius*, 3 vols. Philadelphia, 1852.

Niemeier, H. G. (1984) 'Die Phönizier und die Mittelmeerwelt im Zeitalten Homers', *Jahrbuch des Römisch-Germanischen Zentralmuseums* 31: 1–94.

Niemeier, W.-D. (1980) 'Die Katastrophe von Thera und die spätminoische Chronologie', *Jahrbuch des deutschen archäologischen Instituts* 95: 1–76.

—— (1982a) 'Mycenaean Knossos and the Age of Linear B', *Studi micenei ed egeo-anatolici* 23: 219–87.

—— (1982b) 'Das mykenische Knossos und das Alter von Linear B', *Beiträge zur ägäischen Bronzezeit*. Marburg: Kleine Schriften aus dem Vorgeschichtlichen Seminar Marburg 11, pp. 29–127.

—— (1983) 'The character of the Knossian palace society in the second half of the fifteenth century BC: Mycenaean or Minoan?', in O. Krzyszkowska and L. Nixon, eds., *Minoan Society: Proceedings of the Cambridge Colloquium 1981*. Bristol: Bristol Classical Press, pp. 217–36.

—— (1984) 'The End of the Minoan Thalassocracy', in R. Hägg and N. Marinatos, eds., *The Minoan Thalassocracy: Myth and Reality: Proceedings of the 3rd International Symposium at the Swedish Institute in Athens 31 May–5 June 1982, Skrifter utgivna av Svenska Institutet i Athen*, 4, pp. 206–15.

Nilsson, M. P. (1932) *The Mycenaean Origin of Greek Mythology*. Berkeley: University of California Press.

—— (1933) *Homer and Mycenae*. London: Methuen.

—— (1950) *The Minoan Mycenaean Religion*. Lund: Gleerup.

—— (1972) *The Mycenaean Origin of Greek Mythology*. Paperback edn. Berkeley: University of California Press.

Nivison, D. S. (1983) 'The dates of Western Chou', *Harvard Journal of Asian Studies* 43: 481–580.

Nixon, L. (1983) 'Changing views of Minoan society', in O. Krzyszkowska and L. Nixon, eds., *Minoan Society: Proceedings of the Cambridge Colloquium 1981*. Bristol: Bristol Classical Press, pp. 237–44.

Noegel, S. (1990) 'Ogygos of Boiotia and the biblical Og of Bashan: reflections on the same myth', graduate paper for Government 454, Cornell, Spring.

Nonnos (1940) *Dionysiaca*, 3 vols, W. H. D. Rouse, trans., notes by H. J. Rose and L. R. Lind. Cambridge, Mass.: Harvard University Press (Loeb); London: Heinemann.

Nougayrol, J. (1957) 'Nouveaux textes d'Ugarit en cuneiformes babyloniens', *Compte rendu de la Rencontre Assyriologique Internationale*, pp. 77–85.

Oates, J. (1979) *Babylon*. London: Thames & Hudson.

O'Connor, D. (1990) 'The Bronze Age evidence', paper given at the 42nd Annual Meeting of the American Research Center in Egypt, Berkeley, 26–29 April.

Olivier, J. P. (1971) 'Notes épigraphiques sur les tablettes en linéare B de la série Ug de Thèbes', *Archaiologika Analekta ex Athenon* 4: 269–72.

O'Mara, P. F. (1979) *The Palermo Stone and the Archaic Kings*. La Canada, Calif.: Paulette Publishing Co.

Onians, R. B. (1988) *The Origins of European Thought: About the Body, the Mind, the Soul, the World, Time and Fate*. Cambridge: Cambridge University Press.

Otto, E. (1938) 'Beiträge zur Geschichte der Stierkulte in Aegypten', in *Untersuchungen zur Geschichte und Altertumskunde Aegyptens XIII*. Reprint. Hildersheim: Olms, 1964.

—— (1966) *Osiris und Amun: Kult und heilige Statten*. Trans. K. Bosse Griffiths as *Ancient Egyptian Art: The Cult of Osiris and Amon*. London: Thames & Hudson.

—— (1975a) 'Ägypten im Selbstbewußtsein des Ägypters', in W. Helck and E. Otto, *Lexikon der Ägyptologie*, vol. I, cols. 76–8.

—— (1975b) 'Amun', in W. Helck and E. Otto, *Lexikon der Ägyptologie*, vol. I, cols. 245–6.

—— (1975c) 'Anuket', in W. Helck and E. Otto, *Lexikon der Ägyptologie*, vol. I, cols. 333–4.

Packard, D. W. (1974) *Minoan Linear A*. Berkeley and Los Angeles: University of California Press.

Page, D. L. (1970) *The Santorini Volcano and the Desolation of Minoan Crete*. London: Society for the Promotion of Hellenic Studies.

—— (1976) 'The miniature fresco from Akrotiri, Thera', *Praktika tes Akademias Athenon* 51: 136–52.

Palaima, T. G. (1988) 'The development of the Mycenaean writing system', in J.-P. Olivier and T. G. Palaima, eds., *Texts, Tablets and Scribes: Studies in Mycenaean Epigraphy and Economy, Minos* suppl. 10, Salamanca, 1988, pp. 321–8.

Pallottino, M. (1978) *The Etruscans*, rev. and enlarged edn., J. Cremona, trans., D. Ridgeway, ed. London: Penguin.

—— (1984) *Storia della Prima Italia*. Milan: Rusconi.

Palmer, L. R. (1956) 'Military arrangements for the defence of Pylos', *Minos* 4: 120–45.

—— (1958) 'Luvian and Linear A', *Transactions of the Philological Society* 56: 75–100.

—— (1965) *Mycenaeans and Minoans: Aegean Prehistory in the Light of the Linear B Tablets*, 2nd rev. edn. London: Faber.

—— (1969) *A New Guide to the Palace of Knossos*. London: Faber.

—— (1984a) 'The Mycenaean Palace and the *Damos*', in *Aux origines de l'Hellénisme: La Crète et La Grèce: Hommage à Henri van Effenterre*. Paris: Publications de la Sorbonne: Histoire Ancienne et Médiévale 15, pp. 151–9.

—— (1984b) 'The Linear B Palace at Knossos', in P. Åström, L. R. Palmer and L. Pomerance, eds., *Studies in Aegean Chronology*. Göteborg: Paul Åströms Förlag, pp. 26–119.

Pålsson-Hallager, B. (1983) 'Crete and Italy in the Late Bronze Age III Period', *American Journal of Archaeology* 89: 293–305.

Pang, K. D. (1985) 'Extraordinary floods in early Chinese history and their absolute dates', paper presented to the U.S.–China Bilateral Symposium on the Analysis of Extraordinary Flood Events, Nanking, October.

—— (1987) 'Extraordinary floods in early Chinese history and their absolute dates', *Journal of Hydrology* 96: 139–55.

Pang, K. D. and Chou, H. H. (1984) 'A correlation between Greenland ice core climatic horizons and ancient oriental meteriological records', *Eos* 65: 846.

—— (1985) 'Three very large volcanic eruptions in Antiquity and their effects on the climate of the ancient world', paper abstract, *Eos* 66: 816.

Pang, K. D., Espenak, F., Huang, Y. L., Chou, H. H. and Yau, K. C. (1988) 'The origin and extent of Chinese civilization', paper given to the 5th International Conference on Chinese Science, San Diego, 5–10 August.

Pang, K. D., Pieri D. and Chou, H. H. (1986) 'Climatic impacts of the 44–42 BC eruptions of Etna, reconstructed from ice core and historical records', *Eos* 67: 880.

Pang, K. D., Slavin, J. A. and Chou, H. H. (1987) 'Climatic anomalies of the late third century BC; correlations with volcanism, solar activity and planetary alignment', *Eos* 68: 1234.

Pang, K. D., Yau, K. C., Chou, H. H. and Wolff, R. (1988) 'Computer analysis of some Chinese sunrise eclipse records to determine the earth's past rotation rate'. *Vistas in Astronomy* 16: 109.

Pankenier, D. W. (1981–2) 'Astronomical dates in the Shang and Western Zhou', *Early China* 2: 2–37.

—— (1983) '*Mozi* and the dates of Xia, Shang and Zhou: a research note', *Early China* 9–10: 175–83.

Parke, H. W. (1967) *The Oracles of Zeus: Dōdōna, Olympia and Ammon*. Oxford: Oxford University Press.

—— (1977) *Festivals of the Athenians*. London: Thames & Hudson; Ithaca, NY: Cornell University Press.

Parker, R. A. (1950) *The Calendars of Ancient Egypt. Studies in Ancient Oriental Civilization* 26. Chicago: Oriental Institute.

—— (1957) 'The lunar dates of Thutmose III and Ramesses II', *Journal of Near Eastern Studies* 16: 39–43.

—— (1976) 'The Sothic dating of the Twelfth and Eighteenth Dynasties', in J. H. Johnson and E. F. Wente, eds., *Studies in Honor of George R. Hughes. Studies in Ancient Oriental Civilization* 39. Chicago: Oriental Institute.

Parker, R. A. and Neugebauer, O. (1960–4) *Egyptian Astronomical Texts*, 4 vols. London: Lund Humphries for Brown University Press.

Parmentier, L. (1913) *Recherches sur le traité d'Isis et d'Osiris de Plutarque*. Brussels: Académie Royale de Belgique.

Partridge, E. (1958) *Origins: A Short Etymological Dictionary of Modern English*. London: Routledge & Kegan Paul.

Pârvulescu, A. (1968) 'L'homérique KHP étude sémantique', *Helikon* 8: 277–310.

Pausanias, *Guide to Greece*, see Frazer and Levi.

Peake, H. and Fleure, H. J. (1927) *Priests and Kings: The Corridors of Time IV*. Oxford: Clarendon Press.

Pearson, K. and Connor, P. (1968) *The Dorak Affair*. New York: Atheneum.

Pelon, O. (1976) *Tholoi, tumuli et cercles funéraires: Recherches sur les monuments funéraires de plan circulaire dans l'Égée de l'âge du bronze*. Athens: École Française d'Athènes.

—— (1987) 'L'architecture funéraire de Grèce continentale à la transition du bronze moyen et du bronze récent', in R. Laffineur, ed., *Thanatos: Les coutumes funéraires en Égée à l'âge du Bronze: Actes du Colloque de Liège (21–23 avril 1986)*. Université de l'État à Liège: Histoire de l'Art et Archéologie de la Grèce antique, pp. 107–15.

Pendlebury, J. D. S. (1930a) *Aegyptiaca*. Cambridge: Cambridge University Press.

—— (1930b) 'Egypt and the Aegean in the Late Bronze Age', *Journal of Egyptian Archaeology* 16: 75–92.

—— (1963) *The Archaeology of Crete an Introduction*. New York: Biblo & Tannen.

Peradotto, J. and Myerowitz Levine, M. (1989) 'The Challenge of "Black Athena"', *Arethusa*, special issue.

Persson, A.W. (1932) 'Alkmenes Grav. En kunglig utgrävning un den Antiken', in *Gustavus Adolphus: Arkeologiska Studier tillagnade H. K. H. Kronprins Gustaf Adolf*. Lund: Gleerup, pp. 3–37.

—— (1942) *New Tombs at Dendra*. Lund: Gleerup.

Peruzzi, E. (1959–60) 'Le iscrizioni minoiche', *Atti dell' Accademia Toscana di Scienze e Lettere 'La Colombaria'* 24: 31–128.

Petrie, W. M. F. (1883) *The Pyramids and Temples of Gizeh*. London: Field & Tuer.

—— (1890) 'The Egyptian bases of Greek history', *Journal of Hellenic Studies* 11: 271–7.

—— (1891) *Ilahun, Kahun and Gurob, 1889–90*. London: David Nutt.

—— (1893) *The Great Pyramid*. London: Methuen.

—— (1894) *Tell el Amarna*. London: Methuen.

—— (1894–1905) *A History of Egypt*, 3 vols. London: Methuen, New York: Scribner.

—— (1903) *History of Egypt from the Earliest Kings to the XVIth Dynasty*, 5th ed. London: Methuen.

—— (1908) 'Historical references in Hermetic writings', *Transactions of the*

Third International Congress of the History of Religions, Oxford, 1: 196–225.

—— (1909) *Personal Religion in Egypt before Christianity.* London: Harpers Library of Living Thought.

—— (1923) *History of Egypt from the Earliest Kings to the XVIth Dynasty,* 10th edn. London: Methuen.

—— (1931) *70 Years of Archaeology,* London: Sampson Low.

—— (1952) *City of Shepherd Kings and Gaza V.* London: British School of Egyptian Archaeology 64.

Petrie, W. F. and Walker, J. H. (1909) *Memphis 1: British School of Archaeology in Egypt and Egyptian Research Account: Fourteenth Year.* London: London School of Archaeology in Egypt.

Pettinato, G. (1978) 'L'atlante geografico ne Vicino Oriente Antíco attestate ad Ebla ed ad Abu Salabikh', *Orientalia* 47: 50–73.

—— (1981) *Ebla: un impero inciso nell' argilla.* Milan: Mondadori. Trans. as *The Archives of Ebla: An Empire Inscribed in Clay, with an Afterword by Mitchell Dahood, S. J.* Garden City, NY: Doubleday.

—— (1985). *Semiramide.* Milan: Rusconi.

Pharaklas, N. (1967) 'Archaiotetes kai Mnemeia Boiotias', *Archaiologikon Deltion* 22.2: 225–57.

Phelps, R. (1963) '"Before Hitler Came": The Thule Society and the Germanen Orden', *The Journal of Modern History* 35.3: 245–61.

Phillips, E. D. (1965) *The Royal Hordes: Nomad Peoples of the Steppes.* London: Thames & Hudson.

Philo of Byblos, *The Phoenician History,* see Baumgarten.

Picard, C. (1937) 'Homère et les religions de l'Égypte', *Revue archéologique,* series 6, 10: 110–13.

—— (1948) *Les Religions Préhelléniques.* Paris: Presses universitaires de France.

Pictet, A. (1858) 'Iren und Arier', in A. Kuhn and A. Schleicher, eds., *Beiträge zur vergleichende Sprachforschung, auf dem Gebiete der arischen, celtischen und slawischen Sprachen,* 8 vols. Berlin: Dümmler, I: 81–99.

Pierce, R. H. (1971) 'Egyptian loan words in Ancient Greek?', *Symbolae Osloenses* 46: 96–107.

Pini, I. (1968) *Beiträge zur minoischen Gräberkunde.* Wiesbaden: Harrassowitz.

—— (1984) 'Minoische Siegel außerhalb Kretas', in R. Hägg and N. Marinatos, eds., *The Minoan Thalassocracy: Myth and Reality: Proceedings of the 3rd International Symposium at the Swedish Institute in Athens 31 May–5 June 1982, Skrifter utgivna av Svenska Institutet i Athen,* 4, 123–30.

Pisani, V. (1950) 'gr. 'ἄρτος'. *Ricerci Linguistiche* I.141.

Plato (1914–2?) 12 vols. H. N. Fowler, trans.

—— *Kratylus.*

—— *Kritias.*

—— *Menexenus.*

—— *Phaedo.*

—— *Republic.*

—— *Timaeus.* (1929) R. G. Bury, trans.

See Lee, 1955.

Platon, N. (1956) 'La Cronologie Minoenne', in C. Zervos, ed., *L'Art de la Crète néolithique et minoenne*. Paris: Éditions Cahier d'Art, pp. 509–12.

Platon, N. and Stassinopoulou touloupa, E. (1964) 'Oriental seals from the palace of Cadmus: unique discoveries in Boeotian Thebes', *Illustrated London News*, 12 May, pp. 896–9.

Plutarch, *De Iside et Osiride*, trans. F. C. Babbit (1934–5) in *Plutarch's Moralia*, 16 vols. Cambridge, Mass.: Harvard University Press (Loeb); London: Heinemann, vol. V, pp. 7–191.

—— *De genio Socratis*, trans. P. de Lacy and B. Einarsen in *Plutarch's Moralia*, 16 vols. Cambridge, Mass.: Harvard University Press (Loeb); London: Heinemann, vol. VII, pp. 362–434.

Podzuweit, C. (1982) 'Die mykenische Welt und Troja', in *Südosteuropa zwischen 1600 und 1000 vor Chr.*, in B. Hänsel, ed., *Prähistorische Archäologie in Südosteuropa*, vol. I. Berlin, pp. 80–8.

Pois, R. A. (1986) *National Socialism and the Religion of Nature*. New York: St. Martin's.

Pokorny, J. (1959–69) *Indogermanisches etymologisches Wörterbuch*, 2 vols. Bern and Munich: Franke.

Pollinger Foster, K. (1979) *Aegean Faience of the Bronze Age*. New Haven and London: Yale University Press.

—— (1986) 'Review of *Art and Religion in Thera* by Nanno Marinatos', *American Journal of Archaeology* 90: 353–4.

—— (1987) 'Snakes and lions: a new reading of the West House frescoes from Thera', *Expedition* 30 (February): pp. 10–20.

Polomé, E. C. (1981) 'Can graphemic change cause phonemic change?', in Y. Arbeitman and A. R. Bomhard, eds., *Bono Homini Donum*. Amsterdam: John Benjamins, pp. 881–8.

Pomerance, L. (1970) 'The final collapse of Thera (Santorini)', *Studies in Mediterranean Archaeology* 26.

—— (1978) 'The improbability of a Theran collapse during the New Kingdom 1503–1447 BC', in C. Doumas, ed., *Thera and the Aegean World: Papers Presented at the Second International Scientific Congress, Santorini, Greece, August 1978*, vols. I–II. London, pp. 778–803.

—— (1984) 'A note on the carved stone ewers from the Khyan lid deposit', in *Studies in Aegean Chronology*, Göteborg: Paul Åströms Förlag, pp. 15–25.

Pope, M. (1981) 'The cult of the dead at Ugarit', in G. Young, ed., *Ugarit in Retrospect: 50 Years of Ugarit and Ugaritic*. Winona Lake, Ind.: Eisenbrauns, pp. 170–5.

—— (1973) *Job: A New Translation with Introduction and Commentary*, 3rd edn. Garden City, NY: Anchor.

Pope, M. and Raison, J. (1978) 'Linear A: changing perspectives', *Études minoennes* I: 5–64.

Popham, M. (1965) 'Some late Minoan pottery from Crete', *Annual of the British School at Athens* 60: 316–42.

Porada, E. (1950) 'Critical review of the corpus of Near Eastern seals in North

American collections', vol. I, ed. E. Porada, *Journal of Cuneiform Studies* 9: 155–62.

—— (1965) 'Cylinder seals from Thebes: a preliminary report', *American Journal of Archaeology* 69: 173.

—— (1966) 'Further notes on the cylinders from Thebes', *American Journal of Archaeology* 70: 194.

—— (1981) 'The cylinder seals found at Thebes in Boeotia', with contributions from Hans G. Güterbock and John A. Brinkman, *Archiv für Orientforschung* 28: 1–78.

—— (1982) 'Remarks on the Tôd Treasure in Egypt', in M. A. Dandamayev *et al.*, eds., *Societies and Languages of the Ancient Near East, Studies in Honour of I. M. Diakonoff*. Warminster: Aris & Phillips.

—— (1984) 'The cylinder seal from Tell el-Dab'a', *American Journal of Archaeology* 88: 485–8.

Portugali, Y. and Knapp, A. B. (1985) 'Cyprus and the Aegean: a spatial analysis of interaction in the 17th-14th centuries BC', in A. B. Knapp and T. Stech, eds., *Prehistoric Production and Exchange: The Aegean and East Mediterranean*. Los Angeles: University of California, Institute of Archaeology, Monograph 25, pp. 44–78.

Porzig, W. (1954a) 'Sprachgeographische Untersuchungen zu den griechischen Dialekten', *Indogermanische Forschungen* 61: 147–69.

—— (1954b) *Die Gliederung des indogermanischen Sprachgebiets*. Heidelberg: Winter.

Posener, G. (1940) *Princes et pays d'Asie et de Nubie*. Brussels: Fondation Égyptologique Reine Élisabeth.

—— (1956) *Littérature et politique dans l'Égypte de la XIIe Dynastie*. Paris: Bibliothèque de l'École des Hautes Études, fascicule 307.

—— (1957) 'Les Asiatiques en Égypte sous les XIIe et XIIIe dynasties', *Syria* 34: 145–63.

—— (1960) 'La divinité du pharaon', *Cahiers de la Societé Asiatique* 15.

—— (1966) 'Une réinterpretation tardive du nom du dieu Khonsu', *Zeitschrift für ägyptische Sprache* 93: 115–19.

—— (1971) 'Syria and Palestine *c.* 2160–1780 BC', in *Cambridge Ancient History*, 3rd edn., vol. 1, pt 2, pp. 532–58.

—— (1975) 'Ächtungstexte', in W. Helck and E. Otto, *Lexikon der Ägyptologie*, vol. I, cols. 67–8.

—— (1982) 'A new inscription of the XIIth Dynasty', *Society for the Study of Egyptian Antiquities* [Toronto] 12: 7–8.

Poursat, J.-C. (1977) *Les Ivoires mycéniens*. Athens: Bibliothèque des écoles françaises d'Athènes et de Rome.

—— (1984) 'Une Thalassocratie minoenne à Minoen Moyen II', in R. Hägg and N. Marinatos, eds., *The Minoan Thalassocracy: Myth and Reality: Proceedings of the 3rd International Symposium at the Swedish Institute in Athens 31 May–5 June 1982, Skrifter utgivna av Svenska Institutet i Athen*, 4, pp. 85–7.

Powell, B. (1977) 'The significance of the so-called "Horns of Consecration"', *Kadmos* 16: 70–81.

Power, E. (1929) 'The ancient gods and language of Cyprus revealed by the Accadian inscriptions of Amathus', *Biblica* 10: 129–69.

Prausnitz, M. W. (1985) 'On Early to Middle Iron Age pottery of Israel, Tyre and Cyprus', *Praktika tou Diethnous Kypriologikou Synedriou*, vol. I, *Archion Tema*, Nicosia, pp. 191–5.

Prellwitz, W. (1905) *Etymologisches Wörterbuch der griechischen Sprache*. Göttingen: Vandenhoeck & Ruprecht.

Prendi, F. (1982) 'The prehistory of Albania', in *Cambridge Ancient History*, 2nd edn., vol. III, pt 1, pp. 187–237.

Pritchard, J. B. (1955) *Ancient Near Eastern Texts*, 2nd edn. Princeton, NJ: Princeton University Press.

Pulak, C. (1988) 'The Bronze Age shipwreck at Ulu Burun, Turkey: 1985 campaign', *American Journal of Archaeology* 92: 1–37.

Purpura, G. (1981) 'Sulle vicende ed il luogo di rinveniemento del cosidetto Melqart di Selinunte', *Sicilia Archeologica* 14: 46–7; 87–90.

Quattordio, A. M. (1977) 'Per l'interpretazione di miceneo O-pa', *Studi e saggi linguistici* NS 17: 31–66.

—— (1979a) 'Denominativi in -εύω nomi comuni in -εύς', *Studi e saggi linguistici* NS 19: 109–65.

—— (1979b) 'HRA ed HPΩΣ : un tentativo di esegesi etimologica', *Studi e saggi linguistici* NS 19: 167–98.

Raban, A. (1984) 'The Thera ships: another interpretation', *American Journal of Archaeology* 88: 11–19.

Rabin, C. (1974) 'The origin of the Hebrew word *pilageš*', *Journal of Jewish Studies* 25: 353–64.

Raison, J. and Brixhe, C. (1961) 'Compte rendu de *Minoica*', *Kratylos* 6: 127–36.

Raison, J. and Pope, M. (1971) *Index du linéaire A*. Rome: Edizione dell'Ateneo.

—— (1978) 'Le vocabulaire du linéaire A en translittération', *Études minoennes* I: 131–90.

See also Pope and Raison.

Ramage, E. S., ed. (1978) *Atlantis: Fact or Fiction?* Bloomington: Indiana University Press.

Ranke, O. (1935–52) *Die ägyptischen Personenamen*, 3 vols. Glückstadt: Augustin.

Rashidi, R. (1985) 'Africans in early Asian civilization, historical overview', in Rashidi, ed., *African Presence in Early Asia*, special issue of *Journal of African Civilizations*, pp. 15–52.

Rattenbury, R. M. (1933) 'Romance in the the Greek novel', in J. U. Powell, ed., *New Chapters in Greek Literature*, 3rd series. Oxford: Clarendon Press, pp. 211–57.

Rebuffat, R. (1966) 'Les Phéniciens à Rome', *Mélanges de l'École française de Rome* 78: 7–48.

Reisner, G. A. (1961) 'The Egyptian forts from Halfa to Semna', *Kush* 9: 11–24.

Reisner, G. A. and Reisner, M. B. (1933) 'Inscribed monuments from Gebel Barkal, II' *Zeitschrift für ägyptische Sprache und Altertumskunde* 69: 35–46.

Rendsburg, G. (1981) 'Orientation in Egypt and Palestine', *Biblical Archaeologist* 44: 198.

—— (1982) 'A new look at the Pentateuchal Hw'', *Biblica* 63: 351–69.

—— (1984) '*UT* 68 and the Tell Asmar seal', *Orientalia* 53: 448–52.

—— (1989) '*Black Athena:* an etymological response', in M. M. Levine, ed., '*The Challenge of "Black Athena"'*, *Arethusa* special issue: 67–82.

—— (1990) 'The internal consistency and historical reliability of the biblical genealogies', *Vetus Testamentum* 40: 185–206.

—— (forthcoming) 'Monophthongization of AW/AY > A, in Eblaite and in Northwest Semitic.'

Renfrew, C. (1972) *The Emergence of Civilisation: The Cyclades and the Aegean in the Third Millennium* BC. London: Methuen.

—— (1973) 'Problems in the general correlation of archaeological and linguistic strata in prehistoric Greece: the model of autochthonous origin', in R. A. Crossland and A. Birchall, eds., *Bronze Age Migrations in the Aegean: Archaeological and Linguistic Problems of Greek Prehistory*. London: Duckworth, pp. 265–79.

—— (1978) 'The Mycenaean sanctuary at Phylakopi', *Antiquity* 52: 7–15.

—— (1984) *Approaches to Social Archaeology*. Cambridge, Mass: Harvard University Press.

—— (1987) *Archaeology and Language: The Puzzle of Indo-European Origins*. London: Cape.

Renfrew, C., Rowlands, M. J. and Seagraves, B. A. (1982) *Theory and Explanation in Archaeology: The Southampton Conference*. New York and London: Academic Press.

Ridgeway, W. (1911) 'Achaeans', in *Encyclopaedia Britannica*, 10th ed., vol. I, pp. 141–2.

Riis, P. J. (1969) 'The first Greeks and their settlement at Sukas', *Ugaritica* 6: 1–72.

—— (1970) *Sūkās I: The North East Sanctuary and the First Settling of Greeks in Syria and Palestine*. Publications of the Carlsberg Expedition to Phoenicia. Copenhagen: Det Konglige Danske.

Risch, E. (1949) 'Altgriechische Dialektgeographie', *Museum Helveticum* 6: 19–28.

—— (1955) 'Die Gliederung der griechischen Dialekte in neuer Sicht', *Museum Helveticum* 12: 61–75.

Ritner, R. K. (1985) 'Anubis and the lunar disk', *Journal of Egyptian Archaeology* 71: 149–55.

Roberts, J. J. M. (1971) 'Erra scorched earth', *Journal of Cuneiform Studies* 24: 11–16.

Robertson, J. (1788) *The Parian Chronicle; or the Chronicle of the Arundelian Marbles: with a Dissertation Concerning Its Authenticity*. London: J. Walter.

Robertson Smith, W. (1894) *The Religion of the Semites: The Fundamental Institutions*. Cambridge.

Roesch, P. (1982) *Études Béotiennes*. Paris: Bocard.

Röllig, V. W. and Mansfeldt, J. (1970) 'Zwei Ostraka vom Tell Kāmid el Lōz und ein neuer Aspekt für die Entstehung des kanaanäischen Alphabets', *Die Welt des Orients* 3/2: 265–70.

Roscher, W. H. (1884–1937) *Ausführliches Lexikon der griechischen und römischen Mythologie*, 7 vols. Leipzig: Teubner.

Rosenthal, F. (1978) 'Review of *Recherches sur les plus anciens emprunts sémitiques en grec*, by E. Masson', *Journal of the American Oriental Society* 90: 338–9.

Rowlands, M., Larsen, M. T. and Kristiansen, K., eds. (1987) *Centre and Periphery in the Ancient World*. Cambridge: Cambridge University Press.

Rowley, H. H. (1950) *From Joseph to Joshua: Biblical Traditions in the Light of Archaeology*. London: Oxford University Press.

Ruijgh, C. H. (1967) *Études sur la grammaire et le vocabulaire du grec mycénien*. Amsterdam: Hakkert.

Rundle-Clark, R. T. (1959) *Myth and Symbol in Ancient Egypt*. London: Thames & Hudson.

Rusch, A. (1922) *Die Entwicklung der Himmelsgottin Nut zu einen Totengottheit*. Leipzig: Hinrichs.

Saggs, H. W. F. (1962) *The Greatness That Was Babylon*. New York: Hawthorn Books.

Saint Martin, V. d. (1863) *Le Nord de l'Afrique dans l'antiquité grecque et romaine*. Paris.

Sakellarakis, E. and Sakellarakis, J. A. (1984) 'The Keftiu and the Minoan thalassocracy', in R. Hägg and N. Marinatos, eds., *The Minoan Thalassocracy: Myth and Reality: Proceedings of the 3rd International Symposium at the Swedish Institute in Athens 31 May–5 June 1982, Skrifter utgivna av Svenska Institutet i Athen*, 4, pp. 198–223.

Sakellarakis, J. A. (1981) *Herakleion Museum: Illustrated Guide to the Museum*. Athens: Ekdotike Athenon.

Sakellerakis, J. A. and Sapouna-Sakellaraki, E. (1981) 'Drama of Death in a Minoan temple', *National Geographic*, February, pp. 205–23.

Sakellariou, M. (1977) *Peuples Préhélléniques d'Origine Indo-européenne*. Athens: Ekdotike Athenon.

—— (1981) *Les Proto-Grecs*. Athens: Ekdotike Athenon.

—— (1986) 'Who were the immigrants?', in G. Cadogan, ed., *The End of the Early Bronze Age in the Aegean*. Leiden: Brill, pp. 125–37.

Saldit-Trappmann, R. (1970) *Tempel der ägyptischen Götter in Griechenland und an der Westküste Kleinasiens*. Leiden: Brill.

Salmon, M. H. (1982) *Philosophy and Archaeology*. New York and London: Academic Press.

Sandars, N. K. (1961) 'The first Aegean swords and their ancestry', *American Journal of Archaeology* 65: 17–28.

—— (1978) *The Sea Peoples: Warriors of the Ancient Mediterranean 1250–1150 BC*, London: Thames & Hudson.

Santillana, G. de (1963) 'On forgotten sources in the history of science', in A. C. Crombie, ed., *Scientific Change: Historical Studies in the Intellectual, So-*

cial and Technical Conditions for Scientific Discovery and Technical Invention, from Antiquity to the Present. New York: Basic Books, pp. 813–28.

Santillana, G. de and von Dechend, H. (1969) *Hamlet's Mill: an Essay in Myth and the Frame of Time.* Boston: Gambit.

Sasson, J. M. (1966a) 'Canaanite maritime involvement in the second millennium B.C.', *Journal of the American Oriental Society* 86: 126–38.

—— (1966b) 'A sketch of North Syrian economic relations in the Middle Bronze Age', *Journal of the Economic and Social History of the Orient.* 9: 161–81.

—— (1971) 'Mari notes', *Revue d'Assyriologie et d'Archéologie Orientale* 65: 172.

—— (1980) 'The 'Tower of Babel' as a clue to the redactional structuring of primeval history', in G. Rendsburg *et al.*, ed., *The Bible World: Essays in Honor of Cyrus H. Gordon.* New York: KTAV Publishing, pp. 211–20.

Sauneron, S. (1960) 'Le nouveau sphinx composite du Brooklyn Museum et le rôle du dieu Tou-tou-Tithoès', *Journal of Near Eastern Studies* 19: 269–87.

—— (1968) *Esna III, Textes*, in series *Esna* (1959–). Publications de l'Institut française à Caire.

Säve-Söderbergh, T. (1946) 'The Egyptian navy of the Eighteenth Egyptian Dynasty', *Uppsala Universitets Årsskrift* 6.

—— (1951) 'The Hyksos in Egypt', *Journal of Egyptian Archaeology* 37: 53–71.

Sayce, A. H. (1885) 'The season and the extent of the travels of Herodotos in Egypt', *Journal of Philology* 14: 258–86.

Sayeed, e. R. (1982) *La Déese Neïth de Saïs*, vol. I, *Importance et rayonnement de son culte*, vol. II, *Documentation.* Cairo: Bibliothèque d'Étude, vol. 86.1.

Scaliger, J. J. (1565) *Coniectanea in M. Terentium Varronem de lingua Latina.* Paris: Stephanus.

Schachermeyr, F. (1962a) 'Forschungsbericht über die Ausgrabungen und Neufunde zur ägäischen Frühzeit 1957–1960', *Jahrbuch des deutschen archäologischen Instituts* 77: 104–382.

—— (1962b) 'Luwier auf Kreta?', *Kadmos* 1: 27–39.

—— (1967) *Ägais und Orient: Die überseeischen Kulturbeziehungen von Kreta und Mykenai mit Ägypten, der Levante und Kleinasien unter besonderer Berücksichtigung des 2. Jahrtausend v. Chr.* Vienna: Abhandlungen der östereichichischen Akademie der Wissenschaften in Wien.

—— (1984) *Griechische Frühgeschichte: ein Versuch frühe Geschichte wenigstens in Umrissen Verständlich zu machen.* Vienna: Österreichische Akademie.

Schachter, A. (1981) 'Cults of Boiotia, 1. Acheloos to Hera', *Bulletin of the Institute of Classical Studies Supplement.* 38.1.

—— (1986) 'Cults of Boiotia, 2. Herakles to Poseidon', *Bulletin of the Institute of Classical Studies Supplement* 38.2.

Schaeffer, C. F. A. (1933) 'Les fouilles de Minet el Beida et de Ras Shamra: quatrième campagne (printemps 1932); rapport sommaire', *Syria* 14: 93–127.

—— (1948) *Stratigraphie Comparée et Chronologie de l'Asie Occidentale.* Oxford: Oxford University Press.

—— (1971–) *Mission archéologique d'Alasia Dirigée par Claude F. A. Schaeffer,* vol. I. Paris: Mission archéologique d'Alasia.

Schenkel, W. (1984) *Die Bewasserungsrevolution im alten Ägypten.* Mainz: Philipp von Zabern; deutsches archäologisches Institut, Abteilung Kairo.

Schiering, W. (1984) 'The connections between the oldest settlement at Miletus and Crete', in R. Hägg and N. Marinatos, ed., *The Minoan Thalassocracy: Myth and Reality: Proceedings of the 3rd International Symposium at the Swedish Institute in Athens 31 May–5 June 1982, Skrifter utgivna av Svenska Institutet i Athen,* 4, pp. 186–9.

Schiffrin, H. Z. (1968) *Sun Yat-sen and the Origins of the Chinese Revolution.* Berkeley and Los Angeles: University of California Press.

Schliemann, H. (1878) *Mycenae: A Narrative of Research and Discoveries at Mycenae and Tiryns.* London: John Murray.

Schwabe, C. W., Adams, J. and Hodge, C. T. (1982) 'Egyptian beliefs about the bull's spine: an anatomical origin for the ankh', *Anthropological Linguistics* (Winter): 445–79.

Schwartz, B. I. (1975) 'The age of transcendence', in 'Wisdom, Revelation and Doubt', *Daedalus* special issue: 3–4.

—— (1985) *The World of Thought in Ancient China.* Cambridge, Mass.: Harvard University Press.

Schwartz, J. (1950) 'Le cycle de Petoubastis et les comentaires égyptiens de l'Exode', *Bulletin de l'Institut Français d'Archéologie Orientale* [Cairo] 49: 75–83.

Scoufopoulos, N. C. (1971) *Mycenaean Citadels. Studies in Mediterranean Archaeology* 22. Göteborg: Paul Åströms Förlag.

Scullard, H. H. (1967) *The Etruscan Cities and Rome.* Ithaca, NY: Cornell University Press.

Seaton, R. C. (trans.) (1912) *The Argonautica of Apollonios of Rhodes.* Cambridge, Mass.: Harvard University Press; London: Heinemann (Loeb).

Seeden, H. (1980) *The Standing Armed Figurines of the Levant.* Munich: Beck.

Segert, S. (1983) 'The last sign of the Ugaritic alphabet', *Ugarit-Forschungen* 15: 201–18.

Sergent, B. (1977) 'La liste de Kom el-Hetan et le Péloponnèse', *Minos* 16: 126–73.

Sethe, K. (1900) 'Sesostris', in *Untersuchungen zur alten Geschichte,* vol. II. Leipzig: Hinrichs, pp. 3–24.

—— (1904) 'Der Name Sesostris', *Zeitschrift für ägyptische Sprache und Altertumskunde* 41: 43–57.

—— (1905) 'Zur Königsfolge der 11th Dynastie', *Zeitschrift für ägyptische Sprache und Altertumskunde* 42: 131–4.

—— (1906–9) *Urkunden der 18 Dynastie, historisch-biographische Urkunden,* 4 vols. Leipzig: Hinrichs.

—— (1908) 'Verkehr mit Byblos und dem Libanon Gebiet', *Zeitschrift für ägyptische Sprache und Altertumskunde* 45: 7–36.

—— (1910a) 'Osiris und die Zeder von Byblos', *Zeitschrift für ägyptische Sprache und Altertumskunde* 47: 71–8.

—— (1910b) 'Neue Spuren der Hyksos im Inschriften der 18 Dynastie', *Zeitschrift für ägyptische Sprache und Altertumskunde* 48: 73–86.

—— (1917–18) 'Der Name der Phönizier bei Griechen und Ägyptern', in *Orientalische Studien, Fritz Hommel zum sechsigsten Geburtstag. am 31 Juli 1914: gewidmet von Freunden, Kollegen und Schülern,* 2 vols. Leipzig: Hinrichs, vol. I, pp. 305–32.

—— (1923) 'Die Vokalisation des Ägyptischen', *Zeitschrift der deutschen morgenländischen Gesellschaft* 77: 145–207.

—— (1925a) *Die Vokalisation des Ägyptischen.* Leipzig: Verlag der Deutschen Morgenlandische Gesellschaft, Brockhaus.

—— (1925b) 'Das Verhältnis zwischen Demotisch und Koptisch und seine Lehren für die Geschichte der ägyptischen Sprache', *Zeitschrift der deutschen morgenländischen Gesellschaft* 79: 290–316.

—— (1929) *Amun und die acht Urgötter von Hermopolis.* Berlin: de Gruyter.

—— (1937) *Übersetzung und Komentar zu den altägyptischen Pyramidtexten.* 6 vols. Glückstadt, Hamburg and New York: Augustin.

Settegast, M. (1987) *Plato Prehistorian: 10,000 to 5,000 BC in Myth and Archaeology.* Cambridge, Mass.: Rotenberg Press.

Seyrig, H. (1944–5) 'Héraklés-Nergal', *Syria* 24: 62–80.

Shaanxi Zhouyuan Kaogu Dui (1979) 'Shaanxi Qishan Fengchu Cun XiZhou Jianzhu jichi fagu jianbao', *Kaogu* 10: 27–37.

Shack, W. A. and Habte, M. M. (1974) *Gods and Heroes: Oral Tradition of the Gurage of Ethiopia.* Oxford: Oxford University Press.

Shanks, H. (1981) 'The Exodus and the crossing of the Red Sea, according to Hans Goedicke', *Biblical Archaeology Review* 7. 5: 42–50.

Shaughnessy, E. L. (1985–7) 'The "current" Bamboo Annals and the date of the Zhou conquest of Shang', *Early China* 11/12: 33–60.

Shaw, I. M. (1985) 'Egyptian chronology and the Irish oak calibration', *Journal of Near Eastern Studies* 44: 295–317.

Shaw, J. W. (1978) 'Evidence for the Minoan tripartite shrine', *American Journal of Archaeology* 82: 429–48.

—— (1980) 'Excavations at Kommos (Crete) during 1978', *Hesperia* 49: 207–50.

—— (1981) 'Excavations at Kommos (Crete) during 1980', *Hesperia* 50: 211–51.

—— (1987) 'The Early Helladic II corridor house: development and form', *American Journal of Archaeology* 91: 59–79.

Sheppard, J. T. (1911) 'The first scene of *The Suppliants* of Aeschylus', *Classical Quarterly* 5: 220–9.

Sherratt, E. S. (1982) 'Patterns of contact: manufacture and distribution of Mycenaean pottery, 1400–1100 BC', in J. G. P. Best and N. M. W. de Vries, ed., *Interaction and Acculturation in the Mediterranean: Proceedings of the Second Congress of Mediterranean Pre- and Protohistory, Amsterdam, 19–23 November 1980,* vol. II. Amsterdam: Grüner, pp. 179–96.

Sherratt, E. S. and Crouwel, J. H. (1987) 'Mycenaean pottery from Cilicia in Oxford', *Oxford Journal of Archaeology* 6: 341.

Shima, K. (1958) *Inkyo bokuji kenkyū*. Tokyo: Kyūko Shōin.

Shrimpton, G. (1987) 'Regional drought and the decline of Mycenae', *Échos du monde classique/Classical Views 31*. N.S. 6: 137–77.

Siegert, H. (1941–2) 'Zur Geschichte der Begriffe "Arische" und "arisch"', *Wörter und Sachen* 4: 73–99.

Silberman, N. A. (1989) *Between Past and Present: Archaeology, Ideology, and Nationalism in the Modern Middle East*. New York: Henry Holt.

Sima Qian (1959) *Shiji*, 10 vols. Peking: Zhonghua Shuju.

Simpson, W. K. (1953) 'New light on the god Reshef', *Journal of the American Oriental Society* 73: 86–9.

—— (1960) 'Reshep in Egypt', *Orientalia* 29: 63–74.

—— (1984a) 'Sesostris I, II, III and IV', in W. Helck and E. Otto, *Lexikon der Ägyptologie*, vol. V, cols 890–907.

—— (1984b) 'Sinuhe', in W. Helck and E. Otto, *Lexikon der Ägyptologie*, vol. V, cols 950–6.

Singer, I. (1983a) 'Western Anatolia in the 13th century B.C. according to the Hittite sources', *Anatolian Studies* 23: 205–17.

—— (1983b) 'Takuhlinu and Haya: two governors in the Ugarit letter from Tel Aphek', *Tel Aviv* 10: 3–25.

Smelik, K. A. D. and Hemelrijk, E. A. (1984) '"Who knows not what monsters demented Egypt worships?" Opinions on Egyptian animal worship in Antiquity as part of the ancient conception of Egypt', in H. Temporini & W. Haase, eds., *Aufstieg und Niedergang der römischen Welt: Geschichte und Kultur Roms im Spiegel der neueren Forschung* 17.4, *Religion (Heidentum: römische Götterkulte, orientalische Kulte in der römischen Welt [Forts.])*, ed. W. Haase, pp. 1852–2000.

Smith, E. B. (1968) *Egyptian Architecture as Cultural Expression*. Watkins Glen, NY: Century House.

Snodgrass, A. (1971) *The Dark Age of Greece: An Archaeological Survey of the Eleventh to the Eighth Centuries BC*. Edinburgh: Edinburgh University Press.

Snowden, F. M. S. (1970) *Blacks in Antiquity: Ethiopians in the Greco-Roman Experience*. Cambridge, Mass.: Harvard University Press.

—— (1983) *Before Color Prejudice: The Ancient View of the Blacks*. Cambridge, Mass.: Harvard University Press.

Soden, v. W. (1937) *Der Aufstieg des Assyrerreichs als geschichtliches Problem. Der Alte Orient* 37. Leipzig: Hinrichs.

Sourvinou-Inwood, C. (1973) 'The problem of the Dorians in tradition and archaeology', paper presented to the Third International Colloquium on Aegean Prehistory, Sheffield, August.

Speiser, E. A. (1930) *Mesopotamian Origins The Basic Population of the Near East*. Philadelphia: University of Pennsylvania Press.

—— (1933) 'Ethnic movements in the Near East in the second millennium BC: Hurrians and their connections with the Habiru and the Hyksos', *Annual of the American Schools of Oriental Research* 13: 13–54.

—— (1967) *Oriental and Biblical Studies: Collected Writings of E. A. Speiser*, ed.

.J. J. Finkelstein and M. Greenberg. Philadelphia: University of Pennsylvania Press.

Spiegelberg, W. (1927) *The Credibility of Herodotus' Account of Egypt in the Light of the Egyptian Monuments*. Oxford: Blackwell.

Springborg, P. (1990) *Royal Persons: Patriarchal Monarchy and the Feminine Principle*. London: Unwin Hyman.

Spyropoulos, T. (1972a) 'Aigyptiakos Epoikismos en Boiotiai', *Archaiologika Analekta ex Athēnōn* 5: 16–27.

—— (1972b) 'Archaiotetes kai Mnemeia Boiotias-Phthiotidos', *Archaiologikon Deltion* 27.2: 307–26.

—— (1973b) 'Archaiotetes kai Mnemeia Boiotias-Phiotidos', *Archaiologikon Deltion* 28.2: 247–73.

—— (1973b) 'Archaiotetes kai Mnemeia Boiotias-Phthiotas', *Archaiologikon Deltion* 28.2: 247–73.

—— (1981) *Ampheion Ereuna kai meletai tou mnemeiou tou Ampheiou Thebon*. Sparta.

Stanley, D. J. and Sheng, H. (1986) 'Volcanic shards from Santorini (Upper Minoan ash) in the Nile Delta, Egypt', *Nature* 320. 24/4: 733–5.

Stech, T. (1985) 'Copper and society in Late Bronze Age Cyprus', in A. B. Knapp and T. Stech, eds., *Prehistoric Production and Exchange: The Aegean and East Mediterranean*. Los Angeles: University of California, Institute of Archaeology, Monograph 25, pp. 100–6.

Steinberg, R. (1981) *Modern Shadows on Ancient Greece: Aegean-Levantine Connections in the Late Bronze Age*. MA thesis, Cornell University.

Steiner, R. C. (1977) *The Case for Fricative-Laterals in Proto-Semitic*. New Haven, Conn.: American Oriental Society, vol. 59.

Steinhauser, W. (1937) *Glotta* 25: 229–38.

Steinkeller, P. (1986) 'Some observations on the Abu Salabikh–Ebla list of capital names (L. G. M.)', *Vicino Oriente* 6: 31–40.

Stella, L. A. (1951–2) 'Chi furono i Populi del Mare', *Rivista di antropologia* 39: 3–17.

Steuerwald, H. (1983) *Der Untergang von Atlantis—das Ende einer Legende*. Berlin: Kulturbuch Verlag.

Stevenson Smith, W. (1958) *The Art and Architecture of Ancient Egypt*. Harmondsworth and Baltimore: Penguin.

—— (1965) *Interconnections in the Ancient Near East: A Study of the Relationships between the Arts of Egypt, the Aegean and Western Asia*. New Haven and London: Yale University Press.

—— (1971) 'The Old Kingdom in Egypt and the beginning of the First Intermediate Period', in *Cambridge Ancient History*, 3rd edn., vol. I, pt 2A, pp. 145–208.

Stieglitz, R. R. (1976) 'The Eteocretan inscription from Psychro', *Kadmos* 15: 84–6.

—— (1978) 'Minoan mathematics or music', *Bulletin of the American Society of Papyrologists* 15: 127–32.

—— (1981a) 'The Letters of Kadmos: mythology, archaeology and Eteocretan', *Anatypo apo ton 1, 2 tomo ton pepragmenon tou 4 Diethnous Kretologikou Synedriou, Herakleion, 29 August–3 September 1976*, Athens.

—— (1981b) 'Labyrinth: Anatolian axe or Egyptian edifice', in L. Casson and M. Price, ed., *Coins, Culture and History in the Ancient World*. Detroit: Wayne State University Press, pp. 195–8.

—— (1982) 'Numerical structuralism and cosmogony in the ancient Near East,' *Journal of Social and Biological Structures* 5: 255–66.

Stock, H. (1949) *Die erste Zwischenzeit Ägyptens: Untergang der Pyramidenzeit Zwischen reiche von Abydos und Herakleopolis, Aufstieg Thebens*, Studia Aegyptiaca II. Rome: Pontificium Institutum Biblicum.

—— (1955) *Studien zur Geschichte und Archäologie der 13. bis 17. Dynastie Ägyptens: Unter besonderer Berücksichtigung der Skarabäen dieser Zwischenzeit. Ägyptologische Forschungen* 12. Glückstadt, Hamburg and New York: Augustin.

Stos-Gale, Z. A. (1984) 'Comment on Poursat "Une thalassocratie minoenne à Minoen Moyen II"', in R. Hägg and N. Marinatos, eds., *The Minoan Thalassocracy: Myth and Reality: Proceedings of the 3rd International Symposium at the Swedish Institute in Athens 31 May–5 June 1982, Skrifter utgivna av Svenska Institutet i Athen*, 4, p. 87.

Stos-Gale, Z. A. and Gale, N. H. (1982) 'The sources of Mycenaean silver and lead', *Journal of Field Archaeology* 9: 467–85.

—— (1984a) 'The Minoan thalassocracy and the Aegean metal trade', in R. Hägg and N. Marinatos, eds., *The Minoan Thalassocracy: Myth and Reality: Proceedings of the 3rd International Symposium at the Swedish Institute in Athens 31 May–5 June 1982. Skrifter utgivna av Svenska Institutet i Athen*, 4, pp. 59–63.

—— (1984b) 'The results of the examination of lead objects from Lithares', in Ch. Tzabella-Evjen, *Lithares*. Athens: Tameio Archaiologikon kai apallotrioseon, p. 217.

Strange, J. L. (1973) 'Biblical material on the origin of the Philistines', paper presented to the Third International Colloquium on Aegean Prehistory, Sheffield, August.

—— (1980) *Caphtor Keftiu: A New Investigation*. Leiden: Brill.

Stricker, B. H. (1949) 'The Corpus Hermeticum', *Mnemosyne* 4.2: 79–80.

Strøm, I. 'Aspects of Minoan foreign relations, LMI-LMII', in R. Hägg and N. Marinatos, eds., *The Minoan Thalassocracy: Myth and Reality: Proceedings of the 3rd International Symposium at the Swedish Institute in Athens 31 May–5 June 1982, Skrifter utgivna av Svenska Institutet i Athen*, 4, pp. 191–5.

Strommenger, E. (1964) *5,000 Years of Mesopotamian Art*, C. Haglund, trans. New York: Abrams.

Stubbings, F. H. (1959) *Mycenaean Pottery in the Levant*. Cambridge: Cambridge University Press.

—— (1973) 'The rise of Mycenaean civilization', in *Cambridge Ancient History*, 3rd edn., vol. II, pt. 1, pp. 627–58.

—— (1975) 'The expansion of Mycenaean civilization', in *Cambridge Ancient History*, 3rd edn., vol. II, pt. 2, pp. 165–87.

Stucchi, S. (1967) 'Il Giardino della Esperidi e le tappe della conoscenza greca della costa cirenaica', *Quaderni di archeologia della Libia 8* (Cirene e la Grecia): 19–73.

Suppe, F. (1977) *The Structure of Scientific Theories*, 2nd edn. Urbana, Chicago and London: University of Illinois Press.

Suret-Canale, J. (1974) *Sur le 'Mode de Production Asiatique'*, Paris: Centre des études et de récherches marxistes.

Symeonoglou, S. (1973) 'Kadmeia I: Mycenaean finds from Thebes, Greece', in *Studies in Mediterranean Archaeology* 35. Göteborg: Paul Åströms Förlag.

—— (1985) *The Topography of Thebes: From the Bronze Age to Modern Times.* Princeton: Princeton University Press.

Syncellus, Georgius (1719) *Chronographia.* Venice.

Szemerényi, O. (1960) *Studies in the Indo-European System of Numerals.* Heidelberg: Winter.

—— (1964) 'Structuralism and substratum: Indo-Europeans and Aryans in the Ancient Near East', *Lingua* 13: 1–29.

—— (1966a) 'Etyma Graeca I', *Sprache* 11: 1–24.

—— (1966b) 'The labiovelars in Mycenaean and historical Greek', *Studi miceni ed egeo-anatolici* 2: 29–52.

—— (1967) 'Iranica II'. *Sprache* 12: 190–226.

—— (1968a) 'The Development of *s > h* in Indo-European languages', *Sprache* 14: 161–3.

—— (1968b) 'Mycenaean: a milestone between Indo-European and historical Greek', *Atti e memorie del 1. Congresso Internazionale di Micenologia* 1: 715–25.

—— (1968c) 'Review of E. Masson, *Les plus anciens emprunts sémitiques en grec*', Indogermanische Forschungen 73: 192–7.

—— (1969) 'Etyma Graeca II', *Studia classica et orientalia, Antonio Pagliaro oblata*, III: 233–50.

—— (1970) 'Iranica III', in M. Boyce and I. Gershevitch, eds., *W. B. Henning memorial volume*. London: Asia Major Library, pp. 417–26.

—— (1971) 'Iranica IV', *Orbis* 19: 500–19.

—— (1971–81) 'Review of P. Chantraine, *Dictionnaire étymologique de la langue grecque*, Paris 1968–1980', *Gnomon* 43: 641–75; 49: 1–10; 53: 113–16.

—— (1972a) 'Etyma Graeca III', in *Mélanges de linguistique et de philologie grecques offerts à Pierre Chantraine*, Paris: Klincksieck, pp. 243–53.

—— (1972b) 'Review of G. Nagy, *Greek Dialects and the Transformation of an Indo-European Process*', Cambridge, Mass., 1970', *Kratylos* 14: 157–65.

—— (1974a) 'The origins of the Greek lexicon: ex oriente lux', *Journal of Hellenic Studies* 94: 144–57.

—— (1974b) 'Review J.-L. Perpillou, *Les substantifs grecs en -εύς*, Paris, 1972', *Kratylos* 18: 43–53.

—— (1975) 'Iranica V', *Monumentum H. S. Nyberg II. Acta Iranica* 5: 313–94.

—— (1978) 'Studies in the kinship terminology of Indo-European languages', *Acta Iranica* 16: 1–240.

—— (1979) 'Etyma Graeca IV', *Studi miceni ed egeo-anatolici* 20: 207–26.

—— (1980a) 'Semitic influence on the Iranian lexicon I', in Gary Rendsburg et al., eds., *The Bible World: Essays in Honor of Cyrus H. Gordon*. New York: KTAV Publishing, pp. 221–37.

—— (1986) 'Etyma Graeca V: Vocabula maritima tria', in *Festschrift Ernst Risch*. Berlin and New York: de Gruyter, pp. 425–50.

—— (1987) *Scripta Minora: Selected Essays in Indo-European, Greek and Latin*, ed. P. Considine and J. T. Hooker, 3 vols. Innsbruck: Innsbrucker Beiträger zur Sprachwissenschaft.

Sznycer, M. (1979) 'L'inscription phénicienne de Tekké près de Cnossos', *Kadmos* 18: 89–93.

Taylour, W. D. (1958) *Mycenaean Pottery in Italy*. Cambridge: Cambridge University Press.

—— (1964) *The Mycenaeans*. London: Thames & Hudson.

te Velde, H. (1970) 'The god Heka in Egyptian theology', *Jaarbericht van het Voorasiatisch-Egyptisch Genootshap. Ex Oriente Lux* 21: 175–86.

—— (1982) 'Mut', in W. Helck and E. Otto, *Lexikon der Ägyptologie*, vol. IV, cols. 246–8.

—— (1984) 'Schu', in W. Helck and E. Otto, *Lexikon der Ägyptologie*, vol. V, cols. 735–7.

Thapar, R. (1975) *The Past and Prejudice*. New Delhi: National Book Trust.

—— (1977) 'Ideology and the interpretation of early Indian history', in *Society and Change: Essays in Honour of Sachin Chaudhuri*. New Delhi, pp. 1–19.

Thieme, P. (1938) *Der Fremdling im Rgveda, eine Studie über die Bedeutung der Worte 'ari', 'arya', 'aryaman' und 'ārya'*. Leipzig: Brockhaus.

Thirlwall, C. (1835–44) *A History of Greece*, 8 vols. London: Longman.

Thissen, H.-J. (1980) 'Manetho', in W. Helck and E. Otto, *Lexikon der Ägyptologie*, vol. III, cols. 1179–81.

Thompson, L. A. (1989) *Romans and Blacks*. London: Routledge; Norman: University of Oklahoma Press.

Thomson, G. (1941) *Aeschylus and Athens – A Study in the Social Origin of Drama*. London: Lawrence and Wishart.

—— (1949) *Studies in Ancient Greek Society 1: The Prehistoric Aegean*. London: Lawrence and Wishart.

Thorpe-Scholes, K. (1978) 'Akrotiri: genesis, life and death', in C. Doumas, ed., *Thera and the Aegean World*, pp. 435–47.

Thucydides. (1954) *The Peloponnesian War*, R. Warner, trans. London: Penguin.

—— (1980) *Histories*. C. F. Smith, trans. 4 vols. Cambridge, Mass.: Harvard University Press (Loeb).

Traill, D. A. (1986) 'Schliemann's acquisition of the Helios Metope and his psychopathic tendencies', in Calder and Traill, *Myth, Scandal and History: The Heinrich Schliemann Controversy and the First Edition of the Mycenaean Diary*. Detroit: Wayne State University Press, pp. 48–67.

Treuil, R. (1983) *Le Néolithique et le Bronze Ancien Égéens les Problemes Stratigraphiques et Chronologiques*. Athens: École française d'Athènes.

Trigger, B. G. (1980) *Gordon Childe: Revolutions in Archaeology*. London: Thames & Hudson.

—— (1989) *A History of Archaeological Thought*. Cambridge: Cambridge University Press.

Trump, D. H. (1981) *The Prehistory of the Mediterranean*. Harmondsworth: Penguin.

Tsountas, C. and Manatt, J. (1897) *The Mycenaean Age*. Boston.

Tusa, V. (1973) 'La statuetta fenicia del Museo Nazionale di Palermo', *Studi Fenici* 1: 173−9.

Tylecote, R. F. (1976) *A History of Metallurgy*. London: Metals Society.

Tynes, S. (1973) 'Many Africans came to the Soviet Union during Turkish rule', *The Afro-American* 16 (February).

Tzavella-Evjen, Ch. (1984) Λιθαρές. Athens: Tameio Archaiologikōn kai Apallotriōseōn.

—— (1989) '*Litharés* revisited', *Boeotia Antiqua* 1: 5−12.

Ullman, B. L. (1927) 'The origin and development of the alphabet', *American Journal of Archaeology* 31: 311−28.

Usener, H. (1907) 'Philologie und Geschichtswissenschaft', in *Vorträge und Aufsätze*, 2 vols. Leipzig, vol. II, p. 11.

Uy Ban Khoa Học Xã Hôi Viêt Nam (1971) *Lịch Sử Viêt Nam I*. Hanoi: Nhà Xuât Ban Khoa Học Xã Hôi.

Van Berchem, D. (1967) 'Sanctuaires d'Hercule − Melqart: Contribution à l'étude de l'expansion Phénicienne en Méditeranée', *Syria* 44: 73−109; 307−38.

Van den Brink, E. C. M. (1982) *Tombs and Burial Customs at Tell el-Dab'a*. Vienna: Beiträge zur Ägyptologie 4. Berichte des Österreichischen Archäologischen Institutes in Kairo.

Vandier, J. (1972) 'Le temple de Tôd', *Textes et langages de l'Égypte Pharaonique: Cent cinquante années de recherches 1822−1972: Hommage à Jean-François Champollion*. Cairo: Institut français d'archaeologie orientale.

Van Royen, R. A. and Isaac, B. H. (1979) *The Arrival of the Greeks: The Evidence from the Settlements*. Amsterdam: Grüner.

Van Seters, J. (1966) *The Hyksos: A New Investigation*. New Haven, Conn.: Yale University Press.

—— (1983) *In Search of History: Historiography in the Ancient World and the Origins of Biblical History*. New Haven, Conn., and London: Yale University Press.

Varoufakis, P. (1982) 'The origin of Mycenaean and Geometric iron on the Greek mainland and the Aegean islands', in J. D. Muhly, R. Maddin and V. Karageorghis, eds., *Early Metallurgy in Cyprus. Acta of the International Archaeological Symposium: Early Metallurgy in Cyprus 4000−500 BC, Larnaca, Cyprus, 1−6 June 1981*. Nicosia: Peirides Foundation, pp. 315−22.

Vaux, R. d. (1967) 'Les Hurrites de l'histoire et les Horites de la Bible', *Revue Biblique* 74: 481−503.

—— (1971) 'Palestine in the Early Bronze Age', in *Cambridge Ancient History*, 3rd edn., vol. I, pt. 2, pp. 208−37.

Vellacott, P., trans. (1972) *Euripides: Orestes and Other Plays*. London: Penguin.

Ventris, M. and Chadwick, J. (1973) *Documents in Mycenaean Greek,* 2nd edn. Cambridge: Cambridge University Press.

Vercoutter, J. (1953) *L'Égypte et le monde égéen préhéllenique.* Paris: Maisonneuve.

—— (1954) 'Essai sur les relations entre Égyptiens et PréHellénes', *L'Orient Ancien Illustré* 6: 37–51.

—— (1956) *L'Égypte et le monde égéen préhellénique: Étude critique des sources égyptiennes (du début de la XVIIIe à la fin de la XIXe Dynastie).* Cairo: l'Institut français d'archéologie orientale.

—— (1975) 'Apis', in W. Helck and E. Otto, *Lexikon der Ägyptologie,* vol. I, cols. 338–50.

Vergote, J. (1959) 'Ou en est la vocalisation de l'Égyptien?', *Bulletin de l'Institut Français d'Archéologie Orientale* 58: 1–19.

—— (1962) 'Le roi Moiris-Mares', *Zeitschrift für ägyptische Sprache und Altertumskunde* 87: 66–76.

Vermeule, E. (1960) 'The fall of the Mycenaean Empire', *Archaeology* 13.1: 66–75.

—— (1964) *Greece in the Bronze Age.* Chicago: University of Chicago Press.

—— (1975) *The Art of the Shaft Graves of Mycenae: Lecture in Memory of Louise Taft Semple.* Cincinnati: University of Cincinnati Press.

—— (1979) *Aspects of Death in Early Greek Art and Poetry.* Berkeley and Los Angeles: University of California Press.

—— (1986) '"Priam's castle blazing": a thousand years of Trojan memories', in M. J. Mellink, ed., *Troy and the Trojan War: A Symposium Held at Bryn Mawr College, October 1984,* pp. 77–92.

Vermeule, E. and Karageorghis, V. (1982) *Mycenaean Pictorial Vase Painting.* Cambridge, Mass., and London: Harvard University Press.

Vermeule, E. and Vermeule, C. (1970) 'Aegean gold hoard and the court of Egypt', *Curator* 13: 32–42.

Vian, F. (1960) 'Le mythe de Typhée et le problème de ses origines orientales', in *Éléments orientaux dans la religion grecque ancienne.* Paris, pp. 17–37.

—— (1963) *Les origines de Thèbes: Cadmos et les Spartes.* Paris: Études et Commentaires no. 48.

Vichos, Y. and Kyriakopoulou, V. (1989) Αύτοψια στον υποβρύχιο αρχαιολογικό χώρα τόν Δοκόν, *Enalia* 3–4: 12–13. Summarised as 'The Dokos Project', *Enalia* 3–4: 20–1.

Vitaliano, D. B. (1978) 'Atlantis from a geologic point of view', in E. S. Ramage, ed., *Atlantis Fact or Fiction?* Bloomington: Indiana University Press.

Von der Mühll, P. (1952) *Kritisches Hypomnema zur Ilias.* Basel: Reinhardt.

Voss, J. H. (1827–34) *Mythologische Briefe,* 5 vols. Stuttgart: Metzler.

Voss, v. M. H. (1980) 'Horuskinder', in Helck & Otto, *Lexickon der Ägyptologie,* vol. III, cols. 52–3.

Vradii, V. P. (1914) *Negry batumskoy oblasti.* Batumi: G. Tavartkiladze.

Wace, A. J. B. (1924) 'Greece and Mycenae', in *Cambridge Ancient History,* 1st edn., vol. II, pp. 431–72.

—— (1964) *Mycenae: An Archaeological History and Guide*. New York: Biblio & Tannen.

Wace, A. J. P. and Blegen, C. W. (1939) 'Pottery as evidence for trade and colonisation in the Aegean Bronze Age', *Klio* 32: 138–9.

Wace, A. J. P. and Stubbings, F. H. (1962) *A Companion to Homer*. London: Macmillan.

Wachsmann, S. (1987) *Aegeans in the Theban Tombs. Orientalia Lovaniensa Analecta* 20. Leuven: Peeters.

Waddell, W. G. (1940) *Manetho*. Cambridge, Mass.: Harvard University Press (Loeb); London: Heinemann.

Wagler, P. R. (1894) 'Aithiopis', *Pauly Wissowa I*, cols. 1103–6.

Wainwright, G. A. (1915) 'Alashia-Alasa; and Asy', *Klio* 14: 1–36.

—— (1931) 'The emblem of Min', *Journal of Egyptian Archaeology* 17: 185–95.

—— (1949) 'Pharaonic survivals, Lake Chad to the west coast', *Journal of Egyptian Archaeology* 35: 167–75.

Walberg, G. (1986) *Tradition and Innovation: Essays in Minoan Art*. Mainz am Rhein: Philipp von Zabern.

Walcot, P. (1966) *Hesiod and the Near East*. Cardiff: University of Wales Press.

Wallace, P. (1973) *Commentary on Strabo's Description of Boiotia*. Ph.D. dissertation, Indiana University.

—— (1979) 'The dikes in the Kopais', in J. M. Fossey and A. Schachter, eds., *The Proceedings of the Second International Conference on Boiotian Antiquities* (held in Montreal), pp. 7–9.

Wang Guowei (1941) 'Jinben Zhushujinian Shuzheng' [A running commentary on the new version of the Bamboo Annals], in *Haining Wangjingshan Xiansheng Yishu* [*The Literary Remains of Wang Guowei*] 48 *quan*. Shanghai: Commercial Press.

Ward, W. A. (1961) 'Egypt and the East Mediterranean in the early second millennium BC', *Orientalia* 30: 22–45, 129–55.

—— (1971) *Egypt and the East Mediterranean World 2200–1900 BC: Studies in Egyptian Foreign Relations During the First Intermediate Period*. Beirut: American University of Beirut.

—— (1978) *The Four Egyptian Homographic Roots B3*. Rome: Studia.

—— (1986) 'Review of Giveon, *Egyptian Scarabs from Western Asia*'. *Bibliotheca Orientalis* 43: 702–5.

—— (1987) 'Scarab typology and archaeological context', *American Journal of Archaeology* 91: 507–32.

Wardle, K. A. (1973) 'Northwest Greece in the Late Bronze Age: the archaeological background', paper presented to the Third International Colloquium on Aegean Prehistory, Sheffield, August.

Warmington, B. H. (1960) *Carthage*. London: Robert Hale.

Warren, P. M. (1965) 'The first Minoan stone vases and Early Minoan chronology', *Kretika Chronika* 19: 1–43.

—— (1967) 'Minoan stone vases as evidence for Minoan foreign connections in the Aegean Late Bronze Age', *Proceedings of the Prehistoric Society* 33: 37–48.

—— (1969) *Minoan Stone Vases*. Cambridge: Cambridge University Press.

—— (1973) 'Crete, 3000–1400 B.C.: immigration and the archaeological evidence', in R. A. Crossland and A. Birchall, eds., *Bronze Age Migrations*. London: Duckworth: 41–7.

—— (1979a) 'The stone vessels from the Bronze Age settlement at Akrotiri, Thera', *Archaiologike Ephemeris* 82–113.

—— (1979b) 'The miniature fresco from Akrotiri', *Journal of Hellenic Studies* 99: 116–29.

—— (1981) 'Minoan Crete and ecstatic religion: preliminary observations on the 1979 excavations at Knossos', in R. Hägg and N. Marinatos, eds., *Sanctuaries and Cults in the Aegean Bronze Age: Proceedings of the First International Symposium at the Swedish Institute in Athens, 12–13 May 1980*. Stockholm: Skrifter utgivna av svenska Institutet i Athen 4, p. 28.

—— (1984) 'Absolute dating of the Bronze Age eruption of Thera (Santorini)', *Nature* 308: 492–3.

—— (1985) 'Review of *Minoan Pottery in Second Millennium Egypt* (B. J. Kemp and R. S. Merrillees)', *Classical Review* 35: 14–51.

—— (1987) 'Absolute dating of the Aegean Late Bronze Age', *Archaeometry* 29: 205–10.

—— (1988) 'The Thera eruption: continuing the discussion on dating, III. Further arguments against an early date', *Archaeometry* 30: 176–8.

Watkins, C. (1986) 'The language of the Trojans', in M. J. Mellink, ed., *Troy and the Trojan War, A Symposium Held at Bryn Mawr College, October 1984*, pp. 45–62.

Watrous, L. V. (1987a) 'The rise of the state in Central Anatolia and Crete in Middle Bronze I: a comparative view', paper given to the annual meeting of the Society for Biblical Literature.

—— (1987b) 'The role of the Near East in the rise of the Cretan palaces', in R. Hägg and N. Marinatos, eds., *The Function of the Minoan Palaces: Proceedings of the Fourth International Symposium at the Swedish Institute in Athens, 10–16 June 1984*, pp. 65–70.

Webster, T. B. L. (1958) *From Mycenae to Homer*. London: Methuen.

Wegner, M. (1933) 'Stilentwickelung der thebanischen Beamtergräber', *Mitteilungen des deutschen Instituts für ägyptische Altertumskunde im Kairo*, pp. 38–164.

Weill, R. (1923) 'L'installation des Israélites en Palestine et la légende patriarcale', *Revue de l'histoire des religions* 87: 69–120; 88: 1–4.

Weinberg, S. S. (1954) 'The relative chronology of the Aegean in the Neolithic period and the Early Bronze Age', in R. W. Ehrich, ed., *Relative Chronologies in Old World Archaeology*. Chicago: University of Chicago Press, pp. 86–107.

—— (1965a) 'The relative chronology of the Aegean in the Neolithic period and the Early Bronze Age', in R. W. Ehrich, ed., *Relative Chronologies in Old World Archaeology*. Chicago: University of Chicago Press, pp. 285–320.

—— (1965b) 'The Stone Age in the Aegean', in *Cambridge Ancient History*, 3rd edn., vol. 1, pp. 557–618.

Weinstein, G. A. and Betancourt, P. P. (1977) 'Problems of interpretation of the Akrotoiri radiocarbon dates', in C. Doumas, ed., *Thera and the Aegean World*. London, pp. 805–14.

Weinstein, G. A. and Michael, H. N. (1978) 'Radiocarbon dates from Akrotiri, Thera', *Archaeometry* 20: 203–9.

Weinstein, J. (1973) *Foundation Deposits in Ancient Egypt*. Ph.D. dissertation, University of Pennsylvania.

—— (1974) 'A statuette of the princesse Sobeknofru at Tell Gezer', *Bulletin of the American Schools of Oriental Research* 213: 49–56.

—— (1980) 'Palestinian radiocarbon dating: a reply to James Mellaart', *Antiquity* 54: 21–4.

—— (1981) 'The Egyptian empire in Palestine, a reassessment', *Bulletin of the American Schools of Oriental Research* 241: 1–23.

—— (1989a) 'The gold scarab of Nefertiti from Ulu Burun: its implications for Egyptian history and Egyptian-Aegean relations', in G. F. Bass, C. Pulak, D. Collon, and J. Weinstein, 'The Bronze Age shipwreck at Ulu Burun: 1986 campaign', *American Journal of Archaeology* 93: 17–29.

—— (1989b) 'Review of *Chronologies du Proche Orient, Chronologies in the Near East, Relative Chronologies and Absolute Chronology 16,000–4000 BP*; ed. Olivier Aurenche, Jacques Evin and Francis Hours, Oxford 1987', *Radiocarbon* 31: 101–3.

Weisburd, S. (1985) 'Excavating words: a geological tool', *Science News* 127.6: 81–96.

Weise, O. (1883) 'Miscellen', *Beiträge zur Kunde der indogermanischen Sprachen*. 7: 167–71.

Wente, E. F. and Van Siclen, C. C. III (1976) 'A chronology of the New Kingdom', in *Studies in Honour of George R. Hughes (Studies in Ancient Oriental Civilization*, No. 39). Chicago: Oriental Institute, pp. 217–61.

West, M. L. (1971) *Early Greek Philosophy and the Orient*. Oxford, Clarendon Press.

—— (1988) *Hesiod: Theogony*. Oxford: Oxford University Press.

West, S. (1977) 'The Sesonchosis romance', *Erotica Antiqua: Acta of the International Conference on the Ancient Novel at the University College of North Wales Bangor, 12–17 July 1976*. University of Wales, pp. 47–8.

White, G. (1986) '1985 Excavations on Bates Island, Marsa Matruh', *Journal of the American Research Center in Egypt* 23: 51–84.

Whitelaw, T. M. (1983) 'The settlement at Fornou Korifi Myrtos and aspects of early Minoan social organisation', in O. Krzyszkowska and L. Nixon, eds., *Minoan Society: Proceedings of the Cambridge Colloquium 1981*. Bristol: Bristol Classical Press, pp. 323–45.

Wiener, M. A. (1984) 'Crete and the Cyclades in LMI: the tale of the conical cups', in R. Hägg and N. Marinatos, eds., *The Minoan Thalassocracy: Myth and Reality: Proceedings of the 3rd International Symposium at the Swedish Institute in Athens 31 May–5 June 1982, Skrifter utgivna av Svenska Institutet i Athen*, 4, pp. 17–26.

Wilamowitz-Moellendorff (1931–32) *Der Glaube der Hellenen*. 2 vols. Berlin: Weidmann.

Wildung, D. (1984) *Sesostris und Amenenmhet: Ägypten im Mittleren Reich*. Freibourg: Office du Livre; Munich: Hirmer Verlag.

Wilkie, N. C. (1987) 'Burial customs at Nichoria: the MME Tholos', in R. Laffineur, ed., *Thanatos: Les coutumes funéraires en Égée à l'âge du bronze: Actes du colloque de Liège (21–23 avril 1986)*. Université de l'État à Liège, Histoire de l'art et archaeologie de la Grèce antique, pp. 127–35.

Willetts, R. (1962) *Cretan Cults and Festivals*. London: Routledge & Kegan Paul.

Williams, B. (1980, 1985) 'The lost pharaohs of Nubia', *Archaeology* 5.3: 12–19. Reprint. *Journal of African Civilizations* 4.2 (1985): 38–52.

—— (1986) *The A-group Royal Cemetery at Qustul. Cemetery L*. Chicago: Excavations, between Abu Simbel and the Sudan frontier, 5. Oriental Institute Nubian Expedition 5.

Williams, R. J. (1981) 'The sages of Ancient Egypt in the light of recent scholarship', *Journal of the American Oriental Society* 101.1: 1–19.

Wilson, J. A. (1969) 'Egyptian myths, tales, and mortuary texts', in *Ancient Near Eastern Texts: Relating to the Old Testament*, ed. J. B. Pritchard, 3rd edn. with Supplement. Princeton: Princeton University Press, pp. 3–59.

Winkler, J. J. (1985) *Auctor & Actor: A Narratological Reading of Apuleius's The Golden Ass*. Berkeley and Los Angeles: University of California Press.

Winlock, H. E. (1940) 'Neb-Ḥepet Rēʿ Mentu-Ḥotpe of the Eleventh Dynasty', *Journal of Egyptian Archaeology* 26: 116–19.

—— (1947) *The Rise and Fall of the Middle Kingdom in Thebes*. New York: Macmillan.

Winter, I. J. (1976) 'Phoenician and North Syrian ivory carving in historical context', *Iraq* 38: 1–22.

Wiseman, D. J. (1953) *The Alalakh Tablets*. London: British Institute of Archaeology at Ankara, Occasional Papers 2.

Wolf, W. (1926) *Die Bewaffnung des altägyptischen Heeres*. Leipzig: Teubner.

—— (1929) 'Der Stand der Hyksos Frage', *Zeitschrift der Deutschen Morgenländischen Gesellschaft* 83: 67–79.

Wood, M. (1987) *In Search of the Trojan War*, 2nd edn. London: BBC Publications.

Woodside, A. (1971) *Vietnam and the Chinese Model: A Comparative Study of Nguyên and Ch'ing Civil Government in the First Half of the Nineteenth Century*. Cambridge, Mass.: Harvard University Press.

Woolley, L. (1938) 'Excavations at Al Mina, Sueidia, 1 & 2', *Journal of Hellenic Studies* 58: 1–30; 133–70.

—— (1953) *A Forgotten Kingdom*. London: Penguin.

Wortham, J. D. (1971) *British Egyptology 1549–1906*. Newton Abbot: David & Charles.

Wright, J. C. (1987) 'Death and power at Mycenae', in R. Laffineur, ed., *Thanatos: Les coutumes funéraires en Égée à l'âge du bronze: Actes du colloque de*

Liège (21–23 avril 1986). Université de l'État à Liège, Histoire de l'art et archaeologie de la Grèce antique, pp. 170–84.

Wyatt, W. (1970) 'The Indo-Europeanization of Greece', in G. Cardona, H. M. Hoenigswald and A. Senn, eds., *Indo-European and Indo-Europeans: Papers Presented at the Third Indo-European Conference at the University of Pennsylvania*. Philadelphia: University of Pennsylvania Press, pp. 89–111.

—— (1972) 'Greek dialectology and Greek prehistory', *Acta of the Second Colloquium on Aegean Prehistory: The First Arrival of Indo-European Elements in Greece*. Athens: Ministry of Culture and Science, pp. 18–22.

Xanthoudides, S. (1924) *The Vaulted Tombs of the Mesara: An Account of Some Cemeteries of Southern Crete*, trans. J. P. Droop. Liverpool: Liverpool University Press; London: Hodder & Stoughton.

Yadin, Y. (1963) *The Art of Warfare in Biblical Lands*, 2 vols. M. Pearlman, trans. Jerusalem: International Publishing.

—— (1968) 'And Dan, why did he remain in the ships?' *Australian Journal of Biblical Archaeology* I.1: 9–23.

—— (1973) 'And Dan, why did he remain in the ships?' in J. Best, ed., *The Arrival of the Greeks*. Amsterdam: Hakkert, pp. 55–73.

—— (1982) 'New gleanings of Resheph from Ugarit', in *Biblical and Related Studies Presented to Samuel Iwry*. Winona Lake, Ind.: Eisenbrauns.

Yakar, J. (1985) 'Regional and local schools of metalwork in Early Bronze Age Anatolia, pt. 2', *Anatolian Studies* 35: 25–38.

Yannai, A. (1983) *Studies on Trade Between the Levant and the Aegean in the 14th to the 12th Centuries BC*. D.Phil., Oxford University.

Yokoyama, T. (1978) 'The tsunami caused by the prehistoric eruption of Thera', in C. Doumas, ed., *Thera and the Aegean World*, pp. 277–89.

Yoyotte, J. (1982) 'Le Panthéon égyptien de J.-F. Champollion', *Bulletin de la Société Française d'Égyptologie: Séance solonelle Consacrée à la commémoration du Cent-Cinquantenaire de la Mort de J.-F. Champollion* 95: 76–108.

Zaccagnini, C. (1987) 'Aspects of ceremonial exchange in the Near East in the Late 2nd Millennium BC', in M. Rowlands, M. T. Larsen and K. Kristiansen, ed., *Centre and Periphery in the Ancient World*. Cambridge: Cambridge University Press, pp. 57–65.

Zhao Zhiquan and Liu Zhongfu (1984) 'Excavation of the palace site of the Shang Dynasty at Shixianggou Yanshi in Henan, spring 1984', *Kaogu* 4: 322–35.

Zhongguo Shehuikexueyuan Kaogu Yanjiusuo Shiyuanshi (1983) 'Fanshexing huisu ceding niandai baogao 10 [10th report of radiocarbon dating]' *Kaogu* 190: 646–52.

Ziegler, K. and Sontheimer, W. (1979) *Der Kleine Pauly: Lexikon der Antike: Auf der Grundlage von Pauly's Realencyclopädie der classichen Altertumswissenschaft*, 5 vols. Munich: Deutscher Taschenbuch.

Zimmer, H. (1879) 'Arisch', *Bezzenbergers Beiträge* 3: 137–51.

Zohary, D. and Hopf, M. (1988) *Domestication of Plants in the Old World*. Oxford: Clarendon Press.

『니벨룽겐의 반지』 389
니부어, 바르톨트 22 134 249 285
니브무아리아 371
니비, 알렉산드라 596 599
니비슨, 데이비드 411
니샤 318
니시로스 704
니실리 321
니우세르라 195
니제르 144 145
니체 462
니코메데아 389
니콜레트 605
니푸르 733
닐손, 마틴 109 111 240 241 575 577 631 632
　635 654
님로드 371 372 391
님프 258 383 422 439
다나안 77 600 606 607
다나오스 78 91 203 221 352 510 514 522
　523 559 573 578 579 581 600 602 605~
　607 636 640 649 653 686 719~722 724
　728 730 743
다나오이 77 78 84 360 361 600 602 604~
　607 635 649 654~659
다뉴브 230 364~366 438~440 606 752
다르다넬스 91 327 736
다리우스 290 293 369
다마스쿠스 279
다윈 22 33 34 47 227 517
다이달라 210
다이달로스 48 210 255 258
다프네 289
단Dan 78 169 600 604 606 607
당唐 왕조 270
덜월 581
데니엔 77 78 600~602 607 624 656 746
데두-메스 487

데메테르 137 139 140 148 149 151 152 685
　686 697
데미르지 휘웍 322
데센느, 앙드레 539 547
데우칼리온 45 127 129 138 360 364 444 461
데이르 엘 메디나 684
데이르 엘 바리 340
데이르 엘 바흐리 298 613
데인 582
덴마크 318 418 492 620
델피 134 138 139 164 702
도도나 704
도락 217 218 597
도리스 64 93 112 121 198 385 442 443 447
　574 616 649 658 686 712 713 746 748
『도리스족』 112
도우, 스털링 237
도코스 213 219
독일 32 43 52 62 68 70 73 74 100 108 112
　126 179 198 199 208 230 231 249 254 257
　267 283 285 301 314 320 321 344 383 384
　389 420 434 450 453 464 467 468 473 477
　492 493 495 500 501 562 570 589 620 650
　692 694 740
돈 606
돈리 446
돌고폴스키, A. B. 109 423
동남아시아 50 270 314
두루즈 573
두마스, 크리스토스 549 558
뒤소, 르네 161 515
드 보, 롤랑 495
드니스, 조지 147
드니예프르 606
드라비다 60 368
드로베티 302
드루즈, 로버트 506 575 577 578 582
디도 61

671~673 689

므네비스 48 231 253~255 259 264

미국 12 13 15~19 52 61 65 84 102 106 202
　　228 237 279 283 303 305 322 363 403 406
　　408~411 415 446 454 475 490 492 531
　　561 589 668 677 722

미노스 47~50 62 76 119 251~253 255 258~
　　260 263~266 271 376 526 546 551 569
　　590 591

「미노아 크레타에서 진화, 혁신, 복합사회의
기원들」 227

미노타우로스 47 48 255 258 259 265 271
　　546

미니아이 119 180 199 200 205

미드라시 127

미디안 368

미로노프, N. D. 492

미르토스 227

미르토스-피르고스 417

미르틸로스 651 652

미시아 680

『미케네 도기의 연표』 740

「미케네 문명의 대두」 578

미탄니 68 276 465 489 491 500~502 517
　　541 574 611 622 640 647 712 714 732 747

미트 라히네 비문 23 27 51 52 57 60 61 268
　　274 276 283 284 299 314 326 327 333 335
　　336 338~340 345 394 396 397 588 613
　　624 736 754

미틸레네 354

민Min 48 49 76 114 243 253 259 265 266 591

민스크 492

밀라완다 651 657 738 740

「밀라완다 편지」 738

밀레토스 192 352 370 376 651 657 660 721
　　738 740

바로크 32

바르바로이 259 656

바르텔르미, 아베 203

바버, 존 446

바빌론 27 92 312 318 325 372 499 502 533
　　557 732~735 749

바샨 126 129 439

바스크 693

바알 58 120 142 161 245 349 703

바이킹 74 498 548

바조 244

바키스 196

바킬리데스 131

바타비아 403

바튼 엘 하자르 300

바피오 645

반 로얀, R. A. 575

반 세터스, 존 481 482 495~497 504 505 509
　　566

반달 544

반유대주의 23 67 69 465 466 485 491 493
　　494 514 752 755

반즈, 배리 34

발리케시르 322

발서, 잭 마틴 202

발칸 56 57 194 220 230 274 293 324 328 339
　　398 576 754

발칸, K. 318 319

발트 74 139 568 575

「방사성탄소 없이 에게해권 청동기시대의
연대 설정」 407

방사성탄소 연대측정 54~56 97 304~307
　　310 313 407~410 412 415~419 422 452
　　479 752

배로우, 마이코프 316

배스, 조지 88 667 668 670 671 673 677 678
　　689 699

버니 330

버풀, 에밀리 212 219 220 565 571 634
　　705~707 724 742

153 158 181

페르시아   51 60 66 74 126 169 187~189
  290~294 297 299 329 345 369 370 377
  467 515~517 698
『페르시아인들』 126
페이지, 데니스 556
페트라티 704
페트리, 플린더스 30 275 504 506
페티나토, 조반니 308 309 607
페피 308 309 311 599
펜들베리, J. D. S. 46 102 216 230 267 528
  645
펜쿠 76 590 592
펠라스고이 22 191 360 364 657
펠레아데스 438
펠로시온 289
펠로폰네소스 43 83 84 118 135 137 149 184
  201 202 204 205 208 211 213 216 222 361
  521 550 560 563 607 637 640 643 648 649
  658 660 665 713 717 719 724
펠론, 올리버 564
펠롭스 75 83 84 93 521 575 640 642 647~
  654 658 659 686 712 717 724 734
포라다, 이디스 92 325 350 732~735
포레, 에밀 621 650
포로네우스 203
포르모사 422
포르투갈 145 422 435
포메란스, 레온 404~406 417 418 422 425
  426 428 460
포세이돈 45 130 133~142 146~150 153 158
  171 181 182 209 222 364 426 441 444 445
  461 462 577
포스터, 캐런 폴링어 553 555
포시, J. M. 122 123 198 744
포이닉스 119 120 124 715 723
포이보스 430
포제네, 조르주 52 170 275 279 280 282~

284 292 315 326 337 345 590
포카이아 289 351 590
포코르니, 율리우스 532
폰텐로즈, 조셉 136 137 139 150 281
폰토스 352 366
폴라티 322
폴로, 마르코 581
폴로니, 줄리어스 128
폴리네이케스 745
폴리오키니 322
폼페이 72 549
푸루마크, A. 740 741
푸루시칸다 318
푸르사, 장 클로드 708
푸카르, 폴 297 340
푼트 243 248 366 367 611
풀락, 케말 676 678 689
풋주르-앗슈르 319
프란트젠 284
프랑스 74 161 198 203 243 283 297 302 331
  436 495 548 583 599 667 696 708
프랑크제국 31
프랑크포트, 앙리 541
프레레, 니콜라스 203
프레이저, 제임스 209
프렌치, 엘리자베드 702 703
프렌켈 532
프렐비츠 693
프로테스탄트 453
프로테우스 186 188
프루마크 594
프리기아 120 316 354~356 389 447 576 641
  648 651
프리드리히, 요하네스 423
프리아모스 59 378 740
프리에네 131
프릭소스 358~360
프사메티코스 354